Norwegen

Anthony Ham,
Miles Roddis, Kari Lundgren

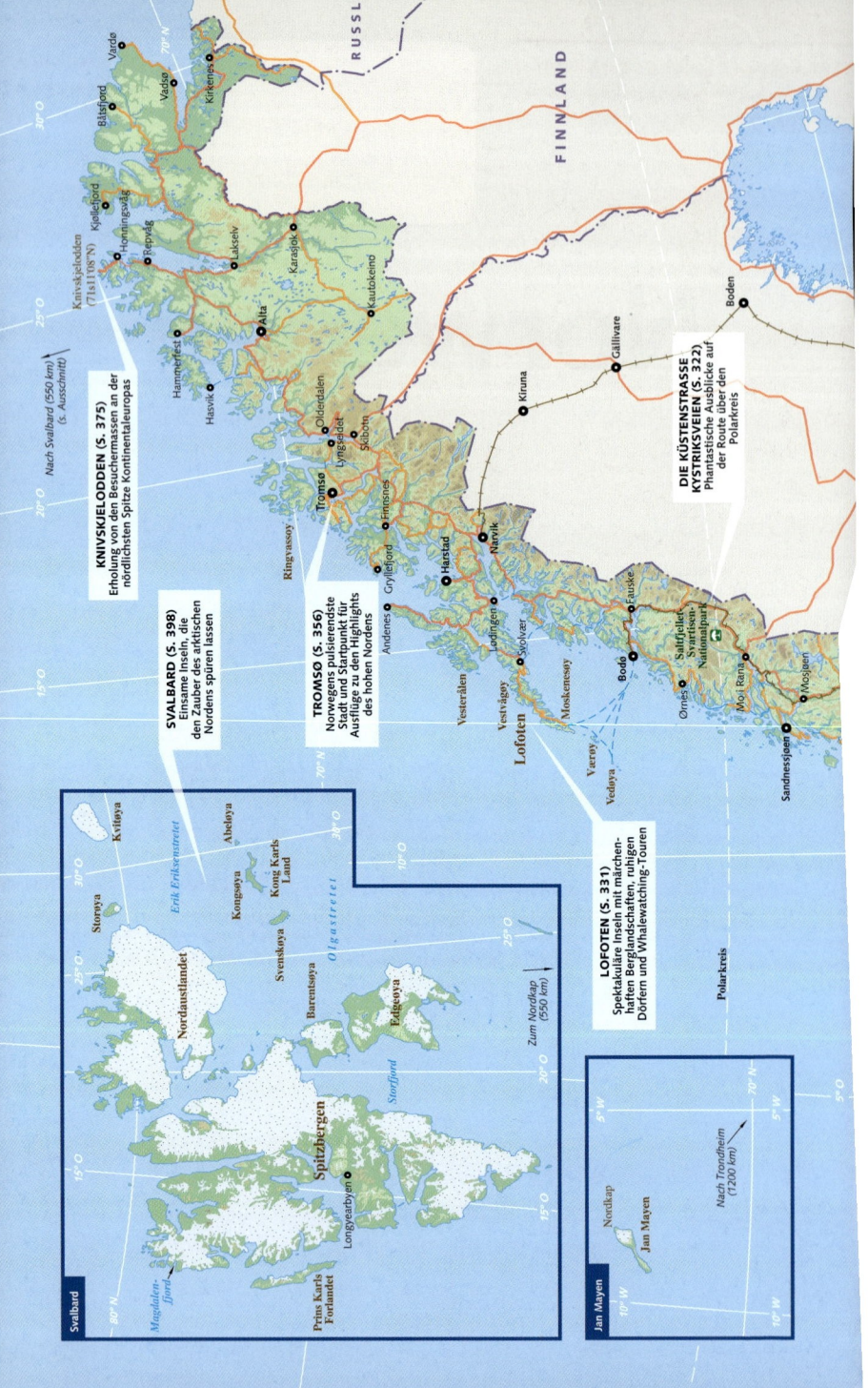

Svalbard

Magdalen-fjord
Prins Karls Forlandet
Longyearbyen
Spitzbergen
Nordaustlandet
Storøya
Kvitøya
Abeløya
Kongsøya
Kong Karls Land
Svenskøya
Barentsøya
Edgeøya
Erik Eriksenstretet
Olgastretet
Storfjord
Zum Nordkap (550 km)

Jan Mayen

Nordkap
Jan Mayen
Nach Trondheim (1200 km)

Nach Svalbard (550 km) (s. Ausschnitt)

KNIVSKJELODDEN (S. 375)
Erholung von den Besuchermassen an der nördlichsten Spitze Kontinentaleuropas

Knivskjelodden (71°11'08"N)

SVALBARD (S. 398)
Einsame Inseln, die den Zauber des arktischen Nordens spüren lassen

TROMSØ (S. 356)
Norwegens pulsierendste Stadt und Startpunkt für Ausflüge zu den Highlights des hohen Nordens

LOFOTEN (S. 331)
Spektakuläre Inseln mit märchenhaften Berglandschaften, ruhigen Dörfern und Whalewatching-Touren

DIE KÜSTENSTRASSE KYSTRIKSVEIEN (S. 322)
Phantastische Ausblicke auf der Route über den Polarkreis

RUSSLAND
FINNLAND

Vardø
Vadsø
Kirkenes
Båtsfjord
Kjøllefjord
Honningsvåg
Repvåg
Karasjok
Lakselv
Kautokeino
Alta
Hammerfest
Hasvik
Oldedalen
Skibotn
Lyngseidet
Tromsø
Ringvassøya
Finnsnes
Gryllefjord
Harstad
Andenes
Narvik
Lødingen
Svolvær
Vesterålen
Moskenesøy
Vestvågøy
Lofoten
Værøy
Vedøya
Kiruna
Gällivare
Boden
Fauske
Saltfjellet-Svartisen-Nationalpark
Bodø
Ørnes
Mo i Rana
Mosjøen
Sandnessjøen
Polarkreis

HÖHENSCHICHTEN

1800 m
1500 m
1200 m
900 m
600 m
300 m
0

LEGENDE

Mautstraße
Autobahn
Hauptstraße
Landstraße
Verbindungsstraße

0   100 km

OSTSEE

BOTTNISCHER MEERBUSEN

SCHWEDEN

☆ STOCKHOLM

● Ange

RØROS (S. 178)
Ehemaliges Bergarbeiterdorf mit
bunten Holzhäusern, das heute
zum Weltkulturerbe zählt

**JOTUNHEIMEN-
NATIONALPARK (S. 193)**
Das Dach Norwegens mit Gletschern,
Wanderwegen und einer der
malerischsten Straßen des Landes

OSLO (S. 91)
Eine Hauptstadt voller Leben
mit hervorragenden Museen,
Restaurants und einem
prickelnden Nachtleben

**HEDDAL-STAB-
KIRCHE (S. 158)**
Die größte Stabkirche Norwegens
nahe Notodden sieht aus, als sei
sie einem Kindertraum entsprungen

NIDAROSDOM (S. 296)
Trondheims prachtvolles Juwel
und Norwegens Allerheiligstes

NORWEGISCHE
SEE

Nach Jan Mayen (1200 km)
(s. Ausschnitt)

ÅLESUND (S. 276)
Jugendstilstadt in
herrlicher Landschaft

GEIRANGERFJORD (S. 273)
Wahrscheinlich einer der
schönsten Fjorde der Welt

FLÅMSBANA (S. 246)
Berg-und-Tal-Fahrt mit der Bahn:
vom Hardangervidda-Plateau
zum unglaublichen Aurlandsfjord

BERGEN (S. 202)
Die schönste Stadt Norwegens
mit dem wunderhübschen
Hafenviertel Bryggen

PREIKESTOLEN (S. 242)
Der ultimative Aussichtspunkt
über dem Lysefjord

NORD-
SEE

Skagerrak

Unterwegs

ANTHONY HAM HAUPTAUTOR

Dieses Foto entstand an einem kühlen Sommermorgen auf Abraumhalden am Ortsrand des ehemaligen Bergbaudorfes Røros (S. 178) in Zentralnorwegen. Es ist mein Lieblingsort, der die ganze Schönheit des ländlichen Norwegens verkörpert. Ich liebe die heimelige Atmosphäre seiner Holzhäuschen und steilen Straßen – das Gefühl, dass die Zeit hier kaum etwas verändert hat.

MILES RODDIS

Wir haben unser Zelt auf einem einfachen Campingplatz aufgeschlagen, der es nicht wert wäre, in diesem Führer erwähnt zu werden. Aber wie ich die Aussicht von meinem Küstenplätzchen am Nordfjord Richtung Briksdalsbreen (S. 260) genossen habe! Nach einem leckeren Abendessen (natürlich mit frischem Fisch) habe ich den Tagesreport geschrieben – inspiriert vom Panorama vor mir.

KARI LUNDGREN

Mein Bruder und ich haben das Polarschiff Fram (S. 106) als Kinder unzählige Male besucht. Doch am Steuer eines Schiffes zu stehen, das einst unter Roald Amundsen und Fridtjof Nansen segelte, hat seinen Reiz nie verloren. Und jedes Mal habe ich etwas Neues entdeckt. Wer hätte zum Beispiel gewusst, dass Amundsen ein Zelt der Marke Burberry hatte?

Ausführliche Autorenbiographien S. 464

AUSFLÜGE & AKTIVITÄTEN

Kaum ein Reiseland der Welt ist so anregend wie Norwegen. Frische Luft und unberührte Wildnis locken zu vielfältigen Aktivitäten und Erkundungen. Wer nur wenig Zeit hat, kann an einem langen Sommerwochenende von Bergen aus das Beste des Landes genießen. Die wohl schönste Ecke Norwegens sind die malerischen Lofoten.

2

Saisonale
Aktivitäten

7

Der Sommer eröffnet vielfältige Möglichkeiten,
Norwegens wilde Schönheit bei abenteuerli-
chen Unternehmungen zu erleben. Aber auch
im Winter bietet das Land unvergessliche
Erlebnisse, z. B. beim Skifahren oder einer
Hundeschlittenfahrt durch die Wälder. Eine
Zusammenfassung der Aktivitäten s. S. 414.

3 2 4
5 1 6

6

❶ Radtour auf dem Rallarvegen (Sommer)

Diese herrliche Talfahrt (S. 198) auf der berühmten Bahnarbeiterstraße von Finse bis zum Aurlandsfjords bei Flåm hat der Fahrt mit dem Zug voraus, dass jeder halten kann, wann und wo er will, um sich eine Pause zu gönnen.

❷ Wandern im Hochland (Sommer)

Die Wandermöglichkeiten sind nahezu unbegrenzt: vom überwältigenden – wenn auch häufig überfüllten – Jotunheimen-Nationalpark (s. Kasten S. 196) über die ruhigeren Pfade im Rondane-Nationalpark (S. 189) und die raue Schönheit der Hardangervidda (s. S. 197) bis zum wilden Land der Moschusochsen im Dovrefjell-Sunndalsfjella-Nationalpark (S. 186).

❸ Gletscherwandern (Sommer)

Gletscher haben etwas Faszinierendes und Gletscherwandern gehört daher in Norwegen zu den beliebtesten Sommeraktivitäten. Gut erreichbar und besonders imposant sind der Hardangerjøkulen-Gletscher auf der Hardangervidda (S. 198 und S. 199) sowie der Folgefonn (S. 231) und der Briksdalsbreen (S. 260).

❹ Wildwasser-Rafting (Sommer)

Schäumende Katarakte und brausende Stromschnellen machen Zentralnorwegen in der kurzen Saison von Mitte Juni bis Mitte August zu einem Paradies für Rafter und die kleine Stadt Sjoa (s. S. 190) zu ihrem Mekka.

❺ Parasailing (Sommer)

Voss (s. Kasten S. 222) mit seinem gebirgigen und von Fjorden durchschnittenen Hinterland ist Norwegens Abenteurerhauptstadt und ideal, um mit einem Fallschirm durch die Lüfte zu schweben oder sich an einem Bungeeseil in die Tiefe zu stürzen.

❻ Skifahren (ganzjährig)

Skilanglauf ist wohl der norwegische Nationalsport schlechthin. Trysil (S. 178) hat das längste Loipennetz, während die Skigebiete Stryn (S. 262) und Folgefonn (S. 231) gute Sommerskigebiete sind. Im Winter locken vor allem die Pisten am Holmenkollen (S. 110) und bei Lillehammer (S. 175).

❼ Hundeschlittenfahren (Winter)

Es gibt nichts Besseres, um die eisige, nordnorwegische Wildnis zu erkunden, als ein Hundeschlittengespann – eine archaische und umweltfreundliche Art zu reisen. Svalbard (S. 401), der Øvre-Dividal-NP (S. 366) und Karasjok (S. 395) sind dafür wie geschaffen.

Lange Sommer-wochenenden

Bergen wetteifert mit Stockholm um den Titel der reizvollsten skandinavischen Stadt, wobei Bergens Vorteil der einzigartige Zauber der westlichen Fjorde ist, die direkt vor der Stadt beginnen. Mit Flugverbindungen zu vielen Städten Europas eignet es sich auch perfekt für ein langes Wochenende. Wer auch nur die Hälfte der hier genannten Orte besucht, wird schlichtweg hingerissen sein.

❶ Bryggen, Bergen

Zu den Reizen der Stadt Bergen zählen neben ihrer traumhaften Lage vor allem die herrlichen Holzhäuser entlang der Hafenfront von Bryggen (S. 205). Mit seinem etwas maroden Charme und zahlreichen Erinnerungen an das goldene Zeitalter ist Bryggen wie ein lebendiges Museum. Es liegt ganz in der Nähe des Torget-Fischmarkts (S. 207), auf dem frischer Fisch und Meeresfrüchte zum Kauf locken.

❷ Ålesund

Ålesund (S. 276) bezaubert mit seinen Jugendstilfassaden des frühen 20. Jhs. und der für Norwegen so typischen Küstenlage. Die Stadt ist einen Besuch auf jeden Fall wert, zumal einige Fluggesellschaften Gabelflüge anbieten, mit Ankunft in Bergen und Rückflug ab Ålesund.

❸ Ulvik

In einem abgelegenen Winkel des Hardangerfjords liegt die beschauliche Stadt Ulvik (S. 226). Von hier bieten sich unvergleichliche Panoramablicke und die Touristeninformation organisiert Hardangerfjord-Touren, mit denen sich in kurzer Zeit viel entdecken lässt.

❹ Eidfjord

Die ganze Schönheit des Hardangerfjords verkörpert Eidfjord (S. 227): vom Kjeåsen-Hof und den Hügelgräbern aus der Wikingerzeit bis hin zum Hardangervidda Natursenter und dem Vøringfoss-Wasserfall. Die steilen Felswände und die spektakuläre Fjordlandschaft schaffen ein nahezu perfektes Bild.

❺ Nærøyfjord & Flåmsbana

Die Tagestour „Norway in a Nutshell" (S. 211) packt mehr in einen Tag, als man für möglich halten würde. Gemütlich geht's mit dem Schiff den Nærøyfjord (S. 249) hinauf und weiter mit der Flåmsbana (S. 246), einer der atemberaubendsten Bahnen überhaupt.

❻ Stalheim Hotel

„Norway in a Nutshell" führt auch zum Stalheim Hotel (S. 224), dessen Ausblick kaum ein Hotel der Welt toppen kann. Am besten ist es, über Nacht zu bleiben, um zu beobachten, wie das Tal langsam in der Dämmerung versinkt, während die schneebedeckten Gipfel im Abendlicht erstrahlen.

Lofoten

Der Ausdruck „Märchenlandschaft" wird zwar oft überstrapaziert, aber anders lässt sich die surreale Schönheit der Lofoten kaum in Worte fassen. Die Fjorde in Westnorwegen sind zwar bekannter, aber wenn wir uns für einen Ort entscheiden müssten, dann wäre es diese zauberhafte Inselgruppe, die der Sommer in das kristallklare Licht des Nordens taucht.

❶ Austvågøy

Als Pforte zu den Lofoten führt Austvågøy (S. 333) sanft in den Zauber dieser Inseln ein. Der Raftsund-Kanal und der schmale Trollfjord bilden die Kulisse, die reizvollen Dörfer Kabelvåg und Henningsvær sind ideale Ausgangspunkte für Ausflüge.

❷ Værøy

Das verschlafene Inselchen Værøy (S. 344) im Süden der Lofoten rivalisiert mit Moskenesøys um den Titel der schönsten Lofoten-Insel. Riesige Seevogelkolonien, aufragende Bergkämme und abgeschiedene Dörfchen gehen hier eine herrliche Verbindung ein.

❸ Flakstadøy

Die abgeschiedenen, windgepeitschten Klippen an der Südküste sind Flakstadøys (S. 340) auffälligstes Merkmal, aber die Nordküste ist nicht weniger atemberaubend: mit dem nostalgischen Charme von Nusfjord und spektakulären Surferwellen, die sich an den Stränden bei Ramberg und Flakstad brechen.

❹ Moskenesøy

Von Gletschern geformte Landschaften wie aus einem Tolkien-Buch verleihen Moskenesøy (S. 341) seine übernatürliche Schönheit. Herzstück der Insel ist das Dorf Å, aber auch der Reinefjord und die Gegend um Vindstad sind landschaftlich sehr reizvoll.

Ein Fischkutter kreuzt vor den von Gletschern gemeißelten Gipfeln der Lofoten

Inhalt

Regionenkarten

Reiseziel Norwegen

Norwegen ist ein Land am Scheideweg. Doch mit seiner grandiosen Natur und seinem Wohlstand hat es eine Ausgangssituation, um die es die meisten anderen Länder nur beneiden können. Aber gerade die einmalige Schönheit des Landes belastet die Norweger auch mit einer großen Verantwortung. Eine tiefe Naturverbundenheit gehörte schon immer zu diesem Land – die traditionelle Vorliebe seiner Bewohner für einsame Bauerngehöfte mitten in der abgelegensten Wildnis zeugt davon. Heute verändert die wachsende Urbanisierung (immerhin hat das Land auch traumhafte Städte wie Bergen, Trondheim, Stavanger und Tromsø) die Beziehung zwischen Mensch und Natur. Eines ändert sich jedoch nicht. Um es mit den Worten des berühmten Norwegers Henrik Ibsen zu sagen: Wer die Norweger verstehen will, muss zuerst Norwegens schöne, aber unwirtliche Natur verstehen. Denn die Menschen hier sind von der Natur geprägt – wahrscheinlich stärker als alle anderen Bewohner Europas.

Heute ist die Natur für die Norweger in erster Linie ein Freizeit- und Erholungsgebiet, das sie mit Begeisterung nutzen. Besonders deutlich wird das in den Nationalparks. Sie sind leuchtende Symbole für die Bemühungen des Landes um seine Umwelt und Musterbeispiele für die unvergleichliche norwegische Landschaft und ihre übernatürliche Schönheit. Den Menschen hier liegt der Umweltschutz am Herzen. Sie sind besorgt, da durch die globale Erwärmung ihre Gletscher abschmelzen und das arktische Ökosystem bedroht ist. Und wegen ihrer großen Ölvorkommen und Ölexporte fühlen sie sich mitverantwortlich für die Umweltveränderungen und die weltweite Zerstörung natürlicher Lebensräume.

Die Norweger empfinden es auch als eine Belastung, in einem der reichsten Länder der Welt zu leben, denn sie haben ein ausgeprägtes soziales Gewissen. Das zeigt sich in ihren sehr weit reichenden Zusagen zur Reduzierung der Treibhausgase, in ihren großzügigen, ethisch motivierten Auslandsinvestitionen und in ihrem massiven Einsatz bei der Entwicklungshilfe, der die Bemühungen der meisten anderen Länder in den Schatten stellt. Komplizierter ist die Lage bei den Problemen im eigenen Land. Hier wird heftig über steigende Einwandererzahlen, den schleichenden Verlust des Kulturerbes und die Auswirkungen des weltweit wohl großzügigsten Wohlfahrtssystems debattiert. Außerdem ist das Land gespalten hinsichtlich der Frage, ob Norwegen weiterhin seinen Alleingang durchziehen oder der EU beitreten soll, um seinen Teil zu einem wachsenden und vereinten Europa beizutragen.

Es ist nicht so, dass sich die Norweger über ihre Situation beklagen würden, aber für viele liegt die zukünftige Rolle Norwegens in der Welt noch im Dunkeln.

KURZINFOS

Bevölkerung: 4,7 Mio.

BIP pro Kopf brutto/netto:
54 465/46 300 US$ (zweithöchstes weltweit)

Inflationsrate: 2,3 %

Arbeitslosenquote: 3,5 %

Lebenserwartung:
82,46 Jahre (Frauen) und
77,04 Jahre (Männer)

Regierungsfonds aus
Öleinnahmen:
300 Mrd. US$

Auslandsschulden: 0

Eisbärenpopulation:
ca. 3000 Tiere

Mutterschafts-/Vaterschaftsurlaub bei voller
Lohnfortzahlung für
arbeitende Eltern:
42/5 Wochen

Rang im UNDP Human
Development Index
2006: 1

Bevor es losgeht

Norwegens Gebirgstopografie und die ungeheure Länge des Landes (2518 km zwischen Kap Lindesnes und dem Nordkap; Svalbard mal ganz außer Acht gelassen) machen eine gute Reiseplanung unerlässlich. Die richtige Planung kann auch das Portemonnaie schonen, denn Norwegen ist teuer. Und schließlich ist ja Vorfreude schon das halbe Vergnügen. Bergen und die Fjorde oder der arktische Norden? Die Lofoten oder Jotunheimen? Alles herrliche Reiseziele und schwierige Entscheidungen, am besten trifft man sie schon vor der Abreise.

REISEZEIT

Das norwegische Klima hat bei der Planung erste Priorität. Die touristische Hauptsaison (die sich mit den Schulferien in Norwegen und anderen europäischen Ländern deckt) dauert von Mitte Juni bis Mitte August. In dieser Zeit verkehren die öffentlichen Verkehrsmittel am häufigsten, Touristeninformationen und -attraktionen haben lange offen und viele Hotels bieten günstigere Übernachtungspreise.

Wetterdaten wichtiger Orte in ganz Norwegen inkl. Klimatabellen S. 424

Doch auch schon ab Mai und bis in den September hinein ist Norwegen traumhaft. Besonders schön ist es ab Ende Mai, wenn die Blumen und Obstbäume blühen (vor allem am Hardangerfjord (S. 225) und die Tage länger werden. Dann haben die meisten Hostels, Campingplätze und touristischen Attraktionen geöffnet, sind aber noch relativ wenig besucht. Wanderer sollten allerdings bedenken, dass viele Pfade und Hütten (S. 418) nicht vor Ende Juni/Anfang Juli offen sind. Auch kleinere Bergstraßen sind oft bis Juni gesperrt.

Nördlich des Polarkreises ist die Mitternachtssonne überall für mindestens einen Tag im Jahr zu sehen – am Nordkap vom 13. Mai bis zum 29. Juli. Daten zu anderen Orten S. 68.

Das ganze Jahr hindurch ist mit Temperaturextremen zu rechnen. Temperaturen über 30 °C im Sommer und unter -30 °C im Winter sind nicht ungewöhnlich. Wer nicht zum Skifahren (S. 417) kommt oder um das Nordlicht (Kasten S. 68) zu bewundern, der könnte mit dem kalten, dunklen Winter Probleme haben. Öffentliche Verkehrsmittel fahren dann wesentlich seltener, die meisten Hostels und Campingplätze sind geschlossen und Sehenswürdigkeiten, Museen und Infostellen haben – wenn überhaupt – nur eingeschränkt geöffnet.

AN ALLES GEDACHT?

- Robuste Wanderstiefel – beim Wandern in Sandalen ist das Disaster vorprogrammiert
- Eine Jacke, ein Pullover oder Anorak zum Überziehen – auch im Sommer
- Ein Laken und ein leichter, warmer Schlafsack; alternativ: mehrere Laken, denn die meisten Hostels und Campinghütten berechnen Bettzeug extra
- Ein Interrail-Pass oder Minipris-Ticket (S. 436) – warum mehr bezahlen als nötig?
- Viel Geduld beim Autofahren – wer es eilig hat, muss mit Frust rechnen (S. 441)
- Ein kleines Fernglas zum Beobachten der Wildtiere
- Insektenschutzmittel
- Eine Schlafmaske – wie im Flugzeug – für die hellen Sommernächte

Norwegen bietet das ganze Jahr über hervorragende Festivals. Einige davon sind es wert, den Reisetermin danach zu planen. Eine Liste der wichtigsten Feste und der gesetzlichen Feiertage in Norwegen findet sich auf S. 22.

PREISE

Norwegen ist teuer. Wer auf Campingplätzen übernachtet, sein Essen selbst kocht und ermäßigte Bus-/Bahntickets nutzt, kann pro Person und Tag mit rund 300 nkr über die Runden kommen. Bei Hostelübernachtung mit Frühstück (oder Bäckereifrühstück), Mittagessen in günstigen Restaurants und Abendessen aus dem Supermarkt kommt man evtl. auf 400 nkr pro Tag (500 nkr sind realistischer).

Bei Hotelübernachtungen mit Frühstücksbuffet, leichtem Mittagssnack und Abendessen in einem nicht überteuerten Restaurant werden allein Reisende mindestens 900 nkr pro Tag ausgeben (wer zu zweit reist 750 nkr pro Person). Inklusive Transportkosten, Eintrittspreisen und alkoholischen Getränken (ein Club kostet mindestens 70 nkr Eintritt) wird es schwer, unter 1000 nkr zu bleiben. Einschließlich Mietwagen sind 1500 nkr ein realistischeres Minimum. Einen Überblick über die Preise für Unterkünfte gibt's auf S. 428. Tipps zu Sparmöglichkeiten s. Kasten S. 18.

REISELEKTÜRE

Folgende Bücher dürften zur Reisevorbereitung oder für lange, entspannte Fjordtouren interessant sein. Das Kapitel Kultur enthält einen Überblick zu norwegischer Literatur (S. 49), Musik (S. 51) und Film (S. 56).

Barry Lopez, Autor von Arktische Träume (2002), schrieb einen Klassiker – eine sensible, unvergessliche Beschreibung der arktischen Regionen und ihrer Bewohner.

Der Bildband Abenteuer Norwegen (2004) von Fotograf und Outdoorspezialist Lars Schneider entführt den Leser in die faszinierenden Landschaften ganz Norwegens mit vielen Tipps und Themenessays.

Das Sonderheft Geo Special: Norwegen (2003) ist vollgestopft mit Reiseinfos und Insidertipps und damit eine gute Möglichkeit, um einen ersten Eindruck vom Land zu bekommen.

Reisen in Skandinavien (1991) von Mary Wollstonecraft: Die englische Schriftstellerin, Philosophin und Frauenrechtlerin beschreibt das Norwegen am Ende des 18. Jhs.

Mittsommer. Auf Trekkingtour in Norwegen (2006) von Andrew Stevenson fängt mit seiner Beschreibung der Wildnis zwischen Oslo und Bergen das Wesentliche der Schönheit von Norwegen ein.

WAS KOSTET WIE VIEL?

Tasse Kaffee mit Kuchen: 55 nkr

Museumsticket für Erwachsene: 40–80 nkr

Bahnfahrt Oslo–Bergen (einfache Fahrt): 298–728 nkr

„Norway in a Nutshell"-Tour ab Bergen: 820 nkr

Mietwagen für einen Tag: ab 500 nkr

SPARTRICKS

Norwegen ist ein teures Reiseland. Hier einige Tricks, um zu sparen:

▪ Das Essen richtig vorausplanen (S. 57)

▪ Campen (S. 429) – Campingplätze sind preisgünstig und wild zelten ist erlaubt

▪ Studenten- oder Seniorenausweise (S. 420) mitnehmen; dann sind Eintrittspreise günstiger

▪ Fahrten vorausplanen und Minipris-Tickets (S. 448) oder Interrail-Pass (S. 436) kaufen, die für Bahn- und manche Busreisen gelten

▪ Fahrzeuge ggf. im benachbarten Schweden mieten (S. 440)

▪ Mitgliedschaft bei Hostelling International (HI; S. 431), Den Norske Turistforening (DNT; S. 430) für ermäßigte Unterkünfte oder den Pass einer Hotelkette für Mengenrabatt (S. 432)

Bill Bryson ist einer der unterhaltsamsten Reiseschriftsteller überhaupt. Anfang der 1970er-Jahre reiste er mit dem Rucksack vom Polarkreis in Norwegen bis zur Insel Capri in Italien; in *Streifzüge durch das Abendland. Europa für Anfänger und Fortgeschrittene* (2001) macht er sich nach zwei Jahrzehnten noch einmal auf den Weg.

In dem Band *Tod am Fjord: Neues aus Norwegen von Fossum bis Holt* (2005) versammelt Holger Wolandt norwegische Kriminalgeschichten, die vor der Kulisse der Fjorde und Berge ein eindringliches Bild von Norwegen zeichnen.

Ebba D. Drolshagen versammelt in der *Gebrauchsanweisung für Norwegen* (2007) die Fjorde, die Berge, die Trachten, das Öl, das teure Bier, Mette-Marit und alles andere, was man über Norwegen wissen muss.

INFOS IM INTERNET

Das Web ist voller interessanter Seiten über Norwegen. Hier eine Liste unserer Favoriten. Hunderte weiterer Tipps sind im ganzen Buch zu finden. Vor allem die Seiten der Touristeninformationen sind meist ausgezeichnet.

Bergen Tourist Office (www.visitbergen.com) Ein gutes Beispiel für die Sites aller norwegischen Touristeninformationen.

Fjord Norway (www.fjordnorway.com) Alles, was man über Norwegens Hauptattraktionen wissen muss; auch auf Deutsch.

Lonely Planet (www.lonelyplanet.com) Aktuelle Reisenews, kurze Zusammenfassungen über Norwegen, Berichte von anderen Reisenden und das Forum Thorn Tree.

Norway.Com (www.norway.com) Umfassende touristische Infos mit praktischem Schwerpunkt.

Norway Guide (www.norwayguide.no) Exzellente Site mit detaillierten Infos zu Norwegens Hauptattraktionen.

Norwegian Tourist Board (www.visitnorway.com) Umfassende Site voller praktischer Tipps und Anregungen; z. T. auf Deutsch.

> Norwegens Landschaft ist immer noch seine größte Trumpfkarte

UMWELTBEWUSST REISEN

Eine einzelne Reise mag die Umwelt nicht nennenswert belasten, aber die norwegische Wildnis zieht jährlich Millionen von Besuchern an. Und dann ist jeder von ihnen dafür verantwortlich, sie auch zu schützen.

Was kann der Einzelne tun, um seinen Eingriff in die Natur zu minimieren? Zunächst sollte man das ausgezeichnete öffentliche Verkehrssystem nutzen. Das Streckennetz der Bahn deckt Süd- und Zentralnorwegen gut ab, besonders zwischen größeren Städten. Wo die Züge nicht hinkommen, gibt es Busverbindungen. Allgemeine Infos zu Bus- und Zugreisen stehen im Kapitel Verkehrsmittel & -wege (S. 436). Auch die Küstenfähren der Hurtigrute (S. 446) belasten die Atmosphäre weniger als ein Auto auf der selben Strecke.

Eines der interessanten Programme der letzten Jahre ist der von der Zeitschrift *National Geographic* initiierte Geotourismus. Weitere Infos dazu im Kasten S. 88.

Umweltbewusste Reisemöglichkeiten

Man sollte gezielt umweltfreundliche Restaurants und Hotels (S. 21) auswählen. Norwegen bietet unzählige umweltverträgliche Aktivitäten (S. 414) wie Wandern, Rafting, Skifahren, Radfahren und Hundeschlittenfahren. Tipps für umweltschonendes Wandern siehe Kasten auf S. 418. Die meisten Touristeninformationen vermieten günstig Fahrräder.

Emissionsausgleich

Die Luftfahrt ist die am schnellsten wachsende Bedrohung für unser Klima, obwohl der Kohlenstoffausstoß pro Kopf und Kilometer nicht höher ist als bei

TOP 10   NORWEGEN

PANORAMATOUREN

In Norwegen gilt noch mehr als sonst, dass schon der Weg das Ziel ist. Wenige Länder können mit einer solchen Fülle an landschaftlich schönen Routen auftrumpfen. Einige wurden als „Grüne Straßen" ausgewiesen (s. Kasten S. 439).

- Bahnstrecke Oslo–Bergen (S. 220)
- Norway in a Nutshell (S. 212)
- Hurtigruten-Küstenfähre (S. 446)
- Romsdalen-Bahnlinie (S. 186)
- Peer Gynt Vegen (s. Kasten S. 175)

- Sognefjellstraße (S. 193)
- Arctic Highway (S. 330)
- Kystriksveien-Küstenstraße (S. 322)
- E 10 über die Lofoten (S. 331)
- Senja (S. 365)

WILDNIS

Reisende, die unberührte Wildnis schätzen, werden von folgenden Regionen begeistert sein:

- Svalbard (S. 397) Tiefer wird kaum einer je in die Arktis vordringen
- Møysalen-Nationalpark (S.353) Unberührte, alpine Küstenlandschaft
- Hardangervidda (S. 197) Wildes Hochplateau von herber Schönheit
- Rondane-Nationalpark (S. 189) Berge wie Kathedralen mit überirdisch schönen Formen
- Dovrefjell-Sunndalsfjella-Nationalpark (S. 186) Hier leben Moschusochsen und viele Vogelarten in traumhafter Landschaft
- Femundsmarka-Nationalpark (S. 183) Schwedisch anmutende Wälder und Seen

- Jostedalsbreen (S. 256) Die größte Eiskappe des europäischen Festlandes und eine herrliche Gletscherwelt
- Jotunheimen-Nationalpark (S. 193) Das Dach Norwegens mit Pfaden zwischen Gletschern und schneebedeckten Gipfeln
- Saltfjellet-Svartisen-Nationalpark (S. 315) Eisfelder, schroffe Felskuppen und hügeliges Heideland
- Øvre-Dividal-Nationalpark (S. 366) Straßenloses Grenzland mit Seen, Wäldern und Aussichtspunkten

SEHENSWERTES FÜR KINDER

Viele der Sehenswürdigkeiten in Norwegen scheinen Kinderphantasien zu entspringen (so wie die Trolle!) und sprechen Kinder und Erwachsene gleichermaßen an. Bei folgenden stehen die kleinen Besucher ganz im Mittelpunkt.

- Kristiansand Dyrepark (S. 147)
- Hunderfossen-Familienpark (S. 175) nahe Lillehammer
- Atlantikpark (S. 277), Ålesund
- Moschusochsen- und Elchtouren (S. 185)
- Wildwasserrafting, Sjoa (Kasten S. 190)

- Mythen von Seljord (s. Kasten S. 165)
- Hundeschlittenfahrten (S. 415) und ein Besuch im Samencamp (S. 237), Røros
- Kinderkunstmuseum (S. 111), Oslo
- Kindermuseum (S. 111), Stavanger
- Mitternachtssonne (S. 68)

Autofahrten. Das Problem bei Flugreisen ist nicht nur die Emissionsmenge (neben Kohlendioxid auch andere Treibhausgase wie Wasserdampf), sondern die Tatsache, dass der Ausstoß in größerer Höhe das Klima wesentlich stärker belastet.

Die meisten Fortbewegungsmittel verursachen Emissionen. Programme zum Emissionsausgleich bieten die Möglichkeit, die eigene Ökobilanz zu errechnen, um dann einen entsprechenden Betrag für Projekte (z. B. erneuerbare Energie oder Wiederaufforstung) zu spenden, welche die Emissionen reduzieren. Manche Anbieter konzentrieren sich ausschließlich auf Flüge, andere Emissionsrechner umfassen aber auch Zug-, Auto- und Fährstrecken. Ein gutes Beispiel ist die Seite **Climate Care** (www.climatecare.org). Weitere Infos zum Thema Klimawandel und Reisen s. Kasten S. 435.

Natürlich gilt es zu bedenken, dass eine von vornherein umweltfreundliche Art des Reisens immer weit effizienter ist, als die Ausgleichszahlung im Nachhinein.

Umweltbewusste Reiseangebote

Arctic Menu (www.arktiskmeny.no) Rund 40 großteils familienbetriebene Restaurants, die sich verpflichtet haben, heimische und natürliche Zutaten zu verwenden; S. 311.

Den Norske Turistforening (DNT; www.turistforeningen.no) Der norwegische Wanderverein fördert die umweltfreundliche Erkundung norwegischer Wildnisgebiete.

Miljøfyrtårn (www.eco-lighthouse.com) Umweltzertifizierungen für kleine und mittelständische Unternehmen; allerdings gibt's die Namen geprüfter Firmen nur auf Anfrage.

Miljømerking (www.ecolabel.no) Auszeichnung des Nordischen Ministerrats für umweltfreundliche Unternehmen. In Norwegen umfasst die Liste 23 Hotels (meist in der oberen Preisklasse), die den strengen Anforderungen entsprechen. Sie sind mit dem Symbol des Schwans gekennzeichnet.

National Geographic Centre for Sustainable Destinations (www.nationalgeographic. com/travel/sustainable/index.html) Unter dem Link „Programs for Places" gibt es Infos über die Beteiligung Norwegens an Geotourismus-Programmen.

Save Our Snow (www.saveoursnow.com) Das Suchverzeichnis verrät, was Skiorte für die Umwelt tun.

Vossafjell (www.vossafjell.com) Geotourismus-Aktivitäten und -Angebote in Westnorwegen.

World-Wide Opportunities on Organic Farms (www.wwoof.it; auch auf Englisch) Wer ein paar Stunden Arbeit investiert, kann hier viel über biologisch-dynamische Lebensweise lernen.

Veranstaltungskalender

Der norwegische Festkalender ist reich gefüllt. Hier die wichtigsten Feste, die Besucher aus dem Ausland oder aus ganz Norwegen anlocken. Dutzende weitere lokale Feste sind in den jeweiligen Regionalkapiteln erwähnt.

JANUAR–FEBRUAR

RØROSMARTNAN Vorletzte Woche im Februar
Norwegens größtes Winterfestival geht auf das Jahr 1644 zurück. Es wird in Røros (S. 181) noch heute von Dienstag bis Samstag mit Kulturprogrammen, Straßenmärkten und Live-Unterhaltung gefeiert.

MÄRZ–APRIL

SAMISCHES OSTERFEST
Ostern wird bei den Samen von Kautokeino (S. 392) mit einer Feier zum Ende der Polarnacht begangen. Es gibt Rentierrennen, den Grandprix der Samen und andere traditionelle Veranstaltungen.

VINTERFESTUKA März
Den langen Winter hindurch fiebert Narvik (S. 320) seinem einwöchigen Kulturfestival entgegen, das Musik und regionale Köstlichkeiten bietet und bei dem die Menschen am Horizont nach der Sonne Ausschau halten.

HOLMENKOLLEN SKIFESTIVAL Mitte März
Lockt Langläufer und Skispringer aus aller Welt mit Skiveranstaltungen und Kulturprogrammen vor den Toren von Oslo (S. 112).

MAI

NATIONALFEIERTAG 17. Mai
Wird in Oslo besonders groß gefeiert (S. 112). Die Osloer, die aus allen Teilen des Landes stammen, versammeln sich in ihrer jeweiligen regionalen Tracht am Königspalast.

NIGHT JAZZ FESTIVAL (NATTJAZZ) Ende Mai
Dieses Festival in Bergen (S. 212) ist eines der ausgelassensten, da die zahlreichen Studenten für Stimmung sorgen.

BERGEN INTERNATIONAL FESTIVAL Ende Mai–Juni
Dieses zweiwöchige Festival in Bergen (S. 212) mit Musik, Tanz und Folklore ist eine der größten Veranstaltungen in Norwegens Kulturkalender.

JUNI–JULI

WIKINGERFESTIVAL Anfang Juni
Mit Wikingergelagen, Prozessionen und Sagenabenden lässt die Insel Karmøy (S. 233) Norwegens Geschichte lebendig werden.

MITTELALTERFESTIVAL Juni
Highlights sind gregorianische Gesänge in der Glaskathedrale von Hamar (S. 176) und die mittelalterlichen Trachten der Einheimischen.

MITTERNACHTSSONNEN-MARATHON Juni
Einen Mitternachtssonnen-Marathon kann es nur in Norwegen geben: in Tromsø (S. 360), wo das nördlichste Straßenrennen über 42 km stattfindet. Im Januar veranstaltet die Stadt außerdem den Polarnacht-Halbmarathon.

MOLDEJAZZ Mitte Juni
Mit 100 000 Besuchern, Künstlern von Weltrang und dem Ruf, nur wirklich gute Musik zu bieten, gehört das Jazzfestival in Molde (S. 283) zu den beliebtesten in ganz Norwegen.

EXTREME SPORTS FESTIVAL Ende Juni
Adrenalinjunkies aus aller Welt kommen in Voss (S. 223) zusammen, um sich eine Woche lang beim Skydiving, Paragliding, Parasailing und Basejumping auszutoben. Einheimische und internationale Musiker bringen die Stimmung zum Brodeln.

KONGSBERG JAZZFESTIVAL Ende Juni–Anfang Juli
Kongsbergs (S. 157) Jazzfestival ist das zweitgrößte in Norwegen. Es dauert vier Tage und bringt die bekanntesten internationalen Interpreten ins Land. Da es direkt auf das Molde Jazzfestival folgt, ist diese Zeit das alljährliche Highlight für Jazzfreunde.

FEIERTAGE & FERIEN

- Neujahr (Nyttårsdag) 1. Januar
- Gründonnerstag (Skjærtorsdag) März/April
- Karfreitag (Langfredag) März/April
- Ostermontag (Annen Påskedag) März/April
- Erster Mai/Tag der Arbeit (Første Mai, Arbeidetsdag) 1. Mai
- Nationalfeiertag (Nasjonaldag) 17. Mai
- Christi Himmelfahrt (Kristi Himmelfartsdag) Vierzigster Tag nach Ostern, Mai/Juni
- Pfingstmontag (Annen Pinsedag) Achter Montag nach Ostern, Mai/Juni
- 1. Weihnachtsfeiertag (Første Juledag) 25. Dezember
- 2. Weihnachtsfeiertag (Annen Juledag) 26. Dezember

FJELLFESTIVALEN Anfang Juli
Åndalsnes (S. 271) organisiert den wohl größten Bergsteigertreff Nordeuropas, bei dem Erfahrungen ausgetauscht und steile Wände erklommen werden.

OLAVSFESTDAGENE Ende Juli
Diese landesweite Gedenkfeier zu Ehren des beliebtesten norwegischen Heiligen wird in Trondheim (S. 299) besonders enthusiastisch begangen; mit Prozessionen, Mittelaltermärkten, Wikingerkostümen, Konzerten. In Stiklestad (S. 304) gibt es vier Tage lang glanzvolle Festzüge.

AUGUST

RAUMA ROCK Anfang August
Zentralnorwegens größte Popveranstaltung findet in Åndalsnes (S. 271) statt, dauert zwei Tage und bietet alles von Indie bis Hardrock.

NOTODDEN BLUESFESTIVAL Anfang August
Das unscheinbare Notodden (S. 158) kommt bei einem herausragenden Bluesfestival in Stimmung.

INTERNATIONAL CHAMBER MUSIC FESTIVAL Anfang August
Schauplatz dieses prächtigen Festivals ist Stavanger (S. 238); einige Konzerte werden in der Domkirche gegeben.

NORDLANDS MUSIK-FESTIVAL Anfang–Mitte August
Zehn Tage dauerndes Musikfest in Bodø (S. 327) mit Symphonieorchestern, Jazztrios, Volksgruppen und Rockbands.

OSLO INTERNATIONAL JAZZ August
Dieses würdige Mitglied im Kreis von Norwegens grandiosen Jazzfestivals beherrscht Oslo (S. 112) sechs Tagen lang mit Livemusik.

VOSS BLUES & ROOTS FESTIVAL Ende August
Wer im August an den westlichen Fjorden unterwegs ist, sollte nach Voss (S. 223) kommen, um eines der besten Musikfestivals zu erleben.

SEPTEMBER

DYRSKU'N Zweites Wochenende im September
FESTIVAL
Im Mittelpunkt des wichtigsten Festes von Seljord (S. 164) steht Norwegens größter traditioneller Viehmarkt, der jedes Jahr 60 000 Besucher anzieht.

LILLEHAMMER JAZZFESTIVAL Mitte September
Die ehemalige Olympiastadt Lillehammer (S. 170) verabschiedet den Sommer mit dem letzten großen Jazzfestival des Jahres.

OKTOBER–DEZEMBER

BERGEN INTERNATIONAL FILMFESTIVAL Mitte–Ende Oktober
Beim wichtigsten Filmfestival Norwegens zeigen alle Kinos in Bergen (S. 212) Filme in Originalton mit Untertiteln und die Stadt wird zum Eldorado für Filmfreunde.

UKA-FEST Oktober–November
Norwegens größtes Kulturfest wird von Trondheims (S. 299) 25 000 Einwohnern auf die Beine gestellt und bedeutet drei Wochen Konzerte, Theater und allgemeine Festlichkeiten.

Reiserouten
KLASSISCHE ROUTEN

NORWEGEN EN MINIATURE
Zwei Wochen

Nach einigen Tagen in den Galerien und Museen **Oslos** (S. 94) ist eine Bahnfahrt auf der malerischen Strecke Oslo–Bergen, einer der spektakulärsten der Welt, genau das Richtige. Hinter Oslo steigen die Schienen sanft an: Sie führen durch Wälder, über Plateaus und durch Skigebiete zur herrlich abgeschiedenen und riesigen **Hochebene Hardangervidda** (S. 197). Von Myrdal fährt die Flåmsbana hinab nach **Flåm** (S. 246); hier legen die Schiffe ab, die den einzigartigen **Nærøyfjord** (S. 249) hinauffahren, der das Tor zum Labyrinth des **Sognefjords** (S. 246) ist. Über Gudvangen geht's dann zum nahen **Voss** (S. 220); wer den Nervenkitzel sucht, wird die Abenteueraktivitäten dort lieben.

Voss ist die Pforte zur Traumlandschaft des **Hardangerfjords** (S. 225) mit so faszinierenden Orten wie **Ulvik** (S. 226) und **Eidfjord** (S. 227). Weiter südlich liegt **Stavanger** (S. 234), eine der schönsten norwegischen Städte und ein guter Startpunkt für Ausflüge zum **Lysefjord** (S. 241) inklusive Aufstieg zum dramatischem Preikestolen, dem „Predigtstuhl". Nach einem möglichen Abstecher über **Rosendal** (S. 231) und das charmante kleine **Utne** (S. 230) geht's nach Norden ins traumhafte **Bergen** (S. 202) mit seinen malerischen Holzhäusern und einem sehr weltoffenen Flair.

Von Oslo nach Bergen dauert die Reise mit der „Norway in a Nutshell"-Tour zwei Tage. Wer mehr Zeit hat, sollte sich eine Woche gönnen, da die Reise mit Zug, Fähre und Bus durch märchenhafte Landschaften führt. Stavanger, Lysefjord und der Hardangerfjord nehmen eine weitere Woche in Anspruch, ehe es nach Oslo zurück geht. Insgesamt legt man bei dieser Reise 1700 km zurück.

DAS HERZ NORWEGENS   Zehn Tage bis zwei Wochen

Das Hochland Mittelnorwegens gehört zu den Gegenden, die einfach jeden in ihren Bann ziehen. Mit dem eigenen Fahrzeug oder einem Mietwagen bietet sich hier die einmalige Möglichkeit, die ruhigen und wenig befahrenen Nebenstraßen Norwegens zu erkunden. Auch trainierte Radfahrer können viele dieser eindrucksvollen Straßen nutzen; sie sollten aber etwas mehr Zeit mitbringen. Eine kurze Bus- oder Bahnfahrt von **Oslo** (S. 91) entfernt liegt **Lillehammer** (S. 170), Austragungsort der Winterolympiade von 1994 und mit seinen zahlreichen olympischen Sportstätten noch heute einer der schönsten Orte Mittelnorwegens. Weiter nördlich wartet **Ringebu** (S. 190) mit einer der schönsten Stabkirchen Norwegens. Mit dem Auto kann man auch die ruhige Rv 27 nehmen, die vorbei am steilen Bergmassiv des **Rondane-Nationalparks** (S. 189) in Richtung Nordwesten zum Unesco-Weltkulturerbe **Røros** (S. 178) führt. Mit seinen bunten Holzhäuschen und seinem unvergleichlichen altertümlichem Charme ist es eines der hinreißendsten Dörfer Norwegens. Von hier führt ein kurzer Abstecher gen Norden zur wunderschönen Küstenstadt **Trondheim** (S. 292).

Richtung Süden geht's vorbei an **Oppdal** (S. 183) und **Dombås** (S. 185), die beide an den **Dovrefjell-Sunndalsfjella-Nationalpark** (S. 186) grenzen. Im Sommer starten hier die Moschusochsensafaris. Von Dombås empfiehlt sich ein kurzer Abstecher mit der Bahn oder auf der E 136 durch das Herz von **Romsdalen** (S. 186) mit seinen gigantischen Felswänden. Wieder auf der Hauptstraße geht's Richtung Süden nach **Otta** (S. 187), wo die E 15 westlich nach **Lom** (S. 191) abzweigt. In Lom beginnt die **Sognefjellstraße** (S. 193), die durch den atemberaubenden **Jotunheimen-Nationalpark** (S. 193) verläuft. Von Turtagrø führt eine landschaftlich reizvolle Straße nach **Øvre Ardal** (S. 195). Von dort gelangt man über den **Jotunheimvegen** (S. 196) und schließlich auf dem herrlich ruhigen **Peer Gynt Vegen** (s. Kasten S. 175) wieder zurück nach Lillehammer.

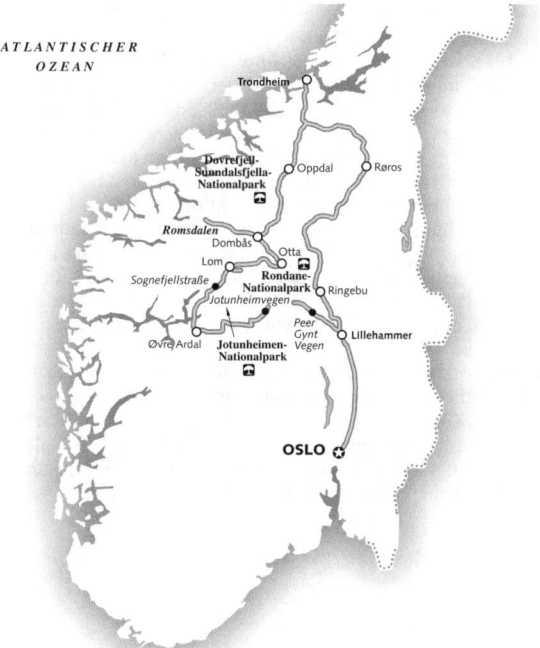

Man kann diese Tour von 1600 km Gesamtlänge in zehn Tagen schaffen. Zwei Wochen lassen etwas mehr Freiraum, um hier und dort etwas länger zu verweilen. Besonders in Røros und Trondheim lohnt sich das. Auf den großen Nordsüdstrecken verkehren Busse und Züge. Die wenig befahrenen Nebenstraßen sind nur mit einem eigenen Fahrzeug machbar.

MASSGESCHNEIDERTE TOUREN

UNESCO-WELTKULTURERBE IN NORWEGEN

Die Verantwortlichen bei der Unesco hätten wohl am liebsten einfach das ganze Land zum Weltkulturerbe erklärt. Am Ende haben sie sechs Orte ausgewählt und wer sie alle besucht, kommt in Nord- und Westnorwegen ganz schön rum.

Den ersten Eintrag in die Liste des Weltkulturerbes erhielt Norwegen 1979 für 58 der herrlichen, alten Lagerhäuser von Bryggen im Hafen von **Bergen** (S. 202). Heute mag es unglaublich klingen, doch als die Unesco das unschätzbare Kultur- und Architekturerbe von Bryggen auszeichnete, war der Erhalt der Bauten noch keineswegs gesichert. Mehr dazu s. Kasten S. 208.

Bryggen ist die am einfachsten zu erreichende und daher auch meistbesuchte der norwegischen Unesco-Attraktionen, dicht gefolgt vom **Geirangerfjord** (S. 274) und vom **Nærøyfjord** (S. 249), die Lieblingsfjorde der meisten Reisenden (auch unsere). Da sie zu den typischsten Postkartenmotiven Norwegens gehören, haben die meisten sicher schon Abbildungen von ihnen gesehen. Das gilt auch für die **Stabkirche von Urnes** (S. 255) tief im Herzen der westlichen Fjorde. Sie stammt aus dem 12. Jh. und ist eine der ältesten Stabkirchen Norwegens. Mit ihrer außergewöhnlichen Lage am Lusterfjord und ihren reichen Verzierungen ist sie außerdem eine der schönsten.

Keine Stadt ist malerischer als die ehemalige Bergarbeitersiedlung **Røros** (S. 178), westlich der Fjorde und hinter den Gipfeln des norwegischen Binnenlandes. Bunt bemalte, holzverkleidete Häuschen schmücken die Hänge und zeigen die ganze Schönheit und Idylle der norwegischen Bauernarchitektur. Im Gegensatz zu vielen anderen Dörfern hat sich Røros seinen Charme aus dem 15. Jh. bewahrt, auch wenn es etwas künstlerischer angehaucht ist und geprägt von seiner jahrhundertealten Bergbaugeschichte, deren Überreste heute faszinierende Attraktionen sind.

Die Unesco-Highlights des Nordens beginnen mit den **Vesterålen** (S.345), auch bekannt als Vega-Archipel. Diese wenig besuchte Inselgruppe dicht am Polarkreis verdankt ihren Platz auf der Liste v. a. dem Kulturerbe ihrer Fischerdörfer. Hier überkommt den Besucher das für Norwegen allzu seltene Gefühl, an einem zeitvergessenen, vom Massentourismus unberührten Ort gelandet zu sein.

Ganz im Norden lockt die lange aber schöne Fahrt nach **Alta** (S. 368) und eine erstaunliche Fülle von Felsbildern und Felsritzungen. Sie verbinden künstlerisches Können und naive Weltanschauung zu einer faszinierenden Lektion über das Leben unserer Vorfahren. Die Freiluft-Galerie, deren älteste Bilder auf 4200 v. Chr. datiert werden, zeigt alle Aspekte des jungsteinzeitlichen Lebens: Jagdszenen, Fruchtbarkeitssymbole, Rentiere und überfüllte Boote.

DER ARKTISCHE NORDEN

Die Magie des hohen Nordens zieht schon seit Jahrhunderten die Forscher an. Eine horizontlose, unendlich scheinende Welt, deren eisige Wildnis Besucher mit der gleichen Ehrfurcht erfüllt, wie sie die meisten unbewohnten Gebiete dieser Erde hervorrufen. Willkommen in Norwegens arktischem Norden, einem Land voller Seele und karger Schönheit.

Kommt man von Süden, gibt es viele Möglichkeiten, in diese herrliche Landschaft zu gelangen: auf dem Seeweg mit den **Küstenfähren der Hurtigrute** (S. 446), auf dem Landweg über den traumhaften **Arctic Highway** (S. 310) oder über die Küstenstraße **Kystriksveien** (S. 322). Welchen Weg man auch wählt, ein Abstecher zu den **Lofoten** (S. 331) sollte drin sein. Er gibt einen Vorgeschmack auf das, was einen jenseits des Polarkreises erwartet.

Nicht ganz so ausgetreten sind die Wege zur Inselgruppe der **Vesterålen** (S. 345), deren Landschaft noch ein bisschen wilder wirkt als die Lofoten. Die Künstlerkolonie von Nyksund und Whalewatching vor Stø sind auf jeden Fall zu empfehlen.

Wer das einsame Inselleben satt hat, bekommt in **Tromsø** (S. 356) ein Kontrastprogramm. Es ist wohl die lebhafteste Metropole Norwegens und eine Universitätsstadt *par excellence*. Das Polarmuseum zeigt die Faszination der Arktisforschung und die umliegenden Gipfel bieten Raum für vielfältige Sommer- und Winteraktivitäten. Tromsø ist außerdem der ideale Ausgangspunkt für eine Küstenexpedition zur Trauminsel **Karlsøy** (S. 365) oder für einen Ausflug ins Landesinnere zu den zerklüfteten **Lyngener Alpen** (S. 365) mit ihren Gletschern und schroffen Gipfeln. Man kann einen Tagesausflug nach **Senja** (S. 365) machen oder – noch besser – dort übernachten, um die tiefe Stille nordnorwegischer Nächte zu erleben.

Die Wälder und Seen des **Øvre-Dividal-Nationalparks** (S. 366) vermitteln das Gefühl einer grenzenlosen Welt und die Felsritzungen von **Alta** (S. 368) sollte man sich keinesfalls entgehen lassen.

Norwegens nördlichste Landesteile sind das recht überlaufene **Nordkap** (S. 375) und die etwas weiter westlich gelegene Halbinsel **Nordkyn** (S. 380), auf der es viel zu entdecken gibt. Das nahe gelegene **Tana Bru** (S. 381) ist einer der weltweit besten Orte zum Lachsfischen.

Aber Norwegens Arktisregion bietet viel mehr als nur Landschaft und Aktivitäten. Das beweist z. B. die Innere Finnmark, das zentrale Gebiet des Volkes der Samen. **Kautokeino** (S. 391) ist seit langem ein Hauptort der Samen und sein Kulturzentrum und Museum sind ideal, um die kulturellen Hintergründe dieses Volkes zu verstehen. Wandern im **Reisa-Nationalpark** (S. 394) ist nur etwas für gut Trainierte. **Karasjok** (S. 394), die unangefochtene Hauptstadt der Samen Norwegens, steckt voller faszinierender Sehenswürdigkeiten rund um die Kultur der Ureinwohner.

Und schließlich **Svalbard** (S. 397). Es ist zwar eine Herausforderung und ziemlich kostspielig, diese arktischen Inseln zu besuchen, aber kein anderer Ort Norwegens vermittelt so stark das Gefühl, am Ende der Welt angekommen zu sein. Das einstige Zentrum des Walfangs besitzt eine artenreiche arktische Tierwelt mit Rentieren, Eisbären – und einigen Walen, die überlebt haben. Außerdem gibt's hier natürlich gewaltige Gletscher, Eisberge und Eisfelder. Doch für diejenigen, die so weit gefahren sind, bietet wohl der Magdalenefjord den großartigsten Anblick: türkisfarbenes Meer im arktischen Norden.

Geschichte

Das heutige Norwegen ist wohl der Inbegriff eines friedlichen, modernen Landes, aber es hat eine blutige Vergangenheit. Wie Norwegen das wurde, was es ist, ist eines der großen Kapitel der Weltgeschichte. Eine Geschichte voller schelmischer Figuren und großer Leitmotive: der ewige Kampf gegen das Böse, das zukunftsorientierte, kühne Wesen der Wikinger, der Einfluss des Christentums und der beständige Kampf, als eigenständiges, unabhängiges Land ernst genommen zu werden.

DUNKELHEIT & EIS

Einige der stärksten Eindrücke, die Norwegen bei seinen Besuchern hinterlässt, sind die Bilder eines fischreichen Landes voll Schnee und Eis mit extremen Klimabedingungen und einer spärlichen Besiedlung. All diese Faktoren wirken hier schon seit den ersten Tagen skandinavischer Kultur. Die menschliche Gegenwart wurde jahrtausendelang geprägt von den bestimmenden Elementen in Norwegens Geschichte: Geografie und Klima.

Während der letzten Eiszeit war das Land kaum bewohnbar. Und doch war es im Vergleich zu Nordrussland noch paradiesisch. Als das Eis dann vor 11 000 Jahren zu schmelzen begann, zog es eine erste Einwandererwelle aus dem Osten nach Norwegen: die Komsa – Vorgänger der heutigen Samen (S. 43).

Mit fortschreitender Erwärmung, als Norwegen zunehmend bewohnbarer wurde, besiedelte das Volk der Nøstvet-Økser aus Zentraleuropa die norwegische Südküste, die relativ reiche Fischgründe, viele Robben und andere Beutetiere bot. Auch die wilden Rentiere folgten dem zurückweichenden Eis nach Norden ins immer noch vergletscherte Landesinnere. Ihnen folgten die Jäger, die als erste Menschen das norwegische Hochland überquerten. Doch sie errichteten dort nur zeitweilige Nomadencamps und hinterließen kaum Spuren in dem von Gletschern dominierten Ödland.

Im Laufe der Jahrtausende begannen sesshafte Völker Fuß zu fassen. In den späten Jahren des Römischen Reichs wurden sie von Rom mit Stoffen, Eisengeräten und Töpferwaren beliefert. Mit den Eisenwerkzeugen konnten sie Felder roden und größere Boote bauen. Und weil es insgesamt merklich kühler wurde, bauten sie stabilere Häuser aus Stein und Torf. Im 5. Jh. hatten die Norweger gelernt, selbst Eisen aus Erz zu schmelzen, das sie in den Mooren im Süden des Landes fanden.

DIE WIKINGER KOMMEN

Nur wenige Völker haben die Phantasie so beflügelt wie die Wikinger. Die Ära der Wikinger, die einst als die schlimmsten Räuber des frühen Europas gefürchtet waren, ging zuende, aber als moderne Comic-Helden

Viel weiß man nicht über das nomadische Jäger- und Sammlervolk der Nøstvet-Økser. Höchstwahrscheinlich waren sie groß, blond und blauäugig und unterhielten sich in einer germanischen Sprache, aus der die modernen skandinavischen Sprachen entstanden sind.

ZEITACHSE

12 000 v. Chr.	9000 v. Chr.	2500 v. Chr.
Am Ende der letzten Eiszeit entsteht ein neues Meer, das Norwegen vom Rest Nordeuropas trennt und ihm seine heutigen Umrisse verleiht.	Das Volk der Komsa – Jäger und Sammler und Ahnen der Samen – trifft in Nordskandinavien ein und gründet erste feste Siedlungen im arktischen Norden Norwegens, wo es bis heute lebt.	Aus Schweden kommen neue Völker nach Südnorwegen, die nach ihren Steingeräten als Streitaxt-, Bootsaxt- oder Trichterbecher-Kulturen bezeichnet werden. Sie tauschen Bernstein gegen Metall, vor allem Bronze, vom europäischen Kontinent.

leben sie ewig (etwa in den *Asterix*-Heften oder als *Hägar der Schreckliche*) und als Seefahrernation, die es stets in ferne Länder zog, haben sie die moderne norwegische Kultur entscheidend geprägt. Aber wer waren diese Krieger, die mit ihren Langbooten Europa fünf Jahrhunderte lang beherrscht haben?

Eroberung & Expansion

Da Ackerland für die wachsende Bevölkerung immer knapper wurde, kamen norwegische Siedler um 780 auf die Britischen Inseln. Als ihre Boote mit verlockenden Gütern und den Erzählungen von kaum geschützten Küsten nach Norwegen zurückkehrten, begannen die Wikinger, Eroberungspläne zu schmieden. Der erste Raubzug traf 793 das Kloster St. Cuthbert auf der Insel Lindisfarne. Bald überzogen die Wikinger Großbritannien, Irland und das übrige Europa mit Krieg und kehrten auf ihren eindrucksvollen, nordischen Langbooten mit reicher Beute und vielen Sklaven *(thrall)* in die Heimat zurück.

Die Wikinger griffen in großen Flotten an. Sie terrorisierten, ermordeten, versklavten, assimilierten oder vertrieben die einheimische Bevölkerung. Die Küstenregionen Nordnorwegens, Britanniens, Irlands, Frankreichs (die Normandie ist nach den „Nordmännern" benannt), Russlands (nach Osten bis zur Wolga), des maurischen Spaniens (Sevilla wurde 844 überfallen) und des Mittleren Ostens (bis nach Bagdad) wurden unterjocht. Das gut verteidigte Konstantinopel (Istanbul) erwies sich jedoch als eine Nummer zu groß: Sechsmal griffen die Wikinger die Stadt an – ohne Erfolg. Solche Rückschläge waren aber selten. Ihre Raubzüge machten aus Skandinavien – einer einst unbekannten Provinz am nördlichen Rand Europas – ein übermächtiges Reich.

Bei all der Zerstörung, die sie über andere brachten, fühlten sich die Wikinger den Küsten sehr verbunden, von denen aus sie loszogen und an denen sie während ihrer Raubzüge Schutz fanden. Die Überfälle erhöhten den Lebensstandard der Heimat. Durch Auswanderungen wurde Ackerland frei und eine neue Händlerschicht entstand. Die Landarbeit wurde zunehmend von den Sklaven verrichtet. Norwegische Bauern überquerten im 9. und 10. Jh. sogar den Atlantik und siedelten auf den Färöern, Island und Grönland. Die Welt schien ihnen zu Füßen zu liegen.

Das Wort „Wikinger" ist von *vik* abgeleitet, dem altnorwegischen Wort für „Bucht". Es bezieht sich auf die Ankerplätze der Wikinger während und nach ihren Raubzügen.

Explore North (www.explorenorth.com/vikings.html) ist die ultimative Internetseite für Möchtegernwikinger. Hier gibt's jede Menge Links zu Geschichte und Sagen, nordischen Göttern, nordischer Mythologie und eine köstliche Sammlung von Verschwörungstheorien.

AUF DEN SPUREN DER WIKINGER

Spuren der Wikinger finden sich in Tønsberg (S. 134), Kaupang (Larvik; S.136), Spangereid (Kasten S. 152), Eidfjord (S. 227), Kinsarvik (S. 229), Haugesund (S. 232), Karmøy Island (S. 233), Balestrand (S. 252), Giske (S. 281) und Leka (S. 307). Die beiden besten Wikingermuseen des Landes sind das Wikingerschiffsmuseum in Oslo (S. 105) und das Wikingermuseum Lofotr (S. 339).

---

787 n. Chr.	**793**	**872**
787 berichtet die *Angelsächsische Chronik* zum ersten Mal über nordische Seefahrer. Sie beschreibt drei Schiffe mit einer Besatzung von Nordmännern, die nach Großbritannien gekommen sind.	Die Plünderung des Klosters St. Cuthbert auf der Insel Lindisfarne vor der Küste von Northumberland markiert den Beginn der Wikingerzeit.	Harald Hårfagre (Harald Schönhaar) besiegt in der Schlacht von Hafrsfjord andere Wikingerhäuptlinge und eint das Land zum ersten Mal. Rund 20 000 Menschen fliehen nach Island.

Harald Schönhaar

Harald Hårfagre (Harald Schönhaar), Sohn von Svarta-Halvdan (Halvdan der Schwarze), war nicht nur der letzte in einer langen Reihe berühmter Wikinger. Während sich die meisten Häuptlinge mit Eroberungen einen Namen machten, schaffte Harald Schönhaar, was keinem vor ihm gelungen war: Er vereinte die gegensätzlichen Kriegersippen zu einer Wikingernation.

Seinen größten Sieg feierte er 872 im Hafrsfjord nahe Haugesund, wo er siegreich aus einem der wenigen auf See entschiedenen Bürgerkriege der Weltgeschichte hervorging. Danach war Norwegen ein geeinter Staat.

Die Herrschaftszeit von Harald Hårfagre war derart außergewöhnlich und unterhaltsam, dass der Isländer Snorri Sturluson sie in der *Heimskringla*, der norwegischen Königssaga, für die Nachwelt festhielt.

Snorri zufolge inspirierte eine Frau Harald zur Vereinigung Norwegens: Sie verspottete den König, indem sie es ablehnte, mit einem Mann zusammenzusein, dessen Reich sogar noch kleiner sei als das winzige Dänemark. Durch diverse Bündnisse und Handelsabkommen dehnte er sein Herrschaftsgebiet nach Norden bis in die Gegend des heutigen Trøndelag aus. Außenpolitisch war er sehr clever; er ließ sogar Håkon, einen seiner Söhne, am Hof des englischen Königs Athelstan aufziehen. Jedoch schweigen die Quellen dazu, ob die Frau, die das alles ausgelöst haben soll, denn auch entsprechend beeindruckt war. Um 930 erlag Harald auf der Insel Karmøy (S. 233) der Pest.

Das Land hatte er vereint, doch in der eigenen Familie gelang ihm wenig. Er heiratete zehn Frauen und zeugte scharenweise Erben, was zu ernsthaften Streitigkeiten bei der Nachfolge führte. Einer stach sie schließlich alle aus: Erik war Haralds jüngstes Kind und einziger Sohn von Ragnhild der Mächtigen, der Tochter des Dänenkönigs Erik von Jütland. Der skrupellose Erik eliminierte all seine legitimen Brüder – bis auf Håkon, der in England sicher war. Eriks Herrschaft war von beachtlichem Unvermögen gekennzeichnet. So ging er frisch ans Werk, den schwer erkämpften norwegischen Bund seines Vaters herunterzuwirtschaften. Als Håkon schließlich aus England zurückkehrte, um als König Håkon den Gode (Håkon der Gute) die Sache wieder ins Lot zu bringen, musste Erik nach Britannien fliehen: Als König Erik Blutaxt machte er es sich nun auf dem Thron von York bequem.

Christentum & Niedergang der Wikinger

Den Wikingern verdanken die Norweger ihre Liebe zur See. Und gegen Ende ihrer Ära prägten sie eine weitere Konstante des norwegischen Nationalcharakters: die starke Verwurzelung im christlichen Glauben. Allerdings ist der Sturz des alten Pantheons der Wikingergötter nicht ganz reibungslos verlaufen.

König Håkon der Gute, der während seiner Erziehung in England christlich getauft wurde, brachte bei seiner Rückkehr den neuen Glauben

Die Wikinger von Peter Sawyer gehört zu den besten und ausführlichsten Büchern über die Wikingerzeit: aktuelle Forschungsergebnisse, jede Menge Illustrationen und viele tolle Storys über ihre Heldentaten.

Wie die Linguisten vermelden, leben einige Wikingergötter in den englischen (teilweise auch in den deutschen) Bezeichnungen der Wochentage fort: Tuesday (Tyrs Tag), Wednesday (Odins Tag), Thursday (Thors/Donars Tag) und Friday (Freyas Tag).

Die Prosa-Edda: Nordische Mythologie von Snorre Sturluson ist die ultimative Informationsquelle zum Thema nordische Mythologie: mit Sagen, die im 10. Jh. niedergeschrieben wurden.

995	997	um 1000
Olav II. erbaut die erste christliche Kirche Norwegens in Mosterhamn auf der zur Hardanger-Region gehörenden Insel Bømlo. Von hier aus verbreitet sich das Christentum über Westnorwegen.	An einer Mündung des Flusses Nid wird Trondheim gegründet, die erste größere Siedlung des Landes, die auch zur ersten Hauptstadt des neuen Reiches wird.	Fast fünf Jahrhunderte vor Kolumbus erkundet Leifur Eiríksson, Sohn von Eiríkur Rauðe (Erik der Rote), die nordamerikanische Küste und nennt sie Vinland („Weinland").

mit ins Land – einige Missionare und einen Bischof gleich mit im Gepäck. Trotz einiger anfänglicher Erfolge blieben die meisten Wikinger Thor, Odin und Freyr treu. Obwohl es den Missionaren letzten Endes gelang, die Namen heidnischer Götter durch katholische Heilige zu ersetzen, wurde der Brauch des Blutopfers unvermindert weitergeführt. Als Håkon der Gute im Jahr 960 getötet wurde, war auch das norwegische Christentum am Aussterben.

DIE SCHLÜSSEL ZUR WELTHERRSCHAFT

Wie so viele Reiche nach ihnen, gründeten die Wikinger ihren Erfolg auf zwei Grundpfeilern: Tradition und Innovation. Der eine Pfeiler war ihr fanatischer Glaube, die Götter auf ihrer Seite zu haben, der andere ihre Schiffstechnologie zur Beherrschung der Meere, mit der sie ihrer Zeit um Jahrhunderte voraus waren.

Der Hauptgott, dem die Wikinger ihre Kraft verdankten, war Odin (Oðinn), der „All-Vater" mit seiner Frau Frigg. Sie zeugten Thor (Þór), den Donnergott. Doch das Entscheidende: Die Nordmänner glaubten, nach ihrem Tod auf dem Schlachtfeld würde sie der allmächtige Odin ins Paradies Walhalla führen, wo die Krieger den ganzen Tag kämpfen und sich danach von schönen Frauen verwöhnen lassen.

So überrascht es nicht, dass sie lieber in der Schlacht sterben wollten als im Bett. Das verlieh den Wikingern eine rücksichtslose Unbekümmertheit, denen ihre Feinde nichts entgegenzusetzen hatten. Tod in der Schlacht oder reiche Beute, was macht das schon für einen Unterschied? Aus dieser Weltanschauung ergaben sich ihre Grundwerte: Furchtlosigkeit gegenüber dem Tod, Stärke, Waffengeschick, Heldenmut und Opferbereitschaft.

Aber die Wikinger waren nicht nur furchtlose Krieger, sondern zugleich sehr fortschrittlich. Ihre Schiffe waren revolutionär, schnell, wendig und im Stande, den Strapazen oft langer Seereisen standzuhalten. Die Langboote maßen über 30 m, hatten einen stabilen Kiel, einen flexiblen Rumpf und große viereckige Segel. Sie wurden bis zu 12 Knoten (24 km/h) schnell und ermöglichten Eroberungszüge, denen 200 Jahre lang niemand etwas entgegensetzen konnte.

Wirklich spektakulär war das Navigationsequipment, das die Wikinger auf ihren Fahrten durch unbekannte Gewässer verwendeten. Die altnordischen Sagen erwähnen einen geheimnisvollen Apparat, bekannt als *solarsteinn* („Sonnenstein"). Mit diesem konnten die Wikinger auch navigieren, wenn der Himmel bewölkt oder die Sonne hinter dem Horizont verschwunden war und sie sich deshalb nicht mehr am Himmel orientieren konnten.

Heute nimmt man an, dass der *solarsteinn* ein Cordierit-Kristall war, der in ganz Skandinavien zu finden ist und polarisierende Eigenschaften hat. Betrachtet man den Kristall von unten und dreht ihn dabei, leuchtet er im polarisierten Restlicht blau, sodass man den Sonnenstand ausmachen kann.

Selbst heute verwenden Düsenflugzeuge beim Überfliegen der Polarregion, wo magnetische Kompasse versagen, einen Himmelskompass. Er bestimmt die Position der Sonne mit Hilfe einer künstlichen Polarisationslinse.

1024	**1030**	**1049**
Olav II. gründet die Kirche von Norwegen und etabliert sie als Staatsreligion. Bis heute hat sich daran auch nichts geändert.	Nachdem er 1028 vom dänischen König Canute (Knut) ins Exil gejagt wurde, kehrt König Olav II. zurück und wird bei einem Bauernaufstand in der Schlacht von Stiklestad in Trøndelag getötet.	Harald III. (Harald Hardråda oder Harald „der Harte"), Halbbruder des hl. Olav, gründet Oslo (Christiania) und startet von dort seine Raubzüge bis ins Mittelmeer.

Auf die sprichwörtliche Grausamkeit der Wikinger geht das Wort „Berserker" zurück. Im Englischen bedeutet „bare sark" so viel wie „bare shirt" (ohne Hemd), da die wilden Nordmänner traditionell mit bloßem Oberkörper kämpften.

Heroes of The North: Stories From Norwegian Chronicle, von F. Scarlett Potter liest sich wie das „Who's who" der norwegischen Sagenwelt – von Harald Schönhaar bis zum hl. Olav.

Der Kongelige Norske Sankt Olavs Orden (www.saintolav.com) bietet alle Infos, die man sich über den hl. Olav nur wünschen kann (und einige mehr). Die Rubrik „History of Norway" erläutert die Geschichte der norwegischen Monarchie.

Zu neuem Leben erwachte es während der Herrschaft von König Olav Tryggvason (Olav I.). Als echter Wikinger meinte Olav, seine Landsleute seien nur mit Gewalt vom wahren Glauben zu überzeugen. Zu seinem Pech weigerte sich seine zukünftige Frau, Königin Sigrid von Schweden, zu konvertieren. Also löste Olav den Heiratsvertrag und Sigrid heiratete den heidnischen König Sven Gabelbart von Dänemark, der Olav in einer großen Seeschlacht auf der Ostsee besiegte und sich Norwegen unter den Nagel riss.

Das Christentum etablierte sich schließlich dauerhaft in Norwegen, als König Olav Haraldsson (Olav II.) – ebenfalls in England bekehrt – das Zepter in der Hand hielt. Olav II. schlug sich mit seinen Wikingerhorden auf die Seite König Ethelreds und bewahrte London vor dem Angriff des Dänenkönigs Sven Gabelbart, indem er die London Bridge zerstörte (darauf geht übrigens das englische Kinderlied „London Bridge is Falling Down" zurück). Wo sein Namensvetter gescheitert war, verbreitete Olav II. nun mit Erfolg das Christentum. 1023 errichtete er ein Steinkreuz in Voss (S. 221), das noch heute steht, und 1024 gründete er die Kirche von Norwegen. Nach einem Einfall des dänischen Königs Canute (Knut) 1028 fiel Olav II. 1030 in der Schlacht von Stiklestad. Die Christen betrachteten ihn daraufhin als Märtyrer und sprachen ihn heilig. Der großartige Nidarosdom (S. 296) in Trondheim war als St.-Olavs-Gedenkstätte bis zur Reformation ein Ziel für Pilger aus ganz Europa (Kasten S. 296). Sein wichtigstes Verdienst war es jedoch, dass er eine dauerhafte Identität für Norwegen als unabhängiges Königreich geschaffen hatte.

Von den nachfolgenden Königen war keiner so skrupellos wie Harald III. (Harald Hardrâda, oder Harald „der Harte"), ein Halbbruder des hl. Olav. Harald III. fiel plündernd über den ganzen Mittelmeerraum her, womit die Wikingerherrlichkeit ein letztes Mal aufflammte. Als er 1066 bei einem schlecht geplanten Überfall in England fiel, war der Mythos von der Unbesiegbarkeit der Wikinger gebrochen. Snorre Sturluson schrieb im 12. Jahrhundert in seinem Werk *Heimskringla* (Weltkreis) über nordische Könige, so auch über Ereignisse aus Haralds Leben.

DAS ENDE DER UNABHÄNGIGKEIT

Die Wikinger selbst mögen im Strudel der Geschichte rasch verschwunden sein, doch ihr Expansionismus gekoppelt mit dem aufstrebenden Christentum stellte die Weichen für die Zukunft – für Aufschwung und Niedergang. Als Norwegens internationaler Einfluss schwand, brachen die Nachbarländer über die einstige Weltmacht herein, die nun um ihre Unabhängigkeit kämpfen musste.

Probleme innen & außen

1107 führte Sigurd I. eine Flotte von 60 Schiffen ins Heilige Land. Drei Jahre später hatte er Sidon – im heutigen Libanon – eingenommen. Aber

1066	1261	1319
Die Wikingerzeit geht zu Ende, als Harald III. bei einem gescheiterten Überfall in der Schlacht von Stamford Bridge durch die Hand des englischen Königs Harold fällt.	Als Reaktion auf den wachsenden Einfluss Norwegens im hohen Norden Europas schließt sich Grönland dem Königreich an. Ein Jahr später folgt Island.	Magnus, Nachfolger des Norwegers Håkon V., wird schwedischer König. Er vereint die beiden Länder und beendet damit die norwegische Unabhängigkeit und die Linie von Harald Schönhaar. Es folgen zwei Jahrhunderte des Niedergangs.

zu diesem Zeitpunkt dienten Eroberungen im Ausland nur mehr als Deckmantel für ernste innere Probleme. Sigurd starb 1130 und blutige Bürgerkriege um die Thronfolge überschatteten den Rest des Jahrhunderts. Der siegreiche König Sverre, ein ehemaliger Gottesmann, führte Norwegen ins sogenannte „Goldene Zeitalter". Bergen beanspruchte den Rang als nationale Hauptstadt, gestützt auf seine soliden Verbindungen zum Ausland und insbesondere den Handel zwischen den Küstenstädten und der deutschen Hanse (S. 202). Wohl aufgrund des norwegischen Wirtschaftsbooms schlossen sich Grönland und Island dem Königreich 1261 und 1262 freiwillig an.

Norwegen (2002) von Fritz Petrick bietet einen kompletten Abriss der norwegischen Geschichte. Die politische, gesellschaftliche und wirtschaftliche Entwicklung des Landes wird hier genauestens unter die Lupe genommen.

Aber die Weltmachtstellung des Landes wankte und Norwegen schottete sich ab. Håkon V. errichtete Stein- und Ziegelfestungen; eine in Vardø, um den Norden gegen Russland abzusichern, und eine in Akershus zur Verteidigung des Osloer Hafens (1308). Wenig später löste Christiania (das heutige Oslo) Bergen als Hauptstadt ab. Als Magnus, der Enkel von Håkon V., Norwegen 1319 mit Schweden vereinigte, begann eine 200-jährige Phase des Niedergangs. Das einst so glänzende norwegische Reich wurde zur Provinz seiner Nachbarländer.

Im August 1349 kam mit einem englischen Schiff der Schwarze Tod über Bergen nach Norwegen. Die Beulenpest raffte ungefähr ein Drittel der europäischen Bevölkerung dahin. Norwegens Felder lagen brach, ganze Ortschaften verfielen, der Handel geriet ins Stocken und die Schatzkammern schrumpften um 65 %. In Norwegen starben etwa 80 % der Adligen. Da aber auch die Zahl der Feldarbeiter dezimiert war, mussten die überlebenden Adligen selbst auf dem Land arbeiten. Dadurch hatte Norwegen für immer seine Machtbasis verloren und der Weg war frei für den Egalitarismus, der das Land bis heute prägt.

Dem mysteriösen Verschwinden der grönländischen Kolonien geht Jared Diamond in seinem Buch *Kollaps* nach.

1387 verlor Norwegen die Kontrolle über Island. Zehn Jahre später vereinigte Königin Margarete von Dänemark in der Kalmarer Union Schweden, Dänemark und Norwegen und setzte Erich von Pommern als König ein. Wie Margarete Norwegen vernachlässigte, setzte sich noch bis ins 15. Jh. fort, die Handelsbeziehungen zu Island brachen ab und auf geheimnisvolle Weise verschwanden die grönländischen Kolonien spurlos.

1469 verpfändete der dänisch-norwegische König Christian I. – angeblich nur vorübergehend – die Orkney- und die Shetlandinseln an die schottische Krone, weil er Geld für die Mitgift seiner Tochter brauchte. Bereits drei Jahre später annektierten die Schotten beide Inselgruppen.

Gebeutelt von diesen Veränderungen war Norwegen kaum wiederzuerkennen. Die einzige Konstante war der feste christliche Glaube – und selbst diesem stand ein fundamentaler Wandel bevor. 1537 verdrängte die Reformation den katholischen Glauben zugunsten des Protestantismus. Das Norwegen der Wikinger war damit nahezu komplett verwandelt.

1343	**1369**	**1469**
Die Hanse gründet ihre erste Niederlassung in Bryggen, im Hafenviertel von Bergen. Von hier aus kontrolliert der Handelsbund bis ins 16. Jh. hinein große Teile des norwegischen Marktes für Getreide, Stockfisch und Tran.	Die Beulenpest (der Schwarze Tod) erreicht Bergen. Sie verbreitet sich rasch über das ganze Land und verändert Norwegens Sozialstruktur für immer.	Die Orkney-Inseln, Shetland und die Isle of Man werden an die Schotten verkauft, womit die jahrhundertelange norwegische Expansion endet.

Die Feinde Dänemark & Schweden

Wer sich mit Norwegern unterhält, wird schnell feststellen, dass sie ihre dänischen und schwedischen Nachbarn nicht besonders mögen. Warum? Hier folgt die Erklärung.

Die Konflikte zwischen der Dänischen Union und der schwedischen Krone wurden auf norwegischem Boden ausgetragen: zunächst der Nordische Siebenjährige Krieg (1563–70), dann der Kalmarkrieg (1611–14). Trondheim z. B. wurde von beiden Seiten mehrfach erobert und zurückerobert und Norwegen wurde während des Kalmarkriegs von Schottland aus besetzt (Kasten S. 188).

Sweden and Visions of Norway: Politics and Culture 1814–1905 von H. Arnold Barton analysiert die Feindseligkeit und die Animositäten zwischen den Nachbarländern Norwegen und Schweden im entscheidenden 19. Jh.

In zwei weiteren Kriegen Mitte des 17. Jhs. musste Norwegen einen guten Teil seines Gebiets an Schweden abtreten. Im Großen Nordischen Krieg zu Beginn des 18. Jhs. standen die Norweger dem immer größer werdenden Königreich Schweden gegenüber. 1716 besetzten die Schweden Christiania (das heutige Oslo). 1720 waren die Schweden endgültig geschlagen und die über 150-jährige Kriegsführung beendet.

In Bergen entstanden im Jahr 1720 norwegische Handelsgesellschaften, die neue Handelsbeziehungen zu Grönland knüpfen wollten. Jedoch zerschlugen dänische Handelsbeschränkungen die zarten Sprossen wirtschaftlicher Unabhängigkeit. Daher war Norwegen nicht darauf vorbereitet, die sogenannte kleine Eiszeit zu verkraften. In den Jahren 1738 bis 1742 fielen ganze Ernten aus und ein Drittel des Viehs verendete. Hungersnöte plagten die Norweger und Tausende fanden den Tod.

Während der Napoleonischen Kriege blockierte Großbritannien Norwegen und führte so die Kapitulation Dänemarks am 14. Januar 1814 herbei. Der folgende Kieler Vertrag besiegelte die „Vereinigung der Kronen" von Norwegen mit Schweden. Eine Gruppe von Bauern, Kaufleuten und Politikern hatte es gründlich satt, dass ihr Land ständig durch fremde Könige aufgeteilt wurde. Deshalb versammelten sie sich im April 1814 in Eidsvoll Verk, arbeiteten die erste Verfassung des Landes aus und wählten einen neuen norwegischen König. Schweden zwang den neuen König Christian Frederik abzudanken und den von Schweden eingesetzten Monarchen Karl Johan anzuerkennen. Krieg ließ sich durch einen Kompromiss abwenden, der die Vormacht Schwedens einschränkte. Die norwegische Verfassung war zwar nicht lange in Kraft, zeigte aber, dass die Norweger die Schnauze voll hatten.

UNABHÄNGIGES NORWEGEN

Norwegen war lange Jahrhunderte Vasall ausländischer Besatzungsmächte und seine Tage als Weltmacht waren längst vorüber. Trotzdem war längst nicht alles verloren. Es war fast ein Jahrhundert seit der ersten Verfassung vergangen und ganze neun Jahrhunderte seit der Einigung durch Harald Schönhaar, doch nun war das norwegische Volk fest entschlossen, sein Schicksal ein und für alle Mal selbst in die Hand zu nehmen.

1537	1720	1814
Die Reformation, die Spaltung der Kirche in katholisch und protestantisch, fegt über Europa hinweg und erreicht Norwegen, wo sie den katholischen Glauben durch Luthers Lehren ersetzt.	Nach beinahe 150 Jahren Krieg auf norwegischem Boden (Siebenjähriger Krieg, Kalmarkrieg und Nordischer Krieg) ist Schweden endlich geschlagen, hat aber – zusammen mit Dänemark – weiterhin großen Einfluss auf Norwegen.	Nach der dänischen Niederlage in den Napoleonischen Kriegen fällt Norwegen durch die sogenannte „Kronunion" an Schweden. Die aufgebrachten Norweger setzen ihre erste Verfassung in Kraft, was bis heute als Akt der Unabhängigkeit gefeiert wird.

Ein zuversichtlicher Start

Im 19. Jh. – vermutlich beflügelt vom Geist der Verfassung von 1814 – begannen die Norweger, ihre kulturelle Identität wiederzuentdecken. Diese aufkeimende kulturelle Belebung zeigte sich vor allem in der Kunst, angeführt vom Dichter und Dramatiker Henrik Ibsen (S. 52), dem Komponisten Edvard Grieg (S. 52) und dem Maler Edvard Munch (S. 53). Auch die Sprache spielte nun eine Rolle und es wurde eine eigene norwegische Sprache geschaffen: *landsmål* (oder *Nynorsk*). 1854 wurde zwischen Oslo und Eidsvoll die erste Bahnstrecke Norwegens fertiggestellt und auch im Außenhandel konnte Norwegen – vor allem mit Erzeugnissen aus der arktischen Fischerei und dem Walfang – einen Aufschwung verzeichnen.

Doch das Land war noch immer ausgesprochen arm. Zwischen 1825 und 1925 wanderten über 750 000 Norweger in die USA und nach Kanada aus. Der Aufschwung des Nationalgefühls war trotzdem nicht zu bremsen.

1905 versammelten sich die Norweger, um eine Verfassung auf den Weg zu bringen. Wie nicht anders erwartet, stimmte praktisch niemand für eine Fortsetzung der Union mit Schweden. Der schwedische König Oskar II. musste die norwegische Unabhängigkeit akzeptieren und abdanken. Er setzte die norwegische konstitutionelle Monarchie wieder in Kraft und Håkon VII. auf den Thron. Dessen Nachkommen regieren Norwegen bis zum heutigen Tag, wobei das *storting* (Parlament) letztlich über die Nachfolge entscheidet. Oslo wurde zur Hauptstadt des Königreichs Norwegen erklärt.

Erneut unabhängig, wollte sich Norwegen rasch als würdiges Mitglied im Konzert der Nationen bewähren. 1911 erreichte der norwegische Entdecker Roald Amundsen den Südpol. Zwei Jahre später erhielten die Frauen in Norwegen als einem der ersten Länder Europas das Wahlrecht. Wasserkraftwerke schossen überall im Land wie Pilze aus dem Boden; neue Wirtschaftszweige florierten und trieben eine zunehmend gesunde Exportwirtschaft an.

Vom Ersten Weltkrieg weitgehend unberührt – Norwegen war neutral, obwohl die Deutschen einige Handelsschiffe versenkten – wuchs die norwegische Zuversicht. 1920 beschloss das *storting*, dem neu gebildeten Völkerbund beizutreten. Lediglich die kommunistisch gefärbte Arbeiterpartei – eine zunehmend militante, revolutionäre Partei, die 1937 schließlich das *storting* dominierte – war davon nicht zu begeistern. Die 1920er brachten noch andere Neuerungen: z. B. Fabrikschiffe, auf denen die Wale direkt auf See verarbeitet werden konnten. Damit nahm der Walfang zu, v. a. um Svalbard und in der Antarktis (Infos dazu S. 85).

Jedoch drohte bereits die nächste Misere. Die Depression Ende der 1920er-Jahre und danach zwang Norwegen in die Knie. Im Dezember 1932 waren 42 % der Norweger arbeitslos und die Bauern waren vom Abschwung besonders hart getroffen.

Henrik Ibsen and the Birth of Modernism: Art, Theater, Philosophy von Toril Moi ist ideal für alle, die mehr über die Zeit und den Kontext wissen wollen, in dem der beliebteste norwegische Dramatiker gelebt hat.

1854	1905	1911
Die erste Bahnlinie in Norwegen wird eröffnet. Die "Hovedbane" verbindet Oslo mit Eidsvoll und revolutioniert zusammen mit einer auf dem Mjøsa-See eingerichteten Schiffsverbindung den Inlandsverkehr.	Eine überwältigende Mehrheit der Norweger stimmt für die Freiheit und gegen die Union mit Schweden. Norwegen wird als konstitutionelle Monarchie unter König Haakon VII. unabhängig. Seine Nachfolger haben noch heute den Thron inne.	Der norwegische Entdecker Roald Amundsen erreicht als erster Mensch den Südpol. Er ist der bekannteste einer Reihe von norwegischen Entdeckern.

Norwegen im Krieg

Norwegen hatte sich für seine Unabhängigkeit einen schlechten Zeitpunkt gewählt. Über Europa braute sich Krieg zusammen. Dem Ersten Weltkrieg hatte Norwegen entgehen können, dem Zweiten jedoch nur für kurze Zeit.

Anfang der 1930er-Jahre breitete sich der Faschismus über Europa aus. Anders als im Ersten Weltkrieg fand sich Norwegen nun selbst inmitten des gewaltsamen Aufruhrs wieder, der über Europa hinwegfegte. 1933 rief der ehemalige Verteidigungsminister Vidkun Quisling die faschistische Partei *Nasjonal Samling* ins Leben. Als die Deutschen am 9. April 1940 in Norwegen einfielen, floh König Håkon mit seiner Familie ins Exil (Kasten S. 177), während britische, französische, polnische und norwegische Truppen einen verzweifelten Rückzugskampf ausfochten. Ausführlichere Infos über den norwegischen Widerstand gegen die Nazibesetzung Kasten S. 103.

Sechs Städte im Süden wurden niedergebrannt. Trotz einiger Erfolge der Alliierten standen die Briten ziemlich allein da und überließen das arktische Norwegen schließlich seinem Schicksal. In Oslo setzten die Deutschen eine Marionettenregierung unter Vidkun Quisling ein, dessen Name seither für den Landesverräter schlechthin steht.

Vor allem der norwegische Widerstand setzte alles daran, die deutschen Pläne zu durchkreuzen. Häufig halfen wagemutige Fischer von den Shetlandinseln, Waffen über die See nach Westnorwegen zu schmuggeln. Eine der unvergesslichsten Widerstandsaktionen war der berühmte Überfall auf die Produktionsanlage für schweres Wasser in Vemork im Februar 1943. Die Anlage war Teil der Pläne für die Entwicklung einer deutschen Atombombe (Kasten S. 159).

Die Deutschen übten bittere Rache an der Bevölkerung; während der Besatzung wurden 630 norwegische Juden in die Konzentrationslager Mitteleuropas verschleppt. Serbische und russische Kriegsgefangene verrichteten bei Bauprojekten in Norwegen Zwangsarbeit; viele starben an Kälte und unzureichender Ernährung. Den vielen Opfern unter den Arbeitern beim Bau der Straße hoch auf dem Saltfjellet verdankt sie ihren Beinamen *blodveien* (Blutstraße).

Besonders die Finnmark hatte während des Krieges verheerende Zerstörungen und zivile Opfer zu beklagen. Im Altafjord und an anderen Orten errichteten die Deutschen U-Boot-Stützpunkte, von denen aus Schiffskonvois nach Murmansk und Archangelsk in Russland angegriffen wurden, um den Waffennachschub der Russen zu unterbrechen. Zu Beginn des Jahres 1945 gingen die Deutschen angesichts des eskalierenden Zweifrontenkrieges in eine Politik der verbrannten Erde über, um so das Vordringen der Russen in die Finnmark zu verzögern. Sie verwüsteten den Norden Norwegens, indem sie Felder, Wälder, Städte und Dörfer in Brand steckten. Kurz nachdem die Deutschen Norwegen aufgegeben hatten, wurde Quisling von einem Exekutionskommando erschossen und weitere Kollaborateure wanderten ins Gefängnis.

Den ersten Sieg im Zweiten Weltkrieg feierten die Alliierten, als die britische Marine Ende Mai 1940 den strategisch wichtigen Erzhafen von Narvik eroberte. Am 9. Juni fiel er wieder an die Deutschen.

Krieg in Norwegen (1941) ist eines von sechs Büchern von Willy Brandt über Norwegen. Der spätere Bundeskanzler lebte hier im Exil und schrieb über seine eigenen Erfahrungen. Das Buch wurde von den Nationalsozialisten verboten.

Gemessen an seiner Größe spielt Norwegen eine herausragende Rolle in der internationalen Konfliktlösung (z. B. mit seinen Bemühungen für ein UN-Abkommen gegen Landminen) und ist ein erfolgreicher Mittler in Nahost und Sri Lanka.

1920	1940	1945
Mit Unterzeichnung des Svalbard-Vertrags wird das norwegische Territorium zum ersten Mal seit Jahrhunderten ausgeweitet. Im selben Jahr beschließt Norwegens Parlament, dem neu gegründeten Völkerbund beizutreten.	Am 9. April fällt Nazideutschland in Norwegen ein, freudig empfangen vom faschistischen Verteidigungsminister Vidkun Quisling. König Håkon und seine Familie fliehen ins Exil, wo sie während des ganzen Krieges bleiben.	Am 7. Mai verlassen die russischen Truppen als letzte Norwegen. Zurück bleibt der Scherbenhaufen deutscher Zerstörung.

WO STEHT NORWEGEN HEUTE?

Stabil, finanziell gut gestellt und ein respektierter Weltbürger, steht Norwegen doch an einem wichtigen Scheideweg seiner Geschichte. Insbesondere wird noch immer über den EU-Beitritt gestritten. In Anbetracht seiner Geschichte ist es verständlich, dass Norwegen zögert, sich auf neue Auslandsbündnisse irgendeiner Art einzulassen. Obwohl die Regierung einen Beitritt forcierte, entschied sich 1972 und 1994 eine knappe Mehrheit der Bevölkerung dagegen. Norwegen bleibt weiter außen vor und kann weder die Vorteile der Mitgliedschaft genießen (nach Regierungsschätzungen jährlich 180 Mio. US$) noch Verantwortung innerhalb der Mitgliedsstaaten übernehmen. Manchen Norwegern kommt schon die Galle hoch beim bloßen Gedanken, dass Brüssel (oder sonst jemand im Ausland) über ihr Leben entscheiden könnte. Viele andere hingegen – vor allem in den Städten und im Süden – sehen ein, dass Norwegen nicht auf ewig isoliert bleiben kann. Aktuellen Umfragen zufolge befürwortet derzeit eine knappe Mehrheit den Beitritt.

Auch die Einwanderungspolitik (S. 46) ist ein heißes Eisen der norwegischen Politik. Die einstige Auswanderernation ist zu einem Land geworden, von dessen Einwohnern 8,9 % außerhalb von Norwegen geboren wurden. Damit verbundene Befürchtungen drohen die politische Landschaft grundlegend zu verändern. Die Labour-Partei, die Norwegen fast während der gesamten Zeit seiner Unabhängigkeit geführt hat, hält sich noch an der Macht – wenngleich seit 2005 in einer rotgrünen Koalition mit den Sozialisten und der Zentrumspartei. Doch es gibt Anzeichen für einen Rechtsruck. Bei den Wahlen von 2005 gewann die Fremskrittspartiet (Fortschrittspartei) 22 % der Stimmen – nachdem sie sich für eine restriktive Einwanderungspolitik und gegen den EU-Beitritt stark gemacht hatte. Nun sehen viele Einwohner die sprichwörtliche norwegische Toleranz und Gleichberechtigung in Gefahr. Außerdem wird befürchtet, dass sich der lockere Lebensstil der Norweger ändern muss, wenn das Land in der Weltwirtschaft konkurrenzfähig bleiben will. Eine aktuelle Studie hat ergeben, dass die Norweger durchschnittlich nur 160 Tage pro Jahr arbeiten.

Und dann ist da noch das Öl, das schwarze Gold, dem das moderne Norwegen seine Existenz verdankt. Mit rapide wachsenden Rücklagen für künftige Generationen (derzeit über 300 Mrd. US$; Kasten S. 42) und riesigen Erdgasreserven hat Norwegen weniger Grund zur Sorge als die meisten anderen Ölstaaten. Doch viele Norweger gestehen offen, dass sie sich wegen ihres Wohlstands schuldig fühlen, und sorgen sich, dass ihre Bemühungen um vorbildlichen Umweltschutz durch den Ölexport zunichte gemacht werden. Ein Teil dieser Schuld wird dadurch getilgt, dass Norwegen pro Kopf weltweit einer der größten Geber in der Entwicklungszusammenarbeit ist. Dennoch wirft die Ungewissheit über die eigene Stellung in der Welt oft einen Schatten auf das sonst so sonnige Gemüt der Norweger. Das mag daher rühren, dass Norwegen seit der Wikingerzeit nun zum ersten Mal als starkes, unabhängiges Land vor derartigen Problemen steht.

Die Öljahre

In den Nachkriegsjahren wurde befürchtet, Norwegen könnte sich dem kommunistischen Ostblock anschließen. Die Kommunistische Partei erhielt bei den Wahlen starken Zulauf und beteiligte sich sogar an Koalitionsregierungen. Doch der Eiserne Vorhang an der Grenze zu Russland blieb geschlossen. Und mehr noch: Als einer der Gründerstaaten der Vereinten Nationen 1946 be-

1946

Norwegen wird UN-Gründungsmitglied. Dies ebnet den Weg für seine spätere Außenpolitik und seine Rolle als wichtiger Mittler bei internationalen Konflikten wie im Nahen Osten und in Sri Lanka.

1947

Der Norweger Thor Heyerdahl sticht in Peru mit seinem selbst gebauten Floß „Kon-Tiki" in See. Er segelt zu den Tuamoto-Inseln, um seine Theorie stützen, nach der Polynesien nicht von Südostasien, sondern von Amerika aus bevölkert wurde.

1949

Entgegen westlichen Befürchtungen, dass es sich der Sowjetunion zuwenden könnte, tritt Norwegen der NATO bei und kooperiert mit den USA.

kannte sich Norwegen klar zum Westen. Angesichts seiner Nähe zu Russland gab Norwegen 1949 seine Neutralität auf und trat der NATO bei. 1952 begrub es auch alle früheren Konflikte mit seinen Nachbarn und gründete gemeinsam mit den anderen skandinavischen Ländern den Nordischen Rat.

Es gab nur ein Problem: Norwegen war pleite und zum Wiederaufbau, vor allem im arktischen Norden, wurde dringend Geld gebraucht. Zuerst schienen die florierende Handelsmarine und der Walfang das Problem teilweise zu lösen. Norwegen biss sich durch, so gut es ging (Lebensmittel wurden bis 1952 rationiert).

Doch bald sollte es eine dramatische Wende geben. Ende der 1960er-Jahre wurde in der Nordsee Öl gefunden. Plötzlich boomte die Wirtschaft. Norwegen wurde von einem der ärmsten zu einem der reichsten Länder Europas. Weitere Informationen zu Norwegens Ölreichtum: Kasten S. 42.

Seit dem Ölboom haben sozialdemokratische (und kurzlebige konservative) Landesregierungen den unverhofften Segen (und rigorose Einkommenssteuern und Versorgungsgebühren) dazu verwendet, eines der umfangreichsten Sozialsysteme der Geschichte zu schaffen – mit kostenloser Gesundheitsversorgung, kostenlosem Studium sowie großzügigen Renten- und Arbeitslosenregelungen. Alles in allem ist Norwegen – so die Regierung – die „egalitärste Sozialdemokratie Westeuropas".

Ende der 1960er	1994	2005
Ölfunde machen eines der ärmsten europäischen Länder zu einem der reichsten der Welt. Mit den Einnahmen aus dem Öl schafft Norwegen ein umfassendes Sozialsystem und leistet großzügige Auslandshilfen.	Das norwegische Volk stimmt mit 52 % gegen eine Mitgliedschaft in der EU, weil es sich Sorgen um Familienbetriebe in der Landwirtschaft macht, Einbußen in der Fischerei befürchtet oder Angst vor einem Verlust nationaler Unabhängigkeit hat.	Eine rotgrüne Koalition gewinnt die Parlamentswahlen und beendet die konservative Koalitionsregierung von 2001.

Kultur

MENTALITÄT

Die Norweger sind extrem freiheitsliebend und weltoffen zugleich, was sich manchmal widerspricht. So unterstützen z. B. viele Norweger, denen eigentlich der Umweltschutz am Herzen liegt, die umstrittene Regierungsmeinung zum Thema Walfang, da sie sich um die Tiere weniger sorgen als um norwegische Traditionen und die Handlungsfreiheit ihres Landes. Viele sehen einen möglichen EU-Beitritt mit gemischten Gefühlen. Sie fürchten den Verlust ihrer Unabhängigkeit, sehen sich aber in der Verantwortung, ihren Nachbarn im Süden und Osten kooperativ zur Seite zu stehen. Von all dem abgesehen wird ein Norwegentraveler vielen Einheimischen begegnen, die mehrere Sprachen sprechen, weit gereist sind und liebend gern Besucher in ihrem Land willkommen heißen.

Norweger lieben die Natur und nehmen das *allemansretten* (wörtlich „Jedermannsrecht") sehr ernst – ein uraltes Gesetz, das der Öffentlichkeit freien Zugang zu unberührter Landschaft garantiert, auch während der deprimierend langen Winter, wenn viele auf Langlaufskiern unterwegs sind. Das heißt aber nicht, dass die Norweger sich weniger auf den Sommer freuen würden. Sie verehren ihn regelrecht – schließlich könnte er nach zwei Monaten schon wieder vorbei sein. Norweger sind generell Frohnaturen, doch im Sommer strahlen sie geradezu vor ansteckend guter Laune.

Die Gesellschaft legt Wert auf Gleichberechtigung und hat ein ausgeprägtes Geschichtsbewusstsein. Wohlstand zur Schau zu stellen ist verpönt, auch weil sich viele ältere Norweger noch gut an die Zeiten erinnern können, als Norwegen noch ein armes Land und das Leben ein harter Existenzkampf war. Manche beklagen ein Schwinden des traditionellen Gemeinschaftssinns, doch die meisten stimmen der internationalen Einschätzung zu, dass Norwegen weltweit die mit Abstand höchste Lebensqualität bietet.

LEBENSART

Norwegen steht regelmäßig an erster Stelle des UN Human Development Index, der anhand verschiedener Faktoren die Lebensqualität der Länder ermittelt.

Arbeit & Familie

Hinsichtlich staatlicher Familienförderung gehört Norwegen auf jeden Fall zur Weltspitze. Anfang der 1970er-Jahre wurde das „Muttergehalt" eingeführt. Es sollte den Frauen ermöglichen, bei ihren Kindern zu bleiben, ohne vom Einkommen des Mannes abhängig zu sein. An dieser Grundidee wurde seither nicht gerüttelt. Sie wurde sogar noch durch bezahlten Urlaub (fünf

---

FAMILIENFÖRDERUNG IN NORWEGEN

Bezahlter Mutterschaftsurlaub Gesetzliches Minimum sind sechs Wochen; kann aber bei voller Bezahlung bis zu 42 Wochen andauern (längster voll bezahlter Mutterschaftsurlaub in Europa) oder bei 80 % zwölf Monate.

Bezahlter Vaterschaftsurlaub Minimum sind vier Wochen (soll bald auf fünf erhöht werden); werden diese nicht genommen, gehen sie für beide Elternteile verloren.

Weitere Urlaubsansprüche Jedes Elternteil hat das Recht auf eine unbezahlte, einjährige Pause mit vollem Kündigungsschutz (bei Beamten sind es drei Jahre) oder auf zwei Jahre Teilzeitarbeit mit voller Bezahlung.

Staatliche Zuschüsse für Kinder Die Regierung bezuschusst Eltern mit über 33 000 nkr pro Kind und gewährt dem Nachwuchs lebenslängliche Familienzulagen.

LUXUSPROBLEME

Die Norweger haben in ihrer Geschichte viel Not gelitten: Die Not trieb die Wikinger in die Plünderei, die Emigranten zum Aufbruch nach Amerika und Munch in solche Existenzängste, dass er sein Bild *Der Schrei* malte. Mit der Entdeckung von Erdöl 1969 ist alles anders geworden. Praktisch über Nacht stand den bis dahin bettelarmen Norwegern Geld im Überfluss zur Verfügung – eine schwierige Lage für die erklärten Verfechter der Gleichheit.

Wie hat dieser neue Wohlstand das Land beeinflusst? Wir haben zwei Norweger der älteren Generation gefragt, wie sie die Veränderungen der letzten 50 Jahre erlebt haben. Kate Waagaard, 1935 geboren, kommt aus Hønefoss, ebenfalls in Valdres.

Sind die Dinge heute besser? Es wird auf jeden Fall mehr Geld investiert. Lebensqualität und -standard sind gestiegen und es gibt kaum Arbeitslosigkeit. Die Norweger geben wesentlich mehr für Hausbau, Urlaubsreisen und Restaurantbesuche aus als zu unserer Zeit – aber auch die Preise steigen. (Finn)

Die Leute gehen offener mit dem Geld um und zeigen ihren Wohlstand. Als ich nach dem Krieg zum ersten Mal nach England fuhr – ich war dort, um den Sommer über Beeren zu pflücken – war das für mich eine große Reise. Heute reisen die Menschen an exotische Orte wie die Malediven. (Kate)

Was hat sich im Alltag verändert? Die Autos. Allradantrieb war früher eine Rarität. Heute nicht mehr. Ruderboote wurden durch schnelle Motorboote ersetzt, die 500 000 US$ und noch mehr kosten. (Finn)

Was früher eine Hütte *(hytte)* war, hat heute mehrere Badezimmer und allen Komfort. Der Telefonservice hat sich auch verbessert! Früher dauerte es Jahre, bis ein Telefon angeschlossen war. (Kate)

Interview von Kari Lundgren

Wochen pro Jahr) und eine großzügig subventionierte Kinderbetreuung ergänzt.

Dieser beispiellosen Förderung ist es sicher mit zu verdanken, dass Norwegen eines der westlichen Länder mit der höchsten Geburtenrate ist (1,81 Kinder pro Familie). Auch Norwegens Arbeitsplätze sind sehr familienfreundlich. 2006 drückte es eine norwegische Mutter gegenüber BBC so aus: „Unsere Arbeitgeber akzeptieren einfach viel mehr. Es ist nicht ungewöhnlich, eine Telefonkonferenz zu unterbrechen, weil im Hintergrund ein Baby weint."

Trotzdem gab es in den letzten Jahren auch hier Veränderungen der Familienstruktur. So ist das Durchschnittsalter bei der ersten Geburt gestiegen (28,6 Jahre) und die Zahl der Eheschließungen gesunken (5,5 pro 1000 Personen), während der Anteil der außerehelichen Lebensgemeinschaften (fast 50 % aller Kinder werden unehelich geboren) und der allein erziehenden Mütter steigt (rund 25 % der Kinder wachsen mit nur einem Elternteil auf).

Diese Veränderungen, die größtenteils vom Wohlfahrtssystem gestützt werden, bewirken eine deutliche Abkehr von der traditionellen Kernfamilie, die immer der Stützpfeiler der norwegischen Gesellschaft war. Begünstigt wurde diese Entwicklung sicher durch gestiegene Löhne (mit 54 465 US$ pro Kopf im Jahr 2006 hatte Norwegen das zweithöchste Durchschnittseinkommen der Welt), zum anderen aber auch dadurch, dass viele junge Leute der Kirche den Rücken kehren. Noch drastischer ist die Veränderung in einem anderen Bereich. Die Kleinfamilie verändert zwar ihre Struktur, besteht aber weiter (Doppelverdiener mit zwei Kindern bleiben die Norm). Die traditionelle Großfamilie hingegen scheint auszusterben. Die Verantwortung für die Älteren geben Familienangehörige immer mehr an den Staat ab.

Das Durchschnittsalter der Bevölkerung steigt. Das offizielle Renten-
eintrittsalter beträgt 67 Jahre mit garantierter lebenslanger Rentenauszahlung
bei einer durchschnittlichen Lebenserwartung von fast 80 Jahren. Allerdings
hat Norwegen einen Vorteil gegenüber anderen Ländern, die nicht wissen,
wie sie bei immer weniger Steuerzahlern die Renten sichern sollen: den
staatlichen Rentenfonds (s. Kasten S. 42).

Bildung

Seit 1889 besteht in Norwegen Schulpflicht. Das staatliche Schulsystem
wird stark gefördert, der Besuch von Privatschulen aktiv gebremst. Die
obere Sekundarstufe schließt mit der Qualifikation für die Hochschule oder
einer fertigen Berufsausbildung ab. Viele entscheiden sich dafür, fern ihrer
Heimatstadt zu studieren, wodurch sie das Elternhaus früh verlassen und
sehr selbständig ihren Alltag meistern. Für Ausbildung und Studium werden
keinerlei Gebühren erhoben.

Das Land ist bemüht, die traditionelle Kultur der Samen (S. 43) zu bewahren. Samische Studierende können samische Kulturwissenschaften
studieren und einige Kurse in ihrer Muttersprache belegen. Für Schüler,
die norwegisch nicht als Muttersprache sprechen, werden subventionierte
Sprachkurse angeboten.

Norwegen hat sechs große Universitäten – Oslo (die älteste), Bergen,
Trondheim, Tromsø, Ås und Stavanger – sowie rund 40 regionale Hoch-
schulen und Fachhochschulen.

Traditionen

Abgesehen von letzten Spuren in abgelegenen, ländlichen Gebieten
sind die norwegischen Traditionen nur noch in den ausgezeichneten
Volkskundemuseen (s. Kasten S. 44) oder bei Volksfesten (wie in Bergen;
s. S. 218) zu finden.

Noch lange gepflegt wurde die *bunad,* eine kunstvoll gearbeitete Tracht,
die in jeder Region eigene Farben und Muster hat. In traditionsbewussten
Gegenden wie Setesdalen und Teilen der Telemark wurde sie bis nach dem
Zweiten Weltkrieg noch im Alltag getragen. Heute ist sie höchstens zu
Hochzeiten oder anderen Feierlichkeiten zu sehen.

Die herrlichen Kleider wurden früher von Schäferinnen und Melkerinnen
mit den aufwendigen Stickereien versehen, während sie ihre Herden weide-
ten. Heute fertigen nur noch wenige Berufsnäherinnen und -stickerinnen die
kunstvollen und sehr teuren Trachten. Das Norwegische Volkskundemuseum
in Oslo stellt einige Exemplare aus. Am prachtvollsten kommen sie jedoch
am 17. Mai zur Geltung, wenn sich in Oslo am Nationalfeiertag Männer und
Frauen aus dem ganzen Land in den alten Trachten ihrer Region treffen.

WIRTSCHAFT

Norwegens Wirtschaft gehört zu den Spitzenreitern in Europa, das Jahres-
wachstum sinkt selten unter 3 %. Und alles deutet darauf hin, dass das
vorerst auch so bleibt: hohe Ölpreise auf dem Weltmarkt, deutliche
Handels- und Haushaltsüberschüsse, niedrige Arbeitslosenzahlen und keine
Auslandsschulden.

Doch das war nicht immer so. Ende des 19. Jhs. gehörte das Land zu den
ärmsten Europas. Wirtschaftsprobleme führten damals zu einer nie dage-
wesenen Auswanderungswelle in die USA (s. S. 47). Allmählich verbesserte
sich die Situation, wenngleich 1950 das Durchschnittseinkommen in den
USA doppelt so hoch war und Norwegen – heute nach Luxemburg das Land
mit den zweithöchsten Einkommen der Welt – in dieser Hinsicht irgendwo
zwischen Argentinien und Venezuela lag. Ende der 1960er-Jahre begann der

Der Mindest-Einkom-
menssteuersatz liegt
bei 28 %. Durchschnitts-
verdiener bezahlen rund
36 %, Besserverdiener
49,3 %.

RÜCKLAGEN FÜR HARTE ZEITEN

Die meisten Ölländer fürchten den Tag, an dem die Quellen versiegen. Nicht so Norwegen. Als das Land in den 1970er-Jahren plötzlich mit Ölgeld überschwemmt wurde, nutzte die Regierung den Reichtum, um die Infrastruktur auszubauen und Schulden zu tilgen. Das war 1995 abgeschlossen. Daraufhin wurde 1996 der norwegische Ölfonds gegründet, der das Wohlergehen künftiger Generationen sichern soll. Es sollte genug Geld zur Seite gelegt werden, um Gesundheitsfürsorge und Renten zu sichern. Diese Kapitalreserve wurde 2006 in Staatliche Rentenrücklage umbenannt. Mit einem Volumen von über 300 Milliarden US$ ist es Europas größter, öffentlicher Fonds. Schätzungen zufolge wird dieser Betrag in den nächsten zehn Jahren auf 900 Milliarden steigen (das wären 180 000 US$ für jeden einzelnen norwegischen Staatsbürger).

Aber hier handelt es sich nicht um irgendeinen beliebigen Fonds. Die Manager des Fonds haben die Auflage, nur außerhalb des Landes zu investieren, um die norwegische Wirtschaft nicht zu überhitzen. Dadurch wurde Norwegen zum weltweit größten Investor. Wie es der Leiter der Abteilung für Unternehmensführung, Henrik Syse, 2007 gegenüber der *International Herald Tribune* (IHT) ausdrückte: „Im Grunde gehört uns ein Stück der Welt".

Die Entscheidung über die Investitionen unterliegt einem strengen Ehrenkodex. Firmen (wie Wal-Mart) und Länder (wie Birma), denen Menschenrechtsverletzungen vorgeworfen werden, sind ausgeschlossen; genauso die Bergbauindustrie und andere Unternehmen, die als besonders umweltschädigend gelten. Gro Nystuen – Menschenrechtsanwalt und Vorsitzender des Ethikrats, der über die Investitionen entscheidet – sagte gegenüber der *Tribune* zum Thema sozialverträgliche Investitionen: „Die Norweger haben ein schlechtes Gewissen wegen ihres Reichtums. Unser Job ist es, ihnen ihre Schuldgefühle zu nehmen."

Entgegen dem Regierungsbemühen, Norwegens Ölreichtum in die Zukunftssicherung zu investieren, wird heute gefordert, einen Teil des Geldes *sofort* einzusetzen, um die schwache Infrastruktur zu verbessern: vor allem im Straßenbau und dem überlasteten Gesundheitssystem. Laut Bernt Aardal – Forschungsdirektor an Oslos Institut für Sozialforschung – kommt diese „Unzufriedenheit von wachsenden Ansprüchen. In jeder Gesellschaft gibt es ungelöste Probleme und mit wachsendem Vermögen schwindet die Bereitschaft, damit zu leben."

Auch der Erfolg der Fremskrittspartiet (norwegische Partei mit ablehnender Haltung gegenüber Einwanderern) gibt zu denken. Als einzige Partei, die dem derzeitigen Umgang mit den Fondsgeldern nicht unterstützt, gewann sie beinahe ein Viertel der Wählerstimmen und wurde nach den Wahlen 2005 zweitgrößte Partei im Parlament.

Eine Studie von 2007 hat ergeben, dass in Norwegen in Relation zur Einwohnerzahl mehr Millionäre (55 000 bzw. einer von 85 Einwohnern) leben als in irgendeinem anderen Land der Welt.

Aufschwung mit den ersten Ölfunden. Wie der Durchschnittsbürger den Boom erlebt hat, zeigt der Kasten auf S. 40.

Norwegen ist weltweit der drittgrößte Ölexporteur und bezieht daraus 36 % seiner Staatseinnahmen. Andere wichtige Wirtschaftszweige sind Landwirtschaft, Fischerei, Wasserenergie und Tourismus. Die norwegische Regierung kann daher umfassend für ihre fast 5 Mio. Bürger sorgen, großzügig in Gesundheitswesen, Bildung und Gemeinwohl investieren und in einer ständig boomenden Wirtschaft jede Menge Arbeitsplätze bieten.

BEVÖLKERUNG

Norwegen ist europaweit mit am dünnsten besiedelt (rund 12 Einwohner pro Quadratkilometer, in Deutschland sind es 231). Obwohl das Land seinen ländlichen Wurzeln treu bleibt, lässt sich der Trend zur Urbanisierung nicht leugnen. Heute leben 47,3 % der Bevölkerung in Stadtgebieten (1975 waren es noch 23,4 %) und es wird erwartet, dass diese Zahl bis 2015 auf bis zu 55,9 % steigen könnte.

Nordische Herkunft

Die meisten Norweger sind nordischer Abstammung – Nachfahren mittel- und nordeuropäischer Volksstämme, die vor rund 8000 Jahren nach Norden wanderten (s. S. 28). Das Klischee des typischen Nordländers – große, kräftige Statur, blondes Haar und blaue Augen – trifft hier zu: Fast 70 % der Norweger haben blaue Augen – mehr als in irgendeinem anderen Land außerhalb Skandinaviens.

Samen

Die Urbevölkerung der Samen (früher als Lappen bezeichnet) stellt mit 40 000 Angehörigen die größte ethnische Minderheit dar. Sie können mit Recht behaupten, die älteste Bevölkerungsgruppe des Landes zu sein. Heute ist das zähe Volk vor allem in den nördlichsten Regionen der Finnmark ansässig (vereinzelt leben auch Gruppen in Nordland, Trøndelag und anderen Regionen Zentralnorwegens), nachdem die Samen lange als Nomaden durch Nordskandinavien und Nordwestrussland gezogen sind. Die rund 60 000 Samen verteilen sich als ethnische Minderheit auf die Länder Norwegen, Schweden, Finnland und Russland (s. Karte S. 43). Ihr traditionelles Verbreitungsgebiet bezeichnen sie als Sápmi oder Samiland.

Ihre traditionelle Rentierzucht wurde in den 1980er- und 1990er-Jahren erfolgreich modernisiert und ist heute die Haupteinnahmequelle. Daneben verdienen die Samen heute ihren Lebensunterhalt in Fischerei und Landwirtschaft, mit Handel, Kleingewerbe und Kunsthandwerk. Weitere Informationen zur Kultur der Samen bietet der Kasten auf S. 382; zur modernen Musik der Samen s. S. 53. Sehr zu empfehlen sind die Samenmuseen Vájjat Sámi Musea und Ceavccageadge (S. 381) zwischen Tana Bru und Vadsø sowie der Sápmi-Park und das Samische Nationalmuseum (S. 395) in Karasjok.

Als Same gilt, wer Samisch als Muttersprache spricht, zu einer samischen Gemeinde gehört und nach deren Regeln lebt oder ein Elternteil hat, das diese Kriterien erfüllt.

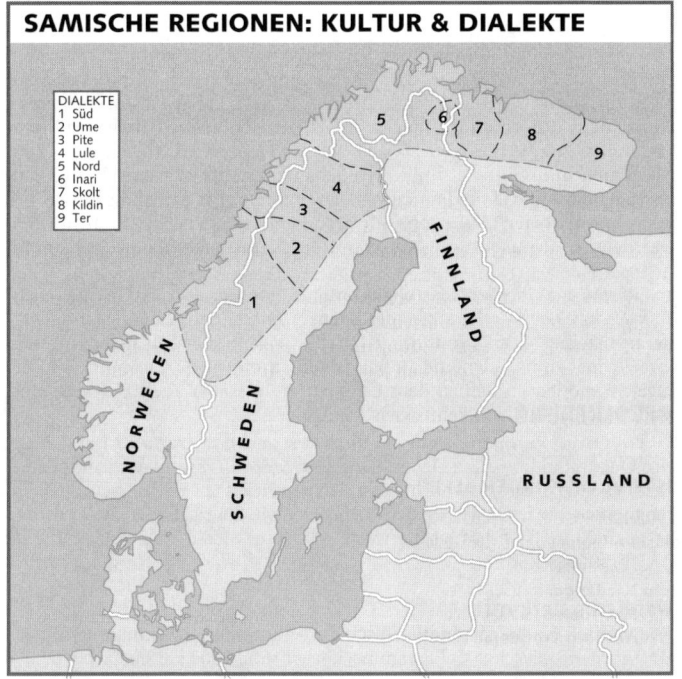

SAMISCHE REGIONEN: KULTUR & DIALEKTE

DIALEKTE
1 Süd
2 Ume
3 Pite
4 Lule
5 Nord
6 Inari
7 Skolt
8 Kildin
9 Ter

FINNLAND

NORWEGEN

SCHWEDEN

RUSSLAND

POLITISCHE ORGANISATIONEN

1989 fand die erste Tagung des norwegischen Sami-Parlaments (s. Kasten S. 45 und S. 394) in Karasjok statt. Hauptaufgabe des Parlaments, dessen 43 Vertreter jeweils für vier Jahre von samischen Gemeinden aus ganz Norwegen gewählt werden, ist der Erhalt von Sprache und Kultur. Darüber hinaus gehören sie dem **Samenrat** (www.saamicouncil.net) an, der 1956 gegründet wurde, um die Zusammenarbeit verschiedener politischer Organisationen in Norwegen, Schweden, Finnland und Russland zu fördern. In Tromsø legte dieser Rat 1980 folgende Leitlinien fest:

> Wir, die Samen, sind ein Volk, dessen Gemeinschaft nicht durch Landesgrenzen zerstört werden darf. Wir haben eine eigene Geschichte, Tradition, Kultur und Sprache. Von unseren Vorfahren erbten wir das Anrecht auf Land, Wasser und eine selbständige Wirtschaft. Wir haben das unveräußerliche Recht, unsere Wirtschaft und unsere Gemeinschaft im Einklang mit unserer Lebensweise zu bewahren und zu entfalten, und wir werden gemeinsam unser Land, unsere natürlichen Ressourcen und unser nationales Erbe für spätere Generationen schützen und bewahren.

Die norwegischen Samen sind Mitglied des **Arktischen Rates** (www.arcticcouncil.org/saami.html) und des Weltrats der Urvölker (WCIP), der Solidarität und Informationsaustausch zwischen den Mitgliedern fördert. Das **Nordische Sami-Institut** (☎ 78 48 80 00; www.nsi.no) in Kautokeino wurde 1974 geschaffen, um Sprache, Kultur und Bildung sowie Forschung, Wirtschaft und Umweltschutz zu fördern. Finanziert wird es vom nordischen Ministerrat.

RELIGION DER SAMEN

Die ursprüngliche Religion der Samen ist vor allem von einer starken Bindung an die Natur und dem Glauben an ihre besonderen göttlichen Kräfte bestimmt. An heiligen Stätten, z. B. auffälligen Felsformationen, wurde den Göttern und Ahnen geopfert, um den Erfolg bei der Jagd und anderen Unternehmungen zu sichern. Als Heiler und Mittler zwischen Menschen und Göttern fungierten Schamanen, die sich mit Trommeln und kleinen Figuren in Trance versetzten, um auf spirituellen Reisen im Jenseits Antworten zu suchen. Wie bei den meisten Urvölkern im Norden war der Bär als mächtigstes Geschöpf der Natur auch für die Samen ein heiliges Tier.

Ein zentrales Element der religiösen Tradition war der *joik*-Gesang (auch *yoik geschrieben; wörtlich* „Lied der Ebene"). Dieses persönliche Mantra war derart mächtig, dass es von frühen christlichen Missionaren als Bedrohung ihrer Arbeit empfunden und als Sünde verdammt wurde. Zwar gehören die meisten modernen Samen dem Christentum an, aber auch Elemente der traditionellen Religion kehren wieder zurück.

NORWEGENS BESTE VOLKSKUNDEMUSEEN

Maihaugen (S. 173), Lillehammer
Norwegisches Volkskundemuseum (S. 105), Oslo
Setesdalmuseet (S. 167), Setesdalen
Volkskundemuseum Hardanger (S. 230), Utne
Volkskundemuseum Romsdalen (S. 282), Molde
Freilichtmuseum Sverresborg Trøndelag (S. 301)

DER HISTORISCHE KAMPF DER SAMEN

Man nimmt an, dass die Vorfahren der Samen aus Sibirien nach Norwegen eingewandert sind. Zum ersten Mal schriftlich erwähnt werden sie 98 n. Chr. in Aufzeichnungen des römischen Historikers Tacitus. 555 n. Chr. taucht bei dem Griechen Prokopios von Kaisareia die Bezeichnung „Thule" (äußerster Norden) für Skandinavien auf. Die dort lebenden Völker beschrieb er als *skridfinner*, die jagen, Rentiere halten und sich auf Skiern fortbewegen. Mittelalterliche Sagen aus Island bestätigen Handelsbeziehungen zwischen den nordischen Völkern und den Samen. Der Händler Ottar, der „weiter im Norden lebte als irgendein anderer Nordländer", diente am Hofe des englischen Königs Alfred des Großen und fertigte ausführliche Aufzeichnungen über seine Heimat und ihre Bewohner an.

Im Mittelalter lebten die Samen als Jäger und Fallensteller in kleinen Gruppen oder Verbänden, die als *siida* bezeichnet wurden. Als im 17. und 18. Jh. Bauern den Norden kolonisierten, geriet diese Lebensweise in Gefahr. Doch dann stellten viele der Neuankömmlinge fest, dass die Samen viel besser an die Bedingungen des Landes angepasst waren. Und so übernahmen sie deren Art, sich zu kleiden und zu ernähren, sowie ihre Gewohnheiten und Traditionen.

Um 1850 gerieten die samischen Traditionen durch Missionare zunehmend unter Druck und Reformen schränkten den Gebrauch der samischen Sprache in der Schule ein. Ab 1902 war es nicht mehr zulässig, Land an Leute zu verkaufen, die kein Norwegisch sprachen. Diese Politik wurde mit viel Energie betrieben. Nach dem Zweiten Weltkrieg jedoch machte man eine Kehrtwende, und die Behörden förderten nun eine multikulturelle Gesellschaft. In den 1960er-Jahren schließlich erklärten alle Parteien das Recht der Samen auf Bewahrung und Förderung ihrer Kultur und Sprache für unantastbar. Die Samen wurden nicht nur offiziell als norwegische Staatsbürger anerkannt, sondern auch als ethnische Minderheit und eigenes Volk. Ihre rechtliche Stellung verbesserte sich, und die Regierung schuf zwei Komitees: Den Samekulturutvalget für die kulturellen Interessen der Samen und den Samerettsutvalget, um die rechtliche Stellung der Samen und ihre Teilhabe an Ressourcen zu klären.

1988 verabschiedete die norwegische Regierung eine grundvernünftige Verfassungsänderung mit dem Wortlaut: „Es liegt in der Verantwortung des Staates, dafür zu sorgen, dass das Volk der Samen seine Sprache, seine Kultur und seine Lebensart bewahren und entfalten kann". Die Änderung sah des Weiteren die Bildung eines aus 39 gewählten Mitgliedern bestehenden samischen Parlaments (**Sameting**, www.samediggi.no) vor, das als eine Art Beirat die Interessen der Samen vor dem Nationalparlament vertritt (ähnliche Einrichtungen existieren in Finnland und Schweden).

Anfang 1990 wurde ein Gesetz verabschiedet, das die samische Sprache dem Norwegischen gleichstellte. Im selben Jahr ratifizierte Norwegen die Konvention Nr. 169 der Internationalen Arbeiterorganisation zur Gewährleistung der Rechte indigener Gruppen.

Obwohl die Rechte der Samen von den meisten Parteien anerkannt werden, ist ihr Kampf noch nicht zu Ende. Die rechtsorientierte Fremskrittspartiet, die 2005 22,1 % der Wählerstimmen bekam, fordert die Auflösung des Sami-Parlamentes.

SPORT

Skifahren ist in Norwegen tief verwurzelt, da es hier im Winter jahrtausendelang die einzig praktikable Methode der Fortbewegung war. Kein Wunder, dass Norwegen im Wintersport führend ist. Bei den Olympischen Winterspielen 1998 lag Norwegen an zweiter Stelle der Medaillentabelle – ebenso als Gastgeberland bei der Olympiade 1994. 2002 errang Norwegen sogar den ersten Platz. Bloß 2006 ging irgendwie alles schief, die norwegischen Sportler ergatterten ganze zwei Goldmedaillen und fielen auf Tabellenplatz 13 zurück. Fast eine nationale Tragödie! Zu Norwegens Olympialegenden gehören die Eiskunstläuferin Sonja Henie, die 1928, 1932 und 1936 Gold holte, der Eisschnellläufer Johann Koss, der 1994 im Wikingerschiff-Stadion von Hamar dreimal Gold errang, und der Langläufer Bjoern Daehli, der 1998 seine siebte Goldmedaille gewann und damit der erfolgreichste Athlet aller Olympischen Winterspiele wurde.

Im Winter gibt es große Skispringen am Holmenkollen (S. 110) in Oslo und weitere große Sportereignisse an den olympischen Stätten von Hamar (S. 176) und Lillehammer (S. 170).

Auch Fußball ist vor allem im Winter ein angesagter Sport. Nachdem sich die norwegische Herrenmannschaft 1993 den zweiten FIFA-Tabellenplatz erkämpft hatte, fiel sie bis Juli 2007 auf Platz 35 zurück. Nach dem vorzeitigen Aus bei der WM-Qualifikation von 2002 und 2006 war Norwegens Fußballwelt erschüttert. Die berühmtesten Exportspieler des Landes sind Ole Gunnar Solskjær, Tore Andre Flo und John Carew. Die norwegische Landesliga führte Trondheims Verein Rosenberg 13 Jahre nacheinander an; als Meister von 1992 bis 2004 und dann wieder 2006.

Norwegens Damennationalelf hat auf internationalem Rasen weit größere Erfolge eingefahren. 1995 wurde sie Weltmeister, bei den olympischen Sommerspielen 2000 holte sie Gold und heute steht sie auf Platz vier der Weltrangliste. Zu den bekanntesten Spielerinnen gehören Heidi Stoere, die zwischen 1980 und 1997 151 Spiele für Norwegen bestritt, und die Torhüterin Bente Nordby, die bei der Weltmeisterschaft 2003 den Elfmeter von US-Superstar Mia Hamm glänzend parierte und damit den Turniersieg sicherte.

IMMIGRATION & MULTIKULTURELLES

Norwegen wurde in den letzten Jahren immer mehr zur multikulturellen Gesellschaft, auch wenn die komplizierte Zuwanderungspolitik eher widersprüchliche Zeichen gesetzt hat (s. S. 37). Die Einwanderungsgesetze sind sehr streng und nur von der UN anerkannte Flüchtlinge haben eine Chance zu bleiben, andere Asylsuchende werden abgewiesen. Diese Haltung kann angesichts des norwegischen Reichtums als schäbig gelten und manche werfen der Regierung vor, nur den Erhalt der gesellschaftlichen Homogenität besorgt zu sein. Auf der anderen Seite gibt es aber kaum ein Land, das so viel Geld in Entwicklungshilfe und Flüchtlingsprogramme investiert wie Norwegen.

Ungeachtet solcher Strategien leben in Norwegen nach letzten Zählungen 415 000 Immigranten; das sind 8,9 % der Bevölkerung (1950 waren es 1,4 %). Ein Großteil der Einwanderer kommt aus Pakistan, Somalia, Bosnien-Herzegowina, dem Kosovo, Vietnam, Sri Lanka und der Türkei. Allein 2006 traf die Rekordzahl von 45 800 Immigranten ein, eine Steigerung um 30 % gegenüber dem Vorjahr. Ein Viertel aller Einwanderer lässt sich in Oslo nieder, das mit 20 % im Ausland geborenen Einwohnern die bei weitem multikulturellste Stadt Norwegens ist. Besonders deutlich wird dies im Viertel Grønland hinter dem Bahnhof Oslo S.

Viele Immigranten kommen nach wie vor als Flüchtlinge ins Land, doch die Zahl der Einwanderer durch Familienzusammenführung und Arbeitssuche (zum Beispiel aus Polen oder Deutschland) hat etwas zugenommen. Teilweise liegt dies an einem oft drastischen Mangel an Arbeitskräften in Norwegen, das praktisch keine Arbeitslosigkeit kennt.

Wie in vielen europäischen Ländern, so gibt es auch in Norwegen eine besorgte Diskussion zum Thema Zuwanderung. Die meisten Bürger sind zwischen ihrem traditionellen Gerechtigkeitssinn und den Problemen einer sich rapide verändernden Gesellschaft hin und her gerissen. 2001 ereignete sich der erste rassistische Mord, als ein Jugendlicher gemischter Herkunft vor seiner Wohnung in Oslo niedergestochen wurde. 40 000 Norweger gingen in Oslo auf die Straßen, um dagegen zu protestieren. Weiteren Zündstoff erhielt die Diskussion 2004, als Premierminister Kjell Magne Bondevik den Plan, leerstehende Kirchen als Moscheen zu nutzen, mit der Begründung abwies, dass dies nicht die „natürlichste" Lösung sei. 2005 wurde die Fremskrittspartiet, die sich für strengere Einwanderungsgesetze aussprach, zur drittstärksten Partei im norwegischen Parlament. Dass sie

---

Das Wort „Slalom" – von Norwegisch sla låm (= Hangspur) – war ursprünglich die Bezeichnung für einen Querfeldein-Skilanglauf-Wettbewerb, bei dem alles mögliche Gesträuch umfahren werden musste.

Norwegen hat weltweit den höchsten Prozentsatz gut ausgebildeter Immigranten: 40 % haben einen höheren Schulabschluss, mit geringen Unterschieden zwischen westlichen und nicht-westlichen Einwanderern.

PRAIRIE HOME COMPANION – EINE NORWEGISCH-AMERIKANISCHE RADIOSENDUNG

Inoffizielles Sprachrohr norwegisch-amerikanischer Kultur ist die Radiosendung *A Prairie Home Companion (PHC)*. Sie wurde 1974 zunächst in Minnesota ausgestrahlt, wo besonders viele Einwohner aus Norwegen stammen. Heute zählt sie zu den beliebtesten Sendungen des US National Public Radio (NPR). In Norwegen lauschen drei Millionen Hörer dem zweistündigen Samstagabendritual – rund zwei Drittel der gesamten Bevölkerung!

Witzige Soundeffekte, Einspielungen aus alten Zeiten und Volksmusik bilden den Rahmen für Sketche mit Guy Noir Private Eye, den kultivierten Cowboys Dusty und Lefty und anderen Protagonisten. Gefakte Werbespots preisen Berthas Katzenboutique (für Leute, denen ihre Katze am Herzen liegt) und den Ketchup-Beirat an. Die Comedysendung macht sich gnadenlos über die Norweger lustig und ist sich auch für gelegentliche Ausrutscher in den Fäkalhumor nicht zu schade.

Im Mittelpunkt der Sendung stehen die wöchentlichen Nachrichten aus „Lake Wobegon" (auch als Buch ein Bestseller), einer fiktiven Kleinstadt in Minnesotas wind- und schneereichem Norden. Dort sind „alle Frauen stark, alle Männer gutaussehend und alle Kinder überdurchschnittlich begabt". Wortkarge, kauzige und unverheiratete, norwegische Farmer kommentieren vom Café Chatterbox aus den Lauf der Welt. Die übrigen Bewohner des Örtchens gehen Eisangeln, essen *lutefisk* (getrockneten Kabeljau) und besuchen fleißig die Kirche „Unserer Lieben Frau der Ewigen Verpflichtung". Das bekannteste Wahrzeichen der Stadt ist das Grab des unbekannten Norwegers. Die führende Bürgervereinigung sind die „Söhne Knuts".

Dass sich *PHC* so auf Norweger konzentriert, ist umso bemerkenswerter, als Garrison Keillor, der Moderator, Erfinder und Hauptautor der Sendung, schottischer Abstammung ist.

Aktuelle Nachrichten aus Lake Wobegon gibt es auch unter http://prairiehome.publicradio.org/.

Einwanderer für die steigende Kriminalitätsrate verantwortlich machte, wurde jedoch von allen anderen Parteien als ausländerfeindlich verurteilt.

Die Umfrageergebnisse sind widersprüchlich: 41 % der Norweger glauben, dass „die meisten Immigranten Sozialleistungen missbrauchen", während gleichzeitig 63 % die Zuwanderer als kulturelle Bereicherung empfinden und 86 % dafür stimmen, dass sie gleiche Berufschancen wie Einheimische haben sollen.

Norwegische Auswanderer

Zum Multikulti-Thema gehören auch die norwegischen Auswanderer (800 000 Norweger sind allein im 19. und frühen 20. Jh. in die USA und nach Kanada ausgewandert). Überall auf der Welt leben Menschen norwegischer Herkunft, besonders viele sind es aber in Minnesota und den umliegenden US-Staaten. Wer irgendwie mit Norwegern verbandelt ist, wird sich sicher für **Cyndi's List** (www.cyndislist.com/Norwegen.htm) interessieren. Diese Internetseite bietet verschiedene Links zur Ahnenforschung in Norwegen.

Andere Anlaufstellen sind das **Norwegische Auswanderermuseum** (S. 177; Norsk Utvandrermuseum; ☎ 62 57 48 50; www.museumsnett.no/emigrantmuseum) in Hamar und das **Norwegian Emigration Centre** (S. 234; ☎ 51 53 88 60; www.emigrationcenter.com) in Stavanger, das auf seiner „Kontakte"-Seite eine lange Liste von Links bietet.

RELIGION

Etwa 83 % der norwegischen Bevölkerung gehören der Kirche von Norwegen an, die übrigen (vorwiegend in Oslo) sind entweder Mitglieder anderer christlicher Kirchen, darunter 40 000 Katholiken, oder sind muslimisch (75 000, davon 85 % in Oslo) oder jüdisch (1500).

Zur Religion der Samen s. S. 44 und zur steigenden Zahl von Muslimen s. S. 46.

Christentum

Das norwegische Christentum blickt auf eine tausendjährige Geschichte zurück. Einer der ersten Könige, Olav II., wurde sogar heilig gesprochen. Den größten Einfluss auf den heutigen Glauben hatte jedoch der deutsche Reformator Martin Luther, dessen Lehren 1537 von Norwegen übernommen wurden.

Heute ist die Kirche von Norwegen als protestantische Konfession die Staatskirche Norwegens. In der norwegischen Verfassung heißt es: „Alle Einwohner des Reichs haben das Recht auf freie Religionsausübung. Die evangelisch-lutherische Konfession soll offizielle Staatsreligion bleiben und diejenigen, die sich zu ihr bekennen, sollen ihre Kinder in ihrem Sinne erziehen." So viel zum Thema Religionsfreiheit!

Ähnlich wie in Großbritannien ist auch hier der König offizielles Kirchenoberhaupt. 1961 machte König Olav V. von dieser Macht Gebrauch, als er die kontroverse Entscheidung traf, zum ersten Mal eine Frau ins Pfarramt einzusetzen. 1993 ernannte König Harald V. die erste Frau zum Bischof. In den 1970er-Jahren legten ein Bischof und zahlreiche Pfarrer ihr Amt nieder, als das *storting* (Parlament) mit dem Segen des Königs ein liberales Abtreibungsgesetz verabschiedete.

Der Durchschnittsnorweger geht zweimal im Jahr in die Kirche und die Kirchengelder fließen an wohltätige Organisationen in aller Welt, doch zugleich treten jährlich 5000 Norweger aus der Kirche aus. Die meisten von ihnen verlangen eine Trennung von Kirche und Staat.

FRAUEN IN NORWEGEN

Laut der GDI-Studie (Gender-Related Development Index = Entwicklungsindex für die Gleichberechtigung der Geschlechter) der UN ist Norwegen das frauenfreundlichste Land der Welt. Neben hervorragenden Sozialleistungen (s. S. 39) hat Norwegen eine vorbildliche Beschäftigungsquote von nahezu 80 % aller Frauen. Damit liegt es weit über EU-Durchschnitt und dem Mittelwert der Organisation für wirtschaftliche Zusammenarbeit und Entwicklung (OECD) von 60 %. Gute 79 % aller verheirateten Frauen mit Kindern unter sechs Jahren gehen einer bezahlten Tätigkeit nach; mehr als die Hälfte allerdings nur in Teilzeitarbeit. Alle drei Parteiführer bei der Wahl 1993 waren Frauen. Und nach den Wahlen von 2005 waren 37,9 % der Abgeordneten weiblichen Geschlechts. Damit steht Norwegen an fünfter Stelle nach Ruanda (48,8 %), Schweden (47,3 %), Costa Rica (38,6 %) und Finnland (38 %). Die durchschnittliche Lebenserwartung der Norwegerinnen liegt bei 82,46 Jahren und gehört zu den höchsten der Welt.

Trotz derart positiver Statistiken gibt es Bereiche, in denen norwegische Frauen den Männern längst nicht gleichgestellt sind. So liegt das durchschnittliche Jahreseinkommen der Frauen (33 004 US$) weit unter dem der Männer (43 900 US$). Und das obwohl die gleiche Bezahlung gesetzlich vorgeschrieben ist.

Im März 2002 kündigte die Regierung an, dass Firmen künftig 40 % ihrer Vorstandsposten mit Frauen besetzen müssen. Dieses Gesetz zeigt bislang allerdings wenig Wirkung. In Aktiengesellschaften sind derzeit lediglich 9 % der Vorstandsmitglieder Frauen; weniger als 25 % der höheren Führungsposten an Universitäten sind mit Frauen besetzt und nur 23 % der norwegischen Führungskräfte sind weiblich. Auch häusliche Gewalt ist nach wie vor ein ernstes Problem. Eine Studie von 2004 besagt, dass eine von sechs erwachsenen Frauen Opfer häuslicher Gewalt wurde.

Beim Thema weibliche Einwanderer sah sich die Regierung mit einer Reihe neuer Streitpunkte konfrontiert; vor allem in Bezug auf die Beschneidung von Frauen. 2007 beschloss die Regierung, Familien von

Die locker daherkommende, aber seriöse Website Gender.no (www.gender.no) ist die beste Quelle zum Thema Gleichberechtigung der Geschlechter in Norwegen.

Auslandsreisen abzuhalten, wenn es Grund zu der Annahme gibt, dass die Beschneidung eines weiblichen Familienmitglieds Anlass der Reise ist. Die Norweger unterstützten diesen Schritt, nachdem bekannt geworden war, dass mindestens 185 Mädchen aus Norwegen in einem Somalidorf beschnitten worden waren.

KUNST & KULTUR
Einzelheiten zur norwegischen Architektur s. S. 78.

Literatur
MITTELALTERLICHE NORDISCHE LITERATUR
Die Geburtsstunde der norwegischen Literatur liegt mehr als tausend Jahre zurück. Da nämlich entstanden die ersten Wikingersagen. Dieses Genre stand auf zwei Hauptpfeilern: der Skaldendichtung *(skalds),* den metaphorischen und alliterierenden Werken der norwegischen Hofdichter im 9. und 10. Jh., und der eddischen Dichtung (benannt nach der *Edda, der wichtigsten Sammlung altisländischer mittelalterlicher Literatur). Letztere, die christliche mit prächristlichen Elementen kombiniert,* ist die ausführlichste Darstellung der nordischen Mythologie überhaupt. Allerdings wurde sie erst im 13. Jh. von Snorri Sturluson zu „Papier" gebracht, also lange nach der Christianisierung sowohl Norwegens als auch Islands. Die Texte erzählen von der Entstehung der Welt, dem Weltenlauf und ihrem Untergang, belehren über das poetische Schreiben und versammeln unzusammenhängende Aphorismen, die dem obersten Gott Oðinn zugeschrieben sind. Außer der Edda gibt es drei Arten eddischer Dichtkunst: Legenden, Heldensagen und belehrende Poesie.

DAS GOLDENE ZEITALTER
Ende des 19. und Anfang des 20. Jhs. erlebte die norwegische Literatur ein goldenes Zeitalter. Obwohl vorwiegend Henrik Ibsen (1828–1906; s. Kasten S. 52) im Zentrum der Aufmerksamkeit stand, war es Bjørnstjerne Bjørnson (1832–1910), dem 1903 als erstem norwegischen Autor der Literaturnobelpreis verliehen wurde. Seine Beschreibungen des einfachen Landlebens trugen ihm den Vorwurf ein, das Schicksal der norwegischen Landbevölkerung zu romantisieren. Bekannt wurde er durch seine Erzählung Synnøve Solbakken (1857). Sein ehemaliges Wohnhaus in Aulestad (S. 176) ist für Besucher geöffnet.

   1920 ging der Literaturnobelpreis an den sehr umstrittenen Autor Knut Hamsun (1859–1952). Seine fesselndsten Romane waren *Hunger* (1890), *Mysterien* (1892) und *Segen der Erde* (1917). Doch sein elitäres Denken, seine Anerkennung germanischer Werte und seine idealisierte Vorstellung vom Landleben führten dazu, dass er im Zweiten Weltkrieg Partei für die Nazis ergriff, wodurch er sein Ansehen in Norwegen auf alle Zeit verspielte. Erst heute wird er als ein Autor in der Tradition von Dostojewski und James Joyce wieder anerkannt.

   Sigrid Undset (1882–1949) wurde 1928 mit dem Nobelpreis ausgezeichnet und ist die bedeutendste norwegische Literatin. Sie begann damit, über die schwierige Lage der Frauen der Unter- und Mittelschicht zu schreiben. Zwischen 1920 und 1922 veröffentlichte sie ihre *Kristin-Lavransdottir*-Trilogie, die im Skandinavien des 14. Jhs. spielt und später verfilmt wurde (s. S. 56). Ihre ehemalige Wohnung in Lillehammer (S. 173) ist für Besucher geöffnet.

ZEITGENÖSSISCHE LITERATUR
Einer der bekanntesten norwegischen Schriftsteller der Gegenwart ist Jan Kjærstad (geb. 1953). Sein Werk *Der Verführer* (2003) kombiniert alle Bestsellerelemente – Thriller, Liebesgeschichte und etwas Promiglamour – mit

VOLKSMÄRCHEN & LEGENDEN

Nirgends sonst in Europa ist die Tradition der Volksmärchen und Legenden noch so lebendig wie in Norwegen.

Mythische Geschöpfe

Das für Norwegen typischste aller übernatürlichen Geschöpfe ist der Troll, den es vermutlich seit dem Ende der letzten Eiszeit gibt. Trolle hausen in düsteren Wäldern, in mondbeschienenen Seen und tiefen Fjorden, auf verschneiten Gipfeln und an tosenden Wasserfällen. Die meisten von ihnen sind Wesen des Schattens und der Dunkelheit. Sonnenlicht lässt jeden Troll zu Stein erstarren.

Trolle können Hunderte von Jahren alt werden und sind von unterschiedlichster Gestalt und Größe. Manche sind riesig, manche winzig. Fast alle haben je vier Finger bzw. Zehen, eine lange, krumme Nase und einen buschigen Schwanz. Es gibt auch Trolle mit mehreren Köpfen, von denen jeder bis zu drei Augen hat. Mit Vorliebe ärgern sie Ziegenböcke. Auf den Klang von Kirchenglocken reagieren sie ausgesprochen allergisch. Zwar sind sie dafür bekannt, dass sie leicht ausrasten und absolut unausstehlich sein können, doch im Allgemeinen sind sie den Menschen freundlich gesonnen.

Eine größere Ausgabe des Trolls ist der **Riese**. Der Legende nach wurde die Welt aus dem Körper des Riesen Ymir von Jotunheimen (Heim der Riesen) erschaffen, nachdem ihn der nordische Gott Oðinn getötet hatte.

Von den **Elfen**, die normalerweise an Wasserläufen tief in den Wäldern leben, gibt es gute und böse Exemplare. Sie lassen sich nur nachts blicken. Es heißt, man könne die Stätten ihrer nächtlichen Feste und Tänze an Kreisen besonders grünen Grases erkennen.

Weitere scheue Kreaturen sind die **Hulder**, die Milch von der Sommerweide stehlen. Der Furcht erregende **Draugen** ist ein kopfloser Fischer, der mit einem schauerlichen Geheul den Tod durch Ertrinken prophezeit. Die **Vetter** (Wichte) sind Schutzgeister der wilden Küsten. Auch Schlangen bevölkerten die Wikingermythologie. Zumindest eine davon existiert noch heute – die sagenumwobene Seeschlange Selma (s. Kasten S. 165). Weitere Informationen zu Norwegens Märchenfiguren im Kasten auf S. 111.

Volksmärchen

Die Täler West- und Nordnorwegens sind ein unerschöpflicher Quell von Volksmärchen, Sagen und Mythen. Oft erklären diese Geschichten seltsame Erscheinungen der Landschaft. Eine besonders wichtige Rolle spielen sie in der nordländischen Küstenkultur.

Eine Geschichte erzählt von einer einsamen Insel-Riesin, die dem Festlandriesen Blåmann (Blaumann) zubrüllt, ob er sie heiraten wolle. Der ist einverstanden, solange sie nur die Insel mitbringe. Dummerweise geht die Sonne aber gerade in dem Moment auf, als sie endlich mit dem Packen fertig ist, und die Riesin verwandelt sich in Stein. Dasselbe Schicksal ereilt Blåmann, der zu lange auf sie gewartet hat. Die Insel wurde als Gygrøy (Insel der Riesin) bekannt, doch die Fischer der Gegend tauften sie Landegode (Gutes Land), um die Riesin zu beschwichtigen. Landegode ist mit seinen charakteristischen Umrissen ein Wahrzeichen an der Fährstrecke Bodø–Kjerringøy. Der arme Blåmann dagegen ist heute ein Eishügel.

In einer anderen Legende schießt Hestmannen, der Pferdemann, einen Pfeil auf die Prinzessin Lekamøya ab, die sich geweigert hatte, ihn zu heiraten. Um den Pfeil abzulenken, wirft ihr Vater, der König von Sømna, seinen Hut zu Boden. Das Resultat ist eine hutförmige Bergkuppe, die aussieht, als sei sie durchbohrt worden: Torghatten auf der Insel Torget südlich von Brønnøysund.

einem ausgezeichneten Stil. Neben anderen internationalen Auszeichnungen hat es 1999 den Nordischen Literaturpreis gewonnen.

Auch der internationale Bekanntheitsgrad von Jostein Gaarder (geb. 1952) wächst. Sein erster Bestseller *Sophies Welt* (1991) wurde weltweit über 15 Mio. Mal verkauft. Andere wichtige Bücher sind *Das Kartengeheimnis* und *Das Weihnachtsgeheimnis*; beide in ähnlichem Stil aus der Sicht kindlicher Protagonisten erzählt.

Weitere populäre Romanautoren sind Erik Fosnes Hansen (geb. 1965), Lars Saabye Christensen (geb. 1953) und Dag Solstad (geb. 1941), der als einziger Autor dreimal den Preis der norwegischen Literaturkritiker gewonnen hat. Herbjørg Wassmo (geb. 1942) gewann ebenfalls zahlreiche internationale Auszeichnungen. Ihr *Buch Dina*, das im Norwegen der 1840er-Jahre spielt, wurde als *Dina – meine Geschichte* (2002) mit Gerard Depardieu in der Hauptrolle verfilmt. *Das Haus mit der blinden Glasveranda* spielt während und nach dem Zweiten Weltkrieg. Als Krimiautoren haben Gunnar Staalesen und Karin Fossum Leser in aller Welt gefunden.

Die Journalistin Asne Seierstad hat mit *Der Buchhändler aus Kabul* internationale Erfolge gefeiert. Ihr neueres Werk *Tagebuch aus Bagdad* berichtet aus erster Hand über den Sturz von Saddam Hussein.

Twentieth-Century Norwegian Writers herausgegeben von Tanya Thresher, ist ideal für alle, die mehr über Norwegens moderne Literaturgeschichte erfahren wollen.

Musik
KLASSISCHE MUSIK

Das 19. Jh. war für die norwegische Musik außerordentlich fruchtbar. Es hat einen der größten Komponisten der Geschichte hervorgebracht: Edvard Grieg (s. Kasten S. 52). Vielleicht genauso bedeutend war der begnadete Violinist Ole Bull, der europaweit als „Paganini des Nordens" Furore machte. Er hat die Karrieren von Edvard Grieg und Henrik Ibsen gefördert, die traditionelle Hardanger-Fiedel in die Konzerthallen von Bergen gebracht und in ganz Europa das Interesse an norwegischer Volksmusik geweckt.

Hervorragende Philharmonieorchester gibt es in Oslo, Bergen (seit 1765), Trondheim und Stavanger. 1958 wurde in Oslo die norwegische Oper gegründet. Außer Grieg verdienen auch seine Zeitgenossen Halfdan Kierulf und Johan Svendsen höchste Anerkennung ebenso wie die modernen Komponisten David Monrad Johansen, Geirr Tveitt, Fartein Valen, Pauline Hall und **Ketil Bjørnstad** (www.ketilbjornstad.com). Moderne Kompositionen wie die von Hanson, Kvandal und Søderlind haben oft unverkennbare Wurzeln in der Volksmusik.

Music from Norway (www.musicfromnorway.com/default.aspx) bietet einen umfassenden Überblick über die norwegische Musik mit Biographien und informativen Zusammenfassungen der meisten populären Musikformen.

MODERNER JAZZ & VOLKSMUSIK

Norwegens Jazzfestivals (s. S. 22) sprechen für die blühende Jazzszene des Landes. Veranstaltungen von Weltrang finden jedes Jahr u. a. in Molde, Kongsberg, Oslo, Bergen, Lillehammer und Arendal statt. Jazz-Saxophonist Jan Garbarek ist einer der bedeutendsten Künstler dieser Szene. Andere

---

INTERVIEW MIT ESPEN LARSEN, JAZZMUSIKER

Auf Espen Larsens CDs sind Stücke wie *Alone Together, Jazzsnadder* und *Hope* zu hören.

Welche Stadt ist Norwegens Jazz-Zentrum? Ich muss sagen Oslo, da es viele verschiedene Bühnen bietet. Cosmopolite ist einfach toll und Hr.Nilsen.Oslo [ein Livemusik-Treff] veranstaltet ein eigenes Jazzfestival.

Wer sind die bekanntesten norwegischen Jazzmusiker? Der bekannteste Jazzmusiker außerhalb Norwegens dürfte der Saxophonist Jan Garbarek sein. Dicht gefolgt von Bugge Wesseltoft, dem Pianisten, Keyboarder und Inhaber des Jazzlabels Universal Music. Dem jüngeren Publikum ist, denke ich, Jaga Jazzist ein Begriff.

Wer sind die vielversprechendsten jungen Jazztalente des Landes? Ich kann sie unmöglich alle nennen, aber ich würde Solveig Sletthhjell & dem Slow Motion Orchester mehr internationale Beachtung wünschen. Auch Come Shine ist eine hervorragende Band mit einem tollen Sänger.

Welches sind Ihre liebsten Musikfestivals in Norwegen? Kongsberg Jazz Festival, Canal Street Jazz & Blues Festival (Arendal), Mai Jazz Festival (Stavanger), Vossajazz (Voss), Night Jazz Festival (Bergen) und Molde International Jazz Festival.

Interview von Anthony Ham

IKONEN DER KULTUR

Das Kulturleben Norwegens im 20. Jh. besticht durch eine beeindruckende Reihe von Litera-
turnobelpreisträgern (S. 49) sowie durch herausragende Sportler und Sportlerinnen (S. 45). Doch
es sind drei Künstler aus dem 19. Jh., die unangefochten über allem thronen: der Autor Henrik
Ibsen, der Komponist Edvard Grieg und der Maler Edvard Munch. Zu ihrer Zeit hat sich Norwegen
seinen Weg in die Unabhängigkeit gebahnt und mit einem neuen nationalen Selbstbewusstsein
schöpferische Energien freigesetzt. Ibsen, Grieg und Munch sind mehr als nur Künstler; sie sind
Ausdruck der norwegischen Seele.

Henrik Ibsen

In Skien geboren, wurde Henrik Johan Ibsen (1828–1906) als „Vater des modernen Dramas" bekannt und galt den Norwegern als Gewissen der Nation. Sie sind äußerst stolz auf Ibsen, der aber
von 1864 bis 1891 im freiwilligen Exil lebte und die Engstirnigkeit der damaligen norwegischen
Gesellschaft anprangerte. 1863 schrieb er *Die Kronprätendenten*, eine Erzählung, die im 13. Jh.
spielt, und König Håkon Håkonssons anachronistische Träume nationaler Einheit thematisiert. Sein
höchst populäres Werk *Peer Gynt* (1867) brachte ihm den internationalen Durchbruch. Dieses Epos
erzählt von einem alternden Helden, der sich seinen seelischen Abgründen stellen muss, als er
nach langen Wanderungen durch die Welt zu seinen norwegischen Wurzeln zurückkehrt. Seine
bekanntesten Stücke sind *Nora oder ein Puppenheim* (1879), *Gespenster* (1881), *Ein Volksfeind* (1882),
Hedda Gabler (1890) und sein letztes, teils autobiographisches Drama *Wenn wir Toten erwachen*.

Sein Leben lang war Ibsen mehr als nur Chronist der norwegischen Gesellschaft. In ihm begegnet man dem Norweger des 19. Jhs.: „Wer mich verstehen will, muss Norwegen kennen. Die
schöne, aber raue Umwelt wirft die Menschen des Nordens auf sich selbst zurück. Das macht
sie introspektiv und ernst. Sie grübeln und zweifeln – und viele verzweifeln. Die langen, kalten
Winter hüllen die Häuser in dicke Nebel – oh, wie sie sich nach der Sonne sehnen!"

Hier ist mehr über Ibsen und sein Werk zu erfahren:

▪ Ibsen-Museum (S. 100), Oslo

▪ Ibsenhuset-Museum (S. 144), Grimstad

▪ Henrik Ibsenmuseet (S. 159), Skien

Edvard Grieg

Norwegens berühmter Komponist Edvard Grieg (1843–1907) war mit seiner ersten Symphonie so
unzufrieden, dass er über die Noten kritzelte, sie dürfe nie aufgeführt werden! Zum Glück wurde
sein Wunsch ignoriert. Grieg war stark von norwegischen Volksliedern und -melodien beeinflusst.
Sein charakteristisches erstes Werk, das *Klavierkonzert in A-Moll*, repräsentiert Norwegen wie kein
anderes Musikstück davor oder danach.

Zwei Jahre nach dem Konzert machte sich Grieg – ermutigt von Koryphäen wie Franz Liszt –
an eine Zusammenarbeit mit Bjørnstjerne Bjørnson, um dessen Gedichte und Texte musikalisch

---

Jazz Basen (www.
jazzbasen.no/index_eng.
html) ist die Internet-
seite zur norwegischen
Jazzmusik. Sie informiert
über Festivals und
bietet eine umfassende
Liste bemerkenswerter
Jazzmusiker.

große Namen sind Karin Krog, Bugge Wesseltoft, Nils Petter Molvær, Silje
Nergaard, Solveig Slettahjell, Espen Larsen und Sidsel Endresen.

Volksmusik ist ein weiterer Hauptpfeiler der norwegischen Musik und die
Hardanger-Fiedel ist eines der beliebtesten Instrumente der europäischen
Volksmusik. Ihren unverwechselbaren Klang erzeugen vier oder fünf mit-
schwingende Harmoniesaiten unterhalb der normalen vier Spielsaiten. Zu
den angesagtesten Volksmusikern gehören Tore Bruvoll und Jon Anders
Halvorsens mit ihren traditionellen Liedern aus der Telemark *(Nattsang)*,
Bukkene Bruse mit norwegischer Livemusik und viel Hardanger-Fiedel
(Spel), Rusk mit einem beeindruckend umfassenden Musikrepertoire aus
Südostnorwegen *(Rusk)*, Sigrid Moldestad und Liv Merete Kroken mit
traditioneller Fiedelmusik und klassischen Spieltechniken *(Spindel)* und
Sinikka Langelands Annäherung an alte Runenmusik *(Runoja)*. Die 2007

umzusetzen. Das Ergebnis – *Vor der Klosterpforte, Bergliot* und *Sigurd Jorsalfar* – machte ihn zu Norwegens musikalischer Stimme. Bei seinem nächsten Projekt arbeitete er mit Henrik Ibsen zusammen, um dessen grandiosen Roman *Peer Gynt* zu vertonen. Die Partitur fand internationalen Anklang und wurde zu seinem – und Norwegens – einprägsamsten Klassikstück.

1885 hatte er ein eindrucksvolles Repertoire geschaffen (darunter *Ballade in G-Moll, Der Bergentrückte, Norwegische Volksweisen für Klavier* und *Aus Holbergs Zeit*) und zog mit seiner Frau Nina in ihr Küstenhaus in Troldhaugen in der Nähe von Bergen. Von hier aus unternahm er zahlreiche Tourneen in Europa. Sein Biograph, Aimer Grøvald, hielt es für unmöglich, Griegs Musik zu lauschen, ohne dabei eine leichte, frische Meeresbrise zu spüren und die mächtigen Gletscher und Berge der westnorwegischen Fjorde vor sich zu sehen.

Hier ist mehr über Grieg zu erfahren:

- Troldhaugen (S. 209), Bergen

- Openair-Konzerte (S. 218), Bergen

- Grieghallen (S. 218), Bergen

Edvard Munch

Edvard Munch (1863–1944), Norwegens berühmtester Maler, war eine gequälte Seele: Seine Mutter und seine ältere Schwester starben an Tuberkulose und seine jüngere Schwester litt seit frühester Kindheit an einer Geisteskrankheit. Munchs erstes großes Werk *Das kranke Kind* ist ein Porträt seiner Schwester Sophie kurz vor ihrem Tod. 1890 entstand sein beklemmendes Gemälde *Nacht,* das eine einsame Gestalt in einem dunklen Fenster zeigt. Im darauffolgenden Jahr vollendete er *Melancholie* und fertigte erste Skizzen seines später bekanntesten Werkes *Der Schrei,* das seinen inneren Qualen Ausdruck verleiht.

1892 vergrub sich Munch in der Arbeit an einem Zyklus dichter, von Angstneurosen geprägter Gemälde und gab ihm den Titel *Lebensfries – Ein Gedicht über das Leben, die Liebe und den Tod.* Seine Besessenheit von Düsternis und Verhängnis begann sein Leben zu überschatten. Alkoholismus, chronische emotionale Labilität und eine tragische Liebesaffäre kulminierten 1907 in dem Werk *Marats Tod.* Ein Jahr später wurde er für acht Monate in eine Kopenhagener Nervenklinik eingeliefert.

Nach seiner Entlassung zog er an die Küste von Kragerø. Hier wurde die Veränderung seiner Kunst durch den Klinikaufenthalt deutlich. Die neuen Bilder strahlen eine lichtere, hoffnungsvollere Stimmung aus und zeigen Menschen im Einklang mit ihrer Umwelt.

Hier sind Munchs Werke zu sehen (aber bitte; nicht mitnehmen!):

- Nationalgalerie, Oslo (S. 96)

- Munch-Museum, Oslo (S. 107)

- Bergen Kunstmuseum (S. 208)

erschienene CD *Norway: Traditional Music* ist eine Zusammenstellung vergessener Stücke aus den Rundfunkarchiven und bietet wunderbare Einblicke in die traditionelle norwegische Volksmusik.

Die eindringlichen Melodien der Samen Nordnorwegens feiern derzeit ein Comeback. Moderne samische Künstler wie Aulu Gaup, Mari Boine Persen und Nils Aslak Valkeapääs haben die *joik*-Gesänge (poetische Lieder) durch Konzerte und Aufzeichnungen traditioneller wie modernerer Versionen populär gemacht. Vor allem Boine wird auch von internationalen Rundfunksendern gespielt. Informationen zur Bedeutung der Musik für die Samenkultur auf S. 43.

POP, ELECTRONIC & HEAVY METAL

Ein norwegischer Fan von a-ha erklärte uns, die Gruppe sei das Äquivalent zu Abba aus Schweden oder U2 aus Irland. Das ist vielleicht etwas überzogen

---

INTERVIEW MIT BERNT ERIK PEDERSEN, MUSIKREDAKTEUR, *DAGSAVISEN*

Welche Stadt ist Norwegens musikalisches Zentrum? Konkurrenzlos Oslo. Keine andere norwegische Stadt bietet so viele und vielfältige Bands, Veranstaltungsorte, Clubs, Treffs, Plattenlabel, Läden, Medien usw. wie die Hauptstadt. Und das sind die Dinge, die eine Musikstadt ausmachen. Das Konzertangebot Oslos steht dem der großen, europäischen Städte in nichts nach. Fast jeden Abend gibt es internationale Topacts. Was neue Stilrichtungen angeht, ist wohl Tromsø richtungsweisend. Hier kam die House/Techno/Elektronik-Revolution auf. Tromsøs Einfluss auf die aktuelle norwegische Musik ist nach wie vor groß, auch wenn die meisten Musiker mittlerweile weggezogen sind.

Welches sind Ihre liebsten Musikfestivals in Norwegen? Oslos Øyafestival (http://oyafestivalen. com) sollte man sich nicht entgehen lassen. Es bietet einen tollen Mix aus Mainstream- und Underground-Sounds, norwegisch wie international. Das neue Hovefestival in Arendal ist etwas für Fans des Indierock. Und NuMusic in Stavanger ist ein innovatives Festival für Elektronik, Hiphop, Noise usw. Reisenden außerhalb der Sommersaison kann ich das Oslo World Music Festival Anfang November ans Herz legen.

Welche fünf Musiker – aller Genres und Zeiten – sind Ihre Favoriten? Röyksopp, Radka Toneff, Geir Jenssen aka Biosphere, deLillos, Lasse Marhaug.

Wer sind in Sachen Elektronikmusik die norwegischen Erben von Röyksopp? Ich finde Hans-Petter Lindstrøm genial. Seine Produktionen sind forsch, klar und herrlich romantisch. Besonders „I Feel Space"! Viele gegenwärtige Dance-Produzenten sind vom Post-Discosound der frühen 80er beeinflusst – aber kaum einer bringt ihn in einem so frischen, modernen Gewand wie Lindstrøm. Jeder sollte mal ein Konzert von ihm besuchen!

Wer sind die vielversprechendsten jungen Jazztalente des Landes? Der Pianist, Keyboarder usw. Morten Qvenild hat diesen magischen Touch. Alles, woran er beteiligt ist, scheint einfach besser zu klingen. Sein Spiel ist außergewöhnlich dramatisch und melancholisch. In The Country, Susanna & The Magical Orchestra und Solveig Slettahjells Slow Motion Quintet sind seine Hauptprojekte. Es gibt unzählige talentierte Bands und Künstler im Bereich von Jazz, Improv, Noise – Elektronik, Avant Rock und moderner Musik, deren Grenzen sich mehr und mehr verwischen – z. B. Arve Henriksen, Lasse Marhaug, Puma, Paal Nissen-Love sowie die meisten Künstler des Rune Grammofon Labels.

Wer könnten die internationalen Erfolge von a-ha oder Kings of Convenience wiederholen? Vielleicht der Soul-geprägte Rockmusiker und Songschreiber Thomas Dybdahl. Aber bisher hatte er noch keinen richtigen Hit.

Hat die norwegische Landschaft für die Musik eine richtungsweisende Rolle gespielt? Wenn ja, welche? Norwegens Natur hat die norwegische Mentalität geprägt und demzufolge auch die Musik. Am äußersten Rand Europas gelegen, ist Norwegen ein kaltes, dünn besiedeltes Land mit einer beinahe lebensfeindlichen Natur. Es hat durchaus die Tendenz, die Menschen – Musiker und Künstler vielleicht in besonderem Maße – zu melancholischen Außenseitern und Individualisten zu machen. International erfolgreiche norwegische Künstler, so verschieden wie a-ha, Röyksopp, Jan Garbarek, Geir Jenssen und Mari Boine, verbindet alle eine Art von windgepeitschter Melancholie.

Interview von Anthony Ham

(vor allem der Vergleich mit U2), aber den anhaltenden Erfolg der Band kann niemand leugnen. Nach ihrem Durchbruch in den 1980er-Jahren ist sie ganz oben geblieben und veröffentlichte 2006 ihr achtes Studioalbum *Analogue*. Band-Mitglied Magne Furuholmen ist nicht nur Musiker – siehe Kasten S. 55.

Auch Electronica gehört zu Norwegens Spezialgebieten. Obwohl sich die Szene mehr und mehr nach Oslo verlagert hat, war es die sogenannte „Bergenwelle", die Norwegen zu Beginn des 21. Jhs. hier ganz nach oben gebracht hat. Vor allem **Röyksopp** (www.royksopp.com) eroberten mit ihrem

---

MEHR ALS NUR EIN MUSIKER

Magne Furuholmen ist vor allem als Gitarrist und Keyborder der Gruppe a-ha bekannt, aber dieser talentierte Künstler hat noch eine andere, ernsthaftere Seite. 2007 hatte er in London seine erste eigene Ausstellung mit 40 Monoprints, die – wie es der Ausstellungskatalog beschreibt – in einem „ständigen Spiel mit den Strukturen der Sprache" experimentieren. Im Henie-Onstad-Kunstzentrum von Oslo und an vielen anderen Orten Europas stellt er Holzschnitte, Skulpturen und andere Werke aus. Seine bekannteste Arbeit ist eine Skulptur blauer Vasen, die in Bergen auf dem Platz gleich nordöstlich der Touristeninformation zu bestaunen ist.

Debütalbum *Melody A.M.* 2001 die internationalen Electronic-Charts im Sturm und sind seither ganz an der Spitze geblieben. Die Bergenwelle war nicht auf Elektronikmusik beschränkt, sondern hat auch andere, international anerkannte Bands wie **Kings of Convenience** (www.kingsofconvenience.com) und **Ephemera** (www.ephemera.no) hervorgebracht.

In den letzten Jahren hat Oslo mit **Sunkissed** Erfolge gefeiert. Von G-Ha und Olanskii produziert und vom Osloer Label **Small Town Super Sound** (www.smalltownsupersound.com) rausgebracht, ist es seit Röyksopp das Heißeste, was Norwegen in Sachen Dance Music hervorgebracht hat. Weitere Aufsehen erregende Musiker sind Kim Hiortøy, Magnet (alias Even Johansen; www.homeofmagnet.com) und Bjorn Torske.

Die junge Sängerin Maria Mena schlägt ebenfalls international ein. Nach ihrem erfolgreichen Album *White Turns Blue* von 2004 (in Norwegen unter dem Titel *Mellow* veröffentlicht) ist von ihr noch einiges zu erwarten.

Metal ist ein weiteres Genre, das die Norweger für sich entdeckt haben. Wieder ist Bergen das Zentrum. So gilt das *Hulen* (S. 219) bei europäischen Heavy-Rock-Fans beinahe schon als mystischer Ort. Ein anderer Heavy-Rock-Treff ist die Garage (S. 218). Wer in der Gegend ist, kann sich hier vom früheren Rocker und heutigen Verwalter „Denis" alles erklären lassen, was man schon immer über norwegischen Rock wissen wollte – oder auch nicht.

Malerei & Bildhauerei

Das 19. Jh. brachte zwei außergewöhnliche norwegische Talente hervor: den Maler Edvard Munch (s. Kasten S. 53) und den Bildhauer Gustav Vigeland (s. S. 102).

Anfang des 20. Jhs. hat der Stil des Impressionisten Henri Matisse viele norwegische Künstler wie Axel Revold, Per Krohg, Alf Rolfsen und Henrik Sørensen inspiriert, die zusammen als die „Freskogruppe" bekannt wurden. Die Nachkriegszeit dominieren Jakob Weidemanns düstere Wälder, Gunnar S Gundersons konstruktivistische Gemälde sowie Arnold Haukelands und Åse Texmon Ryghs unmittelbare (nicht symbolhafte) Plastiken.

Von Norwegens modernen Topkünstlern haben Olav Jensen, Anne Dolven, Ørnulf Opdahl, Bjørn Tufta, Håvard Vikhagen, Odd Nerdrum und Andres Kjær mit ihrer Rückkehr zu abstrakt-expressionistischen Formen – vor allem für Darstellungen harscher, norwegischer Landschaften – für Turbulenz gesorgt. Unter den Bildhauern sind Bård Breivik, Per Inge Bjørlo und Per Barclay besonders angesehen.

Den besten Überblick über norwegische Kunst bieten die Nationalgalerie in Oslo (S. 96), das Kunstmuseum Rogaland (S. 238) und das Kunstmuseum Bergen (S. 208). Die besten Sammlungen moderner norwegischer Kunst sind im Museum für zeitgenössische Kunst (S. 97), im Astrup-Fearnley-Museum (S. 96) und im Henie-Onstad Kunstzentrum (S. 108) zu sehen; alle in Oslo.

Fiddling for Norway: Revival and Identity von Chris Goertzen beschäftigt sich mit dem Revival des norwegischen Fiedelspiels, mit der Geschichte der norwegischen Volksmusik und mit ihrem Einfluss auf die internationale Volksmusik.

Norwegian Black Metal (www.norsksvartmetall.com) bietet alles Wissenswerte über Norwegens ganz eigenes Metal-Genre.

NORWEGISCHE FILMHIGHLIGHTS

▪ Kristin Lavransdatter (1995; Regisseur Liv Ullmann) basiert auf dem Roman von Sigrid Undset und spielt im Norwegen des 14. Jhs.

▪ The Bothersome Man (2006; Regisseur Jens Lien) ist eine absurde Fabel, die in einer lieblosen und engen IKEA-Welt spielt.

▪ Zehn Messer im Herzen (1994; Regisseur Marius Holst) thematisiert Kindheitskonflikte in Oslo und wurde bei der Berlinale 1995 mit dem Blauen Engel ausgezeichnet.

▪ Frida (1991; Regisseur Berit Nesheim) zeichnet ein gelungenes Porträt der Adoleszenz.

▪ Håkon Håkonsson/Gestrandet (1990; Regisseur Nils Gaup) Von Disney finanzierte norwegische Robinson-Crusoe-Geschichte aus dem 19. Jh.

▪ Die Rache des Fährtensuchers (1987; Regisseur Nils Gaup) basiert auf einer mittelalterlichen Legende und wird in samischer Sprache gezeigt.

▪ Hexenjagd (1981; Regisseur Anja Breien) wurde 1982 bei den Filmfestspielen in Venedig ausgezeichnet.

▪ Soweit die Kräfte reichen (1957; Regisseur Arne Skouen) Für den Oscar nominierte Geschichte eines Soldaten an Norwegens stürmischer Nordküste während der deutschen Besatzung.

Theater & Tanz

Traditioneller Volkstanz und -gesang werden heute neu belebt. Zu vielen Festivals gehören wieder Kreistänze wie *pols, reinlenders,* Polkas und Mazurkas. Volkstanzgruppen *(leikarringer)* treten landesweit auf und konkurrieren in Wettbewerben *(kappleiker)* vor großem Publikum. Bergen (S. 218) ist der beste Ort, um im Sommer eine Folklore-Liveshow mitzubekommen.

In größeren Städten wie Oslo oder Bergen gibt es Theater- und Opernhäuser sowie Ballettensembles. Bergen bietet im Sommer eine Reihe klassischer Konzerte, die teilweise ganz stimmungsvoll unter freiem Himmel stattfinden. Andernorts ist die Spielzeit eher im Winter, wenn draußen nicht viel unternommen werden kann. Allerdings sind dann auch nur wenige Reisende unterwegs, um sie zu genießen.

Informationen zu Henrik Ibsen, Norwegens berühmtestem Dramatiker, im Kasten auf S. 52.

Kino

Norwegens Filmbranche ist klein, aber international anerkannt. Die für den Oskar nominierten Regisseure Nils Gaup und Arne Skouen waren die Pioniere Norwegens auf internationalem Feld. Regisseure, die jüngst internationale Aufmerksamkeit erregt haben, sind Marius Holst, Berit Nesheim, Anja Breien und Jens Lien.

Der russische Regisseur Nikita Michalkhov drehte seinen Film *Schwarze Augen* in der spektakulären Landschaft um Kjerringøy im Nordland. Caspar Wrede hat Szenen zu *Ein Tag im Leben des Iwan Denissowitsch* in Røros aufgenommen.

Essen & Trinken

Die norwegische Küche *kann* ausgezeichnet sein. Üppige Meeresfrüchte und einheimische Spezialitäten wie Rentier sind zweifelsohne die Highlights und werden in den meisten Städten mittlerer Größe von guten Restaurants angeboten. Einziges Problem (leider kein geringes) sind die extrem hohen Preise: Eine komplette Mahlzeit im Restaurant hat Luxusstatus. Um Geld zu sparen, begnügen sich viele Besucher mit Fastfood (zumindest mittags sind Pizzas, Hotdogs und Hamburger der Standard) und sind dann vom norwegischen Essen entsprechend enttäuscht. Aber nicht nur Besucher aus dem Ausland sparen am Essen. Wie oft behauptet und von anerkannten Umfragen bestätigt, ist Norwegens Nationalgericht de facto die *Pizza Grandiosa*, eine Tiefkühlpizza.

Gut essen, ohne sich in den Ruin zu treiben, bedarf einer gewissen Strategie. Zunächst bieten die meisten Hotels und auch einige Hostels ein großzügiges Frühstücksbuffet, das sicherstellt, dass man den Tag nicht mit leerem Magen beginnt. Wer hier kräftig zulangt, kommt am Mittag mit einem Imbiss aus. Manche Hotels bieten auch abends üppige Buffets. Sie sind generell sehr teuer, aber ideal, wenn es die einzige große Mahlzeit des Tages ist. Damit die Preise einem nicht vollkommen den Appetit verderben und man womöglich ganz abgemagert nach Hause kommt, bleibt ansonsten nur der Trick, die Preise lieber gar nicht erst umzurechnen.

TYPISCHES & SPEZIALITÄTEN
Fleisch

Norweger essen sehr gerne Fleisch. Das Rentier ist nicht nur ein Symbol Norwegens, sondern auch zuständig für einige der besten Fleischgerichte. Jeder Nichtvegetarier auf Norwegenreise sollte zumindest einmal einen Rentierbraten *(reinsdyrstek)* probieren – ungeachtet des Preises von mindestens 275 nkr. Wahrscheinlich wird es dann nicht bei einem Mal bleiben, denn Rentierfleisch ist extrem schmackhaft. Wer das Glück hat, zu einer samischen Hochzeit eingeladen zu werden, kommt sicherlich in den Genuss eines traditionellen Rentier-Stews *(bidos)*. Auch Elch *(elg)* wird in Norwegen gerne gegessen und auf vielfältige Weise zubereitet, u. a. als Steak oder Burger.

ABENTEUER FÜR DEN GAUMEN

Norwegen bietet einige sehr geschmacksintensive kulinarische Spezialitäten, die mutige Leser vielleicht probieren möchten:

- Walsteak *(hvalbiff)* – findet sich auf vielen Speisekarten und Hafenmärkten (z. B. in Bergen); es zu essen steht jedoch in eklatantem Widerspruch zum Artenschutz

- Brauner Käse – *Gudbrandsdalsost* wird aus Ziegen- und/oder Kuhmilch gewonnen und schmeckt leicht süßlich – trotz der abschreckenden karamellfarbenen Erscheinung.

- Eingeweichten Stockfisch, Makrelen- oder Seelachsklöße – essen die Norweger eher zu Hause als im Restaurant. Für die Älteren gehört das zu den Grundnahrungsmitteln.

- Kabeljauzungen – sind auf den Lofoten überaus beliebt, merkwürdigerweise aber nirgendwo sonst.

- Fermentierte Forelle – einige Norweger schwören darauf und wir sind glücklich, sie ihnen zu überlassen.

ESSEN AUS DER TUBE

Pariser bestellen Café au lait, Londoner einen Bückling. In New York ist es vielleicht ein Bagel, in Tokio Reis. Seelenfutter oder Kulturschock, jeder hat sein Frühstück und in Norwegen kommt es eben aus der Tube.

Diese Tuben sind das große Fragezeichen an jedem Frühstücksbüfett. Mit Zahnhygiene haben sie jedenfalls nichts zu tun. Doch in Norwegen sind Streichkäse und *kaviar* (mit Zucker gebeizte und geräucherte Creme aus Kabeljaurogen) aus der Tube seit Jahrzehnten beliebt. Die beiden bekanntesten Marken sind Mills – mit Sitz in Trondheim und vor allem für seinen *kaviar* gerühmt – sowie Kavli, die ältere der beiden. Der 1893 gegründete Bergener Molkereibetrieb Kavli begann in den frühen 1920er-Jahren, Käse in die USA zu exportieren und brachte 1924 seinen ersten Primula Streichkäse in der Tube auf den Markt – ein bahnbrechendes Ereignis für die Käse verarbeitende Industrie. Heute bietet Kavli die Geschmacksrichtungen Speck, Schinken, Salami, Krabben, Tomate, Mexikanisch und Jalapeño – alle in der altbekannten Tube.

Obwohl beide Sorten Brotaufstrich für sich schon sehr lecker sind und zu jedem richtigen norwegischen *frokost* (Frühstück) dazugehören, wird der *kaviar* besonders gerne mit Norvegia-Käse oder gekochten Eiern kombiniert.

2000 belegten norwegische Köche bei einem internationalen Kochwettbewerb, der inoffiziell als „kulinarische Olympiade" bekannt ist, den dritten Platz. Norwegen errang vier Goldmedaillen und wurde lediglich von Schweden und Singapur übertroffen.

Roots web (www.roots web.com/~wgnorway/ recipe.html) bietet einfache Rezepte traditioneller norwegischer Küche, die von Norwegern in aller Welt seit Generationen weitergegeben werden.

Weitere empfehlenswerte Fleischgerichte sind *bankebiff* (in der Soße gegarte Rindfleischstücke oder -scheiben), *dyrestek* (Wildbraten) und *lammebog* (Lammschulter). Fleisch wird in Norwegen gerne geräuchert – z. B. als *spekemat* (Rauchfleisch von Lamm, Rind, Schwein oder Rentier), das oft mit Rührei serviert wird). Weitere Gerichte sind *kjøttpålegg* (kalter Aufschnitt), *fårikål* (Kohleintopf mit Lamm), *syltelabb* (gekochte, eingesalzene Schweinsfüße), *lapskaus* (dicker Eintopf mit Fleischwürfeln, Kartoffeln, Zwiebeln u. a. Gemüse) und *pytt i panne* (Eier mit Kartoffelwürfeln und Fleisch).

Fisch

Lachs ist Norwegens wohl bedeutendster Beitrag zur internationalen Küche, den man sich auf keinen Fall entgehen lassen sollte. Während viele norwegische Gerichte sehr teuer und ihren Preis nicht wirklich wert sind, ist Lachs (gegrillt: *laks,* geräuchert: *røykelaks*) hier supergünstig. Allerdings nur, wenn er aus der Lachszucht kommt, Wildlachs ist wesentlich teurer. Die Qualität ist stets top. Besonders lecker ist *gravat laks,* mit Zucker, Salz, Weinbrand und Dill gebeizter Lachs in Sahnesoße.

Empfehlenswerte Süßwasserfische sind z. B. Bachforelle (nur im Süden), Barsch, Saibling, arktische Äsche, Brasse, Schleie und Aal.

Die verbreitetsten Salzwasserfische und Meeresfrüchte sind Kabeljau (*torsk* oder *bacalao*; häufig als Stockfisch), frische oder gekochte Krabben, Sprotten, Schellfisch, Makrelen, Lodde, Sanaar, Lengfisch, Rotbarsch und Köhler. Seewolf und Schleimfisch sind zwar hässlich, aber ihrem Pech ebenfalls ausgesprochen schmackhaft. Hering (einst der Fisch für arme Leute) wird heute eingelegt mit Zwiebeln in Senf- oder Tomatensoße serviert. In einigen Restaurants steht er noch auf der Karte, wird aber seltener angeboten, da sich die Wildbestände dringend erholen müssen. Die Norweger schwärmen von ihrer *fiskesuppe,* einer dünnen, sahnigen Suppe mit Fischgeschmack.

Weitere sehr leckere Gerichte sind: *fiskebolle* (Fischklöße), *fiskegrateng* (Fischtopf), *gaffelbitar* (mit Salz und Zucker gebeizte Sprotten-/ Heringsfilets), *klippfisk* (Klippfisch; gesalzener, getrockneter Kabeljau), *sildesalat* (Salat aus Hering mit Gurken- und Zwiebelscheiben etc.) sowie *spekeslid* (Salzhering, der gern mit eingelegten Roter Bete, Kartoffeln und Kohl serviert wird).

Andere Spezialitäten

Kartoffeln gehören zu fast jeder norwegischen Mahlzeit und werden von den meisten Restaurants zu quasi jedem Hauptgericht serviert, ob gekocht, gebacken oder gebraten. Andere Gemüsesorten, die – teils mit monotoner Regelmäßigkeit – auf den Tisch kommen, sind Kohl (häufig gekocht), Rüben, Karotten, Kohlrüben, Blumenkohl und Brokkoli.

Das wichtigste Obstanbaugebiet des Landes liegt rund um den Hardangerfjord. Hier werden Erdbeeren, Pflaumen, Kirschen, Äpfel und andere Obstsorten angebaut. Zu den beliebtesten wildwachsenden Beeren gehören Erdbeeren, schwarze und rote Johannisbeeren und Himbeeren. Im offenen Hochland gedeihen Blaubeeren, in Moorgebieten wachsen blaue Sumpf-Heidelbeeren, rote Cranberries und Sumpfkrähenbeeren. Die hübschen bernsteinfarbenen Moltebeeren *(moltebær)* sind besonders teuer und gelten als Delikatesse. Sie wachsen auf Moorboden, jede Beeren einzeln an ihrem eigenen Stil. Ihre Standorte werden in Norwegen teils streng als Geheimnis gehütet. Warme Moltebeerenkonfitüre mit Eiscreme ist einfach phantastisch!

Authentic Norwegian Cooking von Astrid Karlsen Scott ist praxisnah und wurde von niemand Geringerem als Ingrid Espelid unterstützt; Norwegens Jamie Oliver.

Norwegischer Käse wurde durch den mild-nussigen Jarlsberg international bekannt. Dieser helle Käse wird seit 1860 auf dem Anwesen Jarlsberg in Tønsberg hergestellt. Naschkatzen bekommen vielerorts leckere, cremegefüllte Kuchen, die die Geschmacksnerven immer wieder kitzeln.

GETRÄNKE

Das norwegische Nationalgetränk ist der Kaffe. Er wird zu allen Gelegenheiten, an allen Orten und in solch riesigen Mengen konsumiert, dass man sich nur wundern kann, wie die Menschen trotz des vielen Koffeins derart ruhig bleiben können. Die meisten Norweger trinken den Kaffee schwarz und stark. Doch der von Ausländern geäußerte Wunsch nach Milch und/oder Zucker wird überall toleriert.

Tee und Kräutertee kann man ebenfalls im ganzen Land bekommen, außerdem Limonaden und Mineralwasser.

Alkoholische Getränke

Bier rangiert auf der Beliebtheitsskala nicht weit hinter Kaffee. Es ist in größeren Mengen und zu zivilen Preisen von den staatlichen Monopolläden – liebevoll „pole" (kurz für Vinmonopolet) genannt – zu haben. Wein und Spirituosen gibt es ausschließlich in diesen Geschäften.

Bier wird in Bars gewöhnlich im 0,4-l-Glas (ab 55 nkr) oder 0,5-l-Glas (ab 65 nkr) ausgeschenkt. Am häufigsten ist in Norwegen helles Pils mit einem Alkoholgehalt um die 4 %, das noch heute nach dem deutschen Reinheitsgebot aus dem 16. Jh. gebraut wird. Die beliebtesten Marken sind *Ringnes* in Süd- und *Mack* in Nordnorwegen. *Munkholm* ist ein recht genießbares alkoholfreies Bier. Wenn Freunde zusammen unterwegs sind, ist

---

NORWEGENS BESTER KAFFEE

Norweger trinken pro Kopf mehr Kaffee als irgend eine andere Nation der Welt. Hier die Lokale, in denen man das verstehen kann:

Stockfleths (S. 116), Oslo
Åpent Bakerei (S. 116), Oslo
Det Lille Kaffe Kompaniet (S. 217), Bergen
Dromedar Kaffebar (S. 217), Bergen
Café Det Lindvedske Hus (S.142), Arendal
Bacalao (S. 335), Svolvær

AQUAVIT

Nur ein Norweger konnte auf die geniale Idee kommen, aus der Kartoffel Alkohol zu destillieren. Der Nationalschnaps *aquavit* (oder *akevitt*) ist ein aus Kartoffeln und Kümmellikör hergestellter kräftiger Schluck norwegischer Kultur. Sein Name stammt aus dem Lateinischen: *aqua vitae*, das „Wasser des Lebens". Kümmel gehört immer dazu. Einige moderne Brennereien ergänzen den würzigen Geschmack mit Kombinationen aus Orange, Koriander, Anis, Fenchel, Zucker und Salz. Das Gebräu muss dann etwa drei bis fünf Jahre in 500-l-Eichenfässern reifen, in denen vorher Sherry gelagert wurde.

Die womöglich beliebteste Variante dieses Schnapses ist der *Linje Aquavit* („Linienaquavit"). Er verdankt Namen – mit Linie ist die Äquatorlinie gemeint – und Tradition einem Zufall im 19. Jh., als ein norwegisches Schiff Fässer mit *aquavit* nach Australien transportierte. Als man sie dort nicht verkaufen konnte, nahm man sie einfach wieder nach Norwegen zurück und bot sie zum Verkauf an. Bald stellte man fest, dass der Schnaps nach der Überfahrt besser schmeckte als vorher, und die Fässer wurden zu wertvollen Gütern. Bis heute findet man auf jeder Flasche *Linje Aquavit* den Namen des Lagerschiffes, seine Route und die Zeit, in der die Fässer auf See gereift sind, vermerkt.

---

es üblicher, nur für sich selbst zu zahlen, anstatt eine Runde zu schmeißen – kaum verwunderlich bei den norwegischen Preisen.

Norwegen baut selbst keinen Wein an, aber immer mehr Norweger trinken ihn gerne zum Essen. Laut einer Studie macht er inzwischen ein Viertel des norwegischen Alkoholkonsums aus, während es 1974 nur 12 % waren. Immer mehr gute Restaurants führen ein umfangreiches Weinsortiment aus ganz Europa (vor allem Spanien, Frankreich, Deutschland und Italien) und entfernteren Ländern (Australien, Chile, Südafrika und Kalifornien). In einigen Städten (vorneweg Bergen und Oslo) sind Weinstuben derzeit stark im Kommen.

FESTESSEN

Das Essen spielt eine zentrale Rolle bei norwegischen Feiern und besonders an Weihnachten. Zu diesem Anlass gibt es spezielle Festmenüs wie *rømmegrøt* (leckere Sauerrahmgrütze auf Haferbrei); *rupa* (Schneehuhn oder Moorhuhn); *lutefisk* (in Lauge eingeweichter und gekochter Stockfisch; sehr gewöhnungsbedürftig und vor allem bei im Ausland lebenden Norwegern höchst beliebt; *pinneribbe* (über Birken- und Wacholderholz geschmorte Hammelrippchen) und Schweinebraten. Letztere Tradition stammt noch aus der Wikingerzeit, als zu Weihnachten ein Schwein geopfert wurde. Kinder freuen sich über Rosinenbrötchen und süße Backwaren wie *strull*, *krumkake* und *goro*. Das beinahe allgegenwärtige Getränk dieser Jahreszeit ist *gløgg*; vergleichbar mit „Grog", aber intensiver im Geschmack. Er setzt sich zusammen aus Säften – vergoren oder nicht –, Zimt, Rosinen, Mandeln, Ingwer, Nelken, Kardamom und anderen Gewürzen. Viele Norweger trinken auch *julaøl* oder „Festbier". Es ist ebenfalls aus der Wikingerzeit überliefert und stand damals im Zusammenhang mit heidnischen Opferzeremonien. Wie der *lutefisk* ist es nicht jedermanns Sache. Eingefleischte Freunde des Alkohols feiern mit Unmengen von Norwegens Kartoffelschnaps, Aquavit (s. Kasten 60).

WOHIN ZUM ESSEN?

Das Hotelfrühstück besteht in Norwegen meistens aus einem gigantischen Büfett: Unter englischen, amerikanischen, mitteleuropäischen und skandinavischen Delikatessen droht der Tisch fast zusammenzubrechen. Wer eine Übernachtung ohne Frühstück gebucht hat, geht morgens am

NORWEGENS TOP-RESTAURANTS

- Bagatelle (S. 115; Oslo) – Norwegens einziges Restaurant mit zwei Michelinsternen; das Interview mit Chefkoch Eyvind Hellstrøm steht im Kasten auf S. 115
- Fossheim Turisthotell (S. 192; Lom) – Hier wird das Erbe des berühmten Gründers Arne Brimi weitergeführt; mit Wildforelle, Rentier, Elch und Schneehuhn.
- Enhjørningen (S. 215; Bergen) – Die frischesten Meeresfrüchte in Bergens charmantem Viertel Bryggen.
- Finnegaards Stuene (S. 215; Bergen) – Ein neuer Stern an Norwegens kulinarischem Himmel mit altbewährter Qualität und traditioneller Küche.

besten in eine Bäckerei; dort sind Brot, Kuchen, Sandwiches und Bagels recht günstig.

Wer gern frischen Fisch isst, bekommt auf den Fischmärkten alles zum Mitnehmen und kann es dann an einem ruhigen Ort mit Blick aufs Wasser genießen. Zu den besten gehören die Märkte in Bergen, Trondheim und Kristiansand.

Norweger lieben es, auswärts zu essen und nahezu jede Stadt hat mindestens ein Restaurant. Obwohl es üblich ist, die Hauptmahlzeit abends einzunehmen – und mittags nur einen Snack – bieten vor allem in größeren Städten viele Restaurants günstige Mittagsspecials (häufig um 70 nkr). Sie sind meist sättigend und großzügig portioniert – eben für Gäste, denen ein Sandwich mittags nicht reicht. Manchmal sind sie als *dagens rett* (Tagesessen) gekennzeichnet.

In Mittelklasserestaurants kostet eine Mahlzeit in der Regel zwischen 80 und 150 nkr. Teurere Restaurants genügen in der Regel auch gehobenen Ansprüchen und verlangen für ein Hauptgericht 180 nkr und oft noch deutlich mehr. Wenn das Geld keine Rolle spielt, sind die drei- bis fünfgängigen Menüs zu empfehlen, die meist von höchster Qualität sind und 250 bis 695 nkr kosten.

Von September bis Mai wird in vielen Restaurants in Bergen jeden Donnerstag raspeballer serviert, ein kräftiges Traditionsgericht mit Salzfleisch, Kartoffeln und Rübenpüree – im Geschmack etwas gewöhnungsbedürftig, aber ein herzhaftes Wintergericht.

Günstig essen

Wer sparen möchte, kauft sein Essen im Supermarkt, Norwegens letzter Bastion günstiger Preise. Die landesweit geltenden Öffnungszeiten stehen auf der vorderen Umschlaginnenseite dieses Buches. Neben den üblichen abgepackten Lebensmitteln haben einige Supermärkte Feinkostabteilungen mit günstigen Salaten, Brathähnchen und gepökeltem oder geräuchertem Fleisch, das zum Belegen von Sandwiches oder Brötchen ideal ist. Wenn man Brot in der Bäckerei und die restlichen Lebensmittel im Supermarkt kauft, kann man jede Menge sparen. Zu den großen, landesweiten Supermarktketten gehören Rimi, Spar, Coop und Rema 1000.

Salate und Snacks sind auch in Lebensmittelläden oder Tankstellen zu bekommen. Der Standardsnack sind Hotdogs *(pølse)*, die in verschiedenen Variationen angeboten werden. Beilagen und Soßen kosten nicht extra und inklusive Getränk bekommt man so ein Mittagessen für nur 35–45 nkr. Tankstellen bieten häufig eine kleine Auswahl an Paninis und Brötchen, die in der selben Preisklasse liegen, aber wesentlich gesünder sind. *Gatekjøkken* (Imbisswagen oder Kiosks) verkaufen Hotdogs, Burger, Pommes, Pizzastücke und dergleichen. Die besseren unter ihnen bieten außerdem Fisch & Chips sowie eine Auswahl an Sandwiches.

Auch die Fischmärkte in den Küstengebieten (S. 61) sind meist eine günstige Alternative. Sie bieten verschiedene Snacks zum Mitnehmen; darunter Fischbällchen, Lachsplatten und andere Fischsnacks.

Nordic Plate (www.nordicplate.net) wurde von skandinavischen Landesregierungen initiiert. Die Seite bietet eine umfassende Zusammenstellung landestypischer Rezepte sowie Quellennachweise für Kochschullehrer.

DAS EWIGE THEMA ALKOHOL

Norwegen ist eines der wenigen Länder, deren Bewohner tatsächlich *für* die Prohibition gestimmt haben (in einer Volksabstimmung im Jahr 1919)! Bis 1927 blieb der Alkohol unter Bann. In dieser Zeit war die halbe Bevölkerung entweder mit Alkoholschmuggel oder der Destillation von heimischen Schnäpsen beschäftigt. Darin taten sich zweifellos auch viele Norweger hervor, die ursprünglich für das Verbot gestimmt hatten. Später sollte ein staatliches Monopol (staatliche Spirituosen-Fachhändler) dazu beitragen, den Alkoholkonsum einzuschränken. Doch es scheint, dass die Schwarzbrennerei dadurch nicht abgenommen hat. Sie floriert bis heute. Vorsicht ist geboten, wenn man selbstgebrannten Schnaps angeboten bekommt. Die Wirkung kann wahrhaft teuflisch sein!

Der Alkoholverkauf ist strikt reglementiert, und einige Orte haben praktisch die Prohibition beibehalten. In einigen Regionen, etwa in Teilen von Telemark, wird öffentlicher Bierkonsum mit 2000 nkr und/oder einer Gefängnisstrafe geahndet. Von einem Touristen, der wegen eines gemütlichen Bierchens hätte einsitzen müssen, haben wir allerdings noch nichts gehört.

Norwegens offizielle Haltung dem Alkohol gegenüber grenzt an Paranoia, vor allem da der Konsum im europaweiten Vergleich eher gering ist – natürlich ist schwer zu sagen, ob wegen oder trotz der strengen Gesetze. Ja, der Alkoholkonsum der Norweger ist in den letzten Jahren von 3,4 l pro Person und Woche (1960) auf 6,2 l gestiegen, aber diese Zahlen werden von Deutschland und Großbritannien um fast 50 % übertroffen. Wirklich besorgniserregend ist hingegen, dass sich der Alkoholkonsum der 15- bis 20-jährigen von 1995 bis 2001 verdoppelt hat. Neben dieser Zahl ist es auch die zunehmende Tendenz zum Komasaufen, die Eltern und Regierung Kopfzerbrechen macht. Wie ein junger Barkeeper erklärte, zwingen die hohen Preise viele Jugendliche, den Alkohol flaschenweise im Vinmonopolet zu kaufen und – beim sogenannten „Vorspiel" – zu Hause in sich hineinzuschütten, bevor sie um 24 Uhr ausgehen um in den Bars weiterzutrinken. Das Mindestalter für Bier und Wein beträgt 18, für Spirituosen 20 Jahre.

Auch Pizza steht hoch im Kurs. Peppe's Pizza mit kreativen Riesenpizzen (ab 159 nkr und reichlich genug für zwei) hebt sich von den übrigen Ketten ab. Besonders zu empfehlen ist das Mittagsbüfett. Eine ähnliche Kette ist Dolly Dimple's.

VEGETARIER & VEGANER

In Norwegen gibt es nicht gerade viele Vegetarier. Trotzdem bieten die meisten Restaurants auch einige vegetarische Gerichte an. Manchmal ist das vielleicht nur ein Omelett mit Käse und Zwiebeln oder Pasta mit Sahnesoße, doch immer häufiger sorgen kreative Salate (wobei Veganer von der häufigen Verwendung von Käse wenig begeistert sein dürften) und eine Auswahl an Crêpes oder Pfannkuchen für etwas Abwechslung. Die Kartoffel, die als Norwegens beliebteste Beilage auf jeder Karte zu finden ist, ist fast immer eine Ausweichmöglichkeit. Generell gilt, je größer die Stadt, desto größer ist auch die Auswahl für Vegetarier. In Oslo, Bergen, Stavanger und Trondheim servieren viele Cafés fleischlose Gerichte und es gibt sogar vegetarische Restaurants. Auch Tapaslokale und Pizzerias haben in der Regel mindestens ein rein vegetarisches Gericht auf der Karte.

FÜR KLEINE ESSER

Die Norweger sind stolz auf ihre Kinder- und Familienfreundlichkeit (s. S. 39), die auch in der Gastronomie spürbar ist. Selbst die vornehmsten Restaurants sind darum bemüht, dass sich Kinder wohlfühlen. Daher gehen die Norweger oft als Familiengruppe ins Restaurant. Viele Lokale bieten Kindergerichte mit kleineren Portionen und entsprechenden Preisen. Auch wenn nichts auf der Karte steht, sind viele Gastwirte gerne bereit, kleinere Portionen zu servieren, wenn jemand danach fragt.

Norwegian National Recipes: An Inspiring Journey in the Culinary History of Norway von Arne Brimi ist nicht ganz einfach zu finden, aber es gibt keine bessere Studie über die norwegische Küche. Der Autor und Spitzenkoch beschreibt hier jede kulinarische Region des Landes.

Dass Hochstühle bereitstehen, ist eine Selbstverständlichkeit, und wenn es in der Toilette keinen Wickeltisch gibt (manche Lokale haben das), improvisieren die Gastgeber gerne etwas.

Für weitere Informationen zum Reisen mit Kindern in Norwegen s. S. 423.

ESSKULTUR

In Norwegen beginnt der Tag mit Kaffee (immer!), einem gekochten Ei und Brot oder Knäckebrot (normalerweise Ryvita) mit Käse, Gurke, Tomate und eingelegtem Hering.

Die Norwegische Küche von K. Innli (Hrsg.) ist eine Sammlung von über 350 Lieblingsrezepten der Mitglieder des norwegischen Chefkochverbands.

Mittags reicht oft ein einfaches Sandwich oder eine Scheibe Brot mit Sardinen, Krabben, Schinken, Oliven, Gurke oder Ei. Nachmittags lieben Norweger ein Kaffeepäuschen; dazu wird ein kulinarisches Highlight serviert: Waffeln mit Sahne und Marmelade. Im Unterschied zu den eckigen belgischen Waffeln sind die norwegischen Waffeln blumenförmig, weich und meist kräftig mit Kardamom gewürzt.

Die wichtigste Mahlzeit findet in Norwegen gewöhnlich zwischen vier und sechs Uhr nachmittags statt. Dieses einzige warme Essen am Tag besteht meist aus einem Fleisch-, Fisch- oder Nudelgericht, gekochten Kartoffeln, einem Schlag Gemüse, vielleicht einem kleinen Salat oder etwas Grünzeug als Garnitur. Im Sommer kosten die Norweger jedoch gerne die langen Tage aus und verlegen ihre Hauptmahlzeit auf den späteren Abend.

SPRACHFÜHRER ESSEN

Wem angesichts norwegischer Speisekarten der kalte Schweiß ausbricht, der findet auf S. 454 die wichtigsten norwegischen Vokabeln.

Was heißt ...?

Einen Tisch für ... bitte.
Et bord til ..., takk.   Ett buhr till ..., takk

Kann ich bitte die Karte haben?
Kan jeg få menyen, takk.   Kann jaj fo me-nü-jen, takk.

Ich hätte gern das Tagesgericht.
Jeg vil gjerne ha dagens rett, takk.   Jaj will jar-ne ha dah-gens rett, takk.

Was gehört alles dazu?
Hva inkluderer det?   Wah in-klu-dere deh?

Ist der Service im Preis enthalten?
Er bevertninga iberegnet?   Ar be-wart-nin-ga i-be-raj-net?

Bitte nicht zu scharf.
Ikke for sterkt krydra, takk.   Ik-ke for sstarkt krü-dra, takk.

Ich esse kein Fleisch.
Jeg spiser ikke kjøtt.   Jaj sspie-sser ik-ke chött.

Ich esse kein Huhn, keinen Fisch und keinen Schinken.
Jeg spiser verken kylling eller fisk eller skinke.   Jaj sspie-sser war-ken chül-ling el-ler fisk el-ler sching-ke.

Essglossar

FLEISCH & GEFLÜGEL

kjøtt	Fleisch
kylling	Huhn
oksekjøtt	Rind
pølse	Wurst
skinke	Schinken
sauekjøtt	Lamm/Hammel
svinekjøtt	Schwein

GEMÜSE

grøn(n)saker	Gemüse
løk	Zwiebel
potet	Kartoffel
sopp	Pilz
tomat	Tomate

MEERESFRÜCHTE

brisling	Sprotte/Sardine
fisk	Fisch
hellefisk	Heilbutt
lysing	Seehecht
makrell	Makrele
reker	Krabben
sild	Hering
torsk	Kabeljau
tunfisk	Thunfisch

OBST

ananas	Ananas
appelsin	Orange
banan	Banane
druer	Trauben
eple	Apfel
frukt	Obst
jordbær	Erdbeeren

MILCHPRODUKTE

te	Sahne
ost	Käse
smør	Butter

SÜSSSPEISEN, KUCHEN & KEKSE

goro	Waffelart
is	Eiscreme
kake	Kuchen
krumkake	dünnes Waffel-hörnchen
pannekake	Pfannkuchen
shillingsboller	süßes Hefebrötchen
sjokolade	Schokolade
strull	Eierkuchen
syltetøy	Marmelade

GETRÄNKE

hvitvin	Weißwein
jus	Obstsaft
kaffe	Kaffee
melk	Milch
øl	Bier
rødvin	Rotwein
te	Tee
vann	Wasser

Natur & Umwelt

Norwegen und die Umwelt sind ein bisschen wie ein altes Ehepaar: Von außen gesehen ist alles in Ordnung, aber man ahnt, dass es auch ein paar Probleme gibt. Es ist schon erstaunlich, wie es dieses Land schaffen konnte, als Musterbeispiel in Sachen Umwelt zu gelten, obwohl es einer der weltweit größten Produzenten fossiler Brennstoffe (vor allem Öl) ist. Hinzu kommt, dass Norwegens Geografie einfach spektakulär ist und seine dramatischen Landschaften zu den beeindruckendsten in ganz Europa zählen. All das macht Norwegen zu einem spannenden Land, das immer mehr in den Blickpunkt gerät, gerade in Zeiten wachsender ökologischer Unsicherheit.

GEOGRAFIE

Das norwegische Festland erstreckt sich über 2518 km von Kap Lindesnes im Süden bis zum Nordkap mit einer Landmasse von 385 155 km². Das Land, in dem die höchsten Gebirge Nordeuropas liegen, ist an seiner schmalsten Stelle nur 6,3 km breit. Doch mit solchen nackten geografischen Tatsachen lässt sich die spektakuläre Naturgeschichte des Landes kaum erfassen. Das Besondere an Norwegen ist vielmehr seine enorme landschaftliche Vielfalt: vergletscherte Berge, tief eingeschnittene Fjorde und tundraartige Ebenen im hohen Norden.

State of the Environment Norway (www.environment.no) ist eine umfassende Informationsquelle, die ein breites Spektrum abdeckt: von Artenvielfalt über internationale Abkommen bis zu Statistiken und Svalbard.

Die Küste

Die zerklüftete Küste umgibt die skandinavische Halbinsel wie ein Schutzschild, das ihr die Gewalt der eisigen Arktis vom Leibe hält. Wegen ihrer Ähnlichkeit mit der Form Ostgrönlands glauben Geologen, die Inseln entlang der Nordküste könnten einst ein Teil der nordamerikanischen Platte gewesen sein.

Einige der Inseln vor der langgestreckten Nordküste – besonders die Lofoten und die Vesterålen – bestehen aus Granit und Gneis. Weiter nördlich liegt Svalbard abgetrennt von Europa auf der Barentskontinentalplatte gelegen. Während das übrige Norwegen um das Überleben seiner Eisfelder kämpft, erlebt diese Inselgruppe immer noch eine dramatische Vereisung. Das Sedimentgestein auf Svalbard birgt Fossilien und Kohle.

Wie auch immer die geologische Entwicklung abgelaufen sein mag – sie hat sich auf jeden Fall als äußerst profitabel erwiesen: Zwei Gräben in der Nordsee bergen Schiefer aus der oberen Jurazeit mit reichen Erdöl- und -gasvorkommen. Diese werden heute von Norwegen ans Tageslicht gebracht, was das Land zu einem weltweit führenden Erdölexportland macht.

DIE GRÖSSTEN & DIE HÖCHSTEN

- Der Jostedalsbreen (S. 257) ist die größte Eiskappe Kontinentaleuropas.

- Der Sognefjord (S. 246) ist mit 203 km der längste Fjord in Norwegen (nur der Scoresby Sund in Grönland ist länger) und mit 1308 m der zweittiefste Fjord der Welt (nach dem Skelton Inlet in der Antarktis). Der Hardangerfjord (S. 225) ist 800 m tief und 179 km lang und somit der zweitlängste in Norwegen und der drittlängste der Welt.

- Der Galdhøpiggen (S. 193, 2469 m) ist der höchste Berg Nordeuropas.

- Die Hardangervidda (S. 197) liegt 900 m über dem Meeresspiegel und ist damit das höchste Plateau Europas.

Inland

Das norwegische Binnenland ist geprägt von Fjorden, Plateaus, einem Hochland mit gewaltigen Gebirgszügen und einer arktischen Landschaft im Norden. Mehr zu diesen typischen Landformen s. S. 82.

Felsrutsche sind in Norwegens Fjordland-schaft immer ein poten-zielles Risiko, kommen aber selten vor. Doch 1934 löste ein Felsrutsch am Tafjord eine 62 m hohe Tsunamiwelle aus. Mehrere Küstengemein-den wurden verwüstet.

WASSERFÄLLE

Angesichts der vielen Berge und des feuchten Klimas überrascht es nicht: Die Gletscher- und Wasserfälle Norwegens gehören zu den höchsten der Welt. Der für Besucher kaum zugängliche, 800 m hohe Utigardsfossen, der vom Jostedalsbreen-Gletscher durch Nesdalen und in den Lovatnet fließt, wird manchmal als dritthöchster Wasserfall der Welt eingestuft: 800 m stürzt das Wasser hier im freien Fall in die Tiefe. Die folgenden anderen norwegischen Fälle werden zu den Top Ten der weltweit höchsten Katarakte gezählt: Mongefossen im Romsdal (774 m; ist aber wegen eines Wasserkraftwerks derzeit trockengefallen), Espelandsfossen (703 m; Hardangerfjord), Mardalsfossen (655 m; Eikesdal) und Tyssestrengene (646 m; in mehreren Kaskaden; S. 231) bei Odda. Der Vøringsfossen (S. 229) gehört zu den meistbesuchten Naturattraktionen Norwegens.

GLETSCHER

Vielleicht ist es ihre schiere Größe oder das Gefühl einer bewegten Welt, das sie uns vermitteln. Vielleicht ist es auch ihre neuerdings so wichtige Rolle als Gradmesser für Umweltzerstörung. Was auch immer der Grund ist, nur wenige natürliche Gebilde sind so ehrfurchtgebietend wie Gletscher und sie gehören zweifelsohne zu den herausragenden Naturhighlights in Norwegen. Gletscher bedecken 2600 km² (1 %) der Gesamtfläche des Landes. Das ist aber nur ein winziger Bruchteil ihrer Ausdehnung während der letzten Eiszeit, als ganz Norwegen ein einziges, gigantisches Eisfeld war. Der Großteil des Eises ist bereits vor 8800 Jahren geschmolzen, als die heutigen Fjorde entstanden (s. S. 82). Nur wenige Eisfelder und Talgletscher sind bis heute in Norwegen zurückgeblieben – außer auf Svalbard natürlich.

Norwegen gewinnt seine Energie zu 99,3 % aus Wasserkraft, zu 0 % aus Atomkraft und lediglich zu 0,4 % aus fossilen Brennstoffen.

Die Gletscher sind nicht nur eine atemberaubende Touristenattraktion, auch andere Wirtschaftszweige Norwegens profitieren von ihnen. 15 % der Elektrizität werden mithilfe von Flüssen gewonnen, die aus Gletschern entspringen.

Die Besorgnis über schmelzende Gletscher und Eisschichten in der Arktis wächst, da die Auswirkungen der globalen Erwärmung immer deutlicher werden. Einige der norwegischen Eisriesen haben sich im 20. Jh. um bis zu 2,5 km zurückgezogen. Zu den am schnellsten schrumpfenden Gletschern der Welt zählt der Austre Brøggerbreen auf Svalbard. Er hat seit 1977 15,3 m seiner Dicke verloren; gefolgt vom Midre Lovenbreen (Svalbard; 12,3 m) und Hellstugubreen (Mittelnorwegen; 11,7 m). Nach überdurchschnittlichen Temperaturen in den Jahren 2002 und 2003 erlebte Norwegen 2006 seinen viertheißesten Sommer seit Beginn der Wetteraufzeichnungen. Dadurch wurde das Abschmelzen der Gletscher weiter beschleunigt. Inlandgletscher sind stärker gefährdet als die an der Küste. Es gibt sogar norwegische Gletscher, die in den vergangenen Jahrzehnten gewachsen sind: z. B. der Nigardsbreen um 13,8 m zwischen 1977 und 2007. Doch das sind Ausnahmen, die kaum über die schlechten Aussichten hinwegtäuschen können.

Glaciers & Climate Change von J. Oerlemans liest sich teils etwas schwer, vermittelt aber alles Wissenswerte darüber, warum Gletscher für Umweltschützer auf der ganzen Welt zum Knack-punkt geworden sind.

Der Jostedalsbreen (S. 257) ist die größte Eiskappe auf dem europäischen Festland. Sie speist die großen norwegischen Gletscher wie Nigardsbreen (S. 260), Briksdalsbreen (S. 261) und Bødalsbreen (S. 326). Ein anderes, spektakuläres Exemplar ist der Folgefonn (S. 231). Wer Interesse an einer Gletscherwanderung hat oder in Norwegens Museen mehr über die Eisriesen erfahren möchte, findet dazu Hinweise auf S. 415.

TIERE & PFLANZEN

Norwegen ist zwar nur sehr dünn besiedelt, aber die wenigen Bewohner verteilen sich über das gesamte Land. Diese besondere und einmalige Besiedlungsstruktur schränkt den Lebensraum vieler wild lebender Tiere ein und hält ihre Zahl relativ gering. Trotzdem gibt's noch einiges zu sehen: u. a. Rentiere, Elche, Lemminge und Moschusochsen.

Tiere
LANDSÄUGETIERE

Wer richtig plant, hat gute Chancen, Norwegens große Landsäugetiere zu Gesicht zu bekommen.

Von den Wäldern des Südens bis hoch in die südliche Finnmark gibt es jede Menge *elgs* (Elche). Sie halten sich jedoch von Menschen und Straßen tunlichst fern. Und dazu haben sie auch allen Grund: Norweger haben eine Vorliebe für Elchbraten. Touren zu diesen eindrucksvollen Tieren werden etwa in Oppdal (S. 183), Dombås (S. 185), Evje (s. Kasten S. 165) und Hovden (S. 167) angeboten.

Die prähistorisch anmutenden *moskus-okse* (Moschusochsen) waren durch die Jagd schon nahezu völlig ausgerottet, als man in den 1940er-Jahren begann, einige Tiere aus Grönland im Dovrefjell-Nationalpark auszuwildern. Seitdem haben sie ihren Lebensraum bis in den Nationalpark Femundsmarka bei Røros ausgedehnt. Nähere Informationen über die Tiere und zu Moschusochsensafaris im Sommer s. S. 184.

Wilde *reinsdyr* (Rentiere) leben in großen Herden überall in Zentralnorwegen, in der Regel über der Baumgrenze und manchmal in Höhen bis zu 2000 m. Die – mit nur 7000 Tieren – größte Herde Europas findet man auf der Hochebene Hardangervidda. Aber auch in Jotunheimen, auf dem Dovrefjell und im Inland von Trøndelag begegnet man ihnen zuweilen. Die Rentiere in der Finnmark sind domestiziert und gehören den Samen, die sie zum Beginn des Sommers zur Küste und im Winter wieder zurück auf die Hochebenen treiben. Das kleinere *svalbardrein* (Svalbard- oder Spitzbergenren) ist nur auf Svalbard heimisch.

Zu den Kleinsäugern, die leichter übersehen werden, gehören: *hare* (Schneehase), *pinnsvin* (Igel; vorwiegend in Trøndelags Süden), *bever* (Biber; Südnorwegen), *grevling* (Dachs), *oter* (Otter), *jerv* (Vielfraß), *skogmår* (Baummarder), *vesel* (Wiesel) und *røyskatt* (Hermelin).

Lemens (Lemminge) bewohnen die Gebirgsregionen und damit insgesamt 30 % des ganzen Landes. Im Süden leben sie auf etwa 800 m Höhe, im Norden in tieferen Regionen. Sie sind etwa 10 cm lang, haben weiches orangebraunes und schwarzes Fell, wachsame Augen, einen kurzen Schwanz und ausgeprägte obere Nagezähne. Wenn sie Menschen begegnen, können Lemminge durchaus in Rage geraten, quieken, zischen und womöglich einen Angriffsversuch starten!

MEERESSÄUGETIERE

In den Sommermonaten herrschen in der Norwegischen See optimale Bedingungen für das Wachstum von Plankton. Von den nährstoffreichen Organismen ernähren sich Bartenwale und Fische. Letztere wiederum locken als Beute andere, hungrige Meeresräuber an. Zu den wenigen nicht bedrohten Walarten gehört der *minkehval* (Zwergwal). Er wird 7 bis 10 m lang und bringt bis zu 10 t auf die Waage. Er gehört zu der Familie der Bartenwale, d. h. in seinem Oberkiefer befinden sich starre Hornplatten (sogenannte Barten) anstelle von Zähnen, mit denen er das Plankton aus dem Wasser filtern kann. Er pendelt in erster Linie zwischen Svalbard und den Azoren.

Northern Lights: The Science, Myth, and Wonder of Aurora Borealis von Calvin Hall verbindet seriöse Wissenschaft mit alten Legenden, um eines der größten norwegischen Mysterien zu entschlüsseln.

Marine Mammals of the North Atlantic von Carl Christian Kinze ist ein ausgezeichneter Naturführer über die 51 verschiedenen Meeressäuger in Norwegen.

ARKTISCHE PHÄNOMENE

Die Aurora Borealis

Kaum eine Erscheinung ist faszinierender als wogende Nordlichter. Sie tauchen in den unterschiedlichsten Formen auf – als Säulen, Streifen, dünne Wolkenfetzen oder als Ringe pulsierenden Lichts. Besonders großartig aber ist es, wenn sie wie ein blasser Vorhang von einer leichten Brise dahingeweht werden. Normalerweise erscheint die arktische Aurora als blassgrünes oder hellrosa Leuchten am Himmel, doch in aktiveren Phasen changiert sie ins Gelbe oder Karmesinrote.

Die Aurora Borealis oder das Nordlicht wird durch geladene Teilchenströme der Sonne erzeugt, dem sogenannten Sonnenwind, der vom Magnetfeld der Erde abgelenkt und zu den Polen geleitet wird. Weil die Feldlinien des Erdmagneten an den Polen ringförmig nach unten fallen, werden die geladenen Partikel in die Nähe der Erde gelenkt. Wenn sie dann in der oberen Atmosphäre auf Stickstoff- und Sauerstoffatome prallen, wird Energie in Form von Licht freigesetzt – die Aurora. In einer Periode hoher Polarlichtaktivität kann ein einziger Sonnensturm Energiemengen von einer Billion Watt mit Stromstärken bis zu einer Million Ampere freisetzen.

Die Inuit (Eskimos) nennen das Nordlicht *arsarnerit* („Ball spielen"). Man stellte sich früher vor, es sei das Ballspiel der Ahnen mit einem Walrossschädel. Bis heute hat das Nordlicht für die Inuit eine spirituelle Bedeutung. Einige glauben, es sei das Spiel ungeborener Kinder. Für andere ist es ein Geschenk der Ahnen, um ein wenig Licht in die langen Polarnächte zu bringen. Wieder andere glauben darin zukünftige und vergangene Ereignisse zu erkennen. Im norwegischen Volksglauben sind es hingegen tanzende Jungfrauen, die das Leuchten hervorrufen. Das Licht gilt hier als schlechtes Omen und Zeichen für die Unzufriedenheit Gottes. Und wer sich über diesen Aberglauben lustig macht, riskiert es, seinen Zorn auf sich zu ziehen.

In der Zeit von Oktober bis März hat man in Norwegen die größten Chancen, Nordlichter zu beobachten. Aber auch im August kann man manchmal schon welche sichten. Svalbard liegt skurrilerweise schon zu weit im Norden, als dass man intensive Nordlichter entdecken könnte.

Mitternachtssonne & Polarnacht

Weil die Erdachse geneigt ist, sind Polarregionen zur jeweiligen Sommersonnenwende pausenlos der Sonne zugewandt. Im Winter dagegen bleiben sie ihr für eine bestimmte Zeit permanent abgewandt. Die Polarkreise bei 66° 33' nördlicher und südlicher Breite markieren die Grenzen, an denen die Sonne an einem Tag des Jahres – nämlich ihrem längsten – nicht untergeht.

Die Nordhälfte des norwegischen Festlandes, der Svalbard-Archipel und die Jan-Mayen-Insel liegen über dem Polarkreis, aber auch in Südnorwegen sinkt die Sommersonne nie weit unter den Horizont. Zwischen Ende Mai und Mitte August wird es in keinem Teil des Landes völlig dunkel. In Trondheim beispielsweise funkeln erst Mitte August wieder die ersten Sterne am Himmel.

Ganz anders im Winter, der dunkel, trist und lang ist: Nur für wenige Stunden am Tag wird die lange Polarnacht von einem diffusen Dämmerlicht erhellt. Auf Svalbard ist über einen langen Monat hinweg noch nicht einmal ein Dämmerungsstreifen am Horizont zu sehen. In dieser langen

Zwischen Ålesund und Varangerhalvøya sieht man manchmal den *knolhval* (Buckelwal). Der bis zu 15 m lange und 30 t schwere Bartenwal ist der akrobatischste und musikalischste unter den Meeressäugern. Seine tiefen Gesänge sind noch über Hunderte von Kilometern hinweg zu hören.

An der Spitze der Nahrungskette im norwegischen Meer thront der *spekkhogger* (Schwertwal) oder Orca: bis zu 7 m lang und 5 t schwer ein Gewicht, das man ihm gar nicht ansieht. Etwa 1500 Tiere treiben sich meist zu zweit oder zu dritt vor den Küsten herum. Auf ihrem Speiseplan stehen Fische, Robben, Delphine und Tümmler aber auch Wale, die z. T. größer sind als sie (z. B. Zwergwale).

Bis hinauf zum Nordkap lassen sich die Herden des *grindhvals* (Gewöhnlicher Grind- oder Pilotwal) beobachten. Große Gruppen von mehreren Hundert Exemplaren dieser 6 m langen Wale sind keine Seltenheit.

Phase der Dunkelheit leiden nicht wenige Menschen an einer „jahreszeitlich bedingten Depression" (SAD-Syndrom). Die Symptome lassen sich aber mit speziellen Tageslichtlampen bekämpfen: Täglich 45 Minuten Bestrahlung nach dem Aufstehen wirken Wunder! Es überrascht also nicht, dass die meisten Dörfer im Norden Begrüßungsrituale abhalten, wenn die Sonne zum ersten Mal wieder über den südlichen Horizont lugt.

Ort/Region	Breitengrad	Mitternachtssonne	Polarnacht
Bodø	67° 18′	4. Juni bis 8. Juli	15. Dez. bis 28. Dez.
Svolvær	68° 15′	28. Mai bis 14. Juli	5. Dez. bis 7. Jan.
Narvik	68° 26′	27. Mai bis 15. Juli	4. Dez. bis 8. Jan.
Tromsø	69° 42′	20. Mai bis 22. Juli	25. Nov. bis 17. Jan.
Alta	70° 00′	16. Mai bis 26. Juli	24. Nov. bis 18. Jan.
Hammerfest	70° 40′	16. Mai bis 27. Juli	21. Nov. bis 21. Jan.
Nordkapp	71° 11′	13. Mai bis 29. Juli	18. Nov. bis 24. Jan.
Longyearbyen	78° 12′	20. April bis 21. Aug.	26. Okt. bis 16. Feb.

Fata Morgana

Während die Aurora Borealis „nur" Erstaunen hervorruft, legt die Begegnung mit einer Fata Morgana einen Besuch beim Psychiater nahe. In der klaren Luft der Arktis werden auch weit entfernte Gegenstände weniger schnell unscharf oder unsichtbar. Dadurch fällt es sehr schwer, Entfernungen abzuschätzen: Die Welt wird merkwürdig zweidimensional. Das hat schon die ersten Arktisforscher dazu verführt, Inseln, Landspitzen und Bergrücken sorgfältig in ihre Karten einzutragen, die niemals wieder aufgetaucht sind. Barry Lopez beschreibt in seinem Buch *Arktische Träume* (2000) ein sehr amüsantes Beispiel für jene falschen Distanzwahrnehmungen: Ein schwedischer Forscher war schon fast fertig mit der schriftlichen Beschreibung einer zerklüfteten Landspitze mit zwei ungewöhnlich symmetrischen Talgletschern, die zu einer großen Insel gehörten. Da stellte er plötzlich fest, dass er ein Walross betrachtet hatte.

Fata Morganas werden offenbar durch Wasser-, Eis- und Schneespiegelungen erzeugt. In Kombination mit einer Temperaturinversion erscheinen dann einzelne Dinge klar und deutlich, die tatsächlich aber gar nicht vorhanden sind. An einem klaren Tag vor den Küsten der Lofoten, den Vesterålen, der nördlichen Finnmark oder vor Svalbard erscheinen häufig auf dem Kopf stehende Berge oder felsige Inselgruppen am Horizont, die dort gar nicht existieren. Selbst mit einer guten Landkarte in den Händen möchte man kaum glauben, dass sie tatsächlich nicht da sind!

Es kann ganz schön verwirrend sein, wenn man Schiffe, große Städte und Wälder sieht, die gar nicht da sein können. Normalerweise beträgt die Sicht auf See knapp 18 km. Doch in der Arktis gibt es immer wieder Berichte über Sichtungen von Inseln und Objekten, die Hunderte von Kilometern entfernt liegen.

Der 4 m lange *hvithval* (Weißwal oder Beluga) ist vor allem im Arktischen Ozean anzutreffen.

Nicht zu verwechseln ist der grauweiß gefärbte *narhval* (Narwal) mit seinem seltsamen, bis zu 2,7 m langen, spiralförmig gedrehten Horn, das aus dem Oberkiefer der Männchen herausragt. Bei dem „Horn" handelt es sich um einen der beiden Zähne des Wals, der im Mittelalter überaus begehrt war. Der 3,5 bis 5 m lange Narwal lässt sich v. a. im Nordpolarmeer blicken, wagt sich aber auch hin und wieder an Flussmündungen ins Süßwasser.

Mehr zu den verschiedenen Walarten S. 67 und 72.

Außerdem kommen in Norwegen Große Tümmler, Gemeine, Weißschnauzen- und Weißseitendelphine vor.

Robben tauchen regelmäßig an der gesamten norwegischen Küste und in einigen Fjorden auf. Am häufigsten sind *steinkobbe* (Gemeiner Seehund),

---

DIE BESTEN ORTE FÜR DIE VOGELBEOBACHTUNG

Femundsmarka-Nationalpark (S. 183) Falken.

Fokstumyra-Moorland (S. 186) Über 100 Vogelarten nisten hier.

Gjesvær (S. 377) Küstenkolonien mit Papageientauchern, Raubmöwen, Tordalken, Dreizehenmöwen, Tölpeln und Seeadlern.

Øvre-Pasvik-Nationalpark (S. 389) Unglückshäher, Hakengimpel, Birkenzeisig, Zwergsäger und Fischadler.

Runde (S. 278) Nahe Ålesund; hier nisten über 350 000 Seevogelpaare.

Stabbursnes (S. 379) Watvögel – darunter einige exotische Arten – und Fischadler.

Svalbard (S. 398) Papageientaucher, Krabbentaucher, Meerstrandläufer, Dickschnabellumme.

---

havert (Kegelrobbe), *ringsel* (Ringelrobbe), *grønlandssel* (Sattelrobbe), *klappmyss* (Mützenrobbe) und *blåsel* (Bartrobbe). Das um einiges größere *hvalross* (Walross) ist dagegen nur um Svalbard zu Hause. Es erreicht eine Länge von fast 4 m und ein Gewicht von 1450 kg. Die verlängerten Eckzähne können beim Männchen bis zu 1 m lang werden. Obwohl sie wegen Tran und Elfenbein erbarmungslos gejagt wurden, hat sich ihr Bestand erholt, und ihre Zahl um Svalbard ist wieder auf 1000 gestiegen, seitdem sie 1952 unter Schutz gestellt wurden.

FISCHE

Jahrhundertelanger Fischfang hat die Fischbestände rund um Norwegen bedrohlich dezimiert, darunter auch solche Arten, die lange Zeit als Säulen der norwegischen Wirtschaft galten. *Sild* (Hering), *hellefisk* (Heilbutt) und *lysing* (Seehecht) sind überfischt worden und kommen längst nicht mehr so zahlreich vor wie früher. In den letzten Jahren hat sich die Situation aber etwas gebessert. Unter den Süßwasserfischen ist der *laks* (Lachs) besonders weit verbreitet und eine große Sportanglergemeinschaft setzt sich dafür ein, dass die Bestände so groß wie möglich bleiben. Leider kommt es vor, dass Krankheiten aus Zuchtbetrieben auf Wildbestände übergreifen, was in manchen Regionen bereits große Probleme bereitet. Informationen zum Schutz des Lachses enthält der Kasten auf S. 415. Eine detailliertere Zusammenstellung der Einflüsse der norwegischen Fischindustrie auf die Umwelt steht auf S. 70. Wer noch mehr erfahren möchte, kann das Wild Salmon Centre (S. 251) in Lærdalsøyri besuchen.

VÖGEL

Norwegen ist ein Mekka für Vogelfreunde. Die größten Populationen leben an den Küsten, wo Millionen von Seevögeln in den Klippen nisten und sich von Fisch und anderem Meeresgetier ernähren. Zu den häufigsten Arten gehören Seeschwalben, *havsule* (Tölpel), *alke* (Tordalken), *lundefugl* (Papageientaucher), *lomvi* (Lummen), *teist* (Gryllteiste), *havhest* (Eissturmvögel), *krykkje* (Dreizehenmöwen), *tjuvjo* und *fjelljo* (Raubmöwen) sowie *alkekonge* (Krabbentaucher).

Die bekanntesten der norwegischen Wat- und Wasservögel sind *storlom* (Prachttaucher), *smålom* (Sterntaucher), *horndykker* (Ohrentaucher), *åkerrikse* (Wachtelkönig) und der Nationalvogel – die *fossekall* (Wasseramsel), die in Bergbächen nach Nahrung sucht.

Norwegen ist die Heimat von mindestens vier Eulenarten: *jordugle* (Sumpfohreule), *spurveugle* (Sperlingskauz), *snøugle* (Schneeeule) und *hubro* (Uhu).

Der spektakulärste unter den hier heimischen Greifvögeln ist der mächtige *havørn* (Seeadler). Mit einer Flügelspannweite von bis zu 2,5 m ist er der größte Greifvogel Nordeuropas. Mindestens 500 Paare brüten entlang der

Küste von Nordland, in Troms und in der Finnmark. Etwa genau so viele *kongeørn* (Steinadler) brüten in den höheren Gebirgsregionen, während es vom sehr seltenen *fiskeørn* (Fischadler) nur noch maximal 30 Paare gibt, die sich in den dicht bewaldeten Gebieten der Nationalparks Stabbursdalen (S. 380) und Øvre Pasvik (S. 389) aufhalten.

BEDROHTE ARTEN

Jahrhundertelanges Jagen und das starke Bevölkerungswachstum brachten zahlreiche Tierarten an den Rand der Ausrottung. Einige Bestände beginnen sich gerade wieder zu erholen, da die Jagd inzwischen weitgehend verboten ist.

Der *bjørn* (Braunbär) wurde seit Jahrhunderten verfolgt und die einzige stabile Population Norwegens ist die im Nationalpark Øvre Pasvik (S. 389) in der östlichen Finnmark.

Das größte Landraubtier der Welt, den *isbjørn* (Eisbär), gibt es in Norwegen nur auf Svalbard, wo er die meiste Zeit auf dem Pack- und Treibeis umherstreift. 1973 wurde die Jagd auf Eisbären verboten. Seitdem ist ihre Zahl auf rund 3000 Tiere gestiegen; auch wenn man sie außer vielleicht bei einer Svalbard-Rundfahrt kaum zu Gesicht bekommt. Trotz seiner 720 kg Gewicht und einer Körperlänge von 2,50 m ist ein Eisbär ausgesprochen schnell und wendig. Schuld daran sind seine behaarten Tatzen, mit denen er sich phantastisch auf Schnee und Eis bewegen kann, Kälteschutz inklu-

Polar Bears International (www.polarbears international.org) ist eine Website, die dem Eisbären (isbjørn) gewidmet ist, mit Lernmaterialen, Infos über die Gefährdung der Art und Kampagnen zu ihrer Erhaltung sowie großartigen Fotos.

DIE WAHRHEIT ÜBER LEMMINGE

Kaum ein anderes Tier wird so verleumdet wie der harmlose Lemming. Wir kennen alle die Geschichten unzähliger Lemminge, die sich von den Klippen stürzen und rituellen Massenselbstmord begehen. Manche Leute behaupten auch, ihr Biss könne tödliche Krankheiten übertragen.

Aber ist das wirklich alles, was man über Lemminge wissen sollte? Mitnichten. Zunächst mal kommt es zwar vor, dass Lemminge ein aggressives Verhalten an den Tag legen – manchmal sogar, ohne dass sie bedroht oder in die Enge getrieben werden. Aber es gibt absolut keine Anzeichen dafür, dass ihr Biss gefährlicher ist als der irgendeines anderen Nagetiers.

Und was hat es nun mit dem selbstmörderischen Verhalten der Lemminge auf sich? Bekanntermaßen tritt alle fünf bis zwanzig Jahre das Phänomen des vermeintlichen Massensuizids auf – und zwar immer dann, wenn sich die Lemminge so erfolgreich vermehrt haben, dass es zu einer regelrechten Überbevölkerung kommt. Aufgrund der Masse der Tiere wird die Vegetation rapide dezimiert und die Nahrungsreserven schwinden. Ganze Scharen von Lemmingen (die letzte Plage war 2001) sind dann gezwungen, das Hochland zu verlassen, um sich auf die Suche nach weniger dicht bevölkerten Lebensräumen zu begeben. Die meisten finden ein eher unspektakuläres Ende, werden auf der Straße überfahren oder von Raubtieren und Haustieren aufgefressen. Tatsächlich wächst in den Jahren nach einer Lemmingplage auch die Zahl der Füchse, Habichte, Eulen und anderer Raubtiere.

Trotzdem: Ziemlich oft sieht man tatsächlich Lemmingarmeen Richtung Meer marschieren, wo sie dann nicht selten an hohe Klippen geraten. Wenn dann die Massen von hinten zu sehr drängeln, können die Anführer schon mal über den Rand geschubst werden. Auch wenn Lemminge bei schlechtem Wetter einen Fjord oder einen See überqueren wollen, passiert es manchmal, dass sie massenweise ertrinken. So betrüblich diese Vorkommnisse auch sein mögen – ganz besonders für die Lemminge –, es gibt keinerlei Hinweise darauf, dass die Tiere suizidgefährdet sind.

Nicht alle Lemminge beteiligen sich an diesen Wanderungen in den sicheren Tod. Die schlaueren und aggressiveren Tiere bleiben in den Bergen und verteidigen ihr Territorium, werden dort glücklich und fett, verbringen den Winter unter dem Schnee und vermehren sich im nächsten Jahr wieder. Neugeborene Weibchen können schon nach 15 Tagen selbst trächtig werden. Die meisten bringen jedes Jahr mindestens zweimal fünf Junge zur Welt und sorgen so für das Überleben der Art.

Wissenschaftler der US-Regierung gehen davon aus, dass sich die weltweite Eisbärenpopulation (derzeit 22 000 Tiere) durch das Abschmelzen des Meereises im Sommer bis 2050 um zwei Drittel verringern wird.

Aufgrund ihres reichhaltigen Speiseplans enthält die Leber eines Eisbären extrem große Mengen Vitamin A. Ein Mensch, der so dumm wäre, sie zu essen, würde an der Überdosis sterben.

Der Blauwal ist das wahrscheinlich längste Tier, das je auf unserem Planeten gelebt hat. Das größte gefangene Exemplar maß 33,58 m; 50 Menschen hätten allein auf seiner Zunge Platz gehabt.

sive. Eisbären fressen Robben, gestrandete Wale, Fische und Vögel. Nur manchmal reißen sie ein Rentier oder andere Landsäugetiere (darunter auch mal einen Menschen). Die Milch einer Bärin enthält 30 % Fett; kein anderes Landraubtier produziert so eine nahrhafte Muttermilch. Bei solch guter Ernährung wachsen die neugeborenen Jungen schnell und sind gegen extreme Minusgrade gefeit. Weitere Eisbären-Infos enthält der Kasten auf S. 16/71/400.

Wie fast überall ist der *ulv* (Wolf) auch in Norwegen bei Landwirten, Rentierzüchtern und Jägern höchst unbeliebt. Nur noch wenige Exemplare durchstreifen die Gegend um Hamar und die Finnmark.

Ein seltener, in den Wäldern lebender Einzelgänger ist der Luchs, Nordeuropas einzige Großkatze.

Die langen Jahre des Walfangs im Nordatlantik und im Nordpolarmeer haben die Populationen vieler Walarten gefährlich schrumpfen lassen. Die Zwergwale ausgenommen, gibt es keinerlei Anzeichen, dass sich die Bestände jemals wieder erholen werden.

Vor der Küste der Finnmark zeigt sich manchmal noch der extrem bedrohte *seihval* (Seiwal). Dieser Bartenwal heißt so, weil er stets zur gleichen Zeit hier eintrifft wie der *sei* (Köhler oder Seelachs), der sich – genauso wie der Wal – jeden Sommer am alljährlichen Planktongelage beteiligt. Seiwale können bis zu 18 m lang und 30 t schwer werden (Kälber sind bei der Geburt 5 m lang). Jedes Jahr wandern sie von ihren Winterquartieren vor Nordwestafrika und Portugal bis in die Norwegische See und in die südliche Barentssee.

Der *Finhval* (Finnwal) misst 24 m und kann 80 t schwer werden. Er wurde zur Lieblingszielscheibe, als der Norweger Svend Føyn 1864 die Sprengstoffharpune erfand. Die folgende unkontrollierte Jagd überlebten im Nordatlantik nur wenige Tausend Tiere. Auch Finnwale wandern: Sie überwintern in den Gewässern zwischen Spanien und Südnorwegen und verbringen den Sommer vor der nordnorwegischen Küste.

Der *spermsetthval* (Pottwal) ist besonders gut an seinem merkwürdigen kastenförmigen Profil zu erkennen. Er wird bis zu 19 m lang, 50 t schwer und frisst hauptsächlich Fisch und Tintenfisch. Meist ist er in Herden von 15 bis 20 Tieren unterwegs. Walfänger auf der Jagd nach Waltran und dem wertvollen Walrat in ihren Köpfen haben ihre Zahl stark dezimiert. Die fischreichen Tiefen vor Vesterålen locken aber vergleichsweise viele Pottwale an, sodass man sie auf einer Bootstour häufig zu sehen bekommt.

Das größte Lebewesen der Erde der *blåhval* (Blauwal) misst rund 28 m und wiegt unglaubliche 110 t. Er kann bis zu 80 Jahre alt werden, wobei das durchschnittliche Höchstalter bei etwa 50 Jahren liegt. Lange Zeit wurde er wegen des Trans verfolgt, bis er dann endlich 1967 von der Internationalen Walfangkommission unter Schutz gestellt wurde viel zu spät! Zum Vergleich: Vor 1864 gab es etwa 6000 bis 9000 Tiere. Heute schwimmen nur noch wenige Hundert Exemplare durch die Weltmeere, auch wenn norwegische Schätzungen z. T. von gut 11 000 Tieren ausgehen. In jüngster Zeit gibt es Hinweise darauf, dass im Nordatlantik einige tapfere Blauwale ein Comeback starten.

Der *grønlandshval* (Grönlandwal) war am Ende des 19. Jhs. fast völlig ausgerottet, da seine Barten als Rohstoff für Korsetts, Fächer und Peitschen sehr begehrt waren. Außerdem eigneten sie sich hervorragend für die Jagd, da die Tiere langsame Schwimmer sind und nach ihrem Tod nicht untergehen. 1679 hielten sich um Svalbard rund 25 000 Tiere auf. Heute ist davon nur noch eine Handvoll übrig geblieben, und die weltweite Population ist bedenklich klein.

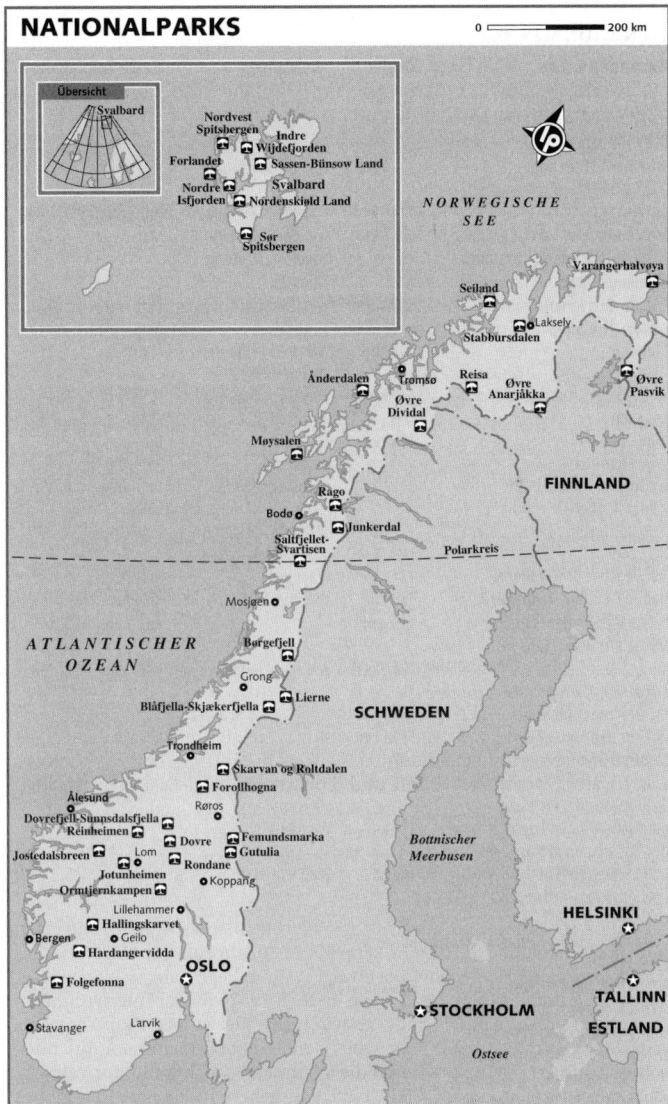

NATIONALPARKS & SCHUTZGEBIETE

Derzeit gibt es in Norwegen 37 Nationalparks (davon sieben auf Svalbard) und rund 15 % der Fläche des Landes sind geschützt. Acht neue Nationalparks sind allein seit 2003 geschaffen worden. Häufig geht es in diesen Parks aber nicht so sehr darum, ein bestimmtes Naturphänomen unter Schutz zu stellen. Vielmehr sollen sie ganz allgemein die Bebauung der letzten unberührten Gebiete verhindern. Die Parkgrenzen deuten deshalb nicht unbedingt auf spektakuläre Naturlandschaften oder die Grenzen eines Ökosystems hin, sondern folgen

DIE WICHTIGSTEN NATIONALPARKS

Nationalpark	Besonderheiten	Größe	Aktivitäten	Beste Zeit	Seite
Ånderdalen	Sümpfe, Küstenwälder mit Kiefern und Birken (einige Bäume sind über 500 Jahre alt)	125 km²	-	Juli–Aug.	
Blåfjella-Skjækerfjella	primärer Fichtenwald	1924 km²	Vogelbeobachtung	Mai–Sept.	
Børgefjell	alpine Vegetation	1447 km²	Vogelbeobachtung	Juni–Aug.	
Dovrefjell-Sunndalsfjella	Moschusochsen, Rentiere, Snøhetta (2286 m), Hochland, Fokstumyra-Moorland S. 186	4367 km²	Wandern, Klettern, Vogelbeobachtung, Wildsafaris	Mai–Sept	S. 186
Femundsmarka	Gletscher, Hochland, Moschus-ochsen, Rentiere	390 km²	Wandern, Bootstouren	Mitte Juni–Aug.	S. 183
Folgefonna	Gletscher	545 km²	Wandern, Skifahren im Sommer	Mai–Sept.	S. 231
Forlandet	Wasservögel, Robben- & Walross-kolonien	640 km²	Vogelbeobachtung	Juli–Aug.	S. 441
Forollhogna	Wilde Rentiere	1062 km²	-	Juli–Aug.	
Hallingskarvet	Wilde Rentiere	450 km²	Wandern	Juli–Aug.	
Hardangervidda	weite Hochebene, größte Herde wilder Rentiere in Europa	3422 km²	Langlauf, Wandern	Juni–Aug.	S. 197
Jostedalsbreen	Jostedalsbreen-Eisfeld (487 km²), Gletscher	1310 km²	Wandern, Eisklettern, Kiting, Bootstouren	Juni–Aug.	S. 257
Jotunheimen	Norwegens höchste Berge	1145 km²	Wandern	Juli–Aug.	S. 193
Lierne	Gebirge, Luchse, Vielfraße, Bären	333 km²	Vogelbeobachtung	Juli–Aug.	
Møysalen	Letzte Wildnis der Lofoten, Møysalen-Gipfel (1262 m)	51,2 km²	-	Juli–Aug.	S. 353
Nordvest Spitzbergen	Kongsbreen-Eisfield, Magdalenefjord, archäologische Stätte, Rentiere & Meeressäuger-kolonien	9914 km²	Wandern, Kajakfahren	Juli–Aug.	S. 398
Øvre Anarjåkka	Birken- und Kiefernwälder, Moore & Seen	1399 km²	-	Juli–Aug.	
Øvre Dividal	Wildpark, Alaska-Rhododendron & Schuppenheide, Vielfraße	743 km²	Wandern, Hunde-schlitten		S. 366
Øvre Pasvik	nordische Wälder, letztes Habitat des Braunbären in Norwegen	119 km²	Wandern		S. 389
Rago	hohe Gipfel, steile Täler & Wasser-fälle, grenzt an schwedische Nationalparks	167 km²	Wandern	Juli–Aug.	S. 317
Reisa	dramatische Reisa-Schlucht, Wasser-fälle, Wildtiere	803 km²	Wandern	Juni–Aug.	S. 394
Rondane	Rentiere, Rondane-Bergmassiv, archäologische Stätten	963 km²	Wandern, Wildsafaris	Juni–Aug.	S. 189
Saltfjellet-Svartisen	Lage am Polarkreis, Bergmoore, Eisfelder, alte Stätten der Samen	2105 km²	Wandern	Juli–Aug.	S. 315
Sør Spitsbergen	Norwegens größter Park, zu 65 % von Eis bedeckt, Brutgebiet von Seevögeln	13 282 km²	-		
Stabbursdalen	nördlichster Kiefernwald der Welt	98 km²	Wandern	Juli–Aug.	S. 380

oft ganz einfach den Konturen unbewohnter Gebiete. Im Mittelpunkt der Parkkonzepte steht nicht die angeleitete Begegnung zwischen Mensch und Natur, sondern der Naturschutz selbst. Trotzdem gibt es durchaus das eine oder andere biologische Infozentrum. Die wichtigsten norwegischen Parks sind der Liste auf S. 20 zu entnehmen – auf der Karte auf S. 73 sind alle eingezeichnet.

Im Gegensatz zu den Nationalparks in anderen Ländern bleibt man in den norwegischen Parks weitestgehend verschont von den Verkehrsströmen und Touristeneinrichtungen, die anderswo aus den Schutzgebieten regelrechte saisonale Ballungszentren machen. Zwar hat insbesondere Jotunheimen unter wachsenden Besucheranstürmen zu leiden, doch in den meisten Parks gehören Erosion und Müllprobleme noch nicht zu den täglichen Problemen, und auch das Wild hat noch seine Ruhe.

Die Vorschriften und Regeln in den Nationalparks, Naturreservaten und Schutzgebieten sind sehr streng. Normalerweise unterliegt der Zutritt zu den Parks keinerlei Beschränkungen, und der Eintritt ist frei. Aber fast immer hat man eine Gebühr zu entrichten, wenn man die Zufahrtsstraßen benutzen will. Müll wegwerfen, Pflanzen ausreißen, Mineralien oder Fossilien einstecken sowie das Jagen oder Stören von Tieren und das Fahren mit dem Auto oder dem Motorrad abseits der Straßen ist ausdrücklich verboten. Tipps zum verantwortungsvollen Wandern s. Kasten S. 221, 264, 318 und 418.

Weitere Infos zu den Nationalparks gibt's vor Ort in den Fremdenverkehrsbüros und beim **Directorate for Nature Management** (☎ 73 58 05 00; www.dirnat.no) in Trondheim.

UMWELTPROBLEME

Wenn es um Umweltschutz geht, wird Norwegen häufig als Musterbeispiel angeführt. Größtenteils ist diese Anerkennung auch gerechtfertigt. Doch bei den zentralen Umweltproblemen fällt auch die norwegische Bilanz – wie in den meisten anderen Ländern – recht widersprüchlich aus. Einerseits hat sich die norwegische Regierung in beispiellosem Maße zur Reduzierung der Treibhausgase verpflichtet und das Reisemagazin *National Geographic* hat 2004 unter 115 Touristenzielen die Fjorde als das Weltnaturerbe ausgewählt, das am besten und nachhaltigsten verwaltet wird. Auf der anderen Seite gehört Norwegen zu den weltweit größten Ölexporteuren und zu den Global Players in der Fischindustrie.

Geht es um den direkten Umweltschutz, gibt es in Norwegen viel zu loben. Industrieabfälle unterliegen strengen Regelungen, Recycling wird allgemein praktiziert und Müll am Straßenrand ist eine Seltenheit. Generell wird Sauberkeit in Stadt und Land groß geschrieben.

Und trotzdem stehen heute etwa 1000 Tier- und Pflanzenarten auf der Liste der bedrohten oder gefährdeten Arten, weil ihre Lebensräume zerstört wurden (s. S. 71). Viele Arten stehen zwar mittlerweile unter Schutz, aber Jagd- und Angelsport sind in Norwegen so beliebt wie in kaum einem anderen europäischen Land. Norwegens umstrittene Haltung zum Wal- und Robbenfang hat internationale Proteste und Warenboykotts ausgelöst.

> „Norwegens umstrittene Haltung zum Wal- und Robbenfang hat internationale Proteste und Warenboykotts ausgelöst."

Klimaveränderung

Globale Erwärmung ist bei Weitem kein ausgesprochen norwegisches Problem, aber die wenigsten Länder sind bereit, so viel dagegen zu tun wie dieses Land. 2007 versprach die norwegische Regierung „an vorderster Front der internationalen Klimabemühungen" zu kämpfen und stellte einen Plan vor, mit dem das Land schon bald „CO_2-neutral" werden sollte. Den Nettoausstoß an Treibhausgasen will man bis 2050 auf null reduzieren. Um das zu erreichen, will Norwegen einen Großteil seines Ausstoßes von derzeit 54 Mio. t durch Emissionshandel auf dem internationalen Markt ausgleichen. Außerdem soll der Ausstoß bis 2030 um 30 % verringert werden. Bei all diesen großen Vorhaben sollte man aber nicht aus den Augen verlieren, dass der Durchschnittsnorweger für einen CO2-Ausstoß von 11 t verantwortlich ist. Das ist das Drei- bis Vierfache des Weltdurchschnitts, auch wenn es nicht über dem Niveau der meisten anderen Industrieländer liegt. Umweltschutzgruppen kritisierten die geplanten Schritte lautstark und verurteilten sie als Heuchelei. Greenpeace ließ verlauten: „Die norwegische Regierung sollte lieber Verantwortung übernehmen für die gut 500 Mio. t Emission, die durch die Öl- und Gasexporte aus ihrem Land entstehen."

Das deutlichste Anzeichen für die Klimaveränderung in Norwegen ist der besorgniserregende Rückgang der Gletscher (s. S. 66). Andere Umweltindikatoren geben Anlass zur Hoffnung. 2007 ergab eine detaillierte Studie der Universität Oslo zur arktischen Pflanzenwelt Svalbards (veröffentlicht von der renommierten Zeitschrift *Science*), dass die Pflanzen dort widerstandsfähiger sind als zunächst befürchtet. So konnten sie sich offenbar den enormen Klimaschwankungen der vergangenen 20 000 Jahre anpassen und sie größtenteils überleben.

Fischfang & Meeresressourcen

Die norwegische Umweltpolitik hat einige Knackpunkte: die Jagd auf Meeressäuger, die Fischereirechte und die abnehmenden Fischbestände.

KOMMERZIELLER FISCHFANG

In einem Entwurf zu einem Bericht des World Wildlife Fund (WWF) von 1998 heißt es, dass ein Norweger die Umwelt drei- bis viermal so stark belaste wie der durchschnittliche Erdenbürger. Damit sei Norwegen die „umweltschädlichste Nation der Welt". Diese schweren Vorwürfe stützen sich v. a. auf den unbändigen Fischkonsum dieses Landes. Die jährliche Fangquote liegt bei 250 kg pro Einwohner. Das ist mehr als das Zehnfache des Weltdurchschnitts. Die Antwort der norwegischen Regierung auf diese Anschuldigungen ist auf S. 70 nachzulesen.

Man kann es ganz offen so ausdrücken: Die Norweger betrachten den gefährlichen Rückgang der Fischbestände in ihren Gewässern genauso aus dem Blickwinkel ihres wirtschaftlichen Eigeninteresses wie als Umweltproblem. Seit Menschengedenken sind die Gewässer vor der norwegischen Küste reiche Fischgründe – und nebenbei das fragile Rückgrat der norwegischen Wirtschaft. Vor der Zeit des Ölsegens war der Fischfang eine der wenigen gewinnbringenden Ressourcen des Landes, und er steht noch immer an zweiter Stelle der Exportstatistik. Wenn man sich das bewusst macht, fällt es leichter, die Umweltpolitik Norwegens zu verstehen – insbesondere ihre Haltung gegenüber den lebenden Meeresressourcen.

Fischfang und Aquakultur (kontrollierte Fischzucht) sind noch immer das Fundament der norwegischen Küstenwirtschaft: Allein in der Fangflotte arbeiten fast 22 000 Menschen. Hinzu kommt eine Unmenge von Industriezweigen, die direkt von der Fischerei abhängen: Schiffsbau, Fischfutter, Verarbeitung, Verpackung, Fischereibedarf und Transport. Mit einem Jahresfangvolumen von über 3 Mio. t ist Norwegen die zehntgrößte Fischfangnation und der größte Exporteur.

Ein Hauptgrund für die guten Erfolgsbilanzen der norwegischen Küstenfischerei waren die warmen Wasser des Golfstroms, der bis in die Nordmeere hineinreicht – auch wenn die Stärke seiner Strömung von Jahr zu Jahr variiert. Je mehr warmes Wasser in die norwegische See fließt, desto besser gedeiht das Plankton hoch im Norden und umso mehr gibt's für die Fische und Meeressäuger hier zu futtern.

Bis vor etwa 25 Jahren konnte praktisch jeder, der Lust hatte, Tiefseefischerei in dieser Region betreiben. Die idealen Bedingungen des Meeres im Verein mit der Erfindung des Echolots, mit dem sich die großen Heringsschwärme und andere kommerziell ertragreiche Fischarten gezielter orten ließen, trugen

> „Das deutlichste Anzeichen für die Klimaveränderung in Norwegen ist der besorgniserregende Rückgang der Gletscher."

(Fortsetzung auf Seite 85)

Architektur
& Landschaft

Traditionelle Architektur

Einige norwegische Architekten haben sich ganz offensichtlich von der spektakulären Landschaft Norwegens inspirieren lassen. Zugleich mussten sie aber auch Bauwerke schaffen, die den rauen Klimabedingungen des Nordens widerstehen konnten. Die Resultate sind oft beeindruckend: robuste Häuser mit Erddächern, die es in dieser Form schon seit fast zwei Jahrtausenden gibt, die landestypischen, markanten Stabkirchen, gen Himmel strebende Sakralarchitektur und kreative Adaptionen samischer Symbole und arktischer Landschaften.

Holz und Stein sind die Grundmaterialien der traditionellen Architektur Norwegens. Nirgends wird das so deutlich wie in dem wunderhübschen, ehemaligen Bergbaudorf Røros (S. 178), dessen farbenfrohe Fachwerkhäuser z. T. aus dem 17. und 18. Jh. stammen. Im hohen Norden, wo sowohl Holz als auch Stein knapp waren, behalfen sich die frühen nomadischen Samenvölker mit Grassoden, die ausgezeichnet gegen die Kälte schützten. Während die ländlichen Gebiete heute mit rustikalem Charme bezaubern, streben die Städte nach modernerer, minimalistischer Ästhetik und klaren Linien.

Einen Überblick über die norwegischen Architekturstile bieten das Volkskundemuseum Maihaugen (S. 173) in Lillehammer sowie zahlreiche andere, hervorragende Volkskundemuseen im ganzen Land.

STABKIRCHEN

Norwegens herausragender Beitrag zur Weltarchitektur sind fraglos die Stabkirchen.

Domkirche von Stavanger (S. 236)

ANDERS BLOMQVIST

Altes Bauernhaus mit Grasdach im Sunnmøre Museum (S. 276), Ålesund

© ROLF RICHARDSON / ALAMY

Sie scheinen direkt einer Kinderphantasie entsprungen zu sein und passen sich perfekt den spezifisch norwegischen Gegebenheiten an. Die aus der späten Wikingerzeit stammenden, reich verzierten Gotteshäuser gehören zu den ältesten, erhaltenen Holzbauten der Welt. Ihren Namen verdanken sie den senkrechten Stützpfeilern. Andere typische Merkmale dieser Kirchen sind kunstvolle Schnitzereien, Giebel mit Drachenköpfen – ähnlich dem Bug der Wikingerschiffe – und eine harmonische, fast asiatisch anmutende Formensprache. Von ursprünglich 500 bis 600 Stabkirchen sind heute noch 28 erhalten, nur 20 davon mit weitestgehend originalen Bauteilen. Zu den schönsten Stabkirchen zählen die Kirchen in Heddal (S. 158) und Ringebu (S. 190), die Fantoft-Stabkirche (S. 211) nahe Bergen und die Urnes-Stabkirche (S. 255) – die älteste von allen und gelistet als Unesco-Weltkulturerbe. Eine vollständigere Aufzählung steht im Register dieses Buches. Weitere Infos über die Bauweise dieser Kirchen stehen auf S. 252.

Die Stabkirche von Ringebu aus dem 13. Jh. (S. 190)

JON DAVISON

Zeitgenössische Architektur

Nach dem Zweiten Weltkrieg stand der schnelle Wiederaufbau im Vordergrund. Die Bauwerke waren daher funktional („Funkis" nennen die Norweger häufig umgangssprachlich diese Architektur) und folgten keinem einheitlichen Stil. Bestes Beispiel für diese Bauweise ist der rote Ziegelbau des Oslo Rådhus (S. 102) aus den 1950er-Jahren. Im Laufe der Zeit gewannen in der Stadterneuerung auch wieder mehr ästhetische Aspekte an Bedeutung (z. B. in Oslos Viertel Grünerløkka). Die Funktionalität verband sich nun mit neuen Werten und die Architektur beschäftigte sich wieder mit der Natur und der Geschichte Norwegens.

Damit feierten Norwegens Architekten auch ihre bisher größten Erfolge – besonders im hohen Norden. So erinnert Tromsøs 1964 von Jan Inge Hovig entworfene Eismeerkathedrale (S. 359) an Gletscherspalten und Polarlichter. Ein weiteres eindrucksvolles Beispiel ist das Parlamentsgebäude der Samen (S. 395) in Karasjok. Arktische Baumaterialien (Birke, Kiefer, Eiche) verleihen ihm eine massive Authentizität, während die Lichtgestaltung den arktischen Nachthimmel imitiert und seine Form an ein samisches *gamma* (Zelt) erinnert. Auch die Olympiahalle (S. 176) in Hamar (das „Wikingerschiff") ist eine kreative Interpretation historischer Vorlagen.

Tromsøs Eismeerkathedrale (Ishavaskatedralen; S. 359) erinnert an die Schleier des Polarlichts

Der Nidarosdom (S. 296) von Trondheim wurde auf dem Grab des hl. Olav errichtet

WAYNE WALTON

INTERNATIONALE EINFLÜSSE

Die modernen Entwicklungen in der norwegischen Architektur verbanden sich schnell mit Einflüssen fremder Stilrichtungen. Den größten Einfluss hatte der Jugendstil, der z. B. die Hafenfront in Ålesund (S. 276) geprägt hat. Die Anfang des 20. Jhs. errichteten Gebäude mit Ecktürmchen und Wasserspeiern mit deutlichen Anklängen an die norwegische Mythologie, sind von einem ganz eigenen, landestypischen Charme. Auch die meisten größeren Kirchen Norwegens spiegeln internationale Architekturtrends wider, meist mit stark angelsächsischem Einfluss. Der gotische Nidarosdom (S. 296) in Trondheim und die romanische Domkirche von Stavanger (S. 236) sind deutlich von der europäischen Architektur ihrer Entstehungszeit beeinflusst.

Lagerhaus am Hafen von Ålesund (S. 276)

JON ARNOLD IMAGES LTD / ALAMY

Charakteristische Landschaften

FJORDE

Die für Norwegen so typischen Fjorde zählen zu den beeindruckendsten Naturlandschaften der Welt. Unzählige dieser tiefen Einschnitte zerfurchen die Küsten des Landes. Gewaltige Felswände umgeben die Fjorde und auf bewaldeten Vorsprüngen thronen abgeschiedene Gehöfte über dem eisblauen Wasser. Das Labyrinth dieser Meeresarme ist derart komplex und jeder Fjord so einzigartig – man könnte hier monatelang auf Entdeckungsreise gehen, ohne dass diese Landschaft ihre Faszination verlieren würde.

top 10

FJORDE

Eidfjord (S. 227) Der spektakulärste Seitenarm des Hardangerfjords

Geirangerfjord (S. 273) Steil, beliebt und eines der Markenzeichen Norwegens

Hardangerfjord (S. 225) Hügelland und idyllische Dörfer über dem Meer

Jøssingfjord (S. 153) Schwindelerregender, aber nicht ganz so spektakulärer Fjord im Flachland des Südens

Lysefjord (S. 241) Steile Felswände, Kreuzfahrtschiffe und atemberaubende Ausblicke

Magdalenefjord (S. 411) Einsamer Fjord auf Svalbard, den man vielleicht ganz für sich alleine hat

Nærøyfjord (S. 249) Einer der engsten und schönsten Fjorde Norwegens

Sognefjorden (S. 246) Norwegens längstes Labyrinth von Fjorden (und eines der schönsten)

Trollfjord (S. 334) Atemberaubend steiler Fjord auf den Lofoten

Vestfjord (S. 331) Gesäumt von Buchten und hübschen Dörfern, trennt er die Lofoten vom Festland

Ein Wasserfall stürzt in den Trollfjord (S. 334), Lofoten
WAYNE WALTON

Eisberge und Gletscher im Magdalenefjord (S. 411), Svalbard

GRAEME CORNWALLIS

Norwegen ist so untrennbar mit seinen Fjorden verbunden, da vergisst man leicht, dass sie – geologisch gesehen – noch recht jung sind. Erdgeschichtlich ist dieses Land zwar schon 1,8 Mrd. Jahre alt, doch die Fjorde sind erst viel später entstanden. Während der Eiszeiten senkten sich die Hochebenen Mittelnorwegens unter dem Druck des bis zu 2000 m dicken Eispanzers um mindestens 700 m. Die Eismassen schoben sich unter der Last ihres eigenen Gewichts durch alte Flusstäler abwärts und hobelten dabei Fjorde und Trogtäler aus dem Gestein. Zugleich formten sie die umliegende Berglandschaft, indem sie die Gipfel zuspitzten und nackte Felswände freilegten. Ihr heutiges Aussehen erhielten die Fjorde, als sich das Klima nach der letzten Eiszeit (vor rund 10 000 Jahren) wieder erwärmte. Das ansteigende Meer flutete damals in die neuen Täler, aus denen sich die abschmelzenden Gletscher zurückzogen. Man nimmt an, dass der Meeresspiegel damals um gut 100 m anstieg. Dadurch entstanden Fjorde mit unglaublichen Wassertiefen.

Es überrascht nicht, dass heute so viele Menschen von den Fjorden fasziniert sind. Bereits 1870 bereisten Vertreter der Londoner Gentlemen's Clubs die Fjorde auf der Suche nach dem berühmten blauen Eis, das ihnen Prestige verleihen und ihre Drinks kühlen sollte. In jüngerer Zeit, im Jahr 2004, entschied sich das Reisemagazin *National Geographic* dazu, Norwegens Fjorde zu den nachhaltigsten und umweltfreundlichsten Touristenattraktionen der Welt zu erklären. Ein Jahr später nahm die Unesco den Geirangerfjord und den Nærøyfjord in ihre Liste des Weltnaturerbes auf, da sie „charakteristische und vorbildlich erschlossene Fjorde" sind und „zu den schönsten Fjordlandschaften der Welt zählen". Tausende von Urlaubern kommen jedes Jahr, um an den Ufern oder auf schmalen Bergpfaden Hunderte von Metern über dem Wasser die erhabenen, mächtigen Kathedralen aus Eis und Fels zu bewundern.

HOHER NORDEN

So spektakulär, wie die Fjorde sind, so geheimnisvoll ist der arktische Norden. Von Svalbard (S. 397) – auf halbem Weg zwischen Nordkap und Nordpol – bis zum traumhaften Arctic Highway (S. 310), der vom Süden bis ins arktische Norwegen führt, ist der hohe Norden reich an Highlights, die einem Kindertraum entsprungen sein könnten. Was zuerst auffällt,

Ein Eisbär *(isbjørn)* macht eine Pause auf einer Eisscholle, Svalbard (S. 397)

JONATHAN CHESTER

ist der weite Horizont, der die harte Panoramaschönheit des Landes wie einen Rahmen umgibt. Diese unwirkliche, endlos erscheinende Welt kann im Extremfall zu echten Sinnestäuschungen führen. So geht bei einer *Fata Morgana* (Kasten S. 69) jedes Gefühl für Entfernung und Perspektive verloren. Den tiefsten Eindruck bei Arktisreisenden hinterlässt aber wohl das phantastische Schauspiel der Aurora Borealis (Kasten S. 68). Das auch als Nordlicht bekannte Phänomen wirkt wie ein farbenfroher Geistertanz am winterlichen Nachthimmel. Ähnlich beeindruckend sind die Mitternachtssonne und die nahezu endlose Polarnacht (Kasten S. 68), die jeder Norwegenreise etwas Magisches verleihen. Und nicht zuletzt gehören zum hohen Norden auch die samischen Ureinwohner (S. 43) mit ihren Rentierherden und kulturellen Traditionen. Was ist geheimnisvoller, als ein Volk, das sich ausgerechnet in dieser unwirtlichen Welt niedergelassen hat? Und mitten in diesem ganzen arktischen Zauber lebt die einzige europäische Eisbärenpopulation. Sie hat sich an die karge Umwelt der mit Flechten bewachsenen Tundra von Svalbard perfekt angepasst (S. 80). Eine Liste aller Highlights der norwegischen Arktis steht auf S. 27.

BERGLAND

Wenn schon das heutige Norwegen so viel Unglaubliches zu bieten hatte, wie mag es dann erst vor 450 Mio. Jahren ausgesehen haben? Damals durchzog das kaledonische Gebirge (etwa so hoch wie der heutige Himalaja) Norwegen in kompletter Länge. Eis und Wasser haben diese Berge bis auf ihre heutige Höhe heruntergefeilt. Einige sind noch immer von Europas größten Gletschern und Eisfeldern bedeckt. Mehr als die Hälfte Norwegens ist Bergland – ein Traum für alle Touristen und Abenteurer, aber weniger schön für die Bauern, die nur 3 % des norwegischen Bodens landwirtschaftlich nutzen können. Der höchste Berg des Landes ist der 2469 m hohe Galdhøpiggen im Jotunheimen-Nationalpark (S. 193). Der nahegelegene Glittertind (2465 m, abnehmend) war lange Zeit der Riese unter Norwegens Bergen, aber der abschmelzenden Gletscher lässt seinen Gipfel ständig schrumpfen.

(Fortsetzung von Seite 76)

der norwegischen Fischereiflotte in den 1960er-Jahren enorme Fangquoten ein. Dieser Segen hatte jedoch seinen Preis: Ende der 1970er-Jahre war der Hering beinahe ausgerottet. Und auch die Kabeljaubestände gingen wegen Überfischung im ganzen Nordatlantik stark zurück.

Tausende Menschen sahen schlagartig ihre Existenz bedroht. Wachgerüttelt von dieser unerwarteten Bedrohung verkündete Norwegen am 1. Januar 1977 eine 200 Seemeilen breite Außenwirtschaftszone, die noch im selben Jahr bis Svalbard und später – im Jahr 1980 – bis nach Jan Mayen ausgedehnt wurde. Noch heute legt das Land gemeinsam mit der EU, Russland, den Färöer, Island, Grönland und Polen jährliche Fangquoten fest.

Nach fast drei Jahrzehnten der Schutzmaßnahmen und Fangquoten blüht die Heringsindustrie wieder. Auch der Fang von Kabeljau ist jetzt geregelt, obwohl noch Jahre vergehen werden, bevor der Bestand sich wieder vollkommen erholt hat.

Die Aquakulturindustrie wurde aus dem Boden gestampft, als die Wildbestände knapp wurden, und floriert seit zwei Jahrzehnten. Sie konzentriert sich v. a. auf die Zucht von atlantischem Lachs und Forellen. Doch die Züchter haben auch schon mit Seesaibling, Heilbutt, Wels und Jakobsmuscheln experimentiert. Gegenwärtig produzieren die Farmen rund 500 000 t Fisch im Jahr, und der Export von Lachs und Forelle aus Gehegen macht 55 % des gesamten norwegischen Fischexports aus.

Diese scheinbare Patentlösung für das Problem der Überfischung hat aber einige gefährliche Begleiterscheinungen. Das größte Manko besteht darin, dass immer wieder einzelne Fische aus den Netzgehegen entkommen. Diese übertragen dann Krankheiten auf die wilden Populationen und gefährden erneut ihren Bestand. Strengere staatliche Auflagen konnte die Zahl der Ausreißer in den letzten Jahren zwar senken, doch das Problem bereitet der Regierung weiterhin große Kopfschmerzen.

ROBBENJAGD

Es liegt wohl an den schockierenden Bildern, dass gerade die Robbenjagd unter Tierfreunden und Umweltschützern weltweit auf so heftige Ablehnung stieß. In Norwegen dürfen zwei Arten gejagt werden: die Sattelrobbe und die Mützenrobbe. Angeblich müssen überschüssige Bestände reduziert werden. Vor allem aber geht es um die Belange der Fischer, die ihre größten Konkurrenten ausschalten wollen, denn die Meeressäuger leben von Fisch und fressen pro Tag bis zu 2,5 kg. Zudem bestreiten viele Leute in Norwegen und anderen Staaten am Nordatlantik ihren Lebensunterhalt mit der Robbenjagd.

Die Jagd auf Robben, bei der es v. a. um die Pelze und das Fleisch geht, wird in geringem Umfang betrieben. Aber es ist ein grausames Business. Um die Jagdgegner zu besänftigen, hat man nur zwei Waffen für die Jagd zugelassen: Gewehr und *hakapik* oder auch Gaff. Mit dem Gewehr erschießt der Robbenjäger die ausgewachsenen Tiere, das Gaff benutzt er für die Jungtiere – die erst gejagt werden dürfen, wenn sie entwöhnt sind. Vor Beginn der Jagdsaison muss jeder Jäger einen Kurs und eine Schießprüfung ablegen.

WALFANG

Keine andere umweltpolitische Entscheidung Norwegens hat weltweit einen solchen Sturm der Empörung ausgelöst wie die Wiederaufnahme des Walfangs im Nordatlantik.

Als Reaktion weltweiter Kampagnen zur Rettung der dramatisch zurückgehenden Walbestände wurde schon 1986 von der internationalen Walfangkommission (IWC) ein Fangverbot verhängt. Auch wenn es immer

Die Debatten zum Thema Walfang dokumentieren folgende Websites: Greenpeace Deutschland (www.greenpeace.de), Whale and Dolphin Conservation Society (www.wdcs.org), High North Alliance (www.highnorth.no), Norwegisches Fischereiministerium (www. regjeringen.no/en/dep/ fkd.html?id=257) und Internationale Walfangkommission (www.iwcoffice.org).

INTERVIEW MIT HENRIETTE WESTHRINS, STAATSSEKRETÄRIN IM UMWELT-MINISTERIUM

Norwegen wird für seinen Umweltschutz gelobt. Ist dieses Lob gerechtfertigt? Ja und nein: Norwegen hat viel Natur und wenige Einwohner, daher haben wir es leichter, die Umwelt zu schonen, als viele andere Nationen. Doch jeder einzelne Norweger belastet die Umwelt genauso wie die meisten anderen Bewohner Europas. Daten zu allen Aspekten der Umwelt Norwegens sind auf unserer Website www.regjeringen.no nachzulesen. Dort bieten wir auch Lageberichte zur Umweltsituation und Indikatoren für umweltgerechte Entwicklung. Auch Nichtregierungsorganisationen wie www.wwf.no bieten interessante Infos. Ich denke, dass wir viel tun, aber noch lange nicht genug.

Welche Bereiche der Umweltpolitik muss die Regierung noch verbessern? Ich möchte unsere Emissionen reduzieren und Norwegen klimaneutral machen, den Rückgang der Artenvielfalt stoppen und den Ausstoß schwer abbaubarer Gifte ganz abstellen. Mein Ziel sind umweltfreundlichere Städte: weniger Verschmutzung, weniger Lärm, Pflege der Grünflächen und ein Ausbau der Radwege.

Für welche Bereiche der Umweltpolitik verdient die norwegische Regierung Anerkennung? Z. B. für unseren neuen Managementplan für die Barentssee mit einer speziell für dieses Ökosystem angepassten Steuerung der Artenvielfalt, mit strikten Emissionskontrollen und Sperrzonen für die Ölförderung, bis genauere Kenntnisse vorliegen. Gut ist auch, dass jeder in Norwegen das Recht hat, durch die Natur zu streifen, unabhängig davon, wem das Land gehört, und dass – mit wenigen Ausnahmen – motorisierte Fahrzeuge abseits der Straßen nicht erlaubt sind. Außerdem gehen unsere Klimaschutzbemühungen weit über die Vorschriften des Kyotoabkommens hinaus. Unser Hauptanliegen ist es, CO_2 zu binden und zu speichern.

Wie rechtfertigt Norwegen den Widerspruch zwischen seinen Umweltbemühungen und seiner Rolle als einer der weltgrößten Ölieferanten? Die Förderung von Öl und Gas ist für etwa ein Fünftel unseres CO_2-Ausstoßes verantwortlich und macht etwas über ein Fünftel unseres aktuellen BIP aus. Ja, das hebt unseren Pro-Kopf-Ausstoß über den EU-Durchschnitt. Aber unsere Politik verhindert übermäßigen Verbrauch. Die Ölära wird schon bald vorbei sein. Daher legen wir die Gewinne als Fonds für die Zukunft an; nur 4 % davon fließen in den Haushalt. Der Wohlstand, den uns der indirekte CO_2-Export einbringt, verpflichtet uns zugleich zu ehrgeizigen Klimaschutzbemühungen.

Norwegen möchte „CO_2-neutral" werden und den Ausstoß von Treibhausgasen bis 2050 auf null reduzieren. Was unternimmt die norwegische Regierung, um dieses Ziel zu erreichen? Wir haben uns beim Emissionsabbau sowohl auf nationaler als auch auf internationaler Ebene Ziele gesteckt. Unser politischer Fahrplan sieht für die nächsten Jahre Maßnahmen in Industrie, Transport, Bauwesen und in allen anderen Bereichen der norwegischen Gesellschaft vor. Wenn wir sehen, dass es dem Klima hilft, wenn wir die Rechnung für den Emissionsabbau anderer Länder begleichen, so werden wir das tun.

Kontrollierte CO_2-Credits sind keine Notlösung, sondern ein effektiver Weg, Technologien an ärmere Länder weiterzugeben und zugleich den globalen Ausstoß zu reduzieren. Die Regierung hat eine Kommission damit beauftragt, Wege zur drastischen Senkung der Emissionen zu erarbeiten. Sie kam zu dem Ergebnis, dass die notwendigen Schritte nicht einmal sehr kostspielig sind. Ihr Bericht für 2006 „Natürliche Ressourcen und die Umwelt" kann im Internet (www.ssb.no/english/subjects/01/sa_nrm) eingesehen werden.

noch in Kraft ist – zwei Dinge haben das Verbot in den letzten Jahren erheblich unter Druck gesetzt.

Zunächst gibt es da einen gemeinsamen Beschluss der drei führenden Walfangnationen Norwegen, Japan und Island. Sie behalten sich das Recht vor, den Walfang jederzeit wieder aufzunehmen. Japan und Island haben sogar mit dem Austritt aus der Kommission gedroht und angekündigt, wieder kommerziell Wale zu jagen – sollte das Fangverbot nicht durch einen Plan mit geregelten Fangquoten ersetzt werden.

Stellen die aktuellen Besucherzahlen eine Bedrohung für die Fjorde dar? Unsere Küstenlinie ist 2650 km lang. Wenn man Fjorde, Buchten und Inseln dazuzählt, sind es 83 300 km Küste; also jede Menge Platz und jede Menge Fjorde. Einige werden in manchen Zeiten besonders häufig von Kreuzfahrtschiffen und Autos angesteuert. Das erhöht zwar die Luftverschmutzung, aber nicht so sehr, dass es zu bleibenden Schäden führen könnte. Trotzdem gibt es bereits Einschränkungen. Die Strände sind nicht mit Hotels zugepflastert. Und Bauvorhaben mit weniger als 100 m Abstand zum Meer werden immer seltener genehmigt, um den öffentlichen Zugang zu gewährleisten.

1998 berichtete der World Wildlife Fund (WWF), dass Norweger die größten Umweltsünder sind, hauptsächlich wegen ihres Fischkonsums. Hat sich daran etwas geändert? Soweit ich weiß, wurde dieser Bericht revidiert und Norwegen danach besser bewertet. Einige der Vergleichsdaten – zum Fischverbrauch, zu Klima und Wasser – waren schlichtweg falsch, andere fehlinterpretiert. Ja, wir verbrauchen viel Wasser, aber anders als in vielen anderen Ländern ist es nur ein verschwindend geringer Teil des Jahresniederschlags. Und wir verbrauchen auch viel Elektrizität, aber zu 99,9 % aus erneuerbaren Energien.

Von rund 80 Mio. t Fisch, die weltweit pro Jahr gefangen werden, entfallen 2,5 Mio. t auf Norwegen. Ja, das steht natürlich in keinem Verhältnis zu unserer Bevölkerungszahl, aber wir haben eben auch eine sehr, sehr lange Küste. Fische kennen keine Grenzen, also verhandeln wir mit unseren Nachbarländern über Fangquoten. In der Vergangenheit wurden v. a. Kabeljau, Hering und Makrelen überfischt, aber Fangquoten haben bei uns für alle Arten hohe Priorität.

Der WWF hat nicht nur innerhalb der Landesgrenzen recherchiert, sondern ein globales Profil erstellt. Wie alle reichen Länder ist Norwegen ein großer Importeur und nutzt viele ausländische Ressourcen. Wenn diese Lieferländer sich nicht an strenge Richtlinien halten, geht ihre Umweltbelastung mit auf unser Konto. Norwegen hat also zwei Möglichkeiten: mit geringerer Belastung konsumieren und sich für strengere Umweltbestimmungen einsetzen. Unsere Regierung geht beide Wege. Wir sind immer wieder für strengere internationale Abkommen eingetreten.

Was ist die größte ökologische Herausforderung, die Norwegen zu bewältigen hat? Die Klimaveränderung ist eine ernste globale Bedrohung, auch für Norwegen. Mit unseren großen arktischen Gebieten sind wir sogar besonders betroffen. Als Ölproduzent trägt Norwegen eine größere Verantwortung als viele andere Länder.

Welchen Rat geben Sie Urlaubern, die Norwegen so umweltfreundlich wie möglich bereisen wollen? Man sollte mit der Fähre oder dem Zug anreisen. Die meisten Touristen nutzen bereits die effizienten öffentlichen Verkehrsmittel. Wer gut in Form ist und eine Herausforderung nicht scheut, der kann unsere Landschaften zu Fuß durchwandern und ein Rad oder Kajak leihen; auf jeden Fall ist es angebracht, Norwegen mit eigener Muskelkraft zu erkunden. Hinzu kommt, dass man so die großartige Wildnis genießen kann, ohne ständig dafür bezahlen zu müssen. Einfach ein paar Landkarten besorgen – oder Mitglied des **DNT** (www.turistforeningen.no) werden und den roten „T"-Zeichen von Hütte zu Hütte in den Bergen folgen.

Norwegen erhebt gezielter Steuern als andere Länder. Können Sie uns das näher erklären? Norwegen besteuert den CO_2-Ausstoß, Pestizide und Müll und wir haben obligatorische Pfandsysteme für Flaschen, Dosen, Autos und Elektrogeräte. Ich glaube, das ist eine unserer größten Stärken: die Last verteilen, um nationale Ziele zu erreichen.

Interview: Anthony Ham

1993 machte Norwegen wieder Jagd auf den Minkwal – trotz internationalem Verbot. Zwar unterstützt Norwegen den Schutz bedrohter Arten, doch die Regierung behauptet, dass die Bestände des Minkwals – mit rund 100 000 Tieren im Nordostatlantik – wieder einen begrenzten Fang verkraften könnten. 2006 legte die norwegische Regierung die Fangquote auf 1052 Tiere fest. Das sind 30 % mehr als im Vorjahr und rund die Hälfte der Jahresquote vor Einführung des Fangverbots. Greenpeace-Aktivisten nannten die neuen Zahlen „eine unbeschreibliche Provokation der internationalen Gemeinschaft".

GEOTOURISMUS

Eine der interessanteren umweltfreundlichen Tourismusideen der letzten Jahre, der Geotourismus, ist eine Initiative des **National Geographic's Center for Sustainable Destinations** (NGCSD; www.nationalgeographic.com/travel/sustainable/index.html). Kernstück des Programms ist die Geotourismus-Charta (auf der Internetseite zuerst auf „Programs for Places" klicken und dann auf Norwegen); Norwegen ist eines von nur drei Ländern, die den Vertrag bereits unterzeichnet haben.

Die weltweit gültigen Grundsätze dieses Vertrags sind 13 Verpflichtungen, die sich nicht nur auf den Naturschutz beschränken, sondern auch den Erhalt kultureller, historischer und landschaftlicher Vielfalt einschließen. Außerdem soll das Mitwirken der Gemeinden im Vordergrund stehen. In Norwegen wird dieses Projekt von der staatlichen Organisation **Innovation Norwegen** (www.innovasjonnorge.no/Om-oss/Innovation-Norway/ oder www.innovasjonnorge.no/reiseliv) verwaltet. Ihren Sprecher Bjørn Krag Ingul haben wir zu diesem Programm befragt.

Welches sind die ersten Projekte, die mit der Geotourismus-Charta gestartet werden sollen? Wir haben eine Orientierungshilfe entworfen, die erläutert, was Geotourismus überhaupt ist und wie er in den einzelnen Gemeinden verwirklicht werden kann. Außerdem arbeiten wir an einem umfassenden Bildungsprogramm für die norwegische Reiseindustrie, das die Kompetenzen in der Branche stärken soll. Im Herbst 2007 haben wir einen landesweiten Wettbewerb zur Produktentwicklung ausgetragen, bei dem es Geld für Projekte gab, die nach Geotourismusrichtlinien gestaltet waren. Außerdem haben wir Kurse für rund 600 Köche angeboten, in denen die Zubereitung heimischer Gerichte mit heimischen Zutaten im Mittelpunkt stand. Wir finanzieren zwei Pilotprojekte – eines im Geiranger und Nærøyfjord und eines gemeinsam mit den Historical Hotels und der Good Life Society. Beide Projekte sollen die Prinzipien des Geotourismus in den jeweiligen Regionen und Branchen verbreiten. Aber der Geotourismus ist noch relativ neu in Norwegen und es wird eine Weile dauern, bis er sich etabliert hat.

Gibt es für Besucher eine Möglichkeit, an den Projekten mitzuwirken? Sie können natürlich an den Aktivitäten am Reiseort teilnehmen. Außerdem geben einige Anbieter Leitfäden mit Umweltregeln heraus, die Touristen während ihres Aufenthalts strikt einzuhalten haben.

Ist das derzeitige Tourismusniveau gut für die Fjorde oder ist es eine Bedrohung? Ich denke, die Fjorde würden selbst noch höhere Besucherzahlen verkraften. Die Gefahr ist nur, dass man irgendwann die Kontrolle über so viele Besucher verliert. Vor allem die Kreuzfahrten könnten sich in Zukunft zum echten Problem entwickeln, wenn sie nicht richtig organisiert werden.

Wenn sie den Besuchern einen Rat geben könnten, wie sie der Natur respektvoll begegnen können, welcher wäre das? Mein Rat wäre, sich vor der Reise etwas über die Zielregion zu informieren, über ihre Kultur, ihre Geschichte und die dort angebotenen Aktivitäten. Und natürlich sollte jeder darauf achten, keinen Müll herumliegen zu lassen oder die Natur nicht auf andere Weise unnötig zu belasten.

Interview: Anthony Ham

The Whaling Season – An Inside Account of the Struggle to Stop Commercial Whaling von Kieran Mulvaney ist der leidenschaftliche Bericht eines erfahrenen Greenpeaceaktivisten zum Thema Walfang.

Bei der zweiten Entwicklung, die die Wale bedroht, handelt es sich um eine gezielte Kampagne innerhalb der Kommission: Nationen, die niemals Walfang betrieben haben, sind ihr beigetreten – darunter Mauretanien, die Elfenbeinküste, Benin, Surinam, Grenada, Tuvalu und sogar die Mongolei und Mali, Staaten ohne Anschluss zum Meer! Wo 2000 noch 9 von 55 Staaten für den Walfang stimmten, sind es heute fast 50 % von 73 Staaten (eine Mehrheit von 75 % forderte, die IWC-Politik zu ändern). Den Vorwurf, das Abstimmungsergebnis sei mit Entwicklungshilfen erreicht worden, wies Japan zurück.

Norwegen jedenfalls betrachtet das Fangverbot als unnötig und überholt. In der Vergangenheit seien die Walfänger zwar gewissenlos vorgegangen und hätten die Tiere bedenkenlos bis an den Rand der Ausrottung getrieben, doch heute seien sie besser informiert und hielten sich an vernünftige Fangquoten. Auch die Jagdmethoden seien heute weniger grausam. Norwegen versichert, nur traditionelle Familienunternehmen zu unterstützen und weder die Absicht noch den Wunsch zu haben, zum kommerziellen Walfang zurückzukehren. Viele Norweger halten Umweltschützer für unrealistische Stadtmenschen, die ein sentimentales Verhältnis zur Natur haben und menschliche Fähigkeiten und Gefühle auf wilde Meerestiere projizieren. Japan und Norwegen haben den Handel mit Walfleisch im Mai 2004 wieder aufgenommen. Er konzentriert sich stärker auf den Export als auf den Eigenbedarf, obwohl auch auf Fischmärkten im Inland (besonders in Bergen) Walfleisch verkauft wird – hier muss sich dann jeder Einzelne entscheiden, auf welcher Seite er steht.

Aber nicht nur die Jagd ist schuld, dass die norwegischen Wale in ihrer Existenz massiv bedroht sind. Chemikalien und insbesondere die PCBs stehen im Verdacht, die Fortpflanzungsorgane und das Immunsystem der Meeressäuger zu schädigen – zahlreiche Todesfälle durch Virusinfektionen sind bereits bekannt.

Die norwegische Perspektive zum Thema Walfang dokumentiert das Walfangmuseum (S. 135) in Sandefjord an der norwegischen Südküste.

Forstwirtschaft

Auch wenn Forstwirtschaft umweltpolitisch nie ganz unproblematisch sein kann, betreibt Norwegen eine der weltweit nachhaltigsten. Die heute sichtbaren Waldschäden sind größtenteils das Resultat von Raubbau und landwirtschaftlichen Rodungen zwischen dem 17. und 20. Jh. Weniger als 1 % der norwegischen Wälder stehen unter staatlichem Schutz. Der internationale Durchschnitt liegt bei 5 %. Über 1000 im Wald beheimatete Arten gelten als gefährdet und urwaldähnliche Altbestände sind extrem selten.

Einer dieser ursprünglichen Wälder ist der 205 km² große Trillemarka-Rollagsfjell, 100 km westlich von Oslo. Umweltschützer haben die norwegische Regierung aufgefordert, ihn unter Schutz zu stellen, um die dort lebenden, gefährdeten Arten zu schützen, darunter Kleinspechte, Dreizehenspechte, Unglückshäher, Steinadler sowie bedrohte Pflanzenarten.

Heute bestehen etwa 25 % der Landesfläche aus Nutzwald. Viele kleine Forstwirtschaftsbetriebe, überwiegend in Ostnorwegen, roden derzeit etwa 8,5 Mio. m³ Holz im Jahr. In manchen Gegenden geht man zwar noch nach dem Kahlschlagprinzip vor – aber glücklicherweise nur selten und nie in großem Stil. In der Regel wird eine selektive Rodung betrieben: Bodenerosion und eine Verschandelung der Landschaft sollen so verhindert werden. Außerdem forsten die Holzunternehmen die abgeernteten Flächen sofort wieder auf: Jedes Jahr werden so etwa 50 Mio. junge Bäume gepflanzt.

EINE BEDROHUNG FÜR DIE UMWELT – ELCHFÜRZE

Globale Erwärmung, fossile Brennstoffe und … Elchfürze? Auch wenn es als echte Gefahr für die Umwelt nur schwer ernst zu nehmen ist: Ein Elch mit Blähungen kann die Umwelt tatsächlich stärker belasten als ein durchschnittliches Familienauto.

Laut einem Artikel, der im August 2007 in der Londoner *Times* erschienen ist, stößt ein erwachsener Elch, der den lieben langen Tag nicht viel mehr tut als furzen und rülpsen, im Jahr 2100 kg CO_2 aus. Das entspricht einer Autofahrt von rund 13 000 km. Oder um es mit den Worten Reidar Andersens auszudrücken, einem Wissenschaftler an der Technischen Hochschule in Trondheim: „Erschieße einen Elch und Du hast die CO_2-Menge von 36 Flügen zwischen Oslo und Trondheim eingespart". Bei geschätzten 120 000 Elchen, die in Norwegens Wildnis leben (2007 wurden 35 000 Tiere zur Jagd freigegeben) führt das zu einem enormen Methanausstoß – die sonst so gemächlichen Elche haben also allen Grund, etwas nervöser zu werden.

Unberührte Gebiete

Die Bevölkerungsdichte in Norwegen ist eine der niedrigsten in Europa. Aber aufgrund der auf dem Kontinent einmaligen Besiedlungsstruktur mit mehr verstreuten Einzelhöfen als Dörfern ist selbst der verlassenste Winkel des Landes bewohnt – von einer überwiegend ländlichen Bevölkerung. Hinzu kommt die Vorliebe der Norweger für frische Luft und Erholung im Freien, die im Sommer geradezu zur Besessenheit wird. Aus diesen Gründen fühlen sich die meisten Einwohner Norwegens noch eng mit der Natur verbunden.

Das bedeutet, dass – allem Anschein zum Trotz – wirklich unberührte Gebiete selten sind. Die Natur ist durch die menschlichen Aktivitäten in Norwegen stark verändert und das Landschaftsbild ist gezeichnet von Straßen, die die abgelegenen Häuser, Höfe und Forstgebiete mit den dichter bevölkerten Regionen und Städten verbinden. Bis auf wenige Ausnahmen wurden alle größeren Flüsse zur Stromerzeugung aufgestaut und viele norwegische Familien besitzen ein Ferienhaus an einem See, in einem Skigebiet oder in einer landschaftlich besonders attraktiven Gegend. Selbst die so unberührt wirkende Weite von Finnmarksvidda und die riesigen Halbinseln, die in das Nordpolarmeer ragen, werden als riesige Weiden für Rentiere genutzt. Das Resultat: Abgesehen von den hoch gelegenen Eisfeldern und den Nationalparks findet man echte Wildnis in Norwegen nur noch in wenigen bewaldeten Bergregionen an der schwedischen Grenze, in Teilen der Hardangervidda und auf Svalbard.

Recycling

Die Norweger sortieren fleißig ihre Haushaltsabfälle und natürlich sollen auch die Besucher des Landes mitmachen. Das Pfandsystem für Glasflaschen ist sehr erfolgreich: 96 % der Bier- und Limonadenflaschen werden heute in den Laden zurückgebracht. Supermärkte nehmen leere Aludosen und Plastikflaschen an und zahlen dafür 1 bis 1,50 nkr. Sogar wenn man ein Auto kauft, muss man in Norwegen eine Vorab-Recyclinggebühr bezahlen – auf diese Weise ist garantiert, dass die Fahrzeuge auf dem Schrottplatz landen und nicht in irgendeinem Straßengraben, wenn sie ihren Geist aufgegeben haben.

Seit Anfang der 1970er-Jahre hat sich der durchschnittliche Pro-Kopf-Haushaltsmüll auf rund 375 kg verdoppelt, was wahrscheinlich mit dem neuen Wohlstand durch die boomende Ölindustrie zusammenhängt. Im Gegensatz zur sonst guten Umweltbilanz haben Staat und Bürger auf diese Zahl sehr langsam reagiert (1992 wurden nur 9 % der Haushaltsabfälle recycelt). Doch mittlerweile können die Norweger stolz auf ihre Müllverwertung sein: Rund 50 % der Haushaltsabfälle und zwei Drittel der Industrieabfälle werden heute wiederverwertet. In Sachen Recycling von elektronischen Geräten gehört Norwegen sogar zur Weltspitze. Dennoch machen Methanemissionen immer noch 7 % der norwegischen Treibhausgase aus und die Norweger entsorgen Jahr für Jahr über 130 000 t Plastikverpackungen.

„Die Norweger sortieren fleißig ihre Haushaltsabfälle."

Oslo

Norwegens zwanglose Hauptstadt wird von einem Fjord und kilometerlangen Waldgebieten begrenzt und besticht mit ihrem bunten Architekturmix aus alt und neu und Elementen der 1960er-Jahre. Die Stadt ist bequem zu Fuß zu erkunden, bietet Museen von Weltrang, ein überschäumendes Nachtleben und verschiedenste Outdoor-Aktivitäten.

Die meisten Besucher werden sich schwer tun, sich zwischen den zahlreichen Museen zu entscheiden. Für fast jeden Geschmack bieten sich besondere Möglichkeiten: in der Nationalgalerie Edvard Munchs *Der Schrei* gegenüber zu stehen; im Holmenkollen-Skimuseum in die Schuhe eines olympischen Skispringers zu schlüpfen; oder aber einen Blick in die Vergangenheit zu werfen: im Wikingerschiffsmuseum, im Polarschiff Fram oder im Volkskundemuseum auf Bygdøy. Außerdem ist Oslo das weltoffene Herz Norwegens mit einer schnell wachsenden Café- und Barkultur, Spitzenrestaurants und Unterhaltungsangeboten von Oper und Jazz bis zu Indierock.

Die vielen begeisterten Wanderer, Skifahrer und Segler lieben an Oslo am meisten, wie leicht sie den Rummel hinter sich lassen können. Oslo liegt am Ende des Oslofjords, der eigentlich gar kein Fjord ist, aber trotzdem schön. Flächenmäßig ist es mit 450 km² eine der größten europäischen Hauptstädte, gemessen an den Einwohnern jedoch eine der kleinsten. Daher ist sie die einzige, die innerhalb ihrer Grenzen (oder nur eine kurze Zugfahrt entfernt) Möglichkeiten zum Radfahren, Wandern, Eislaufen, Kajakfahren, Segeln und Skifahren bietet.

HIGHLIGHTS

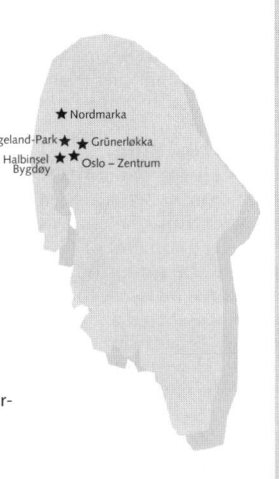

- Auf den Spuren Henrik Ibsens die Karl Johans Gate entlang-schlendern und im **Grand Café** einen Kaffee trinken (S. 114)

- Mit Einheimischen durchs **Stadtzentrum** (S. 94) bummeln, ein Eis essen und am 17. Mai, dem **Nationalfeiertag** (S. 112), die norwegische Flagge schwenken

- Blaubeeren sammeln im Sommer und im Winter Skifahren in Oslos **Nordmarka** (S. 108)

- Überlegen, wie sich die Sicherheitsvorkehrungen im **Munch-Museum** (S. 107) austricksen lassen, dann den Nachmittag in den **Cafés oder Bars von Grünerløkkas** (S. 117) beginnen und am nächsten Morgen noch immer dort sitzen

- Beim Betrachten der Skulpturen von Gustav Vigeland im **Vigeland-Park** (S. 103) darüber nachdenken, ob man Kinder haben will

- Auf **Bygdøy** (S. 105) Wikingerschiffe, die Kon-Tiki und das Polar-schiff Fram bewundern

- An den Docks von **Aker Brygge** (S. 116) spontan eine Portion Shrimps genießen

EINWOHNER: 548 000	HÖCHSTE ERHEBUNG: FJELLSJØKAMPEN 812 M

OSLO

GESCHICHTE

Der Name Oslo setzt sich aus *Ás* und *ló* zusammen. Ersteres war der alte Name der nordischen Götter, letzteres bedeutet soviel wie „Weide"; grob übersetzt also „Götterflur". Die Stadt wurde 1049 von König Harald Hardråda (Harald der Strenge; s. S. 32) gegründet. Sein Sohn Olav Kyrre (Olav der Friedfertige) errichtete eine Kathedrale und machte Oslo zum Bischofssitz. Ende des 13. Jhs. sorgte König Håkon V. mit dem Bau der Akershus Festning (Festung Akershus; s. S. 102) für Militärpräsenz, um die schwedische Bedrohung abzuhalten. Nachdem die Beulenpest Mitte des 14. Jhs. die halbe Bevölkerung des Landes ausgelöscht hatte, vereinigte sich Norwegen mit Dänemark. 1397 bis 1624 wurden die politischen und militärischen Entscheidungen für Norwegen in Kopenhagen gefällt. Oslo geriet in Vergessenheit und brannte 1624 bis auf die Grundmauern nieder. König Christian IV. ließ die Stadt an einem leichter zu verteidigenden Ort wiederaufbauen und benannte sie nach sich selbst: Christiania.

300 Jahre lang hielt sich die Stadt als Verteidigungsposten. 1814 ernannten sie die Väter der ersten norwegischen Verfassung zur Hauptstadt des neuen Reiches. Doch Schweden hatte andere Pläne und vereinigte die beiden Länder unter seiner Herrschaft. Als diese Union 1905 aufgehoben und Norwegen zum eigenständigen Königreich erklärt wurde, begann Christianias Blüte als Hauptstadt des modernen Norwegens. 1935 nahm die Stadt ihren ursprünglichen Namen wieder an und orientierte sich ganz nach vorn.

ORIENTIERUNG

Oslos Hauptbahnhof (Oslo Sentralstasjon oder Oslo S) befindet sich am Ostrand des Stadtzentrums: Wenig weiter nordöstlich liegt der Busbahnhof Galleri. Vom Oslo S verläuft die Hauptstraße Karl Johans Gate als Zeremonialachse Richtung Westen durch den Stadtkern zum königlichen Palast. Die meisten Sehenswürdigkeiten des Zentrums – wie die Hafenfront und Akershus Festning – sowie die meisten Hotels und Pensionen liegen nur 15 Fußminuten von der Karl Johans Gate entfernt. Was außerhalb liegt – wie der Vigeland-Park und das Munch-Museum – ist problemlos mit Bus oder Bahn zu erreichen. Zur Halbinsel Bygdøy sind es mit der Fähre nur zehn Minuten über den Hafen.

Stadtplan

Die Touristeninformation verteilt kostenlos einen detaillierten Stadtplan. Für das Zentrum ist er vollkommen ausreichend. Auf der Rückseite befindet sich ein Plan der U-Bahn, das T-bane-Netz; eine Nebenkarte zeigt den Holmenkollen.

PRAKTISCHE INFORMATIONEN
Bibliotheken

Deichmanske Bibliotek (Karte S. 98-99; ☎ 22 43 29 00; 4 Arne Garborgs Plass; ◷ Juni–Aug. Mo–Fr 10–18, Sa 9–14 Uhr; Sept.–Mai Mo–Fr 10–19, Sa 10–16 Uhr) Norwegens größte öffentliche Bibliothek hat einen Lesesaal mit ausländischen Zeitungen und Zeitschriften.

Nationalbibliothek (Nasjonalbiblioteket; Karte S. 98-99; ☎ 81 00 13 00; www.nb.no; Drammensveien 42; ◷ Mai–Sept. Mo–Fr 8.30–15 Uhr, Sept.–Mai Mo–Fr 8.30–15.45 Uhr) Hier gibt es die weltweit größte Sammlung an Werken von und über Henrik Ibsen.

Buchläden

Ark Bokhandel (Karte S. 98-99; ☎ 22 47 32 00; www.ark.no; Øvre Slottsgate 23–25; ◷ So geschl.) Gutes Sortiment an englischsprachigen Büchern und Schreibwaren; Filialen in der ganzen Stadt.

Nomaden (Karte S. 98-99; ☎ 23 13 14 15; www.nomaden.no; Uranienborgveien 4; ◷ So geschl.) Reiseliteratur, Karten und Ausrüstung.

Norli (Karte S. 98-99; ☎ 22 00 43 00; www.norli.no; Universitetsgata 20–24; ◷ So geschl.) Größte Buchhandlung Norwegens.

Ringstrøms Bookshop (Karte S. 98-99; ☎ 22 20 00 13; www.ringstrom-antikvariat.no; Ullevålsveien 1; ◷ So geschl.) Gebrauchte und antiquarische Bücher und CDs.

Tronsmo (Karte S. 98-99; ☎ 22 99 03 99; www.tronsmo.no; Kristian Augusts Gate 19; ◷ So geschl.) Alternativer Buchladen mit feministischer, schwuler, lesbischer und politischer Literatur.

Geld

Entlang der Karl Johans Gate gibt es Banken mit Geldautomaten. Die Touristeninformation und das Postamt am Hauptbahnhof Oslo S wechseln Geld, allerdings nur in norwegische Kronen und zu schlechten Kursen (meist 3 % weniger als bei den Banken). **Forex** (Karte S. 98-99; ☎ 22 41 30 60; www.forex.no; Fridtjof Nansens Plass 6 & Oslo S; ◷ Mo–Fr 9–18 Uhr) ist die größte Geldwechselkette Skandinaviens.

Gepäckaufbewahrung

Der Hauptbahnhof Oslo S bietet unterschiedlich große Schließfächer für 20 bis 30 nkr pro 24 Stunden.

OSLO

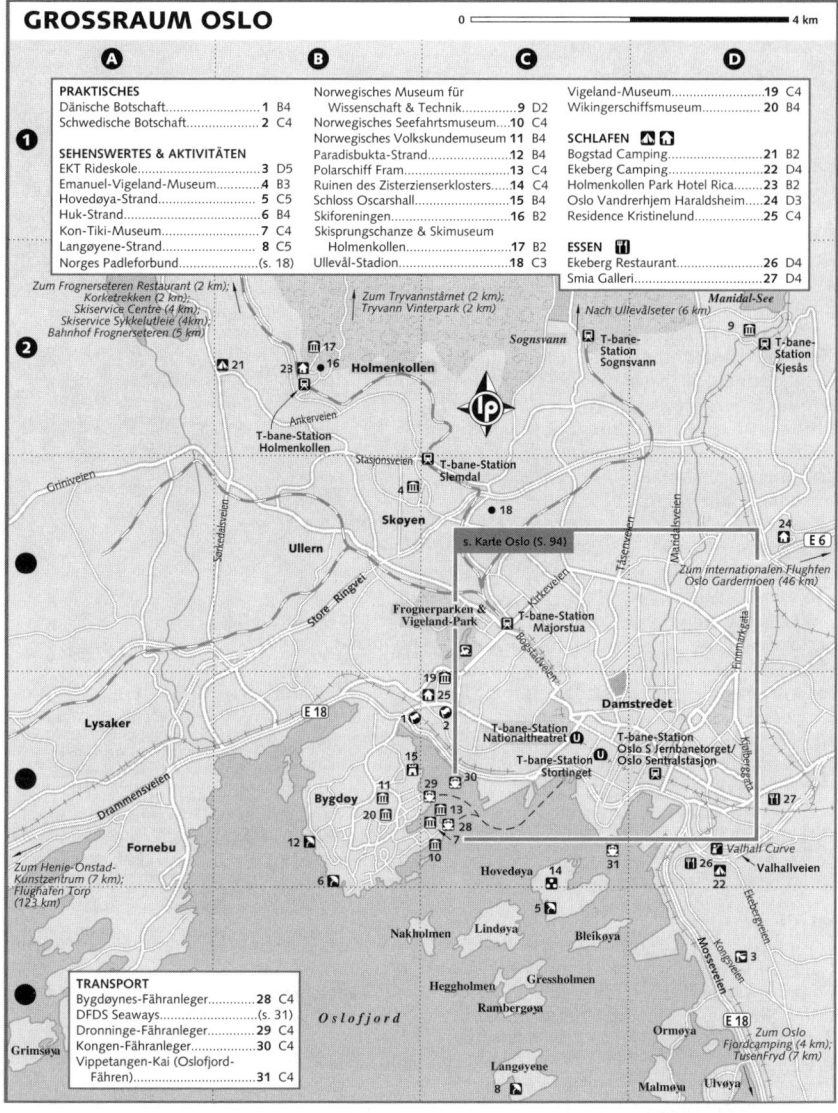

GROSSRAUM OSLO

0 — 4 km

PRAKTISCHES
Dänische Botschaft.........................**1** B4
Schwedische Botschaft..................**2** C4

SEHENSWERTES & AKTIVITÄTEN
EKT Rideskole...............................**3** D5
Emanuel-Vigeland-Museum............**4** B3
Hovedøya-Strand.........................**5** C5
Huk-Strand...................................**6** B4
Kon-Tiki-Museum..........................**7** C4
Langøyene-Strand........................**8** C5
Norges Padleforbund....................(s. 18)

Norwegisches Museum für
  Wissenschaft & Technik..............**9** D2
Norwegisches Seefahrtsmuseum...**10** C4
Norwegisches Volkskundemuseum **11** B4
Paradisbukta-Strand.....................**12** B4
Polarschiff Fram...........................**13** C4
Ruinen des Zisterzienserklosters....**14** C4
Schloss Oscarshall........................**15** B4
Skiforeningen................................**16** B2
Skisprungschanze & Skimuseum
  Holmenkollen.............................**17** B2
Ullevål-Stadion.............................**18** C3

Vigeland-Museum..........................**19** C4
Wikingerschiffsmuseum................**20** B4

SCHLAFEN
Bogstad Camping.........................**21** B2
Ekeberg Camping.........................**22** D4
Holmenkollen Park Hotel Rica......**23** B2
Oslo Vandrerhjem Haraldsheim.....**24** D3
Residence Kristinelund...................**25** C4

ESSEN
Ekeberg Restaurant......................**26** D4
Smia Galleri..................................**27** D4

TRANSPORT
Bygdøynes-Fähranleger.............**28** C4
DFDS Seaways............................(s. 31)
Dronninge-Fähranleger..............**29** C4
Kongen-Fähranleger....................**30** C4
Vippetangen-Kai (Oslofjord-
  Fähren)....................................**31** C4

Internetzugang

Arctic Internet Café (Karte S. 98-99; ☎ 22 17 19 40; Oslo S; 35/60 nkr pro 30/60 Min.; ☽ 8–24 Uhr)
Deichmanske Bibliotek (Stadtbibliothek; Karte S. 98-99; ☎ 22 43 29 00; Arne Garborgs Plass; kostenloser Internetzugang max. 1 Std., WLAN unbegrenzt; ☽ Juni–Aug. Mo–Fr 10–18, Sa 9–14 Uhr; Sept.–Mai Mo–Fr 10–19, Sa 10–16 Uhr)

IT-Palasset (Karte S. 94; ☎ 22 46 21 12; www.it-palasset.no; Majorstua T-bane, Sørkedalsveien 1; 60 nkr pro Std.; ☽ Mo–Fr 10–24, Sa & So 11–24 Uhr)
Use-It (Karte S. 98-99; ☎ 22 41 51 32; Møllergata 3; kostenloser Internetzugang; ☽ Juni–Aug. Mo–Fr 9–18, Sa 11–17 Uhr; übrige Zeit kürzer)

OSLO

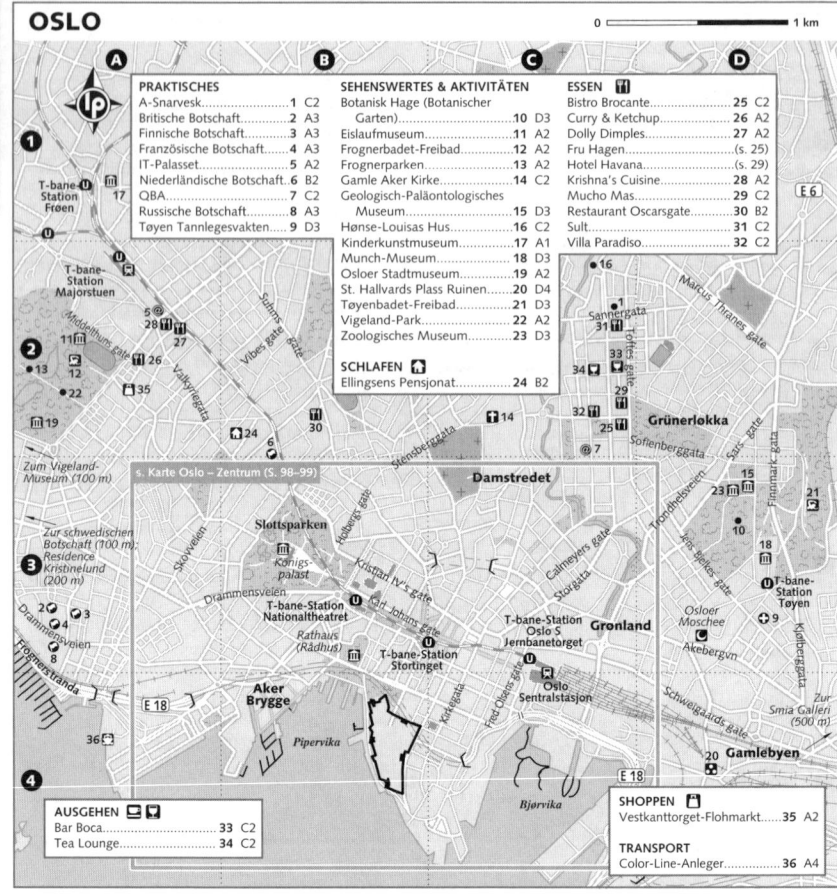

PRAKTISCHES
A-Snarvesk.....................1 C2
Britische Botschaft.........2 A3
Finnische Botschaft........3 A3
Französische Botschaft....4 A3
IT-Palasset....................5 A2
Niederländische Botschaft.6 B2
QBA..............................7 C2
Russische Botschaft.........8 A3
Tøyen Tannlegevakten.....9 D3

SEHENSWERTES & AKTIVITÄTEN
Botanisk Hage (Botanischer
    Garten)....................10 D3
Eislaufmuseum...............11 A2
Frognerbadet-Freibad......12 A2
Frognerparken................13 A2
Gamle Aker Kirke...........14 C2
Geologisch-Paläontologisches
    Museum...................15 D3
Hønse-Louisas Hus.........16 C2
Kinderkunstmuseum........17 A1
Munch-Museum..............18 D3
Osloer Stadtmuseum........19 A2
St. Hallvards Plass Ruinen...20 D4
Tøyenbadet-Freibad.........21 D3
Vigeland-Park................22 A2
Zoologisches Museum.......23 D3

SCHLAFEN
Ellingsens Pensjonat.......24 B2

ESSEN
Bistro Brocante..............25 C2
Curry & Ketchup.............26 A2
Dolly Dimples................27 A2
Fru Hagen...................(s. 25)
Hotel Havana...............(s. 29)
Krishna's Cuisine............28 A2
Mucho Mas...................29 C2
Restaurant Oscarsgate......30 B2
Sult.............................31 C2
Villa Paradiso................32 C2

AUSGEHEN
Bar Boca........................33 C2
Tea Lounge......................34 C2

SHOPPEN
Vestkanttorget-Flohmarkt......35 A2

TRANSPORT
Color-Line-Anleger...............36 A4

WLAN

Kostenloser WLAN-Anschluss ist in vielen Cafés in Oslo üblich. Meist muss vor dem Login etwas bestellt werden. Eine Liste der Cafés gibt's bei der Touristeninformation.

Kaffe & Krem (Karte S. 98-99; ☎ 22 83 25 10; Haakon VII Gate)

Nobel-Friedenszentrum (Karte S. 98-99; ☎ 48 30 10 00; Aker Brygge) WLAN bei einer Hauptattraktion.

QBA (Karte S. 94; ☎ 22 35 24 60; Olaf Ryesplass 4; Grünerløkka)

Tea Lounge (Karte S. 94; Thorvold Meyersgate 33; Grünerløkka) Eine sehr empfehlenswerte Bar.

Medizinische Versorgung

Wer es eilig hat (und genug Geld) kann sich an die Klinik Oslo Kommunale Legevakten wenden, die eine Liste empfehlenswerter Privatärzte führt.

Jernbanetorget Apotek (Karte S. 98-99; ☎ 22 41 24 82; Fred Olsens Gate) 24-Stunden-Apotheke gegenüber dem Hauptbahnhof.

Oslo Kommunale Legevakten (Oslo Notfallklinik; Karte S. 98-99; ☎ 22 93 22 93; Storgata 40; ⏲ 24 Std.) Unfall- und Notfallklinik.

Tøyen Tannlegevakten (Karte S. 94; ☎ 22 19 18 00; Kjølberggata 29; ⏲ Mo–Fr 7–22, Sa & So 11–14 & 7–23 Uhr) Gute Zahnarztpraxis.

Notfall

Feuerwehr (☎ 110)
Krankenwagen (☎ 113)
Polizei (Karte S. 98-99; ☎ 112; Hammersborggata 10)

OSLO IN....

... zwei Tagen

Zum Auftakt durchs Stadtzentrum schlendern, vorbei am eleganten **Stortinget** (Parlamentsgebäude; S. 101), dem **Nationaltheater** (S. 119) und dem **Osloer Dom** (S. 101), die alle an der belebten Fußgängerstraße Karl Johans Gate liegen. Auf einen Kaffee in Henrik Ibsens Stammlokal, dem **Grand Café** (S. 114), vorbeischauen und dann weiter zur nahegelegenen **Nationalgalerie** (S. 96) an der Universitetsgata bummeln, um die Kunstwerke von Edvard Munch zu bestaunen. Bücherfreunde spazieren alternativ die Henrik Ibsensgate hinauf zum **Ibsen-Museum** (S. 100).

Zum Mittagessen in **Aker Brygge** (S. 116) fangfrische Shrimps direkt vom Fischerboot kaufen und selbst gepult unter freiem Himmel genießen. Zum Nachtisch lässt sich leckeres Gebäck von **Pascal** (S. 116) mit einem Besuch des angrenzenden **Nobelpreis-Zentrums** (S. 100) verbinden. Von Aker Brygge per Fähre nach **Bygdøy** (S. 105) übersetzen, um im **Polarschiff Fram** und im **Wikingerschiffsmuseum** (S. 105) über die Entdeckungen von Norwegens größten Forschern zu staunen, oder im **Volksmuseum** (S. 105) unter freiem Himmel Gebäude und Ausstellungen aus ganz Norwegen bewundern.

Den Abend in den Bars, Cafés und Restaurants von **Grünerløkka** (S. 117), dem Greenwich Village Oslos, verbringen und/oder im **Holmenkollen Park Hotel** (S. 114) bei einem fürstlichen Essen die phantastische Aussicht genießen.

... vier Tagen

Das zweitägige Programm lässt sich prima um die mittelalterliche **Festung Akershus** (S. 102) und das **Norwegische Widerstandsmuseum** (S. 102) erweitern. Dann bleibt immer noch Zeit, um im **Vigeland-Park** (S. 103) zwischen den mutigen, erdverbundenen Skulpturen Emil Vigelands herumzuspazieren und einen Stopp im **Vigeland-Museum** (S. 104) zu machen.

Sportfans können den Nachmittag mit Wandern, Ski- oder Radfahren in der **Nordmarka** (S. 108) verbringen oder einfach mit der T-bane zum Restaurant **Frognerseteren** (S. 118) fahren, um dort die tolle Aussicht und den Apfelkuchen zu genießen. Auf dem Rückweg lohnen die **Skisprungschanze Holmenkollen** und das dortige **Skimuseum** (S. 108) einen Stopp.

Etwas Zeit einplanen für einen Abend in einem der Hafenrestaurants in **Aker Brygge** (S. 116) oder – für echte Gourmets – in Oslos 2-Sterne-Restaurant **Bagatelle** (S. 115).

... einer Woche

Eine Woche in Oslo lässt Spielraum für die Besichtigung spezieller (oder auch ausgefallener) Museen, für Spaziergänge, die über die Karl Johans Gate hinausgehen, oder für einen Tagesausflug.

Besonders das **Historische Museum** (S. 101) und das **Munch-Museum** (S. 107) sind einen Besuch wert und das **Astrup-Fearnly-Museum** (S. 96) beweist, dass die Norweger gar nicht so konformistisch sind, wie es vielleicht scheint. Toll für Familien ist ein Fährausflug nach **Hovedøya** (S. 109) mit anschließendem Picknick zwischen den Ruinen aus dem 12. Jh. Der **Bezirk Damstredet** (S. 103) mit skurrilen Häusern aus dem 18. Jh., **Grønland** (S. 116) mit seinen Geschäften und das aufstrebende **Gamlebyen** (S. 103) sind markante Viertel nur zehn Fußminuten vom Stadtzentrum.

Einen Tagesausflug lohnen die **Festung Oscarsborg** (S. 124) in Drøbak sowie Gamlebyen, die Altstadt von **Fredrikstad** (S. 125) mit ihren Pflasterstraßen.

Post

Hauptpostamt (Karte S. 98-99; ☎ 23 14 90 00; Ecke Prinsens Gate & Kirkegata) Ihre Post können Urlauber an folgende Adresse schicken lassen: Poste Restante, Oslo Sentrum Postkontor, Dronningens Gate 15, 0101 Oslo. Der Eingang für Abholer ist an der Kirkegata. Gut zu erreichen sind auch die Postämter am Bahnhof Oslo S, Solli Plass und Grensen (alle auf Karte S. 98-99).

Reisebüros

Kilroy Travels (Karte S. 98-99; ☎ 02633; www.kilroy travels.no; Nedre Slottsgate 23; ⌚ Mo–Do 10–18, Fr 10–17, Sa 11–15 Uhr) Spezialisiert auf Studenten/ Jugendliche und Stand-by-Angebote.

Telefon

In der Stadt gibt es zahlreiche Karten- und Münztelefone der Telekort. Münzapparate

akzeptieren Münzen von 1 bis 20 nkr; ein Ortsgespräch kostet mindestens 5 nkr. Faxe können in Postämtern verschickt werden.
Telehuset (Karte S. 98-99; ☎ 81 54 44 00; Haakon VII Gate 1; ◷ Mo–Fr 7–21, Sa 10–18 Uhr) verkauft Handy-SIM-Karten.

Touristeninformation
Den Norske Turistforening (DNT; Norwegischer Bergwanderverein; Karte S. 98-99; ☎ 22 82 28 22; www. turistforeningen.no; Storget 3; ◷ Mo–Mi & Fr 10–17, Do 10–18, Sa 10–14 Uhr, im Sommer 1 Std. früher) Bietet Informationen, Karten und Broschüren zum Thema Wandern in Norwegen und verkauft Mitgliedskarten (Mitglieder erhalten Rabatte für die Berghütten entlang der Hauptwanderwege). Einige Hütten kann man direkt buchen und die Schlüssel mitnehmen.

Oslo Promotion Touristeninformation (Karte S. 98-99; ☎ 81 53 05 55; www.visitoslo.com; Fridtjof Nansens Plass 5; ◷ Juni–Aug. 9–19 Uhr, April, Mai & Sept. Mo–Sa 9–17 Uhr, Okt.–März Mo–Fr 9–16 Uhr) Nördlich des Rådhus (Rathaus). Der *Oslo Guide* oder der monatlich herausgegebene Führer *What's On in Oslo* sind sehr zu empfehlen.
Die **Touristeninformation** (Karte S. 98-99; Jernbanetorget 1, Oslo S; ◷ Mai–Aug. 8–23 Uhr, Sept. Mo–Sa 8–23 Uhr, Okt.–April Mo–Sa 8–17 Uhr) ist unter dem Trafikanten-Glasturm vor dem Hauptbahnhof Oslo S nicht zu verfehlen. Sie beantwortet Fragen zur Stadt, verkauft den Oslo-Pass, Tagespässe für Citybikes sowie iPod-Audiotouren (S. 111) und hilft bei Zimmerbuchungen.
Use-It (Karte S. 98-99; ☎ 22 41 51 32; www.use-it.no; Møllergata 3; ◷ Juli & Aug. Mo–Fr 9–18 Uhr, Sept.–Juni Mo–Fr 11–17 Uhr) Die Ungdomsinformasjonen (Jugendinformation, besser bekannt als Use-It) ist außergewöhnlich hilfsbereit, gut informiert und für Rucksacktouristen da (aber nicht nur!). Sie bucht (kostenlos) günstige, teils private Unterkünfte und liefert alle nur denkbaren Informationen, von aktuellen Veranstaltungstipps bis zu Mitfahrgelegenheiten.

OSLO-PASS
Der an jeder Touristeninformation erhältliche **Oslo-Pass** (1/2/3 Tage 210/300/390 nkr) ist eine beliebte Möglichkeit, Kosten für öffentliche Verkehrsmittel und Eintrittsgelder zu sparen. Die meisten Museen und öffentlichen Verkehrsmittel im Stadtgebiet (außer Nachtbusse) können mit dem Pass kostenlos genutzt werden. Weitere Vorteile sind Vergünstigungen bei Restaurantpreisen und Führungen. Zu beachten ist, dass Studenten und Senioren ohnehin stark ermäßigte Preise bekommen, sodass für sie oft Einzeltickets günstiger sind.

Waschsalon
A Snarvask (Karte S. 94; ☎ 22 37 57 70, 41 42 92 53; Thorvald Meyersgate 18; Waschen/Trocknen 35/30 nkr; ◷ Mo–Fr 10–19, Sa 10–15 Uhr)
Selva Waschsalon (Karte S. 98-99; ☎ 41 64 08 33; Ullevålsveien 15; Waschen 40–90 nkr, Trocknen 30 nkr; ◷ 8–21 Uhr)

SEHENSWERTES
Seien es Künstler oder Literaten, Pazifisten oder Geschichtsfreunde, Entdecker oder Sportler, die nach Oslo kommen; für jeden Geschmack gibt es hier das richtige Museum. Die meisten liegen im Zentrum, auf Bygdøy oder nahe dem Vigeland-Park.

Zentrum
KUNSTGALERIEN & MUSEEN
Nationalgalerie
Eine der wichtigsten Sehenswürdigkeiten in Oslo ist die **Nationalgalerie** (Nasjonalgalleriet; Karte S. 98-99; ☎ 21 98 20 00; www.nasjonalmuseet.no; Universitetsgata 13; Eintritt frei; ◷ Di, Mi & Fr 10–18, Do 10–19, Sa & So 12–17 Uhr). Diese Sammlung norwegischer Kunstwerke ist die größte überhaupt und umfasst Arbeiten aus der Romantik und der Zeit von 1800 bis zum Zweiten Weltkrieg. Außerdem sind Gemälde von Edvard Munch ausgestellt, darunter sein bekanntestes Werk *Der Schrei* (s. Kasten S. 106). Auch Bilder europäischer Künstler wie Gauguin, Picasso, El Greco sowie zahlreicher Impressionisten – Manet, Degas, Renoir, Matisse, Cézanne und Monet – wurden zu einer beeindruckenden Sammlung zusammengetragen.
Weitere Informationen zu Edvard Munch s. S. 53.

Astrup-Fearnley-Museum
Die Frage „Was ist Kunst?" wirft dieses **Museum** (Astrup Fearnley Museet; Karte S. 98-99; ☎ 22 93 60 60; www.afmuseet.no; Dronningens Gate 4; Eintritt frei; ◷ Di, Mi & Fr 11–17, Do 11–19, Sa & So 12–17 Uhr) mit seinen teils umstrittenen Inhalten neu auf. Jeff Koons vergoldete Keramikskulptur *Michael Jackson and Bubbles* sollten sich Besucher jedenfalls nicht entgehen lassen.

Nationales Museum für zeitgenössische Kunst
Das **Nationale Museum für zeitgenössische Kunst** (Museet for Samtidskunst; Karte S. 98-99; ☎ 22 86 22 10; Bank Plassen 4; Eintritt frei; ◷ Di, Mi & Fr 11–17, Do 11–20, Sa & So 12–17 Uhr) zeigt die zur Nationalgalerie gehörenden Sammlungen skandinavischer

DIE RENOMMIERTESTE AUSZEICHNUNG DER WELT

Die meisten Nobelpreise – für Physik, Chemie, Medizin, Literatur und Wirtschaftswissenschaften – werden jeden Oktober in Stockholm verliehen, aber die höchste Auszeichnung vergibt Oslo: den Friedensnobelpreis. Der Stifter des Preises und Erfinder des Dynamits, Alfred Nobel, hat 1895 in seinem Testament verfügt, dass die Zinsen aus seinem riesigen Vermögen alljährlich an jemanden ausbezahlt werden, „der oder die im vorangegangenen Jahr am meisten zum Wohle der Menschheit beigetragen hat".

Warum er Norwegen als Vergabeland ausgewählt hat, ist unklar. Jedenfalls entscheidet über den Preisträger jedes Jahr ein Komitee von fünf Norwegern, die für je sechs Jahre vom norwegischen *storting* (Parlament) ernannt werden. Die geheimen Tagungen finden in einem Saal des Nobel-Institutes statt, der mit Bildern früherer Preisträger geschmückt ist; von Mutter Teresa (1979) bis Michail Gorbatschow (1990) und Al Gore (2007). Die Leitung hat der Vorsitzende Professor Ole Mjøs. Ebenfalls bei den Sitzungen dabei ist der 1990 ernannte Institutsleiter Geir Lundestad, der uns über die Geschichte des Ehrenpreises und sein Lieblingsprojekt, das neue **Nobelpreis-Zentrum** (Karte S. 98–99; www.nobelpeacecenter.org) informierte. Näheres zum Zentrum siehe S. 100.

Was ist der Unterschied zwischen Kandidaten, die für den Friedensnobelpreis nominiert werden und solchen, die in die Endauswahl kommen? Jeder – von Präsident George Bush bis Madonna – kann nominiert werden, was häufig Proteststürme auslöst. Aber es ist ein langer Weg von der Nominierung bis zur Ernennung! Wir beginnen im Februar mit nahezu 200 Kandidaten. Die Auswahl wird auf 30 und schließlich auf fünf reduziert. Und in der verbleibenden Zeit konzentrieren wir uns dann auf die Leistungen dieser Kandidaten in der Endauswahl.

Wurde das Komitee schon wegen seiner nicht-öffentlichen Sitzungen kritisiert? Das Komitee an sich ist transparent. Lediglich die Nominierungslisten bleiben für 50 Jahre unter Verschluss und es wird kein Protokoll geführt. Einige der Mitglieder haben allerdings schon Notizen gemacht und dann veröffentlicht.

Inwiefern hat sich der Preis verändert, seit Sie hier Leiter sind? Die Definition des Begriffs Frieden wurde nach und nach weiter gefasst und den Veränderungen in unserer heutigen Welt angepasst. So waren z. B. die Menschenrechte anfangs ein sehr kontroverses Thema, als der Preis 1960 an den südafrikanischen Menschenrechtler Albert Lutuli verliehen wurde. Der Umweltschutz wurde 2004 als ein Weg zum Frieden mit aufgenommen. Und es gibt auch jetzt noch Forderungen, den Begriff weiter zu fassen.

Können Sie den idealen Kandidaten beschreiben? Viele sehen die Auszeichnung als eine Art Heiligsprechung, aber die Gewinner sind häufig mehr oder weniger gewöhnliche Menschen, die bemüht sind, etwas für den Frieden zu tun. Diese Bemühungen sind immer heldenhaft, aber sie können sehr verschiedene Gesichter haben. Alle Kandidaten verbindet eine Vision und der Mut, dafür einzustehen.

Was ist das Besondere am neuen Fredssetner? Das neue Friedenszentrum ist der Ort, an dem wir die Geschichte aller Preisträger dokumentieren. Es ist das elektronisch fortschrittlichste Museum Oslos und die Idee dahinter ist, dass jeder Besucher selbst entscheiden kann, wie viel oder wenig er erfahren möchte. Es ist jedem selbst überlassen.

Interview: Kari Lundgren

und internationaler Kunst nach 1945. Teile der 3000 Werke umfassenden Sammlung sind nur etwas für Kenner, beweisen aber, dass die norwegische Kunst nicht bei Munch endet.

Stenersen-Museum

Dieses **Museum** (Stenersenmuseet; Karte S. 98-99; ☎ 23 49 36 00; Munkedamsveien 15; Erw./Kind 45/25 nkr, gratis mit Oslo-Pass; ☽ Mi & Fr–So 11–17, Di & Do 11–19 Uhr) zeigt drei ehemals private Sammlungen norwegischer Kunst von 1850 bis 1970. Das Gebäude

und viele der Werke – darunter Gemälde von Munch – hat Rolf E. Stenersen der Stadt gestiftet.

Ibsen-Museum

Das **Ibsen-Museum** (Ibsen-Museet; Karte S. 98-99; ☎ 22 12 35 50; www.ibsenmuseet.no; Arbins Gate 1; Erw./Kind 25/70 nkr, gratis mit Oslo-Pass; ☽ Mai–Sept. Di–So 11–18 Uhr, 11–16 Uhr stündl. Führung, Sept.–Mai Di–So 12–15 Uhr, 11–14 Uhr stündl. Führung) befindet sich im letzten Wohnhaus des norwegischen Dramatikers Henrik Ibsen

OSLO

OSLO – ZENTRUM

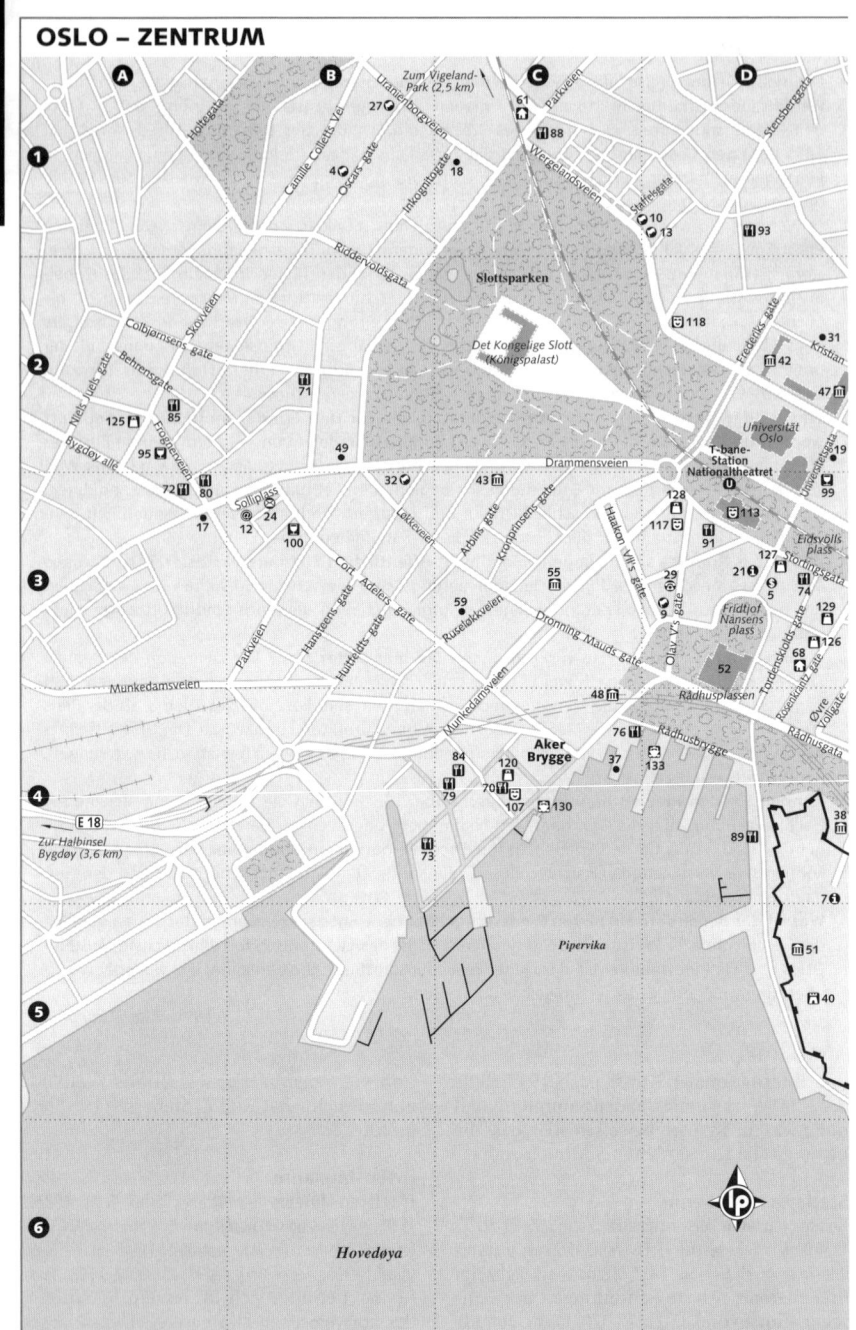

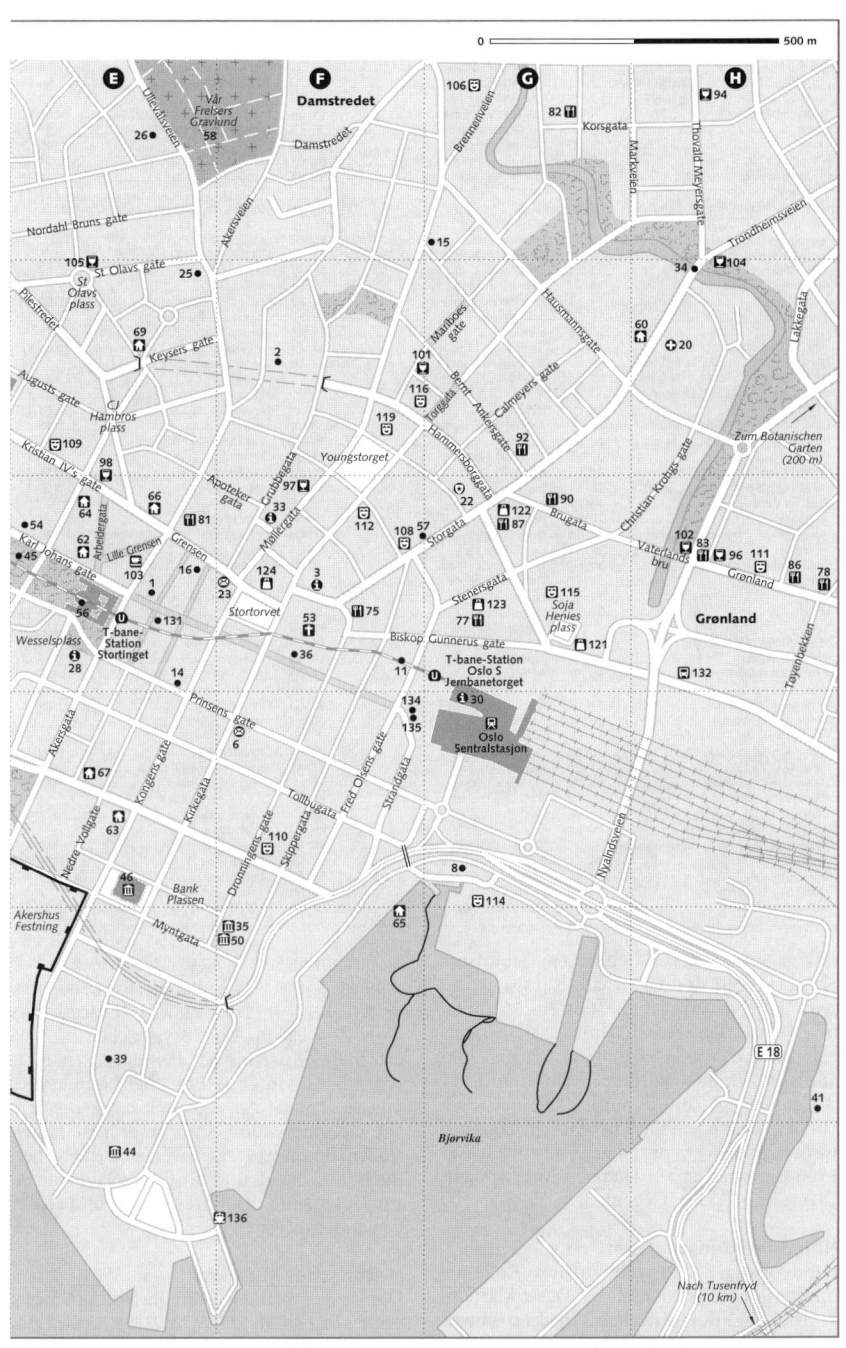

(s. Kasten auf S. 52). Neben seinem Geburtsort Skien (S. 159) und Grimstad (S. 143), wo er seine Jugend verbrachte, ist es ein Muss für Ibsen-Fans. Das Arbeitszimmer sieht noch genauso aus, wie er es hinterlassen hat. Alle anderen Zimmer wurden in Farbe und Stil der damaligen Zeit restauriert. Die Besucher können sogar einen Blick in sein Schlafzimmer werfen, in dem er vor seinem Tod am 23. Mai 1906 die rätselhaften letzten Worte sprach: „Tvert imot!" („Im Gegenteil!").

Nobel-Friedenszentrum
Die Norweger sind stolz auf ihre Rolle als internationale Friedensstifter. Das erklärt die zentrale Lage des neuen **Nobel-Friedenszentrums**

(Fredssetner; Karte S. 98-99; ☎ 48 30 10 00; www.nobelpeace centre.org; Brynjulf Bulls Plass 2; Erw./Kind 80 nkr/gratis; ❧ Sept.–Mai Di–Fr 10–16, Sa & So 11–17 Uhr; Juni–Aug. Mo–Fr 10–18 Uhr) in Aker Brygge. Dieses 2005 eröffnete Museum ist das technisch fortschrittlichste in Oslo. Besucher können hier mittels digitaler Anzeigen selbst entscheiden, wie viel oder wenig Information sie haben wollen. Besonders sehenswert sind das Nobel-Buch im 2. Stock und die Filmvorführungen zur Geschichte des Ehrenpreises und seiner Gewinner (s. Kasten S. 97).

Historisches Museum
Das sehr empfehlenswerte **Historische Museum** (Historisk Museet; Karte S. 98-99; ☎ 22 85 99 12; www.khm.

VIEL OSLO FÜR WENIG GELD

Den Auftakt macht ein Frühstück mit ofenfrischen Brötchen und hausgemachter Erdbeermarmelade (14 nkr) in der **Åpent Bakeri** (S. 116) hinter dem Schloss. Auf dem Weg in die Stadt lohnt sich ein Blick auf das unprätentiöse Nobel-Institut – in dem das Komitee über die Vergabe des Friedensnobelpreises entscheidet – und auf das **letzte Wohnhaus des Dramatikers Ibsen**, das heute als Museum (S. 100) dient. Das **Astrup-Fearnly-Museum** (S. 96), die **Nationalgalerie** (S. 96) und das **Historische Museum** (S. 101), nahe der Universität, sind alle kostenlos zu besichtigen. Zu Mittag gibt es für 15 nkr ein *polse* (heißes Würstchen) in einem *lumpe* (Kartoffelmehl-Wrap).

Nach einem gemütlichen Nachmittag im **Vigeland-Park** (S. 103) geht's zum Abendessen in eines der authentischen vietnamesischen Restaurants (Hauptgerichte 60–105 nkr) an der **Bernt Ankersgate** (S. 114), nördlich des Bahnhofs Oslo S. Günstiges Bier (35 nkr) gibt's im **Stargate** (S. 118) in Grønland und zum Übernachten empfiehlt sich das **MS Innvik** (S. 113), wo einen das Wellenrauschen in den Schlaf begleitet.

Andere kostenlose Möglichkeiten: ein Besuch auf dem **Vår Frelsers Gravlund** (S. 103), wo Ibsen und Munch begraben liegen; der Ausblick vom **Frognerseteren Restaurant** (S. 118), ein Spaziergang durch die **Nordmarka** (S. 108) und ein Bad im Oslofjord bei **Huk** (S. 109).

uio.no; Universität Oslo, Frederiks Gate 2; Eintritt frei; Mitte Mai–Mitte Sept. Di–So 10–17 Uhr, übrige Zeit Di–So 11–16 Uhr) vereinigt drei Museen unter einem Dach. Am interessantesten ist die **Nationale Antiquitätensammlung** (Oldsaksamlingen) im Erdgeschoss. Hier sind Münzen, Schmuck und Zierrat aus der Wikingerzeit ausgestellt. Der **Hon-Schatz** aus dem 9. Jh. ist mit 2,5 kg der größte Fund seiner Art in Skandinavien. Zur Abteilung mittelalterlicher Sakralkunst gehören Türen und reich verzierte Decken der Stabkirche von Ål (um 1300 erbaut). Im 2. Stock gibt es eine Arktisausstellung und das Myntkabinettet, eine Sammlung der ersten norwegischen Münzen, die ältesten davon aus dem Jahr 995 n. Chr. Über den 2. Stock bis zum Obergeschoss erstreckt sich das **Ethnographische Museum**. Es zeigt wechselnde Ausstellungen zu Asien, Afrika und Amerika.

Norsk Filminstitutt

Das **Norwegische Filmmuseum** (Karte S. 98-99; 22 47 45 00; www.nfi.no; Dronningens Gate 16; Eintritt frei; Di–Fr 9–16 Uhr) bietet eine bunte und liebevoll präsentierte Auswahl an Exponaten zur Filmgeschichte, alte Filmausschnitte (vom Stummfilm über Schwarz-Weiß-Film oder Kurzfilm bis zu Dokumentationen über den Zweiten Weltkrieg) und Bilder norwegischer Stars. Im 2. Stock werden regelmäßig Klassiker gezeigt.

HISTORISCHE STÄTTEN
Osloer Dom

Der **Osloer Dom** (Domkirke; Karte S. 98-99; 22 31 46 00; Stortorget 1; Eintritt frei; wegen Renovierungsarbeiten

bis 2009 geschl.) wurde 1697 geweiht. Bemerkenswert sind die kunstvollen Glasmalereien von Emanuel Vigeland (Bruder von Gustav) und die Deckenmalereien (1936–1950). Das außergewöhnliche Altarbild von Michael Rasch zeigt das Letzte Abendmahl und die Kreuzigung. Es stammt von 1748 und war Originalbestandteil der Kirche (von 1700). Nach vielen Stationen kehrte es schließlich 1950 von der Prestneskirche in Majorstue hierher zurück. Auch Orgelprospekt und Kanzel gehören zur Originalausstattung. Gelegentlich kann man im Dom Konzerten lauschen (100 nkr).

Die Basarhallen (Basarhallene; Karte S. 98-99) hinter der Kirche stammen von 1858. Heute wird dort Kunsthandwerk verkauft.

Stortinget

Das 1866 erbaute **Parlamentsgebäude** (Karte S. 98-99; 23 31 35 96; www.stortinget.no; Karl Johans Gate 22; Eintritt frei; Führungen Juli & Aug. tgl. 10 & 13 Uhr auf Norwegisch & Englisch, 11.30 Uhr auf Deutsch, übrige Zeit nur Sa) liegt mitten im Stadtzentrum unterhalb des Königspalasts. Mit seinen gelben Ziegeln eines der schönsten in ganz Europa.

Oslo Rådhus

Das **Rathaus** (Rådhus; Karte S. 98-99; 02 180; Fridtjof Nansens Plass; Erw./Kind 40 nkr/gratis, Sept.–Mai und mit Oslo-Pass frei; Mai–Aug. 8.30–17 Uhr, übrige Zeit 9–16 Uhr) mit seinen zwei Türmen wurde 1950 zum 900-jährigen Jubiläum der Stadt eingeweiht. Es ist ein Wahrzeichen Oslos. Seine funktionale Fassade aus rotem Ziegel ist ungewöhnlich, aber nicht gerade originell.

Im Eingangsbereich sind Holzreliefs mit Motiven der nordischen Mythologie eingelassen. Flure und Säle schmücken eindrucksvolle Fresken und Malereien prominenter norwegischer Künstler. Hier findet jedes Jahr am 10. Dezember die Verleihung des Friedensnobelpreises statt (s. Kasten S. 97). Die Haupthalle kann vom Eingangskorridor aus kostenlos besichtigt werden. Führungen (auf Englisch) finden montags bis freitags um 10, 12 und 14 Uhr statt; im Juni und Juli auch an den Wochenenden (ohne Aufpreis).

Festung & Schloss Akershus

Oslos mittelalterliches **Schloss mit Festung** (*slott* und *festning*; Karte S. 98-99) liegt strategisch günstig an der Ostseite des Hafens und beherrscht die gesamte Hafenfront. Es ist fraglos das architektonische Highlight der Stadt.

Als König Håkon V. Oslo 1299 zur Hauptstadt machte, befahl er zugleich den Bau von Akershus, um die Stadt gegen Bedrohungen von außen zu schützen. Infolge ständiger Brände, Belagerungen und Schlachten wurde die Festung ausgebaut, um der zunehmenden Feuerkraft der Geschütze standzuhalten. 1559 wurde der Munkturm errichtet und zwischen 1580 und Mitte des 18. Jhs. kam der Burggraben hinzu und die Bastionen wurden verstärkt.

Beim Wiederaufbau nach dem Brand 1624 wurde die – nun Christiania genannte – Stadt auf die weniger verwundbare Seite hinter den Festungsmauern verlegt. 1818 war der Platzbedarf wichtiger als die Verteidigung. Ein Großteil der äußeren Wälle musste der wachsenden Bevölkerung weichen. 1899 bis 1963 wurde der Bau grundlegend renoviert. Heute finden in der parkartigen Anlage Konzerte, Tanz- und Theateraufführungen statt. Welch ein Kontrast zu den kriegerischen Ursprüngen und der düsteren Vergangenheit. Allerdings ist der Bau nach wie vor eine Militäreinrichtung und kann anlässlich von Staatsakten jederzeit für die Öffentlichkeit gesperrt werden.

Im 17. Jh. renovierte Christian IV. die Festung und schuf daraus den Renaissancepalast **Schloss Akershus** (Akershus Slott; ☎ 23 09 35 53; Erw./Kind 50/10 nkr; ☺ Mai–Mitte Sept. Mo–Sa 10–16, So 12.30–16 Uhr; Führungen Mo–Sa 11, 13 & 15, So 13 & 15 Uhr). Die Fassade behielt jedoch ihr mittelalterliches Gepräge. In den düsteren Verliesen schmachteten verstoßene Adelige. In einer hockt noch immer eine Mitleid

erregende, in Sackleinen gehüllte Gestalt. Die Räume der oberen Stockwerke hingegen wurden zu prunkvollen Ballsälen und Gemächern ausgebaut.

Die Burgkapelle mit den Grüften von König Håkon VII. und Olav V. wird für Feierlichkeiten der Armee noch heute benutzt. Studenten in historischer Kleidung bieten Führungen an. Dank ihrer unterhaltsamen Anekdoten wird die Geschichte der Anlage lebendig. Das verpasst man bei einer Erkundung auf eigene Faust!

Zwei Zugänge führen in die riesige **Festung** (Eintritt frei; ☺ 6–21 Uhr): ein Tor am Ende der Akersgata und eine Zugbrücke über die Kongens Gate am Südende der Kirkegata. Im Winter ist ab 18 Uhr nur noch der Eingang Kirkegata geöffnet.

Das **Informationszentrum der Festung Akershus** (Karte S. 98-99; ☎ 23 09 39 17; ☺ Mitte Mai–Mitte Aug. Mo–Fr 9–17, Sa & So 11–17 Uhr; übrige Zeit 1 Std. früher geschl.), gleich hinter dem Haupttor, informiert mit der Ausstellung *Nye Barrikader* (Neue Barrikaden) über die Geschichte der Anlage. Dort werden auch Führungen durch das **Schlossgelände** angeboten (☺ Juni–Aug. Mo–Fr 10, 12, 14 & 16 Uhr, Sa & So 12, 14 & 16 Uhr). Wachablösung ist um 13.30 Uhr.

Ebenfalls im Festungskomplex – neben einem Mahnmal für Widerstandskämpfer, die dort im Zweiten Weltkrieg exekutiert wurden – befindet sich das **Norwegische Widerstandsmuseum** (Norges Hjemmefront Museet; Karte S. 98-99; ☎ 23 09 31 38; www.nhm.mil.no; Erw./Kind 30/15 nkr; ☺ Juni–Aug Mo–Sa 10–17 Uhr, Sept.–Mai Mo–Fr 10–16, Sa & So 11–16 Uhr). Das kleine, aber lohnende Museum behandelt die dunklen Jahre deutscher Besetzung, sowie den Jubeltag der Friedenserklärung am 9. Mai 1945. Zu den Exponaten gehören neben Untergrundzeitungen, zahlreichen Karten und Fotografien das künstliche Gebiss eines norwegischen Kriegsgefangenen in Polen, das verdrahtet worden war, um Funknachrichten zu empfangen. Wer sich für die Geschichte des Zweiten Weltkriegs interessiert, sollte sich das Museum nicht entgehen lassen (s. Kasten S. 103).

DAMSTREDET

Die skurrilen Holzhäuser aus dem 18. Jh. im **Bezirk Damstredet** und dem benachbarten **Telthusbakken** (Karte S. 98-99) sorgen für Beschaulichkeit im Vergleich zur modernen Architektur im Zentrum. Das einstige

---

DER NORWEGISCHE WIDERSTAND: „NIE WIEDER!"

Als die Deutschen am 9. April 1940 in Oslo einmarschierten, sah Gunnar Sønsteby sie auf der Karl Johans Gate paradieren, schwang sich auf sein Fahrrad und verschwand in den Wäldern, um sich dem Widerstand anzuschließen.

Zu der Zeit gab es allerdings nicht viel, dem er sich hätte anschließen können. Nach 125 Jahren des Friedens konnten die Norweger nur fassungslos zuschauen, wie ihr Land in weniger als 60 Tagen besetzt wurde und der König mitsamt dem Ministerrat ins Exil gehen mussten. Bis Kriegsende jedoch gab es 40 000 Widerstandskämpfer und 60 Untergrundzeitungen. Und die norwegische *hjemmefront* (Widerstandsbewegung) verübte einige der erfolgreichsten Sabotageakte des Krieges.

Dafür bezahlten sie allerdings einen hohen Preis. Über 50 000 Norweger wurden während des Zweiten Weltkriegs aus politischen Gründen inhaftiert (eine erhebliche Zahl bei nur 3 Mio. Einwohnern) und 9000 wurden deportiert. 1400 von ihnen – die Hälfte davon Juden – sind nie wieder zurückgekehrt.

Vor diesem Hintergrund haben wir Ivar Kraglund, dem Direktor von Oslos **Widerstandsmuseum** (s. S. 102), einige Fragen gestellt.

Wohin sind die meisten Widerstandskämpfer geflüchtet? Fast 50 000 Menschen konnten nach Schweden entkommen; einige auf eigene Faust, andere geführt. Bis Ende des Krieges wurden dort 13 000 Norweger militärisch ausgebildet und mit schwedischen Waffen ausgerüstet.

Gibt es bekannte Sabotageakte? Der wichtigste Angriff fand 1943 auf die Schwerwasser-Anlage von Vemork (s. S. 159) statt. Es war wohl einer der bekanntesten Sabotageakte des Zweiten Weltkriegs und unser Museum besitzt die meines Wissens einzige erhaltene Wasserzelle der Fabrik.

Und was wurde aus Gunnar Sønsteby? Er wurde Anführer der „Oslo-Gang" und einer der bekanntesten Widerstandskämpfer des Landes. Vor allem durch seinen Angriff auf das Einwohnermeldeamt 1944, der es den Deutschen unmöglich machte, Norweger für die Front zu rekrutieren.

Was erinnert in Oslo sonst noch an den Widerstand? Neben dem Widerstandsmuseum vor allem der gespenstische, graue Komplex der Victoria-Terrasse nahe dem Zentrum, das Hauptquartier der Gestapo. Es war als *skrekken hus* (Haus des Schreckens) bekannt. Etwas weiter, am Solli Plass (Karte S. 98-99), steht ein Bronzedenkmal, das Sønsteby mit seinem Fahrrad zeigt.

Interview: Kari Lundgren

Armenviertel Damstredet ist heute ein beliebtes Künstlerviertel. Von der Akersgata Richtung Norden geht's rechts ab in die Damstredet Gate. Telthusbakken liegt ein Stück weiter die Akersgata aufwärts, ebenfalls auf der rechten Seite. Unterwegs passiert man **Vår Frelsers Gravlund**, den Friedhof mit den Gräbern von Ibsen, Munch und Bjørnstjerne Bjørnson.

GAMLEBYEN

In Gamlebyen, östlich des Zentrums, befinden sich an der Sørenga und am St. Hallvards Plass Ruinen aus dem 12. und 13. Jh. Hätte König Christian IV. die Akershus Festning nach dem Brand im 17. Jh. nicht versetzen lassen, so wäre das Zentrum wohl heute noch hier. Gamlebyen war eines der ärmsten Viertel Oslos. Das ist hie und da noch erkennbar, doch es geht rasch aufwärts und dank der Nähe zur **Neuen Oper** (Karte S. 98-99) in Bjørvika dürfte der Trend anhalten.

Frognerparken & Vigeland-Park

Das Herzstück des Frognerparks ist der **Vigeland-Park** (Karte S. 98-99; ☉ ganzjährig), eine außergewöhnliche Freiluftausstellung von Werken des beliebtesten norwegischen Bildhauers, Gustav Vigeland (s. Kasten S. 104). Nicht weniger als 212 Granit- und Bronzearbeiten sind dort zu sehen: eng umschlungene Liebespaare, gemütliche ältere Eheleute und verachtete Bettler. Seine bekannteste Arbeit, *Sinataggen* („Kleiner Trotzkopf"), zeigt einen schlecht gelaunten Londoner Jungen.

Hier schlendern am Abend die Kulturfans, wenn andere Sehenswürdigkeiten schon geschlossen haben.

In der Nähe des Südeingangs zum Park liegt das **Osloer Stadtmuseum** (Oslo Bymuseum; Karte S. 94; ☎ 23 28 41 70; www.oslobymuseum.no; Frognerveien 67; Erw./Kind 40/20 nkr, gratis mit Oslo-Pass; ☉ Mi–So 12–16, Di 12–19 Uhr). Es befindet sich im Frogners Herrenhaus aus dem 18. Jh., erbaut auf dem Grund eines ehemaligen Wikingerguts.

OSLO

GUSTAV VIGELAND

Der norwegische Bildhauer Gustav Vigeland (1869–1943) wurde als Bauernsohn im Süden des Landes nahe Mandal geboren. Bereits als Kind und Teenager war er von Protestantismus, Spiritualität, Holzschnitzerei und Zeichnerei fasziniert – eine ungewöhnliche Kombination, die sein Lebenswerk bestimmen sollte. 1888 absolvierte er eine Lehre beim Bildhauer Brynjulf Bergslien. Im darauffolgenden Jahr stellte er seine erste Arbeit bei der Staatlichen Kunstausstellung aus. Das war sein Durchbruch – seine Begabung erregte nationales und internationales Aufsehen.

1891 reiste Vigeland nach Kopenhagen und dann nach Paris und Italien, wo er mit verschiedenen Künstlern zusammenarbeitete; besonders inspirierte ihn die Arbeit des französischen Bildhauers Auguste Rodin. Als seine öffentlichen Stipendien ausliefen, kehrte er nach Norwegen zurück. Dort verdiente er seinen Lebensunterhalt bei der Restaurierung des Nidarosdoms und mit Auftragsporträts prominenter Norweger.

1921 würdigte die Stadt Oslo sein Talent und stellte ihm ein großes Studio für seine Arbeit zur Verfügung (s. S. 104; heute befindet sich darin ein Museum).

Das Highlight des Vigeland-Parks ist ein 14 m hoher Granitmonolith, der auf dem höchsten Hügel des Parks thront. An diesem unglaublichen Werk arbeiteten drei Steinmetze ununterbrochen von 1929 bis 1943; die Skulptur wurde aus einer einzigen Steinsäule gehauen, die vom Iddefjord in Südostnorwegen stammte. 121 detailliert ausgearbeitete, sich windende Menschengestalten kämpfen darum, ganz nach oben zu gelangen – ineinander verschlungen, sich aneinander hochziehend. Auf den kreisförmigen Stufen darunter befinden sich weitere Steinfiguren. Die Gesamtkomposition wurde auf vielfältige Weise interpretiert: als Phallussymbol, als Existenzkampf, als Sehnsucht nach spirituellen Erfahrungen, als Überwindung zyklischer Wiederholung.

Die Skulpturen auf den Stufen unterhalb des Sockels der Säule stellen die Spannbreite menschlichen Emotionen und Handlungen dar. Bei den übrigen zahllosen Figuren im Park reichen die Themen des Künstlers vom Realistischen bis zum Grotesken. Das Ergebnis ist wahrhaftig ein Höhepunkt norwegischer Kunst; das Allerbeste ist jedoch: Hier gibt's keine Schilder, die den Betrachter auf Abstand halten.

Ausgestellt sind wenig spektakuläre Exponate zur Stadtgeschichte.

Der Frognerpark selbst lockt mit großen Rasenflächen, Teichen, Bächen und schattigen Alleen. Bei gutem Wetter ein traumhafter Ort zum Spazierengehen, Picknicken oder für ein Nickerchen im Gras.

Vom Zentrum aus ist er mit den Straßenbahnlinien 12 oder 15 (Richtung „Frogner") zu erreichen.

VIGELAND-MUSEUM

Tiefere Einblicke in die Arbeit von Gustav Vigeland gewährt ein Besuch im **Vigeland-Museum** (Karte S. 93; ☎ 23 49 37 00; www.vigeland.museum. no; Nobels Gate 32; Erw./Kind 45/25 nkr, gratis mit Oslo-Pass; ☼ Juni–Aug. Di–So 11–17 Uhr, Sept.–Mai Di–So 12–16 Uhr), gegenüber vom Südeingang zum Frognerpark. Die Stadt errichtete das Gebäude in den 1920er-Jahren als Wohnhaus und Atelier für den Bildhauer; zum Dank dafür, dass er ihr einen erheblichen Teil seines Lebenswerks gestiftet hatte. Neben einer Sammlung früher Werke – Statuen und Denkmäler für Berühmtheiten – zeigt es Gipsformen, Holzschnitte und Skizzen.

Als Vigeland 1943 starb, wurde seine Asche im Turm des Gebäudes beigesetzt. Vier Jahre später öffnete das Museum. Sogar die Privaträume im 3. Stock können besichtigt werden, allerdings nur nach Voranmeldung (Führungen kosten pro Gruppe 700 nkr zusätzlich zum Eintrittspreis).

EMANUEL-VIGELAND-MUSEUM

Dieses gespenstische **Museum** (Karte S. 93; ☎ 22 14 57 88; www.emanuelvigeland.museum.no; Grimelundsveien 8; Erw./Kind 30/15 nkr, gratis mit Oslo-Pass; ☼ So 12–16 Uhr, im Sommer bis 17 Uhr) dient als Galerie und Mausoleum zugleich. Es ist dem Lebenswerk Emanuel Vigelands (1875–1948) gewidmet, dem Bruder von Gustav Vigeland. Emanuel, den Pionier der Freskenmalerei, sehen viele als den begabteren der Künstlerbrüder an. Das Paradestück des Museums ist das 800 m² große Fresco Vita, das den Kreislauf menschlichen Lebens von der Empfängnis bis zum Tod darstellt. Die T-bane (Linie 1) Richtung Slemdal fährt zum Museum. Näher dran am Zentrum ermöglichen die Glasmalereien in der Osloer Domkirche einen Einblick in seine Arbeit.

EISLAUFMUSEUM

Dieses **Museum** (Skøytemuseet; Karte S. 94; ☎ 22 43 49 20; Middelthuns Gate 26; Erw./Kind 20/10 nkr, gratis mit Oslo-Pass; ⊗ Di & Do 10–14.30, So 11–14 Uhr) ist dem Eiskunst- und Eisschnelllauf in Norwegen gewidmet. Es zeigt historische Schlittschuhe und informiert über norwegische Champions wie den Eisschnellläufer Johann Olav Koss („Koss the Boss") und die Eiskunstläuferin Sonja Henie. Das Museum ist eine wunderbare Ergänzung zu den Olympiastätten in Lillehammer (S. 170) und Hamar (S. 176).

Die Halbinsel Bygdøy

Auf der Halbinsel Bygdøy (Karte S. 93) liegen einige der Hauptattraktionen Oslos. Manche klappern sie an einem halben Tag ab, aber es lohnt sich, etwas mehr Zeit zu haben.

Bygdøy liegt nur wenige Minuten vom Zentrum entfernt, hat sich aber seinen ländlichen Charme bewahrt. Hier haben die Königsfamilie und viele der wohlhabenden Einwohner ihre Sommerresidenz.

Die **Fähre Nr. 91** (☎ 23 35 68 90) geht von Anfang April bis Anfang Oktober ab 8.45 Uhr alle 30 bis 40 Minuten nach Bygdøy (Erw./Kind 20/10 nkr, gratis mit Oslo-Pass, 15. Min.). Die letzte Fähre legt im April und September gegen 18.30 Uhr ab, im Sommer gegen 21.15 Uhr und in der übrigen Zeit früher. Auf der Überfahrt begegnet einem möglicherweise die königliche Yacht *KS Norge*. Die königlichen Yachtclubs des Königs und der Königin (*Kongen* und *Dronningen*) liegen einander gegenüber am Frognerkilen. Die Schiffe legen von der Rådhusbrygge 3 (gegenüber dem Rådhus) ab; erster Halt ist der Hafen von Dronningen. Von dort aus sind es 10 Fußminuten zum Norwegischen Volkskundemuseum (s. S. 105) und 15 zum Wikingerschiffsmuseum (s. S. 105). Bis Bygdøynes mit dem Kon-Tiki-Museum, dem Polarschiff Fram und dem Norwegischen Seefahrtsmuseum (s. S. 107) sind es weitere 20 Minuten auf einem beschilderten Fußweg. Auch die Fähre geht bis Bygdøynes. Zum Volkskundemuseum fahren Busse der Linie 30 ab Jernbanetorget, nahe dem Hauptbahnhof Oslo S.

MUSEEN
Norwegisches Volkskundemuseum

Das Volkskundemuseum (Norsk Folkemuseum; Karte S. 93; ☎ 22 12 37 00; www.norskfolke.museum.no; Museumsveien 10; Erw./Kind Mitte Mai–Mitte Sept. 79/25 nkr, übrige Zeit 70/25 nkr, gratis mit Oslo-Pass; ⊗ Mitte Mai–

Mitte Sept. 10–18 Uhr; übrige Zeit Mo–Fr 11–15, Sa & So 11–16 Uhr) ist Norwegens größtes Freilichtmuseum und eine der Hauptattraktionen von Oslo. Es umfasst über 140 Gebäude aus dem ganzen Land – größtenteils aus dem 17. und 18. Jh. –, die entsprechend ihrer Ursprungsregion angeordnet sind. Die Pfade führen vorbei an alten Scheunen, hochgesetzten *stabbur* (Speicher) und Blockhäusern mit Grasdächern, auf denen Wildblumen blühen. Gamlebyen (Altstadt) ist der Nachbau einer norwegischen Stadt des frühen 20. Jhs., inklusive eines Dorfladens und einer alten Tankstelle. Im Sommer (tgl. außer Sa) führen dort Weber und Töpfer ihre Kunst vor. Ein weiteres Highlight ist die restaurierte Stabkirche, die um 1200 in Gol erbaut und 1885 nach Bygdøy verlegt wurde.

Am Haupteingang zeigt eine detaillierte Ausstellung norwegische Volkskunst, historisches Spielzeug, Trachten für Hochzeit, Taufe oder Begräbnis, die samische Kultur der Finnmark sowie Werkzeug und Geräte aus Haushalt und Landwirtschaft. Gelegentlich werden auch Wanderausstellungen gezeigt. Sonntags ist das Museum besonders interessant, da es (im Sommer) um 14 Uhr Volksmusik und Tanzaufführungen gibt. Tägliche Attraktionen sind im Sommer die Kutschfahrten (12 bis 16 Uhr) und Kinder sollten auf keinen Fall die Gelegenheit verpassen, um 13 Uhr die Bauernhoftiere zu füttern.

Diese hervorragende Einführung in die norwegische Kultur sollte sich keiner entgehen lassen!

Wikingerschiffsmuseum

Die Wikingerschiffe Oseberg und Gokstad mit ihren glatten, dunklen Rümpfen wirken selbst im Museum noch bedrohlich – so dass viele Besucher des **Vikingskipshuset** (Karte S. 93; ☎ 22 13 52 80; Huk Aveny 35; Erw./Kind 40/20 nkr, gratis mit Oslo-Pass; ⊗ Mai–Sept. 9–18 Uhr, Okt.–April 11–16 Uhr) unwillkürlich flüstern. Von einem dritten Schiff, der *Tune*, sind nur noch wenige Planken und Fragmente übrig. Es wurde zur selben Zeit gebaut wie die *Gokstad* und 1867 in der Nähe des Oslofjords gefunden. Alle Schiffe wurden im 9. Jh. aus Eichenholz gezimmert. Später hat man sie an Land gebracht, damit sie ihren adeligen Besitzern als Gräber dienen. Sie wurden zusammen mit allem bestattet, was sie vielleicht im Jenseits brauchen würden: Schmuck, Möbel, Essen, Diener, aufwändig geschnitzte Wagen und Schlitten, Teppiche und grimmig blickende Figuren.

Bug und Heck der imposanten *Oseberg*, 834 in die Erde versenkt, zieren kunstvolle Drachen- und Schlangenschnitzereien. 30 Ruderer wurden für das 22 m lange Schiff benötigt. Die Grabkammer darunter barg Skandinaviens größten Wikingerschatz. Den Schmuck allerdings hatten bereits Plünderer mitgenommen. Die robustere, 890 erbaute *Gokstad* misst 24 m und ist das am besten erhaltene Langschiff überhaupt. Aber auch hier war die Grabkammer geplündert und enthielt nur noch wenige Stücke. Außer den drei Schiffen zeigt das Museum eine interessante Ausstellung über die Wikinger im Allgemeinen.

Polarschiff Fram

Die Natur ist oft der beste Architekt. Als der bekannte Schiffsbauer Colin Archer den Auftrag bekam, ein Schiff zu bauen, dessen Rumpf dem Druck des Polareis standhält, suchte er nicht lang nach Vorbildern: ein Ei inspirierte ihn! 1882 lief das **Polarschiff Fram**

(Karte S. 93; ☎ 23 28 29 50; www.fram.museum.no; Erw./ Kind 50/20 nkr, gratis mit Oslo-Pass; ☯ Mitte Juni–Aug. 9–18 Uhr, übrige Zeit kürzer) vom Stapel. Unter seinen beiden Kapitänen Fridtjof Nansen und Roald Amundsen saß es die meiste Zeit seines Lebens im Polareis fest. Nansens nutzte es für seine Nordpolexpedition zu den neusibirischen Inseln Russlands (1893 bis 1896). Die Rückfahrt nach Norwegen führte den 39 m langen Schoner nur wenige Breitengrade am Nordpol vorbei.

1910 wollte Amundsen (s. Kasten S. 412) mit der Fram („Vorwärts") als erster den Nordpol erreichen. Allerdings kam ihm Robert Peary zuvor. Amundsen wendete kurz entschlossen um 180 Grad und erreichte als erster den Südpol. Zwischen 1898 und 1902 umsegelte Otto Sverdrup mit dem Schoner den Süden Grönlands bis zur kanadischen Insel Ellesmere, wobei er insgesamt über 18 000 km zurücklegte.

Besucher können das Schiff genau unter die Lupe nehmen. Die beengten Schlafkojen

---

DIE KUNSTWERKE BITTE NICHT STEHLEN ...

Am 12. Februar 1994, dem Eröffnungstag der Olympischen Winterspiele in Lillehammer, erwachte Norwegen mit der Nachricht vom Diebstahl des vielleicht größten Kulturguts des Landes: *Der Schrei* von Edvard Munch war aus der Nationalgalerie in Oslo entwendet worden. Das blamable Ereignis hatte keinerlei technische Raffinesse erfordert – lediglich eine eingeschlagene Scheibe und eine Drahtschere. Ein Streifenpolizist entdeckte die Tat, weil an der Außenmauer der Galerie eine Leiter lehnte. An der Stelle des Gemäldes hing eine Notiz: „Danke für die miserablen Sicherheitsvorkehrungen."

Die Nation war entsetzt. Erst recht, als von Unbekannten mit Verbindung zur Anti-Abtreibungs-Bewegung eine Lösegeldforderung über 1 Mio. US$ einging. Ein lutherischer Pastor, der an der Organisation von Anti-Abtreibungs-Protesten während der Olympiade beteiligt gewesen war, teilte mit, das Bild werde zurückgegeben, wenn das norwegische Fernsehen einen Film ausstrahlt, der schonungslos zeigt, was bei einem Schwangerschaftsabbruch mit dem Fötus passiert.

Nach drei Monaten entdeckte die norwegische Polizei vier Fragmente des Rahmens im Nordosloer Vorort Nittedal. Wenige Tage später wurde das auf empfindlichem Papier gemalte Meisterwerk unbeschädigt in einem Hotelzimmer in Asgardstrand (rund 60 km südlich von Oslo) gefunden. Drei Norweger wurden verhaftet und das ganze Land atmete erleichtert auf.

Zehn Jahre später marschierten am 22. August 2004 zwei maskierte und bewaffnete Männer in das Munch-Museum, bedrohten eine Museumsangestellte, entwendeten eine andere Version vom *Schrei* (Edvard Munch malte vier Versionen) sowie *Die Madonna*, ein weiteres Meisterwerk Munchs, und rauschten im Fluchtfahrzeug davon. Alles passierte innerhalb von fünf Minuten und vor den Augen der fassungslosen Museumsbesucher. Es wurde kein Alarm ausgelöst und die Polizei traf erst 15 Minuten später ein. Was am meisten erstaunt: Die Gemälde waren nicht einmal versichert (Museumssprecher gaben an, die Bilder seien sowieso unbezahlbar).

Zwei Jahre und neun Tage später konnte die Polizei beide Gemälde sicherstellen. Die notwendigen Restaurationsarbeiten verzögerten allerdings die Rückgabe an die Galerie. Die meisten Norweger und die Museumsangestellten wollen diese beschämenden Ereignisse möglichst rasch vergessen. Trotzdem bleibt von den haarsträubenden Sicherheitslücken die ironisch klingende Mahnung, die Finger von den Kunstwerken zu lassen.

vermitteln eine Ahnung vom Leben auf hoher See. Detaillierte Ausstellungen mit Karten, Bildern und Artefakten dokumentieren anschaulich die verschiedenen Expeditionen: von Nansens Versuch, den Nordpol mit Skiern zu überqueren, bis zu Amundsens Entdeckung der Nordwestpassage und seinem verhängnisvollen Versuch, einen Rivalen zu retten, bei dem er schließlich selbst verschwand.

Kon-Tiki-Museum
Dieses bei Kindern besonders beliebte **Museum** (Karte S. 93; ☎ 23 08 67 67; www.kon-tiki.no; Bygdøynes; Erw./Kind 50/25 nkr, gratis mit Oslo-Pass; ☺ Juni–Aug. 9.30–17.30 Uhr, übrige Zeit kürzer) ist dem Balsaholz-Floß Kon-Tiki gewidmet, mit dem der norwegische Forscher Thor Heyerdahl 1947 von Peru nach Polynesien segelte. Auch die aus Totora-Schilf gefertigte *Ra II* ist zu sehen. Dieses Schiff haben Angehörige des Volkes der Aymara auf der bolivianischen Insel Suriqui im Titicacasee gebaut. Heyerdahl überquerte damit 1970 den Atlantik. Einen Überblick über das Leben dieses außergewöhnlichen Forschers, der in seinem Leben sehr viel erreicht hat, bietet der Kastentext auf S. 138.

Norwegisches Seefahrtsmuseum
Der Autor Roald Dahl sagte einmal, dass in Norwegen ja wohl wirklich jeder ein Boot habe. Nirgends wird das so deutlich wie im **Norske Sjøfartsmuseum** (Karte S. 93; ☎ 24 11 41 50; www.norsk-sjofartsmuseum.no; Bygdøynesveien 37; Erw./Kind 40 nkr/ gratis; ☺ Mitte Mai–Aug. 10–18 Uhr; Sept.–Mitte Mai Fr–Mi 10.30–16, Do 10–18 Uhr). Thema dieses Museums ist Norwegens Beziehung zur See. Dazu gehören auch Fischerei und Walfang, Schiffe, die mit seismischen Methoden nach Öl und Gas suchen, Schiffsbau und Wrackbergung. Vor dem Museum erinnert ein Denkmal an die 4700 norwegischen Seeleute, die im Zweiten Weltkrieg gefallen sind. Daneben steht Roald Amundsens Schiff *Gjøa*, mit dem er als erster die Nordwestpassage komplett durchquert hat (1903–1906). Außerdem zeigt das Museum Norwegens größte Sammlung maritimer Kunst, eine Ausstellung zum Thema Stockfisch und einen Film mit malerischen Bildern von der norwegischen Küste.

Schloss Oscarshall
Johan Henrik Nebelong hat dieses **Schloss** (Oscarshall Slott; Karte S. 93; ☎ 22 56 15 39; Oscarshallsveien) in einem Stilmix aus Romantik und englischer

Neugotik entworfen. Es wurde von 1847 bis 1852 als Residenz für König Oscar I. erbaut. Zu den interessantesten Attraktionen Bygdøys zählt es sicher nicht, doch wer in der Nähe ist, sollte den kleinen Abstecher nicht scheuen, um von außen einen Blick darauf zu werfen.

Grünerlokka

MUNCH-MUSEUM
Fans von Edvard Munch (1863–1944) werden sich das **Munch-Museum** (Munch-museet; Karte S. 94; ☎ 23 94 35 00; www.munch.museum.no; Tøyengata 53; Erw./ Kind 65/35 nkr, gratis mit Oslo-Pass; ☺ Juni–Mitte Sept. 10–18 Uhr; Mitte Sept.–Mai Di–Fr 10–16, Sa & So 11–17 Uhr) nicht entgehen lassen. Es ist dem Lebenswerk des Künstlers gewidmet und zeigt die meisten Werke, die nicht im Besitz der Nationalgalerie sind. Die Sicherheitsvorkehrungen sind hier sehr gut, seit 2004 die Bilder *Der Schrei* und *Die Madonna* gestohlen wurden. Beide tauchten 2006 wieder auf (s. Kasten S. 106). Hier bekommen Besucher einen Gesamteindruck der Arbeit Munchs – von düsteren Werken wie *Das kranke Kind* bis zu lichteren Bildern wie Die Sonne. Mit über 11 000 Gemälden, 4500 Aquarellen und 18 000 Drucken und Zeichnungen, die er der Stadt persönlich vermacht hat, ist dies eine herausragende Sammlung. Die T-bane fährt bis Tøyen. Von dort ist das Museum ausgeschildert und zu Fuß in fünf Minuten zu erreichen.

ZOOLOGISCHES MUSEUM & GEOLOGISCH-PALÄONTOLOGISCHES MUSEUM
Das **Zoologische Museum** (Zoologisk Museum; Karte S. 94; ☎ 22 85 17 00; Sars Gate 1; Erw./Kind 40 nkr/gratis; ☺ Di–So 11–16 Uhr) der Universität liegt ganz in der Nähe des Botanischen Gartens. Es zeigt präparierte Wildtiere aus Norwegen und anderen Ländern. Eine eigene Abteilung widmet sich der arktischen Tierwelt. Das angrenzende **Geologisch-Paläontologische Museum** (Geologisk Museum; Karte S. 94; ☎ 22 85 17 00; Sars Gate 1; Erw./Kind 40 nkr/gratis; ☺ Di–So 11–16 Uhr) zeigt Ausstellungen zur Geschichte des Sonnensystems und der Geologie Norwegens sowie eine umfangreiche Sammlung von Mineralien, Meteoriten und Mondgestein. In der paläontologischen Abteilung warten das Skelett eines 10 m langen Iguanodons und ein Nest mit Dinosauriereiern.

BOTANISCHER GARTEN
Oslos **Botanischer Garten** (Botanisk Hage; Karte S. 94; ☎ 22 85 17 00; Sars Gate 1; Eintritt frei; ☺ April–Sept. Mo–Fr

7–20, Sa & So 10–20 Uhr; Okt.–März Mo–Fr 7–17, Sa & So 10–17 Uhr) zeigt 7500 Pflanzenarten aus aller Welt. Darunter befinden sich vier Arten aus dem Oslofjord, die in der Natur kaum mehr zu finden sind. Die Kräuter im Duftgarten sind auch in Blindenschrift erklärt.

GAMLE AKER KIRKE

Die mittelalterliche **Steinkirche** (Karte S. 94; ☎ 22 69 35 82; Akersbakken 26; Eintritt frei; ❤ Mo–Sa 12–14 Uhr), nördlich des Zentrums in Akersbakken, stammt von 1080 und ist das älteste Gebäude in Oslo. Sonntags um 9 und 11 Uhr werden hier evangelische Gottesdienste abgehalten. Anfahrt mit dem Bus Nr. 37 vom Jernbanetorget bis Akersbakken, von dort zu Fuß am Kirchhof vorbei.

Oslos Außenbezirke
HENIE-ONSTAD-KUNSTZENTRUM

In Høvikodden, westlich des Zentrums, befindet sich eine von Norwegens besten, privaten Kunstsammlungen, das **Henie-Onstad-Kunstzentrum** (Henie-Onstad Kunstsenter; Karte S. 123; ☎ 67 80 48 80; www.hok.no; Høvikodden; Eintritt frei; ❤ Di–Do 11–19, Fr–So 11–17 Uhr). Es wurde in den 1960er-Jahren von der norwegischen Eiskunstläuferin Sonja Henie und ihrem Ehemann Niels Onstad gegründet. Das Paar suchte aktiv nach Werken von Joan Miró und Pablo Picasso sowie ausgewählten Werken impressionistischer, abstrakter, expressionistischer und moderner Künstler Norwegens. Wer genug Kunst gesehen hat, kann im Erdgeschoss Sonjas Eislaufmedaillen und Pokale bestaunen. Die Busse von Jernbanetorget nach Sandvika halten alle in Høvikodden.

SKISPRUNGSCHANZE & SKIMUSEUM HOLMENKOLLEN

Die **Skisprungschanze Holmenkollen** liegt auf einem Hügel über der Stadt. Die Aussicht von hier ist phantastisch. Gelegentlich finden auch Konzerte statt. Zum jährlichen Skifestival im März kommen die besten Skispringer aus aller Welt.

Das **Skimuseum** (Karte S. 93; ☎ 22 92 32 00; www.skiforeningen.no; Kongeveien 5; Erw./Kind 70/35 nkr; ❤ Juni–Aug. 9–20 Uhr, Okt.–April 10–14 Uhr, Mai & Sept. 10–17 Uhr) bei der Skisprungschanze führt die Besucher durch die 4000-jährige Geschichte des Abfahrts- und Langlaufsports in Norwegen. Daneben zeigt es Ausstellungen zu den Antarktisexpeditionen von Amundsen und Scott sowie zu Fridtjof Nansens Marsch

über die grönländische Eiskappe (u. a. kann hier das Boot bestaunt werden, das er aus Zelt und Schlitten improvisierte, um die letzten 100 km bis nach Nuuk zu rudern). Die kürzlich aktualisierte Ausstellung im 2. Stock zeigt die moderneren Aspekte des Skifahrens und Bilder der Königsfamilie auf Skiern.

Die Eintrittskarte zum Skimuseum gilt auch für den Besuch der **Skisprungschanze**. Es gibt einen Lift, aber die letzten 114 Stufen muss jeder selbst bezwingen. Der **Skisprungsimulator** (Erw./Kind 50/35 nkr) vor dem Eingang ist eine Gaudi, aber nichts für empfindliche Mägen. Mit der T-bane-Linie Nr. 1 zum Holmenkollen, dann bergauf den Schildern folgen.

DIE NORDMARKA

Nordmarka (s. S. 123) heißt das Waldgebiet nördlich der Skisprungschanze Holmenkollen. Es bildet das geographische Zentrum der Stadt und bietet erstklassige Möglichkeiten zum Wandern, Mountainbiken, Rodeln und Skifahren. Der **Tryvan Vinterpark**, Oslos größtes Skigebiet, hat 14 Pisten und 6 Lifts. Der 118 m hohe **Fernsehturm Tryvannstårnet** ist ein guter Ausgangspunkt für Wanderungen und Radtouren. Er ist nicht mehr für Besucher zugänglich, doch selbst von seinem Fuß aus ist die Aussicht phantastisch. Und im Sommer kann man hier leckere Blaubeeren pflücken! Vom Holmenkollen fährt die T-bane durch malerische Landschaft bis zur Endstation in Frognerseteren; dann geht's zu Fuß den beschilderten Pfad entlang.

AKTIVITÄTEN

Als begeisterte Skifahrer, Wanderer und Segler wollen die Einwohner Oslos v. a. eins: raus in die Natur. Kein Problem bei über 240 km² Wald, 40 Inseln und 343 Seen innerhalb der Stadtgrenzen.

Eislaufen

Auf der **Narvisen-Outdoor-Eisbahn** (Karte S. 98-99; ☎ 22 30 30 33; Karl Johans Gate) ist das Eislaufen kostenlos – es muss nur kalt genug fürs Überfrieren sein (etwa von Nov. bis März). Schlittschuhe können an der Eisbahn für ungefähr 40 nkr ausgeliehen werden.

Klettern

Ideal zum Klettern sind die präparierten Routen am Kolsåstoppen. Die Linie 3 der T-bane Richtung Kolsås fährt dorthin.

Möglichkeiten zum Klettern in der Halle bietet **Gekko Klatring Oslo** (Karte S. 98-99; ☎ 99 28 21 21; www.gekkoklatring.no; Bispegate 16; vor/nach 15 Uhr 50/85 nkr; ⓨ Mo & Do 10–22, Di & Mi 12–22, Fr 10–22, Sa 10–18, So 12–20 Uhr).

Radfahren

In Oslo ein Fahrrad zu mieten (s. S. 121) ist nicht ganz einfach, aber wenn man erst mal eins hat, lässt sich die Stadt prima damit erkunden. In der Touristeninformation gibt's kostenlose Radwanderkarten: *Sykkelkart Oslo* mit Radwegen im Stadtgebiet und *Idrett og friluftsliv i Oslo* mit Routen im Hinterland. Die Broschüre *Opplevelsesturer i Marka* beschreibt sechs Fahrrad- und/oder Wandertouren in der Umgebung von Oslo.

Zwei besonders schöne Routen sind auch für Oslo-Citybikes geeignet: Eine folgt dem Fluss Akerselva hinauf zum Maridal-See (Karte S. 93; 11 km), die andere führt durch die Wälder um Bygdøy (Karte S. 93). Die Maridal-Route passiert zahlreiche Wasserfälle und alte Fabrikgebäude bei Grünerløkka und überquert einige der außergewöhnlichen Brücken von Oslo wie die Anker- oder eventyr- (Märchen-)Brücke (s. Kasten S. 111). Das **Hønse-Louisas Hus** (Karte S. 94; Sandakerveien 2; ⓨ 11–18 Uhr) lockt unterwegs mit Kaffee und Waffeln. Wanderer können die T-bane bis Kjesås nehmen und von dort dem Fußpfad Richtung Stadt folgen. Radtouren und Spaziergänge in Bygdøys ländlicher Idylle bieten viele Gelegenheiten zum Baden. Vor dem Volkskundemuseum gibt es einen Fahrradstand. Wer eine größere Herausforderung sucht, kann mit der Linie 1 der T-bane bis Frognerseteren fahren und in der Nordmarka radeln.

Landesweite Informationen und detaillierte Karten für die Buskerud-Region (das Gebiet rund um Oslo) bietet der **Syklistenes Landsforening** (Karte S. 93; ☎ 22 47 30 30; post@slf.no; Storgata 23 C; ⓨ Mo–Fr 10–17 Uhr). Eigentlich ist dies ein lokaler Verein und nicht für Touristen gedacht. Trotzdem freuen sich die Mitglieder, wenn sie weiterhelfen können. Wenn geschlossen ist: Die Klingel 10 m rechts der Tür hilft weiter.

Schwimmen
INSELN & STRÄNDE
Wenn es heiß wird, gibt's in unmittelbarer Nähe zum Osloer Stadtzentrum ein paar ganz annehmbare Strände. Am Vippetangen-Kai (südöstlich der Festung Akershus) legen Fähren zu einem halben Dutzend Inseln in der Oslofjord-Region ab. Zu den Inseln Hovedøya und Langøyene fahren die Boote im Sommer ziemlich häufig (mindestens stündl.); andere Inseln werden seltener angelaufen. Die letzte Fähre legt im Sommer um 18.45 Uhr und im Winter um 21.05 Uhr von Vippetangen ab.

Sonnenanbeter lieben besonders das Südwestufer der ansonsten felsigen Insel Hovedøya (Karte S. 93); sie liegt dem Festland am nächsten. Fußwege führen zu alten Geschützständen auf Hovedøya und zu den Ruinen eines **Zisterzienserklosters** aus dem 12. Jh. Anfahrt mit den Fährlinien 92 oder 93.

Südlich von Hovedøya liegt die komplett unbebaute Insel Langøyene (Karte S. 93); an dessen Fels- und Sandstränden man super schwimmen kann (FKK-Strand am Südostufer). Anfahrt mit der Fährlinie 94.

Huk (Karte S. 93) und **Paradisbukta** (Karte S. 93) sind zwei Top-Strände auf der Halbinsel Bygdøy; vom Jernbanetorget fährt die Buslinie 30 dorthin (Endstation). Huk ist – abgesehen von ein paar sandigen Flecken – von Rasen und großen glatten Felsen bedeckt, die sich ideal fürs Sonnenbaden eignen. Der Strand wird von einer kleinen Bucht geteilt; FKK-Freunde halten sich an den nordwestlichen Teil. Wem Huk zu voll ist, der wandert von der Bushaltestelle zehn Minuten Richtung Norden durch den Wald und landet am abgeschiedenen Paradisbukta.

SCHWIMMBÄDER
In Oslo gibt's zwei Freibäder; das **Frognerbadet** (Karte S. 94; ☎ 23 27 54 50; Middelthus Gate 28; Erw./Kind 69/33 nkr, gratis mit Oslo-Pass; ⓨ Mitte Mai–Mitte Aug.) im Frognerpark (Eingang an der Middelthus Gate) und das **Tøyenbadet** (Karte S. 94; ☎ 23 30 44 70; Helgesens Gata 90) in der Nähe des Munch-Museums.

Skifahren
Oslos Skisaison dauert ungefähr von Dezember bis März. Es gibt ein Skigebiet innerhalb der Stadtgrenzen und über 2400 km gespurte Loipen (1000 km allein in der Nordmarka), von denen viele mit Flutlichtanlagen ausgestattet sind. Leicht zu erreichen sind die Loipen, die direkt bei der Endstation der T-bane-Linien 1 und 5 beginnen. Das **Skiservice Centre** (☎ 22 13 95 04; www.skiservice.no; Tryvannsveien 2) an der Haltestelle

Voksenkollen (eine vor dem Frognerseteren) vermietet Snowboards und Langlaufski. Die Abfahrtspisten beim **Tryvann Vinterpark** (☎ 40 46 27 00) sind während der Skisaison geöffnet. Weitere Informationen zum Skiangebot gibt's beim **Skiforeningen** (Ski Society; Karte S. 93; ☎ 22 92 32 00; www.skiforeningen.no; Kongeveien 5) und über die Internetseite www.holmenkollen.com.

Wandern

Ein insgesamt 1200 km langes Netz von Wanderwegen führt von Frognerseteren (am Ende der Linie 1 der T-bane) durch die Nordmarka. Darunter ist eine tolle Strecke zum Sognsvann-See, 6 km nordwestlich des Zentrums am Ende der T-bane-Linie 5 (Karte S. 93). Wer im August hier wandert, sollte unbedingt ein Gefäß zum Blaubeerensammeln und Badekleidung dabeihaben. Schwimmen ist in allen Seen des Waldgebiets um Oslo erlaubt; einzige Ausnahmen sind Maridalsvannet und Skjersjøen, die als Trinkwasserreservoirs dienen. Ein Spaziergang um den Sognsvann-See dauert etwa eine Stunde. Für den Rundweg (11 km) zur Hütte von **Ullevålseter** (☎ 22 14 35 58; www.ullevalseter.no), wo Kaffee und Waffeln auf einen warten, braucht man etwa drei Stunden.

Auch die Ekeberg-Wälder, südöstlich des Zentrums, sind schön für einen Spaziergang; Anfahrt von Jernbanetorget mit dem Bus Nr. 34 oder 46 zum **Ekeberg-Camping** (Karte S. 93) oder mit der Straßenbahnlinie 18 oder 19 in Richtung Ljabru zur Sjømannskolen. Im Sommer werden hier an den Wochenenden Reit- und Kricketturniere veranstaltet. Durch die Wälder führt ein Eisenzeit-Geschichtspfad. Und als Station in puncto Architekturgeschichte sollte das **Ekeberg-Restaurant** (Karte S. 93) unbedingt mit auf der Wanderroute liegen, es ist eines der ältesten Beispiele des Funktionalismus. Auf dem Weg zur Stadt bietet die **Valhall Curve** (Karte S. 93) den Ausblick, der Edward Munch zu seinem Bild Der Schrei inspiriert hat.

Das **DNT-Büro** (Karte S. 98-99; ☎ 22 82 28 22; www.turistforeningen.no; Youngstorget 1; ☉ Mo–Mi & Fr 10–16, Do 10–18, Sa 10–14 Uhr, Anfang Mai–Sept. 1 Std. früher geöffnet) gibt Wanderfreunden Auskunft über Berghütten in der Nordmarka und hat Informationen und Kartenmaterial zu Langstreckenwanderungen in ganz Norwegen.

OSLO FÜR KINDER

Die vielen Kinderwagen, die im Frühling durch Oslo geschoben werden, vermitteln einen Eindruck davon, wie kinder- und elternfreundlich die Stadt ist (oder auch von der Länge der Winter).

Die meisten Osloer Eltern werden bestätigen, dass die einfachsten und kostenlosen Aktivitäten oft die Besten sind. So ist es z. B. im Frognerparken nicht verboten, auf die Statuen zu klettern oder die kleine Schwester durch das 3000 m Mosaiklabyrinth zu jagen. Außerdem gibt es im Park einen der tollsten Spielplätze. Näher beim Zentrum regen die Kanonen und Bollwerke der Festung Akershus die Phantasie an. Und niemand sollte ohne ein Exemplar der norwegischen Volksmärchen abreisen (s. Kasten 111).

Zu den organisierten Angeboten im Sommer zählen halbstündige Stadtrundfahrten in bunten, offenen Bussen. Anbieter sind **Thomas Train City Tour** (☎ 91 62 53 03; www.thomas-toget.no; ☉ Mitte Juni–Aug. Mo–Sa 11–17 Uhr) und **Oslo Toget** (☎ 67 97 20 60; www.oslotoget.no). Die Touren starten jede halbe Stunde von den Einkaufszentren Paléet (Karte S. 94) und Aker Brygge (Karte S. 98-99). Im Dezember fährt ein Weihnachtszug.

Eine eher ländliche Erfahrung bietet die **EKT Rideskole School und Husdyrpark** (EKT Reitschule & Haustierpark; Karte S. 93; ☎ 22 19 97 86; www.rideskole.no; Bekkelagshøgda 12; Ponyreiten 30 nkr; ☉ Mai–Sept. tgl. 11–18 Uhr, übrige Zeit kürzer) im Ekeberg-Wald südöstlich des Stadtzentrums. Hier gibt es Schafe, Ziegen, Schweine, Kaninchen und norwegische Fjordpferde. Mit der Straßenbahnlinie 19 Richtung Ljabru bis Sportsplassen; dann 15 Minuten zu Fuß den Berg hinauf. Auch das **Volkskundemuseum** (S. 105) bietet regelmäßig Veranstaltungen für Kinder.

Der Winter ist toll für eine Schlittenfahrt auf der „legendären" **Korketrekkeren**, der Korkenzieher-Rodelbahn. Die 2000 m lange Bahn mit einem Höhenunterschied von 255 m wurde für die Olympischen Winterspiele 1952 gebaut. Schlitten verleiht der **Akerforeningen** (☎ 22 49 01 21; www.akeforeningen.no; Erw./Kind 80/50 nkr; ☉ im Winter Mo–Sa 9–21, So 10–18 Uhr) beim Frognerseteren Restaurant. Anfahrt mit der T-bane bis Frognerseteren; denn bergab den Schildern folgen.

An regnerischen Tagen sehr beliebt ist das **Norwegische Museum für Wissenschaft & Technik** (Norsk Teknisk Museum & Telemuseum; Karte S. 93; ☎ 22 79 60 00; www.tekniskmuseum.no; Kjelsåsveien 143; Erw./Kind 80/40 nkr, gratis mit Oslo-Pass; ☉ Mitte Juni–Mitte

SNIPP, SNAPP, SNUTE

In Norwegen gibt es Trolle in allen Formen und Größen. Der Nokken ist eine schleimige, in Bergseen hausende Kreatur. Huldra ist eine verlockende Trollfrau, die junge Männer verführt und dann in die Wälder verschleppt (außer es gelingt ihnen vorher, sie zu einer Kirche zu schleppen). Es gibt sogar Glückstrolle, die Fischern ihre Wünsche erfüllen, wenn sie sie gut behandeln.

Die Possen dieser Phantasiegestalten sowie die Geschichten von Prinzessinnen und Bauernjungen, denen es gelingt, sie auszutricksen, sind für Norwegen genauso typisch wie seine Fjorde und die Wikinger. Dass sie Anfang des 19. Jhs. auch niedergeschrieben wurden, verdanken die Märchen zwei Einwohnern von Buskerud – Peter Asbjörnsen und Jörgen Moe. Inspiriert von den berühmten Werken der Gebrüder Grimm, fingen sie an, die Volksmärchen aus den Wäldern und Tälern um Oslo zusammenzutragen. Witzig, grausam, moralistisch, derbe und vom Augenblick ihrer Veröffentlichung an sehr beliebt, haben sie einige der größten Autoren Norwegens beeinflusst, etwa Henrik Ibsen und Bjørnstjerne Bjørnson.

Die Märchen sind meist mit Zeichnungen von Erik Werenskiold illustriert und enden mit „Snipp. Snapp. Snute. Så er eventyret ute" (Norwegisch für „Ende" – oder so etwas wie „Schnipp, Schnapp, Schnaus. So ist das Märchen aus"). Sie sind noch heute beliebt und überall zu finden. Oslos Anker-Brücke (oder *eventyr*, was „Märchen" bedeutet, Karte S. 98-99) an der Storgata zieren Märchenfiguren aus Bronze: Trolle sind es nicht, aber vier andere Gestalten aus berühmten Märchen von Asbjörnson und Moe: Peer Gynt, der Eisbärkönig, Kari Woodencloak (Aschenputtel) und Klein-Freddy mit der Fiedel.

Mehr Infos zu norwegischer Folklore s. S. 50.

Aug. Mo–Fr 10–18, Sa & So 11–18 Uhr; übrige Zeit kürzer). Es liegt in der Nähe des Maridal-Sees und zeigt Norwegens erstes Auto – außerdem die erste Straßenbahn, Wasserräder, Uhren und genug andere Apparaturen, um die ganze Familie für einige Stunden zu beschäftigen. Wer seine Freunde um die Bildergalerie am Kühlschrank beneidet, besucht das **Kinderkunstmuseum** (Barnekunstmuseet; Karte S. 94; ☎ 22 46 85 73; www. barnekunst.no; Lille Frøens Vei 4; Erw./Kind 50/30 nkr; ☼ Ende Juni–Anfang Aug. Di–Do & So 11–16 Uhr, übrige Zeit kürzer, Anfang Aug.–Mitte Sept. geschl.) nahe der T-bane-Haltestelle.

Und schließlich wäre da noch der Freizeitpark **Tusenfryd** (Karte S. 123; ☎ 64 97 64 97; www. Tusenfryd.no; Vinterbro; Körpergröße über/unter 120 cm 240/290 nkr; ☼ Mitte Juni–Sept. 10.30–19 Uhr, übrige Zeit kürzer) 10 km südlich der Stadt. Auf ihn fliegen die Kids der gesamten Buskerud-Region! Hier gibt es Karussells, einen Phantasie-Bauernhof und eine spitzenmäßige Holzachterbahn, in der pro Durchgang zwölfmal die Schwerkraft aufgehoben wird. Er liegt direkt an der E 6 und ist mit dem Tusenfryd-Bus vom Busbahnhof Galleri Oslo zu erreichen, der täglich zwischen 10 und 16 Uhr neunmal fährt (Erw./Kind 30/15 nkr).

GEFÜHRTE TOUREN

Die besten Stadtführungen durch Oslo erkunden reizvolle kulturelle und historische Aspekte (oder bieten eine Bootsfahrt), lassen ihren Teilnehmern aber auch Raum für eigene Entdeckungen.

LP Tipp **AudioTor** (☎ 98 82 93 23; www.audiotor. no) Für die Audiotour verleiht die Touristeninformation iPods mit Informationen zu verschiedenen Sehenswürdigkeiten der Stadt, sodass jeder auf eigene Faust losziehen kann (Leihgebühr für ein/zwei Tage 149/249 nkr). Auf verschiedenen Rundgängen kann man die Hauptattraktionen wie den Vigeland-Park und Holmenkollen kennenlernen, sich die geschichtlichen Hintergründe anhören und praktische Infos, Erklärungen zur Aussprache sowie zahlreiche interessante Einblicke bekommen, die sogar den meisten Einwohnern neu wären.

City Sightseeing (☎ 22 78 94 00; www.citysightseeing. net; ☼ Mitte Mai–Mitte Sept.) ist Oslos Variante der Stadtrundfahrten, die nach Belieben unterbrochen und fortgesetzt werden können. Ein 2-Tages-Ticket kostet für Erwachsene/Kind 165/85 nkr und erschließt eine überwältigende Vielzahl von Sehenswürdigkeiten, die dann jeder auf eigene Faust entdecken kann. Die Touristeninformation führt eine Liste der Haltestellen. Eine weitere Möglichkeit ist ein 1½-stündiger Abendspaziergang mit **Oslo Promenade** (Erw./Kind 80 nkr/gratis; ☼ Juni–Aug. Mo, Mi & Fr 17.30 Uhr). Los geht's vor dem Rådhus (Rathaus). Die Führer kennen sich gut aus und vermitteln auf unterhaltsame Weise einen Insider-Einblick.

Wer mehr sehen oder nicht auf eine Bootsfahrt verzichten will, entscheidet sich für **Båtservice Sightseeing** (Karte S. 98-99; ☎ 23 35 68 90; www.boatsightseeing.com; Pier 3, Rådhusbrygge). Die 7½-stündige Tour für 515 nkr umfasst die Museen von Bygdøy, den Vigeland-Park und die Skisprungschanze Holmenkollen. Außerdem gehört eine Fahrt über den Oslofjord dazu (Ende Mai bis Anfang Sept.). Kürzere Touren sind ebenfalls möglich.

Die aufregendste Möglichkeit, die Stadt kennen zu lernen, bietet das Wasserflugzeug **Fonnafly** (☎ 67 10 50 50; www.fonnaflyoslo.no; 790 nkr). Es zeigt Oslo 20 Minuten lang von oben (ab 3 Pers.) und überfliegt die Skisprungschanze Holmenkollen und das Zentrum.

FESTIVALS & EVENTS

Oslos größtes alljährliches Event ist der **Nationalfeiertag**. Am 17. Mai werfen sich die Osloer, die aus sämtlichen Teilen des Landes stammen, in die traditionelle Tracht ihrer Region und ziehen zum Königspalast. Ebenfalls bedeutend ist das **Holmenkollen-Skifestival** (www.holmekolen.com; ⌚ Mitte März), bei dem sich Skisportler aus aller Welt zu verschiedensten Veranstaltungen und Kulturprogrammen treffen. Weiter gibt es die **Sommerparade** (letztes Juliwochenende), das sechstägige **Internationale Jazzfestival Oslo** (www.oslojazz.no; ⌚ Aug.) und das **Øya Festival** (www.oyafestivalen. com; ⌚ Aug.).

Weitere Infos zu diesen und anderen Festivals bietet die Website www.visitoslo.com.

SCHLAFEN

Oslo bietet eine gute Auswahl an Unterkünften, darunter eine wachsende Zahl kleiner B&Bs, die mehr Charme haben als die großen Hotelketten.

Budgetunterkünfte

CAMPING

Oslo Fjordcamping (Karte S. 123; ☎ 22 75 20 55; mail@ oslocamping.no; Ljansbrukveien 1; Stellplatz ohne/mit Auto 130/150 nkr) liegt in einer ruhigen Gegend 6 km südöstlich des Stadtzentrums. Die Einrichtungen sind allerdings nicht mehr die neuesten. Vom Hauptbahnhof Oslo S fährt der Bus der Linie 83 dorthin.

Bogstad Camping (Karte S. 93; ☎ 22 51 08 00; www. bogstadcamping.no; Ankerveien 117; Stellplatz 4 Pers. ohne/ mit Auto 170/245 nkr, 4-Pers.-Hütte ab 440 nkr; ⌚ ganz-

jährig; Ⓟ), am Rand der Nordmarka, ist ideal, um Oslos Natur zu genießen. Allerdings ist er als einer der größten Campingplätze Nordeuropas häufig etwas rummelig. Zur Ausstattung gehören Duschen und eine Gemeinschaftsküche. Ein Kiosk und ein Restaurant sind in der Nähe. Der Platz liegt 9 km nördlich der Stadtzentrums und ist mit Bussen der Linie 32 ab Oslo S (ca. 30 Min.) zu erreichen.

Ekeberg Camping (Karte S. 93; ☎ 22 19 85 68; www. ekebergcamping.no; Ekebergveien 65; Stellplatz 4 Pers. ohne/ mit Auto 170/245 nkr; ⌚ 1. Juni–1. Sept.; Ⓟ) Absolute Toplage auf einem Hügel südöstlich der Stadt mit herrlichem Blick über Oslo. Klar, dass der Platz zeitweise aus allen Nähten platzt und die Einrichtungen (Küche, Wäscherei, kleiner Lebensmittelladen und Duschen) nicht unbedingt tipptopp sind. Von Jernbanetorget mit der Buslinie 34 oder 46 zum Ekeberg Camping (10 Min.). In der Hauptsaison sind die Preise 10 % höher.

Wer lieber wild zeltet, fährt mit der Linie 1 der T-bane nach Frognerseteren am Rand der Nordmarka oder mit Linie 5 zum Sognsvann-See. Direkt am Sognsvann kann man nicht campen, aber wer 1 oder 2 km in den Wald marschiert, findet zahlreiche Stellen, an denen er sein Zelt gebührenfrei aufschlagen kann.

HOSTELS

Anker Hostel (Karte S. 98-99; ☎ 22 99 72 10; www.anker hostel.no; Storgata 55; B im 4/6BZ mit Bad 215/195 nkr, EZ/ DZ ab 510 nkr; 💻) Dieses urlauberfreundliche Hostel bietet internationale Atmosphäre, blitzsaubere Zimmer, eine Wäscherei, Gepäckaufbewahrung, Küche und eine kleine Bar. Frühstück kostet 75 nkr extra, Bettwäsche 50 nkr. Es ist nicht gerade malerisch, aber praktisch gelegen: Grünerløkka und das Stadtzentrum sind nur etwa fünf Fußminuten entfernt.

Oslo Vandrerhjem Haraldsheim (Karte S. 93; ☎ 22 22 29 65; oslo.haraldsheim.hostel@vandrerhjem.no; Haraldsheim-veien 4; B ab 220 nkr, EZ/DZ mit Etagenbad 355/495 nkr, alle inkl. Frühstück; 💻) Ein schönes, aber schwer zu findendes Hostel 4 km außerhalb des Zentrums. Die Rezeption ist rund um die Uhr geöffnet und die 270 Betten stehen größtenteils in sauberen Vierbettzimmern. Es gibt Küche und Wäscherei. Bettwäsche kostet 50 nkr extra. Erreichbar ist das Hostel mit Straßenbahnlinie 12, 15 oder 17 sowie Buslinie 31 oder 32 nach Sinsenkrysset; von dort sind es zu Fuß fünf Minuten bergauf.

OSLO

AUF DER SUCHE NACH DEM BILLIGSTEN BETT

Günstige Übernachtungsmöglichkeiten haben in Oslo Seltenheitswert, aber diese vier guten Servicestellen helfen bei der Suche:

- **Use-It** (Karte S. 98-99; ☎ 22 41 51 32; www.use-it.no; Møllergata 3), Oslos Jugendinformationszentrum hilft bei Buchungen in Hostels und Privatpensionen (Schlafsaal ab 120 nkr); ohne Mindestaufenthaltsdauer oder Buchungsgebühr.

- **Oslo Touristeninformationen** (Oslo S & Fridtjof Nansens Plass 5; s. S. 96) vermittelt ebenfalls Zimmer in Privatpensionen (Minimum zwei Nächte; Buchungsgebühr 50 nkr); diese sind etwas günstiger als die Hostels. Außerdem gib's Last-Minute-Hotelzimmer zum Schnäppchenpreis.

- **Den Norske Turistforening** (Karte S. 98-99; DNT; Norwegian Mountain Touring Club; ☎ 22 82 28 22; www.dntoslo.no; Storgata 3) führt ein Verzeichnis von etwa 40 Hütten in der Nordmarka. Manche bewirtschafteten Hütten sind recht bekannt und müssen im Voraus reserviert werden. Die Kosten liegen bei 185/240 nkr für DNT Mitglieder/Nichtmitglieder. Die meisten sind mindestens 10 km vom Zentrum entfernt.

- **Bed & Breakfast Norway** (☎ 22 67 30 80; www.bbnorway.com) ist der beste Ansprechpartner für Zimmer in einem der B&Bs der Hauptstadt.

Das **Perminalen Hotel** (Karte S. 98-99; ☎ 23 09 30 81; www.perminalen.no; Øvre Slottsgate 2; B im 4/6BZ mit Bad 335 nkr, EZ/DZ 360/499 nkr; 🖳) versprüht den Charme einer Kaserne, der jedoch durch saubere Zimmer und die zentrale Lage ausgeglichen wird. Die Preise beinhalten Bettwäsche und ein einfaches Frühstück, das man im Sommer auch draußen genießen kann.

Ellingsens Pensjonat (Karte S. 94; ☎ 22 60 03 59; www.ellingsenspensjonat.no; Holtegata 25; EZ/DZ mit Etagenbad 330/540 nkr, EZ/DZ mit eigenem Bad 460/650 nkr) Diese gemütliche Pension in einem schönen, ruhigen Viertel ist wohl eines der besten Angebote der Stadt. Das Gebäude stammt von 1890 und viele der ursprünglichen Elemente (hohe Decken, Blumenmuster) sind erhalten geblieben. Die hellen, luftigen Zimmer sind mit Kühlschrank und Wasserkocher ausgestattet. Es ist sehr beliebt und im Sommer geht ohne Reservierung gar nichts.

Mittelklassehotels

Cochs Pensjonat (Karte S. 98-99; ☎ 23 33 24 00; www.cochspensjonat.no; Parkveien 25; EZ/DZ mit Etagenbad 420/580 nkr, mit Bad ab 520/680 nkr) In den 1920er-Jahren als Gästehaus für Junggesellen eröffnet, bietet das Cochs spärlich möblierte, saubere Zimmer in optimaler Lage hinter dem Königspalast. Die Zimmer an der Rückseite überblicken den Slottsparken und sind besonders geräumig. Es gibt eine Gepäckaufbewahrung und ermäßigtes Frühstück (Büfett 59 nkr) in einem Café um die Ecke.

P-Hotel (Karte S. 98-99; ☎ 80 04 68 35; www.p-hotels.com; Grensen 19; EZ/DZ 645/745 nkr; 🖳) ist eine der preisgünstigsten Alternativen im Zentrum, aber eher steril. Frühstück im Zimmer und WLAN-Nutzung sind inbegriffen.

MS Innvik (Karte S. 98-99; ☎ 22 41 95 00; www.msinnvik.no; Langkaia; EZ/DZ 425/750 nkr) Die zum Theater/B&B umfunktionierte Autofähre bietet ein unvergessliches, wenn auch etwas beengtes Schlaferlebnis. An sonnigen Tagen gibt es Frühstück an Deck mit Ausblick auf den Fjord und das neue Opernhaus in Bjørvika. Eine Fußbrücke südlich des Hauptbahnhofs über die E 18 führt an Bord.

LP Tipp **Residence Kristinelund** (Karte S. 93; ☎ 40 00 24 11; www.kristinelund.no; Kristinelundveien 2; EZ/DZ mit Etagenbad 590/790 nkr, mit eigenem Bad 690/970 nkr; 🖳) Das ansprechende Gebäude aus dem 19. Jh. liegt an einer der exklusivsten Straßen Oslos und bietet etwas Abstand zum städtischen Rummel. Das Frühstück wird in einem sonnigen Raum mit Blick auf den Garten serviert, die Zimmer sind gepflegt und das Personal ist hilfsbereit und freundlich. Die Lage ist toll für Gäste, die mehrere Tage bleiben, da Bygdøy, Vigeland-Park und Stadtzentrum zu Fuß oder mit dem Bus bequem zu erreichen sind. Anfahrt von Jernbanetorget mit Buslinien 20, 30, 31 oder 32 (Richtung Bygdøy) bis zum Olav Kyrres Plass. Es ist das weiße Eckhaus.

Thon Hotel Munch (Karte S. 98-99; ☎ 23 36 27 00; www.thonhotels.no; Brugata 7; EZ/DZ Mitte Juni–Mitte Aug., auch Sa & So 595/795 nkr, Frühstücksbüfett 50 nkr; 🖳) ist

OSLO

eine der 13 Thon-Hotels von Oslo und bietet die Ausstattung einer guten Billigkette sowie ein Frühstücksbüfett.

Hotell Bondeheimen (Karte S. 98-99; ☎ 23 21 41 00; www.bondeheimen.com; Rosenkrantz Gate 8; EZ/DZ Mitte Juni–Mitte Aug. wochentags ab 750/830 nkr, Sa & So 750/990 nkr, übrige Zeit 1095/1295 nkr; 🖳) Dieses zentral gelegene Hotel hat hilfsbereite Angestellte und ansprechende Zimmer, die nach und nach renoviert werden (die älteren sind noch mit skandinavischen Kiefernmöbeln aus den 1980er-Jahren ausgestattet). Alle sind sehr zu empfehlen.

Rica Victoria Hotel (Karte S. 98-99; ☎ 24 14 70 00; www.rica-hotels.com; Rosenkrantz Gate 13; EZ/DZ Mitte Juni–Mitte Aug. & Sa & So 695/945 nkr, übrige Zeit 950/1290 nkr; 🖳) Dieses unkomplizierte Businesshotel zwischen Aker Brygge und Karl Johans Gate ist auch nicht schlecht.

Spitzenklassehotels

Holmenkollen Park Hotel Rica (Karte S. 93; ☎ 22 92 20 00; www.holmenkollenparkhotel.no; Kongeveien 26; EZ/DZ Mitte Aug.–Mitte Sept. 1160–1410 nkr, übrige Zeit 1680/1930 nkr; P 🖳 🍴) 1891 von Dr. Ingebrigt Christian Lund als Sanatorium erbaut, bietet dieses Hotel Luxus, einen phantastischen Ausblick und viel Geschichte. Nicht zu vergessen ist das riesige Frühstücksbüfett mit rein biologischen Produkten.

Grand Hotel (Karte S. 98-99; ☎ 23 21 20 00; www.grand.no; Karl Johans Gate 31; EZ/DZ im Sommer 1245/1495 nkr, übrige Zeit 1710/1960 nkr; P 🖳 🍴) Das königliche Grand Hotel voll historischem Charme war lange der Maßstab für Eleganz. Die Zimmer sind schön und stilvoll, aber nicht übertrieben. Sehr zu empfehlen.

Grims Grenka (Karte S. 98-99; ☎ 23 10 72 00; www.grimsgrenka.no; Kongens Gate 5; EZ/DZ ab 2150 nkr; 🖳) Oslos Antwort auf die exklusiven Boutiquehotels von London und New York. Es ist seit 2008 eröffnet und bietet moderne, minimalistische Zimmer, eine Jazzbar im obersten Stock und ein asiatisches Fusionsrestaurant – und all das in traumhafter Lage.

ESSEN

Essengehen war in Oslo lange ein teurer Luxus, den sich die Einwohner nur zu besonderen Anlässen gönnten. Zum Glück hat sich das seit Ende der 90er-Jahre (s. Kasten 115) geändert. Gute Restaurants, Cafés und Supermärkte gibt es heute überall in der Stadt.

In Akers Brygge und entlang der Karl Johan gibt es einige exzellente Restaurants. Doch fünf Fußminuten weiter in Richtung T-bane-Station

Majorstua und in Grünerløkka ist die Auswahl größer und die Preise sind günstiger.

Ein typischer Snack ist ein polse (heißes Würstchen) in einem lumpe (Kartoffelmehl-Wrap) für 15 nkr oder eine Waffel mit saurer Sahne und Erdbeermarmelade.

Stadtzentrum
RESTAURANTS

Das **Rust** (Karte S. 98-99; ☎ 23 20 22 10; Hegehaugsveien 22; Imbiss 36–59 nkr, Hauptgerichte 119–129 nkr) an einer gepflasterten Seitenstraße, hat zahlreiche Außentische und warme Decken für kalte Tage. Es ist ideal für einen gemütlichen Cocktail oder Burger (129 nkr), für herzhafte Salate (119 nkr) oder für Tapas bis spät in die Nacht.

Thien Nga (Karte S. 98-99; ☎ 22 20 44 41; Bernt Ankersgate 6 b; Vorspeisen 40–50 nkr, Hauptgerichte 60–105 nkr) Eines von vielen guten Asia-Restaurants in der Straße. Trotz griechischem Ambiente ist das Essen authentisch vietnamesisch.

Krishna's Cuisine (Karte S. 94; ☎ 22 60 62 50; Kirkeveien 59 b; Mittagessen 65 nkr, Abendessen 70–90 nkr) im Obergeschoss gegenüber der T-bane-Station Majorstua, ist eins der besten vegetarischen Restaurants der Stadt. Mittags wie abends serviert es vegetarische Curries in riesigen Portionen.

Tullins Café (Karte S. 98-99; ☎ 22 20 46 16; Tullins Gate 2; Snacks & leichte Mahlzeiten 69–108 nkr) Dieses schummrige Café bietet von allem etwas; von Salaten und Burgern über Pasta bis zu Kurzgebratenem. Es ist besonders bei Studenten beliebt.

Das **Curry & Ketchup** (Karte S. 94; ☎ 22 69 05 22; Kirkeveien 51; Curries 74–110 nkr), dessen Einrichtung an eine Tikibar oder einen Garagenverkauf erinnert, serviert ofenfrisches naan (23 nkr) und indische Klassiker wie Chicken Tikka Masala und Palak Paneer (74 nkr) sowie leckere Mango Lassis für 35 nkr. Der Service ist nicht unbedingt der Beste, das gute Atmosphäre macht das wieder wett.

Grand Café (Karte S. 98-99; ☎ 23 24 20 18; Karl Johans Gate 31; Mittagessen 92–215 nkr) Genau um 11 Uhr ging Henrik Ibsen jeden Tag von seinem Apartment am Drammensveien (heute Henrik Ibsens Gate) zum Grand Café auf ein Mittagessen aus Hering, Bier und Aquavit (mit Kümmel gewürzter Kartoffelschnaps). Sein Tisch steht immer noch dort und natürlich kann man sich noch immer einen Hering ordern (88 nkr).

Theatercafeen (Karte S. 98-99; ☎ 22 82 40 50; Stortingsgaten 24/26; Snacks 98–154 nkr, Hauptgerichte 190–318 nkr) ist für Familienfeiertage wie Weihnach-

BAGATELLE

Eyvind Hellstrøm erinnert sich noch genau an seine Aufregung, als er 1984 zum ersten Mal Michelininspektoren in seinem Restaurant **Bagatelle** (Karte S. 98-99; ☎ 22 12 14 40; www.bagatelle.no; Bygdøy allé 3) zu Gast hatte. Zwei Sterne später nutzt Hellstrøm weiter seine Erfahrungen aus den anspruchsvollsten Gourmetküchen in Paris und Lyon, um alten Leibspeisen neuen Glanz zu verleihen, aber auch vollkommen neue Kreationen zu schaffen. Sein Restaurant ist der kulinarische Glanzpunkt Norwegens. Es bietet moderne europäische Küche mit Schwerpunkt auf einheimischen und nach Möglichkeit biologischen Zutaten. Eyvind Hellstrøm berichtete uns über sein Restaurant und die florierende Restaurantszene der Stadt.

„Oslos Restaurantszene hat sich von Grund auf verändert. Ich erinnere mich; als ich aus Frankreich zurückkam, gab es kaum Frischwaren-Märkte. Die Zutaten für wirklich gute Gerichte zu bekommen, war gar nicht so einfach. Heute sind die Gäste der Gastronomie gegenüber offener. Sogar die konservative Klasse ändert ihre Einstellung, geht ins Restaurant und probiert die neue Küche.

Wenn es einen Trend gibt, geht er in Richtung asiatischer Restaurants und Sushibars. Die jungen Leute mögen diese zwanglosen Restaurants und ich halte das für gut. Locker und familiär erleichtern sie den Schritt, im Restaurant zu essen. Das ist ein Einstieg für die jungen Leute, um später auch in anspruchsvolleren Restaurants wie dem Bagatelle zu essen und neue Richtungen auszuprobieren."

Und welche norwegische Spezialität sollte man sich keinesfalls entgehen lassen? Frischen Kabeljau oder auch *lutefisk* [ein Gericht aus getrocknetem Kabeljau], für mich die norwegische Spezialität schlechthin. Wir hatten das große Vergnügen, *lutefisk* im Ritz in Paris einzuführen und er kam dank seiner ungewohnten Konsistenz bei den Franzosen sehr gut an. Am besten schmeckt er zu einem leichten Rotwein, aber traditionell wird er mit Bier und Aquavit serviert.

Welches sind die aufgehenden Gourmetsterne an Oslos Firmament? Das **Restaurant Oscarsgate** (Karte S. 98-99; ☎ 22 46 59 06; www.restaurantoscarsgate.no; Oscarsgate 2) bietet eine gute Mischung aus Sachverstand und Verrücktheit.

Interview von Kari Lundgren

ten oder den 17. Mai beliebt. Gegenüber dem Nationaltheater serviert es norwegische Klassiker in noblem Wiener Ambiente. Zu den Spezialitäten gehört Rentiersteak mit Champignons und Blaubeeren (305 nkr).

Pizza da Mimmo (Karte S. 98-99; ☎ 22 44 40 20; Behrensgate 2; Pizza 105–135 nkr) Dieses Familienrestaurant backt Oslos leckerste Pizza. An Wochenenden vorher reservieren.

Baltazar (Karte S. 98-99; ☎ 23 35 70 60; Dronningens Gate 27; Vorspeisen 110–130 nkr, Hauptgerichte 150–280 nkr) In einer Basarhalle der Kathedrale serviert das Baltazar italienische Klassiker, hausgemachte Pasta und guten Wein. Im Sommer (solange die Besitzer in Italien sind) ist das Hauptrestaurant geschlossen und das Mittagessen wird in der Trattoria Cappuccino im schattigen Hof hinter der Kathedrale serviert.

CAFÉS

Auch ohne Starbucks ist Norwegen die Nation mit dem höchsten Kaffeekonsum pro Kopf. Hauptsächlich trinken ihn die Norweger zu Hause und am liebsten zu Waffeln. Oslo bietet aber auch einige sehr schöne Cafés. In den meisten gibt es zum Kaffee belegte Brote mit *gulost* (gelber Käse) oder Mayonnaise und Shrimps. Auch *boller* (Rosinenbrötchen) und *skolebrød* (Gebäck mit Vanillecreme-Füllung) sind sehr beliebt.

Stockfleths (Karte S. 98-99; Lille Grensen) wurde 1895 eröffnet und ist eines von Oslos ältesten Cafés. Seine dicken Vollkornbrotscheiben mit braunem Käse sind ein beliebter norwegischer Snack.

LP Tipp Åpent Bakerei (Karte S. 98-99; ☎ 22 04 96 67; Inkognito terasse 1) Ein gemütliches, kleines Café, das Kaffee in tiefen, cremefarbenen Schalen serviert und dessen Brot- und Gebäcksortiment unschlagbar ist. Ein frisches Brötchen (14 nkr) mit hausgemachter *røre syltetøy* (Marmelade) auf der Terrasse davor ist wohl das beste und billigste Frühstück in Oslo.

AUF DIE SCHNELLE

Bagel & Juice (Karte S. 98-99; ☎ 22 42 38 70; Lille Grensen; Bagels 31–58 nkr; ☼ Frühstück & Mittagessen) Phantastische Bagels und eine riesige Auswahl frischer Säfte.

Japo Sushi (Karte S. 98–99; ☎ 22 55 55 11; Frognerveien 1; Bentoboxen 79–155 nkr) Da die Norweger gern eingelegten Hering frühstücken, ist es nicht erstaunlich, dass Oslo auch gute Sushibars besitzt. Japo ist nur eine der vielen Optionen.

United Bakeries (Karte S. 98–99; ☎ 22 41 27 53; Paléet Einkaufszentrum, 1. OG; ☺ Mo–Fr 8–20, Sa 8–19, So 10–17 Uhr) Hier gibt es Quiches, Salate und Gourmet-Sandwiches (89 nkr).

Noch mehr Empfehlungen:

Dolly Dimples (Karte S. 98–99; ☎ 04 440; Stortingsgata 12; Pizzas ab 124 nkr) Bewährte norwegische Pizzakette mit mehreren Niederlassungen in der Stadt; darunter am Kirkeveien 64 und an der Storgata 2.

Kaffistova (Karte S. 98–99; ☎ 23 31 80 00; Grensen 19; Snacks 68–120 nkr, Hauptgerichte 80–160 nkr) Eine zentral gelegene, typisch norwegische Cafeteria.

Life (Karte S. 98–99; ☎ 22 42 96 00; Akersgata 32; ☺ Mo–Fr 9–18, Sa 10–16 Uhr) verkauft Bioprodukte und gesunde Snacks.

Aker Brygge

Die ehemalige Schiffswerft westlich des Haupthafens ist heute ein angesagtes Einkaufszentrum. Dort gibt es einen **Foodcourt** (☺ 11–22 Uhr) mit verschiedenen Lokalen und Uferrestaurants.

Bei gutem Wetter essen die Einheimischen am liebsten selbst gepulte Garnelen direkt am Hafen mit frischem Baguette, Mayonnaise und einem Tropfen Zitrone. Im Sommer gibt es sie im **Fisherman's Coop** (Karte S. 98–99; ☎ 22 42 02 75; Rådhusbrygge 3/4; ☺ Di–Sa 7–17 Uhr; Shrimps pro kg 120 nkr) zu kaufen. Donnerstags verkauft Kjell Inge Røkkes, einer der reichsten Männer Norwegens, manchmal Shrimps direkt von seinem Boot Trygg.

Albertine (Karte S. 98–99; ☎ 22 83 00 60; Stranden 3; Snacks 34–95 nkr, leichte Gerichte 78–170 nkr, Hauptgerichte 189–225 nkr) ist eines der ältesten Hafenlokale der Stadt und Logenplatz zum Leutebeobachten.

Pascal (Karte S. 98–99; ☎ 22 55 00 20; Brynjulf Bulls Plass 2; Vorspeisen 90–140 nkr, Hauptgerichte 180–215 nkr), direkt am Nobel-Friedenszentrum, ist v. a. für köstliches, französisches Gebäck bekannt. Der ehemalige US-Präsident Bill Clinton kam hierher, um Kaffee zu trinken. Es bietet aber auch leckere, französische Mittags- und Abendmenüs.

LP Tipp **Solsiden** (Karte S. 98–99; ☎ 22 33 36 30; Søndre Akershus Kai 34; Vorspeisen 125–155 nkr, Hauptgerichte 185–295 nkr; ☺ Mai–Sept.) Solsiden bedeutet „Sonnenseite", was die enorme Beliebtheit bei sonnenhungrigen Einheimischen erklärt.

Es serviert mit die besten Meeresfrüchte der Stadt. Gegenüber von Aker Brygge auf der anderen Seite von Pipervika gelegen, bietet es die beste Aussicht über den Fjord.

Noch mehr Empfehlungen:

Beach Club (Karte S. 98–99; ☎ 22 83 83 82; Bryggetorget 14; Burger 85–135 nkr; ☺ Frühstück, Mittag- und Abendessen) Ideal für sonnige Nachmittage. Bietet ein komplettes amerikanisches Frühstück (105 nkr).

ICA Gourmet Supermarkt & Café (Karte S. 98–99; Holmens Gate 7; ☺ Mo–Fr 9–22, Sa 9–20 Uhr) Supermarkt mit umfangreichem Sortiment.

Peppe's Pizza (Karte S. 98–99; ☎ 23 31 12 80; Pizza ab 134 nkr)

Rund um Oslo S & Grønland

Teddy's Soft Bar (Karte S. 98–99; ☎ 22 17 36 00; Brugata 3 A; Imbiss um 75 nkr; ☺ Mo–Sa Mittag- und Abendessen) Teddy's Soft Bar ist eine lokale Institution, die sich seit der Eröffnung in den 1950er-Jahren kaum verändert hat. Auf der Karte stehen leichte, typisch norwegische Gerichte – zu empfehlen ist das *pytt i panne* (88 nkr), Eier mit Kartoffelwürfeln und Fleisch.

Mithas The Sweethouse (Karte S. 98–99; ☎ 22 17 03 03; Grønland 2 A) verkauft köstliche iranische Süßigkeiten.

Punjab Tandoori (Karte S. 98–99; ☎ 22 17 20 86; Grønlandsleiret 24; Mittagsspecials 75 nkr, Hauptgerichte um 60 nkr) Preiswerte indische und pakistanische Restaurants gibt's um die T-bane-Station Grønland einige. Dieses bietet einfache, indische Kost: Curry, Dahl, Samosas und leckere Curries.

Jeder über 18 Jahren kann in Oslos Supermärkten Bier kaufen; montags bis freitags bis 20 und samstags bis 18 Uhr. Wein oder Spirituosen werden nur an über 20-Jährige verkauft und nur im **Vinmonopolet** (Karte S. 98–99; Oslo City Shopping Centre; ☺ Mo–Mi 10–17, Do 10–18, Fr 9–18, Sa 10–14 Uhr); Filialen an der Kirkeveien 64, Møllergata 10 und Elisenbergveien 37.

Im Bezirk Grønland und den Nebenstraßen östlich der Storgata gibt es zahlreiche günstige Ethnosupermärkte. Sie führen Produkte, die sonst schwer zu bekommen sind; z. B. frische Kräuter und afrikanische, asiatische und orientalische Zutaten.

Auch normale Supermärkte gibt es rund um Oslo im Überfluss. Nur die kleinen, die als Kiosk klassifiziert sind, dürfen sonntags verkaufen. Einige der zentraleren sind die folgenden Märkte:

Grønland Bazaar (Karte S. 98–99; ☎ 22 17 05 71; Tøyengata 2) Orientalisches Einkaufszentrum.

OSLO

Rimi Supermarket (Karte S. 98–99; Storgata 32; ☺ Mo–Sa 8–22 Uhr) Universal-Lebensmittelgeschäft; weitere Niederlassungen im Bahnhof Oslo S und im Gunerius Einkaufszentrum.

Grünerløkka

Das Greenwich-Village von Oslo wird zwar das ganze Jahr über gern von der eleganteren Jugend frequentiert, doch im Sommer ist es besonders schön, wenn die Cafés, Bars und Restaurants um den Olaf Ryes Plass ihre Tische ins Freie stellen.

Mucho Mas (Karte S. 94; ☎ 22 37 16 09; Thorvald Meyers Gate 36; Chips & Salsa 62 nkr, Burritos 143 nkr) Was an Authentizität fehlt, wird mit viel Käse und großen Portionen wettgemacht. Die Karte umfasst das gesamte mexikanische Repertoire von Tacos über Nachos und Burritos (von enormer Größe) als Fleischgericht und vegetarische Alternative. Das billige Bier hilft, den Gerichten ihre Schärfe zu nehmen.

Sult (Karte S. 94; ☎ 22 87 04 67; Thorvald Meyers Gate 26; Vorspeisen 59–69 nkr, Hauptgerichte 179–215 nkr) Die glänzend grün-schwarze Farbkombination des Sult passt perfekt in die Atmosphäre von Grünerløkka. Auf der Karte stehen einfallsreiche und leckere Fisch- und Nudelgerichte, z. T. mit regionalen Biozutaten. Da hier immer viel Betrieb herrscht, ist es ratsam, etwas früher zu kommen. In der dazugehörigen Bar mit dem treffenden Namen Tørst („durstig") lässt sich die Wartezeit auf einen Tisch gut überbrücken. Freitags gibt es kostenlose Tapas.

Fru Hagen (Karte S. 94; ☎ 22 38 24 26; Thorvald Meyers Gate 40; Hauptgerichte 118–137 nkr) Das zwanglose und immer gut besuchte Fru Hagen („Frau Garten") serviert Sandwiches und Burger mit gesunder Gemüsebeilage. Am Olaf Ryes Plass gelegen ist es auch ideal zum Leutebeobachten.

Bistro Brocante (Karte S. 94; ☎ 22 35 68 71; Thorvald Meyers Gate 40; Mittagsspecials 59–129 nkr, Vorspeisen 96–102 nkr, Hauptgerichte 192–199 nkr) Neben dem Fru Hagen serviert dieses ungezwungene französische Café phantastische Salate (98–115 nkr), Quiches (93 nkr) und sogar Coq au vin (192 nkr). Für die Außentische wird im Sommer ein Aufpreis verlangt.

Markveien Mat & Vinhus und Dr. Kneipp's Vinbar (Karte S. 98–99; ☎ 22 37 22 97; Vorspeisen 135–155 nkr, Hauptgerichte 240–290 nkr, 3-gängige Menüs 495 nkr) Eine Spur Trüffelöl oder etwas Dill machen die norwegische Küche hier zu einem unvergesslichen Erlebnis. Aus heimischen Meeresfrüchten und Fleisch plus Bioprodukten zaubern die Köche köstliche Gerichte. Wem nicht nach dem förmlichen Speisesaal ist, dem bietet das Dr. Kneipp's nebenan in gemütlichen Holznischen leckeres Fingerfood, üppige Dessert und eine beeindruckende Weinkarte.

Noch mehr Empfehlungen:

Hotel Havana (Karte S. 94; Thorvald Meyers Gate 38; ☺ Mo–Fr 10–18 Uhr) Internationaler Feinkostladen mit großer Auswahl von französischem Käse bis zu belgischer Schokolade. Sehr zu empfehlen sind die Chorizo- und Manchego-Sandwiches (55 nkr).

Villa Paradiso (Karte S. 94; Olaf Ryes Plass 8; ☎ 22 35 40 60; Pizzas ab 99 nkr) Einfache italienische Gerichte (hauptsächlich Pizza); ein familienfreundliches Restaurant mit gutem Service.

Vålerenga & Ekeberg

Smia Galleri (Karte S. 93; ☎ 22 19 59 20; Opplandsgata 19; Vorspeisen 85–95 nkr, Hauptgerichte 185–215 nkr) Eines der Restaurants, in das die Osloer Einwohner so vernarrt sind, dass sie es am liebsten ganz für sich behalten würden. Die begrünte Terrasse ist im Sommer traumhaft gemütlich und donnerstagabends gibt's Livejazz. Den Rhabarberstreusel mit einem Sorbet aus wilden Erdbeeren sollte sich niemand entgehen lassen. Vom Bahnhof Oslo S dauert es etwa 15 Minuten, hierher zu kommen: mit Buslinie 37 Richtung T-bane-Station Helsfyr und bei Vålerenga aussteigen.

Ekeberg Restaurant (Karte S. 93; ☎ 23 24 23 00; Kongsveien 15; Vorspeisen 95–138 nkr, Hauptgerichte 145–275 nkr) Ein frühes Beispiel funktionalistischer Architektur. Es wurde 1929 erbaut und zahllose Besucher waren stolz darauf, bei einem Bier vor dem eckigen, streng weißen und unkonventionellen Gebäude gesehen zu werden. In den 1980er-Jahren wurde es renoviert und als nobles Restaurant mit Bar wiedereröffnet. Schon die phantastische Aussicht lohnt einen Besuch.

Holmenkollen

Frognerseteren Restaurant (Karte S. 93; ☎ 22 92 40 40; www.frognerseteren.no; ☺ Mo–Sa 11–22, So 11–21 Uhr) Es gibt drei gute Gründe, hierher zu kommen: der Apfelkuchen (50 nkr), der als der beste Oslos gilt, die gigantische Aussicht 400 m über dem Meeresspiegel und das Gebäude. Mit Drachenköpfen und üppigen Holzschnitzereien ist es der Inbegriff des wiederentdeckten Wikingerstils, der in den 1860er-Jahren modern war.

OSLO

AUSGEHEN

Die monatliche Broschüre *What's On in Oslo*, die kostenlos bei den Touristeninformationen zu bekommen ist, informiert über Konzerte, Theateraufführungen und besondere Events, für Nachteulen empfiehlt sich besonders das ebenfalls kostenlose *Streetwise*, das von Use-It (s. S. 94) jedes Jahr neu auf englisch herausgegeben wird.

Bars & Clubs

In der teuersten Stadt der Welt auszugehen, erfordert schon etwas Geschick, aber die hohen Preise halten die Einheimischen bestimmt nicht auf dem Sofa. Ganz im Gegenteil: Nie zuvor war Oslo so dynamisch, geschäftig und so stolz auf seinen Aufstieg. Und seine übersichtliche Größe macht es leicht, jeden Abend die richtigen Ziele zu finden.

Wichtig zu wissen: In Oslo gilt in vielen Abendlokalen eine Art ungeschriebene Kleiderordnung. Man sollte schon einigermaßen ordentlich angezogen sein – und auf gar keinen Fall in schmuddeliger Kleidung und Wanderstiefeln aufkreuzen. In die meisten Bars und Clubs, in denen Bier und Wein über die Theke geht, kommt man erst ab 18 rein; wenn es auch Hochprozentiges gibt, gilt oft ein höheres Mindestalter. Am Wochenende machen die meisten Abendlokale in Oslo erst gegen 3 Uhr oder später dicht.

Der übliche Preis für 0,5 l Bier liegt zwischen 50 und 65 nkr, doch in manchen Lokalen (normalerweise den etwas düstereren, wo sich Osloer mit verschlossener Miene an der Theke treffen) können Urlauber, die ihre Kronen zusammenhalten wollen, das Bier schon für 30 bekommen. Das **Stargate** (Karte S. 98-99; Grønland 2; 0,5 l Bier 36 nkr) ist eine empfehlenswerte, zentral gelegene Kneipe.

Die besten Bars in Zentrumsnähe finden sich rings um Youngstorget, dem politischen Zentrum der Stadt. **Justisen** (Karte S. 98-99; ☎ 22 42 24 72; Møllergata 15), beliebt bei Rechtsanwälten und Politikern, ist ideal für ein gemütliches Bier in klassischer Atmosphäre und hat Tische im Freien. **Robinet** (Karte S. 98-99; ☎ 22 20 01 50; Mariboes Gate 7), nördlich des Youngstorget, ist eine winzige Retrobar, die gern von Musikern und Medienleuten besucht wird.

Am polierten Tresen der ehemaligen Apotheke **Tekehtopa** (Karte S. 98-99; ☎ 22 20 33 23; St Olavs Plass) – das norwegische Wort für Apotheke rückwärts geschrieben – gibt es Bier und Imbissgerichte. Auch die seit langem

bestehende **Onkel Donald Kafé-Bar** (Karte S. 98-99; ☎ 23 35 63 10; Universitetsgata 26) ist ein beliebter Treff im Zentrum.

Die betuchten Einwohner von Oslo West treffen sich in einem der noblen Restaurants am Solli Plass: beim Kaffee in der **Champagneria** (Karte S. 98-99; ☎ 21 94 88 02; Frognerveien 2; ⏲ Mo–Sa 11–1, So 12–1 Uhr) oder beim Cocktail im **Palace Grill** (Karte S. 98-99; ☎ 23 13 11 40; Solli Gate 2) im New-Orleans-Style.

Die feudalste Barszene findet sich an der Thorvald Meyers Gate und den umliegenden Straßen von Grünerløkka. Das angesagte **Café Kaos** (Karte S. 98-99; ☎ 22 04 69 90; Thorvald Meyers Gate 56) und die minimalistische **Tea Lounge** (Karte S. 94; ☎ 22 37 07 05; Thorvald Meyers Gate 33 b) bieten lange Cocktailkarten. Die **Bar Boca** (Karte S. 94; ☎ 22 04 10 80; Thorvald Meyers Gate 30) ist unter anderem für ihre Bloody Marys berühmt.

Im Sommer sind in Grønland der Garten hinter dem **Dattera Til Hagen** (Karte S. 98-99; ☎ 22 17 18 61; Grønland 10) und die schicke Hafenterrasse des **Süd Øst** (Karte S. 98-99; ☎ 23 35 30 70; Trondheimsveien 5; ⏲ Mo & Di 11–24, Mi & Do 11–1, Fr & Sa 11–2 Uhr) besonders angesagt.

Livemusik

Der Rockclub **Mono** (Karte S. 98-99; ☎ 22 41 41 66 41 66; www.cafemono.no; Pløensgate 4) ist dafür bekannt, immer wieder neue Indiebands zu entdecken. In Grønland ist **Gloria Flames** (Karte S. 98-99; ☎ 22 17 16 00; www.gloriaflames.no; Grønland 18) eine der beliebtesten Rockbars.

Westlich des Zentrums liegt die bizarre russische **Spasibar** (Karte S. 98-99; ☎ 22 11 51 90; www.spasibar.com; St Olavs Gate 22) im Cowboylook. Sie bietet Livemusik, Essen, Bier, Kunst und einen Garten mit Blick auf den Slottsparken. Um sie zu finden, geht man durch die Kunstacademe auf den Wergelandsveien und weiter zur Rückseite des gelben Gebäudes.

Es wäre ein Jammer, Oslo zu verlassen, ohne einen Blick ins **Blå** (Karte S. 98-99; ☎ 40 00 42 77; www.blaaoslo.no; Brenneriveien 9 c) geworfen zu haben. Es wurde von den Experten des US-Jazzmagazins *Down Beat* in die Liste der 100 besten Jazzclubs aufgenommen, was ja bedeutet, wie einer der Redakteure sagte, „der Club zu sein".

Konzerte

Im Sommer sollte man die Ohren spitzen, um die Konzerte vor der ganz speziellen, wunderbaren Kulisse des Vigeland-Parks nicht zu verpassen.

OSLO

SCHWULEN- & LESBENSZENE

Oslo ist eine liberale, homofreundliche Stadt in einem ohnehin sehr liberalen Land. Es bietet daher eine wirklich entspannte Schwulen- und Lesbenszene. Zu den beliebtesten Kneipen gehören das gemischte **Elsker** (Karte S. 98-99; Kristian IV Tor 9) sowie das dämmrige Untergeschoss des **London Pub** (Karte S. 98-99; ☎ 90 83 98 58; www.londonpub.no; C.J. Hambros Plass 5; Eintritt 50 nkr), Oslos ältester Schwulenbar. Auch die Parties im **Fire Oslo** (Karte S. 98-99; www.fireoslo.com; at Stratos, Youngstorget 2; Eintritt 100 oder 150 nkr) sind sehr populär.

Ende Juni findet Oslos Gay-Pride-Woche statt, die **Skeive Dager** (☎ 22 41 11 33; www.skeive dager.no) mit Paraden, Kunstausstellungen, Konzerten und anderen Veranstaltungen. Am ersten Sonntag im Monat ist Schwulensonntag im **Norske Filminstitutte** (Karte S. 98-99; ☎ 22 47 45 00; www.cinemateket.no).

Weitere Informationen bietet der „Gay Guide" im kostenlosen Stadtmagazin *Streetwise* von Use-It (S. 94). Er empfiehlt Cafés, Pubs, Clubs, Buchhandlungen und verschiedene Aktivitäten. Topaktuelle Insiderinfos bietet der *Blikk* (www.blikk.no), Oslos wöchentlich aufgelegtes Schwulen- & Lesbenmagazin; allerdings nur auf Norwegisch erhältlich.

In den größten Konzerthallen der Stadt, dem **Oslo Spektrum** (Karte S. 98-99; ☎ 22 05 29 00; www.oslospektrum.no; Sonja Henies Plass 2) und der **Rockefeller-Musikhalle** (Karte S. 98-99; ☎ 22 20 32 32; www.rockefeller.no; Torggata 16), einem ehemaligen Badehaus, gibt's eine große Auswahl von Events mit den unterschiedlichsten Künstlern.

Den Norske Opera (Karte S. 98-99; ☎ 81 54 44 88; www.operaen.no; Storgata 23; Tickets ab 300 nkr) ist Oslos Opernhaus; hier finden jeden Monat außer im Juli Opern- und Ballettaufführungen und klassische Konzerte statt. Ab 2008 wird im neuen Opernhaus in Bjørvika performt. Neben Luftbefeuchtungsanlagen für besseren Klang gibt es hier an der Rückenlehne jedes einzelnen Sitzes eine kleine Leinwand mit Untertiteln in acht verschiedenen Sprachen. Zwanglosere Konzerte im öffentlichen Dachgarten sind in Planung.

Es lohnt sich auch, mal in die alternative Tanz- und Theaterszene reinzugucken: im café-artigen **Black Box** (Karte S. 98-99; ☎ 22 10 40 20; www.blackbox.no; Stranden 3) im Aker Brygge-Komplex. Das **National Theatre** (Nationaltheatret; Karte S. 98-99; ☎ 22 00 14 00; www.nationaltheatret.no; Stortingsgata 15) ist das Aushängeschild von Norwegens Theaterszene. Das Haus mit dem reich verzierten Rokoko-Saal wurde speziell als Aufführungsort für die Werke des norwegischen Dramatikers Henrik Ibsen erbaut. Die gehören natürlich auch heute noch zum Repertoire.

Kino

Saga Kino (Karte S. 98-99; ☎ 82 03 00 00; Stortingsgata 28) Im Saga-Kino laufen auf sechs Leinwänden brandneue Filme einschließlich Hollywoodproduktionen in Originalsprache; der Eingang ist an der Olav V's Gate.

Filmens Hus (Karte S. 98-99; ☎ 22 47 45 00; Dronningens Gate 16) Hier flimmern vorwiegend alte Klassiker und die Sieger internationaler Festivals über die Leinwand.

SHOPPEN

Oslo ist das richtige Pflaster für vornehmes Shoppen; viele schicke Läden locken am Grensen und in der Karl Johans Gate. Wer an Kunst interessiert ist, wird am ehesten in den Galerien am Frognerveien fündig. Exklusive Boutiquen gibt's am Hegdehaugsveien oder Skovveien, flippige Schuhe oder T-Shirts kauft man in Grünerløkka. Das **Oslo City Shopping Centre** (Karte S. 98-99; Stenersgata) und das glamouröse **Glasmagasinet Department Store** (Karte S. 98-99; Gensen) sind die Favoriten der Mainstream-Shopper.

Husfliden (Karte S. 98-99; ☎ 24 14 12 80; Rosenkrantz Gate 19–21) Husfliden ist ein größeres Geschäft mit hochqualitativer norwegischer Kleidung und Kunsthandwerk; auch wer eine *bunad* (Nationaltracht) sucht, geht gerne dort hin.

Vestkanttorget Flohmarkt (Karte S. 94; Amaldus Nilsens Plass; ☺ Sa 10–16 Uhr) Wen es glücklich macht, sich durch haufenweise altes Zeug zu wühlen, um vielleicht ein wertvolles Stück herauszufischen, der hat hier alle Chancen. Der Flohmarkt findet auf dem Platz an der Professor Dahls Gate statt, einen Block östlich vom Vigeland-Park, eine wirklich überaus vergnügliche Weise, einen Samstagvormittag zu verbringen.

Hassan og Den Dama (Karte S. 98-99; www.hassanogdendama.no; Skoveien 4) ist eine von vielen Boutiquen am Skoveien und bietet Kleidung, Schuhe und Schmuck skandinavischer und internationaler Designer.

Norway Designs (Karte S. 98-99; ☎ 23 11 45 10; www.norwaydesigns.no; Stortingsgata 28) bietet – nur einen Katzensprung vom Nationaltheater – herrlich gestaltete Glaskunst, Schreibwaren, Kleidung und Uhren.

Noch mehr Empfehlungen:

Heimen Husflid (Karte S. 98-99; ☎ 23 21 42 00; www.heimen.net; Rosenkrantz Gate 8) Kleidung und Kunsthandwerk.

Unique Design (Karte S. 98-99; ☎ 22 42 97 60; Rosenkrantz Gate 13) Gute Adresse für Pullis.

Juhls' Silvergallery Oslo (Karte S. 98-99; ☎ 22 42 77 99; Roald Amundsens Gate 6) Feinsilber und Kunsthandwerk.

AN- & WEITERREISE
Auto & Motorrad

Die Hauptzufahrtstraßen in die Stadt sind die E 6 von Norden und die E 18 von Westen bzw. Südosten. Von welcher Seite man auch nach Oslo reinfährt, man kommt an mindestens einer der 19 Mautstationen vorbei, wo dann 15 bis 25 nkr fällig werden.

Bus

An- und Abfahrtspunkt für Fernbusse ist der Busbahnhof **Galleri Oslo** (Karte S. 98-99; Schweigaards Gate 8, Galleri Oslo); eine praktische Fußgängerbrücke verbindet diesen mit dem Hauptbahnhof, sodass Anschlusszüge bequem erreicht werden.

Nor-Way Bussekspress (☎ 82 02 13 00 oder 81 54 44 44; www.nor-way.no) bietet die größte Auswahl an Busverbindungen. Vom Busbahnhof fahren auch internationale Busse ab.

Fähre

Informationen zu internationalen Fährverbindungen s. S. 438.

Die Fähren von **DFDS Seaways** (Karte S. 93; ☎ 21 62 10 00; Vippetangen 2) sind Oslos Verbindung nach Dänemark; sie legen vom Vippetangen-Kai ab (Nähe Skippergata). Der Bus der Linie 60 hält zwei Fußminuten vom Fährterminal entfernt.

Die Fähren der **Color Line** (Karte S. 94; ☎ 81 00 08 11; www.colorline.no; Color Line Terminalen, Hjortnes) fahren nach/nach Hirtshals (Dänemark) und Kiel (Deutschland); die Anlegestelle ist der Hjortneskaia, westlich des Haupthafens; diese ist mit der Straßenbahnlinie 10 oder 13 vom Hauptbahnhof Oslo S zu erreichen, oder mit dem Bus der Color Line, der eine Stunde vor Ablegen der Fähre vom Oslo S abfährt.

Flugzeug
Oslos Internationaler Flughafen Gardermoen (Karte S. 123; ☎ 91 50 64 00; www.osl.no) öffnete im Oktober 1998; eine Autobahn und ein Hochgeschwindigkeitszug (s. S. 121) bringen Reisende ins Stadtzentrum. Nonstopflüge bieten Scandinavia Airlines von Berlin Tegel und Zürich, die Lufthansa von Frankfurt am Main, Austrian Airlines von Wien. Weitere Informationen zu internationalen Flügen s. S. 434.

Auch Inlandsflieger heben hier ab, darunter (Preisbeispiele für Oneway-Tickets) nach: Ålesund (459 nkr), Bergen (374 nkr), Røros (ab 498 nkr, tgl. außer Samstag), Stavanger (374 nkr), Tromsø (708 nkr) und Trondheim (374 nkr).

KLM, Widerøe, SAS Braathens und Ryanair fliegen den Flughafen Torp in Sandefjord gut 123 km südwestlich der Stadt an. Für weitere Details zur Anbindung an die Stadt s. S. 122.

Trampen

Wer von Oslo aus weiter will, sollte zunächst mit dem Bus oder Zug bis zum Stadtrand fahren.

Tramper nach Bergen fahren mit dem Bus der Linie 161 bis zur Endstation und stellen sich an die E 16 Richtung Hønefoss. Trondheim-Tramper nehmen die T-bane-Linie 5 (Richtung Vestli) bis Grorud und stellen sich dort an die Rv 4, die an die E 6 Richtung Norden anbindet. Richtung Südküste und Stavanger ist die Tankstelle bei der Haltestelle Maritim ein guter Startpunkt. Generelle Informationen s. S. 448.

Zug

Sämtliche Züge fahren zum/vom Hauptbahnhof Oslo S im Stadtzentrum. Hier gibt's **Fahrkartenschalter** (Karte S. 98-99; 6–23 Uhr, international und einen **Auskunftsschalter** (☎ 81 50 08 88), wo man Informationen zu Verbindungen und Abfahrtszeiten im ganzen Land bekommt.

Regelmäßig fahren Züge die Orte rund um den Oslofjord an (u. a. Drammen, Skien, Moss, Fredrikstad und Halden). Andere Hauptreiseziele sind Stavanger via Kristiansand, Bergen via Voss, Røros via Hamar und Trondheim via Hamar und Lillehammer.

Näheres zu internationalen Verbindungen und Preisen s. S. 448.

UNTERWEGS VOR ORT

In Oslo gibt es ein gutes Nahverkehrssystem mit zahllosen Bus-, Straßenbahn-, U-Bahn- (T-bane-) und Fährverbindungen. Neben Einzeltickets gibt es Tageskarten und übertragbare Achterkarten. Kinder von 4 bis 16 Jahren und Senioren über 67 zahlen überall den halben Preis.

Mit dem Oslo-Pass (s. Kasten S. 96) können sämtliche öffentlichen Nahverkehrsmittel innerhalb der Stadt außer Nachtbussen und -straßenbahnen genutzt werden. Fahrräder dürfen für 11 nkr mehr in Straßenbahnen und Zügen mitgenommen werden. Für Schwarzfahren bekommt man ein schmerzhaftes Bußgeld von 750 nkr aufgebrummt.

Trafikanten (Karte S. 98-99; ☎ 177; www.trafikanten. no; Jernbanetorget; ◔ Mo–Fr 7–20, Sa & So 8–18 Uhr) ist unter dem Turm des Oslo S untergebracht; hier sind kostenlose Fahrpläne und ein Plan des Nahverkehrsnetzes *Sporveiskart Oslo* zu bekommen.

Vom/Zum Flughafen

Flybussen (☎ 177; www.flybussen.com) fährt als Flughafenshuttle den 50 km nördlich von Oslo gelegenen Internationalen Flughafen Gardermoen an. Er fährt zwischen 4.05 und 21.50 Uhr drei- bis viermal stündlich vom Busbahnhof Galleri Oslo ab. Die Fahrt kostet 120/220 nkr (einfache Fahrt/Hin- & Rückfahrt, Gültigkeitsdauer 1 Monat) und dauert 40 Minuten. **Flybussekspressen** (☎ 177) fährt drei- bis viermal täglich und verbindet Gardermoen mit der T-bane-Station Majorstua (160 nkr), Bekkestua (180 nkr), Ski Skole (185 nkr) und anderen Orten.

FlyToget (☎ 81 50 07 77; www.flytoget.no) startet von 4.18 bis 24 Uhr alle 20 Minuten vom Bahnhof Asker, ganz im Südwesten der Stadt, nach Gardermoen (49 Min. 190 nkr); sie hält auch am Nationaltheater und Oslo S. Außerdem halten hier manche nach Norden fahrenden Intercityzüge und Regionalbahnen der **NSB** (☎ 81 50 08 88) am Bahnhof Gardermoen (mindestens 26 Min. 75 nkr, stündl., samstags seltener).

Um zum Flughafen Torp Airport in Sandefjord, 123 km südwestlich von Oslo zu kommen, den u. a. Ryanair anfliegt, nimmt man den **Torp-Expressen** (☎ 48 30 10 00177, 81 50 01 76; www.torpekspressen.no; Erw./Kind 150/80 nkr) vom Busbahnhof Galleri Oslo (1½ Std.). Abfahrt in Oslo ist drei Stunden vor Abflug der Ryanair-Maschinen, Abfahrt von Torp nach Ankunft der Ryanair-Flüge. Zwar wurde dieser Service in erster Linie für Passagiere von Ryanair eingerichtet (der Bus wartet bei Flugverspätung), doch auch die Passagiere anderer Fluggesellschaften werden mitgenommen. Zu allen anderen Zeiten muss man mit dem stündlich verkehrenden Telemarksekspressen-Bus oder dem Taxi (10 Min. ab 150 nkr) vom Flughafen zur Bahnstation Sandefjord fahren und von dort weiter mit dem Zug nach Oslo.

Fahrrad

Um sich ein Fahrrad zu leihen, nimmt man am besten die T-bane-Linie 1 in Richtung Frognerseteren, steigt an der Station Voksenkollen (vorletzter Halt) aus und geht zum **Skiservice Sykkelutleie** (☎ 22 13 95 04; www. skiservice.no; Tryvannsveien 2; um 295 nkr pro Tag) in der Nordmarka.

Wer keine größeren Touren unternehmen will, ist auch mit dem **Oslo Citybike** (☎ 22 02 34 88) gut bedient. Berechtigungskarten (70 nkr) für die Ausleihe an einem der städtischen Fahrradstände sind an der Touristeninformation erhältlich und 24 Stunden gültig. Nach drei Stunden müssen die Räder jedoch getauscht oder zurückgegeben werden, da das hinterlegte Pfand (500 nkr) sonst nicht zurückerstattet wird. Die Räder selbst sind relativ komfortabel und gut in Schuss. Ein Plan mit allen Fahrradständen ist sehr zu empfehlen, da es sein kann, dass der angepeilte Stand schon voll ist.

Tipps für schöne Routen gibt's auf S. 109.

Fähre

Die Fähren zu den Inseln im Oslofjord legen am Vippetangen-Kai ab (Karte S. 93). Für Details zu den Fähren zur Halbinsel Bygdøy s. S. 105.

Das Expressboot **Princessin** (☎ 22 87 64 20; www. nbds.no) fährt vom Aker-Brygge-Pier, es verbindet Oslo mit Drøbak (3-mal wöchentl., 72 nkr, 1½ Std.) und anderen am Weg gelegenen Häfen im Oslofjord: Ildjernet, Langåra und Håøya (ein beliebter Urlaubsort zum Zelten und Schwimmen.

Bus & Straßenbahn

Bus- und Straßenbahnlinien durchziehen die Stadt bis in die Vororte hinein. Es gibt keinen Busbahnhof für die Stadtbusse; die meisten Linien laufen jedoch am Jernbanetorget vor dem Oslo S zusammen. Die nach Westen

OSLO

fahrenden Busse einschließlich derjenigen nach Bygdøy und zum Vigeland-Park halten außerdem meist direkt südlich des Nationaltheaters.

Nachts verkehren fast keine öffentlichen Verkehrsmittel; am Wochenende allerdings fahren die Nachtbusse N 12, N 14 und N 18 bis 4 Uhr morgens oder länger die Straßenbahnrouten ab; dazu gibt es noch die Nachtbusse 201 bis 218. Dieses Angebot nennt sich Nattlinjer und kostet pro Fahrt 45 nkr (nicht in Pauschaltickets enthalten).

Die meisten Fahrscheine kosten 20 nkr, sofern man sie im Voraus kauft (bei 7-Eleven, Narvesen, Trafikanten) oder 30 nkr direkt beim Fahrer. Der Preis für ein Tagesticket beträgt 60 nkr.

Auto & Motorrad

Oslo hat so einige Einbahnstraßen, was das Navigieren in der Stadt ein wenig kompliziert machen kann, aber generell sind die Straßen selten so verstopft wie in anderen Städten Europas.

An vielen gekennzeichneten Stellen kann man in der Stadt gegen Gebühr am Straßenrand parken. Gebührenpflichtig ist das Parken normalerweise montags bis freitags von 8 Uhr bis 17 Uhr, samstags bis 15 Uhr (bis zu 44 nkr/Std.). Sofern nicht anders angegeben, muss zu anderen Zeiten nichts gezahlt werden. Im Stadtzentrum gibt's außerdem 16 mehrstöckige Parkhäuser, u. a. bei den Einkaufszentren Oslo City und Aker Brygge; die Gebühren betragen hier 70 bis 200 nkr für 24 Stunden.

Mit dem Oslo-Pass ist das Parken auf allen städtischen Parkplätzen umsonst; eine Anleitung ist bei dem Pass dabei.

Taxi

Sobald der Zähler läuft, sind schon 39 nkr fällig; dazu kommen 12 bis 18 nkr für jeden Kilometer. Taxistände gibt es beim Oslo S, an den Einkaufszentren und größeren Plätzen, doch prinzipiell ist jeder Wagen mit eingeschaltetem Taxischild frei. Telefonisch kann man bei **Norgestaxi** (☎ 08000) oder **Oslo Taxi** (☎ 02323) einen Wagen bestellen, dann wird aber bereits die Anfahrt mitberechnet. Im Taxi kann mit gängigen Kreditkarten bezahlt werden.

T-bane

Die fünf U-Bahn-Linien der Tunnelbahnen, besser bekannt als „T-bane", sind schneller und führen weiter aus der Stadt hinaus als die meisten Busse. Sämtliche Linien halten an den Stationen Nationaltheater, Stortinget und Jernbanetorget (zum Oslo S).

RUND UM OSLO

DRØBAK
11 500 Ew.

Drøbak, einst der Winterhafen von Oslo, ist ein schnuckeliges kleines Dorf mit vielen Holzhäusern direkt am Wasser. Es eignet sich perfekt für einen Tagestrip von der Hauptstadt aus.

Die **Touristeninformation** (☎ 64 93 50 87; Hanegata 4; ◷ Mitte Juni–Mitte Aug. Mo–Fr 8.30–18, Sa & So 10–16 Uhr) am Hafen ist hilfsbereit und hat reichlich Infomaterial zu Drøbak da, darunter den kostenlosen Führer *Walks Around Drøbak*.

Rund um den hübschen Torget-Platz und nicht weit davon an der Storgate findet man mehrere kleine Esslokale.

Sehenswertes

Drøbak ist Oslos „Weihnachtsdorf", berühmt für seine stimmungsvollen Dekorationen. Außerdem gibt es ein Weihnachtslädchen, **Tregaardens Julehus** (☎ 64 93 41 78; www.julehus. no; Torget 4; ◷ März–Okt. Mo–Fr 10–17, Sa 10–15 Uhr; Nov. Mo–Fr 10–19, Sa 10–15 Uhr; Dez.–Feb. Mo–Fr 10–20, Sa 10–16 Uhr) mit einem Briefkasten, in den Kinder ihre Briefe an den Weihnachtsmann einwerfen können.

Saltvannsakvarium (☎ 64 93 09 74; www.akvarium. net; Havnegata 4; Erw./Kind 30/10 nkr; ◷ Mai–Aug. 10–19 Uhr, Sept.–April 10–16 Uhr) kann von sich behaupten, das einzige *lutefisk*-Museum der Welt zu sein. Nicht weit davon befindet sich das kleine **Drøbak Båtforenings Maritime Samlinger** (☎ 64 93 09 74; Kroketønna 4; Erw./Kind 10 nkr/gratis; ◷ Mai–Aug. 11–19 Uhr), ein Museum mit maritimen Sammlerstücken, u. a. einer Reihe Bootsmotoren.

Absolut sehenswert ist die imposante **Festung Oscarsborg** aus dem 17. Jh. auf einer küstennahen Insel. Es waren die Geschütze von Oscarsborg, die am 9. April 1940 das deutsche Kriegsschiff *Blücher* versenkten und dadurch den König und die Regierung vor der Gefangennahme bewahrten. 2005 wurde das Festungsmuseum renoviert. Im Sommer werden hier Openair-Konzerte und Opern veranstaltet. Außerdem bietet die Insel ein Hotel mit Kureinrichtungen und Restaurant. **Fähren** (www.oscarsborgfestning.no; Erw./Kind 70/40 nkr;

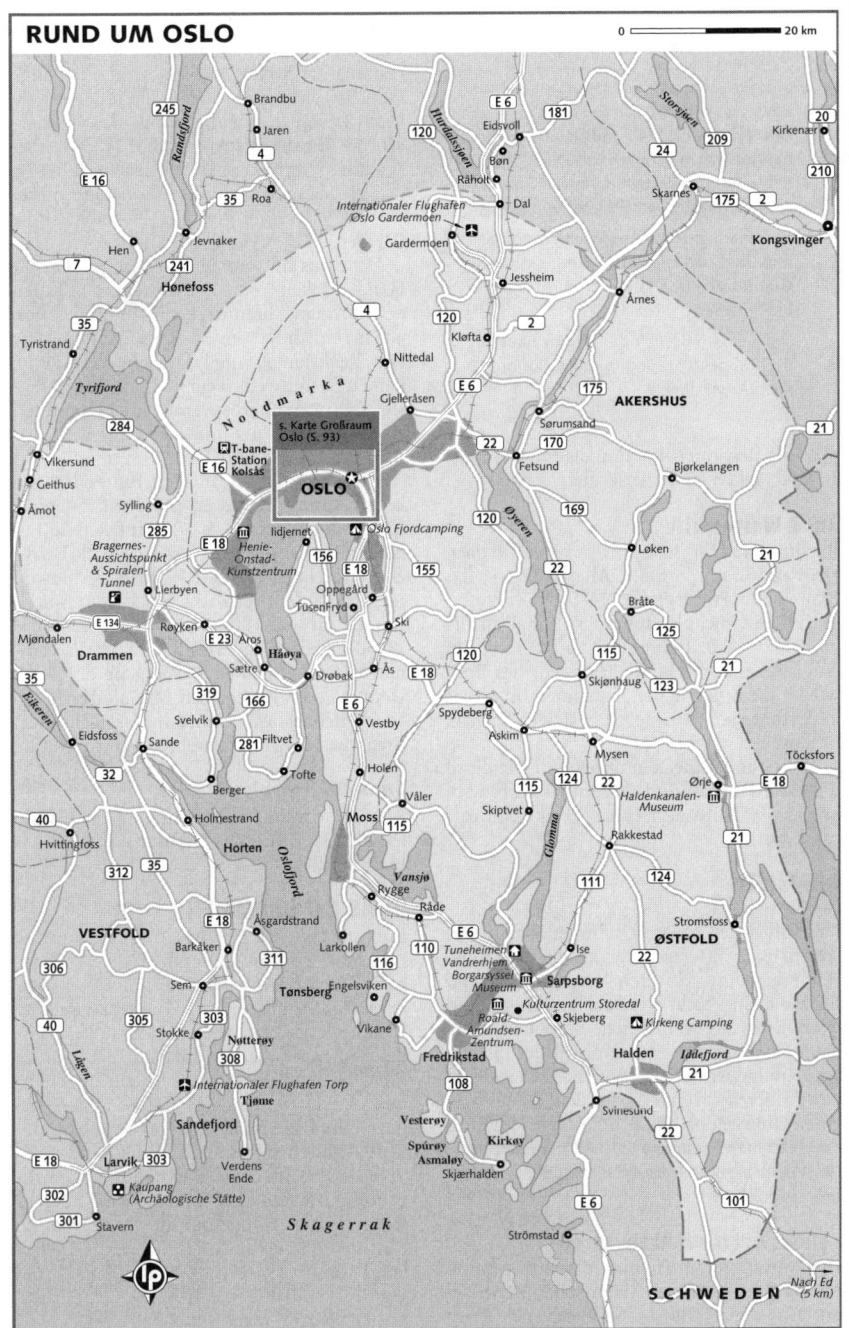

RUND UM OSLO

0 ▭▭▭▭▭ 20 km

HIGHLIGHTS AM OSLOFJORD

■ Mit der Fähre auf dem Oslofjord zu kreuzen, vorbei an der **Festung Oscarsborg** (S. 124), und sich die verhängnisvollen Schüsse vorstellen, die am 9. April 1949 den deutschen Kreuzer *Blücher* versenkt haben

■ Bei einer historischen Inszenierung mit Kanonen und Duellen in Fredrikstads **Gamlebyen** (s. S.125) das 18. Jh. aufleben lassen

■ Nach einem Besuch der **Hvaler Skerries** (S. 128) beim Sprung in den Oslofjord nach Atem ringen

45 Min.) laufen von Mitte Juni bis Mitte August 14-mal täglich zu der Insel aus.

An- & Weiterreise

Buslinie 541 fährt jede Stunde von Oslo nach Drøbak (62 nkr, 1 Std.). Alternativ legt das Expressboot **Princessin** (☎ 22 87 64 20; www.nbds.no) im Juli mittwochs bis sonntags einmal am Tag von Oslos Aker-Brygge-Per ab (72 nkr) (im August 3-mal wöchentlich); bevor das Boot wieder die Anker lichtet, hat man mindestens anderthalb Stunden Zeit, um sich in Drøbak umzusehen.

Der neue Tunnel, der unter dem Oslofjord die Orte Drøbak und Drammen verbindet, kostet pro Auto und Fahrt 55 nkr (Motorräder frei).

DRAMMEN
58 700 Ew.

Das Industriezentrum Drammen ist für Geschäftsleute interessanter als für Urlaubsreisende. Seine schweren Hafenanlagen und Fabriken sind nicht gerade ansprechend und doch hat es zwei ganz eigene Besonderheiten: Zum einen begann in Drammen der historische Königsweg nach Bergen und zum anderen wurde hier der Aquavit erfunden. Beides mag einen Umweg dorthin rechtfertigen. Das Büro der **Drammen Kommune** (☎ 03008; www.drammen. kommune.no; Engene 1; ⊙ Mo–Fr 9–17 Uhr) bietet weitere Informationen.

Sehenswertes & Aktivitäten

In Drammen stehen mehrere interessante Bauwerke, die sich im historischen Zentrum entlang der Hauptstraße Bragernes Torg konzentrieren: die historische **Börse** (Bragernes Torg), die heute McDonald's beherbergt, das restaurierte **Rådhus** (Engenes 1) und ehemalige Gerichtsgebäude mit Gefängnis; die **Feuerwehr** (Bragernes Torg) und heutige Bank, das wunderschöne **Theater Drammen** (☎ 32 21 31 00; Gamle Kirkeplass; ⊙ nur für Veranstaltungen geöffnet) von 1870, das 1993 abbrannte und 1996 wiedereröffnet wurde, sowie die gotische **Bragernes-Kirche** (Bragernes Torg) von 1871.

Das Haus am Sommerfrydveien, in dem der Händler Johan Godtfried Schwencke 1804 den ersten Aquavit brannte, kann (zumindest von außen) besichtigt werden. Seine Erfindung war eine Reaktion auf die königliche Verfügung, keinen Branntwein mehr aus Getreide herzustellen. Im Spätherbst veranstaltet Drammen einen nationalen Aquavit-Wettbewerb, bei dem Promis die beste Sorte küren.

Um die Industrieanlagen hinter sich zu lassen, kann man durch den 1650 m langen **Spiralen-Tunnel** (Karte S. 123) auf den 200 m hohen Bragernes fahren – es locken die herrliche Aussicht und leckere Waffeln (35 nkr) im Spiralen-Café. Wer nicht gleich zum Spiraltunnel zurück will – der mit seinen sechs Windungen an ein riesiges Parkhaus erinnert – der kann einen Spaziergang durch die Drammensmarka genießen. Buslinie 41 fährt an Wochenenden im Sommer dreimal täglich von Bragernes Torg aus hinauf (20 nkr, 15 Min.).

An- & Weiterreise

Alle 30 Minuten fährt ein Zug nach Oslo (83 nkr, 35 Min.); Busse fahren ein- bis zweimal stündlich (75 nkr, 35 Min.).

RUND UM DRAMMEN

Ein interessantes Ziel für einen Tagesausflug ist Åmot, wo König Christian VII. 1773 das **königliche Blåfarveværk** (☎ 32 78 67 00; www.blaa. no; stündl. geführte Touren 35 nkr; ⊙ Mitte Juni–Mitte Aug. 11–18 Uhr, übrige Zeit Di–Sa 11–17, So 11–18 Uhr) gründete, um aus Kobalterz das blaue Pigment für die Glas- und Porzellanindustrie zu gewinnen. Auch der große Haugfoss-Wasserfall ist einen Besuch wert – genauso wie der Mølla-Laden mit seinen Kobaltglaswaren und die verschiedenen Ausstellungen im zugehörigen **Museum** (☎ 32 78 67 00; Erw./Kind 60 nkr/ gratis). Mit der regelmäßig verkehrenden Nettbuss-Schnellbuslinie 100 oder 101 geht's von Drammen bis Åmot (68 nkr, 1 Std.) und von dort mit Buslinie 105 (26 nkr, 7 Min.) weiter bis zum Museum.

ØSTFOLD

Die Provinz Østfold ist ein kleines Zipfelchen östlich des Oslofjords. Sie ist stark bewaldet und wird landwirtschaftlich genutzt. Die kleinen Küstenorte mit gewichtiger Vergangenheit sind allemal einen Besuch wert.

FREDRIKSTAD
96 600 Ew.

Zu Fredrikstad gehört eine der am besten erhaltenen Festungsstädte Skandinaviens: Gamlebyen, das direkt auf den modernen Teil am gegenüberliegenden Ufer schaut. Als einstiges Handelszentrum zwischen Kontinentaleuropa und Westskandinavien verfügt Fredrikstad über eine Kathedrale (1880) mit Glasmalereien von Emanuel Vigeland. Ungewöhnlich ist die Doppelfunktion des Kirchturms, der als Leuchtturm noch heute die Nacht erhellt.

Praktische Informationen

Die **Touristeninformation Gamlebyen** (☎ 69 30 46 00; turistkontoret@opplevfredrikstad.com; Tøhusgata 41; ☺ Mitte Juni–Mitte Aug. Mo–Fr 9–17, Sa & So 12–17 Uhr; Mitte Aug.–Mitte Juni Mo–Fr 9–16.30 Uhr) wird im Sommer von einer kleineren **Touristeninformation** (☎ 69 39 65 00; Dampskipsbrygga; ☺ 15. Juni–15. Aug. 8–21 Uhr) am Yachthafen unterstützt. Letztere bietet auch Internetzugang (10 nkr pro 15 Min.).

Sehenswertes

GAMLEBYEN

Gamlebyen, die Altstadt von Fredrikstad, ist mit seinen hübschen Holzbauten, den Wassergräben und Toren sowie der Zugbrücke schlichtweg bezaubernd. Der Ortskern von Fredrikstad, erbaut 1663, verband als wichtige Handelsstadt Südnorwegen mit dem europäischen Kontinent, war jedoch anfällig für Übergriffe vom Wasser her. Also beeilte man sich, aus dem Ort eine Festung zu machen, die leicht gegen Angriffe und Überfälle aus Schweden zu verteidigen war. Die Schutzmauern, einst mit 200 Kanonen bewehrt, sind heute grasbewachsene Wälle, auf denen man völlig friedlich rumwandern kann. Die engen Kopfsteingassen sowie die malerischen Häuschen aus dem 17. Jh. sind ebenfalls erhalten und teilweise sogar noch bewohnt.

Einige der schönen alten Gemäuer sind einen genaueren Blick wert: das **alte**

Strafgefängnis (Salveriet; 1731); das **gemauerte Provianthaus** (1674–91), das älteste Bauwerk der Stadt, in dem es heute Keramik zu sehen gibt und **Balaklava** (1783), ein Komplex aus drei historischen Gebäuden.

Von Mitte Juni bis Mitte August veranstaltet die Touristeninformation Gamlebyen einstündige **Stadtführungen** (Erw./Kind 75/35 nkr). Treffpunkt ist die Touristeninformation; Beginn um 11, 13 und 15 Uhr, samstags und sonntags auch um 12 und 16 Uhr.

Das **Fredrikstad-Museum** (☎ 69 95 4 85 00; www. fredrikstad.museum.no; Kombiticket mit Isegran Erw./Rentner & Kind 40/20 nkr; ☺ Mitte Juni–Mitte Aug. Mo–Fr 9–17, Sa & So 12–17 Uhr; Mitte Aug.–Mitte Juni Mo–Fr 9–16.30 Uhr) ist in demselben Gebäude untergebracht wie die Touristeninformation; es lohnt sich, ein bisschen darin herumzustöbern. Im Erdgeschoss sind wechselnde Ausstellungen; eine Treppe höher gibt's Modelle der Altstadt und eine interessante Sammlung von Zeugnissen aus 300 Jahren ziviler und militärischer Stadtvergangenheit und Industriegeschichte. Das Obergeschoss schließlich beherbergt ein Militärmuseum.

ISEGRAN

Zum Fredrikstad-Museum gehört auch eine Ausstellung auf **Isegran** (☎ 69 33 20 03; www.isegran. no; Kombiticket mit Fredrikstad-Museum Erw./Rentner & Kind 40/20 nkr; ☺ Mitte Juni–Mitte Aug. Di–So 12–17 Uhr), einer kleinen Insel auf der anderen Seite der Glomma, Norwegens längstem Fluss. Dort steht eine Festung aus dem 13. Jh, die schon in den nordischen Sagen erwähnt wird; Mitte des 17. Jhs. wurde sie zu einer zusätzlichen Verteidigungsbastion gegen Schweden ausgebaut. Auf der Südseite der Insel kann man sich noch die **Ruine** eines Mauerturms (ursprünglich ein Holzturm) ansehen – und das kleine regionale Bootsbaumuseum daneben gleich mit; es erinnert an die Zeit, als Boote noch liebevoll von Hand aus Holz gearbeitet wurden. Fähren verbinden den Isegran mit Gamlebyen und mit der Neustadt (6 nkr). Mit dem eigenen Fahrzeug oder zu Fuß erreicht man die Insel von der Rv 108 aus, etwa 600 m südlich des Stadtzentrums von Fredrikstad.

HVALFANGER MUSEUM

Das kleine **Walfangmuseum** (☎ 69 32 44 21; Tolbodgaten; Eintritt 10 nkr; ☺ Juni Mi–So 12–16 Uhr, Aug.–Sept. Sa & So 12–16 Uhr) wird von stolzen alten Männern betrieben, die den Besuchern

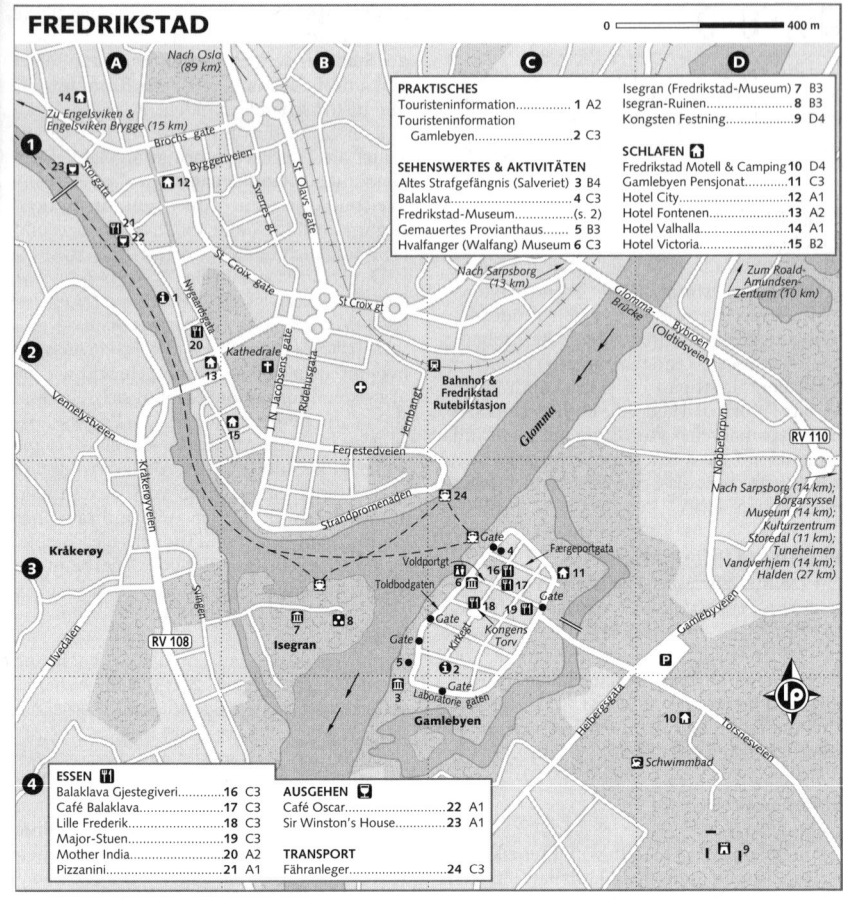

FREDRIKSTAD

0 — 400 m

PRAKTISCHES
Touristeninformation.............. 1 A2
Touristeninformation
  Gamlebyen.........................2 C3

SEHENSWERTES & AKTIVITÄTEN
Altes Strafgefängnis (Salveriet) 3 B4
Balaklava................................ 4 C3
Fredrikstad-Museum................(s. 2)
Gemauertes Provianthaus....... 5 B3
Hvalfanger (Walfang) Museum 6 C3

Isegran (Fredrikstad-Museum) 7 B3
Isegran-Ruinen....................... 8 B3
Kongsten Festning.................9 D4

SCHLAFEN
Fredrikstad Motell & Camping 10 D4
Gamlebyen Pensjonat...........11 C3
Hotel City.............................12 A1
Hotel Fontenen.....................13 A2
Hotel Valhalla.......................14 A1
Hotel Victoria........................15 B2

ESSEN
Balaklava Gjestegiveri............16 C3
Café Balaklava.......................17 C3
Lille Frederik.........................18 C3
Major-Stuen..........................19 C3
Mother India.........................20 A2
Pizzanini...............................21 A1

AUSGEHEN
Café Oscar............................22 A1
Sir Winston's House..............23 A1

TRANSPORT
Fähranleger...........................24 C3

---

nur zu gern die alten Fotos, die gewaltigen Walharpunen, die einst in der Antarktis zum Einsatz kamen, und den noch gewaltigeren Penis eines Blauwals zeigen. Deutsch oder Englisch spricht hier niemand, und die Beschriftung der Ausstellungsstücke ist ausschließlich auf Norwegisch.

KONGSTEN FESTNING

Auf dem ehemaligen „Galgenberg" steht die blumengeschmückte **Kongsten Festning**. Die Festung stammt von 1685 und diente einst den in Gamlebyen stationierten Truppen als Wach- und Alarmposten. An Wochenenden im Sommer geht es hier hoch her, aber ansonsten ist es ein verlassener und herrlich urwüchsiger Ort, an dem man zwischen Türmen,

Wallanlagen, Mauern und Palisaden herumklettern oder einfach nur in der Sonne relaxen kann. Die Festung liegt zehn Fußminuten südöstlich von Gamlebyens Zugbrücke (beim Fredrikstad Motell & Camping vom Torsnesvien nach rechts abbiegen).

Festivals & Events

In der zweiten Juliwoche steigt das **Glomma Festival** (☎ 69 31 54 77; glommas@glommafestivalen.no); eine Woche lang herrscht bei Musikaufführungen, Scheinkämpfen, einer „Badewannenregatta" mit Phantasiewasserfahrzeugen und einer Windjammerschau Hochstimmung. Da das Festival sehr beliebt ist, empfiehlt es sich, frühzeitig ein Plätzchen zum Schlafen zu reservieren.

Schlafen
GAMLEBYEN & SARPSBORG

Fredrikstad Motell & Camping (☎ 69 32 03 15; Torsnesveien 16–18; Stellplatz ohne/mit Auto 100/ 155 nkr, Wohnwagen 155–190 nkr, EZ/DZ im Motel 400/ 500 nkr; P) Eindeutiges Plus dieser vielseitigen, aber nicht gerade schönen Anlage auf dem Gelände der Kongsten-Festung ist die Nähe zur Altstadt. Vom Zentrum mit allen Bussen in Richtung Torsens (z. B. Linie 362) zu erreichen.

Tuneheimen Vandrerhjem (Karte S. 123; ☎ 69 14 50 01; www.sarpsborgvandrerhjem.no; Tuneveien 44; B 250 nkr, EZ/DZ mit Etagenbad 425/630 nkr, alle inkl. Frühstück; P) Das am nächsten bei Fredrikstad gelegene Hostel (14 km) befindet sich am Tunevannet-See, 1 km von Sarpsborg. Bettwäsche kostet 55 nkr Aufpreis. Es hat eine Gemeinschaftsküche und bietet Abendessen für 115 nkr.

Das **Gamlebyen Pensjonat** (☎ 69 32 20 20; www. gamlebyen-pensjonat.no; Smedjegaten 88; EZ/DZ mit Etagenbad 395/594 nkr; P) in einer renovierten Artilleriekaserne ist die einzige Übernachtungsmöglichkeit in der Altstadt und daher ihr Geld wert – auch wenn hier an Sommerwochenenden die Atmosphäre eines Studentenheims herrscht.

NEUSTADT

Hotel Fontenen (☎ 69 30 05 00; www.hotelfontenen.no; Nygaardsgata 9–11; EZ/DZ 795/995 nkr) Mit schönen Zimmern, gutem Frühstück und familiärer Atmosphäre ist das Fontenen eine der besten Mittelklasseunterkünfte der Stadt. Highlights sind die polierten Holzfußböden und (von den vorderen Zimmern) der Ausblick auf die Kathedrale.

Hotel Valhalla (☎ 69 36 89 50; www.hotelvalhalla. no; Valhallsgate 3; EZ/DZ Mitte Juni–Mitte Aug. & Sa & So 695/995 nkr; übrige Zeit & wochentags 750/1090 nkr) Dieses ansprechende Holzhaus auf einem Hügel über der Stadt bietet urgemütliche, ordentliche Zimmer und – trotz Zentrumsnähe – einen gigantischen Ausblick.

Hotel Victoria (☎ 69 38 58 00; www.hotelvictoria. no; Turngate 3; EZ/DZ Mitte Juni–Mitte Aug. sowie Sa & So 895/1020 nkr, übrige Zeit & wochentags 1240/1365 nkr) liegt gegenüber der Kathedrale und bietet weit mehr, als es von außen verspricht. Es ist alt, aber gepflegt mit sehr schönen Zimmern. Die Fähre nach Gamlebyen ist von hier aus bequem zu Fuß zu erreichen.

Hotel City (☎ 69 38 56 00; www.ricahotelcity.no; Nygaardsgata 44–46; EZ/DZ Mitte Juni–Mitte Aug. sowie Sa & So 956/1056 nkr, übrige Zeit & wochentags 1195/1320 nkr)

ist v. a. im Sommer recht günstig. Die Zimmer sind frisch renoviert und ziemlich unspektakulär. Dafür gibt es einen Nachtclub, ein Pub, eine Pizzeria und zwei sehr gute Restaurants. Von außen wirkt es eher düster – was einen nicht abschrecken darf.

Essen
GAMLEBYEN

Was der Altstadt an Übernachtungsmöglichkeiten fehlt, macht sie mit Restaurants wieder wett.

Lille Frederik (Torvgaten; Burger ab 54 nkr; ☼ Mo–Fr 11–22, Sa 10–22, So 12–22 Uhr) ist das Richtige für Burger, Snacks und Kaffee. Im Sommer stürzen sich die Gäste auf die Tische im Freien und die Wartezeiten sind teilweise erheblich.

Major-Stuen (☎ 69 32 15 55; Voldportgata 73; Vorspeisen 75–95 nkr, Hauptgerichte 205–285 nkr; ☼ 12– 22 Uhr) Das hochgelobte Major-Stuen bietet eine internationale Karte, hat sich jedoch auf norwegische Gerichte wie Walfleisch mit Röstzwiebeln, Kohleintopf und Kartoffeln (225 nkr) spezialisiert.

Café Balaklava (☎ 69 32 30 40; Færgeportgata 78; Snacks 79–89 nkr, Desserts 30–45 nkr; ☼ 12–21 Uhr) ist ein ansprechendes, gut geführtes Café mit netter Freiterrasse, die im Sommer als belebter Treffpunkt dient.

Nebenan findet sich die noblere **Balaklava Gjestgiveri** (☎ 69 32 30 40; Faergeportgata; Hauptgerichte ab 150 nkr, 3-gängiges Abendessen 450 nkr; ☼ Mo–Sa 6– 23 Uhr) in einem historischen Gebäude. Ihre Spezialität sind ausgezeichnete norwegische Fleisch- und Fischgerichte.

NEUSTADT

Am Ufer von Fredrikstad, zwischen der Storgata und dem Wasser, reiht sich ein Lokal an das nächste; die meisten haben wunderschöne Terrassen – ideal für einen Sommernachmittag oder -abend.

Pizzanini (☎ 69 30 03 00; Storgata 5; Pizzas 99–275 nkr, Pasta 129–149 nkr; ☼ im Sommer So–Do 12–1, Fr & Sa 12–2 Uhr, im Winter 15–24 Uhr) Wenn in anderen Restaurants gähnende Leere herrscht, tritt man sich hier auf die Füße – Grund sind u. a. das jugendliche Flair und die lange Speisekarte mit günstigen Preisen.

Mother India (☎ 69 31 22 00; Nygaardsgata 17; Hauptgerichte 140–195 nkr; ☼ Mo–Sa 16–23, So 14–22 Uhr) Ein Inder mit viel Atmosphäre, attraktivem Dekor und gutem Essen, der bei den Einheimischen ebenso viel Zuspruch findet wie bei den Besuchern.

Engelsviken Brygge (☎ 69 35 18 40, Engelsvikveien 6, Engelsviken; 3-gängige Abendessen um 350 nkr) Ein ausgezeichnetes Fischrestaurant 15 km nordwestlich von Fredrikstad mit exquisiter Küche – Krebs, Muscheln, Wels und Heilbutt.

Ausgehen

In diesen Lokalen gibt es im Sommer schöne Plätze im Freien.

Café Oscar (☎ 69 36 99 20; Storgata 5; ☙ So–Do 12–1.30, Fr & Sa 12–2.30 Uhr) Mittwochs ab 22.30 Uhr (kostenlos) sowie freitags und samstags ab 13.30 Uhr (Eintritt 60 nkr) spielen diverse Coverbands. Das Bier kostet 59 nkr.

Sir Winston's House (☎ 69 36 99 10; Storgata 17; ☙ Mi–Fr 15–3, Sa 12–3, So 14–2 Uhr) Dieses englische Pub direkt am Fluss bietet Fisch & Chips (95 nkr) und zehn Sorten Fassbier zur Auswahl. Am Wochenende legt ein DJ auf (v. a. Musik aus den 60er-Jahren, aber auch einige moderne Titel) und es wird getanzt.

An- & Weiterreise

Intercity-Busse fahren vom/zum Busbahnhof **Fredrikstad Rutebilstasjon** (☎ 177, 69 35 72 00) am Bahnhof. Die Buslinien 200 und 360 verbinden Fredrikstad mit Sarpsborg (30 nkr, 25 Min., 2-mal stündl.). Nor-Way's Oslofjordekspress fährt ein- bis siebenmal täglich die Strecke Oslo–Fredrikstad (155 nkr, 1¼ Std.) und meist noch weiter bis Hvaler; regelmäßig pendelt **Flybusekspressen** (☎ 177, 82 02 13 00; www.flybus ekspressen.no) zwischen Fredrikstad und dem internationalen Flughafen Oslo Gardermoen (240 nkr, 2¼ Std., alle 1–2 Std.).

Fredrikstad liegt an der **NSB** (☎ 81 50 08 88; www.nsb.no) Bahnstrecke Oslo–Göteborg. Züge von/nach Oslo fahren etwa zehnmal täglich (166 nkr, 1 Std.) und halten auch in Sarpsborg und Halden. Für internationale Züge Richtung Süden ist eine Platzreservierung notwendig.

Unterwegs vor Ort

Wer über die Glomma nach Gamlebyen rüber will, kann entweder zu Fuß über die hohe Glommabrücke wandern oder von der Strandpromenade mit der *Go'vakker Randi*-Fähre (6 nkr) übersetzen. Sie verkehrt wochentags von 5.30 bis 23 Uhr (freitags bis 1 Uhr nachts), samstags von 7 Uhr morgens bis 1 Uhr nachts und sonntags von 9.30 bis 23 Uhr.

Die Fähre (Erw./Kind 10/5 nkr, 2 Min.) fährt von 5.30 bis 23 Uhr regelmäßig zum Haupttor von Gamlebyen.

Taxis bekommt man unter ☎ 69 36 26 10. Fahrräder vermieten die beiden Touristeninformationen.

RUND UM FREDRIKSTAD
Hvaler Schären

Norwegische Urlauber und Künstler lieben die Hvaler Schären, eine Gruppe von 833 bewaldeten Inseln und kleinen Eilanden vor der Küste, die den südlichen Eingang zum Oslofjord bewachen. Die Hauptinseln sind **Vesterøy**, **Spjærøy**, **Asmaløy** und **Kirkøy**. Über eine Mautstraße (55 nkr) und einen Tunnel sind diese Inseln mit dem Festland verbunden. Die Buslinie 365 (58 nkr) fährt von Fredrikstad nach Skjærhalden am anderen Ende der Insel Kirkøy.

Die **Touristeninformation** (☎ 69 37 50 00; Skjærhalden; ☙ Mitte Juni–Mitte Aug. 10–20 Uhr) der Hvaler Schären informiert gern über die vielen Sehenswürdigkeiten, die sich über die Inseln verteilen.

Über der Küste der Insel Akerøy, die nur per Fähre (Taxiboot) von Skjærhalden aus zu erreichen ist, thront majestätisch eine **Küstenfestung** aus dem 17. Jh. Sie wurde in den 1960er-Jahren renoviert und ist super in Schuss; der Eintritt ist frei, geöffnet ist immer.

Aus der Mitte des 11. Jhs. stammt die **Steinkirche** (Skjærhalden; ☙ Juli 12–16 Uhr, 2. Juni- & 1. Aug.-Hälfte Sa 12–16 Uhr) auf der Insel Kirkøy, eine der ältesten in Norwegen. Im Juli findet hier ein einwöchiges Musik- und Kunstfestival statt.

In der Touristeninformation gibt es ein Verzeichnis komplett ausgestatteter Privathäuser und Chalets auf den Hvaler Inseln; die Miete beträgt 400 bis 700 nkr pro Tag oder 2700 bis 4500 nkr pro Woche. Das **Hvaler Kurs & Konferansesenter** (☎ 69 37 91 28; Skjærhalden; Apt. ab 500 nkr) bietet ausgezeichnete Apartments an.

Das ganze Jahr fahren die *M/S Hollungen* und die *M/S Hvalerfergen II* etwa stündlich von Skjærhalden durch die Hvaler Schären (45 nkr, 1 Std.). Alternativ verkehrt das Tourschiff *M/S Vesleø II* von Mitte Juni bis Mitte August für 135/95 nkr pro Erw./Kind (hin & zurück) planmäßig zwischen Skjærhalden, Koster (Schweden) und Strömstad (Schweden).

Roald-Amundsen-Zentrum

1911 erreichte der berühmte Polarforscher Roald Amundsen als erster Mensch den Südpol. Geboren wurde er 1872 in Hvidsten, auf halber Strecke zwischen Fredrikstad und Sarpsborg. Amundsen war noch ziemlich lütt, als er mit seinen Eltern nach Oslo zog. Trotzdem ist das Haus der Familie, damals auch Sitz ihres kleinen Schiffsbau- und Transportunternehmens, heute ein **Roald-Amundsen-Zentrum** (Karte S. 123; ☎ 69 34 83 26; Führungen Erw./Kind 30/10 nkr; ☯ Mitte Juni–Mitte Aug. Mi 17–19, So 12–14 Uhr), das sich dem Leben und den Expeditionen des erwachsenen Mannes widmet. Wenn man hier steht, umgeben von den stillen südnorwegischen Feldern, kapiert man irgendwie, warum Amundsen so weit weg von daheim auf Abenteuersuche ging. Etwa 11 km östlich von Fredrikstad auf der Rv 111 Richtung Sarpsborg ist das Zentrum ausgeschildert.

Kulturzentrum Storedal

Dieses **Kulturzentrum** (Karte S. 123; ☎ 69 16 92 67; www.storedal.no; Storedal; Erw./Kind 35 nkr/gratis; ☯ Mai Mo–Fr 9.30–17 Uhr, Juni–Aug. Di–Fr 9.30–17, So 12–18 Uhr) liegt 11 km nordöstlich von Fredrikstad. An diesem Ort wurde 1117 König Magnus der Blinde geboren. Mit 13 Jahren bestieg er den Thron und mit 18 Jahren erhielt er seinen Beinamen, als ihm in Bergen ein Feind die Augen ausstach. Ein späterer Besitzer des Hofes, Erling Stordahl, war ebenfalls blind; er stellte ein Denkmal für König Magnus auf und richtete ein Zentrum für Blinde und Menschen mit anderen Handicaps ein. Absolut faszinierend ist die *Ode til Lyset* (Ode an das Licht), eine Klangskulptur von Arnold Haukeland und Arne Nordheim: Mithilfe von Fotozellen und einem Computer im Bauernhaus werden die geringsten Veränderungen des Sonnenlichts in intensive, sich ständig verändernde Klänge umgesetzt. Anfahrt über die Rv 110 Richtung Osten, etwa 9 km von Fredrikstad – das Zentrum befindet sich 2,1 km nördlich der Hauptstraße.

Borgarsyssel Museum

Das exzellente Østfold-**Landesmuseum** (Karte S. 123; ☎ 69 11 56 50; www.ostfoldmuseet.no; Gamlebygaten 8, Sarpsborg; Erw./Kind 40 nkr/gratis; ☯ Mitte Mai–Aug. Di–Fr 10–17, Sa & So 12–18 Uhr) befindet sich in Sarpsborg 14 km nordöstlich von Fredrikstad. In der Freilichtausstellung können sich die Besucher dreißig historische Gebäude aus unterschiedlichen Gegenden angucken sowie eine richtige Sammlung an Artefakten und traditioneller Kunst. Außerdem gibt's noch einen **Kräutergarten**, einen **Steichelzoo** und die **Ruine** von König Øysteins St.-Nikolas-Kirche, 1115 errichtet und 1567 von den Schweden

zerstört. Von Fredrikstad fahren regelmäßig Züge und Busse nach Sarpsborg.

Oldtidsveien

Seit Tausenden von Jahren leben und arbeiten Menschen in der Region Østfold. Entlang des Oldtidsveien (Altertumsweg), eines Hohlwegs zwischen Fredrikstad und Sarpsborg, haben sie ihre Spuren hinterlassen; hier sind jede Menge alte Klamotten und Felszeichnungen zu finden. Bei Solberg stößt man auf drei Platten mit rund 100 Figuren, die an die 3000 Jahre alt sind. Bei Gunnarstorp gibt es mehrere, 30 m lange **Hügelgräber aus der Bronzezeit** und diverse **Steinwächter aus der Eisenzeit**. Bei Begby wurden gut erhaltene Darstellungen von Schiffen, Menschen und Tieren entdeckt; bei Hunn mehrere **Steinkreise** und **Hügelgräber** aus der Zeit von 500 v. Chr. bis 800 n. Chr. Die **Felszeichnungen** von Hornes zeigen ganz klar 21 Schiffe mitsamt Ruderern. Auf sämtliche dieser Fundstellen verweisen Schilder entlang der E 6 südlich von Sarpsborg; wer will, kann aber auch eine Tageswanderung von Fredrikstad unternehmen und die Fundorte abklappern oder per Fahrrad abfahren.

HALDEN
28 000 Ew.

Am Ende des Iddelfjord liegt zwischen steilen, felsigen Landzungen das verschlafene Grenzstädtchen Halden. Als wichtiger Stützpunkt der norwegischen Verteidigung gegen die jahrhundertelange schwedische Aggression war es früher mal sehr bedeutsam. Mit seinem adretten kleinen Yachthafen, einer hinter der Stadt aufragenden Festung und einigen nicht zu verachtenden Restaurants ist der Ort einen Umweg wert.

Die **Touristeninformation** (☎ 69 19 09 80; www.visithalden.com; Torget 2; ☯ Mitte Juni–Mitte Aug. Mo–Fr 9–16.30 Uhr, übrige Zeit Mo–Fr 9–15.30 Uhr), nicht weit vom Torget, hat einiges an nützlichen Informationen. Im Sommer gibt es ein zweites Büro im **Infosenter** (☯ Mai–Aug. 10–17 Uhr) der Festung.

Geschichte

Während des Torstensonkriegs von 1643 bis 1645 diente Halden als Garnison; ab 1644 war es mit einer hölzernen Palisade befestigt. Als Schweden und Dänemark im Jahr 1658 den Frieden von Roskilde schlossen und Norwegen seine Provinz Bohuslän mitsamt der Festung Bohus verlor, war Halden plötzlich ein schwer umkämpfter Grenzposten, der ziemlich schlecht geschützt war. In den Jahren 1658, 1659 und 1660 konnten schwedische Angriffe mehr schlecht als recht abgewehrt werden; ohne Frage musste da eine größere Befestigungsanlage her. Deshalb begann man im Jahr 1661 mit dem Bau der Festung.

Zweimal – 1659 und 1716 – griffen die Haldener zum letzten Mittel, um die Feinde aus der Stadt zu jagen: zum Feuer. Dieses Opfer wurde später hoch belohnt – mit zwei Zeilen in der norwegischen Nationalhymne: „Da stecken wir lieber das Land in Brand, als dass es zu Fall gekommen." Die Brände sind auch das Hauptthema des Museums zur Stadtgeschichte, das in der Festung besucht werden kann.

Bis ins 19. Jh. hinein nahmen die Angriffe der Schweden kein Ende. In den ersten Jahren des 20. Jhs. wurde die Festung Fredriksten mit immer stärkeren modernen Kanonen, Turmgeschützen und Haubitzen aufgerüstet. Erst die Verhandlungen zur Auflösung der Schwedisch-Norwegischen Union führten dazu, dass die Bewaffnung 1906 abgebaut wurde. Und die Stadt verwandelte sich in einen ruhigen Küstenort.

Sehenswertes
FESTUNG FREDRIKSTEN & MUSEEN
Den Hügel hinter Halden krönt die **Festung Fredriksten** (Fredriksten Festning; ☎ 69 18 54 11; www.halden.museum.no; Erw./Kind 50/10 nkr, inkl. aller Museen; ☉ 18. Mai–Aug. tgl. 10–17 Uhr, Sept. zusätzlich So) aus dem Jahr 1661 – sechsmal von den Schweden belagert, aber nie eingenommen.

Von der Stadt geht ein ziemlich zugewachsener Kopfsteinweg zur Festung hoch; er beginnt am oberen Ende der Festningsgata in Sørhalden (einem Ortsteil mit Kapitänshäuschen aus dem 19. Jh.) und führt dann quer über die von Flieder überwucherten Hänge. Die Autoauffahrt geht von der selben Straße ab.

Am 28. Juli 1660 wurde von König Fredrik III. von Dänemark der Bau von stärkeren Verteidigungsanlagen oberhalb von Halden angeordnet. Von 1661 bis 1671 errichtete man auf zwei parallel verlaufenden Hügeln die fünfeckige Zitadelle und die drei vorgelagerten Bastionen Gyldenløve Richtung Osten sowie Stortårnet und Overberget; von 1682 bis 1701 wurde die Anlage weiter ausgebaut. Das wichtigste Ereignis folgte am 11. Dezember

1718: An diesem Tag fiel hier während einer Belagerung der kriegerische König Karl XII. von Schweden (heute steht an der Stelle ein Denkmal).

Die Museen auf dem Festungsgelände widmen sich jeweils unterschiedlichen Aspekten der Festungsgeschichte. Vom Haupteingang geht es den Hügel etwas runter zum **Kriegshistorischen Museum** mit militärischen Exponaten und Informationen zu Haldens kriegerischer Vergangenheit seit 1660; darunter Details zur norwegischen Unabhängigkeitsbewegung von 1905. Ein Tunnel führt hinauf zur **Prins-Christian-Bastion**, dem strategisch wichtigsten Punkt für die Verteidigung der Burg. Einen etwas größeren Bogen über die Stadtgeschichte Haldens schlägt das **Byen-Brenner-Museum** („Stadtbrandmuseum"), etwa auf der Hälfte des Hauptweges. In der **alten Apotheke** wird die Geschichte der Pharmazie nachgezeichnet: Sie reicht von der frühen norwegischen Volksheilkunde bis zu den Apotheken des frühen 20. Jhs. Die Apotheke ist im ehemaligen **Kommandantenhaus** untergebracht, errichtet zwischen 1754 und 1758 und 1826 bei einem Feuer stark beschädigt. Nach der Renovierung wurde es als Pulverlabor, Waffenkammer und Kaserne genutzt. Über dem Eingang findet sich ein Monogramm von Fredrik V.

Vielleicht am interessantesten sind das **Brauhaus**, das früher bis zu 3000 l Bier am Tag produzierte, und die **Backöfen**, in denen für bis zu 5000 Soldaten Brot gebacken wurde. Im Infocenter gleich hinter dem Haupteingang der Festung gibt es außerdem eine Multimediaausstellung und einen Museumsshop.

Rund um die Festung verteilt stehen viele faszinierende alte Gemäuer, aber noch besser ist der **Blick** über Halden und die umliegenden Hügel von den Kanonen nahe der **Dronningen's Bastion** (Königinnenbastion), vom **Uhrenturm**, vom **Aussichtspunkt der Bastion Huth** und von der **Zitadelle** (der Außenseite der Prins-Christian-Bastion). Kleiner Tipp: die hohen Wallmauern sind kaum bis gar nicht durch Geländer gesichert.

Führungen (Erw./Kind 50/25 nkr; ☉ Mitte Juni–11. Aug. tgl. 12, 13.30 & 15 Uhr, 12–26. Aug. So 12 & 13.30 Uhr) über die Festung und andere Gebäude auf dem Gelände gibt's auf norwegisch oder englisch. Im Sommer werden auch **Geistertouren** (Kind/Erw. Begleitperson 50/25 nkr; ☉ Mai–Aug.) angeboten.

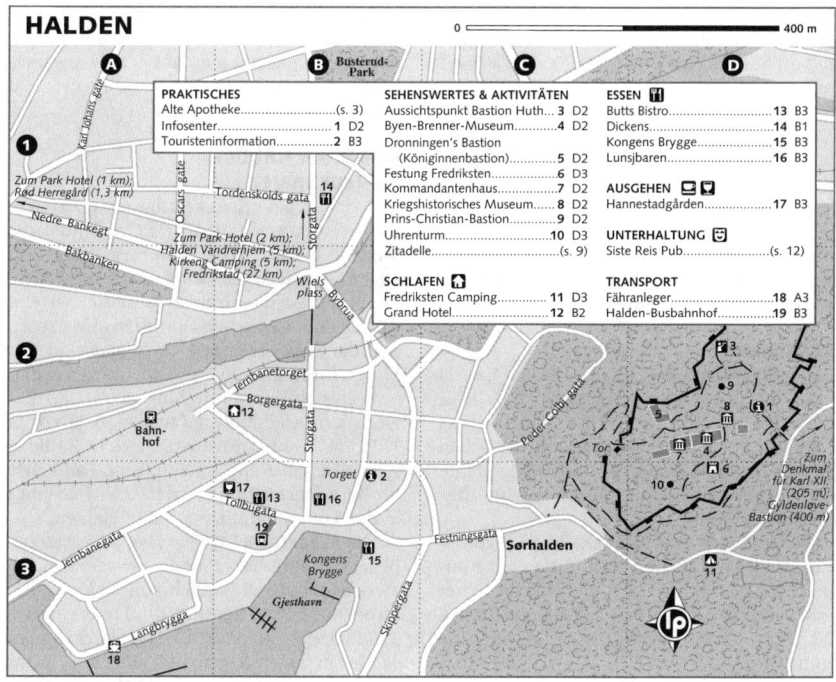

HALDEN

0 — 400 m

PRAKTISCHES
Alte Apotheke.........................(s. 3)
Infosenter............................. 1 D2
Touristeninformation...............2 B3

SEHENSWERTES & AKTIVITÄTEN
Aussichtspunkt Bastion Huth... 3 D2
Byen-Brenner-Museum...........4 D2
Dronningen's Bastion
   (Königinnenbastion).............5 D2
Festung Fredriksten................6 D3
Kommandanthaus.................7 D2
Kriegshistorisches Museum......8 D2
Prins-Christian-Bastion...........9 D2
Uhrenturm............................10 D3
Zitadelle...............................(s. 9)

SCHLAFEN
Fredriksten Camping............. 11 D3
Grand Hotel.........................12 B2

ESSEN
Butts Bistro............................13 B3
Dickens................................14 B1
Kongens Brygge....................15 B3
Lunsjbaren...........................16 B3

AUSGEHEN
Hannestadgården..................17 B3

UNTERHALTUNG
Siste Reis Pub......................(s. 12)

TRANSPORT
Fähranleger...........................18 A3
Halden-Busbahnhof...............19 B3

RØD HERREGÅRD

Das **Herrenhaus** Rød Herregård (☎ 69 18 54 11; Herregårdsveien; Führungen Erw./Kind 50/10 nkr; ☽ Führungen Mitte Juni–Mitte Aug. Di–Sa 12, 13 & 14 Uhr, Mai–Mitte Juni So 12, 13 & 14 Uhr, Mitte Aug.–Sept. So 12, 13 & 14 Uhr) aus dem Jahr 1733 besitzt ein hübsches Interieur, beachtenswerte Waffen- und Kunstsammlungen und einen der schönsten Gärten ganz Norwegens. Das Herrenhaus liegt 1,5 km nordwestlich des Stadtzentrums und ist gut ausgeschildert.

Schlafen

Fredriksten Camping (☎ 69 18 40 32; Fredriksten Festning; Stellplatz mit Auto 150 nkr, Hütte mit 4/5 Betten 400/800 nkr; P) Ein gut geführter, super gelegener Platz unter Bäumen, direkt neben der Festung, mit Minigolfanlage – absolut unschlagbar. Haben sich die Menschenmassen nach Torschluss aus der Festung verzogen, ist es ein herrlich ruhiges, grünes Stückchen Erde, um sein Zelt aufzuschlagen.

Halden Vandrerhjem (☎ 69 21 69 68; www. vandrerhjem.no; Brødløs; B/EZ/DZ/3BZ 150/250/395/450 nkr; ☽ Mitte Juni–Mitte Aug.) Dieses Hostel in einem Vorort bei der Toserød-Schule befindet sich

in Familienbesitz; es bietet Standardzimmer in angenehmer Umgebung am Rand von Halden. Das Hostel ist mit den Bussen der Linien 102 – 104 (Richtung Gimle) vom Busterud-Park zu erreichen.

Grand Hotel (☎ 69 18 72 00; www.grandhotell.net; Jernbanetorget 1; EZ/DZ Fr & Sa 755/910 nkr, Mitte Juni–Mitte Aug. So–Do 910/1050 nkr) Das Grand Hotel gegenüber vom Bahnhof ist eher funktional als luxuriös, aber die Lage ist gut und das im Übernachtungspreis inbegriffene Frühstücksbüfett ebenso.

Park Hotel (☎ 69 21 15 00; www.park-hotel.no; Marcus Thranes Gate 30; EZ/DZ Mitte Juni–Mitte Aug. & Sa & So 840/990 nkr, übrige Zeit 1160/1410 nkr) Das Park Hotel findet sich 1,5 km westlich des Zentrums und ist mit gut ausgestatteten, luftigen Zimmern und freundlichem Personal die wohl beste Adresse der Stadt.

Essen

Rund um den Gästehafen finden sich zahlreiche ansprechende Restaurants mit Außentischen.

Kongens Brygge (☎ 69 17 80 60; Gjesthavn; Pizza 99 nkr, Hauptgerichte ab 169 nkr; ☽ Mittag- und Abendessen)

Dieses nautisch anmutende Restaurant direkt am Ufer hat eine herrliche Ponton-Terrasse, die im Sommer geöffnet ist. Die Pizzas sind teuer, aber auch so groß, dass sich selbst der hungrigste Gast satt essen kann.

Butts Bistro (☎ 69 17 20 12; Tollbugata 3; Hauptgerichte ab 100 nkr; ☻ Fr & Sa 15–4, So–Do 15–24 Uhr) Gutes Essen und ideal für einen Mitternachtsimbiss.

Dickens (☎ 69 18 35 33; www.dickens.no; Storgata 9; Hauptgerichte ab 110 nkr; ☻ Mittag- und Abendessen) Gäste dieses beliebten Restaurants haben die Wahl zwischen Plätzen im Freien und dem Speisesaal in einem Weinkeller aus dem 17. Jh.

Ausgehen

Hannestadgården (☎ 69 19 77 81; Tollbugata 5; Eintritt in den Nachtclub 50 nkr; ☻ Biergarten Mo–Fr 15–3, Sa 13–3 Uhr, Nachtclub Fr & Sa 22–3 Uhr) Dieses vielseitige Nachtlokal bietet einen stimmungsvollen Biergarten, eine Pianobar, einen Nachtclub für ausgelassene Feiern und regelmäßige Sommerkonzerte.

Dickens (☎ 69 18 35 33; Storgata 9; www.dickens.no) Für einen gemütlichen Nachmittag mit ruhiger Musik empfiehlt sich das Dickens. Hier gibt's im Juli und August samstags zwischen 13.30 und 15.30 Uhr kostenlose Jazzkonzerte im Innenhof.

An- & Weiterreise

Zwischen Oslo und Halden verkehren montags bis freitags stündlich, und am Wochenende alle zwei Stunden (211 nkr, 1¾ Std.) Züge via Fredrikstad. Etwa viermal am Tag setzt der Zug die Reise auch fort bis Göteborg und Malmö in Schweden. Die Fernbusse halten direkt am Hafen; von hier gibt es eine regelmäßige Verbindung nach Oslo und Fredrikstad (am Wochenende seltener).

RUND UM HALDEN
Haldenkanalen

Von Halden aus erstreckt sich ein Kanalsystem nach Osten und Norden. Es verbindet die Stadt – bis auf eine Unterbrechung von 1,8 km – nahezu mit Göteborg in Schweden. Highlight ist das Brekke-Schleusensystem, das die Boote zwischen Femsjøen und Aspern (auf der Strecke Halden–Strømsfoss) in vier Stufen insgesamt 26,6 m anhebt bzw. senkt.

Wer sich lieber mit Muskelkraft fortbewegt, kann bei **Kirkeng Camping** (S. 123; ☎ 69 19 92 98), 5 km nordöstlich der Stadt in Aremark, ein Kanu mieten. Eine Landkarte für Bootsfahrten und Freizeitaktivitäten gibt's in der Touristeninformation in Halden.

Die **M/S Turisten** (☎ 93 06 64 44; www.turisten.no) bietet eine Rundfahrt auf dem Haldenkanalen zwischen Tistedal (östlich von Halden) und Strømsfoss (Erw./Rentner/Kind hin & zurück 250/200/150 nkr, 3½ Std.). Das Schiff legt um 11 Uhr in Strømsfoss ab und fährt um 15 Uhr ab Tistedal wieder zurück (Mitte Juni–Mitte Aug. Mi; sonst von Fr–So). Nach Tistedal fahren Busse der Linien 103 oder 106 (32 nkr, 18 Min., 2-mal stündl., außer Sa spätnachmittags und So). Wer hin und zurück fahren möchte, muss die Fahrt in Strømsfoss beginnen.

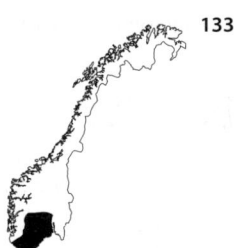

Südnorwegen

Die Südküste Norwegens lockte im Sommer schon immer scharenweise Einheimische an – kein Wunder bei all den schmucken Küstendörfern mit ihren weißen Häuschen und einem Meer voller Inseln vor der Tür.

Viele der Dörfer sind wirklich bezaubernd, besonders Grimstad, Risør, Kragerø und Flekkefjord. Sie bilden eine Kette malerischer Stationen auf der Fahrt von Oslo nach Stavanger. Diese Region zeigt ein anderes Gesicht Norwegens und bedient nicht das allseits bekannte Klischee vom Land mit den Fjorden und Hochplateaus – ganz abgesehen davon, dass man hier mehr Norweger auf Reisen trifft als irgendwo sonst im Land. Kristiansand, Larvik und besonders Arendal sind Städte mit viel Charme. Vor allem die Kids werden auf einen Besuch des Kristiansand Dyrepark bestehen, der zu Norwegens besten Freizeitparks zählt. Und trotzdem: Wer nicht sehr viel Zeit hat, sollte sich gut überlegen, ob dies das Norwegen ist, das er wirklich sucht – zumal die Preise in den meisten Küstenorten im Sommer wahrhaft explodieren.

Landeinwärts wird die Landschaft zunehmend dramatischer, aber ohne Touristenhorden wie in den anderen Landesteilen. Das stille Setesdalen mit seinen bewaldeten Hängen hat viel kulturelle Tradition und aufregende Aktivitäten wie Wildwasser-Rafting zu bieten. Kongsberg mit seinen legendären Silberminen lockt zu einer Reise tief ins Innere der Erde und in Notodden steht Norwegens größte Stabkirche. Auch in die Region Telemark lohnt sich ein Abstecher, besonders in die Gegend um Dalen und das trollreiche Seljord. Unser Lieblingsort ist jedoch Rjukan – vor allem, weil es die Pforte ist zum vielleicht schönsten Hochland Norwegens: dem Hardangervidda-Nationalpark und dem faszinierenden Berg Gausta.

HIGHLIGHTS

- ▪ Durch die engen Gassen der „weißen Stadt" **Grimstad** (S. 143) bummeln

- ▪ Die herrliche und wenig befahrene **Küstenstraße** (S. 153) zwischen Flekkefjord und Egersund entlangtuckern

- ▪ Den Gipfel des **Gausta** (s. Kasten S. 163) erklimmen, der als Norwegens schönster Berg gilt

- ▪ In der Stabkirche von **Heddal** (S. 158) die eleganten Dachgiebel und Malereien bewundern

- ▪ Über den **Seljordvatn** (S. 164) kreuzen, immer auf der Suche nach dem Seeungeheuer Selma

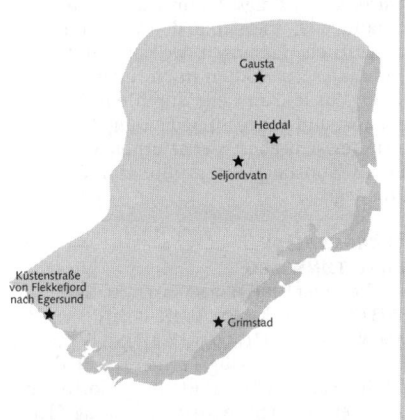

EINWOHNER: 652 000	HÖCHSTE ERHEBUNG: GAUSTA 1881 M

DIE KÜSTE

Kaum jemand kommt nach Norwegen wegen der Strände. Wer aber dennoch einen sucht, findet sich hier inmitten von Scharen einheimischer Urlauber wieder, die hier die schönen Badestellen und malerischen Inseln genießen. Die Küstenstädte sind reizvoll, aber im Sommer überteuert.

TØNSBERG

37 493 Ew.

Tønsberg ist die älteste Stadt Norwegens. Allerdings reichen ihre Wurzeln so weit zurück, dass in der heute überwiegend modernen Stadt nicht mehr viel davon zu sehen ist. Es gibt einige Ruinen aus der Wikingerzeit, die zusammen mit dem altersschwachen Schloss einen kurzen Abstecher von der Küstenstrecke lohnen.

Die **Touristeninformation** (☎ 33 35 45 20; www. visittonsberg.com; Nedre Langatte 36; ☺ Mitte Juni–Anfang Aug. Mo–Sa 9–19, So 9–15 Uhr, übrige Zeit 9.30–15.30 Uhr) an der Tønsberg Brygge im Hafenviertel gibt den exzellenten *Tønsberg Guide heraus*.

Geschichte

In der *Saga von Harald Hårfagre* (S. 30) schreibt Snorre Sturluson, Tønsberg habe schon vor der Schlacht von Hafrsfjord im Jahr 872 existiert und 1971 feierte Tønsberg seinen 1100. Geburtstag. Als König Harald Hårfagre das Königreich im 9. Jh. teilte, ernannte er seinen Sohn Bjørn Farmann zum Herrscher über Vestfold und der Hof von Tønsberg wurde zum Königssitz. Im späten Mittelalter befand sich hier eine der drei norwegischen Niederlassungen der Hanse mit guten Kontakten zu Städten in Norddeutschland. 1535 wurde Tønsberg durch einen Brand zerstört und verlor an Bedeutung. Im 17. Jh. hatte es sich aber wieder erholt und 1850 besaß Tønsberg die größte Handelsflotte Norwegens.

Sehenswertes

BURG TØNSBERG

Die Reste der **Burg Tønsberg** (Castrum Tunsbergis; ☎ 33 31 18 72; Eintritt frei, Turm Erw./Kind 20/10 nkr; ☺ Turm Ende Juni–Mitte Aug. 12–17 Uhr, übrige Zeit kürzer) liegen auf dem 63 m hohen Hügel hinter der Stadt. Im 13. Jh. war dies die größte Burg Norwegens. 1503 zerstörten Schweden die Festung. Heute ist nicht mehr viel von ihr zu sehen, doch der 1888 erbaute, 17 m hohe **Slottsfjellstårnet-Turm**

bietet einen guten Blick über die Ruinen. Das Bronzemodell davor zeigt, wie die Burg um 1500 ausgesehen hat. Ein Teil der 600 m langen Außenmauer steht noch. Zu den mittelalterlichen Überresten zählen Fundamente von **König Magnus Lagabøtes Bergfried**, der 1191 gegründeten **St.-Michaelskirche**, der **Halle von König Håkon Håkonsson** sowie mehrerer **Wachtürme**. Der Park ist durchgehend geöffnet.

RUINEN

Den Hügel im Haugar-Distrikt überragen die aus der Wikingerzeit stammenden **Grabhügel** der Könige Olav und Sigrød. Im Park an der Kongsgaten liegen die Ruinen des **Kongsgården**, des Hofs von König Håkon Håkonsson, an dem die Könige von Vestfold ernannt worden sind. Und an der Storgaten 17 sind die Ruinen der mittelalterlichen **Kirche St. Olav** (1207) und des St.-Olav-Klosters sowie mehrere Wikingergräber zu sehen. Aber es gehört schon viel Phantasie dazu, um in diesen dürftigen Resten etwas zu erkennen.

BEZIRKSMUSEUM VESTFOLD

Am Fuß des Slottsfjellet (Burgfelsen) am Nordrand der Stadt liegt das **Bezirksmuseum Vestfold** (Vestfold Fylkesmuseum; ☎ 33 31 29 19; www.vfm.no; Farmannsveien 30; Erw./Kind 50/10 nkr; ☺ Mitte Mai–Mitte Sept. Mo–Sa 10–17, So 12–17 Uhr), zu Fuß etwa fünf Minuten nordwestlich des Bahnhofs. Zu seinen Highlights zählen Ausstellungen über die Ausgrabung des imposanten Wikingerschiffs *Oseberg* (zu sehen im Wikingerschiffsmuseum von Oslo, S. 105) sowie eine Reihe historischer Bauernhäuser mit Einrichtung. Die Abteilung über die Geschichte des Walfangs von Tønsberg zeigt u. a. Skelette eines Pottwals und eines Blauwals. Letzteres ist mit einer Länge von 23 m das größte ausgestellte Walskelett der Welt.

Schlafen

Furustrand Camping (☎ 33 32 44 03; Fax 33 32 74 03; Tareveien 11, Tolvsrød; Zeltplatz 110 nkr plus 40/30 nkr pro Auto/Pers., Hütten ab 500 nkr) Camper können mit einem Bus der Linien 111 oder 116 vom Zentrum 5,5 km nach Osten bis Tolvsrød fahren (nkr 20). Der Platz liegt am Strand und ist ordentlich ausgestattet.

Tønsberg Vandrerhjem (☎ 33 31 21 75; tonsberg. hostel@vandrerhjem.no; Dronning Blancasgata 22; B 195–220 nkr mit Etagenbad 375/525 nkr, EZ/DZ mit eigenem Bad 475/625 nkr; P ⌨) Dieses gut geführte und sympathische Hostel ist prima ausgestattet, gepflegt und zu Fuß nur fünf Minuten vom Bahnhof entfernt. Im Preis ist ein gutes Frühstück enthalten.

Thon Hotel Brygga (☎ 33 34 49 00; www.thonhotels.no; Nedre Langgate 40; EZ/DZ ab 770/970 nkr; 🖳) Das moderne Hotel am Meer hat nette (wenngleich etwas kleine) Zimmer, serviert ein ausgezeichnetes Frühstück und ist bei Familien beliebt.

Quality Hotel Tønsberg (☎ 33 00 41 00; www.choice.no; EZ/DZ ab 750/950 nkr; 🖳 🛋) ist ebenfalls eine gute Wahl. Es gehört zur Quality-Hotel-Kette und hat stilvolle (auf skandinavische Weise schlichte) Zimmer am Meer.

Essen

Tønsberg bietet Dutzende guter Restaurants. Die mit der besten Atmosphäre liegen am Meer.

Himmel & Hav (☎ 33 00 49 80; Nedre Langgate 32; Tapas-Büfett 215 nkr, Hauptgerichte 135–264 nkr; 🕒 11–3 Uhr) Dieses Lokal ist für seine ausgezeichneten Fischgerichte und Meeresfrüchte bekannt. An Sommerwochenenden abends gibt's oft gute Livemusik.

Brygga (☎ 33 31 12 70; Nedre Langgate 35; Hauptgerichte 179–245 nkr; 🕒 11–3 Uhr) Das Brygga ist eine Stufe gediegener als das benachbarte Himmel & Hav. Serviert werden norwegische und internationale Spezialitäten. Besonders angenehm sind die Plätze auf der Freiterrasse.

Esmeralda (☎ 33 31 91 91; Nedre Langgate 26 C; Salate 75–100 nkr, Hauptgerichte 175–229 nkr; 🕒 10.30–3 Uhr) Das flotte und helle Lokal mit preisgünstigen Imbissgerichten auf der Terrasse ist bei Einheimischen seit langem beliebt.

An- & Weiterreise

Die **Tønsberg Rutebilstasjon** (☎ 33 30 01 00; Jernbanegaten) liegt einen Block südlich des Bahnhofs. Busse der Gesellschaft Nor-Way Bussekspress verkehren von/nach Kristiansand (330 nkr, 4½ Std., 1–2-mal tgl.). Sie halten unterwegs in den meisten Küstenstädten, darunter Larvik (81 nkr, 1 Std., 2-mal tgl.) und fahren bis nach Oslo (149 nkr, 1¾ Std.).

Intercity-Züge verkehren stündlich zwischen Tønsberg und Oslo (nkr 184, 1½ Std.) sowie in Richtung Süden nach Larvik (84 nkr, 34 Min.).

SANDEFJORD
41 897 Ew.

Die einstige Metropole des Walfangs lohnt einen Abstecher, denn sie besitzt eines von nur zwei Walfangmuseen weltweit.

Die **Touristeninformation** (☎ 33 46 05 90; www.visitsandefjord.com; Thor Dahls Gate 1; 🕒 Mitte Juni–Anfang Aug. Mo–Fr 9–18, Sa 10–16.30, So 12.30–16.30 Uhr, übrige Zeit Mo–Fr 9–16 Uhr) in Sandefjord liegt am Wasser.

Das eindrucksvolle **Walfangmuseum** (Hvalfangstmuseet; ☎ 33 48 46 50; www.hvalfangstmuseet.no; Museengaten 39; Erw./Kind 50/25 nkr; 🕒 Mitte Juni–Mitte Aug. 10–17 Uhr, übrige Zeit kürzer) dokumentiert die Geschichte des norwegischen Walfangs mit Fotos, Ausrüstungsgegenständen und Infos über die Meeresfauna. Die Ausstellungen werden ergänzt durch das Walfangschiff **Southern Actor** (🕒 Ende Juni–Mitte Aug. 9.30–17 Uhr) aus den 1950er-Jahren. Es liegt im Hafen und kann mit dem gleichen Ticket besucht werden. Ebenfalls am Hafen steht das eindrucksvolle **Walfängerdenkmal**.

Die meisten Busse zwischen Oslo und Kristiansand halten in Sandefjord.

LARVIK
41 364 Ew.

Larvik ist eine der größten Städte an der Südküste Norwegens. Hauptattraktion (neben einigen Museen) sind die gut zugänglichen Ausgrabungen aus der Wikingerzeit. Bekannt ist die Stadt auch als Wohnort von Thor Heyerdahl (s. Kasten S. 138), einem der berühmtesten Forscher Norwegens.

Die hilfsbereite **Touristeninformation** (☎ 33 13 91 11; www.visitlarvik.no; Storgata 48; 🕒 Mitte Juni–Anfang Aug. Mo–Sa 8.30–18, So 13–16 Uhr, übrige Zeit Mo–Fr 8.30–16 Uhr) befindet sich gegenüber vom Fähranleger und bietet Internetzugang (20 nkr pro 10 Min.).

Die **Bibliothek** (☎ 33 17 10 50; 🕒 Mo 10–19, Di–Fr 10–16, Sa 10–14 Uhr) bietet einen kostenlosen, aber zeitlich begrenzten Internetzugang.

Sehenswertes & Aktivitäten

LARVIK-MUSEUM
Dieses **Museum** (☎ 33 17 12 90; Erw./Kind Kombiticket 40/10 nkr) hat vier Abteilungen an verschiedenen Orten der Stadt.

Das **Herrenhaus Herregården** (Herregårdsletta 6; 🕒 Mi, Sa & So 12–16 Uhr, Führungen Mitte Juni–Mitte Aug. 12.30, 13.30 & 14.30 Uhr, Juni–Mitte Sept. nur So) ist ein Holzbau von 1677 im klassischen Barockstil. Es wurde als Residenz für den norwegischen Generalgouverneur und Herzog von Larvik Ulrik Frederik Gyldenløve errichtet. Als illegitimer Sohn des dänischen Königs Fredrik IV. erhielt Gyldenløve ein Herzogtum und wurde in die norwegische Provinz abgeschoben.

SÜDNORWEGEN

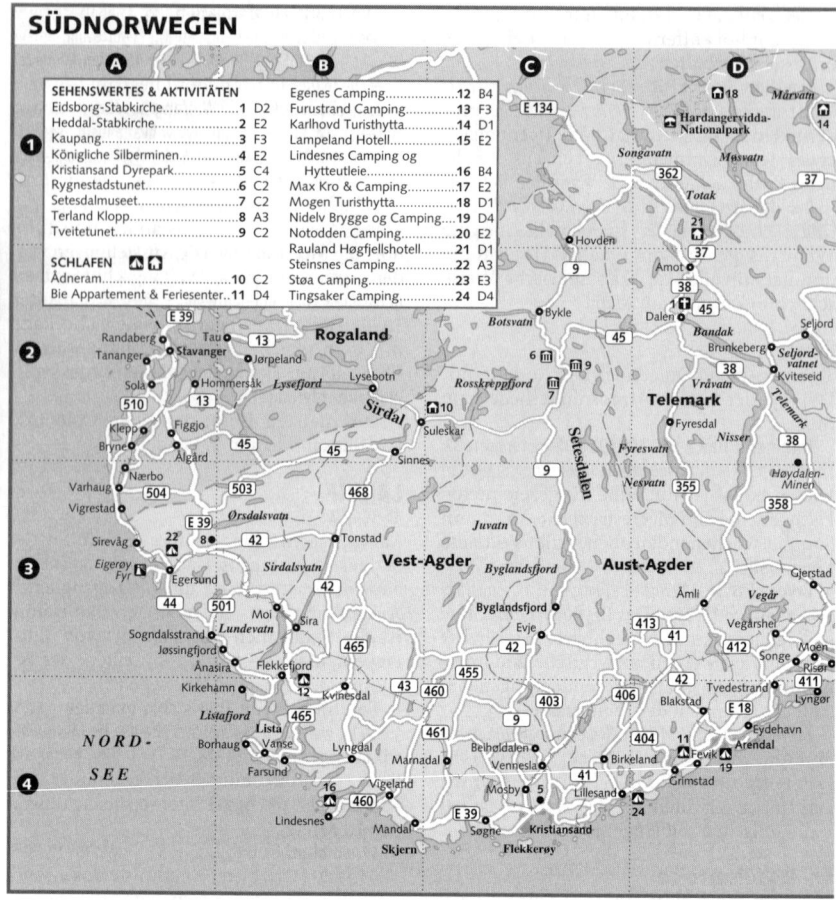

A   **B**   **C**   **D**

SEHENSWERTES & AKTIVITÄTEN	
Eidsborg-Stabkirche.................1	D2
Heddal-Stabkirche....................2	E2
Kaupang.................................3	F3
Königliche Silbermine..............4	E2
Kristiansand Dyrepark.............5	C4
Rygnestadstunet.....................6	C2
Setesdalsmuseet.....................7	C2
Terland Klopp.........................8	A3
Tveitetunet............................9	C2

SCHLAFEN	
Ådneram................................10	C2
Bie Appartement & Feriesenter..11	D4

Egenes Camping....................12	B4
Furustrand Camping...............13	F3
Karlhovd Turisthytta...............14	D1
Lampeland Hotell....................15	E2
Lindesnes Camping og	
Hytteutleie.......................16	B4
Max Kro & Camping...............17	E2
Mogen Turisthytta..................18	D1
Nidelv Brygge og Camping......19	D4
Notodden Camping.................20	E2
Rauland Høgfjellshotell..........21	D1
Steinsnes Camping.................22	A3
Støa Camping........................23	E3
Tingsaker Camping.................24	D4

Das **Seefahrtsmuseum Larvik** (Kirkestredet 5; Mitte Juni–Mitte Aug. Di–Sa 12–16 Uhr, Juni–Mitte Sept. auch So) in einem Ziegelbau von 1730 liegt unmittelbar östlich des Hafens. Es zeigt maritime Kunstwerke, eine Anzahl beeindruckender Schiffsmodelle sowie eine kleine Ausstellung über die nahe Wikingersiedlung Kaupang (s. S. 136).

Verkensgarorden (Nedre Fritzøegate 2; Mitte Juni–Mitte Aug. Di–So 12–16 Uhr, übrige Zeit So 12–16 Uhr) zeigt Werkzeuge und Geräte einer örtlichen Sägemühle und Eisenhütte aus dem 17. Jh. Eine geologische Ausstellung informiert über die Entstehung des blauen Larvikit. Dieser sehr schöne, 500 Mio. Jahre alte Granit wird in der Nähe der Stadt abgebaut.

Kaupang (Eintritt frei; Mitte Juni–Mitte Aug. Di–So 12–17 Uhr), 5 km östlich von Larvik, ist eine Wikingersiedlung, die um 800 erbaut wurde und bis 960 bewohnt war. Zu ihrer Blütezeit haben hier 1000 Menschen gelebt. In unseren Augen ist sie die interessanteste Attraktion Larviks. Die meisten Fundstücke befinden sich zwar in Oslo, doch aus dem, was noch da ist, macht der Verwalter wirklich das Beste – mit einer kleinen Ausstellung, vier Wikingerzelten und fachkundigen Führern in Wikingertracht, die über die Geschichte des Ortes informieren und die nahen Wikingergräber zeigen. Mittwochs (Familientag) und an Wochenenden wird Suppe gekocht und Brot gebacken wie zur Wikingerzeit. Außerdem können die Führer erklären, wo in der Gegend von Larvik weitere Wikingerfriedhöfe liegen.

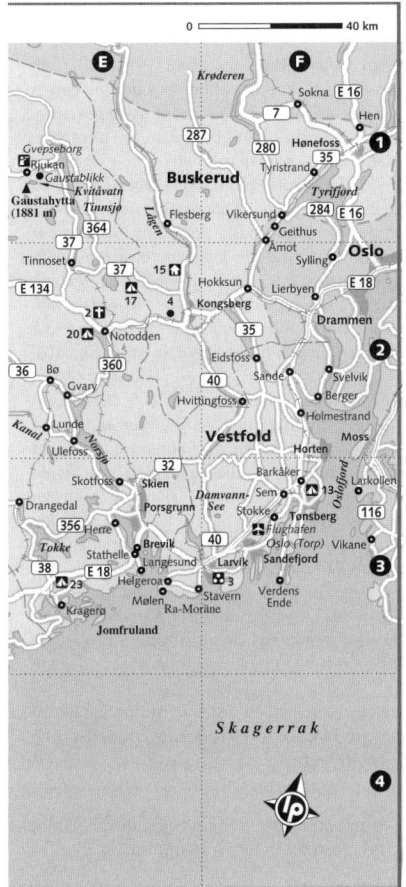

RADFAHREN
Sorgfältig angelegte Radwege ziehen sich durch ganz Vestfold. Die Touristeninformation vermietet Fahrräder für 150/600 nkr pro Tag/ Woche und verkauft für 100 nkr die unentbehrliche, dreiteilige Karte *Sykkelkart Vestfold*.

Schlafen & Essen
LP Tipp **Lysko Gjestegaard** (☎ 33 18 77 79; www. lysko-it.no; Kirkestredet 10; EZ/DZ ab 550/750 nkr; P) Diese ruhige Pension hat die wohl reizvollste Lage der Stadt: in einem zauberhaften, alten Holzhaus gegenüber dem Seefahrtsmuseum östlich des Hafens. Frühstück ist in den Preisen nicht enthalten.

Greven Hotell (☎ 33 18 25 26; www.hotel-greven.no; Storgata 26; EZ/DZ ab 640/810 nkr) Das Hotel ist ein stimmungsvoll renoviertes Hotel von 1903 und eine gute Wahl am Hafen.

Quality Hotel Grand Farris (☎ 33 18 78 00; www. choice.no; Storgata 38; EZ/DZ ab 750/1040 nkr; P ⌨) Das beste Hotel der Stadt bietet ebenfalls Meerblick. Seine höchst komfortablen Zimmer lassen vergessen, dass der Bau ein echter Schandfleck ist.

Sowohl das Greven Hotell als auch das Quality Hotel haben ein gutes Restaurant. Ersteres bietet überwiegend italienische Küche. Einen Versuch wert sind auch das **Ferdinands Lillekjøkken** (☎ 33 13 05 44; Storgata 32; Hauptgerichte ab 139 nkr; ⊗ Abendessen) für Steaks und Meeresfrüchte sowie das **Bøkekroa Restaurant** (☎ 33 18 10 53; Bøkeskogen; ⊗ Mai–Aug. Mittag- & Abendessen), das freitagabends Livejazz bietet.

An- & Weiterreise
Busse von Nor-Way Bussekspressen fahren auf der Strecke zwischen Seljord (199 nkr, 2¼ Std., bis zu 3-mal tgl.) und Tønsberg (81 nkr, 1 Std.) durch Larvik. Andere Orte an der Küste erfordern evtl. ein Umsteigen in Tønsberg oder Arendal. Nahverkehrszüge pendeln stündlich zwischen Oslo S (Oslo Sentralstasjon) und Larvik (253 nkr, 2 Std.). Bahnhof und Busbahnhof liegen nebeneinander an der Storgata.

Color Line bietet Fährverbindungen nach Fredrikshavn in Dänemark (s. S. 436).

RUND UM LARVIK
Auf der flachen Halbinsel Brunlanes südwestlich von Larvik liegen einige halbwegs interessante Orte, die allerdings im Sommer von norwegischen Urlaubern überlaufen sind.

Stavern
5643 Ew.
Die nette, kleine Stadt Stavern, gleich südlich von Larvik, hat Fußgängerzonen gesäumt von Cafés und kleinen Privatgalerien, die zu einem gemütlichen Bummel einladen. Zu ihren Sehenswürdigkeiten zählt die Mitte des 18. Jhs. erbaute Festung, **Fredriksvern Verft**, umgeben von Blockbauten, die einst zu den Verteidigungsanlagen gehörten. Ebenfalls sehenswert ist die hübsche **Kirche** (☎ 33 19 99 75; Kommandør Herbsgata 1; Eintritt frei; ⊗ Di–Fr 11–13 Uhr) von 1756, Norwegens erste Marinekirche.

Stavern ist Ausgangspunkt des reizvollen und beliebten, 33 km langen **Kyststien-Küstenpfads** nach Ødegården an der West-

SÜDNORWEGEN

THOR HEYERDAHL

Larviks Lieblingssohn war der ebenso furchtlose wie umstrittene Thor Heyerdahl (1914–2002), ein außergewöhnlicher Wissenschaftler, Anthropologe und Entdecker. Er wollte sein ganzes Leben über beweisen, dass die Weltmeere schon in frühen Zeiten bedeutende Verbindungswege waren, keine Barrieren. Er war der Ansicht, dass man dies unbedingt berücksichtigen müsse, um die ersten Zivilisationen zu verstehen – ein Gedanke, der für die Wissenschaft damals völlig neu war.

1947 segelte er auf einem Balsafloß, der *Kon-Tiki*, 6000 km von Peru nach Polynesien, um zu beweisen, dass der Südpazifik möglicherweise durch Einwanderer aus Südamerika und nicht aus Asien besiedelt wurde. Seine Theorien stützten sich auf die Entdeckung von Ähnlichkeiten der Fauna und kultureller Artefakte in Polynesien und Südamerika und die Tatsache, dass die pazifischen Meeresströmungen in ost–westlicher Richtung verlaufen. Der Film über seine Reise gewann 1951 den Oscar in der Kategorie „Bester Dokumentarfilm". Die Tapferkeit, mit der Heyerdahl den Nazis Widerstand geleistet hatte, trug ebenfalls zu seinem Ruhm bei. Von seinem Buch über die Expedition wurden weltweit 60 Mio. Exemplare verkauft. Sein Schiff, die *Kon-Tiki*, ist im Kon-Tiki-Museum in Oslo (S. 107) ausgestellt.

Nachdem Heyerdahl als einer der ersten Europäer auf den Galapagos- und den Osterinseln Ausgrabungen durchgeführt hatte, erregte er 1970 erneut internationale Aufmerksamkeit, als er den Atlantik auf einem Papyrusfloß überquerte. Er wollte damit beweisen, dass Kolumbus vielleicht doch nicht als Erster den Atlantik überquert hat und dass sogar schon die Ägypter, Jahrtausende früher, dazu in der Lage waren. Das erste Floß, die *Ra*, sank kurz nach dem Auslaufen. Doch der hartnäckige Heyerdahl schaffte die Überquerung auf der *Ra II*.

1978 segelte der unermüdliche Heyerdahl im Alter von 64 Jahren mit der *Tigris* vom Zusammenfluss von Euphrat und Tigris über den Schatt El Arab durch den Persischen Golf und über den Indischen Ozean nach Djibouti. Er wollte nachweisen, dass die alten Sumerer diese Reiseroute häufig benutzten. Als ihm aber wegen der Konflikte in der Region der Zugang zum Roten Meer verweigert wurde, setzte er sein Boot in Brand – eine spektakuläre Antikriegs-Demonstration. Heyerdahl setzte sich auch für die Völkerverständigung ein. Seine Crew war immer multinational und seine Schiffe trugen die UN-Flagge.

Zu Heyerdahls 75. Geburtstag, 1989, wurde in Tollerodden, östlich des Hafens von Larvik, zu seinen Ehren eine Statue enthüllt. Die Skulptur besteht aus blauem Larvikit, der am Ort gebrochen wird. Heyerdahl starb am 18. April 2002 in Norditalien an Krebs.

---

küste der Halbinsel Brunlanes. Die **Touristeninformation Stavern** (☎ 33 19 73 00; Havnegata 3; ⓨ Mitte Juni–Anfang Aug. Mi–Sa 10–16, So 13–16 Uhr) verkauft für 85 nkr die Wanderkarte *Kyststien i Larvik*.

Eine gute Unterkunft ist das nette und komfortable **Hotel Wassilioff** (☎ 33 11 36 00; www.wassilioff.no; Havnegata 1; EZ 900–1150 nkr, DZ 1100–1300 nkr) am Hafen. Zimmer mit Meerblick kosten allerdings heftige 200 nkr Zuschlag.

Von und nach Larvik (26 nkr, 15 Min., stündl.) verkehrt die Buslinie 1.

Mølen

Das Kap von Mølen ist eine geologische Besonderheit. Hier endet die eiszeitliche **Ra-Moräne** (Geröll, das vom Gletscher transportiert und abgelagert wurde). Sie reicht vom Farrisvatn (einem See, der durch die Moräne aufgestaut wurde) bis zur Südwestspitze der Halbinsel Brunlanes. Die 230 in parallelen Reihen angelegten Steinhügel und Felsblöcke sind eisenzeitliche Grabstätten.

DAMVANN

Rund 20 km nördlich von Larvik liegt der traumhaft schöne, von Wäldern umgebene See von Damvann. Volkstümliche Legenden behaupten, hier wohne die Hexe Huldra, die so schön sein soll, dass ihr jeder Mann sofort verfällt. Im Juli serviert hier eine neuzeitliche **Huldra** (Ellen Dalen; ☎ 33 11 25 17) von 12 bis 16 Uhr Mahlzeiten. Die Anreise ohne eigenes Fahrzeug ist allerdings schwierig. Die nächste Bushaltestelle ist in Kvelde (6 km vom See entfernt) an der Numendalslågen-Straße.

KRAGERØ
10 481 Ew.

Kragerø ist einer der beliebtesten Ferienorte der Norweger. Seine engen Gassen mit weißen Häusern ziehen sich vom Meer den

Hang hinauf. Schon früh haben Künstler Kragerø als Rückzugsort entdeckt. Edvard Munch (s. Kasten S. 53) hat hier mehrmals Angelferien gemacht und den Ort als „Perle der Küstenstädte" gelobt. Eine Statue des Künstlers steht heute dort, wo er die Wintersonne über dem Meer gemalt hat.

Praktische Informationen

Die bescheidene **Touristeninformation** (☎ 35 98 23 88; www.visitkragero.no; Torvgaten 1; ☉ Mitte Juni–Mitte Aug. Mo–Fr 9–19, Sa 9–18, So 10–17 Uhr, übrige Zeit kürzer) liegt am Busbahnhof. Die **Bibliothek** (Bibliotek; Torvgaten; ☉ Mitte Juni–Mitte Aug. Mo & Do 10–18, Di, Mi & Fr 10–14 Uhr, übrige Zeit länger) bietet kostenlosen, zeitbegrenzten Internetzugang. Sie befindet sich auf halbem Weg zwischen der Touristeninformation und dem hübschen Hauptplatz.

Sehenswertes & Aktivitäten

Viel zu sehen gibt es nicht. Hauptattraktion ist die vorgelagerte Insel Jomfruland (S. 139). Einen schönen Blick über die Stadt und ihre Schären eröffnet der Aussichtspunkt auf dem **Steinmann-Berg**, den man vom Kragerøer Stadion aus erreicht.

Das **Berg-Kragerø-Museum** (☎ 35 98 14 53; Lovisenbergveien 45; Erw./Kind 50 nkr/gratis; ☉ Juni–Mitte Aug. 12–18 Uhr), am Ufer des Hellefjord, 3 km außerhalb des Zentrums, ist ein 120 ha großes Gut mit einem Landsitz von 1803. Es umfasst Gärten, Fußwege und Ausstellungen zu Kunst und Geschichte.

Ein besonderes Erlebnis ist die **Draisinenfahrt** auf der 13 km langen Bahnstrecke zwischen Sannidal und Merkebekk. Eine Draisine (*dressin*, Schienenfahrrad) kostet 75/225 nkr pro Std./Tag. Reservierungen erledigt Støa Camping (s. S. 139); Infos hat die Touristeninformation.

Schlafen & Essen

Kragerø Vandrerhjem (☎ 35 98 57 00; kragero.hostel@ vandrerhjem.no; Lovisenbergveien 20; B/EZ/DZ 325/550/650 nkr; ☉ Mitte Juni–Mitte Aug.) Im Übernachtungspreis dieses guten HI-Hostels, 2 km nördlich der Stadt, ist das Frühstück inbegriffen. Abendessen wird für 100 nkr serviert.

Støa Camping (☎ 35 99 02 61; spar.kivle@ngbutikk. net; Sannidal; Zeltplatz ab 130 nkr, Hütten ab 275 nkr) Der Platz ist nicht berauschend, aber auch nicht schlecht. Gute Verbindungen zur Stadt bietet die Buslinie 607 (26 nkr, 12 Min.).

Das **Victoria Hotel** (☎ 35 98 75 25; victoria@aco.no; PA Heuchtsgata 31; EZ/DZ Mitte Juni–Mitte Aug. 1165/1365 nkr,

übrige Zeit 965/1165 nkr; ℗) ist eines der überteuerten Sommerhotels an der Südküste, hat aber die besten Zimmer in der Stadt. Einige davon haben einen Balkon mit Blick auf den Kai. Das ganze Haus wurde 2007 geschmackvoll renoviert. Aber wer nicht gerade ein norwegisches Einkommen hat, wird sich ein bisschen ausgenommen vorkommen.

El Paso Western Saloon (☎ 35 98 15 32; PA Heuchtsgata 31; Pizzas ab 189 nkr, Hauptgerichte 129–239 nkr) Diese eigenartige Kombination aus norwegischer Küstenpinte und texanischem Wüsten-Diner serviert Steaks, Hamburger, Pizzas und ganz gute mexikanische Küche.

An- & Weiterreise

Die Züge von Oslo und Kristiansand halten in Neslandsvatn, wo es meist Busanschluss nach Kragerø gibt. Busse fahren bis zu fünfmal täglich nach Oslo (250 nkr, 3½ Std.) und Kristiansand (200 nkr, 2½ Std.); teilweise allerdings mit Umstieg in Tangen an der E 18.

RUND UM KRAGERØ
Jomfruland

Norwegische Urlauber sind begeistert von der Insel Jomfruland gleich vor der Küste von Kragerø. Sie ist 10 km lang, bis zu 600 m breit, von Wäldern bedeckt und von überwiegend sandigen Stränden gesäumt. Wahrzeichen sind der alte (1869) und der neue (1937) **Leuchtturm** (☎ 35 99 11 79; Erw./Kind 20/10 nkr; ☉ Mitte Juni–Mitte Aug. Mo–Sa 12–16, So 12–18 Uhr), die beide zu besichtigen sind.

Der tolle Platz **Jomfruland Camping** (☎ 35 99 12 75; www.jomfrulandcamping.no; Åsvik Brygge; Zeltplatz ab 120 nkr, Wohnwagenstellplatz mit Strom 190 nkr, 4-Bett-Hütten ab 450 nkr) liegt in der Nähe des Fährhafens Åsvik Brygge.

Kragerø Fjordbåtselskap (☎ 35 98 58 58) betreibt Fähren zwischen Kragerø und Jomfruland (54 nkr, 50 Min.), die im Sommer bis zu viermal täglich verkehren.

RISØR
6873 Ew.

Risør, die „Weiße Stadt am Skagerrak", ist eine der schönsten Orte Südnorwegens. Rings um den u-förmigen Hafen voller farbenprächtiger Fischerboote und Jachten reihen sich weiße Häuser aus der Zeit von 1650 bis 1890. Ein wunderbarer Ort, um ein bisschen zu spazieren und den rustikalen Zauber zu genießen. Wer aber nichts für ein paar faule Tage am Meer übrig hat, sollte besser weiterfahren.

SÜDNORWEGEN

Die **Stadtbibliothek** (Kragsgate 48 A; ☺ Mitte Juni–Mitte Aug. Mo–Fr 11–15, Sa 11–14 Uhr; übrige Zeit länger) bietet kostenlosen Internetzugang. Die **Touristeninformation** (☎ 37 15 22 70; www.risor.no; Kragsgata 3; ☺ Mitte Juni–Mitte Aug. Mo–Fr 10–18, Sa 10–16, So 12–18 Uhr) liegt 50 m westlich des Hafens.

Sehenswertes & Aktivitäten

SALZWASSERAQUARIUM RISØR

Das interessante **Salzwasseraquarium Risør** (Saltvannsakvariet; ☎ 37 15 32 82; Dampskipsbrygga; Erw./Kind Mitte Juni–Mitte Aug. 50/30 nkr, übrige Zeit 30/20 nkr; ☺ Mitte Juni–Mitte Aug. 11–18 Uhr, übrige Zeit kürzer), am Kai vor dem Risør Hotel, zeigt eine kleine Auswahl der Fische, Krebse und Muscheln der Küstengewässer Südnorwegens. Zu den Hauptattraktionen zählen die Baby-Hummer und der farbenprächtige Kuckuckslippfisch (Labrus mixtus).

RISØR-MUSEUM & RISØR-KUNSTPARK-GALERIE

Über die örtliche Geologie, den Fischfang und die 275-jährige Geschichte von Risør informiert das **Risør-Museum** (☎ 37 15 30 85; Prestegata 9; Erw./Fam. 30/50 nkr; ☺ Mitte Juni–Mitte Aug. Mo–Fr 9–16, Sa 9–14 Uhr). An der Kasse gibt es eine Broschüre mit Erklärungen in englischer Sprache. Neben dem Museum befindet sich die **Risør-Kunstpark-Galerie** (☺ Mitte Juni–Mitte Aug. Mo–Fr 9–16, Sa 9–14 Uhr) mit Ausstellungen von Künstlern, die sich vom Zauber Risørs inspirieren ließen.

RISØR KUNSTFORUM

Dieses innovative **Kunstforum** (Risør Kunstforum; ☎ 37 15 63 83; www.kunstforum.no, auf Norwegisch; Tjenngata 76; ☺ Mitte Juni–Mitte Aug.) bietet eine Auswahl verschiedener Kurse – von der handwerklichen Papierherstellung bis zur Aquarellmalerei. Die Preise beginnen bei 1500 nkr für drei Tage und reichen bis zu 3500 nkr für sieben Tage. Pauschalen inklusive Unterkunft werden ebenfalls angeboten.

BOOTSVERMIETUNG

Wer die Inselwelt vor der Küste auf eigene Faust erkunden will, kann bei **Risør Båtformidling** (☎ 37 15 25 50) kleine Motorboote mieten. Auch größere Motorboote sowie Kanus vermietet **Sørlandet Feriesenter** (☎ 37 15 40 80).

Festivals

In der letzten Juniwoche findet das **Risør Chamber Music Festival** (Festival der Kammermusik)

statt, bei dem eine von Jahr zu Jahr wachsende Zahl regionaler und internationaler Musiker auftritt. Das **Holzboot-Festival Risør** (Trebåtfestival) am ersten Augustwochenende bietet Bootsrennen, Konzerte und Aktivitäten für Kinder. Die Unterkünfte können zu dieser Zeit knapp werden.

Schlafen

Moen Camping (☎ 37 15 50 91; Fax 37 15 17 63; Moen; Zeltplatz 100 nkr, Hütten 300–550 nkr) Am nächsten bei Risør befindet sich dieser gut ausgestattete und gepflegte Platz. Er liegt 11 km westlich der Stadt via E 18, an der Buslinie von Risør nach Arendal, Kristiansand und Oslo.

Risør Kunstforum (☎ 37 15 63 83; www.kunstforum.no, auf Norwegisch; Tjenngata 76; EZ/DZ/3BZ 450/600/700 nkr) Diese nette Unterkunft, 1 km westlich des Hafens, bietet einfache, aber ordentliche Zimmer mit Frühstück zum Selbermachen. Highlights sind hier jedoch die Kurse in Malerei und Bildhauerei (s. S. 140).

Das **Risør Hotel** (☎ 37 14 80 00; www.risorhotel.no; Tangengata 16; EZ/DZ Mitte Juni–Mitte Aug. ab 895/1195 nkr, übrige Zeit 600/900 nkr) ist wohl das beste unter den wenigen Hotels am Ort, aber es bietet nicht die Klasse, die der Preis erwarten lässt. Die Lage am Meer hingegen ist tadellos.

Det Lille Hotell (☎ 37 15 14 95; www.detlillehotel.no; EZ/DZ ab 1240/1565 nkr pro Nacht, ab 8840/9800 nkr pro Woche) Diese interessante Alternative bietet Suiten und Apartments für Selbstversorger an verschiedenen Orten der Stadt – meist in schön restaurierten Wohnhäusern mit historischem Mobiliar. Ideal, wenn man eine ganze Woche bleiben will. Die Preise pro Nacht sind außerhalb der Hauptsaison im Sommer günstiger und umso niedriger, je länger man bleibt. Eine gute Wahl für alle, die sich etwas gönnen wollen.

Essen

Direkt am Hafen oder direkt dahinter liegen mehrere Cafés und Restaurants mit moderaten Preisen.

Brasserie Krag (☎ 37 15 04 50; Kragsgata 12; Hauptgerichte 79–215 nkr; ☺ Mittag- & Abendessen) Dieses oft empfohlene Restaurant bietet eine recht vielfältige Speisekarte und eine entspannte Atmosphäre.

Brygge Pizza (☎ 37 15 00 99; Strandgata 2; Pizzas ab 129 nkr; ☺ Mittag- & Abendessen) Eines der wenigen Lokale mit Tischen draußen am Wasser und mit seinen günstigen Preisen auch für sparsame Reisende zu empfehlen.

Risør Hotel (☎ 37 14 80 00; Tangengata 16; Hauptgerichte 75–189 nkr; ☻ Mittag- & Abendessen) Dieses Restaurant bietet eine schöne Terrasse mit Meerblick und gute Snacks und eine etwas teurere Auswahl von À-la-carte-Gerichten.

An- & Weiterreise
Regionalbusse verbinden Risør mehrmals täglich mit dem Bahnhof von Gjerstad (60 nkr, 45 Min.). Die Nor-Way-Bussekspress-Linie zwischen Kristiansand (150 nkr, 3 Std.) und Oslo (315 nkr, 3¾ Std.) hat in Vinterkjær Anschluss an die Lokalbusse von/nach Risør (29 nkr, 20 Min.).

RUND UM RISØR
Die Schären vor der Küste von Risør sind ein beliebtes Ausflugsziel. Besonders gefragt ist die am südlichsten gelegene Insel **Stangholmen** mit einem schmucken Leuchtturm von 1855 – vielleicht auch weil sie als einzige ein Restaurant hat: das **Stangholmen Fyr Restaurant & Bar** (☎ 37 15 24 50; Hauptgerichte ab 215 nkr) im Leuchtturm.

Alle Inseln sind per Fähre oder Wassertaxi zu erreichen. **Fähren** (☎ 37 15 24 50) nach Stangholmen (40 nkr hin & zurück, 2-mal stündl.) verkehren im Sommer zwischen 10 und 24 Uhr (oder später) ab Tollbubrygga.

LYNGØR
120 Ew.
Das winzige Lyngør, das aus mehreren Inselchen vor der Küste nahe dem Dorf Gjeving besteht, ist 1991 als sauberste Stadt Europas ausgezeichnet worden. Daraus macht es keinen Hehl, aber auch ohne dieses Prädikat ist der malerische, kleine Ort einen Besuch wert. Sein Reiz liegt z. T. darin, dass Besucher ihr Auto auf dem Festland lassen müssen.

Wer Lyngør genießen möchte, nachdem die Tagesausflügler wieder abgereist sind, kann im **Knatten Pensjonat** (☎ 37 16 10 19; Odden; EZ/DZ ab 575/775 nkr) übernachten. Die einfache „Pension" ist etwas überteuert, aber man darf hier nicht wählerisch sein. Sie liegt 300 m vom Holmen Quay entfernt.

Die **Seilmakerfruens Kro** (☎ 37 16 60 00; Ytre Lyngør; Pizzas um 150 nkr; ☻ Mittag- & Abendessen) bietet noch das preisgünstigste Essen auf der Insel: ordentliche Pizzas und ein paar Gerichte à la carte.

Die **Lyngør-Båtselskap-Fähre** (☎ 41 45 41 45; Erw./Kind 28/17 nkr) zwischen Gjeving, Holmen und Lyngør verkehrt an Wochentagen bis zu siebenmal, samstags viermal und sonntags

mindestens einmal. Weitere Infos über Fähren nach Arendal s. S. 143.

ARENDAL
40 057 Ew.
Den Reiz von Arendal machen der quirlige Hafen (als „Pollen" bekannt) mit seinen Restaurants und Bars – die Tische direkt am Wasser – sowie seine zahlreichen Festivals aus. Gerade groß genug, um das Notwendige zu bieten, aber doch nicht erdrückend, ist es ein netter Ort, um ein paar Tage zu verweilen. Besonderen Charme hat das alte Viertel Tyholmen mit seinen zahlreichen Holzhäusern. Und wer etwas mehr Meer will als ein Hafencafé bietet, der kann einen Ausflug auf die Inseln Merdø, Tromøy und Hisøy unternehmen.

Praktische Informationen
Bibliothek (☎ 37 01 39 13; Torvet 6; ☻ Mo–Sa 10– 18 Uhr) Kostenloser, zeitbegrenzter Internetzugang.
Planet X-Pec (Ostregata 9; Internet 35 nkr pro Std.; ☻ Mo–Do 12–2, Fr–So 12–24 Uhr) Internetzugang gegenüber dem Ting Hai Hotel.
Touristeninformation (☎ 37 00 55 44; www.arendal. com; Sam Eydes Plass; ☻ Aug.–Juni Mo–Fr 9–19, Sa 11–14 Uhr, Juli Mo–Fr 9–19, Sa & So 11–18 Uhr)

Sehenswertes
TYHOLMEN
Hinter dem Gjestehavn (Gästehafen) erstreckt sich das alte Hafenviertel Tyholmen den Hang hinauf, mit schönen Holzhäusern aus dem 17. bis 19. Jh. und Stilelementen aus Neoklassik, Rokoko und Barock. 1992 wurde es für seine gelungene Restaurierung zu Recht mit dem angesehenen Preis Europa Nostra ausgezeichnet. Einst war Tyholmen durch einen Kanal vom Festland getrennt, der jedoch zugeschüttet wurde, als die große Zeit der Segelschiffe zu Ende war.

Eine der Hauptattraktionen von Tyholmen ist das eindrucksvolle Rathaus am Meer (Rådhus, ☎ 37 00 55 44; Rådhusgata 10; ☻ nach Anmeldung), Norwegens größter Holzbau. Es wurde 1815 als Wohnhaus eines Schiffseigners errichtet und ab 1844 als Rathaus genutzt. Gruppen können es von innen besichtigen, aber schon die Außenansicht ist sehr eindrucksvoll.

MUSEEN
Das **Aust-Agder-Museum** (☎ 37 07 35 00; www. aaks.no, auf Norwegisch; Parkveien 16; Erw./Kind 30/15 nkr;

⊗ Mitte Juni–Mitte Aug. Mo–Fr 9–17, Sa 12–17 Uhr, übrige Zeit kürzer) wurde 1832 gegründet. Damals baten die Stadtväter ihre Seefahrer, überall auf der Welt nach interessanten Objekten Ausschau zu halten. Was sie mitbrachten, ist heute in diesem Bezirksmuseum ausgestellt – neben Ausstellungsstücken aus der von Schiffsbau, Holzfällerei und Handel geprägten Geschichte von Arendal. Zu den interessantesten Ausstellungen gehört die über die letzte Reise des Sklavenhändlerschiffs *Fredensborg*, das 1768 vor Tromøy untergegangen ist. Die überlebenden afrikanischen Slaven wurden nicht etwa mit der Freiheit belohnt, sondern in die Karibik verkauft.

Ebenfalls sehenswert ist das **Stadtmuseum Arendal** (☎ 37 02 59 25; Nedre Tyholmsvei 14; Erw./Kind 30/10 nkr; ⊗ Aug.–Mai Di–Fr 10–15, Sa 10–14 Uhr), schon deshalb, weil es die seltene Gelegenheit bietet, eines der reizvollen, alten Bürgerhäuser (Klöckers Hus) Ardendals von innen zu sehen.

Festivals & Events

In Arendal wird immer etwas geboten. Openair-Konzerte am Wasser finden an vielen Wochenenden statt. Zu den weiteren Highlights im Sommer gehören:

Sørlandet Boat Show (www.baatmesse.com, auf Norwegisch, Ende Mai)

Hove Festival (www.hovefestivalen.no, Ende Juni) Ein Rockfestival mit internationalen Musikern auf der Insel Tromø

Sommermarkt (www.arendal-sentrum.no, auf Norwegisch, Mitte Juli)

Canal Street Jazz & Blues Festival (www.canalstreet.no, Ende Juli), ein Jazzfestival von Weltrang.

Schlafen

Arendal hat eine gute Auswahl von Mittelklassehotels. Budget-Reisende hingegen müssen sich außerhalb der Stadt umsehen.

Nidelv Brygge og Camping (☎ 37 01 14 25; home. no.net/svs012, auf Norwegisch; Vesterveien 251, Hisøy; Zeltplatz 110 nkr plus 20/10 nkr pro Erw./Kind, Wohnwagenstellplatz 120 nkr, Hütten 300–750 nkr) Der recht gute Platz liegt 6 km westlich von Arendal am Fluss Nidelv bei Hisøy. Er ist mit allen Bussen nach Kristiansand und Grimstad (28 nkr, jede halbe Std.) zu erreichen. Wer mit dem eigenen Fahrzeug anreist, nimmt die Rv 420. Einige der Hütten bieten Ausblick auf den Fluss. Es gibt ein Restaurant und einen Lebensmittelgeschäft.

Ting Hai Hotel (☎ 37022201; ting@online.no; Østregate 5; EZ/DZ 695/995 nkr) Das Hotel, nur wenige Blocks

vom Hafen, bietet einfache, aber geräumige und preisgünstige Standardzimmer. Am besten sind die Eckzimmer. Im Erdgeschoss befindet sich ein chinesisches Restaurant, das offenbar das Hauptstandbein des Besitzers ist.

Thon Hotel Arendal (☎ 37052150; www.thonhotels.no; Friergangen 1; EZ 775–1375 nkr, DZ 995–1575 nkr; ▯) Die Unterkunft liegt zwar nicht direkt am Meer, aber nur 50 m davon entfernt. Wie bei allen Hotels der Thon-Kette sind die Zimmer groß, modern und komfortabel.

Clarion Tyholmen Hotel (☎ 37076800; www.choice.no; Teaterplassen 2; EZ/DZ ab 990/1190 nkr) Das Clarion ist fraglos das beste Hotel von Arendal. Es bietet eine erstklassige Küstenlage sowie attraktive und recht luxuriöse Zimmer in einem restaurierten, alten Gebäude, das dem Charme von Tyholmen nacheifert.

Essen & Ausgehen

Alle wichtigen Läden sind in Hafennähe versammelt, sodass man den Tag und den Abend überwiegend am Wasser verbringen kann.

Café Det Lindvedske Hus (☎ 37 02 18 38; Nedre Tyholmsvei 7 b; Snacks & leichte Mahlzeiten 40–105 nkr; ⊗ Mo–Do 11–23, Fr & Sa 11–1, So 12–23 Uhr) Das wundervolle Lokal mit 200 Jahre alter Dekoration und gedämpfter Atmosphäre serviert Imbissgerichte wie Grill-Sandwiches und Pasta, kocht exzellenten Kaffee und hat den kultivierten und doch zwanglosen Stil eines Kunstcafés. Die Küche schließt um 21 Uhr. Danach spielt Musik im Stil von Stan Getz. Ein Super-Laden!

Café Victor (☎ 37 02 18 38; Nedre Tyholmsvei 7 b; Imbissgerichte 49–99 nkr; ⊗ Juni–Aug. 10–24 Uhr, Sept.– Mai Mo–Sa 10–17 Uhr) mit erstklassiger Lage am Wasser ist ebenfalls ein guter Tipp. Abgesehen von der antiken Decke ist die Ausstattung schnörkellos und modern, der Service ist gut und das Essen (Sandwiches und Pasta) sowie der Kaffee sind prima.

Castelle Bar & Restaurant (☎ 37 00 14 14; Langbrygge 5; Hauptgerichte 89–129 nkr; ⊗ So–Do 12–23, Fr & Sa 12–3.30 Uhr) ist wohl die vornehmste Restaurantbar am *Pollen*-Hafen. Das elegante Lokal steht eine Stufe über den sonstigen Biergaststätten im Hafenviertel von Arendal. Es serviert Imbissgerichte (Sandwiches, gute Hamburger und Pasta) sowie eine breite Auswahl an Getränken – von Bier (64 nkr für 0,5 l) bis zu Cocktails (99 nkr).

Madam Reiersen (☎ 37 02 19 00; Nedre Tyholmsvei 3; Vorspeisen 79–125 nkr, Hauptgerichte mittags 115–125 nkr, abends 219–235 nkr) Eines der besseren Restaurants am *Pollen*-Hafen und besonders zum Mittagessen recht günstig – v. a. die Platte mit Meeresfrüchten (145 nkr). Zum Abendessen hat uns der knusprig frittierte norwegische Saibling (225 nkr) besonders gut geschmeckt.

No 9 Kaffe & Platebar (☎ 37 02 77 92; Langbrygge 9; Kaffee 19–34 nkr; ⊙ Mo–Sa 10–17, So 12–17 Uhr, im Juli bis 19 Uhr) Ein stilvolles, kleines Café. Es wurde von Espen Larsen eingerichtet, einem örtlichen Jazzmusiker, der CDs (überwiegend Jazz) verkauft und spielt, während die Gäste ihren Kaffee genießen oder Gebäck knabbern. Das perfekte Café für einen gemütlichen Nachmittag in Arendal.

Fiskebrygge (☎ 37 02 31 13; Nedre Tyholmsvei 1; ⊙ April–Sept. Mi–So 9–2 Uhr) Der Laden hat eine prima Lage am Wasser, Tische im Freien und eine gute Auswahl an Biersorten (ab 50 nkr) und Cocktails (ab 89 nkr).

An- & Weiterreise

M/EZ Merdø (☎ 90 97 43 61; www.skilsoferga.no, auf Norwegisch) bietet im Juli regelmäßige Fähren von Arendal (Pollen) nach Lyngør (250 nkr hin & zurück) und Hisøy (120 nkr hin & zurück); in den restlichen Sommermonaten weniger oft. Die gleiche Gesellschaft fährt im Juli mehrmals täglich nach Merdø (Erw./Kind 25/15 nkr).

Die Nor-Way-Bussekspress-Busse zwischen Kristiansand (115 nkr, 1½ Std., bis zu 9-mal tgl.) und Oslo (ab 225 nkr, 4 Std.) halten an der Arendal Rutebilstasjon, einen Block westlich des Hafens *Pollen*. Regionalbusse von Timekspressen verbinden Arendal mit Grimstad (42 nkr, 30 Min., stündl.) und Risør (83 nkr, 1¼ Std.).

Unterwegs vor Ort

Sykkelsport (☎ 37 02 39 60; Ecke Nygaten & Vestre Gate) vermietet Fahrräder für 100–150 nkr pro Tag – eine hervorragende Möglichkeit, um die Insel zu erkunden und die Badestrände auf Hisøy und Tromøy zu erreichen.

RUND UM ARENDAL

Die 260 ha große Insel **Merdø** gleich vor Arendal ist seit dem 16. Jh. bewohnt. Eine ihrer Besonderheiten sind die Pflanzenarten, die mit dem Ballast der alten Segelschiffe eingeschleppt worden sind. Das **Merdøgård Museum** (☎ 37 07 35 00; Erw./Kind 25/10 nkr; ⊙ Mitte Juni–Mitte Aug. 12–16.30 Uhr) befindet sich in einem Kapitänshaus von 1736 und ist mit historischen Möbeln ausgestattet.

Die beliebtesten Badestrände sind die von Tromøy, Spornes, Hisøy und Hove. Am nächsten zum Strand von Spornes bringen einen die Busse mit der Aufschrift „Tromøy Vest/Øst", doch auch von ihrer Haltestelle sind es zu Fuß noch 15 Minuten. Alternativ kann man auf die **M/EZ Skilsøy Fähre** (☎ 37 00 55 44), die regelmäßig zwischen Arendal und dem Westen von Tromøy (17 nkr, 10 Min.) verkehrt, ein Fahrrad mitnehmen.

Auf den Inselchen **Store** und **Lille Torungene** erheben sich zwei imposante Leuchttürme, die seit 1844 die Schiffe nach Arendal lotsen. Sie sind von der Küste der Inseln Hisøy und Tromøy zu sehen.

GRIMSTAD

19 536 Ew.

Das Tollste an Grimstad sind – ganz untypisch für eine Küstenstadt – die wunderhübschen Fußgängerzonen landeinwärts des Hafenviertels. Sie zählen zu den schönsten an der ganzen Skagerrak-Küste. Die Stadt hat eine Reihe von Trümpfen auf ihrer Seite. Sie war die Heimatstadt des Dramatikers Henrik Ibsen und besitzt ein lohnenswertes Museum. Mit durchschnittlich 266 Stunden Sonnenschein in den Monaten Juni und Juli ist sie außerdem die sonnigste Stadt in Norwegen. Noch dazu herrscht in Grimstad mit seinem hohen Studentenanteil ein sehr jugendliches Flair.

Geschichte

Grimstads bescheidene Atmosphäre und sein stiller Charme täuschen darüber hinweg, welche große Bedeutung die Stadt einst hatte: Zwischen 1865 und 1885 war sie eines der weltweit größten Zentren des Schiffsbaus. Die Eichenwälder an den umliegenden Hängen wurden abgeholzt und zu Brettern gesägt, um die boomende Industrie zu versorgen. Zeitweise hatte die Stadt 40 Werften, auf denen bis zu 90 Schiffe gleichzeitig gebaut wurden.

Zur gleichen Zeit waren viele Bauern wegen Landknappheit dazu gezwungen, in die Fischerei zu wechseln, sodass auch einige Bauernhöfe zu kleinen Werften umfunktioniert wurden. 1875 besaß Grimstad eine Flotte von 193 Schiffen.

Praktische Informationen

Bibliothek (☎ 37 29 67 90; Storgata 44; ⊙ Mo–Fr 10–17, Sa 11–14 Uhr) Kostenloser, zeitbegrenzter Internetzugang.

SÜDNORWEGEN

Gasthafen (Gjestehavn; ☎ 37 04 05 93; www.grimstad gjestehavn.no) Öffentliche Toiletten, Duschen und ein Waschsalon (alles ist auch für Landratten zugänglich).
Touristeninformation (☎ 37 25 01 68; www. grimstad.net; Sorenskrivergården, Storgata 1 A; ☺ Juni & Aug. Mo–Fr 9–17, Sa 10–16 Uhr, Juli Mo–Fr 9–17, Sa & So 10–16 Uhr, Sept.–Mai Mo–Fr 8.30–16 Uhr)

Sehenswertes

IBSENHUSET-MUSEUM

Norwegens beliebtester Dramatiker, Henrik Ibsen (s. S. 52), kam im Januar 1844 nach Grimstad. Das Haus, in dem er gewohnt und als Apothekerlehrling gearbeitet hat und in dem er auch seine Neigung zum Schreiben entdeckte, ist heute das **Ibsenhuset-Museum** (Grimstad By Museum; ☎ 37 04 04 90; www.gbm.no, auf Norwegisch; Henrik Ibsens Gate 14; Kombiticket mit dem Seefahrtsmuseum Grimstad Erw./Kind/Stud./Rentner 50/20/35/35 nkr; ☺ Mitte Mai–Aug. 11–17 Uhr). Es zeigt eine rekonstruierte Apotheke, viele Gegenstände aus dem Besitz des Schriftstellers und eine Bibliothek mit seinen gesammelten Werken. Dank umfassender Informationen zu Leben und Werk Ibsens ist es eines der interessantesten Museen Südnorwegens. Ibsens 1861 verfasstes Gedicht *Terje Vigen* und das 1877 vollendete Drama *Stützen der Gesellschaft* spielen auf den Schären vor Grimstad.

Die engagierten, jungen Angestellten im Museenshop und im Ticketbüro auf der anderen Straßenseite organisieren auf Wunsch **Führungen** (☎ 37 04 04 90; ohne/mit Museum 50/75 nkr) zu anderen Orten der Stadt, die mit Ibsen zu tun haben – oder mit dem bekannten Schriftsteller Knut Hamsun (S. 49), der 1918–1952 im nahen Norholm gelebt hat.

SEEFAHRTSMUSEUM GRIMSTAD

Dieses bedeutende **Museum** (Sjøfartsmuseet; ☎ 37 04 04 90; Hasseldalen; Kombiticket mit dem Ibsenhuset-Museum Erw./Kind/Stud./Rentner 50/20/35/35 nkr; ☺ Mai–Mitte Sept. Mo–Sa 11–17, So 13–17 Uhr) im Verwaltungsgebäude der Hasseldalen-Werft von 1842 bietet einen Einblick in die Geschichte Grimstads zur großen Zeit der Segelschiffe. Nach dem Besuch lohnt sich der kurze Weg vom Ende des Batteriveien hinauf zum Berg Binabben, der einen schönen Blick über die Stadt eröffnet. Achtung: Das Kombiticket gilt nur, wenn man das Ibsenhuset-Museum zuerst besucht.

STEINBRUCHTHEATER

Ein recht ungewöhnliches Kulturerlebnis bietet das in Kristiansand gelegene **Agdertheater**

(☎ 38 07 70 50; www.agderteater.no, auf Norwegisch; Tickets 300 nkr), das im Sommer bis zu sechsmal in der Woche Aufführungen in einem alten Steinbruch inszeniert. Nach einer Spielpause 2007 sollen die Auftritte 2008 wieder stattfinden. Informationen über den Spielplan hat die Touristeninformation. In dem Steinbruch 4 km nördlich der Stadt wurden im Zweiten Weltkrieg die roten Granitblöcke für Hitlers „Siegesdenkmal" gebrochen, das natürlich nie gebaut wurde.

Schlafen

In der Umgebung der Stadt liegen mindestens sechs Campingplätze. Infos bietet die **Website** (www.grimstad.net) der Touristeninformation.
Grimstad Hytteutleie (☎ 37 25 10 65; www.grimstad-hytteutleie.no; Grooseveien 103) vermittelt Hütten für eine Nacht (ab 375 nkr) oder für längere Aufenthalte.

Bie Appartement & Feriesenter (☎ 37 04 03 96; www.bieapart.no; Arendalsveien; Zeltplatz 200 nkr, Hütten 500–1200 nkr; 🛒) Der Stadt am nächsten liegt dieser freundliche und gut ausgestattete Campingplatz 800 m nordöstlich des Zentrums via Arendalsveien.

Grimstad Vertshus & Kro (☎ 37 04 25 00; www.grimstad-vertshus.no, auf Norwegisch; Grimstadtunet; EZ/DZ ab 595/750 nkr) Die freundliche und gemütliche Unterkunft liegt einen tüchtigen Fußmarsch außerhalb. Die Zimmer sind recht schlicht, aber da es sonst keine große Auswahl in der mittleren Preislage gibt, ist es keine schlechte Option.

Norlandia Sørlandet Hotel (☎ 37 09 05 00; www.norlandia.no/sorlandet; Televeien 21; EZ/DZ ab 790/990 nkr; 🖵) Das moderne Hotel in ruhiger Waldlage 3 km westlich des Hafens hat schöne Zimmer; einige im oberen Stock mit Meerblick.

LP Tipp Grimstad Hotell (☎ 37 25 25 25; www.grimstadhotell.no; Kirkegata 3; EZ/DZ Mitte Juni–Mitte Aug. 775/1250 nkr, übrige Zeit Mo–Do 1295/1545 nkr, Fr–So 850/1100 nkr; 🖵) Das stilvolle und sehr komfortable Hotel ist das einzige direkt in der Stadt. Es umfasst mehrere miteinander verbundene Holzgebäude und hat sehr viel Charme. Es gehört zu jenen herrlich ruhigen Unterkünften, in denen jeder glaubt, der einzige Gast zu sein, bis sich beim Frühstück zeigt, dass alle Tische besetzt sind.

Essen & Ausgehen

LP Tipp Apotekergården (☎ 37 04 50 25; Skolegata 3; Hauptgerichte ab 215 nkr; ☺ 12–24 Uhr) Das vielgepriesene Apotekergården ist ein exzellentes Gourmetrestaurant mit einer luftigen Freiterrasse und Stammgästen, die niemals woanders essen würden. Im Sommer ist es nicht immer leicht, hier einen Tisch zu ergattern.

Haven Brasserie (☎ 37 04 90 22; Storgata 4; Pasta, Pizzas & Vorspeisen 82–198 nkr, Hauptgerichte 168–295 nkr; ☺ Mo–Sa 12–24, So 13–24 Uhr) Eines der wenigen Restaurants mit Tischen am Wasser. Das attraktive Lokal bietet italienisch inspirierte Küche und Meeresfrüchte wie Riesengarnelen, Mönchsfisch und gegrillten Lachs.

Platebaren (☎ 37 04 21 88; Storgata 15; Baguettes 27–35 nkr, Salate 49 nkr; ☺ Juni–Aug. Mo–Fr 9–17, Sa 9–16 Uhr; übrige Zeit kürzer) Eine sehr beliebte Cafébar. Im Sommer gibt es Tische im Freien und die Imbissgerichte (Baguettes, Speck und Eier etc.) werden in ordentlichen Portionen serviert. Noch besser sind die Milchshakes (30 nkr), und Kaffeefreunde sind vom Eiskaffee hellauf begeistert.

Bryggerhuset (☎ 37 09 18 60; Storgata 32; Mittagessen 60 nkr; ☺ Juni–Aug. 10–17 Uhr; übrige Zeit kürzer) Das sympathische, kleine Café mit Handarbeitsladen serviert hervorragenden Kaffee und backt eigenes Brot sowie Pfannkuchen und Waffeln.

Viet Thai (☎ 37 04 15 80; Storgata 36; Vorspeisen ab 35 nkr, Hauptgerichte 75–120 nkr; ☺ 11–23 Uhr) Dieser Laden ist preisgünstig, sehr beliebt und serviert große Portionen. Mittags gibt's besonders günstige Specials.

Café Ibsen (Henrik Ibsens Gate 12; ☺ Mo–Sa 10–16 Uhr) Leckeres Gebäck gegenüber dem Ibsenhuset-Museum.

Café Galleri (☎ 37 32 06 30; Storgata 28; ☺ So–Do 17–3, Fr & Sa 15–3 Uhr) Der Hotspot des örtlichen Nachtlebens – mit DJs, Jamsessions und einer Gästeschar, die zu den unmöglichsten Nachtstunden aus den Holzbauten Grimstads hierher strömt.

Anreise & Unterwegs vor Ort

Die **Rutebilstasjon** (☎ 37 04 05 18) befindet sich an der Storgata beim Hafen. Die Busse von Nor-Way Bussekspress zwischen Oslo (300 nkr, 5 Std.) und Kristiansand (85 nkr, 1 Std.) halten drei- bis fünfmal täglich in Grimstad. Nettbuss bietet ein- bis zweimal stündlich Verbindungen von und nach Arendal (45 nkr, 30 Min.).

Fahrräder vermietet die Touristeninformation für 30/100 nkr pro Std./Tag; 80 nkr pro Tag bei mehrtägiger Miete. Wer ein Boot im Gjestehavn liegen hat, bezahlt nur 25 nkr pro Tag. Ein Kindersitz kostet 20 nkr.

LILLESAND
9109 Ew.

Lillesand, zwischen Kristiansand und Arendal, besitzt einen Ortskern mit alten, weißen Häuschen. Ansonsten hat es nicht viel zu bieten, aber ein Bummel kann ganz nett sein.

Im Sommer gibt es im Rathaus eine **Touristeninformation** (☎ 37 40 19 10; Rådhuset; ☺ Mitte Juni–Mitte Aug. Mo–Fr 9–18, Sa 10–16, So 12–16 Uhr So). Bootsausflüge durch die Inselwelt vor der Küste organisiert im Sommer **Brekkesto** (☎ 37 27 14 33; www.brekkesto.com).

Schlafen & Essen

Tingsaker Camping (☎ 37 27 04 21, Fax 37 27 01 47; Zelt- & Wohnwagenstellplatz mit Auto 150 nkr, Hütten 750–950 nkr) Dieser oft sehr volle Platz an der Küste 1 km östlich des Zentrums ist ein typischer Bade-Campingplatz mit Wohnwagen und etwas überteuerten Hütten. Nichts Besonderes, aber die billigste Übernachtungsmöglichkeit der Stadt.

Lillesand Hotel Norge (☎ 37 27 01 44; www.hotel norge.no; Strandgata 3; EZ 990–1090 nkr, DZ 1390–1590 nkr, Vorspeisen 95–115 nkr, Hauptgerichte 165–255 nkr; ☐) Dieses Boutiquehotel wurde sorgfältig restauriert, um die ursprüngliche Pracht von 1837 neu aufleben zu lassen. Es ist reich an historischen Erinnerungsstücken. Zwei Zimmer sind König Alfonso XIII. von Spanien und dem Autor Knut Hamsun gewidmet, die beide hier übernachtet haben. Außerdem gibt es eine antiquarische Bibliothek und ein gutes Restaurant.

An- & Weiterreise

Die schönste Art der Anreise nach Lillesand ist im Sommer das Schiff von Kristiansand (s. S. 151). Außerdem bietet Nettbuss stündlich Verbindungen nach Kristiansand (55 nkr), Grimstad (45 nkr) und Arendal (70 nkr).

KRISTIANSAND
77 840 Ew.

Kristiansand, die fünftgrößte Stadt Norwegens, nennt sich selbst „Norwegens beliebtester Ferienort". Das ist etwas irreführend. Sonnenhungrige Norweger strömen zwar im Sommer in Massen hierher, aber für alle anderen ist die Stadt eher eine Durchgangsstation auf dem Weg zu den reizvollen Städtchen an der Südküste und landeinwärts ins Setesdalen (S. 165). Die Behauptung ist aber ein Zeichen für das neue Selbstvertrauen der Stadt, seit sie ihre Umweltprobleme gelöst hat (bis vor

SÜDNORWEGEN

SÜDNORWEGEN

zehn Jahren war sie für ihre Sünden berüchtigt). Kristiansand hat einen interessanten, kleinen Hafen, eine attraktive Altstadt, einige gute Museen und einen herausragenden Kinderpark.

Orientierung

Kristiansands *kvadraturen*, das rechtwinklige, gitternetzartig angelegte Zentrum mit sechs langen und neun kürzeren Blocks, wurde von König Christian IV. entworfen, der die Stadt 1641 gegründet hat. Es macht sie zu einer der übersichtlichsten Städte Norwegens. Bahnhof, Busbahnhof und Fährhafen liegen nahe beieinander westlich des Zentrums. Brennpunkt des Shopping- und Restaurantviertels ist die autofreie Markens Gate. Der Fischmarkt liegt südlich des Zentrums.

Praktische Informationen

Geld wechseln das **Postamt** (Ecke Rådhus & Markens Gate) sowie alle größeren Banken (mehrere davon befinden sich an der Markens Gate), wie etwa **Nordea** (Markens Gate 16).
Gjestehavn (Gasthafen; ☎ 38 02 07 15; pro Wasch-/Trockengang 40/40 nkr) Hier gibt's einen Waschsalon.
International Internet Café (Ecke Gyldenløves Gate & Vestre Strandgate; pro Std. 30 nkr; ☺ Mo–Sa 12–22, So 14–22 Uhr) mit Skype-fähigem Internetzugang.
Kristiansand-Bibliothek (☎ 38 12 49 10; Rådhus Gate 11; ☺ Mo–Do 10–19, Fr 10–17 Uhr, Mitte Juni–Aug. kürzer) Kostenloser, zeitbegrenzter Internetzugang.
Kristiansand og Oppland Turistforening (☎ 38 02 52 63; www.kot.no, auf Norwegisch; Kirkegata 15;

DIE TROPEN IN NORWEGEN?

Kristiansands Ansprüche auf den Titel „Beach Resort" gründen auf die Tatsache, dass hier – wie seine Einwohner behaupten – die einzigen Palmen Norwegens wachsen. Nun gut, es sind nur fünf Stück, die am Stadtstrand (Bystrand) als Topfpflanzen ein ziemlich kümmerliches Dasein führen, und von Kokosnüssen ist weit und breit nichts zu sehen. Aber immerhin: Es sind Palmen und das ist schon eine Besonderheit in Norwegen. Tatsächlich sind sie so kostbar, dass die Stadtverwaltung kein Risiko eingeht. Sobald der Sommer eine Spur von Herbst zeigt, verschwinden die verhätscheltsten Palmen der Welt flugs in einem Treibhaus im Rathaus, das ihnen artgerechtere Bedingungen bietet.

☺ Mo–Mi & Fr 9–15.30, Do 9–17 Uhr) bietet Karten und Infos über Wanderungen, Hütten und geführte Bergtouren in Südnorwegen.
Touristeninformation (☎ 38 12 13 14; www.sorlandet.com; Vestre Strandgate 32; ☺ Mitte Juni–Mitte Aug. Mo–Fr 8.30–18, Sa 10–18, So 12–18 Uhr; übrige Zeit Mo–Fr 8.30–15.30 Uhr)

Sehenswertes
FESTUNG CHRISTIANSHOLM

Das auffälligste Bauwerk an der Strandpromenade ist die Festung **Christiansholm** (Kristiansand Festning; ☎ 38 07 51 50; Eintritt frei; ☺ Gelände Mitte Mai–Mitte Sept. 9–21 Uhr). Sie wurde 1662–1672 auf königlichen Befehl erbaut, um die strategisch wichtige Passage durch den Skagerrak zu kontrollieren und die Stadt vor Piraten und plündernden Schweden zu schützen. Ihre Mauern sind bis zu 5 m dick und innerhalb der konzentrischen Innenmauer verbarg sich damals ein Waffenarsenal. Das alles hatte aber seinen Preis: 1550 wurde den Stadtbewohnern eine Steuer zur Finanzierung des Baus auferlegt und sie wurden sogar zur Zwangsarbeit herangezogen. Ein Wassergraben, tief genug, um selbst große Schiffe aufzunehmen, trennte die Anlage vom Festland. Er wurde von einer Brücke überspannt und im 19. Jh. geflutet. Die Festung erfüllte ihren Zweck bestens: Sie ist nie vom Feind erobert worden. 1872 wurde das Dach durch einen Brand zerstört und durch ein neues mit Gaubenfenstern ersetzt. Eine Batterie von acht Bronzekanonen, die zwischen 1666 und 1788 gegossen wurden, ist noch heute auf die Schären gerichtet. Mitte Juni bis Mitte August werden sonntags kostenlose Führungen angeboten.

DOM VON KRISTIANSAND

Der 1884 im spätgotischen Stil erbaute **Dom von Kristiansand** (Domkirke; ☎ 38 10 77 50; Kirkegata; Eintritt frei, Turm 20 nkr; ☺ Mitte Juni–Mitte Aug. Mo–Fr 10–16, Sa 10–14 Uhr) mit Sitzplätzen für 1800 Personen die drittgrößte Kirche Norwegens. Führungen (Erw./Kind 20/10 nkr) werden im Sommer von Montag bis Samstag um 11 und 14 Uhr angeboten und beinhalten auch den Turm. Orgelkonzerte sind im Sommer dienstags bis samstags um 13 Uhr zu hören.

NATURMUSEUM AGDER & BOTANISCHER GARTEN

Die Pfade durch den 50 ha großen Park des **Landguts** Gimle (☎ 38 09 23 88; Gimleveien 23; Erw./Kind 50/15 nkr; ☺ Mitte Juni–Mitte Aug. 11–17 Uhr; übrige

SÜDNORWEGEN

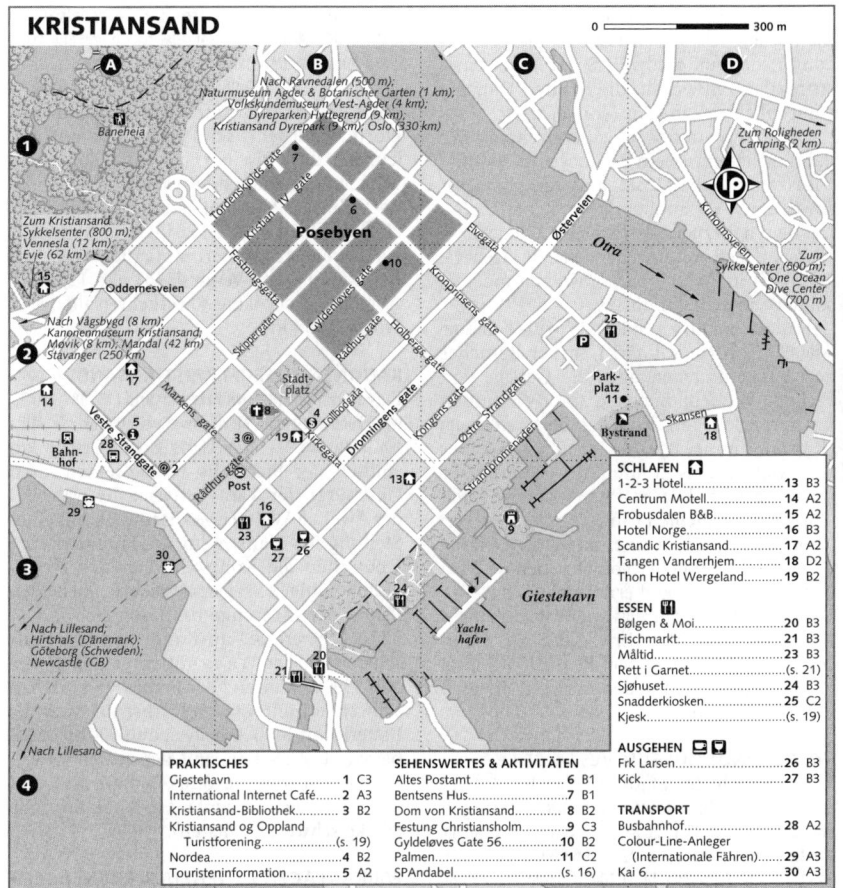

KRISTIANSAND

0 — 300 m

Nach Ravnedalen (500 m); Naturmuseum Agder & Botanischer Garten (1 km); Volkskundemuseum Vest-Agder (4 km); Dyreparken-Hüttegrend (9 km); Kristiansand Dyrepark (9 km); Oslo (330 km)

Baneheia

Zum Roligheden Camping (2 km)

Zum Kristiansand Sykkelsenter (800 m); Vennesla (12 km); Evje (62 km)

Posebyen

Otra

Zum Sykkelsenter (500 m); One Ocean Dive Center (700 m)

Oddernesveien

Nach Vågsbygd (8 km); Kanonenmuseum Kristiansand; Møvik (8 km); Mandal (42 km); Stavanger (250 km)

Stadt-platz

Park-platz

Bahn-hof

Post

Bystrand

Skansen

Giestehavn

Yacht-hafen

Nach Lillesand; Hirtshals (Dänemark); Göteborg (Schweden); Newcastle (GB)

Nach Lillesand

SCHLAFEN	
1-2-3 Hotel.....................13	B3
Centrum Motell.................14	A2
Frobusdalen B&B...............15	A2
Hotel Norge....................16	B3
Scandic Kristiansand..........17	A2
Tangen Vandrerhjem...........18	D2
Thon Hotel Wergeland.........19	B2

ESSEN	
Bølgen & Moi...................20	B3
Fischmarkt......................21	B3
Måltid...........................23	B3
Rett i Garnet...................(s. 21)	
Sjøhuset........................24	B3
Snadderkiosken................25	C2
Kjesk............................(s. 19)	

AUSGEHEN	
Frk Larsen......................26	B3
Kick.............................27	B3

TRANSPORT	
Busbahnhof.....................28	A2
Colour-Line-Anleger	
(Internationale Fähren).....29	A3
Kai 6............................30	A3

PRAKTISCHES		SEHENSWERTES & AKTIVITÄTEN	
Gjestehavn.....................1 C3		Altes Postamt...................6 B1	
International Internet Café....2 A3		Bentsens Hus....................7 B1	
Kristiansand-Bibliothek.......3 B2		Dom von Kristiansand...........8 B2	
Kristiansand og Oppland		Festung Christiansholm.........9 C3	
Turistforening..............(s. 19)		Gyldeløves Gate 56............10 B2	
Nordea.........................4 B2		Palmen.........................11 C2	
Touristeninformation.........5 A2		SPAndabel....................(s. 16)	

Zeit Di–Fr 10–15, Sa 12–16 Uhr) führen durch einen botanischen Garten mit Felsen, Mineralien und ausgestopften Tieren. Das Haus selbst ist im Stil des 19. Jhs. ausgestattet und davor stehen eigenartige, an Zähne erinnernde Säulen. Außerdem gibt es einen historischen Rosengarten von 1850. Das Gut liegt nur etwas über 1 km vom Zentrum entfernt jenseits der Oddernes-Brücke.

POSEBYEN

Kristiansands Posebyen (Altstadt) umfasst den größten Teil der 14 Blocks im Norden des charakteristischen *kvadraturen*-Viertels. Ihren Namen verdankt die Altstadt französischen Soldaten, die dorthin abkommandiert worden waren, um sich zu erholen (auf

Französisch reposer), und lohnt einen gemütlichen Bummel. Ein maßstabsgetreues Modell der Altstadt (mit etwa 1 m hohen Gebäuden), so wie Christian IV. sie entworfen hat, ist im Volkskundemuseum Vest-Agder zu sehen. Der jährlich neu aufgelegte *Kristiansand*-Führer der Touristeninformation enthält das hilfreiche Kapitel „Rundgang durch Posebyen". Zu den am besten erhaltenen Gebäuden zählen das **Bentsens Hus** (Kronprinsengs Gate 59) von 1855, das **alte Postamt** (Kronprinsengs Gate 45) von 1695 und das Gebäude an der **Gyldenløves Gate 56** (1802).

KRISTIANSAND DYREPARK

Der frühere **Zoo von Kristiansand** (☎ 38 04 97 00; www.dyreparken.com; Eintritt inkl. aller Aktivitäten Erw.

110–290 nkr, Kind 90–230 nkr je nach Saison; Mitte Juni–Aug. 10–19 Uhr; übrige Zeit kürzer), 10 km östlich von Kristiansand an der E 18, hat sich zu einer Attraktion entwickelt, die bei den Kids die wohl beliebteste in ganz Norwegen ist.

Die Anlage umfasst einen Freizeitpark mit Fahrgeschäften, einem Piratenschiff, Kapitän Säbelzahns Schatzinsel und Spukhäusern sowie einen erstaunlich artenreichen Zoo – mit dem nahezu ausgestorbenen Goldgelben Löwenäffchen und einem neuen Löwengehege. Wer sich im Wasserpark austoben möchte, sollte Badesachen mitbringen.

Hauptattraktionen sind jedoch die **Nordische Wildnis** (Nordisk Vilmark), in der Besucher auf Aussichtsstegen über die Gehege von Elchen, Wölfen, Luchsen und Vielfraßen spazieren können, und das **Dorf Kardamom** (Kardamomme By), benannt nach einer der wichtigsten Zutaten für skandinavische Waffeln. Dieses Phantasiedorf nach Vorlage der beliebten Kindergeschichten von Thorbjørn Egner wurde exakt so gestaltet, wie es in den Bilderbüchern beschrieben ist. Man kann sogar im Park übernachten (s. S. 149).

Zum Dyrepark fahren vom Busbahnhof aus Busse der Linie M 1 (Erw./Kind 25/13 nkr, Mitte Juni–Mitte Aug. Mo–Fr alle 15 Min., an Wochenenden und in den übrigen Monaten seltener; 25 Min.).

SÜDNORWEGEN

VOLKSKUNDEMUSEUM VEST-AGDER

4 km östlich der Stadt, an der E 18, liegt das **Volkskundemuseum Vest-Agder** (Vest-Agder Fylkesmuseum; ☎ 38 10 26 80; www.vestagdermuseet.no, auf Norwegisch; Vigeveien 22 B; Erw./Kind 40/15 nkr; Mitte Juni–Mitte Aug. Di–Fr 10–18, Sa–Mo 12–18 Uhr, Mai–Mitte Juni & Mitte Aug.–Okt. So 12–17 Uhr). Dieses Freilichtmuseum präsentiert eine Sammlung von 40 Bauernhöfen und Dorfhäusern aus dem Setesdalen und der Region Kristiansand. Außerdem sind Ausstellungen mit traditionellen Trachten, Volkskunst und Spielzeug zu sehen. Im Sommer werden mittwochs um 17 Uhr gelegentlich auch Volkstänze gezeigt. Und schließlich gibt es ein maßstabsgetreues Modell der Altstadt von Kristiansand.

SETESDALSBANEN

Die 78 km lange Schmalspurbahn zwischen Kristiansand und Byglandsfjord wurde 1896 eröffnet, um das Setesdalen mit der Küste zu verbinden. Sie transportierte Nickel von den Evje Minen sowie Holz und Fassdauben für das Einsalzen und für den Export von Heringen. 1962 musste die **Setesdalsbanen** (☎ 38 15 64 82; www.setesdalsbanen.no; Erw./Kind hin & zurück 100/50 nkr; Abfahrten Mitte Juni–Aug. So 11.30, 13.15 & 15.10 Uhr, Juli Do & Fr 18.05 Uhr) zwar unter dem Konkurrenzdruck der staatlichen Normalspurbahn schließen, doch auf den letzten 6 km zwischen Grovane (2 km nördlich von Vennesla) und Beihøldalen verkehren noch Züge mit Dampf- oder Dieselloks. Die einfache Fahrt dauert 25 Minuten. NSB-Züge verkehren bis zu viermal täglich zwischen Kristiansand und Vennesla (31 nkr, 12 Min.). Auch Busse der Linie 30 verkehren auf dieser Strecke (35 nkr).

KANONENMUSEUM KRISTIANSAND

Das **Kanonenmuseum Kristiansand** (☎ 38 08 50 90; www.kanonmuseet.no; Møvik; Erw./Kind 60/30 nkr; Mitte Juni–Mitte Aug. 11–18 Uhr, übrige Zeit kürzer) liegt 8 km südlich der Stadt. Es zeigt die schweren Geschütze der Vara-Batterie, die während des Zweiten Weltkriegs zusammen mit einer Stellung bei Hanstholm in Dänemark den Deutschen die Kontrolle über den strategisch wichtigen Skagerrak sicherte. Zu beiden Seiten der Meerenge befanden sich je vier 337 t schwere 38-cm-Kanonen (die zweitschwersten der Welt) mit einer Reichweite von 55 km, während der Bereich dazwischen schwer vermint war. Im Herbst 1941 war die Batterie mit 1400 Arbeitern und 600 Soldaten bemannt. Zu sehen sind neben den schweren Geschützen die Bunker, Baracken und Munitionslager (darunter Furcht einflößende 800 kg schwere Granaten).

PARKANLAGEN BANEHEIA & RAVNEDALEN

Die Parks Baneheia und Ravnedalen nördlich des Zentrums bieten Grünanlagen und ein Netz von **Wanderwegen** sowie **Skiloipen** am Seeufer. Beide sind zwischen 1870 und 1880 unter dem Stadtverwalter General Oscar Wergeland angelegt worden. Über 30 Jahre hinweg ließ er dort insgesamt 150 000 Nadelbäume pflanzen und das Gebiet in einen Grüngürtel verwandeln.

Aktivitäten

One Ocean Dive Center (☎ 91 62 85 25; www.oneocean.no; Strandåsen 22; ein/zwei Tauchgänge 500/850 nkr, Mietausrüstung pro Tag 500–750 nkr) ist ein Tauchzentrum, das Tauchgänge zu Wracks anbietet, darunter ein abgestürztes Flugzeug und sogar ein Minenräumer. Es liegt gleich östlich des Zentrums, jenseits der Otra.

Das 2007 eröffnete **SPAndabel** (☎ 38 17 41 74; www.spandabel.no, auf Norwegisch; Tollbodgata 6; ⓨ Mo, Di & Sa 10–18, Mi–Fr 10–20 Uhr) im Hotel Norge (s. S. 149) ist ein luxuriöses Kurzentrum, das Anwendungen zu 495–1250 nkr anbietet.

Schlafen

Kristiansands Unterkünfte sind gemessen an ihrer Leistung recht teuer. Doch wer nicht zeitig bucht, wird für den Sommer vielleicht gar kein Zimmer bekommen. Besonders knapp sind die Betten im Juli und während der Schulferien, wenn die Preise stark anziehen. Eine unangenehme Besonderheit mancher Hotels von Kristiansand ist der Checkout um 10 Uhr.

Roligheden Camping (☎ 38 09 67 22; www.roligheden.no, auf Norwegisch; Framnesveien; Zeltplatz 130 nkr plus 30 nkr pro Pers., 4-Pers.-Hütten ab 750 nkr; ⓨ Juni–Aug.) Zeltcamper haben Glück, denn dieser gut geführte Platz liegt an einem beliebten Strand 3 km östlich des Zentrums (zu erreichen mit Bussen der Linie 15).

Tangen Vandrerhjem (☎ 38 02 83 10; www.kristiansandvandrerhjem.no; Skansen 8; B inkl. Frühstück 230 nkr, EZ 350–495 nkr, DZ 450–550 nkr; ⓨ Jan.–Nov.; Ⓟ ⌨) Das riesige HI-Hostel von Kristiansand befindet sich in einem recht nüchternen Lagerhaus (zu Fuß 10 Min. nordöstlich der Festung). Es hat schlichte aber ordentliche Zimmer und freundliches Personal.

Centrum Motell (☎ 38 70 15 65; www.motell.no; Vestre Strandgate 49; EZ 420–520 nkr, DZ 520–695 nkr; ⌨) Normalerweise würden wir keine Unterkunft empfehlen, die zwischen einer Überführung und dem Bahnhof an einem Parkplatz liegt, doch in Anbetracht von Kristiansands hohen Hotelpreisen ist das Centrum ein preisgünstiges Motel und bietet zudem kostenlos drahtlosen Internetzugang. Einfache Zimmer mit Etagenbetten.

Frobusdalen B&B (☎ 91 12 99 06; www.gjestehus.no; Frobusdalen 2; EZ/DZ 500/700 nkr) Dieses kleine B&B in einem alten Holzwohnhaus zehn Fußminuten nordwestlich des Zentrums ist die wohl persönlichste Unterkunft der Stadt: rustikal, gemütlich und sympathisch.

1–2–3 Hotel (☎ 38 70 15 66; www.123-hotel.no; Østre Strandgate 25; EZ/DZ Mitte Juni–Mitte Aug. 695/895 nkr, übrige Zeit 530/695 nkr; ⌨) Schwer zu sagen, was von diesem Hotel zu halten ist, das sich als Selbstversorgerhotel bezeichnet. Mit elektronischem Check-in (die Rezeption dient nur der Bezahlung), magerem Frühstück und 10-Uhr-Check-out scheint es mehr

den Interessen der Besitzer als den Gästen zu dienen. Andererseits sind die Preise für Kristiansand günstig und die Zimmer sind hell, luftig und komfortabel.

Thon Hotel Wergeland (☎ 38 17 20 40; www.thonhotels.no; Kirkegata 15; EZ 1095–1295 nkr, DZ 1295–1495 nkr; Ⓟ ⌨) Zentraler könnte dieses attraktive, moderne Hotel gleich bei der Kathedrale kaum liegen. Die Zimmer mit Hartholzparkett haben einen hohen Standard und etwas mehr Charme als in anderen Hotels der Kette.

Hotel Norge (☎ 38 17 40 00; www.hotel-norge.no; Dronningens Gate 5; EZ/DZ Mitte Juni–Mitte Aug. 1295/1495 nkr, übrige Zeit Fr–So 725/925 nkr, Mo–Do 1375/1575 nkr; Ⓟ ⌨) Viele der Kettenhotels in Norwegen sind sich zum Verwechseln ähnlich. Das Norge ist die erfreuliche Ausnahme: mit äußerst komfortablen Matratzen, einer Sonnenterrasse auf dem Flachdach, einer eigenen Bäckerei und einem Kurzentrum (S. 149).

Scandic Kristiansand (☎ 21 61 42 00; www.scandic-hotels.com; Markens Gate 39; EZ 880–1485 nkr, DZ 1080–1685 nkr; Ⓟ ⌨) Die Unterkunft bietet Stil und Qualität zugleich. Sie ist sehr geschmackvoll eingerichtet, die Zimmer sind bestens ausgestattet und die Hotelleitung hält sich an strenge Umweltstandards. Eine prima Kombination.

Dyreparken Hyttegrend (☎ 38 04 98 00; booking@dyreparken.no; Phantasiehaus 630–2500 nkr) Zu den ungewöhnlichsten Unterkünften Norwegens zählen die Phantasiehäuser für Selbstversorger mit Platz für fünf Personen im Dyrepark (s. S. 147). Diese zauberhaften und mit kindlicher Phantasie ausgestalteten Häuser sind ein Traum für die Kleinen – aber im Sommer sehr oft ausgebucht. Im Preis ist der Eintritt für den Park enthalten.

Essen

Snadderkiosken (☎ 38 02 90 29; Østre Strandgate 78 a; Gerichte 18–88 nkr; ⓨ Mo–Fr 8.30–13.30, Sa & So 11.30–13.30 Uhr) Gewöhnlich empfehlen wir keine Fastfoodlokale, die man an jeder Ecke findet, doch Snadderkiosken ist eines der besten in ganz Norwegen. Es liegt in der Nähe des Stadtstrands und bietet eine große Auswahl sehr guter Snacks wie Fleischklößchen mit Kartoffelpüree oder Brathähnchen mit Reis und Salat.

Im Sommer findet man im kleinen, restaurierten Hafen am **Fischmarkt** (☎ 38 12 24 50; ⓨ Mo–Fr 7–16, Sa 7–14.30 Uhr) die stimmungsvollsten Lokale sowie die besten und frischesten

Meeresfrüchte. Zwei Restaurants sind besonders zu empfehlen.

LP Tipp **Bølgen & Moi** (☎ 38 17 83 00; Sjølystveien 1 A; Imbissgerichte 55–169 nkr, Vorspeisen 75–145 nkr, Hauptgerichte 220–279 nkr; ⊙ Mo–Sa 15–24 Uhr) Als bestes Restaurant am Fischereihafen serviert das supercoole Bølgen & Moi eine köstliche Fisch- und-Muschelsuppe (145 nkr) sowie eine leckere Auswahl an Fischgerichten und Menüs (ab 385 nkr). Im Sommer sind die Tische im Freien sehr gefragt und wenn die Küche geschlossen hat, ist es ein netter Laden für einen Drink.

Rett i Garnet (☎ 38 12 24 03; Fiskebrygga; Mittagsgerichte & Snacks 59–139 nkr, Hauptgerichte abends 129–239 nkr; ⊙ Mo–Sa 11 Uhr, So 12 Uhr bis open end) Das Lokal neben dem Eingang zum Fischmarkt ist nicht ganz so schick wie das Bølgen & Moi, bietet aber ebenfalls eine sehr gute Küche. Auch hier dreht sich alles um Fisch. Serviert werden Forelle, Makrele, Lachs und Mönchsfisch sowie eine exzellente Meeresfrüchteplatte (min. 2 Pers.) für 265 nkr pro Person.

Sjøhuset (☎ 38 02 62 60; Markens Gate; leichte Mahlzeiten & Snacks 75–169 nkr, Vorspeisen 85–115 nkr, Hauptgerichte 179–269 nkr; ⊙ 11–23 Uhr) Dieses bewährte Qualitätsrestaurant am Yachthafen bietet ebenfalls hervorragende Meeresfrüchte.

Måltid (☎ 47 83 30 00; Tollbodgata 2 B; Mittagsgerichte 69 nkr, Tapas 30 nkr; ⊙ Mo–Do 11–18, Fr & Sa 11–23 Uhr) Diese ebenso zwanglose wie kultivierte Kombination aus Feinkostladen, Restaurant und Weinbar ist einfach großartig. Auch wenn Tapas ursprünglich aus Spanien kommen, so ist die Küche hier doch norwegisch. Das Angebot leckerer Gerichte ist riesig und die Kellner helfen gerne bei der Auswahl. Für ein leichtes Mittagessen sind Pasta, Salate oder Sandwiches zu empfehlen.

Kjesk (☎ 38 10 86 10; Kirkegata 15; Snacks 45–145 nkr; ⊙ Mo–Sa Mittag- & Abendessen) ist eine sehr relaxte Cafébar mit hervorragender Küche.

Ausgehen & Unterhaltung

Neben den Restaurants am Fischmarkt, wo an Sommerabenden nur schwer ein Tisch im Freien zu ergattern ist, gibt es zwei nette Lokale für einen Drink.

LP Tipp **Frk Larsen** (Markens Gate 5; ⊙ Mo–Mi 11–24, Do–Sa 11–3, So 12–24 Uhr) Unser Favorit in Kristiansand. Das trendige Lokal kombiniert Modernes mit Retro-Dekor. Tagsüber herrscht eine gedämpfte Atmosphäre und an den Wochenenden gibt's Musikveranstaltungen

für Kenner bis spät in die Nacht. Die Cocktailbar öffnet um 20 Uhr.

Kick (☎ 38 02 62 44; Dronningens Gate 8; ⊙ 15 Uhr bis open end) Das Straßencafé verwandelt sich abends in eine Disco mit DJ. Es ist einer der beliebtesten Jugendtreffs und bietet an Wochenenden gelegentlich auch Livemusik.

An- & Weiterreise
AUTO & MOTORRAD
Wer mit dem eigenen Fahrzeug reist, gelangt über die Vestre Strandgate zur E 18, nördlich des Zentrums. In die Stadt kommt man meist über die Festningsgata. Die billigsten Parkmöglichkeiten in der Innenstadt bietet der **Parkplatz** östlich des Zentrums (Ecke Østre Strandgate & Elvegata; 50 nkr pro 24 Std.).

BUS
Über Busse ab Kristiansand informiert folgende Tabelle.

Ziel	Abfahrten	Preis	Fahrtdauer
Arendal	bis zu 9-mal tgl.	115 nkr	1½ Std.
Bergen (via Haukeligrend)	1-mal tgl.	450 nkr	12 Std.
Evje	7–8-mal tgl.	100 nkr	1 Std.
Flekkefjord	2–4-mal tgl.	220 nkr	2 Std.
Oslo	bis zu 9-mal tgl.	199–300 nkr	5½ Std.
Stavanger	2–4-mal tgl.	355 nkr	4½ Std.

FÄHRE
Informationen über Fähren nach Dänemark und Schweden s. S. 438.

ZUG
Von Kristiansand fahren bis zu vier Züge täglich nach Oslo (580 nkr, 4½ Std.) und bis zu fünf nach Stavanger (390 nkr, 3¼ Std.).

Unterwegs vor Ort
Im Gegensatz zu vielen anderen Städten Norwegens ist Kristiansand angenehm flach und das Zentrum lässt sich bequem zu Fuß erkunden. Fahrräder vermietet das **Sykkelsenter** (☎ 38 02 68 35; Grim Torv 3; 150/500 nkr pro Tag/Woche).

RUND UM KRISTIANSAND
Die Schären
In Sommer ist Kristiansands Schärengürtel eines der größten Badezentren für norwegische Urlauber. Die beliebteste Insel ist **Bragdøy**. Sie liegt nahe dem Festland und hat eine Werft für die Instandhaltung von

Holzschiffen, schöne Wanderwege und mehrere Badestrände. In der Ferne erhebt sich der klassische Leuchtturm **Grønningen Fyr**.

Fähren (17 nkr) zu der Insel verkehren ab Vågsbygd, 8 km südlich des Zentrums von Kristiansand (Mo–Fr 3-mal tgl., Sa 4-mal und So 6-mal).

M/S Øya (☎ 95 93 58 55; www.lillesand.net) fährt von/nach Lillesand (pro Erw./Kind 215/110 nkr einfach, 360/180 nkr hin & zurück, 3 Std.). Das Schiff verkehrt von Anfang Juni bis Anfang August montags bis samstags einmal täglich. Die Ablegestelle war bei Redaktionsschluss noch unklar: entweder südlich des Fischmarkts oder am Kai 6. Aktuelle Infos hat die Touristeninformation.

MANDAL
14 200 Ew.

Mandal, die südlichste Stadt Norwegens, ist bekannt für ihren 800 m langen Strand Sjøsanden. Er liegt 1 km vom Zentrum entfernt und ist von Wald umgeben. Mit der Copacabana kommt er nicht ganz mit, aber er ist Norwegens schönster Sandstrand – nur das sonnige Mittelmeerklima fehlt etwas.

Die **Touristeninformation** (☎ 38 27 83 00; www. regionmandal.com; Bryggegaten 10; ☺ Juni–Aug. Mo–Fr 9–19, Sa & So 10–16 Uhr, Sept.–Mai Mo–Fr 9–16 Uhr) liegt am Hafen.

Sehenswertes

Das ansonsten mäßig interessante **Bymuseum** (☎ 38 27 30 00; Store Elvegata 5/6; Erw./Kind 20 nkr/gratis; ☺ Ende Juni–Mitte Aug. Mo–Fr 11–17, Sa 11–14, So 12–16 Uhr) mit allerlei historischem Krimskrams aus Schifffahrt und Fischerei sowie einigen Werken einheimischer Künstler brilliert mit eindrucksvollen Werken von Gustav Vigeland, dem berühmtesten Sohn der Stadt (s. Kasten S. 104).

Das Wohnhaus von Norwegens genialstem Bildhauer wurde in ein kleines Museum mit Ausstellungen umgewandelt. Das **Vigeland Hus** (☎ 38 27 83 00; Erw./Kind 30 nkr/gratis; ☺ Mitte Juni–Mitte Aug. Di–So 12–16 Uhr) ist etwa so ausgestattet wie in den jungen Jahren des Künstlers und sein Atelier dient als Galerie.

Festivals

Eine gute Zeit für einen Besuch von Mandal ist die zweite Augustwoche, wenn hier das **Meeresfrüchtefest** (www.skalldyrfestivalen.no) stattfindet – mit reichlich frischen Meeresfrüchten und Livemusik.

Schlafen & Essen

Die Unterkünfte in Mandal sind ziemlich teuer.

Sjøsanden Feriesenter (☎ 38 26 14 19; www. sjosanden-feriesenter.no; Sjøsdveien 1; Zeltplatz ohne/ mit Auto 130/150 nkr, DZ 350–650 nkr, 2–6-Pers.-Apt. für Selbstversorger 500–800 nkr). Im Gegensatz zu anderen Plätzen der Region liegt dieses Ferienzentrum direkt am Strand. Es hat sogar eine eigene Wasserrutschbahn.

First Hotel Solborg (☎ 38 27 21 00; www.firsthotels. no/solborg; Neseveien 1; EZ/DZ ab 795/975 nkr, Hauptgerichte 165–279 nkr; ☐ ☎) Dieses schicke Hotel nur zehn Fußminuten westlich des Strands hat ein Schwimmbad, das beste Restaurant der Stadt und eine Bar sowie samstags eine Disko namens Soldekket. Auch die Zimmer sind wirklich nicht schlecht!

Dr Nielsen's (☎ 38 26 61 00; Store Elvegate 47 a; Hauptgerichte ab 79 nkr) bietet etwas Abwechslung mit griechischem Salat und Grillfleisch. Außerdem gibt es Pasta, Hähnchen und einige Fischgerichte. Alle übrigen Restaurants in Mandal servieren fast ausschließlich Fisch.

An- & Weiterreise

Die Rutebilstasjon von Mandal liegt nördlich des Flusses, nur einen Spaziergang von der Altstadt entfernt. Die Busse der Küstenlinie von Nor-Way Bussekspress zwischen Stavanger (335 nkr, 3½ Std.) und Kristiansand (88 nkr, 45 Min.) kommen zwei- bis viermal täglich durch Mandal.

LINDESNES

Als südlichster Punkt Norwegens (57° 58′ 95″ N) vermittelt das Kap Lindesnes (wörtlich: „krumme Landspitze") einen Eindruck von der Gewalt des Meeres zwischen Skagerrak und Nordsee. Und wie die Broschüre betont: „Hier sind die Fotomotive sogar besser als am Nordkap" (2518 km entfernt).

Über dem Kap erhebt sich der klassische Leuchtturm **Lindesnes Fyr** (☎ 38 25 77 35; www. lindesnesfyr.no; Erw./Kind 50 nkr/gratis; ☺ Mai–Mitte Okt. 11–17 Uhr, übrige Zeit kürzer). Zwei Gebäude am Weg zum Kap präsentieren Ausstellungen über die Geschichte des Leuchtturms. Auch das Besucherzentrum gleich am Eingang informiert darüber und zeigt ein interessantes Video. Der erste Leuchtturm an dieser Stelle (und der erste in Norwegen überhaupt) wurde 1655 in Betrieb genommen. Er verbrannte Kohle und Talgkerzen, um die Schiffe vor den Felsen zu warnen. Das heutige elektrische

SÜDNORWEGEN

SÜDNORWEGEN

Leuchtfeuer funktioniert seit 1915 und ist auf dem Meer bis zu 19½ nautische Meilen weit zu sehen. Vorsicht bei starkem Wind! Ein Lonely Planet Autor hat hier bei einer plötzlichen Bö seine Sonnenbrille verloren.

Schlafen

Lindesnes Camping og Hytteutleie (☎ 38 25 88 74; www.lindesnescamping.no; Lillehavn; Zeltplatz 135 nkr, Hütten 210–790 nkr) Der Platz liegt an der Küste 3,5 km nordöstlich des Lindesnes Fyr und bietet ausgezeichnete, moderne Einrichtungen. Er hat einen kleinen Laden, Kochgelegenheiten und eine Bootsvermietung.

Lindesnes Gjestehus (☎ 38 25 97 00; liveueland@ hotmail.com; Spangereid; B&B ab 350 nkr pro Pers.) ist eine schlichte, aber gemütliche Pension 11 km nördlich des Kaps.

An- & Weiterreise

Busse fahren am Montag, Mittwoch und Freitag von Mandal (58 nkr, 1 Std.) via Spangereid bis zum Leuchtturm.

FLEKKEFJORD

8860 Ew.
Flekkefjord ist ein stiller Ort mit einer hübschen Altstadt. Seine Geschichte reicht zurück bis 1660, als er mit Kristiansand rivalisierte. Außerdem ist er bekannt dafür, dass es hier kaum Gezeiten gibt (der Unterschied zwischen Ebbe und Flut beträgt meist weniger als 10 cm). Neben Egersund (S. 153) ist es eines der schönsten Städtchen für einen Aufenthalt an diesem Abschnitt der Küste.

Die kleine **Touristeninformation** (☎ 38 32 69 95; flekkefjord@regionlister.com; Elvegata 9; ⏲ Mitte Juni–Mitte Aug. Mo–Fr 9–17, Sa 10–15 Uhr, übrige Zeit Mo–Fr 9–16 Uhr) sollte die erste Anlaufstelle sein.

Sehenswertes

Vor einem Stadtbummel lohnt es sich, bei der Touristeninformation die Broschüre *A Tour of Flekkefjord* mitzunehmen. Die meisten historischen Bauwerke liegen im Viertel **Hollenderbyen** (Holländerstadt) mit engen Gassen und alten Holzhäusern. Das **Flekkefjord-Museum** (☎ 38 32 81 40; www.flekkefjord museum.no, auf Norwegisch; Dr Kraftsgata 15; Erw./Kind 20 nkr/gratis; ⏲ Juni–Aug. Mo–Fr 12–17, Sa & So 12–15 Uhr) befindet sich in einem Wohnhaus von 1724, das jedoch innen im Stil des 19. Jhs. gestaltet ist.

Auffällig ist der ungewöhnliche, achteckige Blockhausbau der **Flekkefjord-Kirche** (☎ 38 32 43 00; Kirkegaten; Eintritt frei; ⏲ Juli Mo–Sa 11–13 Uhr). Sie wurde von dem Architekten H. Linstow entworfen (der auch den Königspalast in Oslo geschaffen hat) und 1833 geweiht. Das Grundthema des Achtecks wiederholt sich immer wieder: an Säulen, Kirchturm und Taufbecken.

2007 hat Flekkefjord eine neue Art der Fremdenführung erprobt: eine lose Vereinigung von etwa einem Dutzend Stadtbewohnern, die Reisenden Auskunft erteilen und gelegentlich sogar Einblicke in ihre Häuser anbieten. Eine neue Idee, die uns gut gefallen hat. Nähere Infos erteilt die Touristeninformation.

HIER LEBTEN DIE WIKINGER

Vom 8. bis zum 11. Jh. herrschten die Wikinger über die Küsten Norwegens. Doch das Kap Lindesnes, wo Skagerrak und Nordsee zusammentreffen, war selbst für diese hervorragenden Seeleute ein harter Brocken. Ihre Lösung? Mit ihrem zukunftsweisenden technischen Geschick, dem später die norwegischen Straßenbauer nacheifern sollten, gruben die Wikinger bei Spangereid (einst Heimathafen von Wikingerhäuptlingen) einen **Kanal** (www.spangereidkanalen.no, auf Norwegisch) über die Halbinsel Lindesnes, um die gefährlichen Gewässer am Kap zu umgehen. Im Sommer 2007 wurde ein Nachbau dieses Kanals eröffnet. Ganz in der Nähe bietet das hervorragende historische Zentrum **Vikingland** (☎ 38 25 76 61; www.spangereidvikingland.no; Spangareid; Erw./Kind 70/ 40 nkr; ⏲ Mitte Juni–Mitte Aug. 11–17 Uhr) Ausstellungen über die Wikinger, eine Wikinger-Kreuzfahrt und Wikingersport (z. B. Axtwerfen).

Wer sich für die Wikinger interessiert, findet in der Nähe eine weitere interessante Attraktion. Bei Penne, westlich von Farsund und unweit von Borhaug, sind erstaunliche **Felsenbilder** aus der Wikingerzeit erhalten geblieben, darunter Darstellungen von Wikingerschiffen, die zugleich kindlich wirken und doch irgendwie anspruchsvoll sind. Nähere Infos bietet die **Touristeninformation Farsund** (☎ 38 39 08 39; farsundtourist@eunet.no, ahga@farsund.kommune.no (Herbst bis Frühjahr); ⏲ Juni–Aug.).

Schlafen & Essen

Egenes Camping (☎ 38 32 01 48; www.egenes.no; Zeltplatz ohne/mit Auto nkr 90/110 plus 20 nkr pro Pers., Wohnwagen 120 nkr, Hütten 400–900 nkr) Dieser Platz liegt traumhaft am See Seluravatnet, 5 km östlich von Flekkefjord und 1 km von der E 39 entfernt. Er vermietet Boote und Kanus sowie weitere Wassersportgeräte und hat ein gutes Café (Hauptgerichte um 75 nkr). Busse von Flekkefjord (25 nkr, 10 Min.) in Richtung Kristiansand fahren auf der E 39 daran vorbei.

Maritim Fjordhotell (☎ 38 32 58 00; www.fjordhotellene.no; Sundegaten 9; EZ 775–1095 nkr, DZ 995–1350 nkr) Das größte Hotel von Flekkefjord. Es hat eine sehr schöne Lage am Meer, stilvolle Zimmer und ein recht gutes Restaurant (Hauptgerichte ab 125 nkr), ist aber von außen ein hässlicher Bau.

Grand Hotell (☎ 38 32 53 01; www.grand-hotell.no, auf Norwegisch; Anders Beersgt 9; EZ/DZ 845/1045 nkr) Das Hotel mit dem meisten Charakter in Flekkefjord passt herrlich in diese alte Stadt. Außen ist es ansprechend mit weißen Brettern verkleidet und die Zimmer haben nostalgischen Charme.

Pizza Inn (☎ 38 32 22 22; Elvegata 22; Snacks 65–115 nkr, Pizza/Pasta ab 169/125 nkr, Hauptgerichte 129–179 nkr; ⊗ tgl.) Ein hübsches Hafenrestaurant mit Tischen im Freien für Sommermittage und gemütlichen Nischen innen für kalte Winterabende. Küche und Service sind gut. Günstig ist das Entrecote mit Salat (129 nkr).

Fiskebrygga (☎ 38 32 04 90; Elvegata 9; ⊗ Mo, Di & Sa 10–16, Mi & Fr 10–18, Do 10–19 Uhr) Dieses Café-Restaurant neben der Touristeninformation ist wohl das beste Lokal in Flekkefjord für ein leichtes Essen. Es serviert Fisch & Chips (99 nkr) und marinierte Spareribs (129 nkr) sowie leckere Kuchen (39 nkr) und Eiscreme. Mit seinem fast schon großstädtischen Sinn für Stil macht es sich sehr hübsch im stillen, kleinen Flekkefjord.

An- & Weiterreise

Die Nor-Way-Busekspress-Busse zwischen Kristiansand (Normal/Express 175/220 nkr, 2 Std.) und Stavanger (220 nkr, 2 Std.) fahren über Flekkefjord. Busse nach Jøssingfjord gehen dreimal täglich außer sonntags (61 nkr, 40 Min.).

VON FLEKKEFJORD NACH EGERSUND

Wer mit dem eigenen Fahrzeug reist, sollte nicht die E 39 nehmen, sondern auf der Küstenstraße Rv 44 nach Egersund fahren –

eine der schönsten Strecken in Südnorwegen. Sie führt durch kahle, mit Felsblöcken übersäte Berge, am Seen und vereinzelten Wäldern vorbei und dann hinab zum **Jøssingfjord**, etwa 32 km westlich von Flekkefjord. Hier gibt es atemberaubende senkrecht aufschießende Felswände und einen schönen Wasserfall zu bestaunen. Unter einen überhängenden Felsen schmiegen sich zwei Hütten aus dem 17. Jh., die als **Helleren** bekannt sind – ganz sicher keine Häuser für Leute mit Klaustrophobie! Sie waren zwar einem gewissen Steinschlagrisiko ausgesetzt, aber dafür gut gegen das raue norwegische Klima geschützt. Sie sind das ganze Jahr über geöffnet.

Etwa 30 km südöstlich von Egersund und 2,5 km südlich von Hauge i Dalane liegt **Sogndalsstrand** mit malerischen Holzhäusern und Lagerhäusern, die sich vom Fluss abheben. Diese Häuser aus dem 17. und 18. Jh. sind zwar schon auf vielen Touristenprospekten der Region abgebildet, aber es lohnt sich, sie in natura zu sehen, denn sie liegen in einer sehr schönen und ruhigen Umgebung. Unterkünfte bietet das **Sogndalsstrand Kultur Hotell** (☎ 51 47 72 55; www.sogndalsstrand-kulturhotell.no; EZ/DZ 820/1190 nkr), ein reizendes Hotel mit gemütlichen Zimmern und einem ausgezeichneten, kleinen Restaurant (Mahlzeit inkl. Wein ab 315 nkr).

Weitere Infos über die malerischen Leuchttürme und andere Attraktionen entlang der Strecke sowie über die ganze Küstenstraße zwischen Kristiansand und Haugesund bietet die hervorragende Website www.nordsjovegen.no.

EGERSUND

13 594 Ew.

Egersund ist einer der schönsten Orte an diesem Küstenabschnitt, ein lauschiges Städtchen mit alten Holzhäusern und einer langen Geschichte – herrlich für einen Bummel und um die typische Kleinstadtatmosphäre an der Südküste zu genießen. Die im nahen Møgedal gefundenen Runensteine zählen zu den ältesten Schriftzeugnissen Südnorwegens.

Die **Touristeninformation** (☎ 51 46 80 00; www.eigersund.kommune.no; Jernbaneveien 2; ⊗ Juni-Aug. Mo–Fr 10–18, Sa & So 10–16 Uhr) bietet gute Informationen über den Ort, ist aber nur im Sommer geöffnet.

Sehenswertes

Mitte Juni bis Mitte August werden **Führungen** (20 nkr pro Pers.; ⊗ Sa 13 Uhr) durch Egersund an-

SÜDNORWEGEN

geboten, die bei der Touristeninformation beginnen.

VOLKSKUNDEMUSEUM DALANE

Das **Volkskundemuseum Dalane** (☎ 51 46 14 10; www.museumsnett.no/dalmus; Slettebø; Erw./Kind 20/10 nkr; ☯ Mitte Juni–Mitte Aug. Mo–Sa 11–17, So 13–17 Uhr, übrige Zeit nur So 11–17 Uhr) besteht aus zwei Teilen. Der interessantere von beiden umfasst acht historische Holzhäuser bei Slettebø, 3,5 km nördlich der Stadt über die Rv 42. Der andere, das **Egersund Fayance Museum** (☯ wie Volkskundemuseum), liegt 1,5 km nordöstlich der Stadt und ist zu Fuß erreichbar. Es dokumentiert Geschichte und Erzeugnisse der Firma Egersund Fayance, einer Keramik- und Fayencemanufaktur, die von 1847 bis 1979 der wichtigste Arbeitgeber der Region war.

HISTORISCHE GEBÄUDE

92 Häuser, fast zwei Drittel der ursprünglichen Stadt, sind 1843 durch einen Brand vernichtet worden. Danach wurde Egersund neu aufgebaut – mit breiten Straßen, um zukünftig das Überspringen von Bränden zu verhindern. Die meisten Gebäude der Altstadt stammen noch aus dieser Zeit. Besonders reizvoll ist ein Bummel durch die **Strandgaten** mit ihren nach 1843 errichteten Häusern. Das Gebäude **Skrivergården** (Strandgaten 58) ist 1846 als Wohnhaus für den örtlichen Richter Christian Feyer erbaut worden. Der kleine Stadtpark gegenüber war sein privater Garten. **Strandgaten 43** ist zweifellos noch schöner und hat eine sogenannten „Tratschspiegel", der es den Bewohnern ermöglichte, jeder in die Straße im Auge zu behalten. Das **Bilstadhuset** (Nygaten 14) hat noch sein altes Gebälk und im Obergeschoss das Lager eines Segelmachers. Keines der Gebäude ist für Besichtigungen geöffnet, doch die Touristeninformation bietet die Broschüre *Strolling in Egersund*, die einen Plan und nützliche Infos enthält.

EGERSUND KIRKE

Egersund hat mindestens seit 1292 eine eigene Kirche. Die hübsche heutige **Egersund Kirke** (Torget; Eintritt frei; ☯ Mitte Juni–Mitte Aug. Mo–Sa 11–16, Sa 10–15, So 12.30–15 Uhr) stammt von 1620. Der geschnitzte Altar zeigt Taufe und Kreuzigung Christi und wurde 1607 von dem aus Stavanger stammenden Thomas Christophersen geschaffen und von Peter Reimers bemalt. Das Taufbecken geht sogar auf 1583 zurück. Interessant sind auch der

kreuzförmige Grundriss, die intimen Emporen und die reich verzierten Kirchenbanktüren.

VARBERG

Den schönsten **Blick** über die Stadt bietet der Gipfel des Varberg, auf dem sich ein mächtiger Sendemast erhebt. Vom Zentrum bis dort hinauf sind es etwa 20 Minuten.

Schlafen & Essen

Steinsnes Camping (☎ 51 49 41 36; Fax 51 49 40 73; Tengs; Zeltplatz 120 nkr plus 30 nkr pro Pers., Hütten 250–500 nkr) Der am günstigsten gelegene Campingplatz Egersunds befindet sich 3 km nördlich der Stadt an einem Bach und ist mit den Bussen in Richtung Hellvik zu erreichen. Dort werden – typisch norwegisch – auch Scheine fürs Lachsangeln verkauft.

Hauen Camping (☎ 51 49 23 79; www.hauen camping.no; Zeltplatz 120 nkr plus 30 nkr pro Pers., Hütten 450–550 nkr) Die tadellosen, holzverkleideten Hütten schaffen eine naturnahe Atmosphäre und die Gemeinschaftseinrichtungen sind gepflegt. Der Platz liegt 7 km westlich von Egersund an der Küstenstraße.

Anne's B&B (☎ 51 49 37 45; www.annes-bb.no; Sjukehusveien 45; DZ 500–600 nkr; ☯ April–Okt.; ▣) Das private B&B 2 km nordöstlich des Zentrums ist die familiärste Unterkunft der Stadt. Es bietet schlichte Zimmer im traditionellen Stil und als Bonus sogar ein Schwimmbad. Das Haus liegt an der Rv 44, die in die Stadt führt, und in der Nähe des Volkskundemuseums Dalen.

Grand Hotell (☎ 51 49 18 11; www.grand-egersund.no; Johan Feyersgate 3; EZ 605–1190 nkr, DZ 805–1150 nkr; ▣) Das Grand Hotell in einem hübschen Bau aus dem 19. Jh. bietet stilvoll renovierte Zimmer; die im malerischen, renovierten alten Flügel sind allerdings teurer. Am besten sind die Eckzimmer (Nr. 307 im alten Flügel und 224 im neueren Teil). Gut ist auch das Restaurant mit Mittagsgerichten zu 59 bis 135 nkr und einem Abendbüfett zu 195 nkr.

Shoppen

Egersund Terracotta og Keramikk (☎ 51 49 15 96; Strandgaten 44; ☯ Mo–Mi & Fr 9–16.30, Do 9–18, Sa 9–14 Uhr) Hier arbeitet seit 1946 bereits die dritte Töpfergeneration – und bietet traditionelle Keramik, keinen Touristenkitsch.

An- & Weiterreise

Züge von und nach Kristiansand (274 nkr, 2 Std.) verkehren dreimal täglich, von und nach

Stavanger (133 nkr, 1 Std.) achtmal. **Fjord Line** (☎ 55 54 87 00; www.fjordline.no) bietet Fähren zwischen Bergen und Hanstholm in Dänemark via Egersund, die aber nicht für Fahrten zwischen Bergen und Egersund genutzt werden können. Infos über internationale Fähren s. S. 438.

RUND UM EGERSUND

Informationen über die reizvolle Strecke zwischen Egersund und Flekkefjord s. S. 153.

15 km nordöstlich der Stadt führt die Rv 42 über die **Terland Klopp**, eine hübsche, 60 m lange Brücke von 1888 mit 21 Steinbogen, die für die Unesco-Liste historischer Monumente vorgeschlagen wurde.

Eigerøy Fyr (Midbrødøy; Erw./Kind 20/10 nkr; ✆ Mitte Juni–Mitte Aug. So 11–16 Uhr), der imposante Leuchtturm auf Midbrødøy von 1855, steht in der Nähe der Südwestspitze von Eigerøy. Er ist bis heute einer der leuchtstärksten Leuchttürme Europas und bietet grandiose Ausblicke – ganz besonders an stürmischen Tagen. Wer ihn besuchen will, nimmt den Nord-Eigerøy-Bus von der Rutebilstasjon bis zu dem Schild „Eigerøy fyr" an der Rv 502 (27 nkr, 15 Min.). Von dort sind es zu Fuß noch 30 Minuten entlang der Fyrvegen-Straße.

DAS LANDESINNERE

Im Hinterland von Norwegens Südküste locken stille Bergtäler wie das Setesdalen und der imposante Gipfel Gausta nahe dem Rjukan. Ein weiterer Höhepunkt ist die seenreiche Region Telemark. Ein Kanal verbindet sie mit dem malerischen Seljord, in dem Selma hausen soll, so eine Art norwegisches Monster von Loch Ness.

KONGSBERG

23 644 Ew.
Auf den ersten Blick mag Kongsberg nicht viel hermachen – und doch gibt es eine Menge guter Gründe, hier anzuhalten: etwa die Kongsgruvene (Königliche Silbermine) und im Juni oder Juli eines der besten Jazzfestivals Norwegens. Mit ihren Stromschnellen mitten im Zentrum gehört die Stadt zu den attraktivsten in diesem Teil des Landes.

Geschichte

Die Geschichte Kongsbergs ist ganz und gar vom Silber geprägt. Es wurde 1623 im nahen Numedal von zwei Kindern entdeckt, die dort ihren Ochsen hüteten. Der Vater wollte den unverhofften Fund verkaufen, doch die Soldaten des Königs bekamen Wind von der Sache. Sie verhafteten die Familie und zwangen sie, ihnen die Fundstelle zu zeigen. Kongsberg wurde ein Jahr danach gegründet und war während des Silberrausches für kurze Zeit die zweitgrößte Stadt Norwegens – mit 8000 Einwohnern, davon 4000 Bergleute. Zwischen 1623 und 1957 haben die Minen für die königliche Schatzkammer 1,35 Mio. kg Haarsilber geliefert, eine der reinsten Silberarten der Welt. Kongsberg ist bis heute Sitz der staatlichen Münze, doch die letzte Mine wurde 1957 geschlossen.

Orientierung & Praktische Informationen

Kongsberg wird durch die Wasserfälle des Numedalslågen in zwei Hälften geteilt. Im neueren, östlichen Stadtteil liegen Touristeninformation, Buszentrale und Bahnhof, die Hotels und einige Restaurants. Im älteren, westlichen Teil befinden sich das Museum, die Kirche und das HI-Hostel.

Die **Touristeninformation** (☎ 32 29 90 50; www.visitkongsberg.no; Schwabesgt 2; ✆ Ende Juni–Mitte Aug. Mo–Fr 9–19, Sa & So 10–14 Uhr, übrige Zeit kürzer) ist sehr hilfreich.

Sehenswertes & Aktivitäten
KONGSBERG KIRKE

Norwegens größte **Barockkirche** (☎ 32 73 19 02; Kirketorget; Erw./Stud./Rentner/Kind 30/20/20/20 nkr; ✆ Mitte Mai–Mitte Aug. Mo–Fr 10–16, Sa 10–13, So 14–16 Uhr, übrige Zeit kürzer) in der Altstadt westlich des Flusses wurde 1761 geweiht. Ihr im Stil des Rokoko gestalteter Innenraum glänzt mit prachtvollen Kronleuchtern und einer ungewöhnlichen Aufteilung im Innern. Altaraufsatz, Kanzel und Orgel sind zusammen an einer Wand gruppiert. Von Juni bis August finden jeden Mittwoch um 20 Uhr Orgelkonzerte statt.

NORWEGISCHES BERGBAUMUSEUM

Das sehenswerte **Bergbaumuseum** (Norsk Bergverksmuseum; ☎ 32 72 32 00; www.bvm.museum.no; Hyttegata 3; Erw./Kind 50/10 nkr; ✆ Mitte Mai–Aug. 10–17 Uhr, Sept.–Mitte Mai 12–16 Uhr) in einer Schmelzhütte von 1844 informiert mit historischen Stücken, Modellen und Mineralien über die Geschichte des Bergbaus in Kongsberg. Im Kellergeschoss sind noch die alten Schmelzöfen zu sehen. Im gleichen Gebäude befinden sich außer-

SÜDNORWEGEN

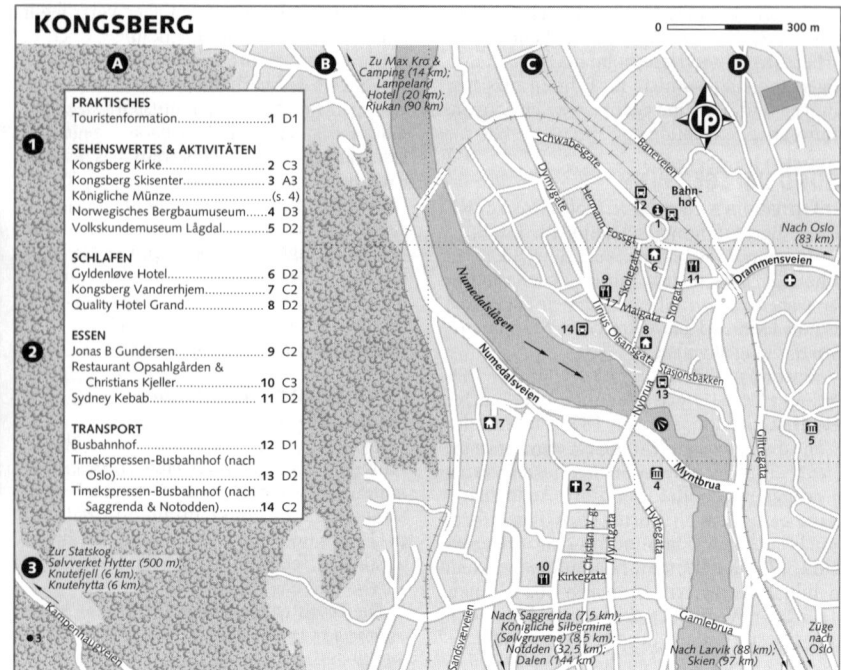

KONGSBERG

PRAKTISCHES
Touristinformation.........................1 D1

SEHENSWERTES & AKTIVITÄTEN
Kongsberg Kirke............................ 2 C3
Kongsberg Skisenter...................... 3 A3
Königliche Münze.........................(s. 4)
Norwegisches Bergbaumuseum......4 D3
Volkskundemuseum Lågdal...........5 D2

SCHLAFEN
Gyldenløve Hotel.......................... 6 D2
Kongsberg Vandrerhjem................7 C2
Quality Hotel Grand...................... 8 D2

ESSEN
Jonas B Gundersen....................... 9 C2
Restaurant Opsahlgården &
Christians Kjeller........................10 C3
Sydney Kebab.............................. 11 D2

TRANSPORT
Busbahnhof.................................12 D1
Timekspressen-Busbahnhof (nach
Oslo)..13 D2
Timekspressen-Busbahnhof (nach
Saggrenda & Notodden)..........14 C2

---

dem die **Königliche Münze**, die von der Festung Akershus in Oslo 1686 hierher verlegt wurde, sowie ein Skimuseum und andere lokale Ausstellungen.

VOLKSKUNDEMUSEUM LÅGDAL

Das **Volkskundemuseum** (Lågdalsmuseet; ☎ 32 73 34 68; www.laagdalsmuseet.no, auf Norwegisch; Tillischbakken 8–10; Erw./Kind Mitte Juni–Mitte Aug. 40/10 nkr, übrige Zeit frei; ☽ Mitte Juni–Mitte Aug. 11–17 Uhr, übrige Zeit kürzer) liegt zehn Fußminuten südöstlich des Bahnhofs. Es zeigt 32 historische Bauernhäuser und Bergarbeiterhütten, einige rekonstruierte Werkstätten aus dem 19. Jh. und ein Museum über den örtlichen Widerstand im Zweiten Weltkrieg. Im Sommer werden um 11, 13.30 und 15.30 Uhr Führungen angeboten.

KÖNIGLICHE SILBERMINEN

Die zahlreichen Silbergruben hinter der Stadt heißen zusammen Sølvgruvene. Der Hauptschacht der größten Grube reicht 1070 m in den Berg hinein bis zu einer Tiefe von 550 m unter dem Meeresspiegel. Am besten ist es, die Grube im Rahmen einer **Führung** (Erw./Kind 130/ 60 nkr; ☽ Juli–Mitte Aug. 11–16 Uhr stündl., Mitte Mai–Juni,

Sept. & Okt. kürzer) zu besichtigen. Sie beginnt bei der beschilderten Kongsgruvene, 700 m von Saggrenda (8 km südlich von Kongsberg an der Straße nach Notodden). Den Auftakt bildet eine 2,3 km lange **Bahnfahrt** durch den *stoll*, einen Tunnel, der in den Berg gehauen wurde, um das Wasser aus den Gruben abzuleiten. Da es damals weder Maschinen noch Dynamit gab, hat man den Fels mit Feuer erhitzt und dann „gesprengt", indem man kaltes Wasser darüber goss. Auf diese Weise wurde der Tunnel um 7 cm pro Tag vorangetrieben und innerhalb von 73 Jahren (1782–1855) fertiggestellt! Unter Tage sind alte Gerätschaften für die Silbergewinnung zu sehen, darunter ein raffinierter Aufzug, der knarrt und quietscht, sowie Abbauplätze auf 65 glitschigen Leitern.

Da die Temperatur in der Grube bei nur etwa 6 °C liegt, ist warme Kleidung ratsam. Im Eintrittspreis enthalten ist die Busfahrt von der Touristeninformation in Kongsberg hierher.

Für Gruppen von 10 bis 15 Personen und bei vorheriger Reservierung werden auch **zweistündige Führungen** (250 nkr pro Pers.) durch die 5 km lange Underberg-Grube angeboten sowie eine **Führung mit Grubenlampe und Seil** (☎ 32 72 32 00; cb@bvm.museum.no; 800 nkr), die mit einem 1 km langen Marsch durch den Kronprinz-Fredrik-Stollen beginnt. Danach müssen sich die Teilnehmer im Licht der Grubenlampe 112 m tief abseilen. Ein „Crash"-Kurs im Abseilen ist inbegriffen!

WANDERN & SKIFAHREN
Kongsbergs schönstes Gebiet für Wanderungen und Skitouren ist das bewaldete Knutefjell, unmittelbar westlich der Stadt. Die Touristeninformation verkauft eine Landkarte namens *Kultur-og Turkart Knutefjell* (80 nkr), auf der alle Wege und Loipen eingezeichnet sind.

Festivals
Kongsbergs viertägiges **Kongsberg Jazzfestival** (☎ 32 73 31 66; www.kongsberg-jazzfestival.no, auf Norwegisch) Ende Juni oder Anfang Juli ist das zweitgrößte in Norwegen (nach Molde; S. 283). Es ist für seine Avantgarde-Konzerte bekannt und 2007 sind hier namhafte internationale Interpreten wie das Joshua Redman Trio, Dee Dee Bridgewater und Wilco aufgetreten. Als Vorbereitung für das Festival gibt es einen kleinen **Festival Shop** (Nymoens Torg 2–4; ☺ variabel) im Zentrum.

Schlafen
Max Kro & Camping (☎ 32 76 44 05; Fax 32 76 44 72; Jondalen; Zelt-/Wohnwagen 130/150 nkr, 4-/6-Bett-Hütten 400/600 nkr) Der Platz 14 km nordwestlich der Stadt an der Rv 37 liegt am nächsten bei Kongsberg und ist mit dem zweimal täglich verkehrenden Kongsberg–Rjukan-Bus (26 nkr, 15 Min.) zu erreichen.

Kongsberg Vandrerhjem (☎ 32 73 20 24; www.kongsberg-vandrerhjem.no; Vinjesgata 1; B/EZ/DZ inkl. Frühstück ab 260/570/710 nkr; ℗ 🖳) Die Jugendherberge liegt in einem ruhigen aber gut erreichbaren Viertel, hat komfortable Zimmer und schließt die Lücke zwischen Budgetunterkünften und der mittleren Preisklasse.

Gyldenløve Hotel (☎ 32 86 58 00; www.gyldenlove.no; Hermann Fossgata 1; EZ/DZ Mitte Juni–Mitte Aug. & Fr–So ganzjährig 825/975 nkr, übrige Zeit Mo–Do 1275/1550 nkr; 🖳) Das Hotel ist eines der besten Hotels der Stadt. Es hat geräumige Zimmer mit blankem Parkettboden und geschmackvoller Gestaltung.

Quality Hotel Grand (☎ 32 77 28 00; www.choice.no; Christian Augustsgata 2; EZ/DZ ab 920/1060 nkr; 🖳) Die Unterkunft in der Nähe des Flusses ist eben-

falls komfortabel, aber ein bisschen teurer als das Gyldenløve Hotel.

Lampeland Hotell (☎ 32 76 20 46; www.lampeland.no, auf Norwegisch; Rv 40; EZ 890–1020 nkr, DZ 995–1130 nkr, mit Fjord Pass 585/740 nkr, Internet pro Std./12 Std. 30/120 nkr) Dieses hübsche Hotel, 20 km nördlich von Kongsberg an der Straße nach Geilo, hat (abgesehen von seiner Lage an der Straße) viele Pluspunkte und ist bei Reservierung über den Fjord Pass sehr günstig. Außerdem zählt es zu den umweltfreundlicheren Hotels der Region.

Essen
Sydney Kebab (☎ 32 76 88 58; Storgata 1; Kebab 49–89 nkr, Falafel 49 nkr; ☺ Sa & So bis 4 Uhr) Nettes, kleines Lokal, das ordentliche Portionen zu günstigen Preisen serviert.

Jonas B Gundersen (☎ 32 72 88 00; Nymoens Torg 10; Pasta 69–159 nkr, Pizza ab 169 nkr) Ein gutes Restaurant mit Speisekarten, die wie Schallplatten aussehen, und einer unverkennbaren New-Orleans-Atmosphäre. Es serviert überwiegend italienische Gerichte und einige phantasievolle Salate.

Restaurant Opsahlgården & Christians Kjeller (☎ 32 76 45 00; Kirkegata 10; Vorspeisen 79–115 nkr, Hauptgerichte 179–229 nkr; ☺ Restaurant Mo–Fr 15–22 Uhr, Café Mo–Fr 15–22 & Sa 14–22 Uhr) Dieses gediegene Speiselokal, nur wenige Häuser von der Kongsberg Kirke entfernt, hat ein nettes Café, das leichtere Gerichte serviert, außerdem Tische im Freien.

Anreise & Unterwegs vor Ort
Stündliche Züge verkehren zwischen Kongsberg und Oslo (153 nkr, 1½ Std.). Busse von **Nettbuss Telemark Timekspressen** (☎ 177) verbinden Kongsberg den ganzen Tag über mindestens stündlich mit Oslo (160 nkr, 1½ Std.), Saggrenda (48 nkr, 10 Min.) und Notodden (82 nkr, 35 Min.).

Die Touristeninformation vermietet Fahrräder zu 250 nkr für den ersten und 150 nkr für jeden weiteren Tag.

DER TELEMARK-KANAL
Der 105 km lange Telemark-Wasserweg besteht aus einer Reihe von Seen und Kanälen, die Skien und Dalen miteinander verbinden (ein zweiter Arm führt von Lunde nach Notodden). 18 Schleusen überwinden dabei einen Höhenunterschied von insgesamt 72 m. Der Kanal wurde zwischen 1887 und 1892 von mitunter 400 Arbeitern gebaut, um Holz

---

EINE GERUHSAME SCHIFFSTOUR DURCH DIE TELEMARK

Von Juni bis Mitte August verkehrt die Fähre *M/S Telemarken* täglich über die Kanäle der Telemark zwischen Akkerhaugen, 24 km südlich von Notodden, und Lunde (Erw./Kind 250/125 nkr, 3¾ Std.). Abfahrt in Akkerhaugen/Lunde ist um 10/13.45 Uhr. Wer nur die Strecke Lunde–Akkerhaugen mitfahren will, kann am späten Vormittag einen Bus von Notodden nach Lunde (103 nkr, 1 Std.) und um etwa 17 Uhr (an Wochenenden 18 Uhr) ein Bus von Akkerhaugen nach Notodden nehmen.

Von Ende Juni bis Mitte August machen die Touristenschiffe *M/S Victoria* (1882) und *M/S Henrik Ibsen* (1907) täglich die elfstündige Tour zwischen Skien und Dalen (Erw./Kind 420/210 nkr). Die Rundfahrt (Hinfahrt per Schiff, Rückfahrt per Bus in 3 Std.) kostet 680/340 nkr. Bei Hin- und Rückfahrt mit dem Schiff wird eine Ermäßigung von 50 % gewährt. Fast den ganzen Juni hindurch verkehren vier Schiffe pro Woche; von Mitte bis Ende Mai und von Mitte August bis Anfang September fährt wöchentlich ein Schiff. Für Hunde werden 50 % des Fahrpreises fällig.

Weitere Informationen bietet **Telemarkreiser** (☎ 35 90 00 30; www.visittelemark.com).

Der Kanal lässt sich wunderbar per Kanu, Kajak oder Fahrrad erkunden, und die Fähren übernehmen für zusätzliche 160/110 nkr auch den Fahrrad-/Bootstransport zwischen Skien und Dalen.

---

zu transportieren. Nützliche Infos bietet die Website www.visittelemark.com.

Notodden
12 221 Ew.

Wer nicht gerade zum beliebten **Blues Festival** (☎ 35 02 76 50; www.bluesfest.no) Anfang August kommt, sollte schleunigst durch diese Industriestadt fahren und nicht anhalten, bis er die imposante Heddal-Stabkirche 5 km westlich der Stadt an der E 134 erreicht. Der einzige Grund für einen Zwischenstopp in der Stadt ist die **Touristeninformation** (☎ 35 01 50 00; www. notodden.kommune.no; Teatergate 3; ♡ Mo–Fr 8–15 Uhr).

Sehenswertes
Die märchenhafte **Stabkirche von Heddal** (☎ 35 02 00 93; www.heddal-stavkirke.no; Heddal; Erw./Kind 40 nkr/ gratis, Eintritt zum Gelände frei; ♡ Mitte Juni–Mitte Aug. 9– 19 Uhr, übrige Zeit kürzer) ist die größte von Norwegens 28 erhaltenen Stabkirchen – und eine der schönsten. Der Bau selbst stammt wohl von 1242, doch Teile des Altarraums gehen bis auf 1147 zurück. In den 1950er-Jahren wurde die Kirche gründlich restauriert.

Wie alle Stabkirchen wurde sie auf tragenden Pfeilern aus norwegischer Kiefer errichtet – in diesem Fall zwölf große und sechs kleinere, die alle mit Furcht einflößenden Fratzen verziert sind. Sie hat vier mit Schnitzereien verzierte Tore. Beachtenswert sind auch die herrlichen Rosenmalereien von 1668 an den Wänden, eine Runeninschrift im äußeren Korridor und der „Bischofsstuhl", der im 17. Jh. aus einem ehemaligen Pfeiler hergestellt wurde. Seine reichen Schnitzereien illus-

trieren die heidnische Sage von Sigurd dem Drachentöter, die hier als christliche Parabel mit Christus und dem Satan umgedeutet wurde. Der Altar stammt von 1667, wurde aber 1908 restauriert; der Glockenturm wurde 1850 hinzugefügt.

Die Ausstellungen im Untergeschoss des Nachbargebäudes (in dem die Eintrittskarten verkauft werden) dokumentieren die Geschichte der Kirche. Weitere Infos über die Architektur der Stabkirchen enthält der Kastentext auf S. 252.

Von Notodden fahren die Busse der Linie 301 direkt an der Kirche vorbei; aber man kann auch jeden Bus in Richtung Seljord oder Bondal nehmen.

Das **Freilichtmuseum Heddal** (Bygdetun; ☎ 35 02 08 40; www.museumaust.no; Heddal; Erw./Kind 20 nkr/ gratis; ♡ Mitte Juni–Mitte Aug. 11–17 Uhr), 300 m von der Stabkirche entfernt, zeigt einige historische Häuser aus der ländlichen Provinz Telemark.

SCHLAFEN
Notodden Camping (☎ 35 01 33 10; www.notodden camping.no; Reshjemveien; Zeltplatz ohne/mit Auto 110/ 130 nkr, Wohnwagen 150 nkr plus 50 nkr pro Pers., Hütten 380–490 nkr) Notodden Camping, 3 km nach Westen über die E 134, dann 200 m auf dem Reshjemveien nach Süden, ist ein ganz passabler Campingplatz. Während des Festivals ist er randvoll. Anfahrt ab dem Zentrum mit Bussen in Richtung Seljord.

Das **Nordlandia Telemark Hotel** (☎ 35 01 20 88; www.norlandia.no/telemark; Torvet 8; EZ 735–1115 nkr, DZ 1115–1270 nkr) bietet moderne Zimmer und ein ordentliches Frühstück in einem recht nüchternen Bau im Zentrum.

AN- & WEITERREISE
Zwischen Kongsberg und Notodden verkehren stündlich ein oder zwei Timekspressen-Busse (82 nkr, 35 Min.).

Skien
50 696 Ew.
Das industrielle Skien hat Besuchern wenig zu bieten, es sei denn, sie starten zu einer Tour auf dem Telemark-Kanal (s. Kasten S. 158) oder sind spezielle Fans des norwegischen Dramatikers Henrik Ibsen.

Die **Touristeninformation** (☎ 35 90 55 20; www. grenland.no; Nedre Hjellegate 18; ☺ Mitte Juni–Mitte Aug. Mo–Fr 8.30–19, Sa 10–16, So 11–16 Uhr, übrige Zeit Mo–Fr 8.30–16 Uhr) ist nur mäßig hilfreich, muss aber auch nicht über viel informieren.

Sehenswertes
Der Schriftsteller, Dramatiker und „Vater des modernen Dramas" Henrik Ibsen (s. S. 52) ist am 20. März 1828 in Skien geboren worden. 1835 geriet seine Familie in Not und zog auf den Bauernhof Venstøp, 5 km nördlich der Stadt, wo sie sieben Jahre lang lebte. In dem Gebäude von 1815 wurde das hervorragende **Henrik Ibsenmuseet** (☎ 35 52 57 49; Venstøphøgda;

SÜDNORWEGEN

DIE HELDEN DER TELEMARK

1933 wurde in den USA entdeckt, dass 0,02 % aller Wassermoleküle „schwer" sind. Die Wasserstoffatome dieser Moleküle sind Deuterium, ein Wasserstoffisotop, das ein Neutron besitzt. Schweres Wasser wiegt 10 % mehr als normales Wasser, sein Siedepunkt liegt bei 101,4 °C, sein Gefrierpunkt bei 3,8 °C, höher als bei normalem Wasser also. Warum das wichtig ist? Weil diese Eigenschaften ausreichen, um Kernspaltungsreaktionen zu stabilisieren, und damit wird schweres Wasser unendlich wichtig für die Herstellung von Atombomben.

Im Zweiten Weltkrieg errichteten die deutschen Besatzer in Vemork, nahe Rjukan, eine Produktionsanlage für Schwerwasser. Die Alliierten reagierten darauf mit der Operation „Grouse" (Schneehuhn): Im Oktober 1942 landeten vier Norweger per Fallschirm im Sognadal, westlich von Rjukan. Einen Monat später sollten sie durch 34 speziell ausgebildete britische Saboteure verstärkt werden, die mit zwei Segelflugzeugen bei Skoland in der Nähe des Sees Møsvatnet landen wollten. Doch ein Segelflugzeug zerschellte mitsamt dauzugehörigem Schleppflugzeug an einem Berg. Das zweite verunglückte bei der Landung. Alle überlebenden Briten wurden von den Deutschen erschossen.

Die norwegische Widerstandsgruppe ließ sich indes nicht abschrecken. Die Operation bekam den neuen Decknamen „Swallow" (Schwalbe), und die Gruppe zog sich auf die Hochebene der *Hardangervidda* zurück, wo sie den härtesten Teil des Winters überstand. Am 16. Februar 1943 landete eine neue, von den Briten geschulte Gruppe mit dem Decknamen „Gunnerside" (Name eines Dorfs in Yorkshire) auf der *Hardangervidda*. Unglücklicherweise wütete bei deren Absprung ein Schneesturm, sodass die Leute den Boden 30 km von ihrem Ziel entfernt erreichten und zurückmarschieren mussten. Am Abend des 27. Februar hatten die Saboteure ihr Versteck im *Fjøsbudal*, nördlich von Vemork, erreicht und waren bereit zuzuschlagen. Sie stiegen über den Steilhang, die heute berühmte *Sabotørruta* (Saboteursroute) ab, überwanden die Schlucht bei der Schwerwasser-Produktionsanlage, durchtrennten den Sicherungszaun und brachten Sprengstoff an, der die Anlage weitgehend zerstörte. Einige der Saboteure erreichten die *Hardangervidda* auf Skiern und flohen von dort in das neutrale Schweden. Die Übrigen blieben auf dem Plateau und konnten einer Verhaftung entgehen.

Die Deutschen bauten die Anlage zwar wieder auf, aber am 16. November 1943 flogen 140 US-Bomber einen Angriff auf Vemork. Dabei wurden zwanzig Norweger getötet. Ohne Hoffnung, die Schwerwasserproduktion in Norwegen fortsetzen zu können, beschlossen die Deutschen, die Lagerbestände nach Deutschland zu bringen. Am 19. Februar 1944, in der Nacht vor dem Auslaufen der Fähre, die das Material über den *Tinnsjø* transportieren sollte, montierten Saboteure eine Sprengladung mit Zeitzünder an dem Schiff. In der Nacht darauf wurde das Schiff samt seiner wässrigen Ladung versenkt.

Diese Ereignisse wurden 1965 zu einem spannenden (aber leider historisch ungenauen) Film verarbeitet: *Stoßtrupp Telemark*, mit Kirk Douglas in einer Hauptrolle.

Erw./Stud./Rentner/Kind 50/20/20/20 nkr; ☺ Mitte Mai–Aug. 10–18 Uhr) eingerichtet. In der ehemaligen Scheune sind beeindruckende audiovisuelle Vorführungen zu sehen und Museumsführer (von denen einige Ibsen selbst verkörpern) zeigen den Besuchern das Wohnhaus. Informationen über Ibsen-Aufführungen bieten das Museum, die Touristeninformation und das **Theater Ibsen** (☎ 35 90 50 50; www.teateribsen.no; Hesselbergsgt 2), im Zentrum einen Block hinter dem Hafen.

SCHLAFEN & ESSEN

Skien Vandrerhjem (☎ 35 50 48 70; skien.hostel@vandrerhjem.no; Moflatveien 65; B/EZ/DZ 175/425/600 nkr) Das gut ausgestattete Hostel ist ganzjährig geöffnet und bietet ordentliche Zimmer. Frühstück kostet 50 nkr extra.

Thon Hotel Høyers (☎ 35 90 58 00; www.thonhotels.no; Kongensgate 6; EZ/DZ ab 890/1090 nkr) Ein Familienbetrieb direkt am Hafen mit großen, hellen und geräumigen Zimmern. Eine sehr gute Wahl.

Clarion Hotel Bryggeparken (☎ 35 91 21 00; bryggeparken@comfort.choicehotels.no; Langbryggene 7; EZ/DZ 1445/1645 nkr) Das Hotel liegt ebenfalls direkt am Wasser. Es ist etwas unpersönlicher, bietet aber moderne und komfortable, wenngleich absurd überteuerte Zimmer. Es hat ein gutes Restaurant und ein Café am Ufer.

AN- & WEITERREISE

Busse der Gesellschaft Nor-Way Bussekspress fahren ein- bis zweimal täglich nach Notodden (137 nkr, 1¾ Std.) und Rjukan (245 nkr, 3¼ Std.).

NSB-Züge fahren alle ein bis zwei Stunden nach Larvik und Oslo (275 nkr, 1¾ Std.).

Dalen
828 Ew.

Das hübsche Städtchen Dalen liegt am Seeufer, umgeben von steilen, bewaldeten Bergen. Es ist ein Hafen für Schiffe auf dem Kanalsystem Øst Telemark. Die **Touristeninformation** (☎ 35 07 70 65; www.visitdalen.com; ☺ Mitte Juni–Aug. Mo–Fr 9–19, Sa & So 10–17 Uhr, übrige Zeit Mo–Fr 9–15.30 Uhr) liegt im Zentrum.

Hoch über dem Ort, an der Rv 45 Richtung Høydalsmo, steht die malerische **Stabkirche von Eidsborg** aus dem 14. Jh. (Führungen 40 nkr) mit nur einem Schiff. Geweiht ist sie dem Heiligen Nikolaus. Das Gelände ist ganzjährig zugänglich.

SCHLAFEN UND ESSEN

Buøy Camping (☎ 35 07 75 87; www.dalencamping.com; Zeltplatz 125–205 nkr, Wohnmobil 145–215 nkr, 4-Bett-Hütte ab 465 nkr) Ein ordentlicher Campingplatz mit Hütten.

Dalen Hotel (☎ 35 07 90 00; www.dalenhotel.no; EZ/DZ Ende Mai–Anfang Okt. 1095/1750 nkr, übrige Zeit 895/1500 nkr, Hauptgerichte 85–235 nkr) Das schmucke Dalen Hotel, das an eine Stabkirche erinnert, wurde 1894 eröffnet und liegt 1 km von Dalen Brygge entfernt. Obwohl es im Zweiten Weltkrieg von den Nazis geplündert wurde, ist es eine komfortable Unterkunft mit nostalgischer Atmosphäre (die Zimmer etwas weniger als der Lobbybereich). In Zimmer 17 soll es spuken.

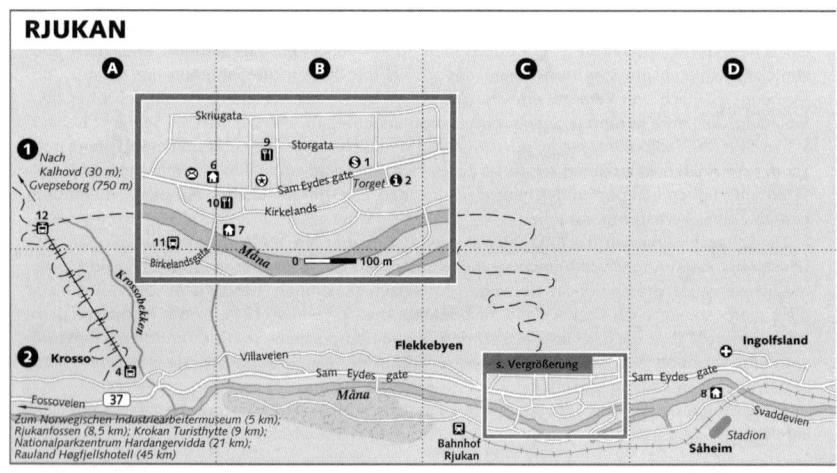

RJUKAN
6120 Ew.

Rjukan erstreckt sich über 6 km auf der Sohle des Vestfjorddalen, das von steilen Hängen umgeben ist. Das Dorf liegt im Schatten von Norwegens schönstem Berg, dem Gausta (1881 m). Kommt man von Süden, ist es der perfekte malerische Auftakt für das norwegische Hochland. Außerdem ist es ein Zentrum für Aktivitäten wie Skifahren, Wandern und Bungeejumping.

Geschichte
Die Stadt wurde 1907 von einer Stromgesellschaft gegründet und hatte mal bis zu 10 000 Einwohner, die von der Wasserkraft lebten. In den frühen Tagen hatten die Direktoren ihre Wohnungen ganz oben am Hang, wo die Sonne am längsten scheint. Unterhalb von ihnen wohnten die Büroangestellten und ganz unten im dunklen Tal die Arbeiter. Die Erbauer des Mår Kraftverk am östlichen Stadtrand hatten offensichtlich eine Schwäche für Rekorde: Die kräftezehrende Holztreppe der Anlage hat 3975 Stufen. Sie ist damit die längste der Welt – sportliche Besucher können sie erklimmen.

Praktische Informationen
Die **Touristeninformation** (☎ 35 08 05 50; www.visit rjukan.com; Torget 2; ✆ Ende Juni–Ende Aug. Mo–Fr 9–19, Sa & So 10–18 Uhr, übrige Zeit Mo–Fr 9–15.30 Uhr) ist die beste in der ganzen Telemark mit fachkundigem Personal und vielen Infos. Dort ist zu erfahren, ob das Nationalparkzentrum, 21 km westlich von Rjukan, wieder offen ist. Die Öffnung war für 2008 geplant.

Sehenswertes
NORWEGISCHES INDUSTRIEARBEITER-MUSEUM
Dieses **Museum** (Norsk Industriarbeidermuseet; ☎ 35 09 90 00; www.visitvemork.com, Norwegisch; Erw./Kind 65/35 nkr; ✆ Mitte Juni–Mitte Aug. 10–18 Uhr, übrige Zeit kürzer), 7 km westlich von Rjukan, liegt auf dem Gelände des Vemork-Kraftwerks, das bei seiner Fertigstellung 1911 das größte der Welt war. Es erinnert an die Sozialistische Arbeiterpartei, die in Norwegen in den 1950er-Jahren ihre Blütezeit erlebte. Sehenswert sind der 30-minütige Film *Wenn Hitler die Bombe gehabt hätte* über die Geschichte der Telemark im Zweiten Weltkrieg (s. Kasten S. 159) sowie das Modellkraftwerk in der Haupthalle. Interessant ist auch die Dokumentation zum weltweiten Wettlauf um die Atombombe in den 30er- und 40er-Jahren mit kurzen Filmen, Touchscreen-Ausstellungen, Fotos und Dioramen.

Behinderte und Senioren ab 65 können bis vor den Eingang fahren. Alle anderen Besucher müssen bei der Schwenkbrücke parken. Im Sommer verkehrt ein **Bus** (Erw./Kind 20/10 nkr; ✆ Mitte Juni–Mitte Aug. 10–16 Uhr) zwischen Parkplatz und Eingang, ansonsten sind es 15 Minuten bzw. 700 m zu Fuß bis hinauf.

KROSSOBANEN
Die **Krossobanen-Seilbahn** (☎ 35 09 00 27; Erw. einfach/hin & zurück 40/80 nkr, Kind 15/30 nkr, Fahrrad 30/60 nkr;

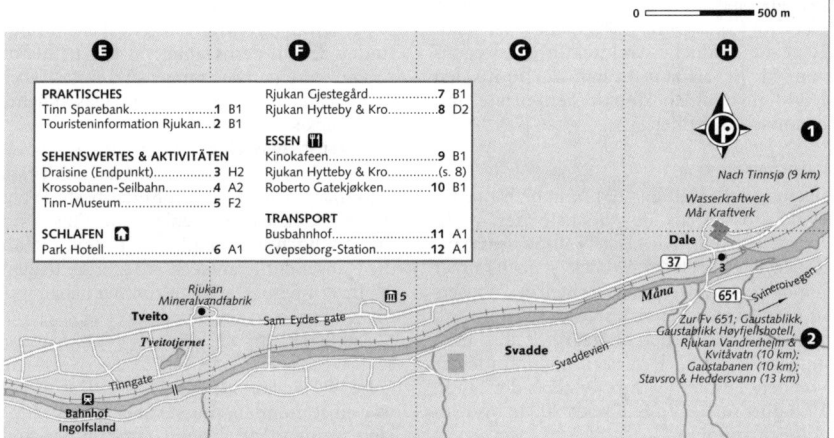

PRAKTISCHES
Tinn Sparebank.........................1 B1
Touristeninformation Rjukan... 2 B1

SEHENSWERTES & AKTIVITÄTEN
Draisine (Endpunkt)..................3 H2
Krossobanen-Seilbahn.............4 A2
Tinn-Museum...........................5 F2

SCHLAFEN
Park Hotell...............................6 A1

Rjukan Gjestegård....................7 B1
Rjukan Hytteby & Kro..............8 D2

ESSEN
Kinokafeen................................9 B1
Rjukan Hytteby & Kro...........(s. 8)
Roberto Gatekjøkken.............10 B1

TRANSPORT
Busbahnhof.............................11 A1
Gvepseborg-Station..............12 A1

Nach Tinnsjø (9 km)

Wasserkraftwerk
Mår Kraftverk

Dale

37

651   Svineroiveigen

Måna

Zur Fv 651; Gaustablikk,
Gaustablikk Høyfjellshotell;
Rjukan Vandrerhejm &
Kvitåvatn (10 km);
Gaustabanen (10 km);
Stavsro & Heddersvann (13 km)

Svadde

Svaddevien

Rjukan
Mineralvandfabrik

Tveito

Sam Eydes gate

Tveitotjernet

Tinngate

Bahnhof
Ingolfsland

0   500 m

SÜDNORWEGEN

☉ Mitte Juni–Aug. 10–20 Uhr, Sept. Sa 10–18 Uhr, Okt.– Mitte Juni 10–16 Uhr) wurde 1928 von der Norsk Hydro gebaut, um ihren Mitarbeitern etwas Sonne zu bieten. Längst renoviert, bringt sie heute Touristen auf den Gvepseborg (886 m) und lässt sie in dunkle Abgründe blicken. Das beste Panorama bietet die Plattform der Bergstation. Dort beginnen auch zahlreiche Wander- und Radwege (s. Kasten S. 163). Infos hat die Touristeninformation.

GAUSTABANEN

Eine der atemberaubendsten Drahtseilbahnen Norwegens, die **Gaustabanen** (☎ 35 08 05 50 oder 90 08 82 49; Erw. einfach/hin & zurück 200/350 nkr, Kind 100/150 nkr; ☉ Ende Juni–Mitte Aug. 10–16 Uhr, Mitte Aug.–Ende Okt. Sa oder So 10–16 Uhr) führt zunächst 860 m tief ins Innere des Berges hinein. Von dort klettert eine zweite Bahn mit einer Steigung von 45 Grad neben einer Treppe mit 3500 Stufen 1040 m empor. Die Endstation ist gleich unterhalb der Gaustahytte, unweit des Gipfels. Die Bahn wurde 1958 von der Nato für 1 Mio. US$ erbaut, um einen vom Wetter unabhängigen Zugang zu der Funkanlage zu schaffen. Sie wurde erst vor Kurzem für Touristen geöffnet. Die Fahrt mit dieser Bahn ist ein einzigartiges Erlebnis, aber nichts für Menschen mit Platzangst. Die Talstation liegt 10 km südöstlich von Rjukan.

TINN-MUSEUM

Dieses ruhige, kleine **Bauernhausmuseum** (☎ 35 09 22 33; Sam Eydesgt 299; Erw./Kind 40/20 nkr, Kombiticket mit dem Norwegischen Industriearbeitermuseum 85/40 nkr; ☉ Mitte Juni–Mitte Aug. 12–18 Uhr, Mai–Mitte Juni & Mitte–Ende Aug. Mo–Fr 12–15 Uhr) östlich der Stadt zeigt die ländliche Architektur Norwegens vom 11. Jh. bis zum frühen 20. Jh. Zu den Highlights zählen Stabkirchenportale und historische Textilien.

RJUKANFOSSEN

Bis ins 18. Jh. galt der 104 m hohe **Wasserfall** Rjukanfossen als der höchste der Welt. Inzwischen tragen die Angel Falls in Venezuela diesen Titel, doch der Anblick ist noch immer imposant, auch wenn ein Großteil des Wassers umgeleitet wurde, um das Vemork-Kraftwerk zu betreiben. Für den besten Blick fährt man auf der Rv 37 nach Westen bis unmittelbar vor den Tunnel 9,5 km westlich der Stadt. Von dort sind es zu Fuß noch 200 m bis zum Aussichtspunkt.

Aktivitäten

Weitere Infos über Möglichkeiten zum Wandern und Radfahren s. S. 163.

BUNGEEJUMPING

Der Sprung von der Brücke zum Norwegischen Arbeitermuseum 84 m tief in den Canyon gilt als Norwegens höchster **Bungee-Sprung** (490 nkr; ☉ Juli–Sept. Sa & So 11–13 Uhr, Di & Do 17–18 Uhr, Mitte Mai–Juni Sa 11–13 Uhr). Er ist sicher das Aufregendste, was Rjukan zu bieten hat. Buchungen über die Touristeninformation.

DRAISINENFAHRTEN

Ein besonderes Erlebnis ist die Fahrt per Draisine (*dressin* oder Schienenfahrrad) auf der 10 km langen, stillgelegten Trasse zwischen dem Tinnsjø und Rjukan. Die Miete kostet für die Mindestdauer von zwei Stunden 130 nkr einschließlich Versicherung. Fahrten sind nur im Sommer möglich und telefonisch zu reservieren: ☎ 45 48 38 99.

SKIFAHREN

Die **Touristeninformation** (☎ 35 09 14 22; www. gaustablikk.no) bietet mit ihrer Broschüre *Gaustablikk Skisenter* eine Fülle von Infos für Wintersportler.

Schlafen

Im Zentrum von Rjukan gibt es einige Unterkünfte, doch eine größere Auswahl bietet das Gaustablikk-Gebiet.

RJUKAN & WESTLICH

Rjukan Gjestegård (☎ 35 08 06 50; www.rgg.no, auf Norwegisch; Birkelandsgata 2; B 195 nkr, EZ/DZ mit Etagenbad 305/485 nkr) Die zentral gelegene Pension befindet sich in den Gebäuden der früheren Jugendherberge. Die Zimmer sind einfach aber nicht schlecht und es gibt eine Gästeküche. Frühstück kostet 60 nkr.

Rjukan Hytteby & Kro (☎ 35 09 01 22; www.rjukan-hytteby.no; Brogata 9; 2-/4-/6-Bett-Hütten 690/890/990 nkr, Motel EZ/DZ 690/790 nkr) ist wohl die beste Wahl in der Stadt. Es liegt reizvoll am Fluss und bietet schlichte, ordentliche Hütten, die an die Häuser der Kraftwerksarbeiter im frühen 20. Jh. erinnern. Die Motelzimmer haben weniger Charakter, sind aber okay.

Park Hotell (☎ 35 08 21 88; www.parkhotell-rjukan.no, auf Norwegisch; Sam Eydes Gate 67; EZ 645–790 nkr, DZ 845–940 nkr, Juniorsuite 995–1095 nkr) Das Hotel war einst mondän, müsste aber längst renoviert werden. Die abgenutzten Zimmer sind

WANDERN & RADFAHREN IN RJUKAN

Um eine Idee davon zu bekommen, was hier alles möglich ist, schaut man am besten in den kostenlosen *Rujkan – Cycling & Hiking Guide*. Er ist bei der Touristeninformation erhältlich und schlägt interessante Routen vor.

Gausta

Vom phantastischen Gipfel des Gausta (1881m) aus lässt sich an einem klaren Tag immerhin ein Sechstel von ganz Norwegen überblicken. Der beliebte Wanderweg hinauf (4 km, 2–3 Std.) führt vom Ausgangspunkt bei Stavsro (15 km südöstlich von Rjukan) zur **Gaustahytta (1830 m)** des DNT, in der Nähe des hässlichen Nato-Funkturms. Zum Gipfel führt ein halbstündiger Marsch von der Hütte, immer am felsigen Grat entlang. Eine 13 km lange Straße (leider ohne öffentliche Verkehrsmittel) führt vom östlichen Ortsende von Rjukan nach Stavsro (1173 m) am See Heddersvann. Per **Taxi** (☎ 35 09 14 00) kostet die einfache Fahrt 300 nkr. Wanderer sollten für die Tour einen ganzen Tag einplanen. Dann bleibt genügend Zeit, den Gipfel zu genießen. Beim Fremdenverkehrsbüro gibt es eine Karte der Fv 651, aber die *Turkart Gausta Området* ist besser und für 50 nkr zu haben.

Anspruchsvollere Routen zum Gipfel (3–4 Std.) beginnen in Rjukan selbst und beim Norwegischen Industriearbeitermuseum (s. S. 161).

Wer nicht zu Fuß gehen will, kann im Sommer mit der Gaustabanen (S. 162) bis fast zur Gaustahytta gelangen.

Hardangervidda

Von Gvepseborg, der Bergstation der Seilbahn Krossobanen, führen gute Wander- und Radwege über das Plateau der Hardangervidda (S. 197), wo Europas größte wilde Rentierherde lebt. Die Hauptroute (zu Fuß ca. 8 Std.), die auch für Radfahrer geeignet ist, führt nach Norden zur **Kalhovd Turisthytte** (☎ 35 09 05 10). Von hier kann man entweder per Bus (oder in 9 Std. zu Fuß) hinunter zur **Mogen Turisthytte** (☎ 35 07 41 15) gelangen, von wo die Møsvatn-Fähre (190 nkr) zurück nach Skinnarbu, westlich von Rjukan an der Rv 37, fährt. Über den Fahrplan der Schiffe informiert die Touristeninformation Rjukan. Wer nicht auf sich selbst gestellt sein möchte, kann an einer vom Fremdenverkehrsbüro organisierten, geführten Wander- oder Fahrradtour teilnehmen (Erw. 700–1300 nkr, Kind 400–700 nkr). Erfahrene Wanderer können nördlich von Kalhovd auch tiefer in die Hochlagen der Hardangervidda vordringen.

Eine Alternative ist auch die markierte Route, die oberhalb der Rjukan Fjellstue, 10 km westlich von Rjukan und etwas nördlich der Rv 37 beginnt. Dabei handelt es sich um die historische *Sabotørruta* (Saboteursroute), den Weg, den Mitglieder des norwegischen Widerstands im Zweiten Weltkrieg nahmen (s. Kasten S. 159). Ende Juni bis Mitte August organisiert die Touristeninformation auch geführte Wanderungen auf dieser Route

Die beste Karte für alle diese Wanderwege ist die vom Statens Kartverk herausgegebene *Hardangervidda Øst* im Maßstab 1:100 000, erhältlich bei der Touristeninformation (125 nkr).

schon etwas muffig. Dafür liegen sie mitten im Zentrum.

Krokan Turisthytte (☎ 35 09 51 31; Fax 35 09 01 90; nahe der Rv 37; 4-Bett-Hütten 400–600 nkr) Diese historische Unterkunft 10 km westlich von Rjukan ist 1869 als erste DNT-Hütte erbaut worden. Die Gäste sind in Blockhütten aus dem 16. Jh. untergebracht, die an ein Freilichtmuseum erinnern, und erhalten traditionelle Gerichte. Vorher anrufen, da die Rezeption nicht immer besetzt ist.

Rauland Høgfjellshotell (☎ 35 06 31 00; www.rauland. no; auf Norwegisch; Rv 37; EZ 750–1140 nkr; DZ 1380–1780 nkr; ☼ Juni–April; ☒) Das hervorragende Berghotel 45 km westlich von Rjukan bietet herrliche Ausblicke, traditionelle Ausstattung im Stil der Region, ein Hallenbad und ein phantastisches Kurzentrum. Da in der Umgebung Hunderte von Kilometern Skipiste liegen, ist es im Winter meist lange ausgebucht.

GAUSTABLIKK

Zwei Unterkünfte am See Kvitåvatn, 10 km außerhalb der Stadt via Fv 651, bieten einen phantastischen Blick auf den Gausta und guten Zugang zum Skigebiet Skipsfjell/Gaustablikk.

Sie sind aber nur mit dem Auto zu erreichen. In der sehr gefragten Wintersaison kann **Gausta Booking** (☎ 45 48 51 51; www.gaustabooking. com) oft noch eine freie Hütte finden.

Rjukan Vandrerhjem (☎ 35 09 20 40; www.kvitaa vatn.no; Gaustablikk; B 260 nkr, EZ/DZ mit Etagenbad 380/ 560 nkr) Jugendherberge mit einfachen Zimmern in einem gemütlichen Holzhaus und mit sechs Betten pro Zimmer in den Hütten.

LP Tipp Gaustablikk Høyfjellshotell (☎ 35 09 14 22; www.gaustablikk.no; EZ/DZ ab 840/950 nkr, HP ab 940/1480 nkr) Das große Hotel in erstklassiger Lage mit Blick auf See und Berge ist eines der besseren Berghotels in Norwegen. Die Zimmer sind recht modern und viele bieten einen schönen Blick auf den Berg Gausta. Abends gibt's ein üppiges Büfett. Da es v. a. ein Skihotel ist, ziehen die Preise im Winter deutlich an und Reservierungen sind dann nötig. Aber auch im Sommer ist es hier sehr schön. Halbpension (sehr zu empfehlen!) gibt es erst ab zwei Übernachtungen. Günstigere Preise für eine Nacht sind bei Reservierungen mit dem Fjord Pass möglich.

Essen

Kinokafeen (☎ 40 85 60 48; Storstulgate 1; Tagesgerichte mittags 89–120 nkr, Hauptgerichte abends 159–279 nkr; ⏰ Mittag- & Abendessen) Das Café beim Kino hat eine angenehme Atmosphäre und serviert günstige Mittagsgerichte (Pasta und Steaks).

Roberto Gatekjokken (an der Sam Eydes; Snacks ab 35 nkr; ⏰ Mittag- & Abendessen) Die gut geführte, kleine Snackbar ist eine Klasse besser als die üblichen norwegischen Imbisslokale am Straßenrand. Serviert werden Fish & Chips (45 nkr), Hamburger (41–116 nkr), Steaksandwiches (47 nkr) und Taco Wraps (35 nkr). Mit schattigen Tischen davor.

Rjukan Hytteby & Kro (☎ 35 09 01 22; Brogata 9; Pizzas ab 130 nkr, Hauptgerichte 59–159 nkr) Das Lokal am Fluss im Cafeteriastil bietet einfache, aber herzhafte Küche vor der Pizza bis zur Baked Potatoe.

Gaustablikk Høyfjellshotell (☎ 35 09 14 22; Tagesgerichte mittags ab 69 nkr, Abendbüfett 335 nkr; ⏰ Mittag- & Abendessen) Auch wenn man nicht übernachten will, lohnt das riesige Büfett dieses Berghotels den Weg dort hinauf.

Anreise & Unterwegs vor Ort

Ein täglicher Expressbus verbindet Rjukan mit Oslo (280 nkr, 3 Std.) via Kongsberg (177 nkr, 2 Std.). Weitere regelmäßige Busse fahren nach Notodden, von wo es bessere Verbindungen gibt.

Die Entfernungen in dem langen Straßenort klingen erschreckend, doch der lokale Bybuss bietet gute Verbindungen von Vemork bis zum Ostende des Tals. Fahrräder vermietet die Touristeninformation für 50/200 nkr pro Std./Tag.

SELJORD
2933 Ew.

Den See Seljordvatn, an dem Seljord liegt, kennen viele als die Heimat von Selma. Das Seemonster à la Nessie soll in den Tiefen dieses Gewässers hausen (s. Kasten S. 165). Andere legendäre Wesen sind angeblich in den umliegenden Bergen zu Hause. Wanderer können nach den zerstrittenen Trollfrauen Ljose-Signe, Glima und Tårån Ausschau halten. Wir haben keine von ihnen gesehen, doch Einheimische haben uns versichert, dass sie existieren. Seljord hat folgerichtig auch einige der bekanntesten Volkssagen Norwegens inspiriert, wie z. B. *De tre bukkene Bruse* (Die drei Böcke Brausebart) von Asbjørnsen und Moes, das inzwischen weltweit bekannt ist.

Die **Touristeninformation** (☎ 35 06 59 88; www. seljordportalen.no; ⏰ Mitte Juni–Mitte Aug. Mo–Fr 8–18, Sa 9–15 Uhr, übrige Zeit Mo–Fr 8–20.30 Uhr) bietet jede Menge gute Infos und schwelgt in Trollgeschichten.

Sehenswertes

Die reizvolle romanische **Steinkirche** (Eintritt frei; ⏰ Mitte Juni–Mitte Aug. 11–17 Uhr) ist im 12. Jh. zu Ehren des hl. Olav erbaut worden. Sie befindet sich am Nordende der Stadt. Die beiden Mulden zwischen der Kirche und der Friedhofsmauer sollen das Werk von zwei Bergtrollen sein, die vom Vormarsch des Christentums so erbost waren, dass sie den Ort mit Felsblöcken bewarfen.

Festivals & Events

Am zweiten Wochenende im September findet in Seljord das **Dyrsku'n Festival** statt. Dieser Markt wurde 1866 erstmals abgehalten und ist heute der größte traditionelle Markt Norwegens. Er dient zugleich als Viehausstellung und lockt jedes Jahr 60 000 Besucher an.

Schlafen & Essen

Seljord Camping og Badeplass (☎ 35 05 04 71; www.seljordcamping.no; Zeltplatz 150 nkr, Hütten 400– 1200 nkr) Der nette Campingplatz am Ufer ist zugleich Anlegestelle für Selma-Exkursionen auf dem Seljordvatn (Preise je nach Zahl der

DIE SEESCHLANGE SELMA

Erste Berichte über die Seeschlange Selma gehen auf 1750 zurück. Damals behauptete Gunleik Andersson-Verpe aus dem nahe gelegenen Bø, er sei „von einem Seepferd angegriffen worden", als er über den See ruderte. Seither wollen Zeugen fast jeden Sommer (Selma scheint wie die Norweger im Sommer aus ihrer Höhle zu kriechen) Flossen und Höcker dieser flinken Seebewohnerin gesehen haben. Sie soll mindestens die Größe eines großen Baumstamms haben. Manche beschrieben sie als aalähnlich, andere verglichen sie mit einer Schnecke, einer Echse oder einem Krokodil, und ihre Körperlänge wird mit 25, 30 oder gar 50 m angegeben. Amateurvideos aus den Jahren 1988 und 1993 zeigen eine Reihe von Höckern im Wasser, aber die Aufnahmen sind zu körnig, als dass sie als Beweismittel durchgehen könnten. Die meisten Forscher machen geltend, dass der See zu klein sei, als dass ein Tier von mehr als 7 m Länge auf Dauer darin leben könne.

Wie die berühmte schottische Nessie hat auch Selma die örtliche Folklore bereichert und jede Menge Touristen angezogen. Sie suchen den tiefen, von Nadelbäumen umsäumten Seljord-See (14 km lang, 2 km breit und 157 m tief) nach Beweisen ab. 1977 und 1988 untersuchte der selbstständige schwedische Journalist Jan-Ove Sundberg den See mit Sonargeräten, Unterwasserkameras und sogar einem Mini-U-Boot. Er entdeckte mehrere große Objekte, die sich zunächst parallel zueinander, dann aber getrennt in verschiedene Richtungen bewegten. Sundberg erklärt, Selma lasse sich keiner der Menschheit bekannten Spezies zuordnen. Sie besitze Fähigkeiten, wie man sie noch nie gesehen habe. So könne sie sich mit hoher Geschwindigkeit auf der Wasseroberfläche und vertikal auf- und abwärts bewegen. Sie zeige längere Zeit Rücken, Kopf oder Hals oder auch alle drei Körperteile gleichzeitig über Wasser und bewege sich dabei sehr schnell voran, mit bis zu 25 Knoten möglicherweise.

Als wir einen Einheimischen fragten, ob er an die Existenz von Selma glaubt, antwortete er: „Ich habe sie nie gesehen, aber ich glaube, dass sie existiert, und meine Kinder baden daher nicht in diesem See". Wir haben sie auch nicht gesehen, aber …

Passagiere). Es gibt hier sogar ein Teleskop, damit man das Seemonster beobachten kann.

Seljord Hotel (☎ 35 06 40 00; www.seljordhotel.no, auf Norwegisch; EZ/DZ 900/1100 nkr, Vorspeisen 90–105 nkr, Hauptgerichte 225–275 nkr) Der reizende Holzbau stammt von 1858 und ist eines der schönsten Hotels in diesem Landesteil. Die Zimmer sind mit nostalgischem Touch gestaltet. Jedes hat einen Namen und eine eigene Geschichte. Außerdem sind die Preise das ganze Jahr über konstant, was für Norwegen ungewöhnlich ist. Das Restaurant mit Gourmetküche ist das beste der Stadt. Zur Auswahl stehen fünf Hauptgerichte mit Fleisch oder Fisch und jedes davon ist ein Kunstwerk. Außerdem gibt es günstigere Mittagsgerichte.

Sjøormkroa (☎ 35 05 05 02; Hauptgerichte 89–149 nkr) In diesem eigenartig geschwungenen Gebäude an der E 134 beim See kommen typische Cafeteriagerichte auf den Tisch (Hamburger, Wiener Schnitzel und dergleichen).

An- & Weiterreise

Nor-Way Bussekspress (Haukeliekspressen) verbindet Seljord bis zu viermal täglich mit Notodden (132 nkr, 1¼ Std.) und Oslo (296 nkr, 3¼ Std.).

SETESDALEN

Die Waldhänge und seenreichen Bergtäler von Setesdalen bilden eine der traditionsreichsten und konservativsten Regionen Norwegens. Nur wenige Reisende verirren sich hierher, aber bei Outdoorfans wird die Gegend immer beliebter.

Evje
3315 Ew.

Die am Fluss gelegene und von Wäldern und Hügeln umgebene Stadt Evje ist die südliche Pforte zur Region Setesdalen. Unter Geologen ist sie wegen der Vielfalt an Gesteinsarten in ihrer Umgebung bekannt. Zu ihren Attraktionen zählen somit auch ein Mineralienpark, eine Nickelgrube und die Chance, selbst interessante Funde zu machen. Zudem ist der ruhige, kleine Ort eine erstklassige Basis für Rafting-Abenteurer und andere Outdooraktive.

Das **Infozentrum** (☎ 37 93 14 00; www.setesdal. com; ☼ Mitte Juni–Mitte Aug. Mo–Fr 10–18, Sa & So

10–15 Uhr, übrige Zeit Mo–Fr 10–12 Uhr) befindet sich im selben Blockhaus wie der Busterminal. Dort gibt es auch Genehmigungen für die Mineraliensuche.

SEHENSWERTES

Angehende Geologen werden in Evje viel Interessantes finden. Erste Station sollte das kleine **Evje Og Hornnes Museum** (☎ 37 93 07 94; Erw./Kind/Stud./Fam. 20 nkr/gratis/15/40 nkr; ☯ Mitte Juni–Ende Aug. 11–16 Uhr) sein. Es liegt 2 km westlich der Stadt jenseits des Flusses in Fennefoss. Zu sehen sind über hundert verschiedene Mineralien aus den umliegenden Bergen sowie Ausstellungen über den örtlichen Nickelabbau und das ländliche Leben in Setesdalen.

Ein Traum für jeden Steinesammler ist der gut geführte **Mineralienpark Setesdal** (☎ 37 93 13 10; www.mineralparken.no; Hornnes; Erw./Kind 85/50 nkr; ☯ Mitte Mai–Okt. 10–16 Uhr) mit Mineralien aus der Region und der ganzen Welt. Vieles wird auch zum Verkauf angeboten. Die prachtvolle Sammlung voll leuchtender Farben und glitzernder Kristalle befindet sich 10 km südlich von Evje.

Die **Flåt Nikkelgruve** (Nickelgrube Flåt; ☎ 37 93 03 71; www.flaatgruve.com; Erw./Kind/Fam. 80/50/210 nkr; ☯ Führungen Juli–Anfang Aug. 13 Uhr) war mit einem 440 m tiefen Schacht einst Europas größte Nickelgrube. Ein Besuch führt tief ins Erdinnere hinein und wird jeden begeistern, der nicht gerade unter Platzangst leidet. Warme Kleidung ist erforderlich, denn die Temperatur kann bis auf 5 °C sinken. Die Grube ist 3,3 km von der Rv 9 entfernt; die Abzweigung liegt 2 km nördlich von Evje.

Über die gleiche Straße wie die Grube ist auch **Evje Mineralsti** zu erreichen, das fünf kleinere Gruben beinhaltet. Hier kann jeder selbst auf Schatzsuche gehen. Eine **Genehmigung**

(Erw./Kind/Fam. 40/70/140 nkr) ist vor Ort erhältlich, manchmal auch im Infozentrum in der Stadt.

SCHLAFEN & ESSEN

Odden Camping (☎ 37 93 06 03; www.oddencamping. setesdal.com; Zeltplatz ohne/mit Auto 70/110 nkr plus 10/ 5 nkr pro Erw./Kind, Wohnwagen 120 nkr, 2–8-Bett-Hütten 300–1000 nkr) Dieser große und sehr empfehlenswerte Platz in traumhafter Lage am See und nur 200 m südlich der Stadt ist exzellent geführt. Im Sommer kann er aber sehr voll sein.

Neset Camping (☎ 37 93 42 55; www.neset.no, auf Norwegisch; Zeltplatz ab 150 nkr plus 10 nkr pro Pers., Hütten mit 4–8 Betten 400–800 nkr) Neset Camping liegt ebenfalls malerisch am See und befindet sich 13 km nördlich von Evje.

TrollActiv (Evje Vandrerhjem; ☎ 37 93 11 77; www.trollmountain.no; Zeltplatz/Tipis pro Pers. 60/90 nkr, Wohnwagen 120 nkr, B/DZ 150/410 nkr; 💻) Dieses trubelige Zentrum für Outdooraktivitäten (S. 166), 6 km nördlich der Stadt, dient zugleich als Jugendherberge. Es ist modern, gut geführt und ideal für alle, die an einer der Aktivitäten teilnehmen wollen.

Hotel Dölen (☎ 37 93 02 00; www.hoteldolen.no; Evje; EZ/DZ ab 695/995 nkr, Hauptgerichte 129–235 nkr; 💻) Nach unserem ersten Besuch konnten wir Setesdalens ältestes Hotel leider nicht empfehlen, da die Zimmer zu renovierungsbedürftig waren. Inzwischen haben zum Glück Monika und Roar das Hotel übernommen und bringen es allmählich auf Vordermann. Die renovierten Zimmer versprühen nostalgischen Charme, die übrigen haben eine abgenutzte Ausstattung aus den 1970er-Jahren. Alle bieten drahtlosen Internetzugang. Das Restaurant ist wahrscheinlich das beste von Evje. Serviert werden zum Beispiel Äsche

---

AKTIV IN EVJE

TrollActiv (☎ 37 93 11 77; www.troll-mountain.no; ☯ April–Okt. 9–20 Uhr), 6 km nördlich von Evje, ist das Zentrum für die meisten abenteuerlichen Aktivitäten rund um Evje. Rafting (400 nkr pro Pers.) steht bei diesem Anbieter im Vordergrund, aber auch Riverboarding (400 nkr), Kletterkurse (750 nkr), Kajaktouren auf dem Fluss (750 nkr), Paintball (550 nkr), Wasserski (350 nkr) sowie gemütlichere Aktivitäten wie Angelexkursionen (250 nkr) und nächtliche Biber- und Elchsafaris (Erw./Kind/Fam. 260/210/820 nkr) sind im Angebot. Außerdem gibt es eine Kletterwand (200 nkr pro Std.), Raftingtrips für Familien (350 nkr pro Pers.) und Angebote für Kinder, die Klettern, Bogenschießen und Kanufahren (250 nkr) beinhalten. Und schließlich vermietet TrollActiv auch Kanus (300 nkr), Inlineskates (150 nkr) und Mountainbikes (300 nkr).

Viking Adventures Norway (☎ 37 71 00 95; www.raftingsenter.no), in der Stadt, bietet ähnliche Aktivitäten zu vergleichbaren Preisen.

(147 nkr), Rentierherz (nkr 85) und „Rentier à la Rudolph" (155 nkr). Im Sommer gibt es ein beliebtes Sonntagsbüfett (175 nkr). Sehr schön ist auch die Terrasse am See. Roar, der früher Countrymusiker war, singt manchmal an Wochenenden in der Bar.

Revsnes Hotell (☎ 37 93 46 50; www.revsnes hotell.no; Byglandsfjord; EZ/DZ ab 795/995 nkr, 3-gängiges Abendessen 225 nkr; 🖵) Evjes bestes Hotel liegt 12 km nördlich der Stadt am malerischen See Byglandsfjorden. Die Zimmer sind geräumig und modern. Die meisten haben große Fenster mit Seeblick. Das Hotel wird ebenfalls von einer Familie geführt, die um das Wohlergehen der Gäste sehr bemüht ist.

Pernille Cafeteria (☎ 37 93 00 69; Hauptgerichte 99–139 nkr; 🕙 Mo–Fr 8–18, Sa 8–16.30, So 10–19 Uhr) Der Laden befindet sich im oberen Stock direkt im Zentrum von Evje. Er ist bei Einheimischen sehr beliebt, obwohl die Küche nicht gerade originell ist: Neben ein paar norwegischen Gerichten werden Hamburger, Spaghetti Bolognese und dergleichen serviert.

Dragon Inn (☎ 37 93 09 19; Vorspeisen ab 45 nkr, Hauptgerichte 105–159 nkr; 🕙 Di–Do 15–21, Fr & Sa 15–22, So 13–21 Uhr) Das Restaurant, gleich südlich des Zentrums, bietet ziemlich gute chinesische Küche.

AN- & WEITERREISE
Nor-Way Bussekspress verkehrt zumindest einmal täglich über Evje zwischen Kristiansand (110 nkr, 1 Std.) und Haukeligrend (263 nkr, 3 Std.). Wer weiter nach Bergen will, muss in Haukeligrend umsteigen. Für die Weiterfahrt von Evje nach Norden müssen Autofahrer eine Maut von 30 nkr bezahlen, über die wir uns jedes Mal ärgern.

Setesdalsmuseet
Die interessanten **Volkskundemuseen** (☎ 37 93 63 03; Erw./Kind/Fam. 30 nkr/gratis/60 nkr; 🕙 Mitte–Ende Juni & Aug. 11–17 Uhr, Juli 10–18 Uhr) an der Rv 9 bringen Abwechslung in die Fahrt durch das Setesdalen.

Von Süden kommend ist das eigentliche **Setesdalsmuseet** von Rysstad das erste. Es zeigt historische Möbel, Hausrat und Kulturzeugnisse. Etwa 10 km weiter nördlich folgt **Tveitetunet** (Valle), ein Bauernhof in Blockhausbauweise mit einem Lagerhaus von 1645. Am besten ist aber **Rygnestadtunet**, 9 km nördlich von Valle, dessen Gehöft ein ungewöhnliches, dreistöckiges Lagerhaus (von 1590) besitzt und eine außerordentliche

Sammlung von bemalten Textilien aus dem 15. Jh. Es heißt, der Hofbesitzer Evil Åsmund, der in ganz Europa als Söldner gedient hat, habe von seinen Feldzügen geplünderte Waffen und Kunstwerke mitgebracht. Das Museumspersonal ist hier manchmal in traditionellen Trachten gekleidet.

Bykle
902 Ew.

Die bemerkenswerte **Bykle Kirkje** (☎ 37 93 81 01; Eintritt 20 nkr; 🕙 Mitte Juni–Mitte Aug. 11–17 Uhr) im Blockhausstil ist eine der kleinsten Kirchen in Norwegen und dadurch besonders reizvoll. Das Bauwerk selbst und der Altar stammen von 1619. Die Rosenmotive an den Emporen und die traditionellen Rosenmalereien an den Wänden sind in den 1820er-Jahren hinzugekommen, doch einige der Malereien gehen auch auf das 15. Jh. zurück.

5 km südlich der Stadt gibt es einen hübschen, beschilderten **Weg** (30 Min.) oberhalb der Otra. Er besteht mindestens seit 1770 und war einst der wichtigste Weg durch das Setesdalen.

Hovden
450 Ew.

Über dem nördlichen Ende des Setesdalen wacht Hovden, ein Wintersportort, der aber auch im Sommer einige Aktivitäten zu bieten hat. **Hovdenferie** (☎ 37 93 93 70; www.hovden.com; 🕙 Mo–Fr 9–17, Sa 10–14, So 12–16 Uhr) informiert über alle Angebote. Im Programm sind **Rafting** (ab 375 nkr), **Canyonwandern** (450 nkr), **Elchsafaris** (Erw./Kind 300/200 nkr) und **Hubschrauberflüge** (ab 450 nkr).

Um den Ausblick zu genießen, können Besucher im Sommer per **Sessellift** (Erw./Kind 80/60 nkr; 🕙 Juli 10.30–14 Uhr, Aug. Mi & Sa 10.30–14 Uhr, Sept. Sa 10.30–14 Uhr) zum Gipfel des Berges **Nos** (1176 m) hinauffahren.

Die Reservierungsstelle **Sentralbooking** (☎ 37 93 93 75; post@hovden.com) von Hovdenferie vermittelt Dutzende von Skihütten, Ferienwohnungen, Chalets und Hotels in der Umgebung mit recht günstigen Angeboten. **Hovden Fjellstoge & Vandrerhjem** (☎ 37 93 95 43; www.hovdenfjell stoge.no, auf Norwegisch; B/EZ/DZ inkl. Frühstück 250/450/590 nkr, Mahlzeiten um 100 nkr) ist in einem traditionellen Holzbau mit Grasdach untergebracht. Das **Quality Hovden Høyfjellshotell** (☎ 37 93 88 00; www.hovdenhotell.no, auf Norwegisch; EZ/DZ ab 850/1050 nkr) im oberen Ortsteil ist das beste Hotel von Hovden.

Neben den Hotelrestaurants serviert auch das **Furumo Kafé** (☎ 37 93 97 72) eine Auswahl an Gerichten.

Der täglich verkehrende Nor-Way Bussekspress zwischen Kristiansand (332 nkr, 3¾ Std.) und Haukeligrend hält in Hovden. In Haukeligrend gibt es Anschluss nach Bergen.

SIRDAL

Über das Sirdal erreicht man die reizvolle Straße, die mit 27 Haarnadelkurven hinunter nach Lysebotn (S. 244) führt. Von der gut ausgestatteten DNT-Hütte in **Ådneram** über dem Sirdal können es Wanderer in neun Stunden bis nach Lysebotn schaffen (die letzten 4 km auf der Straße). Die Straße ist nur von Mitte Juni bis Mitte September befahrbar.

Reiseinformationen sowie Auskünfte über Wildnistouren, Reiten und Hundeschlittenfahrten bietet **Sirdalsferie** (☎ 38 37 78 00; www.sirdalsferie.com; Tjørhom).

Sinnes Fjellstue (☎ 38 37 11 21; www.sinnesfjellstue.no, auf Norwegisch; Sinnes; EZ/DZ ab 575/775 nkr) ist ein hübsches Berghotel, das im Sommer geöffnet hat.

Der Suleskarekspressen von Nor-Way Bussekspress verbindet Stavanger (187 nkr, 2 Std.) und Oslo (539 nkr, 7½ Std.) via Fidjeland, 7 km südlich von Ådneram (Juni–Sept. tgl.).

Mittelnorwegen

Die meisten Besucher kommen wegen der Fjorde nach Norwegen – und das zu Recht. Aber genauso großartig ist das Hochland Mittelnorwegens. Es bietet die schönsten Berglandschaften Nordeuropas, unübertroffene Wandermöglichkeiten, atemberaubende Raftingspots und zwei der schönsten Städte des Landes.

Røros ist wohl das zauberhafteste Städtchen Norwegens. Die jahrhundertealte Bergbausiedlung wurde deshalb auch in die Liste des Weltkulturerbes aufgenommen. Lillehammer ist moderner, doch seit dort 1994 die Winterolympiade ausgetragen wurde, zieht es jedes Jahr Scharen an, die Olympia-Atmosphäre schnuppern wollen. Auch seine malerische Lage am See und Maihaugen, Norwegens bestes Volkskundemuseum, sind einen Abstecher wert.

Reisende, für die Stabkirchen den Zauber Norwegens verkörpern, finden zwei besonders schöne Exemplare in den ruhigen Orten Ringebu und Lom. In Lom kreuzen sich außerdem einige der schönsten Straßen Norwegens, darunter die spektakuläre Sognefjellstraße, die über atemberaubende Berglandschaften und in die Tiefen der Fjordtäler führt.

Von einer Attraktion zur nächsten führen ruhige Landstraßen und anspruchsvolle Wanderwege verlaufen durch einige der faszinierendsten Nationalparks des Landes: Rondane, Dovrefjell-Sunndalsfjella, Jotunheimen und Hardangervidda, ein Hochplateau von rauer Schönheit, das jäh zu den tiefen Fjorden abfällt. In diesen Parks lassen sich sogar wilde Rentiere, Moschusochsen und Elche beobachten. Zwei bedeutende Raftingzentren sind Oppdal und v. a. Sjoa.

MITTELNORWEGEN

HIGHLIGHTS

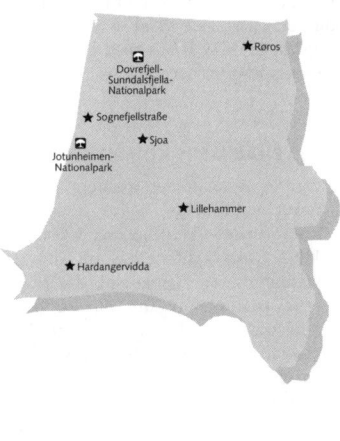

- Eine Zeitreise in die Vergangenheit im zauberhaften **Røros** (S. 178), das zum Unesco-Weltkulturerbe gehört

- Auf den höchsten Wanderpfaden Norwegens den grandiosen **Jotunheimen-Nationalpark** (S. 193) durchstreifen oder per Auto oder Fahrrad die **Sognefjellstraße** entdecken (S. 193)

- Sich beim Rafting in **Sjoa** (Kasten S. 190) die Hosen nass machen

- Den Turm der olympischen Skisprungschanze von **Lillehammer** erklimmen (S. 170)

- Im **Dovrefjell-Sunndalsfjella-Nationalpark** (s. Kasten S. 184) nach den urzeitlichen Moschusochsen Ausschau halten

- Ein Rentier auf dem Plateau der **Hardangervidda** (S. 197) erspähen

EINWOHNER: 620 000	HÖCHSTE ERHEBUNG: GALDHØPIGGEN 2469 M

ÖSTLICHES MITTELNORWEGEN

LILLEHAMMER
25 537 Ew.

Lillehammer war schon lange ein beliebter Wintersportort Norwegens, doch durch die Olympischen Winterspiele von 1994 wurde es weltbekannt. Diesen sehr erfolgreichen Spielen verdankt die Stadt ihre wichtigsten Attraktionen. Am Nordende des Sees Mjøsa gelegen und von Bauernhöfen, Wäldern und kleinen Dörfern umgeben, hat Lillehammer das ganze Jahr über etwas zu bieten und verströmt eine entspannte Atmosphäre, auch wenn es erst im Winter zu einem Skizentrum *par excellence wird.*

Das viertägige **Lillehammer Jazz Festival** (☎ 81 53 31 33; www.dolajazz.no, auf Norwegisch) findet Mitte September statt. Tickets werden ab 1. Juli verkauft. Im März wird ein beliebtes Skirennen für Frauen veranstaltet. Über diese und andere Events informiert die Touristeninformation.

Orientierung & Praktische Informationen

Das Zentrum von Lillehammer ist klein und übersichtlich. Die meisten olympischen Stätten und das Volkskundemuseum Maihaugen liegen etwa 30 Fußminuten den Berg hinauf. Autofreie Hauptstraße des Orts ist die Storgata, zwei Blocks östlich der Skysstasjon (Buszentrale und Bahnhof).

Bibliothek (Bibliothek; ☎ 61 24 71 40; Wiesegate 2; ⊗ Mo–Do 11–18, Fr & Sa 11–15 Uhr) Kostenloser, zeitbegrenzter Internetzugang.

LILLEHAMMERS KOMBITICKETS

Wer in Lillehammer mehrere Highlights besuchen möchte, sollte vielleicht das **Kombiticket** (Erw./Kind/Stud. & Rentner 260/130/210 nkr) kaufen, das für das Volkskundemuseum Maihaugen, das Norwegische Olympiamuseum, Bjerkebæk und Aulestad (S. 176) gilt. Ein Ticket, das nur Maihaugen und Bjerkebæk kombiniert, kostet 150/75/120 nkr. Eine Kombination von zwei anderen Attraktionen schlägt meist mit etwa 130/55/105 nkr zu Buche. Von September bis Mai sind die Preise etwas günstiger.

Lillehammer og Omland DNT (☎ 61 25 13 06; www.turistforeningen.no/lillehammer; Storgata 34; ⊗ Di–Do 10–15.30 Uhr) bietet Karten und Pläne für Wanderer und Skifahrer, Infos über Berghütten und geführte Bergwanderungen.

Lillehammer Touristeninformation (☎ 61 28 98 00; www.lillehammerturist.com; Lillehammer Skysstasjon; ⊗ Juni–Anfang Aug. Mo–Sa 9–20, So 11–18 Uhr, übrige Zeit kürzer) bietet auch 15 Minuten kostenlosen Internetzugang.

Sehenswertes & Aktivitäten

OLYMPISCHE STÄTTEN

Nachdem Lillehammer zum Austragungsort für die Olympischen Winterspiele 1994 ernannt worden war, investierte die norwegische Regierung über 2 Mrd. nkr in den Ausbau seiner Infrastruktur. Die meisten Einrichtungen werden bis heute genutzt. Im weitläufigen Gelände des sogenannten **Olympiaparken** (☎ 61 25 11 40; www.olympiaparken. no; ⊗ Juni–Sept. 9–20 Uhr, übrige Zeit kürzer) können Besucher die wichtigsten olympischen Stätten besichtigen. Infos über die Bobbahn s. S. 175, über die Skipisten s. S. 176.

Sprungschanze Lygårdsbakkene

Die große **Sprungschanze** (K 120) ist 136 m hoch und der Hang im Landebereich hat eine Neigung von 37,5 °. Die Springer erreichen hier eine Geschwindigkeit von 91 km/h und Rekordweiten von 136,5 m. Während der Spiele säumten Tribünen für 50 000 Zuschauer die Anlage und dies war auch der Ort, an dem die Eröffnungszeremonie stattfand. Der Turm für die **olympische Flamme** befindet sich am Fuß der Schanze. Daneben gibt es eine kleinere Sprungschanze (K 90), auf der oft Sportler beim Training zu beobachten sind.

Der **Sessellift der Sprunganlage** (Erw./Kind hin & zurück 40/35 nkr; ⊗ 9. Juni–19. Aug. 9–20 Uhr, 26. Mai–8. Juni & 20. Aug.–9. Sept. 9–17 Uhr, 15.–30. Sept. Sa & So 11–16 Uhr) eröffnet einen phantastischen Panoramablick über die Stadt. Wer sich durch die 952 Stufen nicht abschrecken lässt, kann zu Fuß auch kostenlos hinaufsteigen. Im Liftpreis enthalten ist der Eintritt zum **Skisprungturm Lysgårdsbakkene** (⊗ 9. Juni–19. Aug. 9–20 Uhr, 11.–25. Mai & 10.–30. Sept. 11–16 Uhr, 16. Mai–8. Juni & 20. Aug.–9. Sept. 9–17 Uhr), der sonst für Erwachsene/Kind 15/12 nkr kostet. Der Blick von oben lässt erahnen, was für ein Gefühl es sein muss, da hinunterzugleiten!

Wer würde nicht gerne einmal ein olympisches Abfahrtsrennen oder eine Bobfahrt aus der Perspektive der Sportler erleben,

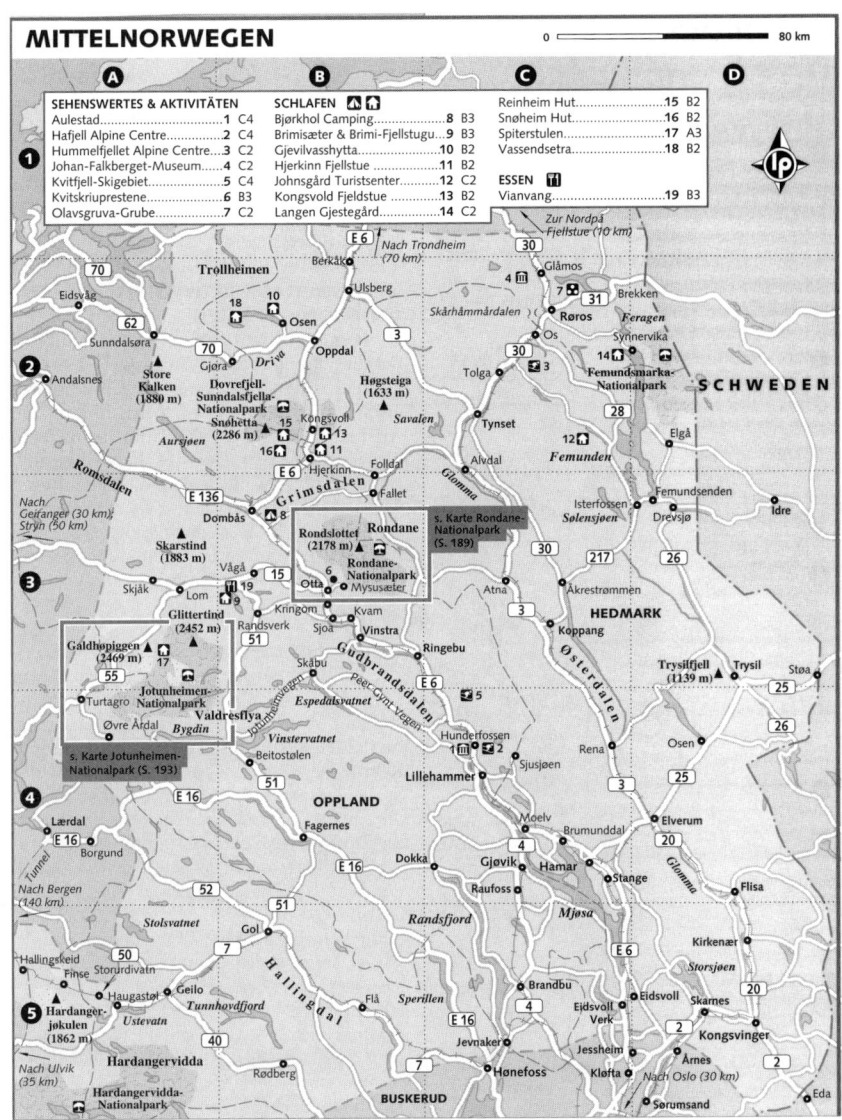

MITTELNORWEGEN

0 _____ 80 km

Ⓐ **Ⓑ** **Ⓒ** **Ⓓ**

❶

SEHENSWERTES & AKTIVITÄTEN		SCHLAFEN 🏕🏠		Reinheim Hut............15 B2
Aulestad.................1 C4		Bjørkhol Camping.............8 B3		Snøheim Hut.............16 B2
Hafjell Alpine Centre.............2 C4		Brimisæter & Brimi-Fjellstugu...9 B3		Spiterstulen............17 A3
Hummelfjellet Alpine Centre...3 C2		Gjevilvasshytta.............10 B2		Vassendsetra.............18 B2
Johan-Falkberget-Museum......4 C2		Hjerkinn Fjellstue 11 B2		
Kvitfjell-Skigebiet..............5 C4		Johnsgård Turistsenter.........12 C2		**ESSEN** 🍴
Kvitskriuprestene.............6 B3		Kongsvold Fjellstue 13 B2		Vianvang.............19 B3
Olavsgruva-Grube.............7 C2		Langen Gjestegård.............14 C2		

Zur Nordpå
Fjellstue (10 km)

Nach Trondheim (70 km) 30

Berkåk E6

70 Trollheimen Glåmos

Eidsvåg Ulsberg 4🏛 7🏠 31 Brekken

18🏠 10🏠 Skårhåmmårdalen Røros Feragen

62 Osen Os Synnervika

Sunndalsøra 70 Gjøra Drivå Oppdal 3 30 14🏠🏠 Femundsmarka-Nationalpark

❷ Andalsnes Store Kalken (1880 m) Dovrefjell-Sunndalsfjella-Nationalpark Høgsteiga (1633 m) Tolga 30 3 SCHWEDEN

Snøhetta (2286 m) 15 Kongsvoll 🏠13 Savalen Tynset 12🏠 Elgå Femunden

Aursjøen 16🏠 🏠11 Folldal Alvdal 28

E6 Hjerkinn

Romsdalen Grimsdalen Fallet Glomma Isterfossen Femundsenden

E136 Dombås 8🏠 Sølensjøen Drevsjø Idre

Nach Geiranger (30 km); Stryn (50 km) Skarstind (1883 m) Rondslottet (2178 m)▲ Rondane s. Karte Rondane-Nationalpark (S. 189) 30 217 26

❸ Skjåk Vågå 15 Rondane-Nationalpark Atna Åkrestrømmen

Glittertind (2452 m) Lom 19 9 Otta Mysusæter 3 HEDMARK

Galdhøpiggen (2469 m)▲ Randsverk Kringom Kvam Koppang

55 17 Sjoa Vinstra Trysilfjell (1139 m)▲ Trysil Støa

Turtagrø Jotunheimen-Nationalpark Skåbu Ringebu Østerdalen 25

Øvre Årdal Bygdin Valdresflya Gudbrandsdalen Osen 26

s. Karte Jotunheimen-Nationalpark (S. 193) Vinstervatnet Espedalsvatnet E6 5 Rena

Beitostølen Hunderfossen Sjusjøen Osen

❹ 51 Lillehammer 1🏛 2🏠 3 25

E16 OPPLAND Moelv Elverum

Lærdal Fagernes Brumunddal 20

E16 Dokka Gjøvik Hamar Stange Glomma

Borgund 4 Flisa

Nach Bergen (140 km) 52 51 Raufoss Mjøsa

Stolsvatnet Gol Randsfjord E6 Kirkenær

Hallingskeid 50 7 Storsjøen 20

Finse Storurdvatn Hallingdal Brandbu

❺ Haugastøl Geilo Tunnhovdfjord Flå Sperillen Eidsvoll Skarnes

Hardanger-jøkulen (1862 m)▲ Ustevatn E16 4 Eidsvoll Verk 2 Kongsvinger

40 Jessheim Årnes

Nach Ulvik (35 km) Hardangervidda Rødberg 7 Jevnaker Kløfta Nach Oslo (30 km) 2 Eda

Hardangervidda-Nationalpark BUSKERUD Hønefoss Sørumsand

MITTELNORWEGEN

ohne dabei sein Leben zu riskieren? Diesen Nervenkitzel bietet ein **Simulator** (Erw./Kind 45/35 nkr pro 5 Min.; ☿ wie Sessellift) am Fuß der Sprunganlage. Es gibt auch ein Kombiticket (Erw./Kind 65/50 nkr) für Sessellift, Turm und Simulator zusammen.

Wer mit dem Auto auf den Berg gelangen will, nimmt die Straße vorbei am Olympiamuseum, nordwärts aus der Stadt hinaus und biegt dann nach 2,8 km in Richtung „Lysgårdsbakkene" ab.

Norwegisches Olympiamuseum

Das exzellente **Olympiamuseum** (☎ 61 25 21 00; www.ol.museum.no; Olympiaparken; Erw./Kind/Stud./ Rentner 75/35/60/60 nkr; ☿ Juni–Aug. 10–17 Uhr,

MITTELNORWEGEN

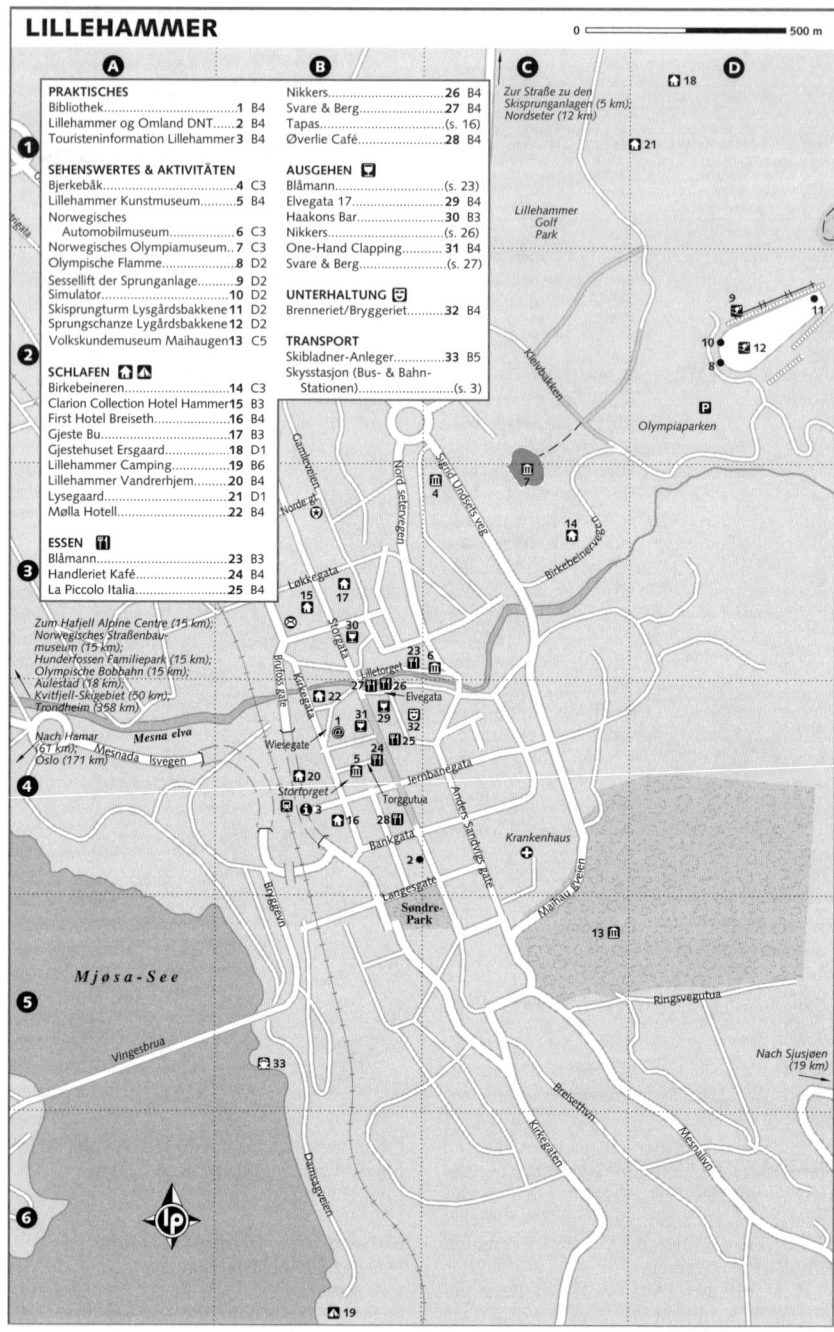

LILLEHAMMER

0 — 500 m

PRAKTISCHES
Bibliothek..................................1 B4
Lillehammer og Omland DNT.....2 B4
Touristeninformation Lillehammer 3 B4

SEHENSWERTES & AKTIVITÄTEN
Bjerkebäk.................................4 C3
Lillehammer Kunstmuseum.........5 B4
Norwegisches
Automobilmuseum..................6 C3
Norwegisches Olympiamuseum..7 C3
Olympische Flamme...................8 D2
Sessellift der Sprunganlage.........9 D2
Simulator..................................10 D2
Skisprungturm Lysgårdsbakkene 11 D2
Sprungschanze Lygårdsbakkene 12 D2
Volkskundemuseum Maihaugen 13 C5

SCHLAFEN
Birkebeineren.........................14 C3
Clarion Collection Hotel Hammer 15 B3
First Hotel Breiseth..................16 B4
Gjeste Bu................................17 B4
Gjestehuset Ersgaard...............18 D1
Lillehammer Camping...............19 B6
Lillehammer Vandrerhjem........20 B4
Lysegaard...............................21 D1
Mølla Hotell...........................22 B4

ESSEN
Blåmann................................23 B3
Handleriet Kafé.......................24 B4
La Piccolo Italia......................25 B4

Nikkers..................................26 B4
Svare & Berg...........................27 B4
Tapas....................................(s. 16)
Øverlie Café...........................28 B4

AUSGEHEN
Blåmann...............................(s. 23)
Elvegata 17............................29 B4
Haakons Bar...........................30 B3
Nikkers.................................(s. 26)
One-Hand Clapping...............31 B4
Svare & Berg.........................(s. 27)

UNTERHALTUNG
Brenneriet/Bryggeriet.............32 B4

TRANSPORT
Skibladner-Anleger................33 B5
Skysstasjon (Bus- & Bahn-
Stationen).........................(s. 3)

Zur Straße zu den
Skisprunganlagen (5 km);
Nordseter (12 km)

Lillehammer
Golf
Park

Olympiaparken

Zum Hafjell Alpine Centre (15 km);
Norwegisches Straßenbau-
museum (15 km);
Hunderfossen Familiepark (15 km);
Olympische Bobbahn (15 km);
Aulestad (18 km);
Kvitfjell-Skigebiet (50 km);
Trondheim (358 km)

Nach Hamar
(67 km);
Oslo (171 km)

Mesna elva

Mesnada   Isvegen

Wiesegate

Lilletorget

Lökkegata

Storgata

Brutoss gate

Kirkegata

Elvegata

Jernbanegata

Storptorget

Torggutua

Bankgata

Langesgate

Søndre-
Park

Krankenhaus

Mjøsa-See

Vingesbrua

Ringsvegutua

Nach Sjusjøen
(19 km)

Breisethvn

Kirkegaten

Mesnalva

Damsgryeien

Bryggevn

Anders Sandvigs Gate

Maihaugveien

Sigrid Undsetsvei

Birkebeinervegn

Kleivbakken

Nord Sel

Norde Isi

Cementgata

Nord selsvegen

Sept.–Mai Di–So 11–16 Uhr Sept.–Mai) befindet sich in der Håkons-Halle (Eishockeystadion). Im Erdgeschoss gibt es eine gut gemachte Ausstellung über die Olympischen Spiele der Griechen und der Neuzeit. Der Schwerpunkt liegt auf den Spielen von Lillehammer und den Leistungen der norwegischen Sportler und die Ausstellungen werden alle zwei Jahre aktualisiert.

Von der oberen Etage eröffnet sich ein Blick hinunter auf die Eishockeyarena, die von Gängen mit Ausstellungen und Videovorführungen über die Spiele von Lillehammer umgeben ist.

VOLKSKUNDEMUSEUM MAIHAUGEN

Norwegens bestes Volkskundemuseum ist das weitläufige Freilichtmuseum **Maihaugen** (☎ 61 28 89 00; www.maihaugen.no; Maihaugveien 1; Erw./Kind/Stud./Rentner/Fam. 80/40/70/70/200 nkr; ☯ Juni–Aug.10–17 Uhr, Sept. & Mitte–Ende Mai 10–16 Uhr, Okt.–Mitte Mai Di–Sa 11–16, So 11–18 Uhr). Hier sind rund 180 historische Bauwerke zusammengetragen und zu einem kleinen Dorf gruppiert worden. Glanzstücke sind die Stabkirche von Garmo, traditionelle Wohnhäuser und Werkstätten aus dem Gudbrandsdalen und 27 Gebäude des Gehöfts Bjørnstad. Die drei Hauptbereiche umfassen Stadt- und Landarchitektur sowie Bauten des 20. Jhs. In einer modernen Halle sind Wechselausstellungen zu sehen und die Dauerausstellung „Wir haben den Weg gebahnt" ist eine faszinierende Reise durch die norwegische Geschichte. Das Museum ist das Lebenswerk des örtlichen Zahnarztes Anders Sandvig.

BJERKEBÆK

Bjerkebæk (☎ 61 28 89 00; www.maihaugen.no/bjerkebek; Sigrid Undsetsveg 1; Erw./Kind/Stud./Rentner 100/50/80/80 nkr; ☯ Juni–Aug. 10–17 Uhr, Mai & Sept. 11–16 Uhr) ist dem Leben von Sigrid Undset gewidmet, einer der beliebtesten Autorinnen Norwegens. Sie hat 1928 den Nobelpreis für Literatur gewonnen. Ihr Wohnhaus wurde restauriert und mit zahlreichen Erinnerungsstücken ausgestattet.

LILLEHAMMER KUNSTMUSEUM

Dieses **Kunstmuseum** (Lillehammer Kunstmuseum; ☎ 61 05 44 60; www.lillehammerartmuseum.com; Stortorget; 2; Erw./Stud./Rentner/Kind 60/50/50 nkr/gratis; ☯ Mitte Juni–Mitte Aug. tgl. 11–17 Uhr, übrige Zeit Di–So 11–16 Uhr) ist selbst ein Meisterwerk der Architektur und beherbergt norwegische Kunst vom frühen 19. Jh. bis zur Gegenwart. Glanzpunkte der Dauerausstellung sind Werke der berühmtesten Künstler Norwegens (darunter Edvard Munch) und einiger örtlicher Maler.

NORWEGISCHES AUTOMOBILMUSEUM

Das **Norwegische Automobilmuseum** (Norsk Kjøretøyhistorisk Museum; ☎ 61 25 61 65; Lilletorget 1; Erw./Kind 40/20 nkr; ☯ Mitte Juni–Mitte Aug. tgl. 10–18 Uhr, übrige Zeit Mo–Fr 11–15, Sa & So 11–16 Uhr) liegt etwas verborgen jenseits des Flusses im Zentrum von Lillehammer. Autoverrückte kommen hier voll auf ihre Kosten. Hier finden sie alles: große Schlitten, Oldtimer und Motorräder.

Schlafen

Dank der Olympischen Spiele besitzt Lillehammer eine größere Auswahl an Unterkünften als die meisten anderen Städte Norwegens.

BUDGETUNTERKÜNFTE

Lillehammer Camping (☎ 61 25 33 33; www.lillehammer-camping.no; Dampsagveien 47; Zelt-/Wohnwagenstellplatz ab 125/220 nkr, 2-Bett-Hütten ab 550 nkr; ☯ ganzjährig) Ein typischer Stadtcampingplatz am See mit Koch- und Waschgelegenheiten, Wassersportausrüstung, Kinderspielplätze, einem Wikingercamp und Kabel-TV.

Lysegaard (☎ 61 26 26 63; lysgaard@c2i.net; Lysegaard; EZ/DZ 200/400 nkr; ☯ Juni–Mitte Aug.) Eine günstige Unterkunft in einem ehemaligen Bauernhaus auf dem Berg. Die meiste Zeit des Jahres dient sie jedoch als Trainingslager für Olympioniken.

Gjeste Bu (☎ /Fax 61 25 43 21; gjestebu@lillehammer. online.no; Gamleveien 110; EZ/DZ ab 275/450 nkr) Diese freundliche Pension bietet verschiedene Unterkünfte, Gemeinschaftsküchen und Apartments, die für längere Aufenthalte interessant sind. Frühstück und Bettwäsche (50 nkr) sind nicht im Preis enthalten. Wer das Preissystem durchschaut hat, sagt uns bitte Bescheid.

LP Tipp **Lillehammer Vandrerhjem** (☎ 61 26 00 24; www.stasjonen.no; Jernbanegata 2; B/EZ/DZ/3BZ 315/590/790/900 nkr, 5–7-Bett-Apt. 1500 nkr, alle Preise inkl. Frühstück; ☐) Wer sonst nie in einer Jugendherberge übernachtet, sollte es hier einmal probieren. Das Haus liegt oberhalb des Bahnhofs und bietet schlichte Zimmer mit Bad, Bettwäsche und kostenlosem, drahtlosem Internetzugang. Das Personal ist fraglos das freundlichste der Stadt und es gibt eine blitzsaubere Gemeinschaftsküche.

MITTELNORWEGEN

MITTEL- & SPITZENKLASSEHOTELS

Birkebeineren (☎ 61 26 47 00; www.birkebeineren.no; Birkebeinervegen 24; EZ/DZ 690/980 nkr, 2-/4-Bett-Apt. 1080/1515 nkr; P 💻) Das hervorragende Hotel an der Straße, die hinauf zur Sprungschanze führt, bietet verschiedene Unterkünfte für jeden Geldbeutel. Es gibt Ermäßigungen bei längerem Aufenthalt.

Gjestehuset Ersgaard (☎ 61 25 06 84; www.ersgaard.no; Nordseterveien 201; EZ/DZ mit Etagenbad 420/590 nkr, EZ mit eigenem Bad 590 nkr, DZ mit Bad & Blick auf See oder Bauernhof 720/850 nkr; P) Das urige, alte Gästehaus mit Gutshof-Atmosphäre liegt herrlich ruhig hoch über Lillehammer. Es bietet schöne Zimmer in ehemaligen Hofgebäuden, jede Menge Flair und einen großartigen Blick.

Clarion Collection Hotel Hammer (☎ 61 26 73 73; cc.hammer@choice.no; Storgata 108; EZ/DZ mit HP ab 950/1050 nkr; 💻) Das gehobene Hotel direkt im Zentrum hat äußerst komfortable Zimmer. Weitere Pluspunkte sind der kostenlose, drahtlose Internetzugang und ein leichtes Abendbüfett.

First Hotel Breiseth (☎ 61 24 77 77; www.breiseth.com; Jernbanegata 1–5; EZ 798–1190 nkr, DZ 998–1398 nkr; P 💻) Das Spitzenklassehotel gegenüber dem Bahnhof bietet eine Auswahl attraktiver Zimmer. Einige davon spiegeln die über hundertjährige Geschichte des Hauses wider, andere sind modern ausgestattet. Was uns nicht gefallen hat? Wenn die Jugendherberge kostenlosen Internetzugang bieten kann, warum muss man dann hier dafür bezahlen?

Mølla Hotell (☎ 61 05 70 80; www.mollahotell.no; Elvegata 12; EZ/DZ 895/1095 nkr; P) Das in den Mauern einer alten Mühle eingerichtete, aber komplett renovierte Hotel ist eines der originellsten der Stadt – mit alten Mühlengeräten neben Flachbildschirmen. Seine Architektur ist gelungen und die Dachbar bietet einen tollen Ausblick.

Essen

Handleriet Kafé (☎ 61 25 63 40; Torggutua; Menü 115 nkr; ⏰ Mo–Fr 10.30–18, Sa 10.30–16 Uhr) Mit seiner englischen Teehausatmosphäre, einem breiten Angebot an Snacks und Gebäck sowie einer schönen Freiterrasse ist dieses reizende, alte Café gleich unterhalb der Storgata einfach perfekt.

Øverlie Café (☎ 61 25 03 61; Storgata 50; Mahlzeiten ab 50 nkr; ⏰ 11–23 Uhr) Das bescheidene Straßencafé bietet preiswerte Sattmacher wie Fleischklößchen mit Kartoffelpüree.

La Piccolo Italia (☎ 61 05 45 10; Storgata 73; Pasta ab 75 nkr, Pizzas ab 75 nkr) Ein gutes italienisches Lokal, das bei warmem Wetter draußen Tische an-

bietet. Echte italienische Küche und passable Preise.

LP Tipp **Svare & Berg** (☎ 61 24 74 30; Elvegata; Baguettes & Sandwiches 64–129 nkr, Salate 89–139 nkr, Suppen 84–119 nkr; ⏰ Mo–Mi 11–23, Do 11–24, Fr & Sa 11–2 Uhr) Das wirklich relaxte Caférestaurant mit Bar direkt am rauschenden Bach serviert leckere Imbissgerichte und einen großartigen Kaffee. Bei den Einheimischen sehr beliebt.

Blåmann (☎ 61 26 22 03; Lilletorget 1; Snacks ab 75 nkr, Mittagessen Suppen-/Komplett-Büfett 65/135 nkr, Hauptgerichte 195–330 nkr, Kindermenü 35 nkr; ⏰ 11–23 Uhr) Ein empfehlenswertes Restaurant mit einem trendigen Angebot: von mexikanischen Gerichten über Krokodil in Setschuan-Sauce bis zu Känguru und Rentier!

Nikkers (☎ 61 27 05 56; Elvegata 18; Mittagessen 75–125 nkr, Baguettes ab 65 nkr, Hauptgerichte ab 139 nkr) Nikkers ist bekannt als das Lokal mit dem Elch, der seinen Kopf durch die Wand steckt (draußen ist sein Hinterteil zu bewundern). Es serviert internationale Küche und hat eine nette Freiterrasse. Die Atmosphäre ist eine Mischung aus englischem Pub und Osloer Café.

Tapas (☎ 61 24 77 88; Jernbanegata 1–5; Tapas 45–75 nkr; ⏰ Mo–Do 6–23, Fr & Sa 18–24 Uhr) Wer einmal etwas anderes sucht, findet hier eine Bar im spanischen Stil mit mediterraner Musik, guten Tapas und einer lebendigen Atmosphäre.

Ausgehen & Unterhaltung

Die Barszene ist ein wichtiger Teil von Lillehammer, besonders während der Skisaison.

One-Hand Clapping (☎ 61 25 12 22; Storgata 80; ⏰ Mo–Mi 9.10–17, Do & Fr 9.10–18, Sa 9.10–15 Uhr) Dieser lockere, kleine Coffeeshop serviert einen erstklassigen Kaffee (ab 25 nkr) sowie leckere Croissants und Schokoladenkuchen (20 nkr). Die beiden Lehnsessel auf dem Bürgersteig sind sehr beliebt und schwer zu ergattern – perfekt um den Passanten zuzuschauen.

Elvegata 17 (Elvegata 17; ⏰ Mo–Do 14–23, Fr & Sa 14–2, So 20–2 Uhr) Dies ist die trendigste Bar der Stadt, die v. a. die Twens anlockt. Am Tag ist die Atmosphäre eher ruhig, aber am Abend steigt die Stimmung.

Blåmann (☎ 61 26 22 03; Lilletorget 1) Die Kellerbar Lille Blå dieses modischen Restaurants ist zwanglos, supernett und ideal, um an einem Sommernachmittag Postkarten zu schreiben. Sie serviert guten Kaffee und Getränke und hat an Wochenenden bis 2 Uhr geöffnet.

Weitere Restaurants, die zugleich als attraktive Bars dienen, sind Nikkers, Svare & Berg und Tapas.

DER PEER GYNT VEGEN

Unter all den großartigen Panorama-Bergstraßen in Mittelnorwegen sticht eine besonders hervor. Denn sie verbindet grandiose Ausblicke mit schöner Literatur: der **Peer Gynt Vegen** (www.peergyntvegen.no; Maut 60 nkr; ☽ Juni–Sept.). Die 60 km lange Straße von Skei bis Espedalen folgt den Spuren der glücklosen Romangestalt Henrik Ibsens und bietet dabei unschlagbare Ausblicke auf die Berge in Jotunheimen und Rondane. Sie führt bis auf 1053 m Höhe, vorüber am Bauernhof Solbrå Seter, wo 1863 erstmals der Gudbrandsdal-Käse hergestellt wurde, und am See Gålåvatn, an dem immer Anfang August Edvard Griegs Peer Gynt aufgeführt wird. Um nach Skei zu gelangen, fährt man von Lillehammer auf der E 6 nach Norden und zweigt bei Tretten auf die Rv 254 ab. Bei Svingvoll biegt dann der Peer Gynt Vegen nach Nordwesten ab.

Haakons Bar (Storgata 93; ☽ 11–3 Uhr) Am Tag hängen hier die Stammgäste am Tresen und es geht recht ruhig zu. Doch nach Sonnenuntergang belebt sich die Szenerie und es kann recht voll werden – in der Skisaison kann es auch etwas rauer zugehn.

Brenneriet/Bryggeriet (Elvegata 19; ☽ 18–3 Uhr) Diese Kombination aus Pub, Club und Disco zieht ein sehr gemischtes Publikum an: von den gerade Volljährigen bis zu Veteranen, die das Leben schon etwas gezeichnet hat. Es ist sicher nicht das nobelste Lokal Norwegens, aber manchmal recht lustig – falls man keinen anspruchsvollen Musikgeschmack hat.

An- & Weiterreise

Lillehammer Skysstasjon (☎ 177) ist der Hauptterminal für Busse, Züge und Taxis. Busse von Nor-Way Bussekspress verkehren von/nach Oslo (290 nkr, 3 Std., 3 bis 4-mal tgl.) via Oslos Gardermoen Airport (245 nkr, 2¼ Std.). Die Busse zu den westlichen Fjorden fahren mehrmals täglich über Lillehammer. Außerdem geht täglich ein Bus von/nach Bergen (515 nkr, 9¼ Std.). Lavprisekspressen-Busse fahren weniger oft, sind aber billiger (ab 149 nkr) und bieten Verbindungen nach Oslo, Trondheim und vielen Orten dazwischen.

Züge verkehren zwischen Oslo (310 nkr, 2¼ Std., 11- bis 17-mal tgl.) und Trondheim (ab 299 nkr, 4¼ bis 7 Std., 4- bis 6-mal tgl.).

Infos über den Raddampfer *Skibladner* s. Kasten S. 176.

RUND UM LILLEHAMMER
Hunderfossen

15 km nördlich von Lillehammer an der E 6 liegt Hunderfossen mit dem **Norwegischen Straßenbaumuseum** (Norsk Vegmuseum; ☎ 61 28 52 50; www.vegmuseum.no, auf Norwegisch; Hunderfossen; Eintritt frei; ☽ Mitte Mai–Aug. 10–18 Uhr, Sept.–Mitte Mai 10–

15 Uhr), das über die Probleme des Straßenbaus auf Norwegens schwierigem Terrain informiert. Etwas weiter oben im gleichen Komplex befindet sich das **Fjellsprengningsmuseet** (Felssprengmuseum): ein 240 m langer Tunnel, der eine gute Vorstellung davon vermittelt, wie schwierig es sein muss, eine Straße durch die norwegischen Berge zu bauen. Der Rundgang mit Modellen und Videoerläuterungen dauert etwa 30 Minuten.

Nicht weit entfernt ist der **Hunderfossen Familiepark** (☎ 61 27 55 60; www.hunderfossen.no; Hunderfossen; Erw./Kind 280/235 nkr; ☽ 23. Juni–5. Aug. 10–20 Uhr, 3. Sept.–25. Mai geschl., übrige Zeit kürzer), einer der besten Freizeitparks für Kinder in Norwegen mit Wasserfahrten, 3-D-Filmen, Märchenschlössern und Trollen.

In Hunderfossen bietet sich auch die einmalige Gelegenheit, eine **olympische Bobbahn** (☎ 61 27 75 50; Hunderfossen; Eintritt zum Gelände 15 nkr; ☽ 30. Juni–19. Aug. tgl. 11–18 Uhr, 28. April–26. Juni & 25. Aug.–16. Sept. Sa 11–18 Uhr, 2.–24. Juni Sa & So 11–18 Uhr, übrige Zeit kürzer) hinunterzurasen: auf einem **Räderbob** (Erw./10–11-jähriges Kind 190/95 nkr), gelenkt von einem professionellen Bobpiloten. Die Räderbobs haben Platz für fünf Passagiere und erreichen eine Geschwindigkeit von 100 km/h. Die echten **Bobschlitten** (Erw. um 950 nkr; ☽ Nov.–Ostern) bieten Platz für vier Passagiere und werden atemberaubende 130 km/h schnell. Da hat keiner viel Zeit, nervös zu werden, denn in nur 70 Sekunden ist die Fahrt schon vorbei. Für den Winter ist es ratsam, Plätze zu reservieren.

Im Sommer fahren bis zu fünf Busse täglich von der Lillehammer Skysstasjon (Erw./Kind 35/20 nkr, 30 Min.) nach Hunderfossen, das übrige Jahr hindurch weniger. Wer die Bobfahrt erleben will, muss ein ganz schönes Stück den Berg hinaufsteigen.

MITTELNORWEGEN

**DER ÄLTESTE RADDAMPFER
DER WELT**

Eine Fahrt auf der **Skibladner** (☎ 61 14 40 80; www.skibladner.no), dem ältesten Raddampfer der Welt, ist die entspannteste Art, den Mjøsa-See kennenzulernen. 1856 in Schweden gebaut, wurde das Schiff 1888 überholt und auf 50 m verlängert. Von Ende Juni bis Mitte August pendelt die *Skibladner* auf dem Mjøsa-See zwischen Hamar, Gjøvik und Lillehammer. Die meisten Reisenden entscheiden sich für die Route Hamar–Lillehammer (einfach/hin & zurück 220/320 nkr, 3½ Std.) am Dienstag, Donnerstag oder Samstag; es ist aber auch möglich, an einem Tag hin- und zurückzufahren (nur von Hamar aus, 320 nkr). Eine Jazznight inklusive Dinner (aber ohne Getränke) auf dem Raddampfer kostet 450 nkr.

Olympische Skigebiete

Lillehammer besitzt zwei olympische Skigebiete: **Hafjell Alpine Centre** (☎ 61 27 47 00; www.hafjell.no) für die alpinen Wettkämpfe, 15 km nördlich der Stadt, und **Kvitfjell** (☎ 61 28 36 30; www.kvitfjell.no) für die nordischen Disziplinen, 50 km nördlich der Stadt. Beide sind zwischen Ende November und Ende April für die Öffentlichkeit zugänglich und haben Busverbindungen mit der Lillehammer Skysstasjon.

Aulestad

Bjørnstjerne Bjørnson wurde 1903 mit dem Nobelpreis für Literatur ausgezeichnet und lebte auf einem Bauernhof bei **Aulestad** (☎ 61 22 41 10; www.maihaugen.no/aulestad; Follebu; Erw./Kind/Stud./Rentner 35/75/60/60 nkr; ☉ Juni–Aug. 10–17 Uhr, Mitte–Ende Mai & Sept. 11–16 Uhr), 18 km nordwestlich von Lillehammer. Das Haus ist liebevoll restauriert worden; es ist allerdings nur mit eigenem Auto zu erreichen. Infos über ein Kombiticket mit anderen Sehenswürdigkeiten in Lillehammer s. Kasten S. 170.

HAMAR

27 909 Ew.

Für eine Stadt, die ganz sicher nie einen Schönheitspreis gewinnen wird, hat Hamar überraschend viel zu bieten. Die meisten Attraktionen verdankt es den Olympischen Winterspielen von 1994 in Lillehammer, in deren Rahmen auch eine Reihe von Veranstaltungen in Hamar stattgefunden haben. Aber es besitzt auch einige gute Museen.

Die **Touristeninformation der Region Hamar** (☎ 62 51 75 03; www.hamarregionen.no, auf Norwegisch; ☉ Mitte Juni–Mitte Aug. Mo–Fr 8–18, Sa & So 10–18 Uhr, übrige Zeit Mo–Fr 8–16 Uhr) befindet sich bei der Olympiahalle.

Sehenswertes

OLYMPIAHALLE („WIKINGERSCHIFF")

Hamars herausragendes Wahrzeichen ist die **Olympiahalle** (Vikingskipet; ☎ 62 51 75 00; www.hoa.no, auf Norwegisch; Åkersvikaveien 1; Eintritt 30 nkr; ☉ Ende Juni–Mitte Aug. Mo–Fr 8–18, Sa & So 10–16 Uhr, übrige Zeit kürzer), ein eleganter Bau mit der Form eines umgestürzten Wikingerschiffs. Es bietet Platz für 20 000 Zuschauer, ist 94,6 m lang und beherbergt eine 9600 m² große Eisfläche. Während der Olympischen Spiele war es Austragungsort für die Wettkämpfe im Eisschnelllauf. Sowohl seine Dimensionen als auch seine Architektur sind beeindruckend. Von Ende Juli bis Mitte August steht die Eisfläche der Öffentlichkeit zur Verfügung (80 nkr).

NORWEGISCHES EISENBAHNMUSEUM

Das 1896 gegründete **Eisenbahnmuseum** (Norsk Jernbanemuseum; ☎ 62 51 31 60; www.norsk-jernbane museum.no, auf Norwegisch; Strandveien 163; Erw./Kind 70/40 nkr; ☉ Juli–19. Aug. tgl. 10.30–17 Uhr; 20. Aug.–Juni Di–Sa 11–15, So 11–16 Uhr) ist ein Freilichtmuseum am Ufer des Sees Mjøsa. Es zeigt hübsche, historische Bahnhöfe, Dampflokomotiven und Waggons und informiert über die Schwierigkeiten des Trassenbaus durch die zerklüftete Landschaft Norwegens.

HEDMARKMUSEUM & GLASKATHEDRALE

Ein weiteres Freilichtmuseum ist das 1,5 km westlich der Stadt gelegene, große **Bezirksmuseum** (Hedmarkmuseet; ☎ 62 54 27 00; www.domkirke odden.no; Strandveien 100; Erw./Kind/Rentner 70/30/55 nkr; ☉ Mitte Juni–Mitte Aug. tgl. 10–17 Uhr, Mitte Mai–Mitte Juni & Mitte Aug.–Mitte Sept. Di–So 10–16 Uhr). Es zeigt Bauwerke aus dem 18. und 19. Jh., eine Ausstellung zu den heimischen Legenden (inklusive dem gruseligen Teufelsfinger), die Ruinen der Burg und die außergewöhnliche „Glaskathedrale" (Domkirkeodden). Die Kathedrale, deren Ruinen so rührend unter einem Dach aus Glas und Stahl geschützt werden, hat zusammen mit der Burg Hamar bis 1567 dominiert und wurde dann von den

Schweden zerstört. Zu dem Museum fahren von der Stadtbibliothek aus Busse der Linie 6 (32 nkr, stündl.).

NORWEGISCHES AUSWANDERERMUSEUM

10 km östlich der Stadt liegt das sehenswerte **Norwegische Auswanderermuseum** (Norsk Utvandrermuseum; ☎ 62 57 48 50; www.museennett.no/emigrantmuseum; Åkershagan; Eintritt frei; ☺ Juni–Aug. Di–Fr 9–15.30, Sa 10–16, So 12–16 Uhr, Sept.–Mai Di–Fr 9–15.30 Uhr). Es hat Ausstellungen und Archive über die Norweger, die seit 1880 nach Amerika ausgewandert sind. Die Forschungsbibliothek ist nur für Mitglieder zugänglich (150 nkr).

Festivals & Events

Am zweiten Juniwochenende findet ein **Mittelalterfestival** (www.middelalderfestival.no) statt, bei dem sich die Einheimischen in historische Trachten hüllen und in der Glaskathedrale gregorianische Choräle zu hören sind. Das **Hamar Musikfestival** (www.musicfest.no, auf Norwegisch) bringt in der ersten Septemberwoche von Jahr zu Jahr immer mehr internationale Künstler in die Stadt.

Schlafen & Essen

Vikingskipet Motell og Vandrerhjem (☎ 62 52 60 60; www.vikingskipet-motell.no; Åkersvikavegen 24; EZ/DZ 690/790 nkr, 2-Bett-Apt. 1190 nkr) Diese sehr günstige Unterkunft gegenüber dem Wikingerschiff bietet einfache, aber sehr gepflegte Zimmer und hervorragende Apartments für Selbstversorger.

Das **Seiersted Pensjonat** (☎ 62 52 12 44; www.seiersted.no; Holsetgata 64; EZ/DZ 450/695 nkr; ▢) mit familiärer Atmosphäre, nett gestalteten Zimmern und drahtlosem Internetzugang liegt sehr zentral. Mahlzeiten gibt es ab 75 nkr.

Scandic Hamar (☎ 21 61 40 00; www.scandic-hotels.com/hamar; Vangsveien 121; EZ/DZ ab 720/920 nkr; ▢) Mit seinem schnörkellosen, skandinavischen Design, einer Sporthalle und seiner günstigen Lage ist das Scandic Hamar wahrscheinlich die beste Adresse der Stadt. Die Standardpreise sind recht hoch, aber auf der Website gibt es oft günstige Angebote.

Stallgården (☎ 62 54 31 00; Ecke Bekkegata & Torggata; Mittagessen 75–89 nkr, Snacks & leichte Mahlzeiten 70–160 nkr, Hauptgerichte 179–260 nkr; ☺ Mo–Sa 11–23 Uhr) Das Café im Erdgeschoss ist besonders im Sommer wegen seiner Außentische beliebt. Das Restaurant im oberen Stock ist etwas förmlicher.

An- & Weiterreise

Regelmäßige Züge verkehren zwischen Oslo (205 nkr, 1¼ Std., 1- oder 2-mal stündl.) und Trondheim (585 nkr, 5 Std., 4- oder 5-mal tgl.) via Lillehammer. Außerdem gibt es Bahnverbindungen nach Røros (425 nkr, 3¼ Std., 1- bis 3-mal tgl.). Lavprisekspressen-Busse fahren ein- bis zweimal täglich nach Oslo (ab 149 nkr) und Trondheim (ab 199 nkr).

ELVERUM

19 620 Ew.

Auch wenn der Name etwas mehr Märchenzauber vermuten lässt, Elverum ist eine ziemlich gesichtslose Stadt inmitten der riesigen Wälder des südlichen Hedmark. Seine interessanteste Attraktion ist das hervorragende Forstmuseum.

Die **Touristeninformation** (☎ 62 41 31 16; www.elverum-turistinfo.com; Storgata 24; ☺ Mitte Juni–Mitte Aug. 9–18 Uhr, übrige Zeit kürzer) liegt zentral und bietet jede Menge Infos.

MITTELNORWEGEN

FINSTERE ZEITEN – DER ZWEITE WELTKRIEG

Elverum spielte im norwegischen Widerstand gegen die Nazis eine wichtige, aber auch tragische Rolle. Als die Deutschen im April 1940 über Norwegen herfielen, flohen König Håkon und die norwegische Regierung aus Oslo Richtung Norden. Sie legten einen Stopp in Elverum ein, wo sich am 9. April das Parlament in der Volkshochschule versammelte. Mit dem Elverum-Mandat übertrug es der Exilregierung den Auftrag, die Interessen Norwegens zu wahren, bis das Parlament wieder zusammentreten könne. Als ein deutscher Bote ankam, um dem Land „Schutz" nach Nazi-Manier – eine Marionettenregierung in Oslo – anzubieten, schlug der König das „Angebot" aus und ging ins Exil. Zwei Tage später wurde Elverum als erste norwegische Stadt von den Nazis massiv bombardiert und der Großteil der alten Holzgebäude im Ort wurde dem Erdboden gleichgemacht. Der König war nach Nybergsund (bei Trysil) geflohen. Zwar wurde später auch diese Stadt bombardiert, aber es gelang ihm, ins Exil zu entkommen.

Sehenswertes

Das riesige **Norwegische Forstmuseum** (Norsk Skogmuseum; ☎ 62 40 90 00; www.skogmus.no, auf Norwegisch; Rv 20; Erw./Kind/Stud. & Rentner inkl. Glomdal Museum 80/40/60 nkr; ☒ Mitte Juni–Mitte Aug. 10–18 Uhr, übrige Zeit 10–16 Uhr), 1 km südlich des Zentrums, informiert über die vielfältigen Vorzüge der norwegischen Wälder für Wirtschaft und Freizeit. Es bietet ein Naturzentrum, Workshops für Kinder, geologische und meteorologische Ausstellungen, Holzschnitzereien, ein Aquarium, Dioramen mit zahlreichen ausgestopften Tieren des Nordens (darunter sogar ein Mammut) und eine 20 000 Bände umfassende Bibliothek.

Das **Glomdalsmuseum** (☎ 62 41 91 00; Erw./Kind/Stud. & Rentner inkl. Forstmuseum 80/40/60 nkr; ☒ Mitte Juni–Mitte Aug.10–16 Uhr) ist ein Freilichtmuseum auf der anderen Seite der Brücke, gegenüber dem Forstmuseum. Es zeigt 90 historische Gebäude aus dem Glomma-Tal.

Schlafen & Essen

Elverum Camping (☎ 62 41 67 16; www.elverumcamping.no; Halvdans Gransvei 6; Zeltplatz 150 nkr, 2-Bett-Hütten mit/ ohne Bad 900/450 nkr) Ein netter Campingplatz im Grünen südlich des Forstmuseums.

Glommen Pensjonat (☎ 62 41 12 67; Vestheimsgata 2; EZ/DZ ab 400/450 nkr) Dies ist eine schlichte, aber freundliche Pension 500 m westlich des Zentrums und etwas persönlicher als die meisten Hotels.

Elgstua (☎ 62 41 01 22; Trondheimsveien 9; EZ/DZ ab 700/ 950 nkr) Die schlichten Zimmer des traditionellen Hotels sind etwas teuer, aber trotzdem beliebt.

Forstmann (☎ 62 41 69 10; Hauptgerichte ab 125 nkr; ☒ Mitte Juni–Mitte Aug. Mittag- und Abendessen) Das Restaurant des Forstmuseums serviert gute, traditionell norwegische Fisch- und Wildgerichte.

An- & Weiterreise

Der „Trysil Ekspressen" von Nor-Way Bussekspress verkehrt siebenmal täglich zwischen Oslo (205 nkr, 2½ Std.) und Trysil (107 nkr, 1¼ Std.) via Elverum.

TRYSIL
6782 Ew.

Der kleine Ort Trysil mitten in den bewaldeten Bergen nahe der schwedischen Grenze hat die größte Auswahl an Skipisten in ganz Norwegen. Außerdem bietet er ganzjährig Naturaktivitäten. Ein Besuch lohnt sich auf jeden Fall.

Trysil ist zwar v. a. als Wintersportort bekannt, hat aber auch das übrige Jahr hindurch eine Menge zu bieten: von Kanutouren über Canyoning bis zu etwas gemächlicheren Aktivitäten wie Angeln. Zu den schönsten Sommerattraktionen zählt hier das **Radfahren**. In der Umgebung gibt es mindestens sechs Radstrecken von 6 km bis 38 km Länge. Karten bietet die Touristeninformation und Räder vermietet **Trysil Hyttegrend** (s. S. 178; 1-/3-/6-Tage 200/375/575 nkr). Ausritte organisiert **Trysil-stallen** (☎ 62 45 10 55; www.trysil-stallen.no; halb-/ ganztägig 450/700 nkr).

Die **Trysil Touristeninformation** (☎ 62 45 10 00; www. trysil.com; Storvegen 3; ☒ 25. Juni–12. Aug. Mo–Fr 9–18, Sa & So 10–14 Uhr, übrige Zeit kürzer), am Nordende der Hauptstraße, hält viele nützliche Infos bereit.

Schlafen & Essen

Trysil Hyttegrend (☎ 90 13 27 61; www.trysilhytte.com; Ørånset; 4-Bett-Hütten pro Tag/Woche ab 450/1500 nkr; P ☐) Diese hervorragende Anlage am Ufer 2,5 km südlich der Stadt bietet ziemlich viel: drahtlosen Internetzugang, eine Sauna mit Holzofen und jede Menge Aktivitäten.

Trysil Hotell (☎ 62 45 08 33; www.norlandia.no/trysil; Storvegen; DZ ab 830 nkr; P ☐) Eines der wenigen ganzjährig geöffneten, guten Hotels von Trysil. Es liegt zentral und hat ein empfehlenswertes Restaurant.

An- & Weiterreise

Der „Trysil Ekspressen" von Nor-Way Bussekspress fährt siebenmal täglich zwischen Trysil und Oslo (225 nkr, 4 Std.) via Elverum (107 nkr, 1¼ Std.).

NÖRDLICHES MITTELNORWEGEN

RØROS
5671 Ew.

Viele hervorragende Volkskundemuseen in Norwegen lassen die Vergangenheit in lebendigen Bildern wieder aufleben. Mit Røros können sie jedoch nicht mithalten, einem zauberhaften Dorf inmitten knorriger Bergwälder und kahler Fjälls, das von der Unesco zum Weltkulturerbe erklärt wurde. Die kleine Stadt verdankt ihr Dasein dem Kupferbergbau (früher hieß sie einfach Bergstadt) und ist geprägt von farbenprächtigen Holzhäusern, die sich

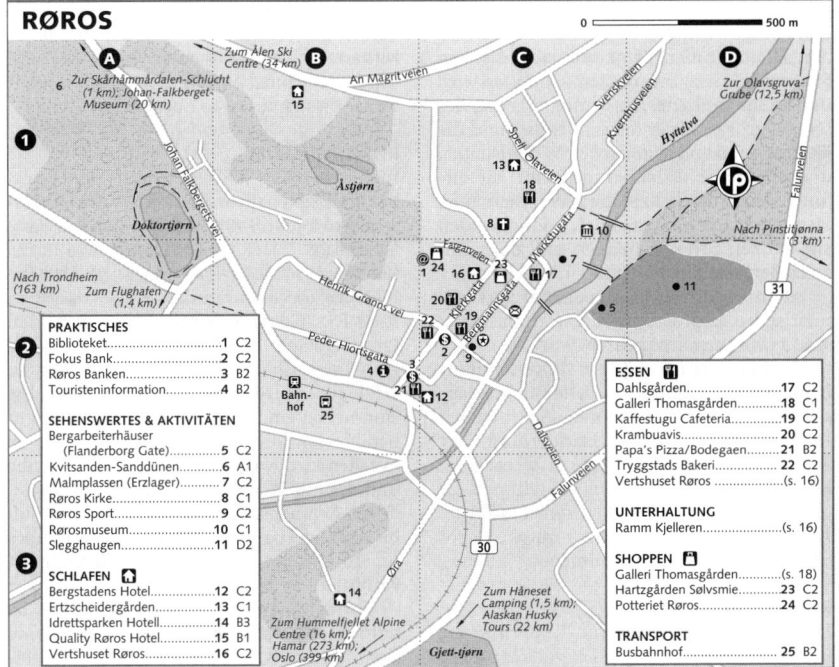

RØROS

0 ———— 500 m

PRAKTISCHES
Biblioteket...................................1	C2
Fokus Bank..................................2	C2
Røros Banken..............................3	B2
Touristeninformation.................4	B2

SEHENSWERTES & AKTIVITÄTEN
Bergarbeiterhäuser (Flanderborg Gate).................5	C2
Kvitsanden-Sanddünen................6	A1
Malmplassen (Erzlager)............7	C2
Røros Kirke....................................8	C1
Røros Sport..................................9	C2
Rørosmuseum.............................10	C1
Slegghaugen..............................11	D2

SCHLAFEN
Bergstadens Hotel....................12	C2
Ertzscheidergården...................13	C1
Idrettsparken Hotell.................14	B3
Quality Røros Hotel..................15	B1
Vertshuset Røros.......................16	C2

ESSEN
Dahlsgården..............................17	C2
Galleri Thomasgården..............18	C1
Kaffestugu Cafeteria.................19	C2
Krambuavis.................................20	C2
Papa's Pizza/Bodegaen............21	B2
Tryggstads Bakeri......................22	C2
Vertshuset Røros ....(s. 16)	

UNTERHALTUNG
Ramm Kjelleren.......................(s. 16)	

SHOPPEN
Galleri Thomasgården............(s. 18)	
Hartzgården Sølvsmie..............23	C2
Potteriet Røros..........................24	C2

TRANSPORT
Busbahnhof........................... 25	B2

Map labels: Zum Ålen Ski Centre (34 km); Zur Skårhåmmårdalen-Schlucht (1 km); Johan-Falkberget-Museum (20 km); An Magritveien; Zur Olavsgruva-Grube (12,5 km); Svenskveien; Kvernhusveien; Hyttelva; Falunveien; Åstjørn; Nach Pinstitjønna (3 km); Johan Falkbergets vei; Doktortjørn; Sparr Olavsveien; Merkurgata; Nach Trondheim (163 km); Zum Flughafen (1,4 km); Henrik Grøns vei; Farganeien; Kirkgata; Bergmannsgata; Peder Hiortsgata; Dalsveien; Falunveien; Bahnhof; Zum Hummelfjellet Alpine Centre (16 km); Hamar (273 km); Oslo (399 km); Zum Håneset Camping (1,5 km); Alaskan Husky Tours (22 km); Gjett-tjørn; Ora; MITTELNORWEGEN

den Hang emporziehen, und von einem un-
erschütterlichen Gemeinschaftssinn unter den
Bewohnern. Der norwegische Schriftsteller
Johann Falkberget beschrieb Røros als „eine
Stadt im Banne der Geschichte". Das Städtchen
sieht aus wie einem Touristenprospekt entsprungen – aber es ist tatsächlich echt! Røros
ist bis heute einer der zauberhaftesten Orte
in Norwegen.

Geschichte
1644 erlegte Olsen Åsen bei Storvola (Stor-
wartz) ein Rentier. In seinem Todeskampf riss
das strampelnde Tier mit seinen Hufen die
Erde auf – und zum Vorschein kam glitzerndes
Kupfererz. Noch im gleichen Jahr wurde das
Røros Kobberverk gegründet. Zwei Jahre spä-
ter erhielt das Unternehmen per königlichem
Dekret das exklusive Nutzungsrecht auf alle
Mineralien, Walderzeugnisse und Wasserwege
im Umkreis von 40 km um die Fundstätte.
  Die Bergbaugesellschaft richtete ihre
Zentrale in Røros ein, da es dort reichlich
Holz als Brennstoff gab und die Wasserfälle
des Flusses Hyttelva elektrische Energie lie-
ferten. Die damals in den Gruben übliche

Methode, den Fels mit Feuer zu sprengen,
war gefährlich – und auch Røros musste
einen hohen Preis dafür bezahlen. Während
des Gyldenløve-Konflikts 1678–79 mit den
Schweden brannte der Ort völlig nieder.
1953 wurde die Schmelzhütte erneut durch
einen Brand beschädigt und 1977 musste die
Gesellschaft nach 333 Jahren ihres Bestehens
endgültig Konkurs anmelden.

Praktische Informationen
Biblioteket (☎ 72 41 94 24; Fargarveien 4; ☺ Mo,
Mi & Fr 14–19, Di & Do 11–16, Sa 11–14 Uhr) Kostenloser,
zeitbegrenzter Internetzugang.
Touristeninformation (☎ 72 41 11 65; www.
rorosinfo.com; Peder Hiortsgata 2; ☺ Mitte Juni–Mitte
Aug. Mo–Sa 9–18, So 10–16 Uhr, übrige Zeit Mo–Fr 9–15,
Sa 10.30–12.30 Uhr)

Sehenswertes
Informationen über die Olavsgruva-Grube und
das Johan-Falkberget-Museum s. S. 183.

HISTORISCHES VIERTEL
Das historische Viertel von Røros – der
gesamte Stadtkern – ist geprägt von der

eindrucksvollen Architektur seiner 80 denkmalgeschützten Holzhäuser. Die beiden Hauptstraßen **Bergmannsgata** (die von Südwesten nach Nordosten schmaler wird und so die optische Täuschung erzeugt, der Ort sei größer, als er tatsächlich ist) und die **Kjerkgata** sind von historischen Wohnhäusern und anderen Holzbauten gesäumt, die alle unter Denkmalschutz stehen. Wer dem Fluss Hyttelva stromaufwärts folgt, gelangt zu den ehemaligen Schmelzanlagen und den winzigen **Bergarbeiterhütten** mit Grasdächern.

Wenn Røros manchem bekannt vorkommen sollte, liegt das wohl daran, dass hier schon mehrere Filme gedreht wurden, darunter der Klassiker *Ich heiße An-Magritt* mit Liv Ullmann in der Hauptrolle. Die Buchvorlage schrieb der in Røros geborene Schriftsteller Johan Falkberget. In der Flanderborg Gate wurden außerdem Szenen zu Astrid Lindgrens Klassiker *Pippi Langstrumpf* gedreht und für die Verfilmung von Solschenizyns *Ein Tag im Leben des Iwan Denissowitsch* musste Røros ein sibirisches Straflager mimen.

RØROS KIRKE

Die lutheranische **Kirche** von Røros (Kjerkgata; Erw./Kind 25 nkr/gratis; Mitte Juni–Mitte Aug. Mo–Sa 10–17, So 13–15 Uhr, übrige Zeit kürzer) ist mit 1640 Sitzplätzen eine der größten in Norwegen. Das 1650 errichtete Gebäude war Mitte des 18. Jhs. so heruntergekommen, dass 1780 direkt am Standort der alten Kirche für 23 000 *riksdaler* eine Barockkirche hochgezogen wurde. (1 *riksdaler* entspricht etwa 4 nkr. Zu jener Zeit verdiente ein Bergmann ca. 50 *riksdaler* pro Jahr!).

In der luxuriösen Königsloge im hinteren Teil (erkennbar an den Wappen des Königshauses und der Bergbaugesellschaft) hat nie ein König gesessen. Die Mitglieder des Königshauses haben es immer vorgezogen, beim „Volk" zu sitzen. Eine besondere Kuriosität ist die Kanzel, denn sie schwebt direkt über dem Altar. Die Orgel von 1742 ist die älteste noch funktionierende Orgel, die in Norwegen gebaut wurde.

Bis 1865 gehörte die Kirche der Bergbaugesellschaft und das zeigt sich auch an ihren Kunstwerken. Am Altar ist – neben anderen Würdenträgern der Gesellschaft – der ergraute Hans Olsen Åsen zu sehen, der das Kupfer von Røros entdeckt haben soll. Auch der Autor Johan Falkberget und die ursprüngliche Kirche von 1650 sind dargestellt.

Von Anfang Juli bis Anfang August finden den in der Kirche fünf Wochen lang **Orgelkonzerte** (Erw./Kind 50 nkr/gratis; Mo–Sa 18 Uhr) statt – manchmal mit Begleitung renommierter Orchester aus ganz Europas.

RØROSMUSEUM

In der ehemaligen Schmelzhütte, der eigentlichen Existenzgrundlage von Røros zwischen 1646 und 1953, befindet sich das **Røros Museum** (72 40 61 70; Malmplassen; Erw./Kind/Rentner/Stud./Fam. 60/30/50/50/140 nkr; Mitte Juni–Mitte Aug. 10–19 Uhr, übrige Zeit kürzer), eines der Highlights der Stadt. Das Gebäude wurde 1988 nach den Originalplänen aus dem 17. Jh. neu errichtet. Im Obergeschoss zeigt es Ausstellungen zu Geologie und Denkmalpflege. Im Erdgeschoss sind neben einer riesigen Erzwaage und gut bebilderten Statistiken zum Bergbau auch exzellente, bewegliche Modelle der Grube und der mit Wasser- und Pferdekraft betriebenen Schmelzanlage zu sehen. Anfang Juli bis Anfang August wird dienstags bis freitags um 15 Uhr gezeigt, wie das Kupfererz einst verhüttet wurde.

Vor dem Museumseingang erstreckt sich der als **Malmplassen** (Erzlager) bekannte Freiluftbereich, wo früher das Erz abgeladen und mit riesigen Holzwaagen gewogen wurde. Auf der anderen Flussseite liegen die geschützten **slegghaugan** (Abraumhalden), von denen sich ein schöner Blick über die Stadt eröffnet.

Im Sommer ist im Eintrittspreis eine Führung enthalten; Beginn um 11, 12.30, 14 und 15.30 Uhr (die letzte auf Englisch).

Aktivitäten

Möglichkeiten zum **Wandern** und **Langlauf** bietet das z. T. bewaldete Røros-Plateau in Hülle und Fülle; Infos gibt's bei der Touristeninformation. In weiten Teilen des Hochlandes liegt bis in den Sommer hinein Schnee. Das **Hummelfjellet Alpine Centre** (62 49 71 00; www.hummelfjell.no, auf Norwegisch), 16 km südlich von Røros, hat zwei Lifte und sechs Abfahrten, das **Ålen Ski Centre** (72 41 55 55), 34 km nordwestlich der Stadt, bietet zwei Lifte und vier Abfahrten.

Ein 1 km langer Spaziergang vom Zentrum in Richtung Nordwesten führt zu den Dünen von **Kvitsanden**, die größten Sanddünen Skandinaviens. Die vom Wasser eines früheren Gletschers abgelagerten Sandmassen sind aber eher ungewöhnlich als schön.

Einen weiteren Kilometer westlich erstreckt sich **Skårhåmmårdalen**, eine Schlucht mit sandigen Becken, die wie Badewannen für Trolle aussehen und an heißen Tagen zum **Baden** einladen.

Die Touristeninformation hat Infos zum **Radfahren**, **Kanufahren**, **Reiten** und Forellen-**Eisangeln**. Im Sommer vermietet **Røros Sport** (☎ 72 41 12 18; Bergmannsgata 13) Mountainbikes.

Geführte Touren

Im Winter organisiert **Alaskan Husky Tours** (☎ 62 49 87 66; www.huskytour.no, auf Norwegisch; Os) zweistündige Exkursionen mit Hundeschlitten (Erw./Kind/12–18 Jahre 590/190/290 nkr) oder Pferdeschlitten (600 nkr pro Std. für 4 Pers.). Im Sommer müssen Fahrten mit dem Hundewagen als Ersatz herhalten. Das Büro befindet sich in Os, 22 km südwestlich von Røros. Reservierungen übernimmt auch die Touristeninformation in Røros. Im Winter wird auch ein organisierter Tagesausflug zum Zeltlager der Süd-Saamen bei Pinstitjønna, 3 km außerhalb von Røros, angeboten. Dort kann man dann Rentierfleisch kosten und Fertigkeiten wie Eisangeln und Axtwerfen erlernen. Die dreistündige Tour kostet 500 nkr pro Person (mind. 10 Pers.).

Die Touristeninformation veranstaltet ausgezeichnete **geführte Stadtspaziergänge** (Erw./Kind 60 nkr/gratis; ☺ Beginn Mai–Mitte Juni & Mitte Aug.–Mitte Sept. Mo–Sa 11 Uhr, Mitte Juni–Mitte Aug. Mo–Sa 10, 11.30, 13, 14.30 Uhr, So 12 & 14 Uhr, 1.–19. Juni & 16. Aug.–10. Sept. Mo–Sa 11 Uhr, übrige Zeit Sa 11 Uhr) durch das historische Zentrum (im Sommer Mo–Sa um 13 Uhr und So um 14 Uhr auch auf Deutsch oder Englisch).

Festivals & Events

Die größte Veranstaltung im Winter ist der **Rørosmartnan** (Røros-Markt), der 1644 als Treffen von Jägern begann. Sie kamen damals in die Stadt, um ihre Vorräte zu ergänzen und ihre Beute an die Bergarbeiter zu verkaufen. Dass der Markt noch heute existiert, ist einem königlichen Dekret von 1853 zu verdanken. Es verfügte, dass jedes Jahr vom vorletzten Dienstag im Februar bis zum darauf folgenden Samstag ein großer Markt abgehalten werden sollte. Heute wird das Ganze mit Kulturprogramm, Straßenmärkten und Liveunterhaltung ergänzt.

Alle zwei Jahre im August (2009, 2011 etc.) wird in Røros jede Nacht eine dreistündige **Rockoper** in schwedischer Sprache mit dem Titel *Det Brinner en Eld* („Aufruf zum Frieden") aufgeführt. Sie handelt von der Invasion der Schweden in Trøndelag 1718, bei der auch Røros besetzt wurde und Tausende von Soldaten auf dem eisigen Rückmarsch nach Schweden ums Leben kamen. Als Bühne dienen die Abraumhalden im oberen Teil der Stadt.

Weitere alljährliche Veranstaltungen: **Femund-Rennen** (www.femundlopet.no/eng/) Eines der längsten Hundeschlittenrennen Europas beginnt und endet in der ersten Februarwoche in Røros.

Winterfestival für Kammermusik (www.vinterfestspill.no) Die Konzerte finden während der ersten Märzwoche in der Røros Kirke statt.

Schlafen

Die Touristeninformation führt eine Liste mit Sommerhütten und Pensionen zu Preisen von 2500 bis 4000 nkr pro Woche in der Hauptsaison. Einige davon sind von der Stadt auch zu Fuß erreichbar.

Håneset Camping (☎ 72 41 06 00; Fax 72 41 06 01; Osloveien; Zelt- oder Wohnwagenstellplatz 130 nkr plus 25 nkr pro Pers., 2-/4-Bett-Hütten 320/420 nkr) Ein hervorragender Platz mit einfachen, aber gepflegten Hütten, Koch- und Waschgelegenheit, Gemeinschaftsraum und TV. Er liegt etwa 2 km südlich der Stadt.

Idrettsparken Hotell (☎ 72411089; www.idrettsparken.no, auf Norwegisch; Øra 25; Zelt-/Wohnwagenstellplatz ab 100/155 nkr, Hütten ab 420 nkr, Hotel EZ/DZ ab 665/990 nkr, Hund 100 nkr; ℗) Der Familienbetrieb 500 m südlich des Bahnhofs bietet für fast jeden Geldbeutel etwas.

Erzscheidergården (☎ 72 41 11 94; www.erzscheidergaarden.no; Spell Olaveien 6; EZ/DZ ab 790/990 nkr; ℗ 💻) Die nette Pension mit 16 Zimmern liegt etwas den Hang hinauf hinter der Kirche. Ihre holzverkleideten Zimmer sind gemütlich, die Atmosphäre ist typisch norwegisch familiär und über das Frühstück hat ein Leser geschrieben: „das beste selbst gemachte Frühstücksbüfett in Norwegen". Das finden wir auch.

LP Tipp **Vertshuset Røros** (☎ 72 41 93 50; www.vertshusetroros.no; Kjerkgata 34; EZ/DZ ab 760/990 nkr, 2-/3-/4-Bett-Apt. 1060/1305/1640 nkr; ℗ 💻) Die Unterkunft in einem historischen Haus an der autofreien Hauptstraße ist eine hervorragende Alternative. Die ganz mit Holz verkleideten Zimmer sind groß und mit antikem Inventar ausstaffiert. Die Holzbetten mit Eckpfosten sind definitiv die bequemsten der Stadt. Wenn nur alle norwegischen Hotels so viel Charme hätten.

Bergstadens Hotel (☎ 72 40 60 80; www.berg staden.no, auf Norwegisch; Osloveien 2; EZ 850–1395 nkr, DZ 990–1495 nkr) Dieses Hotel mit Tradition bietet schöne, meist moderne aber nicht sonderlich originelle Zimmer. Der Service ist leider manchmal etwas unpersönlich.

Quality Røros Hotel (☎ 72 40 80 00; www.choice.no; An Magrit Veien 10; EZ/DZ ab 845/1090 nkr) Dies ist das Spitzenhotel der Stadt mit gut ausgestatteten Zimmern, die ein bisschen mehr Charakter haben als in anderen Kettenhotels – aber doch weit weniger als in den kleinen Hotels in Røros.

Essen

Røros hat einige gute Restaurants und die meisten davon bieten ein günstiges Mittagsbüfett oder Tagesgerichte.

LP Tipp **Vertshuset Røros** (☎ 72 41 24 11; Kjerkgata 34; Snacks 71–119 nkr, Vorspeisen 81–145 nkr, Hauptgerichte 195–270 nkr) Unser Lieblingsrestaurant in Røros ist elegant und locker zugleich. Es bietet eine knappe, aber exklusive Karte. Beim Abendessen konnten wir uns nicht dazu überwinden, das „Rentierherz" zu bestellen, doch das Rentierfilet war erstklassig. Ein weiterer Toptipp ist die frisch gefangene Bergforelle. Die Preise sind recht hoch, aber es lohnt sich, wenigstens einmal dort zu essen.

Papa's Pizza/Bodegaen (☎ 72 40 60 20; Bergmannsgata 1; Kinder/kleine/große Pizza 49/90/170 nkr, Pasta ab 129 nkr) Dieser Laden am unteren Ende der Bermannsgata serviert gute Pizzas sowie Fisch- und Fleischgerichte. Die Tische im Freien bieten einen schönen Blick auf die historische Straße.

Krambuavis (☎ 72 41 05 67; Kjerkgata 28; Vorspeisen 69–122 nkr, Hauptgerichte 134–215 nkr) Krambuavis ist ein prima Lokal mit großen Portionen, netten Kellnern und gutem Essen, von Mexikanisch über Spareribs bis hin zu Fisch.

Kaffestugu Cafeteria (☎ 72 41 10 33; Bergmannsgata 18; Tagesgerichte mittags 82–135 nkr, Hauptgerichte 75–165 nkr; ☺ Mo–Fr 10–17, Sa 9–17, So 11–17 Uhr) Die relaxte Cafeteria in einem historischen Gebäude im Zentrum bietet eine gute Auswahl an Kaffee, Gebäck, Snacks und leichten Mahlzeiten. Die Mittagsspecials sind etwas reich an Kartoffeln, aber die Elchburger sind lecker.

Außerdem gibt's einige kleine Cafés (einige davon kombiniert mit Handarbeits- und Souvenirgeschäften):

Dahlsgården (☎ 72 41 19 89; Mørkstugata 5; ☺ im Sommer Mo–Fr 10–17, Sa 10–16, So 12–16 Uhr, übrige Zeit kürzer)

Galleri Thomasgården (☎ 72 41 24 70; Kjerkgata 48; ☺ im Sommer Mo–Fr 10–17, Sa 10–16, So 12–16 Uhr, übrige Zeit kürzer)

Tryggstads Bakeri (☎ 72 41 10 29; Kjerkgata 12; ☺ Mo–Fr 8.30–19, Sa 9–16, So 12–17 Uhr) Prima Kaffee und Backwaren.

Unterhaltung

Ramm Kjelleren (☎ 72 41 24 11; Kjerkgata 34; ☺ Mi, Fr & Sa 19–1 Uhr) Dieses Kellerlokal mit einer phantastischen Atmosphäre befindet sich im Tresorraum eines Gebäudes aus der Mitte des 18. Jhs. Lockeres Personal, großartige Dekoration und eine Bombenstimmung sorgen garantiert für einen gelungenen Abend. Freitags ab etwa 21 Uhr gibt's kostenlos Livemusik.

Shoppen

Mit seiner ungezwungenen Atmosphäre hat Røros Dutzende von Künstlern und Kunsthandwerkern angelockt.

Galleri Thomasgården (☎ 72 41 24 70; Kjerkgata 48; ☺ im Sommer Mo–Fr 10–17, Sa 10–16, So 12–16 Uhr, übrige Zeit kürzer) In der sehenswerten Galleri Thomasgården verkauft der Töpfer Torgeir Henriksen rustikale Keramik- und Porzellanarbeiten. Auch sehr schöne, von der Natur inspirierte Schnitzereien von Henry Solli sind dort zu bekommen. Das automatische Klavier ist eines von nur zwei übrig gebliebenen Instrumenten in Norwegen und stammt von 1929.

Potteriet Røros (☎ 72 41 17 10; www.potteriet-roros.no, auf Norwegisch; Fargarveien 4; ☺ Mo–Fr 10–16, Sa 11–17 Uhr) Hier wird Keramik mit traditionellen Designs aus ganz Trøndelag verkauft sowie einige kreative, moderne Stücke. Die Töpferei daneben kann auch besichtigt werden. Das Personal erklärt gerne die Hintergründe zu den einzelnen Designs.

Hartzgården Sølvsmie (☎ 72 41 05 50; Kjerkgata; ☺ im Sommer Mo–Fr 10–18, Sa 10–16, So 12–17 Uhr, übrige Zeit kürzer) ist eine besonders interessante Silberschmiede mit handgefertigten Silberarbeiten aus der Region und einer Vorliebe für Wikingermotive. Außerdem gibt es eine kleine Ausstellung historischen Schmucks.

An- & Weiterreise

Røros hat täglich außer samstags eine Verbindung mit **Coast Air** (www.coastair.no) von/nach Oslo (ab 471 nkr). Für Tickets und Informationen ist **Røros Flyservice** (☎ 72 41 39 00; www. roros-flyservice.no) zuständig.

Røros liegt an der östlichen Bahnlinie zwischen Oslo (199 nkr, 5 Std., 6-mal tgl.) und

MITTELNORWEGEN

Trondheim (159 nkr, 2½ Std.). Wer nach Oslo will, muss eventuell in Hamar umsteigen. Der tägliche Bus nach Oslo (395 nkr, 6 Std.) fährt um 12.40 Uhr ab.

RUND UM RØROS
Olavsgruva
Die **Olavsgruva** (☎ 72 41 11 65; Kojedalen; Erw./Kind/ Rentner/Stud./Fam. 60/30/50/50/140 nkr; ☺ Führungen Mitte Juni–Mitte Aug. 11, 12.30 14, 15.30 & 17 Uhr, übrige Zeit kürzer) liegt 13 km nördlich von Røros. Die Ausstellungen sind nicht berauschend, aber die **Führung** durch die historische Nyberget-Grube von 1650 lohnt sich. Die moderne Olavsgruva unterhalb davon wurde 1936 erschlossen. Eine Jacke und gute Schuhe sind unbedingt notwendig, denn der Boden kann morastig sein und die Temperatur liegt bei 5 °C. Wer kein Fahrzeug hat, muss per Taxi (450 nkr hin & zurück) zu der Grube fahren.

Johan-Falkberget-Museum
Der Schriftsteller Johan Falkberget (1879–1967) ist der berühmteste Sohn von Røros. Aufgewachsen ist er auf dem Hof Trondalen im Rugel-Tal. Seine Werke (die in 19 Sprachen übersetzt worden sind) drehen sich um die 300-jährige Bergbaugeschichte der Region. In seiner berühmten *An-Magrit* erzählt er die Geschichte eines Bauernmädchens, das in der Region Røros Kupfererz schleppt. Das **Museum** (☎ 72 41 46 31; Ratvolden; Erw./Kind 60/30 nkr; ☺ Juli-Anfang Aug. Di–So 11.30–15 Uhr, Anfang Aug.–Mitte Sept. Di–So 11.30–13.30 Uhr) liegt 20 km nördlich von Røros am See Rugelsjø. Führungen werden Di–So um 12 Uhr (im Juli auch um 13.30 Uhr) angeboten. Anreise mit dem Nahverkehrszug nach Rugeldalen; von dort führt ein Fußweg zum Museum.

FEMUNDSMARKA-NATIONALPARK
Der Nationalpark rund um den zweitgrößten See Norwegens, den Femunden, wurde 1971 eingerichtet. Damit sollten der See und die Wälder geschützt werden, die sich ostwärts bis zur schwedischen Grenze erstrecken. Und tatsächlich: Die Landschaft erinnert hier mehr an Schweden als an Norwegen. Aus dieser Region kamen lange Zeit die Falken für die europäische und asiatische Falknerei, deshalb gibt es mehrere Stellen im Park, die Falkfangerhøgda oder „Falknerhöhe" heißen. Wer viel Glück hat, kann in den Hochlagen wilde Rentiere beobachten, und im Sommer

grast eine Herde von rund 30 Moschusochsen an den Flüssen Røa und Mugga (im Winter ziehen die Tiere ins Gebiet von Funäsdalen). Man vermutet, dass diese Gruppe sich von einer älteren Herde auf dem Dovrefjell abgespalten hat und bis hierher abgewandert ist (s. Kasten S. 187).

Schlafen
Die beiden zentralen Übernachtungsmöglichkeiten sind das **Johnsgård Turistsenter** (☎ 62 45 99 25; www.johnsgard.no; Sømådalen; Zeltplatz 130 nkr, 4-Bett-Hütten ab 170 nkr), 9 km westlich von Buvika, und **Langen Gjestegård** (☎ 72 41 37 18; Fax 72 41 37 11; Synnervika; EZ/DZ ab 250/450 nkr), ein gemütliches Bauernhaus mit Grasdach in der Nähe des Sees.

An- & Weiterreise
Die über 100 Jahre alte historische Fähre *M/S Fæmund II* gondelt von Mitte Juni bis Ende August täglich ab Synnervika (auch Søndervika geschrieben) am Nordufer des Femunden nach Elgå (6 Std. hin & zurück). Im Hochsommer fährt sie manchmal weiter bis nach Buvika oder sogar bis Femundsenden am Südende des Sees. Den Fahrplan gibt's bei der Touristeninformation Røros (S. 179).

Von Mitte Juni bis Ende August fahren 45 Minuten vor dem Ablegen des Schiffs Busse vom Bahnhof Røros nach Synnervika. Die Busse nach Røros bieten in Synnervika Anschluss an das Schiff. Zum Südende des Femunden fahren auch Trysil-Ekspressen-Busse (in Trysil haben sie Anschluss nach Engerdal/Drevsjø).

OPPDAL
6531 Ew.
Oppdal ist architektonisch nicht gerade die herausragendste Stadt Mittelnorwegens, doch die Schönheit der umliegenden Landschaft gleicht das wieder aus. Außerdem ist die Stadt das perfekte Zentrum für Outdoor-Aktivitäten – und deshalb kommen auch die meisten Besucher hierher.

Die **Touristeninformation** (☎ 72 40 04 70; www. oppdal.com; ☺ Mitte Juni–Mitte Aug. Mo–Fr 9–18, Sa & So 10–16 Uhr, übrige Zeit kürzer) bietet Infos zu den Aktivitäten in der Gegend und über andere Attraktionen in Mittelnorwegen.

Oppdal Booking (☎ 72 40 08 00; www.oppdal-booking.no; ☺ Mitte Juni–Mitte Aug. Mo–Fr 8–16 Uhr, Mitte Jan.–Ostern tgl. 8–18 Uhr, übrige Zeit kürzer) ist ein

MITTELNORWEGEN

AKTIVITÄTEN IN OPPDAL

Wildwasser-Rafting

Die wild schäumende Driva ganz in der Nähe bietet von Mai bis Oktober hervorragende Rafting-Strecken. Der auf Outdoor-Adventures spezialisierte Veranstalter **Opplev Oppdal** (☎ 72 40 41 80; www.opplev-oppdal.no, auf Norwegisch; Olav Skasliens vei 12) organisiert Exkursionen: relativ zahme Familientrips durch Stromschnellen der Kategorie I–II, aber auch Tagestouren durch Schnellen des Schwierigkeitsgrads III–IV, die für ordentlich Nervenkitzel sorgen. Die Preise reichen von 590 nkr bis 830 nkr pro Person und Tag.

Der gleiche Veranstalter vermietet auch Kanus (ab 320 nkr pro Tag) und veranstaltet Riversurfing- (830 nkr) und Kletterexkursionen (830 nkr).

Moschusochsen- & Elchsafaris

Oppdal Booking (S. 183) organisiert fünf- bis sechsstündige **Safaris** (Erw./Kind 285/175 nkr; ☺ Mitte Juni–Mitte Aug. 9 Uhr) zu den wahrhaft prähistorisch anmutenden Moschusochsen (Kasten S. 187).

Alternativ kann man sich auch auf die Spuren der Elche begeben; mittwochabends geht's im Sommer auf Elchsafari (250 nkr, 2–3 Std.). Buchungen über das Fremdenverkehrsbüro.

Drachenfliegen

Wer das malerische Mittelnorwegen schon immer mal aus der Vogelperspektive erleben wollte, kommt vielleicht per Tandemflug mit dem Drachen ans Ziel seiner Wünsche. Genaueres erfährt man bei **Walter Brandsegg** (☎ 72 42 21 30; walter@brandsegg.no); die Preise beginnen bei etwa 550 nkr pro Person.

Skifahren & Snowboarding

Das dreigeteilte Skigebiet von Oppdal erstreckt sich über die Hänge Hovden, Stølen und Vangslia; alle drei sind vom Ort gut erreichbar. Das kleinere Skigebiet Ådalen ganz in der Nähe ist mit zwei Liften ausgestattet. Vangslia hat zwei Anfängerhügel und ist generell am einfachsten; Stølen ist schon mehr was für Fortgeschrittene, und am Hovden wedeln die Profis drei anspruchsvolle Abfahrten runter. Liftpässe kosten 295/540/760 nkr für ein/zwei/drei Tage. Die Saison dauert von Ende November bis Ende April.

zentrales Reservierungsbüro für Unterkünfte und Aktivitäten in der Region, u. a. auch für Touren zu den Moschusochsen (mit Reservierungsgebühren).

Schlafen & Essen

Wer keine Unterkunft findet, kann sich an Oppdal Booking oder die Touristeninformation wenden.

Oppdalstunet Vandrerhjem (☎ 72 42 23 11; oppdal. Hostel@vandrerhjem.no; Gamle Kongsvei; B/EZ/DZ 150/370/ 450 nkr; ☺ Mai–Nov.) Gute Herbergszimmer, 1,5 km nordöstlich des Zentrums auf einer leichten Anhöhe über dem Tal.

Quality Oppdal Hotel (☎ 72 40 07 00; www.choice.no; Olav Skasliens Vei 8; EZ/DZ 1250/1450 nkr) Dieses Hotel gehört zum Netz der Choice-Hotels und hat komfortable Zimmer. Sie sind etwas teuer, aber die besten im Zentrum. Im Sommer z. T. günstiger.

Sletvold Apartment Hotel (☎ 72 40 40 90; booking@sletvold-stolen.no; Gamle Kongsvei; EZ/DZ ab 805/1015 nkr) Das ausgezeichnete Hotel gehört zur Norlandia-Kette. Es liegt etwas weit vom Schuss am nördlichen Stadtrand, dafür ist es aber gut und wirklich günstig mit hübschen Zimmern, von denen einige einen schönen Blick aufs Tal bieten.

Møllen Restaurant & Pizzeria (☎ 72 42 18 00; Dovreveien 2; Pasta & Kebabs 79–139 nkr, kleine/große Pizza ab 85/159 nkr, Hauptgerichte 135–215 nkr) Dieses Lokal im Zentrum an der E 6 ist eine gute Wahl für ein preisgünstiges Essen mit Sitzplatz. Und es bietet sogar ein bisschen mehr als nur Hamburger.

Café Ludvik (☎ 72 42 01 40; Inge Krokannsvei 21; Hauptgerichte 69–159 nkr) Das beliebte Café Ludvik, 300 m südlich des Zentrums, ist zu empfehlen, auch wenn es nicht besonders stilvoll ist. Es serviert eine Auswahl preiswerter Imbissgerichte wie Rindfleisch, Omeletts und Pasta.

Das **Perrongen Steak House** (☎ 72 40 07 00; Vorspeisen 89–115 nkr, Hauptgerichte 115–245 nkr) im

Quality Oppdal Hotel ist das vornehmste Lokal der Stadt und bietet die beste Küche. Ein Rentiersteak kostet 255 nkr.

An- & Weiterreise

Die beste Anreisemöglichkeit nach Oppdal sind die vier bis fünf täglichen Bahnverbindungen zwischen Oslo (199–674 nkr, 5 Std.) und Trondheim (199–213 nkr, 1½ Std.). Über Oppdal fahren außerdem die zweimal täglich verkehrenden Nor-Way-Bussekspress-Busse zwischen Bergen (686 nkr, 12½ Std.) und Trondheim (210 nkr, 2 Std.). Die billigeren Busse der Gesellschaft Lavprisekspressen (ab 149 nkr) kommen auf der Fahrt zwischen Oslo und Trondheim ebenfalls ein- bis zweimal täglich durch Opdal.

TROLLHEIMEN

Die kleine Gebirgskette Trollheimen ist am einfachsten von Oppdal aus zu erreichen. Hier gibt es Wanderwege in Hülle und Fülle, die sich durch sanfte Hügel und Hochebenen voller Seen erstrecken. Von Oppdal führt eine 15 km lange Mautstraße (30 nkr, keine öffentlichen Verkehrsmittel) nach **Osen**, Hauptzugang zur Trollheimen-Naturlandschaft. Die beste Landkarte ist die *Turkart Trollheimen* (1:75 000) des Statens Kartverk, die für 120 nkr von der Touristeninformation in Oppdal erhältlich ist.

Ein unkompliziertes Wanderziel in Trollheimen ist die Hütte **Vassendsetra** mit einem historischen Bauernhof. Von Osen (an der Mündung des Flusses Gjevilvatnet), 3 km nördlich der Hauptstraße nach Sunndalsøra, fährt das Schiff *Trollheimen II* bis nach Vassendsetra (150 nkr hin & zurück). Von Juli bis Mitte August fährt es täglich um 12 Uhr von Osen ab und startet um 15.30 Uhr wieder in Vassendsetra. Alternativ gibt es die Möglichkeit, die 6 km lange Straße von Osen bis zur DNT-Hütte **Gjevilvasshytta** zu fahren oder zu wandern und dort 12 km dem Uferpfad bis **Vassendsetra** (☎ 72 42 32 20; Fax 72 42 34 30; B für DNT-Mitglieder/-Nichtmitglieder 150/230 nkr, Frühstück 75/125 nkr, Abendessen 160/200 nkr; ◔ Juli & Aug.) zu folgen. Etwa auf halber Strecke liegen einige hervorragende Sandstrände mit herrlichen Badestellen.

Die beliebte dreitägige Wanderung zur Trekanten-Hütte folgt der imposanten Route Gjevilvasshytta–Trollheimshytta–Jøldalshytta–Gjevilvasshytta; Infos bietet Oppdal Booking (s. S. 184).

DOMBÅS
2812 Ew.

Dombås ist ein beliebtes Ziel für Wintersportler und Wildnisfreaks und eine günstige Station zwischen den Nationalparks im Hochland und den Fjorden im Westen. Das weiter nördlich gelegene Oppdal (S. 183) bietet allerdings eine größere Auswahl an Aktivitäten. Und zum Rafting ist Sjoa (S. 190) besser.

Das **Nationalparkzentrum Dovrefjell** (Dovrefjell Nasjonalparksenter; ☎ 61 24 14 44; dombaas@nasjonal parker.org; Sentralplassen; Eintritt frei; ◔ Mitte Juni–Mitte Aug. 9–20 Uhr, übrige Zeit kürzer) gehört zur **Touristeninformation** (☎ 61 24 14 44; www.dovrenett. no; ◔ Mitte Juni–Mitte Aug. 9–20 Uhr, übrige Zeit Mo–Fr 9–16 Uhr).

Sehenswertes

Der **Dovregubbens Rike Trollpark** (☎ 61 24 12 90; www.trollpark.com; Sentralplassen; Erw./Kind 40/20 nkr; ◔ Mitte Juni–Mitte Aug. Mo–Fr 10–19.45, Sa 10–18.45, So 11–18.45 Uhr, übrige Zeit Mo–Fr 10–16, Sa 10–14 Uhr) erweckt die legendären norwegischen Trolle und das „Reich der Bergkönigs" (das Dovre-Massiv), in dem der freundlichste und mächtigste aller Trolle lebt, zum Leben. Ein Film gibt Infos über die örtliche Naturgeschichte und es werden verschiedene Ausstellungen gezeigt: mit ausgestopften Tieren, über prähistorische Jagdtechniken oder die Gründung der Nationalparks in dieser Region.

Geführte Touren

Moskus-Safari Dovrefjell (☎ 99 70 37 66; www.moskus-safari.no) bietet eine Auswahl gut organisierter Touren; u. a.:

Elchsafari Die Touren (250 nkr) starten Mitte Juni bis Mitte Aug. Di–Do an der Touristeninformation; Reservierung erforderlich.

Wanderung auf den Snøhetta Diese fünf- bis siebenstündige (450 nkr) geführte Wanderung zum Gipfel des Snøhetta (2286 m) findet von Mitte Juni bis Mitte August immer samstags statt, wenn mindestens fünf Personen teilnehmen; Reservierung erforderlich.

Moschusochsensafari Die fünfstündige Exkursion (300 nkr) beginnt um 9 Uhr an der Touristeninformation. Sie wird ab dem 10. Juni bis mindestens Ende August und an Wochenenden im September angeboten. Reservierungen sind nicht erforderlich.

Schlafen & Essen

Bjørkhol Camping (☎ 61 24 13 31; www.bjorkhol.no; Bjørkhol; Zelt-/Wohnwagenstellplatz 90/110 nkr, 2-/4-Bett-Hütten ohne eigenes Bad ab 240/350 nkr, 2-Bett-Hütten mit eigenem Bad ab 550 nkr) 7 km östlich von Dombås liegt einer der günstigsten und freundlichsten

Plätze Norwegens. Die Einrichtungen sind top und es gibt mehrere Busse pro Tag von/ nach Dombås.

Trolltun Gjestegård & Dombås Vandrerhjem (☎ 61 24 09 60; www.trolltun.no; Hostel B/DZ/F 200/550/ 600 nkr, Hotel EZ/DZ 670/960 nkr) Eine ausgezeichnete Unterkunft am Hang, 1,5 km nordöstlich der Stadt auf der E 6. Die Lage ist super, die Zimmer sind ordentlich und die Mahlzeiten preiswert.

Norlandia Dovrefjell Hotell (☎ 61 24 10 05; www. norlandia.no; EZ/DZ 1020/1200 nkr) Auch ein guter Tipp mit attraktiven Zimmern. Das Hotel liegt an der E 136, etwa 2 km nordwestlich des Zentrums – gerade weit genug davon entfernt, um etwas Wildnisatmosphäre zu vermitteln.

Im Einkaufskomplex des Zentrums befindet sich die beliebte **Frich's Cafeteria** (☎ 61 24 10 23; Sentralplassen; Frühstück, Mittag- und Abendessen), die preiswerte, wenn auch etwas phantasielose Gerichte serviert. Im gleichen Komplex bietet das **Senter-Grillen** (☎ 61 24 18 33; Sentralplassen; Frühstück, Mittag- und Abendessen) Pizza an.

An- & Weiterreise

Dombås liegt an der Bahnstrecke zwischen Oslo (565 nkr, 3¾ Std.) und Trondheim (352 nkr, 2½ Std.). Außerdem ist es Endstation der spektakulären Raumabanen durch das Romsdalen nach Åndalsnes (198 nkr, 1¼ Std., 2- oder 3-mal tgl.). Die Nor-Way-Bussekspress-Busse zwischen Bergen (631 nkr, 11¼ Std.) und Trondheim (315 nkr, 3¼ Std.) fahren in jeder Richtung zweimal täglich durch die Stadt. Auch die billigeren Lavprisekspressen-Busse (ab nkr 149) halten auf der Strecke zwischen Oslo und Trondheim in Dombås.

Ein spektakuläres Erlebnis ist die Fahrt von Dombås nach Åndalsnes durch das Romsdalen (107 km).

DOVREFJELL-SUNNDALSFJELLA-NATIONALPARK

Der 4367 km² große Nationalpark ist Norwegens größtes, zusammenhängendes Schutzgebiet. Er wurde geschaffen, um das atemberaubende Hochland rund um den 2286 m hohen Snøhetta zu bewahren. Seine karge Landschaft ist der perfekte Lebensraum für Polarfüchse, Rentiere, Vielfraße und Moschusochsen. Wanderer können den Snøhetta von Snøheim aus erklimmen (ca. 6 Std.). Das Knutshøene-Massiv (1690 m), ein Teil des Parks östlich der E 6, bietet dem artenreichsten, alpinen Ökosystem in Europa Schutz.

Im **Fokstumyra-Moorland** lebt eine sehr vielfältige Vogelwelt. Etwa 75 Arten nisten hier und bis zu 40 weitere sind gelegentlich zu beobachten. Zu den selteneren Arten, die in der Nähe des Wassers brüten, zählen Kampfläufer, Doppelschnepfe, Temminckstrandläufer, Regenbrachvogel, Seetaucher, Kiebitz, Zwerggans und Kornweihe. In den umliegenden Bergen und Wäldern haben sich Schneeammern, Ringdrosseln, Wacholderdrosseln, Meerstrandläufer, Raubwürger, Wasseramseln, Bergfinken, Wanderfalken, Mornellregenpfeifer, Sumpfohreulen, Raben und Ohrenlerchen einquartiert. Viele dieser Arten sind rund um den 7 km langen, markierten Pfad bei Dombås zu beobachten. Um die brütenden Vögel aber nicht zu stören, dürfen Besucher zwischen Mai und Juli den Pfad nicht verlassen. Weitere Infos bietet das Nationalparkzentrum Dovrefjell (S. 185); Einzelheiten über geführte Touren innerhalb des Schutzgebiets s. S. 185.

Wer ein eigenes Fahrzeug hat, kann für die Anreise bei der Touristeninformation Dombås ein Fahrrad mieten (pro Std./ Tag 35/100 nkr) oder ein Taxi nehmen (ca. 170 nkr einfache Fahrt).

Die beste Wanderkarte ist die *Dovrefjel-Karte* (1:100 000) vom Statens Kartverk. Sie beinhaltet allerdings nicht den Bereich Knutshø; dafür sind die topografischen Karten *Einunna 1519-I* und *Folldal 1519-II* des Statens Kartverk erforderlich.

Schlafen & Essen

Die ursprüngliche DNT-Hütte **Snøheim** wurde zum Glück geschlossen, weil sie zu dicht am Truppenübungsplatz Hjerkinn lag, und durch die neue Selbstversorgerhütte **Reinheim** ersetzt. Sie befindet sich 5 km weiter nördlich auf 1341 m Höhe in Stroplsjødalen. Außerdem gibt es noch eine Reihe weiterer DNT-Selbstversorgerhütten in der angrenzenden Region Skrymtheimen. Schlüssel sind bei der Touristeninformation in Dombås erhältlich.

Kongsvold Fjeldstue (☎ 72 40 43 40; www. kongsvold.no; Kongsvold; DZ ab 650 nkr) Diese zauberhafte und geschichtsträchtige Unterkunft 13 km nördlich von Hjerkinn an der E 6 bietet Parkinformationen, Landkarten, Mahlzeiten und Zimmer. Die malerischen Holzgebäude aus dem frühen 18. Jh. schmiegen sich tief ins Drivdalen, 500 m von der winzigen Bahnstation Kongsvold (Züge halten nur auf Anfrage). Jedes Zimmer ist hier anders.

MOSCHUSOCHSEN

Offiziell zählt der Moschusochse *(Ovibos moschatus)* zur Familie der *Bovidae*, doch mit seinen nächsten Verwandten, den Schafen, Ziegen und Rindern, hat er nur wenig Ähnlichkeit – und genau genommen mit gar keinem anderen Tier. Während der letzten Eiszeit verteilte sich diese Spezies über alle vergletscherten Regionen der Nordhalbkugel. Wilde Herden sind heute in Teilen von Grönland, Kanada und Alaska anzutreffen sowie in den norwegischen Nationalparks Dovrefjell-Sunndalsfjella und Femundsmark.

Moschusochsen bringen zwischen 225 und 445 kg auf die Waage, haben eine unglaubliche Schulterhöhe und einen gewaltigen, tief angesetzten Kopf mit breiten, flachen Hörnern, die sich erst nach vorne, dann nach außen, dann abwärts, wieder aufwärts und schließlich nach vorn krümmen. Extrem dichtes, zotteliges Fell mit verfilztem weichem Unterhaar bedeckt den ganzen Körper; wie ein Rock hängt es bis fast auf den Boden herab. Unter den vielen Haaren guckt nur der untere Teil der Beine hervor. Dadurch sieht das Tier so kompakt und stämmig aus und erinnert ein bisschen an ein mittelalterliches Turnierpferd mit langer Decke. Während der Paarungszeit, wenn die männlichen Tiere ihren Harem um sich scharen, gehen sie aufeinander los – immer wieder – und krachen mit den Köpfen so heftig zusammen, dass es oft meilenweit zu hören ist. Dieser heiße Kampf dauert so lange, bis sich eines der Tiere geschlagen gibt und sich trollt.

Der natürliche Hauptfeind der Moschusochsen ist der Wolf. Ihre bevorzugte Verteidigungstaktik sieht so aus, dass die Stiere einen Kreis um die Kühe und Kälber bilden und darauf vertrauen, mit der geballten Kraft ihrer Hörner die Angreifer aufschlitzen zu können. Diese Art der Verteidigung hat sich allerdings gegen den Menschen, v. a. die grönländischen Inuit, als nutzlos erwiesen, und so wurden die Tiere stark dezimiert. Nur durch gezieltes Auswildern konnte erreicht werden, dass sich die Bestände wieder erholten.

Im Jahr 1931 wurden zehn grönländische Tiere auf dem Dovrefjell ausgesetzt. Während des Zweiten Weltkriegs verschwanden sie wieder fast vollständig, doch von 1947 bis 1953 wurden 23 weitere aus Grönland umgesiedelt. Die Herde ist heute auf etwa 80 Tiere angewachsen; ein paar sind nach Osten in den Femundsmark-Nationalpark gezogen und haben dort eine neue Herde gegründet.

Die besten Chancen, diese Tiere zu beobachten, bieten die Moschusochsensafaris von Oppdal (s. Kasten S. 184) oder von Dombås (S. 185) aus. Im Sommer kann man sie auch bei Wanderungen durch den Femundsmark-Nationalpark (S. 183) in den Flusstälern von Røa und Mugga entdecken.

Moschusochsen reagieren nicht von Natur aus aggressiv auf Menschen, doch wenn sich ein Tier bedroht fühlt, kann es mit einer Geschwindigkeit von bis zu 60 km/h angreifen – und wehe dem, der ihm dann vor die Hörner kommt. Beim Wandern sollte man mindestens 200 m Abstand halten; macht ein Tier einen nervösen Eindruck oder scharrt mit den Hufen, sollte man nicht davonlaufen, sondern langsam rückwärts gehen, bis es sich entspannt hat.

MITTELNORWEGEN

Hjerkinn Fjellstue (☎ 61 24 29 27; www.hjer kinn.no, auf Norwegisch; Hjerkinn; EZ/DZ ab 625/950 nkr) Urgemütlicher Gasthof etwa 1,5 km östlich von Hjerkinn an der Rv 29. Die Zimmer im Anbau sind schlicht, aber gut und weit billiger als die im Hauptgebäude. Es gibt auch ein Restaurant und Campingmöglichkeiten.

An- & Weiterreise

Es fahren keine öffentlichen Transportmittel in den Park. Von Dombås aus werden jedoch Moschusochsensafaris (s. S. 185) angeboten. Das einzige öffentliche Verkehrsmittel zwischen Dombås und Hjerkinn ist die Bahn (77 nkr, 25 Min.).

OTTA
3724 Ew.

Tief im Gudbrandsdalen, wo die Flüsse Otta und Lågen zusammenfließen, liegt Otta. Trotz der vielversprechenden Lage ist es nicht gerade die schönste Stadt der Region. Aber wir wollen fair sein: Wir haben die Stadt nur an einem völlig verregneten Sonntag und Montag erlebt. Vor allem ist Otta als Pforte zum Rondane Nationalpark interessant.

Rondane Nationalpark Centre (☎ 61 08 08 70; otta@nasjonalparker.org; Johan Nygårdgata 17a; ⊙ Mo–Fr 10–16, Sa 10–14 Uhr).

Touristeninformation (☎ 61 23 66 50; www. visitrondane.com; Otta Skysstasjon; ⊙ Mitte Juni–

KRIEGSHELDIN GURI

Im August 1612, als Norwegen zu Dänemark gehörte und die Dänen sich mit den Schweden im Kalmarkrieg kabbelten, landeten 550 schottische Söldner in Norwegen, um die Schweden zu unterstützen. Die Nachricht verbreitete sich im Gudbrandsdal und die Bauern der Gegend bewaffneten sich mit Äxten, Sensen und ähnlichen Gerätschaften. Sie blockierten den Weg mit Felsbrocken und Ästen und postierten mehrere ältere Männer als Ablenkung auf der anderen Seite des Flusses, die die anrückende Kolonne mit ihren Musketen aufs Korn nehmen sollten – allerdings mit Platzpatronen.

Als die Schotten bei Høgkringom, 3 km südlich von Otta, an einem engen Wegstück zwischen dem Fluss und einem steilen Hang ankamen, raste die heldenhafte Pillarguri (Guri) auf den Hügel, um auf ihrem Hirtenhorn aus Birkenrinde die Ankunft des Feindes anzukündigen. Die alten Bauern begannen zu feuern. Die Schotten erwiderten das Feuer und beantworteten dann Guris Hornklänge mit Hüteschwenken und Dudelsackmusik, ohne die Falle zu wittern.

Als Guri erneut in ihr Horn blies, rollten die Norweger hinter der Truppe noch mehr Felsen auf den Weg, um ihnen den Rückweg abzuschneiden. Dann griffen die Bauern mit Steinen und ihren primitiven Waffen an und metzelten das festgesetzte Truppenkontingent nieder, bis sich der Fluss vom Blut rot färbte.

Nur sechs Bauern kamen bei dem Kampf ums Leben. Die Sieger wollten die 134 überlebenden Schotten eigentlich als Gefangene zur Festung Akershus in Oslo bringen. Da die Bauern aber ihre Ernte einbringen mussten und eigentlich gar keine Lust auf einen ermüdenden Fußmarsch nach Oslo hatten, exekutierten sie während der Siegesfeier in Kvam einen Gefangenen nach dem anderen.

Die Heldentat der Bauern-„Armee" ist bis heute in Otta unvergessen; zur *bunad* (Tracht) dieser Gegend gehört ein völlig unnorwegisches Schottenkaro, und in der Nähe des Bahnhofs steht eine Statue von Pillarguri. Auch in Kringom erinnert eine Art Kriegerdenkmal an den Sieg: Der Hügel auf der gegenüberliegenden Flussseite wurde nach der Lokalheldin „Pillarguri" getauft.

Mitte Aug., Mo–Fr 8.30–19, Sa & So 11–18 Uhr, übrige Zeit kürzer).

Sehenswertes

Die seltsame Formation 6 m hoher Säulen mit dem Namen **Kvitskriuprestene** (Weiße Geröllpriester) ähnelt tatsächlich einer Gruppe von Priestern. Ihre Form kam durch die Erosion einer eiszeitlichen Moräne (Gesteinsschutt, den ein Gletscher transportiert und abgelagert hat) zustande. Sie liegt 4 km östlich an der Mautstraße (10 nkr) von Sel nach Mysusæter und ist durch einen steilen Aufstieg von 20 Minuten zu erreichen.

Schlafen

Otta Camping (☎ 61 23 03 09; www.ottacamping.no, auf Norwegisch; Ottadalen; Zelt- oder Wohnwagenstellplatz für 2 Pers. 130 nkr, 4-Bett-Hütten 350–550 nkr) Der günstige und beliebte Platz direkt am Fluss ist zu Fuß 1,5 km von Busstation und Bahnhof entfernt: vom Zentrum über die Otta-Brücke, dann rechts und etwa 1 km stromaufwärts gehen.

Killis Overnatting (☎ 61 23 04 92; Ola Dahlsgate 35; EZ/DZ/3BZ mit Etagenbad 250/280/325 nkr) Die Unterkunft bietet einfache Zimmer (Dusche 5 nkr extra)

und wird von einer sympathischen Dame geleitet, die dafür sorgt, dass sich die Gäste wohl fühlen.

Grand Gjestegård (☎ 61 23 12 00; Fax 61 23 04 62; Ola Dahlsgate; EZ/DZ 610/840 nkr) Das kürzlich renovierte Haus im Zentrum von Ottas recht bescheidenem Treiben wird für seine schönen Zimmer und den freundlichen Empfang gelobt.

Norlandia Otta Hotell (☎ 61 21 08 00; www.norlandia.no/otta; Ola Dahlsgate 7; EZ/DZ 820/1095 nkr) Auch wenn die Fassade aus den 80er-Jahren etwas heruntergekommen und das ganze Haus etwas unpersönlich wirkt – die Zimmer sind groß, komfortabel und gut ausgestattet.

Essen

Neben den Restaurants im Grand Gjestegård und Norlandia Otta Hotell gibt es zwei passable Alternativen:

Milano Restaurant & Pizzeria (☎ 61 23 19 93; Storgata 17 B; Pasta 90–109 nkr, kleine/große Pizza 90/180 nkr, sonstige Hauptgerichte 115–179 nkr; ☺ So–Do 13–23, Sa 13–23.30 Uhr) Dies ist eines der beliebtesten Restaurants der Stadt. Es bietet eine Auswahl von über 80 Gerichten und im Sommer sind die Plätze auf dem Außenbalkon ziemlich gefragt.

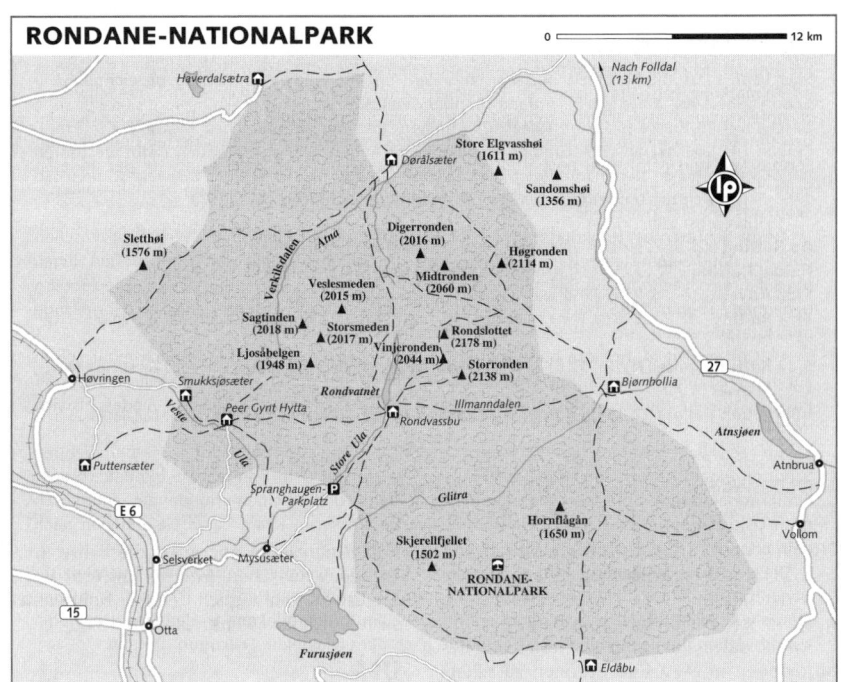

RONDANE-NATIONALPARK

0 ━━━━━━━━ 12 km

Haverdalsætra

Nach Folldal
(13 km)

Dørålsæter

Store Elgvasshøi
(1611 m)

Sandomshøi
(1356 m)

Sletthøi
(1576 m)

Atna

Verkilisdalen

Digerronden
(2016 m)

Høgronden
(2114 m)

Veslesmeden
(2015 m)

Midtronden
(2060 m)

Sagtinden
(2018 m)

Storsmeden
(2017 m)

Rondslottet
(2178 m)

Vinjeronden
(2044 m)

Ljosåbelgen
(1948 m)

Storronden
(2138 m)

Høvringen

Smukksjøsæter

Rondvatnet

Bjørnhollia

27

Peer Gynt Hytta

Rondvassbu

Illmanndalen

Vesle

Ula

Store Ula

Puttensæter

Atnsjøen

Atnbrua

Spranghaugen-
Parkplatz

Glitra

Hornflågån
(1650 m)

Vollom

E 6

Selsverket

Mysusæter

Skjerellfjellet
(1502 m)

RONDANE-
NATIONALPARK

15

Otta

Furusjøen

Eldåbu

Pillarguri Kafé (☎ 61 23 01 04; Storgata 7; Hauptgerichte 85–179 nkr) Auch ein guter Laden. Das Pillarguri bietet eine abwechslungsreiche Karte mit norwegischen Leckereien (Rentierstew 145 nkr), Suhsi und einer Auswahl günstiger Mittagsspecials.

An- & Weiterreise

Lokalbusse von/nach Lom (Normal/Express 78/99 nkr, ½ Std.) verkehren bis zu sechsmal täglich, an Wochenenden seltener. Nor-Way Bussekspress hat Verbindungen von/nach Lillehammer (180 nkr, 2 Std., bis zu 5-mal tgl.) und Oslo (410 nkr, 5 Std.). Billigere Lavprisekspressen-Busse (ab 149 nkr) halten ein- oder zweimal täglich. Außerdem liegt die Stadt an der Dovre-Bahnlinie zwischen Oslo (491 nkr, 3¼ Std.) und Trondheim (426 nkr, 3 Std.) und bietet auch Verbindungen nach Bergen (964 nkr, 11-mal tgl.).

RONDANE-NATIONALPARK

Henrik Ibsen umschrieb den 963 km² großen **Rondane-Nationalpark** (www.visitrondane.com) mit den Worten „Luftschloss auf Luftschloss". Er wurde 1962 als erster Nationalpark Norwegens geschaffen, um das phantastische Rondane-Massiv zu schützen, das viele für das schönste Bergwandergebiet in Norwegen halten. Alte Rentierfanggruben und Grabhügel lassen vermuten, dass das Gebiet schon seit Jahrtausenden besiedelt ist. Heute ist der Park eines der letzten Rückzugsgebiete für wilde Rentiere. Ein Großteil der von Gletschern und Flechtentundra geprägten Landschaft liegt über 1400 m und zehn der rauen Felsgipfel ragen sogar über 2000 m hoch empor. Die höchsten sind der Rondslottet (2178 m) und der Storronden (2138 m). Der Park beherbergt 28 Säugetier- und 124 Vogelarten.

Die 87 km lange Rv 27 zwischen Folldal und der E 6 5 km nördlich von Ringebu ist eine traumhaft schöne Strecke entlang der Rondane Kette.

Wanderern bietet Rondane zahlreiche Möglichkeiten für Touren im Hochland und dazu ein vergleichsweise trockenes Klima. Die Saison geht allerdings nur von Juli bis August. Der beste Zugang zum Park ist der Parkplatz Spranghaugen: von Otta zunächst etwa 13 km auf einer relativ guten Straße den Berg rauf und dann weiter auf der Mautstraße

---

WILDWASSER-RAFTING

Sjoa kann man mit Recht als norwegisches Zentrum für Wildwasser-Rafting bezeichnen. Die Saison dauert von Mitte Mai bis Anfang Oktober. Der Level der Exkursionen bewegt sich zwischen beschaulichen Klasse-I-Fahrten (ideal für Familien) und der actionreichen Klasse V. Die Preise fangen bei 500 nkr an (3½-stündige Familientour); angeboten werden auch Halbtagestouren (ab 565 nkr), bis zu siebenstündigen Tagesfahrten (ab 790 nkr) und sogar Zweitagestouren (ab 2150 nkr) durch die brodelnden Wasser der Åsengjuvet-Schlucht.

Hauptveranstalter sind:

Go Rafting (☎ 61 23 50 00; www.gorafting.no, auf Norwegisch) 3,5 km nördlich von Sjoa an der E 6.

Heidal Rafting (☎ 61 23 60 37; www.heidalrafting.no; Sjoa) 1 km westlich der E 6 an der Rv 257.

Sjoa Adventure (☎ 93 40 65 00; www.sjoaadventure.com; Sjoa)

Sjoa Rafting (☎ 90 07 10 00; www.sjoarafting.com; Nedre Heidal) 7,5 km stromaufwärts von Sjoa an der Rv 257.

Sjoa Rafting Senter NWR (☎ 61 23 07 00; www.sjoaraftingsenter.no; Varphaugen Gård) 3 km stromaufwärts von Sjoa an der Rv 257.

Villmarken Kaller (☎ 90 52 57 03; www.villmarken-kaller.no) 20 km stromaufwärts von Sjoa an der Rv 257.

Die meisten dieser Veranstalter organisieren auch andere Aktivitäten wie Riverboarding, Klettern für Einsteiger, Canyoning sowie Höhlen- und Wandertouren.

(10 nkr). Vom Parkplatz ist es ein Marsch von 6 km (1½ Std.) bis **Rondvassbu**, einer beliebten bewirtschafteten DNT-Hütte. Es gibt auch noch weitere DNT-Hütten im Park.

Von Rondvassbu aus ist die Besteigung des Storronden in etwa fünf Stunden zu schaffen. Eine schöne Tour ist auch der schwierigere Aufstieg zum **Vinjeronden** (2044 m) mit spektakulären Ausblicken; danach kann man über einen schmalen Grat den Nachbargipfel Rondslottet (ab Rondvassbu etwa 6 Std. hin & zurück) erwandern.

Die besten Karten sind vom Statens Kartverk *Rondane* (1:100 000; 99 nkr) und *Rondane Sør* (1:50 000).

Gleich unterhalb der Mautschranke (Bom) gibt es einen kleinen Laden, der einige Lebensmittel verkauft. Zelten ist überall im Nationalpark gestattet, außer bei Rondvassbu, wo es nur im markierten Bereich erlaubt ist. Die **Mysusæter Fjellstue** (☎ 61 23 39 25; www.mysuseterrondane.no; Mysusæter; B 250 nkr, DZ mit/ohne Bad 650/585 nkr) ist eine einfache Berghütte, das **Rondane Spa Høyfjellshotell** (☎ 61 20 90 90; www.rondane.no; Mysusæter; VP pro Pers. ab 850 nkr) hingegen ist etwas komfortabler mit einem tollen Wellnessbereich und bietet sogar Pediküre für gequälte Wanderfüße an.

Anreise & Unterwegs vor Ort

Im Sommer verkehren zweimal täglich Busse zwischen Otta und Mysusæter (29 nkr, 45 Min.), von wo es noch 4 km bis zum Parkplatz sind.

Von Rondvassbu überquert die Fähre *Rondegubben* zwischen Anfang Juli und Ende August dreimal täglich den See Rondvatnet nach Nordvika (50 nkr, 30 Min.).

SJOA

Die kleine Siedlung Sjoa, 10 km südlich von Otta, hat eigentlich nicht viel zu bieten, ist aber eines der wichtigsten Raftingzentren in Norwegen (s. Kasten S. 190).

Die meisten Raftinggäste übernachten im reizvollen **Sjoa Vandrerhjem** (☎ 61 23 62 00; www.heidalrafting.no; B 155–230 nkr, 2BZ inkl. Frühstück 320–420 nkr; ☼ Mitte Mai–Sept.), einem Hostel am Hang. Mahlzeiten kosten 100 nkr und werden in dem zauberhaften Blockhausbau eines Bauernhofs von 1747 serviert.

Der **Sæta Camping** (☎ 61 23 51 47; Zelt-/Wohnwagenstellplatz 130/170 nkr, 1–5-Bett-Hütten ab 375 nkr pro Pers.) liegt unten am Fluss. Es ist ein schöner Grasplatz mit bestem Blick auf einige der kleineren Stromschnellen.

Nor-Way Busekspress zwischen Oslo (400 nkr) und den Fjorden im Westen fährt dreimal täglich durch Sjoa.

RINGEBU

4457 Ew.

Die kleine Gemeinde Ringebu ist der südlichste Ort im Gudbrandsdalen, dem engen Flusstal, das sich vom Mjøsa-See 200 km bis nach Dombås erstreckt. Einen Abstecher lohnt der Ort wegen seiner schönen **Stabkirche**

(☎ 61 28 43 50; Erw./Kind 40/20 nkr; ⏲ Ende Mai–Juni & Aug. 8–18 Uhr, Juli 9–17 Uhr) 2 km südlich der Stadt an der E 6. Die erste Kirche an dieser Stelle wurde bereits bei Ankunft des Christentums im 11. Jh. errichtet. Die heutige Gemeindekirche stammt von etwa 1220. Sie wurde im 17. Jh. restauriert und bekam damals auch ihren auffälligen, roten Turm verpasst. Die Highlights im Inneren sind eine Statue des hl. Laurentius von 1250 sowie einige Runeninschriften. Der Zutritt zum Gelände ist kostenlos und das Tor bleibt ganzjährig geöffnet. 300 m nach Osten den Hang hinauf steht das ehemalige Pfarrhaus (bis 1991), in dessen Gebäuden von 1743 heute die **Ringebu Samlingene** (☎ 61 28 27 00; Erw./Kind 40/20 nkr; ⏲ Mitte Juni–Mitte Aug. Di–So 11–17 Uhr) untergebracht ist.

Weitere Infos hat die **Touristeninformation** Ringebu (☎ 61 28 47 00; ⏲ Mitte Juni–Mitte Aug. Mo–Do 8–18, Fr 8–20, Sa 10–13, So 17–20 Uhr, übrige Zeit kürzer).

Nor-Way-Bussekspress-Busse zwischen Oslo (355 nkr, 5 Std.) und den Fjorden im Westen halten dreimal täglich in Ringebu. Billigere Lavprisekspressen-Busse (ab 149 nkr) nach Oslo oder Trondheim halten ein- oder zweimal täglich. Züge nach Oslo (403 nkr, 2¾ Std.) oder Trondheim (514 nkr, 3½ Std.) halten vier- oder fünfmal am Tag in Ringebu.

WESTLICHES MITTELNORWEGEN

LOM
2436 Ew.

Wer das perfekte Basislager für seinen Urlaub sucht, wird sicher einen Ort wie Lom wählen, der mitten im Herzen der spektakulärsten Berglandschaft Norwegens liegt. Von Lom führt eine Straße nach Geiranger (74 km, S. 273) und die atemberaubende Sognefjellstraße schlängelt sich von hier aus durch das Hochland des Jotunheimen-Nationalparks (S. 193). Lom selbst ist ein malerisches Städtchen mit einer hübschen Stabkirche.

Praktische Informationen

Die hilfreiche **Touristeninformation** (☎ 61 21 29 90; www.visitlom.com oder www.visitjotunheimen.com; ⏲ Mitte Juni–Mitte Aug. Mo–Fr 9–19, Sa & So 10–19 Uhr, übrige Zeit kürzer) im Norwegischen Gebirgsmuseum hat gute Tipps und Broschüren sowie kostenlosen Internetzugang.

Sehenswertes
LOM STAVKYRKJE

Die hübsche **Stabkirche** (☎ 97 07 53 97; Erw./Kind 45 nkr/gratis; ⏲ Mitte Juni–Mitte Aug. tgl. 9–20 Uhr, Mitte Mai–Mitte Juni & Mitte Aug.–Mitte Sept. 10–16 Uhr) im normannischen Stil steht mitten im Zentrum der Stadt auf einer kleinen Anhöhe am Wasser. Sie ist eine der schönsten Stabkirchen Norwegens. Die noch heute genutzte Kirche wurde 1170 erbaut, 1634 erweitert und 1663 durch zwei zusätzliche Seitenschiffe ergänzt, wodurch sie ihre heutige Kreuzform erhielt. Führungen erläutern die Malereien im Inneren sowie den Chorraum und die Kanzel (1793) von Jakop Sæterdalen. Nachts wird die Kirche sanft in märchenhaftes Licht getaucht. Der Zutritt zum Gelände ist kostenlos.

Im Andenkenladen nebenan befindet sich ein kleines **Museum** (Eintritt 10 nkr; ⏲ wie die Kirche) zur Stabkirche.

FOSSHEIM STEINSENTER

Das **Fossheim Steinsenter** (☎ 61 21 14 60; www.fossheimsteinsenter.no; Eintritt frei; ⏲ Mitte Juni–Mitte Aug. Mo–Sa 9–20, So 9–19 Uhr, übrige Zeit kürzer) beherbergt Europas größte Verkaufsausstellung seltener und prachtvoller Steine, Fossilien, Mineralien, Edelsteine und Schmuckarbeiten sowie ein umfangreiches Museum mit Stücken aus Norwegen und aller Welt – etwa aus Gabun, dem Kongo und Brasilien.

Die fachkundigen Besitzer des Zentrums, beide selbst begeisterte Sammler und Steinefreaks, haben auf der Suche nach seltenen Stücken die ganze Welt bereist. Besonders stolz sind sie jedoch auf den norwegischen Nationalstein, den Thulit. Er wurde 1820 entdeckt und wird bis heute bei Lom abgebaut. Für seine rote Färbung sind Spuren von Mangan verantwortlich.

NORWEGISCHES GEBIRGSMUSEUM

Das lohnende **Norwegische Gebirgsmuseum** (Norsk Fjellmuseum; ☎ 61 21 16 00; www.fjell.museum.no; Erw./Kind 50 nkr/gratis; ⏲ Mitte Juni–Mitte Aug. Mo–Fr 9–19, Sa & So 10–19 Uhr, übrige Zeit kürzer) ist gleichzeitig das Besucherzentrum für den Jotunheimen-Nationalpark. Es zeigt Exponate zur Geschichte des Bergsteigens, zur Naturgeschichte (Hauptattraktion ist ein wolliges Mammut) sowie zu kulturellen und industriellen Aktivitäten in den norwegischen Bergen. Interessant sind außerdem die zehnminütige Diaschau über die Berge, eine Diskussion über den Tourismus und seine

Auswirkungen auf die Natur sowie – im oberen Stockwerk – ein maßstabsgetreues Modell des Parks.

FREILICHTMUSEUM PRESTHAUGEN

Hinter dem Gebirgsmuseum erstreckt sich das **Freilichtmuseum Presthaugen** (Presthaugen Bygdemuseum; ☎ 61 21 19 33; www.gbdmuseum.no; Erw./Kind 40/10 nkr; ☯ Ende Juni–Mitte Aug. 11–17 Uhr, Führungen Mo–Fr 11.30 & 14.30 Uhr). Es zeigt Bauernhäuser aus dem 19. Jh., mehrere *stabbur* (Speicherhäuser auf „Stelzen"), eine alte Hütte (in der der hl. Olav geschlafen haben soll) und eine Sennerei.

Aktivitäten

Auch wenn die richtig ernsthaften Wandertouren nebenan im Jotunheimen-Nationalpark starten – die **Wanderwege** in der näheren Umgebung des Ortes sind auch nicht zu verachten. Die Touristeninformation bietet dafür Landkarten, Tipps sowie die Broschüre „Fußwege in Lom". Beliebt ist die 3 km lange Rundtour auf den Lomseggi (1289 m) und zu der jahrhundertealten Steinhütte Smithbue, die einige herrliche Ausblicke auf das Ottadalen und das Bøverdalen bereithält.

Etwas anspruchsvoller sind die Skitouren und Kletterexkursionen, die **Naturopplevingar** (☎ 61 21 11 55; www.naturopplevingar.no, auf Norwegisch) organisiert. Wer den Adrenalinkick sucht, wendet sich an **Skjåk Rafting** (☎ 99 77 50 88; www.skjak-rafting.no, auf Norwegisch; Skjåk) mit Sitz in Skjåk, 18 km stromaufwärts von Lom auf der Rv 15.

Eine komplette Liste (inkl. Preisen) der Wanderungen, Gletschertouren und Exkursionen zum Eisklettern im Jotunheimen-Nationalpark stehen in der Broschüre *Sognefjellet Aktivitäten und Attraktionen* der Touristeninformation Lom.

Schlafen & Essen

Lom hat drei Unterkünfte, die alle empfehlenswert sind.

Nordal Turistsenter (☎ 61 21 93 00; www.nordalturistsenter.no; Zeltplatz 170–240 nkr, EZ/DZ/FZ 660/950/1400 nkr, leichte Mahlzeiten ab 50 nkr) Die beliebte, große Anlage im Zentrum bietet für jeden etwas: komfortable Zimmer, Hütten für Selbstversorger und einen Campingplatz am Wasser. Außerdem gibt's ein relaxtes Restaurant im Cafeteriastil, das einfache Snacks serviert, und ein gemütliches Pub.

LP Tipp Fossheim Turisthotell (☎ 61 21 95 00; www.fossheimhotel.no; Hotel EZ/DZ 925/1250 nkr, Anbau EZ/DZ 800/950 nkr, 4-Bett-Apt. 1700 nkr) Dieses historische Familienhotel am östlichen Stadtrand ist eines der besten Hotel-Restaurants in ganz Norwegen. Die ganz mit Holz ausgekleideten Zimmer im Hauptbau sind wirklich herrlich (besonders toll sind die Zimmer Nr. 401 und 402 – mit Balkon und phantastischem Ausblick). Außerdem gibt es luxuriöse Blockhütten mit Top-Ausstattung sowie günstigere und einfachere Zimmer (einige mit sehr schöner Aussicht) im Anbau. Vor allem aber ist das Turisthotell bekannt, weil in seinem Restaurant (☯ 13–15.30 und 19–22 Uhr) früher der berühmte norwegische Koch Arne Brimi am Herd stand. Heute servieren Brimis Nachfolger traditionelle norwegische Küche von absoluter Spitzenqualität, etwa Wildforelle, Rentier, Elch oder Schneehuhn. Besonders zu empfehlen ist das Mittagsbüfett (ab 250 nkr). Abends werden drei-/viergängige Menüs (250/495 nkr) angeboten.

Fossberg Hotell (☎ 61 21 22 50; www.fossberg.no; EZ/DZ 850/1150 nkr; ☯ Mo–Sa 8–22, So 10–22 Uhr) Das Hotel spielt zwar nicht in der gleichen Liga wie das Fossheim Turisthotell, ist aber trotzdem eine sehr empfehlenswerte Unterkunft im Zentrum der Stadt. Seine mit Kiefernholz vertäfelten Zimmer sind ordentlich und gemütlich und es gibt sogar eine Sporthalle für die Gäste. Beliebt ist auch die Cafeteria (Snacks ab 55 nkr, Hauptgerichte 115–215 nkr). Deren Küche ist zwar nicht berühmt, aber die Plätze im Freien sind super.

Kafe Isbar (☎ 61 21 92 05; leichte Mahlzeiten 79–125 nkr; ☯ 11–21 Uhr) Ein zwangloses Café im Zentrum mit Terrasse und herrlichem Blick.

Shoppen

Außer dem Laden des Fossheim Steinsenter (S. 191) gibt es noch das kleine **Brimi Bue** (☎ 61 21 95 92; www.brimibue.no, auf Norwegisch; ☯ Juli 10–20 Uhr, Aug.–Nov. & April–Juni 10–16 Uhr) neben dem Fossheim Turisthotell. Kochbücher, Bio-Lebensmittel und Küchenzubehör im Stil von Arne Brimi gibt es hier zu kaufen.

An- & Weiterreise

Der dreimal täglich verkehrende Nor-Way-Bussekspress-Bus zwischen Oslo (470 nkr, 6½ Std.) und Måløy (340 nkr, 4½ Std.) hält auch in Lom. Von Ende Juni bis Ende September auf der Sognefjellstraße zwischen Otta (100 nkr, 1 Std.) und Sogndal (230 nkr, 3½ Std., 2-mal tgl.) verkehrenden Busse von Ottadalen Billag halten hier. Einen Fahrplan enthält die Broschüre *Sognefjellet - Aktivitäten und Attraktionen* der Touristeninformation.

RUND UM LOM

Wer von der Küche im Fossheim Turisthotell begeistert ist und nun auch bei Arne Brimi persönlich essen will, darf sich das **Vianvang** (☎ 90 50 24 69 oder 41 93 11 11; www.brimiland.no, auf Norwegisch; ✆ auf Anmeldung) nicht entgehen lassen: auf der Rv 15 von Lom kommend kurz vor Vågåmo (Vågå) auf die Rv 51 in Richtung Randsverk. In diesem nur auf Anfrage geöffneten Bergrestaurant kocht der Meister noch selbst. Die Preise variieren je nach Menü und Zutaten, doch ein Essen von Norwegens Starkoch kann nicht ganz billig sein – ist aber immer seinen Preis wert.

Zum Übernachten bietet sich das nahe gelegene **Brimisæter** (☎ 91 13 75 58; www.brimi-seter. no; pro Pers. um 300 nkr), eine ehemalige Sennerei mit einfachem, aber bezaubernd ländlichem und familiärem Ambiente. Die vielen Tiere hier werden v. a. Kinder begeistern. Die **Brimi-Fjellstugu** (☎ 61 23 98 12; www.brimi-fjellstugu.no; pro Pers. ab 475 nkr) mit hohem Komfort liegt inmitten der gleichen berauschenden Bergkulisse.

JOTUNHEIMEN-NATIONALPARK

Die hohen Gipfel und Gletscher des Jotunheimen-Nationalparks (1151 km²) sind der absolute Renner unter den Naturlandschaften Norwegens. Wanderwege führen durch schluchtenartige Täler, vorbei an tief liegenden Seen, rauschenden Wasserfällen, 60 Gletschern und hinauf zu allen Gipfeln Norwegens über 2300 m. Dazu zählen der Galdhøpiggen (mit 2469 m der höchste Berg Nordeuropas), der Glittertind (2452 m) und der Store Skagastølstind (2403 m). Insgesamt liegen mehr als 275 Gipfel von über 2000 m Höhe innerhalb des Parks. Der DNT unterhält an den meisten Routen bewirtschaftete Hütten und an den größeren Straßen gibt es private Hotels.

Nähere Informationen über den Park bietet die Touristeninformation in Lom (S. 191).

Sehenswertes & Aktivitäten
SOGNEFJELLSTRASSE
Die landschaftlich phänomenale Sognefjellstraße (Rv 55), die auch „Straße über das Dach Norwegens" genannt wird, schlängelt sich quer durch den Park (und bietet Zugang

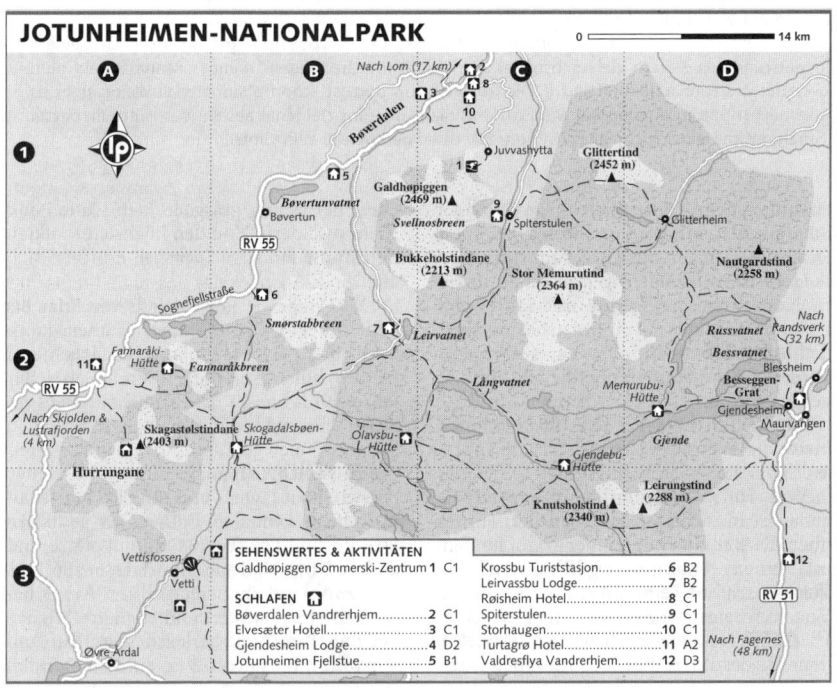

WANDERN IN JOTUNHEIMEN

Jotunheimens Wandermöglichkeiten sind spektakulär und nahezu grenzenlos. Die besten Karten sind vom Statens Kartverk *Jotunheimen Aust* und *Jotunheimen Vest* (1:50,000; je 99 nkr). Die Touristeninformation in Lom bietet Tipps, Routenvorschläge und geführte Touren für den gesamten Park.

Krossbu

Bei Krossbu, in der Nähe vom oberen Bøverdal, beginnt ein Gewirr von Wanderwegen. Von hier aus bietet sich eine kurze Tagestour zum Smørstabbreen-Gletscher an.

Galdhøpiggen

Mit vielen dramatischen Bergkesseln, Kämmen und Gletschern und einem Aufstieg in 1470 m Höhe ist diese achtstündige Tagestour mit Start an der Hütte Spiterstulen absolut nicht ohne. Zwar ist der Weg gut ausgeschildert, aber Karte und Kompass sollten im Gepäck nicht fehlen.

Øvre Årdal

Eine Tour ab Øvre Årdal führt 12 km nach Nordosten durch das Utladal hoch bis zum Hof Vetti. Von dort gehen Wanderwege zum Vettisfossen (275 m) – gemeinhin als Norwegens höchster frei fallender Wasserfall bezeichnet – und zu der unbewirtschafteten Hütte Stølsmaradalen. Die Tour ist auch ein alternativer Zugang über das obere Utladal zu längeren Strecken im Jotunheimen-Nationalpark.

Die Hurrungane-Berge

Das sagenhafte Hurrungane-Massiv erhebt sich düster am westlichen Ende des Parks. Die meisten erfahrenen Bergsteiger bewältigen ohne Probleme eine ganze Reihe der markanten Gipfel; andere sind nur was für Profikletterer.

Die meisten wandern von Turtagrø in Richtung Osten. Vom Hotel gelangt man nach einem vierstündigen Marsch zur höchstgelegenen DNT-Hütte Norwegens namens Fannaråki auf dem Gipfel des Fannaråken (2069 m). Die Aussicht von dort ist schon phänomenal! Weiter geht es zunächst 500 m entlang der Straße, dann biegt man ins Helgedal ab. Bei der Hütte Ekrehytta beginnt mit einem schmalen Pfad die 800 m lange Kraxelei zum Gipfel.

---

zu zahlreichen Wanderpfaden). Sie verbindet Lustrafjorden mit Lom und wurde 1939 von arbeitslosen Jugendlichen gebaut. Mit 1434 m Höhe ist sie die höchstgelegene Bergstraße in Nordeuropa. Reisende mit fahrbarem Untersatz kommen auf ihr in den Genuss einer der tollsten Berglandschaften Norwegens. Wegen ihrer atemberaubenden Schönheit gehört sie zu den 18 „Grünen Straßen" (Kastentext S. 439). Weitere Informationen bietet die Website www.turistveg.no/index. asp?lang=ger.

Von Südwesten kommend kraxelt sie zunächst in mehreren Haarnadelkurven bis über die Baumgrenze empor nach **Turtagrø** mit einem traumhaften Blick auf die **Skagastølstindane-Berge** auf der rechten Seite. Von Lom her ist der Anstieg wesentlich softer. Hier folgt die Straße dem lieblichen **Bøverdalen**, dem Tal des Bøvra-Flusses mit seinen Seen,

Gletscherbächen, grasgedeckten Hütten und Kiefernwäldern. Von den höchsten Punkten der Straße auf dem **Sognefjell** eröffnen sich grandiose Ausblicke.

Die Straße ist gewöhnlich von Mai bis September geöffnet, aber Schnee kann dort oben auch bis Anfang Juli liegen und in den höheren Lagen kann es zu jeder Jahreszeit schneien. Die Straße ist streckenweise sehr eng und häufig von meterhohen Schneewänden gesäumt. Aber es gibt zahlreiche Ausweichbuchten, um andere Fahrzeuge passieren zu lassen – und um die Landschaft in Ruhe zu genießen. Entlang der gesamten Strecke sind genügend Campingplätze und andere Unterkünfte zu finden (s. S. 196).

Obwohl sie überwiegend von Autos befahren wird, hat die Sognefjellstraße auch bei Radfahrern einen legendären Ruf und wird häufig unter den spektakulärsten

Für den Rückweg kann man denselben Weg nehmen oder einen gut ausgeschilderten Weg am Osthang; von dort geht's zurück zur Ekrehytta. Wer Lust auf einen mehrtägigen Trip hat, kann auch ins Gjertvassdalen absteigen bis zur Skogadalsbøen-Hütte und sich dann für einen der unzähligen Wege nach Osten durch den Jotunheimen-Nationalpark entscheiden.

Besseggen

Wenn man über Wanderungen im Jotunheimen-Nationalpark spricht, darf der Besseggen-Grat auf gar keinen Fall fehlen – die beliebteste Wandertour in Norwegen. Manche meinen *zu* beliebt: In den drei Monaten im Jahr, in denen der Grat passierbar ist, sind dort mindestens 30 000 Wanderer unterwegs. Wer für Menschenansammlungen nichts übrig hat, sollte also nach einem anderen Weg Ausschau halten; wer aber für eine der spektakulärsten Routen Norwegens auf Einsamkeit verzichtet, wird es wahrscheinlich nicht bereuen. Henrik Ibsen schrieb über den Besseggen: „Der Grat zieht sich sensenscharf Meilen um Meilen dahin … Narben und Gletscher ziehen sich den Abgrund hinab bis zu den glasklaren Seen, 1600 Fuß [ca. 500 m] tief auf beiden Seiten." Der Grat erschien Ibsen so Furcht einflößend, dass er hier seinen Helden Peer Gynt auf einem Rentier entlang reiten und in den See hinunterstürzen ließ.

Die Tagestour von Gjendesheim zur Memurubu-Hütte dauert etwa sechs Stunden und erreicht ihren höchsten Punkt in 1743 m Höhe. Von der Gjendesheim-Hütte folgt man dem vom DNT ausgeschilderten Pfad etwa dreißig Minuten in Richtung Glitterheim; dort geht's bei einer Weggabelung nach links in die Vektløyfti-Schlucht, die nach oben auf das flache Veslefjellet-Plateau führt.

Nach einem kurzen Abstieg vom Plateau kommt man auf einen Pfad zum Besseggen-Grat. Der Bergkamm trennt den tiefblauen Bessvatnet-See von dem 18 km langen gletschergrünen Gjende-See; diese Farbe verdankt er den 20 000 t feinsten Gesteinsmehls, die der Memuru-Fluss jedes Jahr anschwemmt.

Der Besseggen ist nirgends schmaler als 10 m und wirkt v. a. aus der Ferne so bedrohlich. Nachdem der Bessvatnet passiert ist, führt der Weg an einem kleinen Gebirgssee vorbei, dem Bjørnbøltjørna; kurz darauf beginnt der Abstieg zu der modernen Memurubu-Hütte.

Dort kann man entscheiden, ob man lieber mit dem Schiff *MS Gjende* zurück nach Gjendesheim schippert (67 nkr, 30 Min., im Sommer 5-mal tgl.), den Weg zu Fuß oder per Schiff (67 nkr, 30 Min.) nach Westen zur Gjendebu-Hütte fortsetzt oder gen Norden nach Glitterheim weiterwandert.

Radstrecken der Welt genannt. Die Strecke ist anspruchsvoll und verlangt sowohl Fitness als auch gute Bremsen. Aber für passionierte Radfahrer gibt es kaum eine schönere Route in Norwegen.

Von Mitte Juni bis Ende August bietet **Ottadalen Billag** (☎ 61 23 44 55; www.fjord1.no) Busverbindungen zwischen Otta und Sogndal (230 nkr, 3½ Std., 2-mal tgl.) über die Sognefjellstraße.

GALDHØPIGGEN SOMMERSKI ZENTRUM

Die Hütte Juvvashytta ist das Tor zum **Skigebiet** (☎ 61 21 17 50; Fax 61 21 21 72), das auf eisigen 1850 m an Norwegens höchstem Berg liegt. Von Galdesand an der Rv 55 führt die Galdhøpiggen-Mautstraße (70 nkr) dort hinauf. Die Hauptsaison dauert von Juni bis Mitte November. Die Straße führt nicht nur in ein erstklassiges Skigebiet, sondern ganz ne-

benbei auch zum höchsten Punkt Norwegens, der mit dem Auto erreichbar ist.

WEITERE MALERISCHE STRECKEN

Die meisten Reisenden werden die folgenden Strecken lieber mit dem Auto erkunden, doch auch für trainierte Radfahrer sind sie eine tolle Herausforderung.

Turtagrø bis Øvre Årdal

Die mautpflichtige Bergstraße zwischen Turtagrø und dem Industrieort Øvre Årdal ist eine von Norwegens reizvollsten kürzeren Straßen. Sie ist von Ende Mai bis Oktober geöffnet und führt durch einsame wilde Landschaften bis über die Baumgrenze empor. Von Ende Juni bis Ende August verkehrt auf dieser Strecke täglich ein Bus (100 nkr, 1 Std.). Die **Maut** (50 nkr) wird an einer abgelegenen Station auf dem Pass (1315 m) kassiert.

Von Randsverk nach Fagernes

Zwischen Randsverk und Fagernes führt die Rv 51 durch die Berge und Wälder der Region Sjodalen über ein weites Hochland mit Panoramablicken auf Gipfel und Gletscher. Sie ist eine der schönsten Bergstraßen Norwegens und wird von vielen Wanderern als Zugang zu den östlichen Teilen von Jotunheimen genutzt. Sie führt vorbei an der DNT-Hütte von **Gjendesheim**, wo eine beliebte Tagestour entlang dem Besseggen-Grat beginnt.

Von Mitte Juni bis Ende September verkehrt zweimal täglich ein Bus zwischen Otta und Gol via Vågå, Randsverk, Gjendesheim, Valdresflya und Fagernes (Umsteigen in Gjendesheim). Von Otta dauert die Fahrt bis Gjendesheim zwei Stunden und kostet 89 nkr. Valdresflya folgt 15 Minuten danach.

Jotunheimvegen

Der bei Bygdin von der Rv 51 abzweigende, 45 km lange Jotunheimvegen (www.jotun heimvegen.no) nach Skåbu ist viel weniger befahren und genauso reizvoll. Er ist je nach Wetterlage meist nur von Mitte Juni bis Oktober geöffnet und kostet 100 nkr Maut. Das scheint teuer, ist aber die einzige Möglichkeit, diese Straße instand zu halten. Öffentliche Verkehrsmittel gibt es nicht, aber dafür Campingplätze bei Beitostølen und Skåbu. Die Straße bietet Anschluss an den Peer Gynt Vegen (s. Kastentext S. 175).

Schlafen & Essen

Folgende Lokale und Unterkünfte liegen an der Sognefjellstraße oder sind leicht von ihr aus zu erreichen. Die Liste beginnt mit denen, die am dichtesten an Lom liegen. Die meisten haben von Mai bis September geöffnet – bei günstigem Wetter auch länger.

Spiterstulen (☎ 61 21 14 80; www.spiterstulen.no; Spiterstulen; Zeltplatz pro Pers. 50 nkr, DZ mit Etagenbad & ohne/mit eigener Bettwäsche nkr 410/305) Das private Hotel Spiterstulen in einem ehemaligen *sæter* (Sennerei) ist ein günstiger Ausgangspunkt für Touren zum Galdhøpiggen. Die Straßenmaut bis Spiterstulen beträgt 60 nkr pro Fahrzeug. Zu Fuß ist der Ort von der weiter westlich gelegenen Hütte Leirvassbu auf einem markierten Weg in fünf Stunden zu erreichen.

Bøverdalen Vandrerhjem (☎ /Fax 61 21 20 64; boverdalen.hostel@vandrerhjem.no; Bøverdalen; B 160 nkr, EZ/DZ mit Etagenbad 250/380 nkr, Frühstück 65 nkr; ☺ Juni–

Sept.) Das empfehlenswerte Hostel am Fluss bietet ein kleines Café, ordentliche Zimmer und eine herrliche Umgebung. Besonders schön ist es, wenn die Tagesausflügler heimgekehrt sind.

Røisheim Hotel (☎ 61 21 20 31; www.roisheim.no; Bøverdalen; EZ/DZ ab 1000/1200 nkr) Dieses zauberhafte Hotel verbindet rustikale, historische Gebäude mit modernem Komfort. Ein traumhaftes Plätzchen, allerdings schwanken die Preise und können zusammen mit den Mahlzeiten heftig am Budget zehren.

Storhaugen (☎ /Fax 61 21 20 69; www.storhaugen gard.no; Bøverdalen; Hütte 350–1500 nkr) Diese freundliche, von Marit und Magner Slettede geführte Unterkunft in einem ehemaligen Bauernhof gehört zu den empfehlenswertesten in der oberen Preisklasse. Der traditionelle Holzbau bietet Ausblicke auf die Berge von Jotunheimen und Bøverdalen. Für die Anfahrt biegt man bei Galdesand nach Süden auf die Galdhøpiggen Straße ab und folgt ihr 1,5 km bis zur beschilderten Abzweigung nach Storhaugen.

Elvesæter Hotell (☎ 61 21 20 00; www.elveseter. no; Bøverdalen; EZ/DZ 750/975 nkr, 3-gängiges Abendessen 285 nkr) Das komfortable Hotel liegt in der Nähe der Sagasøyla, einer 32 m hohen Holzsäule mit Schnitzereien, die die norwegische Geschichte von der Einigung des Landes 872 bis zur Verfassung von 1814 dokumentieren.

Leirvassbu Lodge (☎ 61 21 29 32; Fax 61 21 29 21; B DNT-Mitglieder/-Nichtmitglieder 150/160 nkr, EZ/DZ mit eigenem Bad 650/990 nkr) Ein typisches Berghotel auf 1400 m Höhe am Leirvatnet-See und ein guter Ausgangspunkt für Wanderungen. Geführte Gletschertouren auf den Smørstabbreen kosten um 600 nkr. Obwohl es hier viele Betten gibt, wird der Platz manchmal knapp. Die Maut für die Anfahrt kostet 50 nkr pro Auto.

Jotunheimen Fjellstue (☎ 61 21 29 18; www. jotunheimen-fjellstue.no; EZ/DZ 845/1190 nkr, 3-gängiges Menü 395 nkr) Das moderne Berghotel in herrlicher Lage hat gute Zimmer und eine passable Küche.

Krossbu Turiststasjon (☎ 61 21 29 22; www.krossbu. no, auf Norwegisch; DZ mit/ohne Bad 360/255 nkr) Das Berghotel an der Straße hat große Zimmer mit Bad und serviert Mahlzeiten. Geführte Gletscherwanderungen und Kurse kosten 300 nkr (4–6 Std.), wenn die Mindestteilnehmerzahl erreicht wird.

Turtagrø Hotel (☎ 57 68 08 00; www.turtagro.no; EZ/ DZ 1150/1670 nkr, Turmzimmer 2050 nkr, VP ab 1340/2130 nkr;

WANDERN AUF DER HARDANGERVIDDA

Wandern auf der westlichen Hardangervidda ist nur im Juli und August möglich. In der übrigen Zeit kann es wegen Schnee und plötzlichen Wetterstürzen ziemlich gefährlich werden. Vor einer Tour empfiehlt sich auf jeden Fall ein Besuch im Hardangervidda Natursenter (S. 228), dem besten Naturzentrum Norwegens. Es verkauft Landkarten und die Mitarbeiter können Tipps zu den Wanderrouten geben. Außerdem ist die Ausstellung über den Park phantastisch. Einheimische Wanderer und Skiwanderer schwören auf die *Turkart Hardangervidda* (125 nkr) im Maßstab 1:100 000. Einen Überblick über die Wanderrouten bietet die Broschüre *Eidfjord Tour Guide – Hardangervidda*. Nützlich ist auch die Publikation *Hytteringen Hardangervidda Nasjonalpark* (www.hardangerviddanett.no), die über sämtliche Berghütten informiert. Eine gute Infoquelle ist auch das Turlag-DNT-Büro in Bergen (S. 203).

Es gibt eine unüberschaubare Zahl von Wanderpfaden, u. a. zu den Wasserfällen Vøringfoss (S. 228) und nach Finse (S. 198). Zu unseren Favoriten zählen:

- **Finse – Vøringfoss** (2 Tage) führt durch das steilste Wandergebiet der Hardangervidda, um den Hardangerjøkulen-Gletscher herum mit Übernachtung in Rembesdalsseter; möglich ist auch ein Abstecher (2 Std. nur hin) zum Bauernhof Kjeåsen (S. 227).

- **Vøringfoss – Kinsarvik via Harteigen** (3–4 Tage) führt zum malerischen Berg Harteigen mit Panoramablicken über die Hardangervidda und dann über die Mönchstreppe hinunter nach Kinsarvik (S. 229).

- **Halne – Dyranut via Rauhelleren** (2 Tage) Die Pfade südlich der Rv 7 bieten gute Chancen, Rentierherden zu beobachten.

Verlockende Routen gibt es auch ab Geilo (S. 198) und Finse (S. 198). Nähere Infos über Outdoor-Aktivitäten auf dem Plateau s. Kasten S. 163.

🖥) Dieses alte Wander- und Bergsteigerhotel ist eine sympathische und gemütliche Basis für Touren im Gebiet Jotunheimen/Hurrungane. Das Hauptgebäude brannte 2001 völlig nieder, doch der Neubau bietet nun äußerst komfortable Zimmer und herrliche Ausblicke. Das Hotel organisiert einwöchige Kletterkurse und geführte Tagestouren (Wandern, Klettern und Skifahren). Außerdem hat es eine phantastische Bar, vollgestopft mit historischen Bergsteigerfotos. Das Restaurant serviert herzhafte Mahlzeiten (das Tagesgericht für 89 nkr ist bis zum Spätnachmittag erhältlich).

Auf der anderen Seite der Berge im Ostteil des Parks liegen die beliebte **Gjendesheim Lodge** (☎ 61 23 89 10; www.gjendesheim.no; B für DNT-Mitglieder 105–200 nkr, für Nichtmitglieder 170–265 nkr) und das ruhige und gepflegte Hostel **Valdresflya Vandrerhjem** (☎ 22 71 34 97; Valdresflya; B/EZ/DZ 150/250/310 nkr), mit dem Auto etwa 15 Minuten südlich von Gjendesheim. Es ist das am höchsten gelegene Hostel Nordeuropas (1389 m). Eine Gästeküche gibt es nicht, aber Frühstück/Abendessen sind für 65/120 nkr erhältlich und tagsüber serviert das Café ausgezeichnete Waffeln.

HARDANGERVIDDA

Das wilde und einsame Plateau der Hardangervidda ist Teil des 3430 km² großen Hardangervidda-Nationalparks. Die Tundralandschaft mit ihrer unwirklichen Schönheit ist das südlichste Verbreitungsgebiet des Polarfuchses und Heimat der größten wilden Rentierherde Norwegens. Schon in alter Zeit führten Handels- und Reiserouten zwischen Ost- und Westnorwegen über das Plateau. Heute wird es von der Bahnlinie und von Straßen zwischen Oslo und Bergen überquert.

Die Zahl der Rentiere ist seit 1998 von etwa 19 000 Tieren auf 7000 zurückgegangen. Der Rückgang ist jedoch Teil eines Programms der Parkverwaltung. Denn wegen des absoluten Jagdverbots war die Herde zu stark angewachsen und das Körpergewicht der einzelnen Tiere war wegen Nahrungsmangels bedrohlich zurückgegangen.

Der letzte Schnee kann sich in den Hochlagen bis Anfang August halten und zu jeder Jahreszeit kann es hier schneien. Wie gefährlich diese Bergwildnis sein kann, ist

---

RALLARVEGEN

Der Rallarvegen oder „Weg der Bahnarbeiter" ist ursprünglich als Versorgungsstraße für den Bau der Bahnlinie Oslo–Bergen angelegt worden, die am 27. November 1909 eröffnet wurde. Heute führt der 80 km lange, teils geteerte, teils geschotterte Weg von Haugastøl über Finse bis hinunter nach Flåm. Er ist für Fußgänger und Radfahrer geöffnet. Eine Tour von Finse nach Flåm bietet die gleiche faszinierende Kulisse wie eine Fahrt auf der Flåmsbana-Bahnstrecke (S. 246) – aber man kann jederzeit anhalten und das Panorama zu genießen. Die beliebte Etappe von Vatnahalsen nach Flåm führt auf 29 km Länge 865 m abwärts – mit einer Reihe von Haarnadelkurven am Anfang der Strecke. Unten angekommen müssen Radfahrer meist die Bremsbeläge wechseln!

Radfahrern und Wanderern bieten sich die besten Bedingungen zwischen Mitte Juli und Mitte September. Die meisten machen die Tour wegen der gewaltigen Höhendifferenz von Osten nach Westen.

Mietfahrräder (420–820 nkr je nach Jahreszeit und Fahrradmodell), die der Herausforderung des Rallarvegen gewachsen sind, bietet **Finse 1222** (☎ 56 52 71 00; www.finse1222.no). Wegen der starken Nachfrage im Sommer sollte man sie aber schon vor Ankunft in Finse reservieren. Im Preis enthalten ist auch der Rücktransport des Drahtesels im Zug.

---

erst im März 2007 deutlich geworden. Damals gerieten zwei schottische Langläufer in ein Schneetreiben mit gefrierendem Nebel und kamen ums Leben.

GEILO
3150 Ew.

Bei Geilo (gesprochen: Jei-lo), auf halber Strecke zwischen Oslo und Bergen, kann man praktisch vom Zug direkt in den Skilift steigen. Im Sommer bietet die Umgebung herrliche Wandermöglichkeiten. Ein beliebtes Ziel in der Nähe ist der weitläufige Plateauberg Hallingskarvet mit mehreren kleinen Gletschern. Informationen bietet die **Touristeninformation** (☎ 32 09 59 00; www.geilo.no; ☺ Juli–Mitte Aug. Mo–Fr 8.30–21, Sa 9–17, So 11–17 Uhr, Mitte Aug.–Juni kürzer).

Geilo Aktiv (☎ 32 08 75 20; www.geiloaktiv.com, auf Norwegisch) organisiert von Juli bis Mitte September dreimal in der Woche Gletscherwanderungen auf den Hardangerjøkulen (1862 m). Die übliche zehnstündige Exkursion (einschließlich Bahnfahrt von und nach Finse) kostet 650 nkr pro Person. Angeboten werden auch verschiedene Rafting-Trips, Riverboarding und einmal pro Woche eine zweistündige Elchsafari.

Schlafen & Essen

Geilo hat Dutzende von Unterkünften, die überwiegend auf Wanderer und andere Outdoorfreaks zugeschnitten sind. Eine komplette Liste gibt's bei der Touristeninformation.

Zu den besseren zählen: **Øen Turistsenter & Geilo Vandrerhjem** (☎ 32 08 70 60; www.oenturist.no; Lienvegen 137; B 275 nkr, EZ/DZ 470/650 nkr, Frühstück 60 nkr); **Haugen Hotell** (☎ 32 09 66 00; www.haugen hotell.no; Gamleveien 16; EZ/DZ ab 515/750 nkr) und **Ro Hotell & Kro** (☎ 32 09 08 99; www.rohotell.no; Geilovegen 55; EZ/DZ 575/750 nkr, Hauptgerichte abends ab 90 nkr).

An- & Weiterreise

Die meisten Besucher kommen mit dem Zug hierher, der zwischen Oslo (421 nkr, 3½ Std., 5-mal tgl.) und Bergen (378 nkr, 3 Std.) verkehrt.

FINSE

Westlich von Geilo klettern die Bahnschienen 600 m bergauf durch eine tundraartige Landschaft mit Seen und verschneiten Gipfeln bis Finse. Es liegt auf 1222 m Höhe in der Nähe des Hardangerjøkulen-Gletschers. Die Region ist im Winter ideal zum Langlaufen und im Sommer zum Wandern. Außerdem gibt's hier die wohl steilste Mountainbikepiste Norwegens (s. Kasten S. 198).

Östlich des Bahnhofs von Finse befindet sich das **Bahnarbeitermuseum Finse** (Rallarmuseet Finse; ☎ 56 52 69 66; Erw./Kind 50/20 nkr; ☺ Juli–Sept. 10–20 Uhr), das die Geschichte der Bahnlinie Oslo–Bergen dokumentiert und an die 15 000 Bahnarbeiter erinnert, die diese schwierige Trasse in 2,5 Mio. Arbeitstagen geschaffen haben.

Wandern

Finse ist der Ausgangspunkt für einige außergewöhnliche Treks, darunter die beliebte vierstündige Tour zur Blåisen-Gletscherzunge des Hardangerjøkulen. Viele Norwegenkenner halten diese Tour für die spektakulärste Gletscherwanderung des Landes. Interessant zu wissen: Die Szenen auf dem Eisplaneten Hoth in dem Film *Das Imperium schlägt zurück* sind an diesem Gletscher gedreht worden. Man kann auch um den Gletscher herum wandern und dann hinunter nach Vøringfoss (s. Kastentext S. 197). Die phantastische drei- oder viertägige Finse-Aurland-Wanderung folgt dem Aurlandsdalen hinunter zum Aurlandsfjord; mit Berghütten des DNT und von privaten Betreibern im Abstand je eines Tagesmarsches. Einzelheiten s. S. 250.

Schlafen & Essen

Die meisten Traveller übernachten in der be- wirtschafteten **Finsehytta** (☎ 56 52 67 32; B 110– 250 nkr) des DNT. Die sympathische Unterkunft **Finse 1222** (☎ 56 52 71 00; www.finse1222.no; VP 900– 1200 nkr) bietet komfortable Zimmer in Sicht- weite des Gletschers und ein gutes, dreigän- giges Abendessen. Sie ist Ausgangspunkt und beste Informationsquelle für jede Menge Aktivitäten in der Region.

An- & Weiterreise

Täglich verkehren fünf Züge zwischen Oslo (499 nkr, 4½ Std.) und Bergen (299 nkr, 2¼ Std.) mit Halt in Finse.

MITTELNORWEGEN

Bergen & die südwestlichen Fjorde

Der Südwesten Norwegens bietet einen großartigen Mix: zwei bezaubernde, pulsierende Städte und die faszinierendsten Fjordlandschaften des Landes. Wer nur wenig Zeit mitbringt, um Norwegens Highlights zu entdecken, sollte sich auf diese Region konzentrieren.

Das von Buchten und steilen Hängen gesäumte Bergen ist eine der schönsten Städte weltweit. Vor allem im Hafenviertel Bryggen sind die wechselvolle Geschichte und die reichhaltige Architektur zu spüren. Aber Bergen lebt nicht nur von seiner Vergangenheit. Es bietet eine lebendige Kulturszene, phantastische Restaurants und ein reiches Nachtleben. Das weiter südlich gelegene Stavanger kann architektonisch zwar nicht mit Bergen mithalten, doch seine Altstadt, seine hervorragenden Museen und seine Atmosphäre sollte sich niemand entgehen lassen.

Bergen und Stavanger sind außerdem gute Startpunkte für Ausflüge zu den traumhaften Fjorden. Der Hardangerfjord und seine Nebenarme sind schlicht atemberaubend. Der kleine Eidfjord bietet Dörfer am Fuße gigantischer Felswände, Bauernhöfe, die sich an hohe Felsvorsprünge klammern, tosende Wasserfälle und das beste Naturzentrum Norwegens. Gute Ausgangspunkte sind auch die Orte Ulvik, Utne und Kinsarvik. Stalheim eröffnet einen Blick in die Tiefe der Täler. Und wen in diesen zerklüfteten Landschaften die Abenteuerlust packt, der ist in Voss richtig. Schwindelerregende Höhen lassen den Adrenalinspiegel nach oben schießen.

Geradezu der Inbegriff für Norwegens Naturschönheit ist der weiter südlich gelegene Lysefjord mit dem atemberaubenden Preikestolen (Predigtstuhl) und dem Kjeragbolten, der Wagemutige zum Balancieren herausfordert. Solche Orte jagen so manch einem kalte Schauer über den Rücken und zeugen von der überwältigenden Schönheit Norwegens.

HIGHLIGHTS

- In Bergen durch das historische Viertel und Unesco-Weltkulturerbe **Bryggen** (S. 205) flanieren
- Den **Preikestolen** (S. 242) oder **Kjeragbolten** (S. 244) hoch über dem Lysefjord erklimmen
- Eine relaxte Bootsfahrt vom friedvollen Ulvik den **Hardangerfjord** hinauf (S. 226)
- Durch das weltoffene **Stavanger** schlendern, besonders entlang der historischen Holzhäuser der Altstadt (S. 234)
- Im **Stalheim Hotel** (S. 224) Norwegens schönsten Blick aus einem Hotelzimmer genießen
- Den Berg hinauf zum Kjeåsen Hof (S. 227) hoch über dem Eidfjord kraxeln

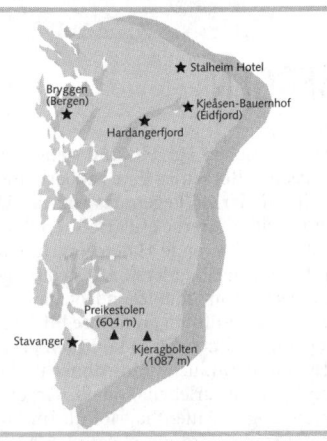

EINWOHNER: 840 000	HÖCHSTE ERHEBUNG: FOLGEFONN (1654 M)

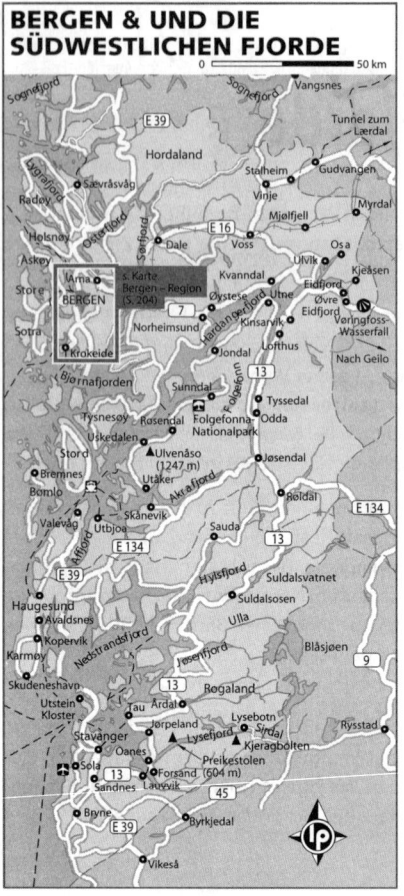

BERGEN & UND DIE SÜDWESTLICHEN FJORDE

BERGEN

244 620 Ew.

Das von sieben Hügeln und sieben Fjorden umgebene Bergen ist eine zauberhafte Stadt. In ihrem Herzen liegen das von der Unesco zum Weltkulturerbe erklärte Viertel Bryggen und der pulsierende Hafen Vågen. Über die umliegenden Hänge erstreckt sich Bergen mit Hunderten von schmucken Holzhäusern, und Seilbahnen eröffnen grandiose Blicke aus der Vogelperspektive. Dazu kommen großartige Museen, freundliche Einwohner und ein lebendiges Kulturleben, sodass Bergen selbst einen langen Aufenthalt lohnt. Im Sommer ist die Stadt allerdings etwas überlaufen (ein Besucherzuwachs von 25 % in den letzten

5 Jahren). Die Zimmer werden dann knapp und ohne frühzeitige Reservierung geht gar nichts.

GESCHICHTE

Im 12. und 13. Jh. war Bergen die Hauptstadt Norwegens und die mit Abstand bedeutendste Stadt des Landes. Im 13. Jh. schlossen sich freie Städte im heutigen Deutschland zu Handelsbünden zusammen, von denen die Hanse mit Sitz in Lübeck der einflussreichste war. Zu ihrer Blütezeit umfasste sie über 150 Städte und war die stärkste Wirtschaftsmacht in Nordeuropa. Der geschützte Hafen von Bryggen lockte die Händler der Hanse in Scharen. 1360 eröffneten sie hier ihr erstes Büro und Bryggen entwickelte sich zu einer der vier ausländischen Zentralen des Bundes. Zeitweise lebten hier bis zu 2000 meist deutsche Händler, die Getreide importierten und Stockfisch sowie andere Erzeugnisse exportierten.

Über 400 Jahre lang wurde Bryggen von einer eingeschworenen Gemeinde deutscher Kaufleute dominiert, die sich mit den Norwegern nicht vermischen durften. Im 15. Jh. besiegelten die harte Konkurrenz holländischer und englischer Schifffahrtsgesellschaften, innere Konflikte und v. a. der Schwarze Tod (70 % der Bewohner Bergens fielen ihm zum Opfer) den Niedergang der Hanse. Hamburg, Bremen und Lübeck dürfen sich jedoch bis heute Hansestädte nennen, und Hamburg und Bremen besitzen noch immer den Status freier Städte.

Im frühen 17. Jh. war Bergen immer noch das Handelszentrum Skandinaviens und mit 15 000 Einwohnern die bevölkerungsreichste Stadt Norwegens. Viele Kaufleute der Hanse entschlossen sich im 17. und 18. Jh. dazu, norwegische Staatsangehörigkeit anzunehmen und sich der örtlichen Gemeinde anzuschließen. Bryggen blieb auch weiterhin ein bedeutendes Zentrum des Seehandels bis 1899 die Büros der Hanse geschlossen wurden.

ORIENTIERUNG

Die hügeligen Vororte von Bergen erstrecken sich bis auf abgelegene Landspitzen und Inseln, doch das Zentrum ist kompakt und lässt sich leicht zu Fuß erkunden. Die wichtigsten Sehenswürdigkeiten konzentrieren sich rund um den Hafen von Vågen. Torgalmenningen, die wichtigste Geschäfts- und Einkaufsstraße, verläuft südwestlich des Hafens bis zum Øvre Ole Bulls Plass. Südlich des Platzes erstreckt sich ein quirliges Studentenviertel mit tollen Bars und Restaurants. Busbahnhof und Bahnhof liegen einen Block auseinander an der Strømgaten, zu Fuß 10 Minuten südöstlich der Fährterminals.

PRAKTISCHE INFORMATIONEN
Buchhandlungen
Norli (Karte S. 206; ☎ 55 21 42 91; www.norli.no; Torgalmenningen 8; ☺ Mai–Sept Mo–Fr 9–21, Sa 9–18 Uhr, übrige Zeit kürzer) hat eine gute Auswahl an Reiseliteratur und englischen Büchern. Eine Filiale befindet sich gegenüber bei Nr. 7.

Geld
Geld wechselt das Postamt, die Touristeninformation (zu einem schlechteren Kurs als die Banken, aber ohne Kommission) sowie jede der zahlreichen Banken im Zentrum (die meisten haben auch Geldautomaten). Empfehlenswert ist die **Sparebanken Vest** (Karte S. 206; Nedre Korskirkeallmenning).

Gepäckaufbewahrung
Gepäckschließfächer am Bahnhof und Busbahnhof kosten ab 40 nkr.

Internetzugang
Bergen plant, bis Ende 2008 im ganzen Stadtgebiet drahtlosen Internetzugang zur Verfügung zu stellen. Fragt man jedoch die Einheimischen, wird es wohl etwas länger dauern. Bis es soweit ist, bieten die meisten Hotels und einige Cafés kabellosen Zugang.
Accezzo (Karte S. 206; Galleriet, Torgalmenningen 6; pro Std. 70 nkr; ☺ Juni–Sept. Mo–Fr 9–21, Sa 9–18 Uhr, übrige Zeit kürzer)
Bergen Bibliothek (Karte S. 206; ☎ 55 56 85 00; Strømgaten 6; ☺ Mo–Do 10–18, Fr 10–16.30, Sa 10–15 Uhr) Kostenloser, zeitbegrenzter Internetzugang.
Cyberhouse (Karte S. 206; Hollendergaten 9; 60 nkr pro Std.; ☺ 9–23 Uhr)
Zoex (Karte S. 206; Kong Oscars Gate 13; pro 15/30/60 Min. 20/40/70 nkr; ☺ Mo–Fr 10–18, Sa 10–14 Uhr)

Medizinische Versorgung
Legevakten Medical Clinic (Karte S. 206; ☎ 55 56 87 00; Vestre Strømkaien 19; ☺ 24 Std.) Auch für Notfälle.
Apotheke (Karte S. 206; ☎ 55 21 83 84; bei der Busstation; ☺ Mo–Sa 8–23, So 10–23 Uhr)

Notfälle
Krankenwagen (☎ 113)
Polizei (☎ 112)

Post
Hauptpostamt (Karte S. 206; Xhibition Shopping Centre, Småstrandgaten; ☺ Mitte Juni–Mitte Aug. Mo–Fr 8–20, Sa 9–18 Uhr, übrige Zeit kürzer)

Reisebüros
Kilroy Travel (Karte S. 206; ☎ 02633; www.kilroytravels.com; Vaskerelven 16; ☺ Mo–Fr 10–17, Sa 11.30–15 Uhr) Spezialist für Studentenreisen.

Touristeninformation
Bergen Turlag DNT Büro (Karte S. 206; ☎ 55 32 22 30; www.bergen-turlag.no; Tverrgaten 4; ☺ Mo–Mi & Fr 10–16, Do 10–18, Sa 10–14 Uhr) Landkarten und Informationen über Wanderwege und Hütten in ganz Westnorwegen.
Touristeninformation (Karte S. 206; ☎ 55 55 20 00; www.visitbergen.com; Vågsallmenningen 1; ☺ Juni–Aug. 8.30–22 Uhr, Mai & Sept. 9–20 Uhr, Okt.–April Mo–Sa 9–16 Uhr) Eine der besten und gefragtesten Infostellen Norwegens; hier gibt's kostenlos die hervorragende Broschüre *Bergen Guide*.

Waschsalon
Jarlens Vaskoteque (Karte S. 206; ☎ 55 32 55 04; Lille Øvregaten 17; Waschen/Waschmittel/Trocknen 55/5/10 nkr; ☺ Mo, Di & Fr 10–18, Mi & Do 10–20, Sa 10–15 Uhr); kompletter Service (110 nkr; 2 Std.).

GEFAHREN & ÄRGERNISSE
Bergen ist zwar insgesamt eine sichere Stadt, doch im Bereich des Fischmarkts und rund um Bryggen sind Taschendiebe unterwegs. Wie in jeder Touristenstadt sollte man immer etwas auf seine Sachen aufpassen.

BERGEN CARD

Die Bergen Card (www.visitbergen.com/bergen card; Erw. für 24/48 Std. 170/250 nkr, Kind 70/10 nkr) lohnt sich angesichts der gepfefferten Eintrittspreise. Allerdings nur, wenn man gut plant, früh loszieht und nicht trödelt. Sie bietet freie Fahrt mit den Regionalbussen und der Seilbahn Fløibanen (s. Karte, S. 204), Gratiseintritt in einige Museen und vergünstigten Eintritt für alle anderen, kostenlose Führungen durch Bergen, Nachlass auf Stadt- oder Bootsrundfahrten, Konzerte und kulturelle Veranstaltungen.

Die Bergen Card ist im Fremdenverkehrsbüro, manchen Hotels, am Busbahnhof und online erhältlich.

BERGEN & DIE SÜDWESTLICHEN FJORDE

BERGEN – REGION

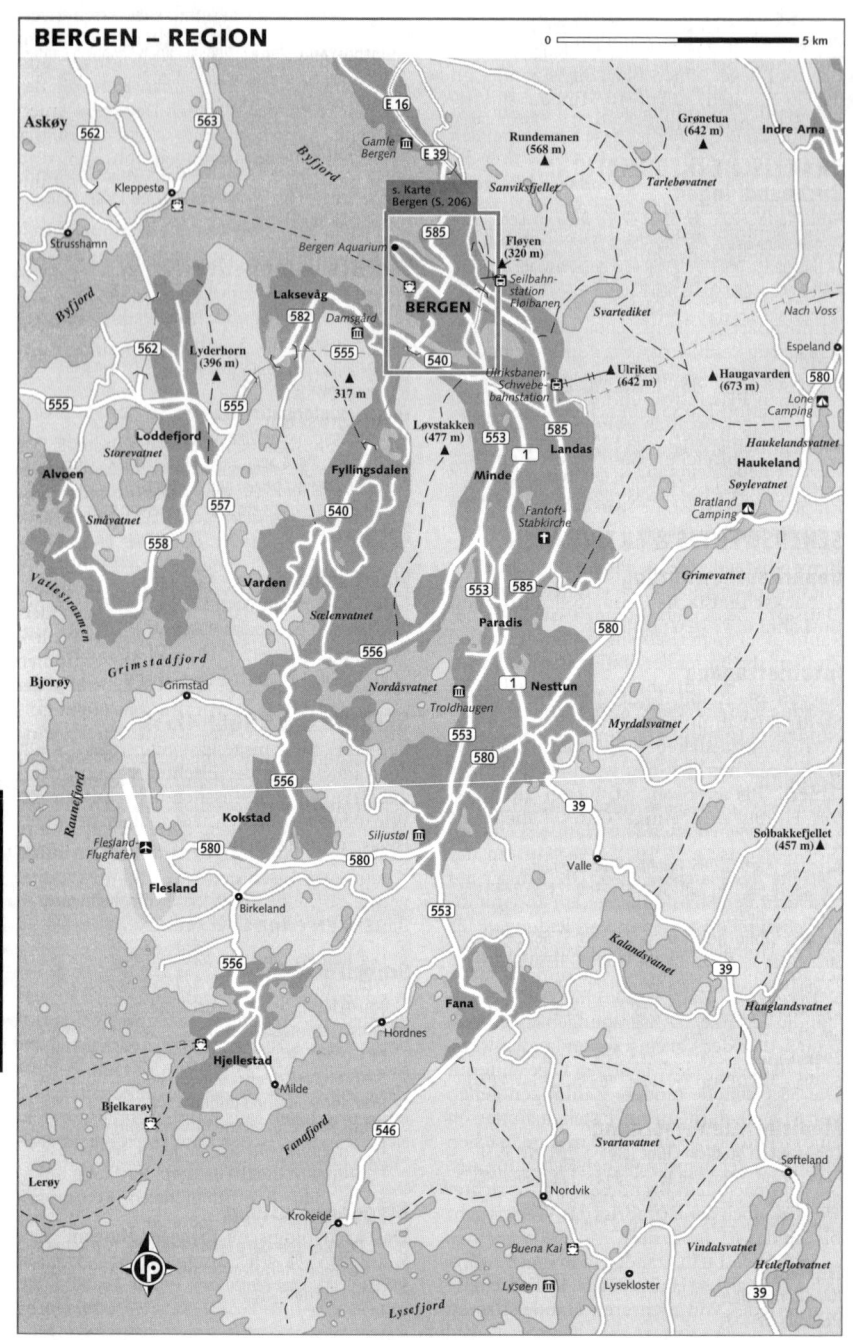

0 ————— 5 km

Askøy 562 563

E 16

Byfjord

Gamle Bergen 🏛 E 39

Kleppestø 🚢

Strusshamn

Byfjord

Bergen Aquarium

s. Karte Bergen (S. 206)

585

Fløyen (320 m)

Rundemanen (568 m)

Sanviksfjellet

Grønetua (642 m)

Indre Arna

Tarlebøvatnet

Svartediket

Nach Voss

562

Lyderhorn (396 m)

555

555

555

Lakseväg 582

Damsgård 🏛

555

540

317 m

Seilbahn-station Fløibanen

BERGEN

Ulriksbanen-Schwebe-bahnstation 🚠

Espeland

▲ Ulriken (642 m)

▲ Haugavarden (673 m)

580

Lone Camping 🏕

Loddefjord

Storevatnet

Alvøen

Småvatnet

557

558

Vallestraumen

Fyllingsdalen

540

Løvstakken (477 m) ▲

553

585

1

Landas

Minde

Fantoft-Stabkirche ✝

Haukelandsvatnet

Haukeland

Søylevatnet

Bratland Camping 🏕

Varden

Grimstadfjord

Bjorøy

Grimstad

Sælenvatnet

556

Paradis

580

Nordåsvatnet

Troldhaugen

Grimevatnet

1

Nesttun

Myrdalsvatnet

553

580

Kokstad

556

Flesland-Flughafen ✈

580

Flesland

Birkeland

580

Siljustøl 🏛

Valle

553

39

Solbakkefjellet (457 m) ▲

Kalandsvatnet

39

Hanglandsvatnet

556

Fana

Hordnes

Hjellestad

Milde

Bjelkarøy

Lerøy

Fanafjord

546

Krokeide

Nordvik

Svartavatnet

Buena Kai 🚢

Lysøen 🏛

Lysekloster

Vindalsvatnet

Søfteland

Hetleflotvatnet

39

Lysefjord

Über das Wetter von Bergen macht sich die ganze Nation lustig (und auch die meisten Einwohner Bergen nehmen es mit Humor). Die Stadt ist eine der regenreichsten in ganz Norwegen – mit mindestens 275 Regentagen im Jahr. 2006 hat Bergen fast den nationalen Rekord im Dauerregen gebrochen, den die Region Oslo hält, mit 85 Regentagen hintereinander. Ein Schirm ist hier ein absolutes Muss.

Im Sommer kann die Flut der Besucher etwas überhandnehmen. Besonders die Massen von den Kreuzfahrtschiffen (2006 waren es 210 000 Passagiere) können die Atmosphäre der sonst eher intimen Stadt schlagartig verändern. „Sie kommen aus der ganzen Welt angeströmt, machen Fotos, kaufen einen Plastiktroll und fahren dann auf ihren riesigen Schiffen weiter," sagte uns ein Einheimischer. Viele Stadtbewohner hoffen, dass die neue Steuer für Kreuzfahrtschiffe die Zahl der Besucher etwas reduzieren wird.

SEHENSWERTES & AKTIVITÄTEN

Bergen hat jede Menge idyllische Kopfsteinpflasterstraßen mit hübschen holzverkleideten Häusern. Besonders Bryggen ist dafür bekannt, aber malerisch sind auch die stillen Straßen, die hinter der Station der Fløibanen den Hang hinaufführen, sowie Teile von Nordnes (nahe dem Kafe Kippers) und Sandviken (hinter Bergenhus).

Bryggen

Das älteste und bezauberndste Viertel der Stadt – einst das bedeutendste Handelszentrum Nordeuropas (s. S. 202) – verläuft am der Ostseite des Hafens Vågen. Die Häuser auf geschichteten Steinfundamenten und mit inzwischen rekonstruierten Verkleidungen aus groben Holzplanken stehen in langen, parallelen Reihen, die Giebelfronten zum Kai hin.

Bryggen (s. Karte S. 206) hat sein Gesicht ständig verändert. Ausgrabungen lassen vermuten, dass der Kai einst weiter landeinwärts lag, 140 m von seiner heutigen Lage entfernt. Die 58 Gebäude (andere Zählungen gehen von 61 aus), die heute noch stehen, umfassen eine Grundfläche von 13 000 m² und machen etwa 25 % der ursprünglichen Bebauung aus. Sie sind nach dem Brand von 1702 errichtet worden, doch der Grundriss des Viertels geht bis auf das 12. Jh. zurück.

Im frühen 14. Jh. standen in Bryggen (wörtlich: „der Kai") 30 Holzgebäude. Üblicherweise wurde jedes von mehreren Handelsfirmen

(stuer) gemeinsam genutzt. Sie waren zweibis dreistöckig und beherbergten sowohl Geschäftsräume als auch Wohnungen und Lagerhäuser. Jedes hatte einen Kran für das Be- und Entladen der Schiffe sowie einen Gemeinschaftsraum, die schøtstue, in der Angestellte Versammlungen abhielten und aßen. Noch heute hat der Bereich rund um den Kai die familiäre Atmosphäre einer kleinen Hafengemeinde und ein Bummel durch Bryggen gehört zu den Highlights in Bergen.

Einen hervorragenden Überblick über die Geschichte von Bryggen und die Bedrohung seiner Existenz bietet die Broschüre *Bryggen Guide*, die im Bryggens Museum und an anderen Orten ausliegt.

Hansemuseum

Dieses phantastische **Museum** (Karte S. 206; ☎ 55 54 46 90; www.museumvest.no; Finnegårdsgaten 1 a; Erw./Kind Mitte Mai–Mitte Sept. 45 nkr/gratis, übrige Zeit 25 nkr/gratis, zusammen mit Schøtstuene; ◷ Mitte Mai–Mitte Sept. 9–17 Uhr, übrige Zeit Di–Sa 11–14, So 11–16 Uhr) bietet einen guten Einblick in das Leben der Hansekaufleute. In einem Holzhaus aus dem Jahr 1704 hebt es besonders den Kontrast zwischen den kargen Wohn- und Arbeitsbedingungen der hanseatischen Seeleute und Lehrlinge und dem Lebensstil der Geschäftsleitung hervor. Zu den Highlights gehören das Büro des Kontorchefs, seine Wohnräume sowie seine private Schnapsbar und das Sommerschlafzimmer; außerdem die Schlafräume der Gesellen, wo sich je zwei Männer ein Bett teilten, der Fischlagerraum, in dem monatlich über eine halbe Million Kilogramm Fisch gepresst und verarbeitet wurde, sowie die fiskeskrue (Fischschraube), die den Fisch in Fässer presste.

Schøtstuene

Als Ergänzung zum Hansemuseum unverzichtbar: Die **Schøtstuene** (Karte S. 206; ☎ 55 31 60 20; Øvregaten 50; Erw./Kind Kombi-Ticket mit dem Hanseatischen Museum 45 nkr /gratis; ◷ Mitte Mai – Mitte Sept. 10–17 Uhr, übrige Zeit So 11–14 Uhr) ist die Rekonstruktion eines originalen Versammlungssaals, in dem sich die hanseatischen Kaufleute zu geschäftlichen Meetings – und Biergelagen – trafen.

Bryggens Museum

Das archäologische **Bryggens Museum** (Karte S. 206; ☎ 55 58 80 10; Dreggsallmenning 3; Erw./Kind 40/20 nkr, gratis mit Bergen Card; ◷ Mai–Aug. 10–17 Uhr, Sept.–April Mo–Fr 11–15, Sa 12–15, So 12–16 Uhr) wurde

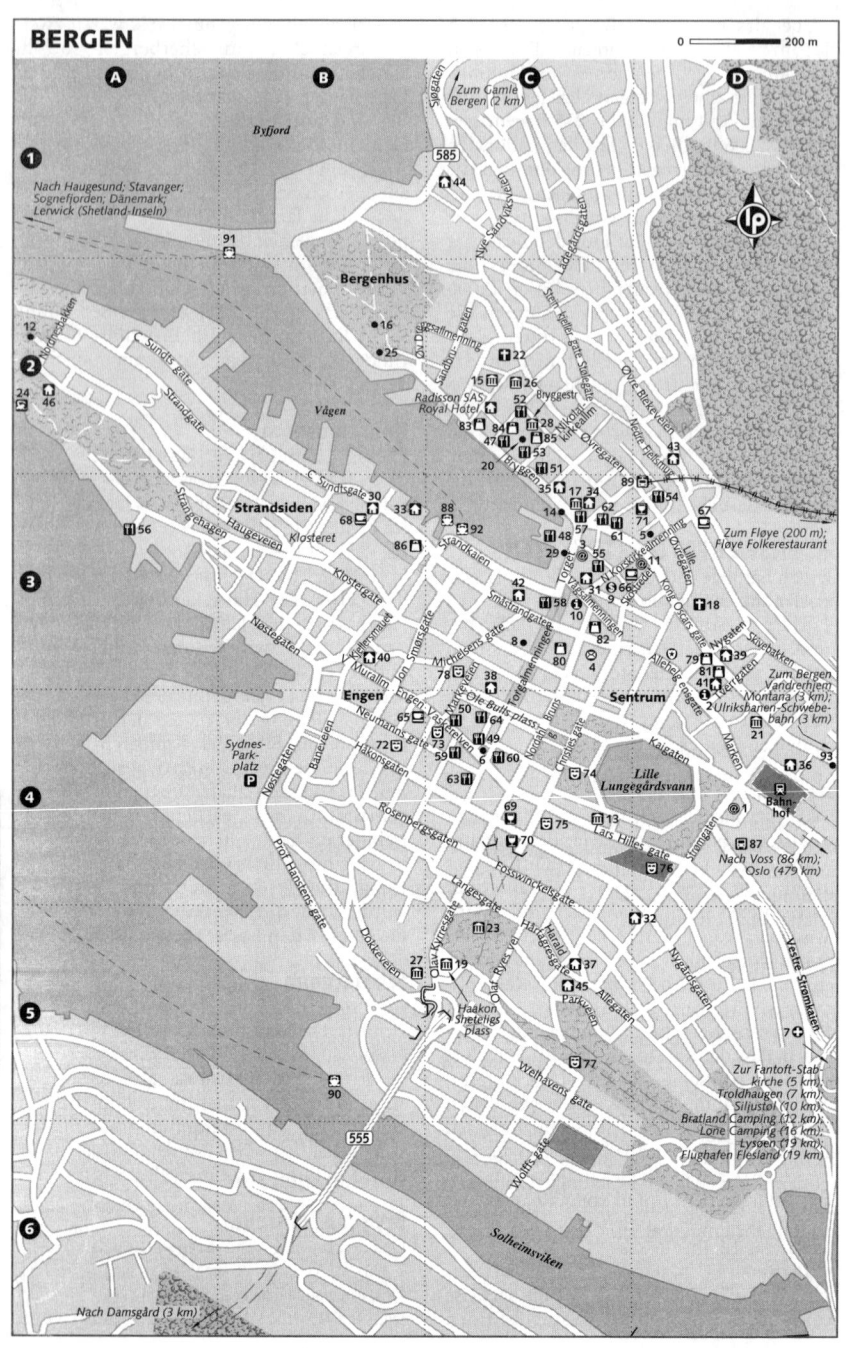

BERGEN

0 — 200 m

am ersten Siedlungsort von Bergen errichtet. Zu den Ausstellungsstücken gehören auch die bei den Ausgrabungen freigelegten 800 Jahre alten Fundamente sowie u. a. mittelalterliche Werkzeuge, Keramikgefäße, Schädel und Runensteine. Besonders spannend ist die ständige Ausstellung über die Stadt Bergen um das Jahr 1300.

Thetamuseum

Die phantastische Rekonstruktion des Hauptquartiers einer geheimen Widerstandsbewegung, die 1942 von den Nazis entdeckt wurde. Das **Museum** (Karte S. 206; Enhjørningsgården; Erw./Kind 20/5 nkr; 🕐 Mitte Mai–Mitte Sept. Di, Sa & So 14–16 Uhr), nur aus einem Raum bestehend, ist heute das winzigste in Norwegen. Noch immer ist es eine Herausforderung, es zu finden. Es liegt hinter dem Enhjørningen Restaurant; man muss durch die Passage gehen und die Stufen zum dritten Stock raufklettern.

Torget

Auf dem Fischmarkt Torget am Kai herrscht ein lebhaftes Treiben, dem sich Besucher kaum

entziehen kann. In der Luft liegt der Geruch von Fisch und Meer, Wasserlachen verwandeln den Kai in eine glitschige Rutschbahn und das Angebot an leckeren Fischsnacks ist verlockend (s. S. 214).

Mariakirken

Die steinerne **Marienkirche** (Karte S. 206; ☎ 55 31 59 60; Dreggen; Erw./Kind Mitte Juni–Ende Aug. 20 nkr/gratis, übrige Zeit und mit Bergen Card gratis; 🕐 Mitte Juni–Ende Aug. 9.30–11.30 & 13–16 Uhr, übrige Zeit Di–Fr 11–12.30 Uhr) mit ihrem romanischen Portal und den Zwillingstürmen stammt aus dem frühen 12. Jh. Es ist das älteste Gebäude von Bergen. Drinnen beeindrucken die Fresken aus dem 15. Jh. und die prächtige Barockkanzel, die 1676 von hanseatischen Kaufleuten gestiftet wurde.

Rosenkrantzturm

Der um 1560 von Erik Rosenkrantz, einem Gouverneur Bergens, errichtete **Turm** (Rosenkrantztårnet; Karte S. 206; ☎ 55 31 43 80; Bergenhus; Erw./Kind 40/20 nkr, gratis mit Bergen Card; 🕐 Mitte Mai–Aug. 10–16 Uhr, Sept.–Mitte Mai So 12–15 Uhr) war zugleich Wohnung und Verteidigungsposten.

BERGEN & DIE SÜDWESTLICHEN FJORDE

BRYGGENS RETTUNG

Bryggen ist so schön – man kann sich kaum vorstellen, dass Denkmalschützer fast das gesamte 20. Jh. hindurch gegen seinen Abriss kämpfen mussten.

Brände haben Bryggen mindestens siebenmal heimgesucht (am schlimmsten 1702 und 1955, als ein Drittel der Gebäude abbrannte). Ihre auffällige Schräglage erhielten die Bauten 1944. Damals explodierte im Hafen ein niederländisches Munitionsschiff. Die Druckwelle riss ganze Dächer weg und verschob die Stützpfeiler. Diese Ereignisse unterstützten die lautstarken Forderungen, Bryggen komplett abzureißen. Es galt als zu feuergefährlich und war in seinem heruntergekommenen Zustand auch sicher keine Zierde. Nach dem Abriss sollten dort moderne, achtstöckige Gebäude, ein Busbahnhof, ein Einkaufszentrum und ein Parkhaus entstehen.

Was Bryggen rettete, waren archäologische Grabungen, die nach dem Brand von 1955 noch 13 Jahre andauerten und mehr als eine Million Fundstücke zutage förderten. 1962 wurden die Organisationen **Bryggen Foundation** (www.stiftelsenbryggen.no) und „Freunde von Bryggen" gegründet. Viele Bewohner und Politiker der Stadt wollten „nach dem Brand von 1955 das Rattennest niederreißen", sagt Inger Marie Egenberg, Manager des Bryggen-Projekts, das 2000 gegründet wurde, um die Restaurierung des Viertels zu leiten. Nach Einrichtung der Bryggen Foundation begann sich diese Einstellung allmählich zu ändern. 1979 nahm die Unesco Bryggen in ihre Weltkulturerbeliste auf.

„Die Gebäude sind in Privatbesitz", erklärt Frau Egenberg. „Die Besitzer können staatliche Mittel für ihre Erhaltung in Anspruch nehmen, wenn sie sich dabei an die vorgegebenen Pläne und Richtlinien halten." Wo immer es möglich ist, werden heute für Baumaßnamen traditionelle Handwerkstechniken und Materialien verwendet. Aber die Restaurierungen müssen auch „erkennbar" sein, d. h. der Unterschied zwischen originalen Bauteilen und neueren Ergänzungen soll deutlich sichtbar sein. Es hat sich gezeigt, dass das Salz, das im Laufe der Jahrhunderte in das Holz eingedrungen ist, die Lebensdauer der Häuser erhöht hat. Deshalb werden heute Balken und Pfosten zunächst mit Meerwasser getränkt, bevor sie für die Restaurierung verwendet werden.

Er umfasst auch Teile des Burgfrieds (1273) von Königs Magnus Lagabøte („Magnus der Gesetzesverbesserer") und die um 1520 entstandene Befestigungsanlage von Jørgen Hansson. Wendeltreppen führen an Hallen und Wachposten vorbei nach oben, wo man einen guten Blick über den Hafen hat.

Håkonshallen

Diesen großen **Festsaal** (Karte S. 206; ☎ 55 31 60 67; Bergenhus; Erw./Kind 40/20 nkr, gratis mit Bergen Card; ☺ Mitte Mai–Aug tgl. 10–16 Uhr, Sept.– Mitte Mai Fr–Mi 12–15 Uhr & Do 15–18 Uhr) direkt neben dem Rosenkrantzturm ließ König Håkon Håkonsson zwischen 1247 und 1261 erbauen. Zur Hochzeit und Krönung seines Sohnes war er dann fertig. Das Dach wurde 1944 bei der Explosion eines holländischen Munitionsschiffs weggepustet, später aber aufwändig restauriert. Im Sommer finden stündlich Führungen statt.

Kathedrale von Bergen (Domkirken)

Die **Kathedrale von** Bergen (Karte S. 206; ☎ 55 31 58 75; Domkirkeplass 1; Eintritt frei; ☺ Mitte Juni–Mitte Aug. Mo–Fr 11–16 Uhr, übrige Zeit Di–Fr 11–12.30 Uhr), auch bekannt unter dem Namen St. Olav, ist einen

Besuch wert. Besonders eindrucksvoll sind die Steinmetzarbeiten in der Eingangshalle. Sie stammen von den gleichen Handwerkern, die auch das Domkapitel von Westminster Abbey in London gestaltet hat.

Bergen Kunstmuseum

Dieses **Kunstmuseum** befindet sich ganz in der Nähe des Sees Lille Lungegårdsvann (Bergen Kunstmuseum; Karte S. 206; ☎ 55 56 80 00; www.bergenart museum.no; Rasmus Meyers Allé 3 & 7; Erw./Kind/Stud. 50 nkr/gratis/35 nkr, gratis mit Bergen Card; ☺ Mitte Mai–Mitte Sept. 11–17 Uhr, übrige Zeit Di–So 11–17 Uhr) . Hier ist eine ausgezeichnete Sammlung von Werken internationaler und norwegischer Künstler des 18. und 19. Jhs. ausgestellt, darunter Gemälde von Munch, Miró, Picasso, Kandinsky, Paul Klee und anderen.

Universitätmuseen

Die beiden wichtigsten **Universitätsmuseen** (www. museum.uib.no; Erw./Stud. & Kind-Kombiticket 40 nkr/gratis, gratis mit Bergen Card; ☺ Juni–Aug. Di–Fr 10–16, Sa & So 11–16 Uhr, übrige Zeit kürzer) am Ende der Christies Gate sind die **Kulturhistorischen Sammlungen** (Kulturhistoriske Samlinger; Karte S. 206; ☎ 55 58 31 40; Haakon Sheteligs Plass 10) – mit Wikingerwaffen,

Obwohl das Bewusstsein in Fragen der Denkmalpflege gestiegen ist, sind auch in jüngerer Zeit noch Fehler gemacht worden. Als 1982 nördlich von Bryggen das Radisson SAS Royal Hotel und seine Tiefgarage gebaut wurden, so erklärt Frau Egenberg, „war es erforderlich, das Grundwasser darunter abzupumpen. Dadurch gelangte an die oberen Sedimentschichten unter Bryggen zu viel Sauerstoff, sodass das Holz zu faulen begann, die gesamte Konstruktion absackte und die Fundamente sowie die Gebäude Schaden litten. Damals wussten wir es einfach nicht besser." In Gesprächen zwischen dem Radisson Hotel und dem Denkmalamt sollen nun Lösungen für das Problem gefunden werden.

„Und auf Bryggen warten neue Gefahren," erläutert Frau Egenberg. „Eine große Bedrohung ist die globale Erwärmung und der daraus resultierende ansteigende Meeresspiegel. Ich fürchte, falls der Finanzierungsplan scheitert, werden wir unsere geplanten Maßnahmen nicht durchführen können. Dann könnten das Viertel und seine kulturelle Bedeutung verloren gehen." Der Tourismus sei auch „eine Belastung", räumt sie ein, „aber er hält das Viertel auch am Leben".

Aber nicht allein Bryggen, sondern auch andere Viertel mit alten Holzhäusern in Bergen sollen erhalten werden. Sonja Krantz, eine der vielen Einheimischen, die sich für den Schutz dieser ehemaligen Arbeiterviertel starkmachen, meint: „Die größte Bedrohung sind Spekulanten, die Häuser oder ganze Straßenzüge aufkaufen und dann absichtlich vergammeln lassen, um sie später niederreißen zu können. Um sich dagegen zu wehren", so sagt sie, „haben Bewohner dieser alten Stadtteile sogenannte *velforreninger* gegründet, lockere Freiwilligenverbände zum Schutz ihrer Viertel."

„Diese Verbände und auch die örtliche Presse machen Druck auf die Politiker, damit diese empfindlichen Viertel erhalten werden können," sagt Frau Krantz. „Die Einstellung hat sich allmählich geändert."

Interview: Anthony Ham

mittelalterlichen Altären, Volkskunst und Möbeln aus verschiedenen Epochen, Abteilungen über die Kulturen der Inuit und der Aleuten, sowie Ausstellungsstücke zu verschiedensten Themenbereichen von Henrik Ibsen bis hin zu ägyptischen Mumien – und die **Naturhistorischen Sammlungen** (Naturhistoriske Samlinger; Karte S. 206; ☎ 55 58 29 20; Muséplass 3).

Seefahrtsmuseum

Bergens **Seefahrtsmuseum** (Sjøfartsmuseet; Karte S. 206; ☎ 55 54 96 00; www.bsj.uib.no; Haakon Shetelings Plass 15; Erw./Stud. oder Kind 30 nkr /gratis; ⊙ Juni–Aug. 11–15 Uhr, Sept.–Mai Mo–Fr 11–14 Uhr) ist wichtig, um die Geschichte dieser Seefahrerstadt zu verstehen. Hier werden Schiffe von der Wikingerzeit bis heute sowie Ausstellungsstücke zur Geschichte der norwegischen Seefahrt gezeigt.

Bergen Aquarium

An der Spitze der Halbinsel Nordnes liegt das **Bergen Aquarium** (Bergen Akvariet; Karte S. 206; ☎ 55 55 71 71; www.akvariet.com; Nordnesbakken 4; Erw./Kind 150/100 nkr, mit Bergen Card 115/75 nkr; ⊙ Mai–Aug. 9–19 Uhr, Sept.–April 10–18 Uhr, Fütterungszeiten Mai–Aug. 12, 15 & 18 Uhr, Sept.–April 12 & 15 Uhr). Es umfasst 70 Aquarien im Gebäude und große Becken

im Freien mit Seehunden und Pinguinen. Uns haben es besonders der liebenswürdige Steinbutt, der potthässliche Anglerfisch und der Heringsschwarm, der sich wie ein einziges großes Lebewesen bewegt, angetan.

Das Aquarium ist vom Torget aus zu Fuß in 20 Minuten zu erreichen, aber auch mit der Vågen Fähre (S. 220) oder der Buslinie 11.

Gamle Bergen

Das **Alt-Bergen-Museum** (Karte S. 204; ☎ 55 39 43 00; www.bymuseet.no; Nyhavnsveien 4, Sandviken; Erw./Kind 50/25 nkr, gratis mit Bergen Card; ⊙ Mitte Mai–Anfang Sept. 10–17 Uhr stündl. Führungen), 4 km nördlich des Zentrums, ist ein Freilichtmuseum mit 35 Bauwerken aus dem 18. und 19. Jh. Vom Torget ist es zu Fuß in 30 Minuten zu erreichen oder mit einem Bus der Linien 20–23. Das Gelände selbst ist ganzjährig geöffnet und der Zutritt ist kostenlos.

Troldhaugen

Dieses zweistöckige **Haus** (Karte S. 204; ☎ 55 92 29 92; www.troldhaugen.com; Hop; Erw./Kind 60 nkr/gratis, 20 nkr mit Bergen Card; ⊙ Mai–Sept. 9–18 Uhr, Okt.–April kürzere Öffnungszeiten) stammt von 1885 und steht an einem entzückenden Plätzchen auf einer üppigen und idyllischen Halbinsel am Küstensee Nordåsvatnet, südlich von Bergen. Hier verbrachten der Komponist Edvard Grieg (s. S. 52) und seine Frau Nina Hagerup jeden Sommer von 1885 bis zu Griegs Tod 1907. Heute kann jeder das Haus und die Außenanlagen bewundern, mitsamt einer multimedialen Grieg-Ausstellung und einer Konzerthalle für bis zu 200 Leute. Besonders interessant ist die Komponistenhütte, wo sich Grieg seine musikalische Inspiration holte, der Steinway-Flügel – ein Geschenk zur Feier des 50. Hochzeitstages von Edvard und Nina 1892 – und die Gräber des Paares, eingebettet in eine Felswand mit Blick über das Nordåsvatnet. Ein eindrucksvoller Ort!

Im Sommer finden **Konzerte** (Erw. mit/ohne Bergen Card 160/220 nkr, Kind gratis) mittwochs, samstags und sonntags sowie während der internationalen Festspiele in Bergen statt. Spielpläne gibt's in der Touristeninformation.

Für die Anfahrt kann man jeden Bus von den Plattformen 19 bis 21 bis zur Haltestelle Hopsbroen nehmen. Von dort aus ist Troldhaugen ausgeschildert, ungefähr 20 Minuten zu Fuß. Während des Bergen International Festival fahren kostenlose Busse von der Touristeninformation hierher.

Siljustøl Museum

Die Heimat eines anderen berühmten norwegischen Komponisten liegt 3 km südlich von Troldhaugen. Harald und Marie Sæverud lebten in **Siljustøl** (Karte S. 204; ☎ 55 92 29 92; www.siljustol.no; Siljustøl; Erw./Kind/Stud. 60 nkr/gratis/20 nkr; ☽ Ende Juni–Ende Sept. So 12–16 Uhr) in einem einfachen Holzhaus. Es wurde in den 1930er-Jahren aus Naturstein und unbehandeltem Holz errichtet, um sich harmonisch in die umgebende Natur einzufügen. Harald Sæve-rud vollendete seine erste Sinfonie 1920 und komponierte sich in die Herzen seiner Landsleute, als er während des Zweiten Weltkriegs mit seiner Musik gegen die Nazibesatzung protestierte. 1986 wurde er zum offiziellen Komponisten der Festspiele in Bergen ernannt. Als er im März 1992 starb, erhielt er ein Staatsbegräbnis und wurde seinem Wunsch gemäß in Siljustøl beigesetzt.

Um dorthin zu kommen, nimmt man den Bus Nr. 30 von der Plattform 20.

Damsgård

Das 1770 erbaute **Herrenhaus Damsgård** (Karte S. 204; ☎ 58 80 10; www.vk.museum.no; Laksevåg; Erw./ Kind 50/25 nkr, gratis mit Bergen Card; ☽ Ende Mai–Aug. 11–17 Uhr, stündl. Führungen 11–16 Uhr), 3 km westlich der Stadt, ist vielleicht Norwegens (wenn nicht sogar Europas) schönstes Beispiel für Holzarchitektur aus der Rokokozeit des 18. Jhs. Ein Highlight ist der barocke (und vielleicht etwas überladene) Garten mit Skulpturen, Teichen und Pflanzen, die vor 200 Jahren üblich waren. Anfahrt mit Bus Nr. 19 vom Zentrum.

Lysøen

Dieses wunderschöne **Anwesen** (Karte S. 204; ☎ 56 30 90 77; www.lysoen.no; Lysøen; Erw./Kind inkl. Führung 30/10 nkr, gratis mit Bergen Card; ☽ Mitte Mai–Aug. Mo–Sa 12–16, So 11–17 Uhr, Sept. So 12–16 Uhr) auf der gleichnamigen Insel entstand 1873 als Sommerresidenz des berühmten, norwegischen Violinisten Ole Bull (s. S. 51).

Nach dem Tod seiner in Frankreich geborenen Frau Felicité Villeminot kaufte Bull die 70 ha große Insel Lysøen, 20 km südlich von Bergen. Zwischen 1872 und 1873 ließ er dort zusammen mit dem Architekten Conrad Fredrik von der Lippe die Phantasievilla *Lysøen* errichten. Diese extravagante „Kleine Alhambra" ist stark von der maurischen Architektur Granadas geprägt. Neben filigranem Gitterwerk und Verzierungen gibt es hier Zwiebeltürme, romantische Gartenwege, italienische Marmorsäulen und einen stattlichen Konzertsaal aus norwegischer Kiefer zu bewundern. Als Ole Bull im August 1880 in seiner Residenz auf Lysøen starb, begleiteten 10 000 Trauergäste die Prozession zum Assistentkirkegården nahe dem alten Stadttor von Bergen.

Die Anlage durchziehen kreuz und quer insgesamt 13 km Spazierwege und auch ein kleines Café gibt es. Anfahrt: Vom Busbahnhof den Lysefjorden-Bus (Nr. 566 und 567, 110 nkr hin & zurück) von Plattform 19 oder 20 zum Buena Kai nehmen. Dort setzt eine Passagierfähre (Erw./Kind 50/20 nkr; stündl. von 12 bis 15 Uhr bzw. So 16 Uhr) nach Lysøen über.

Seilbahnen
FLØIBANEN

Den spektakulärsten Blick auf die Stadt hat man von der **Seilbahn Fløibanen** (Karte S. 206; ☎ 55 33 68 00; www.floibanen.de; Vetrlidsalmenning 21; Erw./Kind Berg- und Talfahrt 70/35 nkr, gratis mit Bergen Card; ☽ Mai–Aug. 8–24 Uhr, Sept.–April Mo–Sa 8–23 & So 9–23 Uhr), die mit einer Steigung von 26 Grad

alle 15 Minuten zum Gipfel des Fløyen
(320 m) hinauftuckert.

Oben führen gut ausgeschilderte Wanderwege in den Wald. Sie sind auch in den Karten
Gledeskartet (kostenlos) oder *Turløyper på
Byfjellene Nord/Øst* (10 nkr) eingezeichnet,
die im Fremdenverkehrsbüro in Bergen zu
bekommen sind. Weg Nr. 2 zieht eine 1,6 km
lange Schleife um den See Skomakerdiket, Weg
Nr. 1 ist ein 5 km langer Rundweg über Hügel,
durch Wälder und an mehreren Seen vorbei.
Eine sehr angenehme 40-minütige Wanderung
von Fløyen zurück zur Stadt führt über den
Weg Nr. 4. Diesem einfach im Uhrzeigersinn
bis zum Anschluss an Weg Nr. 6 folgen, der
zum Hafen zurückführt.

ULRIKSBANEN

Die **Schwebebahn Ulriksbanen** (Karte S. 204; ☎ 55 20
20 20; www.ulriken.no; Erw./Kind 80/40 nkr Berg- und
Talfahrt; ⊗ Juni–Aug. 9–21 Uhr übrige Zeit kürzer) fährt
zum Funkturm und Café auf dem Ulriken
(642 m), der einen Panoramablick über die
Stadt und die umgebenden Fjorde und Berge
bietet. Das Ticket „Bergen in a Nut-shell"
(S. 211) gilt für die Schwebebahn und die
Busfahrt von der Touristeninformation und
wieder zurück. Ansonsten ist es vom Zentrum
ein 45-minütiger Fußmarsch oder ein paar
Minuten mit Bus Nr. 2 oder 31 vom Postamt
oder Bus Nr. 50 von Bryggen.

Beliebt ist auch folgender Ausflug: Mit
der Schwebebahn hinauffahren und vier bis
sechs Stunden Richtung Norden auf einem
gut ausgetrampelten Pfad zur Bergstation der
Standseilbahn Fløibanen raufkraxeln.

Fantoft Stavkirke

Die **Stabkirche** Fantoft (Karte S. 204; ☎ 55 28 07 10;
Paradis; Erw./Kind/Stud. nkr30/12/20, gratis mit Bergen Card;
⊗ Mitte Mai–Mitte Sept. 10.30–14 & 14.30–18 Uhr) liegt
inmitten einer idyllisch grünen Landschaft
(„Paradies" genannt) südlich von Bergen.
Sie wurde ca. 1150 in Sognefjord erbaut und
1883 an den südlichen Stadtrand von Bergen
verlegt. 1992 von einem Satansanhänger (und
Heavymetal-Musiker) niedergebrannt, wird
sie seither detailgetreu wieder aufgebaut. Das
Turmkreuz, ursprünglich aus Sola in Rogaland,
stammt aus dem Jahr 1050. Anfahrt von
Bergen mit jedem Bus, der von der Plattform
20 abfährt. Ausstieg an der Haltestelle Fantoft
in Birkelundsbakken, von dort sind es ca. fünf
Minuten zu Fuß den Hügel hinauf durch den
Park.

Schwimmbäder

Wer baden möchte, aber vor dem kalten
Fjordwasser zurückschreckt, kann das beheizte Becken (27 °C) des **Nordnes Sjøbad**
(Nordnes-Schwimmbad; Karte S. 206; am Haugeveien; Erw./
Kind 46/21 nkr; ⊗ Mitte Mai–Aug. Mo–Sa 7–19, So 10–
19 Uhr) nahe dem Ufer genießen. Es gibt auch
ein Sprungbrett ins offene Wasser.

GEFÜHRTE TOUREN

Bergen Fjord Sightseeing (☎ 55 25 90 00) organisiert
einstündige **Hafenrundfahrten** (Erw./Kind 100/50 nkr,
⊗ Juni–Ende Aug. 15.30 Uhr) mit tollen Ausblicken
auf Bryggen und die umliegenden Berge sowie
vierstündige Fjordrundfahrten (Erw./Kind 400/
200 nkr; ⊗ Juli–Ende Aug. 10 & 14.30 Uhr, Mai & Juni 10 Uhr,
Sept. Di, Do, Sa & So 10 Uhr). Die Boote legen beim
Fischmarkt ab.

Eine gute Möglichkeit, die etwas abgelegenen Sehenswürdigkeiten zu entdecken, bieten
die dreistündigen **Bergen Guided Tours** (☎ 05505;
www.tide.no; Erw./Kind 280/180 nkr, mit Bergen Card erm.;
⊗ Mai–Sept. 11 Uhr), die u. a. auch die Stabkirche
Fantoft und Troldhaugen einschließen.

Als Touristenstadt hat Bergen natürlich
auch eine Touristenbahn, den **Bergens-Expressen**
(☎ 55 53 11 50; www.bergensexpressen.no; Erw./Kind 100/
40 nkr; ⊗ Mitte Mai–Mitte Aug. 10–17 Uhr jede halbe Std.
sowie 18 & 19 Uhr, Mai–Mitte Juni & Mitte Aug.–Sept. weniger
oft). Er fährt gegenüber vom Hansemuseum
ab und tuckert durch Bryggen sowie in einige
der interessanteren Nebenstraßen. Die Fahrt
dauert eine Stunde.

Die **On&Off City Tour** (☎ 97 05 22 50; www.
turistbuss.no; Erw./Kind 150/100 nkr, mit Bergen Card 100/
70 nkr; ⊗ Juni–Sept. 9.30–16.30 Uhr stündl.), bei der
die Passagiere nach Belieben aus- und zu-
steigen können, führt von Gamle Bergen zum
Aquarium.

Der **„Bergen in a Nutshell"-Bus** (☎ 55 20 20 20;
www.ulriken.no; Erw./Kind 150/75 nkr; ⊗ Juni–Aug. 9–20 Uhr
stündl., Mai & Sept. 9–17 Uhr) fährt beim Fischmarkt
los, entlang dem Bryggen Kai zur Seilbahn
Ulriksbanen und wieder zurück. Führungen
in sechs Sprachen.

Etwas kompakter, aber ebenfalls ausgezeich-
net sind die **Guided Tours of Bryggen** (☎ 55 58 80 10;
Erw./Kind 80 nkr/gratis; ⊗ Juni–Aug. 11 Uhr (Deutsch), 11 Uhr
& 13 Uhr (Englisch), 12 Uhr (Norwegisch)). Sie beginnen
beim Bryggens Museum, dauern 90 Minuten
und illustrieren u. a. das Leben zur Blütezeit
des Seehandels. Im Preis enthalten sind Tickets
für das Bryggens Museum, Schøtstuene und
das Hansemuseum (sie gelten den ganzen Tag
auch für mehrere Besuche).

FJORDTOUREN AB BERGEN

In Bergen werden Dutzende von Stadtbesichtigungen und viele längere Fjordtouren angeboten. Eine komplette Liste hält die Touristeninformation bereit. Tickets sind dort ebenfalls erhältlich – manchmal auch online. Mit der Bergen Card gibt's meist Ermäßigungen.

Fjord Tours (☎ 81 56 82 22; www.fjordtours.com) hat es sich mit seinen Fjordtouren zur Aufgabe gemacht, möglichst viel in möglichst kurzer Zeit abzugrasen. Die beliebte Tour **Norway in a Nutshell** wird das ganze Jahr über veranstaltet und ist ein phantastisches Erlebnis. Hier bekommt man an einem Tag weit mehr zu sehen, als man für möglich halten würde.

Das Tagesticket (Erw./Kind 820/410 nkr) ab Bergen gilt für einen Frühzug nach Voss, für den Bus zum Stalheim Hotel und dann nach Gudvangen, für die Fähre von dort durch den spektakulären Nærøyfjord nach Flåm, für die faszinierende Bergeisenbahn nach Myrdal und den Zug zurück nach Bergen, der rechtzeitig für ein spätes Abendessen ankommt (wer weiter nach Oslo fährt, kommt dort gegen 22 Uhr an).

Von Mai bis September stehen außerdem Rundfahrten per Bus, Bahn und Schiff ab Bergen auf dem Programm, etwa die zehnstündige Exkursion **Explore Hardangerfjord** (645 nkr) via Voss, Ulvik, Eidfjord und Norheimsund sowie die neunstündige **World Heritage Tour** (830 nkr) via Sognefjord, Nærøyfjord, Gudvangen und Voss.

Tide (☎ 55 23 87 00; www.tide.no) veranstaltet Rundfahrten mit Bus und Schiff nach Eidfjord (s. S. 227; Erw./Kind 195/110 nkr).

Hilfreich für alle, die lieber auf eigene Faust losziehen, ist die kostenlose Broschüre *Meeting Point Bryggen* des Bryggens Museum, die einen **Rundgang** mit 12 Stationen durch die Altstadt beschreibt.

Bergen Guide Service (☎ 55 30 10 60; guide@visit bergen.com; Erw./Kind/Teenager 95 nkr/gratis/45 nkr, mit Bergen Card 75 nkr/gratis/35 nkr; ☺ Mitte Juni–Mitte Aug. 15 Uhr) bietet einen geführten Rundgang durch das Zentrum, der 90 Minuten dauert.

Von Anfang Juni bis Anfang September ist auch die sonntägliche Rundfahrt mit der **Oldtimer-Dampfbahn** zwischen Garnes und Midtun beliebt. Sie beginnt um 9 Uhr mit einer Fahrt auf der historischen Fähre M/S *Bruvik* von Bryggen zum **Eisenbahnmuseum** (☎ 55 24 91 00) in Garnes, von dort fährt die Dampfeisenbahn die 18 km nach Midtun. Die Rundfahrt dauert insgesamt vier Stunden (Erw./Kind 200/100 nkr). Die Bahnfahrt allein kostet 120/60 nkr hin und zurück.

FESTIVALS & EVENTS

Das **Bergen International Festival** (☎ 55 36 55 66; www.fib.no), das von Ende Mai bis Anfang Juni 14 Tage lang gefeiert wird, ist das große Kulturevent des Jahres, mit Musik, Tanz und Folkloreveranstaltungen in der ganzen Stadt.

Ende Mai findet die **Sieben-Gipfel-Wanderung** statt, bei der alle Gipfel der Umgebung bestiegen werden. Die anspruchsvolle Wanderung ist 30 km lang mit einer Höhendifferenz von 2200 m, doch die Rekordzeit liegt bei nur 4½ Stunden!

Weitere Höhepunkte:

Bergenfest (www.bergenfest.no) Internationales Musikfestival, Ende April bis Anfang Mai.

Bergen International Guitar Festival (www.bergen guitarfestival.com) Ende Juni.

Bergen Food Festival (www.matfest.no) Anfang bis Mitte September mit regionalen Produkten, zu denen leider auch Walfleisch gehört.

Bergen International Film Festival (www.biff.no) Mitte bis Ende Oktober.

Night Jazz Festival (www.nattjazz.no) Ausgelassenes Fest Ende Mai, bei dem die zahlreichen Studenten der Stadt für Stimmung sorgen.

Eine Liste aller Veranstaltungen bietet die Website www.visitbergen.com.

SCHLAFEN

Bergen bietet hervorragende Unterkünfte, aber wir können nur raten, die Zimmer schon vor der Reise zu buchen – zumindest im Sommer. Wir haben es erlebt, dass die Touristeninformation Besucher nach Voss geschickt hat (eine Stunde außerhalb!), weil in Bergen alles voll war.

Die Touristeninformation bietet eine Zimmerreservierung (30 nkr im Büro, 50 nkr bei Vorreservierung).

Budgetunterkünfte

Lone Camping (Karte S. 204; ☎ 55 39 29 60; www.lone camping.no; Hardangerveien 697, Haukeland; Zeltplätze

130 nkr plus 20 nkr pro Pers., Hütten 400–900 nkr) Lone Camping liegt 20 km außerhalb am Seeufer zwischen Espeland und Haukeland. Verbindungen nach Bergen bieten die Busse der Linie 900 (42 nkr, 30 Min.), die jede halbe Stunde fahren.

Bratland Camping (Karte S. 204; ☎ 55 10 13 38; www.bratlandcamping.no; Bratlandsveien 6, Haukeland; Zeltplätze 110 nkr plus 15 nkr pro Pers., Hütten 390–1200 nkr) Ein gut ausgestatteter Platz 4 km südlich des Lone Camping. Ebenfalls mit der Buslinie 900 zu erreichen.

Bergen Vandrerhjem YMCA (Karte S. 206; ☎ 55 60 60 55; www.bergenhostel.no; Nedre Korskirkealmenning 4; B 155–230 nkr, Bettwäsche 50 nkr, Frühstück 55 nkr, DZ mit eigenem Bad, Frühstück & Bettwäsche 750 nkr; 🖳) Dieses freundliche Hostel liegt herrlich zentral. In typischer Hostelatmosphäre gibt es getrennte und gemischte Schlafsäle, Kochgelegenheiten und eine tolle Dachterrasse. Kinder unter 14 zahlen die Hälfte. Reservierung ist das ganze Jahr über erforderlich.

Marken Gjestehus (Karte S. 206; ☎ 55 31 44 04; www.marken-gjestehus.com; Kong Oscars Gate 45; B ab 160 nkr, EZ/DZ mit Etagenbad 395/500 nkr, mit eigenem Bad 500/630 nkr) Diese Pension auf halbem Weg zwischen Hafen und Bahnhof bietet einfache, aber ausgesprochen gepflegte Zimmer. Die weißen Wände und Holzfußböden sorgen für eine helle, geräumige Atmosphäre und auch die Gemeinschaftsbereiche sind sauber und schön. Eine Waschmaschine steht zur Verfügung. Bettwäsche/Handtücher kosten bei Schlafsaalübernachtung 65/10 nkr.

City Box (Karte S. 206; ☎ 55 31 25 00; www.citybox.no; Nygårdsgaten 31; EZ/DZ mit Etagenbad 400/500 nkr, mit eigenem Bad 500/600 nkr, Frühstück 59 nkr; 🖳) ist das beste Hostel in Bergen. Einfach aber top. Mit hellen, modernen Zimmern, passenden Farbakzenten, kostenlosem WLAN, sympathischen, jungen Mitarbeitern und skandinavischem Design bei günstigen Preisen. Von den Zimmern ohne eigenes Bad teilen sich je fünf eine Dusche. Die meisten Zimmer bieten eine Kochgelegenheit und es gibt auch eine Waschküche. Hoffentlich macht das City Box in Norwegen Schule!

Mittelklassehotels

Villa Nordnes (Karte S. 206; ☎ 92 44 03 80, 55 23 29 44; Haugeveien 34; EZ 350–500 nkr, DZ 650–750 nkr) Glanzpunkte dieses hübschen und weitläufigen Hauses auf der Halbinsel Nordnes in der Nähe des Aquariums sind seine schöne Antiquitätensammlung und die freundliche

Besitzerin Grethe Marthinussen. Ruhig und empfehlenswert.

LP Tipp **Skansen Pensjonat** (Karte S. 206; ☎ 55 31 90 80; www.skansen-pensjonat.no; Vetrlidsalmenning 29; EZ 375–500 nkr, DZ 600–700 nkr, Apt. 750 nkr) Privatpensionen schießen in Bergen wie Pilze aus dem Boden, doch diese reizende Unterkunft mit sieben Zimmern ist noch immer unser Favorit. Eine schöne Lage hinter der Seilbahnstation, viel Liebe zum Detail und die persönliche Note der Besitzer Jannicke und Svein machen sie zur ersten Adresse. Die Zimmer sind hell und luftig und das „Balkonzimmer" ist eines der schönsten in ganz Bergen. Frühstück ist im Preis enthalten (außer bei den größeren Apartments).

Skuteviken Gjestehus (Karte S. 206; ☎ 93 46 71 63; www.skutevikenguesthouse.com; Skutevikens Smalgang 11; EZ/DZ 600/800 nkr, Dachzimmer 900 nkr) Diese erst kürzlich eröffnete, bezaubernde Pension in einem historischen Holzhaus an einer Pflasterstraße paart eine traditionelle Ausstattung (weiße Korbmöbel und Spitzenkissen) mit modernen Akzenten. Das Haus wurde von zwei Künstlern liebevoll restauriert, deren Werke auch die Zimmer schmücken.

Kjellersmauet Gjestehus (Karte S. 206; ☎ 55 96 26 08; www.gjestehuset.com; Kjellersmauet 22; 1-/2-/3-/4-Bett-Apt. ab 600/800/1350/1400 nkr) Diese Oase der Gastfreundschaft und Tradition an einer Straße mit Holzhäusern südwestlich des Zentrums ist hervorragend. Sie wird von der freundlichen Sonja geführt, die sich sehr nett um ihre Gäste kümmert. Apartments unterschiedlicher Größe in einem Gebäude aus dem 16. Jh., Holzfußböden, traditionelle Ausstattung und moderne Bäder sorgen für einen angenehmen Aufenthalt.

Steens Hotell (Karte S. 206; ☎ 55 30 88 88; www.steenshotel.no; Parkveien 22; EZ/Twin/DZ mit Fjord Pass 700/850/970 nkr, sonst EZ 650–950 nkr, DZ 880–1160 nkr; 🅿 40 nkr; 🖳) in einem hübschen Gebäude aus dem 19. Jh. mit antiken Möbeln und einer geschwungenen Treppe hat viel historischen Charme. Die Bäder wurden gerade renoviert und die meisten Zimmer sind geräumig. Es gibt einen wunderschönen Speisesaal mit Buntglasfenstern. Außerdem gehören die Parkplätze zu den billigsten der Stadt.

Jacobs Apartments (Karte S. 206; ☎ 98 23 86 00; www.apartments.no; Kong Oscars Gate 44; B 165 nkr EZ/DZ-Apt. 860/960 nkr, Frühstück 60 nkr; 🖳) Die Besitzer wollten unbedingt ein Apartmenthotel im Designerstil schaffen – und das ist ihnen auch weitgehend gelungen. Die Apartments haben

Flachbild-TV und erstrecken sich z. T. über zwei Etagen. Diese Maisonettewohnungen sind allerdings etwas dunkel.

Hotel Park Pension (Karte S. 206; ☎ 55 54 44 00; www.parkhotel.no; Harald Hårfagresgate 35; EZ 700–940 nkr; DZ 970–1140 nkr; 🖳) Diese Privatpension mit vielen Antiquitäten und einer tollen Atmosphäre ist in zwei Gebäuden aus dem 19. Jh. untergebracht. Alle Zimmer sind individuell gestaltet; wobei uns aber die im Gebäude gegenüber der Rezeption besser gefallen haben. Die Zimmer im Hauptgebäude haben antike Sekretäre. Die Eckzimmer sind großartig und sehr hell. Ruhige Lage, zu Fuß nur 15 Minuten vom Zentrum.

First Hotel Marin (Karte S. 206; ☎ 53 05 15 00; booking.marin@firsthotels.no; Rosenkrantz Gate 8; EZ/DZ mit Fjord Pass 990/1150 nkr; 🖳) Dieses Hotel liegt sehr schön einen Block hinter dem Kai. Es hat elegante Hartholzböden und ein maritimes Ambiente. Einige Zimmer blicken auf den Hafen und das ganze versprüht sogar einen Hauch von Klasse, was bei Kettenhotels sonst eher selten ist.

Clarion Hotel Admiral (Karte S. 206; ☎ 55 23 64 00; www.admiral.no; C Sundtsgate 9; EZ 990–1150 nkr, DZ 1160–1555 nkr) Die Zimmer zum Meer dieses gut ausgestatteten Hotels bieten einen der schönsten Ausblicke der Stadt: über das Wasser hinweg auf Bryggen. Es gibt einen Aufenthaltssalon und Eismaschinen auf den Gängen.

In City Hotel & Apartments (Karte S. 206; ☎ 53 23 16 13; www.incity.no; Øvre Ole Bulls Plass 3; DZ/Deluxe/Penthouse/Suite 1190/1490/1690/1990 nkr; 🖳) Moderne, gut ausgestattete Apartments im Herzen der Stadt. Die Zimmer haben nicht viel Charakter, aber sie sind groß und komfortabel.

Spitzenklassehotels

LP Tipp **Det Hanseatiske Hotel** (Karte S. 206; ☎ 55 30 48 00; www.dethanseatiskehotell.no; Finnegårdsgaten 2; EZ/DZ 1195/1395 nkr, Deluxe-DZ 1695–1895 nkr, Suite bis 4500 nkr; 🖳) Dieses Hotel ist das einzige in den historischen Holzbauten von Bryggen. Es bietet Luxus in der Atmosphäre längst vergangener Tage und ist wirklich etwas Besonderes. Neben antiken Badewannen und außergewöhnlichen Details aus Bergens Zeit als Hansehafen gehören aber auch Flachbild-TVs zur Ausstattung. Die Unterkünfte sind auf zwei Gebäude verteilt, die durch eine hübsche Holzrampe miteinander verbunden sind. Ohne Frage das Hotel mit der tollsten Atmosphäre, und wer sich etwas Besonderes leisten will, ist hier richtig.

Rica Strand Hotel (Karte S. 206; ☎ 55 59 33 00; www.strandhotel.no; Strandkaien 2–4; EZ/DZ 1200/1500 nkr; 🖳) Das Rica Strand stammt aus den 1920er-Jahren und hat in erstklassiger Lage einige Zimmer mit Blick auf Torget und Bryggen.

Augustin Hotel (Karte S. 206; ☎ 55 30 40 00; www.augustin.no; C Sundtsgate 22; EZ/DZ 1450/1650 nkr; 🅿 85 nkr; 🖳) Zwei Dinge machen das Augustin zu etwas Besonderem: Zum einen ist es Bergens ältestes Privathotel und für seine freundliche und herzliche Atmosphäre bekannt. Zum anderen ist es eines der wenigen Hotels der Stadt, die den hohen Umweltstandards der norwegischen Regierung genügen (s. S. 21). Moderne Kunstwerke, in Blau gehaltene, große Zimmer und die stimmungsvolle Weinbar Altona (s. S. 216) runden das Ganze ab.

Grand Hotel Terminus (Karte S. 206; ☎ 55 21 25 00; www.grand-hotel-terminus.no; Zander Kaaesgate 6; EZ/DZ ab 1450/1650 nkr, mit Fjord Pass erm.; 🅿 100 nkr; 🖳) Für wohlhabende Besucher ist das Grand Hotel Terminus, gegenüber dem Bahnhof, traditionell das erste Haus am Platz. Einige Zimmer sind eng und etwas seelenlos, andere geräumig und prachtvoll. Vor allem aber sind es der nostalgische Zauber (das Gebäude stammt von 1928) und die sorgfältige Ausstattung, die das Hotel von anderen abheben.

ESSEN

Bergen gehört zu den Städten in Norwegen, in denen sich internationale Trends rasch durchsetzen. Sushi und Tapas sind hier zur Zeit der Renner. Aber es gibt auch noch kulinarische Bastionen der norwegischen Tradition. Zahllose Restaurants befinden sich in der Gegend um Bryggen und Torget. Viele davon sind mäßig gute Touristenlokale, aber es gibt auch erfreuliche Ausnahmen. Kreative Restaurants findet man zudem am Øvre Ole Bulls Plass und südwestlich davon.

Märkte & Bäckereien

LP Tipp **Fischmarkt Torget** (Karte S. 206; www.torgetibergen.no; Torget; ⏰ Juni–Aug. 7–19 Uhr, Sept.–Mai Mo–Sa 7–16 Uhr) Was Preise und Atmosphäre angeht, ist der Fischmarkt kaum zu schlagen. Direkt am Hafen und nur einen Steinwurf von Bryggen entfernt, bietet er alles von geräuchertem Lachs und Walfleisch (349 nkr das Kilo, für alle, die es mit ihrem Gewissen vereinbaren können) bis zu Calamares mit Pommes (130 nkr), Fischfrikadellen (ab 89 nkr), Garnelenbrötchen (45 nkr), heimischem Kaviar und manchmal auch Elch und Rentier.

BERGEN & DIE
SÜDWESTLICHEN FJORDE

Die meisten Stände bieten gerne auch einen Imbiss zum Mitnehmen.

Kjøttbasarell (Karte S. 206; Ecke Torget & Kong Oscars Gate; ⏰ Mo–Mi & Fr 10–17, Do 10–18, Sa 9–16 Uhr) Dieser hübsche, alte Lebensmittelmarkt bietet alles für ein Picknick: Käse, Fleischwaren und Delikatessen.

Bäckereien gibt es in Bergen reichlich. Eine Spezialität der Stadt sind *shillingsboller* („Schillingkugeln"), ein kugelförmiges Feingebäck, das nach der alten norwegischen Währung benannt ist. Unsere bevorzugten Bäckereien sind:

Baker Brun (Karte S. 206; Zachariasbryggen Quay; ⏰ Mo–Sa 8–20, So 11–18 Uhr)

Godt Brød (Karte S. 206; Nedre Korskirkealmenningen 12; ⏰ Mo–Fr 7–18, Sa 7–16.30 Uhr)

Sol Brød (Karte S. 206; Ecke Vetrlidsalmenning & Kong Oscars Gate; ⏰ Mo–Fr 8–17, Sa 8–17.30, So 9–16 Uhr)

Norwegische Küche

Pygmalion Økocafé (Karte S. 206; ☎ 55 32 33 60; Nedre Korskirkealmenningen 4; Ciabatta 69–87 nkr, Bio-Pfannkuchen ab 86 nkr, Salat ab 112 nkr; ⏰ Mittag- und Abendessen; **V**) Das Pygmalion ist ein sehr relaxtes Lokal mit moderner Kunst an den Wänden, einer behaglichen Atmosphäre und leckeren, biologischen Gerichten. Ein guter Tipp zu jeder Tageszeit, besonders für Vegetarier.

LP Tipp **Pingvinen** (Karte S. 206; ☎ 55 60 46 46; Vaskerelven 14; Hauptgerichte 63–135 nkr; ⏰ 14–3.30 Uhr) In diesem großartigen Lokal, das sich auf norwegisch-ländliche Küche spezialisiert hat, geht es immer herrlich zwanglos zu. Rentier, Elch und Lamm kommen in genauso großen Portionen auf den Teller wie heimischer Fisch – aber ohne die üblichen hohen Preise. Chefköchin Alma verdient wirklich höchstes Lob. Wenn sie zu vorgerückter Stunde Feierabend macht, werden Snacks serviert.

Lido (Karte S. 206; ☎ 55 32 59 12; Torgalmenningen 1 a; Suppen & Hauptgerichte 69–169 nkr, Kindermenü 35–89 nkr; ⏰ Mittag- und Abendessen) Das Lido ist eine preisgünstige Cafeteria mit guter, traditioneller Küche. Das Prädikat „preisgünstig" wird allerdings spätestens bei der Toilettenbenutzung in Frage gestellt: sie kostet 5 nkr. Trotzdem ein guter Tipp für norwegische Hausmannskost.

Bryggeloftet & Stuene (Karte S. 206; ☎ 55 31 06 30; Bryggen 11; Tagesgerichte ab 89 nkr, Hauptgerichte 89–275 nkr; ⏰ Mittag- und Abendessen) Ein weiteres Restaurant in Bryggen, das sehr gute, traditionell norwegische Küche bietet – und das schon seit dem frühen 19. Jh. Es hatte also genug

Zeit, die Zubereitung von Rentier, Seewolf und lutefisk (getrockneter Weißfisch) zu perfektionieren.

Boha (Karte S. 206; ☎ 55 31 31 60; Vaskerelven 6; Vorspeisen 95–135 nkr, Hauptgerichte 210–255 nkr, 4-/6-gängiges Menu 485/580 nkr; ⏰ Mo–Do 16–22, Fr 16–23, Sa 17–23 Uhr) Dieses Lokal ist berühmt für seine Meeresfrüchte. Es bietet hervorragenden Mönchsfisch und Riesenkrabben aus Kamtschatka. Die Weinkarte ist sorgfältig zusammengestellt und das nostalgische Ambiente passt wunderbar. Die Bedienung ist sehr aufmerksam.

Wesselstuen (Karte S. 206; ☎ 55 55 49 49; Øvre Ole Bulls Plass 6; Vorspeisen 79–109 nkr, Hauptgerichte 219–259 nkr; ⏰ Mittag- und Abendessen) Das üppig verzierte Lokal erinnert an die holzgetäfelten Speisesäle im alten Bergen und ist das bevorzugte Restaurant der hiesigen Intellektuellen. Besonders köstlich ist die Rentierlende (259 nkr).

Bryggen Tracteursted (Karte S. 206; ☎ 55 31 59 55; Bryggen; leichte Mahlzeiten 85–145 nkr, Vorspeisen 82–145 nkr, Hauptgerichte 225–275 nkr; ⏰ Mai–Sept. Mittag- und Abendessen) Dies ist eines der herausragenden kulinarischen Erlebnisse in Bryggen. In einem Gebäude von 1708 ist es in den ehemaligen Stallungen, in der Küche (aufgrund des Steinbodens war es das einzige Gebäude von Bryggen, das ein Feuer unterhalten durfte) und dem letzten noch erhaltenen *schøtstuene* (Speisesaal) der Stadt untergebracht. Serviert werden Fischsuppe (98 nkr), Miesmuscheln (125 nkr) und eine Auswahl norwegischer Tapas. Die Küche ist gut, aber der größte Trumpf ist die Atmosphäre.

LP Tipp **Enhjørningen** (Karte S. 206; ☎ 55 32 79 19; Bryggen; Vorspeisen 95–135 nkr, Hauptgerichte 275–310 nkr, 3-/4-gängiges Abendessen 490/550 nkr; ⏰ Juni–Aug. 12–23 Uhr, Sept.–Mai 16–23 Uhr) Das beliebte Restaurant der gehobenen Kategorie serviert ausgezeichnete Fischgerichte und Meeresfrüchte in rustikalem Ambiente. Hier stehen erstklassige Küche und nostalgische Eleganz im Mittelpunkt. Einheimische loben die hohe Qualität. Uns haben die Kammmuscheln und Scampi (295 nkr) besonders geschmeckt, aber auch alles andere ist köstlich.

Finnegaards Stuene (Karte S. 206; ☎ 55 55 03 20; Finnegårdsgaten 2; 3-/5-/7-gängiges Abendessen 595/695/ 795 nkr; ⏰ Mo–Sa 18–23 Uhr) Diese gute Adresse gehört zum prachtvollen Det Hanseatiske Hotel. Das erstklassige Restaurant bietet schmackhafte, traditionelle Gerichte der Region im stimmungsvollen Ambiente von Bryggen im 18. Jh.

Sushi & internationale Küche

Red So (Karte S. 206; ☎ 55 31 31 00; Kong Oscars Gate 4; Sashimi ab 47 nkr, Makis ab 56 nkr, Sushi Combo 270 nkr; ☺ Mittag- und Abendessen) Bergens neueste und am meisten gefeierte Sushibar bietet absolut frischen Fisch und stylishes Ambiente. Im oberen Stock serviert ein vornehmeres Restaurant vietnamesische und thailändische Gerichte.

LP Tipp Kafe Kippers (USF; Karte S. 206; ☎ 55 31 00 60; Georgenes Verft 12; Hauptgerichte mittags 58–81 nkr, abends 89–141 nkr; ☺ Mittag- und Abendessen) Diese angenehme Freiterrasse abseits vom Gewimmel des Zentrums ist einer der besten Tipps für ein gemütliches Essen oder einfach einen Drink bei schönem Wetter. Sie gehört zu einem Kulturzentrum in einer ehemaligen Konservenfabrik und versprüht ein wenig die Atmosphäre eines Künstlertreffs. Die reichhaltige Mittagskarte enthält u. a. Linguini und Thunfischsalat mit Sesam.

Sumo (Karte S. 206; ☎ 55 90 19 60; Neumanns Gate 25; Sushi ab 59 nkr, Hauptgerichte 149–225 nkr; ☺ Mittag- und Abendessen) Eine gute Sushibar mit Sashimi, einer phantasievollen Auswahl von Nudelgerichten und Tischen im Freien.

Naboen (Karte S. 206; ☎ 55 90 02 90; Neumanns Gate 20; schwedische Hauptgerichte 88–194 nkr; ☺ Mo–Sa 16–23, So 16–22 Uhr) Obwohl auch norwegische Gerichte auf seiner Karte stehen, ist das Naboen v. a. für seine schwedischen Spezialitäten wie Fleischklößchen und Hasenfilet (194 nkr) bekannt.

Bocca (Karte S. 206; ☎ 55 32 64 50; Øvre Ole Bulls Plass 3; 2-gängiges Mittagsmenu 13–179 nkr, Hauptgerichte 210–295 nkr; ☺ Juni–Aug. So–Fr 7–17, Sa 7–16 Uhr, Sept.–Mai Mo–Sa 7–16 Uhr) Das Bocca ist trendig dekoriert und in seinem gehobenen Brasserie-Ambiente treffen sich Bergens Yuppies. Es serviert mediterrane Küche mit norwegischem Einschlag.

Stragiotti (Karte S. 206; ☎ 55 90 31 00; Vestre Torvgate 3; Tagesgerichte mittags 59–139 nkr, Hauptgerichte 129–279 nkr; ☺ Mittag- und Abendessen) Dieses neu herausgeputzte, italienische Restaurant hat einen eleganten Speisesaal und eine hübsche Freiterrasse. Es serviert echt italienische Küche zu akzeptablen Preisen.

Tapas

LP Tipp Escalon (Karte S. 206; ☎ 55 32 90 99; Vetrlidsalmenning 21; Tapas 56–98 nkr; ☺ So–Fr 15–24, Sa 13–24 Uhr) Tapas haben Bergen im Sturm erobert und nirgends sind sie besser als im Escalon. Die netten, jungen Kellner beraten die Gäste gerne und geben Tipps zur Weinkarte. Sehr empfehlenswert!

Bar Celona (Karte S. 206; ☎ 55 23 42 33; Vaskerelven 16–18; Tapas 39–79 nkr, Hauptgerichte 174–228 nkr; ☺ Mo–Do 14–1, Fr 14–2, Sa 12–2 Uhr) Das schicke Restaurant mit einer Bar im spanischen Stil hat Klasse und eine nette Atmosphäre. Das Essen ist gut und es gibt Tische im Freien.

AUSGEHEN

Bergen ist eine phantastische Stadt um auszugehen. Es gibt zwar keine strikte Aufteilung, aber man kann doch sagen, dass es in Bryggen überwiegend Touristenbars (mit Touristenpreisen) gibt, während sich die Studenten und die anspruchsvolleren Stadtbewohner eher in den Lokalen südwestlich des Øvre Ole Bulls Plass treffen. In den Studentenkneipen kann es an Sommerabenden überraschend ruhig sein, da das Stammpublikum dann größtenteils im Urlaub ist. Außerdem hat Bergen eine florierende Café-Szene.

Bars & Weinbars

LP Tipp Altona Vinbar (Karte S. 206; ☎ 55 30 40 30; C Sundtsgate 22; ☺ Mo–Do 18–0.30, Fr & Sa 18–1.30 Uhr) Unser Favorit unter den Weinbars von Bergen. Das gemütliche Labyrinth der Kellerräume stammt aus dem 16. Jh. Pluspunkte sind die riesige Auswahl internationaler Weine, sanftes Licht und gedämpfte Musik von Jazz bis Rock. Es gibt eigentlich nichts zu kritisieren. Nur bei den ungewöhnlich niedrigen Türen ist Vorsicht geboten!

Legal (Karte S. 206; Ecke Nygårdsgaten & Christies Gate; ☺ So–Do 14–1.30, Fr & Sa 14–2.30 Uhr) Diese relaxte Bar mit Retrodekor und Musik in Richtung Electronica und Softfunk ist eine der beliebtesten Studentenkneipen der Stadt. Die obere Etage ist perfekt für eine lange Nacht.

Fincken (Karte S. 206; Nygårdsgaten 2A; ☺ Mi & Do 19–1.30, Fr 19–2.30, Sa 20–2.30 Uhr) Dies ist eine der wenigen Schwulenbars in Bergen, gegenüber vom Legal.

To Glass Vinbar (Karte S. 206; ☎ 55 32 90 99; Vetrlidsalmenning 19; ☺ Mo–Do 18–1, Fr & Sa 18–2 Uhr) In dieser trendigen Weinbar bei der Seilbahnstation und nicht weit vom Zentrum verkehrt ein etwas eleganteres Publikum als in den meisten anderen Bars der Straße.

Bocca (Karte S. 206; 1. OG, Øvre Ole Bulls Plass 3; ☺ 11–3.30 Uhr) Die oberhalb des gleichnamigen Restaurants gelegene Bar wird überwiegend von schicken Gästen über 30 besucht. Man trifft sich auf dem Balkon oder bei gedämpftem Licht im retrogestylten Salon. Gespielt

---

STIMMEN DER EINWOHNER: ESPEN OLSEN

Wie lange wohnen Sie in Bergen? Mein ganzes Leben, abgesehen von einem Jahr, das ich als Student im Ausland verbracht habe.

Was ist das Beste am Leben in Bergen? Bergen hat die Atmosphäre einer Kleinstadt und bietet doch alles. Auch sehr viel Kultur, so war die Stadt z. B. während der Bergen Wave vor wenigen Jahren der Mittelpunkt Norwegens für Musik und Kurz- und Dokumentarfilm. Für eine Stadt dieser Größe bietet Bergen eine überraschend große kulturelle Vielfalt.

Wie sind die Menschen in Bergen? Wir sind sehr stolz auf unsere Stadt. Wir erzählen immer gerne, dass wir nicht aus Norwegen, sondern aus Bergen kommen. Und wir erzählen viel!

Stört es Sie, dass die Stadt so vom Tourismus überschwemmt wird? Wir freuen uns darüber, denn wir waren immer eine sehr internationale Stadt. Der Tourismus hat dazu beigetragen, Bryggen zu retten, und heute sind alle stolz darauf. Doch in den 1970erJahren wäre es fast abgerissen worden. Sie hätten Bergen vor 20 Jahren erleben sollen. Damals war es recht hässlich. Aber heute sind die Menschen ins Zentrum zurückgekehrt.

Was bringt Sie an den Touristen zum Lachen? Im Sommer, wenn das Wetter schön ist und alle draußen sind, fragen die Touristen manchmal, was wir denn feiern. Dabei sind wir alle nur draußen, weil es gerade mal nicht regnet.

Der beste Tipp für Besucher? Mit der Fløibanen auf den Berg fahren – aber zu Fuß wieder herunterspazieren!

Die besten Lokale zum Ausgehen? Altona (S. 216), Legal (S. 216), Capello (S. 217), Naboen (S. 217), Pingvinen (S. 217), Kafe Kippers (S. 217) und das Escalon (S. 216), wo ich arbeite.

Das beste Lokal für einen Kaffee? Det Lille Kaffe Kompaniet (S. 217) und die Dromedar Kaffebar (S. 217).

Die besten Feste in Bergen? Bergenfest, Night Jazz Festival und Bergen International Film Festival (s. S. 212).

Die besten Ausflüge ab Bergen? Wandern in den Stølsheimen Bergen (S. 222), Gletscherwandern bei Finse (S. 198) und die Fahrt von Finse hinunter nach Flåm (s. Kasten S. 198).

Interview von Anthony Ham

---

wird überwiegend Lounge-Musik und donnerstags bis samstags legt ein DJ auf. Ein San Miguel kostet hier 54 nkr, Martinis 59 nkr und die meisten Cocktails 93 nkr.

Weitere Restaurantbars südwestlich des Zentrums:

Kafe Kippers (USF; Karte S. 206; Georgenes Verft 12; ◷ Mo–Fr 11–12.30, Sa & So 12–12.30 Uhr) besonders im Sommer beliebt; perfekt für einen Drink im Freien.

Naboen (Karte S. 206; Neumanns Gate 20; ◷ So–Do 17–1.30, Fr & Sa 17–2.30 Uhr) Für Fans von Indie-Rock und Jazz, unterhalb des gleichnamigen Restaurants.

Onkel Lauritz (Karte S. 206; Vaskerelven 6; ◷ So–Do 18–1, Fr & Sa 18–2 Uhr) Prima, um sich in Ruhe zu unterhalten; über dem Boha.

Pingvinen (Karte S. 206; Vaskerelven 14; ◷ 14–3.30 Uhr) Lockere Atmosphäre und ein nettes, jüngeres Publikum. Die Snacks sind nicht schlecht, falls sich zu später Stunde der Hunger meldet.

Kaffeehäuser & Cafés

Café Opera (Karte S. 206; ☎ 55 23 03 15; Engen 18; ◷ Mo–Do 11–0.30, Fr & Sa 11–3.30, So 12–0.30 Uhr) Am Tag hat das Opera die Atmosphäre eines Literaturcafés

mit Bildern an den Wänden und gutem Kaffee, der überwiegend Studenten und Künstler lockt. Am Wochenende wird bis spät in die Nacht abgetanzt, zu Rhythmen zwischen Jazz, Electronica und klassischen Clubhits.

Det Lille Kaffe Kompaniet (Karte S. 206; Nedre Fjellsmug 2; Kaffee oder heiße Schokolade 18–55 nkr; ◷ So–Fr 10–22, Sa 12–18 Uhr) In den letzten Jahren hat dieses Lokal zweimal einen nationalen Preis für den besten Kaffee gewonnen. Außerdem sind zwei seiner Kellner in der norwegischen Nationalmannschaft der Kaffeeköche (so etwas wie eine Fußballmannschaft – nur mit Espressomaschinen). Ein nettes, kleines Café mit Tischen im Freien.

Dromedar Kaffebar (Karte S. 206; ☎ 55 55 85 86; Strandgaten 79; ◷ Mo–Fr 7.30–18, Sa 10–18, So 11–18 Uhr) Die örtlichen Kaffeefans stellen dieses Lokal fast auf eine Stufe mit dem Det Lille Kaffe Kompaniet.

Capello (Karte S. 206; ☎ 55 96 12 11; Skostredet 14; ◷ Mo–Mi 12–18, Do–Sa 12–1, So 13–18 Uhr) Eine sympathische, kleine Cafébar mit Süßgebäck, Milchshakes, Bier und Pfannkuchen. Die untere Etage ist ganz im Stil der 50er- und 60er-Jahre gehalten (Elvis, die Monkeys, die Beatles und Bob Dylan beherrschen die Jukebox). Im Obergeschoss beginnen dann die 70er.

Vågen (Karte S. 206; Kong Oskars Gate 10; ☿ Mo–Fr 8.30–21, Sa 8.30–19, So 11–21 Uhr) Dies ist ein ruhiges Café mit einer Mischung aus traditionell norwegischer Deko und Bob-Marley-Flair. Die Gäste sitzen an rustikalen Holztischen und die Stimmung wird gelegentlich durch Reggaerhythmen belebt. Eine relaxte Kombination für einen gemütlichen Nachmittag.

Jacobs Café (Karte S. 206; Kong Oscars Gate 44; ☿ So–Do 7.30–1, Fr & Sa 7.30–2 Uhr) Jacobs ist ein gemütliches Café mit Biergarten und überwiegend einheimischem Publikum. Abends und an Wochenenden gibt's manchmal Livemusik.

UNTERHALTUNG

Bergen hat für jeden Geschmack etwas zu bieten – von anspruchsvoller Kultur bis zum Latenight-Musiktreff. Für Konzerte und Folklore gibt's mit der Bergen Card (s. S. 203) die eine oder andere interessante Ermäßigung.

Kino

Bergen Kino (Karte S. 206; ☎ 82 05 00 05; Neumanns Gate 3; Eintritt 60–80 nkr) Dieser Kinokomplex zeigt Premieren im Originalton. Er ist auch Zentrum des **Bergen International Film Festival** (www.biff.no) im Oktober.

Konzerte

Bergen bietet den ganzen Sommer hindurch ein vielfältiges Livemusikprogramm, darunter viele klassische Konzerte rund um den Komponisten Edvard Grieg (s. S. 52), dem populärsten Sohn der Stadt. Die meisten Konzerte finden auf dramatischen Freiluftbühnen statt, wie **Troldhaugen** (Karte S. 204; Erw. mit/ohne Bergen Card 160/220 nkr; ☿ Mitte Juni–Aug. Mi & Sa, Sept. & Okt. So), **Siljustøl** (Karte S. 204; 200 nkr; ☿ Mitte April–Mitte Mai So 15 Uhr) auf dem Fløyen sowie in den Parks bei der Håkonshalle. Infos und Programme gibt's bei der Touristeninformation. Tickets gibt es dort ebenfalls oder direkt am Veranstaltungsort. Kostenlose Busse zu den Konzerten fahren etwa eine Stunde vor Konzertbeginn vor der Touristeninformation ab. Von Mitte Juni bis Ende August werden immer um 21 Uhr im Grand Hotel Terminus (S. 214) **Grieg-Konzerte** (Erw. mit/ohne Bergen Card nkr 140/180) veranstaltet.

Das berühmte **Bergen Philharmonic Orchestra** (☎ 55 21 61 50; www.filharmonien.no) spielt von September bis Mai Konzerte in der **Grieghalle** (Karte S. 196; ☎ 55 21 61 00; www.grieghallen.no; Edvard Griegs Plass).

In der Grieghalle finden auch größere Rockkonzerte und andere Veranstaltungen mit moderner Musik statt. Infos über geplante Veranstaltungen bietet die Website www.bergenlive.no (in Norwegisch).

Ein wichtiger Veranstaltungsort für Konzerte und Ausstellungen ist auch **USF Vertfet** (☎ 55 31 55 70; www.usf.no; Georgenes Verft 12) auf der Nordnes Halbinsel.

Folklore

Fana Folklore (Karte S. 204; ☎ 55 91 52 40; Fana Kirke; Tickets inkl. Bus 300 nkr; ☿ Juni–Aug. Fr 19 Uhr) Wer bisher noch keinen Zugang zur traditionellen norwegischen Kultur gefunden hat, hat bei dieser Folkloreshow in der Stabkirche von Fana vielleicht seine ersten Aha-Erlebnisse. Klar ist sie touristisch, aber trotzdem gut gemacht, und unter den Zuschauern sind meistens nicht wenige Norweger. Busse von Fana Folklore holen Ticketinhaber um 19 Uhr vom Festplassen ab und bringen sie um 22.30 Uhr wieder zurück; Tickets gibt's bei der Touristeninformation.

Bergen Folklore (Karte S. 206; ☎ 55 55 20 06; Erw./Kind 100 nkr/gratis; ☿ Mitte Juni–Mitte Aug. Di 21 Uhr) ist eine weitere Truppe, die im passenden Ambiente der Schøstuene (s. S. 205) eine Stunde lang traditionelle Musik und Tänze zum Besten gibt. Tickets gibt's bei der Touristeninformation und an der Abendkasse.

Nachtclubs & Livemusik

Calibar (Karte S. 206; www.calibar.no, auf Norwegisch; Vaskerelven 1; ☿ Mo–Do 15–1, Fr 15–3, Sa 12–3 Uhr) Das Calibar ist sehr hip, hat eine phantastische Lichtanlage und eine tolle Deko, die moderne Eleganz mit Retroflair verbindet (das Calibar soll den ältesten Fußboden der ganzen Stadt haben). Die obere Etage ist ein Café, in dem man sich unterhalten kann, im Nachtclub darunter wird abgetanzt. Das Publikum ist um die 30 und gespielt werden 80er-Jahre-Hits zum Mitsingen. Zutritt haben nur Personen ab 24 Jahren und ein Cocktail kostet etwa 96 nkr.

Garage (Karte S. 206; ☎ 55 32 19 80; Christies Gate 14; ☿ 15–3.30 Uhr) Die Garage ist für Musikfans in ganz Europa zu einer legendären Einrichtung geworden. Livejazz und akustische Musik werden hier zwar auch gespielt, aber im Grunde ist die Garage ein Rocktreff, in dessen großem Saal namhafte norwegische und internationale Künstler auftreten. So etwas wie eine lokale Legende ist Dennis, der früher in der Gruppe Electric Rain gespielt hat und öfters in der Garage rumhängt. Dennis weiß alles über die hiesige Musikszene.

Hulen (Karte S. 206; ☎ 55 55 31 31; www.hulen.no, auf Norwegisch; Olaf Ryes Vei 48; ☻ Sept.–Mitte Juni Do–Sa 21–3 Uhr) Auch dieser Laden genießt einen legendären Ruf. Seit 1968 erfolgreich, ist er der älteste Rockclub Nordeuropas und eine der klassischen Indie-Rock-Bühnen. Hulen bedeutet „Höhle" und ist ein umgebauter Luftschutzkeller. Leider ist im Sommer geschlossen, da dann viele Studenten verreist sind. Anfang November findet hier ein Heavymetal-Festival statt.

Rick's (Karte S. 206; ☎ 55 55 31 31; Veiten 3; pro Pers. 90 nkr; ☻ So–Do 13–3, Fr & Sa 13–3.30 Uhr) Das Rick's bietet für jeden Geschmack etwas. Im Erdgeschoss befindet sich das „Silver", eine super-stylishe Weinbar mit Café und teils himmelschreiendem Dekor. Im Rick's im Keller wird ab 22 Uhr Livemusik gespielt und auch eine beliebte Disko gibt's hier. Mindestalter: 24 Jahre.

SHOPPEN

Viele der Geschäfte von Bryggen verkaufen v. a. abscheuliche Kühlschrankmagnete, Käsehobel und Trolle, aber es gibt auch ein paar bessere Angebote – wenn man weiß wo.

Juhls' Silver Gallery (Karte S. 206; ☎ 55 32 47 40; juhls.bg@online.no; Bryggen 39; ☻ Mitte Mai–Mitte Aug. 9–22 Uhr, übrige Zeit Mo–Fr 9–18, Sa & So 13–19 Uhr) Dieses hervorragende Schmuckgeschäft verkauft exklusive Silberarbeiten von Regine Juhls, die ihr Atelier weit jenseits des Polarkreises hat (S. 392). Ihre Kollektion „Tundra" ist geprägt von der einsamen Weite des Nordens.

Kvams Flisespikkeri (Karte S. 206; ☎ 55 32 78 20; www.kvams-flisespikkeri.com; Bredsgården, Bryggen; ☻ Mitte Mai–Mitte Sept. 9–18 Uhr, übrige Zeit Mo–Fr 11–15, Sa 12–16 Uhr) Diese Galerie bietet neben billigeren Reproduktionen eine Auswahl von Gemälden, Handdrucken und anderen Werken des Künstlers Ketil Kvam. Motiv ist meist die Stadt Bergen.

Læverkstedet (Karte S. 206; ☎ 55 31 45 73; Jacobsfjorden, Bryggen; ☻ Mitte Mai–Mitte Aug. 9–19 Uhr, übrige Zeit kürzer) Eines der beliebtesten Geschäfte in den Gassen von Bryggen. Es bietet herrlich weiches Elchleder sowie Jacken, Handtaschen und jede Menge Nippes.

Gitarmaker (Karte S. 206; ☎ 55 31 07 01; www.hanno kiehl.com, auf Norwegisch; Kong Oscars Gate 45; ☻ Mo–Fr 11–18, Sa 11–14 Uhr) Der sympathische Hanno Kiehl verkauft handgemachte, akustische Gitarren höchster Qualität, die in diese ausgesprochen musikalische Stadt hervorragend passen. Sie sind nicht billig (ab 25 000 nkr) und es kann zwei Monate dauern, bis sie fertig sind, aber die Qualität ist einmalig.

Oleana (Karte S. 206; ☎ 55 31 05 20; www.oleana.no; Strandkaien 2 A; ☻ Mo–Fr 9–19, Sa 10–16, So 12–18 Uhr) Oleana verkauft Textilien, die von traditionellen Trachten inspiriert und durch ausdrucksstarke Webarbeiten geprägt sind. Die Boutique ist ein Augenschmaus leuchtender Farben und herrlicher Kleider.

Husfliden (Karte S. 206; ☎ 55 31 78 70; Vågsalmenningen 3; ☻ Mo–Mi & Fr 9–16.30, Do 9–19, Sa 9–15 Uhr) Husfliden hat weniger künstlerische, aber dafür typisch norwegische Souvenirs, darunter eine große Auswahl an Handarbeiten, Holzspielzeug und traditioneller Kleidung.

Foto Video (Karte S. 206; ☎ 55 31 62 15; www.foto video.no, auf Norwegisch; Nygaten 9; ☻ Mo–Mi & Fr 9–17, Do 9–19, Sa 9–15 Uhr) Ein professionelles Geschäft für Foto- und Videobedarf.

Bergen besitzt zwei schicke Einkaufszentren in der Innenstadt. **Galleriet** (Torgalmenningen 8; ☻ Mo–Fr 9–20, Sa 9–18 Uhr) hat fünf Etagen und bietet alles: vom Benetton Store bis zum Body Shop. Im **Xhibition** (Småstrandgaten 3; ☻ Mo–Fr 9–20, Sa 9–18 Uhr) gibt es eine riesige H&M-Filiale sowie einen Supermarkt und ein Postamt.

AN- & WEITERREISE
Bus

Die billigsten Busverbindungen hat **Lavprisekspressen** (www.lavprisekspressen.no, auf Norwegisch) mit Fahrten nach Oslo (349 nkr, Sa, Mo, Do & Fr 2-mal tgl.). Nor-Way Bussekspress bietet folgende Verbindungen:

Ziel	Abfahrten	Preis	Dauer
Ålesund	1- bis 2-mal tgl.	610 nkr	10½ Std.
Kristiansand	1-mal tgl.	625 nkr	12 Std.
Oslo	3-mal tgl.	700 nkr	11½ Std.
Stavanger	8-mal tgl.	420 nkr	5¾ Std.
Stryn	3-mal tgl.	451 nkr	6½ Std.
Trondheim	2-mal tgl.	751 nkr	14¼ Std.

Flugzeug

Der **Bergen Airport** (Karte S. 204; ☎ 55 99 80 00) befindet sich bei Flesland, 19 km südwestlich des Zentrums. **SAS Braathens** (☎ 81 52 00 00; www. sasbraathens.no) bietet sechsmal täglich Flüge von und nach Oslo (ab 265 nkr). Außerdem gibt es Direktflüge nach Trondheim (ab 560 nkr), Kristiansand (ab 560 nkr) und Stavanger (ab 520 nkr). **Coast Air** (☎ 81 54 44 42; www.coastair.no) fliegt täglich nach Haugesund (ab 490 nkr).

Informationen über internationale Flüge von/nach Bergen s. S. 434.

Schiff

Expressschiffe von **Fylkesbåtane** (☎ 55 90 70 70; www.fylkesbaatane.no) fahren täglich vom Strandkaiterminal (Karte S. 206) nach Balestrand (410 nkr, 4 Std.), Flåm (552 nkr, 5½ Std.), Måløy (595 nkr, 4½ Std.), Selje (640 nkr, 5 Std.) und Stavanger (einfach/hin & zurück 620/710 nkr, 4 Std.).

Die Hurtigruten-Küstenfähre legt täglich um 20 Uhr am Frieleneskaien (Karte S. 206), südlich der Universität ab; Einzelheiten s. S. 446.

Internationale Fähren von/nach Bergen verkehren ab dem Skoltegrunnskaien (Karte S. 206), nordwestlich des Rosenkrantzturms; Einzelheiten s. S. 438.

Rødne Fjord Cruise (☎ 51 89 52 70; www.rodne.no; 285 nkr; ☽ Mai–Aug.) bietet im Sommer Expressverbindungen von Bergen nach Rosendal (S. 231). Nordwestlich des Strandkaiterminals legen sie von Montag bis Freitag zweimal täglich sowie Samstag und Sonntag einmal täglich ab.

Zug

Die spektakuläre Bahnfahrt zwischen Bergen und Oslo (299–728 nkr, 6½–8 Std., 5-mal tgl.) führt durchs Herz Norwegens. Nahverkehrszüge zwischen Bergen und Voss (153 nkr, 1 Std.) verkehren alle ein bis zwei Stunden; vier Züge gehen von/nach Myrdal (232 nkr, 2¼ Std.) und bieten Anschluss an die Flåmsbana.

UNTERWEGS VOR ORT
Vom/zum Flughafen

Flybussen (www.fly bussen.no) verkehrt viermal stündlich zwischen dem Airport in Flesland und Stationen am Radisson SAS Royal Hotel, dem Busbahnhof und gegenüber der Touristeninformation (Erw./Kind 75 nkr/ gratis, 45 Min.).

Fahrrad

Fahrräder vermietet die Werkstatt unter der **Sykkelbutikken** (Karte S. 206; ☎ 55 36 18 80; Kong Oscars

Gate 81; pro Wochenende ab 300 nkr, Mountainbike pro Tag/ Woche 200/700 nkr, Tasche/Helm 40/50 nkr).

Bus

Busfahrten (☎ 177) im Bereich der Innenstadt kosten pauschal 20 nkr, außerhalb richten sich die Preise nach der Distanz. Kostenlose Busse der Linie 100 verkehren zwischen Bryggen und dem Busbahnhof.

Auto & Motorrad

Wo Parkplätze knapp sind, ist die Parkdauer auf maximal 30 Minuten oder 2 Stunden begrenzt. Die Parkplätze von Sydnes erlauben eine Dauer von bis zu 9 Stunden (nachts kostenlos). Das größte und billigste Parkhaus (75 nkr pro 24 Std.) ist das 24-Stunden-Parkhaus Bygarasjen am Busbahnhof.

Schiff

Von Ende Mai bis Ende August verkehrt die **Vågen-Harbour-Fähre** (Karte S. 206; ☎ 55 56 04 00; einfach/hin & zurück Erw. 40/50 nkr, Kind 25/35 nkr; ☽ 10– 18 Uhr alle 30 Min.) zwischen dem Fischmarkt Torget und Tollbodhopen auf Nordnes (nahe dem Bergen Aquarium).

VOSS

13 786 Ew.

Voss hat sich weltweit einen Namen gemacht als Abenteuerhauptstadt Norwegens. Wer für Rafting oder Bungeejumping eine Schwäche hat oder für irgendeine Sportart schwärmt, die mit Fallschirmen zu tun hat, der wird um Voss nicht herumkommen. Für alle anderen ist der Ort nicht viel mehr als eine Station auf der Strecke zwischen Bergen und den Fjorden. Voss liegt reizvoll an einem See, doch nach den deutschen Bombenangriffen im Zweiten Weltkrieg ist die Architektur überwiegend modern und gesichtslos.

PRAKTISCHE INFORMATIONEN

Bibliothek (☎ 56 51 94 70; ☽ Mo–Mi & Fr 10–16, Do 10–19, Sa 10–14 Uhr) Kostenloser, zeitbegrenzter Internetzugang.

Playcom Voss (☎ 56 51 63 03; Vangsgata 36; pro Std. 40 nkr; ☽ Mo–Fr 9–22, Sa 10–22, So 11–22 Uhr) Internetzugang.

Touristeninformation (☎ 56 52 08 00; www.visitvoss.no; Uttrågata 9; ☽ Juni–Aug. Mo–Fr 8–19, Sa 9–19, So 12–19 Uhr, Sept.–Mai 8.30–15.30 Uhr)

BERGEN & DIE SÜDWESTLICHEN FJORDE

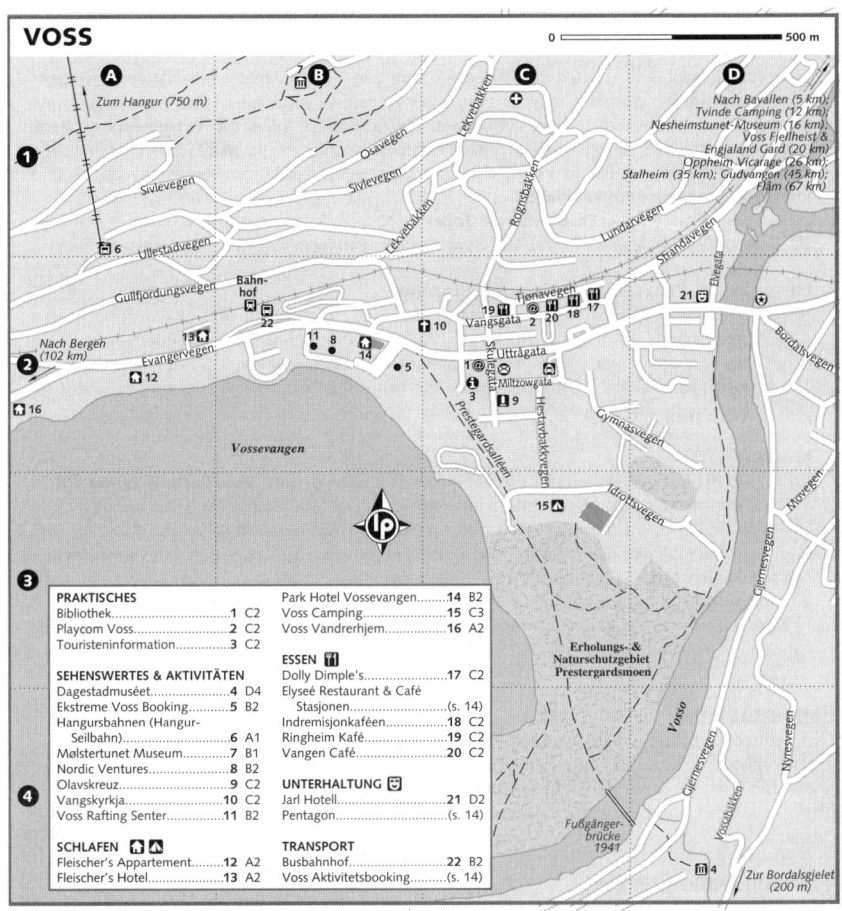

VOSS

0 ─────── 500 m

PRAKTISCHES		Park Hotel Vossevangen........**14** B2
Bibliothek..............................**1** C2		Voss Camping.................**15** C3
Playcom Voss....................**2** C2		Voss Vandrerhjem..............**16** A2
Touristeninformation............**3** C2		
		ESSEN
SEHENSWERTES & AKTIVITÄTEN		Dolly Dimple's.....................**17** C2
Dagestadmuséet.....................**4** D4		Elyseé Restaurant & Café
Ekstreme Voss Booking............**5** B2		Stasjonen.......................(s. 14)
Hangursbahnen (Hangur-		Indremisjonkaféen..............**18** C2
Seilbahn)..............................**6** A1		Ringheim Kafé....................**19** C2
Mølstertunet Museum............**7** B1		Vangen Café.......................**20** C2
Nordic Ventures....................**8** B2		
Olavskreuz..............................**9** C2		**UNTERHALTUNG**
Vangskyrkja........................**10** C2		Jarl Hotell.............................**21** D2
Voss Rafting Senter..............**11** B2		Pentagon.............................(s. 14)
SCHLAFEN		**TRANSPORT**
Fleischer's Appartement........**12** A2		Busbahnhof............................**22** B2
Fleischer's Hotel...................**13** A2		Voss Aktivitetsbooking..........(s. 14)

SEHENSWERTES
Vangskyrkja & Olavskreuz

Die **Steinkirche** von Voss (☎ 56 51 38 80; www.voss.
kyrkjer.net; Uttrågata; Erw./Kind 15 nkr/gratis; ☽ Juni–Aug.
Mo–Fr 10–16, Sa 10–14, So 14–16 Uhr, übrige Zeit kürzer)
befindet sich an der Stelle, wo früher ein alter
heidnischer Tempel stand. Hier wurde in der
Mitte des 13. Jhs. eine gotische Kirche errichtet. Zwar sind der ursprüngliche Steinaltar
und die einzigartige Turmspitze aus Holz
erhalten. Doch viele Originalteile wurden
im Zuge der Reformation 1536 entfernt.
Die Buntglasfenster wurden 1923 anlässlich des Jubiläums „900 Jahre Christentum
in Voss" eingesetzt. Wie durch ein Wunder
überstand das Gebäude die heftige deutsche

Bombardierung von Voss im Jahr 1940 völlig
unbeschadet.

Auf einem Feld 150 m südöstlich der
Touristeninformation steht ein verwittertes
Steinkreuz, das König Olav Haraldsson der
Heilige (der hl. Olav) 1023 zur Erinnerung
an die Bekehrung der Einheimischen zum
Christentum aufstellte. Obwohl es so nahe
liegt, konnte uns die Touristeninformation
nicht sagen, wo es steht.

Prestegardsmoen

Das **Freizeit- und Naturschutzgebiet Prestegards-
moen**, das sich südlich von Voss Camping erstreckt, bietet eine Reihe von Wanderwegen
sowie 140 Pflanzen- und 124 Vogelarten.

EXTREMSPORT IN VOSS

Wem eine gemächliche Schiffsreise auf dem Fjord zu den spektakulären Landschaften Norwegens etwas zu zahm ist, der wird in Voss sein Glück finden. Diese Stadt ist das Mekka für jeden Extremsportler – besonders Ende Juni, wenn die Adrenalin-Junkies zur **Extremesport Week** (www.ekstremsportveko.com) nach Voss strömen, einem einwöchigen Festival, das jeden erdenklichen Extremsport (Skydiving, Paragliding und Basejumping) mit Liveauftritten von einheimischen und internationalen Musikern kombiniert.

Reservierungen erledigt **Ekstreme Voss Booking** (☎ 56 51 36 30; www.ekstremevoss.com; ☯ Mai–Sept. Mo–Do & So 10–17, Fri & Sa 10–20 Uhr). Das Büro liegt am Parkplatz des Park Hotel Vossevangen.

Paragliding, Parasailing & Bungeejumping

Nordic Ventures (☎ 56 51 00 17; www.nordicventures.com; ☯ April–Mitte Okt.) ist eines der besten Aktivzentren seiner Art in ganz Norwegen. Auf dem Programm stehen Tandem-Paragliding (1200 nkr), Parasailing (450 nkr) und sogar Bungeejumping von einem 115 km/h schnellen und 180 m hohen Parasail aus (1600 nkr)! Das Motto lautet hier: „Sei mutig. Oder tu wenigstens so. Den Unterschied merkt kein Mensch."

Wassersport

Auch wem die luftigen Höhen nicht so liegen, kommt nicht zu kurz. **Voss Rafting Senter** (☎ 56 51 05 25; www.vossrafting.no) bietet einfach alles: vom Wildwasserrafting (450 bis 750 nkr oder 1600 nkr pro Familie) und Canyoning (700 nkr) bis hin zum Wasserfall-Abseilen (ab 800 nkr) und Riverboarding (800 nkr). Beim Rafting und Riverboarding kann man zwischen drei verschiedenen Flüssen wählen: Stranda (Klasse III bis IV), Raundalen (Klasse III bis V) und Vosso (Klasse II). Auch ihr Motto vielversprechend: „Bei uns machst du dir garantiert die Hose nass."

Nordic Ventures organisiert auch Kajak-Expeditionen: von Seetouren (4 bis 5 Std., 575 nkr) bis Ein-/Zwei-/Drei-Tagestouren (895/1895/2595 nkr) auf dem spektakulären Nærøyfjord (S. 249).

Hangursbahnen

Die **Seilbahn** (☎ 56 53 02 20; Erw./Kind 90/55 nkr; ☯ Juni–Anfang Sept. 13–17 Uhr) auf den Hangur, hoch über Voss, eröffnet herrliche Panoramablicke über die Stadt und die umliegenden Berge.

Volkskundemuseum Voss

Der wichtigste Teil des Volkskundemuseums von Voss (Voss Folkemuseum), das **Mølstertunet Museum** (☎ 56 51 15 11; Mølstervegen 143; Erw./Kind 45 nkr/gratis; ☯ Mitte Mai–Mitte Sept. tgl. 10–17 Uhr, übrige Zeit Mo–Fr 10–15, So 12–15 Uhr), ist der Mølsterhof auf einem Hügel oberhalb der Stadt. Die 16 historischen Hofgebäude waren einst typisch für die Region. Sie stammen aus der Zeit von 1600 bis 1870. Führungen gibt es zu jeder vollen Stunde.

Die anderen beiden Teile des Museums, das **Nesheimstunet-Museum** in Tvinne (12 landwirtschaftliche Gebäude, von denen das älteste 1688 erbaut wurde) und das hölzerne Pfarrhaus **Oppheim**, liegen 16 bzw. 26 km von Voss entfernt, an der Straße Richtung Gudvangen (E16). Das Gelände selbst ist für jeden zugänglich, aber wenn man die Innenräume besichtigen will, muss man sich per Telefon anmelden.

Dagestadmuséet

Dieses **Museum** (☎ 56 51 65 33; www.dagestadmuseet. no, auf Norwegisch; Helgavangen 52; Erw./Kind/Stud./Rentner 40 nkr/gratis/30 nkr; ☯ Juni–Mitte Aug. Di–So 11–14 Uhr) liegt 1,5 km südlich des Zentrums. Es wurde 1950 von dem renommierten einheimischen Holzschnitzer Magnus Dagestad (1865–1957) eröffnet. Gezeigt wird sein Lebenswerk, bestehend aus Schnitzarbeiten, Zeichnungen und traditionellen Holzmöbeln, sowie Werke seiner Frau Helena. Eine ungewöhnliche und lohnende Ausstellung.

AKTIVITÄTEN

Von Ende Juni bis Mitte September organisiert die Touristeninformation immer samstags geführte **halb- oder ganztägige Wanderungen** (www.vossafjell.no) in die Berge der Umgebung. Sie hat auch Infos über Radtouren und verkauft **Angelscheine** (1 Tag/3 Tage/Saison 50/75/250 nkr).

Voss Fjellhest & Engjaland Gard (☎ 56 51 91 66; www.vossfjellhest.no; Engjaland; 3 Std./Tag 500/900 nkr) organisiert von Juli bis Ende August Wanderungen und Ausritte in das herrliche Støls-heimen-Gebirge, 20 km nördlich von Voss. Zimmer mit Vollpension kosten für ein Wochenende 2500 nkr pro Person.

Die **Skisaison** in Voss dauert gewöhnlich von Anfang Dezember bis April. Wintersport konzentriert sich auf die Seilbahn am Hangur (S. 222), wo auch Skikurse angeboten werden. Wer ein eigenes Fahrzeug hat, kann auch zum Skigebiet Bavallen, 5 km nördlich des Zentrums, fahren, das für internationale Alpinwettkämpfe ausgestattet ist. Auf dem Plateau und im Raundalen bei Mjølfjell gibt es außerdem exzellente Langlaufstrecken. Infotelefon für Wetter und Schneebedingungen: ☎ 56 51 94 88.

GEFÜHRTE TOUREN

Die berühmte „Norway in a Nutshell"-Tour (s. Kasten S. 212), die normalerweise in Oslo und Bergen beginnt, funktioniert auch als Tagestour von Voss aus. Sie umfasst die Bahnfahrt von Voss nach Myrdal und weiter nach Flåm, die Bootsfahrt nach Gudvangen und den Bus zurück nach Voss (Erw./Kind 530/265 nkr, 6½–8½ Std.). Buchungen übers Fremdenverkehrsbüro, bei Reisebüros oder direkt bei **NSB** (☎ 56 52 80 07) am Bahnhof.

Das Fremdenverkehrsbüro organisiert auch 6½-stündige Tagesausflüge nach Ulvik (S. 226) und Eidfjord (S. 227) mit Bus und Fähre (Erw./Kind 300/250 nkr). Außerdem vermittelt sie geführte Wanderungen in die Hügel der Umgebung.

FESTIVALS

Einzelheiten zum **Extreme Sports Festival** in Voss s. Kasten S. 222.

Am letzten Wochenende im August findet das **Voss Blues & Roots Festival** (☎ 56 51 63 03; www.vossblues.no, auf Norwegisch; Fr/Sa Tagespass ab 400/500 nkr, Festivalpass 850 nkr) statt – eines der besseren Musikfestivals Norwegens. **Vossajazz** (www.vossajazz.no, auf Norwegisch) findet im März statt.

Beim **Schafskopffestival** (Smalahoveslepppet; www.smalahovesleppet.no, auf Norwegisch) Ende September kann man sich von den kulinarischen Vorzügen eines Schafskopfs überzeugen.

SCHLAFEN

Voss Camping (☎ 56 51 15 97; www.vosscamping.no; Prestegardsalléen 40; Zelt-/Wohnwagenstellplätze ab 140/190 nkr, Hütten ab 500 nkr; Ostern–Sept.) Der zentral an einem See gelegene Platz verfügt über die Grundausstattung. Im Sommer kann's etwas laut werden, aber ansonsten ist der Platz ein Volltreffer.

Tvinde Camping (☎ 56 51 69 19; www.tvinde.no; Tvinde; Zeltplätze pro Pers. ab 110 nkr, Hütten ab 375 nkr) Für alle, denen es nichts ausmacht, ein bisschen außerhalb der Stadt zu wohnen, gibt's diese idyllische Alternative an einem Wasserfall ca. 12 km nördlich der Stadt. Nicht motorisierte Camper nehmen den Bus Voss–Gudvangen (35 nkr, 20 Min.).

Voss Vandrerhjem (☎ 56 51 20 17; www.vosshostel.com; Evangervegen 68; B/EZ/DZ ab 150/455/590 nkr) Dieses moderne Hostel in Voss bietet Zimmer mit eigenem Bad und einen tollen Seeblick. Tipp: Nach einem Zimmer im obersten Stock zum See raus fragen. Fahrräder, Kanus und Kajaks kann man leihen; die Benutzung der Sauna ist gratis.

Fleischer's Appartement (☎ 56 52 05 00; www.fleischers.no; Evangervegen 13; 2-/4-Bett-Apt. 990/1580 nkr; P 🖳 🐾) Dieser Anhang zum Fleischer's Hotel am Seeufer besteht aus kleinen, aber ausreichenden Selbstversorgereinheiten.

Park Hotel Vossevangen (☎ 56 53 10 00; www.parkvoss.no; Uttrågata 1; EZ/DZ ab 825/1100 nkr; P 🖳) Zwar kann das Park Hotel Vossevangen nicht mit der Eleganz des Fleischer's Hotel mithalten, aber die modernen Zimmer sind dennoch sehr komfortabel, und viele bieten eine tolle Aussicht auf den See Vossevangen.

LP Tipp **Fleischer's Hotel** (☎ 56 52 05 00; www.fleischers.no; Evangervegen; EZ/DZ 1195/1550 nkr, mit Fjord Pass 830/1230 nkr; P 🖳 🐾) Das wunderschöne Fleischer's Hotel mit viel historischem Charme wurde 1888 eröffnet und ist definitiv das beste Hotel der Stadt. Einige Zimmer haben Seeblick. Auch Edvard Grieg hat 1901 hier übernachtet.

ESSEN

Café Stasjonen (☎ 56 53 10 17; Uttrågata 1; Gerichte 35–175 nkr; So–Do 9.30–24, Fr & Sa 9.30–1 Uhr) In diesem Café im Park Hotel Vossevangen folgt alles dem Motto „Eisenbahn". Es bietet Snacks, leichte Mahlzeiten und eine Salatbar.

Fleischer's Hotel Restaurant (Evangervegen; Gerichte 85–259 nkr; Mittag- und Abendessen) Hier gibt's ein Salatbüfett (110 nkr), leichte Mahlzeiten (ab 85 nkr) und Hauptgerichte (ab 179 nkr). Sehr empfehlenswert.

Dolly Dimple's (☎ 56 51 00 40; Vangsgata 52; Pizzas ab 130 nkr; Mo–Do 14–22, Fr 14–23, Sa 12–23, So 13–22 Uhr) serviert über 30 Arten von Pizza.

LP Tipp **Elysée** (☎ 56 53 10 09; Park Hotel Vossevangen; Uttrågata 1; Hauptgerichte 130–275 nkr; ⊗ Mittag- und Abendessen) Dies ist das vornehmste Restaurant der Stadt. Es ist spezialisiert auf französische und internationale Küche und bietet eine sehr umfassende Weinkarte und Menüs.

Traditionell norwegische Küche serviert das **Indremisjonskaféen** (☎ 51 56 14 08; Vangsgata 46; Snacks & leichte Mahlzeiten 35–99 nkr; ⊗ Mo–Fr 9.30–18, Sa 9.30–15, So 12–18 Uhr). Für Kuchen, Snacks und Rentierbraten empfiehlt sich das **Vangen Café** (☎ 56 51 12 05; Vangsgata 42; Gerichte 49–115 nkr; ⊗ Mo–Fr 10–18, Sa 10.30–16, So 12.30–18 Uhr). Das **Ringheim Kafé** (☎ 56 51 13 65; Vangsgata 32; Hauptgerichte 89–199 nkr; ⊗ Mittag- und Abendessen) hat eine umfangreichere Speisekarte und Tische im Freien.

UNTERHALTUNG

Park Hotel Vossevangen (☎ 56 53 10 00; Uttrågata 1) hat eine Pianobar mit leichter Musik und eine beliebte Wochenenddisko mit etwas mehr Power. Im **Jarl Hotell** (☎ 56 51 19 33; Elvegata 9) gibt es eine Kellerdisko, die mit House und Techno die 18- bis 25-Jährigen zufriedenstellt.

AN- & WEITERREISE

Busse halten am Bahnhof westlich des Zentrums. Zahlreiche Busse verbinden Voss mit Bergen (150 nkr, 2 Std.) und Aurland (130 nkr, 1½ Std.) via Gudvangen und Flåm.

Die Züge der **NSB** (☎ 56 52 80 00) auf der berühmten *Bergensbanen* von/nach Bergen (153 nkr, 1 Std., stündl.) und Oslo (199–633 nkr, 5½–6 Std., 5-mal tgl.) haben in Myrdal (94 nkr, 50 Min.) Anschluss an die reizvolle Strecke nach Flåm (s. S. 246).

UNTERWEGS VOR ORT

Fahrräder vermietet für 250 nkr pro Tag **Voss Aktivitetsbooking** (⊗ Mo–Do & So 10–17, Fr & Sa 10–20 Uhr) beim Park Hotel Vossevangen. Das

Voss Vandrerhjem (S. 223) vermietet Räder für 150/250 nkr pro halbem/ganzem Tag.

RUND UM VOSS
Stalheim

Dieser traumhafte kleine Ort hoch über dem Tal ist wirklich außergewöhnlich.

Zwischen 1647 und 1909 war Stalheim eine Station für Reisende auf der königlichen Postroute zwischen Kopenhagen, Christiania (Oslo) und Bergen. Ein Weg für Pferde und Kutschen wurde 1780 angelegt. Hier machten die Postzusteller Rast und wechselten die Pferde, nachdem sie das Tal und die Stalheimskleiva-Schlucht, vorbei an den tosenden Wasserfällen Stalheim und Sivle, hinaufgestiegen waren. Heute windet sich eine moderne Straße mit zwei Tunneln aus dem Tal herauf. Die **alte Kutschenstraße** (entlang der E 16 ab Gudvangen als „Stalheimskleiva" markiert) hat aber immer noch eine erstaunliche Steigung von 18 %.

Ganz oben thront das **Stalheim Hotel** (☎ 56 52 01 22; www.stalheim.com; EZ/DZ 900/1380 nkr, HP 1195/1860 nkr, Vollpension 1335/2140 nkr; ⊗ Mitte Mai–Anfang Okt.), zweifellos das Hotel Norwegens mit der spektakulärsten Lage. Kein Wunder, dass die Unterkunft (und insbesondere Zimmer 324) vom Travelermagazin Conde Nast für seinen grandiosen Ausblick ausgezeichnet wurde. Die Zimmer sind groß und komfortabel, aber der Blick aus dem Fenster lässt das ganz vergessen. Leider sind die Zimmer ohne Ausblick genauso teuer. Mittags-/Abendbüfett kostet 250/335 nkr, aber es gibt auch leichtere Gerichte und mit Halb- oder Vollpension ist das Essen günstiger.

Für Hotelgäste bietet die **Terrass** (Eintritt frei; ⊗ Mitte Mai–Sept.) atemberaubende Blicke auf das Nærøydalen.

Das **Stalheim Folkemuseum** (☎ 56 52 01 22; Stalheim; Erw./Kind 50 nkr/gratis; ⊗ nach Vereinbarung)

AM RANDE DES ABGRUNDS

Anscheinend lieben es die Norweger, ihre Häuser an den unzugänglichsten Stellen zu bauen. Der **Husmannsplassen Nåli** (Kleinbauernhof Nåli) auf einem Felssims bei Stalheim, hoch über dem Nærøydalen, hat aber wohl die extremste Lage. Es wurde 1870 erbaut, als der erste Kleinbauer sich dort mit zwei Kühen, vier Schafen und elf Ziegen niederließ, und war bis 1930 bewohnt. Heute wird es langsam von der Natur zurückerobert, ist aber nach wie vor ein faszinierender Ort. Der Weg dort hinauf (2 Std. hin und zurück) ist allerdings nichts für Verzagte: an einigen Stellen ein unglaublich schmaler Pfad unterhalb der Felsen und hoch über dem gähnenden Abgrund. Absolut keine Route für Regenwetter! Aber für Schwindelfreie einer der schönsten Pfade Norwegens. Die Rezeption im Stalheim Hotel kann den Weg beschreiben.

nahe dem Hotel zeigt völkerkundliche Ausstellungen und einen traditionellen Landwirtschaftsbetrieb mit 30 Blockhäusern. Es öffnet aber nur für Gruppen ab zehn Personen. Auskünfte erteilt das Hotel.

Es gibt noch zwei weitere Unterkünfte in der Gegend von Stalheim: **Stalheim Fjord og Fjellhytter** (☎ 56 51 28 47; www.stalheim.no; Hütten ab 550 nkr), im Dorf gleich jenseits des Hotels, vermietet im Sommer Blockhütten; **Stalheimsøy Gard** (☎ 56 52 00 22; www.stalheimsoy.no; DZ ab 700 nkr) hingegen liegt ganz unten im Tal.

Nach Stalheim kommt man von Voss aus mit jedem Bus (56 nkr, 1 Std., 4- bis 11-mal tgl.), der in Richtung Gudvangen/Aurland fährt, wobei es allerdings durchaus sein kann, dass man die letzten 1,3 km von der Hauptstraße hochlaufen muss; es sei denn, der Fahrer lässt sich dazu überreden, einen kurzen Umweg zu machen.

Myrdal

Zwischen Voss und Finse liegt Myrdal, dort wo sich die Oslo-Bergen-Bahn und die spektakulär steile Flåmsbana kreuzen. Es ist eine beliebte Station der „Norway in a Nutshell"-Tour. Von hier aus windet sich die dramatische Flåmsbana 20 km abwärts nach Flåm am Aurlandsfjord, einem Arm des Sognefjords. Weitere Informationen s. S. 246.

HARDANGERFJORD

Vom Atlantik bis zur steilen Wand des Hardangervidda-Plateaus in Zentralnorwegen erstreckt sich der Hardangerfjord, eine norwegische Fjordlandschaft wie aus dem Bilderbuch. Er hat viele schöne Ecken, aber wenn wir uns für ein paar Orte entscheiden müssten, wären es Eidfjord, Ulvik, Utne und Kinsarvik. Viele besuchen diese Region von Bergen aus, aber auch Voss ist eine gute Basis. Wer die Zeit dazu hat, sollte unbedingt in einem der kleinen Dörfer am Wasser übernachten. Weitere Informationen über den Hardangerfjord und zu Ausflügen von Bergen dorthin bieten der Kasten auf S. 212 sowie die Website www.hardangerfjord.com.

NORHEIMSUND
3500 Ew.

Das stille Städtchen Norheimsund ist die Pforte zum Hardangerfjord. Tiefer im Fjord folgen noch eindrucksvollere Orte, aber auch Nordheimsund ist malerisch und bildet einen schönen Auftakt.

Die **Touristeninformation Norheimsund** (☎ 56 55 15 85; www.visitkvam.no; Mitte Mai–Aug. Mo–Fr 10–18, Sa 10–16, So 15–20 Uhr) ist im Sommer geöffnet. **Fjord Tours** (☎ 81 56 82 22; www.fjordtours.com) veranstalten die Bahn-, Bus- und Schiffstour „Explore Hardangerfjord". In Bergen (S. 211) geht's los, Zusteigemöglichkeit in Norheimsund.

Nur 1 km westlich von Norheimsund liegt an der Rv 7 der malerische Wasserfall **Steinsdalsfossen**. Er ist zwar bei weitem nicht der höchste des Landes, aber hier hat man die Möglichkeit, hinter dem Wasser entlangzugehen. Eine weitere Attraktion in Norheimsund ist die ungewöhnliche **Museumswerft Hardanger Fartøyvernsenter** (☎ 56 55 33 50; www.fartoyvern.no; Erw./Kind 60/30 nkr; Ende Mai–Ende Aug. 10–17 Uhr tgl.), in der alte Holzboote, Restaurierungsverfahren, Tauherstellung und verschiedene Ausstellungen zu bewundern sind. Kinder können hier selbst Schiffchen bauen. Gelegentlich werden zweistündige Rundfahrten auf dem Fjord in einem restaurierten Kutter angeboten.

Oddland Camping (☎ 56 55 16 86; oddland.camping@kvamnet.no; Zeltplätze 130 nkr, Hütten ab 450 nkr) Dieser gut ausgestattete, private Platz am See bietet schöne Blicke auf den Fjord, einfache Hütten und Ruderbootvermietung.

Sandven Hotel (☎ 56 55 20 88; www.sandvenhotel.no; EZ/DZ ab 790/1140 nkr; P) Das Sandven Hotel liegt im Zentrum von Norheimsund direkt am Wasser. Die Unterkunft von 1857 hat viel Charme, große Balkone und phantastische Ausblicke. In der Kronprinzensuite (2000 nkr) hat der zukünftige König von Norwegen schon übernachtet.

Drei- bis siebenmal täglich verkehren Busse zwischen Voss und Norheimsund (138 nkr, 2 Std.) via Øystese.

ØYSTESE
2176 Ew.

Øystese war früher nur ein Anhängsel von Norheimsund, doch dank dem **Kunsthuset Kabuso** (☎ 56 55 39 00; www.kabuso.no; Erw./Kind 50 nkr/gratis; Juni–Aug. Di–So 10–17 Uhr, Sept.–Mai Di–So 11–15 Uhr) ist es nun selbst zu einem Reiseziel geworden. Das Ausstellungshaus für zeitgenössische und traditionelle Kunst zieht sogar Künstler von Weltrang an (etwa Damien Hirst 2007) und es bietet weit mehr, als so ein Dörfchen an einem norwegischen Fjord vermuten lässt.

Im gleichen Ort befindet sich das **Ingebrigt-Vik-Museum** (☎ 56 55 30 00; Erw./Kind 30/10 nkr; ☽ Juni–Aug. 10–15 Uhr), eine achteckige Galerie, die dem berühmten norwegischen Bildhauer Ingebrigt Vik (1867–1927) gewidmet ist.

Die **Touristeninformation Øystese** (☎ 56 55 59 10; k-reise@online.no; ☽ Mitte Mai–Aug. Mo–Fr 9–20, Sa 9–18 Uhr) bietet im Sommer gute Infos über die Region.

Beste Unterkunft ist das moderne **Hardangerfjord Hotell** (☎ 56 55 63 00; www.hardangerfjord-hotell.no; EZ/DZ ab 700/1010 nkr; Ⓟ 🖳 🛋) am Fjord mit schönen Zimmern und einem beheizten Pool. Es liegt gegenüber dem Kunsthuset Kabuso.

Der Hardangerfjord ist ein namhaftes Obstbaugebiet, v. a. für Äpfel. Die Einheimischen versichern, der beste Apfelkuchen (65 nkr) im ganzen Hardangerfjord sei derjenige von **Steinstø Obstbau** (Steinstø Fruktgard; ☎ 56 55 79 33; www.steinsto-fruktgard.no; Steinstø; ☽ Mitte April–Mitte Okt.), ein kurzes Stück östlich von Øystese. Die Anlage bietet auch Führungen (Erw./Kind 50 nkr/gratis), serviert Mahlzeiten (nach Anmeldung; 175 nkr) und schenkt exzellenten Apfelsaft aus. Der nahe gelegene Obstbau **Gamlastovo** (☎ 56 55 79 63; www.gamlastovo.no; Steinstø; Menü pro Pers. 80–250 nkr; ☽ nach Anmeldung) hat ein ähnliches Angebot, aber nur für Gruppen. Arne Fykse spielt dort für seine Gäste manchmal sogar die Hardanger Fidel.

Täglich fahren sechs bis zwölf Busse von Øystese via Norheimsund und nach Bergen (145 nkr, 1¾ Std.).

ULVIK
1137 Ew.

Ulvik, im Herzen von Norwegens Apfelanbaugebiet, hat eine ganz eigene Atmosphäre. Sobald die Touristenschiffe verschwunden sind, senken sich Stille und Frieden über den von Bergen gesäumten Ort mit einem malerischen Fjordblick. Viel zu besichtigen gibt es nicht, aber Ulvik liegt mitten in der schönsten Landschaft. Es gibt viele Möglichkeiten zum Radfahren und Wandern in den umliegenden Bergen. Und Obstgärten kann man auch besuchen. Der wunderschöne Stream Nest Komplex (S. 227) befindet sich 10 km entfernt in Osa und die Obstblüte im Mai verwandelt die ganze Region in ein Meer von Blüten.

Die **Touristeninformation** (☎ 56 52 63 60; www.visitulvik.com; ☽ Mitte Mai–Mitte Sept. Mo–Sa 8.30–17, So 13–17 Uhr, übrige Zeit Mo–Fr 8.30–13.30 Uhr) in Ulvik bietet Infos über Aktivitäten in der Umgebung und vermietet **Fahrräder** (pro Std./halbem Tag/Tag 40/90/160 nkr). Außerdem organisiert sie Besuche bei **Obstbauern** (150 nkr; ☽ Mitte Juni–Mitte Aug. Mo–Fr).

Schlafen & Essen
Ulvik Fjordcamping (☎ 56 52 61 70; camping@ulvik.org; Zelt- & Wohnwagenstellplatz 120 nkr, Hütten ab EZ/DZ 250/

DEN HARDANGERFJORD VON ULVIK AUS ERKUNDEN

Das kleine Örtchen Ulvik ist eine phantastische Basis für Exkursionen auf dem Hardangerfjord. Die **Touristeninformation Ulvik** (☎ 56 52 63 60; www.visitulvik.com) verkauft Tickets für eine Reihe selbst geführter Ausflüge. Von Juni bis August kann man so große Teile des Hardangerfjords vom Ausflugsboot, Expressboot oder von der Fähre aus erleben. Angeboten werden zum Beispiel:

- Eidfjord (Erw./Kind hin & zurück 219/110 nkr, Mo–Sa) – via Bruravik und Brimnes; mit jeweils 2 Std. Aufenthalt im Hardangervidda Naturzentrum und in Eidfjord; Abfahrt von Ulvik um 8.55 Uhr mit Rückkehr um 15.10 Uhr.

- Eidfjord & Vøringfoss-Wasserfall (Erw./Kind nur Schiff 100/200 nkr, mit Naturzentrum Hardangervidda und Wasserfall 395/295 nkr, Mo–Sa) – Abfahrt 11.10 Uhr, Rückkehr 15.10 Uhr

- Kinsarvik und Utne (Erw./Kind 217/110 nkr, Mo–Fr) – via Bruravik, Brimnes, Kvanndal und Granvin mit einem Besuch des Volkskundemuseums Hardanger in Utne. Abfahrt in Ulvik um 8.55 Uhr, Rückkehr um 16.40 Uhr

- Hardanger Grand Tour (Erw./Kind 320/160 nkr, Mo–Fr) – wie vorstehende Tour, aber mit Stopp in Odda

- Norway in a Nutshell (Erw./Kind 668/335 nkr, So–Fr) – die beliebte Rundfahrt, aber mit Start in Ulvik. Hier geht es um 8.55 Uhr los und führt via Voss, Gudvangen, Flåm und Myrdal. Rückkehr nach Ulvik um 18.40 Uhr

350 nkr) ist ein günstig gelegener, kleiner Platz 500 m vom Zentrum und direkt am Wasser.

Uppheim Gård (☎ 56 52 62 93; www.uppheim-farm. com; EZ/DZ 650/800 nkr) Der reizvolle alte Bauernhof in Holzbauweise liegt 2 km bergauf, nördlich des Orts. Er bietet schöne Unterkünfte und herrliche Ausblicke. Helen und Sjur sorgen dafür, dass sich die Gäste wie ein Teil der Familie fühlen.

Ulvik Fjord Hotel (☎ 56 52 61 70; www.ulvikfjord. no; EZ/DZ ab 650/860 nkr) Dies ist eine gut geführte Pension mit sehr komfortablen Zimmern. Sie liegt auf der meerabgewandten Straßenseite, doch einige Zimmer haben Balkone mit Blick über einen rauschenden Bach.

Rica Brakanes Hotel (☎ 56 52 61 05; www.brakanes-hotel.no; EZ/DZ ab 990/1190 nkr; P 💻 🏊) Das große, moderne Hotel hat den besten Blicken auf den Hardangerfjord. Zimmer mit Fjordblick kosten allerdings pro Person 100 nkr extra. Das Hotel serviert auch Mahlzeiten (Büfett abends 395 nkr, Hauptgerichte ab 135 nkr).

An- & Weiterreise

Busse fahren zwei- bis sechsmal täglich zwischen Voss und Ulvik (85 nkr, 1¼ Std.).

RUND UM ULVIK

Der **Stream Nest Komplex** (☎ 56 52 69 90; Osa; Erw./Kind 40 nkr/gratis; 🕒 Mai–Aug. 10.30–16 Uhr), 10 km östlich von Ulvik, hat einen ökologischen Kräutergarten und verschiedene Kunstwerke zu bieten, darunter Allan Christensens *Rambukk* (Rammbock) und die eigenartige Holz-Backstein-Skulptur *Stream Nest*, die der japanische Künstler Takamasa Kuniyasu ursprünglich für die Olympischen Winterspiele 1994 in Lillehammer geschaffen hat. Die Skulptur aus 3000 Holzklötzen und 23 000 Ziegelsteinen lässt (wie sie es schon bei den Olympischen Spielen getan hat) die Tubamusik von Geir Løvold erklingen. Ein idyllisches Plätzchen.

EIDFJORD

915 Ew.

Ganz im Innern des Hardangerfjords liegt Eidfjord – für uns der schönste Ort in diesem Teil Norwegens, der wahrlich nicht wenige Schmuckstücke zu bieten hat. Das durch gewundene Tunnel zu erreichende Städtchen ist von gewaltigen Bergen und Wasserfällen umgeben. Und malerische Bauernhöfe auf hochgelegenen Almwiesen sind auch nicht weit vom umwerfenden Eidfjord entfernt.

Doch das alles hat seinen Preis: Im Sommer legen hier fast täglich Kreuzfahrtschiffe an und ihre Passagiere überfluten den kleinen Ort z. T. extrem.

In fünf Jahren soll Eidfjord sogar noch leichter zu erreichen sein. Eine 1380 m lange Hängebrücke soll dann auf der Strecke der Rv 7/13 die Fähre zwischen Bruravik und Brimnes ersetzen. Bei der nächsten Auflage dieses Buches wird sie vielleicht schon fertig sein. Bis dahin gibt's aktuelle Infos auf der Website des **Vegdirektoratet** (www.vegvesen. no) über die Links „Roads" und dann „Road Projects".

Praktische Informationen

Die **Touristeninformation** (☎ 53 67 34 00; www. visiteidfjord.no; 🕒 Mitte Juni–Mitte Aug. Mo–Fr 10–20, Sa & So 10–19 Uhr, übrige Zeit kürzer) bietet nicht nur Infos, sondern auch Internetzugang (pro 10 Min. 10 nkr)

Sehenswertes

Abgesehen von den herrlichen Blicken am Ufer gibt es in der Umgebung von Eidfjord einige lohnende Sehenswürdigkeiten. Neben den auf S. 227-228 genannten kann die Touristeninformation eine Reihe weiterer **Wikingergrabhügel** empfehlen.

KJEÅSEN-BAUERNHOF

Hauptattraktion der Region ist der **Kjeåsen-Hof**, 6 km nordöstlich von Eidfjord und 530 m über dem Tal nahe der Baumgrenze. Hier soll schon seit 400 Jahren ein Bauernhof existieren. Mit Fahrzeugen zu erreichen ist der Ort jedoch erst seit dem Bau der Straße 1975. Heute wohnt in dem abgeschiedenen Gehöft, einer der malerischsten Adressen Norwegens, eine Frau, die seit 40 Jahren allein dort lebt – abgesehen natürlich von den Busladungen von Touristen, die sie jeden Sommer besuchen. Manchmal bietet sie zwischen 9 und 17 Uhr Führungen an. Der Hof ist auch zu Fuß zu erreichen (4 Std. hin und zurück), aber der Weg ist steil und gefährlich und es muss mindestens eine Seilbrücke überquert werden. Auskünfte erteilt die Touristeninformation. Die Straße führt durch einen einspurigen Tunnel, der für den Verkehr bergab jeweils ab der vollen, für den Verkehr ins Tal ab der halben Stunde geöffnet ist. Auf dem Schild ist zwar als letzte Durchfahrt 17.30 Uhr angegeben, doch die Straße ist rund um die Uhr befahrbar. Das Büchlein *Kjeåsen in Eidfjord* von

Per A. Holst erzählt die Geschichte des Hofs und seiner Bewohner. Es ist für 20 nkr bei der Touristeninformation Eidfjord erhältlich.

KRAFTWERK SIMA

Am Fuß der Straße hinauf zum Hof liegt das **Kraftwerk Sima** (☎ 53 67 34 00; Erw./Kind 55/45 nkr; ⓥ Führungen Mitte Juni–Mitte Aug. tgl. um 10, 12, 14 Uhr, im Juli zusätzlich um 15.30 Uhr), eines der größten Wasserkraftwerke Europas. Es gibt einstündige Führungen; die Haupthalle reicht 700 m tief in den Berg hinein.

HARDANGERVIDDA NATURSENTER

Das außergewöhnliche **Hardangervidda Natursenter** (☎ 53 66 59 00; www.hardangervidda.org; Øvre Eidfjord; Erw./Kind/Fam. 90/40/195 nkr; ⓥ Juni–Aug. 9–20 Uhr, April, Mai, Sept. & Okt. 10–18 Uhr) beschert eine Einführung der Superlative zu einem der schönsten Nationalparks in Norwegen. Geradezu ein Muss ist der 19-minütige Film mit dramatischen Panoramaaufnahmen des Parks. Wer nicht selbst im Hinterland wandern gehen kann, der kommt diesem Erlebnis hier am nächsten. Daneben gibt es interaktive Ausstellungen, gute Erklärungen zur Naturgeschichte der Region, Aquarien mit den Fischen der Berge und interessante geologische Exponate. Das Zentrum liegt 6,5 km südöstlich von Eidfjord in Øvre Eidfjord. Es bietet auch Karten und Tipps zum Wandern und Skifahren im Park.

TROLLBAHN

Im Sommer verkehrt die schnucklige **Trollbahn** (☎ 53 67 34 00; Erw. einfach/hin & zurück 55/70 nkr, Kind 30/40 nkr; ⓥ Juni–Aug. stündl. 10–17.30 Uhr). Sie startet vor der Touristeninformation von Eidfjord und kraxelt 20 km das steile Måbødalen hinauf zu den Vøringsfossen-Wasserfällen. Unterwegs hält sie beim Måbø-Hof. Sie verkehrt nicht auf der Rv 7 durch die Tunnel, sondern folgt der älteren und reizvolleren Straße durch das Tal. Die Fahrt dauert eine Stunde; Tickets gibt es bei der Touristeninformation.

Aktivitäten

Neben Wanderungen zum Kjeåsen-Hof (S. 227) und Trekking im Hardangervidda-Nationalpark (s. S. 197) organisiert **Flat Earth** (☎ 47 60 68 47; www.flatearth.no; Øvre Eidfjord; ⓥ ca. Mai–Sept.) Aktivitäten wie Klettern (halber Tag 250 nkr), Abseilen (pro Tag 1700 nkr), Kajaktouren auf dem Fluss und dem Meer (halber Tag 360–400 nkr), Powerkiting (hal-

ber Tag 400 nkr) und geführte, zweitägige Gletscherexkursionen (1800 nkr). Das Büro befindet sich in der Nähe des Hardangervidda Natursenter in Øvre Eidfjord, 6,5 km südöstlich von Eidfjord.

Schlafen & Essen

SæbøCamping (☎ 53 66 59 27; www.nafcamp.com/sabocamping; Øvre Eidfjord; Zeltplätze 120 nkr, Hütten 460–900 nkr; ⓥ Mitte Mai–Mitte Sept.) ist ein guter Platz in schöner Lage am See im Måbødalen, nur 500 m vom Hardangervidda Natursenter entfernt. Morgens verkauft der Inhaber frisch gebackenes Brot.

Eidfjord Gjestegiveri (☎ 53 66 53 46; www.ovre-eidfjord.com; Øvre Eidfjord; Hütte 325 nkr, EZ/DZ mit Etagenbad & Frühstück 440/550 nkr; 🖳) Das sympathische Gasthaus von Erik und Inge mit vier Doppelzimmern und einem Einzelzimmer hat eine familiäre Atmosphäre. Es liegt 6,5 km von Eidfjord entfernt in der Nähe des Hardangervidda Natursenter. Das Frühstück ist prima und es gibt Internetzugang. Die sechs Hütten werden nur von April bis Oktober vermietet.

LP Tipp **Vik Pensjonat** (☎ 53 66 51 62; www.vikpensjonat.com; Eidfjord; DZ/FZ 990/1340 nkr, Hütten 600–700 nkr) Diese ansprechende Pension in einem schön renovierten, alten Wohnhaus liegt im Zentrum von Eidfjord nicht weit vom Wasser. Sie bietet eine herzliche Atmosphäre, eine hervorragende Auswahl an Unterkünften und ein kleines Café. Am besten sind die Zimmer mit Balkon (Zimmer 1 und 6).

Ingrid's Appartement (☎ 53 66 54 85; www.iapp.no; Eidfjord; DZ/FZ 650/800 nkr, Loft-Apt. 1050 nkr) Dieses empfehlenswerte Familienunternehmen vermietet gepflegte Apartments mit Küche und Bad, von denen einige einen tollen Blick bieten.

Eidfjord Hotel (☎ 53 66 52 64; www.eidfjordhotel.no; Eidfjord; EZ/DZ mit Fjord Pass ab 700/970 nkr) Ein modernes Hotel mit komfortablen, wenngleich etwas phantasielosen Zimmern, von denen einige auch Fjordblick bieten. Es hat eine nette Gartenterrasse und ein ordentliches Restaurant (Hauptgerichte 75–179 nkr).

Quality Hotel Vøringfoss (☎ 53 67 41 00; www.choice.no; EZ/DZ Mai–Sept. 1290/1500 nkr, HP 1550/1900 nkr, EZ/DZ Okt.–April ab 880/1000 nkr) Das feudale Hotel hat 2001 eröffnet und seine zum Fjord gelegenen Zimmer bieten einen grandiosen Ausblick (sofern nicht gerade ein Kreuzfahrtschiff davor angelegt hat!). Die Zimmer sind höchst komfortabel. Außerdem gibt es ein Café, das leichte Mahlzeiten und Snacks serviert. Der Wildschwein-Burger mit Curry-Mayonnaise (139 nkr) ist mal etwas anderes.

An- & Weiterreise

Busse verkehren ein- oder zweimal täglich zwischen Geilo und Odda via Vøringfoss, Øvre Eidfjord und Eidfjord, plus mehrmals täglich außer sonntags zwischen Øvre Eidfjord, Eidfjord und Odda.

RUND UM EIDFJORD

Eidfjord ist eines der Tore zum **Hardangervidda-Plateau** (S. 197), dem größten Bergplateau Nordeuropas und einem der größten Nationalparks in Norwegen. Von Eidfjord schlängelt sich die Rv 7 durch das Måbødalen und durch gewundene Tunnel empor. Nach einem 20 km langen, steilen Anstieg am Beginn der Hardangervidda taucht der atemberaubende, 182 m hohe **Vøringfoss-Wasserfall** auf. Tatsächlich gibt es hier mehrere Wasserfälle, die zusammen Vøringsfossen genannt werden. Sie stürzen über den Rand des Plateaus hinunter in die Schlucht – bei den Hauptfällen schwindelerregende 145 m tief. Sie sollen Norwegens meistbesuchte Naturattraktion sein. Beim Anblick der zahlreichen Reisebusse im Sommer (es waren schon 43 Busse gleichzeitig!) fällt es nicht schwer, das zu glauben. Die schönsten Blicke bieten der Aussichtspunkt beim Fossli Hotel (Parkgebühr 30 nkr) sowie eine Reihe anderer Aussichtspunkte (nur einer davon hat ein Geländer!), die von der tiefer im Tal an der Rv 7 gelegenen Vøringsfossen Cafeteria zu erreichen sind. Die Busse zwischen Geilo und Odda fahren direkt an den Fällen vorbei.

Das **Fossli Hotel** (☎ 53 66 57 77; www.fossli-Hotel. com; EZ/DZ 690/1050 nkr, mit Fjord Pass erm.; ❍ Mai–Sept.) liegt nur wenige Schritte vom Abgrund entfernt. Der Ausblick von diesem hübschen, historischen Hotel ist grandios und die Zimmer mit modernen Parkettböden bieten Flair und Wasserfallrauschen – aber weder TV noch Telefon. Wer hier übernachtet, kann die Fälle ganz in Ruhe genießen, wenn die Besuchermassen schon lange verschwunden sind. Das Hotel wird von Erik geleitet, dessen Urgroßvater es um 1890 erbaut hat. Er ist ein ruhiger und sympathischer Gastgeber, der jede Menge Geschichten über die Hardangervidda zu erzählen weiß und schmackhafte Gerichte zubereitet (180 nkr). In diesem Hotel hat Edvard Grieg sein *Opus 66* komponiert. Es liegt 1,3 km von der Rv 7 entfernt und ist gut ausgeschildert.

KINSARVIK & LOFTHUS
3416 Ew.

Die malerische Stadt Kinsarvik und ihr Nachbarort Lofthus liegen am stillen Ufer des Sørfjorden, einem Nebenarm des Hardangerfjord im Herzen der Region Ullensvang. Kinsarvik war jedoch nicht immer so friedvoll: Vom 8. bis 11. Jh. befand sich hier eine Wikingersiedlung mit bis zu 300 Einwohnern.

Touristeninformation Kinsarvik (☎ 53 66 31 12; www.visitullensvang.no; Internetzugang pro ½ Std. 25 nkr; ❍ Mitte Juni–Mitte Aug. 9–19 Uhr, übrige Zeit kürzer, Dez. geschlossen)

Touristeninformation Lofthus (☎ 53 66 11 90; ❍ Mitte Juni–Mitte Aug. 11–19 Uhr)

Sehenswertes & Aktivitäten
KINSARVIK

Die kleine, u-förmige Grünfläche gegenüber der Touristeninformation von Kinsarvik ist alles, was heute noch an den einstigen **Wikingerhafen** erinnert. Kinsarvik besitzt eine der ältesten **Steinkirchen** (Eintritt frei; ❍ Ende Mai–Mitte Aug. 10–19 Uhr) Norwegens. Sie wurde um 1180 erbaut und in den 1960er-Jahren restauriert. Reste alter Fresken zeigen den Erzengel Michael, der die Seelen abwiegt, während Satan versucht, die Waage zu seinen Gunsten zu neigen. Örtlichen Legenden zufolge soll die Kirche von schottischen Eindringlingen an der Stelle einer noch älteren Stabkirche errichtet worden sein.

Von Kinsarvik führt ein hübscher Wanderweg über die sogenannte **Mönchstreppe** vorbei an den **Husedalen-Wasserfällen** und zu einem Netz von Pfaden durch die wilden Wälder des **Hardangervidda-Nationalparks** (Kasten, S. 197).

Für Kinder bietet der **Familieparken Hardangertun** (☎ 53 67 13 13; www.hardangertun.no; Tageskarte 125 nkr; ❍ Ende Juni–Mitte Aug. tgl. 10.30–18.30 Uhr, Mitte Mai–Ende Juni & Mitte Aug.–Sept. Sa & So 10.30–18.30 Uhr) Wasserrutschbahnen, Minigolf und Tiere eines Bauernhofs.

Von Mai bis September fährt ein **Boot** (Erw./ Kind 260/130 nkr) um 10.25 Uhr von Kinsarvik ab und kommt nach drei Stunden Aufenthalt in Eidfjord um 15.55 Uhr wieder zurück. Tickets verkauft die Touristeninformation. Da jedoch der Bus zum Hardangervidda Natursenter (S. 228) und zum Vøringsfossen (S. 228) nochmals 195/110 nkr kostet, lohnt sich diese Exkursion nur, wenn man kein eigenes Fahrzeug hat.

LOFTHUS

Hauptattraktion von Lofthus ist die **Grieg-Hütte** (☿ 24 Std. ganzjährig), der ehemalige Schlupfwinkel des norwegischen Komponisten Edvard Grieg. Sie steht im Garten des Hotel Ullensvang. Außerdem besitzt Lofthus eine **Steinkirche** (Eintritt frei; ☿ Ende Mai–Mitte Aug. 10–19 Uhr) von 1250 (der Turm wurde um 1880 hinzugefügt) mit hübschen Buntglasfenstern und einem Friedhof, auf dem noch Gräber aus dem Mittelalter erhalten sind.

Schlafen & Essen

KINSARVIK

Kinsarvik Camping (☎ 53 66 32 90; www.kinsarvik camping.no; Zelt- & Wohnwagenstellplatz 120 nkr plus 20 nkr für Strom, 4-Bett-Hütten 290–550 nkr) ist ein netter, einfacher Platz direkt am Wasser mit einer Wasserrutschbahn für die Kids.

Kinsarvik Fjord Hotel (☎ 53 66 31 00; www.kinsarvik fjordhotel.no; EZ/DZ ab 890/1080 nkr; ▯) Dieses komfortable Best-Western-Hotel gleich hinter dem Ufer im Zentrum von Kinsarvik hat ein gutes Restaurant.

LOFTHUS

Lofthus Camping (☎ 53 66 13 64; www.lofthus camping.com; Zelt- & Wohnwagenstellplatz 130 nkr plus 35 nkr für Strom, 2-Bett-Hütten 360–480 nkr, 4-Bett-Hütten 450–590 nkr; ▣) Dies ist ein gut ausgestatteter Platz am Fjord mit herrlichen Ausblicken, einem beheizten Hallenbad und Bootsvermietung.

Ullensvang Gjesteheim (☎ 53 66 12 36; www. ullensvang-gjesteheim.no; EZ/DZ/FZ ab 490/710/870 nkr) Kristin und Tor sorgen dafür, dass sich ihre Gäste in dem renovierten Bauernhaus aus dem 16. Jh. wie zu Hause fühlen. Die Zimmer sind einfach, aber die Atmosphäre ist herzlich.

Hotel Ullensvang (☎ 53 67 00 00; www.Hotel-ullensvang.no; EZ/DZ ab 890/1350 nkr mit Fjord Pass, Zimmer mit Fjordblick 100 nkr extra; ▣ ▯ ▣) Das riesige Luxushotel bietet erstklassige Ausblicke, äußerst komfortable Zimmer und ein gutes Restaurant (Abendbüfett 375 nkr).

An- & Weiterreise

Busse verkehren ziemlich regelmäßig zwischen Odda und Voss oder Geilo und kommen unterwegs an Kinsarvik und Lofthus vorbei. Eine Fähre verbindet Kinsarvik mindestens sechsmal täglich mit Utne (pro Pers./Fahrzeug 28/77 nkr, 40 Min.) und Kvanndal (35/102 nkr, 1 Std.).

UTNE

Utne, eines der schönsten Dörfer am Hardangerfjord, ist bekannt für seine Obstgärten und für das hervorragende **Volkskundemuseum Hardanger** (☎ 53 67 00 40; www. hardanger.Museum.no; Erw./Kind 50 nkr/gratis; ☿ Mai 10–16 Uhr, Juni–Aug. 10–17 Uhr, Sept.–April Mo–Fr 10–15 Uhr), in dem das kulturelle Erbe der Region Hardanger bewahrt wird. Es zeigt eine Sammlung historischer Wohnhäuser, Boote, Werkstätten und ein Schulgebäude. Zusätzlich gibt es Ausstellungen über Frauen und Hochzeitsbräuche der Region sowie über die berühmte Hardanger-Fidel und ihre Herstellung. Und es werden Exponate zu den Themen Fischerei, Musik, Tanz und Obstanbau sowie die Schnitzereien des heimischen Künstlers Lars Kinsarvik gezeigt. Im Juli werden hier dienstags (12–15 Uhr) ausgezeichnete Kuchen nach traditionellem Rezept gebacken.

Es gibt in der Umgebung eine Reihe von **Wanderwegen**; Auskünfte erteilt das Utne Hotel.

Schlafen & Essen

Hardanger Gjestegård (☎ 53 66 67 10; www.hardanger-gjestegard.no; Alsåker; DZ ab 750 nkr) Diese lauschige Pension 10 km westlich von Utne an der Fv 550 ist in einem Gebäude von 1898 untergebracht. Ihre Zimmer bieten reichlich Lokalkolorit und Folkloristisches. Günstige Wochenpreise.

Utne Hotel (☎ 53 66 64 00; www.utnehotel.no; Utne; EZ/DZ 1135/1470 nkr; ▯) Der historische Holzbau des Utne Hotels wurde 1722 nach dem Nordischen Krieg errichtet und ist damit das älteste Hotel Norwegens. Es wurde 2003 restauriert und mit vielen Antiquitäten aus dem 18. und 19. Jh. ausgestattet. Sein phantastisches Dekor lohnt einen Besuch, selbst wenn man nicht dort übernachtet. Außerdem hat es das beste Restaurant (3-Gänge-Abendbüfett 439 nkr) der Stadt.

An- & Weiterreise

Fähren verkehren mindestens sechsmal pro Tag zwischen Utne, Kinsarvik (pro Pers./Fahrzeug 28/77 nkr, 40 Min.) und Kvanndal (14/35 nkr, 20 Min.).

ODDA
7154 Ew.
Odda ist mit seinen Eisenhütten das industrielle Zentrum der Hardanger-Region. Es wird oft als die hässlichste Stadt Norwegens bezeichnet (nur ein paar triste Orte in der Finnmark kämen als Konkurrenz noch in Frage). Dafür bietet Odda eine spektakuläre Aussicht auf eine der schönsten Landschaften Norwegens: die innersten Ausläufer des Hardangerfjords mit tosendem Wasserfall und den eisigen Höhen des phantastischen Folgefonn-Gletschers im Hintergrund. Allerdings ist es ratsam, sich das Atmen zu verkneifen, während man den tollen Ausblick bewundert.

Die **Touristeninformation** (☎ 53 65 40 05; www.visitodda.com; ☒ Mitte Juni–Mitte Aug. Mo–Fr 9–20, Sa 10–17, So 11–18 Uhr, übrige Zeit Mo–Fr 9.30–16 Uhr; Internetzugang pro ½ Std. 25 nkr) in Odda liegt in Ufernähe des Sørfjords.

Sehenswertes
FOLGEFONN
Folgefonn ist der drittgrößte Gletscher auf dem norwegischen Festland. Im Sommer von Mitte Juni bis Oktober ist hier Skifahren, Snowboarden und Schlittenfahren angesagt. Weitere Information hat das **Folgefonn Sommar Skisenter** (☎ 53 66 80 28; www.folgefonn.no). Kurztrips zum Skizentrum werden von Mitte Juni bis Mitte August angeboten; Abfahrt um 10.30 Uhr vom Jondal-Kai und Rückkehr um 15.30 Uhr. Am Wochenende kann man von Odda aus Gletschertouren zu der von Odda Turlag betriebenen Berghütte Holmaskjær mitmachen; nähere Infos beim Fremdenverkehrsbüro.

Eine gute Idee für alle, die fit und mit warmer Kleidung und festem Schuhwerk ausgerüstet sind, ist auch die geführte Wanderung das reizvolle Buer-Tal. Danach geht's weiter mit einer Gletscherwanderung auf dem Buer-Arm des Folgefonn (Mindestteilnehmerzahl: 3 Pers., 400 nkr/Pers., inkl. Steigeisen und Eispickel). Der Transport vom Start in Buer, 8 km westlich von Odda, ist allerdings nicht mit drin. Auskünfte erteilen der **Hardanger Breføring** (☎ 90 64 49 75) und die Touristeninformation. Infos über Gletscherwanderungen bietet auch der **Folgefonni Breførarlag** (☎ 95 11 77 92; www.folgefonni-breforarlag.no; Jondal).

TYSSESTRENGENE-WASSERFALL
Rund 5 km östlich von Odda, in Skjeggedal, überwindet die **Mågelibanen-Seilbahn** (Erw./Kind 120/60 nkr) 960 m und 42 ° Steigung. Der Fahrplan ist variabel; Auskünfte erteilt die Touristeninformation in Odda. Tolle Ziele für Hiker sind der höchste Punkt des Wasserfalls **Tyssestrengene** (646 m) und der skurrile Felsen **Trolltunga** („Trollzunge"); diesen erreicht man entweder von Skjeggedal aus (8 bis 10 Std. hin und zurück) oder von der Bergstation der Seilbahn (6 bis 8 Std. hin und zurück).

Schlafen & Essen
Odda Camping (☎ 41 32 16 10; www.oppleve.no/odda_camping; Odda; Zelt- & Wohnwagenstellplatz 130 nkr, ☒ Mitte Mai–Aug.) Der Campingplatz punktet mit seiner Spitzenlage am Ufer des Sees Sandvinvatnet; vom Ortszentrum 20 Minuten zu Fuß Richtung Süden den Berg hinauf.

Hardanger Hotel (☎ 53 64 64 64; www.hardanger hotel.no; Eitrheimsveien 17; EZ/DZ ab 790/950 nkr; P ▣) Das etwas schickere Hardanger Hotel bietet komfortable, modern ausgestattete Zimmer und eine passable Restaurant-Cafeteria.

Tyssedal Hotel (☎ 53 64 00 00; www.tyssedal-hotel.no; Tyssedal; EZ/DZ ab 950/1050 nkr) Das sehr empfehlenswerte Tyssedal Hotel hat ausgezeichnete Zimmer mit Bad, Parkettfußböden und sehr geschmackvoller Ausstattung, doch in erster Linie ist es ein Hotel für Freunde von Spukgeschichten. Hier soll der Geist des in Eidfjord geborenen Künstlers Nils Bergslien umgehen. Seine märchenhaften Phantasielandschaften und Szenen aus dem Hardangerfjord schmücken das Hotel. Ausgezeichnet ist auch die Fusionsküche (Hauptgerichte um 230 nkr) mit Gerichten aus Produkten der Region wie Rentier mit Blaubeersauce oder Bergforelle. Die einheimischen Besitzer sind eine Fundgrube für Tipps über die Region.

An- & Weiterreise
Zwischen Odda und Jondal (149 nkr, 2½ Std.) verkehren ein- bis dreimal täglich Busse. Ebenso oft fahren Nor-Way-Bussekspress-Busse von/nach Voss (215 nkr, 2½ Std.) und Oslo (490 nkr, 7¼ Std.).

ROSENDAL & UMGEBUNG
1056 Ew.
Der Weg zum idyllischen Rosendal – gleich westlich des Folgefonn – führt heute durch den 11 km langen **Straßentunnel** (Pkw 60 nkr; ☒ 6–22 Uhr) unter dem Gletscherfeld von Odda hindurch. Die **Touristeninformation** (☎ 53 48 00 40; www.folgefonna.net; ☒ Mai–Sept. Mo–Fr 9–18, Sa 10–17, So 11–17 Uhr) findet man am Rosendal-Kai.

In Sunndal, 4 km westlich des Tunnels, führt eine Straße das Sunndal-Tal hinauf (1 km weit befahrbar). Auf einem guten Wanderweg erreicht man nach 2 km den See Bondhusvatnet, von wo man den Gletscher **Bondhusbreen** wunderbar überblicken kann. In Uskedalen, 14 km westlich von Rosendal, erhebt sich das außergewöhnliche Felsmassiv Ulvanosa ("Wolfsnase", 1247 m). Für **Kletterer** eine der Top-Locations des Landes; nähere Einzelheiten hat die Touristeninformation in Rosendal.

Die 1665 erbaute **Baronie Rosendal** (☎ 53 48 29 99; www.baroniet.no; Rosendal; Erw. /Kind 75/10 nkr; ☯ Mai–Aug. unterschiedlich tgl. Öffnungszeiten), Norwegens einziges Herrenhaus dieser Art, präsentiert Stilmöbel, einen Rosengarten im Renaissance-Stil, Konzerte und Kunstausstellungen. Man kann sogar in einem der Hofgebäude übernachten (EZ 350–600, DZ 600–800 nkr); eine der ursprünglichsten Unterkünfte in Westnorwegen.

In Sunndal gibt's das recht ordentliche **Sundal Camping** (☎ 53 48 41 86; www.sundalcamping. no; Sunndal; Zeltplätze 70 nkr, Hütten 400–600 nkr). Es vermietet auch Kanus/Fahrräder für 100/90 nkr pro Tag.

Das pompöse **Rosendal Gjestgiveri** (☎ /Fax 53 47 36 66; www.gjestgiveri.no, auf Norwegisch; Skålagabis 17; Rosendal; EZ/DZ mit Etagenbad 650/850 nkr) wurde 1887 erbaut. Heute ist es eine höchst charmante Frühstückspension. Das Restaurant (Hauptgerichte 89–179 nkr) ist wahrscheinlich das beste der Gegend.

Busse verkehren drei- bis siebenmal täglich zwischen Rosendal und Odda via Sunndal. Außerdem gibt es zwei Fahrten pro Tag nach Bergen via Løfallstrand.

HAUGELANDET & RYFYLKE

Nördlich und östlich von Stavanger erstreckt sich eine Region mit niedrigen Hügeln und relativ flachen Buchten und Inseln, die ein wenig an die Inseln im Norden Schottlands erinnern. Regionale Hauptstadt ist Haugesund, dessen Trümpfe seine Festivals und die Cafés am Wasser sind.

HAUGESUND
32 303 Ew.
Der Nordseehafen Haugesund liegt abseits der üblichen Touristenrouten. Er ist eine gute Basis für Ausflüge in die geschichtsträchtige Haugelandet-Region mit ihren Sehenswürdigkeiten. In seinem von Holzhäusern gesäumten Hafengebiet tobt im Sommer das pralle Leben. Außerdem hat die Stadt einen abwechslungsreichen Festkalender.

Die Umgebung von Haugesund hat für die Norweger große historische Bedeutung: Im Hafrsfjord ganz in der Nähe wurde 872 die entscheidende Schlacht geschlagen, die zur ersten Einigung Norwegens führte.

Praktische Informationen
Touristeninformation Haugesund (☎ 52 01 08 30; www.visithaugelandet.no; Strandgata 171; ☯ Mitte Juni–Ende Aug. Mo–Fr 9–17, Sa & So 10–15 Uhr, Sept.– Mitte Juni Mo–Fr 10–16.30 Uhr)
Quick Storkiosk (Haraldsgata 82; pro Std. 40 nkr; ☯ 10–23 Uhr) Internetzugang.

Sehenswertes
Haugesund hat viele seiner historischen Bauwerke bewahrt. Eines der schönsten ist das **Rådhus** (Rathaus). Etwa 75 m südlich davon auf einem Erdhügel steht das Steinkreuz **Krosshaugen**, das zur Erinnerung an christliche Zusammenkünfte um 1000 errichtet wurde.

Haraldshaugen, die Grabstätte des Wikingerkönigs Harald Hårfagre, der bei Avaldsnes auf der nahen Karmøy an der Pest gestorben ist, liegt 1,5 km nördlich von Haugesund. Der 1872 errichtete Obelisk erinnert an die entscheidende Schlacht von 872.

Eigenartigerweise beansprucht Haugesund, die eigentliche Heimat von Marilyn Monroe zu sein: Ihr Vater war hier Bäcker, ehe er in die USA ausgewandert ist. Ein **Denkmal** am Kai beim Rica Maritim Hotel erinnert an ihren 30. Todestag.

Festivals
Haugesund veranstaltet im August zwei außergewöhnliche Festivals: das **Silda Jazz** (Haugesund International Jazz Festival; Anfang–Mitte Aug.) und das **Norwegian Film Festival** (Mitte–Ende Aug.). Auskünfte erteilt die Touristeninformation.

Schlafen
Strandgaten Gjestgiveri (☎ 52 71 52 55; www.gjest giveri.net; Strandgata 81; EZ/DZ 545/750 nkr; ▣) Die Unterkunft glänzt mit sauberen und gemütlichen Zimmern im Herzen von Haugesund. Außerdem gibt's hier kostenloses WLAN.

BERGEN & DIE SÜDWESTLICHEN FJORDE

Comfort Hotel Amanda (☎ 52 80 82 00; www.choice. no; Smedasundet 93; EZ/DZ ab 945/1095 nkr; Ⓟ 90 nkr 🖳) Dieses Hotel in einem attraktiven Bau aus dem frühen 20. Jh. im Zentrum der Stadt kann mit erstklassiger Uferlage und großen, luxuriösen Zimmern auftrumpfen. Im Preis enthalten ist ein leichtes Abendbüfett.

Rica Maritim Hotel (☎ 52 86 30 00; www.rica. no; Åsbygaten 3; EZ/DZ Sommer & Wochenenden ab 1110 nkr, DZ mit Meerblick Sommer & Wochenenden 1250 nkr, EZ/DZ Mitte Sept.–Mitte Juni an Wochentagen 1200/ 1735 nkr; Ⓟ 100 nkr 🖳) Das Hotel wurde gerade renoviert und ist absolute Spitzenklasse – vom Aquarium in der Lobby bis zu den luxuriös ausgestatteten Zimmern (eine Suite kostet 10 000 nkr!).

Essen

Haugesunds Hafenpromenade Smedasundet ist fast komplett von Restaurants gesäumt und daher bei warmem Wetter sehr belebt. Jedes der Restaurants, das etwas auf sich hält, bietet abends Barbetrieb

NB Sørensen's Damskipsexpedisjon (☎ 52 70 00 50; Smedsundet 90; Englisches Frühstück 99 nkr, Hauptgerichte mittags 99–125 nkr, Hauptgerichte abends 229–295 nkr; ⏲ Mo–Do 11–24, Fr & Sa 11–2, So 13– 23 Uhr) Das Restaurant befindet sich in einem der stilvolleren Gebäude am Smedasundet. Es serviert norwegische Standardgerichte mit kreativem Touch, etwa Mönchsfischfilet mit vegetarischer Lasagne oder Schweinehals in Soja-Honig-Marinade.

Lothes Mat & Vinhus (☎ 52 71 22 01; Skippergata 4; Hauptgerichte 145–279 nkr; ⏲ 11–1.30 Uhr) Das Haus ist mit seiner schönen Freiterrasse am Wasser und der historischen Holzarchitektur schon lange ein Wahrzeichen von Haugesund. Es ist fast immer gut besucht – und das zu Recht.

To Glass (☎ 52 70 74 00; Strandgata 169; leichte Mahlzeiten 139–164 nkr, Hauptgerichte 219–279 nkr; ⏲ Mo–Do 15–23, Fr & Sa 15–24 Uhr) Es gibt nicht viele Gründe, ein Lokal außerhalb des Hafenbereichs zu suchen, doch dieses absolut coole Restaurant mit Weinbar lohnt den Abstecher. Gut, reichlich und preiswert ist das Entrecote-Sandwich (159 nkr).

An- & Weiterreise

SAS Braathens (☎ 81 52 00 00; www.sasbraathens.no) bietet bis zu fünfmal täglich Flüge zwischen **Haugesund Airport** (☎ 52 85 79 00) und Oslo (ab 560 nkr). **Coast Air** (☎ 81 54 44 42; www.coastair. no) fliegt einmal täglich nach Haugesund (ab 490 nkr).

Nor-Way Bussekspress verbindet Haugesund mit Stavanger (210 nkr, 2¼ Std.) und Bergen (290 nkr, 3½ Std.) – an Wochentagen fast stündlich, übrige Zeit alle zwei Stunden. Infos über internationale Fähren und Flüge nach Haugesund s. S. 434.

RUND UM HAUGESUND
Karmøy

Haugesund spielt nicht nur in der Lebensgeschichte Marilyn Monroes eine entscheidende Rolle (s. S. 232). Auch eine andere US-amerikanische Ikone würde ohne den Ort so nicht existieren: Aus dem Kupfer der Visnes-Grube, 4 km westlich von Avaldsnes, ist die Freiheitsstatue in New York gefertigt worden. Heute ist die ehemalige Grube das **Bergbaumuseum Visnes** (☎ 52 83 84 00; www.karmoy. kommune.no; Visnes; Erw./Kind 50/10 nkr; ⏲ Mitte Mai– Mitte Aug. Mo–Fr 13–17, Sa 12–17 Uhr)

5 km südlich von Haugesund steht König Håkon Håkonssons gewaltige **Steinkirche** (☎ 52 83 84 00; Avaldsnes; Eintritt frei; ⏲ Juni–Aug. Mo–Sa 10–17, So 12–17 Uhr), die 1250 dem heiligen Olav geweiht wurde. Der 6,5 m hohe Turm daneben ist auch als **Nadel der Jungfrau Maria** bekannt und neigt sich gefährlich zur Kirche. Es heißt, wenn er sie irgendwann berühren wird, sei das Jüngste Gericht nicht mehr weit. Bei unserem Besuch war noch etwas Platz dazwischen. Legenden unter den Einheimischen behaupten, kleingläubige Priester seien im Laufe der Jahrhunderte immer wieder mal hinaufgestiegen und hätten Stücke des Turms abgeschlagen, damit er die Kirche nicht berührt.

Vom Parkplatz der Kirche einen kurzen Fußweg hinunter befindet sich das neue und herausragende **Zentrum für Geschichte Nordvegen** (☎ 52 81 24 00; www.nordvegen.info; Erw./ Kind/Stud. oder Rentner 80/40/60 nkr; ⏲ April–Sept. Mo–Fr 10–18, Sa 10–17, So 12–18 Uhr; Okt.–März Mo–Fr 10–16, So 12–17 Uhr), das den Werdegang von Harald Blondhaar und anderen Königen des neu vereinten Königreichs Nordvegen seit dem 10. Jh. schildert.

Der rekonstruierte **Wikingerhof** (☎ 52 83 84 00; www.nordvegen.info; Avaldsnes; Erw./Kind 30/10 nkr; ⏲ Mitte Juni–Mitte Aug. Mo–Fr 10–18, So 12–18 Uhr) liegt jenseits der Kirche. Die Besucher werden dort von Mitarbeitern in Wikingertracht herumgeführt.

Anfang Juni findet auf der Insel Karmøy ein **Wikingerfestival** (www.Wikingfestivalen.no, auf Norwegisch) statt – mit Festessen, Umzügen und Legendenabenden.

In Vedavågen an der Westküste der Insel kommen Angelfans auf ihre Kosten. Dort lockt das **Fischereimuseum Karmøy** (☎ 52 81 74 55; www.museumsnett.no/karmoyfiskerimuseum, auf Norwegisch; Erw./Kind 30/10 nkr; ☽ Mitte Mai–Mitte Aug. Mo–Fr 13–17, So 14–18 Uhr) mit Ausstellungen zum Thema Fischen und einem Meerwasseraquarium in einem topmodernen Gebäude.

Busse nach Avaldnes fahren im Zentrum von Haugesund beim Postamt ab (Linie 8, 9 oder 10; 37 nkr).

In der malerischen Siedlung **Skudeneshavn**, 37 km südlich von Haugesund (auf Karmøy), stehen viele traditionelle Holzhäuser und das umfangreiche Museum **Mælandsgården** (☎ 52 84 54 60; Erw./Kind 50/10 nkr; ☽ Mitte Mai–Mitte Aug. Mo–Fr 13–17, Sa 14–18 Uhr) mit hervorragenden Sammlungen von Haushaltsartikeln und historischen Möbeln sowie mit Ausstellungen über Landwirtschaft und Nautik.

Norneshuset (☎ 52 82 72 62; www.norneshuset.no, auf Norwegisch; Nordnes 7, Skudeneshavn; EZ/DZ ab 550/750 nkr) ist eins der sympathischsten und reizvollsten B&Bs in Norwegen. Es befindet sich in einem ehemaligen Lagerhaus, das um 1830 von Riga in Lettland hierher verfrachtet wurde.

STAVANGER & LYSEFJORD

Im Südwesten Norwegens liegt die quirlige Ölstadt Stavanger. Sie dient als Tor zum Lysefjord, dem südlichsten der Postkarten-Fjorde Norwegens. Und hier befindet sich auch einer der dramatischsten Aussichtspunkte des Landes: der Predigtstuhl (Preikestolen).

STAVANGER
117 315 Ew.

Viele Reisende haben das pulsierende Stavanger zu ihrer Lieblingsstadt in Norwegen erkoren. Mit einer malerisch am Hafen gelegenen Innenstadt und seinen ruhigen Altstadtgassen, die sich von der Küste hinaufziehen, ist Stavanger ein wunderschönes Fleckchen Erde. Noch dazu beherbergt diese Stadt fast zwei Dutzend Museen. Der Hauptgrund für die meisten Besucher, hierher zu kommen, ist jedoch die Atmosphäre. Besonders in den Sommernächten geht es im Hafenviertel hoch her, ganz so, wie man es in einer Öl- und Hafenstadt erwarten würde. Am Sonntagmorgen ist dann aber alles wieder ruhig und idyllisch, denn seinen Kleinstadtzauber hat Stavanger nie verloren.

Orientierung & Praktische Informationen

Bahnhof und Busstation liegen nebeneinander am südlichen Ufer des Sees Breiavann, ungefähr zehn Minuten Fußweg vom Hafen entfernt. Die meisten interessanten Sehenswürdigkeiten sind vom Hafen aus ebenfalls locker zu Fuß zu erreichen.

Die meisten größeren Banken haben Filialen an der Olav V's Gate und der Håkon VII's Gate. **Den Norske Bank** (Håkon VII's Gate) und das **Postamt** (Håkon VII's Gate) daneben bieten günstige Wechselkurse.

C@fe.com (☎ 51 55 41 20; Sølvberggata 15; ☽ Mo–Sa 11–21, So 12–21 Uhr; pro Std. 55 nkr) Skype-fähiges Internetcafé mit gutem Kaffee.

Bibliothek (Kulturhus; ☽ Mo–Mi & Fr 10–16, Do 10–19, Sa 10–14 Uhr) Kostenloser, zeitbegrenzter Internetzugang.

Stavanger Turistforening DNT (☎ 51 84 02 00; Muségata; ☽ Mo–Mi & Fr 10–17, Do 10–18, Sa 10–14 Uhr)

Praktische Informationen über Wanderungen und Berghütten

Touristeninformation (☎ 51 85 92 00; www.region stavanger.com; Domkirkeplassen 3; ☽ Juni–Aug. 9–20 Uhr, Sept.–Mai Mo–Fr 9–16, Sa 9–14 Uhr) Informationen über die Stadt, Lysefjord und Preikestolen.

Sehenswertes

Bei der letzten Zählung hatte Stavanger 23 Museen; die Touristeninformation hat eine komplette Liste.

ALT-STAVANGER

Die Altstadt **Gamle Stavanger** an der Westseite des Hafens ist eine wahre Wonne: 173 gut erhaltene weiß getünchte Holzhäuser aus dem späten 18. Jh., alle perfekt instand gehalten und geschmückt mit hübschen, gepflegten Blumenkästen. Sie stehen brav in Reih und Glied, während man selbst auf den kopfsteingepflasterten Fußwegen stolpert. Ein, zwei Stunden hier durchzuschlendern, lohnt sich auf jeden Fall.

NORWEGISCHES AUSWANDERER-ZENTRUM

Dieses **Zentrum** (☎ 51 53 88 60; www.emigration center.com; Strandkaien 31; ☽ Mo–Fr 9–15 Uhr) hilft

STAVANGER

0 ▭▭▭▭▭ 500 m

PRAKTISCHES
Bibliothek.........................1 C4
C@fe.com.........................2 C4
Den Norske Bank..................3 B4
Polizei...........................4 C6
Post..............................5 B4
Stavanger Turistforening DNT......6 C5
Touristeninformation..............7 C4

SEHENSWERTES & AKTIVITÄTEN
Archäologisches Museum............8 B6
Breidablikk.......................9 A5
Domkirche von Stavanger..........10 C4
Kindermuseum....................(s. 1)
Konservenmuseum..................11 A3
Ledaal...........................12 A5
Norwegisches
  Auswandererzentrum.............13 B4
Norwegisches Erdölmuseum.........14 C4
Seefahrtsmuseum Stavanger........15 B4
Stavanger Museum.................16 C6
Valbergturm & Wächterturm........17 B4

SCHLAFEN
Comfort Hotel Grand..............18 C4
Myhregaarden Hotel...............19 C4
Radisson SAS Atlantic Hotel......20 B5
Skagen Brygge Hotel..............21 B4
Skansen Hotel....................22 B3
Stavanger B&B....................23 D5
Thon Hotel Maritim...............24 C5
Tone's B&B.......................25 A5
Victoria Hotel...................26 B3
Ye Olde Stable...................27 A3

ESSEN
Akropolis Greek Restaurant.......28 C4
Bilbao...........................29 C5
Bølgen & Moi...................(s. 14)
Eddi's Bakery....................30 C3
Emilio's Tapas Bar...............31 C4
India Tandoori Restaurant........32 B3
Kult Kafeen....................(s. 1)
Le Café Français.................33 C3
Naree Thai.......................34 C3
NB Sørensen's
  Damskipsexpedisjon.............35 B4
Rimi-Supermarkt..................36 C4

Sjøhuset Skagen..................37 B4
Soleado..........................38 C4
Stim...........................(s. 35)
Timbuktu Bar & Restaurant........39 B4

AUSGEHEN
B.brormann B.bar...............(s. 22)
Mamasita.......................(s. 29)
Paparazzi Cocktail Bar...........40 B4
Transit Art Space................41 B3

UNTERHALTUNG
Café Sting.......................42 C3
Irishman.........................43 C4
Kino Z.........................(s. 1)

SHOPPEN
Kjellaren Galleri................44 B4
Neo Galleri Studio...............45 B3
Valbergtårnet Galleri..........(s. 17)

TRANSPORT
Busbahnhof.......................46 C5
Fiskespiren-Kai..................47 D4
Lysefjord-Touren
  (Startpunkt)...................48 B4
Strandkaien-Kai..................49 B3
Sykkelhuset......................50 B5

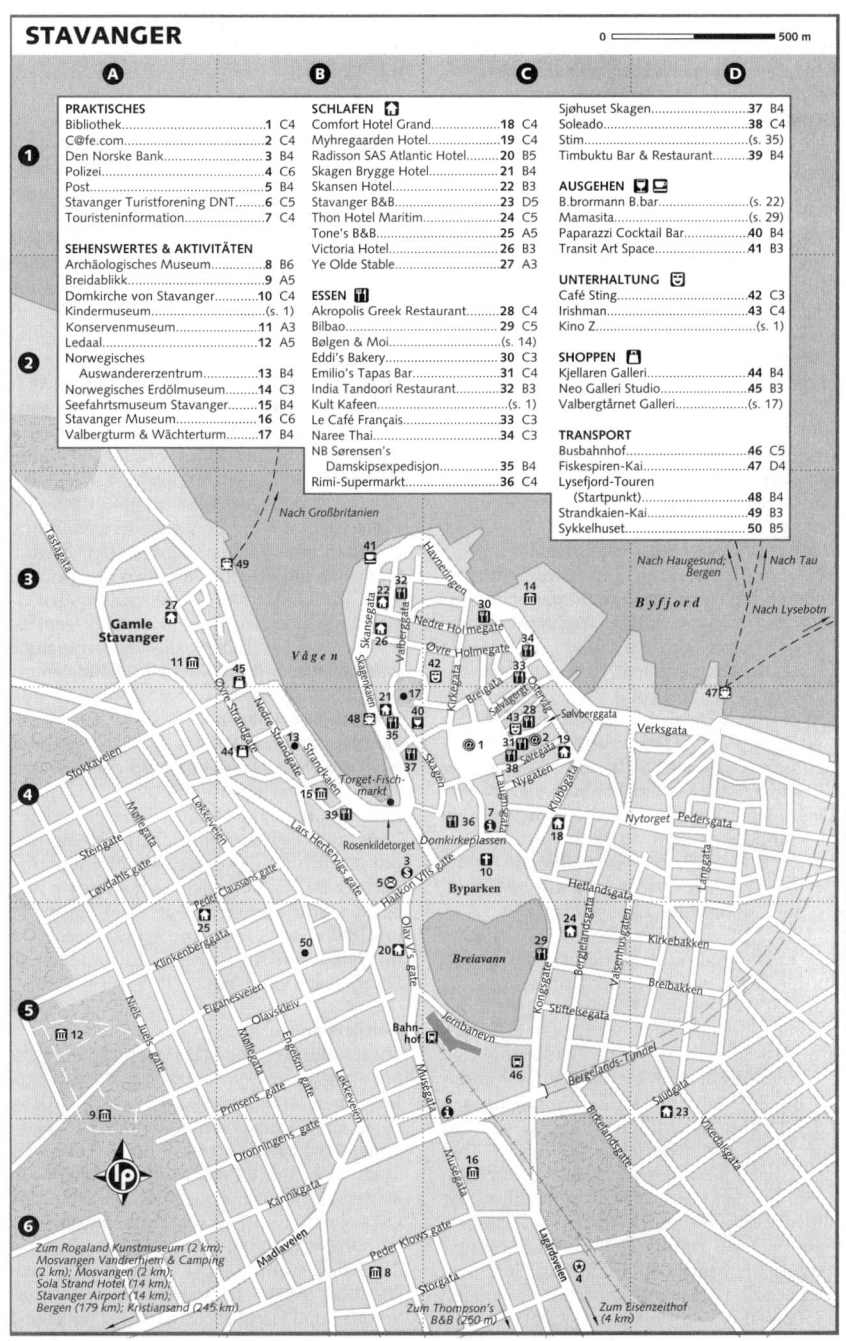

BERGEN & DIE SÜDWESTLICHEN FJORDE

Ausländern norwegischer Abstammung, ihre Wurzeln zurück zu verfolgen. Mitte Juni organisiert es ein beliebtes Auswandererfest.

DOMKIRCHE VON STAVANGER

Der herrliche **Dom** (Stavanger Domkirke; Håkon VII's Gate; Eintritt frei; ☺ Juni–Aug. 11–19 Uhr, Sept.–Mai Di–Do & Sa 11–16 Uhr) ist ein imposanter, mittelalterlicher Steinbau von ca. 1125. Nach einem Brand 1272 wurde die Kirche umfassend erneuert und lässt heute gotische, barocke, romanische und anglo-normannische Einflüsse erkennen. Trotz Restaurierungen um 1860 und 1940 und obwohl während der Reformation einige Elemente entfernt wurden, gilt der Dom heute als Norwegens älteste mittelalterliche Kirche im Originalzustand. Ihre prachtvollen Säulen und Gobelins, ihr kunstvoller Barockaltar und ihre Buntglasfenster mit den wichtigsten Szenen des christlichen Kalenders sind ein Augenschmaus.

NORWEGISCHES ERDÖLMUSEUM

Wir haben Stunden im ultramodernen **Norwegischen Ölmuseum** (Norsk Oljemuseum; ☎ 51 93 93 00; www.norskolje.museum.no; Kjeringholmen; Erw./Kind 75/35 nkr; ☺ Juni–Aug. tgl. 10–19 Uhr, Sept.–Mai Mo–Sa 10–16, So 10–18 Uhr) verbracht, das eines der besten Norwegens ist. Es ist vollgestopft mit interaktiven Hightech-Displays, gigantischen Modellen und authentischen Rekonstruktionen. Zu seinen vielen Highlights zählen ein 3-D-Film über die geologische Geschichte Norwegens, eine Dokumentation des früheren Lonely Planet TV-Moderators Ian Wright, Simulatoren, ein „Petrodome", der Jahrmillionen Naturgeschichte wiederbelebt, und ein beeindruckendes Modell der „Ekofisk City".

Das Museum erzählt die Geschichte der Entstehung und Förderung des Erdöls in der Nordsee – von der Entdeckung im Jahr 1969 bis heute. Dabei gelingt ihm eine Balance zwischen den technischen Details zur Erdölforschung und -förderung und Archivbildern und Zeitungsausschnitten wichtiger Momente in der norwegischen Ölgeschichte. Nicht zuletzt finden sich darunter auch die Berichterstattungen über die Tragödie auf der *Alexander L. Kielland* 1980, bei der 123 Ölarbeiter umkamen, die Entscheidung des norwegischen Parlaments von 1972 die Statoil-Zentrale in Stavanger einzurichten sowie die Erklärung einer norwegischen Regierungskommission in den 1950er-Jahren, nach der die Chancen, auf dem Kontinentalschelf vor der norwegischen Küste Öl zu finden, gering seien. Besonders mit Kindern wird man in diesem Museum sicher mehr Zeit verbringen als geplant.

VALBERGTURM & WÄCHTERMUSEUM

Der historische **Turm** Valbergtårnet wurde 1850 als Wachturm errichtet; heute befindet sich dort ein interessantes **Museum** (Vektermuseet; Valbergjet 2; Erw./Kind 20 nkr/gratis; ☺ Mo–Sa 10–16 Uhr). Hinter der Westseite des Turms hat man auch vom Boden aus einen schönen Blick über die Stadt und das historische Viertel.

STAVANGER MUSEUM

Das riesige **Museum mit acht Abteilungen** (☎ 51 84 27 00; www.stavanger.Museum.no) ist über ganz Stavanger verteilt. Wer alles sehen will, wird einen ganzen Tag dafür brauchen – aber nur, wenn er zügig durchgeht. Der Besuch des ersten Museums kostet 60/30 nkr pro Erwachsenen/Kind, jedes weitere Museum, das man am gleichen Tag besucht, 20 nkr. Studenten und Rentner bezahlen den gleichen Preis wie Kinder. Das Kindermuseum hat eigene Eintrittspreise. Zwei weitere Museen, die wir hier nicht aufführen, sind das **Norwegische Druckmuseum** und das **Medizinische Museum**.

Stavanger Museum

Das **Hauptmuseum** (Muségata 16; ☺ Mitte Juni–Mitte Aug. 11–16 Uhr, übrige Zeit Mo geschl.) deckt knapp 900 Jahre Stadtgeschichte auf: „Von alter Landschaft zur Ölstadt". Gezeigt werden Zeugnisse des steinzeitlichen Lebens, der mittelalterlichen Diözese, der Hering-Jahre und der Entwicklung der Stadt zu einem modernen Erdölzentrum. Wie es in Stavanger um 1880 aussah, zeigt eine Reihe von Bildern mit Fokus auf Alexander L. Kielland, einen Schriftsteller der Stadt.

Konservenmuseum

Dieses **Museum** (Hermetikkmuseet; ☎ 51 52 65 91; Øvre Strandgate 88–90; ☺ Mitte Juni–Mitte Aug. 11–16 Uhr, übrige Zeit Mo geschl.) ist ein Muss! Es ist in einer alten Konservenfabrik untergebracht und gehört zu den attraktivsten Museen der Stadt. Vor dem Öl gab es die Sardinen – in Stavanger waren einst mehr als die Hälfte aller norwegischen Konservenfabriken beheimatet. 1922 arbeiteten 50 % der Bewohner in der Konservenindustrie. Hier erfährt man alles über die Herstellung von Konserven aus Sprotten und Fischbällchen. In der Ausstellung

---

KULTURHAUPTSTADT EUROPAS

Stavanger mit seiner blühenden Kulturszene und seinen vielfältigen kulturellen Angeboten hat den Titel der Kulturhauptstadt Europas ohne Frage verdient (eine Auszeichnung, die es 2008 mit dem englischen Liverpool teilt). Das Motto „Open Port" (offener Hafen) für die über das ganze Jahr verteilten Feierlichkeiten passt perfekt zu dieser Stadt, die von Grund auf norwegisch ist, aber stets offen war für kulturelle Einflüsse und Besucher aus aller Welt. Bei über 200 geplanten Veranstaltungen stehen die Chancen gut, dass bei einem Besuch 2008 irgendetwas geboten wird. Die Themenschwerpunkte der Veranstaltungen sind kulturelles Erbe, Umwelt, Architektur, Jugend, Migration und „Kathedralenklänge". Zu erwarten ist ein kontinuierliches Programm von Konzerten, Ausstellungen und Straßenfesten vor der Kulisse der Wahrzeichen von Stavanger. Informationen über das Programm bietet die Website www.stavanger2008.com.

---

wird der zwölfstufige Prozess demonstriert – vom Einsalzen bis zum Auffädeln, Räuchern, Köpfen und Verpacken. Beschriftungen hat man sich gespart, aber am Eingang liegt eine praktische Broschüre aus, und Führer sind stets zur Stelle, um Fragen zu beantworten und die eine oder andere alte Maschine anzuwerfen. Im Obergeschoss erwartet die Besucher eine faszinierende Sammlung historischer Sardinendosenetiketten (es gab über 40 000 Motive und die Etiketten wurden zu Sammlerobjekten). Im angrenzenden Gebäude befindet sich ein Café und ein restauriertes Arbeiterwohnhaus, eingerichtet im Stil der 1920er- und 1960er-Jahre. Am ersten Sonntag jeden Monats (sowie dienstags und donnerstags von Mitte Juni bis Mitte Aug.) wird Feuer gemacht, sodass man geräucherte Sardinen direkt aus dem Ofen probieren kann.

Ledaal

Ledaal (Eiganesveien 45; ◯ Mitte Juni–Mitte Aug. 11–16 Uhr, übrige Zeit So 11–16 Uhr) wurde zwischen 1799 und 1803 im Empirestil für den gut betuchten Reeder Gabriel Schanche Kielland erbaut. Heute ist es renoviert und dient als Residenz und Sommersitz der königlichen Familie. Hier kann man das 250 Jahre alte Himmelbett des Königs, ungewöhnliche antike Möbel und eine Penduluhr aus dem Jahre 1680 bestaunen.

Breidablikk

Das wundervolle **Herrenhaus** Breidablikk (Eiganesveien 40 A; ◯ Mitte Juni–Mitte Aug. 11–16 Uhr, übrige Zeit So 11–16 Uhr) wurde ebenfalls für einen Reeder, Lars Berentsen, gebaut. Heute bekommt man hier einen Einblick in den opulenten Lebensstil der Reichen und Berühmten im Norwegen des späten 19. Jhs.; zu sehen sind alte landwirtschaftliche Geräte, Bücher und allerlei Nippes.

Seefahrtsmuseum Stavanger

Dieses umfangreiche und sehenswerte **Museum** (Sjøfartsmuseet; Nedre Strandgate 17–19; ◯ Mitte Juni–Mitte Aug. 11–16 Uhr, übrige Zeit Mo geschl.) präsentiert 200 Jahre Seefahrtsgeschichte von Stavanger, verteilt auf zwei Lagerhäuser aus der Zeit um 1800. Zu sehen sind eine große Sammlung von Modellbooten und Segelschiffen, ein lautes, aufziehbares Nebelhorn, die Rekonstruktion einer Segelmacherwerkstatt aus dem späten 19. Jh., das Büro eines Reeders und eine tolle Gemischtwarenhandlung sowie die Wohnräume des dazugehörigen Kaufmanns. Dem Museum gehören auch zwei historische Segelschiffe, *Anna of Sand* (1848) und *Wyvern* (1896); beide können besichtigt werden.

Kindermuseum

Ein Traum für die Kleinen ist das **Norwegische Kindermuseum** (Norsk Barnemuseum; ☎ 51 91 23 93; www.norskbarne.museum.no; Arneageren; Erw./Kind 80/40 nkr; ◯ Di–Sa 11–15.30, So 12–16.30 Uhr) mit vielen Exponaten zum Mitmachen (z. B. historisches Spielzeug und ein Irrgarten) zu den Themen Landschaft, Labyrinth, Kuriositäten und Theater.

ARCHÄOLOGISCHES MUSEUM

Ein gut gemachtes **Museum** (☎ 51 84 60 00; www. ark.museum.no; Peder Klows Gate 30 A; Erw./Kind 20/10 nkr; ◯ Juni–Aug. Di–So 11–17 Uhr, übrige Zeit kürzer), das 11 000 Jahre Menschheitsgeschichte, inklusive der Wikingerzeit, präsentiert. Zur Ausstellung gehören Skelette, Werkzeuge, ein Runenstein und eine Beschreibung der Symbiose zwischen prähistorischen Menschen und ihrer Umwelt. Im Sommer gibt's auch jede Menge Kinderprogramm (z. B. eine Schatzsuche) und die interaktiven Angebote sollen erfreulicher Weise noch ausgebaut werden.

BERGEN & DIE SÜDWESTLICHEN FJORDE

EISENZEITHOF

Die Rekonstruktion eines 1500 Jahre alten **Bauernhofs aus der Eisenzeit** (Jernaldergarden; ☎ 51 80 70 00; Ullandhaugvn 3, Ullandhaug; Erw./Kind 40/10 nkr; ☺ Juni–Mitte Aug. tgl. 11–16 Uhr, Mai–Okt. nur So 11–16 Uhr) befindet sich 4 km südlich des Zentrums. Die Mitarbeiter laufen in Mittelalter-Look herum und demonstrieren typische Tätigkeiten; sonntags wird gekocht wie zur Eisenzeit. Anfahrt mit Bus Nr. 25 oder 26 Richtung Sandnes bis Ullandhaug (27 nkr, 15 Min.).

ROGALAND KUNSTMUSEUM

Dieses **Museum** (Rogaland Kunstmuseum; ☎ 51 53 09 00; Henrik Ibsens gate 55; Erw./Kind 50/30 nkr; ☺ Di–So 11–16 Uhr), 2,5 km südlich des Zentrums, zeigt norwegische Kunst vom 18. Jh. bis heute, darunter auch das gespenstische Gemälde *Gamle Furutrær* und andere Landschaftsmalereien des aus Stavanger stammenden Lars Hertervig (1830–1902). Im neuneckigen Nebengebäude ist die größte Sammlung norwegischer Kunst aus der Mitte des 20. Jhs. zu sehen, u. a. mit Werken von Harald Dal, Kai Fjell, Arne Ekeland und anderen Künstlern.

MOSVANGEN

Der große **Waldpark** in Mosvangen ist ein beliebtes Naherholungsgebiet. Der See und die kleine angrenzende Lagune, die von Fußwegen umgeben sind, ziehen zahlreiche brütende Enten, Gänse und Meeresvögel sowie Singvögel an. Der Park ist einen soften 3-km-Spaziergang vom Zentrum entfernt oder zehn Minuten mit dem Bus Nr. 130 (25 nkr).

Geführte Touren

Von Juni bis August organisiert die Touristeninformation **Stadtführungen** (☎ 51 85 92 00; Erw./Rentner, Stud. oder Kind 200/125 nkr). Sie beginnen um 11 Uhr bei der Touristeninformation.

Infos zu Lysefjord-Führungen s. Kasten, S. 243.

Festivals & Events

Anfang August ist Stavanger Gastgeber für das **International Chamber Music Festival** (www.icmf.no). Die meisten Konzerte finden im Dom statt und Tickets kosten 100–300 nkr. Weitere Musikfestivals in Stavanger sind das **Mai Jazz Festival** (www.maijazz.no, auf Norwegisch; Anfang–Mitte Mai), das **Pulpit Rock Festival** (www.pulpit.no, auf Norwegisch; Mitte Aug.) und das **NuMusic** (www.nu-music.no; Anfang Sept.).

Mitte März verabschiedet Stavanger in den Winter mit dem **Stavanger Vinfest** (www.stavanger vinfest.no, auf Norwegisch), bei dem v. a. gut gegessen und getrunken wird.

Schlafen

Unterkünfte in Stavanger werden im Sommer oft knapp. Möglichst frühzeitig reservieren!

BUDGETUNTERKÜNFTE

Wer zum Mosvangen Vandrerhjem oder Mossvangen Campingplatz will, nimmt die Buslinie 78 oder 79 (25 nkr) von der Haltestelle gegenüber dem Dom bis zum Ullandhaugveien, 3 km südlich. Auch die Linie 4 fährt in diese Richtung.

Mosvangen Vandrerhjem (☎ 51 54 36 36; stavanger.hostel@vandrerhjem.no; Henrik Ibsensgate 19; B/EZ/DZ mit Etagenbad 240/400/480 nkr, ☺ Mitte Mai–Mitte Sept.) Eine nette und schlichte Herberge am See, 3 km südwestlich des Zentrums. Frühstück kostet 60 nkr.

Mosvangen Camping (☎ 51 53 29 71; www.mosvangen camping.no/indexengelsk; Tjensvoll 1 b; Zeltplätze ohne/mit Auto 80/110 nkr, Wohnwagen oder Wohnmobil 120 nkr, 2-/4-Pers.-Hütte ab 350/500 nkr, ☺ Mitte Mai–Mitte Sept.) Während der Brutzeit genießen Camper am Mosvangen-See fast immer zwitschernde Vögel in herrlich grüner Natur.

Die Touristeninformation verteilt die Broschüre *Bed & Breakfast Circle* und alle sieben darin aufgeführten Unterkünfte sind wirklich nett. Im oder nahe dem Zentrum liegen:

Thompsons B&B (☎ 51 52 13 29; www.thompsons bedandbreakfast.com; Muségata 79; EZ/DZ mit Etagenbad 250/450 nkr) in einem Wohnhaus aus dem 19. Jh. mit herzlicher Familienatmosphäre.

Tone's B&B (☎ 51 52 42 07; ton-bour@online.no; Peder Claussøns Gate 22; EZ/DZ mit Etagenbad 280/450 nkr) in einem historischen Wohnhaus nahe Gamle Stavanger.

MITTELKLASSE- & SPITZENKLASSEHOTELS

Comfort Hotel Grand (☎ 51 20 14 00; www.choice.no; Klubbgata 3; DZ Fr–So & im Sommer die ganze Woche 590 nkr, übrige Zeit EZ/DZ Mo–Do 1250/1450 nkr) Wer sich durch die hässliche Fassade nicht abschrecken lässt, findet hier moderne, komfortable Zimmer im Herzen der Stadt.

[LP Tipp] **Stavanger B&B** (☎ 51 56 25 00; www.stavangerbedandbreakfast.no; Vikedalsgata 1a; EZ/DZ Etagen-WC 625/740 nkr; 🖳) Diese ruhige, aber beliebte Pension wird von unseren Lesern sehr empfohlen, und der Grund dafür ist nicht schwer zu erraten. Die einfachen Zimmer sind blitzsauber, haben Satellitenfernsehen und Dusche, und ein Lächeln der freundlichen Eigentümer gibt's obendrein. Sie packen Lunchpakete zum Schnäppchenpreis von 35 nkr und servieren allabendlich um 21 Uhr Kaffee, Tee und Waffeln auf Kosten des Hauses.

LP Tipp **Skansen Hotel** (☎ 51 93 85 00; www.skansenhotel.no; Skansegata 7; Pension EZ 690–1030 nkr, DZ 775–1190 nkr, Hotel EZ 790–1130 nkr, DZ 875–1290 nkr; 💻) Das zentral gelegene Skansen Hotel gegenüber dem alten Zollhaus hat eine persönlichere Atmosphäre als die größeren Hotels der Stadt. Es umfasst einen älteren Teil, die Pension mit einfachen, komfortablen Zimmern, und neuere Hotelzimmer, die größer und moderner sind. Beide Bereiche bieten kostenlos WLAN.

Sola Strand Hotel (☎ 51 94 30 00; www.solastrandhotel.no; EZ/DZ ab 700/850 nkr) Das sehr empfehlenswerte, historische Hotel liegt an einem ruhigen Sandstrand 14 km südwestlich von Stavanger. Die meisten Zimmer sind groß und haben einen herrlichen Meerblick. Es serviert ein erstklassiges Frühstück und beherbergt die komplette Lounge eines ehemaligen Kreuzfahrtschiffs.

Skagen Brygge Hotel (☎ 51 85 00 00; www.skagenbryggehotell.no; Skagenkaien 30; EZ/DZ Fr–So im Sommer die ganze Woche 805/975 nkr, übrige Zeit Mo–Do 1410/1520 nkr, Suite 1750–3100 nkr; 💻) Dieses große und üppig ausgestattete Hotel (Teil des Fjord-Pass-Netzes) liegt sehr schön und direkt am Wasser. Es bietet an Wochenenden und im Sommer günstige Tarife. Die Zimmer sind sehr unterschiedlich; am besten sind die mit Blick auf den Hafen. Den Gästen steht eine Sporthalle zur Verfügung, aber die Internetpreise (200 nkr für 24 Std.) sind exorbitant.

Thon Hotel Maritim (☎ 51 85 05 00; www.thonhotels.no; Kongsgate 32; EZ/DZ Fr–So & im Sommer die ganze Woche 775/975 nkr, übrige Zeit Mo–Do 1195/1395 nkr) Modernes Hotel nahe dem Seeufer mit großen und gut ausgestatteten Zimmern. Es gehört zur Kette der stets komfortablen Thon-Hotels.

Victoria Hotel (☎ 51 86 70 00; www.victoria-hotel.no; Skansegata 1; EZ/DZ Fr–So & im Sommer die ganze Woche 795/995 nkr, übrige Zeit Mo–Do 1150/1350 nkr; 💻) Das Hotel mit prunkvoller Atmosphäre und traditionell gestalteten Zimmern gehört zur Rica-Kette.

Ye Olde Stable (☎ 51 52 53 46; www.gamlestallen.com; Øvre Strandgate 112; 4-/6-Betthaus 1000/1400 nkr) Wohnungen mit 50 m² in einem Wohnhaus aus dem 18. Jh.

Radisson SAS Atlantic Hotel (☎ 51 76 10 00; www.radissonsas.com; Olav V's Gate 3; EZ/DZ ab 1295/1395 nkr; 💻) Dies ist fraglos das luxuriöseste Hotel in Stavanger. Es überzeugt mit höchstem Komfort und überaus aufmerksamem Personal. Und außerdem erfüllt es Miljmerking-Umweltnormen.

Das **Myhregaarden Hotel** (☎ 95 88 91 53; www.myhregaardenhotel.no; Nygaten 24) soll 2008 eröffnen und wird dann Stavangers vornehmstes Hotel sein.

Essen

Stavanger hat eine gute Auswahl an Restaurants. Am Hafen ist abends am meisten los, aber es gibt auch viele interessante Lokale weiter landeinwärts. Ergänzend zu unseren Empfehlungen gibt die Website www.gardkarlsen.com Tipps aus der Einheimischenperspektive.

CAFÉS & BÄCKEREIEN

LP Tipp **Le Café Français** (☎ 51 86 17 18; Østervåg 30–32; Sandwiches ab 50 nkr; ☺ Mo–Mi & Fr 9–17, Do 9–19, Sa 9–16, So 13–17 Uhr) ist ein tolles Café mit einer unschlagbaren Auswahl an Gebäck und Süßspeisen sowie Tischen in der Fußgängerzone.

Eddi's Bakeri (☎ 51 53 90 00; Østervåg 39; ☺ Mo–Fr 9–17, Sa 10–15 Uhr) Hier wird das frischeste Brot Stavangers verkauft sowie eine kleine, aber köstliche Auswahl an Feingebäck.

Kult Kafeen (☎ 51 89 16 00; Sølvberggata 14; Pasta 119–139 nkr, Hauptgerichte um 135 nkr; ☺ Mo–Sa 10–22, So 14–22 Uhr) Kult Kafeen befindet sich im Kulturhaus im Zentrum. Es ist bei Familien und Yuppies gleichermaßen beliebt. Das zwanglose, minimalistische Café serviert u. a. köstliche Fischburger (135 nkr).

NORWEGISCHE KÜCHE

LP Tipp **NB Sørensen's Damskipsexpedisjon** (☎ 51 84 38 20; Skagen 26; Tagesgerichte 85–125 nkr, Hauptgerichte 229–269 nkr; ☺ Mittag- und Abendessen) Eines der besseren Restaurants am Hafen serviert ein breites Spektrum, von der Seebarbe bis zum Schweinerippchen. Besonders günstig ist das Mittagsmenü der Saison. Der Speisesaal ist reizvoll gestaltet und bei schlechtem Wetter sehr angenehm. Einheimische behaupten, dass im oberen Stock Essen und Service besser seien.

Sjøhuset Skagen (☎ 51 89 51 80; Skagenkaien 16; Tagesgerichte mittags 105–139 nkr, Hauptgerichte 185–269 nkr; ☺ Mittag- und Abendessen) Das Hafenrestaurant in einem Lagerhaus aus dem 18. Jh. ist für seine Meeresfrüchte bekannt, bietet aber auch gute Fleischgerichte. Besonders lecker ist der gebackene Lachs (245 nkr). Die Tische draußen sind nett, doch der Speisesaal hat mehr Charakter.

Bølgen & Moi (☎ 51 93 93 51; Norsk Oljemuseum, Kjerringholmen; Tagesgerichte mittags 129–149 nkr, 3-/4-/5-gängiges Abendmenü 465/525/595 nkr; ☺ Café tgl. 11–18 Uhr, Bar & Brasserie Di–Sa 17–23 Uhr) Die phantasievollen Menüs in diesem eleganten Restaurant beinhalten Mönchsfisch, Lamm und Kalb. Die Tagesgerichte am Mittag überzeugen durch große Portionen – das Garnelen-Sandwich in Zitronenmarinade (139 nkr) ist wahrhaft gigantisch. Abends werden sowohl Menüs als auch Gerichte à la carte geboten.

INTERNATIONAL

Akropolis Greek Restaurant (☎ 51 89 14 54; Sølvberggata 14; Tagesgerichte 59–129 nkr, Hauptgerichte ab 125 nkr, Mittagsbüfett 149 nkr; ☺ Mittag- und Abendessen) Dieses sehr populäre Lokal serviert original griechisches Essen zu vernünftigen Preisen – das Richtige für Fans von knackigen Salaten, Tsatsiki, gegrilltem Fleisch und Moussaka. Sonntags gibt es auch ein Mittagsbüfett bis 18 Uhr.

Emilio's Tapas Bar (☎ 51 89 64 00; Sølvberggata 13; Tapas 55–125 nkr, Hauptgerichte ab 77 nkr; ☺ Mo–Sa Mittag- und Abendessen) Gegenüber vom Restaurant Akropolis gelegen und ebenfalls mediterran angehaucht ist diese nette spanische Tapas-Bar, in der man gutes iberisches Essen bekommt. Freundliche Bedienung.

Soleado (☎ 51 55 43 80; Sølvberggata 7; Tagesgerichte mittags 59–162 nkr, Abendmenüs ab 365 nkr; ☺ Mo–Sa 11–1 Uhr) Das Soleado ist mittags günstiger als abends und bietet leckere Gerichte wie Club Sandwiches (92 nkr) und Chicken Curry (162 nkr).

Bilbao (☎ 51 53 33 00; Kongsgate 41; Vorspeisen 95–115 nkr, Hauptgerichte 195–255 nkr, kleines/großes Tapasmenü 195/345 nkr; ☺ Di–Sa Abendessen) Das elegante Restaurant am Breiavann-See serviert erstklassige baskische Küche und andere spanische Spezialitäten wie Paella (ab 195 nkr).

Timbuktu Bar & Restaurant (☎ 51 84 37 40; Nedre Strandgate 15; Hauptgerichte ab 235 nkr; ☺ Mo & Di 18–0.30, Mi–Sa 18–1.30 Uhr) Ein hippes Lokal, das ein junges, trendiges Publikum anzieht. Es serviert ausgezeichnete Fleischgerichte und ausgewählte Meeresfrüchte, ist aber auch wegen seiner schicken Atmosphäre beliebt.

Stim (☎ 51 85 00 16; Skagenkaien 28; Vorspeisen 89–129 nkr, Hauptgerichte 169–265 nkr; ☺ Mo–Fr 16–1, Sa 12–1 Uhr) Das dritte gute Lokal am Hafen befindet sich in einer ehemaligen Konservenfabrik aus dem 19. Jh. Super sind die Tische am Fenster im 1. Stock.

Weiterhin empfehlenswert:

India Tandoori Restaurant (☎ 51 89 39 35; Valberggata 14; Hauptgerichte 115–225 nkr; ☺ Mo–Sa 16–24 Uhr) Große Auswahl zu vernünftigen Preisen.

Naree Thai (☎ 51 89 05 10; Breigata 22; Vorspeisen 40–70 nkr, Hauptgerichte mittags ab 60 nkr, abends um 120 nkr; ☺ Mittag- und Abendessen) Eines der vielen Asienrestaurants in der Stadt.

Ausgehen & Unterhaltung

Die meisten lebhaften Bars liegen direkt am Hafen und werden vorwiegend von jungen Leuten besucht, die laute Musik hören wollen. Sie sind schon von weitem zu hören, und da sie alle recht ähnlich sind, wird jeder selbst eine finden.

Café Sting (☎ 51 89 32 84; Valbergjet 3; ☺ Mo–Do 12–24, Fr & Sa 12–3.30, So 15–23 Uhr) Nur etwas den Hang hinauf und doch Welten entfernt von den Hafenbars ist das Café Sting mit gedämpfter Atmosphäre. Es ist zugleich ein hippes Kulturzentrum mit Ausstellungen, gelegentlichem Livejazz und am Wochenende wird es zum Nachtclub, in dem DJs mit House, Hiphop und Soul einheizen.

LP Tipp **B.brormann B.bar** (☎ 51 93 85 00; Skansegata 7; ☺ 17–1 Uhr) Dies ist ist eine der ruhigeren Bars von Stavanger – hier kann man sich tatsächlich unterhalten! An den Ziegel steinwänden der Bar mit dem seltsamen Namen hängen zeitgenössische Bilder. Und ein anspruchsvolleres Publikum von Mittdreißigern trinkt recht preisgünstiges Bier (0,5 l 58 nkr) und Spirituosen (76–91 nkr). Unser Stammlokal.

Mamasita (☎ 51 53 33 00; Kongsgate 41; ☺ Mo–Fr 10–19, Sa 10–15 Uhr) Diese nette Cafébar am See ist erfreulich weit weg vom Touristenrummel.

Transit Art Space (☎ 51 55 41 00; www.transitartspace. com; Skansekata; ☺ Di–So 12–16 Uhr) Ein kleines Intellektuellencafé, das zu einer Galerie mit wechselnden und häufig avantgardistischen Ausstellungen gehört. Es kocht guten Kaffee und verkauft Kunstbücher. Zu erkennen ist es an der Mona Lisa, die an der Außenwand ihren Hintern zeigt.

Irishman (☎ 51 89 41 81; Hølebergsgata 9; ☺ 15–1 Uhr) Stavangers nettes Irish Pub bietet im Sommer wenigstens zweimal pro Woche (kostenlos) irische Folkmusic live.

Paparazzi Cocktail Bar (☎ 51 59 71 20; Skagen 27; ⓨ Mo–Do 18–24, Fr & Sa 18–1.30 Uhr) Hier geht es kultivierter zu als in den meisten anderen Bars der Stadt und fast jeden Abend ist sie gut gefüllt mit schicken Gästen. Auch Restaurantbetrieb.

Kinofilme (manche auf Englisch) zeigt das **Kino Z** (☎ 82 05 11 00; Erw./Kind 70/40 nkr) mit acht Leinwänden im Kulturhus.

Shoppen

Dutzende von Kunstwerkstätten, Ateliers und kleine Boutiquen beleben die Altstadt von Stavanger. Sehr hilfreich (falls noch erhältlich) ist die Broschüre *The Old Town Stavanger – Art & Crafts,* die zwar nicht ganz aktuell ist, aber nützliche Anzeigen und Lagepläne enthält.

Kjellaren Galleri (☎ 95 09 67 04; Øvre Strandgate 66; ⓨ 10–15 Uhr) verkauft Ölbilder, Aquarelle und Fotos der Altstadt von Stavanger. Das kleine **Neo Galleri Studio** (☎ 51 52 90 05; Nedre Strandgate 54; ⓨ Mo–Fr 10–17, Sa 10–14 Uhr) hat sich auf Keramik und Glaskunst spezialisiert.

Im Valberg Tower befindet sich die exzellente **Valbergtårnet Galleri** (☎ 93 65 30 41; www.valbergtaarnet.no; Valbergjet 4; ⓨ Di, Mi & Fr 10–16, Do 10–18, Sa & So 11–15 Uhr), eine Galerie und Verkaufsausstellung für anspruchsvolle Kunst und Kunsthandwerk aus ganz Norwegen.

An- & Weiterreise
AUTO & MOTORRAD

Rechnet man die beiden Fähren, die Straßengebühren und die Stadtmaut mit ein, ist die direkte Route auf der E 39 zwischen Bergen und Stavanger recht teuer: insgesamt etwa 500 nkr. Die Fahrt nach Stavanger hinein kostet für Autos/Motorräder/Wohnmobile 13 nkr/gratis/26 nkr.

BUS
Busse fahren zu folgenden Zielen:

Ziel	Abfahrten	Preis	Dauer
Bergen	tgl. alle 2 Std.	420 nkr	5¾ Std.
Haugesund	tgl. alle 2 Std.	210 nkr	2¼ Std.
Kristiansand	2–4-mal tgl.	355 nkr	4½ Std.
Oslo	bis zu 5-mal tgl. *	735 nkr	9½ Std.
* teils mit Umsteigen in Kristiansand			

FLUGZEUG
Der **Stavanger Airport** (☎ 51 65 80 00) liegt bei Sola, 14 km südlich des Zentrums. **SAS Braathens**

(☎ 81 52 00 00; www.sasbraathens.no) fliegt mindestens einmal pro Tag zwischen Stavanger und Oslo (ab 560 nkr) sowie Bergen (ab 520 nkr). Internationale Flüge s. S. 434.

SCHIFF
Vom **Fiskepirterminalen** (☎ 51 86 87 80) gehen Fähren der Gesellschaft **Flaggruten's** (☎ 51 86 87 80) nach Bergen (620 nkr, 4½ Std., Mo–Sa 2-mal tgl., So 1-mal) und Haugesund (280 nkr, 80 Min., Mo–Fr 4-mal tgl., Sa, So 2-mal tgl.). Infos über Fähren nach Lysefjord s. Kastentext, S. 242.

Infos über Fähren zwischen dem Strandkaien von Stavanger und England s. S. 438.

ZUG
Züge fahren von Stavanger nach Egersund (133 nkr, 1 Std., 8-mal tgl.) und Oslo (846 nkr, 8 Std., bis zu 5-mal tgl.) via Kristiansand (390 nkr, 3 Std.), darunter ein Nachtzug. Infos über die ermäßigten *minipris*-Tickets (ab 199 nkr), s. S. 448.

Unterwegs vor Ort
VOM/ZUM FLUGHAFEN
Vom frühen Morgen bis zum Abend verkehren alle 20 Minuten **Flughafenbusse** von **Flybussen** (☎ 51 52 26 00) zwischen dem Busbahnhof und dem Flughafen bei Sola (einfach/hin & zurück 70/120 nkr). Montag bis Freitag vom frühen Morgen bis Mitternacht fahren auch Stadtbusse der Linie 9 (41 nkr) stündlich zum Flughafen.

FAHRRAD
Mountainbikes vermietet **Sykkelhuset** (☎ 51 53 99 10; Løkkeveien 33; pro Tag/Woche 75/280 nkr; ⓨ Mo–Mi & Fr 10–17, Do 10–19, Sa 10–14 Uhr).

LYSEFJORD
Entlang dem gesamten 42 km langen Lysefjord (Lichtfjord) schimmert der Granitfelsen sogar an grauen Tagen in ätherischem, raumhellen Licht, eingehüllt in einen fast leuchtenden Dunstschleier. Der Lieblingsfjord vieler Besucher ist zweifelsohne von berückender Schönheit. Egal, ob man von Stavanger dorthin schippert, den Preikestolen (604 m) hinaufklettert oder die Serpentinenstraße nach Lysebotn hinunterfährt – der Lysefjord ist definitiv ein Muss für jeden Norwegenbesucher. Infos über Ausflüge ab Stavanger s. Kasten S. 242.

DEN LYSEFJORD BESUCHEN

Das Spektakulärste an einem Besuch am Lysefjord ist die zweistündige Wanderung hinauf zum Preikestolen (Predigtstuhl, Kanzelfelsen; S. 242). Wer nicht so gut zu Fuß ist, findet bei einer Schiffsreise über den Lysefjord die passende Alternative. Allgemeine Infos über die Region bietet die Website www.lysefjordeninfo.no.

Preikestolen per Bus

Sechs Fähren pro Tag verkehren zwischen Ende Juni und Mitte August vom Fiskespiren-Kai von Stavanger nach Tau (Erw./Kind zu Fuß 38/20 nkr); den restlichen Sommer über sind es nur drei. Erste Abfahrt in Stavanger ist um 8 Uhr (sonntags um 8.25 Uhr). Im Sommer wartet am Kai von Tau bereits ein Bus (55 nkr) zum Preikestolhytta Vandrerhjem. Von dort gelangt man dann auf einem Pfad in zwei Stunden auf den Preikestolen. Der letzte Bus von der Preikestolhytta nach Tau fährt um 20.10 Uhr ab (samstags um 19.50 Uhr).

Preikestolen mit dem Auto

Wer ein Auto hat, kann die Autofähre vom Fiskepiren-Kai in Stavanger nach Tau nehmen (Auto und Fahrer 125 nkr, 40 Min., bis zu 24 Abfahrten tgl.). Von der Anlegestelle in Tau führt eine gut ausgeschilderte Straße (Rv 13) zum 19 km entfernten Preikestolhytta Vandrerhjem (nach 13 km beim Hinweisschild abbiegen). Parken kostet hier 50/25 nkr je Auto/Motorrad..

Alternativ fährt man von Stavanger nach Lauvik (über Sandnes die Rv 13 entlang), wo eine Fähre nach Oanes übersetzt (Auto und Fahrer/Erwachsene zu Fuß 67/24 nkr, 10 Min., Abfahrten fast jede halbe Std.).

In beiden Fällen dauert der Trip von Stavanger bis zum Beginn des Wanderwegs rund 1½ Stunden.

Lysebotn per Fähre

Die Fährverbindungen zwischen Stavanger und Lysebotn (s. S. 243) wurden bei unserem Besuch gerade verändert. Die Touristeninformation beabsichtigte, den Kjeragbolten (S. 244) in den Fahrplan der Fähren mit aufzunehmen, da er ohne Auto nur schwer zu erreichen ist. Als dieses

Praktische Informationen

Lysefjordsenteret (☎ 51 70 31 23; www.lysefjord senteret.no; Oanes; Erw./Kind 50/25 nkr; ☼ Juni–Aug. 11–20 Uhr, Sept.–Mai 13–17 Uhr), mit großartiger Lage nördlich des Fährterminals in Oanes, bietet jede Menge touristische Infos und präsentiert den Lysefjord audiovisuell. Außerdem gibt's einige geologische und volksgeschichtliche Objekte zu sehen.

Hilfreich ist auch **Lysefjord Utvikling** (☎ 51 70 01 14; www.visitlysefjorden.no, in Norwegisch) in Forsand.

Am Beginn der Wanderwege zum Preikestolen geben das Preikestolhytta Vandrerhjem (S. 243) und der **Kiosk** (☎ 97 16 55 51; ☼ Mai–Mitte Sept. 9.30–20.45 Uhr) Auskünfte über den Preikestolen und verkaufen Wanderführer für die unzähligen Wege in der Region.

Preikestolen (Predigtstuhl)

Der Anblick von Ehrfurcht ergriffener Besucher, die sich furchtlos an den Rand dieser außergewöhnlichen Granitfelsformation ge-

wagt haben, ist unter allen Norwegenansichten der Klassiker. Der Preikestolen, der an drei Seiten absolut senkrecht 604 m tief in den Fjord fällt, ist eine Laune der Natur. Obwohl ein alarmierender Spalt am Übergang zu den Bergen klafft, wird er sicher noch ein paar Jahrzehnte überstehen. Beim Blick hinunter kann einem schon etwas mulmig werden, aber die magische Aussicht direkt auf den Lysefjord ist absolut genial. Dieser Ort ist ganz einfach phantastisch – ein Aussichtspunkt ohne Konkurrenz weltweit.

Geländer gibt es übrigens keine – wer also nicht schwindelfrei ist, sollte sich besser nicht bis an die Kante vorwagen (allein der Anblick waghalsiger Menschen, die ihre Beine über den Abgrund baumeln lassen, kann einem den Atem stocken lassen.) Die lokalen Behörden haben uns aber versichert, dass es keine aktenkundigen Fälle von Abgestürzten gibt (nicht einmal den tollkühnen Franzosen, der am Rand auf drei Stühlen herumbalancierte, hat's erwischt.) Dennoch raten wir zu Umsicht und

Buch geschrieben wurde, boten die folgenden Unternehmen vierstündige Fahrten mit **Autofähren** (Auto/Motorrad & Fahrer 360/260 nkr, Erw./Kind & Rentner zu Fuß 165/110 nkr) nach Lysebotn an. Von Lysebotn windet sich die Straße in die Berge hinauf und führt dann weiter in die Region Setesdalen (S. 165) und nach Oslo.

- **Veteran Fjord Cruise** (☎ 51 86 87 88; www.vfc.no or www.stavangerske.no; ☺ Abfahrten Juni–Aug. Tgl. 10 Uhr) mit Erläuterungen für Touristen und Fotostopps. Wer mit dem Auto reist, sollte *mindestens* zwei Tage vorher reservieren.
- **Kolumbus** (☎ 91 65 28 00; www.kolumbus.no) Reguläre Autofähren mit Abfahrt in Stavanger Mo, Mi & Fr um 13.30 Uhr. Sie halten auf der Fahrt nach Lysebotn (Ankunft 15.25 Uhr) achtmal, aber nicht am Preikestolen.

Lysebotn per Bus
Sirdalekspressen (☎ 51 59 90 60 oder 51 86 87 88) Busse verkehren zwischen Ende Juni und Mitte August täglich vom Stavanger Fiskepirterminalen (Abfahrt 9.50 Uhr) und vom Busbahnhof (Plattform 6, Abfahrt 10 Uhr) nach Lysebotn (Ankunft 14.20 Uhr, einfach/hin & zurück 250/490 nkr).

Geführte Touren
Bei Redaktionsschluss veranstaltete **Rødne Fjord Cruise** (☎ 51 89 52 70; www.rodne.no; Erw./Kind/ Rentner oder Stud. 320/175/225 nkr; ☺ Abfahrten Juli & Aug. So–Mi 10 & 14 Uhr, Do–Sa 10, 12, 14 & 18 Uhr, Mai, Juni & Sept. tgl. 12 Uhr, Okt.–April Sa & So 12 Uhr) 3½-stündige Kreuzfahrten ab Stavanger bis zum Fuß des Preikestolen und zurück.

Veteran Fjord Cruise (☎ 51 86 87 88; www.vfc.no; Erw./Rentner oder Kind 300/200 nkr; ☺ Abfahrt Mitte Juni–Ende Aug. 11.30 Uhr) bietet ähnliche Touren, zum Teil unter der Flagge von **Stavangerske** (www.stavangerske.no). Außerdem hat dieser Veranstalter achtstündige Exkursionen per Fähre, Bus und zu Fuß von Stavanger bis auf den Preikestolen im Programm, die pro Erw./Kind 100/50 nkr kosten. Abfahrt ist von Ende Mai bis Anfang September täglich um 8 Uhr am Stavanger Fiskepirterminalen.

Vorsicht, auch wenn sich andere offenbar nicht daran halten. Felsige Wege führen auch auf die Berge dahinter, von wo man auch tolle Ausblicke hat.

Der zweistündige, 8 km lange Weg zum Preikestolen beginnt beim Preikestolhytta Vandrerhjem. Er verläuft zunächst auf einer steilen, aber gut markierten Route, dann auf abwechselnd steilen und morastigen Strecken bis zum letzten Anstieg, der über Granitplatten und einige windige, frei liegende Klippen zum Preikestolen selbst führt. Die steilsten Abschnitte befinden sich am Anfang und im Mittelteil des Weges und können für weniger Fitte eine echte Herausforderung sein.

Die Gegend bietet auch einige andere großartige Wanderwege – den **Vatnerindane Rundweg** (2 Std.), **Ulvaskog** (3 Std.), den **Refsvatnet Rundweg** (3 Std.) und den Gipfel des **Moslifjellet** (3 Std.) – die alle vom Parkplatz der Preikestolhytta erreichbar sind.

Infos über die Anreise zum Preikestolen siehe oben.

SCHLAFEN & ESSEN
Preikestolen Camping (☎ 51 74 97 25; www. preikestolencamping.no; Jørpeland; Zeltplätze ohne/mit Auto 130/150 nkr plus 30 nkr pro Pers.; ☺ Apr.–Okt.) Der vom Preikestolen aus am nächsten liegende Campingplatz (5 km, oder 1 km abseits der Rv 13) ist nichts Besonderes, aber Nähe ist alles. Kochgelegenheiten sind vorhanden, man kann aber auch im angeschlossenen Shop/Restaurant essen.

Preikestolhytta Vandrerhjem (☎ 97 16 55 51; www. preikestolhytta.no; Jørpeland; B inkl. Frühstück 250 nkr, DZ 670–850 nkr) Das hübsche Hostel mit Grasdach am See liegt am Beginn des Fußwegs auf den Preikestolen. Die gepflegte und phantastisch gelegene Unterkunft hat auch ein Café (Gerichte 35–145 nkr) und vermietet Ruderboote. Am schönsten ist es, wenn die Tagesbesucher abgereist sind.

Etwas weiter die Straße hinunter in Oanes (16 km südlich von der Preikestolen-Abfahrt an der Rv 13) liegt **Lysefjord Hyttegrend** (☎ 51 70 38 74; www.lysefjord-hyttegrend.no; 4–6-Pers.-Hütten

400–700 nkr, Apt. 350–450 nkr), das tolle Chalets mit eigenem Bad zu bieten hat. Das **Lysefjordsenteret** (☎ 51 70 31 23; Hauptgerichte 59–139 nkr, So Büfett 195 nkr), ebenfalls in Oanes, ist ein Restaurant mit gutem, traditionellem Essen zu vernünftigen Preisen.

Lysebotn

Mit der Fähre gelangt man von Stavanger zum Fjordende bei Lysebotn, wo sich eine enge und oft geknipste Straße 1000 m nach Sirdal in 27 spektakulären Haarnadelkurven nach oben windet. Infos über die Anreise nach Lysebotn s. S. 242.

AKTIVITÄTEN

Nach der Felskanzel Preikestolen ist **Kjeragbolten** das Top-Wanderziel am Lysefjord. Dieser riesige, ovale Gesteinsbrocken, den wohl jeder schon als Postkartenmotiv gesehen hat, ist zwischen zwei etwa 2 m von einander entfernten Felsen eingeklemmt. Die 10 km lange Wandertour (hin und zurück) besteht aus einem schweißtreibenden Aufstieg über 700 m vom Parkplatz des Øygardsstølen Café (Parkgebühr 30 nkr), in der Nähe der höchsten Haarnadelkurve oberhalb von Lysebotn.

Dann stapft man immer weiter nach oben, über drei Felsgrate rüber, und gelegentlich wird der Marsch über die steilen schlammigen Abhänge ganz schön heavy. Wenn man knapp davorsteht, ist es nochmal ein ziemlicher Act, den Kjeragbolten selbst zu erklimmen – dazu muss man u. a. einen frei liegenden, senkrecht abfallenden Felsvorsprung in 1000 m Höhe überqueren! Von dort aus kann man direkt auf den „Bolten" steigen (oder kriechen) und die vielleicht spektakulärste Aussicht Norwegens genießen. Ein Foto mit einem selbst, auf dem Felsbrocken hockend, macht zu Hause garantiert Eindruck.

Wem das nicht abenteuerlich genug ist, der kann Norwegens wohl verrücktesten Sport

ausprobieren: Basejumping vom Kjeragbolten. Infos gibt's beim **Stavanger Base Club** (☎ 51 88 12 10; www.basekjerag.com).

SCHLAFEN & ESSEN

Lysebotn Tourist Camp (☎ 90 83 20 35; www.lysebotn-touristcamp.com; Zelt-/Wohnmagenstellplatz 130/150 nkr, B 250 nkr, 4-Bett-Hütten 650–950 nkr) Wer sich mit dem Gedanken an die Respekt einflößende Straße den Berg hinauf nicht anfreunden oder sich einfach nicht losreißen kann, hat die Möglichkeit, im wunderschön gelegenen Lysebotn Tourist Camp am Ende des Fjords einzukehren. Hier kann man den Tag in aller Ruhe ausklingen lassen – wenn die Fähre abgedampft ist.

Øygardsstølen Café (☎ 38 37 74 00; Snacks & leichte Mahlzeiten 45–129 nkr; ⏀ Mitte Juni–Mitte Sept. 10–18 Uhr) Was die Aussicht auf diesen Teil des Lysefjords angeht, ist das „Adlernest" hoch oben auf dem Felsen mit Blick auf die Haarnadelspiralen hinunter nach Lysebotn nicht zu toppen. Wer nichts essen möchte, geht einfach auf die Aussichtsplattform.

RUND UM DEN LYSEFJORD

Die Rv 13 durch das wilde und dünn besiedelte Land nördlich des Lysefjords ist eine der 18 „Grünen Straßen" (s. Kasten S. 439). Sie ist ohne Zweifel die langsamere Strecke zwischen Stavanger und Bergen. Aber der Umweg lohnt sich absolut, wenn man die Zeit hat. Landschaftlich am schönsten ist die Gegend um **Årdal**, **Jøsenfjord**, **Suldalsosen** und **Suldalsvatnet**.

Komfort und Charme bietet das stattliche, alte **Sauda Fjord Hotel** (☎ 52 78 12 11; www.saudafjordhotel.no; Saudasjøen; EZ/DZ ab 690/990 nkr, HP ab 850/1150 nkr), westlich der Rv 13, mit schönen Zimmern und gutem Essen zu vernünftigen Preisen. Es gehört zum Fjord-Pass-Netz.

Das beste öffentliche Verkehrsmittel ist die Fähre zwischen Stavanger und Sauda (310 nkr, 2¼ Std., 2- oder 3-mal tgl.). Für die Rv 13 ist es gut, ein eigenes Fahrzeug zu haben.

Westliche Fjorde

Die westlichen Fjorde reichen tief hinein in die beiden Verwaltungsgebiete Sogn og Fjordane und das nördlich davon gelegenen Møre og Romsdal. Das Magazin *National Geographic Traveler* hat die norwegischen Fjorde vor Kurzem zum besten Reiseziel der Welt gekürt – noch vor anderen Traumzielen wie den Alpen, den Galapagosinseln, dem australischen Great Barrier Reef und vergleichbaren Naturwundern wie den zerklüfteten Küsten Chiles oder Neuseelands – und das nicht ohne Grund.

Gletscher formten einst die tief eingeschnittenen Täler, die später vom Meer überflutet wurden, und heute säumen raue Gebirgszüge die Ufer der Fjorde. Erstaunlicherweise hat diese Landschaft die Norweger nie davon abgehalten, seit Jahrtausenden die steilen Hänge und Höhen zu besiedeln und landwirtschaftlich zu nutzen. Die Region hat eine Fülle von Sehenswürdigkeiten und Aktivitäten zu bieten – auf dem Wasser, in den Bergen oder auf dem flachen Land.

Das Schiff ist hier das bevorzugte Fortbewegungsmittel. Bei der Reisplanung sollte man immer im Hinterkopf behalten, dass diese zuverlässigen Lasttiere nicht nur die langen Umwege rund um die Fjorde abkürzen, sondern selbst echte Höhepunkte der Reise sind. Von ihren Decks eröffnen sich grandiose Panoramablicke auf Küste und Berge.

Auch wenn flaches Land hier Mangelware ist, die westlichen Fjorde sind auch ein tolles Wandergebiet. Touren auf den markierten Wegen oder mit einem Führer auf einem der Gletscher sind tolle Erlebnisse. Und wer sich nach so viel frischer Luft und grenzenloser Weite nach Kleinstadtatmosphäre sehnt, der macht einen Abstecher in die schöne Küstenstadt Ålesund.

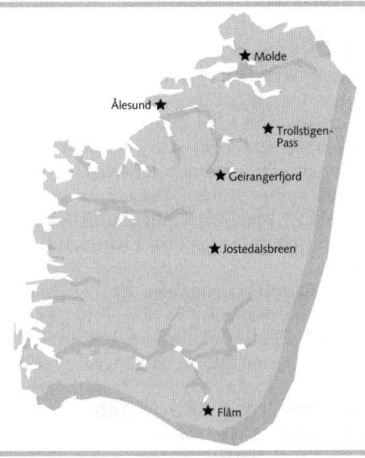

HIGHLIGHTS

- Eine Bootsfahrt zwischen Geiranger und Hellesylt entlang der beeindruckenden Felswände des **Geirangerfjords** (S. 273)

- Mit der spektakulären **Flåmsbana** (S. 246) zwischen der wilden Hardangervidda und dem sanften Aurlandsfjord fahren

- Die gewaltige **Trollstigen-Route** (S. 270) zwischen Åndalsnes und Valldal bezwingen

- Sich auf einer winzigen Gletscherzunge des riesigen **Jostedalsbreen** (S. 256) nasse Füße holen

- Den Jugendstil in der reizenden Stadt **Ålesund** bewundern (S. 276)

- Sich beim **Jazzfestival** in **Molde** (S. 283) von der Stimmung anstecken lassen)

★ Molde
Ålesund ★
★ Trollstigen-Pass
★ Geirangerfjord
★ Jostedalsbreen
★ Flåm

EINWOHNER: 351 600	HÖCHSTE ERHEBUNG: LODALSKÅPA (2083 M)

SOGNEFJORD

Der Sognefjord, Norwegens längster (203 km) und tiefster (1308 m) Fjord, schneidet sich tief in die Landkarte Westnorwegens ein. An manchen Stellen ragen steile Wände mehr als 1000 m über dem Wasser empor, während man woanders sanfte Ufer mit Bauernhöfen, Obstgärten und kleinen Ortschaften sieht. Die breite Hauptwasserstraße ist zwar beeindruckend, aber wer sich in die schmaleren Arme hinein begibt, etwa in den tiefen und herrlichen Nærøyfjord Richtung Gudvangen, wird mit idyllischen Ansichten abrupter Felswände und kaskadierender Wasserfälle belohnt.

Gute allgemeine Infos bietet die Website www.sognefjord.no. Infos über die Städte Flåm, Aurland und Lærdal sind auf der gut strukturierten Website www.alr.no zu finden.

An- & Weiterreise

Fjord1 (☎ 55 90 70 70; www.fjord1.no/fylkesbaatane) verkehrt täglich mit Schnellfähren zwischen Bergen und den Orten Flåm (605 nkr, 5½ Std.) und Sogndal (525 nkr, 4¾ Std.) mit Stopps in zehn kleineren Orten, darunter Vik (410 nkr, 3½ Std.) und Balestrand (440 nkr, 3¾ Std.). Außerdem verbinden mehrere örtliche Fähren die Orte am Sognefjord, und es verkehren auch zahlreiche Busse – allerdings nicht ganz regelmäßig.

FLÅM
550 Ew.

Flåm liegt am Ende des Aurlandsfjords inmitten einer wahrhaft spektakulären Kulisse. Der winzige Ort ist ein Zwischenstopp der beliebten „Norway in a Nutshell"-Touren und wird pro Jahr von über 500 000 Touristen besucht. Er hat durchaus seinen Charme, aber auch weniger sympathische Seiten. Touristenshops verhökern hier Slips mit Aufdrucken der norwegischen Flagge und Elchschaufeln aus Plastik.

Die **Touristeninformation** (☎ 57 63 33 13; www.alr.no; ☽ Juni–Aug. 8.30–16 & 16.30–20 Uhr; Mai & Sept. 8.30–16 Uhr) befindet sich im Bahnhof. Dort gibt's auch vier Internetzugänge.

Sehenswertes & Aktivitäten
NORWAY IN A NUTSHELL

Die meisten Besucher starten ihre „Norway in a Nutshell"-Tour zwar entweder in Oslo oder in Bergen (s. S. 445), aber es gibt auch eine Miniversion (Erw./Kind 530/265 nkr). Diese Runde beginnt in Flåm (Fähre nach Gudvangen, Bus nach Voss, Zug nach Myrdal und mit der spektakulären Flåmsbana zurück nach Flåm). Sie ist buchstäblich der Kern in der Nussschale und umfasst die dramatischsten Highlights.

FLÅMSBANA

Die 20 km lange **Flåmsbana** (☎ 57 63 21 00; www.flaamsbana.no; Erw./Kind einfach 190/95 nkr, hin & zurück 290/190 nkr) ist ein wahres Wunder der Technik: Durch 20 Tunnel und mit einer Steigung von 1:18 überwindet sie 864 Höhenmeter auf der Strecke nach Myrdal auf der kahlen Hochebene der Hardangervidda. Unterwegs passiert sie donnernde Wasserfälle und am malerischen Kjosfossen gibt es sogar einen Fotostopp. Die Bahn verkehrt ganzjährig, im Sommer bis zu zehnmal am Tag.

Vor der Fahrt empfiehlt sich ein Besuch des **Flåmsbana-Museums** (☎ 57 63 23 10; Eintritt frei; ☽ 9–17 Uhr). Es zeigt faszinierende Fotos über die Arbeit an der Trasse, aber auch über das Leben in und um Flåm, bevor es dort Autos gab.

BOOTS- & KANUSPORT

Für die Erkundungen des Fjords auf eigene Faust vermietet Flåm Marina & Apartement Ruderboote und Kanus (50 nkr pro Std.) sowie Motorboote (ab 150 nkr pro Std. plus Treibstoff).

Njord (☎ 91 32 66 28; www.fjordpaddlenorwegen.com) organisiert verschiedene Seekajakexkursionen ab Flåm: von einer zweistündigen Einführung (350 nkr) bis zu dreitägigen Wander- und Kajaktouren (2650 nkr).

WANDERN & RADFAHREN

Bei der Touristeninformation gibt's ein leicht verständliches, kostenloses Infoblatt mit Wanderungen in der Region. Die Touren dauern 45 Minuten bis 5 Stunden und die Routen sind in Luftbildern eingezeichnet.

Fahrräder für eine gemütliche Tour entlang der Küste oder für anspruchsvollere Touren vermieten die Touristeninformation (30/175 nkr pro Std./Tag) und das Heimly Pensjonat (50/200 nkr pro Std./Tag).

Für eine schöne Tagestour eignet sich der **Rallarvegen**, eine Versorgungsstraße, die für den Bau der Flåmsbana angelegt worden ist. Heute ist sie ein beliebter, 80 km langer

WESTLICHE FJORDE

0 ⊏⊐⊏⊐⊏⊐ 50 km

A   **B**   **C**   **D**

SEHENSWERTES & AKTIVITÄTEN

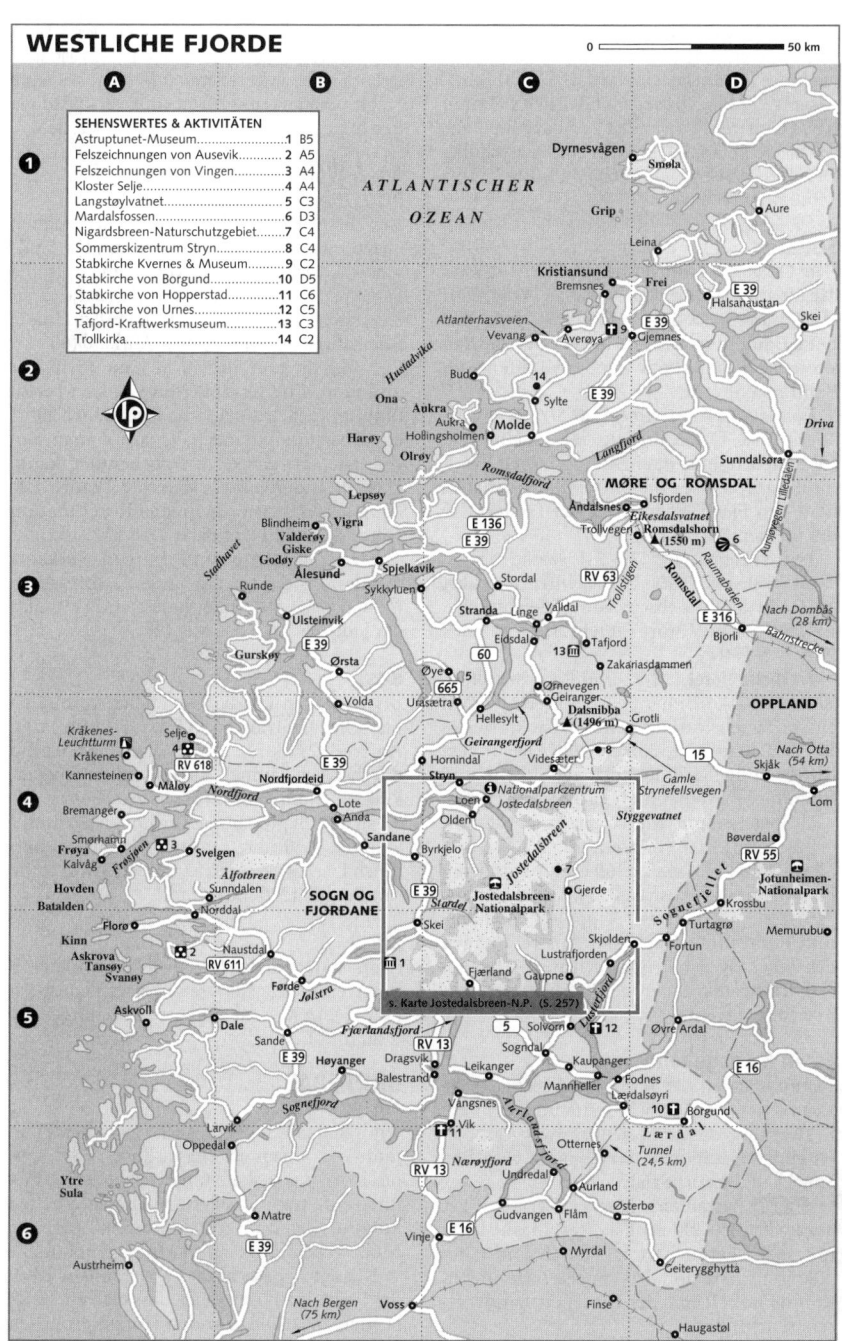

Radweg, der bei Haugastøl (988 m) beginnt und dann entlang der Bahnlinie nordwestlich via Finse (26 km) nach Myrdal (62 km) führt, das mit 1222 m Norwegens höchsten Bahnhof hat. Dann geht es parallel zur Bahnlinie abwärts nach Flåm (80 km) bis auf Meereshöhe. Der Radweg ist gewöhnlich von Mitte Juli bis September befahrbar.

Schlafen

Flåm Camping & Youth Hostel (☎ 57 63 21 21; www. flaam-camping.no; Stellplatz 85–150 nkr, B 145 nkr, EZ/DZ ab 300/450 nkr, Hütten 525–825 nkr; ☻ Mai–Sept.) Der nette Campingplatz mit Hostel ist gut ausgestattet und zu Fuß nur wenige Minuten vom Bahnhof entfernt.

Flåm Marina & Apartement (☎ 57 63 35 55, www. flammarina.no; DZ 955 nkr) Die zehn Selbstversorgerapartments in einem modernen Block direkt am Wasser bieten schöne Ausblicke über den Fjord. Ebenso wie die Freiterrasse der kleinen Bar.

Heimly Pensjonat (☎ 57 63 23 00; www.heimly.no; EZ/ DZ inkl. Frühstück ab 795/980 nkr) Die Unterkunft liegt am Rand des Orts abseits vom Hafenrummel. Es hat einfache Zimmer mit herrlichem Blick über den Fjord.

Fretheim Hotel (☎ 57 63 63 00; www.fretheim-Hotel.no; EZ/DZ 1195/1580 nkr; ☻ Feb–Mitte Dez.; Ⓟ) Mit einem Touch von englischer Aristokratie des 19. Jhs. (man kam damals zum Angeln her) ist das riesige und dennoch gemütliche und freundliche Fretheim ebenso Sportzentrum und Society-Treff wie Hotel. Es hat ein eigenes Fischrevier (während der Lachs- und Meeresforellensaison im Juli und August kann man die nötige Ausrüstung mieten) und organisiert und hilft mit Tipps für Wander- und Radtouren. Nach den Anstrengungen des Tages ist es herrlich, sich in der Bar im 3. Stock zu entspannen; das Pub bietet manchmal sogar Liveunterhaltung.

Essen & Ausgehen

Togrestauranten (☎ 57 63 21 55; Hauptgerichte 95–125 nkr) Das ungewöhnliche Café und Restaurant in zwei ausgedienten Eisenbahnwaggons bietet einige traditionell norwegische Gerichte, Snacks und grüne Salate.

LP Tipp Restaurant Arven (Fretheim Hotel; Hauptgerichte 260–290 nkr) Das Restaurant lockt mit selbst geräuchertem Fleisch und einer „ökologisch-regionalen" Speisekarte in Zusammenarbeit mit der örtlichen Landwirtschaftsschule.

Die neu erbaute **Ægir-Brauerei** (Ægir Bryggeri; ☎ 57 63 20 60; ☻ Kernzeiten Juni–Aug. 12–24 Uhr, Mai & Sept. 15–24 Uhr, übrige Zeit nur Fr & Sa) sieht wie eine Stabkirche aus und bietet fünf verschiedene Fassbiere, die alle vor Ort gebraut werden.

An- & Weiterreise

BOOT/FÄHRE

Von Flåm laufen Fähren zu verschiedenen Orten rund um den Sognefjord aus. Die landschaftlich schönste Tour von Flåm aus ist die Fahrt per Passagierfähre den Nærøyfjord hinauf nach Gudvangen (einfache Fahrt/Hin- & Rückfahrt 215/294 nkr) über Aurland (68 nkr, 15 Min.), die ganzjährig täglich um 15.10 Uhr und von Mitte Juni bis Mitte August bis zu fünfmal täglich startet. In Gudvangen fährt ein Anschlussbus nach Voss, wo man den Zug nach Bergen oder Oslo nehmen kann. Das Fremdenverkehrsbüro verkauft alle Fährtickets sowie auch die Kombination Fähre/Bus von Flåm nach Voss (291 nkr).

Zwischen Flåm und Bergen verkehrt mindestens einmal täglich ein Expressboot (605 nkr, 5½ Std.) über Balestrand (210 nkr, 1¾ Std.).

BUS

Bis zu sieben Lokalbusse täglich verbinden Flåm mit Gudvangen (43 nkr, 20 Min.) und Aurland (29 nkr, 15 Min.) – aber überwiegend durch lange Tunnel, sodass von der spektakulären Landschaft nicht viel zu sehen ist. Bis zu sieben Expressbusse verbinden Flåm mit Sogndal (120 nkr, 1¾ Std.) via Lærdalsøyri (auch Lærdal genannt; 81 nkr, 45 Min.) sowie mit Bergen (270 nkr, 3 Std.).

ZUG

Flåm ist der einzige Ort im Sognefjorden mit Bahnverbindung: der traumhaften Flåmsbana (S. 246). In Myrdal bietet sie Anschluss nach Oslo und Bergen.

UNDREDAL

120 Ew., 500 Ziegen

Undredal, auf halber Strecke zwischen Flåm und Gudvangen, ist ein wirklich süßes kleines Dorf, das deshalb umso reizvoller wirkt – und seine traditionellen Qualitäten erhalten konnte –, weil man sich eine Extraportion Mühe geben muss, um dorthin zu kommen.

Die winzige **Dorfkirche** (aus dem Jahr 1603; der Pfad hinauf ist so steil, dass man eine *stige* (Leiter) brauchte, um den Hof zu erreichen (die dann kurzerhand entfernt wurde, wenn Steuereintreiber unterwegs waren). Der Bauer holt Besucher in seinem Boot ab, oder man handelt die kurze Fahrt mit einem der lokalen Bootsbesitzer aus.

Undredal liegt 6,5 km nördlich der E 16. Die enge Straße (einspurig aber mit Ausweichbuchten) windet sich steil nach unten entlang eines tosenden Stroms. Bei Busanreise von Flåm oder Gudvangen am östlichen Ende des 11 km langen Tunnels aussteigen, der nach Gudvangen führt. Bei Anreise mit der Fähre den Kapitän bitten, den optionalen Stopp im Hafen von Undredal einzulegen. Am besten jedoch nimmt man den Bus hinaus, geht die wenig befahrene Straße durch das spektakuläre Tal und fährt mit dem Boot zurück (dazu den Wandschalter neben dem gelb blinkenden Licht im Café neben dem Landesteg drücken, damit die nächste Passagierfähre anlegt).

GUDVANGEN & NÆRØYFJORD

Der 17 km lange Nærøyfjord wurde 2006 in die Unesco-Liste des Weltnaturerbes aufgenommen. Er liegt westlich von Flåm und bietet einen Anblick, der norwegischer nicht sein könnte: ein tiefblauer Fjord (an der engsten Stelle nur 250 m breit), gewaltige, 1200 m hohe Felsen, abgeschiedene Bauernhöfe und Wasserfälle, die aus großer Höhe herabstürzen. Er lässt sich leicht in einem Tagesausflug von Flåm unterbringen.

Kjelsfossen, einer der zehn längsten Wasserfälle der Welt, kommt von der südlichen Talwand des Nærøydalen oberhalb des Dorfes Gudvangen herunter. Man beachte auch das **Lawinenschutzsystem** oberhalb von Gudvangen. Die mächtigen Wasserlawinen rasen hier normalerweise mit einer Wucht von 12 t pro Quadratmeter und einer Geschwindigkeit von 50 m pro Sekunde bergab – ausreichend, so wurde uns erklärt, um eine ganze Herde von Ziegen über den Fjord zu katapultieren.

1,3 km hinter dem Fährhafen liegen zwei Campingplätze an der Straße: **Gudvangen Camping** (☎ 57 63 39 34; www.visitgudvangen.com; Stellplatz 140 nkr, 2-/4-Pers.-Hütten ab 350/400 nkr; ⊙ Mitte April–Okt.) und **Vang Camping** (☎ 57 63 39 26; promso@ tele2.no; pro Pers./Stellplatz 15/80 nkr, Hütten 300–950 nkr; ⊙ Mitte Mai–Mitte Sept.). Beide liegen superschön am Fuß einer Felswand.

Gudvangen Fjordtell (☎ 57 63 39 29; www.gud vangen.com; EZ/DZ ab 780/1180 nkr; ⊙ Mai–Sept.; P) hat Zimmer (einige mit Miniküche) in mehreren Gebäuden, die antik eingerichtet und doch modern ausgestattet sind. Am originellsten sind die zwölf Wikingerzimmer mit Holzschwertern und -schilden als Wanddekoration und Pelzen als Bettüberwurf. Alles grade noch diesseits der Grenze zum Kitsch. Das Restaurant bezaubert durch seinen herrlichen Blick auf den Fjord, das Essen hingegen (Hauptgerichte 85–120 nkr) ist nicht berauschend.

Schiffe zwischen Gudvangen und Flåm (einfach/hin & zurück 215/294 nkr) via Aurland verkehren bis zu fünfmal täglich. Eine Autofähre fährt bis zu viermal täglich über Kaupanger von/nach Lærdal (Auto & Fahrer/Passagier 210/500 nkr; 3 Std.). Bis zu sieben Busse pro Tag fahren von/nach Flåm (43 nkr, 20 Min.), Aurland (58 nkr, 30 Min.) und Voss (81 nkr, 1 Std.).

AURLAND
600 Ew.

Das stille Städtchen Aurland ist längst nicht so hektisch und überlaufen wie sein Nachbarort Flåm. Es liegt am Ende der spektakulären Aurlandsdalen-Wanderroute. In letzter Zeit ist es auch als Ende des Lærdals-Tunnels bekannt geworden, des längsten Straßentunnels der Welt (mit 24,5 km ist er 6 km länger als der zweitlängste: der Zhongnanshan-Tunnel in China). Das wichtige Verbindungsstück der E 16 zwischen Oslo und Bergen (vorher mussten Autos die Fähre zwischen Lærdal und Gudvangen nehmen) ist die weit schnellere Alternative zum reizvollen, aber kurvenreichen, 45 km langen **Snøvegen** (⊙ Juni–Mitte Okt.). Heute haben Reisende die Wahl zwischen einer schnellen und bequemen Route mit Tunnelblick und dem Pass mit herrlicher Aussicht, aber haarsträubenden Serpentinen.

Die **Touristeninformation** Aurland (☎ 57 63 33 13; www.alr.no; ⊙ Juni–Aug. Mo–Fr 9–18, Sa & So 10–17, übrige Zeit Mo–Fr 8–15.30 Uhr) befindet sich neben der Dorfkirche.

Zwischen Flåm und Aurland hoch über dem Fjord liegt der historische Weiler **Otternes** (Erw./Kind 50 nkr/gratis; ⊙ Mitte Mai–Sept. 10–18 Uhr), ein Komplex aus 27 restaurierten Gebäuden. Das älteste stammt aus dem 17. Jh. Es lohnt sich, an der einstündigen Führung (20 nkr extra; 4-mal tgl. auf Englisch) teilzunehmen und eine Pause einzuplanen, um ein selbst gemachtes Bioeis zu schlemmen oder eine Schale *rømmegrøt*, eine Art Porridge mit saurer Sahne.

SNØVEGEN

Die „Schneestraße" klettert von Meereshöhe spektakulär empor bis auf die Hochebene (1309 m) zwischen Aurland und Lærdalsøyri (Lærdal). Diese phantastische Route ist ausnahmslos nur im Sommer befahrbar. Selbst Ende Juni säumen noch hohe Schneewälle die Straße und die Seen sind gefroren. Die Strecke wurde als landschaftlich besonders reizvolle „Grüne Straße" ausgezeichnet. Deshalb ist es gut, früh morgens loszufahren, ehe die Reisebusse kommen. Wer nicht die ganze Strecke fahren will, sollte sich wenigstens die ersten 8 km von Aurland bis zum grandiosen **Aussichtspunkt** nicht entgehen lassen. Schnörkellos und beeindruckend wie bestes norwegisches Design ragt diese Holzkonstruktion über den Abgrund hinaus, während tief darunter der Fjord glitzert. Sie ist fast so imposant wie das Panorama selbst.

Aktivitäten
WANDERN

Die Touristeninformationen von Aurland und Lærdal haben einige nützliche Infoblätter über Wanderungen in der Region, bei denen die Routen in Luftbildern eingezeichnet sind.

Die klassische Tour durch das Aurlandsdalen von Geiteryggen nach Aurland folgt einem Wasserlauf von der Quelle bis zur Mündung immer entlang einer der ältesten Handelsrouten zwischen Ost- und Westnorwegen. Ab Mitte Juli ist es möglich, diese viertägige Tour auch in Finse, an der Bahnlinie Oslo–Bergen, zu beginnen. Übernachtungsmöglichkeiten bieten Geiterygghytta, Steinbergdalen und Østerbø. Landschaftlich am reizvollsten ist die letzte Etappe von Østerbø (820 m) bis Vassbygdi (95 m) – ein phantastischer Tagestrip (6–7 Std.).

Die tiefer gelegenen Etappen sind meist zwischen Anfang Juni und Ende September geöffnet. Von Vassbygdi (15 Min.) und Østerbø (1 Std.) fahren Busse dreimal täglich von/nach Aurland.

Schlafen & Essen
Lunde Gard & Camping (☎ 57 63 34 12; www.lunde-camping.no; pro Pers./Stellplatz 30/110 nkr, Hütten 350–900 nkr; ⊙ Mai–Sept.) ist ein hübscher, kleiner Platz am Fluss, 1,2 km ein Seitental hinauf.

Vangsgaarden (☎ 57 63 35 80; www.vangsgaarden.no; DZ 850 nkr, Hütten 750–1075 nkr; ℗) Der Komplex aus dem 18. Jh. mit vier Gebäuden, sechs Hütten und dem Café & Pub Duehuset (Taubenschlag) liegt auf Meereshöhe. Die meisten Zimmer sind mit Antiquitäten ausgestattet; der Speisesaal wirkt ein bisschen wie Omas gute Stube.

Aurland Fjordhotell (☎ 57 63 35 05; www.aurland-fjordhotel.com; EZ/DZ/3BZ 1145/1490/1785 nkr; ℗) Das freundliche Familienhotel hat 30 Zimmer. Sie sind komfortabel, gut ausgestattet und haben zum großen Teil Fjordblick. Außerdem gibt es ein Solarium, einen Hamam und eine Sauna. Als Schlummertrunk empfehlen wir ein Gläschen aus der riesigen Sammlung an Schnäpsen und Likören, die in den Vitrinen an der Rezeption ausgestellt sind.

An- & Weiterreise
Busse verkehren bis zu siebenmal täglich zwischen Aurland und Flåm (29 nkr, 15 Min.) und ein- bis dreimal täglich zwischen Aurland und Lærdal (62 nkr, 30 Min.). Expressbusse von/nach Bergen (275 nkr, 3¼ Std.) halten bis zu sechsmal täglich in Aurland.

Achtung: Im Lærdalstunnel lauern mehrere Radarfallen.

LÆRDAL
Lærdalsøyri
2150 Ew.

Das Dorf Lærdalsøyri, oft auch kurz Lærdal genannt, liegt dort, wo sich das malerisch grüne Tal mit dem gleichen Namen (bekannt für seine Kirschen) zum Fjord hin öffnet.

Seine **Touristeninformation** (☎ 57 64 12 07; www.alr.no; Øyraplassen 7; ⊙ Mitte Juni–Mitte Aug. 9–19 Uhr, übrige Zeit 9–16 Uhr) befindet sich in einem reizvollen, alten Bretterbau etwas abseits der Hauptstraße.

Wer zelten will, ist hier richtig, denn die Einheimischen behaupten, es sei der zweittrockenste Ort Norwegens!

Sehenswertes & Aktivitäten
Alles, was es über Atlantiklachs und dessen einzigartige Wander- und Fortpflanzungsgewohnheiten zu wissen gibt, erfährt man in diesem **Wildlachszentrum** (Norsk Villaks Senter; ☎ 57 66 67 71; www.norsk-villakssenter.no; Erw./Kind 75/40 nkr; ⊙ Mai–Juni & Aug.–Sept. 10–17, 18 oder 19 Uhr, Juli bis 22 Uhr). Hier kann man wilden Lachs und Meeresforellen durch Sichtfenster beobachten, einen ausgezeichneten 20-minüti-

---

ZUFÄLLE

Helene Maristuen, die leitende Direktorin des Wildlachszentrums, erzählte mir von zwei seltsamen Zufällen, die sie zu der neuesten Erweiterung des Museums animiert haben. Die Ausstellung über die „Englische Epoche" befasst sich mit der Zeit zu Beginn des 20. Jhs., als Angehörige der britischen Aristokratie – darunter der damalige Prince of Wales – in den norwegischen Flüssen nach kapitalen Lachsen fischten. „Ich hatte schon einige Zeit mit dem Gedanken an eine solche Ausstellung gespielt," berichtet Helene. „Dann hat eines Tages ein Kollege zufällig ein Exemplar des Buches *A Valet's Diction* auf meinen Schreibtisch gelegt, das Tagebuch eines Kammerdieners, der zusammen mit seinem Herrn einen Sommer in Lærdal verbracht hat – herausgegeben mit einem Kommentar seines Enkels John Michael Wade. Nur wenige Monate später besuchte der Bruder des Autors unsere Stadt und ließ drei Exemplare des Buchs an der Rezeption. Da beschloss ich, mit dem Autor Kontakt aufzunehmen, lud ihn hierher ein – und er eröffnete unsere neueste Dauerausstellung."

Miles Roddis

---

gen Film über den Lebenszyklus des Lachses ansehen und das Fliegenknüpfen lernen, um die Chancen für einen eigenen Fang zu erhöhen.

Toll ist auch ein Bummel zwischen den gut erhaltenen Holzhäusern, Lagerhäusern und Fischerhütten aus dem 18. und 19. Jh. Die Touristeninformation verteilt einen kostenlosen Stadtplan, der eine Route vorschlägt und die interessantesten Gebäude beschreibt. Außerdem verleiht sie kostenlose Audioführer zu den elf Highlights der Stadt. **Lærdal Sport og Rekreasjon** (s. S. 251) vermietet Ruderboote und Kanus (45 nkr pro Std.) sowie Motorboote (ab 100 nkr) und Fahrräder (ab 40/150 nkr pro Std./Tag).

Das **Angeln** im Fjord ist kostenlos. Der obere Teil des Flusses Lærdal ist ein gutes Forellengewässer (Angelscheine hierfür verkauft die Touristeninformation für 50 nkr pro Tag). Zu den **Wanderungen** in der Umgebung hat die Touristeninformation ein kostenloses Infoblatt parat.

SCHLAFEN & ESSEN

Lærdal Ferie og Fritidspark (☎ 57 66 66 95; www. laerdalferiepark.com; Stellplatz 140 nkr, 2-/3-/4-Bett-Hütten 775/825/875 nkr) Dieser Campingplatz –

KOMBITICKET

Wer die beiden Hauptattraktionen des Tales besuchen will, das Wildlachszentrum und die Stabkirche Borgund, kauft am besten ein Kombiticket (Erw./Kind/Fam. 115/70/ 250 nkr), das für beide gilt.

---

fast direkt am Wasser – eröffnet herrliche Blicke auf den Fjord. Neuerdings bietet er auch ein **Motel** (EZ/DZ 490/550 nkr) mit Einrichtungen für Selbstversorger und einem Gemeinschaftsraum mit Panoramafenster und traumhaftem Fjordblick.

Lindstrøm Hotell (☎ 57 66 69 00; www.lindstroem hotel.no; EZ 695–845 nkr, DZ 950–1150 nkr, alle inkl. Frühstück; Mai–Sept.; P ☐) Im kürzlich unter Denkmalschutz gestellten und schönsten der fünf Gebäude dieser Anlage werden leider keine Zimmer mehr vermietet. Am zweitbesten sind die Zimmer in dem Giebelbau von 1899 gleich dahinter, die renoviert und sehr komfortabel ausgestattet sind. Der gemütliche Aufenthaltsbereich im Hauptgebäude (in dem auch die Rezeption ist) ist sehr hübsch im historischen Stil gestaltet.

Zweitbestes Restaurant in Lærdalsøyri – nach dem Lindstrøm Hotell – ist das familiäre **Laksen Pub & Restaurant** (☎ 57 66 86 20; Pizzas 140–150 nkr, Hauptgerichte 200–240 nkr) beim Wildlachszentrum. Tagsüber tischt es verlockende Snacks und Sandwiches auf – und von 18 bis 21 Uhr Restaurantküche.

AN- & WEITERREISE

Wer nach Süden fährt, hat die Wahl zwischen dem längsten Straßentunnel der Welt zwischen Aurland und Lærdal und (im Sommer!) der Fahrt über den Pass via Snøvegen. Infos zu beiden Optionen s. S. 250. Expressbusse fahren zwei- bis sechsmal täglich von/nach Bergen (320 nkr, 3¾ Std.) durch den Tunnel.

Vier Autofähren pro Tag fahren von/nach Gudvangen (Passagier/Auto 210/500 nkr, 3 Std.).

WESTLICHE FJORDE

Stabkirche von Borgund

30 km südöstlich von Lærdalsøyri an der E 16 steht die **Stabkirche von Borgund** (Erw./Kind 65/45 nkr; ☺ Mitte Juni–Mitte Aug. 8–20 Uhr, Mai–Mitte Juni & Mitte Aug.–Sept. 9.30–17 Uhr). Sie wurde im 12. Jh. an einer der wichtigsten Handelsrouten zwischen dem Osten und Westen Norwegens errichtet und ist dem heiligen Andreas geweiht. Sie ist eine der bekanntesten, meistfotografierten und am besten erhaltenen Stabkirchen Norwegens. Daneben ist der einzige freistehende mittelalterliche Holzglockenturm Norwegens zu bestaunen. Tickets verkauft das Besucherzentrum, das auch eine sehenswerte Ausstellung (im Eintrittspreis enthalten) über diese typisch norwegischen Kirchen zeigt. Bei der Kirche beginnt eine zweistündige Rundwanderung auf historischen Wegen.

VIK

1600 Ew.

Am südlichen Ortsrand von Vik, etwa 1 km vom Zentrum entfernt steht die prachtvolle

Stabkirche von Hopperstad (Erw./Kind 50 nkr/gratis; ☺ Mitte Mai–Mitte Juni & Mitte Aug.–Mitte Sept. 10–17 Uhr, Mitte Juni–Mitte Aug. 9–19 Uhr). Sie wurde 1130 erbaut und ist Norwegens zweitälteste Stabkirche. Ende des 19. Jh. ist sie nur knapp dem Abriss entgangen. Die ursprünglichen Deckenbilder am kunstvoll geschnitzten Baldachin haben die Leuchtkraft ihrer Farben bis heute bewahrt. Gegen einen Aufpreis von 20 nkr gilt die gleiche Eintrittskarte auch für die 1 km weiter südlich gelegene Hove-Steinkirche, die aus der gleichen Zeit stammt.

BALESTRAND

800 Ew.

Balestrand erstreckt sich am Ufer des Fjords vor einer gewaltigen Bergkulisse. Das ruhige, beschauliche Dorf ist schon seit dem 19. Jh. ein kleiner Ferienort. Seine **Touristeninformation** (☎ 57 69 12 55; www.midsogn.com; ☺ Mitte Juni–Mitte Aug. Mo–Sa 7.30–12.30 & 13.30–18 Uhr, Mai–Anfang Juni & Mitte Aug.–Sept. So 10–17; Mo–Fr 8–16 Uhr) befindet sich gegenüber vom Fähranleger.

STABKIRCHEN

Die so typisch norwegischen Stabkirchen sind Holzbauten mit senkrechten, tief im Boden verankerten Pfosten („Stäben"), die das Dach tragen. Die meisten der 28 noch erhaltenen von einst über tausend solcher Kirchen stammen aus dem 12. und 13. Jh., wurden aber im Laufe der Jahrhunderte etwas umgebaut.

Den Grundriss für diese Bauten gaben horizontale Schwellen vor, die auf erhöhten Steinfundamenten verlegt wurden. Darauf ruhten die senkrechten Bohlenwände. In jeder Ecke wurde ein aufrecht stehender Pfosten (oder „Stab" – daher der Name) in die Erde gerammt, der die Schwellen mit der Wandfläche darüber verband.

Die meisten Stabkirchen haben innen kaum mehr als ein kleines Mittelschiff und einen schmalen Altarbereich. In manchen bilden Mittelschiff und Altarbereich einen einzigen rechteckigen Raum, getrennt nur durch einen Altarschirm. Die aufwändigste heute noch erhaltene Stabkirche in **Borgund** (s. S. 252) wird am östlichen Ende durch eine halbrunde Apsis ergänzt.

In der Regel tragen weitere frei stehende Pfosten, die je 2 m voneinander und ca. 1 m von der Außenwand entfernt sind, das Dach. Bei manchen kleineren Kirchen reichte ein einziger Mittelpfosten. Alle erhaltenen Stabkirchen sind von Außenmauern umgeben, die externe Galerien oder geschützte Umgänge bilden. Sie haben, zusammen mit den geteerten Dächern, zum Überleben der Kirchen beigetragen.

Die Innenwände sind oft aufwändig bemalt, u. a. mit *rosemaling*, der traditionellen Rosenmalerei (ein „moderneres" Beispiel dafür bietet die farbenprächtig bemalte Kirche von **Stordal** (s. S. 272) aus dem 18. Jh.) und die komplexen Dachlinien zieren häufig schuppenartig geschichtete Holzschindeln und Drachenköpfe aus der Wikingerzeit. Sie erinnern etwas an thailändische Klöster. Das raffinierteste Dekor bilden jedoch oft die Holzschnitzereien an Stützpfosten, Türrahmen und Außenwänden (insbesondere in **Urnes**, s. S. 255), die Ranken aus Stielen, Reben und Blättern darstellen. Darin verschlingen sich häufig Schlangen, Drachen und andere Phantasiegestalten, die Norwegens stolze heidnische Vergangenheit mit neueren christlichen Themen verbinden.

Detailliertere Infos bietet die Website des Architekten und Architekturhistorikers Dr. Jurgen Jensenius: www.stavechurch.org.

Sehenswertes & Aktivitäten

Die Straße, die am Südende des Fjords entlang verläuft und von Apfelgärten und Gehöften gesäumt ist, ist wenig befahren. Hier liegt die **Kirche des heiligen Olav** (1897). Sie wurde auf Betreiben der englischen Einwohnerin Margaret Green, verheiratet mit dem norwegischen Bergsteiger und Hotelbesitzer Knut Kvikne, im Stil einer traditionellen Stabkirche errichtet. Falls sie geschlossen sein sollte, hat das **Midtnes Pensjonat** (s. S. 253) den Schlüssel.

Weniger als 1 km weiter südlich den Fjord entlang haben Ausgrabungen von zwei **Grabhügeln aus der Wikingerzeit** die Überreste eines Bootes, zwei Skelette, Schmuck und verschiedene Waffen ans Tageslicht befördert (die sich aber nicht mehr hier befinden). Auf einem der beiden Hügel stößt man auf eine Statue des legendären **Königs Bele**, errichtet vom deutschen Kaiser Wilhelm II., der von der nordischen Mythologie besessen war und seine Urlaube vor dem Ersten Weltkrieg hier verbrachte (ein ähnliches Monument, ebenfalls vom Kaiser finanziert und errichtet zu Ehren von Fridtjof, dem Lover von König Beles Tochter, erhebt sich auf der anderen Seite des Fjords in Vangsnes).

Nicht weit vom Fährkai befindet sich das **Sognefjord Aquarium** (☎ 57 69 13 03; Erw./Kind 70/ 35 nkr inkl. 1-stündige Kanu- oder Ruderbootmiete; ✆ Mitte Juni–Mitte Aug. 9–13.30 Uhr, Mai–Mitte Juni & Mitte Aug.–Sept. 9.30–17 Uhr) mit einer interessanten audiovisuellen Präsentation und zahlreichen Becken mit Meeresgetier.

WANDERN

Der 5 km lange **Waldnaturpfad Granlia** ist ein beschilderter Rundweg, der gleich oberhalb des Tunnels an der Rv 55 beginnt. Weitere Anregungen für kürzere und längere Wanderungen in der Region liefert die bei der Touristeninformation erhältliche *Balestrand Turkart* (70 nkr), eine gute Wanderkarte (1:50 000) mit eingezeichnetem Wegenetz.

Schlafen & Essen

Sjøtun Camping (☎ 57 69 12 23; www.sjotun.com; pro Pers./Stellplatz 25/50 nkr, 4-/6-Bett-Hütten 250/320 nkr; ✆ Juni–Mitte Sept.) Der Platz liegt 15 Fußminuten südlich des Dorfs am Fjord. Er bietet rustikale Hütten und Stellplätze zwischen Apfelbäumen.

Vandrerhjem Kringsjå (☎ 57 69 13 03; www. kringsja.no; B/DZ inkl. Frühstück 245/740 nkr; ✆ Mitte Juni–Mitte Aug.) Balestrands gutes HI-Hostel dient während der Schulzeit als Zentrum für Outdooraktivitäten. Es hat ein Restaurant und Einrichtungen für Selbstversorger.

Midtnes Hotel (☎ 57 69 11 33; www.midtnes.no; EZ 630–710 nkr, DZ 690–960 nkr, alle inkl. Frühstück; ✆ ganzjährig; Ⓟ 🖳) Das Familienhotel mit 32 Zimmern neben der Kirche des hl. Olav besticht durch ein Frühstückszimmer mit herrlichem Meerblick, eine phantastische Terrasse und eine Wiese, die bis zu einem Steg mit einem Ruderboot führt, das die Gäste kostenlos nutzen können.

Balestrand Hotell (☎ 57 69 11 38; www.balestrand. com; EZ 590–665 nkr, DZ 840–990 nkr, alle inkl. Frühstück; ✆ Juni–Aug.; Ⓟ 🖳) Auch dieses Hotel ist ein Familienbetrieb und nur im Sommer geöffnet. Ein lustiges, freundliches und familiäres Hotel, das keine Reisegruppen mag, die sonst überall die Zimmer füllen. Der Aufpreis für die traumhaften Fjordblicke lohnt sich.

LP Tipp **Kvikne's Hotel** (☎ 57 69 42 00; www. kviknes.no; EZ/DZ ab 1045/1590 nkr; ✆ Mai–Sept.; Ⓟ 🖳) Der majestätische, blassgelbe Holzbau südlich des Fähranlegers bietet jede Menge nostalgischen Luxus des 19. Jhs. mit exquisiten Antiquitäten. Daneben erscheint das neuere Gebäude (dessen Zimmer höchst komfortabel sind) wie ein hässlicher Betonklotz. Das zum Hotel gehörende Balholm Bar & Bistro serviert gute Snacks und leichte Mahlzeiten. Wer sich einen kulinarischen Hochgenuss gönnen will, sollte im Hauptrestaurant das Menü zu 530 nkr bestellen oder 415 nkr für das exzellente Abendbüfett ausgeben.

Café Galleri (Salate 50–70 nkr, Snacks & Sandwiches 32–40 nkr) Dies ist ein idyllisches, kleines Lokal in einer Kunstgalerie in der Nähe der Touristeninformation. Die Tische auf der kleinen Terrasse sind oft mit Schnittblumen geschmückt.

An- & Weiterreise

Eilfähren fahren Mo–Sa zweimal täglich von/ nach Bergen (440 nkr, 4 Std.) und einmal täglich von/nach Sogndal (140 nkr, 1 Std.).

Zwischen Mai und September legt um 8.05 und 12 Uhr eine Autofähre ab und folgt dem engen Fjærlandsfjord bis Fjærland (einfach/ hin & zurück 175/263 nkr, 1¼ Std.), der Pforte zum Wunderland des Jostedalsbreen. Ein prima Tagesausflug für 480/241 nkr pro Erw./Kind beinhaltet die Hin- und Rückfahrt mit der Fähre, den Bustransfer zum Gletschermuseum, den Eintritt ins Museum und einen Besuch des Gletschers; Einzelheiten s. S. 258.

Expressbusse verbinden Balestrand und Sogndal (86 nkr, 1¼ Std., 3-mal täglich).

Der landschaftlich reizvolle Gaularfjellsvegen (Rv 13) führt nach Førde am Førdefjord – durch Haarnadelkurven und vorbei an zahlreichen Wasserfällen.

Unterwegs vor Ort

Die Touristeninformation vermietet Fahrräder für 30/75/140 nkr pro Std./halbem/ ganzem Tag.

SOGNDAL

6050 Ew.

Sogndal ist sicher nicht der schönste Ort der Region, aber eine gute Basis für drei faszinierende Ausflüge: Jostedalen und Nigarsdsbreen (S. 259), Urnes mit Rundfahrt um den Lustrafjord (S. 256) und die spektakuläre Sognefjellroute S. 255.

Seine **Touristeninformation** (☎ 97 60 04 43; www. sognefjorden.no; Hovevegen 2; ☼ Mitte Juni–Mitte Aug. Mo–Fr 9–18, Sa 10–16, So 15–20 Uhr, übrige Zeit Mo–Fr 10–16 Uhr) liegt zu Fuß fünf Minuten östlich der Busstation und vermittelt auch Zimmer. Wer wandern will, kann hier das Büchlein über Bergwanderungen kaufen (40 nkr). Die Stadtbibliothek im gleichen Gebäude bietet kostenlosen Internetzugang.

Sehenswertes & Aktivitäten

Das **Volkskundemuseum Sogn** (☎ 57 67 82 06; Vestreim; Erw./Kind 60/30 nkr, Audioguide 20 nkr; ☼ Juni– Aug. 10–17 Uhr, Mai & Sept. 10–15 Uhr) ist ein großes Freilichtmuseum in dem Weiler Vestreim zwischen Sogndal und Kaupanger. Es zeigt 30 Gebäude, die von ihren Ursprungsorten hierher auf ein hübsches bewaldetes Gelände verfrachtet wurden. Im Sommer gibt es auch Handwerksvorführungen, einen traditionellen Dorfladen, einen Bereich über das Leben der Kinder und einen typischen Bauernhof mitsamt den dazu gehörenden Tieren.

In **Kaupanger**, 2 km südöstlich auf der Rv 5 und mit dem Bus erreichbar, präsentiert das **Fjordmuseum Sogn** (Eintritt frei; ☼ Juni–Aug. 10– 17 Uhr) eine Sammlung von Fischerbooten und Ausrüstung aus dem 19. und 20. Jh. Es vermietet auch Ruderboote (50 nkr pro Std.) zur Erkundung des Fjords.

Kaupangers größte Attraktion ist jedoch seine beeindruckende **Stabkirche** (Erw./Kind 30/20 nkr; ☼ Mitte Juni–Mitte Juli. 9.30–17.30 Uhr), er-

baut im Jahre 1184. Ihr wunderschön ausgeschmückter Innenraum erinnert in der Form an ein umgedrehtes Wikingerschiff. Die Wandmalereien zeigen musikalische Notationen; absolut einzigartig ist der keltisch anmutende Altarbogen.

Schlafen & Essen

Kjørnes Camping (☎ 57 67 45 80; www.kjornes.no; pro Pers./Stellplatz 30/90 nkr, Hütte 290–600 nkr, Apt. 700 nkr; ☼ Mai–Sept.) befindet sich in schöner Fjordlage 3 km außerhalb an der Rv 5.

Sogndal Vandrerhjem (☎ 57 62 75 75; sogndal. hostel@vandrerhjem.no; Helgheimsvegen 9–10; B/EZ/DZ mit Etagenbad 200/280/550 nkr, DZ mit eigenem Bad 650 nkr, inkl. Frühstück; ☼ Mitte Juni–Mitte Aug.) Das gut ausgestattete, nur im Sommer geöffnete HI-Hostel in der Nähe der Rv-5-Brücke ist das übrige Jahr hindurch ein Internat.

Loftesnes Pensjonat (☎ 57 67 15 77; Fjøravegen; EZ/DZ/3BZ 400/600/750 nkr) Eine kleine und sehr günstige Unterkunft über dem China House Restaurant. Neun der zwölf Zimmer haben ein eigenes Bad und es gibt Einrichtungen für Selbstversorger sowie eine Dachterrasse. Falls niemand an der Rezeption ist, können die Gäste selbst eins der Zimmer auswählen, in deren Tür der Schlüssel steckt, und sich ins Gästebuch eintragen. Sollte bis zur Abreise immer noch niemand aufgetaucht sein, wird einfach unten im Restaurant bezahlt.

Hofslund Fjord Hotel (☎ 57 62 76 00; www.hofslundhotel.no; EZ/DZ/3BZ 890/1090/1330 nkr; P ☺) Dieses ehrwürdige 100-Betten-Hotel ist fast 100 Jahre alt und wird seit vier Generationen von der gleichen Familie geführt. Die Lage ist prima und der Service höflich. Die meisten Zimmer haben einen Balkon mit Fjordblick und bis zum Wasser erstreckt sich ein sauber gemähter Rasen. Es gibt einen beheizten Pool sowie ein paar Ruderboote und Angelausrüstung (für Gäste kostenlos).

Norlandia Park Hotel (☎ 57 62 84 00; www.norlandia. no/park; EZ 915–1075 nkr, DZ 1250–1550 nkr) Als wir Sogndals neuestes Hotel besucht haben, wurde noch daran gewerkelt. Die 28 Zimmer mit Parkettfußboden und Plasma-TV sind sehr geräumig (mindestens 31 m²) und jedes ist mit Kühlschrank, Kochgelegenheit und Spülmaschine ausgestattet.

Beste Wahl im begrenzten Gastro-Angebot ist das **Quality Hotel Sogndal** (☎ 57 62 77 00; Gravensteinsgata 5), mit drei Restaurants. Die intime **Dr Hagen Café & Bar** (Hauptgerichte 95–275 nkr)

DIE SOGNEFJELLET-RUNDSTRECKE

Diese spektakuläre, eintägige Rundfahrt folgt einem der schönsten Fjorde Norwegens, klettert ein ganzes Stück weit die als „Grüne Straße" ausgezeichnete Sognefjellstraße hinauf, schlängelt sich einspurig durch ein einsames und wenig besuchtes Hochland und führt dann in einem atemberaubenden Abstieg wieder bis auf Fjordhöhe hinunter. Die Runde ist nicht mit öffentlichen Verkehrsmitteln zu machen und Radfahrer sollten für die mehrtägige Tour topfit sein.

Von Sogndal geht es zunächst auf der Rv 55 in Richtung Nordosten, immer am herrlichen Lustrafjord entlang, bis nach Skolden (S. 256) am Ende des Fjords. Etwa 5 km hinter dieser winzigen Siedlung beginnt die Straße sich aufwärts zu winden. Sie folgt der alten Trasse eines Karrenwegs, über den jahrhundertelang Fisch und Salz von der Küste ins Landesinnere transportiert wurden, um sie gegen Eisen, Butter und Felle einzutauschen.

Bei Turtagrø, das nur aus einer Handvoll windschiefer Hütten besteht, geht es weiter aufwärts auf der Rv 55, am Jotunheimen-Nationalpark (S. 193) vorbei, über Nordeuropas höchsten Straßenpass (1434 m) und weiter nach Lom (S. 191).

Für die Rückfahrt nach Sogndal biegt man nach rechts von der Rv 55 ab in Richtung Årdal. Die schmale, als Tindevegen (Gipfelweg) bekannte Straße klettert bis über die Baumgrenze empor zum Pass (1315 m) und einem Mauthäuschen (50 nkr pro Fahrzeug).

Dann schlängelt sie sich durch Birkenwälder abwärts zum smaragdgrünen Wasser des Årdalsvatnet und dem unscheinbaren Dorf Øvre Årdal. Von dort führt die Rv 53 zur Fähre zwischen Fodnes und Mannheller und zurück nach Sogndal.

---

und das Hauptrestaurant Compagniet haben die gleiche, recht knappe Speisekarte, während letzteres im Sommer auch ein üppiges Abendbüfett (295 nkr) bietet. Das Dolly Dimple's serviert hauptsächlich Pizza – auch zum Mitnehmen.

An- & Weiterreise

Sogndal hat den einzigen **Flughafen** (☎ 57 67 26 16) am Sognefjord, den Haukåsen Airport mit zwei Flügen täglich von/nach Bergen und fünf von/nach Oslo.

Passagierschiffe verbinden Sogndal mit Balestrand (140 nkr, 45 Min., 1- oder 2-mal tgl.) und Bergen (525 nkr, 4 Std., 1-mal tgl.).

Tägliche Busse verkehren zwischen Sogndal und Kaupanger (33 nkr, 20 Min., bis zu 8-mal), Fjærland (67 nkr, 30 Min., 3–6-mal) und Balestrand (86 nkr, 1¼ Std., 3-mal). Von Mitte Juni bis Ende August fahren zwei Busse täglich nordwärts via Jotunheimen-Nationalpark nach Lom (3¼ Std.) und Otta (4¼ Std.).

URNES & SOLVORN

Die **Stabkirche** (Erw./Kind 40/25 nkr; ☺ Anfang Juni–Aug. 10.30–17.30 Uhr) von Urnes ist bekannt für ihre einzigartigen und prachtvollen Holzschnitzereien – kämpfende Tiere, stilisierte, verschlungene Körper und abstrakte Motive.

Der wunderschöne Bau über dem Lustrafjord ist als Unesco-Weltkulturerbe gelistet. Er wurde um 1130 errichtet, aber im Laufe der Zeit mehrmals verändert. Viele der reichen Schnitzarbeiten an seinen Giebeln, Pfeilern und Türrahmen stammen wahrscheinlich von einem Bau aus dem 11. Jh., der hier vorher stand.

Eine Auto- und Passagierfähre (Erw./Kind/Auto 27/13/73 nkr, 20 Min.) pendelt etwa stündlich zwischen Solvorn und Urnes. Viele Fahrer lassen ihr Auto lieber am Hafen von Solvorn stehen. Vom Fähranleger in Urnes ist es ein Spaziergang von etwa 1 km hinauf zu der Stabkirche.

In Solvorn gibt's eine hervorragende Unterkunft.

LP Tipp **Eplet** (☎ 41 64 94 69; www.eplet.net; Camping pro Pers. 80 nkr, B 120 nkr, DZ 500 nkr; ▢) Das Hotel wird geleitet von Trond Erik Eplet, einem Umweltgeologen, erfahrenen Traveller, Kletterer und begeisterten Langstreckenradfahrer. Es bietet phantastische Blicke auf den Lustrafjord. Unterhalb des Hauses wachsen reihenweise Himbeersträucher und Apfelbäume (an Skorbut wird hier keiner erkranken!), Kinder können in der Saison die Lämmer füttern und es gibt Einrichtungen für Selbstversorger sowie eine gute Bibliothek. Ganz zu schweigen von der Minigolf-Anlage (vermutlich die kleinste der Welt) auf dem

WESTLICHE FJORDE

EXTREMSCHWIMMEN

Die meisten würden davor zurückschrecken, auch nur einen Zeh in die kalten Fluten des Sognefjords zu stecken. Nicht so Lewis Pugh, ein Rechtsanwalt aus Südafrika, der vor Skjolden ins Meer stieg und dann den mit 204 km längsten Fjord Europas auf ganzer Länge durchschwamm. Dabei verlor er nach und nach die 10 kg schwere Speckschicht, die er sich zuvor als Kälteschutz angefuttert hatte. Drei Wochen schwamm er unermüdlich jeden Tag fünf Stunden lang. Und drei Jahre später startete er zu einer neuen Aktion, die im Vergleich zum Sognefjord rein streckenmäßig ein Klacks war: Er schwamm einen Kilometer durch eine Eisspalte am Nordpol. Die öffentliche Aufmerksamkeit, die er durch seine extremen Schwimmleistungen erregt, nutzt er dazu, auf die Bedrohung des empfindlichen Gleichgewichts der Ozeane durch die globale Erwärmung hinzuweisen.

---

handtuchgroßen Rasen. Für Gäste stehen kostenlos Fahrräder zur Verfügung – ideal für einen Ausflug mit der Fähre oder um Urnes und die Ostküste des Lustrafjords zu erkunden.

SKJOLDEN
500 Ew.

Skjolden, am Rande des Lustrafjords, ist ein zauberhaftes Dörfchen. Fjordstova bietet hier alles, was man braucht, unter einem Dach: die **Touristeninformation** (☎ 97 60 04 43; www.skjolden. com; ☺ Juli–Mitte Aug. 11–19 Uhr, Juni & Ende Aug. 14–19 Uhr) mit Internetzugang (pro 30 Min. 25 nkr), ein Café, ein Schwimmbad und sogar eine Kletterwand. Was draußen wie Schrott aussieht, ist eine Turbine des Kraftwerks Norsk Hydropower.

Die Touristeninformation vermietet Fahrräder (75/100 nkr pro halbem/ganzem Tag) und Kajaks (75/150 nkr pro halbem/ganzem Tag) und verkauft eine Broschüre (20 nkr) über markierte Wanderwege in der Region.

2 km östlich von Skjolden verläuft die Rv 55 entlang dem traumhaft türkisen Wasser des Gletschersees **Eidsvatnet**. **Mørkridsdalen**, das Tal nördlich des Dorfs, bietet schöne Gelegenheiten zum Wandern.

3 km außerhalb von Skjolden an der Rv 55 liegt **Vassbakken Kro & Camping** (☎ 57 68 61 88; www.skjolden.com/vassbakken; pro Pers./Stellplatz 20/100 nkr, 2-/4-Bett-Hütten mit separatem Waschraum 380/480 nkr, 5-Bett-Hütten 770 nkr, ☺ Mai–Sept.), ein kleiner Campingplatz am Fuße eines rauschenden Wasserfalls.

Busse der Linie 153 verbinden zwei- bis fünfmal täglich Skjolden mit Sogndal (100 nkr, 1¼ Std.) und Fortun (27 nkr, 10 Min.). Wer auf der Rv 55 weiter nach Norden will, sollte bedenken, dass es auf den folgenden 77 km keine Tankstelle gibt.

JOSTEDALSBREEN

Der mächtige Gletscher Jostedalsbreen und seine vielen Ausläufer bilden die größte Eismasse auf dem europäischen Festland. Jahrelang war er stetig auf dem Vormarsch, während die meisten anderen Gletscher der Welt wegen der globalen Erwärmung schon längst den Rückzug angetreten hatten. Jetzt musste auch er sich geschlagen geben: Seit 2006 zieht sich der Jostedalsbreen zurück. Der Briksdalsbreen lockt ganze Busladungen von Tagesbesuchern an. Sein Eispanzer ist von Spalten und Rissen durchzogen und – wie bei jedem Gletscher – sollte man sich auch hier nicht ohne erfahrenen Führer aufs Eis wagen.

Mit einer Fläche von 487 km² und stellenweise einer Stärke von 600 m dominiert der Jostedalsbreen samt seinen vielen Ausläufern das Hochland der Provinz Sogn og Fjordane. Die Haupteisfläche und einige der nächsten Zungen sind als Jostedalsbreen-Nationalpark geschützt (nähere Einzelheiten zum Informationszentrum des Parks s. S. 263).

Die beste Wanderkarte für die Region ist die von Statens Kartverk herausgegebene *Jostedalsbreen Turkart* (110 nkr) im Maßstab von 1:100 000. Die Broschüre *Jostedalsbreen Gletscherwanderungen*, erhältlich in Touristeninformationen und an vielen anderen Stellen, enthält eine umfassende Liste mit Gletscherwanderungen, Schwierigkeitsgraden, Tourveranstaltern und Preisen.

Nähere Infos zu den Orten Skei, Stryn, Olden und Loen – alle Tore zu diesem Gletscher s. S. 262.

FJÆRLAND
300 Ew.

Die Bauerngemeinde Fjærland (mit dem Ortskern Mundal) am Ende des idyllischen Fjærlandsfjords lockt jährlich bis zu 300 000 Besucher an. Die meisten kommen hierher, um die zwei besonders gut zugänglichen Gletscherzungen – Supphellebreen und Bøyabreen zu bestaunen. Die übrigen sind Bücherwürmer. Der winzige Ort, bekannt als die „Buchstadt" Norwegens (www.bokbyen. no), ist das Nirwana aller Bibliophilen – mit einem Dutzend Geschäften, die eine

breite Palette gebrauchter Bücher verkaufen. Zwar sind die meisten auf Norwegisch, aber es sind auch viele in anderen europäischen Sprachen dabei. Zur alljährlichen Buchmesse, die auf jenen Samstag fällt, der dem 21. Juni am nächsten ist, pilgern Buchhändler und Antiquare aus dem ganzen Land. Das Dorf erwacht Anfang Mai zum Leben, wenn die Fähre ihren Betrieb aufnimmt, und verfällt ab Oktober praktisch in Winterschlaf. Die **Touristeninformation** (☎ 57 69 32 33; www. fjaerland.org; ☯ Mai–Sept. 10–18 Uhr) befindet sich im Buchladen Bok & Bilde an der Hauptstraße, 300 m von der Fähranlegestelle entfernt. Am Haupteingang hängt eine vollständige Liste aller Übernachtungsmöglichkeiten inklusive der Preise.

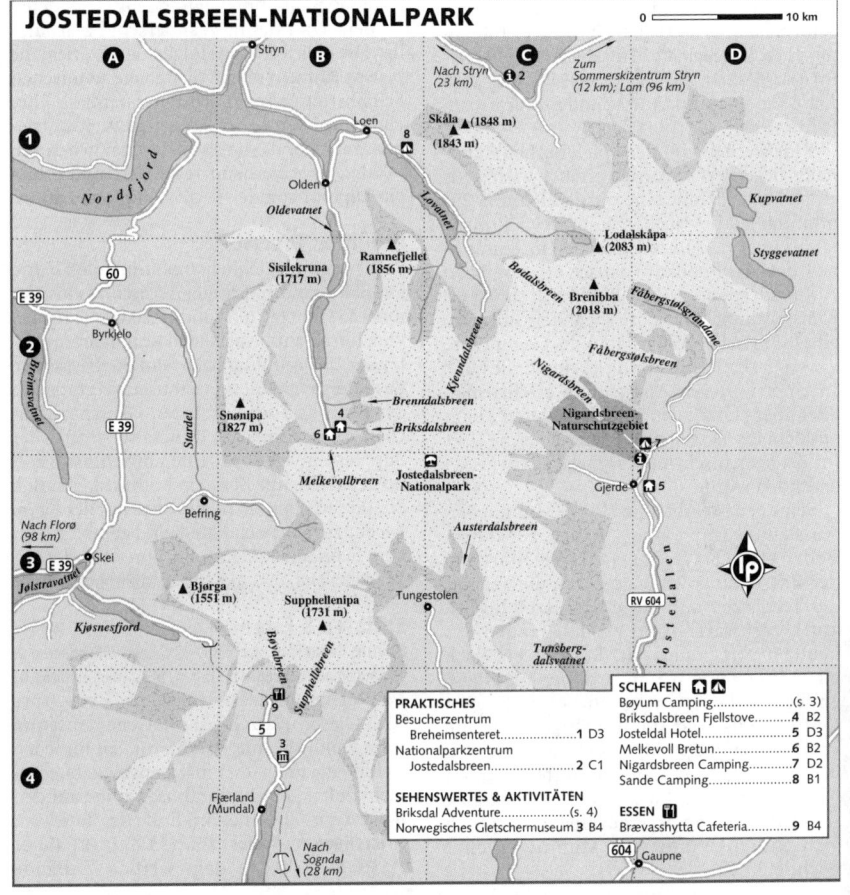

JOSTEDALSBREEN-NATIONALPARK

0   10 km

PRAKTISCHES
Besucherzentrum
    Breheimsenteret....................1 D3
Nationalparkzentrum
    Jostedalsbreen....................2 C1

SEHENSWERTES & AKTIVITÄTEN
Briksdal Adventure....................(s. 4)
Norwegisches Gletschermuseum **3** B4

SCHLAFEN
Bøyum Camping....................(s. 3)
Briksdalsbreen Fjellstove........**4** B2
Jostedal Hotel....................**5** D3
Melkevoll Bretun....................**6** B2
Nigardsbreen Camping...........**7** D2
Sande Camping....................**8** B1

ESSEN
Brævasshytta Cafeteria...........**9** B4

WESTLICHE FJORDE

Sehenswertes & Aktivitäten

SUPPHELLEBREEN & BØYABREEN

Bis auf 300 m kann man an den Supphelle-breen-Gletscher heranfahren und dann direkt hinaufsteigen und das Eis anfassen. Eisblöcke von hier wurden für die Podien bei den Olympischen Winterspielen 1994 in Lillehammer verwendet.

Der knarrende blaue Bøyabreen ist noch um einiges spektakulärer ist als sein Bruder Supphellebreen. Wer Glück hat, sieht hier vielleicht sogar das Kalben eines Gletschers, wenn nämlich ein dicker Brocken in den Schmelzwasserteich unterhalb der Gletscherzunge stürzt.

NORWEGISCHES GLETSCHERMUSEUM

Alles über die Geschichte des fließenden Eises und wie es die norwegische Landschaft geformt hat, erfährt man in diesem toll gemachten **Museum** (Norsk Bremuseum; ☎ 57 69 32 88; Erw./Kind 95/45 nkr; ✆ Juni–Aug. 9–19 Uhr, April–Mai & Sept. & Okt. 10–16 Uhr), 3 km landeinwärts vom Fähranleger.

Kids werden von den spielerischen Exponaten begeistert sein. Man erfährt, wie Fjorde entstehen, genießt eine ausgezeichnete 20-minütige audiovisuelle Multiscreen-Präsentation über den Jostedalsbreen (so sensationell, dass das Publikum danach oft spontanen Applaus spendet), krabbelt durch einen Kunsteistunnel und kann sogar den Stoßzahn eines sibirischen Wollmammuts bewundern, das vor 30 000 Jahren sein eiskaltes Ende fand. In einer weiteren Ausstellung erfährt man alles über „Ötzi", den 5000 Jahre alten Mann aus dem Eis, dessen mumifizierte Leiche 1991 im österreichisch-italienischen Grenzgebiet gefunden wurde.

Seine neueste Abteilung ist die Multimedia-Ausstellung (mit Sounds, Rauch, bebendem Boden etc.) *Our fragile Planet*. Sie führt von der Entstehung der Erde durch die Wälder der Tertiärzeit und die letzte Eiszeit bis hin zur Gegenwart – und zu den Folgen des heutigen Missbrauchs der Ressourcen. Nach einer inszenierten Katastrophenhypothese endet die Darstellung mit vorsichtigem Optimismus und der rauchigen Stimme von Sir David Attenborough, die jeden zu verantwortlichem Handeln auffordert, um unseren Planeten zu retten. Im Rückblick wirkt das Ganze arg moralisierend, doch während man dort ist, stimmt es eher nachdenklich.

BÜCHER

Beim Bummel durch das Straßendorf lohnt es sich, in einigen seiner vielen Buchhandlungen zu stöbern. Tusand og Ei Natt (Tausend und eine Nacht), die Buchhandlung, die dem Fähranleger am nächsten ist, hat sieben 15 m lange Regalbretter voll mit Romanen in englischer Sprache. Wer gerne Thriller liest, sollte bei Onkel Mikkel Bokkafe im Hotel Mundal vorbeischauen.

WANDERN

In der Touristeninformation bekommt man die Gratisbroschüre *Escape the Asphalt*, die 13 Wanderrouten in der Region zwischen 30 Minuten und 3 Stunden Dauer vorschlägt; außerdem Karte *Turkart Fjærland* (60 nkr) im Maßstab 1:50 000, komplett mit Routenbeschreibungen und eingezeichneten Pfaden. Und dann: Wanderschuhe an und los. Die meisten Wege folgen den Routen, die bis vor Kurzem noch von den einheimischen Schafhirten genutzt wurden, wenn sie ihre Herden zu den höher gelegenen Weiden trieben. Wer vier davon absolviert hat, wird vom lokalen Sportverband registriert und erhält ein Diplom von der Touristeninformation!

Geführte Touren

Zu der zweimal täglich ankommenden Fähre aus Balestrand gibt es einen Anschlussbus, der um 9.35 Uhr (140 nkr) und 13.20 Uhr (110 nkr) vom Kai abfährt. Auf beiden Rundfahrten wartet der Bus geduldig, während die Passagiere das interaktive Gletschermuseum (gratis mit der Tour) und den Bøyabreen-Gletscher besuchen. Bei der früheren Rundfahrt ist auch der Supphellebreen dabei, und am Schluss bleibt noch jede Menge Zeit, um im Buchladen Bok & Bilde zu schmökern, bevor es mit der Fähre wieder zurück nach Balestrand geht. Ein Taxi vom Fjærland-Kai nach Bøyabreen kostet mit Wartezeit ca. 550 nkr hin und zurück.

Schlafen & Essen

Bøyum Camping (☎ 57 69 32 52; www.fjaerland.org/boyumcamping; Stellplatz 135 nkr, B 135 nkr, einfache DZ 270–340 nkr, 6-/8-Bett-Hütten 680/950 nkr; ✆ Juni–Anfang Sept.) Dieser Platz beim Gletschermuseum, 3 km vom Fähranleger entfernt, hat für jeden Geldbeutel und Geschmack etwas zu bieten – nicht zuletzt einen grandiosen Blick auf den Bøyabreen-Gletscher am Ende des Tals.

Mrs Haugen's Rooms (☎ 57 69 32 43; DZ 400–450 nkr; ✆ Mai–Mitte Okt.) In dem weißen Gebäude hinter der Dorfkirche vermietet Frau Alma Haugen zwei ausgesprochen günstige Zimmer mit gemeinsamer Küche und Etagenbad.

Fjærland Fjordstue Hotell (☎ 57 69 32 00; www.fjaerland.no; EZ/DZ inkl. Frühstück ab 785/1050 nkr; ❤ Mai– Sept.; P) Die meisten der 17 Zimmer in diesem charmanten, kleinen Familienhotel blicken auf den Fjord, auf dem man mit etwas Glück spielende Tümmler beobachten kann. Auch die Lounge und das Restaurant (Hauptgerichte mittags 130–145 nkr, Abendmenü 340 nkr) mit ihren großen Panoramafenstern bieten eine phantastische Aussicht.

LP Tipp **Hotel Mundal** (☎ 57 69 31 01; www.Hotel mundal.no; EZ/DZ inkl. Frühstück ab 995/1500 nkr; ❤ Mai– Sept.; P) Dieses ausgezeichnete Hotel wurde 1891 erbaut und wird seither von ein und derselben Familie geführt. Es hat viel von seiner Originalausstattung bewahrt. Besondere Pluspunkte sind eine gemütliche Lounge und ein malerischer Rundturm (für 1950 nkr kann man in dessen einzigem Zimmer mit Rundumblick nächtigen). Im Speiseraum (man beachte die tolle Landkarte des Sognefjords von 1898) werden traditionelle norwegische Abendessen mit vier phantastischen Gängen serviert (485 nkr). Da alles frisch zubereitet wird, müssen Gäste, die nicht im Hotel einquartiert sind, bis spätestens 18 Uhr reservieren.

Brævasshytta Cafeteria (☎ 57 69 32 96; ❤ Mai– Sept. 8–20 Uhr) Die Brævasshytta, die in die Moräne des jüngsten Gletschervorschubs des Bøyabreen gebaut wurde, ist unbedingt einen Besuch wert, wenn auch bloß für eine Tasse Kaffee. Mit dem Gletscher direkt vor den Augen ist es wie ein Picknick in einem IMAX-Kino – nur in echt.

Im Gletschermuseum gibt's ebenfalls eine gute Cafeteria.

An- & Weiterreise

Fähren verkehren von Mai bis September zweimal täglich zwischen Balestrand und Fjærland (einfach/hin & zurück, 175/263 nkr, 1¼ Std.). Das Schiff um 9.40 Uhr bietet in Balestrand Anschluss an die Fähre nach Flåm und das um 15.25 Uhr an die nach Bergen.

Busse fahren am Ort vorbei und halten an der Rv 5 in der Nähe des Gletschermuseums. Drei bis sechs pro Tag fahren von/nach Sogndal (100 nkr, 30 Min.), Stryn (190 nkr, 2 Std.) und Florø (220 nkr, 2¾ Std.) via Skei (58 nkr, 30 Min.).

Autofahrer sollten besser einen Geldautomaten plündern, bevor sie Fjærland besuchen. Das Graben der langen Tunnel auf beiden Seiten des Dorfes hat 400 Mio. nkr gekostet; für die Fahrt von/nach Sogndal werden daher 160 nkr Maut fällig; wer allerdings von Skei kommt, zahlt nichts.

Unterwegs vor Ort

Die Touristeninformation (30/140 nkr pro Std./Tag) und Bøyum Camping (25/125 nkr pro Std./Tag) verleihen Räder.

JOSTEDALEN & NIGARDSBREEN

Das Jostedalen erstreckt sich nördlich von Gaupne an der Küste des Lustrafjords. Eine schmale, spektakuläre Straße folgt dem milchig-türkisen Fluss, der von der Ostflanke des Nigardsbreen herunterströmt.

Von den Ausläufern des Jostedalsbreen, die vom Tal aus sichtbar sind, ist der Nigardsbreen der eindrucksvollste und am leichtesten zu erreichen. Erfahrene Wanderer, die den Gletscher in Ruhe genießen wollen (aber nicht besteigen!), können der Straße weiter aufwärts folgen, vorbei an den verästelten Gletscherströmen bei Fåbergstølsgrandane bis zu einem Damm, der den Gletschersee Styggevatnet aufstaut. Unterwegs sind mehrere eindrucksvolle Gletscherzungen zu sehen und Täler locken mit hervorragenden Gelegenheiten zum Wandern durch die Wildnis.

Sehenswertes

Das Besucherzentrum Breheimsenteret (☎ 57 68 32 50; www.jostedal.com; ❤ Mitte Juni–Mitte Aug. 9– 19 Uhr, Mai–Mitte Juni & Mitte Aug.–Sept. 10–17 Uhr), 34 km vom Lustrafjord entfernt, zeigt **eine Ausstellung** (Erw./Kind 50/35 nkr) über die Entstehung der Gletscher und darüber, wie sie die Landschaft gestalten. Außerdem ist ein 20-minütiger Film über die Region und eine Ausstellung über das Mädchen Jostedalsrypa, das als einzige Dorfbewohnerin die Pest überlebt hat, zu sehen. Interessant ist die kostenlose Broschüre *Walking in Jostedal*, die fünf kurze Wanderungen (1–2½ Std.) beschreibt.

Aktivitäten

Das Besucherzentrum vermittelt Touren der folgenden Anbieter:

Jostedalen Breførarlag (☎ 57 68 31 11; www.bfl.no) bietet mehrere geführte Gletscherwanderungen an. Die leichteste ist die Familienwanderung zur Spitze des Gletschers mit einer kurzen Exkursion auf seine Zunge (ca. 1 Std. auf dem Eis, Erw./Kind 170/80 nkr). Im Preis für die zwei- (370 nkr), drei- (450 nkr) oder fünfstündige (650 nkr) Wanderung auf dem Gletscher ist eine kurze Bootsfahrt über den Nigardsvatnet-See enthalten.

Wer die Gletscher aus einer wahrhaft einzigartigen Perspektive erleben will, bucht eine geführte Kajaktour mit **Ice Troll** (☎ 57 68 32 50; www.icetroll.com). Die kombinierten Wander-/Kajaktouren dauern sieben bis acht Stunden (750 nkr), sind auch für Anfänger geeignet und erschließen Regionen, die ohne Boot unerreichbar bleiben. Im Programm sind auch mehrtägige Exkursionen (1200 nkr).

Das erst kürzlich gegründete Unternehmen **Leirdalen Bre og Juv** (Leirdal Gletscher & Canyon; ☎ 470 27 878; www.breogjuv.no) bietet Forellenangeln (500 nkr), Canyonklettern (450 nkr) und ganztägige Gletscherwanderungen (550 nkr) an.

Moreld (☎ 404 67 100; www.moreld.net) organisiert ein- bis zweimal täglich Rafting-Trips auf dem reißenden Jostedalen (500 nkr).

Geruhsamer sind die fünfstündigen Ausritte (500 nkr) mit **Raudskarvfjellet Turriding** (☎ 57 68 32 50; www.jostedal-horseguiding.no).

Schlafen & Essen

Nigardsbreen Camping (☎ 57 68 31 35; Zelt-/Wohnwagenstellplatz 100/120 nkr, Hütten 350 nkr; ☺ Ende Mai–Sept.) ist ein einfacher Platz mit Hütten am Anfang der Mautstraße zum Gletscher, 400 m nördlich des Besucherzentrums.

Jostedal Hotel (☎ 57 68 31 19; www.jostedalhotel.no; EZ/DZ inkl. Frühstück 700/950 nkr; ⌨) Das sympathische Hotel 2,5 km südlich des Besucherzentrums wird seit drei Generationen von der gleichen Familie geleitet. Fleisch, Milch und Gemüse für das Restaurant kommen nach Möglichkeit vom eigenen Hof. Das Familienzimmer (1050 nkr) mit Selbstversorgereinrichtung bietet Platz für bis zu fünf Personen.

Einen großartigen Ausblick bietet das kleine Café des Besucherzentrums.

Anreise & Unterwegs vor Ort

Wer am Gletscher möchte, verlässt die Sognefjellet Rv 55 bei Gaupne und folgt der Rv 604 nordwärts das Jostedal hinauf.

Von Ende Juni bis Ende September verkehrt Jostedalsbrebussen (Linie 160) zwischen Sogndal (mit Anschluss an Flåm, Balestrand und Lærdal) und der Spitze des Nigardsbreen-

Gletschers; Abfahrt ist um 8.45 Uhr, Rückfahrt um 16.50 Uhr.

Vom Besucherzentrum aus führen eine 3,5 km lange Mautstraße (25 nkr pro Fahrzeug) und ein schöner Fußweg mit Infotafeln zum Parkplatz am Nigardsvatnet, dem See an der Spitze des Gletschers. Von Mitte Juni bis August pendelt eine Fähre über diesen See bis an die Gletscherfront (30 nkr hin & zurück).

BRIKSDALSBREEN

Von der kleinen Stadt Olden (S. 262), am Ostende des Nordfjords, führt eine herrliche Straße 23 km das Oldedalen herauf am Brenndalsbreen vorbei und dann zu den beiden Gletscherzungen Melkevollbreen und Briksdalsbreen. Briksdalsbreen ist bequemer erreichbar und ein beliebtes Ziel für Reisebusse. Dieser Gletscher ist ganz schön in Bewegung: 1997 streckte er seine Zunge weiter heraus als in den ganzen 70 Jahren davor. Dann zog er sie plötzlich wieder um 500 m zurück. 2005 begann der Bereich, auf dem die Gletschertouren stattgefunden hatten, Risse und Spalten zu bekommen. Im Moment finden daher keine geführten Wanderungen auf dem Briksdalsbreen statt. Aber er ist launisch – an der jetzigen Situation kann sich bald wieder etwas ändern.

Aktivitäten

Zwei Unternehmen arrangieren Outdooraktivitäten im Oldedalen und in den Nachbartälern.

Briksdal Adventure (☎ 57 87 68 00; www.briksdaladventure.com), auch als Briksdal Breføring bekannt, hat seinen Laden in der Briksdalsbre Fjellstove, am Ende der geteerten Straße. **Olden Activ** (☎ 57 87 38 88; www.oldenaktiv.no) mit Büro auf dem Campingplatz Melkevoll Bretun, liegt fünf Fußminuten am Berg hinab. Beide bieten eine gute Auswahl an Treks, Gletscherwanderungen und Klettertouren (keine Vorkenntnisse erforderlich) im Oldendalen und in der Umgebung; z. B. Gletscherwandern auf dem Brenndalsbreen (600 nkr), der nächsten Eiszunge nördlich des Briksdalsbreen. Die Touren, die täglich zwischen Juni und August stattfinden, dauern sechs bis sieben Stunden. Davon ist man ca. zweieinhalb Stunden auf dem Gletscher selbst unterwegs.

Bis zum Briksdal-Gletscher sind es etwa 5 km hin und zurück. Er ist entweder über einen ziemlich steilen Pfad oder einen sanfteren, aber längeren Feldweg zu erreichen. Die traditionellen Pferdekutschen, die über 100 Jahre lang Passagiere auf dieser Strecke befördert haben, verkehren leider nicht mehr, aber **Oldedalen Skyss** (☎ 57 87 68 05) hat „Troll-Wagen" im Angebot, die eher an überdimensionale Golfcaddies erinnern (170 nkr pro Pers.). Von ihrer Endstation sind es noch 15 Minuten zu Fuß auf einem holprigen Weg, bis das Eis zu sehen ist. Um wirklich dicht heranzukommen, bietet Briksdal Adventure geleitete Exkursionen in Schlauchbooten an (im Sommer stündl.). Sowohl der Troll-Wagen als auch die Schlauchboote sollte man unbedingt vorher reservieren, da Reisegruppen oft alle Plätze belegen.

Der neu gebaute **Activity Tower** gegenüber der Briksdalsbre Fjellstove bietet Klettermöglichkeiten in allen Variationen für Jung und Alt.

Schlafen & Essen

LP Tipp **Melkevoll Bretun** (☎ 57 87 38 64; www.melkevoll.no; pro Pers./Stellplatz 40/90 nkr, B 90 nkr, einfache Hütten 420 nkr, voll ausgestattete 6-Bett-Hütten 750 nkr) Unterkünfte in jeder Preisklasse mit grandiosen Ausblicken, wohin man sich auch wendet: Im Süden streckt der Melkevollbreen-Gletscher seine Zunge raus, im Westen stürzt sich der langgestreckte Volefossen-Wasserfall in die Tiefe, im Norden glitzert der Oldevatnet-See und im Osten verstellt der Briksdalsbreen den Horizont. Es ist ein herrlich grüner Campingplatz mit viel Platz zwischen den einzelnen Stellplätzen. Die größeren Hütten sind sehr gut ausgestattet. Wer anspruchslos und billig übernachten will, rollt seinen Schlafsack in der „Steinzeithöhle" (110 nkr) aus.

Briksdalsbre Fjellstove (☎ 57 87 68 00; www.briksdalsbre.no; EZ/DZ 650/900 nkr, 4-Bett-Hütten 800 nkr) Die gemütliche Berghütte von Briksdal Adventure (s. S. 260) hat sechs komfortable Zimmer und ein Café-Restaurant, das Köstlichkeiten wie Rentier und Forelle auftischt.

An- & Weiterreise

Zwischen Juni und August fährt um 9.30 Uhr ein Bus von Stryn nach Briksdal (64 nkr, 1 Std.) ab, der unterwegs in Loen und Olden hält. Der Bus in entgegengesetzter Richtung verlässt Briksdal um 13.40 Uhr. Wochentags fährt ein zweiter Bus um 15.45 Uhr von Stryn nach Melkevoll Bretun.

Wer sein Auto den Tag über in Melkevoll Bretun parkt (40 nkr), bekommt nach der Wanderung eine Gratissauna.

KJENNDALSBREEN & BØDALSBREEN

Folgt man dem Lodalen bergauf, erstreckt sich 17 km hinter den Dörfchen Loen (s. S. 263) der faszinierende Kjenndalsbreen. Er wird von den vier bekanntesten Gletscherzungen vermutlich am seltensten besucht. Allerdings konkurriert er mit dem Nigardsbreen um die schönste Anfahrt, wenn man den Gletschersee Lovatnet entlangfährt. Der in einem nahen Seitental gelegene Bødalsbreen bietet tolle Wandermöglichkeiten.

Briksdal Adventure (☎ 57 87 68 00; www.briksdaladventure.com; s. S. 260) organisiert fünf- bis sechsstündige geführte Gletscherwanderungen (davon etwa die Hälfte der Zeit auf dem Eis) auf dem Bødalsbreen (600 nkr). Sowohl Briksdal Adventure als auch **Olden Activ** (☎ 57 87 38 88; www.oldenaktiv.no; s. S. 260) bieten auch wesentlich anspruchsvollere zwölfstündige Treks (750 nkr) auf den 2083 m hohen Lodalskåpa, den höchsten Punkt auf dem Jostedal Gletscher. Die Touren beginnen am Sande-Campingplatz.

Beim Aufstieg durch das Tal sind gigantische Steinblöcke zu sehen, die vom Ramnefjell heruntergestürzt und z. T. in den See gedonnert sind. Diese sogenannten Lovatnet-Katastrophen ereigneten sich in den Jahren 1905, 1936 und 1950. Die erste löste eine Flutwelle aus, die 63 Menschen aus dem Leben riss und ein Dampfschiff 400 m weit aufs trockene Land warf. Die zweite kostete 72 Menschen das Leben. Die dritte riss lediglich eine tiefe Narbe in den Hang.

Schlafen

Sande Camping (☎ 57 87 45 90; www.sande-camping.no; Loen; Stellplatz 110 nkr, 2-/4-Bett-Hütten 280/420 nkr, 4-/6-Bett-Apt. 560/890 nkr) In der herrlichen Umgebung des Sande Camping nahe dem Nordende des Lovatnet gibt es genügend Aktivitäten, um es dort einen oder zwei Tage auszuhalten. Der Platz hat ein kleines Restaurant und eine kostenlose Sauna; es gibt Ruderboote (85/270 nkr pro Std./Tag), Kanus (30/100 nkr) und jede Menge Wandermöglichkeiten.

An- & Weiterreise

Eine wunderbare Art, sich dem Kjenndalsbreen zu nähern, ist das Schiff *Kjendal*, das von

WESTLICHE FJORDE

Sande aus den Lovatnet hinauftuckert (Erw./ Kind unter 10 J. hin & zurück 180 nkr/gratis). Im Preis inbegriffen ist auch die Rückfahrt per Bus zwischen dem Kjenndalstova Café am Südende des Sees und dem Gletscherparkplatz. Von hier aus geht man 2 km zu Fuß zum Gletschertor. Von Juni bis August fährt die Kjendal mehrmals pro Woche um 10.30 Uhr in Sande und um 13.30 Uhr in Kjendalstova ab. Infos bieten die Touristeninformation Stryn und das **Hotel Alexandra** (☎ 57 87 50 50) in Loen.

SOMMERSKIZENTRUM STRYN

Seinem Namen zum Trotz liegt dieses **Skizentrum** (Sommerskisenter; ☎ 92 25 83 33; www. strynefjellet.com; Videdalen; ☿ Juni–Aug. 10–16 Uhr) ganz und gar nicht in der Nähe des Ortes Stryn, sondern auf dem Tystigen-Ausläufer des Jostedalsbreen, an dessen nördlichster Stelle. Hier befindet sich Norwegens größtes und bekanntestes Sommerskigebiet. Und hier werden auch die meisten Fotos Bikini tragender Skifahrerinnen geschossen, die man überall sieht. Es gibt sechs rote Pisten, eine blaue und eine schwarze. Die längste Abfahrt ist 2100 m lang mit einem Höhenunterschied von 530 m, aber es gibt auch 10 km Langlaufloipen.

Von Stryn fährt ein Skibus (hin & zurück 150 nkr, 1 Std.) um 9.15 Uhr ab und um 16.15 Uhr vom Skizentrum wieder zurück, je nach Schneebedingungen etwa zwischen Mitte Juni und Mitte Juli. Autofahrer werden am Gamle Strynefjellsvegen ihre Freude haben, der idyllischen alten Straße zwischen Grotli und Videsæter. Im Fremdenverkehrsbüro von Stryn gibt's eine Gratisbroschüre dazu.

VOM SOGNEFJORD ZUM NORDFJORD

Für die meisten Besucher ist der 100 km lange Nordfjord nur eine Station zwischen Sognefjord und Geirangerfjord. Denn diese beiden beliebten Fjorde sind durch eine Straße verbunden, die um das eine Ende des Nordfjords herum und durch die Ortschaften Byrkjelo, Olden und Loen bis in die Stadt Stryn führt. Olden und Loen eignen sich hervorragend als Basis für Besuche der spektakulären Gletscher Briksdalsbreen und Kjenndalbreen (s. S. 260).

SKEI
400 Ew.

Skei liegt im Binnenland dicht am oberen Ende des Sees Jølstravatnet an der Abzweigung der Rv 5 von der E 39. Das **Astruptunet-Museum** (☎ 57 72 67 82; Erw./Kind 40 nkr/ gratis; ☿ Mitte Mai–Mitte Juni & Mitte Aug.–Ende Sept. 11–16 Uhr, Mitte Juni–Mitte Aug. 10–18 Uhr), 15 km westlich des Dorfes am Südufer des Sees, ist das ehemalige Wohnhaus des Künstlers Nicolai Astrup (1880–1928). Es bietet eine Galerie und Freilichtausstellungen.

Jølster Rafting (☎ 90 06 70 70; www.jolster-rafting.no) organisiert Rafting-Trips auf den Flüssen Stardal und Jølsta. Die kürzeren kosten 590–750 nkr, die ein- und zweitägigen Exkursionen je 1190 nkr.

Das sportliche **Skei Hotel** (☎ 57 72 78 00; www. skeihotel.no; EZ/DZ ab 1065/1510 nkr; ℗ ▣) hat ein beheiztes Hallenbad, Sauna, Jacuzzi, Solarium, Ruderboote (pro Std. 25 nkr), Fahrräder (pro Std. 10 nkr) – und sogar einen Tennisplatz! Von außen sieht es nicht gerade berauschend aus, aber innen ist es recht schön mit einer netten Bar und einem guten Restaurant.

Günstige Mahlzeiten und Snacks bietet die Cafeteria im **Audhild Vikens Vevstove** (☎ 57 72 81 25; Pizza 45 nkr, Hauptgerichte um 100 nkr; ☿ 9–17 Uhr), Norwegens größtem Dutyfree-Geschäft. Es liegt kaum 100 m von der Abzweigung entfernt und ist ein wahres Eldorado für Souvenirs, Kleidung und Weihnachtsschmuck, der hier das ganze Jahr über verkauft wird.

In Skei halten zahlreiche Fernbusse mit Anschlüssen nach Fjærland (58 nkr, 30 Min.), Sogndal (115 nkr, 1¼ Std.), Stryn (145 nkr, 1½ Std.), Ålesund (340 nkr, 6 Std.), Florø (180 nkr, 2 Std.) und Bergen (335 nkr, 5¼ Std.).

OLDEN
550 Ew

Olden ist sozusagen die Pforte zwischen dem Jostedalsbreen und dem Briksdalsbreen (S. 260) und hat in der Saison eine **Touristeninformation** (☎ 57 87 31 26; ☿ Mitte Juni–Mitte Aug. 13–17 Uhr).

Galleri Cylindra (☎ 91 56 46 95; www.cylindra.net; ☿ Mai–Aug.), gegenüber vom Kai, präsentiert die Arbeiten des Künstlers und Industriedesigners Peter Opsvik – Fotos, Gemälde. Außerdem gibt's sinnlich geschwungene Holzobjekte des Handwerksmeisters Kjellbjørn Tusvik.

Möglichkeiten zum Angeln bietet das **Isabella** (☎ 91 35 10 42, Reservierungen auch bei der Touristeninformation in Olden oder Stryn) mit zweibis dreistündigen Ausflügen (inkl. Ausrüstung 200 nkr pro Pers.), die Mo–Fr um 16 und 19.30 Uhr im Bootshafen von Olden beginnen.

Die Landkarte *Olden og Oldendalen* (1:50 000) beschreibt 15 markierte Pfade.

Schlafen & Essen

Es gibt rund zehn Campingplätze in der Gegend. Die meisten liegen an der Straße zum Briksdalsbreen und einige in grandioser Landschaft.

Die automatischen Schwingtüren, die sich schon öffnen, wenn man noch meterweit entfernt ist, sagen eigentlich schon alles über den herzlichen Empfang im **Olden Fjordhotel** (☎ 57 87 34 00; www.olden-hotel.no; EZ 970–1120 nkr, DZ 1340–1640 nkr, alle inkl. Frühstück; ☺ Mai–Sept.). Alle Zimmer sind komfortabel und bieten Ausblicke auf den Fjord. Fast alle haben einen Balkon. Abends bereitet das Restaurant ein ausgezeichnetes norwegisches Büfett (385 nkr).

LOEN
400 Ew.

Loen, am Beginn des grandiosen Lodalen, ist wie Olden ein Tor zum Jostedalsbreen. Von hier aus führen Straßen zu den spektakulären Gletscherzungen Bødalen und Kjenndalen (s. S. 261).

Und ebenfalls wie Olden ist es eine gute Basis für Wandertouren. Die Karte *Walking in Loen & Lodalen* im Maßstab 1:50 000 beschreibt 20 Tagestouren. Eine anstrengende aber phänomenale Tour von fünf bis sechs Stunden führt zum Skålatårnet-Turm, in der Nähe des 1843 m hohen Gipfels des Skåla. Der Pfad beginnt beim Hof Tjugen nördlich des Flusses und direkt östlich von Loen.

Schlafen & Essen

Lo-Vik Camping (☎ 57 87 76 19; Fax 57 87 78 11; pro Pers./Stellplatz 25/110 nkr, 4-Bett-Hütten ohne eigenes Bad 400 nkr, mit eigenem Bad 600–950 nkr; ☺ Mai–Sept.) Ein ruhiger, grüner Platz am Ende des Fjords, abseits von Straßen und Verkehr.

Hotel Loenfjord (☎ 57 87 50 00; www.loenfjord.no, auf Norwegisch; EZ/DZ inkl. Frühstück 905/1370 nkr; P) Das Hotel bietet Zimmer am Wasser, die etwas billiger sind als im Alexandra. Es ist weniger touristisch, organisiert Trips auf dem Lovatnet und vermietet Fahrräder.

Hotel Alexandra (☎ 57 87 50 00; www.alexandra. no; EZ/DZ inkl. Frühstück ab 1105/1710 nkr; P 🖳) Das Ferienzentrum beherrscht den Tourismus des

Tales und ist der Brennpunkt des Geschehens von Loen. Sein Angebot umfasst Restaurants, Bars, einen Nachtclub, Schwimmbäder (in der Halle und draußen), Kureinrichtungen, ein Fitnesscenter, einen Tennisplatz und einen Yachthafen. Das seit 1884 als Familienbetrieb geführte Hotel hat sich, was die Außenfassade angeht, leider immer mehr zum Schandfleck entwickelt. Es reserviert Plätze für das Schiff auf dem Lovatnet, verleiht Mietfahrräder und organisiert Exkursionen zum Jostedalsbreen.

STRYN
1700 Ew.

Die kleine Stadt Stryn, eigentlich die Hauptstadt des oberen Nordfjords, ist ziemlich lang gestreckt. Die hilfreiche **Touristeninformation** (☎ 57 87 40 40; www.nordfjord.no; ☺ Juli 8.30–20 Uhr, Juni & Aug. 8.30–18 Uhr, übrige Zeit Mo–Fr 8.30–15.30 Uhr) liegt zwei Blocks südlich der Hauptstraße Tonningsgata. Sie vermittelt Unterkünfte, bietet Internetzugang für 1 nkr pro Minute (WLAN 40 nkr pro Std.) und vermietet Mountainbikes (50/190 nkr pro Std./ Tag). Ihre Broschüre *Guide for Stryn* (10 nkr) beschreibt auch Wanderungen in der Region. Mehr Details bietet die *Kart over Fjallturar I Stryn* für 30 nkr, eine Wanderkarte der Region Stryn im Maßstab 1:50 000 mit Wanderungen für einen ganzen Urlaub.

Sehenswertes & Aktivitäten

Das **Nationalparkzentrum Jostedalsbreen** (Jostedalsbreen Nasjonalparksenter; ☎ 57 87 72 00; www.jostedalsbre. no; Erw./Kind 60/30 nkr; ☺ 10–16 Uhr, Mai–Aug. bis 18 Uhr) liegt in Oppstryn, 15 km östlich von Stryn. Es zeigt Ausstellungen zum Thema Gletscher, einen einzigartigen Garten mit 325 endemischen Pflanzen und eine interessante audiovisuelle Vorführung. Außerdem informiert es über Lawinen, Mineralien der Region und Meteoriten sowie über die Lovatnet-Katastrophen (s. S. 261).

Schlafen

Stryn Camping (☎ 57 87 11 36; www.stryn-camping. no, auf Norwegisch; Bøvegen 6; Zelt-/Wohnwagenstellplatz 150/200 nkr, 4-Bett-Hütten ohne eigenes Bad 350 nkr, 6-Bett-Hütten 890–1090 nkr; ☺ ganzjährig) Der gepflegte Platz liegt östlich des Zentrums und von der Hauptstraße nur zwei Blocks den Hang hinauf.

Stryn Vandrerhjem (☎ 57 87 11 06; Geilevegen 14; stryn.hostel@vandrerhjem.no; B/EZ/DZ inkl. Frühstück 245/ 400/530 nkr; ☺ Ende Mai–Mitte Sept.) Das freundliche

HI-Hostel befindet sich 2 km außerhalb der Stadt am Hang in einem Gebäude, das einst den Nazis als Kaserne gedient hat.

LP Tipp **Visnes Hotel** (☎ 57 87 10 87; www.visnes. no; Prestestegen 1; EZ 650–925 nkr, DZ 1150–1495 nkr; ❤ Mitte Mai–Sept.) Das Visnes wird seit sechs Generationen von der gleichen Familie geleitet. Es hat zwei völlig verschiedene denkmalgeschütze Gebäude. Die meisten Zimmer befinden sich im größeren Bau von 1850, Zimmer mit Fjordblick sind etwas teurer. Es gibt zwei große Familienzimmer (1750 nkr). Wer sich wahrhaft königlich fühlen will, nimmt ein Zimmer in dem kleineren Gebäude im „Drachenstil" von 1890, in dem schon König Rana V. von Thailand 1908 übernachtet hat, oder das Zimmer, in dem 1913 König Oscar von Schweden und Norwegen abgestiegen ist.

Das **Stryn Hotel** (☎ 57 87 07 00; www.strynhotel.no; Visnesvegen 1; EZ/DZ 995/1250 nkr; **P** 🖳) in der Stadt mit Blick auf den Fjord ist eine gute Alternative zum Visnes und hat ein empfehlenswertes Restaurant.

Essen & Ausgehen

Standardküche bieten die Cafeteria des **Coop-Supermarkts** (Ecke Tonningsgata & Tinggata) und im Kulturzentrum der Stadt das **Kafe Hjorten** (Tinggata).

Stryn Vertshus (☎ 57 87 05 30; Tonningsgata 19; ❤ Mo–Sa 10–16.30 Uhr; 🖳) Das Lokal mit einer hübschen Blumenterrasse serviert leckere Snacks und bietet Gästen kostenloses WLAN.

Bryggja (☎ 90 16 81 34; Perhusvegen 11; Hauptgerichte 165–235 nkr; ❤ Juni–Sept. 14-24 Uhr) Das kürzlich eröffnete Fischrestaurant mit Freiterrasse liegt sehr hübsch am Fluss. Wenn es regnet, sitzt man geschützt unter einem Segeldach. Das intime, nautisch gestaltete Lokal hat nur 30 Plätze. Reservierung ist daher ratsam.

Viknes Hotel Restaurant (☎ 57 87 10 87; Prestestegen 1; Menüs 350–450 nkr, Hauptgerichte 195–235 nkr; ❤ 7–23 Uhr) Das Restaurant im größeren der beiden Gebäude bietet exzellente Gourmetküche.

Base Camp (☎ 57 87 23 83; Tonningsgata 31) Die beliebteste Bar von Stryn liegt ebenfalls an der Hauptstraße und mutiert gelegentlich zur Disko.

An- & Weiterreise

Stryn liegt an den Nor-Way-Bussekspress-Routen zwischen Oslo (570 nkr, 8½ Std., 3-mal tgl.) und Måløy (180 nkr, 2 Std.), Ålesund (235 nkr, 3¾ Std., 2- bis 3-mal tgl.)

und Bergen (425 nkr, 6 Std., 4- bis 6-mal tgl.) sowie zwischen Bergen und Trondheim (530 nkr, 7½ Std., 2-mal tgl.). Busse nach Bergen halten in Loen (29 nkr, 10 Min.) und Olden (38 nkr, 15 Min.). Die Ålesund-Route führt über Hellesylt (95 nkr, 1 Std.), von wo eine Fähre nach Geiranger fährt.

NORDFJORDEID

Oberhalb des Dorfes Nordfjordeid, auf halber Strecke zwischen Stryn und Måløy, liegen die Stallungen des **Norsk Fjordhestsenter** (☎ 57 86 48 00; www.norsk-fjordhestsenter.no), das sich auf die Aufzucht der stämmigen, stattlichen Norwegischen Fjordponys mit ihren borstensteifen Mohikanermähnen und dem karamellfarbenen Fell spezialisiert hat. Wer einen Ausritt buchen möchte (250 nkr für die erste Stunde, 100 nkr für jede weitere Stunde), sollte unbedingt reservieren, weil die Ponys bei Schulgruppen und Sommercamps der absolute Renner sind.

FLORØ
8300 Ew.

Florø ist Norwegens westlichste Stadt, ein netter, wenn auch unspektakulärer Ort, in dessen Wappen bezeichnenderweise drei Heringe prangen.

Heute lebt Florø jedoch in erster Linie vom Erdöl. Die große Fjordbasis nordöstlich der Stadt beschäftigt 400 Arbeiter und kümmert sich um das riesige Ölfeld Snorreankeret vor der Küste. Weitere Einnahmequellen sind die Fischzucht, der Schiffsbau – und die Heringe, deren Bestände sich wieder erholen und früher die Lebensgrundlage von Florø waren.

Von der Florø Ungdomsskule am Havrenesveien führt ein leichter zehnminütiger Aufstieg auf den Berg Storåsen, der einen schönen Ausblick bietet.

Praktische Informationen
Bibliothek (Markegata 51; ❤ Kernzeiten Mo–Fr 11–15 Uhr) mit kostenlosem Internetzugang.
Touristeninformation (☎ 57 74 75 05; www.vestkysten.no; Strandgata 30; ❤ Mitte Juni–Mitte Aug. Mo–Fr 8–18, Sa 10–16, So 12–16 Uhr; übrige Zeit Mo–Fr 10–14 Uhr)
Waschsalon (Bootshafen) Gegenüber dem Quality Hotel.

Sehenswertes
KÜSTENMUSEUM SOGN OG FJORDANE
Die beiden Hauptgebäude des **Kystmuseet** (☎ 57 74 22 33; Brendøyvegen; Erw./Kind 40 nkr/gratis; ❤ Mitte Juni–Aug. 11–18 Uhr Mo–Fr, Sa & So 12–16, Sept.–Mitte Juni

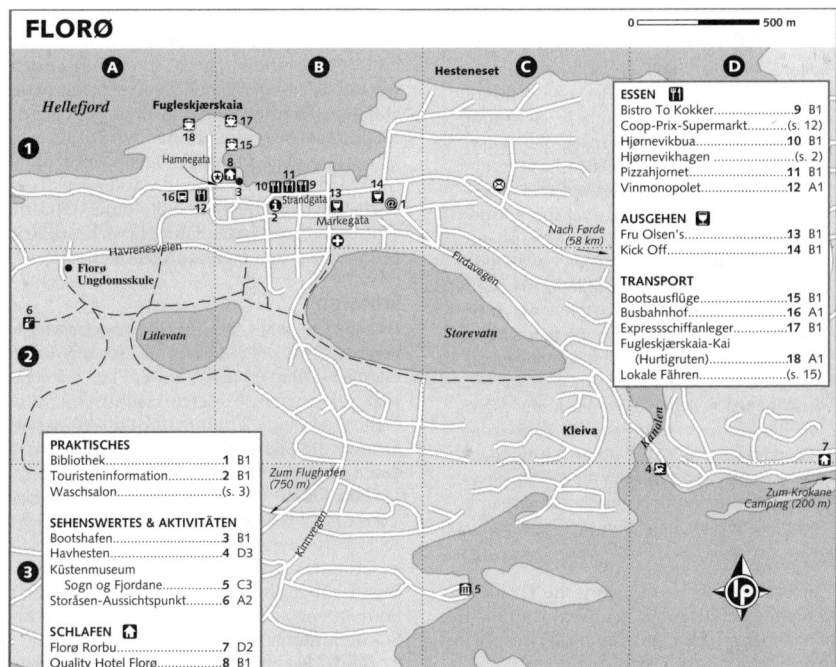

FLORØ

0 ⌐===== 500 m

Mo–Fr 10–15, So 12–15 Uhr, Sa geschl.) sind vollgestopft mit Fischereiexponaten, sogar das Modell eines Wohnhauses einer Fischerfamilie um 1900 ist zu bewundern. Zum Komplex gehören auch mehrere alte Speicher, die von Florø und Måløy hierher verfrachtet wurden, sowie ein altes Heringssalzhaus mit einer Ausstellung, die jenem Fisch Tribut zollt, der Florø groß gemacht hat.

Einem moderneren Thema ist die Ausstellung Snorreankeret gewidmet: Sie veranschaulicht am Beispiel der Ölplattform Snorre die Geschichte, Entdeckung und Nutzung der Öl- und Gasfelder in der Nordsee.

DAS ALTE VIERTEL
Auf und rund um Strandgata, der Hauptstraße, sind die wichtigsten Holzhäuser aus dem 19. Jh. gut beschildert und sowohl auf Norwegisch als auch auf Englisch dokumentiert.

VORGELAGERTE INSELN
Örtliche Fähren verbinden das Festland mit den Inseln Kinn, Svanøy, Batalden, Askrova und Tansøy. Die Abfahrtszeiten sind unregelmäßig und kompliziert; aktuelle Infos am besten in der Touristeninformation erfragen, die auch Fähren reserviert und Tipps zu Übernachtungen auf den Inseln gibt.

Kinn hat eine wunderschön restaurierte **Kirche** aus dem 12. Jh. (☺ Juli–Mitte Aug. Mo, Mi, Fr 11–12.30 Uhr), von der man annimmt, dass sie britischen Kelten als Zufluchtsort vor religiösen Verfolgungen gedient hat. Am zweiten oder dritten Juniwochenende wird hier das Historienspiel Kinnaspelet aufgeführt, das von der religiösen Geschichte der Kirche und der Insel Kinn handelt. Kletterer und Wanderer kommen hier ebenfalls zum Zuge: Die Landschaft und ganz besonders die Kinnaklova-Schlucht sind einfach spektakulär.

Auf **Svanøy** kann man wandern und das kleine **Hirschgehege** (☎ 57 75 21 80) besuchen, wo die Tiere um 11 und 20 Uhr gefüttert werden.

Auf **Batalden** gibt es eine Galerie und ein kleines Museum bei den **Fischerhütten Batalden Havbu** (☎ 57 74 54 22), das geschmackvoll restaurierte **Hütten** (DZ 880–940 nkr; ☺ Mai–Sept.) vermietet.

WESTLICHE FJORDE

DER HERING AUF DER FLUCHT

Florø wurde 1860 als Hafen für die Heringsfischerei gegründet und florierte einige Jahrzehnte durch den Reichtum des Meeres. Doch dann hatten die malträtierten Schwärme ihre Lektion gelernt, die Überlebenden schwammen auf und davon und Florø verlor seine Lebensgrundlage. Nachdem im Zweiten Weltkrieg die Fischerei nahezu zum Erliegen gekommen war, glitzerte das Meer wieder vor silbrigen Schuppenträgern. Aber der Mensch lernt langsam. Erneut wurden die Bestände überfischt und zwei Jahrzehnte später holte man erneut den letzten Hering aus dem Wasser, während sich seine clevereren Artgenossen in die relative Sicherheit der Barentssee davonmachten. Ein halbes Jahrhundert später und nach Jahrzehnten strikter Fangkontrollen haben die Heringsbestände heute fast wieder den Stand von 1950 erreicht.

Askrova hat eine prähistorische Trollhöhle, deren tiefste Tiefen nie erforscht wurden. Die benachbarte **Tansøy**, die durch eine Brücke mit ihr verbunden ist, erhebt sich bis auf 233 m, von wo man einen herrlichen Panoramablick über die umliegende Inselwelt genießt.

Aktivitäten

BADEN

Wem das Wasser im Fjord zu kalt ist, der findet im **Havhesten** (☎ 57 75 67 20; Erw./Stud./Kind 80/65/50 nkr; ☽ Kernzeiten Ende Juni–Mitte Aug. 13–17 Uhr, übrige Zeit 10–20 Uhr) drei beheizte Hallenbäder mit großartigem Fjordblick, eine Turnhalle und eine Sauna; alles im Eintrittspreis enthalten.

BOOTSSPORT

Florø Rorbu (S. 266) vermietet Motorboote (200–400 nkr pro Tag) und Seekajaks (200 nkr pro Tag), Krokane Camping (S. 266) Ruderboote (50/100 nkr je 3 Std./Tag) und Motorboote (ab 200/300 nkr).

WANDERN & RADFAHREN

Die Touristeninformation verkauft zwei nützliche Büchlein: *Cycling in Flora* (20 nkr) und *On Foot in Flora* (50 nkr).

Geführte Touren

Von Ende Juni bis Mitte August organisiert die Touristeninformation ein paar interes-

sante Führungen. Freitags z. B., bei der Leuchtturmsafari (Erw./Kind 350/200 nkr inkl. Mittagsimbiss), geht's per Schiff zu den vor der Küste gelegenen Leuchttürmen von Stabben, Kvanhovden und dem entlegenen Ytterøyane-Leuchtturm. Bei den Inseln von Ytterøyane darf man aber nicht anlegen, da sie Vogelschutzgebiet sind. Unterwegs passiert man auch eine Robbenkolonie. Geführte Touren auf der Insel Kinn (Erw./Kind 203/112 nkr) werden täglich angeboten.

Schlafen

Krokane Camping (☎ 57 75 22 50; www.krocamp.no; Stellplatz 100 nkr, 2-/4-Bett-Hütten 450–500 nkr, 5-/6-Bett-Hütten 580–800 nkr; ☽ ganzjährig) Der Platz erstreckt sich auf einer bewaldeten Halbinsel 2,5 km östlich der Stadt. Traumhaft ist die Wiese am Strand, die allerdings ein ganzes Stück von den Toiletten entfernt liegt.

Florø Rorbu (☎ 57 74 81 00; www.florbu.com; Krokane Kai; 4-Bett-Apt. 600–650 nkr, 6-Bett-Apt. 750–800 nkr) Diese ausgezeichneten und komplett ausgestatteten Wohnungen an einer kleinen Bucht haben ihre eigene Anlegestelle. Gäste können ein Boot oder Kajak mieten und bei Sonnenuntergang über den Fjord kreuzen.

LP Tipp Quality Hotel Florø (☎ 57 75 75 75; www. florahotel.no; Hamnegata 7; EZ/DZ Mo–Fr 1390/1690 nkr, Sa & So 995/1195 nkr; P ⌨) Das beste Hotel von Florø liegt am Kai beim Yachthafen und wurde im Stil eines alten Lagerhauses errichtet. Der Speisesaal ist eine ehemalige Fischhalle. Die Zimmer mit Meerblick sind nicht teurer und in einigen dienen ausgediente Ruderboote als Bett.

Essen & Ausgehen

Bistro To Kokker (☎ 57 75 22 33; Strandgata 33; Gerichte 65–145 nkr) Das etwas düstere Lokal, in dem alternde Junggesellen in ihre Gläser starren, serviert recht gutes Essen und ordentliche Portionen. Auf der Karte stehen Tintenfisch, Lachs, Mönchsfisch und andere Meeresfrüchte – für den anspruchsloseren Gaumen aber auch Fisch & Chips (50–60 nkr), Burger (45–105 nkr), gute Salate (60–84 nkr) und Pizzas (115 nkr).

Hjørnevikbua (☎ 57 74 01 22; Strandgata 23; Mittagessen 65–125 nkr) Hjørnevikbua hat ein Pub und ein Restaurant. Im Speisesaal im zweiten Stock, ganz wie ein Schiff dekoriert ist, werden Mittagsgerichte serviert, darunter köstliche Fischsuppen (85 nkr). Das Restaurant bietet auch Tische im Freien auf einem am Kai liegenden Lastkahn, auf dem man rauchen darf.

Pizzahjornet (☎ 99 47 44 45; Strandgata 25; Pizzas 160–180 nkr) Gute Pizza, Kebabs und Shawarmas – auch zum Mitnehmen.

LP Tipp **Hjørnevikhagen** (☎ 57 75 33 28; Strandgata 28; Hauptgerichte mittags 75–100 nkr, Hauptgerichte abends 180–195 nkr; ☺ Mo–Sa) Die neue Bereicherung der sehr begrenzten Gastronomie in Florøs hat Stil. Auf der Freiterrasse stehen schicke, kantige Möbel aus Glas und Metall und der Speisesaal bietet einen schönen Blick auf die Marina. Die Gerichte sind nicht zu teuer, schmackhaft und ansprechend präsentiert. Außerdem ist es das beste Lokal für einen gemütlichen Drink. Es befindet sich gleich hinter der Touristeninformation.

Bryggekanten (Quality Hotel Florø, Hamnegata 7; Hauptgerichte 195–225 nkr) Das Restaurant im Quality Hotel Florø verwendet überwiegend regionale Produkte und ist einen Besuch wert.

Vinmonopolet befindet sich nahe der Busstation im gleichen Block wie der Supermarkt Coop Prix.

Ausgehen & Unterhaltung

Kick Off (☎ 57 74 15 00; Strandgata 58; ☺ Mo–Do 15–24, Fr–So 12–24 oder 2.30 Uhr; ☐) Dieser Laden ist, wie der Name vermuten lässt, eine Sportbar, in der Fußballspiele übertragen werden. Mit Billardtisch, Darts und einer unglaublichen Musikauswahl (einfach fragen!) lockt es die Jugend von Florø an. Geboten werden Pizzas und Snacks, kostenloses WLAN und jeden Freitag und Samstag Diskoabende.

Fru Olsen's (☎ 57 74 10 00; Markegata 43), das Pub im Rica Victoria Hotell, ist ziemlich ruhig.

An- & Weiterreise

DAT (www.dat.dk) bietet vom **Flughafen Florø** (☎ 57 74 67 00) aus zwei- bis viermal täglich Billigflüge von/nach Oslo und Bergen.

Florø ist die erste Anlegestelle der Hurtigruten-Küstenfähre auf ihrem Weg nach Norden. In dieser Richtung legt sie gegen 2 Uhr nachts an (Mitte Sept. bis Mitte April 4.45 Uhr) und in Richtung Süden um 7.45 Uhr. Im Norden läuft sie Måløy, Ålesund und Trondheim an.

Expressschiffe zwischen Bergen (535 nkr, 3½ Std.) und Måløy (190 nkr, 1 Std.) machen hier zweimal täglich Halt.

Florø ist die Endstation der Nor-Way-Bussekspress-Route von Oslo (605 nkr, 12¼ Std., 2-mal täglich) via Stryn.

Die für Selbstfahrer reizvollste Strecke nordwärts nach Måløy ist die Straße über die Insel Bremanger.

RUND UM FLORØ
Felszeichnungen von Ausevik

Diese hervorragenden Felszeichnungen, die Hirsche und andere Motive aus der Zeit um ca. 1000 v. Chr. zeigen, sind bloß fünf Minuten zu Fuß von der Fv 611 entfernt (rund 40 Autominuten südlich von Florø). Ein für 2008 geplanter Ausbau soll den Zugang erleichtern.

Felszeichnungen von Vingen

Die 1500 frühsteinzeitlichen Felszeichnungen (Helleristninger) von Vingen, an den zum Meer gelegenen Hängen des Vingenfjellet südlich von Måløy, sind in dieser Konzentration in Nordeuropa einzigartig. Man geht davon aus, dass sie das Werk frühsteinzeitlicher Jäger sind, die sie zwischen 6000 und 4000 v. Chr. in den Fels ritzten. Zu diesen geschützten Zeichnungen führt keine Straße, aber die Touristeninformation von Florø organisiert wöchentlich ein Boot (Erw./Kind 270/140 nkr), das zwischen 1. Juli und Mitte August von Florø und/oder Bremanger abfährt.

DIE LÄNGSTE HERINGSTAFEL DER WELT

Zugegeben, die Konkurrenz ist übersichtlich, aber ein 400 m langer Heringstisch ist an sich schon eine imponierende Leistung. Jedes Jahr hatten Florø und das weiter unten an der Küste gelegene Haugesund um die Ehre des jeweils größten und längsten Tafel des Jahres gekämpft, aber jetzt, da sich Haugesund zurückgezogen hat, ist diese Nord-Süd-Rivalität Schnee von gestern und Florø hat das Feld für sich allein.

An jedem dritten Wochenende im Juni wird die Heringstafel im Herzen von Florø angerichtet. Um sich das so richtig vorstellen zu können, denke man an eine normale 400 m lange Laufstrecke, durchgehend beladen mit Platten und Tellern mit Hering, Kartoffeln, Brot und Getränken, und das alles umsonst!

WESTLICHE FJORDE

KALVÅG

Wer auf der Strecke von Florø nach Måløy über die Insel Bremanger unterwegs ist, sollte unbedingt den 5 km langen Abstecher von der Fähranlegestelle in Smørhamn zum gut erhaltenen Fischerdorf Kalvåg (370 Ew.) machen. Das Dorf sieht heute aus wie im Bilderbuch, nur am Ortsrand liegt eine riesige Fisch verarbeitende Fabrik. Zu seiner Glanzzeit gab es in Kalvåg über fünfzig Heringsalzhäuser, die rund 10 000 saisonale Arbeitskräfte beschäftigten. Das eine oder andere dieser Häuser kann auch heute noch besichtigt werden; am besten in der freundlichen **Touristeninformation** am Kai nachfragen (☎ 57 79 37 50; www.visit bremanger.no; ⏰ Juli Mo–Fr 10–18, Sa 10–16, So 12–16 Uhr; übrige Zeit Mo–Fr 9–15.30 Uhr), die selbst ein ehemaliges Salzhaus ist.

MÅLØY
3500 Ew.

Das kleine Fischerstädtchen Måløy liegt am Ausgang des Nordfjords auf der Insel Vågsøy. Es schmiegt sich an zwei runde Hügel, die wie riesige Brüste aussehen, und ist mit dem Festland durch die anmutig s-förmig geschwungene Måløybrua-Brücke verbunden.

Måløy hat zwar keine spektakulären Attraktionen zu bieten, ist aber im Vergleich zu den touristischen Städten weiter südlich ein erfrischend lebendiger und authentischer Ort. Außerdem gibt es auf der Insel Vågsøy und ihrer Nachbarin Selje eine Fülle von Wanderwegen mit Meerblick (Wanderkarte *Outdoor Pursuits: Selje & Vågsøy Communes*, 1:50 000). Drei Orte lohnen einen Besuch: die bizarren Küstenklippen **Kannesteinen**, 10 km westlich der Stadt, die wie gigantische Pilze aus dem Meer sprießen; **Refviksanden**, ein 1,4 km langer, weißer Sandstrand, der einer der drei schönsten von Norwegen ist, und der **Leuchtturm Kråkenes** (s. S. 268), der sich abenteuerlich an einen Felsen klammert und bei jedem Wetter ein romantischer Ort mit einem atemberaubenden Ausblick ist. Man kann dort essen, Kaffee und hausgebackenen Kuchen genießen und sogar übernachten.

Die saisonale **Touristeninformation** (☎ 57 84 50 77; Gate 1 No 53; ⏰ Juli Mo–Fr 9–17, Sa & So 10–16 Uhr, Mitte–Ende Juni & Anfang Aug. Mo–Sa 10–16 Uhr) von

Måløy befindet sich an der Hauptstraße und bietet Internetzugang (1 nkr pro Min.).

Schlafen & Essen

Steinvik Camping (☎ 57 85 10 70; oddbnyg@online.no; pro Pers./Stellplatz 20/80 nkr, 2-Bett-Hütten mit Toilette 380 nkr, 4-Bett-Hütten 550 nkr, 4-Bett-Apt. für Selbstversorger 480–650 nkr; ⏰ ganzjährig) Der am nächsten bei Måløy gelegene Campingplatz bietet einen schönen Blick über den viel befahrenen Seeweg. Der Weg dorthin führt über die Brücke, die zum Ostufer führt. Nach 2 km bei der Schule rechts und 1,2 km die Straße hinunter.

LP Tipp **Kråkenes Lighthouse** (☎ 57 85 55 27; www. krakenesfyr.no; Kråkenes; DZ mit Etagenbad 600–800 nkr, mit eigenem Bad 1200 nkr, 6-Bett-Suite 1900 nkr; ⏰ ganzjährig) Diese herrliche und wahrhaft ausgefallene Unterkunft liegt am Ende der Landspitze, die sich von Måløy nach Norden erstreckt, und ist über die Rv 617 zu erreichen. Sie wird von einem unternehmungslustigen, deutschen Pärchen betrieben, das für einen hohen Standard sorgt. Gäste können entweder als Selbstversorger im ehemaligen Haus des Leuchtturmwärters übernachten oder die Suite mit eigenem Bad in traumhafter Lage hoch oben im Leuchtturm genießen. Bei Vorbestellung werden auch Mahlzeiten serviert. Auch wer hier nicht übernachten will, kann das Café in dieser idyllisch einsamen Lage besuchen (⏰ Mitte Juni bis Mitte Aug. 12–18 Uhr).

Norlandia Måløy Hotel (☎ 57 84 94 00; www. norlandia.no; Gate 1 No 25; EZ/DZ 825/1090 nkr) In diesem großen Hotel mit Glasfront spielen sich die meisten touristischen Aktivitäten des Ortes ab. Sein tolles Aquarius Restaurant (19 bis 22 Uhr) serviert ein dreigängiges Abendmenü (275 nkr) und eine gute Auswahl à la carte.

Stormen Pub (☎ 57 85 11 25; Sjøgata) Dieses Pub am Hafen gegenüber dem Norlandia Måløy ist riesig und erinnert ein wenig an einen Bahnhofswarteraum, aber das Essen ist schwer in Ordnung und am Wochenende wird abends schon mal getanzt. Die Freiterrasse bietet einen schönen Blick über die Bucht.

Havfruen Fiskeutsalg (☎ 57 85 23 36; ⏰ Mo–Fr 10–16, Sa 10–14 Uhr) Die „Meerjungfrau" neben dem Landesteg des Expressboots ist sowohl ein Frischfischladen („Zum Fischen geboren, zum Arbeiten gezwungen", sagt die Plakette an der Wand) als auch ein kleines Café, das gehaltvolle Fischsuppen (50 bis 65 nkr), Lachsbrötchen (25 nkr) und andere Fischgerichte serviert.

An- & Weiterreise

Die Eilfähre von Bergen (645 nkr, 4½ Std.) nach Selje legt in Måløy an. Die Küstenfähre der Hurtigrute macht auf der Fahrt nach Norden täglich um 4.30 Uhr halt (Mitte Sept.–Mitte April um 7.30 Uhr); in Richtung Süden um 5.45 Uhr.

Nor-Way Bussekspress fährt dreimal täglich von/nach Oslo (643 nkr, 11 Std.) und Stryn (180 nkr, 2 Std., bis zu 6 Busse täglich).

SELJE & DIE INSEL SELJA
700 Ew.

Nur wenige Besucher kommen bis nach Selje in Norwegens Osten. Das macht den Charme dieses hübschen Dörfchens mit seinem unberührten, weißen Sandstrand aus. Vestkapp, 32 km von Selje entfernt, ist zwar nicht der westlichste Punkt Norwegens, wie der Name vermuten lässt, bietet aber dennoch herrliche Blicke auf das Meer.

Seljes **Touristeninformation** (☎ 57 85 66 06; sunniva1@start.no; ☷ Juli 9–19 Uhr, Kernzeiten Juni & Aug. 10–16 Uhr, April, Mai & Sept. Mo–Fr 8–15.30 Uhr, Okt.–März nur Mo–Di) am Hafen hat ein Verzeichnis der Hütten und Apartments in der Region und Internetzugang (1 nkr pro Min.).

Die eindrucksvollen Ruinen des **Klosters Selje** und der **Kirche der hl. Sunniva** auf der Insel Selja stammen aus dem 11. bzw. 12. Jh. Von dem 40 m hohen Turm eröffnet sich ein prachtvolles Panorama. Von Mitte Juni bis Ende August werden täglich ein bis drei zweistündige Führungen (Erw./Kind 150/75 nkr inkl. Schiff hin & zurück) angeboten. Reservierungen erledigt die Touristeninformation. Dort sind auch die aktuellen Zeiten zu erfahren, die sich ändern können, wenn der derzeitige Fährmann in Rente geht.

Das **Selje Hotel** (☎ 57 85 88 80; www.seljehotel. no; EZ 925–1045 nkr, DZ 1160–1550 nkr), ein reizvoller Holz- und Steinbau direkt am Strand, ist das einzige Hotel am Ort. Es beherbergt zugleich das Spa Thalasso, ein Wellnesszentrum mit Pool, Jacuzzi und einem umfangreichen Angebot an entspannenden Aktivitäten und Behandlungen. Auf diese Weise werden die Gäste rundum fit gemacht; das kann mitunter recht angenehm sein, wenn man bis spät in die Nacht die Livemusik genossen hat.

Von Måløy bieten sich zwei sehr eindrucksvolle Optionen für die Anreise: die herrliche Fahrt auf der Rv 618 am Fjord entlang oder die zweimal täglich verkehrenden Expressschiffe der Nordfjord-Route (67 nkr, 20 Min.). Busse fahren wochentags sechsmal täglich, an Wochenenden einmal täglich zwischen Måløy und Selje (86 nkr, 1 Std.).

DIE NÖRDLICHEN FJORDE

Noch verwinkeltere Küstenstriche und noch tiefer eingeschnittene Fjorde erwarten jene Reisenden, die in der Region Møre og Romsdal weiter in den Norden vordringen. Der Geirangerfjord, erst vor Kurzem in die Unesco-Weltnaturerbeliste aufgenommen, ist ein Muss auf den meisten Touren und bei Kreuzfahrtschiffen ein beliebter Platz, um vor Anker zu gehen. Er hat im Sommer einen gewaltigen Besucherzustrom zu bewältigen. Abseits von diesem Mekka der Pauschaltouristen findet man jedoch Wasserwege und Straßen, die weniger überlaufen und fast ebenso spektakulär sind. Die hübschen Küstenstädte Ålesund und Kristiansund sind beide eine Zwischenstation mit Übernachtung wert – und die spektakuläre Fahrt über den Trollstigen-Pass vergisst niemand so schnell.

Die offizielle Website der Region, www. visitmr.com (auch auf Deutsch), hat viele nützliche Links dazu.

ÅNDALSNES
2500 Ew.

Für die Anfahrt nach Åndalsnes gibt es zwei phantastische Möglichkeiten: entweder auf der Straße über den Trollstigen-Pass oder mit der landschaftlich wunderschönen Raumabanen. Diese Eisenbahnstrecke von Dombås führt durch ein tief eingeschnittenes Gletschertal, flankiert von steilen Felswänden und herabstürzenden Wasserfällen. Die moderne Stadt am Romsdalfjord wurde während des Zweiten Weltkriegs stark zerbombt und ist weniger interessant. Aber die landschaftliche Umgebung ist nicht zu toppen. Die **Touristeninformation** (☎ 71 22 16 22; www.visitandalsnes.com; ☷ Mitte Juni–Mitte Aug. Mo–Fr 9–18, Sa 10–18, So 12–18 Uhr; übrige Zeit Mo–Fr 9–15.30 Uhr) im Bahnhof bietet Internetzugang (40 nkr pro 30 Min.) und vermietet Fahrräder (50/170 nkr pro Std./Tag).

Sehenswertes
TROLLVEGGEN

Auf der Fahrt von Dombås folgen sowohl Straße als auch Eisenbahnstrecke der gewalti-

WESTLICH

gen, 1800 m hohen Trollveggen (Trollwand), die im Jahr 1965 erstmals von einem norwegisch-englischen Team bezwungen wurde. Diese höchste senkrechte Bergwand Europas gilt mit ihrem zackigen und häufig von Wolken umgebenen Gipfel 1800 m über der Talsohle in Bergsteigerkreisen als ultimative Herausforderung.

TROLLSTIGEN

Die Trollstigen (Trollleiter) südlich von Åndalsnes ist etwas für starke Nerven. Die 1936 nach acht Jahren Arbeit fertiggestellte Straße fordert mit elf Haarnadelkurven und einer Steigung von 1:12 volle Konzentration. Und zur Krönung ist sie praktisch durchgehend einspurig. Auf Anfrage wird für Buspassagiere ein Fotostopp am 180 m hohen Wasserfall Stigfossen und oben eine kurze Pause für einen schwindelerregenden Blick ins Tal eingelegt. Wer mit Auto und Kamera unterwegs ist, sollte unbedingt anhalten, um die spektakulären Gipfel Karitind, Dronningen, Kongen und Bispen – sowie Norwegens einziges Straßenschild „Achtung! Trollüberquerung" zu fotografieren.

Wer viel Power hat, kann auch die langsamere Variante wählen und zu Fuß den alten, schmalen, weiß gesprenkelten Pferdepfad hinaufkeuchen, der früher die einzige Verbindung zwischen den beiden Tälern war. Beide Strecken sind im Winter geschlossen.

Das kleine **Vegmuseum** (☎ 99 29 20 00; Trollstigen; Eintritt 15 nkr; ☽ Ende Juni– Mitte Aug. 9.30–19 Uhr) am Pass erzählt die ingenieurtechnische Geschichte des einmaligen Trollstigen.

RAUMABANEN

Züge fahren das ganze Jahr über täglich diese spektakuläre Strecke ab (www.raumabanen.com), die nach 114 km bei Dombås auf die Hauptlinie stößt. Im Sommer fährt eine Touristenbahn (Erw./Kind/Fam. hin & zurück 295/70/660 nkr) unregelmäßig vom Bahnhof am See hinauf auf 600 m nach Bjorli. Reservierungen bei der Touristeninformation.

MARDALSFOSSEN

Östlich von Åndalsnes, den Langfjord hinauf und dann am zauberhaften Eikesdalsvatnet entlang, geht es zum Mardalsfossen, der einst der fünfthöchste Wasserfall der Welt war. Wie konnte er diesen Rang verlieren? Nun, das Wasser, das bis dahin über zwei Stufen insgesamt 655 m in die Tiefe stürzte, wurde ihm 1970 durch ein Kraftwerk entzogen! Umweltschützer ketteten sich zwar damals aneinander, um den Bau zu verhindern, doch es half alles nichts – das Projekt wurde umgesetzt. Heute rauscht der Mardalsfossen nur noch für die Touristen von Ende Juni bis Mitte August.

Wer abenteuerliche Bergstraßen liebt, folgt dem einspurigen **Aursjøvegen** (50 nkr Maut) zwischen Mardalsfossen und Sunndalsøra; geöffnet von Juni bis September.

Aktivitäten
WANDERN

Die Broschüre *Geiranger Trollstigen* (20 nkr) beschreibt acht markierte Wanderwege in der Trollstigen-Region. Dazu braucht man auch die Landkarte *Romsdals-Fjella* (1:80 000). Beides gibt's bei der Touristeninformation.

Eine tolle Tageswanderung entlang einer rot markierten Route beginnt im Ort, 50 m nördlich des Kreisverkehrs vor der Esso-Tankstelle, und führt bergauf zum Gipfel des Nesaksla (715 m), der markanten Bergspitze oberhalb von Åndalsnes. Als Belohnung für den steilen Aufstieg wartet oben ein phantastisches Panorama. Bei klarem Wetter kann man den Romsdalsfjord entlang-, das Romsdal hinaufund bis ins Isterdal hineinschauen – keine andere Aussicht in Norwegen hat dagegen eine Chance.

Hinunter geht man entweder dieselbe Route oder unternimmt den unkomplizierten Aufstieg auf den Gipfel des Høgnosa (991 m) und wandert zum Åkesfjellet (1215 m) weiter. Im Sommer kann es beim Aufstieg in der Mittagssonne heiß werden, also lieber früh starten und genug Wasser mitnehmen. Oder stattdessen die markierte Route 5 km Richtung Osten laufen und zum Dorf Isfjorden am Ende des Isfjords absteigen.

Die Touristeninformation arrangiert vier- bis sechsstündige Bergwanderungen mit einem erfahrenen Guide (250–350 nkr).

KLETTERN

Die besten Klettergebiete der Gegend sind die 1500 m lange Felsenstrecke auf den Trollveggen und das 1550 m hohe Romsdalshorn, aber es gibt noch jede Menge andere. Ernsthafte Kletterer sollten sich bei der Touristeninformation *Klatring i Romsdal* (280 nkr) besorgen, das Infos zum Fels- und Eisklettern enthält.

WESTLICHE FJORDE

ANGELN

John Kofoed (☎ 71 22 63 54) organisiert im Sommer dreimal täglich dreistündige Angelexkursionen (300 nkr pro Pers. inkl. Angelrute) am Romsdalsfjord. Reservierung direkt bei ihm oder bei der Touristeninformation.

KANUSPORT

Trollstigen Hytteutleie (Details s. S. 271) organisiert geführte Kanutouren und Bergwanderungen.

Festivals & Events

Das **Norsk Fjellfestivalen** (Norwegisches Bergfestival) Anfang Juli ist ein einwöchiges Treffen von Outdoorfreaks mit zahlreichen Veranstaltungen. Das zweite Großereignis ist **Rauma Rock** (www.raumarock.com), die größte Popveranstaltung Mittelnorwegens zwei Tage lang Anfang August.

Schlafen

Die Touristeninformation hat ein Verzeichnis der Privatpensionen mit Zimmern um 400 nkr.

Åndalsnes Camping (☎ 71 22 16 29; www.andalsnes camp.no; Auto/Wohnwagen 125/140 nkr, einfache 4-Bett-Hütten ohne eigenes Bad 450 nkr, 4-Bett-Hütten mit eigenem Bad 880 nkr; 🕑 Mai–Mitte Sept.; 🖳) Der Platz liegt weniger als 2 km von der Stadt entfernt in grandioser Landschaft am Fluss Rauma. Er hat Internetzugang (60 nkr pro Std.) und vermietet Kanus (50/200 nkr pro Std./Tag) und Fahrräder (50/110 nkr pro Std./Tag).

Trollstigen Hytteutleie (☎ 71 22 68 99; www. trollstigen-hytteutleie.no; Stellplatz 140 nkr, 4-/5-Bett-Hütten ab 550/650 nkr) Die Unterkunft ist an dem kräftigen Holztroll vor dem Eingang zu erkennen. Der gepflegte Platz 2 km in Richtung Geiranger an der Rv 63 ist ruhiger und liegt genauso schön.

Åndalsnes Vandrerhjem Setnes (☎ 71 22 13 82; aandalsnes.hostel@vandrerhjem.no; B/EZ/DZ inkl. Frühstück Mitte Mai–Mitte Sept. 245/450/650 nkr, übrige Zeit B nur 175 nkr) Dieses einladende HI-Hostel mit Grasdach liegt 1,5 km vom Bahnhof entfernt an der E 136 in Richtung Ålesund. Schon das üppige Frühstück mit Pfannkuchen und eingelegten Heringen lohnt den Aufenthalt. Der Bus nach Ålesund mit Anschluss an den Zug fährt direkt davor vorbei.

Hotel Aak (☎ 71 22 71 71; www.hotelaak.no; EZ/DZ 750/990 nkr; 🕑 Mitte Juni–Mitte Aug.; 🅿) Dieses zauberhafte Hotel ist das älteste Ferienhotel in Norwegen. Es liegt 4 km außerhalb der

E 136 in Richtung Dombås. Die meisten der 16 komfortablen Zimmer sind nach einem der Berge benannt, die vom Fenster aus zu sehen sind (auch wenn man sich dafür in manchen Zimmern etwas hinauslehnen muss). Ebenso beeindruckend ist das Restaurant (Hauptgerichte 150–190 nkr; 🕑 16–22 Uhr) mit ausgezeichneter traditioneller Küche. Da es so wenig Platz hat, sind Reservierungen angebracht.

Grand Hotel Bellevue (☎ 71 22 75 00; www.grand hotel.no; Åndalgata 5; EZ/DZ Juni–Aug. 850/1050 nkr, übrige Zeit 750/850 nkr; 🅿 🖳) Der große, weiße Bau thront auf einem Hügel im Zentrum. Die meisten der 86 Zimmer haben einen schönen Ausblick, besonders die an der Rückseite. Ein öffentliches Schwimmbad ist nur 100 m entfernt. Sein Restaurant (Hauptgerichte 195–285 nkr; 🕑 nur Abendessen) ist das teuerste der Stadt, bietet aber auch ein paar leichtere Gerichte um 100 nkr. Im Gang hängen historische Schwarzweißfotos, von denen eins den sehr jungen und dynamischen Cliff Richard zeigt. Bei unserem letzten Besuch war ein Anbau für die Stadtbibliothek, ein Kino und einen Hörsaal beinahe fertig.

Essen

Sandwiches, Süßspeisen und sonstige Leckereien verkauft die **Måndalen Bakeri** (Havnegate 5; 🕑 Mo–Fr 8.30–17, Sa 8.30–14 Uhr) am Ufer in der Nähe des Bahnhofs.

Buona Sera (☎ 71 22 60 75; Romsdalsveien 6; Gerichte ab 80 nkr; 🕑 Kernzeiten 16–22.30 Uhr) Das italienische Restaurant Buona Sera serviert vorwiegend Pizza und Pasta, hat aber mehr Atmosphäre als die meisten anderen Pizzerien Norwegens. Mit viel Holz, gemütlichen Nischen und freundlichem Personal. Gut sind auch die knackigen Salate (100 nkr) und saftigen Fleischgerichte (um 175 nkr).

Kaikanten (☎ 71 22 75 00; Tagesgerichte 98 nkr, Snacks 35–78 nkr, Hauptgerichte 120–155 nkr; 🕑 Mitte Mai–Aug. 10–23 Uhr) Das einladende Restaurant des Grand Hotel ist der richtige Ort, um gemütlich am Kai zu sitzen und bei einem Drink oder Imbiss einen der schönsten Panoramablicke Norwegens zu genießen.

An- & Weiterreise

BUS

Busse auf der „Goldenen Route" nach Geiranger (197 nkr, 3 Std.) verkehren zwischen Mitte Juni und August zweimal täglich. Sie fahren über Trollstigen, den malerischen

WESTLICHE FJORDE

Ørnevegen und nehmen die Fähre Linge–Eidsdal. Der Trollstigen-Pass ist spätestens ab 1. Juni geöffnet. Am Anfang der Saison geht es in diesem beliebten Langlaufgebiet noch zwischen hohen Schneewänden hindurch. Busse starten in Åndalsnes täglich um 8.30 und 17.30 Uhr und von Geiranger um 13 und 18.10 Uhr. Außerdem gibt es Verbindungen nach Molde (120 nkr, 1½ Std., bis zu 8-mal tgl.) und Ålesund (200 nkr, 2¼ Std., 2-mal tgl.).

ZUG
Züge von/nach Dombås (198 nkr, 1½ Std.) verkehren bis zu sechsmal täglich, abgestimmt auf die Züge Oslo–Trondheim. In Åndalsnes bieten sie zweimal täglich Anschluss an den Expressbus via Molde nach Ålesund.

VALLDAL & UMGEBUNG
Valldal
Valldal kennen die meisten Besucher nur von der Durchreise – entweder weil sie von Åndalsnes über den berühmten Trollstigen-Pass gefahren sind oder weil sie die traumhafte Fährpassage von Geiranger genossen haben. An einem Knick des Norddalsfjords gelegen, ist es das nördlichste Obstbaugebiet Europas. Hier gedeihen Äpfel, Birnen und sogar Kirschen – außerdem Unmengen von Himbeeren. Sie sind auch der Grund für das alljährliche **Himbeerfest**, das meist am letzten Juliwochenende gefeiert wird. Gelegenheit, diese Köstlichkeiten auch außerhalb der Saison zu genießen, bietet die **Syltetøysbutikken** (☎ 70 25 75 11; Syltegata) an der Straße zur Kirche. Sie verkauft eine riesige Auswahl an Marmeladen und Säften, die in der kleinen Fabrik dahinter hergestellt werden – v. a. aus Früchten der einheimischen Erzeuger.

Die **Touristeninformation** (☎ 70 25 77 67; www.visitnorddal.com; Mitte Juni–Mitte Aug. 10–19 Uhr, übrige Zeit Mo–Fr 10–17 Uhr) vermietet Fahrräder (25/100 nkr pro Std./Tag) und vermittelt auch Motorboote (85/400 nkr pro Std./Tag). Für 20 nkr verkauft sie ein nützliches Büchlein über beschilderte Wanderungen zwischen Geiranger und Trollstigen, die zwischen 15 Minuten und 3 Stunden dauern. Jede beginnt bei einem öffentlichen Parkplatz.

Von Valldal werden vierstündige Rafting-Trips (590 nkr; Mai bis Sept. tgl. 11 Uhr) auf dem Fluss Valldøla angeboten. Infos dazu hat **Valldal Naturopplevingar** (☎ 90 01 40 35; www.valldal.no), dessen Zentrale 200 m von der Touristeninformation entfernt liegt. Es vermietet auch Kajaks und organisiert weitere Aktivitäten wie Wildniscamps und Skitouren bei Mondschein.

SCHLAFEN & ESSEN
Es gibt zahlreiche Campingplätze, die allerdings größtenteils von Dauercampern belegt sind. Etwas mehr Flair bietet **Gudbrandsjuvet Camping** (☎ 70 25 86 31; Zelt-/Wohnwagenstellplatz 110/140 nkr, 4-Bett-Hütten 350 nkr; Ende Mai–Mitte Sept.), an der Rv 63 rund 15 km in Richtung Åndalsnes, dort, wo der Fluss durch eine enge Schlucht rauscht.

Im **Fjellro Turisthotell** (☎ 70 25 75 13; www.fjellro.no; EZ/DZ inkl. Frühstück 690/890 nkr; Mai–Sept.), gleich hinter (und nordöstlich) der Kirche von Valldal, ist der Empfang herzlich und die Zimmer sind gut ausgestattet. Es gibt ein Café und ein Restaurant (19–23 Uhr), das sich auf Fisch spezialisiert hat, sowie eine Kneipe im Erdgeschoss, die an Wochenenden öffnet. Dahinter liegt ein stiller Garten mit einem kleinen Spielplatz.

Lupinen Café (☎ 70 25 84 10; Hauptgerichte 50–88 nkr) serviert Pizza, Rindfleisch- und Fischgerichte. Außerdem hat es ein günstiges Büfett (155 nkr).

Jordbærstova (☎ 70 25 76 58; Mai–Sept.), etwa 6 km in Richtung Åndalsnes gelegen, ist eine Hommage an die allgegenwärtigen Erdbeeren im Tal. Hier muss man unbedingt einkehren und sich ein dickes Stück vom üppigen, cremigen svele gönnen, einer Art lokaler Pfannkuchenspezialität mit Erdbeeren und Schlagrahm. Aber es gibt auch leichtere Mahlzeiten.

AN- & WEITERREISE
Valldal liegt an der Busstrecke „Goldene Route", die von Mitte Juni bis August zwischen Åndalsnes (88 nkr, 1¾ Std.) und Geiranger (75 nkr, 1¼ Std.) über den spektakulären Trollstigen-Pass befahren wird. Wer mit dem Auto unterwegs ist, sollte auch in Gudbrandsjuvet eine Pause einlegen, von Valldal 15 km talaufwärts, wo sich der Fluss durch eine 5 m breite und 20 m tiefe Schlucht windet.

Landschaftlich ebenso beeindruckend ist die Rundfahrt mit der Fähre (Erw./Kinder einfache Fahrt 160/80 nkr, hin & zurück 250/120 nkr, 2¼ Std.), die von Ende Juni bis Mitte August zweimal täglich zwischen Valldal und Geiranger hin- und herpendelt.

WESTLICHE FJORDE

Tafjord

1934 ereignete sich ein katastrophaler Unfall. Riesige Felsmassen, 400 m hoch und 22 m breit – insgesamt 8 Mio. m³ Volumen – lösten sich aus dem Berg und donnerten in den Korsnæsfjord. Dabei entstand eine 64 m hohe Flutwelle, die sich 700 m landeinwärts wälzte und in Fjørra und Tafjord 40 Menschenleben forderte.

Das **Tafjord-Kraftwerksmuseum** (Kraftverkmuseum; ☎ 70 17 56 00; www.tafjord.net/Museum; Eintritt frei; ⏰ 12–17 Uhr Mitte Juni–Mitte Aug.), in einem stillgelegten Kraftwerk, veranschaulicht die Veränderungen, die das Tal durch die Ankunft der Wasserkraftenergie erfuhr. Die Straße vom Dorf zum Zakariasdamm verläuft durch einen bizarren Korkenziehertunnel, und ein paar Kilometer weiter oben führt ein kurzer Fußgängerweg zur bröckelnden Brücke am schmalen Dammfuß hinunter, wo man hautnah mitbekommt, welchem Druck der 96 m hohe Bau standhalten muss.

Stordal

Wer auf der Rv 650 zwischen Valldal und Ålesund unterwegs ist, sollte kurz in Stordal anhalten, um die **Rosenkirche** (Rosekyrka; Erw./Kind 30/15 nkr; ⏰ Mitte Juni–Mitte Aug. 11–16 Uhr) zu besichtigen. Das von außen eher bescheidene Gotteshaus wurde 1789 am früheren Standort einer Stabkirche erbaut, von der einige Elemente erhalten geblieben sind. Innen wartet dann die Überraschung: Das Dach, die Wände und jede einzelne Säule sind aufwendig mit Heiligenportraits und Szenen aus der Bibel bemalt, in einer faszinierend naiven Variante des Hochbarock.

GEIRANGER

250 Ew

Verstreute Höfe, die meisten vor langer Zeit verlassen, klammern sich immer noch an die wuchtigen Wände des 20 km langen smaragdgrünen Geirangerfjords, der in die Weltnaturerbeliste der Unesco aufgenommen wurde. Atemberaubende Wasserfälle – De Syv Søstre (Die sieben Schwestern), Friaren (Der Freier) und Brudesløret (Der Brautschleier) – stürzen die nahezu senkrechten Wände herab. Die einstündige, traumhafte Fahrt mit der Fähre zwischen Geiranger und Hellesylt ist ebenso Minikreuzfahrt wie Transportmittel. Sie lohnt sich in jedem Fall, selbst wenn man gar nicht zum anderen Ufer möchte.

Wer von Hellesylt kommt, den wird das Dorf Geiranger, das am Ende des Fjords liegt, vermutlich schocken – trotz der phantastischen Lage. Hier wälzen sich Horden von Reisegruppen durch, die aus zahllosen Bussen und Schiffen hervorquellen. Jedes Jahr leidet Geiranger unter mehr als 600 000 Besuchern und über 150 Kreuzfahrtschiffen (bei unserem letzten Besuch lagen gleichzeitig drei Schiffe vor Anker, die die saubere Luft mit schwarzen Rauchschwaden aus ihren Schornsteinen verpesteten, während ihre Zubringerboote an der Landungsbrücke Dieseldämpfe spien).

Wenn man aber aus dem Norden von Åndalsnes und Valldal die Rv 63 (genannt Ørnevegen, die Adlerstraße) entlangkommt, sind atemberaubende Aussichten auf den engen Fjord von jeder einzelnen der elf Haarnadelkurven dieser steilen Strecke garantiert. Aber egal, von wo man kommt – am Abend kehrt wieder Ruhe in den winzigen Hafen ein, wenn das letzte Kreuzfahrtschiff und der letzte Reisebus abgedampft sind.

Die **Touristeninformation** (☎ 70 26 30 99; www.geiranger.no; ⏰ Mitte Juni–Mitte Aug. 9–19 Uhr, Mitte Mai–Mitte Juni & Mitte Aug.–Mitte Sept 9–18 Uhr) befindet sich gleich neben der Fähranlegestelle von Geiranger.

Sehenswertes & Aktivitäten

FJORDZENTRUM GEIRANGER

Das **Geiranger Fjordsenter** (☎ 70 26 30 07; www.geirangerfjord.no; Erw./Kind 85/40 nkr; ⏰ Kernzeiten Mai–Mitte Sept. 9–16 Uhr, Juli bis 18 Uhr, Aug. bis 22 Uhr) hat eine Sammlung alter Artefakte zusammengetragen: Werkzeuge und sogar komplette Gebäude, die abgebaut und hierher gebracht und wieder aufgebaut wurden. Sie sollen die großen Themen veranschaulichen, die Land und Leute geprägt haben – das Postschiff, Lawinen, der Bau der ersten Straßen, der Aufstieg des Fremdenverkehrs etc.

FLYDALSJUVET

Wer kennt es nicht, dieses klassische Bild – gern auf dem Cover von Broschüren – vom überhängenden Felsen Flydalsjuvet, davor meist eine Person drapiert, die auf ein Kreuzfahrtschiff auf dem Geirangerfjord hinunterschaut? Vom Parkplatz, der mit Flydalsjuvet beschildert ist, rund 5 km von Geiranger die Stryn-Straße hinauf bietet sich ein grandioser Blick auf den Fjord und das grüne Flusstal. Das aber ist noch nicht die exakte Postkartenansicht. Um die zu bekommen, muss man rund 150 m absteigen, dann einen rutschigen und eher schlecht erkennbaren Weg zum Rand hinuntergehen. Das furchtlose Fotomotiv muss sich dann noch behutsam rund 50 m weiter zum Überhang vorwagen.

RADFAHREN

Geiranger Downhill (☎ 47 37 97 71; www.geiranger downhill.com) fährt seine Kunden hinauf zur Djupvasshytta (1038 m), von wo sie mit dem Fahrrad (195 nkr) 17 km sanft bergab radeln können, durch eine traumhafte Landschaft bis hinunter zum Fjord (etwa 2 Std.). Buchen kann man das Ganze in der Hütte mit Grasdach 50 m oberhalb des Hafens, wo auch Fahrräder (50/200 nkr pro Std./Tag) vermietet werden.

BOOTSAUSFLÜGE

Geiranger Fjordservice (☎ 70 26 57 86; www.geiranger Fjord.no) veranstaltet eineinhalbstündige **Bootsausflüge** (Erw./Kind 110/45 nkr, Juni–Aug. 4-mal tgl.). Er hat sein Büro in der Touristeninformation. Von Mitte Juni bis August fahren auch kleinere, schnellere Boote für 15 Personen (390/190 nkr) tiefer in den Fjord hinein.

SEEKAJAKFAHREN

Coastal Odyssey (☎ 91 11 80 62; www.coastalodyssey.com), mit Büro auf dem Campingplatz Geiranger, wird von Jonathan Bendiksen geleitet, einem Kanadier aus den Nordwestterritorien, der schon das Paddeln lernte, ehe er richtig gehen konnte. Er vermietet Seekajaks (150/300/600 nkr pro Std./halbem/ganzem Tag) und macht täglich geführte Wander- und Kanutouren zu den vier schönsten Zielen rund um den Fjord.

WANDERN

Abseits des quirligen Fährterminals wird alles gleich viel ruhiger. Herrliche, markierte Wanderwege führen zu verlassenen Bauernhöfen, Wasserfällen und Aussichtspunkten. Die Kartenskizze der Touristeninformation enthält 13 kürzere Wanderungen, die beim Dorf ihren Ausgangspunkt haben.

Eine etwas längere Tour beginnt mit einer Fahrt auf dem Ausflugsschiff des Geiranger Fjordservice. Von der Anlegestelle Skagehola führt ein steiler Aufstieg von 45 Minuten zum Bauernhof Skageflå, der sich an den Hang schmiegt. Anschließend kann man auf dem gleichen Weg wieder zum Bootsanleger hinabsteigen (entweder vorher einen Termin

für die Abholung vereinbaren oder das Boot heranwinken). Wer noch weiter wandern will, kann den Weg über die Berge fortsetzen und via Preikestolen und Homlung nach Geiranger zurückkehren.

Ebenfalls empfehlenswert ist der manchmal morastige Pfad zum Wasserfall Storseter, wo der Weg tatsächlich hinter dem herabstürzenden Wasser entlangführt. Vom Ausgangspunkt beim Hof Vesterås braucht man 45 Minuten für den einfachen Weg.

Schlafen & Essen

Im gesamten Ort sind Schilder mit der Aufschrift *rom* zu sehen, die darauf hinweisen, dass Privatzimmer und Hütten vermietet werden (EZ/DZ rund 300/500 nkr). Hotels sind häufig von Reisegruppen ausgebucht, aber den Fjord und die Felsen entlang gibt es ein gutes Dutzend Campingmöglichkeiten.

Unterhalb vom Grande Fjord Hotel liegen ein paar freundliche, ruhige Campingplätze in unschlagbaren Lagen. Auch wer schwer zu schleppen hat, wird den 2 km langen Fußmarsch Richtung Nordwesten nicht bereuen. Beide vermieten Kajaks, Ruder- und Motorboote und haben Internetzugang (60 nkr pro Std.).

Grande Hytteutleige og Camping (☎ 70 26 30 68; www.grande-hytteutleige.no; pro Pers./Stellplatz 20/90 nkr, 4-Bett-Hütten ohne eigenes Bad 350–450 nkr, mit eigenem Bad 690–750 nkr, 5-/6-Bett-Hütten 720/920 nkr; ☺ April–Okt.; ☐) Der kleinere, nördlichere Bereich bietet die schönsten Blicke auf den Fjord. Mit WLAN.

Geirangerfjorden Feriesenter (☎ 95 10 75 27; www.geirangerfjorden.net; pro Pers./Stellplatz 20/100 nkr, 4-Bett-Hütten 450–720 nkr, 5-Bett-Hütten 820–920 nkr; ☺ Mai–Mitte Sept.; ☐) Der Campingplatz direkt daneben ist ebenfalls exzellent.

Geiranger Camping (☎ 70 26 31 20; www.geiranger camping.no; pro Pers./Stellplatz 20/110 nkr; ☺ Mitte Mai–Mitte Sept.; ☐) Dieser Platz liegt einen kurzen Spaziergang vom Fährterminal entfernt zu beiden Seiten eines rauschenden Bergbachs. Er bietet nicht viel Schatten, ist aber sonst schön und liegt ideal, um früh am Morgen die Fähre zu kriegen. Mit WLAN.

Grande Fjord Hotel (☎ 70 26 94 90; www.grande fjordhotel.com; DZ 980 nkr; Ⓟ) Dieses wärmstens zu empfehlende 48-Zimmer-Hotel zaubert großartige Frühstücks- und Abendbüfetts. Und die 100 nkr extra für ein Zimmer mit Balkon und einem phantastischen Fjordblick sind eine gute Investition. Man fährt bloß 2 km über die uferseitige Rv 63 Richtung Åndalsnes und ist bereits eine halbe Welt vom Trubel am Fährterminal entfernt.

LP Tipp **Villa Utsikten** (☎ 70 26 96 60; www. villautsikten.no; EZ 890 nkr, DZ 1290–1490 nkr; ☺ Mai–Okt.; P 🖳) „Ein Tempel, der den Geist belebt", so urteilte der König von Siam, der hier 1898 während seiner großen Norwegenreise übernachtete. Und sein Urteil hat bis heute Bestand. Das ehrwürdige Familienhotel wurde 1893 hoch auf dem Berg über Geiranger (via Rv 63 in Richtung Grotli) errichtet und bietet einen berauschenden Blick über den Ort und den Fjord. Sein empfehlenswertes Restaurant Aida bietet exzellente À-la-carte-Gerichte (Hauptgerichte um 200 nkr) und ist auch für Gäste geöffnet, die hier nicht übernachten.

Union Hotel (☎ 70 26 83 00; www.union-Hotel.no; EZ 1150–1250 nkr, DZ 1760–1960 nkr; ☺ Feb.–Mitte Dez.; P 🖳 🛉) Das große Union Hotel liegt spektakulär hoch über dem Ort. Es gibt dort einige Pools (davon ein beheiztes Hallenbad) und seine beiden Lounges haben Blick auf den Fjord – so wie auch die Bar, in der jeden Abend Livemusik gespielt wird. Auch wer nicht hier wohnt, sollte einmal hinaufgehen – und sich dann hinunterrollen lassen, nach reichlicher Bedienung am gigantischen Abendbüfett (415 nkr) mit seinen mindestens 65 verschiedenen Gerichten. Das Restaurant bietet auch Gerichte à la carte (Hauptspeisen 255–375 nkr) und ein viergängiges Mittagsmenü (495 nkr).

Laizas (☎ 70 26 07 20; ☺ Mitte April–Sept. 10–22 Uhr) Das junge Team in diesem munteren, freundlichen Lokal am Fährterminal, direkt neben der Touristeninformation, tischt mehrere leckere warme Gerichte, gute Salate und Snacks wie Focaccia, Wraps und Sandwiches auf. Internetanschluss (1 nkr pro Min.).

An- & Weiterreise

BUS
Im Sommer fahren täglich Busse nach Åndalsnes (197 nkr, 3 Std.) über Valldal; Abfahrt in Geiranger um 13 und 18.10 Uhr. Wer nach Molde will, muss in Åndalsnes umsteigen. Nach Ålesund geht's über Linge.

SCHIFF
Die beliebte und absolut empfehlenswerte Fährpassage zwischen Geiranger und Hellesylt (Passagier/Auto mit Fahrer 100/210 nkr, 1 Std.) ist wohl die spektakulärste Fahrt mit einem Linienschiff in Norwegen. Zwischen

Mai und September verkehrt es vier- bis achtmal täglich (Juni–Aug. alle 90 Min.). Fast ebenso schön ist die Fahrt mit der Fähre, die von Ende Juni bis Mitte August zweimal täglich zwischen Geiranger und Valldal verkehrt (Erw./Kind einfach 160/80 nkr, hin & zurück 250/120 nkr, 2¼ Std.).

Von Mitte April bis Mitte September machen die Küstenfähren der Hurtigrute auf ihrer Fahrt nach Norden einen Abstecher von Ålesund nach Geiranger (Abfahrt 13.30 Uhr).

HELLESYLT
250 Ew.
Der alte Wikingerhafen Hellesylt, durch den ein donnernder Wasserfall rauscht, ist insgesamt ruhiger, wenn auch eine Spur weniger spektakulär als Geiranger.

Die **Touristeninformation** (☎ 94 81 13 32; ☺ Kernzeiten Mitte Juni–Aug. 10–17 Uhr) ist im Gebäude des Samfunnshuset (Gemeindezentrums) untergebracht. Für Wanderer gibt es dort die Karte *Tafjardfjella* 1:50 000 und für Radfahrer die *Hellesylt Mountain Biking Map.* Außerdem gibt's dort Internetzugang (40 nkr pro Std.).

Die **Peer Gynt Galleriet** (Erw./Kind 50 nkr/gratis; ☺ Juni–Aug. 11–19 Uhr) ist eine Sammlung ziemlich kitschiger Holzreliefs über die Sage von Peer Gynt, geschaffen vom lokalen Schnitzmeister Oddvin Parr. Vielen sagt das Essen in der Cafeteria des Komplexes mehr zu.

Schlafen & Essen
Hellesylt Camping (☎ 90 20 68 85; pro Pers./Stellplatz 15/105 nkr) Der Platz bietet zwar keinen Schatten, doch seine Lage am Fjord und die Nähe zum Fährkai entschädigen für alles.

Hellesylt Vandrerhjem (☎ 70 26 51 28; hellesylt. hostel@vandrerhjem.no; B 160 nkr, EZ/DZ mit Etagenbad 230/400 nkr, DZ mit eigenem Bad 550 nkr, 4-Bett-Hütten 340 nkr; ☺ Juni–Mitte Sept.) Das HI-Hostel am Hang über Hellesylt liegt an der Straße nach Stranda, etwa 200 m von der Abzweigung entfernt. Für Gruppen sind die Hütten mit Fjordblick ideal. Wer mit dem Bus kommt, sollte den Fahrer bitten, dass er in der Nähe hält – sonst muss man den langen Weg bergauf wieder zurücklaufen.

An- & Weiterreise
Infos über die atemberaubende Fährpassage von/nach Geiranger s. S. 274.

Einige der Fähren von Geiranger bieten Anschluss an die Busse von/nach Stryn (95 nkr, 1 Std.) und Ålesund (136 nkr, 2¾ Std.).

WESTLICHE FJORDE

NORANGSDALEN

Eine der faszinierendsten, aber wenig besuchten Ecken der nördlichen Fjorde ist Norangsdalen, das herrliche, versteckte Tal, das Hellesylt mit der Leknes-Sæbø-Fähre auf dem idyllischen Hjørundfjord über die Ortschaft Øye verbindet.

Die von Felsblöcken übersäte Landschaft entfaltet sich allmählich hinter hohen schneebedeckten Gipfeln, Überresten verlassener Bauernhöfe und faszinierenden Bergseen. Im oberen Teil des Tales findet man bei Urasætra neben einem dunklen Bergsee die Ruinen mehrerer steinerner Kleinbauernhütten. Etwas weiter kann man noch die Fundamente ehemaliger Bauernhöfe unter der Oberfläche des erbsengrünen Sees Langstøylvatnet erahnen, der 1908 entstand, als ein Bergrutsch die Hänge des Keipen hinunterkrachte.

Wanderer und Kletterer finden ein Eldorado in den dramatischen Gipfeln der angrenzenden Sunnmørsalpane, darunter der atem(be)raubend steile Anstieg auf den Slogen (1564 m) von Øye und die lange, ziemlich heftige Kraxeltour auf den herrlichen Råna (1586 m) von Urke aus.

An der Straße 2 km südlich von Øye steht ein Denkmal zu Ehren eines gewissen C.W. Patchell, eines englischen Bergsteigers, der sein Herz an dieses Tal verlor.

Im historischen **Hotel Union** von 1891 (☎ 70 06 21 00; www.unionoye.no; Øye; EZ/DZ 865/ 1730 nkr, ☽ Mai–Sept.) nächtigen Bergsteiger, Schriftsteller, Künstler und Könige seit über einem Jahrhundert. Eingerichtet mit stilechter Kunst und gesammelten Originalmöbeln, mit Holzpaneelen verkleidet und einem eigenen, altehrwürdigen Charme ist dieses Haus die reinste Augenweide. Die Zimmer sind nach berühmten Personen benannt, die darin gewohnt haben: Sir Arthur Conan Doyle, Karen Blixen, Kaiser Wilhelm II., Edvard Grieg, Roald Amundsen, Henrik Ibsen, zahlreiche Könige und Königinnen – und sogar Coco Chanel. Das Restaurant serviert ein ein-/dreigängiges Mittagessen (195–350 nkr) und ein drei-/fünfgängiges Abendessen zu 475 nkr bzw. 595 nkr.

RUNDE
150 Ew.

Die Insel Runde liegt 67 km südwestlich von Ålesund und ist durch eine Brücke mit dem Festland verbunden. Sie ist die Heimat einer halben Million Seevögel, ca. 230 bis 240 Arten,

darunter auch 100 000 Papageientaucherpaare, die im April kommen und sich bis Ende Juli hier niederlassen. Man bekommt außerdem Kolonien von Dreizehenmöwen, Tölpeln, Eissturmvögeln, Sturmschwalben, Tordalken, Krähenscharben und Alken zu sehen sowie 70 weitere Arten, die hier nisten.

ÅLESUND
15 000 Ew.

Die Küstenstadt Ålesund finden viele Leute genauso hübsch wie Bergen, wenn auch im viel kleineren Maßstab. Auf jeden Fall finden weit weniger Touristen hierher.

Nach dem verheerenden Brand am 23. Januar 1904, der 10 000 Einwohner obdachlos machte, schickte der deutsche Kaiser Wilhelm II. Schiffsladungen mit Lebensmitteln und Baumaterial nach Ålesund. Die Stadt wurde in Rekordzeit im charakteristischen Jugendstil wieder aufgebaut, den Teams junger engagierter norwegischer Architekten, großenteils mit Ausbildung in Deutschland, durch traditionelle lokale Motive und Ornamente ergänzten. Gebäude, verziert mit Türmchen und Wasserspeiern findet man überall in der ganzen Stadt, wobei die schönsten Beispiele in der Apotekergata, Kirkegata, Øwregata, Løvenvoldgata und insbesondere der Kongensgata stehen.

Ålesund drängelt sich auf eine schmale, angelhakenförmige Halbinsel. Das Stadtzentrum ist so winzig, dass ein Ausbau unmöglich wäre; heute leben die meisten Bewohner auf nahe gelegenen Inseln und Halbinseln verstreut.

Praktische Informationen

Internetzugang In der Touristeninformation (60 nkr pro Std.). Kostenlos ist der Internetzugang in der Bibliothek im Rathaus sowie für Gäste von Lyspunket (S. 280; auch WLAN) und Lille Løvenfold (S. 280; ebenfalls mit WLAN). **Touristeninformation** (☽ ☎ 70 15 76 00; www. visitalesund.com; Skaregata 1; Juni–Aug. Mo–Fr 8.30–19, Sa 9–17, So 11–17 Uhr; Sept.–Mai Mo–Fr 8.30–16.00 Uhr) Sie ist in einem neuen Gebäude am Kai untergebracht. Ihre Gratisbroschüre *On Foot in Ålesund* beschreibt einen Rundgang zu den architektonischen Highlights.

Sehenswertes & Aktivitäten
SUNNMØRE MUSEUM

Ålesunds gefeiertes **Sunnmøre Museum** (☎ 70 17 40 00; www.sunnmoremuseum.no; Borgundgavlen; Erw./Kind 65/15 nkr; ☽ Ende Juni–Aug. Mo–Sa 13–17, So 12–17 Uhr; übrige Zeit Mo, Di & Fr 11–15, So 12–16 Uhr) liegt 4 km östlich des Zentrums. Es befindet sich auf dem

WESTLICHE FJORDE

Gelände des ehemaligen Handelszentrums Borgundkaupangen, das vom 11. bis 16. Jh. in Betrieb war. Über 50 traditionelle Bauwerke sind hierher verpflanzt worden. Auch eine Sammlung von rund 40 historischen Schiffen ist zu sehen, darunter Nachbildungen von Wikingerschiffen sowie ein Handelsschiff aus der Zeit um 1000 n. Chr. Zum Museum fahren Busse der Linien 618 und 624.

Falls die knappen Öffnungszeiten es zulassen, lohnt sich auch ein Besuch im **Museum des Mittelalters** (Middelaldermuseet; Mitte Juni–Mitte Aug. Di–Do & So 12–15 Uhr), das viele leider übersehen. Rund um die Ausgrabungsstätten des einstigen Handelszentrums sind dort die gut erklärten Fundstücke ausgestellt. Reproduktionen mittelalterlicher Bilder zeigen das Leben der Bewohner dieser blühenden Küstensiedlung. Nur schade, dass das Museum nicht länger geöffnet hat.

ATLANTIKPARK

An der westlichen Spitze der Halbinsel, 3 km vom Zentrum entfernt, befindet sich der **Atlantikpark** (Atlanterhavsparken; ☎ 70 10 70 60; Tueneset; Erw./Kind 90/55 nkr; Juni–Aug. 10–19 Uhr So–Fr & Sa 10–16 Uhr; übrige Zeit Di–So 11–16 Uhr), für den Besucher einen ganzen Tag einplanen sollten. Hier lernt man die Unterwasserwelt des nordatlantischen Ozeans kennen, mit Einblicken in das unglaublich reiche unterseeische Leben in Küstengewässern und Fjorden. Kinder sind besonders von der Abteilung „Schnecken, Muscheln und wunderliche Meerestiere"

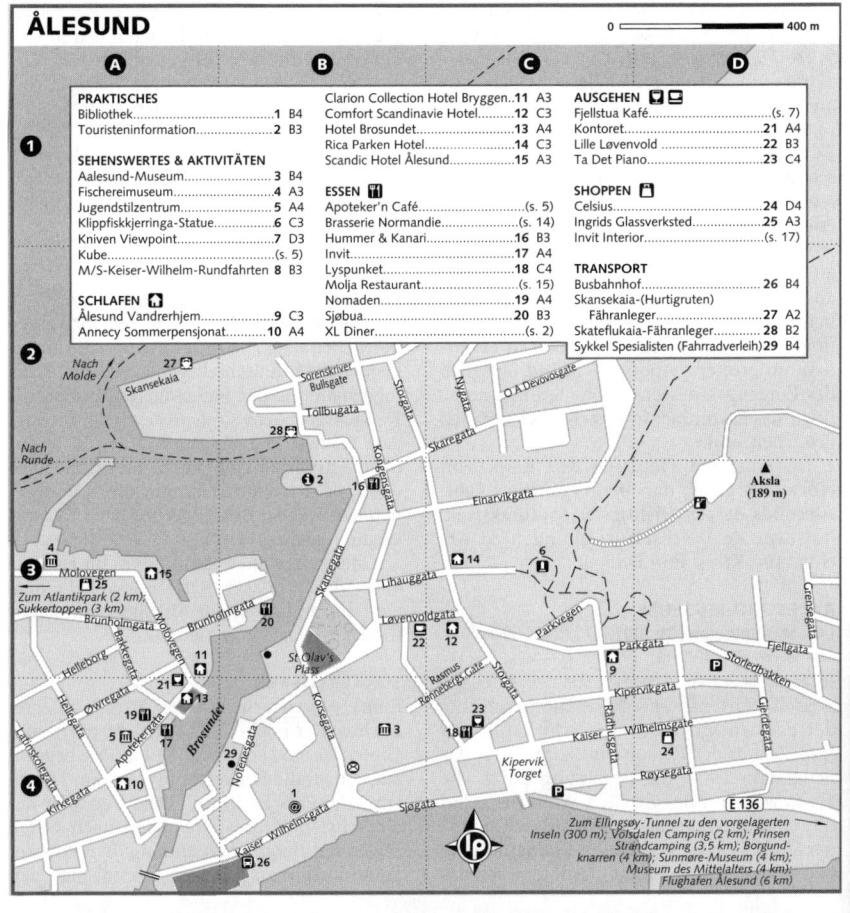

ÅLESUND

0 ━━━━━━━━ 400 m

Ⓐ　　　　　　Ⓑ　　　　　　Ⓒ　　　　　　Ⓓ

PRAKTISCHES
Bibliothek................................**1** B4
Touristeninformation..............**2** B3

SEHENSWERTES & AKTIVITÄTEN
Aalesund-Museum.....................**3** B4
Fischereimuseum.......................**4** A3
Jugendstilzentrum.....................**5** A4
Klippfiskkjerringa-Statue...........**6** C3
Kniven Viewpoint......................**7** D3
Kube...(s. 5)
M/S-Keiser-Wilhelm-Rundfahrten **8** B3

SCHLAFEN
Ålesund Vandrerhjem.................**9** C3
Annecy Sommerpensjonat........**10** A4

Clarion Collection Hotel Bryggen..**11** A3
Comfort Scandinavie Hotel........**12** C3
Hotel Brosundet.......................**13** A4
Rica Parken Hotel.....................**14** C3
Scandic Hotel Ålesund..............**15** A3

ESSEN
Apoteker'n Café.........................(s. 5)
Brasserie Normandie................(s. 14)
Hummer & Kanari.....................**16** B3
Invit..**17** A4
Lyspunket................................**18** C4
Molja Restaurant......................(s. 15)
Nomaden.................................**19** A4
Sjøbua.....................................**20** B3
XL Diner...................................(s. 2)

AUSGEHEN
Fjellstua Kafé.............................(s. 7)
Kontoret...................................**21** A4
Lille Løvenvold..........................**22** B3
Ta Det Piano.............................**23** C4

SHOPPEN
Celsius....................................**24** D4
Ingrids Glassverksted...............**25** A3
Invit Interior.............................(s. 17)

TRANSPORT
Busbahnhof..............................**26** B4
Skansekaia-(Hurtigruten)
　Fähranleger............................**27** A2
Skateflukaia-Fähranleger..........**28** B2
Sykkel Spesialisten (Fahrradverleih)**29** B4

WESTLICHE FJORDE

begeistert. Sie können im Streichelbecken die Fische füttern, während das riesige 4-Mio.-Liter-Aquarium garantiert die ganze Familie fasziniert. Unbedingt dabei sein sollte man, wenn um 13 Uhr (Juni–Aug. auch um 15.30 Uhr) die größten Fische des Ozeans von Tauchern gefüttert werden und dabei einen Riesenwirbel und Gedränge veranstalten!

Es gibt auch einen Extrabereich für verwaiste Robben. Das Gelände bietet wunderschöne Küstenlandschaften, Badestrände und Wanderwege. Im Sommer fährt ein Sonderbus (Erw./Kind 27/14 nkr) montags bis samstags zwischen 9.55 und 15.55 Uhr stündlich vom St. Olav's Plass ab.

JUGENDSTILZENTRUM

Dieses **Kunstzentrum** (Jugendstilsenteret; ☎ 47 70 10 49 70; www.jugendstilsenteret.no; Apotekergata 16; Erw./Kind 50/25 nkr; ☯ Juni–Aug. Mo–Fr 10–19, Sa 10–17, So 12–17 Uhr, übrige Zeit Di–Fr 11–17, Sa 11–16, So 12–16 Uhr) wird sowohl ernsthaften Ästheten als auch neugierigen Kindern gefallen. Die einleitende Zeitmaschinenkapsel präsentiert „Von der Asche zum Jugendstil", eine sehr anschauliche und mit viel Hightech gestaltete Geschichte über den Wiederaufbau von Ålesund nach dem großen Feuer. In den Ausstellungen kann man dann sorgfältig ausgewählte Textilien, Keramiken und Möbel aus dieser Epoche bewundern. Das Zentrum befindet sich in und oberhalb von einem renovierten alten Apothekerladen (zu erkennen am großen „Apothek"-Schild oberhalb des Eingangs), dessen schöne Spindeltreppe sowie das Esszimmer im ersten Stock erhalten geblieben sind.

Im einstigen Gebäude der Bank von Norwegen gleich daneben organisiert **Kube**, Ålesunds derzeit wichtigster Kulturaktivist, hochwertige Wechselausstellungen zu Architektur, Kunst und Design.

AALESUND-MUSEUM

Das **Stadtmuseum** (☎ 70 12 31 70; Rasmus Rønnebergs Gate 16; Erw./Kind 40/10 nkr; ☯ Mitte Juni–Mitte Aug. 11–16 Uhr; übrige Zeit 11–15 Uhr, Feb., März, Nov. & Dez. Sa & So geschl.) konzentriert sich auf die Geschichte der Robbenjagd, Fischerei, Schifffahrt und Industrie in der Region von Sunnmøre, das Feuer von 1904, die Besetzung durch die Nazis während des Zweiten Weltkriegs und die charakteristische Jugendstilarchitektur der Stadt. Es beherbergt auch eine Sammlung von Booten und Schiffen, darunter auch das

Rettungsboot *Uræd* (1904 von dem unerschrockenen Ole Brude über den Atlantik gesteuert) und eine Scheune von 1812, die in einen alten Kaufmannsladen umgewandelt wurde.

Das angeschlossene, viel kleinere **Fischereimuseum** (Ålesund Fiskerimuseet; ☎ 70 12 31 70 Molovegen 10; Erw./Kind 30/10 nkr; ☯ Mo–Sa 11–16, So 12–16 Uhr & Mitte Juni–Mitte Aug. Mi–Fr 6–20 Uhr) im Holmbua-Speicher von 1861 (einer der wenigen, die das Feuer von 1904 überlebten) zeigt Ausstellungen über die Fischerei durch die Jahrhunderte und hat eine eigene Abteilung über das Trocknen von Stockfisch und die Verarbeitung von Lebertran.

HAFENRUNDFAHRTEN

Wer die Stadt aus einer anderen Perspektive erleben will, macht mit der **M/S Keiser Wilhelm** (☎ 70 11 44 30; Erw./Kind 150/75 nkr; Abfahrten 4-mal tgl.), die 1¼-stündigen Rundfahrten durch den Hafen und die nahe gelegenen Schären.

Wer eine etwas exotischere Variante vorzieht, geht an Bord der **Borgundknarren**, einer Kopie eines Wikingerhandelsschiffs, das von Ende Juni bis Anfang August jeden Mittwoch um 13 Uhr vom Sunnmøre Museum aus eine einstündige Runde dreht (Erw./Kind 50/20 nkr).

AKSLA

Die 418 Stufen den Aksla hinauf führen zu dem **Aussichtspunkt Kniven**, von dem man einen herrlichen Blick über Ålesund und die umgebenden Berge und Inseln genießen kann. Dazu folgt man von der Fußgängereinkaufsstraße Kongensgata dem Straßenverlauf der Lihauggata bis zum Ausgangspunkt des 20-minütigen Anstiegs. Es gibt auch eine Straße nach oben: östlich vom Zentrum die Røysegata nehmen und der Beschilderung nach Fjellstua hinauf folgen.

Oben angelangt kann man im **Fjellstua Kafé** (☎ 70 10 74 00; ☯ Mitte Mai–Aug.) bei einem Getränk und schönem Ausblick wunderbar wieder zu Puste kommen.

SUKKERTOPPEN

Eine etwas anspruchsvollere Strecke zu einer noch weiter reichenden Aussicht führt zum Gipfel des Sukkertoppen (314 m). Sie beginnt auf der Straße Sukkertoppvegen, am Haken von Ålesunds Halbinsel. Der Weg folgt der einfachsten Route, direkt den nach Osten zeigenden Bergrücken entlang. Um von der Stadt dorthin zu gelangen, nimmt man den

WESTLICHE FJORDE

Bus Nr. 618 und bittet den Fahrer, bei der Hessla-Schule zu halten.

Geführte Touren

Wer sich eingehender mit dem Jugendstil von Ålesund befassen möchte, sollte sich zu der von der Touristeninformation organisierten, ausgezeichneten einhalb- bis zweistündigen **Stadtführung** anmelden (Erw./Kind 75 nkr/ gratis; ✆ Mitte Juni–Mitte Aug.), die mittags von der Touristeninformation loszieht.

Festivals & Events

Ålesund versteht sich aufs Feiern. Ende Mai oder Anfang Juni findet hier das **Big Band Festival** statt. Yachtfreaks werden in der ersten Julihälfte beim **Bootsfestival Ålesund** (www. batfestivalen.no) glauben, im siebten Himmel zu sein, während das **Festival der norwegischen Küche** in der letzten Augustwoche eine Gaumenfreude für Gourmets und Gourmands gleichermaßen ist.

Schlafen

Die Touristeninformation führt eine Liste mit Privatzimmern zu Preisen ab 300 nkr pro Person.

Volsdalen Camping (✆ 70 12 58 90; www.volsdalen camping.no; Volsdalsberga; Auto/Wohnwagen 100/150 nkr, 2-/4-Bett-Hütten ohne eigenes Bad 300/400 nkr, mit eigenem Bad 800 nkr; ✆ ganzjährig) Der Platz 2 km östlich des Zentrums ist der Stadt am nächsten und ist ausgesprochen freundlich. Er wird überwiegend von Wohnwagen und Wohnmobilen genutzt, hat aber am andern Ende auch eine Wiesenfläche für Zeltcamper. Anfahrt mit Bussen der Linien 613, 614, 618 oder 624.

Annecy Sommerpensjonat (✆ 70 12 96 30; Kirkegata 1 b; einfache EZ/DZ mit Etagenbad 360/390 nkr, DZ mit eigenem Bad 490 nkr; ✆ Mitte Juni–Mitte Aug.) Die einfache Unterkunft vermietet im Sommer Studenzimmer für Selbstversorger und ist eine exzellente Wahl für Reisende mit kleiner Reisekasse.

Ålesund Vandrerhjem (✆ 70 11 58 30; aalesund. hostel@vandrerhjem.no; Parkgata 14; B/EZ/DZ inkl. Frühstück 235/490/690 nkr; ✆ ganzjährig; 🖳) Das zentral gelegene HI-Hostel ist in einem hübschen (gerade 100 Jahre alt gewordenen) Gebäude untergebracht. Es hat einen riesigen Gemeinschaftsraum mit Wandbildern, bietet Einrichtungen für Selbstversorger, kostenlosen Internetzugang, WLAN und eine Waschmaschine. Die meisten Doppelzimmer haben ein Bad.

Scandic Hotel Ålesund (✆ 21 61 45 00; www.scandic-hotels.com; Molovegen 6; Mitte Juni–Mitte Aug. Zi. 890 nkr, EZ/DZ So–Do 1070/1270 nkr, Fr & Sa und übriges Jahr 870/ 1070 nkr, alle Preise inkl. Frühstück; P 🖳) Fürs Scandic-Hotel spricht einiges: Rund 30 % der 150 Zimmer, allesamt mit Parkettböden, haben Blick auf den Hafen, es gibt eine Gratissauna, und drei Zimmer sind behindertengerecht ausgestattet. Gäste – und andere Besucher – werden auch beim Essen verwöhnt: Die Auswahl am Frühstücksbüfett ist wirklich beachtlich und das Abendbüfett (195 nkr) in seinem Restaurant, dem Molia, ist das reinste Schnäppchen. Familien werden das separate Kinderbüfett und den Spielbereich im Speisesaal zu schätzen wissen.

Hotel Brosundet (✆ 70 11 45 00; www.brosundet.no; Apotekergata 5; EZ/DZ Mitte Juni–Mitte Aug. ab 850/ 1070 nkr, übrige Zeit So–Do 990/1150 nkr, Fr–So 850/1070 nkr, alle inkl. Frühstück; P 🖳) Auch wenn es jetzt neu aufgemöbelt wurde und kein Familienbetrieb mehr ist, hat dieses Haus direkt am Wasser doch seinen Charme bewahrt. Das ehemalige Lagerhaus steht unter Denkmalschutz und wurde in den 1990er-Jahren zum Hotel umgebaut. Die prachtvollen, alten Holzbalken wurden bewahrt, die Fußböden sind noch immer etwas uneben, und wer nicht aufpasst, stößt sich den Kopf an einem der riesigen Flaschenzüge, mit denen früher der Fisch heraufgezogen wurde.

Rica Parken Hotel (✆ 70 12 50 50; www.rica.no; Storgata 16; EZ/DZ Mitte Juni–Mitte Aug. So–Do & ganzjährig Fr & Sa 855/1070 nkr, übrige Zeit So–Do 1530/1745 nkr; P 🖳) Das Hotel bietet den gewohnt hohen Standard dieser Kette und einige seiner attraktiven, modernen Zimmer blicken auf den Stadtpark. Seine Brasserie Normandie (s. S. 280) bietet ausgezeichnete Küche.

Comfort Scandinavie Hotel (✆ 70 15 78 00; www. choice.no; Løvenvoldgata 8; EZ/DZ So–Do 1255/1455 nkr, Fr & Sa 880/1030 nkr; P 🖳) Ålesunds ältestes Hotel ist ein schmuckes Gebäude und das erste, das nach dem Brand von 1904 errichtet wurde. Mit Jugendstil-Akzenten (die Originalmöbel sind ganz in diesem Stil gehalten und sogar der Flachbildschirm in der Lobby scheint hier reinzupassen) strahlt es Stil und Selbstvertrauen aus.

Clarion Collection Hotel Bryggen (✆ 70 12 64 00; www.choice.no; Apotekergata 1–3; EZ/DZ Mo–Do 1475/ 1750 nkr, Fr–So 870/1150 nkr; 🖳) Das prachtvolle Hotel mit 130 Zimmern befindet sich direkt am Wasser in einem einstigen Fischlager, das geschmackvoll gestaltet und mit alten

WESTLICHE FJORDE

Gerätschaften dekoriert wurde. Im Preis enthalten sind ein leichtes Abendessen und kostenlose Waffeln rund um die Uhr. Auch die Sauna ist für Gäste kostenlos.

Essen

Zwei attraktive Cafés liegen einander direkt gegenüber an der trendigen Apotekergata.

Nomaden (☎ 97 15 89 85; 0 12; Apotekergata 10; ⏲ 13–17 Uhr) Das einladende Café mit relaxter Jazzmusik gehört zu der Kunstgalerie nebenan. Es serviert Sandwiches, Kuchen und frischen Kaffee und zeigt auch wechselnde Kunstausstellungen.

Invit (☎ 70 15 66 44; Apotekergata 9; ⏲ Mo–Fr, 8.15–16.30 Sa 10–16.30 Uhr) Donnerwetter, sehr stilvoll! Aber kein Wunder – diese freundliche Kaffeebar gehört schließlich zu einem Laden für Einrichtungsdesign (s. S. 280). Sie serviert leckere Snacks und bietet tolle Außenplätze auf einem Schwimmponton. Und wenn es windig wird, bekommen die Gäste sogar Decken.

Apoteker'n Café (☎ 70 10 49 70; Apotekergata 16) Dieser Laden im Jugendstilzentrum (S. 278) macht das Trio der verlockenden Cafés an dieser Straße komplett. Das stylishe und freundliche kleine Lokal serviert gute Snacks, leckere Kuchen und hervorragenden Kaffee.

LP Tipp **Hummer & Kanari** (☎ 70 12 80 08; Kongensgata 19; Hauptgerichte 100–275 nkr, ⏲ Mo–Sa) Hinter der Bar sind die Spirituosen und Liköre für die Cocktails aufgereiht. Im Bistro auf dieser Etage bestellt man am Tresen; im Stockwerk darüber kommt der Kellner. Doch die Küche ist für beide dieselbe und sie sorgt für Pasta (110–130 nkr) und Pizza (100 nkr) in üppigen Portionen. Wer sich nicht entscheiden kann, vertraut dem talentierten Koch und bestellt einfach die Meeresfrüchte des Tages „Hummer & Kanaris Auswahl an Fisch und Krustentieren" (245 nkr).

Lyspunkt (☎ 70 12 53 00; Kipervikgata 1; Hauptgerichte 125–150 nkr; ⏲ Di–So; 🖥) Das sehr gute Lokal mit guter Stimmung und einem jungen Publikum bietet seinen Gästen zwei Internetzugänge und kostenloses WLAN. Man sitzt sehr bequem auf weichen Polstersofas (nur vielleicht nicht gerade unter dem gigantischen Glasleuchter!). Kaffee und Softdrinks werden kostenlos nachgefüllt und die Gerichte sind sehr kreativ, z. B. Truthahn in karamelisierter Apfel-Curry-Sauce.

Brasserie Normandie (☎ 70 13 23 00; Hauptgerichte 190–205 nkr) Die Brasserie im Rica Parken Hotel

bietet eine kleine, aber eindrucksvolle À-la-carte-Auswahl einheimischer und internationaler Gerichte.

XL Diner (☎ 70 12 42 53; Skaregata 1; Hauptgerichte um 250 nkr; ⏲ nur Abendessen) Dieses Fischrestaurant im 1. Stock mit Blick über den Hafen ist (anders als sein Name vermuten lässt) alles andere als ein gewöhnlicher, schmuddeliger Imbiss. Spezialität des Hauses ist *bacalao*. Das typisch norwegische Gericht wird mit den unterschiedlichsten Saucen serviert: italienisch, spanisch, portugiesisch, ja sogar mit Louisiana-Sauce und als *Bacalao de Mirita Style* in einer würzigen aber nicht zu scharfen Zitronen-Chilli-Sauce. Das Gemüse wird perfekt al dente gekocht. Die Viecher in den Aquarien sind allerdings tropische Zierfische und nicht zu bestellen!

Sjøbua (☎ 70 12 71 00; www.sjoebua.no; Brunholmgata 1 a; Hauptgerichte 250–360 nkr; ⏲ Mo–Sa 16–1 Uhr) In einem weiteren der umgebauten Gebäude am Kai hat sich das stylische Sjøbua einquartiert, eines der besten Fischrestaurants im nördlichen Westnorwegen, wo man sein Krustentier aus dem Hummertank selbst auswählen darf.

Für einen Snack kann man an der Skansegata am Hafen frische Garnelen direkt von den Fischerbooten kaufen.

Ausgehen

Ta Det Piano (☎ 70 10 06 99; Kipervikgata 1 b; ⏲ ab 11 Uhr) „Immer mit der Ruhe" lautet der Name übersetzt – und das passt perfekt zu dieser relaxten Bar mit Garten dahinter (Bands benutzen das Flachdach manchmal als Bühne). Das Lokal besteht schon seit über 10 Jahren und ist der Treff für die aktive Jugend der Stadt.

Lille Løvenvold (☎ 70 12 54 00; Løvenvoldgata 2; ⏲ Mo–Do 11–24, Fr & Sa 11–3 Uhr) ist ein Lokal à la Dr. Jekyll und Mr. Hyde: tags ein intimes Café mit relaxter Atmosphäre, abends eine heiße Bar mit Bier und Rockmusik. Kostenloses WLAN.

Kontoret (☎ 70 10 05 80; Apotekergata 2; ⏲ Mo–Sa 18 Uhr–open end) Das „Büro" ist das Hauptquartier der Liverpool-Fraktion von Ålesund und lockt mit deftiger Pub-Atmosphäre.

Shoppen

Ålesund besitzt zwei interessante Glasateliers.

Ingrids Glassverksted (☎ 70 12 53 77; www.ingridsglassverksted.no; Molovegen 15; ⏲ Mo–Fr 10–17, Sa 10–15 Uhr) Der Laden bietet alles von praktischen

WESTLICHE FJORDE

und geschmackvollen Gläsern, Schalen und Schmuckstücken bis zu bunten, verschnörkelten Hühnern und Hähnen mit stacheligen Kämmen. Wer nach Ladenschluss kommt, kann auf dem Bildschirm im Schaufenster Ingrid bei der Arbeit zusehen.

Celsius (☎ 70 10 01 16; Kaiser Wilhelmsgata 52; ☉ Di–Sa) Das kleine Glasstudio fertigt außergewöhnliche Stücke in leuchtenden Farben. Der Schmelzofen ist im vorderen Bereich, der Laden dahinter.

Invit Interior (☎ 70 15 66 44; Apotekergata 9) Passend zu einer so geschmackvollen Stadt präsentiert diese Galerieboutique das Beste an modernen und kreativen skandinavischen Möbeln, Geschirr und Wohndesign.

An- & Weiterreise
BUS
Nor-Way Bussekspress fährt Mo–Fr fünfmal täglich von/nach Hellesylt (149 nkr, 2½ Std.) und davon fahren drei Busse weiter bis Stryn (235 nkr, 3¾ Std.). Außerdem geht ein Expressbus täglich von/nach Bergen (580 nkr, 9¼ Std.), drei fahren von/nach Trondheim (500 nkr, 7½ Std.) via Molde (131 nkr, 2¼ Std.) und einer am Tag sowie einer nachts verkehren von/nach Oslo (790 nkr, 10 Std.). Nahverkehrsbusse fahren von/nach Åndalsnes (200 nkr, 2¼ Std., 2-mal tgl.).

FLUGZEUG
Vom **Flughafen** Ålesund (☎ 70 11 48 00) bietet SAS täglich drei Flüge von/nach Bergen, zwei von/nach Trondheim und bis zu acht von/nach Oslo. Außerdem gibt es pro Woche zwei Direktflüge zwischen Ålesund und London (Gatwick).

SCHIFF
Ein Expressschiff fährt jeden Tag nach Bergen (8½ Std.). Die Küstenfähren der Hurtigrute in Richtung Norden kommen um 8.45 Uhr an und legen um 18.45 Uhr ab; Abfahrt in Richtung Süden um 12.45 Uhr. Die Schiffe nach Norden machen von Mitte April bis Mitte September einen Abstecher nach Geiranger – daher die lange Zeit zwischen Ankunft und Abfahrt.

Unterwegs vor Ort
Der Flughafen von Ålesund liegt auf der Insel Vigra, die mit der Stadt durch einen Tunnel verbunden ist. **Flybussen** (☎ 177) bietet für die Inlandsflüge einen Zubringer, der jeweils eine

Stunde vor Abflug vom Skateflukaia (70 nkr, 25 Min.) und am Busbahnhof abfährt.

Die Stadtbusse betreibt **Nettbuss Møre** (☎ Fahrplanauskunft 177).

Für Fahrten zum Flughafen und zu anderen Inseln ist eine Tunnelmaut von insgesamt 60 nkr pro Auto, Fahrer und einfache Fahrt plus 19 nkr für jeden weiteren Passagier zu bezahlen.

Sykkel Spesialisten (☎ 70 12 28 20; Notenesgata 3) vermietet Fahrräder (140 nkr pro Tag).

Taxiruf: ☎ 70 10 30 00.

RUND UM ÅLESUND
Vorgelagerte Inseln
Wer mit dem eigenen Fahrzeug unterwegs ist, kann von Ålesund aus die vier vorgelagerten Inseln Valderøy, Vigra, Giske und Godøy zu einem schönen Tagesausflug kombinieren. Alle vier bieten tolle Gelegenheiten zu kurzen Küsten- oder Bergwanderungen.

Auf der Nordspitze der am weitesten entfernten Insel **Godøy** steht beim Fischereizentrum **Alnes** ein malerischer, ganz aus Holz erbauter **Leuchtturm** (☎ 70 18 50 90; Erw./Kind 20/10 nkr; ☉ Juni–Aug. 12–18 Uhr) von 1876. Wer über die fünf Etagen bis zum Ringbalkon hinaufsteigt, fühlt sich dort oben wie am Ende der Welt. Auf jeder Etage sind Gemälde des berühmten, norwegischen Künstlers und Bewohners von Godøy, Ørnulf Opdahl, ausgestellt. Eine Köstlichkeit sind die selbst gebackenen Kuchen der Leuchtturmwärterin Eva.

Giske war die Heimat von Gange-Rolv (in Frankreich als Rollon bekannt), den aber auch die Insel Vigra für sich beansprucht. Dieser Wikingerkrieger hat Paris belagert und gründete anschließend 911 das Herzogtum Normandie. Er war ein Vorfahr von Wilhelm dem Eroberer. Hauptsehenswürdigkeit der Insel ist ihre prachtvolle **Kirche** (Erw./Kind 20/10 nkr inkl. Führung; ☉ Mitte Juni–Mitte Aug. Mo–Sa 10–17, So 13–19 Uhr) aus dem 12. Jh. Sie ist größtenteils aus Marmor erbaut und sowohl der kunstvolle, bunte Altar als auch die Kanzel sind mit echten Edelsteinen verziert. Die Marschlandschaft des Makkevika ist ein Eldorado für Vogelbeobachter.

Auf **Valderøy** fand man in den **Skjonghellaren-Höhlen** Knochen von Polarfüchsen, Seeottern und Ringelrobben sowie mindestens 2000 Jahre alte Spuren menschlicher Besiedlung. Die Höhlen liegen im Nordwesten der Insel und sind über einen 500 m langen, windigen Weg zu erreichen, der vom Parkplatz zwischen Klippen und Meer entlang führt. Danach muss man noch etwa fünf Minuten über Felsblöcke klettern.

Auf **Vigra** liegen der Flughafen von Ålesund und **Blindheimssanden** (auch Blimsand genannt), ein langer, weißer Sandstrand.

MOLDE
19 200 Ew.

Molde schmiegt sich an die Ufer des weitläufigen Mündungsgebiets des Romsdalsfjords. Es ist dank seines fruchtbaren Bodens, der üppigen Vegetation und des milden Klimas als „Stadt der Rosen" bekannt (als wir das letzte Mal dort waren, hat es allerdings ununterbrochen geschüttet). Vor allem aber macht die Stadt mit ihrem alljährlichen Jazzfestival im Juli Furore.

Das moderne Molde ist zwar architektonisch nicht weiter aufregend, aber ein freundliches, angenehm kompaktes Städtchen, dessen Küstenlandschaft an Neuseeland oder die Puget-Bucht von Seattle erinnert. Um den Vergleich zu testen, fährt oder wandert man am besten zum Aussichtspunkt auf dem Varden, 400 m oberhalb der Stadt.

Praktische Informationen
Bibliothek (Kirkebakken 1–3) Internetzugang.

Dockside Pub (Torget) Internetzugang in einer beliebten Kneipe (s. S. 284).

Laundrette (Gästehafen)

Touristeninformation (☎ 70 20 10 00; www. visitmolde.com; Torget 4; ☾ Mitte Juni–Mitte Aug Mo–Fr 9–18, Sa 9–15, So 12–17 Uhr; übrige Zeit Mo–Fr 8.30–15.30 Uhr) verkauft die beste Wanderkarte der Region: *Molde Fraena* (1:50 000) und hat kostenlosen Internetzugang.

Sehenswertes
VOLKSKUNDEMUSEUM ROMSDALEN
In diesem weitläufigen **Freilichtmuseum** (Romsdalsmuseet; ☎ 71 20 24 60; Per Amdams veg 4; freier Eintritt; ☾ 8–22 Uhr) liegen knapp 50 alte Gebäude verstreut, die aus der gesamten Romsdal-Region hierher bugsiert wurden. Zu den Highlights gehören Bygata (eine Stadtstraße aus dem frühen 20. Jh.) und eine „zusammengesetzte Kirche" aus Teilen von heute abgerissenen lokalen Stabkirchen. Sehr zu empfehlen sind die **Führungen** im Sommer (Erw./Kind 60 nkr/gratis; ☾ Juli Mo–Sa 11–18, So 12–18 Uhr, 15.–30. Juni & 1.–15. Aug. Mo–Sa 11–17, So 12–15 Uhr).

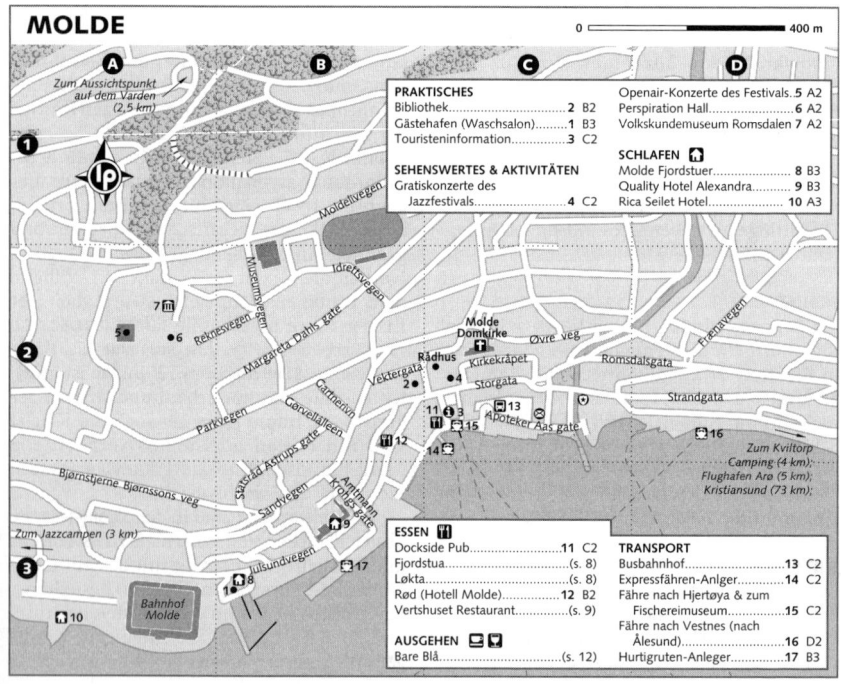

MOLDE

0 ——————— 400 m

PRAKTISCHES
Bibliothek	2 B2
Gästehafen (Waschsalon)	1 B3
Touristeninformation	3 C2

SEHENSWERTES & AKTIVITÄTEN
Gratiskonzerte des Jazzfestivals	4 C2

Openair-Konzerte des Festivals	5 A2
Perspiration Hall	6 A2
Volkskundemuseum Romsdalen	7 A2

SCHLAFEN
Molde Fjordstuer	8 B3
Quality Hotel Alexandra	9 B3
Rica Seilet Hotel	10 A3

ESSEN
Dockside Pub	11 C2
Fjordstua	(s. 8)
Løkta	(s. 8)
Rød (Hotell Molde)	12 B2
Vertshuset Restaurant	(s. 9)

AUSGEHEN
Bare Blå	(s. 12)

TRANSPORT
Busbahnhof	13 C2
Expressfähren-Anleger	14 C2
Fähre nach Hjertøya & zum Fischereimuseum	15 C2
Fähre nach Vestnes (nach Ålesund)	16 D2
Hurtigruten-Anleger	17 B3

Zum Aussichtspunkt auf dem Varden (2,5 km)

Molde Domkirke

Rådhus

Kirkekråpet

Øvre veg

Romsdalsgata

Strandgata

Zum Kviltorp-Camping (4 km); Flughafen Arø (5 km); Kristiansund (73 km);

Zum Jazzcampen (3 km)

Bahnhof Molde

WESTLICHE FJORDE

MOLDEJAZZ

Jahr für Jahr zieht Moldejazz bis zu 100 000 Fans an, aber auch Stars – hauptsächlich skandinavischer Herkunft, vereinzelt aber auch große internationale Namen (2007 etwa Steely Dan and Elvis Costello).

Mitte Juli rockt die ganze Stadt von Montag bis Samstag durch. Von den über 100 Konzerten ist ein gutes Drittel gratis, aber auch die Großevents sind mit 100 bis 280 nkr durchaus erschwinglich.

In der Perspiration Hall bringt traditioneller Jazz die Luft zum Kochen, die Publikumslieblinge treten im Freien in der Nähe des Romsdalsmuseet auf und ab Mittag gibt es vor dem Rathaus zahlreiche Begleitveranstaltungen (einschließlich einer tgl. Straßenparade).

Alle Informationen über die diesjährigen Veranstaltungen sind unter der Nummer ☎ 71 20 31 50 oder im Internet unter www.moldejazz.no zu bekommen. Buchungen mit Kreditkarte sind über **Billett Service** (☎ 81 53 31 33) gegen einen Aufpreis von 10 nkr möglich.

FISCHEREIMUSEUM

Das **Fischereimuseum** (Fiskerimuseet; ☎ 93 42 54 06; Erw./Kind 60 nkr/gratis; ☺ Mitte Juni–Mitte Aug. 12–17 Uhr) auf der Insel Hertøya ist eine kurze Fährpassage vom Torget Terminal entfernt. Das Freilichtmuseum mit einer alten Lebertranfabrik, Landhäusern und Fischerhütten, einer winzigen Schule und einer Sammlung von Booten dokumentiert die Kultur der Küstenfischer an der Mündung des Romsdalsfjords ab Mitte des 19. Jhs. Wenn es geöffnet hat, pendeln von 11 bis 17.45 Uhr zwischen dem Museum und Molde viermal täglich **Fähren** (☎ 99 54 98 94; Erw./Kind 50/25 nkr) hin und her.

Festivals & Events

Moldejazz, das internationale Jazzfestival von Molde (s. S. 283) lockt Jazzfreunde aus ganz Norwegen und aus anderen Ländern.

Schlafen

Die Touristeninformation vermittelt einige Privatzimmer, meist mit Einrichtungen für Selbstversorger und zu 150–200 nkr pro Person. Während des Jazzfestivals eröffnet 3 km westlich des Zentrums der große Campingplatz „Jazzcampen".

Kviltorp Camping (☎ 71 21 17 42; www.kviltorp camping. no, auf Norwegisch; Fannestrandveien 142; Auto/Wohnwagen 120/140 nkr plus 10 nkr pro Pers., 2-Bett-Hütten 400 nkr, 4-Bett-Hütten mit Dusche 650–750 nkr) Der Campingplatz liegt am Fjord und am Ende der Rollbahn des Flughafens – dran kann Glück herrscht sehr wenig Flugverkehr. Hütten werden ganzjährig vermietet. Verkehrsanbindung bieten die Busse der Linie 214 und die Flybusse.

Quality Hotel Alexandra (☎ 71 20 37 50; www. choice.no; Storgata 1–7; EZ/DZ Mitte Juni–Mitte Aug. 750/960 nkr, übrige Zeit Mo–Do 1475/1595 nkr, Fr–So 895/1050 nkr; ☻ ☺ ☺ ☻) Die meisten Zimmer haben einen Balkon mit herrlicher Aussicht. Es gibt eine Sauna, eine kleine Sporthalle (für Gäste kostenlos) und die gemütliche Bar A für den Aperitif. Gut ist auch das gemütliche Restaurant Vertshuset (☎ 71 20 37 75; Pizzas 89–205 nkr, Hauptgerichte 185–235 nkr) mit unverputzten Ziegelwänden und Holzvertäfelung. Höhepunkt (wörtlich zu nehmen, denn es befindet sich im obersten Stock) ist sein ganzjährig geöffnetes Hallenbad.

LP Tipp **Molde Fjordstuer** (☎ 71 20 10 60; www. havstuene.no; Julsundvegen 6; EZ/DZ inkl. Frühstück Mitte Juni–Mitte Aug. & Fr & Sa ganzjährig 740/990 nkr, übrige Zeit So–Do 990/1240 nkr) Die interessante Architektur des Fjordstuer ist angelehnt an die massiven, gedrungenen Formen traditioneller Fischerhäuschen. Die Hälfte seiner 18 Zimmer bietet Fjordblick. Sehr schön ist auch der Blick durch das Panoramafenster seines ausgezeichneten Restaurants Fjordstua (Mo–Sa 16–22.30 Uhr). Das genauso stilvolle Løkta (Mo–Sa 11–19 Uhr) am Kai serviert Shrimps, Fischsuppe und andere Köstlichkeiten aus dem Meer.

Rica Seilet Hotel (☎ 71 11 40 00; www.rica.no; Gideonvegen 2; EZ/DZ Mitte Juni–Mitte Aug. 1015/1115 nkr; übrige Zeit Mo–Fr 1500/1750 nkr, Sa & So 1015/1265 nkr; ☻ ☺) Dieses hochaufgeschossene Hotel bildet einen scharfen Kontrast zum benachbarten Fjordstuer des gleichen Architekten und ragt in den Sund hinaus wie ein riesiges, silbernes Segel. Im Inneren beeindrucken v. a. die Kunstwerke in den öffentlichen Bereichen. Bis in den 14. Stock hinauf reichen die Zimmer mit großen Panoramafenstern und herrlichen Ausblicken. Die Glasgow Lounge im Erdgeschoss lädt eher zum Träumen ein, aber die Sky Bar im 15. Stock bietet ein phantastisches Panorama aus der Vogelperspektive.

WESTLICHE FJORDE

Essen & Ausgehen

Dockside Pub (☎ 71 21 93 90; Torget; Suppen 45 nkr, Hauptgerichte 150–190 nkr, Salate 82–99 nkr; ⌣ Kernzeiten 12–12.30 Uhr) Das beliebte Pub punktet mit Pizzas, Baguettes und Sandwiches sowie mit einer wunderbaren Terrase am Kai. Mindestens einmal in der Woche gibt's Livemusik.

Rød (☎ 71 20 30 01; Storgata 19; Hauptgerichte 175–230 nkr) Im „Rot", dem Restaurant des Hotell Molde, ist die Deko ziemlich phantasielos – aber das Essen ist gut: mit zahlreichen Wokgerichten und verlockenden Hauptspeisen wie Rinderfilet mit Artischockensauté, Kürbisgemüse mit Kirschcremesauce.

Bare Blå (☎ 71 21 58 88; Storgata 19) im Hotell Molde ist ein beliebtes Pub an der Hauptstraße.

An- & Weiterreise
AUTO & MOTORRAD
Auf der Fahrt über die Rv 64 nach Norden bietet der Tussentunnelen (15 nkr) eine Abkürzung und spart gut 15 Min.

BUS
Busse fahren landeinwärts nach Kristiansund (148 nkr, 1¾ Std., bis zu 12-mal tgl.). Attraktiver und kaum länger ist die Küstenstrecke über Atlanterhavsveien (s. S. 285). Weitere Regionallinien bieten Verbindung von/ nach Åndalsnes (120 nkr, 1½ Std., bis 8-mal) und Ålesund (131 nkr, 2¼ Std., 3-mal tgl.).

FLUGZEUG
Moldes **Årø Airport** (☎ 71 21 47 80) liegt 5 km östlich des Zentrums an der Küste. Flybussen (35 nkr, 10 Min.) bietet Anschluss an alle Flüge. Es gibt drei bis fünf Flüge täglich nach Oslo und je zwei am Tag von/nach Trondheim und Bergen.

SCHIFF
Die Küstenfähren der Hurtigrute Richtung Norden legen um 22 Uhr ab (Mitte Sept.– Mitte April um 18.30 Uhr); die nach Süden um 21.30 Uhr. Auch Expressfähren verkehren von Molde aus.

RUND UM MOLDE
Ona
Die wunderschöne, kleine Insel Ona mit ihren nackten Felsenlandschaften und ihrem hübschen Leuchtturm ist die Heimat einer Fischergemeinde. Das größte Ereignis, das diese kleine und unauffällige Insel je erlebte,

war die riesige Flutwelle, die im Jahre 1670 über sie hinwegspülte. Ein Besuch auf der Insel Ona von Molde aus ist ein beliebter Tagesausflug. Auf dem Weg dorthin liegt die **Gossen Krigsminnesamling** (☎ 71 17 15 00; Gossen; Erw./Kind/Fam. 30/10/70 nkr; ⌣ Ende Juni–Anfang Aug. Di–So 12–17 Uhr) für Leute, die sich für den Zweiten Weltkrieg interessieren. Hier befindet sich eine ehemalige Flugpiste aus der Nazizeit, die von russischen Kriegsgefangenen auf der flachen Insel Gossen gebaut wurde. Die verlassene Sommerhaussiedlung Bjørnsund, wo von Juni bis August ein Café und ein Laden geöffnet sind, ist auf dem Weg zur Insel ebenfalls einen kurzen Zwischenstopp wert.

Bud
Die Küstenstraße Rv 63 zwischen Molde und Kristiansund ist eine angenehme Alternative zur schnelleren, fährlosen E 89. Auf der Strecke liegt das rustikale kleine Fischerdorf Bud, das sich um den kompakten kleinen Hafen drängt. Im 16. und 17. Jh. war es das größte Handelszentrum zwischen Bergen und Trondheim, heute ist es aber eher für seine Rolle in der jüngeren Zeitgeschichte bekannt.

Das heutige Museum und Mahnmal für den Zweiten Weltkrieg **Küstenfort Ergan** (Ergan Kystfort; ☎ 91 51 05 18; Erw. /Kind 60/40 nkr; ⌣ Juni–Aug. 10–18 Uhr) wurde im Mai 1940 von Nazisoldaten in aller Hast errichtet. Verschiedene Rüstungsanlagen und ein Netz von Bunkern und Soldatenquartiere ziehen sich um den Hügel, während tief im Berg versenkt Krankenzimmer und Vorratslager untergebracht sind.

Der Campingplatz **PlusCamp Bud** (1 26 10 23; www.budcamping.no, auf Norwegisch; Auto/Wohnwagenplätze 150/175 nkr; 4-Bett-Hütten ohne eigenes Bad 400 nkr, 8-Bett-Hütten mit Bad 950 nkr) liegt neben einem kleinen Yachthafen, wo man Kanus, Ruderboote und Motorboote mieten kann.

Das rustikale alte Fischrestaurant **Sjøbua Mat og Vinhus** (☎ 71 26 14 00; Vikaveien; Hauptgerichte 170–210 nkr; ⌣ Mitte Mai–Mitte Sept. tgl., übrige Zeit Fr–So) serviert den Fang des Tages in einem am Hafen gelegenen Speicher mit Holzbodendielen und einem Boot mitten im Raum.

An Wochentagen fährt der Bus Nr. 352 zwischen Molde und Bud (1 Std.) vier- bis siebenmal täglich außer sonntags.

Trollkirka
Auf dem Weg in Richtung Bud und Atlanterhavsveien lohnt sich ein kurzer Abstecher

WESTLICHE FJORDE

zur Trollkirka („Trollkirche"). Die drei Grotten aus weißem Marmor sind durch unterirdische Flüsse miteinander verbunden, und eine birgt einen phantastischen 14 m hohen Wasserfall. Zum Eingang geht man vom beschilderten Parkplatz 2,5 km steil bergauf (für Hin- und Rückweg sollte man 2 bis 3 Std. einplanen). Um die Höhlen vollständig zu erforschen, braucht man eine Taschenlampe und gute Stiefel. Von Molde fährt der Bus Nr. 241 zwei- bis siebenmal täglich am Parkplatz vorbei.

Atlanterhavsveien & Averøya

Die als „Grüne Straße" ausgezeichnete Atlantische Küstenstraße führt über acht sturmgepeitschte Brücken, die sich wie Seeschlangen von einer Insel zur nächsten winden. Insgesamt verläuft sie über 17 Inseln zwischen Vevang und Averøya. 2006 hat sie der englische *Guardian* zur „schönsten Straße der Welt" gekürt. Das sind große Worte für ein kaum 8 km langes Stück Asphalt. Aber die Szenerie, die sich einem hier bietet, ist wirklich unglaublich und bei Sturm kann man hier die Urgewalten der Natur hautnah erleben. Zur richtigen Jahreszeit sind manchmal Wale und Robben zu beobachten. Reizvoll ist auch der Abstecher nach Norden zum einsam gelegenen Leuchtturm **Hestskjæret Fyr**.

Die **Stabkirche Kvernes** (Erw./Kind 30 nkr/gratis; ⌚ Mitte Juni–Mitte Aug. tgl. 10–17 Uhr, übrige Zeit nur So) auf Averøya ist einen Umweg wert. Sie stammt aus dem 14. Jh. und wurde im 17. Jh. runderneuert. In ihrem Inneren sind ein großes, 300 Jahre altes Votivschiff und eine Altarwand aus dem 15. Jh. zu bestaunen, die katholische und lutherische Elemente vereinigt. In der Nähe gibt es ein kleines Freilichtmuseum und eine Verkaufsgalerie mit Kunsthandwerk.

Skjerneset Bryggecamping (☎ 71 51 18 94; www.skjerneset.com, auf Norwegisch; pro Pers./Stellplatz 25/90 nkr, Hütten 600–715 nkr, DZ mit Etagenbad 390 nkr, 3BZ mit eigenem Bad 530 nkr) Dieser superfreundliche Platz liegt direkt am Meer bei Sveggevika auf Ekkilsøya, westlich von Bremsnes, am Ende einer 1 km langen Schotterstraße. Die Besitzer, ehemalige Berufsfischer, organisieren mit ihren Booten Hochseeangeltouren. Man kann aber auch ein Motorboot mieten und selbst losziehen. Die Zimmer befinden sich in einem ehemaligen Fischlagerhaus mit einem faszinierenden Familienmuseum im oberen Stock.

Håholmen Havstuer (☎ 71 51 72 50; www.haholmen.no; EZ/DZ 860/1270 nkr) Diese ehemalige Fischereistation liegt auf einem Inselchen im nördlichen Teil des Archipels. Die 49 Zimmer in dem renovierten Komplex sind einfach, rustikal und geschmackvoll ausgestattet. Das Restaurant Ytterbrugga serviert frischsten Fisch. Für den Transport der Gäste sorgt die *Kvitserk*, ein nachgebautes Wikingerschiff. Sie startet von Ende Juni bis Mitte August zwischen 11 und 21 Uhr zu jeder vollen Stunde am Parkplatz. Die Überfahrt dauert zehn Minuten.

Auf der Küstenstraße Atlanterhavsveien verkehren ganzjährig Busse von **Eide Auto** (☎ 90 77 30 63) zwischen Molde und Kristiansund (123 nkr, 2¼ Std., 2- bis 4-mal tgl.). Für Autos gibt es häufige Fährverbindungen zwischen Bremsnes und Kristiansund.

KRISTIANSUND
17 100 Ew.

Die historische Stadt Kristiansund, ursprünglich für das Fischen und Trocknen von Kabeljau bekannt, verteilt sich auf drei Inseln. Die besten Restaurants servieren Gerichte aus der Tiefe; große wie kleine Fischerboote liegen immer noch an ihren Molen vor Anker; und Mellemværftet fungiert, wenn auch etwas vernachlässigt und chaotisch, nach wie vor als aktive Werft.

Kristiansunds Lebensgrundlage liegt sowohl auf dem Land als auch im Meer – auch wenn der Fischreichtum schwindet und die Berichte über die riesigen Fänge von früher heute eher wie Anglerlatein klingen. Neben seiner wichtigen Rolle für die Verarbeitung von Kabeljau (rund 80 % der Weltproduktion an Klippfisch kommen von hier) hat der Hafen nach wie vor eine große Bedeutung für den Export von Holz aus dem Hinterland. Außerdem ist Kristiansund der wichtigste Versorgungshafen zwischen Trondheim und Stavanger für die norwegischen Ölfelder in der Nordsee.

Praktische Informationen
Ark bookshop (☎ 71 57 09 60; Ecke Kaibakken & Nedre Enggate) Auch gute Karten.

Laundrette (Gästehafen)

Onkel og Vennene (Kaibakken 1) Freier Internetzugang in einer renovierten Kneipe (s. S. 288).

Touristeninformation (☎ 71 58 54 54; www.visitkristiansund.com; Kongens Plass 1; ⌚ Mitte Juni–Mitte Aug. Mo–Fr 9–18, Sa 10–15, So 11–16 Uhr, übrige Zeit Mo–Fr 9–16 Uhr) Kostenloser Internetzugang.

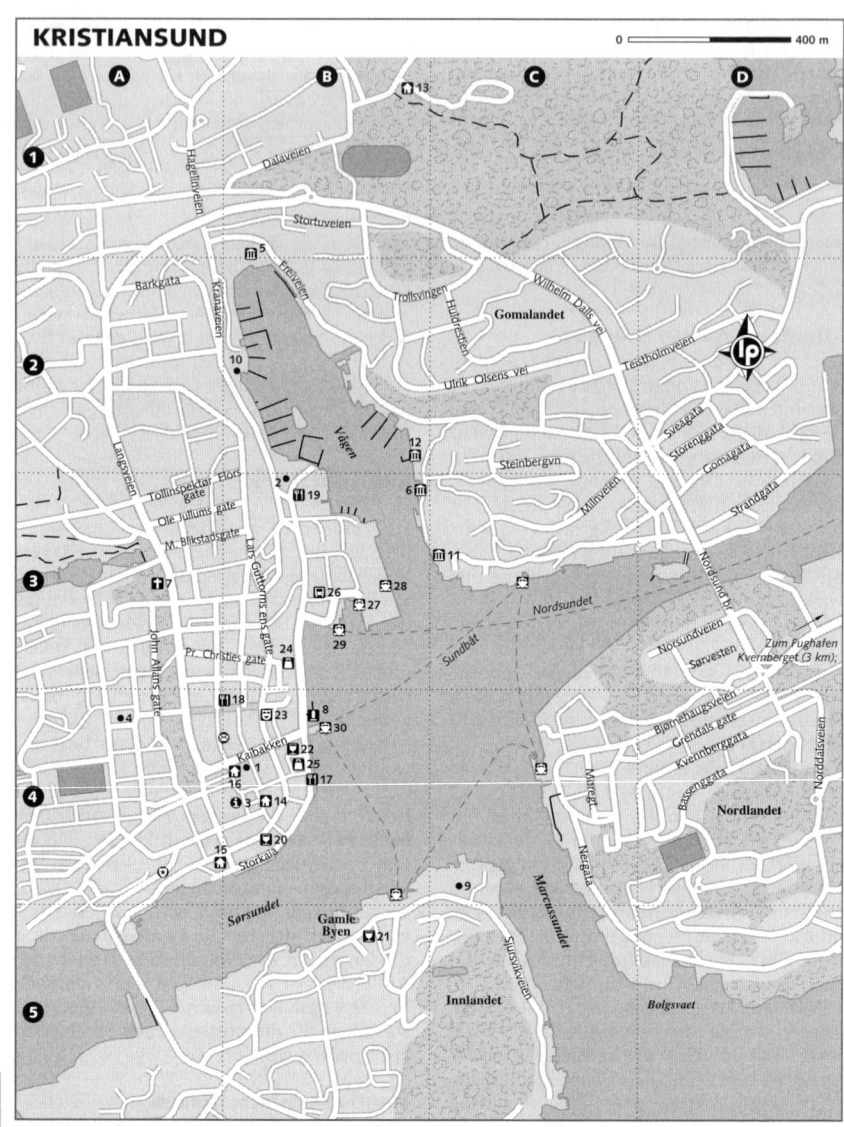

Sehenswertes

Kristiansunds Altstadt **Gamle Byen** liegt auf der Insel Innlandet. Hier gibt es schindelgedeckte Gebäude, die bis ins 17. Jh. zurückreichen. Der opulente **Lossiusgården** am östlichen Ende des historischen Viertels war im 18. Jh. das vornehme Wohnhaus eines Kaufmanns. Das ehrwürdige, 300 Jahre alte

Dødeladen Café – wo man immer noch eine gute Mahlzeit und etwas zu trinken bekommt – veranstaltet Kultur- und Musikevents, darunter auch ein Festival Anfang Juli (nähere Infos bei der Touristeninformation). Vom Zentrum aus erreicht man es am besten mit der Sundbåt-Fähre (s. S. 289) vom Fährhafen Piren.

WESTLICHE FJORDE

Das in der Stadtmitte gelegene Theater **Festiviteten** von 1914, von außen eher schlicht, ist innen in attraktivem Jugendstil gestaltet. Am Piren steht eine Statue: **Klippfiskkjerringa** von Tore Bjørn Skjøsvik stellt eine Fischerfrau dar, die Dorsche zu den Trockenständern trägt.

MELLEMVÆRFTET

Sie sieht zwar ein wenig aus wie ein nautischer Schrottplatz, aber die **Mellemværftet** ist gratis und jederzeit zugänglich. Am besten erreicht man sie zu Fuß vom Fischrestaurant Smia den Kai entlang. Es ist gar nicht so einfach zu erkennen, was sich in all dem reizenden Wirrwarr befindet, auf jeden Fall dabei sind jedoch die Überreste der Schiffswerft von Kristiansund aus dem 19. Jh., eine Schmiede und Werkstätten sowie die Arbeiterquartiere.

MUSEEN

Kristiansund hat mehrere Museen, großteils in historischen Gebäuden, deren Fassaden allein schon einen Besuch wert sind. Zum Glück, muss man sagen, denn einige haben ihre Öffnungszeiten drastisch reduziert – oder sind überhaupt nur nach Vereinbarung zu besichtigen. So war es zumindest, als wir das letzte Mal dort waren. Hoffentlich hat es sich mittlerweile zum Besseren gewendet. Die hilfsbereite Touristeninformation ist auf dem neuesten Stand. Ansonsten kann man sein Glück auch unter ☎ 71 58 70 00 versuchen, der zentralen Rufnummer für alle Museen, oder unter www.nordmore.museum.no.

Das **Handelshuset** (Freiveien; Eintritt frei; ☎ Mitte Juni–Aug. tgl. 11–16 Uhr, übrige Zeit nur Sa & So) war einst ein lebhaftes Lokal, das traditionelle Küche auftischte. Heute scheint es etwas nachgelassen zu haben. Seine herrliche, uralte Jukebox mit Hits von Presley, den Stones, den Beach Boys und anderen Ikonen längst vergan-

gener Tage ist defekt. Doch die alten Poster und Schilder erzählen noch immer von der langen Handelsgeschichte der Stadt und es gibt immer noch frischen Kaffee aus der ältesten noch funktionierenden Röstmaschine Norwegens.

Das **Norwegische Klippfischmuseum** (Norsk Klipfiskmuseum; ☎ 71 58 30 14; Erw./Kind 50 nkr/ gratis inkl. Führung; ☎ Ende Juni–Anfang Aug. 12–17 Uhr) befindet sich im 1749 erbauten **Milnbrygga-Lagerhaus** auf der Halbinsel Gomalandet. Es dokumentiert die 300-jährige Geschichte des Dörrfischexports von Kristiansund und produziert bis heute auf traditionelle Weise kleine Mengen an Klippfisch (gesalzener und getrockneter Kabeljau). Im Zentrum kann man die Sundbåt-Fähre nehmen und sich beim Museum absetzen lassen.

Gleich nördlich vom Museum liegen **Hjelkrembrygga**, ein ehemaliger Klippfischspeicher von 1835, und die benachbarte **Woldbrygga**, eine 1875 errichtete Fässerfabrik. Beide sind nur nach Vereinbarung zu besichtigen.

KIRKELANDET-KIRCHE

Die faszinierende **Kirche** des Architekten Odd Østby (Langveien; ☎ Mai–Aug. 10–18 Uhr, übrige Zeit 10–14 Uhr) wurde 1964 errichtet, um jene zu ersetzen, die 1940 beim Bombenangriff der Nazis abgebrannt war. Das kantige Äußere mit seiner klaren Linienführung und dem Wechsel aus Kupfer und Beton ist nüchtern und genau bemessen. Innen führen alle Linien zu den 320 Buntglasscheiben am Ende des Altarraums. Die Farben unten sind erdig, werden nach oben immer heller und gipfeln im „himmlischen Licht".

Hinter der Kirche lockt der Vanndammene-Park mit viel Grün, Spaziergwegen und dem wunderbaren Aussichtspunkt vom Wachturm Varden.

WESTLICHE FJORDE

Schlafen

Atlanten Camping & Kristiansund Vandrerhjem
(☎ 71 67 11 04; www.atlanten.no; Dalaveien 22; Auto/
Wohnwagen 110/130 nkr plus 10 nkr pro Pers., 4-Bett-Hütten
ohne eigenes Bad 380–485 nkr, mit eigenem Bad 590 nkr, Motel
EZ/DZ 530/630 nkr, Hostel EZ/DZ mit eigenem Bad 380/430 nkr)
Hostel, Motel und Campingplatz liegen keine
20 Fußminuten voneinander entfernt außerhalb des Zentrums – alles in allem eine sehr
freundliche Unterkunft. Die gut ausgestattete
Küche des Hostels hat 17 Kühlschränke; die
Einrichtungen des Campingplatzes hingegen
könnten wieder mal renoviert werden.

Utsyn Pensjonat (☎ 71 56 69 70; Fax 71 56 69 90;
Kongens Plass 4; EZ/DZ 440/590 nkr) Mit nur acht
Zimmern ist diese Unterkunft eine ruhige,
unkomplizierte Durchschnittspension, die
v. a. durch den Preis besticht. Seit sie von
einem asiatischen Besitzer übernommen
wurde, serviert das Café sowohl norwegische
als auch chinesische Küche.

Rica Hotel (☎ 71 57 12 00; www.rica.no; Storgata 41;
EZ/DZ Mitte Juni–Mitte Aug. 970/1160 nkr, übrige Zeit So–Do
1395/1645 nkr, Fr & Sa 910/1160 nkr; P 🖫) Das 2006
von Grund auf renovierte Rica am Fjord
wirkt fast wie neu. Alle Zimmer haben eine
Badewanne und die meisten einen tollen
Ausblick aufs Wasser. Je höher die Zimmer
liegen, desto besser wird der Blick – und am
besten ist er von der Bar im obersten Stock.
Für Gäste gibt es eine kostenlose Sauna und
eine Miniturnhalle.

Quality Hotel Grand (☎ 71 57 13 00; www.choice.
no; Bernstorffstredet 1; EZ/DZ So–Do 1310/1430 nkr, Fr &
Sa 835/1050 nkr; P 🖫) Das Hotel ist mit 109
Zimmern das größte Hotel in Kristiansund.
6 Zimmer sind behindertengerecht und 30
sind für Gäste mit Allergien eingerichtet. Alle
Zimmer sind komfortabel und attraktiv ausgestattet und das Edward Restaurant hat mit
die besten À-la-carte-Gerichte in der Stadt.

Essen

Für ein Café mit ganz besonderer Atmosphäre lohnt sich der Weg zum Handelshuset
(s. S. 287).

Bryggekanten (☎ 71 67 61 60; Storkaia 1; Pizza 115 nkr;
🕑 Mo–Sa) Diese neu eröffnete Brasserie mit
Bar liegt direkt am Hafen. Sie ist ein echt guter
Tipp – und sei's nur für einen Drink. Noch
besser ist es, sich auf der breiten Terrasse
eine Pizza, eine Bruschetta oder eins der
phantasievollen Sandwiches zu gönnen (z. B.
bacalao in Tomatensoße – Vorsicht mit dem
Chiligewürz!). Im lauschigen Speisesaal werden auch komplette Mahlzeiten serviert. Auch
hier ist die Karte ideenreich und aus traditionellen Zutaten entsteht Überraschendes.

LP Tipp **Smia FiskeRestaurant** (☎ 71 67 11 70;
Fosnagata 30 b; Hauptgerichte 140–240 nkr; 🕑 1–23 Uhr)
Das viel gepriesene Smia befindet sich in einer
alten Schmiede, dekoriert von oben bis unten
mit Blasebälgen und Schmiedewerkzeugen –
dazwischen ein paar Walwirbelsäulen und
ein aufgehängter Klippfisch. Die Fischsuppe
(80 nkr) ist eine hervorragende Vorspeise,
kann aber auch als Hauptgericht bestellt
werden (130 nkr). Ein sehr renommiertes
Fischrestaurant.

Sjøstjerna (☎ 71 67 87 78; Skolegata 8; Hauptgerichte
200–235 nkr; 🕑 Mo–Fr 17-24, Sa 12–24 Uhr) Ein weiteres empfehlenswertes Fischrestaurant mit
ähnlicher Karte und maritimem Dekor. Es
hat eine nette Terrasse an der Fußgängerzone
Skolegata.

Ausgehen & Unterhaltung

Onkel og Vennene (☎ 71 67 58 10; Kaibakken 1; 🖫)
Dieser Laden im ersten Stock ist ein beliebter
Treff für ein Abendbier oder einen Imbiss.
Es bietet schöne Ausblicke auf den Hafen –
sowohl von drinnen als auch von der klei-
nen Veranda, auf der Rauchen gestattet ist.
Internetzugang ist für Gäste kostenlos.

Christian's Bar (☎ 71 57 03 00; Storgata 17) im
ersten Stock des Hotell Kristiansund ist ein
hübsches Pub für Twens.

Mucca (☎ 71 67 74 04; Hauggata 16; 🕑 Fr & Sa ab
20 Uhr) Mucca beim Comfort Hotel Fosna ist
der Treff für die Jüngeren, während das **J P
Clausens** (☎ 71 57 12 00; Storgata 41–43), die Piano-
und Weinbar des Rica Hotels, mehr etwas für
langsame Walzer ist.

Shoppen

In der **Klippfiskbutikken** (☎ 71 67 12 64, 95 20 26
30; Storkaia) arbeitet der geniale Knut Garshol,
ein Mitglied der internationalen Slowfood-
Bewegung und Ökogastronomie. In seinem
prächtigen Tempel für König Kabeljau überzeugt er voller Enthusiasmus jeden von den
Vorzügen des Klippfisch.

Gegenüber von Bryggekanten gibt es ein
Vinmonopolet (Storkaia), das staatliche Alkohol-
geschäft.

An- & Weiterreise

BUS

Busse durch das Landesinnere fahren von/
nach Molde (148 nkr, 1¾ Std., bis 12-mal tgl.).

Weit reizvoller und nur ein wenig länger ist die Küstenstraße Atlanterhavsveien (s. S. 285). In Richtung Norden verkehren ein- bis dreimal täglich Busse nach Trondheim (375 nkr, 3¼ Std.).

FLUGZEUG

Der **Flughafen Kvernberget** (☎ 71 68 30 50) liegt auf der Insel Nordlandet. Von hier fliegen bis zu sechsmal täglich Maschinen von/nach Oslo und zwei- bis dreimal von/nach Bergen.

Busse verkehren für alle ankommenden Flüge vom/zum Flughafen (40 nkr, 15 Min., bis zu 8-mal tgl.).

SCHIFF

Für Tagestouren an das östliche Ende des Atlanterhavsveien und zur Stabkirche von Kvernes fährt die Bremsnes-Fähre (24 nkr, 20 Min., alle 20 bis 30 Min.) von der Anlegestelle Holmakaia ab.

Expressboote verbinden Kristiansund mit Trondheim (3½ Std., bis zu 3-mal tgl. vom Nordmørskaia). Die Küstenfähre der Hurtigrute legt ebenfalls täglich an der Anlegestelle Holmakaia an. Die Fähre Richtung Süden fährt um 17 Uhr ab, Richtung Norden um 1.45 Uhr (Mitte Sept. bis Mitte April um 23 Uhr).

Unterwegs vor Ort

Die **Sundbåt-Fähre** (einfache Fahrt Erw./Kind 20/110 nkr, Tagesticket 50 nkr) ist allein schon wegen der Fahrt, aber auch wegen der besonderen Sicht auf den Hafen ihr Geld wert. Sie verbindet das Stadtzentrum und die Inseln Innlandet, Nordlandet und Gomelandet. Abfahrt alle halbe Stunde, montags bis freitags von 7 bis 17.15 Uhr und samstags von 10.15 bis 15.45 Uhr. Die volle Runde dauert 20 Minuten.

RUND UM KRISTIANSUND
Grip

Auf einer kleinen felsigen Insel zusammengedrängt liegt das farbenfrohe Dorf Grip mit seinen pastellfarbenen Häusern inmitten eines Archipels von 80 Inselchen und Schären. Im frühen 19. Jh. wurde das Dorf von einem Einbruch der Dorschfischerei und zwei heftigen Stürmen stark in Mitleidenschaft gezogen und praktisch verlassen. Letztlich ist es wieder auf die Beine gekommen und war dann jahrelang Norwegens kleinste Gemeinde, bis es 1964 in Kristiansund eingegliedert wurde.

Die stark restaurierte **Stabkirche** der Insel stammt ursprünglich aus dem späten 15. Jh. und hat ein interessantes, eindeutig katholisches Tabernakel. Die Öffnungszeiten richten sich nach den Ankunftszeiten der Fähre. Auf einer vorgelagerten Schäreninsel steht der 47 m hohe Leuchtturm Bratthårskollen, erbaut 1888, und hebt sich damit von den anderen Schären deutlich ab.

Von Mitte Mai bis Ende August fährt die **M/S Gripskyss** (☎ 71 58 26 16; www.gripskyss.no) ein- bis dreimal täglich die 14 km zwischen Kristiansund und Grip (Erw./Kind 190/95 nkr hin & zurück, 30 Min.).

WESTLICHE FJORDE

Trøndelag

Trøndelag ist eine Region voll zerklüfteter Berge, gesprenkelt mit blutroten Bauernhäusern und durchsetzt von grünen Getreidefeldern mit Weizen und Gerste. Und immer ist Wasser in der Nähe; sei es das Meer, ein See oder ein tief eingeschnittener Fjord.

Der bei weitem attraktivste Ort der Gegend ist Trondheim, die drittgrößte Stadt Norwegens und der nördlichste Punkt, der den Titel „Stadt" verdient. Es ist ein großes Vergnügen, einfach durch die mittelalterlichen Straßen und Hafenanlagen zu schlendern oder das quirlige Studentenleben und die ansprechenden Hafenrestaurants und -bars zu entdecken. Zu den Highlights gehören der Nidarosdom, Skandinaviens größtes mittelalterliches Bauwerk, und das nicht minder beeindruckende Freilicht-Volksmuseum Trøndelag auf Sverresborg.

Die Gegend steht in doppelter Hinsicht für einen Neubeginn: einen in der Vergangenheit und einen heute. Stiklestad war Schauplatz des Martyriums von König Olav und ist der Quell des norwegischen Nationalstolzes. Die malerische kleine Kirche, das eindrucksvolle Besucherzentrum und das Freilichtmuseum sind den Abstecher vom Arctic Highway auf jeden Fall wert.

Die Stadt Steinkjer ist Ausgangspunkt der grandiosen Küstenstraße „Kystriksveien" (oder Rv 17). Die Touristeninformation an der E 6 bietet allerhand Infomaterial zu dieser atemberaubenden Route, die bis Bodø im Nordland führt und eine reizvolle Alternative zum Arctic Highway darstellt. Wenn Zeit oder Geld nicht für den ganzen Kystriksveien reichen: einfach zu dem kleinen Küstenort Namsos abzweigen und von dort Richtung Osten fahren, um bei Grong wieder auf die E 6 zu stoßen.

HIGHLIGHTS

- Sich in Norwegens bedeutendster Kirche umsehen: dem **Nidarosdom** (S. 296) in Trondheim

- Mit der **Draisine** (S. 306) auf der stillgelegten Bahnstrecke von Namsos nach Grong entlangrollen

- Durch das Kulturzentrum in **Stiklestad** (S. 304) streifen, wo der hl. Olav den Märtyrertod starb

- Im Multimediazentrum **Norveg** (S. 307) in Rørvik etwas über das Küstenleben erfahren

- In Trondheims historischer **Vertshuset Tavern** (S. 301) norwegische Spezialitäten genießen

- Wandern in der Wildnis der **Bymarka** (S. 299), gleich vor Trondheims Stadtgrenzen

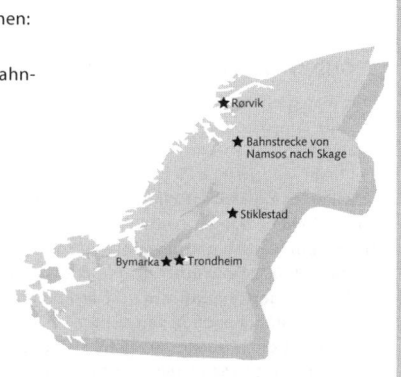

★Rørvik

★ Bahnstrecke von Namsos nach Skage

★ Stiklestad

Bymarka ★ ★ Trondheim

| EINWOHNER: 407 900 | HÖCHSTE ERHEBUNG: KRÅKVASSTIND (1699 M) |

TRØNDELAG

TRONDHEIM

161 750 Ew.

Trondheim, Norwegens einstige Hauptstadt, ist heute nach Oslo und Bergen die drittgrößte Stadt des Landes. Mit breiten Straßen und einer teils autofreien Innenstadt ist Trondheim einfach schön. Zudem hat es eine lange Geschichte. Zahlreiche Studenten verleihen ihr Schwung und Leben. Überall sind Fahrräder unterwegs, es gibt gute Cafés und Restaurants und viele interessante Museen. Es ist möglich, alles an einem Tag abzuklappern, aber wer wirklich Atmosphäre schnuppern will, sollte sich mehr Zeit lassen.

Geschichte

997 wählte der christliche König Olav Tryggvason eine breite Sandbank in einer Mündung des Flusses Nid als Lageplatz für sein Langboot. Nidaros („Mündung des Flusses Nid"), wie er den Ort dann nannte, schien sich mit seinem natürlichen Hafen ideal zur Verteidigung gegen die heidnischen Stammesfürsten von Lade anzubieten, die das Christentum und die Stabilität im Land bedrohten. Wie es heißt, soll Leifur Eiríksson (oder ins Deutsche übertragen: Leif Eriksson) zwei Jahre später den König aufgesucht haben und zum Christentum bekehrt worden sein, ehe er nach Island und Grönland aufbrach und vielleicht als erster Europäer nordamerikanischen Boden betrat. (Die Wikingerstatue, die am Kai der Hurtigrute aufs Meer hinausblickt, dürfte vielen Amerikanern bekannt vorkommen: Sie ist ein exakter Nachbau der Eriksson-Statue, die in Seattle an Zehntausende norwegischer Immigranten erinnert.)

1030 starb ein anderer, berühmterer König namens Olav (Haraldsson) in der Schlacht von Stiklestad (S. 304) – 90 km nordöstlich – den Märtyrertod und wurde heilig gesprochen. Aus ganz Europa strömten nun die Pilger nach Nidaros, das als Erzbistum ganz Norwegen, die Orkney-Inseln, die Isle of Man, die Färöer, Island und Grönland mit einschloss. Bis 1217 war es die Hauptstadt des norwegischen Reiches, das vom westlichen Russland bis an die Küste Neufundlands reichte. Der Kult um den hl. Olav ging weiter, bis Norwegen durch die Reformation 1537 dem lutherischen Bischof von Dänemark unterstellt wurde.

Als ein Großteil der Stadt 1681 einem Brand zum Opfer fiel, wurde Trondheim mit breiten Straßen und Renaissanceflair neu aufgebaut. Im Zweiten Weltkrieg machte die deutsche Marine Trondheim wegen seiner strategischen Lage zur Operationsbasis für Nordnorwegen. Glücklicherweise blieb die Stadt weitgehend unversehrt.

Orientierung

Das Zentrum Trondheims bildet eine dreieckige Halbinsel, begrenzt vom Fluss Nidelva im Osten und Südwesten sowie vom Trondheimfjord im Norden. Der Zug- und Busbahnhof (Sentralstasjon) und die Kais drängen sich zwischen den Kanal unmittelbar nördlich von Zentrum und den Trondheimfjord.

TROND-*WAS BITTE?*

Hört man den Trondheimern zu, wenn sie über ihre Stadt sprechen, fragt man sich, ob sie eigentlich alle denselben Ort meinen.

Seit den späten Mittelalter hieß diese Stadt Trondhjem, ausgesprochen „Trond-jem", was so viel heißt wie „Heimat des guten Lebens". Doch zu Beginn des 20. Jhs. war die junge norwegische Regierung fest entschlossen, die norwegischen Städte wieder mit ihren historischen, „echt norwegischen" Namen zu beglücken. Christiania bekam seinen alten Namen Oslo zurück, und Trondhjem hieß ab dem 1. Januar 1930 wieder Nidaros.

Rund 20 000 Einwohner gingen dagegen auf die Straßen und am 6. März gab die Regierung nach, zumindest ein Stück weit. Der Kompromiss lautete „Trondheim": Man hatte das aus dem Dänischen stammende *hj* verbannt.

Heute ist die offizielle Aussprache „Trond-hejm", wobei viele Einwohner immer noch „Trondjem" sagen. Und wie es der örtliche Dialekt will, hört man hier und da auch „Trond-jahm". Es ist typisch für diese tolerante Stadt, dass alle Varianten akzeptiert werden und auch das „Trond-heim" der meisten deutschen Sprecher.

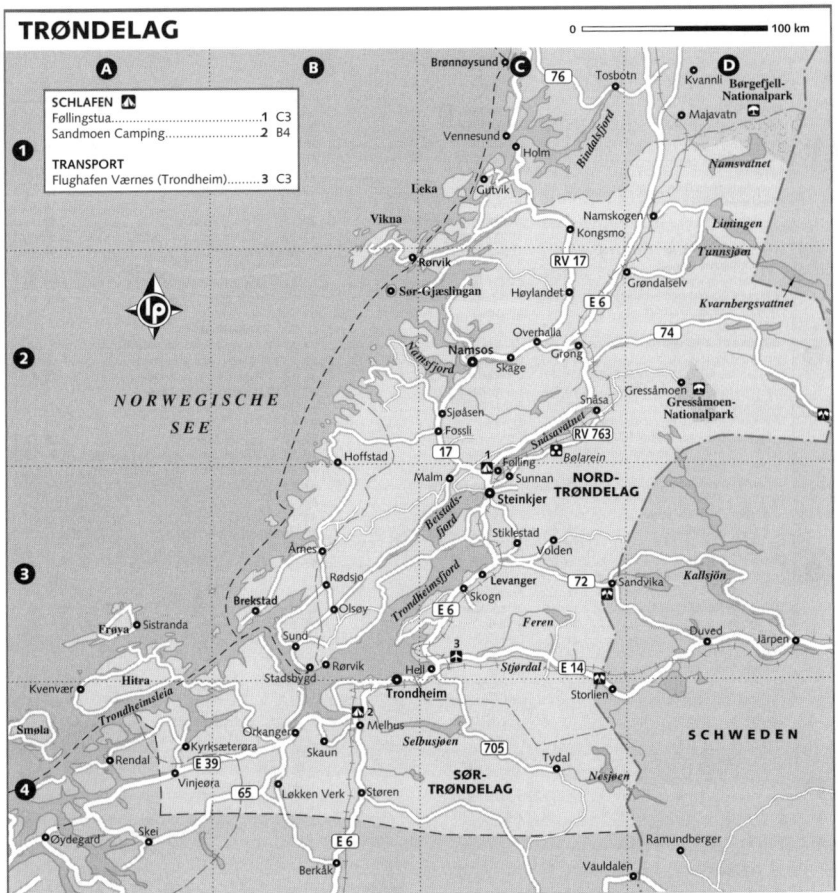

TRØNDELAG

0 ⊢———————⊣ 100 km

A   **B**   **C**   **D**

SCHLAFEN 🛏
Føllingstua.................................1 C3
Sandmoen Camping.......................2 B4

TRANSPORT
Flughafen Værnes (Trondheim)........3 C3

1

Brønnøysund • C   76   Tosbotn   Kvannli •   **D** Børgefjell-Nationalpark
Vennesund •   Majavatn 🏕
Holm
Leka / Gutvik   Namsvatnet
Vikna   Namskogen •   Limingen
Kongsmo
Rørvik   RV 17   Tunnsjøen
Sør-Gjæslingan •   Høylandet •   E 6   Grøndalselv   Kvarnbergsvattnet
Overhalla   74

2

NORWEGISCHE SEE

Namsos   Grong
Skage
Sjøåsen •   Snåsa   Gressåmoen 🏕 Gressåmoen-Nationalpark
Fossli •   RV 763
Hoffstad •   17   Følling   Bølarein
Malm •   Sunnan   **NORD-TRØNDELAG**
Steinkjer

3

Årnes •   Stiklestad
Volden
Frøya • Sistranda   Rødsjø   Levanger   72   Sandvika   Kallsjön
Brekstad   Olsøy   E 6   Skogn
Sund   Feren   Duved   Järpen
Rørvik   Hell   Stjørdal   E 14
Hitra   Stadsbygd   **Trondheim**   Storlien
Kvenvær •

4

Smøla •   Orkanger •   Melhus   Selbusjøen   705   **SCHWEDEN**
Rendal •   Kyrksæterøra •   Skaun   Tydal
Vinjeøra •   E 39   65   Løkken Verk • Støren   **SØR-TRØNDELAG**   Nesjøen
Øydegard •   Skei   E 6   Ramundberget
Berkåk •   Vauldalen

Den Hauptplatz Torvet (oder „Torget") im Herzen der Stadt überragt eine Säule mit der Statue von König Olav Tryggvason.

Östlich des Zentrums und jenseits der Gamle Bybro (Altstadtbrücke) liegt das Viertel Bakklandet, in dessen alten Lagerhäusern heute verschiedenste Restaurants und Bars untergebracht sind. Die trendigsten Hafenrestaurants und Cafés liegen im frisch restaurierten kleinen Solsiden.

Praktische Informationen

Ark Bruns Bokhandel (☎ 73 51 00 22; Kongens Gate 10) hat ein gutes Angebot an fremdsprachigen Büchern.
Bibliothek (Kongens Gate; ⏲ Mo–Do 9–19, Fr 9–16, Sa 10–15 Uhr) Kostenloser Internetzugang, internationale Zeitungen.

Elefanten Vaskeri (⏲ Mo–Fr 10–18, Sa 11–16 Uhr) Wäsche waschen und Kaffee trinken in Norwegens nördlichster Wäscherei.
Hauptpostamt (Dronningens Gate 10)
Spacebar (☎ 73 51 53 50; Kongens Gate 19; 40 nkr pro Std.; ⏲ So–Do 10–24 Uhr, Fr & Sa 24 Std.) Internetcafé mit Eingang an der Prinsens Gate.
Touristeninformation (☎ 73 80 76 60; www.trondheim.no; Torvet; ⏲ Ende Juni–Mitte Aug. Mo–Fr 8.30–20, Sa & So 10–18 Uhr; Ende Mai–Ende Juni & Mitte–Ende Aug. Mo–Fr 8.30–18, Sa & So 10–16 Uhr; übrige Zeit Mo–Fr 9–16, Sa 10–14 Uhr)

Trondheim ist eine der ersten europäischen WLAN-Städte. Im Zentrum können Notebook-Besitzer überall drahtlos ins Netz.

TRØNDELAG

TRONDHEIM

Ⓐ   Ⓑ   Ⓒ   Ⓓ

PRAKTISCHES
Ark Bruns Bokhandel..........................**1** F4
Bibliothek...**2** F4
Hauptpostamt......................................**3** F3
Spacebar...**4** F4
Touristeninformation..........................**5** F4
Trondhjems Turistforening
  (DNT-Büro)......................................**6** D3

SEHENSWERTES & AKTIVITÄTEN
Erzbischöfliches Palais
  (Erkebispegården)............................**7** F5
Festung Kristiansten (Festning)............**8** G4
Freilichtmuseum Sverresborg
  Trøndelag...**9** A6
Gregoriuskirke-Ruinen (Sparebanken)**10** F3
Hospitalkirken..................................**11** D4
Kunstmuseum der Stadt Trondheim
  (Trondheim Kunst-Museum)..........**12** E4
Leifur-Eiriksson-Statue.......................**13** F1
Museum für Naturgeschichte und Archäo-
  logie (Vitenskapsmuseet NTNU)...**14** D4
Nationales Kunsthandwerksmuseum
  (Nordenfjeldske
  Kunstindustrimuseum)...................**15** F4
Nationales Militärmuseum (Ruskammeret)
  & Heimatfrontmuseum
  (Hjemmesfront)..............................**16** E5
Nidarosdom (Domkirke).....................**17** F4
Olavskirken-Ruinen............................(s. 2)
Seefahrtsmuseum der Stadt Trondheim
  (Trondheims Sjøfartsmuseum).......**18** G2
Statue von König Olav Tryggvason.....**19** E4
Stiftsgården..**20** E3
Synagoge & Jüdisches Museum.........**21** E5
Wasserland Pirbadet...........................**22** F1
Wissenschaftszentrum (Vitensenteret)**23** F4

SCHLAFEN 🏠
Britannia Hotel..................................**24** F3
Chesterfield Hotel..............................**25** F3
Clarion Collection Hotel Grand Olav..**26** F3
P-Hotel..**27** F3
Pensjonat Jarlen.................................**28** E4
Radisson SAS Royal Garden Hotel....**29** G3
Singsaker Sommerhotel......................**30** H5
Thon Hotel Trondheim.......................**31** E4
Trondheim InterRail Centre...............(s. 53)

ESSEN 🍴
Bakklandet Skydsstasjon.....................**32** G4
Benitos..**33** F4
Café ni Muser...................................(s. 12)
Chablis..**34** F4
Credo...**35** F3
Dromedar...**36** F3
Dromedar...**37** F4
Edgar Café..(s. 53)
Emilies...**38** E4
Grønn Pepper.....................................**39** F2
Havfruen..**40** F4
Persilleriet..**41** E4
Ravnkloa-Fischmarkt..........................**42** E3
Sushi Bar..**43** E3
To Rom og Kjøkken............................**44** F3
Vertshuset Tavern...............................**45** A6
Zia Teresa..(s. 33)
Ørens Kro...**46** G3

AUSGEHEN 🍸🍷
Bare Blåbær.......................................**47** G3
Bruk Bar..**48** E3
Den Gode Nabo..................................**49** F4
Macbeth...**50** F3
Metro...**51** F4

Rick's Café...**52** F3
Studentersamfundet............................**53** E6
Trondheim Microbryggeri...................**54** E3

UNTERHALTUNG 🎭
Dokkhuset..**55** G3
Frakken..**56** F3
Nova Kinosenter.................................**57** F3
Olavshallen......................................(s. 26)
Prinsen Kino.......................................**58** E5
Supa...(s. 48)
Tiger Tiger..**59** F2
Trøndelag Teater................................**60** E4

TRANSPORT
Expressfähren nach Kristiansund.......(s. 64)
Fähren nach Munkholmen...................**61** E3
Fahrstuhl für Fahrräder.......................**62** G4
Intercity-Busbahnhof
  (Rutebilstasjon)..............................**63** F2
Kai für Schnellfähren..........................**64** F1
Lokalbusbahnhof................................**65** E3
Straßenbahnstation St Olavsgata.........**66** E3
Tripps (Mündungsrundfahrten).........(s. 61)

Sandgate

Kongens gate

Nidelva

Gangbrüa

Zur Bymarka
(1 km)

Fridtjof Nansens gate

Steinberget

Sverresborg Allé

Øya

Zur Gråkalbanen (Straßenbahn)
nach Lian (15 km);
Trondheim Skisenter
Granåsen (19 km)

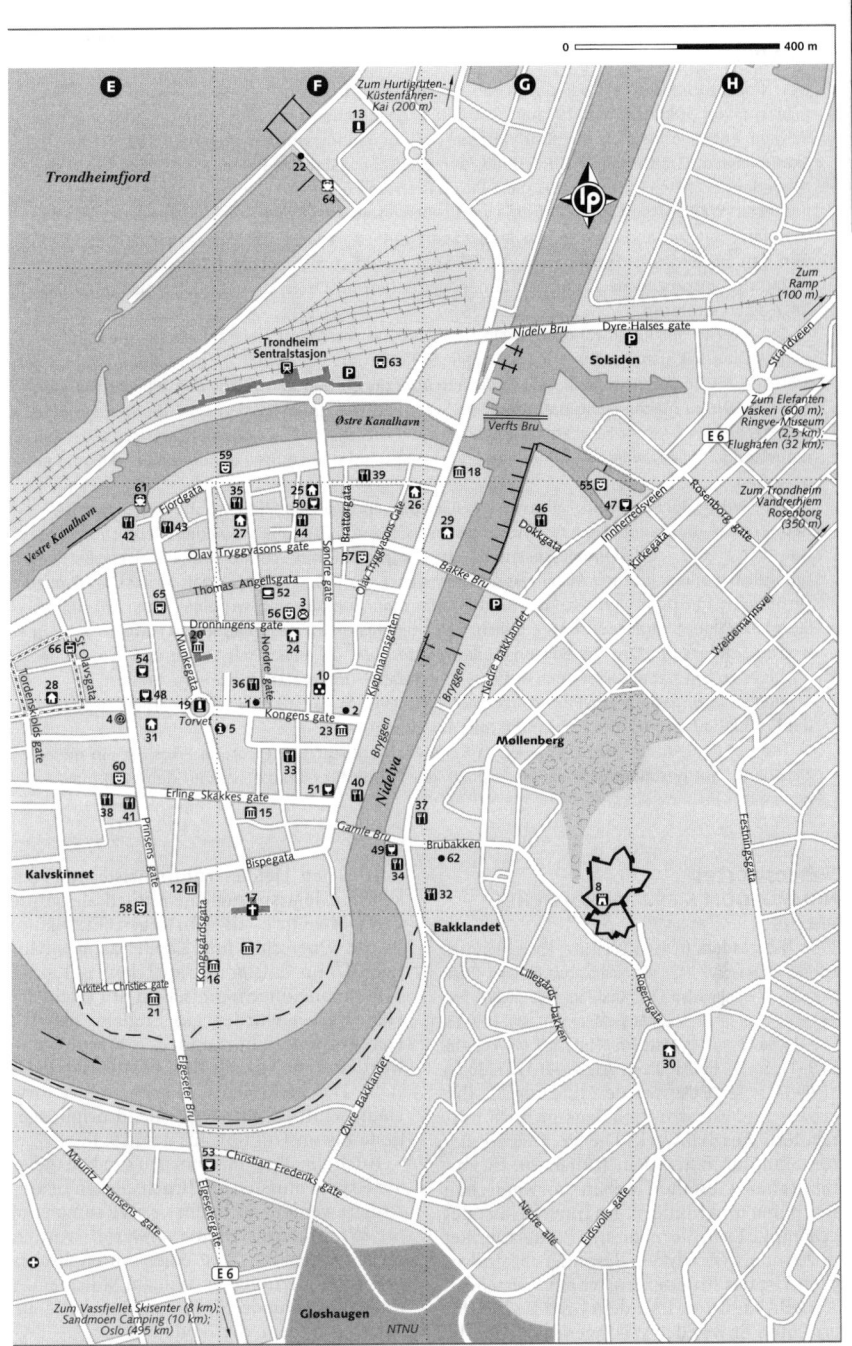

TRØNDELAG

DER PILGERWEG

Der Nidarosdom wurde über dem Grab des hl. Olav errichtet, der nach seinem Tod in der Schlacht von Stiklestad am 29. Juli 1030 heilig gesprochen und zum Märtyrer erklärt wurde. Schnell entwickelte sich ein Kult um den Heiligen. Ihm wurden weltweit 340 Kirchen in Skandinavien, Großbritannien, Russland, den Baltischen Staaten, Polen, Deutschland und den Niederlanden geweiht. Pilger aus ganz Europa reisten zu seinem Grab in Nidaros, das zum beliebtesten Wallfahrtsort in Nordeuropa wurde. Reich und Arm traten von Oslo aus eine 25-tägige Wanderschaft an, andere nahmen lange Seereisen von Island, Grönland, den Orkney-Inseln und den Faröer auf sich. Das Grab des hl. Olav wurde zum nördlichen Ziel der europäischen Pilger, die ansonsten nach Rom im Süden, Jerusalem im Osten und Santiago de Compostela im Westen strömten.

Die Strecke der Pilger führte von Dorf zu Dorf; sie wurde zur Herzschlagader des Kults um den hl. Olav. Mit Sicherheit boten die damaligen Reiserouten, die wilde Berge, Wälder und Flüsse kreuzten, reichlich Gelegenheit, sich Gedanken über die entbehrungsreiche menschliche Reise bis zur Ewigkeit zu machen. Die meisten Pilger waren zu Fuß unterwegs, nur die Reichen konnten per Pferdestärke reisen. Wer arm war, war auf die örtliche Gastfreundschaft angewiesen. Aber die reisenden Pilger waren in Norwegen hoch angesehen und wurden daher immer willkommen geheißen.

1997 wurde der Pilgerweg – alles in allem 926 km, wenn man die Alternativstrecken mitrechnet – neu eröffnet und damit die alte Route zwischen Oslo und Trondheim wiederbelebt. Die holperige Wegstrecke – größtenteils bestehend aus Bergpfaden und Schotterstraßen – ist außerdem ordentlich markiert worden. Man muss nur immer nach dem Logo Ausschau halten: das Olavskreuz, verflochten mit dem vierblättrigen Knoten, den man überall sieht, wo eine Sehenswürdigkeit lauert. Die Route folgt, soweit als möglich, den alten, historisch dokumentierten Pfaden. Am Weg weisen Schilder auf Ortsnamen und Gedenkstätten hin, die etwas mit Leben und Wirken des hl. Olavs zu tun haben, aber auch auf alte Hügelgräber und andere historische Stätten.

Weitere Informationen im **Pilgerbüro** (Pilegrimskontoret; ☎ 22 33 03 11; www.pilegrim.no; Kirkegata 34a, N–0153 Oslo) oder unter der genannten Internetadresse.

The Pilgrim Road to Nidaros von Alison Raju, veröffentlicht von Cicerone Press, ist ein unverzichtbarer, gut geschriebener, englischsprachiger Führer für alle, die sich auf den Weg machen wollen.

Sehenswertes

NIDAROSDOM & ERZBISCHÖFLICHES PALAIS

Der **Nidarosdom** (Nidaros Domkirke; Kongsgårdsgata; Erw./Kind/Fam. 50/25/125 nkr, Kombiticket für Dom, Palais Museum & Kronjuwelen Erw./Kind/Fam. 100/50/200 nkr; ☽ Mai–Mitte Juni & Mitte Aug.–Mitte Sept. Mo–Fr 9–15, Sa 9–14, So 12–16 Uhr, Mitte Juni–Mitte Aug. Mo–Fr 9–18, Sa 9–14, So 12–16 Uhr; übrige Zeit Mo–Fr 12–14.30, Sa 11.30–14, So 12–16 Uhr) wurde Ende des 11. Jhs. erbaut und ist Skandinaviens größtes mittelalterliches Bauwerk. Die Westwand zieren Skulpturen aus dem frühen 20. Jh. mit biblischen Gestalten neben norwegischen Bischöfen und Königen. Im Inneren lässt das gedämpfte Licht die modernen Buntglasfenster noch intensiver wirken. Besonders beeindruckend ist das Rosettenfenster am Westende.

Der Altar wurde über dem Grab des hl. Olav errichtet. Er war der Wikingerkönig, der die nordischen Heiden zum Christentum bekehrte. Die ursprüngliche Kathedrale wurde 1153 erweitert, als Norwegen Erzbistum wurde. Querschiff und Kapitelsaal des heutigen Doms entstanden zwischen 1130 und 1180 in anglonormannischem Stil (viele der Handwerker wurden aus England geholt). Der gotische Chor und der Wandelgang wurden erst Anfang des 14. Jhs. fertiggestellt. Das mehrfach von Bränden zerstörte Hauptschiff ist eine weitgehend originalgetreue Rekonstruktion aus dem 19. Jh.

Auch die alten marmornen Grabsteine in der Krypta mussten aus Bruchstücken rekonstruiert werden, nachdem sie als Baumaterial für Wohnhäuser wiederverwertet worden waren. Unter ihnen ist einer mit englischer Inschrift. Er erinnert an William Miller, einen Kapitän aus Dundee, Schottland, der im 18. Jh. nahe Trondheim den Tod fand.

Man kann sich alles auf eigene Faust anschauen, aber die angebotenen Führungen sind sehr zu empfehlen (es gibt eine 15-minütige Kurzversion oder eine detailliertere, 45-minütige Tour). Die Anfangszeiten variieren, aber täglich gibt es bis zu vier englischsprachige Führungen (meist um 11, 12, 13.30 und 16 Uhr). Musikliebhaber sollten ihren Besuch während einem der **Orgelkonzerte** (Eintritt frei; ☒ Mitte Juni–Mitte Aug. Mo–Sa 13 Uhr) planen.

Von Mitte Juni bis Mitte August ist der **Turm** zugänglich und eröffnet einen tollen Ausblick auf die Stadt (Aufstieg alle 30 Minuten über die Treppe im südlichen Querschiff).

Im Eintrittspreis für die Kathedrale ist auch ein Besuch des angrenzenden **Erzbischöflichen Palais** aus dem 12. Jh. enthalten. Es wurde 1160 in Auftrag gegeben und ist Skandinaviens ältester Profanbau. Im Westflügel funkeln und blitzen die norwegischen **Kronjuwelen** (Erw./Kind/Fam. 70/25/165 nkr). Ein **Museum** (Erw./Kind/ Fam. 50/25/125 nkr; ☒ Mai–Mitte Juni & Mitte Aug.–Mitte Sept. Mo–Sa 10–15, So 12–16 Uhr; Juni–Aug. Mo–Fr 10–16, Sa 10–15, So 12–16 Uhr; Kernzeiten sonst Mi–So 11–14 Uhr) gehört ebenfalls zur Anlage. Nach der Besichtigung der Statuen, Wasserspeier und Schnitzereien der Kathedrale geht's einen Stock tiefer zur Ausstellung diverser Artefakte, die beim Museumsbau Ende der 1990er-Jahre zutage gefördert wurden. Dazu gibt es eine lohnenswerte 15-minütige Audiovisionsvorführung.

Am gleichen Hof liegt das **Nationale Militärmuseum** (Eintritt frei; ☒ Juni–Aug. Mo–Fr 9–15, Sa & So 11–16 Uhr). Es zeigt Schwerter, Rüstungen und Kanonen der Zeit zwischen 1700 und 1900, als der Palast des Erzbischofs als dänische Militäreinrichtung diente. Im Obergeschoss befindet sich das Museum **Hjemmesfront** (Heimatfront), das Trondheims Rolle im Widerstand während des Zweiten Weltkriegs thematisiert.

FREILICHTMUSEUM SVERRESBORG TRØNDELAG

Westlich des Zentrums liegt das **Freilichtmuseum** (☎ 73 89 01 00; Sverresborg Allé 13; www.sverresborg. no; Erw./erm./Kind/Fam. 80/55/30/195 nkr; ☒ Juni–Aug. 11–18 Uhr, übrige Zeit Mo–Fr 11–15, Sa & So 12–15 Uhr) – eines der besten in ganz Norwegen. Die Ausstellung „Livsbilder" (Lebensbilder) im Hauptgebäude zeigt Alltagsgegenstände wie Kleidung, Schulsachen und Fahrräder sowie eine kurze Multimediashow.

Der Rest des Museums – über 60 historische Gebäude – befindet sich im Freien neben den Ruinen von König Sverres Burg. Von dort hat man einen herrlichen Blick über die Stadt. Im städtischen Teil des Museums gruppieren sich Wohnhäuser, ein Postamt, eine Zahnarztpraxis und verschiedene Läden um den Marktplatz. Daneben sind Bauernhäuser aus dem ländlichen Trøndelag und die kleine Stabkirche von Haltdalen aus dem 12. Jh. zu sehen. Zwei kleinere Museen sind der Telekommunikation (schicke alte Telefone) und dem Skifahren (reich verzierte Holzskier) gewidmet. Täglich Führungen auf Norwegisch und Englisch.

Das Museumsrestaurant **Vertshuset Tavern** (s. S. 301) liegt ebenfalls in einem gut erhaltenen historischen Gebäude – der perfekte Ort, um norwegische Spezialitäten zu kosten. Anfahrt ab Dronningens Gate mit Buslinie 8 in Richtung Stavset.

NOCH MEHR MUSEEN

Das **Ringve-Museum** (☎ 73 87 02 80; Lade Allé 60; Erw./ erm./Kind/Fam. 75/50/25/150 nkr; ☒ Mai–Mitte Juni, Aug. & Sept. 11–15 Uhr, Mitte Juni–Juli 13–17 Uhr, übrige Zeit So 11–16 Uhr) ist Norwegens nationales Museum für Musik und Instrumente. Der in Russland geborene Besitzer ist leidenschaftlicher Sammler alter und seltener Musikinstrumente. Musikstudenten geben während der Führungen sogar akustische Kostproben. In der alten Scheune ist eine umfassende Sammlung von Instrumenten aus aller Welt zu entdecken. Schöne Spaziergänge ermöglicht der botanische Garten des Anwesens aus dem 18. Jh. Anfahrt mit Buslinie 3 oder 4, dann zu Fuß den Hügel hinauf.

Das nette, kleine **Seefahrtsmuseum der Stadt Trondheim** (Trondheims Sjøfartsmuseum; ☎ 73 52 89 75; Fjordgata 6a; Erw./erm. 25/15 nkr; ☒ Juni–Aug. 10–16 Uhr) ist in einem alten Gefängnis untergebracht und zeigt u. a. Walfangschiffe und Fregatten aus dem 18. Jh., Navigationsinstrumente und Modelle sowie Gemälde und Fotografien historischer Segelschiffe.

Das **Museum für Naturgeschichte und Archäologie** (Vitenskapsmuseet NTNU; ☎ 73 59 21 45; Erling Skakkes Gate 47; Erw./Kind/Fam. 25/10/50 nkr; ☒ Mai–Mitte Sept. Mo–Fr 9–16, Sa & So 11–16 Uhr, übrige Zeit Mo–Fr 9–14, Sa & So 12–16 Uhr) gehört zur Norwegischen Universität für Wissenschaft und Technologie (NTNU). Es behandelt die Geschichte von Mensch und Natur in Trondheim und Umgebung und bietet ein buntes

Sammelsurium von Exponaten: Straßenbilder und Wohnhäuser, Kirchengeschichte, archäologische Ausgrabungen und die Kultur der südlichen Samen. Geordneter geht's im Nebengebäude zu, das eine separate, kleine Abteilung zur Kirchengeschichte beherbergt. Auch die Mittelalterabteilung mit Alltagsgegenständen ist sehr interessant. Sie erzählt die Stadtgeschichte bis zum großen Brand von 1681.

Die Dauerausstellung im großartigen **Nationalen Kunsthandwerksmuseum** (Nordenfjeldske Kunstindustrimuseum; ☎ 73 80 89 50; Munkegata 5; Erw./ erm./Kind/Fam. 60/40/30/100 nkr; ☺ Juni–Ende Aug. Mo–Sa 10–17, So 12–17 Uhr, übrige Zeit Di–Sa 10–15, So 12–16 Uhr) zeigt skandinavisches Spitzendesign, darunter schmucke Zimmer im Jugendstil. Eine ganze Etage ist Pionierarbeiten von drei gefeierten Künstlerinnen gewidmet: Wandbehänge von Hannah Ryggen und Synnøve Anker Aurdal sowie innovative Glasarbeiten von Benny Motzfeldt.

Das **Kunstmuseum der Stadt Trondheim** (Trondheim Kunst-Museum; ☎ 73 53 81 80; Bispegata 7 b; Erw./erm./ Kind/Fam. 40/30/20/80 nkr; ☺ Juni–Aug. tgl. 10–17 Uhr, übrige Zeit Di–So 11–16 Uhr) beherbergt eine Dauerausstellung moderner, norwegischer und dänischer Kunst seit 1800; darunter einige Lithografien von Edvard Munch. Außerdem gibt's diverse Wechselausstellungen.

STIFTSGÅRDEN

Skandinaviens größtes Holzpalais, **Stiftsgården** (☎ 73 84 28 80; Munkegata 23; Erw./erm./Kind/Fam. 60/40/30/100 nkr; ☺ Juni–Aug. Mo–Sa 10–16, So 12–16 Uhr), wurde Ende des 18. Jhs. als Privatresidenz im späten Barockstil erbaut. Heute ist es offizielle Königsresidenz und nur mit Führung – jeweils zur vollen Stunde – zu besichtigen.

HISTORISCHE STADTTEILE

Die **Gamle Bybro** (Altstadtbrücke) bietet eine phantastische Aussicht auf **Bryggen**, das mit seiner Hafenfront von Lagerhäusern aus dem 18. und 19. Jh. an sein bekannteres Gegenstück in Bergen erinnert. Im Osten liegen die ehemaligen Arbeiterviertel **Møllenberg** und **Bakklandet**, heute ein mondänes Viertel mit Pflasterstaßen, Fußgängerzonen, gepflegten Häusern in Pastelltönen und winzigen Gärtchen voller bunter Blumen.

Westlich des Zentrums säumen Holzhäuser aus der Mitte des 19. Jhs. die Pflasterstraßen. Bemerkenswert ist die ganz aus Holz erbaute, achteckige **Hospitalskirken**

(Hospitalsløkka 2–4) von 1705 auf dem Krankenhausgelände.

KRISTIANSTEN FESTNING

Von der **Festung Kristiansten** (Festningsgata; Eintritt frei; ☺ Juni–Aug. tgl. 10–16 Uhr) aus zeigt sich die Stadt aus der Vogelperspektive. Nur zehn Minuten dauert es, von der Gamle Bybro aus hochzukraxeln. Errichtet wurde sie nach dem großen Brand 1681. Im Zweiten Weltkrieg diente sie den Nazis als Gefängnis und Hinrichtungsstätte für norwegische Widerstandkämpfer. Das Gelände ist ganzjährig zugänglich – immer dann, wenn die Flagge gehisst ist.

MUNKHOLMEN

Das Inselchen Munkholmen (Mönchsinsel), 2 km vor der Küste, war früher der Richtplatz der Stadt. Im Laufe der folgenden Jahrhunderte standen dort eine Benediktinerabtei, ein Gefängnis, eine Festung und ein Zollhaus, heute ist es vor allem ein beliebter Picknickplatz. Mitte Mai bis Anfang September fahren vom Fischmarkt Ravnkloa Fähren zur Insel – zwischen 10 und 16 bzw. 18 Uhr mindestens einmal pro Stunde (50 nkr hin & zurück).

MITTELALTERLICHE KIRCHENRUINEN

Bei Grabungen für die Bibliothek in der Kongens Gate stießen Archäologen auf die Überreste einer Kirche aus dem 12. Jh.: vermutlich die **Olavskirken**. Heute sind sie im Hof der Bibliothek ausgestellt, zusammen mit den Gebeinen zweier Erwachsener und eines Kindes. Im Keller des nahe gelegenen Bankgebäudes der **Sparebanken** (Søndre Gate 4) finden sich Gemäuer der mittelalterlichen **Gregoriuskirke**, die ebenfalls bei Grabungen entdeckt wurden. Beide Ruinen sind während der Geschäftszeiten kostenlos zu besichtigen.

NOCH MEHR SEHENSWERTES

Trondheims **Synagoge** (☎ 73 52 94 34; Arkitekt Christies Gate 1 B; ☺ Mo–Do 10–16, So 12–15 Uhr) erhebt den Anspruch, die nördlichste der Welt zu sein. Sie beherbergt ein kleines Museum zur Geschichte der jüdischen Gemeinde Trondheims (die seit dem Holocaust nur noch halb so groß ist).

Ein Highlight für Kinder sind die Experimente im **Wissenschaftszentrum** (Vitensenteret; ☎ 73 59 61 23; Kongens Gate 1; Erw./erm./Fam. 65/45/

140 nkr; ⊗ Mitte Juni–Mitte Aug. Mo–Fr 10–16, Sa & So 13–17 Uhr, übrige Zeit bis 17 Uhr).

Aktivitäten

Die kostenlose Karte *Friluftsliv i Trondheimsregionen* (Outdoor-Leben in der Region Trondheim; Text auf Norwegisch) mit allen Erholungsgebieten und Wanderwegen der näheren Umgebung gibt's bei der Touristeninformation.

WANDERN

Zwei gemütliche Touren in der Stadt: die autofreien Straßen, die in einem kurzen steilen Aufstieg von Bakklandet zur Festung Kristiansten (298) führen, oder der Fußpfad zwischen den Brücken Bakke Bru und Gangbrua entlang des Flusses Nidelva.

Westlich von Trondheim erstreckt sich die Bymarka, ein herrlich grünes Waldgebiet mit Fußpfaden und Langlaufloipen. Die Gråkalbanen (Straßenbahn) fährt auf einer landschaftlich reizvollen Strecke von der Haltestelle in der St. Olavsgata durch begrünte Vororte nach Lian. Dort erwarten die Fahrgäste ein schöner Blick auf die Stadt und der Badesee Kyvannet.

Das lokale Büro des norwegische Wandervereins DNT, **Trondhjems Turistforening** (☎ 73 92 42 00; Sandgate 30), gibt gerne Auskunft zu anspruchsvolleren Wanderrouten.

SKIFAHREN

Die Vassfjellet-Berge südlich von Trondheim bieten sich sowohl für Abfahrtsski wie auch für Langlauf an. Während der Skisaison fährt täglich ein Bus von der Munkegata direkt zum Vassfjellet Skisenter, 8 km vor der Stadtgrenze. Für Langläufer bieten sich Touren durch die Bymarka oder im Trondheim Skisenter Granåsen an. Dort können die ganz Mutigen (oder Übermütigen) von der weltweit größten Skischanze mit Plastikbelag springen.

BOOTSFAHRTEN

Tripps (☎ 73 52 87 15; Erw./Kind 140/55 nkr; 1¼ Std.; ⊗ Ende Juni–Mitte Aug. Di–So) veranstaltet Bootsfahrten die Mündung des Nid hinunter und raus auf den Fjord. Abfahrt ist täglich um 12 und 14.30 Uhr am Fischmarkt Ravncloa. Die Fahrkarten gibt's an Bord.

WASSERLAND PIRBADET

Pirbadet (☎ 73 83 18 00; Erw./erm./Kind 125/105/85 nkr; ⊗ Juni–Aug. Mo–Fr 11–20, Sa & So 10–18 Uhr, Kernzeiten sonst So–Fr 10–22, Sa 10–17 Uhr) am Pirterminalen-Kai ist Norwegens größte Indoor-Badelandschaft und bietet mit Wellenbad, Sauna und einer 100 m langen Rutsche jede Menge Wasserspaß.

Geführte Touren

Von Ende Mai bis August veranstaltet **Visit Trondheim** zweistündige Busführungen durch die Stadt (Erw./Rentner/Kind 185/160 nkr/gratis). Abfahrt ist täglich um 11 Uhr gegenüber der Touristeninformation, bei der die Fahrten auch gebucht werden können.

Festivals & Events

Die **Olavsfestdagene** zu Ehren des hl. Olav finden in der Woche um seine Heiligsprechung (29. Juli) statt. Es gibt einen mittelalterlichen Markt und Klassik-, Volksmusik-, Pop- und Jazzkonzerte (2007 war der Hauptact Sinéad O'Connor). Die Feierlichkeiten fallen mit dem jährlichen **Food Festival Trondelag** zusammen, bei dem Stände mit einheimischen Spezialitäten die Kongens Gate östlich des Torvet säumen.

Ende April findet eine Woche lang ein internationales Filmfestival statt, das **Kosmorama** (www.kosmorama.no), dicht gefolgt vom **Bluesfestival Nidaros**, dessen Stars 2007 Ike Turner und Los Lobos waren.

Alle zwei Jahre laden Trondheims 25 000 Hochschulstudenten im Oktober und November zum Fest **UKA** (www.uka.no, auf norwegisch) ein, Norwegens größtem Kulturfestival. Drei Wochen lang wird rings um das runde, rote Studentersamfundet (Studentenzentrum; s. S. 301 und S. 302) nonstop gefeiert – mit Konzerten, Aufführungen u. ä. Das nächste Mal wird die Stadt 2009 auf den Kopf gestellt.

Im Februar oder März veranstalten Studenten alle zwei Jahre das **ISFiT** (www.isfit.org), ein internationales Studententreffen mit Teilnehmern aus über 100 Ländern im Februar oder März. Das Programm widmet sich sozialen und politischen Themen, die Pausen werden aber für Konzerte und diverse Veranstaltungen genutzt. Das nächste große Treffen ist für 2009 geplant.

Schlafen

Die Touristeninformation bucht gegen 30 nkr Gebühr Zimmer in Privatpensionen (EZ/DZ 250–330/400–450 nkr).

Sandmoen Camping (☎ 72 88 61 35; www.sandmoen.no; Stellplatz 150 nkr, 3–4-Bett-Hütten 400 nkr, mit

TRØNDELAG

Bad 650–975 nkr; (☺) Mitte Juni–Aug.; (☐)) Dieser Campingplatz mit großen, Schatten spendenden Kiefern, 12 km südlich von Trondheim, ist der nächste zur Stadt.

Trondheim InterRail Centre (☎ 73 89 95 38; www. tirc.no; Elgesetergate 1; B inkl. Frühstück 150 nkr; (☺) Ende Juni–Mitte Aug.; (☐)) Okay: Hier teilen sich 15 bis 35 schwitzende und schnarchende Personen einen Schlafsaal mit Feldbetten. Trotzdem überwiegen die Vorteile des geselligen, vom Studentersamfundet verwalteten Hostels: Das Preis-Leistungs-Verhältnis ist ausgezeichnet, Internetzugang und Gepäckaufbewahrung sind kostenlos, es gibt häufig Livemusik und keine Sperrstunde. Das Edgar-Café serviert günstiges Essen und Bier (am Backpackerabend, dienstags und freitags von 20 bis 22 Uhr kostet die Flasche nur 31 nkr). Sollten des Nachts merkwürdige Schlurfgeräusche zu hören sein, ist das nur der Geist eines Studenten namens S. Møller, der hier in den 1930er-Jahren auf mysteriöse Weise verschwunden ist.

Pensjonat Jarlen (☎ 73 51 32 18; www.jarlen.no; Kongens Gate 40; EZ/DZ 450/560 nkr) Diese zentral gelegene Unterkunft ist nichts Besonderes, aber das gute Preis-Leistungs-Verhältnis und die günstige Lage sprechen für sich. Alle 25 Zimmer haben ein eigenes Bad und alle außer dem Einzelzimmer haben Etagenbetten, einen Kühlschrank und Selbstversorgerausstattung.

Singsaker Sommerhotel (☎ 73 89 31 00; Rogertsgata 1; B/EZ/DZ mit Etagenbad 200/410/620 nkr, EZ/DZ mit eigenem Bad 520/740 nkr, alle inkl. Frühstück; (☺) Mitte Juni–Mitte Aug.; (P)) Das imposante Gebäude auf einem grünen Hügel in einer ruhigen Wohngegend wurde ursprünglich als Offiziersheim für die deutschen Besatzer erbaut. Heute dient es vorwiegend als Studentenwohnheim. Es ist preiswert und mit der Buslinie 63 vom Bahnhof gut zu erreichen. Autofahrer nehmen die Klostergata vom Studentersamfundet nach Osten und folgen der Beschilderung.

Trondheim Vandrerhjem Rosenborg (☎ 73 87 44 50; www.trondheim-vandrerhjem.no; Weidemannsvei 41; B 230 nkr, EZ/DZ mit Etagenbad 490/620 nkr, mit eigenem Bad 550/720 nkr, alle inkl. Frühstück; (P) (☐)) Dieses Hostel – ein ehemaliges HI-Mitglied – liegt auf einem Hügel 2 km östlich des Bahnhofs und ist ziemlich überteuert. Die wenigen Zimmer im neueren Teil sind passabel, die meisten im alten Flügel müssten dringend renoviert werden. Internetzugang kostet 2 nkr pro Minute.

Thon Hotel Trondheim (☎ 73 88 47 88; www.thon hotels.com; Kongens Gate 15; EZ/DZ 595/795 nkr; (☐)) Dieses nette zentral gelegene Hotel bietet ganzjährig faire Preise. Innen ist es sehr viel schöner als es der unansehnliche Kastenbau vermuten lässt und die einfachen Zimmer sind sehr gepflegt.

P-Hotel (☎ 73 80 23 50; www.p-hotels.no; Nordre Gate 24; EZ/DZ inkl. Frühstück 695/795 nkr; (☐)) Dieses aufgemotzte, moderne Hotel ist Teil einer expandierenden norwegischen Minikette. Die 49 schmucken Zimmer, jedes mit Tee-/Kaffeemaschine, beweisen guten skandinavischen Stil. Das Frühstück wird morgens in einer Tasche an die Tür gehängt.

Chesterfield Hotel (☎ 73 50 37 50; www.bestwestern. no; Søndre Gate 26; EZ/DZ Mitte Juni–Mitte Aug.785/985 nkr, übrige Zeit So–Do 985/1095 nkr, Fr & Sa 775/1025 nkr; (☐)) Die 43 Zimmer dieses ehrwürdigen Hotels bieten alle sehr viel Platz. Nach einem Brand im Nachbargebäude wurden sie 2006 komplett renoviert und mit neuen Möbeln ausgestattet. Durch die großen Dachfenster im 7. Stock hat man eine tolle Aussicht auf die Stadt.

Britannia Hotel (☎ 73 80 08 00; www.britannia. no; Dronningens Gate 5; EZ/DZ Mitte Juni–Mitte Aug. 900/1100 nkr, übrige Zeit So–Do 1650/1850 nkr, Fr & Sa 995/1195 nkr; (P) (☐) (♿)) Dieses Mammuthotel mit beinahe 250 Zimmer wurde 1897 erbaut und ist das ehrwürdigste der Stadt. Es versprüht einen altmodischen Charme: Von der Holzverkleidung in den öffentlichen Bereichen bis zum Restaurant Palmehaven (eines von drei Lokalen) im maurischen Stil mit korinthischen Säulen und einem Springbrunnen inmitten des ovalen Raumes. Man kann sich einfach entspannen oder die brandneue Sauna und das kleine Fitnesscenter ausprobieren.

Clarion Collection Hotel Grand Olav (☎ 73 80 80 80; www.choice.no; Kjøpmannsgaten 48; EZ/DZ Mitte Juni–Mitte Aug. & ganzjährig Fr & Sa ab 805/995 nkr, übrige Zeit So–Do ab 1045/1245 nkr) Zwei der besten Hotels in Trondheim liegen einander genau gegenüber und stehen in ständigem Konkurrenzkampf. Das Clarion ist elegant und luxuriös. Es befindet sich über einer Einkaufspassage und dem Konzertsaal Olavshallen. Die 100 Zimmer sind in 27 verschiedenen Stilen eingerichtet. Über mangelnde Auswahl können sich die Gäste also nicht beklagen.

Radisson SAS Royal Garden Hotel (☎ 73 80 30 00; www.radissonsas.com; Kjøpmannsgaten 73; EZ/DZ Mitte Juni–Mitte Aug. & Fr–So 1095/1195 nkr, übrige Zeit Mo–Do 1695/1945 nkr; (P) (☐) (♿)) Dieses moderne First-

Class-Hotel gegenüber dem Clarion liegt direkt am Flussufer – in einigen Zimmern kann man die Angel direkt aus dem Fenster halten. Es ist aufgeschlossen, hell, belebt und ausgesprochen familienfreundlich; Kinder wohnen im Zimmer der Eltern kostenlos und es gibt ein Sommer-Spielzimmer.

Essen
RESTAURANTS

Persilleriet (☎ 73 60 60 14; Erling Skakkes Gate 14; ☺ Mo–Fr 12–18 Uhr; V) Dieses Minirestaurant bietet leckere, vegetarische Mittagsgerichte – auch zum Mitnehmen.

Ramp (Ecke Strandveien & Gregusgate; Hauptgerichte 80–140 nkr; ☺ 12–24 Uhr) Abseits der Touristenwege und bei Einheimischen beliebt, liegt das freundliche, alternative Ramp – Bar und Restaurant zugleich. Die Zutaten kommen aus der Region und möglichst vom Bioerzeuger (jeden Morgen klingelt der Gemüsemann). Bekannt ist das Ramp für seinen saftigen Burger (100 nkr) mit Lamm, Rind, Fisch und Kichererbsen.

Benitos/Zia Teresa (☎ 73 52 64 22; Vår Frue Gate 4; Hauptgerichte ab 90 nkr) Der gesellige Wirt dieser beiden verwandten Restaurants – schicke italienische Trattoria und legere Pizzeria – sieht Luciano Pavarotti verblüffend ähnlich und kann jederzeit mit einer schallenden Arie loslegen.

LP Tipp **Baklandet Skydsstasjon** (☎ 73 92 10 44; Øvre Bakklandet 33; Hauptgerichte 115–200 nkr; ☺ 12–1 Uhr) Im Inneren dieses superfreundlichen Lokals, das sein Leben im 18. Jh. als Poststation begann, gibt es einige gemütliche Zimmer mit Nischen und unebenen Böden. Die Küche zaubert Köstlichkeiten wie das berühmte *bacalao* (Kabeljaueintopf oder Fischsuppe, 145 nkr). Dabei sollte man unbedingt noch Platz lassen für die leckeren hausgebackenen Kuchen (um 50 nkr).

Grønn Pepper (☎ 73 53 26 30; Fjordgata 7; Hauptgerichte 165–230 nkr) Bunte mexikanische Decken und – wie zu befürchten – Sombreros bringen Farbe in das architektonisch eintönige Innere des Pepper. Serviert wird Tex-Mex-Küche und zum Nachspülen Tequila. Montagsspecial sind vier Tacos mit Reis und Salat (120 nkr).

LP Tipp **Vertshuset Tavern** (☎ 73 87 80 70; Sverresborg Allé 11; Hauptgerichte 110–270 nkr) 1739 im Herzen Trondheims erbaut, wurde diese historische Taverne ganz zerlegt und ins Freilichtmuseum Sverresborg Trøndelag (S. 297) verfrachtet. Zu empfehlen sind wechselnde norwegische

Spezialitäten oder zum Kaffee traditionelle Waffeln, serviert in einem von 16 winzigen Räumen mit niedrigen Decken, schiefen Fußböden, Kerzenleuchtern, gusseisernen Öfen und Spitzentischdecken.

Sushi Bar (☎ 73 52 10 20; Munkegata 39; Hauptgerichte 175–240 nkr) Der Name sagt bereits alles; Spezialität des Hauses ist Sushi in jeder Form. Einen prima Querschnitt bietet der 16-teilige Probierteller sushi moriawase (198 nkr). Auch zum Mitnehmen.

Chablis (☎ 73 87 42 50; Øvre Bakklandet 66; Hauptgerichte 180–220 nkr; ☺ 17–23 Uhr) Das Chablis liegt am und – mit Tischen auf einer schwimmenden Plattform – teilweise sogar auf dem Wasser. Der Speisesaal der Brasserie ist hell und aus der Küche dringen verlockende Düfte norwegischer und internationaler Leckereien.

Ørens Kro (☎ 73 60 06 35; Dokkgata 8; Hauptgerichte um 200 nkr) Die ehemalige Bootswerft ist heute ein stilvolles Restaurant mit Bar. Die alten Werkzeuge dienen als Deko und die einstige Schiffsbaurampe säumt die große Außenterrasse. Rostende Flaschenzüge und Schiffstaus sind noch immer da. Auf der Karte stehen norwegische Gerichte; hauptsächlich Fisch, wie es zur Lage passt.

To Rom og Kjøkken (☎ 73 56 89 00; Carl Johansgate 5; Hauptgerichte 200–235 nkr; ☺ Mo–Sa) Das „Zwei Zimmer & Küche" erfreut seine Gäste mit frischem, hellen Ambiente mit wechselnden Originalkunstwerken an den Wänden. Gemüse und Fleisch kommen vorwiegend aus der Region.

Emilies (☎ 73 92 96 41; Erling Skakkes Gate 45; 2–6-gängige Menüs 350–595 nkr; ☺ Mo–Sa 16–24 Uhr) Die knappe Speisekarte dieses anspruchsvollen Restaurants wird sorgfältig zusammengestellt und dem saisonalen Angebot der Region angepasst. Möbel und Tischwäsche sind in Schwarz-Weiß gehalten.

Credo (☎ 73 53 03 88; Ørjaveita 4; 3–5-gängige Menüs 465–580 nkr; ☺ 18–23 Uhr) Eine Speisekarte braucht in dieser experimentierfreudigen, spanisch beeinflussten Weltküche keiner. Der Küchenchef wählt die besten Zutaten des Tages und zaubert daraus etwas Feines mit Stil. Im Obergeschoss gibt's eine trendige Bar.

Havfruen (☎ 73 87 40 70; Kjøpmannsgaten 7; Gerichte 455–785 nkr; ☺ Mo–Sa 18–24 Uhr) Dieses elegante Uferrestaurant hat sich auf frische Fischgerichte spezialisiert. Die Qualität des Fisches und des dazu gereichten Weins ist ausgezeichnet, was sich auch im Preis widerspiegelt. Die kurze Speisekarte ändert sich laufend – je nachdem, was das Meer gerade zu bieten hat. Die Gäste können drei bis acht Gänge auswählen.

CAFÉS

In Trondheim gibt es zahlreiche nette Cafés, die Snacks, Kaffee und Kuchen anbieten. Manche verwandeln sich abends in trubelige Kneipen.

Dromedar (☎ 73 50 25 02; Nedre Bakklandet 3) Dieses bei Einheimischen sehr beliebte Selbstbedienungscafé gibt es schon sehr lange. Es serviert Snacks und sehr guten Kaffee – verschiedener Größe, Stärke und Geschmacksrichtung. Es ist ziemlich beengt, hat aber eine Außenterrasse an der Pflasterstraße. Hier ist es bei gutem Wetter am schönsten. Es gibt auch noch eine zweite **Filiale** (☎ 73 53 00 60; Nørdre Gate 2) im gleichen Stil, ebenfalls mit Tischen auf dem Bürgersteig und mit ebenso aromatischem Kaffee.

CaféniMuser(☎ 73532550; Bispegata9; Snacks60–85nkr) Das Café im Kunstmuseum serviert preiswerte Snacks für eine künstlerisch angehauchte Gästeschaft. An sonnigen Nachmittagen wird die Terrasse zum Biergarten.

SELBSTVERSORGER

Selbstversorger können sich jeden Morgen auf dem kleinen Obst- und Gemüsemarkt am Torvet eindecken. Der **Fischmarkt Ravnkloa** bietet preiswerte Fischfrikadellen und andere Meeresfrüchte.

Ausgehen

Als Studentenstadt bietet Trondheim jede Menge Möglichkeiten, die Nacht durchzufeiern. Die kostenlosen Zeitungen Natt & Dag und Plan B listen die besten Locations auf, hauptsächlich allerdings auf Norwegisch. Solsiden (Sonnenseite) ist Trondheims angesagteste Partyzone mit einem ganzen Kai voller Bars und Restaurants, flankiert von modernen Wohnblocks, umgebauten Lagerhäusern und stillgelegten Kränen.

Trondheim Microbryggeri (Prinsens Gate 39) Jedem øl (Bier)-trinker ist dieses gemütliche Pub mit seinem selbst gebrauten Bier genauso heilig wie dem Pilger seine Olav-Gedenkstätte. Bei acht Sorten Fassbier und leckeren Snacks (um 150 nkr) lässt sich's hier sehr gut aushalten.

Macbeth (Søndre Gate 22 b) Heimwehkranke Schotten fühlen sich hier zu Hause und Leute aus Newcastle trinken nostalgisch ihr Newcastle Brown vom Fass. Auf einem Megabildschirm laufen Fußballspiele oder Autorennen, aber Vorsicht: In der Ecke der Rennfanatiker ist man nicht unbedingt willkommen! Allen offen steht wiederum die wunderbare Auswahl zwischen einem Dutzend Malt-Whiskys.

Studentersamfundet (Studentenzentrum; ☎ 73 89 95 38; Elgesetergate 1) Während des Studienjahrs gibt es hier zehn angesagte Bars, ein Kino und jede Menge Livemusik. Im Sommer dient das Haus als Backpacker-Unterkunft (S. 299).

Metro (☎ 73 52 05 52; Kjøpmannsgaten 12; 🕙 Mi, Fr & Sa 22–2 Uhr) Trondheims einzige Schwulenbar ist zugleich Pub, Lounge, Disko und ein beliebter Treff für Jugendliche beiderlei Geschlechts.

Im **Bare Blåbær** (Innherredsveien 16; Burger & Pizza 110–130 nkr, Tex-Mex um 140 nkr) mit Hafenterrasse ist immer viel los. Es hat den Ruf, die besten Pizzas der Stadt zu backen, darunter *chili bollocks* – wohl ein Special für den kalten Winter.

Den Gode Nabo (Øvre Bakklandet 66; Hauptgerichte 174–194 nkr; 🕙 13–1 Uhr) Der „Gute Nachbar", ein dämmeriges Pub, das schon mehrmals zu Norwegens bester Kneipe gewählt wurde, hat ein tolles Uferplätzchen.

Bruk Bar (Kongens Gate; 🕙 Mo–Sa 11–3, So 13–3 Uhr) Flackernde Kerzen und Designerleuchten werfen ihr Licht auf die Gäste um die 30, die diesen angenehmen Treffpunkt frequentieren. Der Musikstil wechselt, ganz nach Laune der Barkeeper, aber laut ist es immer. Die Straßenterrasse direkt am Torvet ist ideal zum Leutebeobachten.

Rick's Café (Nordre Gate 11; 🕙 ab 11 Uhr) Das ursprüngliche Rick's brannte nieder (ein größerer Brand alle paar Jahre scheint in Norwegen zur Tradition zu gehören). 2007 eröffnete es neu in diesem modernen Nachbau. Das untere Stockwerk glänzt in trendiger Edelstahloptik. Das obere mit gemütlichen Kunstledersofas und -sesseln ist eher etwas zum Cocktailschlürfen oder Weintrinken. Der Club unten (am Wochenende) ist in zwei Bereiche unterteilt: Rock und House.

Unterhaltung

Dokkhuset (🕙 Mo–Do 11–1, Fr & Sa 11–3, So 13–1 Uhr) ist ein künstlerisch umgestaltetes Pumpwerk (die alten Pumpen sind durch den Glasfußboden noch zu sehen). Es dient als Konzertsaal für experimentellen Jazz oder Kammermusik, Restaurant und Cafébar zugleich. Am Kai kann man gemütlich einen Drink schlürfen und von der Dachterrasse den Ausblick auf Trondheim genießen.

TRØNDELAG

Tiger Tiger (☎ 73 53 16 06; Fjordgata 56–58; ☒ Do–Sa 23–3 Uhr) Die drei Stockwerke dieser Kitschdisko sind mit einer Disney-Mischung exotischer Stücke vollgestopft – angeblich aus Südafrika, Indien und Polynesien. DJs legen für die Massen auf, die zu Hunderten hereinströmen.

Supa (☎ 73 50 37 08; Kongens Gate; ☒ Fr & Sa 22–3 Uhr) Der Club im früheren Weinkeller unter der Bruk Bar setzt seine alkoholische Tradition fort. DJs legen House, Jungle, Drum & Bass sowie Rythm & Blues auf.

Frakken (☎ 73 52 24 42; Dronningens Gate 12; ☒ 18–3.30 Uhr) In diesem mehrstöckigen Club mit Pianobar treten jeden Tag norwegische und internationale Künstler live auf.

Trondheims größter Konzertsaal, **Olavshallen** (☎ 73 99 40 50; Kjøpmannsgaten 44), befindet sich im Kulturzentrum Olavskvartalet und ist die Heimat des Trondheimer Sinfonieorchesters. Hier finden auch internationale Rock- und Jazzkonzerte statt, meist zwischen September und Mai.

Das **Trøndelag Teater** (☎ 73 80 50 00; Prinsens Gate 18–20), 1816 erbaut und unlängst sehr schön renoviert, bietet Tanz- und Musikaufführungen.

Die beiden wichtigsten Kinos sind das **Nova Kinosenter** (☎ 82 05 43 33; Olav Tryggvasons Gate 5) und das **Prinsen Kino** (☎ 82 05 43 33; Prinsens Gate 2b).

An- & Weiterreise
AUTO & MOTORRAD
Die E 6 umgeht Trondheim. Die Hauptstraße verläuft direkt durchs Zentrum, wo 25 nkr Mautgebühr anfallen (die Autobahngebühr beinhaltet auch die Maut für die Innenstadt – also Beleg gut aufbewahren). Sie wird auf der Spur mit der Bezeichnung „Manuell" kassiert. Wer nicht bezahlt, riskiert eine happige Geldstrafe.

Autos vermieten **Avis** (Kjøpmannsgaten ☎ 73 84 17 90; Kjøpmannsgaten 34; Flughafen ☎ 74 84 01 00), **Europcar** (Thonning Owesens ☎ 73 82 88 50; Thonning Owesens Gate 36; Flughafen ☎ 74 82 67 00) und **National** (Ladeveien ☎ 73 50 94 40; Ladeveien 24; Flughafen ☎ 74 82 29 90).

BUS
Der Intercity-Busbahnhof (Rutebilstasjon) ist direkt neben dem Bahnhof Trondheim Sentralstasjon (auch Trondheim S).

Als wichtigste Stadt zwischen Süd- und Nordnorwegen ist Trondheim ein Knotenpunkt der Buslinien. Der Nor-Way Busekspress fährt bis zu dreimal täglich nach Ålesund (500 nkr, 7¾ Std.), Namsos (320 nkr, 3¾ Std.) und Oslo (575 nkr, 6½ Std.). Es gibt auch einen Nachtbus von/nach Bergen (751 nkr, 13¾ Std.). Wer nach Narvik oder noch weiter in den Norden will, sollte den Zug nach Fauske oder Bodø (Endstation) nehmen und in den Bus umsteigen.

FÄHRE
Die Fähren der Hurtigrute halten in Trondheim; sie laufen um 12 Uhr in Richtung Norden und um 10 Uhr in Richtung Süden aus. Express-Passagierschiffe zwischen Trondheim und Kristiansund (3½ Std.) legen bis zu dreimal täglich vom Pirterminalen-Kai ab.

FAHRRADSTADT TRONDHEIM
Die Beharrlichkeit der Gemeinde Trondheim ist zu bewundern. Vor wenigen Jahren stellte die Stadt rund 200 grüne Fahrräder zum kostenlosen Gebrauch auf der Halbinsel im Zentrum zur Verfügung. Kurze Zeit später waren sie allesamt gestohlen, kaputt oder wurden einfach nicht zurückgegeben. Die Stadtverwaltung ließ sich davon nicht beirren, erhöhte die Sicherheitsmaßnahmen und startete einen neuen Versuch.

Diesmal sind die markanten Räder knallig rot und werden gerne für Kurzstrecken genutzt. Sie können für maximal drei Stunden geliehen werden und müssen dann an einem der zehn Stände in der Stadt (einer davon am Bahnhof) zurückgegeben werden. Um ein Rad auszuleihen, braucht man eine Berechtigungskarte (70 nkr für max. 4 Tage plus 200 nkr Pfand) von der Touristeninformation.

Auch sonst bietet die Stadt einiges für Radfahrer: gut ausgeschilderte Radrouten, die häufig autofrei und auch für Fußgänger ideal sind; einen Streifen glatter Steinplatten entlang Pflasterstrecken, die Rad und Fahrer sonst ganz schön durchschütteln würden – und Trampe, den weltweit einzigen Fahrradlift, der Radler von der Gamle Bybro den Hügel Brubakken und die Kristiansten Fort hinaufschleppt.

TRØNDELAG

FLUGZEUG
Der Flughafen Værnes liegt 32 km östlich von Trondheim. SAS verbindet Trondheim mit allen wichtigen norwegischen Städten und mit Kopenhagen. **Norwegian** (www.norwegian.no) fliegt von/nach London (Stansted), Oslo und Bergen.

ZUG
Fahrplaninformationen gibt es unter ☎ 177. Täglich fahren bis zu sechs Züge nach Oslo (810 nkr, 6¾ bis 7¾ Std.) und zwei Richtung Norden nach Bodø (937 nkr, 9¾ Std.) über Mosjøen (648 nkr, 5½ Std.), Mo i Rana (749 nkr, 6½ Std.) und Fauske (905 nkr, 9 Std.). Auch nach Steinkjer (217 nkr, 2 Std.) gibt es stündliche Verbindungen.

Mit einem minipris-Ticket (s. S. 448) lässt sich gegenüber den Standardpreisen u. U. einiges sparen.

Unterwegs vor Ort
VOM/ZUM FLUGHAFEN
Flybussen (☎ 73 82 25 00) fährt zwischen 5 und 20 Uhr alle 15 bis 20 Minuten (am Wochenende seltener) und hält an wichtigen Orten wie dem Bahnhof, Studentersamfundet und Britannia Hotel (80 nkr; 40 Min.).

Auch die Bahn verkehrt zwischen Sentralstasjon und dem Flughafen Værnes (68 nkr, 35 Min., alle 2 Std.).

AUTO & MOTORRAD
Die Parkhäuser sind meist (in Preis und Komfort) günstiger als die gierigen Parkautomaten am Straßenrand.

ÖFFENTLICHE VERKEHRSMITTEL
Der zentrale Umsteigebahnhof der Stadtbusse von **Team Trafikk** (☎ 73 50 28 70) ist an der Ecke Munkegata und Dronningens Gate. Hier halten alle Linien. Bus und Straßenbahn kosten 22 nkr pro Fahrt (24-Stunden-Ticket 55 nkr) und müssen passend bezahlt werden.

Trondheims Straßenbahnlinie Gråkalbanen verläuft von der St. Olavsgata in westlicher Richtung nach Lian im Herzen der Bymarka. Museumstriebwagen, die im Sommer immer samstags unterwegs sind, benutzen dieselbe Strecke, und es ist möglich, zwischen ihnen und den Stadtbussen umzusteigen.

TAXI
Taxen ruft man bei **Trønder Taxi** (☎ 07373) oder **NorgesTaxi** (☎ 08000).

DER WEG NACH NORDEN

Von Steinkjer aus gibt es zwei Routen nach Norden: den stärker befahrenen Arctic Highway im Landesinneren und die langsamere E 17 Küstenstraße (Kystriksveien). Die Bahnstrecke in Richtung Norden über Hell und Steinkjer nach Bodø folgt mehr oder weniger dem Arctic Highway bis nach Fauske.

HELL
An Hell ist nicht viel Außergewöhnliches – außer der Name, der auf Norwegisch „Wohlstand" bedeutet, im Englischen hingegen „Hölle". Viele englischsprachige Reisende kommen hierher, um ein Foto des Bahnhofschilds zu schießen. Wenn sie dann später einer „zur Hölle" wünscht, können sie belegen, dass sie schon dort gewesen sind. Und es war gar nicht so schlimm!

STIKLESTAD
In Stiklestad wird eines Ereignisses gedacht, das eigentlich nur ein kleines Geplänkel war, und doch das norwegische Nationalbewusstsein entscheidend geprägt hat.

Hierher strömen die Norweger zu Tausenden – manche als Pilger, um die dem hl. Olav gewidmete Kirche zu besuchen, doch die Mehrzahl um zu picknicken, die frische Luft und die Natur zu genießen und sich die Ausstellungen anzuschauen.

Am 29. Juli 1030 schlugen in Stiklestad die zahlenmäßig überlegenen und besser ausgerüsteten Streitkräfte regionaler Stammesfürsten den knapp 100 Mann zählenden Trupp des christlichen Königs Olav Haraldsson. Olav war zuvor von König Knut von Dänemark und England entthront worden und nach Russland geflohen. Als er kurze Zeit später zurückkehrte, stieß er auf den Widerstand einheimischer Häuptlinge. Sie waren erbost, weil Olav die heidnischen Kultstätten zerstört hatte und jeden hinrichten ließ, der nicht zum Christentum übertrat.

Die Schlacht von Stiklestad markiert für die Norweger den Übergang von der Wikingerzeit zum Mittelalter. Obwohl Olav in dieser Schlacht fiel, gilt sie als Sieg der Christenheit und der gefallene Held als Märtyrer und Heiliger.

Der hl. Olav wurde in ganz Nordeuropa zum Idol und sein Grab im Nidarosdom von

Trondheim zum Wallfahrtsort für Pilger aus ganz Europa. Die ganze Anlage, in der man größtenteils umsonst herumwandern kann, erinnert an einen weitläufigen Themenpark – mit Ausstellungsstücken zur Schlacht von Stiklestad, einem Freilichtmuseum und der deutlich älteren Kirche von Stiklestad aus dem 12. Jh.

Sehenswertes & Aktivitäten

Das **Nationale Kulturzentrum von Stiklestad** (Stiklestad Nasjonale Kultursenter; ☎ 74 04 42 00; www.stiklestad.no; Erw./Kind 95/40 nkr) befindet sich in einem grandiosen Holzbauwerk. Im Eintritt enthalten ist der Besuch von **Stiklestad 1030**, einer bewegenden Ausstellung über die Schlacht, visualisiert mit plastischen Schaubildern und vertont mit viel Geschrei und Geröchel. Außerdem gilt das Ticket für einen 15-minütigen Film über den hl. Olav, eine Führung durch die Kirche und ein kleines Widerstandsmuseum. Zu dem Komplex gehört auch ein **Restaurant**, das sich auf Speisen der Region spezialisiert hat, und ein neu eröffnetes **Hotel** (EZ/DZ inkl. Frühstück 690/790 nkr), dessen Form den Schild des hl. Olav darstellt.

Auf dem Gelände stehen über 30 historische Gebäude (Eintritt frei), von einfachen Gehöften und Handwerkstätten bis zum Molåna, einem imposanten Bauernhaus mit kleinem Café (nur im Sommer geöffnet). In der Sommersaison erwecken Schauspieler in historischen Kostümen viele der Gebäude zum Leben.

Auf der anderen Straßenseite liegt Stiklestads bezaubernde **Kirche** (Kernzeiten 11–18 Uhr), die zwischen 1150 und 1180 über dem Stein errichtet wurde, auf den sich der sterbende hl. Olav gestützt haben soll. Dem Stein wurden sogar Heilkräfte nachgesagt, aber während der Reformation ist er verschwunden und nicht wieder aufgetaucht. Das Kulturzentrum verkauft die Broschüre *Stiklestad Yesterday & Today* (30 nkr), mit Erläuterungen zu dieser Stätte und ihrer Bedeutung für die Norweger.

Festivals & Events

In der Woche vor dem St.-Olavs-Tag (29. Juli) wird in Stiklestad das **St.-Olavs-Festival** gefeiert. Dazu gehören ein mittelalterlicher Markt, kostümierte Möchtegern-Wikinger und verschiedenste volkstümliche Aktionen. Höhepunkt ist eine Freilichtaufführung während der letzten fünf Tage, die den Kampf

zwischen dem König und den ortsansässigen Bauern und Stammesführern inszeniert. Die Hauptrollen werden traditionell mit berühmten norwegischen Schauspielern und Schauspielerinnen besetzt, während die einheimische Bevölkerung Nebenrollen einnimmt und Massenszenen spielt.

STEINKJER & WEITER NÖRDLICH
11 000 Ew.

In mittelalterlichen Sagen wird Steinkjer als wichtiges Handelszentrum erwähnt und tatsächlich ist es noch heute ein Scheideweg, an dem sich Reisende in Richtung Norden zwischen der malerischen Küstenstraße (Kystriksveien, Rv 17) nach Bodø und dem Arctic Highway (E 6) entscheiden müssen.

Die **Touristeninformation** (☎ 74 16 36 17; www.visit innherred.com; Namdalsvegen 11; Mitte Juni–Mitte Aug. Mo–Fr 9–20, Sa 10–19, So 12–20 Uhr, übrige Zeit Mo–Fr 9–16 Uhr) liegt an der E 6 und ist vom Bahnhof aus über einen Fußgängertunnel zu erreichen. Sie dient zugleich als Kystriksveien-Info-Center und übernimmt Zimmerreservierungen in der Stadt und entlang der Küstenstraße. Außerdem gibt's hier Mietfahrräder (30/150 nkr pro Std./Tag) und kostenlosen Internetzugang.

Sehenswertes & Aktivitäten

Steinkjers Hauptattraktion ist das **Egge Museum** (☎ 74 16 31 10; Fylkesmannsgården; Erw./Kind 60 nkr/gratis; Mitte Juni–Mitte Aug. 11–16 Uhr), ein großer Bauernhof auf einer Anhöhe 2,5 km nördlich der Stadt. Ringsum liegen mehrere Hügelgräber und Steinkreise aus der Wikingerzeit.

Nördlich der Stadt folgt die E 6 dem Nordufer des 45 km langen und sehr schmalen Sees **Snåsavatnet**, gesäumt von majestätischen Nadelwäldern. Eine Alternative ist die Rv 763 entlang des ruhigeren Südufers. Sie führt an den **Bølarein** vorbei, 5000 bis 6000 Jahre alten Felsritzungen von Rentieren und anderen Motiven. Infos gibt's im nahe gelegenen **Bølabua Restaurant & Souvenirshop** (☎ 45 42 65 88; Ende Juni–Anfang Aug.).

Schlafen & Essen

Føllingstua (☎ 74 14 71 90; www.follingstua.com; E 6, Følling; Auto-/Wohnwagenstellplatz 100/160 nkr, Hütten 490–570 nkr, 3–4BZ mit Etagenbad 450 nkr) An der E 6, 14 km nördlich von Steinkjer und fast am Südwestzipfel des Sees liegt dieser schöne Campingplatz, der zu einer ein- oder zweitägigen Pause einlädt, um zu angeln oder sich ein Boot oder Kanu zu leihen und über den See zu schippern.

Guldbergaunet Sommerhotel & Camping (☎ 74 16 20 45; g-book@online.no; Elvenget 34; Stellplatz 160 nkr, DZ 720 nkr, Hütte 375–480 nkr; ☺ Hotel Mitte Juni–Mitte Aug., Hütten ganzjährig) Während des Jahres dienen der Campingplatz und das Hotel auf einer Wiese 2,3 km vor der Stadt als Studentenunterkunft. Ein kleiner Fluss lockt zum Paddeln oder Baden.

Tingvold Park Hotel (☎ 74 14 11 00; www.tingvold hotel.no; Gamle Kongeveien 47; EZ/DZ Mitte Juni–Mitte Aug. & ganzjährig Fr & Sa 700/970 nkr, übrige Zeit So–Do 1240/1530 nkr; ℗ ☐) Dieses preiswerte Hotel mit schönem Garten liegt etwas abseits an einem alten Wikingerfriedhof mit Blick auf Steinkjer.

Breidablikk (☎ 74 16 22 05; Kongens Gate 22–24; Hauptgerichte um 100 nkr; ☺ Mo–Fr 9–18, So 12–18 Uhr) Hier geht's nicht gerade nobel, aber sehr freundlich zu und es gibt deftige norwegische Hausmannskost; à la carte oder als Tagesgericht. Fischfrikadellen in weißer Soße plus Dessert und Kaffee für 89 nkr – günstiger isst man in Norwegen nirgends.

Brod & Cirkus (☎ 74 16 21 00; Kongens Gate 40; ☺ Mo–Sa) Direkt an der Hauptstraße, nur 250 m vom Bahnhof entfernt, wird hier täglich frisches Brot gebacken und die Speisekarte klingt sehr verlockend. Auf Wunsch wird sogar eine sechsstöckige Hochzeitstorte gezaubert, sollte ein entsprechendes Ereignis ins Haus stehen.

NAMSOS
9000 Ew.
Namsos gilt als erste nennenswerte Hafenstadt an der Küstenstraße zwischen Trondheim und Bodø. Es bietet sich zum Übernachten an und hat ein paar nette Attraktionen.

Die **Touristeninformation** (☎ 74 22 66 04; www.namsosinfo.no; Damskipskaia; ☺ Mitte Juni–Mitte Aug. Mo–Fr 9–18, Sa 10–16, So 12–16 Uhr; übrige Zeit 9–15.30 Uhr) befindet sich im selben Hafengebäude wie die örtlichen Bus- und Fährunternehmen. Sie verleiht Fahrräder (25/150 nkr pro Std./Tag) und bietet Infos zur Küstenstraße Kystriksveien.

Cyberland Café (☎ 74 28 74 55; Kirkegata 11; ☺ Mo–Sa 11–22, So 13–22 Uhr) hat mehrere Internetterminals (36 nkr pro Std.).

Sehenswertes & Aktivitäten
Ein gemütlicher, 20-minütiger Spaziergang die Kirkegata hinauf führt vom Zentrum zum Aussichtspunkt auf dem markanten Felsen **Bjørumsklumpen** (114 m) mit tollem Blick über den Namsfjord, die Stadt und ihre Umgebung. Nach dem ersten Wegdrittel zweigt ein ausgeschilderter Pfad ab und führt zu einigen imposanten Nazibunkern, die im Zweiten Weltkrieg direkt in den Fels gehauen wurden.

Sportliche Nostalgiker können am Campingplatz in Namsos (s. S. 306) eine **Draisine** mieten (eine Pers. 250 nkr, bis 4 Pers. 350 nkr) und damit auf der 17 km langen stillgelegten Bahnstrecke am Flüsschen Nansen entlang bis nach Skage radeln.

Wer sich fürs Holzhacken und -häckseln interessiert, ist im **Norsk Sagbruksmuseum** (☎ 74 27 13 00; Spillumsvika; Eintritt frei; ☺ Führungen Mitte Juni–Mitte Aug. Di–Sa 10, 12, 14 & 16 Uhr, übrige Zeit Mo–Fr) richtig. Es liegt jenseits der Brücke 4 km östlich der Stadt und erinnert an Norwegens erstes dampfbetriebenes Sägewerk von 1853.

Das **Namdal Museum** (Namdalsmuseet; ☎ 74 27 40 72; Kjærlighetstien 1; Erw./Kind 30 nkr/gratis; ☺ Mitte Juni–Mitte Aug. Di–So 11–15 Uhr) beherbergt eine Ausstellung zur Regionalgeschichte, die u. a. die typischen Holzsegelboote der Region zeigt. Außerdem ist es – man höre und staune – „Norwegens einziges Museum, das Krankenhausausstattung in chronologischer Reihenfolge präsentiert".

Die **Oasen-Schwimmhalle** (☎ 74 21 90 40; Jarle Hildrums Veg; Erw./Kind/Fam. 80/35/190 nkr; ☺ Mo–Fr 10–20, Sa & So 10–16 Uhr), 1 km östlich der Stadt, bietet drei beheizte Becken und eine 37 m lange Wasserrutsche, die tief in den Berg hineingebaut ist.

Die **Kerzengießerei Namsos** (Lysstøperiet; ☎ 74 21 29 00; Lokstallen, ☺ Mo–Fr 10–18, Sa 11–16 Uhr) fertigt und verkauft in einem ehemaligen Lokschuppen kunstvoll geformte Kerzen, die wie echte Tropenblumen oder – seltsam genug – wie Eistüten aussehen.

Schlafen & Essen
Namsos Camping (☎ 74 27 53 44; namsoscamp@online. no; Zelt-/Wohnmobilstellplatz 150/185 nkr, 4-Bett-Hütte ohne eigenes Bad 375–450 nkr, mit eigenem Bad 800–850 nkr) Dieser Campingplatz der Spitzenklasse hat eine große Küche mit Esszimmer, einen Spielplatz und eine Minigolfanlage. Die einfacheren Hütten sind echte Schnäppchen und die teureren bestens ausgestattet. Der Platz an einem seichten Badesee ist ideal für Kinder, die auch die Eichhörnchen und die beiden zahmen Ziegen mögen werden. Zu erreichen

via Rv 17 in Richtung Grong; einfach den Flughafenschildern folgen.

Borstad Hotel & Gjestgiveri (☎ 74 21 80 90; www.borstadhotel.no; Carl Gubransons Gate 19; EZ/DZ Juli–Mitte Aug. & ganzjährig Fr & Sa 710/960 nkr, übrige Zeit So–Do ab 850/1090 nkr; P) Das kürzlich modernisierte Borstad ist hell und freundlich mit großen, sonnigen Zimmern, einem schönen Garten und einer gemütlichen Lounge. Frühstück gibt's an einem riesigen, über 100 Jahre alten Eichentisch, an dem früher Vorstandssitzungen abgehalten wurden.

Tino's Hotell (☎ 74 21 80 00; www.tinoshotell.no, auf Norwegisch; Verftsgata 5; EZ/DZ So–Do ab 950/1200 nkr, Fr & Sa 750/1000 nkr) Es liegt nur einen Steinwurf vom Wasser entfernt und bietet große, komfortable Zimmer. Tino, der Besitzer, ist seit Jahren in Norwegen, bleibt aber ein waschechter Italiener. In seinem phantastischen Restaurant La Sirenetta (Hauptgerichte um 200 nkr; ☽ 15–23 Uhr) serviert er internationale und italienische Küche (z. B. 25 verschiedene Pizzasorten) – um Klassen besser als die üblichen norwegischen Pizza-und-Pasta-Treffs.

Cyberland Café (☎ 74 28 74 55; Kirkegata 11; ☽ Mo–Sa 11–22, So 13–22 Uhr) Hier gibt's klasse Burger in drei Größen, belegte Ciabattabrote und Fleisch vom Grill; alles zu sehr fairen Preisen (45–106 nkr). Plus Internetzugang.

Aakervik (☎ 74 27 20 90; Ecke Havnegata & Herlaugs Gate 16; ☽ Kernzeiten Mo–Sa 9–16.30 Uhr) bietet leckeren Lachs und andere Fischarten sowie Rentier, Rehwild und Elch. Aus allen Ecken starren einen hier die gläsernen Augen ausgestopfter Vögel und anderer Tiere an. Besonderen Respekt verdient der freundliche Braunbär.

An- & Weiterreise

Der Nor-Way Bussekspress verkehrt zweimal täglich zwischen Namsos und Trondheim (320 nkr, 3¾ Std.) und bis zu acht Busse fahren von hier nach Steinkjer und zurück (120 nkr, 1½ Std.).

RØRVIK

Das kleine Städtchen Rørvik brummt, wenn hier täglich um 20.30 Uhr die Hurtigruten-Fähren in Richtung Norden und Süden gleichzeitig anlegen. Eine faszinierende Attraktion ist das multimediale **Norveg** (☎ 74 39 04 41; www.norveg.org; Erw./Kind inkl. Audioguide 70/35 nkr; ☽ Mitte Juni–Juli 10–22 Uhr, übrige Zeit 10–17 Uhr und wenn die Hurtigruten-Fähren anlegen). Dieses Zentrum für Küstenkultur und -wirtschaft befindet sich in einem architektonisch meisterhaften Bau, der von weitem einem riesigen Segelschiff ähnelt. Anhand verschiedener Medien – darunter ein Audioguide auf Deutsch – führt es durch 10 000 Jahre Küstengeschichte. Außerdem betreibt es ein sehr angesehenes Gourmetrestaurant.

Das Kombiticket (Erw./Kind 120/60 nkr) berechtigt zwei Tage lang zum Besuch des Norveg, des Berggården (ein altes Handelshaus, wie es in den Hafengemeinden früher üblich war) und anderer historischer Gebäude. Im Norveg ist die kostenlose Broschüre Coastal Town Rørvik erhältlich, die alle wichtigen Attraktionen der kleinen Gemeinde erläutert.

Busse von Rørvik nach Namsos (306 nkr, 3 Std.) fahren ein- bis zweimal täglich, schneller sind jedoch die Personenexpressboote – wenn die Abfahrtszeit passt (163 nkr, 1¼ Std., Mo, Fr & So).

LEKA

600 Ew.

Die herrlich wilde Insel Leka ist auf jeden Fall einen Abstecher wert. Ihre wüstenähnliche Wildwestlandschaft wird Wanderer bezaubern. Sie ist ein wichtiges Revier für Seeadler (Kinder gut festhalten! 1932 hat ein dreistes Exemplar ein dreijähriges Mädchen gepackt). Außerdem gibt es mehrere Hügelgräber aus der Wikingerzeit und steinzeitliche Felsmalereien.

Im **Leka Motell og Camping** (☎ 74 39 98 23; www.leka-camp.no; Zelt-/Wohnwagenstellplatz 80/120 nkr, Hütte ohne eigenes Bad 250–700 nkr, DZ/4BZ mit eigenem Bad & Küche 600/700 nkr) gibt es gut ausgestattete und preiswerte Motelzimmer, aber auch spartanische Grasdach-Steinhütten (350 nkr), in deren Etagenbetten bis zu vier Personen unterkommen.

Leka wird stündlich von einer Fähre aus dem Städtchen Gutvik (26/68 nkr pro Pers./Auto und Fahrer, 20 Min.) angelaufen, das etwa 20 Minuten von der Küstenstraße Rv 17 entfernt liegt.

Nordland

Wer weiter Richtung Norden fährt, muss eine schwierige Entscheidung treffen: Nimmt er die spektakuläre Küstenroute Kystriksveien und vielleicht den einen oder anderen Abstecher zu einem Gletscher oder einer küstennahen Insel? Oder folgt er weiter im Landesinneren dem fast ebenso beeindruckenden Arctic Highway, der kürzer ist und trotzdem nicht überfüllt?

Wie auch immer die Entscheidung ausfällt, in jedem Fall sollte man etwas Zeit für die Lofoten einplanen, jene Kette vorgelagerter Inseln mit rasiermesserscharfen Gipfeln und blauen Buchten. Dort regiert noch immer König Kabeljau, wie die kleinen Fischereimuseen, die rorbuer (Fischerhütten, wörtlich „Rudererwohnung") und die Trockengestelle beweisen. Dank zahlreicher Brücken und ganz guter Verkehrsverbindungen ist Inselhopping kein Problem. Aber manch einer will vielleicht etwas länger bleiben und ein Fahrrad mieten oder in die Wanderstiefel schlüpfen. Die Radstrecken sind sehr einfach und Wanderrouten gibt es in allen Schwierigkeitsgraden. Etwas weiter nördlich liegt Andenes an der Nordspitze von Andøya, einer Fortsetzung der Lofoten-Kette und das beste Revier für Walbeobachtungen in ganz Norwegen.

Auf der weiteren Fahrt durch die lange, schmale Region Nordland rückt der Polarkreis spürbar näher: Die Felder werden abgelöst von Seen und Wäldern, der Blick weitet sich, die Gipfel werden schroffer und die Baumgrenze rückt immer tiefer die Hänge herab. Im Sommer ist es hier die ganze Nacht durch hell und im Winter flackert das Polarlicht am Himmel. Neben der Region Nordland behandelt dieses Kapitel auch den nordöstlichen Teil von Vesterålen, eine Fortsetzung des Lofoten-Archipels, der zur Provinz Troms gehört.

HIGHLIGHTS

- Fähren-Hopping vor großartiger Kulisse: die **Küstenstraße Kystriksveien** (S. 322)
- Im **E-Huset Museum** (S. 324) von Vega die Eiderenten und ihre zarten Daunen bewundern
- Im **Norwegischen Luftfahrtmuseum** in Bodø staunen wie ein Kind (S. 326)
- Durch das winzige, gut erhaltene Fischerdorf **Å** auf den Lofoten bummeln (S. 342)
- Wandern auf den Vesterålen: die Queen's Route entlang der Küste nach **Stø** (S. 348)
- Sich eine Auszeit nehmen und durch **Mosjøens** (S. 310) historische Sjøgata mit ihren Galerien, Museen und Cafés flanieren
- Kalte Füße auf einem der Gletscher im **Saltfjellet-Svartisen-Nationalpark** bekommen (S. 315))

EINWOHNER: 235 450	HÖCHSTE ERHEBUNG: OKSSKOLTEN (1916 M)

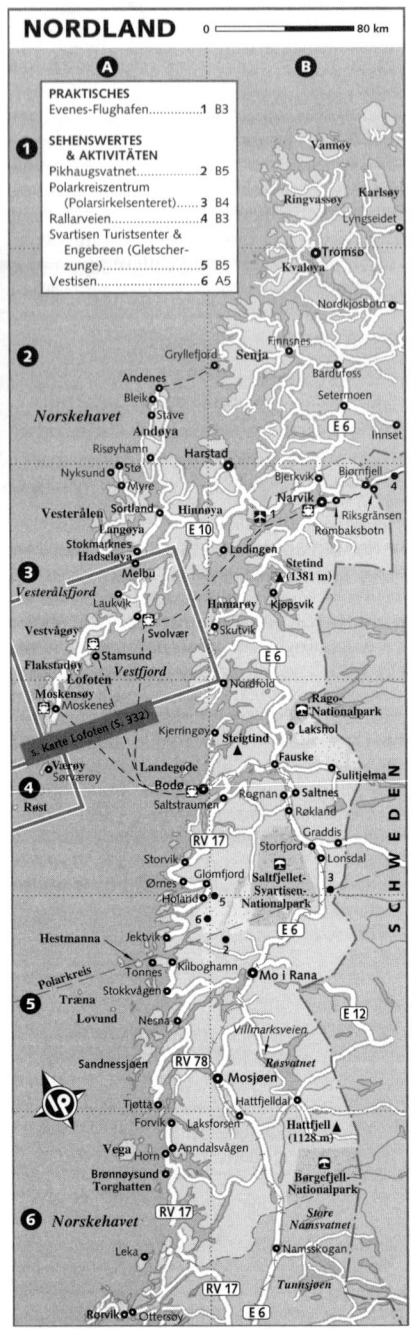

NORDLAND 0 ⟨══════⟩ 80 km

PRAKTISCHES
Evenes-Flughafen..............1 B3

SEHENSWERTES & AKTIVITÄTEN
Pikhaugsvatnet..............2 B5
Polarkreiszentrum
(Polarsirkelsenteret)......3 B4
Rallarveien..........................4 B3
Svartisen Turistsenter &
Engebreen (Gletscher-
zunge)..........................5 B5
Vestisen........................6 A5

An- & Weiterreise

Die Website www.177nordland.com gibt es zwar nur auf Norwegisch, doch die Fahrpläne sind trotzdem zu verstehen. Die Seite umfasst die Fahrpläne aller Busse, Schiffe, Züge und Flugzeuge im Nordland (bzw. Links dazu). Telefonische Auskünfte gibt's unter ☎ 177 innerhalb der Region Nordland bzw. unter ☎ 75 77 24 10 außerhalb davon.

Bei Steinkjer in Trøndelag (S. 304) müssen sich motorisierte Traveler entscheiden, ob sie den schnelleren Arctic Highway nach Narvik nehmen oder die langsamere, weniger befahrene, teurere aber auch noch viel schönere E 17: den 650 km langen Kystriksveien (Küstenweg) bis Bodø. Wenn Zeit und Geld es erlauben, ist die Küstenstrecke zu empfehlen. Ohne eigenes Fahrzeug indes bleibt nur die Bahn oder der Bus via Arctic Highway.

DER ARCTIC HIGHWAY

MOSJØEN
9900 Ew.

Reisende, die von der E 6 nach Mosjøen (ausgesprochen Mu-scher-en) reinkommen, sind vielleicht von dieser Industriestadt mit ihren Aluminiumwerken zunächst enttäuscht. Aber nicht abschrecken lassen: Etwa 1 km südlich, am seeähnlichen Vefsnfjord, gehören die historische Sjøgata und ein oder zwei Straßen in der Nähe zu den charmantesten im nördlichen Norwegen – es lohnt sich wirklich, hier ein bisschen herumzubummeln.

Die Stadt hat eine starke historische Verbindung zu Großbritannien: Mitte des 19. Jhs. importierten fünf Engländer hochmoderne Dampf- und Sägewerkmaschinen und begründeten die North of Europe Land & Mining Company Ltd., die Holz an Großbritanniens aufblühende Industriestädte liefern sollte. Aus einer winzigen Ansiedlung an der Küste wurde in null Komma nix die erste echte Stadt der Region.

Mosjøens **Touristeninformation** (☎ 75 11 12 40; www.visithelgeland.com; ☉ Juli 9–19 Uhr, Juni & Aug. Mo–Fr 10–17 Uhr, übrige Zeit Mo–Fr 10–15.30 Uhr) liegt am Südende der Sjøgata und bietet Internetzugang (20 nkr pro 15 Min.).

Sehenswertes & Aktivitäten
SJØGATA

Ein gemütlicher Spaziergang rund um die Sjøgata mit ihren mehr als 100 unter

Denkmalschutz stehenden Gebäuden führt an Galerien, Cafés, Restaurants und Privatwohnungen in schön renovierten ehemaligen Lagerhäusern, Werkstätten und Bootshäusern vorbei. *The History of a Town* (20 nkr), erhältlich im Museum und bei der Touristeninformation, ist ein ausgezeichnetes kleines Büchlein, in dem Mosjøens Vergangenheit lebendig wird.

VEFSN MUSEUM

Ein Kombiticket (30 nkr) gilt für beide Teile von Mosjøens **Museum** (☎ 75 11 01 10).

Das **Lagerhaus Jakobsensbrygga** in der Sjøgata (Sjøgata 31B; ☉ Juli Di–Fr 10–20, Sa 10–15 Uhr, übrige Zeit Di–Fr 10–15 Uhr) ist ein hervorragendes kleines Museum, in dem mit Hilfe extrem eindrucksvoller, vergrößerter Fotos die Geschichte Mosjøens seit dem frühen 19. Jh. dargestellt wird.

Nordöstlich vom Ortszentrum werden in der **Sammlung ländlicher Gebäude** (Bygdesamlinga; ☉ nur im Juli Di–Fr & So 10–15 Uhr) zwölf Bauernhäuser, Läden und Ähnliches aus dem 18. und 19. Jh. gezeigt, die man sich von außen anschauen kann. Gleich nebenan befindet sich die **Dolstad-Kirche** von 1735. Sie wurde anstelle einer mittelalterlichen Kirche errichtet, die dem hl. Michael geweiht war. Sollte die Kirche geschlossen sein, bekommt man den Schlüssel im Museum.

LAKSFORSEN

Ungefähr 30 km südlich von Mosjøen und nur 600 m von der E 6 entfernt braust der **Wasserfall** Laksforsen 17 m in die Tiefe. Zur richtigen Jahreszeit sieht man hier springende Lachse und findet tolle Picknickplätze – auch wenn es nicht ganz einfach ist, das Ufer unter-

halb des Sturzbaches zu erreichen. Das etwas kleinliche Café mit Hinweisschildern wie „Keine Fotos" und „Ab hier nur für Gäste" sollte man sich sparen.

Schlafen & Essen

Mosjøen Camping (☎ 75 17 79 00; www.mosjoen camping.no; Mathias Bruuns Gata 24; Zelt-/Wohnwagenstellplatz 120/170 nkr, Hütten 390–1090 nkr) Dieser Platz an der E 6 500 m südöstlich des Zentrums ist oft von Nordkapfahrern überlaufen.

Mosjøen Hotell (☎ 75 17 11 55; www.mosjoen camping.no; Vollanveien 35; EZ/DZ mit Etagenbad 380/490 nkr, EZ/DZ mit eigenem Bad Mitte Juni–Mitte Aug. 650/840 nkr, übrige Zeit So–Do 855/960 nkr, Fr & Sa 640/810 nkr; **P** **□**) Das Hotel hat den gleichen Besitzer wie der Campingplatz. Es liegt 100 m nördlich des Bahnhofs, ist äußerst durchschnittlich, bietet aber nette, preiswerte Zimmer.

LP Tipp Fru Haugans Hotel (☎ 75 11 41 00; www. fruhaugans.no; Strandgata 39; EZ/DZ Mitte Juni–Mitte Aug. & ganzjährig Fr & Sa 740/940 nkr, übrige Zeit So–Do 1095/1295 nkr) Die öde Fassade täuscht, was den Planern wohl entgangen sein muss. Tatsächlich ist das Hotel von Frau Haugans das älteste im nördlichen Norwegen. Ihr Porträt hängt in der Lounge neben dem Ellenstuen Restaurant. Das Hotel wurde 1794 gegründet, umfasst mehrere Gebäude und ist im Laufe der Jahre organisch gewachsen. Im wunderschönen grünen Garten kann man den Panoramablick auf den Fjord genießen. Im Anbau gibt es auch ein paar billigere Zimmer (EZ/DZ 450/650 nkr) mit Etagenbad und viel Atmosphäre.

Café Kulturverkstedet (☎ 75 17 27 60; Sjøgata 22–24; ☉ Mo–Sa 8–16 Uhr) Das reizende Café, das von der örtlichen Gesellschaft für Denkmalpflege geleitet wird, befindet sich – passenderweise – in einem der größten und am schönsten res-

---

DAS ARKTISCHE MENÜ

Gourmets sollten in Nordnorwegen unbedingt jene Restaurants aufsuchen, die dem Arctic-Menu-Netzwerk angeschlossen sind. Die Mitglieder – von kleinen Familienbetrieben bis zu Restaurants von Hotelketten – kochen traditionelle norwegische Gerichte und/oder verwenden natürliche Zutaten aus der Region. Das kann eine Soße sein, in der einheimische Beeren schmurgeln, ein Wandersaibling (eine Art Lachsfisch) aus dem eisigen Wasser der Umgebung, Rentier, Seehund, Wal oder natürlich Kabeljau – jedes noch so kleine Stückchen davon, vom nahrhaften Fleisch bis zu den hiesigen Delikatessen wie Backen, Rogen, Leber, Magen oder Zunge.

Unter der Rubrik „Essen" weisen wir jeweils auf die entsprechenden Restaurants hin. Auf der Website des Netzwerks (www.arktiskmeny.no) sind alle rund 40 Teilnehmer verzeichnet, und in den meisten Touristinformationen gibt es eine entsprechende Broschüre. Darin stehen auch ein paar Rezepte, sodass man zu Hause das eine oder andere Gericht nachkochen kann – natürlich nur, wenn es gelingt, die frischen nordnorwegischen Zutaten zu bekommen.

taurierten Gebäude der Sjøgata. Dort liegen einige Bücher aus und eine Kunstgalerie ist angeschlossen.

Lille Torget (☎ 75 17 04 14; Strandgate 24; 🕑 Mo–Sa) Dieses Lokal mit Terrasse zum Hauptplatz hat schon so einiges erlebt: In dem Gebäude befand sich ursprünglich eine Bank, dann ein Kleiderladen, jetzt versprüht es Pub-Atmosphäre (man beachte die prachtvolle Jugendstil-Jungfrau, die eine Lampe an ihrem Herzen trägt). Ein ausgezeichneter Kaffee ist garantiert, denn einer der Mitarbeiter ist 2007 bis ins Finale von Norwegens alljährlichen Kaffeemeisterschaften gelangt (andererseits war das Personal der Frühschicht bei unserem letzten Besuch langsam bis zur Bewegungslosigkeit).

Zum Fru Haugans (s. 311) gehören zwei phantastische Restaurants. **Ellenstuen** (Hauptgerichte 220–240 nkr) ist ein intimes Lokal, das viel von der Originalausstattung bewahrt hat. Es bietet eine besonders phantasievolle Karte (etwa gebratenes Hirschfilet und leicht geräucherte Schneehuhnbrust in Himbeersoße machen den Mund wässrig). Die größere **Hagestuen** (Hauptgerichte 165–245 nkr) mit Wandteppichen lässt die Wahl zwischen Gerichten à la carte und einem üppigen Abendbüfett (225 nkr).

Sehr gute Küche bietet außerdem das **Oksen Ferdinand** (☎ 75 11 99 91; Sjøgata 23; Hauptgerichte 220–255 nkr), ein Steakhouse mit einer Terrasse zur Straße hin. Es befindet sich ebenfalls in einem historischen Gebäude und serviert

---

KUNSTLANDSCHAFT NORDLAND

Sie stehen an einsamen Kaps und in windgepeitschten Mooren, zwischen Felsklippen und in Stadtparks. Wer durch die Region Nordland reist, sollte den Schildern mit der Aufschrift *Skulpturlandscap* folgen, um diese kreativen, modernen Skulpturen zu entdecken, die sich harmonisch mit der Landschaft verbinden. Insgesamt 33 Werke wurden bei namhaften norwegischen, skandinavischen und internationalen Künstlern aus 18 Ländern in Auftrag gegeben. Bildhauer wie Antony Gormley, Anish Kapoor und Tony Cragg haben in dieser Landschaft ihre ganz individuelle Spur hinterlassen. Weitere Informationen über das ehrgeizige Projekt bietet die Website www.artscape.no.

---

u. a. leckere Sandwiches und Snacks (90–135 nkr).

An- & Weiterreise

Flüge gehen nach Bodø (via Mo i Rana) und Trondheim.

Busse fahren von Mosjøen nach Brønnøysund (3 Std., 1- bis 2-mal tgl. außer Sa) und nach Sandnessjøen (1¾ Std., 3- bis 5-mal tgl.) und mindestens einmal täglich von/nach Mo i Rana (1¾ Std.).

Mosjøen liegt an der Bahnlinie zwischen Trondheim (648 nkr, 5½ Std.) und Fauske (445 nkr, 3½ Std.).

Für Motorisierte lohnt sich ein Abstecher über den wilden und faszinierenden Villmarksveien, der östlich von Mosjøen parallel zur E 6 verläuft und näher an den bizarren, 1128 m hohen Gipfel Hatten (oder Hattfjell) heranführt. Vom Endpunkt der Straße dauert die Wanderung auf den Gipfel etwa 2 Std. Andererseits verpasst man auf dieser Route den Ort Mosjøen.

MO I RANA
5800 Ew.

Mo i Rana (von denen, die es kennen, kurz Mo genannt) ist die drittgrößte Stadt im Norden und das Tor zu Nadelwäldern, Höhlen und Gletschern der Region am Polarkreis. Die besonders freundliche Atmosphäre mag daher kommen, dass Mo nach dem Bau einer – inzwischen geschlossenen – Stahlfabrik, die einst über 1000 Arbeiter beschäftigte, rapide gewachsen ist: Fast jeder hier weiß, wie es sich anfühlt, fremd in einer Stadt zu sein.

Zwar dominiert bislang ein kastenförmiger Architekturstil das Stadtbild von Mo i Rana, doch der Gesamteindruck lockert sich immer mehr auf, je mehr die Schwerindustrie von einer technologiebasierten Wirtschaft abgelöst wird.

Das Personal der **Touristeninformation** (☎ 75 13 92 00; www.arctic-circle.no; Ole Tobias Olsens Gate 3; 🕑 Mitte Juni–Mitte Aug. Mo–Fr 9–20, Sa 9–16, So 13–19 Uhr; übrige Zeit Mo–Fr 9–16 Uhr) ist sehr hilfsbereit. Hier können Reisende Aktivitäten in der Umgebung buchen, z. B. einen Besuch des Svartisen Gletschers und der nahen Höhlen. Kostenloser Internetzugang.

Sehenswertes & Aktivitäten

Ein Kombiticket (20 nkr) gilt für die beiden kleinen **Museen** (☎ 75 11 01 33; 🕑 Mitte Juni–Mitte

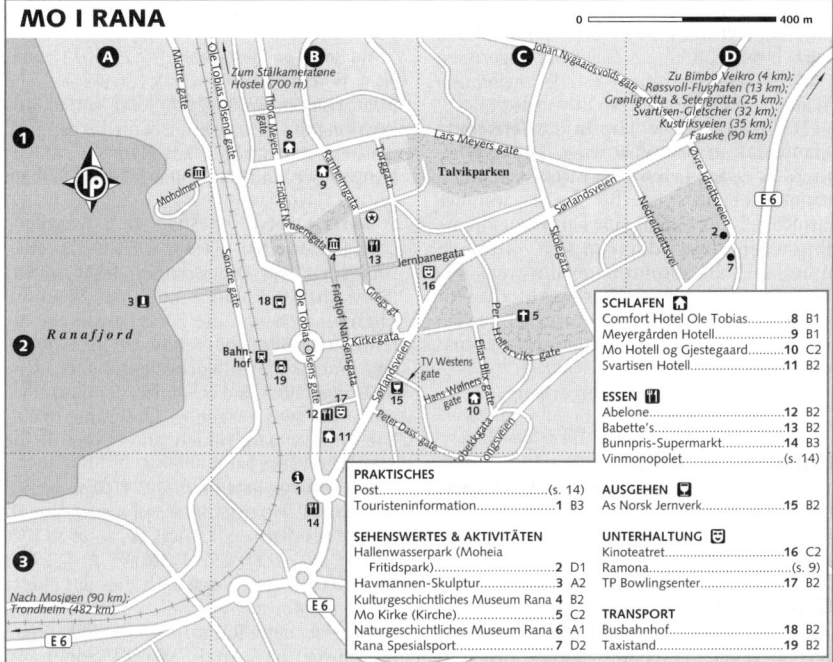

MO I RANA

0 _____ 400 m

SCHLAFEN
Comfort Hotel Ole Tobias............**8** B1
Meyergården Hotell.....................**9** B1
Mo Hotell og Gjestegaard.........**10** C2
Svartisen Hotell.........................**11** B2

ESSEN
Abelone......................................**12** B2
Babette's....................................**13** B2
Bunnpris-Supermarkt...............**14** B3
Vinmonopolet..........................(s. 14)

PRAKTISCHES
Post...(s. 14)
Touristeninformation...................**1** B3

SEHENSWERTES & AKTIVITÄTEN
Hallenwasserpark (Moheia
    Fritidspark)............................**2** D1
Havmannen-Skulptur...................**3** A2
Kulturgeschichtliches Museum Rana **4** B2
Mo Kirke (Kirche)........................**5** C2
Naturgeschichtliches Museum Rana **6** A1
Rana Spesialsport........................**7** D2

AUSGEHEN
As Norsk Jernverk.......................**15** B2

UNTERHALTUNG
Kinoteatret................................**16** C2
Ramona....................................(s. 9)
TP Bowlingsenter......................**17** B2

TRANSPORT
Busbahnhof...............................**18** B2
Taxistand..................................**19** B2

Zum Stålkameratøne Hostel (700 m)
Talvikparken
Ranafjord
Bahnhof
Nach Mosjøen (90 km); Trondheim (482 km)

Zu Bimbo Veikro (4 km); Røssvoll-Flughafen (13 km); Grønligrotta & Setergrotta (25 km); Svartisen-Gletscher (32 km); Kustrisveien (35 km); Fauske (90 km)

Aug. Mo–Fr 10–16, Sa 10–14 Uhr), die einen kurzen Besuch lohnen.

Das **Naturgeschichtliche Museum Rana** (Moholmen) illustriert die Geologie, Ökologie, Flora und Fauna der Region am Polarkreis und bietet mehrere interaktive Bereiche, die Kinder begeistern. Höhepunkt des **Kulturgeschichtlichen Museums Rana** (☎ 75 14 61 70; Fridtjof Nansensgata 22) ist ein gigantisches Modell der Stadt: So sah sie aus, ehe das Stahlwerk ihr Gesicht für immer veränderte.

Der **Hallenwasserpark** (Moheia Fritidspark; ☎ 75 14 60 60; Øvre Idrettsveien 1; Erw./Kind 75/50 nkr; ☼ Mo–Fr 12–20, Sa & So 12–18 Uhr), auch Badeland genannt, lockt mit vier Becken, drei Saunen und einer 42 m langen Wasserrutsche.

Ältestes Gebäude der Stadt ist die **Kirche** (Mo Kirke; ☼ kostenlose Führungen Mitte Juni–Mitte Aug. Mo–Fr 8–22 Uhr) von 1724. Mit ihrem steilen Dach und dem Zwiebelturm würde sie es verdienen, nicht nur so kurz im Jahr geöffnet zu sein. Auf dem Friedhof gibt es ein Denkmal für russische Soldaten, die in der Gefangenschaft gestorben sind, sowie Grabsteine für vier britische Soldaten, die bei den Angriffen im Mai 1940 gefallen sind.

Der **Havmannen** (Meermann), eine Skulptur, die bis an die Knie im Wasser steht, wendet der Stadt den Rücken zu und blickt entschlossen auf den Fjord hinaus. Die klaren Linien und das gerundete Profil sind ein Werk des populären britischen Bildhauers Antony Gormley.

HÖHLEN

Die Kalkstein- und Marmorlandschaft nordwestlich von Mo i Rana ist durchzogen von Höhlen und Kratern, die entstanden sind, als Flusswasser den Marmor zwischen Schichten von Glimmerschiefer herauslöste. Aufgrund mineralischer Ablagerungen kann das Gletscherwasser, das sich in Teiche und Flüsse ergießt, zwischen Grün, Grau und Blau changieren, wenn man sich den Höhlen nähert.

Am leichtesten zugänglich und daher das häufigste Ziel von Besuchern ist die **Grønligrotta** (☎ 75 13 25 06; Grønli; Erw./Kind 100/50 nkr; ☼ Führungen Mitte Juni–Aug. stündl. 10–19 Uhr). Sie liegt 25 km nördlich von Mo. Es gibt sogar elektrisches Licht (es ist die einzige beleuchtete touristisch zugängliche Höhle Skandinaviens). Die dreißigminütige Rundwanderung führt an einem unterirdischen Fluss entlang, durch ein Felslabyrinth und an einem Granitblock vorbei, der von einem Gletscher abgerissen und durch die gewaltige Kraft des fließenden Wassers in die Höhle gespült wurde.

Der zweistündige Trip in die **Setergrotta** (☎ 75 16 23 50; Røvassdalen; Erw./Kind 265/235 nkr; ☺ Führungen Anfang Juni–Ende Aug. 2-mal tgl.) ist deutlich abenteuerlicher und die Strecke weniger ausgebaut. Die Highlights: ein paar extreme Engstellen, durch die man sich quetschen muss, und die absolut adrenalin-treibende Überquerung einer 15 m tiefen Schlucht zwischen zwei Felswänden. Die Besucher werden mit Stirnlampen, Helmen, Gummistiefeln und Overalls ausstaffiert.

Die Touristeninformation erledigt Reservierungen für beide Höhlen.

OUTDOORAKTIVITÄTEN

Der örtliche Veranstalter **Rana Spesialsport** (☎ 75 12 70 88; Øvre Idrettsveien 35) bietet Aktivitäten wie Paddeln, geführteWanderungen und Gletschertrekking.

Geführte Touren

Mo i Rana ist der günstigste Ausgangspunkt, um die **Fjorde** im Westen zu erkunden (obwohl sie von hier immer noch 110 km entfernt sind).

Infos zu Touren auf den **Svartisen-Gletscher** s. S. 315. Ab Mo verkehren keine öffentlichen Verkehrsmittel, aber man kann bei der Touristeninformation Fahrräder leihen (s. S. 315) und die 32 km je Strecke zum Fähranleger am See Svartisen strampeln, um Østisen (s. S. 315) zu erkunden.

Die Touristeninformation veranstaltet abends zwei **geführte Wanderungen** (80 nkr). Man kann sich für den einstündigen Stadtspaziergang entscheiden oder, wenn einem der Sinn nach spektakulärer Aussicht steht, für die 90-minütige Bergwanderung (hört sich schlimmer an, als es ist – keine Sorge). Anmeldungen am gleichen Tag bis 16 Uhr.

Schlafen

Stålkameratøne (☎ 41 92 62 15; Stålbrakka, Søderlundmyra; pro Pers. 200 nkr; ☺ Mitte Juni–Mitte Aug.; 🅿 🖳) Mos günstigste Unterkunft liegt gleich an der ersten Linkskurve der E 6 in Richtung Norden. Das Hostel hat vier schlicht ausgestattete Einzelzimmer, die außerhalb der Ferien von Studenten bewohnt werden, und

einen Acht-Bett-Schlafsaal. Bad und WC liegen am Gang.

Mo Hotell og Gjestegaard (☎ 75 15 22 11; www.mo-gjestegaard.no, auf Norwegisch; Elias Blix Gate 5; EZ/DZ inkl. Frühstück ab 550/700 nkr) Diese einladende Pension mit 15 Zimmern ist tadellos gepflegt. Sie liegt etwas höher am Hang in ruhiger Umgebung und hat einen kleinen Garten für die Gäste.

Svartisen Hotell (☎ 75 15 19 99; Ole Tobias Olsens Gate 4; EZ/DZ Mitte Juni–Mitte Aug. ab 795/1095 nkr, übrige Zeit 940–1140 nkr) Die Besitzer des Comfort Hotels haben kürzlich auch das Svartisen übernommen und die Bäder sowie alle öffentlichen Bereiche renoviert. Die hellen Apartments bieten Kochgelegenheiten. Jene im Erdgeschoss sind besonders geräumig und umfassen zwei Etagen (Schlafräume oben). Die Zimmer nach hinten sind besser, da die Straße laut sein kann.

Meyergården Hotell (☎ 75 13 40 00; www.meyergarden.no, auf Norwegisch; 28 Fridtjof Nansens Gate; EZ/DZ Mitte Juni–Mitte Aug. 835/1085 nkr, So–Do ab 1195/1445 nkr, übrige Zeit Fr & Sa 730/980 nkr; 🅿 🖳) Der Rica-Kette angeschlossen, ist dies das älteste Hotel in Mo: mit viel Stil, wunderschönen Zimmern, dem Ramona-Club und einem renommierten „Arctic-Menu"-Restaurant. Wer sparen möchte, nimmt eins der sechs günstigen Zimmer mit Gemeinschaftsbad (EZ/DZ 665/865 nkr) im original erhaltenen Seitenflügel aus dem späten 19. Jh., der zudem viel mehr Atmosphäre hat.

Comfort Hotel Ole Tobias (☎ 75 12 05 00; www.ole-tobias.no; Thora Meyersgate 2; EZ/DZ Mitte Juni–Mitte Aug. ab 895/1195 nkr; übrige Zeit So–Do ab 1305/1510 nkr, Fr & Sa 695/895 nkr) Das Hotel steht unter dem Motto „Eisenbahn": Die Teppiche auf dem Gang gleichen einem Schienenstrang und jedes Zimmer ist nach einem Bahnhof benannt. Es erinnert an Mos Lehrer und Priester Ole Tobias, der die Regierung davon überzeugte, die Nordlandsbanen zwischen Trondheim, Fauske und Bodø zu bauen. Ein Frühstück ist das ganze Jahr über im Preis enthalten, im Sommer auch eine leichte Abendmahlzeit.

Essen

Bimbo Veikro (☎ 75 15 10 01; Saltfjelletveien 34; Hauptgerichte 75–200 nkr) Dieses Rasthaus 2 km nördlich der Stadt hat die üblichen Sandwiches, Pizzas und Grillgerichte. Zugleich ist es aber auch ein „Arctic-Menu"-Restaurant mit anspruchsvollerer Küche. Der

Name „Bimbo" spielt auf die elefantenartig formierten Felsen in der Nähe an.

Babette's (☎ 75 15 44 33; Ranheimgata 2; Hauptgerichte 174–194 nkr) Das türkische Lokal an einem autofreien Platz hat für jeden etwas: Es ist Bar und Café zugleich, hat eine große Terrasse und ist berühmt für Pizza, Grillgerichte und Kebab.

Abelone (☎ 75 15 38 88; Ole Tobias Olsens Gate 6; Hauptgerichte 175–195 nkr) Das beste Restaurant außerhalb der Hotels wirkt von außen unscheinbar, doch innen lässt sich im Blockhüttenambiente gemütlich speisen. Sehr gut sind die Fleischgerichte.

Flüssiges für unterwegs gibt's im Bunnpris Supermarkt und im Vinmonopolet gleich südlich der Touristeninformation.

Ausgehen & Unterhaltung

As Norsk Jernverk (☎ 75 14 32 02; TV Westens Gate 2; ☺ tgl. 18–2 Uhr) Der Laden liegt im gleichen Gebäude wie das Big Horn Steakhouse und trägt nicht ohne Ironie den Namen des längst geschlossenen Stahlwerks von Mo. Seine schmale Tür ist leicht zu übersehen, doch die Insider treffen sich hier, um zu trinken, zu reden oder auch zu tanzen.

Ramona (☎ 75 13 40 00; Fridtjof Nansensgata 28; ☺ Di–Sa) Das Lokal im Meyergården Hotell beansprucht, der größte Club in Nordnorwegen zu sein (schon wieder ein Superlativ).

Kinoteatret (☎ 75 14 60 50; Rådhusplass 1) Das Kino von Mo i Rana liegt am oberen Ende der Jernbanegata.

TP Bowlingsenter (☎ 75 16 85 00; Fridtjof Nansensgata 1) Eine Runde Bowling kann hier bis zu 50 nkr kosten.

An- & Weiterreise

Der Røssvoll-Flughafen von Mo i Rana liegt 14 km nordöstlich der Stadt. Von dort gehen Flüge von/nach Bodø und Trondheim, via Mosjøen. Sie eröffnen einen phantastischen Blick auf die Svartisen Eisfelder, sofern es dazu nicht zu nebelig ist.

Die Busverbindungen sind begrenzt. Zwischen Mo i Rana und Sandnessjøen (2¾ Std.) gehen drei Busse täglich (außer Sa) und mindestens einer pro Tag fährt von/nach Mosjøen (1¾ Std.). Infos über Fahrten von/nach Umeå in Schweden s. S. 437.

Im attraktiven, achteckigen **Bahnhof** (☎ 75 15 01 77) von Mo i Rana kommen täglich zwei bis vier Züge von Trondheim (749 nkr, 6½ Std.) und Fauske (298 nkr, 2¼ Std.) an.

Unterwegs vor Ort

FlyTaxi (☎ 90 16 21 57) fährt rechtzeitig zu allen Flügen zum Flughafen und hält bei den größeren Hotels.

Wer mit dem Auto unterwegs ist, kann sich in der Touristeninformation eine kostenlose Parkgenehmigung für Besucher holen. Dort kann man auch Fahrräder leihen. Taxiruf unter der Nummer ☎ 7550.

SALTFJELLET-SVARTISEN-NATIONALPARK

Der 2770 km² große Saltfjellet-Svartisen-Nationalpark verbindet den Svartisen-Gletscher, Norwegens zweitgrößtes Eisfeld, mit zerklüfteten Gipfeln und einer Gesamtfläche von 369 km² mit der hoch gelegenen, leicht gewellten Moorlandschaft des Salfjellet-Massivs nahe der schwedischen Grenze.

Die beste Wanderkarte ist *Saltfjellet* vom Staten Kartverk im Maßstab 1:100 000. Wer mit der Küstenfähre der Hurtigrute nach Norden reist, kann einen Abstecher zum Svartisen-Gletscher buchen (870 nkr).

Svartisen

Die beiden Eiskappen des Svartisen-Gletschers, getrennt durch das Tal Vesterdalen, liegen direkt auf dem Polarkreis zwischen Mo i Rana und der Halbinsel Meløy. An seiner dicksten Stelle ist das Eis etwa 600 m stark. Der Gletscher liegt auf durchschnittlich 1500 m Höhe, doch einige Gletscherzungen reichen bis zur Talsohle und sind damit die am tiefsten gelegenen des europäischen Festlands. Den Svartisen kann man entweder von Osten oder von seiner spektakuläreren Westseite her entdecken. Viele Besucher machen nur eine Stippvisite per Schiff; für Wanderer ist der Zugang von Osten her reizvoller.

Østisen, der östliche Gletscher, ist von Mo aus besser zu erreichen. Die Straße durch das Svartisdalen endet 20 km talaufwärts vom Flughafen von Mo i Rana. Dort überqueren **Fähren** (☎ 75 16 23 79; Erw./Kind hin & zurück 80/40 nkr; ☺ Mitte Juni–Aug.) viermal täglich den Svartisen-See (Svartisvatnet). Vom jenseitigen Fähranleger wandert man 3 km bis zum Beginn der Austerdalsisen Gletscherzunge. Am See gibt es einen Kiosk und einen Campingplatz.

Vom Ende der Straße kann man auch zur Hütte am Ufer des Bergsees Pikhaugsvatnet hinaufwandern, der von Gipfeln und Eis umgeben ist. Die Hütte ist eine phantasti-

NORDLAND

sche Ausgangsstation für Tagestouren in das Glomdal oder zum Flatisen-Gletscher.

Infos über das dramatischere westliche Eisfeld des Svartisen-Gletschers s. S. 325.

Saltfjellet

Die weiten Hochebenen des Saltfjellet-Massivs erstrecken sich bis jenseits des Polarkreises und reichen von den Gipfeln um die Svartisen-Gletscher bis zur schwedischen Grenze. In dieser unwirtlichen Wildnis wurden Reste von Zäunen und Opferstätten der samischen Urbevölkerung gefunden, von denen einige aus dem 9. Jh. stammen.

Eine 15 km lange Wanderung nach Osten führt nach Graddis nahe der schwedischen Grenze und zum altehrwürdigen **Graddis Fjellstue og Camping** (☎ 75 69 43 41; graddis@c2i.net; EZ 450 nkr, DZ 570–620 nkr; Mitte Juni–Mitte Aug.). Dieses gemütliche kleine Gästehaus, das seit seiner Gründung 1867 von ein und derselben Familie geführt wird, ist ideal, um in eins der unberührtesten Wandergebiete Norwegens aufzubrechen. Man kann hier auch campen. Eine Attraktion in der Nähe ist eine 1000 Jahre alte Kiefer.

Mit dem Auto ist das Saltfjellet entweder über die E 6 oder die Rv 77 zu erreichen, die dem Südhang des Junkerdalen folgt. Bahnreisende können auf der Strecke zwischen Fauske und Trondheim bei Lonsdal aussteigen, müssen aber vorher Bescheid sagen, damit der Zug dort hält.

POLARKREISZENTRUM

66° 33' nördlicher Breite markieren den südlichsten Stand der Mitternachtssonne bei der Sommersonnenwende und den fransigen Rand der Polarnacht bei der Wintersonnenwende. Wenn der Arctic Highway zwischen Mo i Rana und Fauske diese imaginäre Grenze überschreitet, sollte das ein magischer Moment der Reise sein.

Allerdings – das **Polarsirkelsenteret** (☎ 75 12 96 96; E 6, Rognan; Ausstellung Erw./Kind/Fam. 50/20/100 nkr, Mai–Mitte Sept.) an der E 6, inmitten der öden Moore, die an den Saltfjellet-Svartisen-Nationalpark angrenzen, ist schon fast eine Touristenfalle. Es wird zwar auch eine Ausstellung ausgestopfter Tiere und ein Video über die Arktis präsentiert, aber im Wesentlichen geht es darum, Postkarten mit einem besonderen Polarkreisstempel zu versehen und Besuchern Bescheinigungen auszustellen (50 nkr), dass sie den Polarkreis

tatsächlich überschritten haben. Dazu gibt es alle nur erdenklichen Arten von nordischem Kitsch – Mini-Eisbären, Trolle und andere Fellwesen, und das gleich körbeweise. Zu den Pluspunkten zählen, wie die Website des Zentrums betont, „sehr gute Waschgelegenheiten". Ernüchternder sind die Gedenksteine für die slawischen Zwangsarbeiter, die im Zweiten Weltkrieg den Arctic Highway für die Nazi-Besatzer gebaut haben und fern der Heimat gestorben sind.

Reisende in Richtung Norden werden sich wieder wohler fühlen, wenn sie die kahle Hochebene verlassen und in die üppig grüne Landschaft hinunterfahren, die für das nördliche Norwegen eigentlich viel typischer ist.

FAUSKE
7100 Ew.

Fauske ist vor allem für seinen Marmor bekannt. „Norwegisch Rosé" verschönert viele bedeutende Gebäude, etwa das Rådhus von Oslo, das UN-Hauptquartier in New York und den Kaiserpalast in Tokio. Von hier aus kommt man aber auch optimal nach Sulitjelma und zum Rago-Nationalpark.

Die **Touristeninformation** (☎ 75 50 35 15; Sjøgata; Mitte Juni–Mitte Aug. 9–15 Uhr) befindet sich im imposanten Gebäude des Salten Museums.

Zu den Sehenswürdigkeiten zählen der von Marmor dominierte **Stadtplatz** und die Ansammlung historischer Gebäude im hiesigen Ableger des **Salten-Museums** (Sjøgata; Erw./Kind 35 nkr/gratis; Mitte Juni–Mitte Aug. 13–17 Uhr). Das Museumsgelände ist auch ein nettes Plätzchen zum Picknicken.

Schlafen & Essen

Lundhøgda Camp & Café (☎ 75 64 39 66; lunghogda@c2i.net; Lundveien; Stellplatz 150 nkr, 4-Bett-Hütte 380–750 nkr; Mai–Sept.) Dieser Komplex 3 km westlich der Stadt bietet schöne Blicke auf den Fjord und die umliegenden Gipfel.

Fauske Hotell (☎ 75 60 20 00; www.fauskehotell.no, auf Norwegisch; Storgata 82; EZ/DZ Mitte Juni–Aug. 700/950 nkr, übrige Zeit So–Do 970/1220 nkr, Fr & Sa 825/1075) Fauskes einziges ganzjährig geöffnetes Hotel der oberen Kategorie bietet freundliche, renovierte Zimmer. Die übrigen Bereiche hingegen sind renovierungsbedürftig. Das Restaurant serviert ein „arktisches Menü".

Brygga Hotell (☎ 75 60 20 00; EZ/DZ 700/950 nkr; Mitte Juni–Juli) Der weniger wuchtige Anbau des Fauske Hotell mit 30 Zimmern direkt am

Fjord ist eine reizvolle Alternative – falls man zur rechten Zeit in der Stadt ist.

Huset (☎ 75 64 41 01; Storgata 74; Hauptgerichte um 200 nkr) Dieses attraktive Restaurant an der Hauptstraße bietet erstklassige Fleischgerichte mit Beilage, abgerechnet nach Gewicht, und auch andere Hauptgerichte mit Fleisch. Außerdem im Angebot: eine Auswahl phantasievoller Snacks und Salate und – natürlich – Pizza.

An- & Weiterreise
BUS
Vier Busse täglich fahren von/nach Bodø (106 nkr, 1¼ Std.). Der Nord-Norgeekspressen nach Narvik (407 nkr, 4¾ Std.) kommt zweimal täglich durch Fauske (Inhaber von Interrail- und Eurail-Pässen bekommen Rabatt). Direkte Verbindungen zu den Lofoten bietet der Fauske-Lofoten Ekspressen, der nach Sortland (370 nkr, 5 Std., 2-mal tgl.) übersetzt. Einer der beiden Busse fährt weiter nach Svolvær (507 nkr, 9 Std.). Außerdem gibt's täglich eine Verbindung von/nach Harstad (343 nkr, 5½ Std.).

ZUG
Züge der Nordlandsbanen verkehren zweimal täglich zwischen Trondheim (905 nkr, 9 Std.) und Bodø (104 nkr, 45 Min.) via Fauske. Bis zu fünf Züge am Tag fahren zwischen Fauske und Bodø. Weiter nach Norden gehen nur Busse.

RUND UM FAUSKE
Saltdal & Blutstraßenmuseum
Das **Historische Dorf Saltdal** (☎ 75 68 22 90; Erw./Kind 30 nkr/gratis; ☼ 20. Juni–20. Aug. Mo–Fr 9–15, Sa 13–16, So 13–18 Uhr) nicht weit von der E 6 nahe Saltnes ist eine kleine Ansammlung von Bauernhöfen und Fischerhäusern. Auf dem Gelände befindet sich auch das sogenannte **Blutstraßenmuseum**. In einer ehemaligen deutschen Baracke wird den Besuchern verdeutlicht, unter welchen Bedingungen alliierte Kriegsgefangene den Highway zwischen Saltnes und Saksenvik bauen mussten. Nicht wenige kamen dabei ums Leben. Die Überreste von rund 7000 Zwangsarbeitern befinden sich auf dem Friedhof der Gefangenen ca. 3 km weiter nördlich in Botn.

Sulitjelma
Ein Schild etwas nördlich von Fauske verkündet, dass man nun genau die Hälfte der Strecke auf der E 6 zurückgelegt habe – ein passender Moment, um sich mal für kurze Zeit vom Arctic Highway zu entfernen.

Eine wunderschöne 40 km lange Fahrt auf der Rv 830 durch das landschaftlich reizvolle Langvassdalen führt zum winzigen Ort Sulitjelma. Hier war es nicht immer so ruhig wie heute. Im Jahr 1860 entdeckte ein samischer Hirte im Wald nördlich des Langvatnet Kupfererz – mit dem Resultat, dass plötzlich alle möglichen Glücksritter aus dem norwegischen Süden hier einfielen. Es wurden riesige Erzvorkommen ausgemacht und 1891 die Sulitjelma-Gruber-Bergwerkskompanie gegründet. Bis zum Jahr 1928 forderte das mit Holz befeuerte Hüttenwerk von den Birkenwäldern in der Umgebung seinen Tribut, belastend war auch die hohe Konzentration an CO_2, einem Nebenprodukt des Verhüttungsvorgangs. Heute qualmen die Schlote schon lange nicht mehr und die Umwelt ist dabei, sich zu erholen.

SEHENSWERTES & AKTIVITÄTEN
Zu der einstündigen Führung durch das **Sulitjelma-Besucherbergwerk** (Besøksgruve; Erw./Kind 125/50 nkr; ☼ Mitte Mai–Anfang Aug. 13 Uhr) gehört auch eine 1,5 km lange Fahrt mit einer Bahn tief in den Berg.

Im **Sulitjelma-Bergwerksmuseum** (Gruvemuseum; ☎ 75 64 06 95; Erw./Kind/Fam. 25/10/60 nkr; ☼ Mitte Juni–Anfang Aug. So–Fr 10–18, Sa 12–15 Uhr), unmittelbar am Fjord gelegen, erfährt man alles über die 100-jährige Bergwerksgeschichte der Gegend und kann sich einige sehr eindrucksvolle, inzwischen vor sich hin rostende Ausrüstungsgegenstände ansehen. Östlich und südlich von Sulitjelma ist die vergletscherte Landschaft einfach phantastisch und für **Wanderer** ideal.

Rago-Nationalpark
Der kleine, selten besuchte **Rago-Nationalpark** (167 km²) ist eine felsige Landschaft mit bewaldeten Granitbergen und Heidelandschaft, durchzogen von tiefen Felsspalten und bedeckt mit Eisfeldern. Rago gehört zusammen mit den großen angrenzenden schwedischen Parks Pakjelanta, Sarek und Stora Sjöfjället zu einem Schutzgebiet von insgesamt 5500 km² Größe. Man kriegt hier nicht nur Biber zu Gesicht (im tiefen Tal des Laksåga, auch Nordfjord genannt), sondern in höheren Lagen auch Vielfraße.

Im üppig grünen Storskogdalen stürzen eine ganze Reihe schäumender Kaskaden und spektakulärer Wasserfälle herunter.

Vom Ausgangspunkt der Pfade bei Lakshol ist es eine dreistündige Wanderung von 7 km das Tal hinauf bis zu den kostenlosen Hütten Storskogvasshytta und Ragohytta. Danach folgt ein recht strammer Aufstieg über den Kamm nach Schweden und zum gut ausgebauten Pfadnetz jenseits der Grenze.

Geeignete Karten sind *Sisovatnet* (1:50 000) oder *Sørfold* (1:75 000). Wer nach Lakshol will, biegt bei der Trengsel-Brücke von der E 6 nach Osten ab und fährt 6 km bis zum Ende der Straße.

NARVIK
18 300 Ew

Narvik wurde 1902 als eisfreier Hafen für die ergiebigen Eisenerzbergwerke von Kiruna im schwedischen Lappland eingerichtet. In jüngerer Zeit hat man begonnen, aus den einzigartigen Sportmöglichkeiten und Sehenswürdigkeiten der majestätischen, wilden und historisch interessanten Umgebung (darunter die spektakuläre Ofotbanen nach Schweden) Kapital zu schlagen.

Geschichte

In der Umgebung von Narvik lebten schon in der Steinzeit Menschen. Der Beweis: die deutlich erkennbare Steinritzung eines Elchs, die man in Vassvik nordwestlich vom Zentrum fand.

Im Zweiten Weltkrieg war die Kontrolle über diesen strategisch wichtigen Hafen von größter Bedeutung für die Kriegsmaschinerie der Nazis. Sie hatten es darauf abgesehen, die Eisenerzlieferungen an die Alliierten zu unterbrechen und diese Ressourcen selbst in die Hände zu bekommen. Im April 1940 kämpften sich zehn deutsche Zerstörer durch einen Schneesturm, drangen in den Hafen ein und versenkten zwei norwegische Schlachtschiffe. Am folgenden Tag griffen fünf britische Zerstörer an, und eine heftige Seeschlacht führte zum Verlust von zwei Schiffen auf jeder Seite. Im Mai landeten britische, norwegische, französische und exilpolnische Truppen und brachten die Deutschen in eine äußerst prekäre Lage.

Doch die Nazis traten keineswegs den Rückzug an, sondern versuchten, die Stadt zu halten. Von den schweren Kämpfen zeugen die Soldatengräber auf den Friedhöfen

und 34 Schiffe von fünf Nationen (Norwegen, Großbritannien, Frankreich, den Niederlanden und Deutschland) im Hafen. Nachdem die Alliierten Narvik aufgegeben hatten, rückten die Deutschen am 8. Juni 1940 wieder ein und kontrollierten die Stadt bis zum 8. Mai 1945.

Obwohl die Stadt in bewundernswerter Weise wieder aufgebaut wurde, ist die Innenstadt von Narvik nicht gerade ein Traum (manche würden sie sogar als hässlich bezeichnen). Doch der Fjord, die Wälder und die Berge rundherum sind nahezu spektakulär, und die Umschlaganlage, die die Stadt in zwei Hälften teilt, lädt immer noch jährlich rund 30 Mio. Tonnen Erz von Eisenbahnwaggons auf Schiffe um.

Orientierung & Praktische Informationen

Narvik liegt zwischen Inseln im Westen und hohen Bergen in allen anderen Richtungen. Spektakuläre Fjorde erstrecken sich nördlich und südlich der Stadt. Die E 6 (Kongens Gate) führt mitten durchs Stadtzentrum. Der Bahnhof liegt am Nordende der Stadt, ebenso der Busbahnhof gleich neben dem AMFI-Einkaufszentrum.

Die **Touristeninformation** (☎ 76 96 56 00; www. destinationnarvik.com; Kongens Gate 57; ☉ Mitte Juni–Mitte Aug. Mo–Fr 9–19, Sa & So 10–17 Uhr; Mai–Mitte Juni 9–16 Uhr, Mitte Aug.–Sept. Mo–Fr 9–16, Sa 10–14 Uhr, Okt.–April Mo–Fr 9–15.30 Uhr) hat Internetzugang (10 nkr pro 15 Min.) und vermietet Fahrräder (200 nkr pro Tag). Dort ist auch der Schlüssel für die Hütten des Narvik og Omegns Turistforening (NOT) erhältlich (100 nkr Kaution).

Sehenswertes

Narviks **Rot-Kreuz-Kriegsmuseum** (Nordland Røde Kors Krigsminnemuseum; ☎ 76 94 44 26; Kongens Gate; Erw./Kind 50/25 nkr; ☉ Anfang Juni–Ende Aug. Mo–Sa 10–21, So 12–18 Uhr, Mai–Anfang Juni & Ende Aug.–Mitte Sept. Mo–Sa 10–16, So 12–16 Uhr, übrige Zeit Mo–Fr 11–15 Uhr) illustriert die Feldzüge in der Region zu Beginn des Zweiten Weltkriegs. Die Präsentation ist zwar nicht brillant, aber dennoch beeindruckend.

Das **Ofoten-Museum** (☎ 76 96 00 50; Administrasjonsveien 3; Erw./Kind/erm. 40 nkr/gratis/20; ☉ Ende Juni–Anfang Aug. Mo–Fr 10–15, Sa & So 12–15 Uhr, übrige Zeit Mo–Fr 10–15 Uhr) schildert Narviks Geschichte der Landwirtschaft und Fischerei, des Eisenbahnbaus und des Erztransports. Es zeigt auch einen Film über die Ofotbanen. Kindern macht es immer Spaß, den Knopf zu drücken, der den Modellzug in Bewegung setzt.

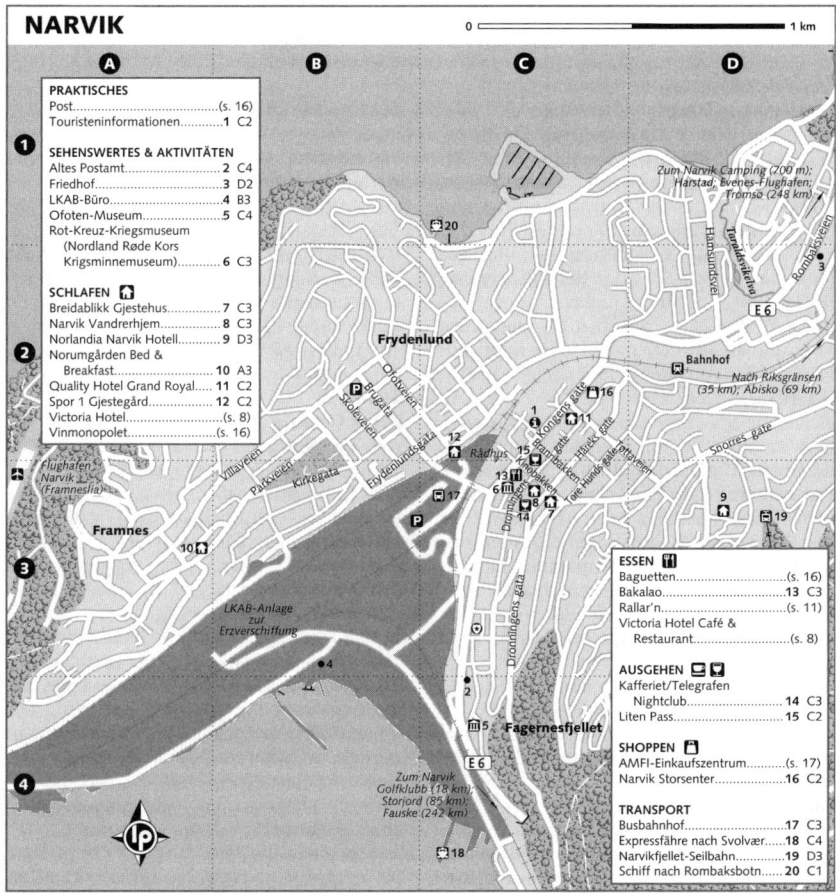

NARVIK

0 ━━━━━━━━━━━━━━ 1 km

PRAKTISCHES
Post.................................(s. 16)
Touristeninformationen...........1 C2

SEHENSWERTES & AKTIVITÄTEN
Altes Postamt.........................2 C4
Friedhof.................................3 D2
LKAB-Büro.............................4 B3
Ofoten-Museum.....................5 C4
Rot-Kreuz-Kriegsmuseum
(Nordland Røde Kors
Krigsminnemuseum)...........6 C3

SCHLAFEN
Breidablikk Gjestehus...............7 C3
Narvik Vandrerhjem.................8 C3
Norlandia Narvik Hotell............9 D3
Norumgården Bed &
Breakfast.........................10 A3
Quality Hotel Grand Royal....11 C2
Spor 1 Gjestegård.................12 C2
Victoria Hotel.......................(s. 8)
Vinmonopolet.......................(s. 16)

ESSEN
Baguetten.............................(s. 16)
Bakalao.................................13 C3
Rallar'n.................................(s. 11)
Victoria Hotel Café &
Restaurant........................(s. 8)

AUSGEHEN
Kafferiet/Telegrafen
Nightclub............................14 C3
Liten Pass.............................15 C2

SHOPPEN
AMFI-Einkaufszentrum...........(s. 17)
Narvik Storsenter...................16 C2

TRANSPORT
Busbahnhof...........................17 C3
Expressfähre nach Svolvær.....18 C4
Narvikfjellet-Seilbahn............19 D3
Schiff nach Rombaksbotn......20 C1

NORDLAND

Sehenswert sind außerdem die Trachten und Werkzeuge der Samen sowie die Sammlung historischer Fotos neben Aufnahmen, die in neuerer Zeit aus der gleichen Perspektive gemacht wurden. Zum Museum führt die schmale Straße neben dem restaurierten Gebäude des einstigen **Postamts** von 1888 bis 1898.

Die riesige **LKAB-Anlage zur Erzverschiffung** ist ein beeindruckendes Durcheinander von Maschinen, Förderbändern, Öfen, Bahnen und Bergen von Eisengranulat, das Narviks Existenzgrundlage *plastisch veranschaulicht*. Ein Frachter kann im Durchschnitt 125 000 bis 175 000 t Erz laden, was einen ganzen Tag dauert. Führungen (ab 6 Teilnehmer) beginnen zwischen Mitte Juni und Mitte August

um 15 Uhr beim LKAB-Büro. Da die Zeiten variieren, ist es ratsam, sich vorher bei der Touristeninformation zu erkundigen.

Die **Narvikfjellet-Seilbahn** (☎ 76 94 16 05; Mårveien; Erw./Kind hin & zurück 100/80 nkr; ☼ Anfang Juni & Aug. 13–21 Uhr, Mitte Juni–Juli 13–1 Uhr) klettert 656 m hoch über die Stadt. Sie eröffnet eine atemberaubende Aussicht auf die umliegenden Gipfel und Fjorde und an klaren Tagen sogar bis zu den Lofoten. An der Bergstation beginnen mehrere markierte Wanderwege und ein markierter Mountainbike-Trail zurück ins Tal.

Auf dem **Hauptfriedhof** nördlich der Stadt gibt es Denkmäler für die französischen und polnischen Truppen, die zu Land Seite an Seite mit den Norwegern gekämpft haben, und Gräber der deutschen Verteidiger und der britischen Seeleute, die hier gefallen sind.

Aktivitäten

Der **Narvik og Omegns Turistforening** (NOT; www.narvik fjell.no) ist eine hervorragende Quelle für Wanderinfos. Er betreibt über 20 Hütten zwischen Narvik und der schwedischen Grenze. Schlüssel sind bei der Touristeninformation gegen eine Kaution von 100 nkr erhältlich.

Eine beliebte Wanderung parallel zur **Ofotbanen** (s. S. 322) folgt dem **Rallarveien**, früher ein Weg der Streckenarbeiter. Die meisten Wanderer gehen nicht die ganze Strecke zwischen dem schwedischen Abisko-Nationalpark und dem Meer. Viele beginnen bei Riksgränsen, einer kleinen Skistation gleich jenseits der Grenze, oder bei Bjørnfell, dem nächsten Bahnhof weiter westlich. Es ist ein recht einfacher Abstieg bis Katterat, von wo aus ein Abendzug nach Narvik geht. Etwas anstrengender ist der Abstieg bis Rombaksbotn am Beginn des Fjords. Dort befand sich das Hauptcamp für den Eisenbahnbau, das aber inzwischen von der Natur zurückerobert worden ist. Von dieser Stelle fährt im Sommer gelegentlich ein **Schiff** (Erw./Kind 250/100 nkr) nach Narvik. Auskünfte erteilt die Touristeninformation. Sonst sind es noch einmal 10 km Fußmarsch.

Skifahrer erreichen von Februar bis April mit der Narvikfjellet-Seilbahn (s. S. 319) Höhen über der Stadt, wo sie bei herrlicher Aussicht Langlauf, Skitouren und Tiefschneeabfahrten genießen können.

Im Winter organisiert **Sipas Adventures** (☎ 90 69 09 55; www.sipasadventures.no) geführte Schneeschuhtouren und im Sommer geführte Wanderungen, Höhlenexkursionen und Kajakfahrten. Reservierungen nimmt auch die Touristeninformation entgegen.

Zwischen November und Mitte Januar kommen die Orcas oder Killerwale, um sich am Winterzug der Heringe gütlich zu tun. **Ford Cruise Narvik** (☎ 91 39 06 18; www.fcn.no) bietet in dieser Zeit vier- bis sechsstündige Exkursionen, um die Orcas zu beobachten.

Die Fahrt am Fjordufer entlang zum **Narvik Golfklubb** (☎ 76 95 12 01) im Skjomendalen ist wunderbar (der Beschilderung ins Skjomdal folgen, unmittelbar vor der Skjomen-Brücke an der E 6 ungefähr 18 km südlich der Stadt). Angesichts der steilen, nackten Felswände fragt man sich, wo hier denn ein Golfplatz sein soll. Doch die Natur vollbringt Wunder: Zwischen all den Gipfeln liegt ein verborgenes Tal. Wer Golf langweilig findet, kann die lohnenswerten Wanderwege in der Nähe erkunden.

Festivals & Events

Jedes Jahr im März steigt in Narvik das **Vinterfestuka**: eine Winterwoche mit viel Action und zahlreichen Events – teils auch zur Erinnerung an die Arbeiter, die die Bahnstrecke gebaut haben.

Am letzten Samstag im Juni steigen rund 2000 Wanderer in den Zug, fahren zu den verschiedenen Haltestellen am Rallarveien und wandern zurück, um in Rombaksbotn ein großes Fest zu feiern.

Schlafen

Narvik Camping (☎ 76 94 58 10; www.narvikcamping. com; Rombaksveien 75; Zelt-/Wohnwagenstellplatz 110/150 nkr; 4-/6-Bett-Hütten mit eigenem Bad 605/770 nkr) liegt 2 km nordöstlich des Zentrums nahe der E 6 und mit Blick auf den Fjord. Er ist Narviks einziger Campingplatz. An sich ist der Platz nicht schlecht, aber ein guter Schlaf ist ungewiss, denn ganz in der Nähe donnern Lastwagen und endlose Züge vorbei.

Spor 1 Gjestegård (☎ 76 94 60 20, 996 31 374; www.spor1.no; Brugata 2a; B 180–200 nkr, EZ/DZ 450/550 nkr) Auf „Bahnsteig 1" werden die Gäste schon am Eingang von bunten Topfpflanzen begrüßt. Die Unterkunft in ehemaligen Bahnhäuschen an den Gleisen bietet eine Sauna, eine Gästeküche und eine tolle Kneipe (Di–Sa abends) mit Plätzen im Freien. Die Gastgeber Brit und Bjørn Einar sind erfahrene Backpacker.

Breidablikk Gjestehus (☎ 76 94 14 18; www.breidablikk.no, auf Norwegisch; Tore Hunds Gate 41; B/EZ/DZ ab 250/435/595 nkr; P ⌨) Vom Zentrum zu dieser netten Pension am Hang mit weitem Blick über Stadt und Fjord ist es ein steiler, aber lohnender Weg. Sie bietet eine gemütliche Lounge und ein ausgezeichnetes Frühstücksbüfett (50 nkr). Neben Vier-Bett-Zimmern gibt es einige, die neue Bäder haben, frisch gestrichen sind und etwa 200 nkr teurer.

LP Tipp Norumgården Bed & Breakfast (☎ 76 94 48 57; http://norumgaarden.narviknett.no; Framnesveien 127; EZ/DZ 350/500 nkr, DZ mit Küche 600 nkr; ☺ Ende Jan.–Nov.) Dieses kleine Schmuckstück (nur vier Zimmer; unbedingt vorher reservieren) ist etwas ganz Besonderes und zudem preisgünstig. Das Gebäude hat im Zweiten Weltkrieg als Offiziersmesse für die deutsche Besatzung gedient (der Besitzer präsentiert gern stolz eine Flasche Coca Cola, die 1940 in Hamburg abgefüllt wurde) und quillt förmlich über von antiken Stücken und historischem Flair. Wer das Heidi-Zimmer nimmt (das einzige ohne Dusche, aber dafür mit einem kleinen Balkon), schläft im gleichen Bett wie einst König Olav.

Narvik Vandrerhjem (☎ 76 96 22 00; narvik. hostel@vandrerhjem.no; Dronningens Gata 58; B 270 nkr, EZ/DZ 460/600 nkr, alle Preise inkl. Frühstück; P ⌨) Narviks schickes, aber absolut nicht billiges HI-Hostel ist eine nette Unterkunft mit einem guten Café. Zeitig reservieren, denn die 30 Betten sind im Sommer rasch belegt.

Das **Victoria Hotel** (☎ 76 96 28 00; www.victoria-hotel.net, auf Norwegisch; EZ/DZ 765/895 nkr inkl. Frühstück), im gleichen Gebäude wie das Narvik Vandrerhjem, bietet Zimmer mit eigenem Bad und mehr Komfort.

Norlandia Narvik Hotell (☎ 76 96 48 00; www. norlandia.no; Skistuaveien 8; EZ/DZ Mitte Juni–Mitte Aug. 725/970 nkr, übrige Zeit So–Do 850/1050 nkr, Fr & Sa 595/750; P ⌨) Dieses Haus mit 90 Zimmern ist bei Reisegruppen beliebt. Der lange, flache Bau am Fuß der Seilbahn bietet eine schöne Aussicht. Die Zimmer befinden sich in komfortablen Chalets.

Quality Hotel Grand Royal (☎ 76 97 70 00; www. choice.no; Kongens Gate 64; EZ/DZ Mitte Juni–Mitte Aug. 700/1010 nkr, übrige Zeit So–Do 1250/1450 nkr, Fr & Sa 790/ 980 nkr; P ⌨) Narviks Tophotel wirkt von außen etwas klotzig, bietet aber attraktive Zimmer. Einige sind behindertengerecht und es gibt einen Schönheitssalon.

Essen

Baguetten (☎ 76 95 25 00; Kongens Gate 66; ⌚ Mo–Sa) Gegenüber vom Vinmonopolet im oberen Stock des Narvik Storsenter werden köstliche Kuchen und Narviks bester Kaffee serviert.

Bakalao (☎ 76 94 36 60; Kongens Gate 42; Hauptgerichte 174–194 nkr; ⌚ Mo–Fr 10–16.15 Uhr) Dieser kleine Ableger von Narviks Fischmarkt bietet leckere Imbissgerichte wie Fischfrikadellen, *bacalao* und Walsteak – auch zum Mitnehmen.

Rallar'n (☎ 76 97 70 77; Kongens Gate 64) Das Pub/ Restaurant des Quality Hotel Grand Royal ist mit niedrigen Decken, dunklem Holz, sichtbarem Ziegelmauerwerk und gemütlichen Nischen äußerst urig. Es gibt Pizza, Pasta und phantasievolle Hauptgerichte (145–245 nkr).

Victoria Hotel Café und Restaurant (☎ 76 96 28 00; Dronningens Gata 58) ist montags bis freitags von 11 bis 17 Uhr ein helles, sympathisches Selbstbedienungscafé mit Snacks. Und von Dienstag bis Samstag verwandelt es sich am Abend in Narviks bestes Restaurant mit einer wöchentlich wechselnden Gourmetkarte (3 Gänge 425 nkr, 5 Gänge 575 nkr).

Das Vinmonopolet befindet sich im 3. Stock des Narvik Storsenter.

Ausgehen & Unterhaltung

Liten Plass (Dronningens Gata; Hauptgerichte 174–194 nkr) Das „Kleine Lokal" ist eine winzige Bar und ein beliebter Jugendtreff: menschliche Wärme auch in der kältesten Nacht! Die Preise werden in riesigen Zahlen an eine Tafel geschrieben.

Kafferiet/Telegrafen Night Club (☎ 76 96 00 55; Dronningens Gata 56) Der beliebte Treff beim HI-Hostel lockt die 20- bis 35-jährigen, die auf dem Breitbildfernseher Sport gucken. Manchmal spielen (gegen Eintritt) Bands.

Im Winter kann man aus der Seilbahn direkt in Narviks führendes Après-Ski-Lokal „umsteigen", die Bar des **Norlandia Narvik Hotell**.

SVARTABJØRN

Niemand weiß mit Sicherheit zu sagen, ob es tatsächlich eine gut aussehende Köchin mit dem Spitznamen Svartabjørn (Schwarzbär) gab, die beim Bau der Ofotbanen den Streckenarbeitern das Essen vorsetzte. Doch ihr Name lebt in Legenden und Geschichten weiter. In seiner Romantrilogie *Erz*, erschienen 1914, hat der Schriftsteller Ernst Didring einige Storys verewigt, die er bei Arbeitern gehört hatte.

So wird erzählt, dass dieses dunkelhäutige, schöne Mädchen – eigentlich noch zu jung, um so weit weg von zu Hause zu arbeiten – prima mit den Streckenarbeitern ausgekommen und obendrein eine großartige kleine Köchin gewesen sei. Allerdings verliebte sie sich in einen Mann, auf den auch eine andere ihr Auge geworfen hatte, und wurde mit dem Wäschelöffel totgeschlagen.

Es heißt, die Arbeiter hätten für ihre Beerdigung auf dem Friedhof von Tornehamn gesorgt. Heute steht auf dem Grab der Name Anna Norge, aber das Todesdatum wurde mindestens dreimal geändert – um jeweils zu der Frau zu passen, von der man gerade glaubt, sie sei die echte Svartabjørn gewesen.

An- & Weiterreise

BUS

Expressbusse fahren nordwärts nach Tromsø (360 nkr, 4¼ Std., 3-mal tgl.) sowie nach Bodø (497 nkr, 6½ Std., 2-mal tgl.) via Fauske (407 nkr, 4¾ Std.). Auf die Lofoten fahren täglich zwei Busse: nach Leknes (505 nkr, 8 Std.) via Sortland (294 nkr, 4 Std.) und nach Svolvær (433 nkr, 6½ Std.).

FLUG

Fast alle Flüge starten vom Evenes-Flughafen Harstad/Narvik (S. 353), der 1¼ Std. außerhalb der Stadt liegt. Narviks winziger Framneslia-Flughafen, 3 km westlich des Zentrums, bietet nur Flüge nach Bodø, Tromsø und Andenes.

SCHIFF

Ein Expresspassagierschiff fährt vom Dampskipskaia an der Havnegata (via Kongens Gate 1 km südlich des Zentrums) nach Svolvær auf den Lofoten (326 nkr, 3½ Std., tgl. außer Sa).

ZUG

In Richtung Schweden gehen täglich mindestens zwei Züge via Riksgränsen (1 Std., Grenze) nach Kiruna (3 Std.) und von dort weiter via Boden nach Lulea (7¼ Std.). Von Lulea fahren Züge nach Stockholm.

Die Route führt über die spektakuläre Trasse der Ofotbanen und in Schweden am Abisko-Nationalpark entlang, der hervorragende Wandermöglichkeiten und herrliche arktische Landschaften bietet.

Unterwegs vor Ort

Der Framneslia-Flughafen von Narvik liegt 3 km außerhalb des Zentrums. Flybuss verkehrt fünf- bis siebenmal täglich zwischen Narvik und dem 79 km entfernten Harstad/Narvik-Evenes-Flughafen (180 nkr, 1¼ Std.). Taxis bietet **Narvik Taxi** (☎ 07 550).

OFOTBANEN & RALLARVEIEN

Die spektakuläre Gebirgsbahn **Ofotbanen** (☎ 76 92 31 21) klettert zwischen hohen Fjordklippen, durch Birkenwälder und über felsige Hochebenen zur schwedischen Grenze empor. Sie wurde Ende des 19. Jh. erbaut, um die Erzgruben von Kiruna im hohen Norden Schwedens mit der Hafenstadt Narvik zu verbinden. 1903 wurde die Strecke eröffnet, auf der derzeit 15 Mio. Tonnen Eisenerz pro

Jahr transportiert werden. Zudem ist sie eine bedeutende Touristenattraktion.

Auf der Trasse zwischen Narvik und Riksgränsen, dem Skizentrum gleich hinter der schwedischen Grenze (einfach/hin & zurück inkl. 2 Kinder 80/160 nkr; 1 Std.), passiert der Zug rund 50 Tunnel und Lawinenschutzdächer. Nahe Narvik ist am Rande des Fjords das Wrack des deutschen Schiffes *Georg Thiele* zu sehen.

Die Strecke eignet sich für halb- oder ganztägige Ausflüge, wenn man in Narvik um 10.50 Uhr abfährt. In Gegenrichtung verlässt ein Zug um 14.33 Uhr Riksgränsen in Schweden. Das lässt Zeit für einen Kaffee und einen kurzen Rundgang. Wer auf einem der Pfade etwas länger durch die faszinierende Gebirgslandschaft wandern will, kann den Zug um 18.05 Uhr zurück nach Narvik nehmen. Die schönste Aussicht bieten die Sitzplätze von Narvik aus links.

Meteorologen Ski Lodge (☎ 46–7350 324 17 in Schweden; www.meteorologen.se; EZ/DZ 900/1400 nkr; ��ganzjährig; P ☐) Diese sehr reizvolle Unterkunft wurde vor kurzem in der einstigen Wetterstation eingerichtet. Alle Zimmer haben große Fenster mit Blick auf den See oder die Berge. Es gibt ein nettes Restaurant, in erster Linie für die Hotelgäste. Die Lodge verwaltet zudem ganzjährig die Selbstversorger-Apartments (3/6 Pers. 695/965 nkr) im großen Winterhotel daneben.

In Schweden beginnen an der Bahnstrecke mehrere Fernwanderwege, darunter ein Verbindungsweg zum norwegischen Øvre-Dividal-Nationalpark (s. S. 366) und der weltbekannte Kungsleden, der von Abisko nach Süden führt.

Zwischen Ende Juni und Mitte August fahren Busse der Linie 91 zweimal täglich die E 10 hinauf nach Riksgränsen (45 Min.) und weiter nach Abisko und Kiruna.

KYSTRIKSVEIEN – DIE KÜSTENSTRASSE

Zugegeben: Sie ist länger und teurer (unglaublich, wie sich diese Fährkosten summieren!) – aber es lohnt sich! Wer auch nur einen Tag oder zwei dafür rausschinden kann, sollte die „Lemming-Route" Arctic Highway links liegen lassen und die einsame Schönheit des Kystriksveien genießen, der kaum befahren die Küste entlang führt. Sollte die ganze Länge zu abschreckend wirken, gibt es die Möglichkeit, bei den Orten Steinkjer, Bodø, Mosjøen und Mo i Rana zwischen beiden Routen zu wechseln. Aber das geht nur mit dem Auto. Wer die Strecke mit dem Bus machen will, wird noch bei Wintereinbruch an der Straße stehen!

Vor der Küste liegen rund 14 000 Inseln – einige kaum mehr als ein Fels mit ein paar Grasbüscheln, andere (wie etwa Vega; s. S. 324) so groß, dass sich dort ganze Gemeinden jahrhundertelang von der Küstenfischerei und Landwirtschaft ernähren konnten. Der einzige Verkehrsweg war das Meer und das Leben war hart – ganz besonders zwischen Januar und Ostern, wenn die Männer vor den Lofoten auf Kabeljaufang waren.

Praktische Informationen

Eine Art Mini-Bibel für die Küstenstraße ist die exzellente Broschüre *Kystriksveien* (Küstenstraße), die es kostenlos bei den Touristeninformationen und vielen Unterkünften entlang der Strecke gibt. Noch detailliertere Infos bietet die Website www.rv17.no. Wer mehr über Hintergründe und Zusammenhänge wissen will, kauft sich das Buch Die Küstenstraße. Ein Reiseführer entlang Kytriksveien (248 nkr) von Olav Breen.

Empfehlungen und Tipps für eine siebentägige Tour per Fahrrad und Fähre auf dem Kystriksveien bietet die Website www.rv17.no/sykkel. Die kostenlose Broschüre *Cycling from Steinkjer to Leka* enthält genaue Karten und eine Liste von Unterkünften für Radfahrer.

Informationen über den südlichen Teil des Kystriksveien, s. S. 305.

BRØNNØYSUND
5000 Ew.

Brønnøysund liegt zwischen einem tropisch anmutenden Archipel und hügeligem Bauernland. Die **Touristeninformation** (☎ 75 01 80 00; www.visithelgeland.com; ☺ Mitte Juni–Mitte Aug. Mo–Fr 9–19, Sa 10–18 Uhr, So 12–18 Uhr, übrige Zeit Mo–Fr 9–16 Uhr), einen Block vom Kai der Hurtigrute entfernt, vermietet Fahrräder (pro Std./Tag 40/125 nkr). Außerdem verkauft sie Tickets für eine spektakuläre Minikreuzfahrt (Erw./Kind 363/182 nkr) auf der Hurtigrute. Die Küstenfähre legt um 17 Uhr ab und fährt in Richtung Süden über Torghatten (s. S. 323) nach Rørvik in Trøndelag, wo eine Stunde Zeit

ist, um die Stadt zu erkunden und das exzellente Norveg (Zentrum für Küstenkultur und -industrien) zu besuchen, ehe es mit der Fähre wieder in Richtung Norden geht. Sie legt um 1 Uhr nachts wieder in Brønnøysund an.

Sehenswertes & Aktivitäten

Rund 400 Kräuterarten, 100 Rosensorten und 1000 verschiedene Kakteen gedeihen in **Hildurs Urterarium** (☎ 75 02 52 12; Erw./Kind 40 nkr/gratis; ☺ Mitte Juni–Mitte Aug. 10–17 Uhr). Diese Farm, auf der auch eigener Wein gekeltert wird, liegt bei Tilrem, 6 km nördlich von Brønnøysund. Zu der Anlage gehören mehrere rustikale alte Hofgebäude, eine kleine Kunstgalerie und ein Laden mit Produkten aus der Region. Im Garten kann man auch sehr hübsch zu Mittag essen – die Gerichte sind natürlich mit Kräutern gewürzt, die vor Ort gezogen wurden.

15 km südlich von Brønnøysund ist die bizarre Felsformation **Torghatten** auf der Insel Torget eine wichtige Landmarke. Eine 20-minütige Wanderung führt bis zur Spitze des Felsens, die von einem 160 m langen, 35 m hohen und 20 m breiten Loch durchbohrt ist. Den besten Blick auf diesen Durchbruch bietet die Küstenfähre auf der Hurtigrute in Richtung Süden, wenn sie um die Insel herumfährt. Einzelheiten über die Legende zum Torghatten s. Kasten S. 50.

Schlafen & Essen

Die Touristeninformation von Brønnøysund reserviert private Hütten auf Bauernhöfen und *rorbuer* (Fischerhütten, 600–900 nkr) für vier bis acht Personen.

Torghatten Camping (☎ 75 02 54 95; www.visittorghatten.no; Zelt-/Wohnwagenstellplatz 90/130 nkr, 4–6-Bett-Hütten mit eigenem Bad 850 nkr, 6-Bett-Apt. 950–1050 nkr) Der reizvolle Platz mit seinem kleinen Strand an einem künstlichen See ist ideal für Kinder. Er liegt 10 km südwestlich von Brønnøysund und günstig für eine Besteigung der Torghatten-Spitze.

Galeasen Hotell (☎ 75 00 85 50; www.galeasen.com; Havnegata 32–36; EZ/DZ Mitte Juni–Mitte Aug. & ganzjährig Fr & Sa 780/980 nkr, übrige Zeit So–Do 1095/1295 nkr) Ein nettes Hotel mit 22 Zimmern, auch wenn das Personal an der Rezeption manchmal etwas brummig schaut. Es liegt direkt am Kai und hat ein kleines Restaurant. Die Zimmer im neueren Hauptbau sind besser als die im wenigeren reizvollen Anbau, in dem früher Fische verarbeitet wurden.

NORDLAND

An- & Weiterreise

Es gibt mindestens je zwei Flüge täglich von/ nach Trondheim und Bodø. Die Straße zum Flughafen führt am Torghatten und am azurblauen Meer entlang.

Täglich außer sonntags fahren bis zu vier Busse zwischen Brønnøysund und Sandnessjøen (180 nkr, 3 Std.). Auch die Küstenfähren der Hurtigrute legen bei Brønnøysund an.

VEGA
1300 Ew.

Die Insel Vega wird fast ausschließlich von Norwegern besucht. Wir waren die einzigen Ausländer auf der Fähre. Zusammen mit den über 6000 Schären, Inselchen und Felsklippen bildet sie den Vega Archipel, der zum Unesco Weltkulturerbe zählt. Diese Auszeichnung verdankt der Archipel weder großartigen Bauwerken noch seiner Natur (wenngleich diese durchaus beeindruckend ist), sondern der Leistung seiner Bewohner. Das Komitee hat den Archipel ausgezeichnet, weil Generationen von Fischern und Bauern im Laufe von 1500 Jahren ihr Leben an dieser unwirtlichen Küste bestritten haben. Zu einem großen Teil haben sie ihren Lebensunterhalt auf heute einzigartige Weise verdient: indem sie – maßgeblich Frauen – Eiderdaunen gesammelt haben. Nähere Informationen über diese ungewöhnlichen Enten und ihre Daunen bieten das ausgezeichnete, kleine E-Huset (E-Haus) Museum und die Websites www.verdensarvvega.no und www.lanan.no.

Vegas **Touristeninformation** (☎ 75 03 53 88; www.visitvega.no, auf Norwegisch; ☯ Mitte Juni–Mitte Aug. Mo–Do 10–18, Fr 10–20, Sa 10–14 Uhr, übrige Zeit 9–16 Uhr) befindet sich in Gladstad, dem größten Ort der Insel.

Das **E-Huset** (☎ 95 04 44 59; Eintritt 30 nkr; ☯ Mitte Juni–Mitte Aug. Di–So 12–16 Uhr) im winzigen Fischerort Nes ist ein faszinierendes, sehr informatives, kleines Museum über die Eiderenten. Es erklärt, wie diese Vögel ganz wie Haustiere gepflegt wurden, wenn sie im Frühjahr von ihrer Reise in den Süden zurückkehrten und jede wieder ihren angestammten Nistplatz einnahm. Das E-Haus befindet sich in einer alten Handelsstation. Der ursprüngliche Ladentisch und Regale voller Waren aus der Zeit unserer Urgroßeltern sind dort noch heute zu sehen.

Vega Camping (☎ 94 35 00 80; http://hjem.monet.no/ camping, auf Norwegisch; Floa; Zelt-/Wohnwagenstellplatz

100/120 nkr plus 15 nkr pro Pers.; DZ/4BZ 400/650 nkr; ☯ Mitte Juni–Mitte Aug.) Mit seiner sauber gemähten Wiese, die sich bis ans ruhige Wasser erstreckt, ist dieser schlichte Platz einer der schönsten in Norwegen. Er vermietet Boote und Fahrräder (250/100 nkr pro Tag) und in der Nähe gibt es eine Reitschule.

LP Tipp **Vega Havhotell** (☎ 75 03 64 00; www. havhotellene.no, auf Norwegisch; Viksås; EZ/DZ 890/990 nkr inkl. Frühstück; ☯ April–Sept. tgl., Nov.–März Di–So) Dieses abgelegene Haus an einer ungeteerten Straße im nördlichen Winkel der Insel ist eine wahre Oase der Stille (in seinen 21 Zimmern gibt es weder Radio noch Fernsehen). Der perfekte Ort, um zu entspannen, Strandspaziergänge zu unternehmen oder den Eiderenten beim Bad im Tümpel zuzusehen. Auch wer dort nicht übernachten will, sollte sich die ausgezeichnete Gourmetküche des **Restaurants** (1/2/3 Gänge 225/325/425 nkr) nicht entgehen lassen, die überwiegend lokale Produkte verwendet; Reservierung erforderlich.

Expressschiffe fahren von/nach Brønnøysund und Sandnessjøen. Autofähren setzen von Vega zu den Festlandsorten Horn und Tjøtta über.

SANDNESSJØEN
5750 Ew.

Gleich südlich von Sandnessjøen, dem wichtigsten Wirtschaftszentrum an der südlichen Küste von Nordland, erhebt sich die imposante Kette der Syv Søstre (Sieben Schwestern). Trainierte Wanderer können alle sieben Gipfel (910 m bis 1072 m) an einem Tag besteigen. Und alle paar Jahre werden die Schwestern um die Wette erklommen. Der Rekord liegt bei 3 Stunden und 54 Minuten.

Hauptachse von Sandnessjøen ist die autofreie Torolv Kveldulvsons Gate, einen Block vom Hafen entfernt. Die **Touristeninformation** (☎ 75 04 45 00; www.helgelandskysten. com; ☯ Mitte Juni–Mitte Aug. Mo–Fr 9–19, Sa 10–16, So 12–16 Uhr, übrige Zeit Mo–Fr 9–16 Uhr) am Hafen vermietet Fahrräder (40/125 nkr pro Std./ Tag) und bietet Internetzugang an (1 nkr pro Min.).

Wandern

Die Touristeninformation kann Wanderungen in der Syv-Søstre-Kette empfehlen. Am leichtesten zu erreichen sind diese Berge via Rv 17 ab Breimo oder Sørra, rund 4 km südlich der Stadt. Von dort sind es etwa 2 km bis zum Fuß der Kette. Die Pfade sind mit roten Punkten markiert, doch die Karte *Alstahaug* 1:50 000 ist trotzdem zu empfehlen. Wer sich auf jedem Gipfel in das Buch einträgt und in der Touristeninformation eine Kontrollkarte ausfüllt, erhält eine Urkunde.

Schlafen

Rica Hotel Sandnessjøen (☎ 75 06 50 00; www. rica.no; Torolv Kveldulvsons Gate 16; EZ/DZ Mitte Juni–Mitte Aug. 795/995 nkr, übrige Zeit So–Do 1290/1490 nkr, Fr & Sa 860/1060 nkr) Das große Hotel mit 69 frisch renovierten Zimmern ist das Tophotel von Sandnessjøen. Es bietet den gewohnten Komfort der Rica-Kette.

An- & Weiterreise

Bis zu vier Busse verkehren täglich außer sonntags zwischen Sandnessjøen und Brønnøysund (180 nkr, 3 Std.); und drei bis fünf Busse (tgl. außer Sa) von/nach Mosjøen (1¾ Std.) und Mo i Rana (2¾ Std.). Sandnessjøen ist auch einer der Häfen der Küstenfähren der Hurtigrute.

TRÆNA & LOVUND

Træna ist ein Archipel aus mehr als tausend kleinen, flachen Schären, von denen fünf bewohnt sind.

Fähren vom Festland machen auf der Insel Husøy fest; dort lebt der Großteil der Bevölkerung von Træna und dort befinden sich auch die Unterkünfte. Die Hauptsehenswürdigkeiten hat jedoch die benachbarte Insel Sanna für sich gepachtet. Sanna ist etwas mehr als 1 km lang; den Inselrücken bildet eine Mini-Bergkette, die am nördlichen Ende zu einem 318 m hohen Berg ansteigt, dem Trænstaven.

Am südlichen Ende der Insel Sanna haben Archäologen in der kathedralenartigen **Kirkehelleren-Höhle** einen Friedhof und Artefakte entdeckt, die gut 9000 Jahre alt sind (jetzt im Museum in Tromsø).

Die Insel Lovund mit ihren steilen Felsen, auf denen sich eine riesige Vogelkolonie und 240 Menschen niedergelassen haben, erhebt sich 623 m aus dem Meer. An jedem 14. April feiert die Insel Lundkommerdag, den Tag, an dem 200 000 Papageientaucher auf die Insel zurückkehren, um dort bis Mitte August zu brüten.

Expressschiffe verbinden Sandnessjøen und Træna; Autofähren verkehren dreimal pro Woche.

VON STOKKVÅGEN NACH STORVIK

Wer nur einen Teil der Küstenstraße fahren kann, sollte sich für den Abschnitt zwischen Stokkvågen, westlich von Mo i Rana, und dem breiten Sandstrand von Storvik, 100 km südlich von Bodø entscheiden. Diese Strecke wurde unlängst als „Grüne Straße" ausgezeichnet, ein Prädikat, das nur den landschaftlich reizvollsten Straßen zuerkannt wird.

Auch diese Strecke von Mo i Rana bis zur Küste ist eine wahrhaft dramatische Route. Sie folgt dem malerischen Ranafjord. An seiner Küste liegt die Nazifestung **Grønsvik** (Eintritt frei), eine von über 350 Festungsanlagen, die die Nazis an der Küste Norwegens erbaut haben.

Auf der weiteren Fahrt entlang der Küste nach Norden und über den Polarkreis versagen alle Superlative. Der Blick schweift über unzählige Inseln, Inselchen und Schären, über denen Seeadler kreisen und nach Beute spähen. Prachtvolle Wildblumen blühen im relativ milden Klima, das von den letzten Ausläufern des Golfstroms erwärmt wird. Und über lange Strecken führt die Straße direkt am Wasser entlang. Von den Fähren zwischen Kilboghamn und Jektvik sowie zwischen Ågskardet und Forøy eröffnen sich zauberhafte Blicke auf den Svartisen-Gletscher und auch unterwegs auf der Straße entlang dem Holandsfjorden bieten sich grandiose Perspektiven.

Von **Holand** verkehrt eine **Fähre** (☎ 47 99 40 30; Erw./Kind hin & zurück 90/50 nkr) etwa stündlich über den Holandsfjorden (10 Min.). Von der Anlegestelle kann man mit einem gemieteten Fahrrad (3/6 Std. 40/60 nkr) die 3 km Schotterstraße bis zur Spitze der Gletscherzunge des Engebreen fahren.

Zu Fuß ist vom Anleger aus in 15 Minuten das **Svartisen Turistsenter** (☎ 75 75 11 00; www. svartisen.no; ☖ Juni–Mitte Aug.) mit Café und Kiosk zu erreichen. Es bietet ein- bis zweistündige geführte Gletscherwanderungen (400 nkr) und längere vier- bis fünfstündige Trecks (800 nkr) vom Ende des Sees Engabrevatnet – vorher reservieren. Man kann auch auf eigene Faust den steilen Weg am Gletscher entlang bis zur Tåkeheimen-Hütte (1171 m) nahe dem Gipfel des Helgelandsbukken (1454 m) hinaufwandern. Die Route ist mit einem „T" markiert und dauert hin und zurück etwa acht Stunden.

Holand Hytter (☎ 75 75 00 16, 41 57 65 28; walterjoh@ combitel.no; Hütten 500–800 nkr) bietet drei attraktive

NORDLAND

Hütten mit eigenem Bad und Küche. Zwei liegen im Wald, einen bequemen Spaziergang vom Anleger der Svartisen-Fähre entfernt, die dritte mit Platz für sieben Personen ist gleich bei der Anlegestelle.

Furøy Camping (☎ 75 75 05 25; Fax 75 75 03 36; Forøy; Zelt-/Wohnwagenstellplatz 135/175 nkr, Hütten 490–900 nkr) Kaum 1 km vom Ågskardet–Føroy-Fährterminal ist hier ein Paradies für Kinder: Der Campingplatz hat einen Fünf-Sterne-Spielplatz mit Trampolin und Spielhütten. Die Großen können sich derweil im Whirlpool entspannen (100 nkr für bis zu 6 Pers.) und alle werden begeistert sein vom traumhaften Blick über den Fjord auf den Svartisen-Gletscher. Allerdings sollte man vorher reservieren, denn von der Fähre zieht sich oft eine ganze Autoschlange bis zur Rezeption.

BODØ
36 000 Ew.
Bodø, die größte Stadt im Nordland, wurde 1816 als Handelszentrum gegründet. Nach einem extrem lukrativen Heringsboom 1860 wandte sie sich der Fischerei zu. Die Innenstadt wurde nach der fast vollständigen Zerstörung im Zweiten Weltkrieg neu aufgebaut und hat architektonisch nichts zu bieten. Im Sommer kann sie unangenehm nach Fisch riechen, der ihre Lebensgrundlage ist, aber sonst ist sie gepflegt, großzügig angelegt und hat einen schönen Bootshafen. Der besondere Charme der Stadt liegt außerdem in ihrer phantastischen Kulisse mit rauen Gipfeln in der Ferne, einem weiten Himmel darüber und zerklüfteten Inseln, die in nördlicher Richtung im Meer verstreut liegen. Dort leben im Übrigen mehr Seeadler auf einem Haufen als irgendwo sonst auf der Welt – nicht umsonst ist Bodø als „Hauptstadt der Seeadler" bekannt.

Viele Urlauber lassen die Stadt aus, weil sie es eilig haben, in den hohen Norden zu gelangen oder per Fähre zu den Lofoten überzusetzen. Doch man kann hier wunderbar ein, zwei Tage verbringen (Bodø liegt nur 63 km westlich von Fauske am Arctic Highway und ist der nördliche Endpunkt der Nordlandsbanen).

Orientierung & Praktische Informationen
Das Zentrum von Bodø liegt an einem mäßig steilen Hang, der sich zum Ufer hinunterschwingt. Die beiden Hauptstraßen, Sjøgata

und die überwiegend autofreie Storgata, verlaufen parallel zueinander, verbunden durch die riesige Einkaufspassage Glasshuset. Die Touristeninformation, der Busbahnhof und der Anleger für die Expressboote liegen nah beieinander, zwei Querstraßen westlich vom Glasshuset.

Intersport Bodø (☎ 75 54 98 50; 4. Stock, Glasshuset) Verkauft Wanderkarten und hat Schlüssel für Hütten des Den Norske Turistforening (DNT).

Ludvig's Bruktbokhandel (Dronningens Gate 42) Eine Fundgrube zum Stöbern mit einer guten Auswahl englischer Secondhand-Bücher sowie alten LPs, Comics und Videos.

Touristeninformation (☎ 75 54 80 00; www.visitbodo.com; Sjøgata 3; ☼ Mitte Mai–Aug. Mo–Fr 9–20, Sa 10–18, So 12–20 Uhr, übrige Zeit Mo–Fr 9–16, Sa 10–15 Uhr) Gibt die ausgezeichnete, kostenlose Broschüre Bodø Guide heraus und hat zwei Internetterminals (60 nkr pro Std.). Daneben befinden sich Gepäckschließfächer (20–50 nkr).

Sehenswertes
Das **Norwegische Luftfahrtmuseum** (Norsk Luftfarts-Museum; ☎ 75 50 78 50; Olav V Gata; Erw./erm./Kind/Fam. 75/50/40/180 nkr; ☼ Mitte Juni–Mitte Aug. 10–18 Uhr, übrige Zeit Mo–Fr 10–16, Sa & So 13–17 Uhr) ist ein Erlebnis, selbst wenn man nur mäßiges Interesse an der Fliegerei und ihrer Geschichte verspürt. Für die 10 000 m² umfassende Ausstellung ist ein halber Tag gewiss nicht zu viel. Wer tatsächlich mit dem Flugzeug in Bodø ankommt, sieht von oben, dass das bemerkenswerte moderne Hauptgebäude des Museums die Form eines Flugzeugpropellers hat.

Zur Ausstellung gehören ein kompletter Flughafentower und alles Mögliche zum Anfassen und Ausprobieren. Im angeschlossenen norwegischen Luftwaffenmuseum stehen außerdem jede Menge historische Flugzeuge – militärische und zivile – von der Tiger Moth bis zum U2-Spionageflugzeug. (Das unglückselige US-Flugzeug, das 1960 über der Sowjetunion abgeschossen wurde und damit eine schwere diplomatische Krise auslöste, befand sich auf dem Flug von Peschawar in Pakistan nach Bodø.) Kinder und kindliche Gemüter werden sich begeistert in dem kleinen Flugsimulator durchrütteln lassen, der seine Passagiere gegen einen Aufpreis auf allerlei nervenaufreibende virtuelle Flüge mitnimmt, u. a. als Pilot in einem Kampfjet.

Das kleine **Nordlandmuseum** (Nordlandmuseet; ☎ 75 52 16 40; Prinsens Gate 116; Erw./Kind 35 nkr/gratis; ☼ Mai–Sept. Mo–Fr 9–16, Sa & So 11–16 Uhr, übrige Zeit Mo–Fr 11–16 Uhr) zeigt einen witzigen 20-minütigen Film über Bodøs Geschichte. Zu den Highlights der Sammlung gehören Silbergegenstände aus der Wikingerzeit. Andere Objekte illustrieren die Kultur der Samen, die Geschichte der Frauen im nördlichen Norwegen, die regionale Kultur des Fischfangs und die Naturgeschichte.

Ein Teil des Museum, das **Freilichtmuseum Bodøsjøen**, liegt 3 km von der Stadt entfernt beim Bodøsjøen-Campingplatz. Hier sind auf 4 ha Ausstellungsfläche alte Wohnhäuser, Hofgebäude, Bootshäuser sowie Bunker aus dem Zweiten Weltkrieg und der Rahsegler *Anna Karoline af Hopen zu besichtigen.* Auf dem Gelände kann man herumlaufen, ohne Eintritt zu bezahlen; in die Gebäude hinein kommt man nur nach Absprache. Hier beginnt auch ein **Wanderweg** entlang des Flusses Bodøgårdselva, der schließlich in die wilden, landschaftlich reizvollen Bodømarka-Wälder führt.

Bodøs aparte **Kathedrale** (Kongensgate; Eintritt frei; ☉ Mitte Juni–Aug. 9.30–14.30 Uhr) mit einem hohen, freistehenden Turm wurde 1956 vollendet. Sie hat die Form eines umgekehrten Schiffsrumpfes, ihre Wände sind mit mehrfarbigen Teppichen behängt und sie besitzt ein schmuckes Buntglasfenster.

Die reizvolle, kleine **Kirche von Bodin** (Gamle Riksvei 68; ☉ Ende Juni–Mitte Aug. 10–15 Uhr) ist eine Steinkirche von 1240. Während der Reformation wurde ihre Außenansicht stark verändert und sie erhielt ihren Zwiebelturm. Eine Fülle verspielter Barockelemente schmückt den Innenraum – insbesondere der reich verzierte Altar.

Aktivitäten

Norlandsbadet & Spektrum Velvære (☎ 75 59 15 08; Plassmyrveien; Erw./Kind/Fam. 130/90/390 nkr; ☉ Kernzeiten Mo–Fr 15–21, Sa & So 10–18 Uhr) ist eine luxuriöse Anlage zum Entspannen, Erholen und Aufwärmen, wenn's draußen friert. Sie umfasst sechs Schwimmbäder, eine 85 m lange Wasserrutsche, sechs Saunen (wahlweise mit therapeutischer Musik oder Eukalyptusduft), eine dampfende „Tropenwald-Dusche" und eine Eishöhle zum Abkühlen.

Von Bodø aus bietet sich ein Besuch des Svartisen-Gletschers an, mit einem Stopp im Fischerdorf Støtt auf dem Rückweg. Ein Expressschiff der Hurtigrute mit Führung (645 nkr) legt um 6.45 Uhr ab und kehrt um 14.30 Uhr nach Bodø zurück.

Festivals & Events

Das **Nordlands Music Festival** in der ersten Augusthälfte bedeutet volle zehn Tage Musik jeder erdenklichen Art – mit Sinfonieorchestern, Jazzmusikern, Rock- und Folkgruppen.

Schlafen

Bodøsjøen Camping (☎ 75 56 36 80; bodocamp@ yahoo.no; Kvernhusveien 1; Zelt-/Wohnwagenstellplatz 100/ 200 nkr plus 30 nkr pro Pers., Hütten 250–400 nkr, mit eigenem Bad 630–840 nkr) Die Hütten dieses Uferplatzes 3 km vom Zentrum sind besonders gut ausgestattet. Für Zelte ist ein schöner Grasplatz mit Picknicktischen reserviert. Busse der Linien 12 und 23 halten 250 m entfernt.

Opsahl Gjestegård (☎ 75 52 07 04; www.opsahlg jestegar.no, auf Norwegisch; Prinsens Gate 131; EZ/DZ 430/600 nkr) Diese Pension an einer ruhigen Wohnstraße hat 18 komfortable Zimmer mit mehr oder weniger blumigem Dekor und eine kleine Gästebar.

City Hotell (☎ 75 52 04 02; johannsst@online.no; Storgata 39; EZ 590 nkr/DZ 690–890 nkr plus 150 nkr pro zusätzliche Pers.; ▯) Als wir dieses nagelneue Hotel besucht haben, war die Farbe noch nicht recht trocken. Die meisten der 19 Zimmer sind relativ klein, aber preiswert. Unter dem Dach liegen zwei große Familienzimmer und zwei Zimmer haben eine Kochnische. Die Rezeption ist äußerst freundlich, die Verwaltung weniger …

Skagen Hotel (☎ 75 51 91 00; www.skagen-hotel.no, auf Norwegisch; Nyholmsgata 11; EZ/DZ Mitte Juni–Mitte Aug. & ganzjährig Fr & Sa 650/800 nkr, übrige Zeit So–Do 1290/ 1490 nkr, alle Preise inkl. Frühstück; ▯) Das Skagen umfasst zwei Gebäude. Eins davon war früher eine Metzgerei, was aber nicht mehr zu erkennen ist. Sie liegen einander gegenüber und sind durch einen Tunnel unter der Straße verbunden. Die Zimmer sind attraktiv dekoriert und Welten entfernt vom Standard der Hotelketten. Es gibt eine Bar und nachmittags kostenlos Waffeln und Kaffee. Das Personal hat gute Outdoor-Tipps.

Clarion Collection Hotel Grand (☎ 75 54 61 00; www. choice.no; Storgata 3; EZ/DZ Mitte Juni–Mitte Aug. & ganzjährig Fr & Sa 665/880 nkr, übrige Zeit So–Do 1395/1620 nkr; P ▯) Das Grand liegt günstig direkt neben dem Glasshuset Shopping Centre und nur ein paar Schritte vom Kai entfernt. Die Zimmer sind etwas klein, aber komfortabel. Im Preis sind Frühstück und ein leichtes Abendbüfett enthalten. Sauna und Dampfbad sind für Gäste kostenlos.

NORDLAND

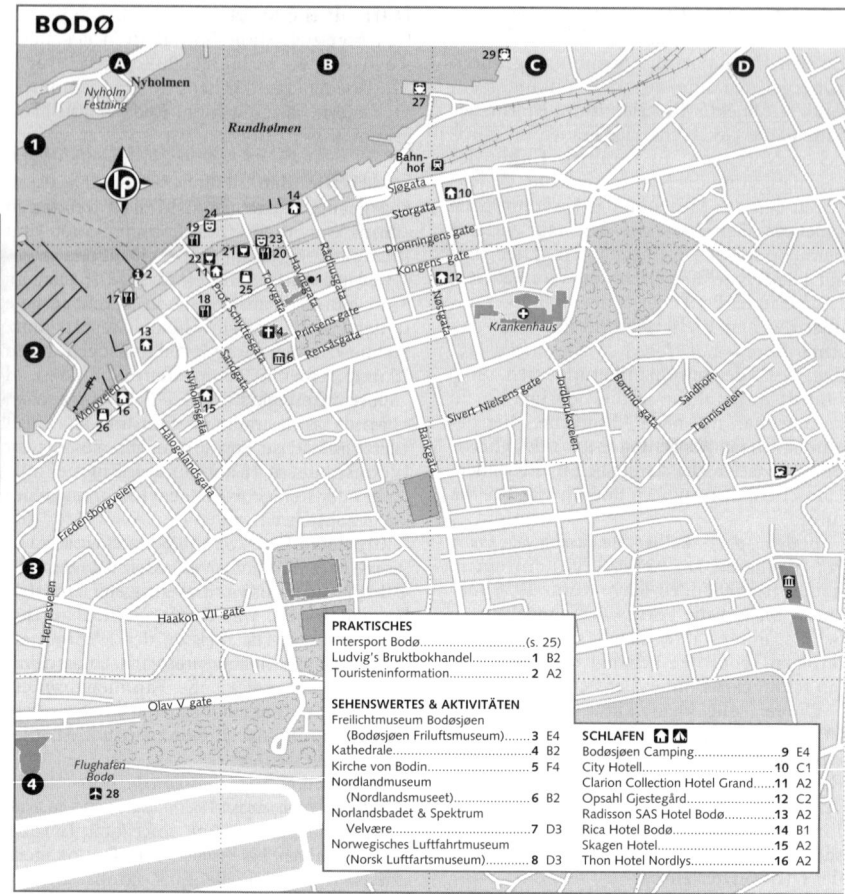

BODØ

PRAKTISCHES
Intersport Bodø..........................(s. 25)
Ludvig's Bruktbokhandel...............**1** B2
Touristeninformation...................**2** A2

SEHENSWERTES & AKTIVITÄTEN
Freilichtmuseum Bodøsjøen
 (Bodøsjøen Friluftsmuseum).......**3** E4
Kathedrale.................................**4** B2
Kirche von Bodin..........................**5** F4
Nordlandmuseum
 (Nordlandsmuseet)...................**6** B2
Norlandsbadet & Spektrum
 Velvære..................................**7** D3
Norwegisches Luftfahrtmuseum
 (Norsk Luftfartsmuseum)...........**8** D3

SCHLAFEN
Bodøsjøen Camping......................**9** E4
City Hotell................................**10** C1
Clarion Collection Hotel Grand......**11** A2
Opsahl Gjestegård.......................**12** C2
Radisson SAS Hotel Bodø.............**13** A2
Rica Hotel Bodø.........................**14** B1
Skagen Hotel.............................**15** A2
Thon Hotel Nordlys.....................**16** A2

Thon Hotel Nordlys (☎ 75 53 19 00; www.thonhotels. com; Moloveien 14; EZ/DZ Mitte Juni–Mitte Aug. & ganzjährig Fr & Sa 755/955 nkr, übrige Zeit So–Do 1025/1255 nkr) Bodøs neuestes und stilvollstes Hotel ganz in skandinavischem Design. Es liegt an der Marina und hat ein gutes Restaurant.

Radisson SAS Hotel Bodø (☎ 75 51 90 00; www. radissonsas.com; Storgata 2; EZ/DZ Mitte Juni–Mitte Aug. 795/1090 nkr, übrige Zeit So–Do 1250–1450 nkr, Fr & Sa 795/995 nkr; P ⌨) Das moderne Hotel hat helle Zimmer und im obersten Stock eine Bar mit Blick auf Hafen und Berge. Das Frühstück wird im Sjøsiden Restaurant mit Panoramafenstern serviert. Der Pizzakjeller'n (s. S. 329) ist eines der beliebtesten Speiselokale der Stadt.

Rica Hotel Bodø (☎ 75 54 70 00; www.rica.no; Sjøgata 23; EZ/DZ Mitte Juni–Mitte Aug. 795/1046 nkr, übrige Zeit So–Do

1380/1680 nkr, Fr & Sa 750/1000 nkr) Das einladende und gepflegte Neumitglied der Rica-Kette hat besonders große Zimmer und eine erstklassige Lage am Kai. Zudem ist es direkt mit dem Restaurant Blix (s. S. 329) verbunden, dem besten Restaurant der Stadt.

Essen
Løvolds (☎ 75 52 02 61; Tollbugata 9; Gerichte 35–105 nkr; ⌣ Mo–Sa) Die beliebte historische Cafeteria am Kai mit schönem Ausblick versteht sich auf Sandwiches, Grillgerichte und herzhafte norwegische Küche.

Kafé Kafka (☎ 75 52 35 50; Sandgata 5b; Hauptgerichte 60–125 nkr, Tagesgericht 78 nkr; ⌣ Kernzeiten Mo–Sa 11–24 Uhr, So 15–24 Uhr) Das stylische, moderne Café bietet elf hervorragende Kaffeesorten (was

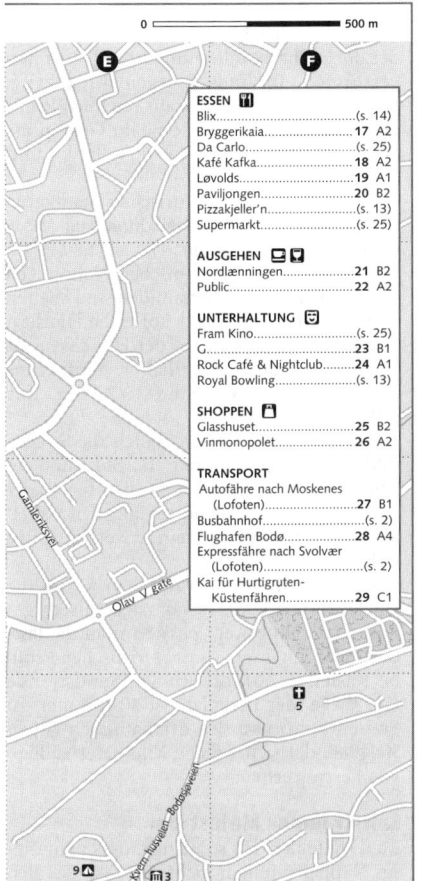

aber auch üppigere Gerichte. Besonders zu empfehlen sind die Spezialitäten des Tages (110 nkr), die wirklich täglich wechseln, oder die der Woche (170 nkr).

Da Carlo (☎ 75 50 46 05; 2. Stock, Glasshuset) Das sympathische Restaurant mit Bar ist vor allem bei Bodøs aufstrebender Jugend beliebt. Serviert werden die üblichen Snacks, Pizza, Burger etc. Es belegt einen Teil der verglasten Empore oberhalb eines Shoppingcenters und bietet freie Sicht auf die Shoppendenden.

Bryggerikaia (☎ 75 52 58 08; Sjøgata 1; Snacks um 160 nkr, Hauptgerichte 165–245 nkr) Das relativ neue Bryggerikaia hat sich schnell seinen Platz erobert. Es lässt die Wahl zwischen guten Snacks, einem Mittagsbüfett (125 nkr) und selbst gebrautem Bier – aber auch zwischen Tischen im Gastraum mit Pubatmosphäre, auf der Terrasse zur Straße oder (am besten) auf der Veranda mit Blick auf den Hafen.

Das **Blix** (☎ 75 54 70 99; Sjøgata 25; Hauptgerichte um 200 nkr) ist einer der Favoriten unter den anspruchsvolleren Gästen Bodøs. Seine Küche genießt einen hervorragenden Ruf und die Weinkarte kann sich sehen lassen. Am besten einen Tisch am Fenster mit Blick auf den Hafen reservieren.

Am Kai gibt es preisgünstig frische Garnelen; das Vinmonopolet liegt zwei Blocks weiter westlich. Im Glasshuset Einkaufszentrum gibt es einen Supermarkt und Fastfood-Lokale.

Ausgehen & Unterhaltung

Nordlænningen (Storgata 16; 🕐 12–3.30 Uhr) ist eine zwanglose Kellerkneipe am Hauptplatz mit gelegentlicher Livemusik. Das Treppenhaus zieren signierte Plakate von Bands, die hier schon gespielt haben.

Public (Sjøgata 12; 🕐 Kernzeiten 20–3.30 Uhr) Übergroße Fotos von Punkrock-Auftritten dekorieren die Wände dieser minimalistischen Bar mit schwarzen Lederhockern.

Rock Café & Club (☎ 75 50 46 33; Tollbugata 13b; Eintritt 50 nkr; 🕐 Fr & Sa 21–3 Uhr) Die größte Disko der Stadt hat Platz für 500 Gäste. Etwa zweimal im Monat spielen Bands.

G (☎ 75 56 17 00; Sjøgata; 🕐 Fr & Sa 21–3 Uhr) Mit ihrem höhlenartigen Eingang ist diese *Discoteka* unter dem Hauptplatz der Treff für die Über-25-Jährigen.

Fram Kino (Storgata 8), nahe dem Eingang zum Glasshuset, ist das Kino der Stadt.

Die Kegel fallen im **Royal Bowling** (☎ 75 52 28 80; Storgata 2) im Erdgeschoss des Radisson SAS Hotels.

schon von weitem zu riechen ist) und frische Säfte. WLAN und ein Internetplatz sind für Gäste kostenlos. Samstags gibt's Clubbetrieb mit DJs.

Paviljongen (☎ 75 52 01 11; Torget; Hauptgerichte 90–135 nkr) Mit Tischen am Hauptplatz ist dies der ideale Ort, um bei einem Kaffee, einer der drei Sorten Fassbier oder einem preiswerten Mittagessen die Welt vorüberziehen zu lassen (und es ist amüsant zu beobachten, wie die Passanten ihren Schritt unwillkürlich dem Rhythmus der Straßenmusikanten gegenüber anpassen).

Pizzakjeller'n (☎ 75 51 90 00) Das beliebte und zwanglose Lokal im Radisson SAS Hotel ist eigentlich keine Pizzeria. Es serviert zwar eine große Auswahl an Pizzas und anderen Snacks,

NORDLAND

An- & Weiterreise

BUS
Nor-Way Bussekspress fährt zweimal täglich von/nach Narvik (497 nkr, 6½ Std.) via Fauske (106 nkr, 1¼ Std.).

FLUG
Vom Flughafen südwestlich des Zentrums starten täglich bis zu acht Flüge nach Oslo, vierzehn nach Trondheim und elf nach Tromsø. Weitere Ziele im Inland sind Leknes (bis zu 7 Flüge tgl.), Harstad (2) und Mo i Rana (4).

Norwegian Airlines fliegt einmal täglich nach Oslo und zweimal nach Bergen.

SCHIFF
Bodø ist eine Anlegestelle der Küstenfähren der Hurtigrute. Autofähren verkehren im Sommer fünf- bis sechsmal täglich (übrige Zeit seltener) zwischen Bodø und Moskenes auf den Lofoten (Erw./Kind/Auto 149/74/538 nkr, 3½ Std.). An den meisten Tagen geht mindestens eine Fähre zu den südlichen Lofoten-Inseln Røst und Værøy. Wer im Sommer mit dem Auto reist, sollte die Fähre vorher reservieren (160 nkr Zuschlag), um lange Wartezeiten zu vermeiden. Eine Express-Passagierfähre verkehrt ein- oder zweimal täglich zwischen Bodø und Svolvær (Erw./Kind 290/145 nkr, 3½ Std.).

ZUG
Von Bodø gehen Züge nach Fauske (104 nkr, 45 Min., bis zu 5-mal tgl.), Mo i Rana (386 nkr, 3 Std., 2- bis 4-mal tgl.) und Trondheim (937 nkr, 9¾ Std., 2-mal tgl.).

Unterwegs vor Ort
Stadtbusse kosten 25 nkr pro Fahrt. Die Touristeninformation vermietet Fahrräder ab 100 nkr pro Tag.

RUND UM BODØ
Kjerringøy
Es ist nicht zu übersehen, warum diese verschlafene Halbinsel, umspült von blauem Meer und mit hoch aufragenden Granitgipfeln im Hintergrund, von den norwegischen Filmemachern immer wieder gern als Location ausgewählt wird. Sie liegt rund 40 km nördlich von Bodø. Ihr wichtigstes Merkmal von Menschenhand ist die Handelsstation Kjerringøy aus dem 19. Jahrhundert. Hier richtete der Unternehmer (manche würden

sagen: Ausbeuter) Erasmus Zahl mit seiner Sippe einen wichtigen Handelsposten ein, der die Fischerfamilien am Ort mit Vorräten versorgte – im Tausch gegen ihren Fang. Nachdem die Familie daraus reichlich Profit geschlagen hatten, steckte sie ihr Geld in die Bergwerksindustrie sowie ins Bank- und Speditionswesen.

Der Großteil des historischen Stadtkerns aus Holzhäusern ist als **Freilichtmuseum** (☎ 75 50 35 00; Erw./Kind 45 nkr/gratis; ◷ Ende Mai–Aug. 13–17 Uhr) erhalten: Die spartanischen Wohnungen und Küchen der Fischerfamilien sind Welten entfernt von den üppig dekorierten Häusern und dem Lebensstandard der Händler. Eine Diashow ist im Preis enthalten; Eintritt ins Hauptgebäude (Erw./Kind 35/20 nkr) nur mit Führung.

Mehrere Busse fahren täglich die Strecke Bodø–Kjerringøy (86 nkr, 1½ Std.) und im Sommer kann man noch am selben Tag wieder zurückfahren. Informationen über den aktuellen Fahrplan gibt's im Fremdenverkehrsbüro in Bodø.

Ob mit dem Bus oder mit dem Auto – die Fährüberfahrt von Festvåg nach Misten gehört dazu. Unterwegs passiert man die **Insel Landegode** mit ihrem charakteristischen Profil (s. Kasten S. 50), die weißen Sandstrände von **Mjelle** (der Parkplatz ist 20 Minuten zu Fuß entfernt) und den dramatischen Gipfel **Steigtind**, der sich wenige Kilometer südlich von Festvåg erhebt.

Saltstraumen Mahlstrom
Man sollte den Tag so planen, dass man dieses Naturphänomen nicht verpasst, das sich todsicher viermal am Tag ereignet: In der 3 km langen und 150 m breiten Meerenge Saltstraumen führt der Wechsel der Gezeiten dazu, dass ein Fjord sich in den anderen ergießt. Dabei entsteht etwas, das man einen Wasserfall auf dem Meer nennen könnte: ein brodelndes Chaos, bei dem mehr als 400 Mio. m³ Wasser mit 20 Knoten erst in die eine, dann in die andere Richtung bewegt werden, und das alle sechs Stunden. Eine ideale Umgebung für Plankton, das Scharen von Fischen und Anglern anzieht. Im Frühjahr kann man die kreischenden Möwen beobachten, die auf der Insel Storholmen mitten im Wasser nisten.

Dieser Mahlstrom soll der größte der Welt sein. Tatsächlich besteht er aus einer ganzen Reihe von kleineren Strudeln, die

NORDLANDBOOTE

Auf Reisen durchs Nordland trifft man früher oder später mit Sicherheit auf eins der berühmten, gedrungenen Nordlandboote. Diese Boote dienten den hiesigen Fischern seit den frühesten Tagen der Besiedlung zum Fischfang. Heute sind sie ein Symbol für den harten, genügsamen Lebensstil der Menschen, die vielfach als Selbstversorger an der oft unwirtlichen Küste im hohen Norden leben. Nordlandboote werden im ganzen Norden eingesetzt – von Namsos im nördlichen Trøndelag bis zur Kola-Halbinsel im arktischen Russland –, aber am stärksten sind sie auf den Lofoten vertreten.

Die kleinsten Nordlandboote heißen *Færing* (bis zu 5 m Länge), die größeren *Hundromsfæring* (6 m), *Seksring* (7 m), *Halvfjer-deromning* (7,5 m), *Firroing* (8 m), *Halvfemterømming* (9 m), *Åttring* (10 bis 11 m) und *Femboring* (11 bis 13 m).

Traditionell gilt: Je größer das Boot, desto höher der Status des Kapitäns oder *høvedmanns*. Aber egal wie groß – Nordlandboote eignen sich perfekt zum Rudern und Segeln, selbst auf dem rauen Nordmeer. Bis vor kurzer Zeit waren Segelwettbewerbe unter den Fischergemeinden wichtige soziale Ereignisse im Jahresverlauf.

Der Hafen von Å auf den Lofoten ist ein guter Ort, um einige museale Exemplare dieser Boote zu sehen.

NORDLAND

entstehen, aufwallen, ineinanderfließen und schließlich verschwinden. Der Eindruck von der Küste aus ist unmittelbarer, aber für den optimalen Überblick geht man am besten auf die Nordseite der geschwungenen Saltstraumbrua-Brücke über die Wasserstraße, und zwar an ihren höchsten Punkt: Dort sieht man das Wasser wie smaragdgrünen Nebel aufstäuben.

Im Normalfall ist das ein wahrhaft berauschendes Erlebnis. Aber es gibt auch Tage, an denen es nicht viel mehr strudelt als der Abfluss einer Badewanne.

Die Gezeitentabellen sind in der Touristeninformation in Bodø erhältlich.

LOFOTEN

Die Lofoten sind wie Balsam für Körper und Seele: Frische Luft (abgesehen vom Fischgeruch in den kleinen Häfen), Tageslicht rund um die Uhr und im Sommer die Fülle der Grün- und Gelbtöne. Wer mit der Fähre dort ankommt, wird den Eindruck nie vergessen – besonders, wenn er von Bodø anreist. Wie ein stacheliges Seeungeheuer erheben die Inseln ihren zerklüfteten Rücken aus dem Meer. Und jeder fragt sich, wie Menschen in einer so unwirtlichen Region ihr Leben fristen konnten.

Die Hauptinseln Austvågøy, Vestvågøy, Flakstadøy und Moskenesøy sind vom Festland durch den Vestfjord getrennt. Auf allen gibt es geschützte Buchten, Schafweiden

und malerische Dörfer. Die gesamte E 10 auf den Lofoten wurde unlängst als „Grüne Straße" ausgezeichnet, ein Prädikat, das nur den landschaftlich reizvollsten Straßen zuerkannt wird. Atemraubende Landschaften und die einzigartigen Stimmungen des arktischen Lichts haben schon seit langem Künstler angezogen. Ihre Werke sind in Galerien auf dem ganzen Archipel zu sehen.

Aber die Lofoten sind auch eine wirtschaftlich bedeutende Gegend. Wo der Golfstrom auf das kalte Wasser des Eismeeres trifft, kommen jeden Winter riesige Kabeljauschwärme zum Laichen aus der Barentssee her. Seit Jahrhunderten hat dieses Phänomen die Bauern von der Nordküste des Festlands angelockt und zu Saisonfischern gemacht.

Obwohl die Kabeljaubestände in den letzten Jahren dramatisch zurückgingen, ist die Fischerei neben dem Tourismus noch immer der wichtigste Wirtschaftszweig der Lofoten. Das beweisen schon die Holzgestelle zum Trocknen des Fischs, deren Gitterwerk fast jedes Dorf der Inseln schmückt.

Die Adressen www.lofoten-tourist.no und www.lofoten-online.de führen zu einer Website mit vielen nützlichen Infos über den gesamten Archipel.

Geschichte

Die Geschichte der Lofoten ist weitgehend durch die Fischerei geprägt. Immer wieder gab es Konflikte um diese fischreichen Gewässer, die des Kabeljaus liebster

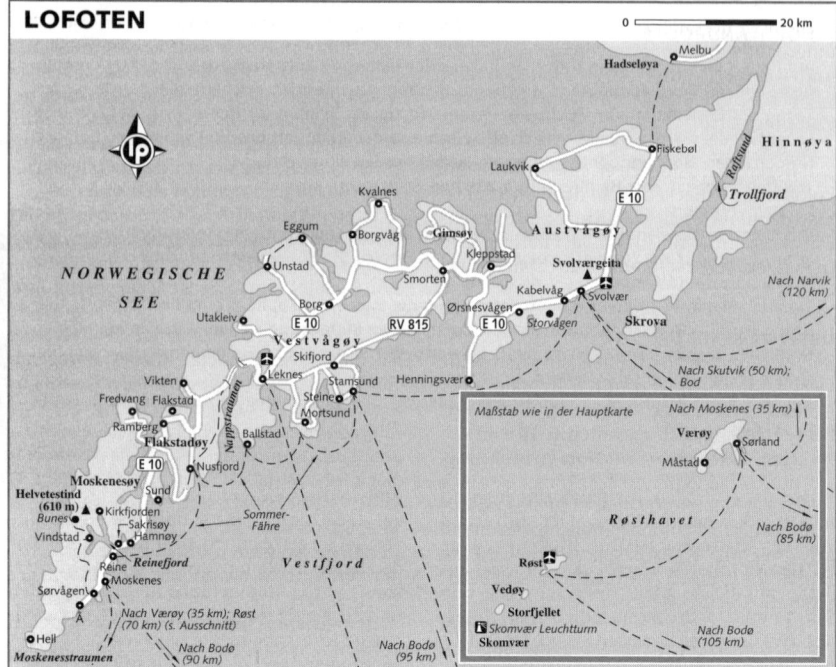

Laichplatz sind, seit sich vor etwa 10 000 Jahren die Gletscher zurückzogen. 1120 ließ König Øystein hier die erste Kirche errichten und eine Reihe von *rorbuer* erbauen: einfache, 4 m² große Holzhütten für die Fischer mit einer Feuerstelle, Lehmboden und einem kleinen Windfang. Reine Selbstlosigkeit war das nicht, denn so gewann er die Kontrolle über die heimische Wirtschaft und sicherte sich reiche Steuereinnahmen.

Im 13. Jh. kamen Kaufleute der deutschen Hanse auf die Lofoten und übernahmen das Ruder. Obwohl die Exporte zunahmen, lebte das Gros der Fischer in elender Armut. Doch um 1750 musste das Handelsmonopol seinen Griff lockern, und die Einheimischen, unterstützt von Abenteurern aus dem südlichen Norwegen, nahmen ihre wirtschaftlichen Unternehmungen selbst in die Hand.

Mit Beginn des 19. Jhs. rissen sich die hiesigen nessekonger – „Handelsherren", die Land erworben hatten – die Macht über den Handel unter den Nagel. Diese neuen Großgrundbesitzer zwangen die Bewohner der rorbuer, ihren gesamten Fang zu einem Preis abzuliefern, den sie selbst festsetzten.

Das Lofotengesetz von 1857 schränkte die Macht der nessekonger deutlich ein, aber erst 1936 verloren sie mit dem Gesetz über den Rohfischverkauf die Macht, die Preise festzulegen.

Wohnen auf den Lofoten

König Øysteins Erbe ist noch lebendig: Die Unterkunft auf den Lofoten ist nach wie vor das *rorbu* oder sein Cousin, das *sjøhus*. Während man aber früher mit *rorbu* (Mehrzahl *rorbuer*) eine schäbige, winzige, rot gestrichene Fischerhütte bezeichnete, nennt man heute praktisch jedes ochsenblutrote oder ockerfarbene Gebäude aus Holz so – ob es sich nun um eine historische Hütte, eine einfache Ferienunterkunft oder ein schickes Maisonette-Apartment für Selbstversorger mit mehreren Zimmern und kompletter Ausstattung handelt.

Ein *sjøhus* (wörtlich „Meerhaus") war üblicherweise eine Gemeinschaftsunterkunft auf den Anlegern, wo die Arbeiter den Fang verarbeiteten und praktischerweise auch gleich essen und schlafen konnten. Während einige *sjøhus* diesen traditionellen Charakter noch bewahrt haben, sind andere in touristische Sommerunterkünfte und Apartments umgebaut worden, meist von der schlichten und weniger teuren Sorte. Daneben gibt es auch Spitzenhotels und superidyllische Campingplätze.

Während die Sommerpreise im übrigen Norwegen meist niedriger sind, gilt für die Lofoten das Umgekehrte: In den Hotels muss man damit rechnen, pro Zimmer mindestens 250 nkr mehr zu zahlen als in der übrigen Zeit. In den *rorbuer und sjøhus* ist der Unterschied nicht so groß.

Unterwegs vor Ort

Die Verkehrsverbindungen sind gut. Alle vier Hauptinseln sind durch Brücken oder Tunnel miteinander verbunden. Busse verkehren entlang der gesamten E 10 von der Fiskebøl-Melbu-Fähre im Norden bis nach Å am südwestlichen Ende der Straße.

Das Büchlein *Sykkelguide* (120 nkr), das die Touristeninformationen anbieten, beschreibt zehn reizvolle Radstrecken zwischen 20 km und 50 km Länge auf den Lofoten und liefert sogar die Karten dazu.

Von Juni bis August verkehrt die **Fosengutt** (☎ 93 49 74 45) mit einer Kapazität von nur zwölf Passagieren entlang der faszinierenden Küste zwischen Reine und Stamsund.

AUSTVÅGØY
9000 Ew.

Viele Besucher sammeln auf Austvågøy, der nördlichsten Insel der Gruppe, ihre ersten Eindrücke von den Lofoten.

Svolvær
4300 Ew.

Die moderne Hafenstadt Svolvær ist so betriebsam, wie eben auf den Lofoten möglich. Früher erstreckte sich die Stadt über mehrere Schären, heute werden die Zwischenräume aufgefüllt, um daraus eine Halbinsel zu schaffen.

Die **Touristeninformation** (☎ 76 06 98 00; www. lofoten.info; ☽ Mitte Juni–Juli Mo–Sa 9–20 oder 22, So 10–20 Uhr, Anfang Juni & Aug. Mo–Fr 9–16 oder 20, Sa 10–14, übrige Zeit Mo–Fr 9–15.30 Uhr) liegt gegenüber dem Fährkai. Hier gibt's Informationen über den gesamten Archipel und man kann Fahrräder mieten (200 nkr pro Tag).

Kostenlosen Internetzugang bietet die **Bibliothek** (Vestfjordgata; ☽ Mo–Fr 11–15, Mi bis 19 Uhr).

SEHENSWERTES

Das **Lofoten-Kriegsmuseum** (Krigsminnemuseum; ☎ 91 73 03 28; Fiskergata 12; Erw./Kind 50/25 nkr; ☽ Juni–Sept. 10–16 Uhr & 18.15–22 Uhr, Mai & Anfang Okt. 18.15–22 Uhr) ist ein privat und mit viel Enthusiasmus geführtes Museum. Es zeigt historische Militäruniformen sowie zahlreiche Exponate und eindrucksvolle, überwiegend unveröffentlichte Fotos aus dem Zweiten Weltkrieg.

Lofoten Nature (Erw./Kind 30 nkr/gratis; ☽ Mitte Juni–Mitte Aug. Di–So 12–22 Uhr) präsentiert in zwei Etagen über der Touristeninformation eindrucksvolle Aufnahmen, die der Tierfotograf John Stenersen auf den Lofoten gemacht hat. Der kluge, gut verständliche Text zum Thema Ökologie ist eine knappe, anregende Einführung in das Ökosystem der Inseln und ihre Tierwelt. Sehr zu empfehlen!

Passenderweise in einer ehemaligen Anlage zum Einfrieren von Fisch wird die Ausstellung **Magic Ice** (☎ 76 07 40 11; Fiskergata 36; Erw./Kind 90/60 nkr; ☽ Mitte Juni–Mitte Aug. 12–22.30 Uhr, übrige Zeit 18–22 Uhr) präsentiert. Auf 500 m² Fläche sind riesige Eisskulpturen zu sehen, die das Leben auf den Lofoten illustrieren. Wer Norwegen nicht im Winter besuchen kann, kommt diesem Erlebnis hier am nächsten. Nach der „coolen" Ausstellung lockt die 7,5 m lange Bar zum Aufwärmen.

Das **Nordnorwegische Kunstzentrum** (Nordnorsk Kunstnersenter; ☎ 76 06 67 70; Svinøya; Erw./Kind 60 nkr/gratis; ☽ Mitte Juni–Mitte Aug. 10–18 Uhr, übrige Zeit 10–15 Uhr) zeigt wechselnde Ausstellungen mit Gemälden, Plastiken, Keramiken und anderen Werken von Künstlern aus dem nördlichen Norwegen sowie eine Dauerausstellung mit Werken des Malers Gunnar Berg, der im 19. Jh. auf den Lofoten gelebt hat.

Die **Lofoten-Themengalerie** (Lofoten Temagalleri; ☎ 76 07 03 36; Parkgata 12; Erw./Kind 50 nkr/gratis; ☽ Juni–Aug. 8–22 Uhr) ist weitgehend das Werk eines einzelnen Mannes: des aus einer alten Fischerfamilie stammenden Fotografen Geir Nøtnes. Ein Raum widmet sich der Kabeljaufischerei, ein anderer dem Walfang. Eine 20-minütige DVD-Vorführung zeigt die Lofoten im Wechsel der Jahreszeiten.

AKTIVITÄTEN

Die Insel **Skrova** eignet sich für einen netten Tagesausflug ab Svolvær und bietet einige kurze Wanderwege. Die Fähre zwischen Svolvær und Skutvik auf dem Festland verkehrt im Sommer zweimal täglich (31 nkr, 30 Min).

NORDLAND

XXLofoten (☎ 91 65 55 00; www.xxlofoten.no; Paulensgate 12) vermietet zwischen Ende Juni und Ende Juli Seekajaks (für 3/8 Std. Einer 400/500 nkr, Zweier 500/700 nkr).

GEFÜHRTE TOUREN

Im Sommer werden ab Svolvær mehrere Exkursionen in den spektakulären Trollfjord angeboten, der von steilen Wänden eingeschlossen und stellenweise nur 100 m breit ist. Es gibt dreistündige Fahrten sowie vierstündige mit der Gelegenheit zum Angeln. Beide Varianten kosten 350/100 nkr pro Erw./Kind. Tickets gibt es direkt am Kai.

Lofoten Seafari (☎ 47 90 29 40; pro Pers. 350 nkr), zu finden im Rica-Hotel, veranstaltet wilde, zweistündige Raftingtouren: mit dem Schlauchboot durch Buchten und über die Wellen hinweg bis zur Insel Skrova (400 nkr).

Zu den Sommeraktivitäten von **Lofoten Activ** (☎ 76 07 89 10; www.lofoten-aktiv.no) zählen geführte Bergwanderungen (250–700 nkr pro Pers.), eine fünfstündige Rad- und Wandertour (470 nkr inkl. Fahrradmiete) sowie eine vierstündige, geführte Seekajak-Safari (800 nkr). Der Veranstalter vermietet auch Surfkajaks

(700 nkr pro Tag) und leitet eine Seekajakschule im Sandvika Fjord und Sjøhuscamp in Kabelvåg (s. S. 336). Im Winter arrangiert er Schneeschuhtouren, Skiwanderungen und Abfahrten.

FESTIVALS & EVENTS

Das alljährliche **Fischfestival** in Svolvær steigt in der letzten Märzwoche. Gefeiert wird einfach alles, was mit dem Fischfang zu tun hat.

Alle zwei Jahre (das nächste Mal 2010) findet in Svolvær drei Wochen lang im Juni das **Lofoten-Kunstfestival** statt.

SCHLAFEN

Svolvær Sjøhuscamp (☎ 76 07 03 36; www.svolversjohuscamp.no; Parkgata 12; DZ/4BZ 440/720 nkr, DZ mit Küche 490 nkr) Dieses freundliche Haus über dem Wasser ist ein geselliger und sehr preiswerter Traveller-Treff. Superschön: das Apartment mit Balkon, kompletter Ausstattung und Platz für sechs Personen (1600 nkr).

Svinøya Rorbuer (☎ 76 06 99 30; www.svinoya. no; Gunnar Bergs Vei 2; 2-/4-/6-Bett-Hütten ab 1000/1400/ 1700 nkr) Eine Brücke führt zum Inselchen Svinøya (der Keimzelle Svolværs), wo Dut-

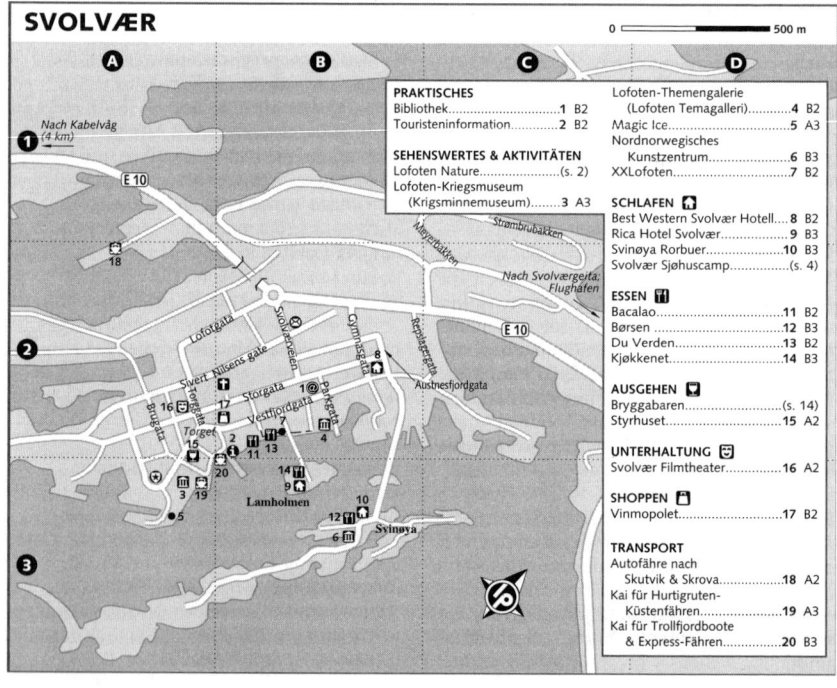

SVOLVÆR

0 ————— 500 m

PRAKTISCHES
Bibliothek..............................1 B2
Touristeninformation...........2 B2

SEHENSWERTES & AKTIVITÄTEN
Lofoten Nature.....................(s. 2)
Lofoten-Kriegsmuseum
(Krigsminnemuseum).......3 A3

Lofoten-Themengalerie
(Lofoten Temagalleri)...........4 B2
Magic Ice............................5 A3
Nordnorwegisches
Kunstzentrum....................6 B3
XXLofoten...........................7 B2

SCHLAFEN 🛏
Best Western Svolvær Hotell....8 B2
Rica Hotel Svolvær................9 B3
Svinøya Rorbuer.................10 B3
Svolvær Sjøhuscamp...............(s. 4)

ESSEN 🍴
Bacalao.............................11 B2
Børsen 12 B3
Du Verden.........................13 B2
Kjøkkenet..........................14 B3

AUSGEHEN 🍷
Bryggbaren.......................(s. 14)
Styrhuset.........................15 A2

UNTERHALTUNG 🎭
Svolvær Filmteater.............16 A2

SHOPPEN 🛍
Vinmopolet.......................17 B2

TRANSPORT
Autofähre nach
Skutvik & Skrova.............18 A2
Kai für Hurtigruten-
Küstenfähren...................19 A3
Kai für Trollfjordboote
& Express-Fähren............20 B3

WILLIAM HAKVAAG UND SEINE PASSION

William Hakvaag, die treibende Kraft hinter dem Kriegsmuseum von Svolvær, ist einer jener leidenschaftlichen Idealisten, die unsere Welt bereichern. „Ich habe gehört, Sie seien im Besitz einer Originalunterschrift von Hitler," fragte ich ihn, nachdem ich den Tipp von einem Leser bekommen hatte. „Nicht nur das," grinste er und öffnete eine Schublade seines Schreibtischs. „*Das* war sein Vergrößerungsglas. Es ist gestern aus Russland angekommen. Ich habe gute Beziehungen in höchste Kreise," fügt er mit blitzenden Augen hinzu, „da kommt vieles ganz von selbst."

Dazu gehört auch ein fleckiges und zerrissenes deutsches Matrosenhemd, das fast 30 Jahre lang auf dem Meeresgrund gelegen hat. Darauf steht der Name Hans O. Schultz und daran gehettet ist der Dankesbrief von eben jenem Herrn Schultz, den Hakvaag aufgespürt hat. Er war bei einem Torpedoangriff auf seinen Zerstörer verwundet worden und kam in Gefangenschaft, zunächst nach England, dann nach Kanada. Dort ließ er sich schließlich nieder und lebte dort bis zu seinem Tod vor wenigen Jahren.

---

zende von Hütten stehen – einige historisch, die meisten modern, aber alle gemütlich und komfortabel. Die Rezeption ist das reinste Museum: ein restaurierter und wieder mit Waren ausgestatteter *krambua* (Dorfladen) von 1828 und der erste Laden von Svolvær.

Rica Hotel Svolvær (☎ 76 07 22 22; www.rica.no; Lamholmen; EZ/DZ Mitte Juni–Mitte Aug. 950/1200 nkr, übrige Zeit So–Do 1004/1257 nkr, Fr & Sa 1100/1350 nkr) Auch das Rica-Hotel wurde auf einer winzigen Insel erbaut bzw. thront eigentlich auf Säulen über dem Wasser. Manche Zimmer haben einen Balkon, während das Zimmer 121 ein Loch im Fußboden hat, damit die Gäste ihre Angelleine direkt ins Meer hinunterlassen können. Vom Restaurant in Bootsform hat man einen ausgezeichneten Blick auf den Hafen. Am besten sind die Tische am Bugfenster. Das Abendbüfett ist gigantisch und kostet 295 nkr.

Best Western Svolvær Hotell (☎ 76 07 19 99; www.bestwestern.no; Austnesfjordgata 12; EZ/DZ Juni–Mitte Aug. 1050/1250 nkr, übrige Zeit So–Do 70/1070 nkr, Fr & Sa 700/800 nkr; P 💻) Klein (nur 22 Zimmer) und in einer Wohngegend abseits vom geschäftigen Hafen gelegen, ist dieses Hotel eine komfortable Unterkunft, aber nichts Besonderes. Manche Zimmer haben einen Balkon, andere eine Küche. In der Halle hängen Drucke von Edvard Munch, dem Großonkel des Besitzers.

ESSEN

Zwei stilvolle Lokale liegen fast nebeneinander am Hafen. Beide sind modern und attraktiv ausgestattet und mit Terrasse am Wasser.

Bacalao (☎ 76 07 94 00) Peppige Ausstattung, innovative Blattsalate (110–130 nkr), Sandwiches und einige ebenso kreative Pastagerichte.

Absolut lecker sind die scharfen Krabbennudeln (*hot rekepasta*; 150 nkr). Außerdem wird hier der beste Kaffee Norwegens gebrüht, wo man sich ansonsten oft mit einer dünnen Brühe zufrieden geben muss.

Du Verden (☎ 76 07 70 99; Hauptgerichte abends um 275 nkr) Das kleine, hippe Restaurant mit klaren Linien und zeitgenössischer Kunst an den Wänden ist das Richtige für ein gemütliches Abendessen. Sehr preisgünstig und gut sind die Mittagsgerichte (45–150 nkr).

Børsen (☎ 76 06 99 31; Svinøya; Hauptgerichte 235–265 nkr) Dieses „Arctic-Menu"-Restaurant hat jede Menge Atmosphäre. Das ehemalige Fischhaus wurde „Informationsbörse" genannt. Warum? Vor dem Haus stand eine Bank mit Blick zum Hafen, auf der die älteren Männer des Ortes über den Zustand der Welt lamentierten. Im Speisesaal mit den rissigen und durchgebogenen Bodendielen riecht es auch heute noch nach Teer und Lebertran.

Kjøkkenet (☎ 76 06 84 80; Lamholmen; Hauptgerichte um 300 nkr) Das Kjøkkenet sieht aus wie Großmutters Küche, war aber früher ein Schuppen zum Einsalzen von Fisch. Das herrlich gemütliche Lokal bietet traditionelle und empfehlenswerte Fischgerichte; Aushängeschild ist *boknafisk* (270 nkr): geräucherter Kabeljau mit Schmalz und Gemüse.

AUSGEHEN & UNTERHALTUNG

Styrhuset (OJ Kaarsbøs Gate 5) Die älteste Kneipe in Svolvær ist voller dunkler Winkel, die von den Seeleuten längst vergangener Zeiten sprechen.

Bryggabaren im gleichen Block wie das Kjøkennet, ist ein gemütliches Lokal mit niedriger Balkendecke. An den Wänden hängen Werkzeuge in allen Farben, Formen und

Größen. Die Bar ist ein Rettungsboot von einem polnischen Truppentransporter aus dem Zweiten Weltkrieg, das 1946 bei Svolvær angespült wurde.

ANREISE & UNTERWEGS VOR ORT

Vom kleinen Flughafen von Svolvær starten viermal täglich Flüge nach Bodø.

Drei Schiffsrouten verbinden Svolvær mit dem Festland. Die kürzeste und beliebteste Überfahrt ist die von/nach Skutvik (Erw./Kind 73/36 nkr, Auto und Fahrer 251 nkr, 2 Std., 8- bis 11-mal tgl.). Täglich eine Passagierschnellfähre verkehrt von/nach Bodø (290 nkr, 3½ Std.) mit Zwischenstopp in Skutvik (1 Std.), von wo ein Bus nach Narvik weiterfährt. Eine andere Passagierschnellfähre geht direkt nach Narvik (326 nkr, 3½ Std., Di–Fr & So). Auch die Küstenfähren der Hurtigrute legen in Svolvær an.

Nach Sortland auf Vesterålen fahren drei- bis fünfmal täglich Busse der Linie 8 (2¼ Std.) via Stokmarknes (1¾ Std.). Die Linie 9 geht vierbis sechsmal täglich nach Leknes (1½ Std.) mit Anschluss nach Å (3½ Std.).

Taxiruf: ☎ 76 07 06 00.

Kabelvåg

Kabelvåg, 5 km von Svolvær entfernt, ist insgesamt etwas intimer und gemütlicher. Im Herzen des Ortes liegen ein kleiner Marktplatz und ein winziger Hafen. Ganz in der Nähe beherbergt Storvågan (2 km abseits der E 10 nach Süden) ein verlockendes Trio von Museen und Galerien.

Sehenswertes & Aktivitäten

Hinter dem alten Gefängnis in **Storvågen** führt ein Pfad zu der Statue von König Øystein. Er ließ 1120 die ersten *rorbuer* als Unterkünfte für die Fischer bauen, die bis dahin unter ihren umgedrehten Booten schliefen. Allerdings geschah das nicht aus reiner Wohltätigkeit. Da die Steuern auf den Export von Trockenfisch seine Haupteinnahmequelle waren, lag ihm daran, seine Fischer trocken und bei Laune zu halten.

Ein Kombiticket (130 nkr) gilt für das Lofoten-Museum, das Lofoten-Aquarium und die Galleri Espolin, alle in Storvågan. Für Kinder ist es günstiger, in jedem Museum einzeln zu bezahlen.

Einige der ursprünglichen *rorbuer* von Kabelvåg sind freigelegt und als Teil des **Lofoten-Museums** (Lofotmuseet; ☎ 76 06 97 90; Erw./

Kind/erm. 50/15/40 nkr; ⊗ Juni–Aug. 9–18 Uhr; Sept.– Mai Mo–Fr 9–15 Uhr plus Mai Sa & So 11–15 Uhr) an der Stelle der vermutlich ersten arktischen Siedlung wieder aufgestellt worden. Der Hauptbau war einst das Wohnhaus des Händlers, der die *rorbuer* und Meerhäuser an die Fischer vermietete und ihren Fang aufkaufte. Ein bequemer und reizvoller, 2 km langer Kulturpfad führt vom Museum ins Zentrum von Kabelvåg.

Das nahe **Lofoten-Aquarium** (Lofotakvariet; ☎ 76 07 86 65; Erw./Kind/Fam. 80/40/220 nkr; ⊗ Juni–Aug. 10– 19 Uhr, Febr.–April & Sept.–Nov. So–Fr 11–15 Uhr, Mai tgl.) präsentiert Fische und Meerestiere aus den kalten, arktischen Gewässern. Für Kinder besonders beeindruckend ist die Fütterung der Robben und Seeotter (12, 15 und 18 Uhr). Außerdem wird fünfmal täglich eine einstündige Multimediashow gezeigt.

In der **Galleri Espolin** (☎ 76 07 84 05; Storvågan; Erw./Kind/erm. 60/25/45 nkr; ⊗ Juni–Mitte Aug. 10–18 Uhr oder 19 Uhr, übrige Zeit 11–15 Uhr) sind die beeindruckenden Radierungen und Lithografien von Kaare Espolin-Johnson (1907–94) ausgestellt, einem der größten norwegischen Künstler. Sein Werk ist umso bemerkenswerter, als er den Großteil seines Lebens blind war. Espolin liebte die Lofoten und verewigte neben anderen arktischen Themen oft die hiesigen Fischer in seinen Werken.

Die **Kirche von Vågan** (Vågan Kirke; Eintritt 20 nkr; ⊗ Ende Juni–Mitte Aug. Mo–Sa 9.30–18, So 12–18 Uhr) in Kabelvåg wurde 1898 erbaut und ist die zweitgrößte Holzkirche in Norwegen. Sie erhebt sich über der E 10 nördlich der Stadt. Sie wurde ursprünglich für die vielen Saisonfischer erbaut, aber heute überschreitet ihre Kapazität mit 1200 Sitzplätzen deutlich die Einwohnerzahl von Kabelvåg.

Lofotdykk (☎ 99 63 91 66; www.lofotdykk.no; Kaiveien 15), in einem *rorbu* mit Blick über den Hafen von Kabelvåg, organisiert zwischen Mai und September Tauchgänge und von Oktober bis Dezember Exkursionen zur Beobachtung von Orcas.

SCHLAFEN & ESSEN

3 km westlich von Kabelvåg liegen nebeneinander zwei großartige Campingplätze.

Ørsvågvær Camping (☎ 76 07 81 80; www.orsvag.no; auf Norwegisch; Fahrrad/Auto/Wohnwagen 60/100/130 nkr, DZ 550–650 nkr, 4-Bett-Hütten 650 nkr, 7-Bett-Meerhaus-Apt. 950 nkr; ⊗ Mitte Mai–Mitte Aug.) Die meisten *rorbuer* und das Meerhaus liegen direkt am Fjord, die Aussicht ist herrlich. Der Platz hat eine Sauna und einen Motorbootverleih (170/500 nkr pro Std./Tag).

Sandvika Fjord og Sjøhuscamp (☎ 76 07 81 45; www.lofotferie.no; Stellplatz 145 nkr, Hütte 550 nkr, mit eigenem Bad ab 650 nkr, Meerhaus-Apt. 650 nkr) Küstenplatz mit eigenem, kleinem Strand. Hier kann man sich Motorboote leihen (150 nkr pro Std.) oder zur Seekajaktour starten. Er hat deutlich mehr Platz als sein Nachbar.

Kabelvåg Vandrerhjem & Sommerhotell (☎ 76 06 98 80; kabelvag.hostel@vandrerhjem.no; Finnesveien 24; B/EZ/DZ inkl. Frühstück 240/460/620 nkr; ☉ Juni–Mitte Aug.; ☐) Das Schulgebäude der Lofoten Folkehøgskole, weniger als 1 km nördlich des Zentrums, wird außerhalb des Schuljahres zum Hostel und Hotel. Es gibt Hostel-Zimmer mit zwei, vier oder zehn Betten und eine Gästeküche.

Die beiden wichtigsten Hotels von Kabelvåg gehören dem gleichen Unternehmen, sind aber sehr verschieden.

Kabelvåg Hotell (☎ 76 07 88 00; kabelvaag@dvgl.no; Kong Øysteinsgate 4; EZ/DZ 840/1240 nkr; ☉ Juni–Juli) Das eindrucksvolle Sommerhotel auf einem kleinen Hügel nahe dem Zentrum von Kabelvåg wurde 1995 geschmackvoll im ursprünglichen Art-Déco-Stil renoviert. Aus den Zimmern geht die Aussicht auf die Berge oder den Hafen.

Nyvågar Rorbuhotell (☎ 76 06 97 00; www.nyvaagar.no; Storvåganveien 22; 4-Bett-Rorbu inkl. Frühstück ab 1770 nkr) Dieses schicke, moderne Küstenhotel am Storvågan, unterhalb des Museumskomplexes, hat nichts Historisches. Doch seine durchweg modernen rorbuer sind hübsch und komplett ausgestattet. Gäste können hier auch Fahrräder (50/190 nkr pro Std./Tag) und Motorboote (190 nkr pro Std.) mieten.

Præstenbrygga (☎ 76 07 80 60; Torget) In dieser netten Kneipe im Zentrum von Kabelvåg werden Sandwiches, Pizzas und gute Hauptgerichte (um 140 nkr) serviert, darunter eine üppige Platte mit mariniertem Lachs, geräuchertem Walfleisch, Krabben und Salat. Im mit viel Holz ausgestatteten Inneren und auf der Terasse am Kai gibt's für 20 nkr den ganzen Tag lang Kaffee (es wird kostenlos nachgeschenkt) und oft spielt Livemusik. An der Bar hat man die Wahl zwischen fast 100 Whiskysorten .

Zwei Hotels haben ein gutes Restaurant: das **Krambua Restaurant** (Hauptgerichte um 210 nkr) im Kabelvåg Hotell, das sich auf Fisch spezialisiert hat, und das viel gepriesene **Restaurant** (Hauptgerichte 120 nkr) des Nyvågar Rorbuhotell, das überwiegend regionale Spezialitäten serviert, z. B. einen köstlichen Rentier-Eintopf.

Henningsvær

Es ist eine angenehme, 8 km lange Fahrt von der E 10 aus Richtung Süden, immer die Küste entlang bis zum immer noch aktiven Fischerdorf Henningsvær am Ende einer schmalen Landzunge. Sein Spitzname „Venedig der Lofoten" mag etwas hoch gegriffen sein, aber dies ist mit Sicherheit der lockerste, lebendigste und trendigste Ort der Inselgruppe. Es ist auch der größte und aktivste Fischereihafen der Region.

SEHENSWERTES & AKTIVITÄTEN

Ocean Sounds (☎ 76 07 18 28; Hellandsgata 63; www.ocean-sounds.com; Erw./Kind 85 nkr/gratis; ☉ Juli & Aug. 10–20 Uhr, Juni, Sept. & Okt. Di–So 10–18 Uhr) ist ein gemeinnütziges Zentrum, das der sehr engagierte, junge Biologe Heike Vester geschaffen hat. Es bietet eine Multimedia-Vorführung über den Kabeljau, die Wale und andere arktische Meeressäuger sowie einen 25-minütigen Film über die Lofoten. Wer etwas davon in Natura erleben will, kann an einer drei- bis vierstündigen Meeressafari im Forschungsschlauchboot (500 nkr, Abfahrten 10 und 17 Uhr teilnehmen). Von November bis Januar nehmen die Biologen auch Gäste zur Walbeobachtung (1000 nkr) mit.

Engelskmannsbrygga (☎ 76 07 52 85; Dreyersgate 1; Eintritt frei; ☉ Mitte Juni–Anfang Aug. 10–20 Uhr, übrige Zeit Di–So 12–16 Uhr) oder „Engländerkai" ist die Studiogalerie von drei talentierten, hiesigen Künstlern: der Keramikerin Cecilie Haaland, des Fotografen John Stenersen (s. S. 333) und des Glaskünstlers Kari Malmberg, bei dem Besucher sich selbst im Glasblasen versuchen können (150 nkr; Mo–Do 17–19 Uhr).

Die **Nordnorwegische Kletterschule** (Nord Norsk Klatreskole; ☎ 90 57 42 08; www.nordnorskklatreskole.no, auf Norwegisch; Misværveien 10; ☉ März–Okt.) bietet ein breites Spektrum an Kletter- und Skikursen an verschiedenen Orten in Nordnorwegen. Klettertouren für bis zu vier Personen mit einem erfahrenen Bergführer kosten 2000 nkr. Wer Anregungen sucht, kann auch im 320 Seiten starken *Climbing in the Magic Islands* von Ed Webster (leider nur auf englisch) nachschlagen, dem einschlägigen Kletterführer für die Lofoten, der im angeschlossenen Bergshop verkauft wird.

Lofoten Opplevelser (☎ 90 58 14 75; www.lofoten-opplevelser.no; ☉ Mitte Juni–Mitte Aug.) aus Henningsvær organisiert eine Seeadler-Safari (350 nkr, 1½ Std.) und zweistündige Schnorchelexkursionen (600 nkr mit

NORDLAND

NORDLAND

GELOBT SEI DER KABELJAU

Jahrhundertelang war das Fangen und Trocknen von Kabeljau der Lebensinhalt der Lofotener und mit Abstand der größte Wirtschaftszweig.

Auch wenn die Kabeljaubestände heute durch Überfischung gefährdet sind, ist die gefangene Gesamtmenge immer noch immens: 50 000 t im Jahr (30 000 t ohne Köpfe). Der Höhepunkt der Fischfangsaison ist die Zeit von Januar bis April, wenn die Fische aus der Barentssee zum Laichen in den Vestfjord kommen. Gegen Ende März findet jedes Jahr in Svolvær die inoffizielle Weltmeisterschaft im Kabeljaufang statt – mit bis zu 300 Teilnehmern.

Es gibt zwei Möglichkeiten, Kabeljau haltbar zu machen. Für Salzfisch wird der Fisch filetiert, gesalzen und ungefähr drei Wochen lang getrocknet. Um daraus Klippfisch zu machen, wird der gesalzene Fisch gesäubert, nochmals eingesalzen und wiederum getrocknet – ursprünglich auf den Klippen (daher der Name), heute in großen beheizten Hallen.

Doch auf den Lofoten geht es zuallererst um Stockfisch. Bei dieser uralten Methode werden jährlich 15 000 t Fisch enthauptet, nach Größe sortiert, paarweise zusammengebunden und über den riesigen, hölzernen, A-förmigen Gestellen, die man überall auf der Insel sieht, zum Trocknen aufgehängt. Der Fisch verliert dabei ungefähr 80 % seines Gewichts. Der meiste Stockfisch wird nach Italien exportiert, ein Teil geht nach Spanien und Portugal.

Stockfisch ist jahrelang haltbar und wird oft roh gegessen (ein bisschen zäh, aber gut zu Bier), gesalzen oder in Wasser eingeweicht. Er ist ein hoch konzentriertes Nahrungsmittel: 1 kg Stockfisch hat den gleichen Nährwert wie 5 kg Frischfisch und enthält 80 % Protein.

Noch vor dem Trocknen wird praktisch nichts vom Kabeljau weggeworfen: Kabeljauzungen sind eine regionale Delikatesse (Kinder extrahieren die Zungen und werden pro Stück dafür bezahlt), und der Rogen wird in gewaltigen deutschen Weinfässern eingesalzen. Die Köpfe schickt man nach Nigeria, wo sie die Grundlage eines beliebten, herzhaften Gerichtes sind.

Aus der Leber wird schließlich ein Vitamin-D-haltiges Öl gewonnen. Es ist schon lange berühmt dafür, dass es vorbeugend gegen Rachitis wirkt und die Depressionen lindert, die durch die langen, dunklen arktischen Winter hervorgerufen werden. 1854 beschloss Peter Møller, Apotheker auf den Lofoten,

---

Ausrüstung). Von November bis Mitte Januar werden auch dreistündige Walsafaris (850 nkr) angeboten.

Die **Galerie Lofoten Hus** (☎ 76 07 15 73; Hjellskjæret; Erw./Kind/erm. 75/35/60 nkr; ☺ Juni–Aug. 9–19 Uhr, Ende Mai & Anfang Sept. 10–18 Uhr) im Gebäude einer ehemaligen Fischverarbeitung zeigt eine schöne Sammlung aus dem sogenannten Goldenen Zeitalter der norwegischen Malerei (1870–1930) sowie Bilder des zeitgenössischen norwegischen Künstlers Karl Erik Harr. Im Eintritt enthalten ist eine 18-minütige Diashow mit Fotos von Frank Jenssen, die zu jeder vollen Stunde vorgeführt wird. Sie zeigt die Menschen und Landschaften der Lofoten im Wechsel der Jahreszeiten und wird nur durch die kitschige Hintergrundmusik etwas verdorben.

SCHLAFEN & ESSEN

Nordnorwegische Kletterschule (s. S. 337; B/DZ 175/500 nkr, 4-Bett-Apt. 1200 nkr) Das Café und das Hostel der Kletterschule (Reservierung empfohlen) liegen einander gegenüber an einer Seitenstraße. Beide sind freundlich, unkompliziert und eine Art Mischung aus einem *rorbu* der Lofoten, einem englischen Pub und einer Wanderhütte im Himalaja. Manche der Doppelzimmer haben ein eigenes Bad.

Johs H Giæver Sjøhus og Rorbuer (☎ 76 07 47 50; www.giaever-rorbuer.no; Hellandsgata 790; Rorbu ab 650 nkr, Zi. im Sjøhus 450–700 nkr) Die Arbeiterunterkünfte in einem modernen Haus, das der örtlichen Fischfabrik gehört, werden im Sommer an Besucher vermietet. Zu den gepflegten Zimmern gehören Gemeinschaftsbäder, eine große Küche und ein Essbereich; die Preise sind absolut angemessen. Der Fabrik gehören auch drei *rorbuer* mit Bad und Balkon im Zentrum.

Henningsvær Bryggehotel (☎ 76 07 47 50; www.henningsvaer.no; Hjellskjæret; EZ/DZ ab 1070/1400 nkr) Ein schönes Hotel mit Blick über den Hafen – das beste am Platz. Das Haus ist modern – die Zimmer sind komfortabel und schick eingerichtet – und trotzdem im traditionellen Stil gebaut, sodass es sich harmonisch in die Nachbarschaft einfügt.

Klatrekafeen Café (Gerichte 75–130 nkr) in der Nordnorwegischen Kletterschule serviert

dieses Wundermittel der Welt zu präsentieren. Er entwickelte einen Dampfkessel, um die Kabeljaulebern zu erhitzen. Das gewonnene Öl wurde auf Messen in Europa und überall auf der Welt mit Preisen ausgezeichnet. Nachdem das erste Öl abgeschöpft war, wurden die Lebern in großen Eichenfässern weiter unter Dampf gesetzt und ausgepresst, um auch noch den letzten profitablen Tropfen herzugeben. Jeden Sommer verschiffte man Tausende Fässer nach ganz Europa. Der unverkennbare Gestank waberte durch das Dorf Å, dessen Bewohner gern behaupteten, es sei der Geruch des Geldes.

Und was hat es mit dem bekanntermaßen üblen Geschmack des Lebertrans auf sich? Die Einheimischen behaupten, er schmeckt nur dann schlecht, wenn er ranzig ist. Frischer Lebertran kann gut schmecken, fast wie Salatöl mit einem leichten Fischbukett.

Die modernen norwegischen Fischer beschützen lauthals ihre Haupteinnahmequelle: In einigen nördlichen Distrikten waren bis zu 90 % der Stimmberechtigten gegen die Mitgliedschaft in der EU. Denn sonst würden die spanischen Fischereiflotten und andere Zugang zu norwegischen Gewässern erhalten – eine Niederlage im Kampf um die Meere, die die norwegischen Fischer mit aller Kraft abwenden wollen. Es hat wegen territorialer Fangrechte sogar schon Scharmützel mit isländischen Fischern gegeben.

Kleine Anekdote am Rande: Einer von 20 000 Kabeljaus ist ein Königskabeljau. Die charakteristische Schwellung auf der Stirn soll auf hohe Intelligenz hinweisen und der Fischerfamilie, die den Königskabeljau fängt, Glück bringen. Ein solcher Fisch wird getrocknet und an einem Faden an der Decke aufgehängt. Weil der Faden sich je nach Luftfeuchtigkeit ausdehnt und wieder zusammenzieht, dreht sich der Fisch gewissermaßen als Barometer hin und her, daher der Spitzname „Wetterfisch".

Die neuesten Nachrichten aus der Welt des Kabeljaus betreffen seine Brunftrufe. Anscheinend können die Grunzlaute, mit denen der Kabeljau Partner anlocken will, so laut sein, dass sie die Sonargeräte der U-Boote irritieren. Die Navigation unter Wasser wird dadurch fast unmöglich.

Mark Kurlanskys Buch *Kabeljau* (1999 auf Deutsch erschienen) ist eine ausgezeichnete, absolut unterhaltsame Studie über diesen vielseitigsten aller Fische.

Snacks und eine kleine Auswahl günstiger, selbstgemachter Gerichte.

Bluefish Restaurant (Hauptgerichte 195–285 nkr) Das prämierte Restaurant des Henningsvær Bryggehotel ist so stilvoll wie das Hotel. Es serviert „Arctic-Menu"-Gerichte und bereitet köstliche Sorbets aus frischen Beeren der Saison.

Fiskekrogen (☎ 76 07 46 52; Dreyersgate 29; Hauptgerichte 235–265 nkr) Das Hafenrestaurant am Ende einer Helling ist ein Lieblingsrestaurant der norwegischen Königsfamilie und das zweite Toprestaurant der Stadt. Ganz hervorragend schmeckt die Fischsuppe (145 nkr).

AN- & WEITERREISE
Busse der Linie 510 pendeln drei- bis fünfmal täglich zwischen Svolvær (40 Min.), Kabelvåg (35 Min.) und Henningsvær.

VESTVÅGØY
10 750 Ew.
Die E 10 schlängelt sich durch das Herz der Insel Vestvågøy. Eine reizvollere Route folgt der weniger befahrenen und etwas län-

geren Rv 815, die von Leknes 28 km nach Nordosten durch atemberaubende Küsten- und Berglandschaften führt.

Die **Touristeninformation** (☎ 76 08 75 53; Storgata 31; ☺ Mitte Juni–Anfang Aug. Mo–Fr 9–19, Sa & So 10–14 Uhr, übrige Zeit Mo–Fr 9–15.30 Uhr) der Insel befindet sich in der farblosen Stadt Leknes.

Sehenswertes & Aktivitäten
LOFOTR WIKINGERMUSEUM
1981 stieß ein Bauer in Borg, nahe dem Zentrum von Vestvågøy, beim Pflügen auf die Überreste eines 83 m langen Wohnhauses aus der Wikingerzeit. Es gehörte einem mächtigen Wikingerfürsten und ist das größte Gebäude aus dieser Zeit, das je in Skandinavien gefunden wurde.

Das **Lofotr Wikingermuseum** (☎ 76 08 49 00; www. lofotr.no; Erw./Kind inkl. Führung 100/50 nkr; ☺ Juni–Aug. 10–19 Uhr, Mai & Sept. 13–17 Uhr), 14 km nördlich von Leknes, gibt einen Einblick in das Leben zur Zeit der Wikinger. Wenn man den 1,5 km langen Rundweg durchs offene Hügelland unternimmt, kommt man am nachgebauten Langhaus des Wikingerfürsten (dem

Hauptgebäude, das wie ein auf den Kopf gestelltes Boot geformt ist) und an einem nachgebauten Wikingerschiff unten am Wasser vorbei. Führer in adretten Wikingerkostümen kommentieren alles in mehreren Sprachen und in der Fürstenhalle erläutern Handwerker ihre Arbeit.

Der Bus zwischen Svolvær und Leknes kommt direkt am Eingang des Museums vorbei.

WANDERUNG VON UNSTAD NACH EGGUM

Eine beliebte Wanderung verbindet diese beiden winzigen Dörfer an der Westküste der Insel. Ein 9 km langer Küstenpfad schlängelt sich über mehrere Landzungen – vorbei an einem einsamen Leuchtturm, an herrlichen Küstenlandschaften und an den Ruinen einer Seefestung.

Vorsicht nach Regenfällen! Besonders um Unstad kann der Wanderweg matschig und rutschig sein – wenn man Pech hat, auch vom Schafdung, wie ein Leser uns erzählte. Eggum und Unstad liegen beide ungefähr 9 km von der Hauptstraße entfernt; die Busverbindungen sind unregelmäßig.

STAMSUND

Galleri 2 (☎ 90 95 65 46; www.galleri2.no; Eintritt frei; ☺ 12.30–16 & 16.30–20.30 Uhr), 175 m vom Kai der Hurtigrute, ist die Galerie des einheimischen Malers Scott Thoe und zeigt Arbeiten verschiedener zeitgenössischer norwegischer Maler, darunter seine eigenen, großformatigen Werke.

14 km nordöstlich von Stamsund via Rv 815 befindet sich der **Brustranda Sjøcamping** (☎ 76 08 71 00; www.brustranda.no; Rolvsfjord; Auto/Wohnwagen 120/145 nkr, 2-/4-Bett-Hütte 220/385 nkr, mit eigenem Bad 660–1100 nkr), ein schön gelegener und gepflegter Platz am Meer, der sich um einen kleinen Hafen erstreckt.

Die HI-Jugendherberge **Justad Rorbuer og Vandrerhjem** (☎ 76 08 93 34; Fax 76 08 97 39; B/EZ/DZ 120/300/400 nkr, 4-Bett-Hütten 500–800 nkr; ☺ März-Mitte Okt.) ist 1,2 km vom Kai der Hurtigrute entfernt und hat Stammgäste, die jedes Jahr kommen (einer war schon mehr als 50-mal hier. Also: reservieren! Sie befindet sich direkt am Wasser in einem alten Fischereikomplex. Der freundliche Besitzer Roar Justad informiert über Wanderrouten vor Ort, vermietet Fahrräder (80–100 nkr pro Tag) und verleiht kostenlos Ruderboote und Angelleinen.

Skjaerbrygga Sjøhus (☎ 76 05 46 00; ☺ Pubgerichte ab 12 Uhr, Abendessen 17–22 Uhr) ist ein geduckter und großer, aber gemütlicher Bau direkt am Wasser. Café und Restaurant bieten eine knappe Abendkarte (drei Vorspeisen, drei Fisch- und zwei Fleischgerichte), die aber regionale Delikatessen wie geröstete Königskrabbe, geräucherten Wal (135 nkr) und zartes Lofotenlamm (235 nkr) umfasst.

An- & Weiterreise

Bis zu sieben Flüge täglich verbinden Leknes mit Bodø. Außerdem hat Leknes Busverbindungen mit Å (1½ Std., 4- bis 5-mal tgl.), Stamsund (25 Min., 3- bis 7-mal tgl.) und Svolvær (1½ Std., 4- bis 6-mal tgl.). Stamsund ist der Hafen der Insel, den die Küstenfähren der Hurtigrute anfahren.

FLAKSTADØY

1450 Ew.

Die meisten Bewohner von Flakstadøy haben es sich an der flachen Nordküste um den Ort Ramberg herum bequem gemacht, die dramatischere Landschaft hat jedoch die felsige Südküste zu bieten. Viele Reisende zischen einfach durch, aber es lohnt sich anzuhalten und ein Sonnenbad zu nehmen (Sandstrände sind auf den Lofoten die Ausnahme) und vielleicht auch einen Abstecher zum pittoresken Dorf Nusfjord einzuplanen.

Die saisonale **Touristeninformation** (☎ 76 09 31 10; henrikr@online.no; ☺ Mitte Juni–Ende Aug. 9–19 Uhr) der Insel ist in der **Galleri Steinbiten** in Ramberg.

Sehenswertes

NUSFJORD

Ein spektakulärer, 6 km langer Abstecher von der E 10 nach Süden schlängelt sich unter hoch aufragenden, kahlen Felsklippen bis zum winzigen, geschützten Hafen von Nusfjord (www.nusfjord.no). Für viele Künstler verkörpert dieser Ort die Quintessenz der Lofoten – aber für viele Reiseveranstalter auch! Und die Einwohner sind nicht dumm: 30 nkr kostet es, nur durch den Ort zu spazieren und weitere 30 nkr, das zwölfminütige Video The People & The Fish über Vergangenheit und Gegenwart von Nusfjord zu sehen. Im Dorfladen, der gerade 100 Jahre alt geworden ist, sind die oberen Regalböden gefüllt mit historischen Dosen, Flaschen und Schachteln. Die aktuellen Waren sind darunter einsortiert. Dann gibt's im Ort noch eine alte Lebertranfabrik, ein Bootshaus und eine Gruppe *rorbuer,* die aber meist neueren Datums sind. Am originellsten ist **Krisma** (☎ 76 09 33 99), das Atelier des Italieners Michele Sarno mit seinen kunstvollen Silberarbeiten.

RAMBERG & FLAKSTAD
Ein Halbrund aus tropisch weißem Sand an einer leuchtend blaugrünen Bucht mit schneebedeckten arktischen Gipfeln im Hintergrund – so sehen die Strände von **Ramberg** und **Flakstad** an der Nordküste aus, wenn die Sonne gnädigerweise scheint. Wer einen solchen Tag erwischt, dem wird zu Hause keiner glauben, dass die Urlaubsschnappschüsse von einem Ort nördlich des Polarkreises stammen. Man glaubt es aber sofort, wenn man den großen Zeh ins Wasser hält.

Etwas zurückgesetzt vom Flakstader Strand und heute nicht mehr direkt an der E 10, ragt der rote Zwiebelturm der **Kirche von Flakstad** (Eintritt 20 nkr; ☻ Ende Juni–Anfang Aug. 11–15 Uhr) in die Höhe. Sie wurde 1780 erbaut, aber im Laufe der Jahre umfangreich restauriert. Das ursprünglich verwendete Holz wurde größtenteils von sibirischen Flüssen, die in Richtung Arktis strömen, aus dem Boden gerissen und hier als Treibholz angeschwemmt.

GLASSHYTTA
Sehr lohnend ist ein 4 km langer Abstecher nach Vikten, wo man die **Galerie** (☎ 76 09 44 42; ☻ Mitte Juni–Mitte Aug. 10–19 Uhr) des Glasbläsers Åsvar Tangrand besuchen kann. Er hat die Lofoten-Rune entworfen, das siebenzackige Logo der Region, das an ein Langboot erinnert.

SUND FISKERIMUSEUM
Dieses **Fischereimuseum** (☎ 76 09 36 29; Erw./Kind 45/10 nkr; ☻ Mitte Mai–Aug. 10–16 oder 18 Uhr) liegt 3 km südlich der Brücke zwischen Flakstadøy und Moskenesøy. In einem dämmerigen Schuppen zeigt es eine erstaunliche Ansammlung von Booten, Tauwerk und Schwimmern. Ein anderer Schuppen birgt ein nicht weiter erläutertes, aber faszinierendes Sammelsurium von Töpfen, Pfannen, Skiern, alten Röhrenradios und dergleichen. Dazu dröhnen und qualmen die Dieselmotoren der Sammlung alter Schiffe am Strand. Tor-Vegard Mørkved, der junge Schmied des Orts, hämmert Kormorane aus Eisen (der billigste um 300 nkr; wenn etwas wirklich Tolles den Kamin zieren soll, kostet das 1700 nkr).

Schlafen & Essen
Ramberg Gjestegård (☎ 76 09 35 00; www.ramberg-gjestegard.no; E 10; Auto/Wohnwagen 120/135 nkr, 2-/4-Bett-Hütte 800/1000 nkr) Der einladende Campingplatz direkt am Strand vermietet Kajaks und Ruderboote (pro Std./Tag 25/100 nkr), Motorboote (100/350 nkr) und Fahrräder (25/100 nkr), um die Insel zu erkunden. Das zu Recht beliebte „Arctic-Menu"-Restaurant (Hauptgerichte 180–220 nkr) serviert hauptsächlich Fischgerichte und sein eigenes, hervorragendes Flakstad-Menü (Kabeljau, Lammbraten und zum Nachtisch Rhabarberkompott). Auch die preisgünstigeren Tagesgerichte mittags (80–170 nkr) sind sehr gut.

MOSKENESØY
1150 Ew.
Die 34 km lange Insel Moskenesøy, die als schroff gezackter, vulkanischer Bergrücken aus dem Meer aufragt, könnte der Phantasie Tolkiens entsprungen sein. Sie ist ein Eldorado für Bergsteiger, doch einige der engen Schluchten und Gipfel der zerklüfteten Insel sind auch für Bergwanderer zugänglich – auch ihr höchster Punkt, der Hermannsdalstind (1029 m).

Orientierung & Praktische Informationen
Die E 10 folgt der Südküste der Insel über die Ortschaften Hamnøy, Sakrisøy und Reine zum Versorgungsort Moskenes und seinem Fährterminal. Sie endet bei dem Museumsdorf Å. Abgesehen von wenigen kurzen Küstenabschnitten ist die Insel von Bergen geprägt.

Die **Touristeninformation** (☎ 76 09 15 99; www.lofoten-info.no; ☻ Mitte Juni–Mitte Aug. 10–19 Uhr, Mai–Mitte Juni & Ende Aug. Mo–Fr 10–17 Uhr, übrige Zeit Mo–Fr 10–14 Uhr) der Insel befindet sich am Hafen von Moskenes. Sie gibt den kostenlosen *Moskenes Guide* heraus, hat Internetanschluss (60 nkr pro Std.) und bucht verschiedene Führungen und Aktivitäten.

AKTIVITÄTEN
Der *Moskenes Guide* enthält Vorschläge für 14 **Wanderungen**, die eine bis zehn Stunden dauern. Die Jugendherberge in Å verteilt ein kostenloses Infoblatt mit sechs Wanderungen zwischen zwei und sieben Stunden. Unerlässlich dazu: die Karte *Lofoten* vom Staten Kartverk im Maßstab 1:100 000.

NØRDLAND

Hochseeangeln ist mit traditionellen Langleinen und Handleinen auf drei- bis vierstündigen Ausflügen (400–500 nkr) möglich. Die *Hellvåg* schippert von Å aus los, die *Carina* ab Reine. Für Angler an Bord ist fette Beute beinahe garantiert. Beide Schiffe laufen im Winter zum Kabeljaufang aus. Weitere Möglichkeiten zum Angeln bieten der Reinefjord bei Nusfjord und die Gewässer nahe dem Mahlstrom bei Å.

Auf dem Meer kann man wunderbar **Vögel beobachten** und in der Saison mit Glück auch **Wale**.

AN- & WEITERREISE

Autofähren verkehren im Sommer fünf- bis sechsmal täglich (übrige Zeit seltener) zwischen Moskenes und Bodø (Erw./Kind/Auto 149/74/538 nkr, 3½ Std.). Wenigstens eine pro Tag läuft die kleinen südlichen Lofoteninseln Røst und Værøy an.

Im Sommer verbinden vier bis fünf Busse pro Tag Leknes mit Å (1½ Std.). Sie halten in allen größeren Dörfern an der E 10.

Å

Am äußersten Ende von Moskenesøy liegt das bezaubernde Dörfchen Å (der letzte Buchstabe im norwegischen Alphabet), ein altes, gut erhaltenes Fischerdorf mit vielen roten *rorbuern* an der Küste, Gestellen zum Trocknen von Kabeljau und ein Postkartenidyll hinter jeder Wegbiegung. Å ist schon ein fast feudaler Ort, der zwischen zwei Familien aufgeteilt ist, heute vor allem vom Tourismus lebt, früher aber ein wichtiger Fischereihafen war (bis zum Zweiten Weltkrieg wurden hier mehr als 700 000 Kabeljaus zum Trocknen aufgehängt).

Wer dem Ort einen Gefallen tun will, lässt sein Auto auf dem Parkplatz hinter dem kurzen Tunnel stehen und geht zu Fuß.

Sehenswertes

14 der Boots- und Lagerhäuser, der Fischerhütten, Bauernhäuser und Handelsgebäude von Å aus dem 19. Jh. bilden das **Norwegische Fischerdorfmuseum** (Norsk Fiskeværs Museum; ☎ 76 09 14 88; Erw./Kind 50/25 nkr; ☽ Mitte Juni–Mitte Aug. 10–17.30 Uhr, übrige Zeit Mo–Fr 11–15.30 Uhr). Zu den Highlights (ein englisches Infoblatt gibt's an der Rezeption) gehören die älteste Trankocherei in Europa, wo man einen Schluck der Hausmarke probieren und gleich eine Flasche (40 nkr) mitnehmen darf –

zur Abwehr des winterlichen Schnupfens; außerdem die Schmiede, wo bis heute Lampen hergestellt werden, die mit Kabeljauleberöl brennen; die noch aktive Bäckerei von 1844; die alten *rorbuer* mit originaler Einrichtung; und ein paar traditionelle Lofoten-Fischerboote.

Im nahen **Lofoten-Stockfischmuseum** (Lofoten Tørrfiskmuseum; ☎ 91 15 05 60; Erw./Kind/erm. 40 nkr/gratis/25 nkr; ☽ Mitte Juni–Mitte Aug. 10–17 Uhr, Anfang Juni & Ende Aug. 11–16 Uhr) in einem ehemaligen Fischlagerhaus begrüßt Steinar Larsen, der enthusiastische und vielsprachige Besitzer, seine Gäste persönlich. Die Sammlung ist sein Hobby und illustriert bestens den traditionellen Broterwerb auf den Lofoten: Fang und Trocknen des Kabeljaus für den Export, insbesondere nach Italien. Schautafeln, Exponate und ein DVD-Programm erläutern den Prozess Schritt für Schritt: vom Einholen der Netze über das Trocknen und Sortieren bis hin zum Versand.

Hinter dem Campingplatz gleich südlich von Å hat man von einem Berghang einen ausgezeichneten Blick über die Meerenge Moskenesstraumen hinweg auf die Insel Værøy. Der gewaltige **Mahlstrom**, der hier durch die Gezeitenströmungen zwischen den beiden Inseln brodelt, wurde erstmals vor 2000 Jahren von dem alten Griechen Pytheas beschrieben und tauchte später auf phantasievollen, frühen Seekarten als Angst einflößender Bösewicht auf. Er inspirierte auch die Geschichten von Jules Verne und Edgar Allan Poe – und soll immer noch zu den gefährlichsten Gewässern der Welt gehören. Diese furchterregende Wasserstraße ist ganz besonders fischreich, weshalb sie ständig von Scharen von Meeresvögeln und Meeressäugern belagert wird.

SCHLAFEN & ESSEN

Moskenesstraumen Camping (☎ 76 09 11 48; Zelten für 1/2/3 Pers. 90/110/120 nkr, Wohnwagen 140 nkr, 2-/4-Bett-Hütten 380/500 nkr, mit eigenem Bad 500/700 nkr; ☽ Juni–Aug.) Der phantastische Platz auf den Klippen gleich südlich des Dorfs bietet kleine, ebene Grasflächen zwischen den Felsblöcken. Auch von den Hütten ist der Ausblick großartig und reicht an klaren Tagen bis zum Festland.

Å Vandrerhjem & Rorbuer (☎ 76 09 11 21; www.lofoten-rorbu.com; B im Hostel 180 nkr, DZ/3BZ im sjøhus 250 nkr pro Pers., rorbu 850–1550 nkr) vermittelt Unterkünfte in allen Preislagen, die überall im Dorf in den historischen Gebäuden von

FISCHIGE MEDIZIN

Wer erinnert sich nicht an das Theater beim Frühstück? Mit Gewalt wurde einem ein Löffel in dem Mund geschoben, und plötzlich schmeckte es nur noch nach Fisch und nicht mehr nach knusprigen Cornflakes. Und die Eltern glaubten, sie hätten etwas besonders Gutes getan, um die winterliche Erkältung abzuwehren.

Das war nicht immer so. Lebertran (Kabeljauleberöl) wurde ursprünglich als Brennstoff für Lampen oder zum Gerben von Häuten verwendet. Kein Mensch hätte daran gedacht, das Zeug zu sich zu nehmen. Doch nach und nach kapierte man, was für ein medizinisches Wundermittel man vor sich hatte. Ein früher – und äußerst erfolgreicher – Marketing-Feldzug machte aus dem Brennstoff ein Allheilmittel: Kabeljauleberöl wurde zu dem europäischen Präventionsmittel schlechthin. Es hat ein bisschen Ähnlichkeit mit Olivenöl: Die erste Pressung, das native Öl, gilt als das reinste, während die Erzeugung durch Dampferhitzen – ein technischer Fortschritt, der die Produktionskosten senkte und den Ertrag erhöhte – es möglich macht, sehr viel mehr von dem begehrten Öl zu erhalten.

Die medizinischen Spekulationen früherer Zeit werden heute durch wissenschaftliche Analysen untermauert: Kabeljauleberöl enthält reichlich Vitamin A und D, außerdem Omega-3-Fettsäuren; es ist gut fürs Herz und den Blutkreislauf, für die Augen, die Haut, die Entwicklung des Skeletts und das Gehirn.

Also: Tief durchatmen, Nase zuhalten, das Gleiche tun wie jeder dritte Norweger und die bittere Medizin schlucken ...

NORDLAND

Å verteilt sind. Die teureren sind komplett ausgestattet und mit Antiquitäten eingerichtet. Dieses Büro ist der Mittelpunkt des Dorfes. Es bietet allgemeine Informationen für Touristen, verleiht Fahrräder (200 nkr pro Tag) und Ruderboote (150 nkr) am Lade Åvannet, einen kurzen Spaziergang entfernt, sowie Motorboote (1000 nkr plus Treibstoff). Außerdem vermietet es *rorbuer* im nahen und ruhigeren Dorf Tind (1 km nördlich).

Å-Hamna Rorbuer & Hennumgården (☎ 76 09 12 11; www.lofotenferie.com; 2–4BZ 100 nkr pro Pers., 4–8-Bett-Rorbuer 450–1000 nkr) Im Sommer kann man hier in restaurierten Fischerhütten oder im Hennumgårdensjøhus-Hostel übernachten. Außerhalb des Hochsommers fallen die Preise rapide.

Brygga Restaurant (☎ 76 09 15 72; Hauptgerichte 95–170 nkr; ☿ Juni–Sept.) Dieses Lokal über dem Wasser ist das beste Restaurant in Å. Und wie es sich für ein so traditionelles Fischerdorf gehört, finden sich auf der Karte hauptsächlich Flossentiere. Man kann aber auch einfach nur etwas trinken, während unter den Füßen das Wasser plätschert.

Sørvågen

Neben der E 10 in Sørvågen, südlich von Moskenes, präsentiert sich das **Norwegische Telekommunikationsmuseum** (☎ 76 09 14 88; Erw./Kind 40/20 nkr; ☿ Kernzeit Juni–Mitte Aug. 12– 16 Uhr) als Studie zum Thema „Kabeljau und

Kommunikation". Das mag auf den ersten Blick etwas absurd klingen, doch tatsächlich erinnert das kleine Museum an einen gewaltigen Fortschritt in der Technik des Fischfangs. 1906 wurde in dieser winzigen Gemeinde Norwegens zweite Funktelefonstation eingerichtet. Von jenem Tag an konnten Wetterwarnungen schnell weitergegeben werden und die Fischerboote konnten untereinander kommunizieren, Köderboote anrufen und weitergeben, wohin die Schwärme zogen.

LP Tipp **Maren Anna** (☎ 76 09 20 50; Hauptgerichte um 200 nkr) ist Kneipe, Restaurant und Café in einem. Auf den Teller kommt überwiegend Fisch – in großzügigen Portionen und superfrisch (unseren Seelachs hatte die Köchin selbst kaum zwei Stunden vorher aus dem Meer gezogen). Für einen Fensterplatz mit Blick hinunter auf die Fischerboote und den „kleinsten Strand Norwegens" ist Reservierung ratsam. Die Karte gibt es nur auf Norwegisch, doch das Personal hilft beim Übersetzen.

Moskenes

Moskenes Camping (☎ 99 48 94 05; kra-ri@online.no; Zelt-/Wohnwagenstellplatz 100/140 nkr; ☿ Mai–Sept.) liegt nur 400 m vom Fährterminal in kahler Landschaft, aber mit schöner Aussicht aufs Meer. Der Untergrund ist kiesig, aber es gibt auch Grasflächen für die Zelte. Die Sanitäranlagen wurden unlängst renoviert.

NORDLAND

Reine

Reine ist ein gesichtsloser Ort, aber ehrlich: von oben sieht er einfach großartig aus – an der stillen, friedlichen Lagune und vor der Kulisse der steilen Felswand des Reinebringen. Von der Straße aus, die von der E 10 zum Ort hinunterführt, bietet sich ein schöner Blick – aber ein wirklich außergewöhnliches Panorama eröffnet sich vom Gipfel des Reinebringen (670 m). Der Wanderweg beginnt am Tunnel ungefähr 1,2 km südlich der Abzweigung von der E 10 nach Reine. Er steigt sehr steil bis zum Kamm (448 m) hinauf.

Von Reine aus hat man im Sommer die Wahl zwischen mehreren lohnenden Bootstouren. Am beliebtesten ist eine sechsstündige Fahrt im Schein der Mitternachtssonne (Erw./Kind 800/400 nkr) am Mahlstrom vorbei zur Höhle **Refsvikhula**, einer 115 m tiefen, 50 m hohen natürlichen Felskathedrale. Um Mittsommer scheint die Mitternachtssonne direkt in den Eingang der Höhle und beleuchtet zahllose steinzeitliche Strichmännchen, die hier seit mindestens 3000 Jahren an den Wänden entlanglaufen.

Eine Alternative ist die dreistündige Bootssafari (Erw./Kind 600/350 nkr) zum turbulenten und fischreichen Mahlstrom **Mskstraumen**, wo es Meeresvögel und -säuger en masse zu beobachten gibt.

Beide Touren werden von **Mskstraumen Adventure** (☎ 90 77 07 41) angeboten.

Rund um Reine

Im Sommer pendeln Fähren zwischen Reine und **Vindstad** (Erw./Kind hin & zurück 100/50 nkr, 15 Min., 3-mal tgl.) über den reizvollen Reinefjord. Von Vindstad führt eine einstündige Wanderung über den Kamm zur verlassenen Strandsiedlung **Bunes** im Schatten des 610 m hohen Felsens Helvetestind.

Sakrisøy

In Sakrisøy hat Dagmar Gylseth in mehr als 20 Jahren über 2500 Puppen, alte Teddybären und historisches Spielzeug zusammengetragen, die sie in ihrem **Puppen- und Spielzeugmuseum** (Dagmars Dukke og Leketøy Museum; ☎ 76 09 21 43; Erw./Kind/erm. 50/25/40 nkr; ✆ Ende Mai–Aug. 10–18 oder 20 Uhr) präsentiert. Im Stockwerk darüber ist ein Antiquitätengeschäft.

Das Puppenmuseum nimmt auch Reservierungen für die **Sakrisøy Rorbuer** (☎ 76 09 21 43; www.lofoten.ws; 675–1250 nkr) entgegen, einen Komplex recht authentischer, ockerfarbener

Hütten über dem Wasser. Und es vermietet Motorboote (400–550 nkr pro Tag).

Ein Tipp für Selbstversorger: Der Fischstand **Sjømat** (☎ 90 06 15 66; Sakrisøy) gegenüber vom Puppenmuseum ist berühmt für seine Fischfrikadellen, Räucherlachs, Garnelen, Walsteaks und – nur Mut! – Möweneier.

Hamnøy

LP Tipp Hamnøy Mat og Vinbu (☎ 76 09 21 45; Hamnøy; Hauptgerichte 155–205 nkr; ✆ Juni–Anfang Sept.) ist ein einladendes Restaurant, das von drei Generationen einer Familie geführt wird (die Jungs im Teenageralter werden zum Abwasch verpflichtet). Es genießt einen guten Ruf für seine regionalen Spezialitäten wie Walfleisch, Stockfisch und Kabeljauzungen. Die Großmutter ist für die traditionellen Gerichte zuständig – ihre Fischfrikadellen sind ein Gedicht! Ihr Sohn ist der Küchenchef. Der Fisch ist stets absolut frisch und wird täglich am kaum 100 m entfernten Hafen gekauft.

SÜDLICHE INSELN

Diese beiden abgelegenen Inseln sind ideal, um Vögel zu beobachten. Sowohl Værøy (bergig und zerklüftet) als auch Røst (flach wie ein Pfannkuchen) bieten gute Wandermöglichkeiten und relative Einsamkeit für die sonst touristischen Lofoten.

Værøy
500 Ew.

Die wenigen Bewohner dieser kaum 8 km langen, felsigen Insel werden zahlenmäßig weit überflügelt von den mehr als 100 000 Meeresvögeln, die hier nisten – Eissturmvögel, Basstölpel, Küstenseeschwalben, Lummen, Möwen, Seeadler, Papageientaucher, Dreizehenmöwen, Kormorane, Sturmvögel und viele, viele mehr. Die Insel ist ein herrlicher Mix aus weißen Sandstränden, hoch aufragenden Graten, winzigen Dörfern, Granitklippen und glitzerndem Meer.

Die **Touristeninformation** (☎ 76 05 15 00; ✆ Mitte Juni–Mitte Aug. Mo–Sa 10–15 Uhr) befindet sich nahe dem Fähranleger von Sørland, dem Hauptort. Immer wenn die Autofähre anlegt, hat sie zusätzlich geöffnet.

SEHENSWERTES & AKTIVITÄTEN

Wanderrouten führen zu den meisten großen Seevogelkolonien. Der landschaftlich schönste und beliebteste Weg beginnt am Ende der Straße rund um den Norden der Insel, ungefähr 6 km von Sørland entfernt und 300 m hinter der ehemaligen Landebahn. Er führt Richtung Süden entlang der Westküste über die Eidet-Landenge zum weitgehend verlassenen Fischerdorf Måstad an der Ostküste. Dort lebten früher mal 150 Menschen vom Fleisch und den Eiern der Papageientaucher.

Trainierte Wanderer, die eine Herausforderung suchen, können sich am steilen Anstieg von Måstad zur Spitze des Måhornet (431 m) verausgaben; Wegzeit ungefähr eine Stunde in jeder Richtung. Alternativ kann man vom Anleger in Sørland der Straße bergauf folgen (oder vielleicht doch den interessanteren Weg über den Grat nehmen) bis zur NATO-Einrichtung in Håen (438 m).

SCHLAFEN & ESSEN

Gamle Prestegård (Altes Pfarrhaus; ☎ 76 09 54 11; www. prestegaarden.no, nur auf Norwegisch; EZ/DZ 400/600 nkr, mit eigenem Bad 475/690 nkr, alle Preise inkl. Frühstück) Værøys beste Option für Unterkunft und Essen liegt auf der Nordseite der Insel. Es ist das große Haus neben der Kirche mit einem Fahnenmast im Garten. Dort, wo ein Pfarrhaus eben hingehört.

Kornelius Kro (☎ 76 09 52 99; korn-kro@online.no; Sørland; 1-/2-/4-Bett-Hütten 550/820/1500 nkr) Das einzige Lokal der Insel, um abends auszugehen (samstags oft bei Livemusik): eine Kneipe, ein Restaurant (Hauptgerichte 75–170 nkr) und hinter dem Haus fünf Hütten.

AN- & WEITERREISE

Von Februar bis Oktober fliegt ein- oder zweimal täglich ein **Hubschrauber** (☎ 77 60 83 00) zwischen Bodø und Værøy. Sonst gibt es eine Autofähre täglich außer samstags ab Bodø (Passagier/Auto 139/493 nkr), direkt oder via Moskenes. Die Fähre verbindet auch Værøy mit Røst (Passagier/Auto 73/251 nkr).

Røst

600 Ew.
Die 356 Inseln und Schären von Røst bilden den fransigen Südrand der Lofoten. Røst unterscheidet sich deutlich von den zerklüfteten Nachbarinseln weiter im Norden. Ohne den kleinen Huckel in der Mitte wäre die mit Teichen übersäte Hauptinsel Røstlandet völlig flach. Im Herzen des Golfstroms gelegen, genießt diese Inselgruppe ein für norwegische Verhältnisse besonders mildes Klima und zieht 2,5 Mio. Seevögel an, die hier in großen Kolonien in den Klippen der äußeren Inseln nisten.

Einen ungewöhnlichen Einblick ins mittelalterliche Leben auf der Insel verschafft einem der Bericht eines venezianischen Händlers, der hier einst Schiffbruch erlitt. 1432 wurde Pietro Querini in Sandøy an Land gespült. Angeblich soll er den Stockfisch in Italien eingeführt haben. Die **Touristeninformation** (☎ 76 05 05 00 11; ☼ Mitte Juni–Mitte Aug.), einen kurzen Fußweg vom Fähranleger entfernt, verteilt ein Infoblatt, das diese Geschichte erzählt.

GEFÜHRTE TOUREN

Von Juni bis Mitte August organisiert Kårøy Rorbucamping (s. S. 345) fünfstündige Exkursionen mit der *MS Inger Helen* (Erw./Kind 300/125 nkr) zu mehreren Vogelfelsen, darunter Vedøy mit seiner Möwenkolonie. Wenn das Wetter es zulässt, legt das Schiff an, damit die Passagiere zum Skomvær Leuchtturm von 1887 spazieren oder etwas angeln können (Leinen werden zur Verfügung gestellt).

SCHLAFEN & ESSEN

Kårøy Rorbucamping (☎ 76 09 62 38; www.karoy.no; 150 nkr pro Pers.; ☼ Mai–Aug.) Die absolut günstigen Zimmer in diesem authentischen *rorbu* ohne eigenes Bad bieten Platz für zwei, vier oder sechs Personen. Man kann sich selbst versorgen. Die Unterkunft liegt auf der winzigen Insel Kårøy. Man muss von der Fähre aus anrufen, um per Boot abgeholt zu werden.

Røst Bryggehotel (☎ 76 05 08 00; www.rostbrygge hotell.no; DZ Juli–Mitte Aug. 750 nkr, übrige Zeit 900 nkr) Das moderne Hotel im traditionellen Stil liegt direkt am Hafen. Es hat 16 komfortable Doppelzimmer und vermietet Fahrräder und Angelausrüstung.

Querini Pub og Restaurant (☎ 76 09 64 80), benannt nach dem schiffbrüchigen Kaufmann aus Venedig, ist ein guter Tipp unter Røsts wenigen Restaurants.

AN- & WEITERREISE

Røst und Værøy werden von der Autofähre (tgl. außer Sa) zwischen Bodø und Moskenes angelaufen.

VESTERÅLEN

28 300 Ew.
Verwaltungstechnisch sind die Vesterålen-Inseln (die nördliche Fortsetzung des Archipels, zu dem auch die Lofoten gehören) zwischen den Provinzen Nordland und

NORDLAND

Troms aufgeteilt. Aus praktischen Gründen behandeln wir aber das gesamte Gebiet in diesem Kapitel. Zwar ist die Landschaft nicht so spektakulär wie auf den Lofoten, doch die Vesterålen sind viel unberührter. Und die bewaldete Bergregion der Insel Hinnøya ist ein absolut einzigartiges Fleckchen an der im Allgemeinen baumlosen norwegischen Nordküste.

Das Buch *Begegnung mit Vesterålen – Kultur, Natur und Geschichte* (170 nkr) bietet eine gute Einführung zu der Region, ihren Sehenswürdigkeiten und Wanderwegen. Es ist bei jeder Touristeninformation erhältlich.

HADSELØYA
8050 Ew.

Die Verbindung der Vesterålen zu den Lofoten stellt die südlichste Insel Hadseløya her – per Fähre vom Hafen Melbu nach Fiskebøl auf Austvågøy. Der andere größere Ort, Stokmarknes, ist ein beschaulicher Marktflecken, v. a. bekannt als Herkunftsort der Hurtigruten-Küstenfähren.

Die **Touristeninformation** (☎ 76 16 46 60; ☯ nur Mitte Juni–Mitte Aug. Mo–Sa 10–17, Sa & So 11–16 Uhr) der Insel befindet sich am Hafen von Stokmarknes.

Stokmarknes

Die Hurtigruten-Küstenlinie wurde im Jahre 1893 von Richard With in Stokmarknes ins Leben gerufen. Zunächst nur ein einziges Schiff, die *S/S Vesterålen,* machte Station in neun Häfen zwischen Trondheim und Hammerfest und transportierte Post, Passagiere und lebensnotwendige Versorgungsgüter. Heute ist die Linie elf Schiffe, befördert eine halbe Million Passagiere pro Jahr, läuft 35 Städte und Dörfer an und ist für Norwegen eine absolut unverzichtbare Verkehrsader – als Transportmittel für die Einheimischen und als landschaftlich spektakuläres Kreuzfahrterlebnis für Besucher.

Das **Hurtigruten-Museum** (Hurtigrutemuseet; ☎ 76 11 81 90; Markedgata 1; Museumseintritt Erw./Kind 80/30 nkr, M/S Finnmarken 40/20 nkr, Kombiticket 80/30 nkr; ☯ Mitte Mai–Mitte Juni & Mitte Aug.–Mitte Sept. 12–16 Uhr, Mitte Juni–Mitte Aug. 10–18 Uhr, übrige Zeit Mo–Fr 14–16, Sa 12–16 Uhr) skizziert die Geschichte der Linie mit Texten und Bildern. Am Kai liegt die stillgelegte *M/S Finnmarken* (angeblich das größte Museumsstück der Welt), die zwischen 1956 und 1993 auf der Küstenroute unterwegs war.

Das **Hurtigrutenshus** (☎ 76 15 06 00; www.hurtigrutenshus.com; Markedsgata 1; EZ/DZ 840/1280 nkr; ☯ Juni–Mitte Aug.) ist ein luxuriöses Hotel mit Konferenzzentrum und Kunstkomplex, das relativ günstige Zimmer bietet. Es befindet sich im gleichen Gebäudekomplex wie das Museum. Die Einzelzimmer sind wie Schiffskojen ausgestattet.

Das **Hurtigrutenshus Turistsenter** (☎ 76 15 29 99; EZ/DZ Mitte Juni–Mitte Aug. 670/840 nkr, übrige Zeit 995/1280 nkr), jenseits der Brücke, bietet konventionellere Hütten und Zimmer. Es ist eine hübsche Erweiterung des Hurtigruten-Komplexes.

Rødbrygge Pub (☎ 76 15 26 66; Markedgata 6a; Hauptgerichte 60–190 nkr; ☯ 11–3 Uhr), gegenüber dem Hurtigruten-Museum, ist ganz mit Holz ausgekleidet und serviert gute Grillgerichte, Meeresfrüchte und Pizzas zu günstigeren Preisen (u. a. Fischsuppe für 75 nkr).

LP Tipp **Isqueen** (☎ 76 15 29 99; Hauptgerichte 235–290 nkr; ☯ 6–23 Uhr) Dieser einstige Walfänger auf dem Gelände des Turistcenter ist jetzt ein erstklassiges „Arctic-Menu"-Restaurant. Es bietet Tische im Schiffsrumpf, im angebauten Restaurant mit Fenstern ringsum oder oben auf der Freiterrasse mit schönem Blick auf die Bucht.

Melbu

In einer ehemaligen Heringsölfabrik (ihrer nackten Funktionalität zum Trotz mit dem romantischen Namen Neptun) befindet sich das **Norwegische Fischindustriemuseum** (Norsk Fiskerindustrimuseum; ☎ 76 15 98 25; Neptunveien; Erw./Kind 50/20 nkr; ☯ Mo–Fr 9–15 Uhr). Hier begleitet man einen Fisch auf seinem Weg aus der Tiefsee bis auf den Küchentisch. Für Kinder gibt es eine besondere Ausstellung über das Leben auf dem Meeresgrund. Man findet das Museum am Hafen gegenüber vom Fähranleger, 750 m von der E 10 entfernt. Im Sommer gibt es Führungen (im Eintrittspreis enthalten).

Das **Sommerfestival in Melbu**, das jedes Jahr im Juli stattfindet, ist eines der spannendsten Kulturevents im nördlichen Norwegen mit attraktiven Angeboten in Hülle und Fülle: Seminare, Vorträge, verschiedenste Konzerte, Theater und Kunstausstellungen.

Anreise & Unterwegs vor Ort

Natürlich machen die Hurtigruten-Fähren immer noch einen Abstecher, um in ihrem Heimathafen Stokmarknes anzulegen.

Busse verkehren an Wochentagen mehrmals, an Wochenenden zweimal täglich zwischen Melbu und Stokmarknes.

LANGØYA
14 700 Ew.

Die Höhepunkte Langøyas, Zentralinsel der Vesterålen, sind im wörtlichen wie im übertragenen Sinn die alten Fischerdörfer an der Nordspitze, wo sich nur selten jemand hinverliert. Wer gegen Abend nach Sortland kommt, findet dort eine ordentliche Unterkunft und ein anständiges Abendessen.

Das **Arctic Sea Kayak Race** (www.askr.no) über 170 km findet alljährlich im Juli statt. Die Veranstaltung dauert insgesamt fünf Tage. Es ist die ultimative Herausforderung für Seekajakfahrer. Wer nicht ganz so fit ist, kann an einer kürzeren Variante oder an einem Einführungskurs teilnehmen. Anmeldungen sind online möglich.

Sortland
5000 Ew.

Sortland, Vesterålens Wirtschaftszentrum und Verkehrsknotenpunkt, liegt an einem Einschnitt an der Ostküste der Insel. Seine überwiegend klotzigen Bauten sind in angenehmem Meerblau gestrichen. Die hilfreiche **Touristeninformation** (☎ 76 11 14 80; www.visit vesteralen.com; Kjøpmannsgata 2; ◕ Mitte Juni–Mitte Aug. Mo–Fr 9–18, Sa 10–16, So 12–16 Uhr; übrige Zeit Mo–Fr 8–16 Uhr) ist für die gesamte Region Vesterålen zuständig.

Sortland Jazz ist ein zweiwöchiges Jazzfestival im September.

Sortland Camping og Motell (☎ 76 11 03 00; www. sortland-camping.no; Vestervegen 51; Auto/Wohnwagen 200/225 nkr, Hütten 350–450 nkr, für 5–7 Pers. mit eigenem Bad 1200 nkr), 1,3 km vom Zentrum, ist der einzige Campingplatz der Stadt. Er liegt auf einem großen, teils baumbestandenen Gelände und bietet hausgemachte, nordnorwegische Spezialitäten. Außerdem gibt er ein nützliches Infoblatt über die Region heraus.

Genau 1,4 km nördlich der Brücke wartet das **SjøhusSenteret** (☎ 76 12 37 40; sjoehus@ online.no; Ånstadsjøen; DZ/3BZ 630/785 nkr, 3-/5-Bett-Hütte 1330/1630 nkr) mit komfortablen Zimmern und Meerhütten mit Ausblick. Es bietet Angelmöglichkeiten an der privaten Mole (Ruten werden verliehen) und vermietet Fahrräder (30/160 nkr pro Std./Tag), Ruderboote (75/140 nkr) und Motorboote (390/1200 nkr). Schon das dazu gehörende

Sjøstua-Restaurant mit einer hervorragenden Auswahl von Gerichten à-la-carte ist Grund genug für einen Besuch.

Strand Hotell (☎ 76 11 00 80; www.strandhotell.no; Strandgata 34; EZ/DZ Mitte Juni–Mitte Aug. 750/900 nkr, übrige Zeit Mo–Do 970/1150 nkr, Fr & Sa 700/910 nkr; Ⓟ ▯) Der Familienbetrieb am Hafen hat 37 freundliche Zimmer im gehobenen Standard, die alle mit Drucken des hiesigen Künstlers Tove Hov Jacobsen dekoriert sind.

Spisestua (☎ 76 12 28 78; Hauptgerichte 240–285 nkr) Das „Arctic-Menu"-Restaurant im oberen Stock des Strand Hotell ist ebenfalls top. Zum Frühstück gibt's frisches, hausgebackenes Brot und den Tag über kostenlos Kaffee und Waffeln.

AN- & WEITERREISE

Zwei bis vier Busse täglich fahren von Sortland nordwärts nach Risøyhamn (1 Std.) und Andenes (2 Std.). Busse von/nach Harstad (2¼ Std.) verkehren ein- bis viermal täglich. Zwei Expressbusse pro Tag fahren nach Narvik (294 nkr, 4 Std.) auf dem Festland und nach Svolvær (248 nkr, 2¼ Std.). Svolvær ist auch mit Lokalbussen zu erreichen, die drei- bis fünfmal pro Tag verkehren. Auch der Expressbus zwischen Fauske (370 nkr, 5¼ Std.) und Svolvær hält täglich in Sortland.

Außerdem ist Sortland ein Hafen der Hurtigruten-Küstenfähren.

Myre

Myre, an der Gabelung der Straßen nach Nyksund und Stø, hat eine saisonale **Touristeninformation** (☎ 76 18 50 50; ◕ Kernzeiten Mitte Juni–Mitte Aug. Mo–Sa 10–16 Uhr).

Nyksund

Eine faszinierende Fahrt auf dem schmalen Band der Küstenstraße führt zu dem einst verlassenen Fischerdorf Nyksund, das als Künstlerkolonie wiederbelebt wurde. Es ist ein Ort wie aus dem Bilderbuch: von den bröckelnden alten Gebäuden bis hin zu den originalgetreu restaurierten Geschäften. Kaum zu glauben, dass Nyksund bis vor kurzem noch eine Geisterstadt war. In den 1960ern mussten die Bäckerei und die Post schließen, und praktisch alle anderen Einwohner zogen 1975 weg, nachdem ein Sturm die Mole zerstört hatte. Der letzte Nyksunder, der Schmied Olav Larsen, packte 1977 seine Taschen.

Schafe und Vandalen übernahmen den Ort. Doch dann wurde dem zauberhaften, abgele-

NORDLAND

GEBORGEN & RECYCELT

Ssemjon Gerlitz, der energische Deutsche, dem Holmvik Brygge gehört, lebt seit über zehn Jahren in Nyksund. Im Laufe der Jahre hat er gemeinsam mit seinen Helfern alles geborgen, was von den zerfallenen Gebäuden zu retten war. So wuchs das Sammelsurium in seiner Pension Holmvik Brygge, in der jedes Zimmer anders aussieht und eine ganz eigene Persönlichkeit hat.

Was ihn hier am Ende der Welt festhält? Vor allem zwei Dinge. Sein überschäumendes Stakkato verlangsamt sich für einen Augenblick, als er von der Faszination der Stille spricht: Fast das ganze Jahr hindurch nur das Rauschen von Wind und Wellen. Wieder einen Gang schneller schildert er seine Verbundenheit mit den längst verschwundenen Fischern („Jeder rostige Nagel, den ich irgendwo herausziehe, ist irgendwann von jemandem eingehämmert worden, der hier gelebt und gearbeitet hat.") und dann – schon wieder übersprudelnd – schwärmt er von der Energie dieses einzigartigen Ortes, wo die Berge ins Meer abfallen.

genen Dörfchen allmählich neues Leben eingehaucht. Heute hat Nyksund im Sommer 60 Einwohner und etwa ein halbes Dutzend Unerschrockener trotzen selbst den harten Wintern.

LP Tipp **Holmvik Brygge** (☎ 76 13 47 96; www.nyksund.com; Zi. pro Pers. 225 nkr; ❍ ganzjährig) ist eine gemütliche und sehr einladende Pension mit Café, die schon alleine Grund genug für einen Abstecher wäre. Selbstversorger sind willkommen, aber das Café am Kai serviert auch Getränke, Snacks (ab 55 nkr) und sättigende Mahlzeiten (85–150 nkr).

Stø

Das kleine, typische Fischerdorf Stø klammert sich an die nördlichste Spitze von Langøya. Von Juli bis September startet **Arctic Whale Tours** (☎ 76 13 43 00; www.arcticwhaletours.com) von hier siebenstündige Exkursionen zur Walbeobachtung (Erw./Kind 780/500 nkr), die um 12 Uhr beginnen. Auf der Fahrt zu den Nahrungsgründen der Pottwale hält das Schiff bei Vogel- und Robbenkolonien.

Island Adventure (☎ 48 17 31 64; www.islandadventure.no) organisiert ab Stø und Nyksund Exkursionen zu Robben- und Seevogelkolonien sowie zum Fischen. Reservierungen nimmt Stø Bobilcamp entgegen.

Lohnend ist auch die fünfstündige Rundwanderung über die Landzunge zwischen Nyksund und Stø. Die Route ist mit einem roten „T" markiert. Die meisten nehmen für den Hinweg die etwas anstrengendere Variante über den 517 m hohen Sørkulen und für den Rückweg die bequemere Küstenroute. Die Strecke wird auch als **Königinnenroute** bezeichnet, nach einer Wanderung, die die norwegische Königin Sonja hier 1994 gemacht hat.

Ein kostenloses Infoblatt gibt es bei der Touristeninformation von Myre und Sortland.

Stø Bobilcamp (☎ 76 13 25 30; www.stobobilcamp.com; Stellplatz 140 nkr, Hütten 700–850 nkr; ❍ Mitte Mai–Mitte Aug.) ist ein kleiner Platz am Meer. Ziemlich kahl und windig für ein Zelt, aber mit einem netten, kleinen Restaurant, das vor allem Fisch serviert.

Von bis zu vier täglichen Bussen zwischen Sortland und Myre (1 Std.) fahren wochentags zwei weiter bis Stø (1¼ Std.).

ANDØYA
6000 Ew.

Die lange, schmale und bis auf die Berge im Westen flache Insel Andøya ist für Vesterålen eher untypisch. Die 1000 m tiefen, kalten und dunklen Gewässer an ihrer Nordwestküste sind überaus reich an Tintenfischen, darunter einige besonders große Arten. Und diese wiederum locken die Pottwale an, die sich von ihnen ernähren. Daher ist die Region um Andenes am Nordende der Insel recht vielversprechend für Walbeobachtungen. Andenes, der einzige nennenswerte Ort, aber auch die winzigen Häfen von Bleik und Stave, 10 km und 25 km südwestlich der Stadt, sind Ausgangspunkte für Exkursionen.

Andenes
2700 Ew.

Dieses weit verstreut liegende Dorf hat eine interessante Fischfanggeschichte und ist im nördlichen Norwegen der Ort, an dem die meisten Whale-Watching-Touren starten. Die Hafenfront ist ein charmantes Durcheinander von hölzernen Bootsschuppen und allerlei Zeug, das irgendwie mit dem Meer zu tun hat.

NORDLAND

Seine **Touristeninformation** (☎ 76 14 12 03; www.andoyturist.no; Hamnegata 1; ⊙ Mitte Juni–Aug. 10–18 Uhr, übrige Zeit Mo–Fr 9–16 Uhr) ist für die gesamte Insel zuständig und befindet sich im gleichen Gebäude wie das Hisnakul-Zentrum für Naturgeschichte. Es hat einen Internetzugang (60 nkr pro Std.) und vermietet Fahrräder (100/175 nkr pro 3 Std./Tag). Zudem gibt es das englische Faltblatt *Andenes Vær* (35 nkr) heraus, das einen Spaziergang durch die Altstadt beschreibt.

Yanthi (☎ 75 91 75 75; Storgata 2) hat drei Internetterminals (25 nkr pro 30 Min.) und einen guten Kaffee anzubieten.

SEHENSWERTES & AKTIVITÄTEN

Die Touristeninformation verkauft ein Kombiticket (Erw./Kind 100/50 nkr), das für alle unten genannten Sehenswürdigkeiten gilt (ausgenommen das Walzentrum).

Das **Hisnakul-Zentrum für Naturgeschichte** (☎ 76 14 12 03; Hamnegata 1; Erw./erm. 50/25 nkr; ⊙ Mitte Juni–Aug. 10–18 Uhr, übrige Zeit 9–16 Uhr) befindet sich im gleichen restaurierten Lagerhaus wie die Touristeninformation. Es illustriert die Naturgeschichte Nordnorwegens mit den Themenbereichen Seevögel, Meeressäuger, Topographie, Landwirtschaft, Fischerei und regionale Kultur.

Nebenan zeigt das **Nordlichtzentrum** (Erw./Kind 40/20 nkr; ⊙ Ende Juni–Ende Aug. 10–18 Uhr) eine beeindruckende Hightech-Präsentation über das Phänomen der Aurora Borealis, die zuerst anlässlich der Olympischen Winterspiele 1994 in Lillehammer gezeigt wurde.

Im **Walzentrum** (Hvalsenter; ☎ 76 11 56 00; Havnegate 1; Erw./Kind 60/30 nkr; ⊙ Ende Mai–Mitte Sept. 8.30–16 oder 19 Uhr) können sich Walbeobachter informieren: über die Walforschung, die Waljagd und den Lebenszyklus der Wale. Die meisten Besucher kommen im Rahmen einer Walbeobachtungstour hierher (s. S. 349).

Das idyllische **Polarmuseum** (☎ 76 11 54 32; Havnegate; Erw./Kind 30 nkr/gratis; ⊙ Mitte Juni–Mitte Aug. 10–18 Uhr) zeigt Ausstellungen über Jagd und Fischerei in der Arktis. Ausführlich dokumentiert werden die 38 Winterjagdzüge des einheimischen Forschers und Trappers Hilmar Nøis auf Svalbard. Von ihm stammen die meisten Exponate.

Wahrzeichen der Stadt ist der rote Leuchtturm **Andenes Fyr**. 1859 in Betrieb genommen, funktioniert er auch heute noch – wenngleich längst automatisiert. **Führungen** (Erw./Kind 35/10 nkr; ⊙ Ende Juni–Aug.), bei denen

BESCHAULICHERE STRASSE

Wer die Insel Andøya nicht mit der saisonalen Fähre von Andenes nach Gryllefjord verlässt, hat keine andere Wahl, als 100 km über die schmale Insel zu fahren, die sich wie ein Finger von Sortland nach Norden erstreckt. Um nicht die gleiche Stecke zweimal zu fahren, aber vor allem wegen der spektakulären Aussicht lohnt es sich, für den Weg von Risøyhamn nach Norden zunächst die kleinere und weniger befahrene Straße entlang der Westküste zu nehmen. Sie ist als „Grüne Straße" ausgezeichnet und erschließt phantastische Küstenlandschaften und Panoramablicke. Auf der Rückfahrt via Rv 82 passiert man riesige Berge von getrocknetem Torf, der für Gärten in aller Welt bestimmt ist.

es über 148 Stufen 40 m hoch hinauf geht, finden zwischen 12 und 16 Uhr zu jeder vollen Stunde statt.

GEFÜHRTE TOUREN

Der größte Veranstalter der Insel, **Whale Safari** (☎ 76 11 56 00; www.whalesafari.no), der auch das Walzentrum betreibt, organisiert zwischen Ende Mai und Mitte September beliebte Touren (Erw./Kind/erm. 795/500/700 nkr). Sie beginnen mit einer Führung durch das Zentrum und einer Diashow, gefolgt von einem drei- bis sechsstündigen Bootsausflug. Wer nicht mindestens einen Pottwal sieht, ist beim nächsten Mal kostenlos dabei. Mit etwas Glück lassen sich auch Minkwale, Grindwale und Buckelwale beobachten – und gegen Ende der Saison Schwertwale (Orcas). Im Sommer werden bis zu sechs Exkursionen täglich angeboten, sonst mindestens eine pro Tag. Abfahrt ist um 11 Uhr. Im Preis enthalten ist ein leichtes Mittagessen – falls einem danach ist. Sonst verteilen die Mitarbeiter Tabletten gegen Seekrankheit, so wie die Stewardessen im Flugzeug nach dem Start Bonbons herumreichen. Es kommt zwar selten vor, dass eine Fahrt wegen Wetter und Wellengang abgesagt wird, doch sicherheitshalber ist es gut, einen Reservetag einzuplanen.

SCHLAFEN & ESSEN

Andenes Camping (☎ 76 11 56 00; Auto/Wohnwagen 130/190 nkr; ⊙ Ende Mai–Mitte Sept.) Der einfache Platz, 3,5 km außerhalb der Stadt, umfasst

NORDLAND

eine riesige Wiese am Meer, so grün und eben wie ein Golfplatz.

Andenes Vandrerhjem (☎ 76 14 28 50; Fax 76 14 28 55; Havnegata 31; pro Pers. 150 nkr; ☺ Juni–Aug.) Diese nur im Sommer geöffnete Herberge ist kein HI-Mitglied mehr, ziemlich heruntergekommen und nur noch eine Notlösung. Sie liegt nahe dem Hafen und gehört zum Norlandia-Imperium, dem sie aber sicher keine Ehre macht.

Das **Hisnakul-Zentrum für Naturgeschichte** (s. S. 349; B/EZ/DZ 100/225/325 nkr) bietet sehr preisgünstige Zimmer mit Etagenbad und Einrichtungen für Selbstversorger. Da es nur 14 Betten hat, sollte man vorab reservieren.

Den Gamle Fyrmesterbolig (☎ 76 14 10 27; Richard Withs Gate 11; Zi. 400 nkr) Im Schatten des malerischen Leuchtturms von Andenes bietet das zauberhafte Häuschen des Leuchtturmwärters zwei Zimmer. Reservierungen sind nicht möglich, aber wenn man am gleichen Tag anruft, wird das Zimmer freigehalten.

Norlandia Andrikken Hotell (☎ 76 14 12 22; www. norlandia.no/andrikken; Storgata 53; EZ/DZ Mitte Juni–Mitte Aug. 790/1070 nkr, übrige Zeit So–Do 1180/1390 nkr, Fr & Sa 850/1145; P) Norlandias Flaggschiff wirkt von außen wie ein öder Kasten, überrascht aber mit komfortablen und gut ausgestatteten Zimmern. Außerdem hat es ein ordentliches Restaurant (Hauptgerichte 170–240 nkr).

FARGEKLATTEN

Fargeklatten, zu Deutsch „Farbkleckse", ist das Werk von Grethe Kvalvik und ein ganz besonderer Ort. Jahrelang hat Grethe an der Rezeption des Andrikken Hotell gearbeitet, bis sie erblindete. Nach zwei langen Jahren der Blindheit hat sie einen Teil ihrer Sehkraft zurückerlangt. Sie konnte wieder Formen erkennen und, vor allem: Farben.

Entschlossen, sich wieder ganz dem Leben zuzuwenden, machte sie sich daran, Fargeklatten zu retten, das damals abgerissen werden sollte, um einem Parkplatz Platz zu machen. Der Komplex historischer Gebäude beherbergt nun zwei kleine Galerien mit Kunst und Kunsthandwerk aus dem nördlichen Norwegen, ein einfaches Café und eine mit Antiquitäten ausgestattete **Pension** (Zi. 600–700 nkr). Als nächstes, so hat sie bei unserem Treffen geschwärmt, soll eine Fischerhütte aus dem 17. Jh. restauriert werden.

Fargeklatten (☎ 97 76 00 20; Sjøgata 38A; ☺ Mai–Sept. 11–14 & 18–20 Uhr, übrige Zeit Mo–Fr 11–14 Uhr) ist eine unlängst eingerichtete, kleine Kunstgalerie (s. S. 350), in der auch Kaffee und Kuchen serviert wird.

Lysthuset (☎ 76 14 14 99; Storgata 51; Pizzas 125–190 nkr, Hauptgerichte 145–250 nkr) Das Lysthuset ist das beste der wenigen Speiselokale von Andenes. Im vorderen Bereich werden Schnellgerichte wie Burger und Pizza serviert, das eigentliche Restaurant im hinteren Teil bietet anspruchsvollere Küche. Der Nachtisch „Sex on the Mountain" ist eine orgiastische Mischung aus Eiscreme, Sahne, Brombeeren und Moltebeeren, übergossen mit Eierflip.

ANREISE & UNTERWEGS VOR ORT

Der Flug zwischen Andenes und Tromsø via Narvik oder Bodø ist ein aussichtsreicher Anwärter auf den Titel „schönster Flug der Welt". Die Aussicht ist spektakulär: Küste, Meer und landwirtschaftliche Grafikmuster aus der Vogelperspektive.

Zwei bis vier Busse täglich fahren in Richtung Süden nach Sortland (2 Std.). Sie gehen über Risøyhamn; von dort bietet ein Bus von/nach Andenes Anschluss an die Fähren der Hurtigrute. Von Ende Mai bis Mitte August verbindet eine Autofähre Andenes mit dem Hafen von Gryllefjord (2 Std., 2- bis 5-mal tgl.) auf der Insel Senja (s. S. 365) – eine Fahrt durch faszinierende Küstenlandschaft.

Rund um Andenes

Von **Stave**, 18 km südwestlich von Andenes, bietet **Seal Safari** (☎ 97 68 00 18; www.sealsafari.no) zwischen Ende Mai und Mitte August zwei- bis dreistündige Schiffsexkursionen. Das Schiff fährt dicht an Norwegens größter Seehundkolonie vorbei und dann weiter zum Vogelschutzgebiet von Bleiksøya mit Scharen von Krabbentauchern, Papageientauchern und anderen Seevögeln.

Puffin Safari (☎ 76 14 57 75; www.puffinsafari.no), mit Sitz in Bleik, bietet täglich 1½-stündige **Bootsexkursionen** (Erw./Kind 300/150 nkr; ☺ Mai–Mitte August) zur Vogelbeobachtung vor Bleiksøya sowie vierstündige **Ausflüge zum Hochseeangeln** (Erw./Kind 400/200 nkr; ☺ 17. Juni–Mitte Aug.).

SCHLAFEN

Stave Camping (☎ 76 14 65 62; stavecamping@c2i.net; Auto/Wohnwagen 130/140 nkr, 2-/4-Bett-Hütten 340/500 nkr, mit eigenem Bad 550–660 nkr; ☺ Mitte Mai–Mitte August)

Das freundliche Camp mit gemütlichem Café bietet Stellplätze am Wasser mit Fjordblick oder in geschützterer Lage.

Havhusene Bleik (☎ 76 14 57 40; www.norlandia. no; Fiskeværsveien, Bleik; 2-/4-/6-Bett-Hütten 1075/1270/ 1500 nkr) Die gut ausgestatteten, modernen Meerhäuser am ruhigen Hafen von Bleik sind eine bequeme Art, das einfache Leben kennenzulernen.

HINNØYA

Verwaltungstechnisch gehört Hinnøya, die größte Insel vor der norwegischen Küste, mit der einen Hälfte zu Troms, mit der anderen zu Nordland. Im Gegensatz zu den Inseln weiter im Süden besteht diese v. a. aus bewaldetem grünem Hochland mit einzel-

nen Schneekappen; höchst beeindruckende Fjorde bilden tiefe Einschnitte. Vor Hinnøyas Westküste trennen der schmale Raftsund und der noch schmalere, landschaftlich absolut überwältigende Trollfjord die Vesterålen von den Lofoten. Die steilen Wände des Trollfjords erheben sich direkt aus dem Wasser und lassen alles darunter zwergenklein erscheinen.

Harstad
19 400 Ew.

Harstad liegt an einem Hang nahe dem Nordende von Hinnøya und ist der größte Ort der Region Vesterålen (auch wenn es streng genommen zum Bezirk Troms gehört). Es ist eine kleine Industriestadt mit Militärstützpunkt und zahlreichen Docks,

NORDLAND

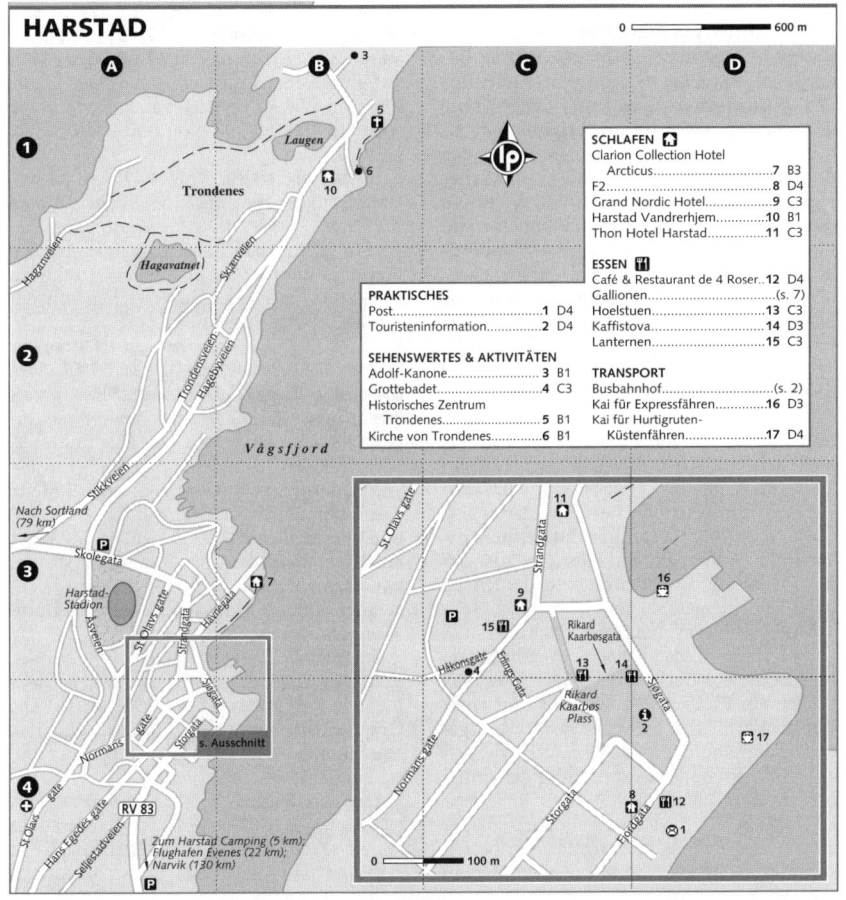

HARSTAD

0 — 600 m

SCHLAFEN
Clarion Collection Hotel
Arcticus.................................7 B3
F2..8 D4
Grand Nordic Hotel.................9 C3
Harstad Vandrerhjem.............10 B1
Thon Hotel Harstad...............11 C3

ESSEN
Café & Restaurant de 4 Roser..12 D4
Gallionen..............................(s. 7)
Hoelstuen............................13 C3
Kaffistova............................14 D3
Lanternen.............................15 C3

PRAKTISCHES
Post.......................................1 D4
Touristeninformation................2 D4

SEHENSWERTES & AKTIVITÄTEN
Adolf-Kanone.......................... 3 B1
Grottebadet..............................4 C3
Historisches Zentrum
Trondenes...............................5 B1
Kirche von Trondenes.............6 B1

TRANSPORT
Busbahnhof............................(s. 2)
Kai für Expressfähren.............16 D3
Kai für Hurtigruten-
Küstenfähren.....................17 D4

Laugen

Trondenes

Hagavatnet

Vågsfjord

Nach Sortland
(79 km)

Skolegata

Harstad-
Stadion

s. Ausschnitt

RV 83

Zum Harstad Camping (5 km);
Flughafen Evenes (22 km);
Narvik (130 km)

0 — 100 m

Rikard
Kaarbøsgata

Rikard
Kaarbøs
Plass

Tanks und Lagerhäusern. Im Gegensatz zu den gemütlichen Touristen- und Fischerorten weiter südlich pulsiert die Stadt vor Zielstrebigkeit und Aktivität.

Die **Touristeninformation** (☎ 77 01 89 89; www. visitharstad.com; ☺ Juni–Mitte Aug. 8–18 Uhr, übrige Zeit 8–15 Uhr) ist im Gebäude der Busstation untergebracht.

SEHENSWERTES & AKTIVITÄTEN

Die meisten Sehenswürdigkeiten liegen auf der Halbinsel **Trondenes** nördlich der Stadt.

Das **Historische Zentrum Trondenes** (Trondenes Historiske Senter; ☎ 77 01 83 80; Trondenesveien 122; Erw./ Kind/erm. 70/50/25 nkr; ☺ Mitte Juni–Mitte Aug. 13–17 Uhr, übrige Zeit nur So) zeigt gut dokumentierte Ausstellungen über die Sozialgeschichte der Region von der Wikingerzeit bis zur Gegenwart.

Die **Kirche von Trondenes** (Trondenes Kirke; Führungen auch auf Deutsch, Erw./Kind 40/20 nkr; ☺ Führungen Juni–Anfang Aug. 17 Uhr), gleich nördlich des Historischen Zentrums ließ König Øystein um 1150 herum erbauen, nachdem die Wikingerfürsten den Kampf gegen die Einigung Norwegens unter christlicher Herrschaft verloren hatten. Lange Zeit war sie die nördlichste Kirche der Christenheit – und noch heute wird behauptet, sie sei die nördlichste Steinkirche in Norwegen. Die ursprüngliche Holzkirche wurde gegen 1250 durch die heutige Steinkonstruktion ersetzt und musste schon bald als Festung gegen russische Angriffe herhalten. Ihre Schätze sind die drei kunstvoll gestalteten Marienaltäre am östlichen Ende. Am interessantesten ist der Altar in der Mitte: Maria, umgeben von ihrer riesigen Familie, mit Kleinkindern auf jedem Arm und an jedem Rockzipfel. Wer nach oben guckt, sieht ein Paar trompetende Cherubim, die höchst wackelig auf der Hauptsäule des Lettners balancieren. Außerhalb der Führungen ist der Eintritt kostenlos – allerdings ist die Kirche dann häufig abgeschlossen.

Und gleich noch ein Harstader Superlativ: Die sogenannte **Adolf-Kanone**, eine furchtbare Mordwaffe aus dem Zweiten Weltkrieg, soll mit einem Kaliber von 40,6 cm und einer Rückstoßkraft von 635 t die größte landgestützte Kanone der Welt sein. Weil sie sich auf militärischem Gelände befindet, muss man an einer **Führung** (Erw./Kind 60/30 nkr; ☺ Mitte Juni–Mitte Aug. 11, 13 & 15 Uhr) teilnehmen und über ein eigenes Fahrzeug verfügen. Am besten schaut man sich einfach zehn Minuten vor Beginn

vorbei. Im Bunker gibt es außerdem eine Sammlung von Schusswaffen, militärischer Ausrüstung und Instrumenten, die von deutschen Küstenbatterien im Zweiten Weltkrieg verwendet wurden.

Grottebadet (☎ 77 04 17 70; Håkonsgate 7; Erw./Kind/ Fam. 130/95/300 nkr; ☺ Mo–Fr 12–20, Sa 10–18, So 11–18 Uhr) ist ein beheiztes Indoor-Badeparadies, das in den Berg hineingebaut wurde, mit Schwimmbecken, Stromschnellen, Rutschen, Dampfbädern und diversen anderen Attraktionen. Wasserspaß pur für die ganze Familie – nur dem Jaulen der Kinder nach einem *Grottyburger* sollte man widerstehen können!

SCHLAFEN

Harstad Camping (☎ 77 07 36 62; www.harstad-camping. no; Nesseveien 55; Auto/Wohnwagen 150/175 nkr, 4-Bett-Hütte 375 nkr, mit eigenem Bad 700–950 nkr; ☺ ganzjährig) Via Rv 83 in Richtung Narvik und nach 4 km auf eine Nebenstraße abbiegen. Der kleine Platz am Wasser vermietet auch Ruderboote (pro Std./Tag 80/290 nkr) und Motorboote (150/570 nkr).

Harstad Vandrerhjem (☎ 77 04 00 78; harstad.hostel@ vandrerhjem.no; Trondenesveien 110; EZ/DZ inkl. Frühstück 365/590 nkr; ☺ Juni–Mitte Aug.) ist nur im Sommer ein Hostel und dient sonst als Schule. Aus den meisten Zimmern hat man einen attraktiven Blick auf den Hafen. Zu erreichen mit der Linie 12 ab der Busstation.

F2 (☎ 77 00 32 00; www.f2hotel.no, auf Norwegisch; Fjordgata 2; EZ/DZ Mitte Juni–Mitte Aug. 545/690 nkr, übrige Zeit So–Do ab 850/1000 nkr, Fr & Sa 595/960 nkr, alle Preise inkl. Frühstück) Die frisch renovierten, schicken 88 Zimmer bieten alle Flachbild-TV, Mikrowelle, Wasserkocher und große Fenster. Die Badezimmer hingegen sind etwas klein. Gäste können Fahrräder (pro Tag 100 nkr) und Quads mieten. Falls einem die Gesichter auf den Fotos an den Zimmerwänden bekannt vorkommen: Es ist das Personal, das in wechselnder Kulisse zwischen Bergesgipfel und Meeresstrand abgelichtet wurde.

Grand Nordic Hotel (☎ 77 00 30 00; www.nordic.no; Strandgata 9; EZ/DZ Mitte Juni–Mitte Aug. 590/790 nkr, übrige Zeit So–Do 1345/1555 nkr, Fr & Sa 590/960; P 🖵) Die Grande Dame unter den Hotels von Harstad. Die Zimmer im neueren Teil sind größer und schöner ausgestattet.

Thon Hotel Harstad (☎ 77 00 08 00; www.thonhotels. com; Sjøgata 11; EZ/DZ inkl. Frühstück Mitte Juni–Mitte Aug. 700/900 nkr, übrige Zeit So–Do 920/1120 nkr, Fr & Sa 755/955 nkr; 🖵) Alle 141 Zimmer dieses recht guten Ablegers der Hotelkette haben schöne Parkettböden, aus den meisten schaut man auf den Fjord, wenn auch nur aus der zweiten Reihe. **Clarion Collection Hotel Arcticus** (☎ 77 04 08 00; www.choice.no; Havnegata 3; EZ/DZ Mitte Juni–Mitte Aug. 710/930 nkr, übrige Zeit ab 795/995 nkr; **P**) Dieses Hotel in einem harmonischen, modernen Gebäude (in dem auch das Kulturzentrum untergebracht ist) liegt nur einen kurzen Spaziergang vom Zentrum entfernt. Es hat 75 besonders große Zimmer. Die besseren Zimmer mit herrlichem Blick über den Fjord auf die Berge sind 200 nkr teurer.

ESSEN

Kaffistova (☎ 77 06 12 57; Rikard Kaarbøsgata 6; Gerichte 40–135 nkr; ☺ Mo–Do 8–18, Sa 9–15.30, So 12–17 Uhr) Das nette, zwanglose Lokal von 1913 erstreckt sich über zwei Etagen und ist ein guter Tipp für ein Mittagessen oder einen Snack. Die Sandwich-Karte (62–78 nkr) ist ellenlang, Hauptgerichte sind mit Fisch und Fleisch. Es duftet von oben bis unten nach Kaffee und (16 verschiedenen) Kuchen.

Lanternen (☎ 77 00 30 30; Hakons Gate; Hauptgerichte um 120 nkr; ☺ Mo–Do 14–24, Fr & Sa 13–2, So 16–23 Uhr) ist ein freundliches, bei Einheimischen beliebtes Lokal mit Kneipenatmosphäre. Zu Pizza oder Burger mit Salat gibt's eine große Bierauswahl. Im Sommer wird bis 19 Uhr ein sättigendes Pizza-Büfett (80 nkr) aufgefahren.

Café & Restaurant de 4 Roser (☎ 77 01 27 50; Torvat 7; Hauptgerichte 160–320 nkr; ☺ Café 10–24 Uhr, Restaurant Mo–Sa 18–23 Uhr) Das „4 Rosen" garantiert ein kulinarisches Erlebnis – egal, ob man im Café etwas Einfaches bestellt oder sich im Restaurant eins der phantasievollen Gerichte à la carte gönnt.

Hoelstuen (☎ 77 06 55 00; Rikard Kaarbøs Plass 4; Hauptgerichte 250–285 nkr; ☺ Mo–Sa 17–23 Uhr) Dieses gepflegte Lokal konkurriert mit dem 4 Roser um den Titel des besten Restaurants der Stadt. Die Küche hat Flair. Besonders zu empfehlen z. B. das Hirschfilet mit Kastanien und Thymianglasur. Auch die Fischsuppe (100 nkr) ist sehr lecker und cremig.

Gallionen (☎ 77 04 08 00; Hauptgerichte 245–265 nkr) Das Restaurant des Clarion Collection Hotel Arcticus ist ein „Arctic-Menu"-Restaurant

mit einem verlockenden Tagesgericht (um 150 nkr). Fischgerichte sind seine große Stärke, besonders das gegrillte Wolfsbarschfilet (260 nkr). Die Aussicht, sei es durch das große Fenster im Speisesaal oder von der Terrasse aus, verschlägt einem den Atem.

AN- & WEITERREISE

Der Harstad-Narvik Flughafen bei Evenes bietet Direktflüge mit SAS nach Oslo, Bodø, Tromsø und Trondheim. **Norwegian** (www. norwegian.no) fliegt ebenfalls direkt von/nach Oslo, Bergen und Stavanger.

Die beste und schönste Möglichkeit, nach Tromsø zu gelangen, ist das Schiff. Täglich verkehren zwei bis vier Express-Passagierfähren zwischen Harstad und Tromsø (2¾ Std.) via Finnsnes (1½ Std.).

Außerdem verkehrt ganzjährig eine Express-Passagierfähre (tgl. außer Mo und Mi) zwischen Harstad und Skrolsvik (1¼ Std.) am Südende der Insel Senja, von wo es einen Busanschluss nach Finnsnes und weiter bis Tromsø gibt. Harstad ist auch eine Anlegestelle der Küstenfähren der Hurtigrute.

Busse von/nach Sortland (2¼ Std.) verkehren ein- bis viermal täglich. Wochentags fährt ein Bus von/nach Narvik (3 Std.) und einer täglich zwischen Harstad und Fauske (343 nkr, 5½ Std.).

UNTERWEGS VOR ORT

Flybussen (130 nkr, 50 Min.) verkehrt mehrmals täglich zwischen dem Zentrum und dem Flughafen Evenes.

Busse (25 nkr, 10 Min., stündl., nur Mo–Fr) verbinden Trondenes mit dem Busbahnhof.

Parkplätze sind nicht immer leicht zu finden – aber immerhin ist das Parken auf öffentlichen Parkplätzen für Fahrzeuge mit ausländischem Kennzeichen kostenlos.

Taxiruf: ☎ 77 04 10 00.

Møysalen-Nationalpark

Der nur knapp 50 km² große Møysalen-Nationalpark wurde geschaffen, um einen Abschnitt der Bergküste im ursprünglichen Zustand zu erhalten. Er ist der drittkleinste Nationalpark Norwegens und einer der am wenigsten besuchten.

NORDLAND

Der hohe Norden

Norwegens nördlichste Bezirke Troms und Finnmark bilden buchstäblich das Dach Europas. In diesem wenig besuchten, sehr abgeschiedenen Gebiet wechseln weite Tundraebenen und dichte Wälder einander ab.

Tromsø ist die einzige wirkliche Stadt weit und breit. Es ist eine pulsierende und selbstbewusste Stadt, deren Museen den Besucher gut auf die arktischen Regionen vorbereiten. Sie ist ein phantastischer Ausgangspunkt für Wanderer und Wintersportler – und für Abstecher auf die unberührte Insel Senja, die landschaftlich genauso dramatisch ist wie die Lofoten, aber zehnmal weniger besucht.

Ziel für viele Reisende ist das Nordkap. Von hier aus ist es näher zum Nordpol als nach Oslo. Am Ende der Straße angelangt, hat man diesen Punkt aber noch nicht ganz erreicht. Wer wirklich die nördlichste Stelle erreichen will, muss noch 18 km über die Tundra stapfen. Die Plateaus der zentralen Finnmark und die wilde Nordostküste sind das Kerngebiet der norwegischen Samen (Lappen). Ihr Territorium erstreckt sich über Schweden und Finnland bis nach Russland. Einen Aufenthalt lohnt auch Karasjok, die Hauptstadt der Samen.

Der kleine Ort Kirkenes ist der nördlichste Hafen für die Küstenfähren der Hurtigrute. Hier lässt sich die Atmosphäre einer Grenzstadt schnuppern: Die Schilder sind doppelt beschriftet – in lateinischer und kyrillischer Schrift – und es wird hier fast so viel Russisch wie Norwegisch gesprochen.

DER HOHE NORDEN

HIGHLIGHTS

Nordkap & Knivskjelodden

- Nach langer Fahrt gen Norden das phantastische **Nordkap** (S. 375) erreichen, die Massen hinter sich lassen und nach **Knivskjelodden** wandern (S. 375), dem nördlichsten Punkt des europäischen Kontinents

- Die einzigartige Kultur der Samen kennenlernen: in **Karasjok** (S. 394) und **Kautokeino** (S. 391)

- **Die steinzeitlichen Felszeichnungen in Alta** (S. 368) erkunden und im preisgekrönten Museum mehr über diesen Teil des Unesco-Weltkulturerbes erfahren

- Mit dem Hundeschlitten durch den Schnee und das blau schimmernde Winterlicht in der Nähe von **Karasjok** touren (S. 395))

- Auf kaum befahrenen Straßen an der spektakulären Nordküste von **Senja** (S. 365) entlangradeln

- Dem Klang der Orgel lauschen, während die Mitternachtssonne durch die Fenster der **Eismeerkathedrale in Tromsø** (S. 359) strahlt

Alta • Karasjok
Tromsø
Senja • Kautokeino

| EINWOHNER: 226 800 | HÖCHSTE ERHEBUNG: NJUNES (1713 M) |

TROMS

Troms liegt an den letzten Ausläufern des Golfstroms, der die Härte des arktischen Winters mildert. Die Region kann mit einigen Beinahe-Superlativen aufwarten: Tromsø ist die einzige Siedlung im hohen Norden Norwegens, die groß genug ist, um die Bezeichnung „Stadt" zu rechtfertigen. Und Senja, Norwegens zweitgrößte Insel, kann landschaftlich mit den Lofoten konkurrieren, ist aber längst nicht so touristisch. Dieses Kapitel befasst sich mit den nördlichen zwei Dritteln der Provinz Troms; alles Wichtige über den ebenfalls zu Troms gehörenden Teil der Insel Hinnøya steht im Nordland-Kapitel.

TROMSØ
65 000 Ew.

Tromsø swingt. Die Hauptstadt der Provinz Troms – mit Abstand die größte Stadt im nördlichen Teil Norwegens – sprüht vor Vitalität: Hier gibt's jede Menge Kulturangebote, überall Leben auf der Straße mit Straßenmusik und -künstlern, Marathon im Schein der Mitternachtssonne, eine angesehene Universität – und dann wären da noch die geheiligte Brauerei Mack und mehr Kneipen pro Kopf als in jeder anderen norwegischen Stadt. Die schneebedeckten Gipfel rund um die Stadt Tromsø bieten eine herrliche Kulisse und zudem ausgezeichnete Wandermöglichkeiten im Sommer und beste Bedingungen fürs Ski- und Hundeschlittenfahren im Winter.

Viele der Sehenswürdigkeiten und Institutionen von Tromsø behaupten mit Vorliebe, die nördlichsten ihrer Art zu sein: wie etwa die Universität, die Kathedrale, die Brauerei (die es streng genommen aber nicht ist), der botanische Garten und sogar der allernördlichste Burger King. Obwohl die Stadt 400 km nördlich vom Polarkreis liegt, ist das Klima durch den Golfstrom angenehm gemäßigt, und die lange Dunkelheit im Winter wird wettgemacht durch die Rund-um-die-Uhr-Action im Sommer, wenn die Sonne gar nicht untergeht.

Stadtrechte erhielt Tromsø im Jahr 1794; zu dieser Zeit mauserte sich der Ort gerade zum Handelszentrum. Aber die Geschichte von Tromsø reicht bis ins 13. Jh. zurück, als hier die erste Kirche errichtet wurde. In jüngerer Zeit startete von Tromsø aus die eine oder andere Polarexpedition, was der Stadt den

Ehrentitel „Pforte zum Eismeer" einbrachte (was eindeutig besser passt als „Paris des Nordens", wie es von einem offensichtlich kurzsichtigen Besucher zu Beginn des 20. Jhs. betitelt wurde).

Orientierung

Das Stadtzentrum von Tromsø liegt an der Ostküste der Insel Tromsøya (Karte S. 358). Die Berge der Insel trennen Tromsø von der Westküste und dem Langnes Flughafen. Die belebten, zentral gelegenen Hafenanlagen erstrecken sich von den Skansen-Docks südwärts, den Marktplatz Stor Torget entlang bis zur Brauerei Mack und dem Polaria-Museum am Wasser. Aber die Stadt schwappt auch über eine schmale Wasserrinne hinweg aufs Festland über. Dort liegt der Stadtteil Tromsdalen mit Vororten auf der Insel Kvaløya im Westen. Zwei elegant geschwungene Brücken verbinden Inseln und Festland miteinander.

Praktische Informationen

Bibliothek (Karte S. 359; Grønnegata 94; ☿ Mo–Fr 13–17, Sa 11–15 Uhr) in einem schönen, modernen Bau voller Licht bietet kostenlosen Internetzugang.

Dark Light (Karte S. 359; ☎ 77 68 74 44; Stortorget 1, 1. OG; pro Std. 60 nkr; ☿ Mo–Fr 15–23, Sa 12–23, So 18–23 Uhr) Internetzugang.

Touristeninformation (Karte S. 359; ☎ 77 61 00 00; www.destinasjontromso.no; Kirkegata 2; ☿ Ende Mai–Aug. Mo–Fr 8.30–18, Sa & So 10–17 Uhr; übrige Zeit Mo–Fr 9–16, Sa 10–14 Uhr) führt die sehr informative Broschüre *Tromsø InfoGuide*.

Tromsø Bruktbokhandel (Karte S. 359; ☎ 77 68 39 40; hinter Kirkegata 6) Viele Secondhand-Bücher.

Via Ferieverden (Karte S. 359; ☎ 77 64 80 02; Strandgata 32) Reserviert auch Flüge und Unterkünfte für Reisen nach Svalbard.

Sehenswertes & Aktivitäten

Die jeweils für Sommer und Winter herausgegebenen Broschüren *Tromsø Activity Menu* der Touristeninformation enthalten umfassende Listen aller Touren und Aktivitäten.

POLARIA

Tromsøs ungewöhnlich gestaltetes Arktismuseum **Polaria** (Karte S. 359; ☎ 77 75 01 00; Hjalmar Johansens Gate 12; Erw./Kind 90/45 nkr; ☿ Mitte Mai–Mitte Aug. 10–19 Uhr; übrige Zeit 12–17 Uhr). Ein Panoramafilm entführt den Besucher nach Svalbard. Im Aquarium tummeln sich Fische und anderes Getier aus dem

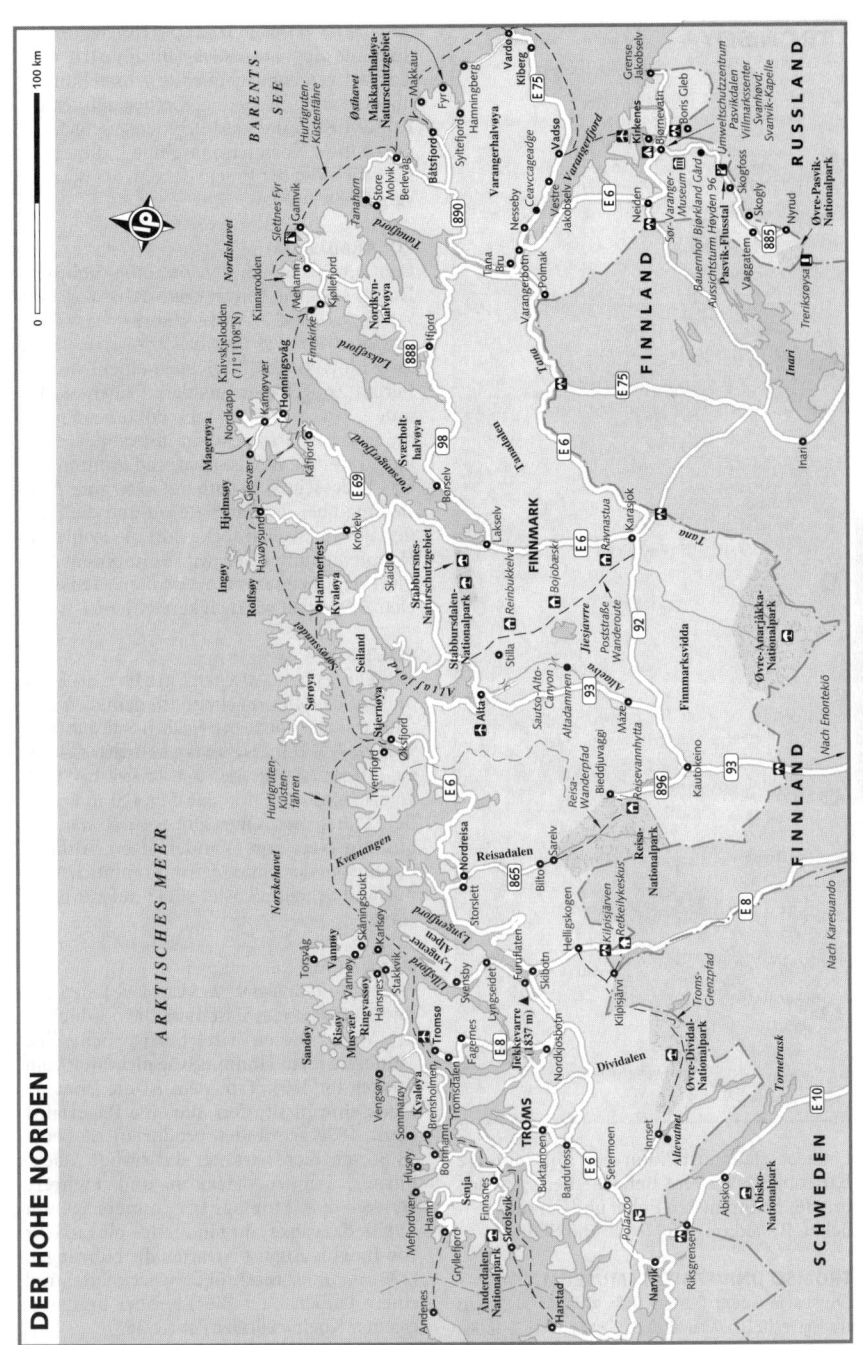

DER HOHE NORDEN

DER HOHE NORDEN

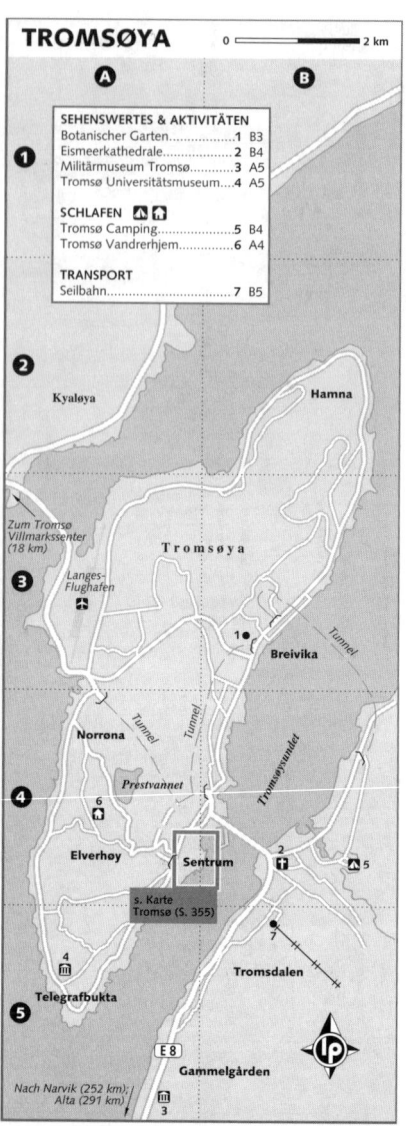

TROMSØYA   0 ▭▭▭▭ 2 km

Ⓐ   **Ⓑ**

Ⓞ

SEHENSWERTES & AKTIVITÄTEN
Botanischer Garten.................1 B3
Eismeerkathedrale..................2 B4
Militärmuseum Tromsø.........3 A5
Tromsø Universitätsmuseum...4 A5

SCHLAFEN Ⓐ Ⓝ
Tromsø Camping....................5 B4
Tromsø Vandrerhjem.............6 A4

TRANSPORT
Seilbahn................................7 B5

Ⓞ

Kyaløya   Hamna

Zum Tromsø
Villmarkssenter
(18 km)   T r o m s ø y a

Langes-
Flughafen **Ⓞ**

1 ●
Breivika

Norrøna

Prestvannet

Ⓞ 6

Elverhøy   Sentrum   2   Ⓐ 5

s. Karte
Tromsø (S. 355)
7

Tromsdalen

4
Telegrafbukta
Ⓞ

E 8
Gammelgården

Nach Narvik (252 km);
Alta (291 km)   3

DER HOHE NORDEN (side tab)

Eismeer. Hauptattraktion sind fünf muntere Bartrobben. Weitere Bereiche befassen sich mit der Natur an den Polen und der menschlichen Besiedlung an Nord- und Südpol.

TROMSØ UNIVERSITÄTSMUSEUM

Dieses **Museum** (Karte S. 358; ☎ 77 64 50 00; Lars Thøringsvei 10; Erw./Kind 40/20 nkr; ☺ Juni–Aug. 9–18 Uhr;

übrige Zeit Mo–Fr 9–15.30, Sa & So 13–17 Uhr) nahe dem Südende der Tromsøya (Buslinie 28 vom Torget) zeigt gut gemachte Ausstellungen über die arktische Fauna, Kirchenarchitektur, Kultur der Samen und Regionalgeschichte – plus eine „Nordlichtmaschine", die einen Eindruck von der Pracht der Aurora Borealis vermittelt.

POLARMUSEUM

Das am Hafen bei den belebten Skansen-Docks gelegene **Polarmuseum** (Polarmuseet; Karte S. 359; ☎ 77 68 43 73; Søndre Tollbugata 11; Erw./Kind/Fam. 50/10/100 nkr; ☺ Mitte Juni–Mitte Aug. 10–19 Uhr, übrige Zeit 11–15 oder 17 Uhr) ist in einem restaurierten Zollgebäude aus dem frühen 19. Jh. untergebracht. Im 1. Stock dokumentiert es die frühe Polarforschung, insbesondere die Expeditionen von Nansen und Amundsen. Das Erdgeschoss beherbergt eine gute Ausstellung über das Fallenstellen und die Pelztierjagd auf Svalbard, ehe dort die Kohle zur Haupteinnahmequelle wurde. Imposant sind die Harpunenkanonen vor dem Gebäude. Dem Wal blieb wirklich keine Chance.

SEILBAHN

Wer einen phantastischen Blick über die Stadt und auf die Mitternachtssonne genießen will, fährt mit der **Storsteinen-Fjellheis-Seilbahn** (Karte S. 358; ☎ 77 63 87 37; Erw./Kind/Fam. hin & zurück 85/40/200 nkr; ☺ Ende Mai–Mitte Aug. 10–1 Uhr; April–Ende Mai & Mitte Aug.–Sept. 10–17 Uhr) auf den 420 m hohen Berg Storsteinen. Oben gibt es ein Restaurant und ein Netz von Wanderwegen. Anfahrt mit Bussen der Linie 26. Ein Kombiticket für Bus und Seilbahn kostet 90/45 nkr für Erw./Kind.

MACK BRAUEREI

Okay, diese **Brauerei** (Mack Ølbryggeri; Karte S. 359; ☎ 77 62 45 80; Storgata 5) ist nicht die nördlichste der Welt. Diesen Titel beansprucht eine Minibrauerei in Honningsvåg nicht weit vom **Nordkap** (S. 377). Trotzdem ist die Brauerei Mack eine Institution, die eine Pilgerfahrt lohnt. 1877 gegründet, produziert sie heute 18 Sorten Bier, darunter das süffige Macks Pilsner, Isbjørn, Haakon und mehrere Dunkelbiere. Montags bis donnerstags um 13 Uhr das ganze Jahr hindurch – plus 15 Uhr von Juni bis August – starten die Führungen (130 nkr inkl. Bierkrug, Anstecknadel und einem halben Liter Bier) bei der brauereieigenen Kneipe **Ølhallen Pub** (S. 363).

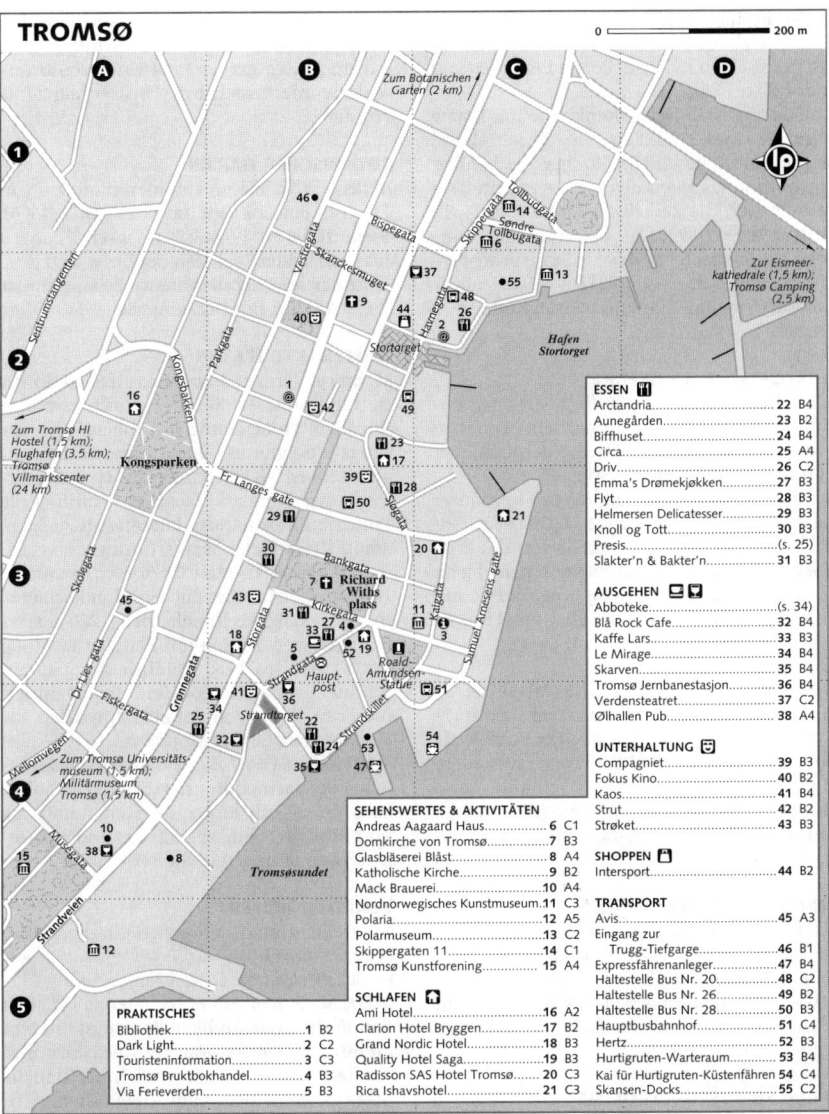

TROMSØ

0 ————————— 200 m

Zum Botanischen
Garten (2 km)

Zur Eismeer-
kathedrale (1,5 km);
Tromsø Camping
(2,5 km)

Hafen
Stortorget

Zum Tromsø HI
Hostel (1,5 km);
Flughafen (3,5 km);
Tromsø
Villmarkssenter
(24 km)

Kongsparken

Zum Tromsø Universitäts-
museum (1,5 km);
Militärmuseum
Tromsø (1,5 km)

Tromsøsundet

ESSEN	
Arctandria	22 B4
Aunegården	23 B2
Biffhuset	24 B4
Circa	25 A4
Driv	26 C2
Emma's Drømekjøkken	27 B3
Flyt	28 B3
Helmersen Delicatesser	29 B3
Knoll og Tott	30 B3
Presis	(s. 25)
Slakter'n & Bakter'n	31 B3

AUSGEHEN	
Abboteke	(s. 34)
Blå Rock Cafe	32 B4
Kaffe Lars	33 B3
Le Mirage	34 B4
Skarven	35 B4
Tromsø Jernbanestasjon	36 B4
Verdensteatret	37 C2
Ølhallen Pub	38 A4

UNTERHALTUNG	
Compagniet	39 B3
Fokus Kino	40 B2
Kaos	41 B4
Strut	42 B2
Strøket	43 B3

SHOPPEN	
Intersport	44 B2

TRANSPORT	
Avis	45 A3
Eingang zur	
Trugg-Tiefgarge	46 B1
Expressfährenanleger	47 B4
Haltestelle Bus Nr. 20	48 C2
Haltestelle Bus Nr. 26	49 B2
Haltestelle Bus Nr. 28	50 B3
Hauptbusbahnhof	51 C4
Hertz	52 B3
Hurtigruten-Warteraum	53 B4
Kai für Hurtigruten-Küstenfähren	54 C4
Skansen-Docks	55 C2

SEHENSWERTES & AKTIVITÄTEN	
Andreas Aagaard Haus	6 C1
Domkirche von Tromsø	7 B3
Glasbläserei Blåst	8 A4
Katholische Kirche	9 B2
Mack Brauerei	10 A4
Nordnorwegisches Kunstmuseum	11 C3
Polaria	12 A5
Polarmuseum	13 C2
Skippergaten 11	14 C1
Tromsø Kunstforening	15 A4

SCHLAFEN	
Ami Hotel	16 A2
Clarion Hotel Bryggen	17 B2
Grand Nordic Hotel	18 B3
Quality Hotel Saga	19 B3
Radisson SAS Hotel Tromsø	20 C3
Rica Ishavshotel	21 C3

PRAKTISCHES	
Bibliothek	1 B2
Dark Light	2 C2
Touristeninformation	3 C3
Tromsø Bruktbokhandel	4 B3
Via Ferieverden	5 B3

DER HOHE NORDEN

GLASBLÄSEREI

Blåst (Karte S. 359; ☎ 77 68 34 60; Peder Hansens Gate 4; Eintritt frei) ist die nördlichste Glasbläserei der Welt.

KIRCHEN

Die elf gewölbten Giebeldreiecke der **Eismeer-kathedrale** (Ishavskatedralen; Karte S. 358; ☎ 77 64 76 11;

Hans Nilsensvei 41; Erw./Kind 25 nkr/gratis; ☉ Juni–Mitte Aug. Mo–Sa 9–19, So 13–19 Uhr), wie die Kirche von Tromsdalen auch genannt wird, erinnern an Gletscherspalten und die Schleier des Nordlichts. Das wunderbar leuchtende Buntglasfenster, das fast die ganze Ostseite einnimmt, zeigt die Wiederkehr Christi auf Erden. Wenn der Blick dann nach Westen schweift, fällt er auf die moderne Orgel, ein Kunstwerk aus Stahl, und auf die Lampen aus tschechischem Kristall, die wie Eiszapfen von der Decke hängen.

Die protestantische Domkirche von **Tromsø** (Domkirke; Karte S. 359; Storgata 25; Di–Sa 12–16 Uhr) ist eine der größten Holzkirchen des Landes. Ihre Öffnungszeiten variieren. Auf dem Berg erhebt sich die **katholische Kirche** (Karte S. 359; Storgata 94; 9–19.30 Uhr). Beide Kirchen wurden 1861 errichtet und beide beanspruchen – Achtung: noch ein Superlativ – „die nördlichste Gemeinde" ihrer jeweiligen Konfession zu sein.

HISTORISCHE BAUWERKE

Die Broschüre *Town Walks* der Touristeninformation (50 nkr) enthält einen umfassenden und gut illustrierten Überblick über Tromsøs historische Bauwerke.

Im Zentrum stehen zahlreiche Holzhäuser aus dem 19. Jh. Das **Andreas Aagaard Haus** (Karte S. 359; Søndre Tollbugate 1) von 1838 war das erste Gebäude der Stadt mit elektrischem Licht. Interessant sind auch die Geschäfte und Kaufmannshäuser aus der Zeit um 1830 an der Sjøgata.

NORDNORWEGISCHES KUNSTMUSEUM

Das **Nordnorwegische Kunstmuseum** (Karte S. 359; 77 64 70 20; Sjøgata 1; Erw./Kind/Fam. 30/20/70 nkr; Kernzeiten Di–So 12–17 Uhr) zeigt vor allem Plastiken, Fotografien, Gemälde und Kunsthandwerk nordnorwegischer Künstler aus dem 19.–21. Jh. sowie häufige Wechselausstellungen.

TROMSØ KUNSTFORENING

Der Tromsøer Ableger dieser landesweiten zeitgenössischen **Kunststiftung** (Karte 359; 77 65 58 27; Muségata 2; Erw./Kind 30 nkr/gratis; Di–So 12–17 Uhr) veranstaltet in seinen Räumlichkeiten aus dem späten 19. Jh. wechselnde Ausstellungen moderner Kunst.

MILITÄRMUSEUM TROMSØ

Das Südende des Tromsøer Festlands wurde zuerst 1940 von den Nazis als Artilleriestützpunkt an der Küste erschlossen, inklusive sechs großen Kanonen. Sie wurden restauriert und bilden den Grundstock des örtlichen **Militärmuseums** (Tromsø Forsvarsmuseum, Karte S. 358; 77 62 88 36; Solstrandveien; Erw./Kind 40/20 nkr; Juni–Aug. Mi–So 12–17 Uhr, Mai & Sept. nur So). Zu sehen gibt's außerdem einen restaurierten

Kommandobunker und eine Ausstellung über das riesige, deutsche Schlachtschiff *Tirpitz*, das am 12. November 1944 vor Tromsø versenkt wurde. Anfahrt mit Bussen der Linie 12 oder 28.

BOTANISCHER GARTEN

In den arktischen und alpinen Biotopen von Tromsøs **Botanisk Hage** (Karte S. 358; 77 64 50 00; Breivika; Eintritt frei; 24 Std.) wachsen Pflanzen aus allen kalten Regionen der Erde. Und ja … es ist der nördlichste botanische Garten der Welt. Anfahrt mit Bus-Linie 20.

WINTERAKTIVITÄTEN

Mehrere Veranstalter bieten Exkursionen zu Orten außerhalb der Stadt, um das Nordlicht zu bewundern. Langlauf- (in der Umgebung gibt es 70 km gespurte Loipen) und Alpinski-Kurse (inkl. der typisch norwegischen Telemark-Technik) vermittelt die Touristeninformation. **Intersport** (Karte S. 359; Storgata 87) vermietet Skiausrüstung.

Tromso Villmarkssenter (77 69 60 02; www.villmarkssenter.no) bietet Ausflüge mit dem Hundeschlitten an – von eintägigen Rundfahrten (1220 nkr) bis zu viertägigen Touren mit Zeltübernachtung (8000 nkr). Das 24 km südlich der Stadt auf der Insel Kvaløy gelegene Zentrum organisiert auch eine Reihe von Sommeraktivitäten wie Trekking und Seekajaktouren.

Natur i Nord (77 66 73 66; Nansenveien 34) veranstaltet Schneemobiltouren (5 Std., 1400 nkr), Exkursionen zum Eisangeln (4 Std., 1200 nkr), Skitouren (4–8 Std., ab 750 nkr) und Schneeschuhwanderungen (3 Std., 750 nkr).

Geführte Touren

Die *Cetacea* macht eine zweistündige **Kreuzfahrt** (Erw./Kind 450/200 nkr; Mitte Juni–Mitte Aug. Mo–Do 12 Uhr) um die Insel Tromsø.

Die *Signe I*, ein 1908 erbautes Schiff, läuft abends zu dreistündigen **Angeltrips** (Erw./Kind 350/200 nkr; Ende Juni–Mitte Aug. Mo–Sa 18 Uhr) aus. Den selbst gefangenen Fisch können sich die Gäste gleich an Bord zubereiten lassen.

Beide Touren vermittelt die Touristeninformation.

Festivals & Events

Der klassische **Mitternachtssonnen-Marathon** (77 67 33 63; www.msm.no) an einem Samstag im Juni bietet für jedes Fitnesslevel etwas. Neben der vollen Marathonstrecke von 42 km gibt es einen Halbmarathon und ein Kinderrennen.

Die beiden Hauptereignisse von Tromsø finden mitten im Winter statt. Das **Nordlicht-Festival** (www.nordlysfestivalen.no) Ende Januar ist ein sechstägiges Musikfestival mit allen Stilrichtungen. Kurz darauf folgt Anfang Februar die **Samen-Woche** mit den nationalen Rentierschlittenmeisterschaften, bei dem die Teams unter Peitschenknallen die Hauptstraße hinunterfegen.

KONZERTE

Im Juli und August finden in der Eismeerkathedrale um 19.30 Uhr Orgelkonzerte (50 nkr) statt und um 23.30 Uhr weitere musikalische Darbietungen (80 nkr). Die auf- und abschwellenden Orgelklänge beim Licht der Mitternachtssonne, die durch das riesige Westfenster hereinleuchtet, sind ein einzigartiges Erlebnis.

In der Domkirche von Tromsø gibt's im Juli täglich um 17.30 Uhr klassische Konzerte (80 nkr) sowie Konzerte mit norwegischer und samischer Folklore.

Schlafen

Hauptsaison in Tromsø ist – anders als im übrigen Land – der Juni. An der Universität herrscht zu dieser Zeit noch Vollbetrieb und Reservierungen sind daher unerlässlich. Für 30 nkr reserviert die Touristeninformation vor Ort (nicht telefonisch) Unterkünfte – auch in Privatpensionen mit Einzel- und Doppelzimmern zu etwa 350 bzw. 500 nkr.

Tromsø Camping (Karte S. 358; ☎ 77 63 80 37; www.tromsocamping.no; Tromsdalen; Auto/Wohnwagen 175/220 nkr, 2-Bett-Hütten ohne eigenes Bad 450 nkr, 4-Bett-Hütten 550–650 nkr, 4-/6-Bett-Hütten mit eigenem Bad 950 nkr; 💻) Für Zeltcamper ist dieser grüne Platz an einem träge fließenden Bach ein Genuss. Doch die Waschräume und Kochgelegenheiten des riesigen Hüttendorfes sind dem Andrang kaum gewachsen. Der Platz bietet Internetzugang (20 nkr pro 30 Min.) und vermietet Fahrräder (nur 50 nkr pro Tag). Anfahrt mit Bussen der Linie 20 oder 24.

Tromsø Vandrerhjem (Karte S. 358; ☎ 77 65 76 28; tromso.hostel@vandrerhjem.no; Åsgårdveien 9; B/EZ/DZ 150/290/380 nkr; ☺ Mitte Juni–Mitte Aug.) Dieses HI-Hostel in den Studentenwohnheimen 1,5 km westlich des Zentrums ist nur im Sommer geöffnet. Es werden nur norwegische Kreditkarten akzeptiert, frühzeitige Reservierung ist erforderlich. Um es zu finden, folgt man der Fredrik Langes Gate nach Westen und geht den Kirkegårdsveien

hinauf, biegt in den Holtveien, von dem der Kirkegårdsveien scharf nach rechts abbiegt, und geht dann nach rechts den Asgårdveien hinunter. Es hat gute Gästeküchen und die meisten Zimmer bieten einen schönen Ausblick. Busse der Linie 26 halten 100 m entfernt.

Ami Hotel (Karte S. 359; ☎ 77 62 10 00; www.amihotel.no; Skolegata 24; EZ/DZ ohne Bad 495/595 nkr, mit Bad 595/695 nkr, alle Preise inkl. Frühstück; 🅿 💻) Der ruhige und freundliche Familienbetrieb liegt an einer autofreien Straße neben dem Park. Zum Angebot zählen eine gut ausgestattete Gästeküche und mehrere Aufenthaltsräume mit TV, Internetzugang und kostenlosem Tee und Kaffee. Wer etwas dazu knabbern will, wirft 20 nkr in die Kasse.

Clarion Hotel Bryggen (Karte S. 359; ☎ 77 78 11 00; www.choice.no; Sjøgata 19/21; EZ/DZ Mitte Juni–Mitte Aug. 795/995 nkr, übrige Zeit So–Do 1400/1500 nkr, Fr & Sa 1200/1300 nkr, alle Preise inkl. Frühstück; 🅿 💻) Das elegante 121-Zimmer-Hotel ragt wie ein Schiffsbug ins Meer hinaus. Seine Architektur ist beeindruckend – ungewöhnliche Winkel, viel Aluminium, Bilder an den Zimmerdecken, Sauna. Im obersten Stock können Whirlpoolfans im Sprudelbad den malerischen Blick über Hafen und Berge genießen.

Grand Nordic Hotel (Karte S. 359; ☎ 77 75 37 77; www.nordic.no, auf Norwegisch; Storgata 44; EZ/DZ Mitte Juni–Mitte Aug. 845/995 nkr, übrige Zeit 1400/1500 nkr; 🅿 💻) Das Grand Nordic ist Tromsøs ältestes Hotel. Aber da es zweimal abgebrannt ist, hat sich nicht viel Historisches darin erhalten. Zimmer und öffentliche Bereiche wurden erst kürzlich renoviert. In den Preisen enthalten ist ein ausgesprochen üppiges Frühstück mit frischem Obst und warmen Gerichten.

Quality Hotel Saga (Karte S. 359; ☎ 77 60 70 00; www.sagahotel.no/international; Richard Withs Plass 2; EZ/DZ Mitte Juni–Mitte Aug. 885/1095 nkr; übrige Zeit So–Do 1475/1675 nkr, Fr & Sa 885/1095; 🅿 💻) Ein komfortables Hotel: 67 moderne Zimmer mit Kaffeemaschine und Hosenbügler. Nachmittags gibt's kostenlos Waffeln.

Radisson SAS Hotel Tromsø (Karte S. 359; ☎ 77 60 00 00; www.radissonsas.com; Sjøgata 7; EZ/DZ Mitte Juni–Mitte Aug. 806/1035 nkr, übrige Zeit So–Do 1200/1650 nkr, Fr & Sa 1000/1200 nkr; 🅿 💻) Seit unserem letzten Besuch wurden die Zimmer umfassend renoviert und der öde, wuchtige Klotz hat einen attraktiven Anbau erhalten. Etwa die Hälfte der 269 Zimmer (die 100 nkr extra für eins im neuen Flügel lohnen sich) bieten einen

Blick auf den Hafen. Acht sind behindertengerecht ausgestattet. Die doppelt besetzte Rezeption ist schnell, effizient und freundlich. Zum Hotel gehört das Rorbua, ein nettes Pub, und das Aurora, ein gutes „Arctic-Menu"-Restaurant (15–22 Uhr).

LP Tipp **Rica Ishavshotel** (Karte S. 359; ☎ 77 66 64 00; www.rica.no; Fredrik Langes Gate 2; EZ/DZ Mitte Juni–Mitte Aug. 900/1150 nkr, übrige Zeit So–Do 1740/2015 nkr, Fr & Sa 1030/1230; 🖳) Das Hotel in erstklassiger Lage am Kai, direkt bei den Fischerbooten und Frachtern, ist an seiner hohen Turmspitze zu erkennen, die an einen Schiffsmast erinnert. Im Sommer sind hier zeitweise bis zu sieben Reisegruppen gleichzeitig zu Gast, sodass Reservierungen unerlässlich sind. Von den 180 attraktiven Zimmern bieten 74 (darunter viele EZ) einen phantastischen Blick über die Bucht.

Essen

In Tromsø sind die Grenzen zwischen Restaurant, Café und Pub oft fließend und viele Lokale erfüllen alle drei Funktionen – sei es zu verschiedenen Tageszeiten oder zugleich.

Helmersen Delikatesser (Karte S. 359; ☎ 77 65 40 50; Storgata 66) Der ausgezeichnete kleine Feinkostladen bietet eine gute Auswahl an Käse, Wurstaufschnitt und Salaten für ein Sandwich.

Slakter'n & Baker'n (Karte S. 359; ☎ 77 61 06 65; Kirkegata 12) Die seit Langem etablierte „Metzgerei & Bäckerei" ist der richtige Ort, um den Picknickkorb zu füllen. Links locken Fleischklößchen, kalter Braten, Würste, Salate und Dips; rechts duften frisches Brot und Süßgebäck.

Knoll og Tott (Karte S. 359; ☎ 77 66 68 80; Storgata 62; 🕑 Mo–Fr 10–18, Sa 10–16 Uhr) Das beliebte Restaurant über zwei Stockwerke, geführt von einem fröhlichen, jungen Team, ist mit seinen frischen Salaten, knusprigen Baguettestangen und selbst gemachten Pies ideal für den Mittagsimbiss.

Driv (Karte S. 359; ☎ 77 60 07 76; Tollbugata 3; Hauptgerichte 85–120 nkr; 🕑 Mitte Juni–Mitte Sept. 11–19 Uhr, übrige Zeit 14–2 Uhr) Das von Studenten geführte Lokal in einem ehemaligen Lagerhaus serviert Burger, gute Salate (95 nkr), Focaccias mit verschiedenen Füllungen (85 nkr) und vegetarische Pasta (95 nkr). Außerdem organisiert es Musik- und Kulturveranstaltungen (insbesondere das selbst kreierte Fucking North Pole Festival), manchmal wird es auch zur Disko. Im Winter wärmt der Whirlpool im Freien.

Flyt (Karte S. 359; ☎ 77 69 68 00; Sjøgata 25; Hauptgerichte 120–165 nkr) In diesem freundlichen Restaurant mit Bar kann sich jeder seinen Burger selbst zusammenstellen. Das Bier ist gut gekühlt; dazu läuft Heavymetal und Rock. Die gemütliche Cocktailbar im oberen Stock ist freitags und samstags nach 24 Uhr randvoll.

Brasseriet (Karte S. 359; ☎ 77 66 64 00; Hauptgerichte 190–280 nkr) Das ausgezeichnete Restaurant im Rica Ishavshotel zaubert kreative Gerichte wie Rentier mit Karottenpüree und Blaubeersauce (280 nkr).

LP Tipp **Aunegården** (Karte S. 359; ☎ 77 65 12 34; Sjøgata 29; Hauptgerichte 120–150 nkr, Kuchen um 65 nkr; 🕑 Mo–Sa) In den zahllosen gemütlichen Nischen und Winkeln dieses phantastischen Café-Restaurants kann man sich fast verirren. Es befindet sich in einem Gebäude aus dem 19. Jh., das bis 1996 noch eine Metzgerei beherbergte, und versprüht jede Menge Flair. Auf der Karte stehen exzellente Salate (ab 117 nkr), Sandwiches (ab 75 nkr) und Hauptgerichte. Auch die Kuchen sind köstlich.

Circa (Karte S. 359; ☎ 77 68 10 20; Storgata 36; Hauptgerichte 174–194 nkr) Das Circa (Ungefähr) und sein Nachbar Presis (Genau) im Stockwerk darüber gehören dem gleichen Besitzer und ergänzen sich gegenseitig. Das geräumige Circa bietet Barbetrieb, leichte Snacks und kostenloses WLAN. Bis 16 Uhr serviert es gute Pasta, Salate und Sandwiches (90–100 nkr). Danach lockt es mit Jazz und elektronischer Musik die 25- bis 35-Jährigen. Gelegentlich gibt's Livemusik und an Wochenenden legt der DJ auf. An den Weinabenden mittwochs ist es meist proppenvoll.

Presis (Karte S. 359; ☎ 77 68 10 20; Storgata 36; Tapas 70–90 nkr; 🕑 Kernzeiten der Küche Di–Sa 18–23 Uhr, Bar Di–Sa open end) Gleich über dem Circa glänzt das Presis mit einer phantastischen Auswahl nordischer Tapas. Hier geht es in behaglicher Atmosphäre etwas ruhiger zu, die Ausstattung ist hip und an den Wänden sind häufig wechselnde Kunstwerke zu bewundern.

Kaffe Lars (Karte S. 359; ☎ 77 63 77 30; Kirkegata 8; 🕑 Mo–Sa) Das gemütliche Café ist ein weiteres Beispiel für Tromsøs Flexibilität: Am Tag serviert es ausgezeichneten Kaffee und leckeres Gebäck; Punkt 18 Uhr mutiert es schlagartig zum Pub.

Emma's Drømekjøkken (Karte S. 359; ☎ 77 63 77 30; Kirkegata 8; Hauptgerichte 270–325 nkr; 🕑 Mo–Sa 6–22 Uhr)

DER HOHE NORDEN

DIE HARTEN TRINKER VON TROMSØ

Man braucht schon Kondition, um mitzuhalten. Nach der Arbeit treffen sich die Freunde zum *Fredagspils*, dem „Freitagsbierchen", um den Abend zu planen. Dann ist es Zeit für das *Vorspiel*, das Ölen der Kehlen bei einem Freund zu Hause, ehe man sich so gegen Mitternacht in einen Club oder eine Bar aufmacht. Wenn die Kneipen um 3.30 Uhr dicht machen, ist es Zeit für *Fyllemat* (Nachschubzeit): An einem der Imbissstände, die vor den größeren Lokalen warten, stärkt sich die Runde mit einem Burger, Kebab oder Hotdog – ehe es wieder für ein paar Stunden zu einem Freund geht: zum *Nachspiel*.

Danach ist es für die Mittelstreckenleute Zeit, ins Bett zu gehen. Die harten Marathonmänner hingegen stehen schon vor der Ølhallen und warten, dass sie um 9 Uhr aufmacht. „Wer noch stehen kann, wird auch bedient!", lautet das Motto hinter dem Tresen.

Das stilvolle und hoch geschätzte Restaurant über dem Kaffe Lars begeistert mit seiner phantasievollen Küche auch anspruchsvolle Gäste. Reservierung erforderlich.

Arctandria, Biffhuset und das kneipenartige Skarven (S. 363) haben einen gemeinsamen Eingang.

Arctandria (Karte S. 359; ☎ 77 60 07 25; Strandtorget 1; Hauptgerichte 205–260 nkr, Menüs 395–460 nkr; ⏰ Mo–Sa ab 16 Uhr) Das im oberen Stock – und im oberen Preisbereich – angesiedelte Arctandria lockt mit frischestem Fisch in großen Portionen, aber auch mit Walsteak und Robbenfleisch (85 nkr) als Vorspeise. Köstlich ist das Dessert aus Crême Brulée mit Moltebeeeren.

Biffhuset (Karte S. 359; ☎ 77 60 07 28; Strandtorget 1; Hauptgerichte 175–330 nkr; ⏰ ab 15.30 Uhr) Über zwei Stockwerke mit Holzvertäfelung und niedrigen Balkendecken erstreckt sich das „Beef-Haus", ein Restaurant für echte Fleischfans. Einfach auf der Karte Größe, Stück und Soße ankreuzen und sie beim Kellner abgeben.

Ausgehen

Im **Ølhallen Pub** (Karte S. 359; ⏰ Mo–Do 9–17, Fr 9–18, Sa 9–15 Uhr) der Mack Brauerei kann man die acht verschiedenen Biere dort probieren, wo sie auch gebraut werden. Es ist wohl die einzige – mal ganz abgesehen davon, ob auch die nördlichste – Kneipe der Welt, die abends dicht macht.

Blå Rock Café (Karte S. 359; ☎ 77 61 00 20; Strandgata 14/16; ⏰ Kernzeiten 11.30–2 Uhr) Das lauteste und ausgelassenste Lokal der Stadt bietet Themenabende, über 50 Biersorten, gelegentlich Bands und am Wochenende DJs. Aufgelegt wird natürlich Rock.

Le Mirage (Karte S. 359; ☎ 77 68 52 34; Storgata 42; ⏰ Kernzeiten 12–1.30 Uhr) Nicht ganz so turbulent geht es im Le Mirage zu, wo sich ein gesetzteres Stammpublikum trifft – in bequemen Ledersesseln und unter den Blicken eines güldenen Engels. Zu essen gibt es preiswerte Sandwiches, Salate, Pasta und Aufläufe.

Abboteke (Karte S. 359; ☎ 77 68 21 50; Storgata 42; ⏰ Mi & Do 20–3, Fr & Sa 18–3 Uhr) Die Cocktailbar im Retrostil über dem Le Mirage spielt Bebop, Bigband oder einfach Ray Connif und serviert preisverdächtige Cocktails. Hinter der Bar schimmern über 40 Whiskeys und eine ähnlich beeindruckende Auswahl an Rum- und Weinbrandsorten. Das Restaurant genießt ebenfalls einen guten Ruf. Es hat montags bis samstags zum Abendessen geöffnet.

Skarven (Karte S. 359; ☎ 77 60 07 43; Strandtorget 1; ⏰ Di–Sa ab 18 Uhr), der Nachbar von Arctandria und Biffhuset, hat eine große Uferterrasse und serviert gute Bargerichte sowie preisgünstige Fischspezialitäten – kein Wunder, da es mit diesen beiden guten Restaurants kombiniert ist.

Tromsø Jernbanestasjon (Karte S. 359; ☎ 77 61 23 48; Strandgata 33; ⏰ Kernzeiten 15–2 Uhr) Diese sympathische Kneipe steht ganz unter dem Motto „Eisenbahn" – ein typisches Beispiel für den hiesigen Humor, denn einen Bahnhof hat es in Tromsø nie gegeben.

Verdensteatret (Karte S. 359; ☎ 77 75 30 90; Storgata 93 b) ist Norwegens ältestes Lichtspielhaus und begeistert Cineasten und Kaffeefreunde gleichermaßen. Die hippe Bar bietet kostenloses WLAN, gelegentlich Livemusik und am Wochenende DJ-Musik. In der übrigen Zeit legt der Barkeeper etwas aus der riesigen Schallplattensammlung auf – das kann von Klassik bis zu tiefstem Underground reichen. Auch ein Blick in das prachtvolle Kino lohnt sich: Seine Wände sind über und über mit Malereien aus dem frühen 20. Jh. bedeckt. Manchmal werden spontan Kunst- und Autorenfilme gezeigt.

Unterhaltung

An florierenden Nachtlokalen mangelt es in Tromsø nicht. Freitags und samstags bleiben die meisten bis 3.30 Uhr morgens geöffnet und viele servieren auch leichte Mahlzeiten.

Strut (Karte S. 359; ☎ 77 68 46 00; Grønnegata 81; ☺ Fr & Sa 22–3 Uhr) ist ein Lokal voller Kontraste: unten – wo es Fassbier und Billardtische gibt – herrscht Kneipenstimmung; darüber hämmert Diskomusik der 70er- und 80er-Jahre und alles ist auf Retro gestylt.

Kaos (Karte S. 359; ☎ 77 63 59 99; Strandgata 22; ☺ Kernzeiten Mo–Sa 20–2, So 15–23 Uhr) ist eine coole Kellerkneipe mit Backsteinwand und niedriger Balkendecke. Bis zu dreimal pro Woche spielen Bands, freitags und samstags legen DJs anspruchsvolleren House und Underground auf. Auch Fußballspiele englischer und norwegischer Mannschaften werden übertragen. Da maximal 90 Personen Platz finden, muss man zu wichtigen Spielen oder Liveauftritten zeitig kommen.

Compagniet (Karte S. 359; ☎ 77 66 42 22; Sjøgata 12; ☺ Fr & Sa 21–3.30 Uhr) ist Bar und Nachtclub zugleich und ein ebenso belebter wie beliebter Treff am Wochenende.

Strøket (Karte S. 359; ☎ 77 68 44 00; Storgata 52; ☺ Mi 21–2, Fr & Sa 21–3.30 Uhr) ist vor allem ein Tummelplatz der postpubertären Jugend. Hier geht's am Wochenende richtig ab. Von der obersten der drei Etagen gibt's den besten Blick auf das heiße Treiben der Massen.

Fokus Kino (Karte S. 359; ☎ 77 75 63 00; Grønnegata 94) Tromsøs neues Kino mit sechs Leinwänden befindet sich im gleichen Gebäude wie das Rathaus.

An- & Weiterreise

AUTO & MOTORRAD

Ein eigenes Fahrzeug bietet die beste Möglichkeit, den äußersten Norden Norwegens zu erkunden. Autovermieter sind: **Avis** (Karte S. 359; ☎ 90 74 90 00; Strandskillet 5), **Europcar** (☎ 77 67 56 00; Alkeveien 5), **Hertz** (Karte S. 359; ☎ 77 62 44 00; Richard Withs Plass 4) und **Budget** (☎ 77 65 19 00). Alle haben einen Schalter am Flughafen. Im Sommer sind die Preise hoch und Reservierungen unerlässlich; im Winter hingegen können Mietwagen ganz günstig sein.

BUS

Der zentrale Busbahnhof (auch Prostneset genannt) liegt an der Kaigata. Nor-Way Buss-ekspress fährt mindestens zweimal täglich mit Expressbussen von und nach Narvik (360 nkr, 4¼ Std.) und mindestens einmal von/nach Alta (469 nkr, 6¼ Std.). Von dort geht ein Bus nach Honningsvåg und dann ein anderer weiter zum Nordkap.

FLUGZEUG

Tromsøs **Langnes-Flughafen** (Karte S. 358; ☎ 77 64 84 00), die Drehscheibe für den hohen Norden, bietet Direktflüge mit SAS von/ nach Oslo, Bergen, Narvik/Harstad, Bodø, Trondheim, Alta, Hammerfest, Kirkenes und Longyearbyen.

Norwegian (www.norwegian.no) fliegt von/nach London (Stansted) und Oslo.

SCHIFF

Expressschiffe verbinden zwei- bis viermal täglich Tromsø und Harstad (2¾ Std.) via Finnsnes (1¼ Std.). Tromsø ist außerdem ein wichtiger Hafen der Hurtigrute.

Unterwegs vor Ort

VOM/ZUM FLUGHAFEN

Tromsøs Flughafen liegt ungefähr 5 km vom Zentrum entfernt auf der Westseite der Insel Tromsøy. Der **Flybuss** (☎ 77 67 75 00; 45 nkr) verkehrt zwischen dem Flughafen und dem Radisson SAS Hotel. Er fährt entsprechend den Ankunfts- und Abflugzeiten und hält bei den größeren Hotels. Man kann auch den Stadtbus Nr. 40 oder 42 nehmen (23 nkr). Richtung Stadt hält er an der Straße gegenüber dem Flughafeneingang.

Ein Taxi zwischen Flughafen und Zentrum kostet etwa 125 nkr.

FAHRRAD

Fahrräder vermietet **Intersport** (Karte S. 359; ☎ 77 66 11 00; Storgata 87; pro Tag/Wochenende/Woche 175/400/1000 nkr).

AUTO & MOTORRAD

Im Zentrum von Tromsø gibt es jede Menge gebührenpflichtige Parkplätze. Eine Alternative ist das riesige, direkt in den Berg gebaute Trygg-Parkhaus mit einer Zufahrt von der Vestregata (nicht für Wohnanhänger und Wohnmobile).

ÖFFENTLICHE VERKEHRSMITTEL

Stadtbusse kosten 23 nkr pro Fahrt. Die Tickets werden im Bus gelöst. **Taxiruf** ist ☎ 77 60 30 00.

RUND UM TROMSØ
Sommarøy & Kvaløya

Bei diesem halbtägigen Ausflug ab Tromsø ist die Fahrt selbst reizvoller als das Ziel. Sie folgt einer absolut malerischen und wenig befahrenen Strecke über die Insel Kvaløya, überwiegend einen flachen Strand entlang bis zu der kleinen Insel Sommarøy. Dort kann man etwas trinken, einen Imbiss zu sich nehmen oder sogar übernachten: im **Sommarøy Kurs & Feriesenter** (☎ 77 66 40 00; www.sommaroy. no; EZ/DZ Mitte Juni–Mitte Aug. 875/1095 nkr, übrige Zeit So–Do 1215/1465 nkr, Fr & Sa 1090/1340 nkr, 6–8-Pers.-Hütten 1490–1800 nkr; P 🖳) mit Restaurant, Bar, kleinem Spielplatz, Sauna und Whirlpool.

Bei Ankunft mit der Senja (S. 365) mit der **Botnhamn–Brensholmen-Fähre** (www.senjafergene. no) und anschließender Fahrt über die Insel Kvaløya nach Westen in Richtung Tromsø sind die Ausblicke genauso spektakulär.

Karlsøy
2350 Ew.

Nach dem Zweiten Weltkrieg wurde die hier lebende traditionelle Fischergemeinde immer kleiner, bis 1970 nur noch 45, meist ältere, Menschen übrig waren. Dann entdeckte eine junge Alternativkultur die Attraktivität dieser abgelegenen Insel. Während des folgenden Jahrzehnts kamen nach und nach junge Leute aus allen möglichen Orten Norwegens und aus dem Ausland auf die Insel, um eine Art „arktisches Utopia" zu schaffen – mit Kommunen, Flowerpower und einer Künstlerkolonie. Neues Ackerland wurde kultiviert und die Wirtschaft entwickelte sich auf den Grundlagen von Kunst, Tourismus und der Erzeugung von Ziegenmilch.

Die gesamte Geschichte von Karlsøy ist nachzulesen in dem Büchlein *Among Church Cottages & Goats in Alfred Eriksen's Kingdom* (60 nkr), erhältlich von der Touristeninformation in Tromsø.

Von hier aus bietet sich ein Abstecher zur nahe gelegenen Insel Vannøy an, mit Sandstränden, einem klassischen Leuchtturm und einer wilden Küste. Der Hafen Skåningsbukt ist täglich per Fähre von Hansnes zu erreichen und mehrmals in der Woche auch von Karlsøy.

Lyngener Alpen

Einige der wildesten Gipfel ganz Norwegens bilden das Rückgrat der stark vergletscherten Halbinsel Lyngen, östlich von Tromsø.

Den besten Blick auf diese stark zerklüftete Bergwelt hat man von der Ostküste des 150 km langen Lyngenfjords. Die Gipfel, darunter als höchster die Jiekkevarre (1833 m), sind ein Paradies für Kletterer. Doch das anspruchsvolle Gletschergebiet ist nur etwas für Erfahrene.

Das Lyngsdalen oberhalb des Dorfes Furuflaten hingegen ist ein beliebtes und besser zugängliches Wandergebiet. Die übliche Route beginnt am Fußballplatz südlich der Brücke über den Lyngdalselva und führt das Tal hinauf zur Spitze des Sydbreen-Gletschers, 500 m über dem Meer.

Die beste Wanderkarte ist das Blatt *Lyngenhalvøya* vom Statens Kartverk (1:50 000).

SENJA
16 500 Ew.

Senja, Norwegens zweitgrößte Insel, ist landschaftlich ebenso reizvoll wie die Lofoten, wird aber weit weniger besucht. Auf der gesamten Strecke entlang ihrer Nordküste haben wir nur ein ausländisches Fahrzeug gesehen.

Die „Innersida", die Ostküste gegenüber dem Festland, ist eine weite, landwirtschaftlich genutzte Ebene. Das kahle, zerklüftete Innere der Insel hingegen ist von Birkenwäldern, Mooren und Seen bedeckt. Entlang der Nordwestküste, der „Yttersida", erheben sich messerscharfe Felsspitzen direkt aus dem Eismeer. Die als „Grüne Straßen" ausgezeichneten und kaum befahrenen Straßen Rv 86 und Rv 862 führen durch abgelegene Fischerdörfer wie Hamn und Mefjordvær. Die überwiegend ebene oder nur leicht hügelige Strecke verläuft fast immer in Sichtweite der Küste und ist ein Traum für Radfahrer. Unterwegs lohnt sich ein Stopp am Aussichtspunkt Tunganeset. Klettert man dort über die breiten, verwitterten Felsplatten, so eröffnet sich ein schöner Blick auf die spitzen Gipfel im Westen und die sanfter geformten Höhen im Osten.

Die hilfreiche **Touristeninformation** (☎ 77 85 07 30; www.visittroms.no; Storgata 17; 🕑 Juni–Aug. Mo–Fr 9–17, Sa 10–15 Uhr, übrige Zeit Mo–Fr 9–16 Uhr) in Finnsnes, auf dem Festland gleich jenseits der Brücke nach Senja, versorgt mit einer Fülle von Informationen und verkauft eine hervorragende Karte der Insel und ihrer Umgebung: *Opplev Midt Troms* (20 nkr).

Schlafen

Hamn i Senja (☎ 77 85 98 80) Das restaurierte Fischerdörfchen Hamn i Senja war bis vor kurzem ein traumhafter Erholungsort fernab von allem. Dann wurde es durch einen katastrophalen Brand weitgehend zerstört, doch nach Abschluss der Aufbauarbeiten Ende 2008 wird es wohl wieder genauso schön sein. In der Nähe befindet sich der kleine Damm, der das Wasser für das – so wird behauptet – erste Wasserkraftwerk der Welt staute (errichtet 1882).

An- & Weiterreise

Zwei bis drei Busse pro Tag fahren von Finnsnes nach Tromsø (2¾ Std.) und Narvik (3 Std.) mit Anschluss in Buktamoen.

Expressfähren verbinden zwei- bis dreimal täglich Finnsnes mit Tromsø (1¼ Std.) und Harstad (1½ Std.). Im Sommer verkehrt eine Autofähre zwischen Skrolsvik, an der Südküste von Senja, und Harstad (1½ Std., 2-bis 4-mal tgl.).

Seit Fertigstellung des letzten Tunnels 2006 ist es möglich, die gesamte Nordwestküste von Grylleford (Autofähre von/nach Andenes) bis Botnhamn (Autofähre von/nach Brensholmen, westlich von Tromsø) mit dem Auto zu fahren.

In Finnsnes legen auch die Küstenfähren der Hurtigrute an.

BARDU

3850 Ew.

Der ländliche Distrikt Bardu liegt südlich von Tromsø.

Setermoen

Die waldreiche Stadt Setermoen ist das wirtschaftliche Zentrum der Region Bardu und Ausgangspunkt für Besuche des Øvre-Dividal-Nationalparks (s. 366).

Besucher der **Touristeninformation** (☎ 77 18 53 00; ☿ Mo–Fr 8–15 Uhr) im Rathaus werden von einem ausgestopften Wolf begrüßt, der ein kläglich dreinblickendes Lamm zwischen den Zähnen hält. Norweger kennen den Ort vor allen Dingen als Truppenübungsplatz und Zentrum für NATO-Manöver.

Im Vorbau der **Kirche** von Setermoen (☿ Ende Juni–Anfang Aug. Mo–Sa 10–17 Uhr) aus dem frühen 19. Jh. ist eine Glocke von 1698 ausgestellt. Das geniale Heizsystem mit Holzöfen und Heißwasserrohren unter den Kirchenbänken dürfte selbst bei sehr langen Predigten für eine passable Besucherzahl sorgen.

Wer etwas für Kriegsspiele übrig hat, wird gerne das **Forsvarsmuseet** (☎ 77 18 56 50; Erw./Kind 40 nkr/gratis; ☿ Mitte Juni–Mitte Aug. Di–Fr 10–18, Sa & So 12–16 Uhr, übrige Zeit Mo–Fr 10–15 Uhr) besuchen. Drinnen gibt es anschauliche Dioramen und draußen mehr als 20 Militärfahrzeuge.

SCHLAFEN

Bardu Camping & Turistsenter (☎ 77 18 15 58, 91 31 60 90; Zelt-/Wohnwagenstellplatz 100/175 nkr plus 10 nkr pro Pers., 2-/3-/4-Bett-Hütten ohne eigenes Bad 300/450/550 nkr, mit eigenem Bad 800–1000 nkr; ☿ Juni–Aug.; ☒) Auf diesem gepflegten Platz am Nordrand von Setermoen kann Papa ein bisschen am Fluss angeln gehen, während sich die Kids im Pool und auf der Wasserrutsche vergnügen.

Bardu Hotell (☎ 77 18 59 40; barduhotell@bardu.online. no; Toftakerlia 1; EZ/DZ Mitte Juni–Mitte Aug. 800/950 nkr, übrige Zeit 1050/1200 nkr; ☒ ☒ ☒) Die Lobby mit zahlreichen Tierfellen an den Wänden sieht aus wie eine Jagdhütte. Die Zimmer hingegen sind jeweils nach einem Doppelmotto dekoriert – etwa Frühjahr und Sommer, Adam und Eva. Das Hotel mit viel Flair ist beliebt bei Reisegruppen und Besuchern der Garnison – sicher nicht zuletzt wegen seiner gemütlichen Bar und dem Restaurant Trollstua. Sauna, Whirlpool und der ganzjährig beheizte Pool sind für Gäste kostenlos.

Polarzoo

Im **Polarzoo** (☎ 77 18 66 30; Erw./Kind/Fam. 135/70/340 nkr; ☿ Juni–Aug. 9–18 Uhr, Mai & Sept. 9–16 Uhr) leben einheimische Tiere der nordeuropäischen *Taiga* in großzügigen Gehegen, die sich – sieht man über die Metallgitter hinweg – kaum vom Birkenwald der Umgebung abheben. Hier kann man jene scheuen Genossen beobachten und fotografieren, die einem überall in Norwegen von Postkarten entgegenblicken: Elche, Braunbären, Hirsche, Moschusochsen, Rentiere, Wölfe, Luchse, Vielfraße, Dachse sowie Rot- und Polarfüchse. Ein besonderes Erlebnis ist es, die Tierpfleger auf ihrer Fütterungstour zu begleiten (12 oder 14 Uhr, aktuelle Auskünfte am Eingang). Der Zoo liegt 23 km südwestlich von Setermoen und 3,3 km östlich der E 6, auf der drei- bis viermal täglich der Expressbus zwischen Narvik und Tromsø verkehrt.

ØVRE-DIVIDAL-NATIONALPARK

Zwischen Setermoen und der Grenze zu Schweden und Finnland liegt der wilde, von Seen (statt von Straßen) durchzogene Øvre-Dividal-Nationalpark. Zwar fehlen die grandiosen Steilwände der norwegischen Küstenlandschaften, trotzdem hat diese abgelegene, zur Hälfte bewaldete, 750 km² große Hochlandwildnis reichlich alpine Gipfel und Ausblicke zu bieten.

Aktivitäten

Die beliebteste Wandertour ist der **Troms-Grenzpfad** (8 Tage), an dem sieben unbewirtschaftete DNT-Hütten liegen. Die Route beginnt an der Nordküste des künstlichen Sees Altevatnet, ungefähr 3 km östlich der Siedlung Innset, und verläuft dann in Richtung Nordosten. Der Weg kringelt sich nach Schweden hinein und wieder heraus, ehe er zu dem Punkt hinaufklettert, wo Schweden, Finnland und Norwegen aneinander stoßen. An der östlichsten der Hütten, Galdahytta, teilt sich der Wanderweg. Und man hat die Wahl zwischen dem Weg nach Helligskogen in Norwegen und dem in Richtung Kilpisjärvi in Finnland. Viele Wanderer nutzen den Trail auch als Verbindungsglied zwischen dem westlichen Ende des Altevatnet im Øvre-Dividal-Nationalpark und dem Abisko-Nationalpark in Nordschweden, wo nämlich der berühmte schwedische Kungsleden-Wanderweg beginnt.

Die richtige Karte für den Troms-Grenzpfad und die Verbindung zum Abisko-Nationalpark ist vom Statens Kartverk *Turkart Indre Troms* (1:100 000). Im Sommer machen die Mücken einen fast verrückt. Es empfiehlt sich, ein Netz über den Kopf zu stülpen, sich mit Mückenmitteln zu übergießen und noch den letzten summenden Mistkerl, dessen man habhaft werden kann, zu erschlagen – schon im Interesse derjenigen, die nach einem kommen.

Geführte Touren

Wer im Winter hierher kommt, kann eine Hundeschlittenfahrt durch das arktische Norwegen mitmachen, geführt von dem berühmten Hundeschlittenführer **Bjørn Klauer** (☎ 77 18 45 03; www.huskyadventure.no) und seinen Kollegen. Er unternimmt Touren durch den Nationalpark, führt aber auch Expeditionen weit nach Schweden hinein. Die Kosten (alles inklusive) liegen bei 15 000 nkr für acht Tage und 21 000 nkr für 11 Tage.

Im Sommer organisiert er mit seinem Team Rad- und Kanuausflüge. Man kann allerdings auch auf eigene Faust etwas unternehmen, z. B. auf einem der ausgewiesenen Trails in der Nähe wandern. Bjørns Farm (s. S. 367) bietet sich auch zum Übernachten an.

Schlafen

Sieben unbewirtschaftete DNT-Hütten verteilen sich entlang der Hauptwanderroute durch den Øvre-Dividal-Nationalpark: Gaskashytta, Vuomahytta, Dividalshytta, Dærtahytta, Rostahytta, Gappohytta und Galdahytta.

Klauerhytta (☎ 77 18 45 03; www.huskyadventure. com; Erw./Kind 200/80 nkr) Beim Dorf Innset, 35 km südöstlich von Setermoen, betreibt der Hundeschlittenführer Bjørn Klauer dieses schöne, rustikale Gästehaus sowie eine Hütte für Wanderer und andere Reisende. Zum Angebot gehören eine Sauna, eine gut ausgestattete Gästeküche und ein Fahrrad- und Kanuverleih.

Helligskogen Fjellstua (☎ 77 71 54 60; helligskogen. hostel@vandrerhjem.no; B/DZ 175/345 nkr; ☽ Mitte Juni–Mitte Aug.) Das Hostel liegt nahe dem östlichen Ende des Nationalparks an der E 8, 30 km östlich von Skibotn. Es ist umgeben von wildem, offenem Hochland. Es liegt günstig für Reisende zwischen Norwegen und Finnland und ist die Endstation für Wanderer, die den Grenzpfad von Troms gegangen sind.

Kilpisjärven Retkeilykeskus (☎ 358–16 537 771; Kilpisjärvi, Finnland; DZ 510 nkr, 4-Bett-Hütte 590 nkr; ☽ März–Sept.) Gleich hinter der finnischen Grenze markiert dieser freundliche, preiswerte Ort das östliche Ende des Troms-Grenzfades. Die Zimmer sind einfach, im Café wird preiswertes und gutes Essen serviert und wer möchte, kann seine Mahlzeiten auch selbst zubereiten. Von hier kann man auch einen Bootsausflug auf dem See Kilpisjärvi unternehmen oder auf einem der landschaftlich wunderschönen Pfade durch Finnlands höchste Berge wandern.

WESTLICHE FINNMARK

Die Finnmark, Norwegens nördlichster Festlandsbezirk, ist seit mehr als 12 000 Jahren besiedelt. Die ersten waren die Komsa, die als Jäger in der Küstenregion lebten. Später bewohnten die Samen als Fischer oder Rentierhirten entweder die Küste oder das weite Inland.

Die wilde Nordküste der Finnmark, gesprenkelt mit Fischerdörfern, ist tief eingeschnitten von riesigen Fjorden, während das ausgedehnte Inland von dem breiten Plateau der Finnmarksvidda beherrscht wird, einer kahlen Wildnis mit nur zwei größeren Ortschaften: Karasjok und Kautokeino.

DER HOHE NORDEN

Buchstäblich jede Ortschaft der Finnmark wurde am Ende des Zweiten Weltkriegs von den zurückweichenden Nazitruppen zerstört. Diese Politik der verbrannten Erde sollte dazu dienen, die vorrückenden Sowjets aufzuhalten. Die Ortschaften wurden bald wieder aufgebaut, aber leider hielt man einen kastenförmigen Gebäudestil für den effizientesten. Daher sind – ganz im Gegensatz zu der großartigen natürlichen Umgebung – die meisten Orte der Finnmark heute architektonisch äußerst langweilig.

Gefahren & Ärgernisse

Autofahrer sollten auf Rentiere achten. Sie sind zwar keine Gefahr und eher eine Freude als ein Ärgernis, aber sie können einen ganz schön aufhalten und zu sehr abrupten Stopps zwingen. Manchmal sind sie in kleinen Gruppen unterwegs, hin und wieder aber auch in riesigen Herden – so oder so: Ein lebloses Auto lässt sie völlig kalt. Wenn sie sich nicht von der Stelle rühren: einfach aussteigen und auf die Tiere zugehen; dann werden sie sich gemächlich davonmachen.

ALTA

14 000 Ew.

Obwohl der Fischerort Alta mit seinem Schiefersteinbruch auf 70° nördlicher Breite liegt, ist das Klima dort recht mild. Das Alta-Museum mit uralten Felszeichnungen ist ein Muss und der üppig grüne Sautso-Alta-Canyon (s. S. 370), der nur einen Katzensprung entfernt liegt, ist atemberaubend.

Der Fluss Altaelva östlich der Stadt war einst Fischgebiet der Samen und im 19. Jh. ein beliebter Lachsgrund für englische Aristokraten. In den späten 1970er-Jahren avancierte er zu einem Symbol im Kampf der Naturschützer. Trotz vehementer lokaler und landesweiter Proteste wurde damals der 100 m hohe Altadamm errichtet, um den lachsreichen Fluss zur Stromerzeugung zu nutzen.

Orientierung & Praktische Informationen

Der weitläufige Ort erstreckt sich 15 km die Küste entlang. Die beiden Hauptzentren liegen etwa 2 km voneinander entfernt: das bergige Bossekop im Westen und mehr im Zentrum der Ortsteil Sentrum mit seinen öden Blocks und Parkflächen, aber auch mit einem recht netten, autofreien Hauptplatz.

Studentbokhandelen (Sentrumsparken 2) Landkarten und einige englische Bücher.
Touristeninformation (☎ 78 44 95 54; www.alta tours.no; Parksenteret, Sentrum; ☷ Mo–Fr 8.30–16, Sa 10–14 Uhr)
Touristeninformation (☎ 78 44 50 50; Sorekskriverveien, Bossekop; ☷ Juni & Aug. Mo–Fr 10–18 Uhr, Juli tgl. 10–20 Uhr) mit Internetzugang (1 nkr pro Min.).

Sehenswertes

Das **Alta-Museum** (☎ 78 45 63 30; Altaveien 19; Erw./Kind 75 nkr/gratis; ☷ Juni–Aug. 8–21 Uhr, Mai & Sept. 9–18 Uhr, übrige Zeit Mo–Fr 9–15, Sa & So 11–16 Uhr) liegt in Hjemmeluft, am westlichen Stadtrand. Bei den Felsen ringsum, die zum Weltkulturerbe der Unesco erklärt wurden, sind rund 5000 Steinzeichnungen aus der späten Steinzeit zu bewundern. Sie sind zwischen 2000 und 6000 Jahren alt. Als der Meeresspiegel nach der letzten Eiszeit sank, kratzten unsere Vorfahren ihre Motive in immer geringerer Höhe in den Fels: Jagdszenen, Fruchtbarkeitssymbole, Bären, Elche, Rentiere und bemannte Boote, alle ausgefüllt mit ockerroter Farbe (die auch ihre ursprüngliche Farbe gewesen sein soll). Am Hauptgebäude beginnt ein 3 km langer Weg, der die Zeichnungen untereinander verbindet. Der kurze Rundgang (1,2 km, ca. 45 Min., Zeit zum Schauen mit eingerechnet) ist am beliebtesten. Aber es lässt sich eine weitere Schleife anschließen (Gesamtentfernung 2,1 km), ein angenehmer Spaziergang am Meer, der zu weiteren Bildern führt.

Im Inneren des preisgekrönten Museums informieren Ausstellungen und Schautafeln über die Kultur der Samen, die militärische Geschichte der Finnmark, das Alta-Staudammprojekt und die Aurora Borealis (Polarlicht).

Festivals & Events

Das **Borealis Alta** Winterfestival im März ist ein fünftägiges Fest mit Konzerten und Kulturveranstaltungen, um die Düsternis des Winters zu unterbrechen. Zugleich bildet es den Auftakt zum **1000-km-Hundeschlittenrennen Finnmarksløpet** (www.finnmarkslopet.no), dem längsten Schlittenrennen Europas. Das **Alta Blues und Soul Festival** (www.altasoulogblues.no) Ende Mai bringt norwegische und internationale Bands und Stars in den hohen Norden (2006 trat sogar Nazareth auf).

Schlafen

In Øvre Alta, 3,5 km südlich der E 6 via Rv 93 in Richtung Kautokeino, gibt es drei hervor-

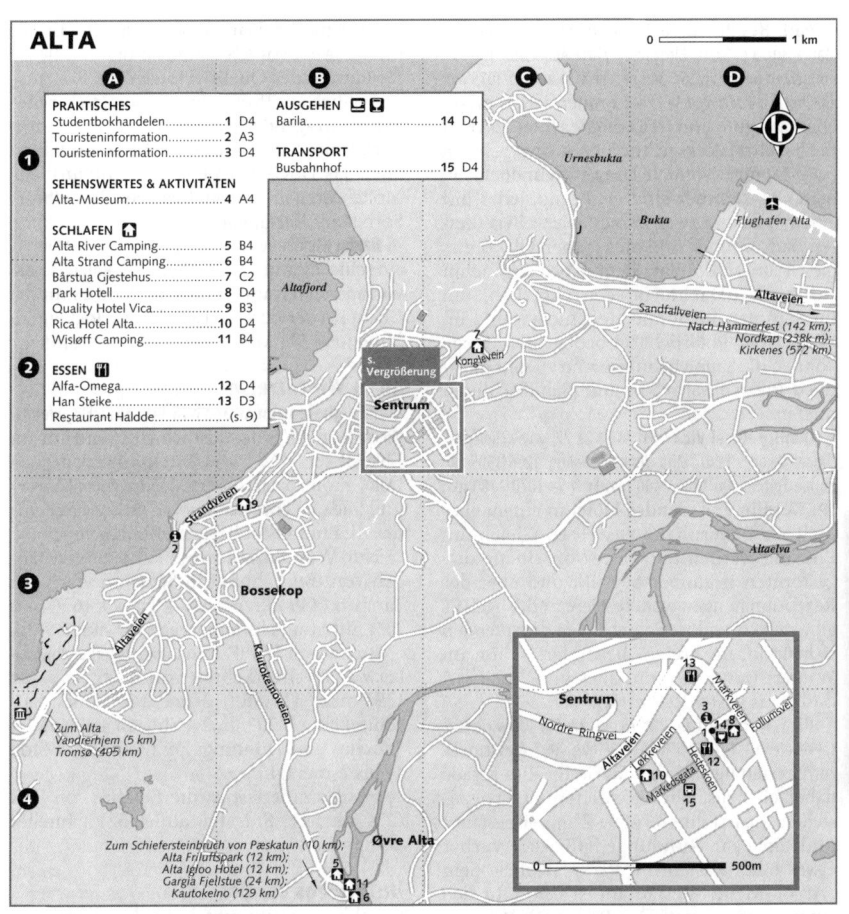

DER HOHE NORDEN

ragende Campingplätze direkt am Fluss. Alle sind das ganze Jahr über geöffnet.

Alta River Camping (☎ 78 43 43 53; www.alta-river-camping.no; Auto/Wohnwagen 120/150 nkr, Hütten ohne eigenes Bad 500–700 nkr, 6-Bett-Hütten mit eigenem Bad 1200 nkr) Besonderheiten sind die Sauna, von der man direkt in den Fluss springen kann, und ein paar hübsche, kleine Grillhütten, die mit Fellen ausgekleidet sind.

Wisløff Camping (☎ 78 43 43 03; www.wisloeff.no, auf Norwegisch; pro Pers./Stellplatz 20/150 nkr, 2-Bett-Hütten ohne eigenes Bad 400 nkr, 4-Bett-Hütten mit eigenem Bad 750 nkr) wurde 2000 vom norwegischen Campingclub als „Campingplatz des Jahres" ausgezeichnet – ein Prädikat, das er nach wie vor verdient.

Alta Strand Camping (☎ 78 43 40 22; www.altacamping. no; Stellplatz für 2/4 Pers. 160/190 nkr, 2-/4-Bett-Hütten

ohne eigenes Bad 360/440 nkr, mit eigenem Bad 650–750 nkr; Selbstversorger-Apt. EZ/DZ 600/750 nkr) Der weitläufige Platz hat einen schönen Blick auf die Berge, Tischfußball (eine Rarität östlich von Tromsø) und einen kleinen Spielplatz.

Alta Vandrerhjem (☎ 48 24 11 69; alta.hostel@vandrer hjem.no; B/EZ/DZ 250/350/600 nkr; ☺ Juni–Aug.) Altas Jugendherberge ist unlängst umgezogen und befindet sich jetzt in Kvenvik, an der E 6 und 5 km westlich der Stadt.

Bårstua Gjestehus (☎ 78 43 33 33; www.baarstua. no; Kongleveien 2 a; EZ/DZ inkl. Frühstück 760/900 nkr) Das freundliche neu eröffnete B&B liegt direkt an der E 6. Seine acht Zimmer mit eindrucksvollen Fotografien sind top. Jedes hat Einrichtungen für Selbstversorger und es gibt einen Gemeinschaftsraum sowie eine Sauna.

Park Hotell (☎ 78 45 74 00; www.parkhotell.no; Markedsgata 6; EZ/DZ Mitte Juni–Mitte Aug. 895/1195 nkr; übrige Zeit So–Do 1235/1345 nkr, Fr & Sa ab 860/1075 nkr, alle Preise inkl. Frühstück) Drei Frauen leiten dieses ebenfalls gute und freundliche Hotel. Es trägt die begehrte Auszeichnung mit dem Schwan (s. S. 21) für besondere Umweltfreundlichkeit. Seine 34 Zimmer sind geräumig, jedes mit einem Sofa und zwei Sesseln. Die weiß gefliesten Badezimmer sind blitzsauber. Obwohl es gleich am Hauptplatz liegt, ist es angenehm ruhig. Die Dachterrasse ist herrlich, um im Sommer die Sonne zu genießen und im Winter das Polarlicht zu beobachten. Gäste können die Sauna benutzen und zu sehr günstigen Preisen Fahrräder und Schubschlitten mieten.

Quality Hotel Vica (☎ 78 48 22 22; www.choice.no; Fogdebakken 6; EZ/DZ Mitte Juni–Mitte Aug. 1295/1505 nkr, übrige Zeit So–Do 1200/1400 nkr, Fr & Sa 1070/1180 nkr; P ⌨) Ein einladendes Hotel in einem ehemaligen Bauernhaus aus Holz. Gleich am Eingang werden die Gäste von einem ausgestopften Braunbär begrüßt und über der Rezeption hängen weitere Tiere und Vögel. Es gibt eine kostenlose Sauna, einen dampfenden Whirlpool im Freien (besonders schön im Winter, wenn ringsum alles verschneit ist) und Altas bestes Restaurant (s. S. 370).

Rica Hotel Alta (☎ 78 48 27 00; www.rica.no; Løkkeveien 61; EZ/DZ ab 1035/1235 nkr; P) Bei unserem letzten Besuch war das riesige Rica gerade dabei, eine zusätzliche Erweiterung fertigzustellen. Sie hat ihm 86 neue Zimmer beschert und ein paar Rundungen für den vorher etwas öden Kasten mit Parkplatzblick. Sein „Arctic-Menu"-Restaurant ist schon für sich einen Besuch wert. Der Pernille-Nachtclub des Hotels bietet freitags meist Livemusik und samstags legt der DJ auf.

Essen & Ausgehen

Abgesehen von den Restaurants der Hotels Vica und Rica ist die Auswahl recht mager.

Alfa-Omega (☎ 78 44 54 00; Markedsgata 14–16; Hauptgerichte 85–120 nkr; ☺ Mo–Sa) Wie der Name vermuten lässt, hat das Lokal zwei Gesichter: Omega ist ein modernes Café (11–24 Uhr), das Salate, Sandwiches, Pasta und Kuchen serviert. Alfa ist eine nette, zwanglose Bar, die ab 20 Uhr zum Leben erwacht. Die Terrasse liegt am faden Hauptplatz von Alta.

Han Steike (☎ 78 44 08 88; Løkkeveien 2) ist ein Steakhouse ganz mit dunklem Holz und grauen Fliesen.

Restaurant Haldde (Mittagsgerichte 110–170 nkr; Hauptgerichte abends 230–330 nkr) ist das exzellente Restaurant des Quality Hotel Vica. Fast ausschließlich aus Produkten der Region bereitet es hervorragende Gerichte wie die *Finnmark-Platte* mit Schneehuhn, Rentier und Elch oder das Dessert *Aroma der Finnmark* aus Moltebeeren und einem Blaubeer-Preiselbeer-Sorbet auf Karamellbett.

Barila (Parksentret Gebäude, Sentrum; ☺ 11–1 Uhr) ein schickes und kesses, kleines Lokal, das hervorragenden Kaffee, gutes Bier und exotische Cocktails serviert – etwa den verlockenden Blow Job (78 nkr).

An- & Weiterreise

Der **Flughafen von Alta** (☎ 78 44 95 55 für Fluginformationen) liegt 4 km nordöstlich von Sentrum am Elvebakken. SAS bietet Direktflüge von/nach Oslo, Tromsø, Hammerfest, Kirkenes, Lakselv und Vadsø. **Norwegian** (www.norwegian.no) verbindet Alta mit Oslo, Bergen und Stavanger.

Nor-Way Bussekspress fährt einmal täglich vom Busbahnhof in Sentrum von/nach Tromsø (449 nkr, 6¼ Std.), Narvik (656 nkr, 11½ Std.) und Honningsvåg (367 nkr, 4 Std.).

Busse von **FFR** (Finnmark Fylkesrederi og Ruteselkap; www.ffr.no) verkehren von/nach Karasjok (391 nkr, 4¾ Std., 2-mal tgl. außer Sa), Kautokeino (220 nkr, 2¼ Std., an 4 Tagen der Woche) und Honningsvåg (367 nkr, 4 Std., 1- bis 2-mal tgl.).

Für Hammerfest ist die Eilfähre von FFR (230 nkr, 1½ Std., tgl. außer Sa) schneller als der Bus.

Unterwegs vor Ort

Glücklicherweise gibt es in dieser weitläufigen Stadt eine Buslinie, die alle Ortsteile verbindet. An Wochentagen verkehren Busse zwischen den wichtigsten Punkten und dem Flughafen ungefähr stündlich; samstags seltener, sonntags gar nicht.

Taxis (☎ 78 43 53 53) zwischen Flughafen und Stadt kosten etwa 100 nkr.

RUND UM ALTA
Sehenswertes
SAUTSO-ALTA-CANYON

Der Bau des Wasserkraftwerks am Altaelva hat kaum Auswirkungen auf den landschaftlich schönsten Teil des Flusses gehabt, der durch den 400 m tiefen Sautso-Canyon fließt, Nordeuropas gewaltigste Schlucht. Um diesen beeindruckenden bewaldeten

Canyon zu erleben, bucht man am besten den vierstündigen Ausflug (500 nkr), den die Touristeninformation im Juli montags, mittwochs und freitags organisiert. Die Abfahrt ist um 16 Uhr, sofern mindestens fünf Teilnehmer zusammenkommen. Die Tour bietet großartige Ausblicke auf die Schlucht, einen Eindruck vom Staudamm des Wasserkraftwerks und einen Imbiss.

KÅFJORD

Kåfjords **Tirpitz-Museum** (☎ 92 09 23 70; www.tirpitzmuseum.no; Erw./Kind/erm. 60/30/50 nkr; ☽ Juni–Aug. 10–18 Uhr) ist das Werk des in Alta ansässigen Even Blomkvist. Ganz auf eigene Faust hat er zahlreiche Exponate, Uniformen, Erinnerungsstücke und fast 1000 eindrucksvolle Fotos zusammengetragen, die über die *Tirpitz* informieren, das größte Schlachtschiff der Welt, das von März 1943 bis Oktober 1944 in Kåfjord versteckt lag und nahe Tromsø versenkt wurde.

Während ihrer Blütezeit in den 1840er-Jahren war die winzige Siedlung Kåfjord 18 km westlich von Alta eine boomende Stadt mit über 1000 Einwohnern – dank ihrer Kupferwerke (Kåfjord Kobberverk), die damals die größten Norwegens waren. Ein bequemer, markierter Rundweg führt 1,3 km durch die dürftigen Überreste. Weit informativer ist das Alta-Museum. Halb verborgen im Gras gegenüber der Erläuterungstafel befindet sich eine Gedenkplatte für drei winzige, britische U-Boote, die 1943 in den Fjord eingedrungen sind und die *Tirpitz* schwer beschädigt haben.

250 m nördlich der Gemeindekirche beginnt rechts der E 6 ein 9 km langer Fahrweg, der an den Abraumhalden der Kupfergrube vorbei zum Observatorium auf dem Gipfel des Haldde (904 m) führt, einem heiligen Berg der Samen.

SCHIEFERSTEINBRUCH VON PÆSKATUN

Alta Skiferprodukter, 13 km südlich der Stadt in Pæskatun, ist ein wichtiges wirtschaftliches Standbein der Stadt. Der Steinbruch und einige historische Ausstellungsstücke stehen im Sommer zur Besichtigung offen, den wunderschönen Blick über den Canyon gibt's inklusive. Die Schneidwerkzeuge für Schiefer dürfen angefasst und ausprobiert werden. Mineralien aus der Finnmark und Souvenirs aus Schiefer werden zum Verkauf angeboten. Über aktuelle Preise und Zeiten informiert die Touristeninformation.

Aktivitäten
BOOTSAUSFLÜGE

Alta Friluftspark (☎ 78 43 33 78; www.ice-alta.no) am Altaelva liegt 16 km südlich der Stadt und 6,5 km von der Rv 93 entfernt. Von dort aus werden verschiedene Bootsausflüge auf dem Fluss angeboten, die zwischen 20 Min. und 3 Std. dauern und 195–495 nkr pro Person kosten. Abfahrt ist von Juni bis August täglich um 13 und 15 Uhr.

WANDERN

Für erfahrene Wanderer ist Alta ein guter Ausgangspunkt für Touren auf den Fernwanderwegen, die entlang historischer Routen nach Süden über das Plateau der Finnmarksvidda führen. Auskünfte erteilt die Touristeninformation Alta; Wanderkarten verkauft Studentbokhandelen (S. 368).

WINTERAKTIVITÄTEN

Alta Friluftspark besitzt 80 Schneemobile, mehr als irgendjemand sonst in Nordnorwegen. Der Veranstalter organisiert geführte Exkursionen. Zur anschließenden Entspannung steht ein dampfender Whirlpool bereit. Auch mit **Gargia Fjellstue** (s. 371) kann man über den Schnee flitzen und sich anschließend bei einer heißen Mahlzeit nach Art der Samen stärken. **Holmen Hundesenter** (www.holmenhundesenter.no) ist auf Hundeschlittenfahren spezialisiert und bietet Touren von drei Stunden bis zu fünf Tagen. Alle Programme können direkt bei den Veranstaltern oder über die Touristeninformation gebucht werden.

Schlafen

Alta Igloo Hotel (☎ 78 43 33 78; www.ice-alta.no; pro Pers. inkl. Frühstück 2195 nkr; ☽ Mitte Jan.–Mitte April) Dieses Hotel mit Platz für 80 Gäste wird jeden Winter im Alta Friluftspark aus Schneeblöcken neu aufgebaut. Es ist die erste Unterkunft Norwegens, die ganz und gar aus Schnee und Eis besteht – bis hin zu den Trinkgläsern!

Gargia Fjellstue (☎ 78 43 33 51; www.gargia-fjellstue.no, auf Norwegisch; EZ/DZ 775/990 nkr; Hütten ohne eigenes Bad/mit eigenem Bad 600/875 nkr) Ungefähr 25 km südlich von Alta in Richtung Kautokeino gelegen, ist diese Hütte in den Bergen ein ideales Versteck im Wald. Außerdem gibt es sommers wie winters eine ganze Reihe von Outdoor-Aktivitäten, z. B. die besten Zugang in den Sautso-Alta-Canyon für Wanderer.

DER HOHE NORDEN

HAMMERFEST
6800 Ew.

Aufgrund seiner strategisch wichtigen Lage und des ausgezeichneten Hafens war Hammerfest lange Zeit eine wichtige Anlaufstation für die Schifffahrt, die Fischerei und die Jagd in der Arktis. In Hammerfests Blütezeit trugen die Damen feinste Pariser Haute Couture und 1890 war Hammerfest die erste europäische Stadt mit elektrischer Straßenbeleuchtung. Heute brüstet sich Hammerfest, die nördlichste Stadt Europas zu sein. (Andere norwegische Gemeinden liegen zwar nördlicher, seien aber zu klein, um als Stadt durchzugehen – so die Argumentation.)

Weder Mensch noch Natur haben Hammerfest gut behandelt. 1856 richtete ein Sturm beträchtlichen Schaden an, 1890 brannte die Stadt nieder, und 1944 wurde sie erneut von den Nazis in Brand gesteckt. Ihre Kirche ist im Laufe der Jahrhunderte fünfmal in Flammen aufgegangen. Doch jetzt scheint Gott endlich ein Einsehen zu haben: Die mit 143 km längste untermeerische Pipeline der Welt verbindet die riesigen Snøhvit-Erdgasfelder in der Barentssee mit der kleinen Insel Melkøya in der Bucht vor Hammerfest. Bei geschätzten Reserven von 193 Mrd. (ja: *Milliarden!*) Kubikmetern haben die Pumpen 2007 ihre Arbeit aufgenommen und werden wenigstens 25 Jahre lang Gas liefern.

Wer mit der Hurtigruten-Fähre kommt, hat nur wenig Zeit herumzulaufen, ein Arktis-Souvenir zu ergattern und am Hafen ein paar

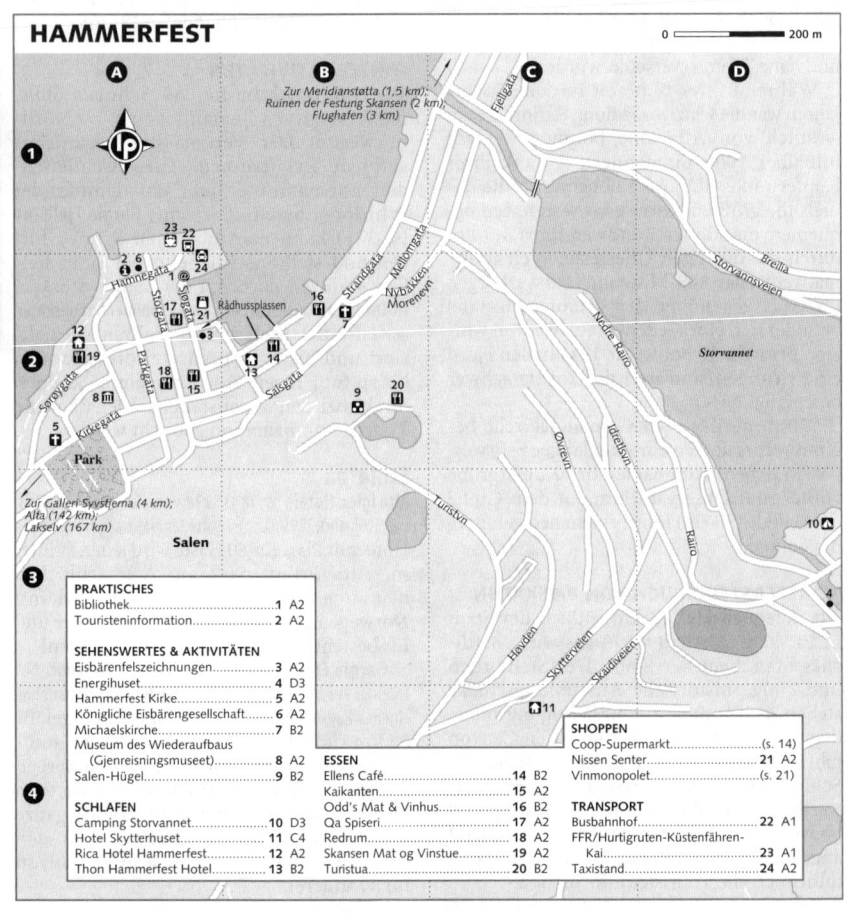

HAMMERFEST

0 — 200 m

Zur Meridianstøtta (1,5 km);
Ruinen der Festung Skansen (2 km);
Flughafen (3 km)

Zur Galleri Syvstjerna (4 km);
Alta (142 km);
Lakselv (167 km)

Salen

PRAKTISCHES	
Bibliothek	1 A2
Touristeninformation	2 A2

SEHENSWERTES & AKTIVITÄTEN	
Eisbärenfelszeichnungen	3 A2
Energihuset	4 D3
Hammerfest Kirke	5 A2
Königliche Eisbärengesellschaft	6 A2
Michaelskirche	7 B2
Museum des Wiederaufbaus (Gjenreisningsmuseet)	8 A2
Salen-Hügel	9 B2

SCHLAFEN	
Camping Storvannet	10 D3
Hotel Skytterhuset	11 C4
Rica Hotel Hammerfest	12 A2
Thon Hammerfest Hotel	13 B2

ESSEN	
Ellens Café	14 B2
Kaikanten	15 A2
Odd's Mat & Vinhus	16 B2
Qa Spiseri	17 A2
Redrum	18 A2
Skansen Mat og Vinstue	19 A2
Turista	20 B2

SHOPPEN	
Coop-Supermarkt	(s. 14)
Nissen Senter	21 A2
Vinmonopolet	(s. 21)

TRANSPORT	
Busbahnhof	22 A1
FFR/Hurtigruten-Küstenfähren-Kai	23 A1
Taxistand	24 A2

DER HOHE NORDEN

frische Krabben zu futtern. Den meisten Besuchern ist das genug.

Praktische Informationen

Bibliothek (Bibliotek; Sjøgata; ☺ Mo–Fr 10–15.30 Uhr) mit kostenlosem Internetzugang.

Touristeninformation (☎ 78 41 31 00; www. hammerfest-turist.no; Hamnegata 3; ☺ Mitte Juni–Mitte Aug. tgl. 9–17 Uhr, übrige Zeit Mo–Fr 9–15, Sa & So 10.30–13.30 Uhr)

Sehenswertes

GJENREISNINGSMUSEET

Hammerfests **Museum des Wiederaufbaus** (☎ 78 40 29 30; Kirkegata 21; Erw./Kind/erm. 40/15/30 nkr; ☺ Mitte Juni–Mitte Aug. Mo–Fr 9–16, Sa & So 11–14 Uhr, übrige Zeit 11–14 Uhr) erinnert an die Zwangsevakuierung und Zerstörung der Stadt beim Rückzug der Nazis 1944, an die Entbehrungen der Bevölkerung im darauffolgenden Winter und an den Wiederaufbau der Stadt nach dem Krieg.

ENERGIHUSET

Das **Energiehaus** (☎ 78 42 82 00; Erw./Kind 45/20 nkr; ☺ Mitte Juni–Mitte Aug. Mo–Fr 10–14 Uhr) ist ein neues, interaktives Zentrum, das die Erdgasförderung erläutert, der Hammerfest seinen zunehmenden Wohlstand verdankt. Aber auch über andere Energiequellen wie Windkraft und Gezeiten wird informiert. Passenderweise befindet es sich an der Stelle von Nordeuropas erstem Wasserkraftwerk.

KÖNIGLICHE EISBÄRENGESELLSCHAFT

Die zur Bewahrung der Kultur und Traditionen von Hammerfest gegründete **Royal & Ancient Polar Bear Society** (Erw./Kind 40 nkr/gratis) befindet sich im gleichen Gebäude wie die Touristeninformation und zeigt Ausstellungen über das Jagen in der Arktis und die lokale Geschichte.

Zugegeben, das Ganze ist etwas großspurig (der norwegische Name Isbjørklubben, schlicht Eisbärklub, ist nicht so ehrwürdig wie der englische, kommt der Sache aber näher). Für 160 nkr kann jeder Mitglied auf Lebenszeit werden, inklusive Urkunde, Ausweis, Sticker und Anstecknadel. Für 195 nkr ist auch noch ein Schnapsglas mit drin und das neue Mitglied wird zum Ritter geschlagen – mit dem Knochen eines Walrosspenis, wie die sittsame junge Dame an der Rezeption erklärt, ohne rot zu werden. Die zusätzliche Investition von 35 nkr lohnt sich – allein schon wegen dieses Top-Gesprächsthemas in der heimatlichen Stammkneipe.

FUGLENES

Auf der Halbinsel Fuglenes gegenüber dem Hafen liegen die Fundamente der **Festung Skansen** aus den napoleonischen Kriegen, als die Briten kurzzeitig die Stadt einnahmen und plünderten, sowie die **Meridianstøtta**, eine marmorne Säule, die an den ersten Versuch (1816–52) erinnert, den Kreisbogen des Erdmeridians zu bestimmen und so Größe und Form der Erde zu berechnen.

HAMMERFEST KIRKE

Hinter dem Altar der modernen **Kirche** (Kirkegata 33; ☺ Mitte Juni–Mitte Aug. Mo–Fr 7.15–15, Sa 11–15, So 12–13 Uhr) von Hammerfest (1961) leuchtet das großartige Buntglasfenster herrlich im Licht der Sommersonne. Der Holzfries entlang der Orgelempore illustriert Szenen der Stadtgeschichte. Die Friedhofskapelle auf der Straßenseite gegenüber ist das einzige Gebäude, das den Zweiten Weltkrieg überdauert hat.

SALEN-HÜGEL

Wer einen Panoramablick auf die Stadt Hammerfest, die Küste und die Berge genießen möchte, sollte den **Salen-Hügel** (86 m) erklettern. Durch das (kostenlose) Fernglas kann man wunderbar den Blick über die Bucht schweifen lassen. Auf der Spitze befinden sich auch das Turistua Restaurant (s. S. 374), einige samische Erdhütten sowie ein Aussichtspunkt. Der 15-minütige Weg beginnt an dem kleinen Park hinter dem Rådhus.

GALLERI SYVSTJERNA

Die einheimische Künstlerin Eva Arnesen hat die Urkunde für den Friedensnobelpreis gestaltet, den Jody Williams für ihren Kampf um die Ächtung von Landminen bekommen hat. Arnesens **Galerie** (☎ 78 41 01 60; Fjordaveien 27; ☺ Mo–Fr 10–17, Sa 10–15 Uhr) liegt 4 km südlich der Stadt gegenüber der Statoil-Tankstelle. Die Farben ihrer Bilder sind die Farben des Nordens – vom Polarlicht bis zur leuchtenden Palette des Sommers. Die beiden silbernen Eisbären auf dem Rådhus Plass hat ihr Mann, der Holzschnitzer Knut Arnese, geschaffen.

MICHAELSKIRCHE

Als nördlichste katholische Kirche der Welt dient die **Michaelskirche** (Ecke Strandgata & Mellomgata) einer Gemeinde von kaum 90 Seelen. Sie ist an dem Mosaik ihres Namenspatrons zu erkennen, das sich über die ganze Fassade erstreckt.

Schlafen

Camping Storvannet (☎ 78 41 10 10; storvannet@ yahoo.no; Storvannsveien; Auto/Wohnwagen 140/185 nkr, 2-/3-Bett-Hütten 360/410 nkr; ☯ Ende Mai–Ende Sept.) Der nette, am Seeufer bei einem riesigen Apartmentkomplex gelegene Platz ist der einzige passable Campingplatz der Stadt. Doch er ist klein, sodass Hütten vorher reserviert werden sollten.

Hotel Skytterhuset (☎ 78 41 15 11; www.skytter huset.no; Skytterveien 24; EZ/DZ So–Do 795/995 nkr, Fr & Sa 595/795 nkr; P ⬛) Die drei Flügel dieses abgelegenen Hotels am Berg mit Blick über die Stadt erinnern von außen sehr an Baracken. Nicht ohne Grund: Das Gebäude wurde ursprünglich als Sommerunterkunft für die Fischersfrauen aus Finnland errichtet, die in der großen Fischfabrik Findus arbeiteten. Schon vor einiger Zeit wurde das Gebäude aber in ein gemütliches Hotel umgewandelt. Häufig springen Rentiere über den Zaun, um im Garten Futter und Schatten zu suchen. Eine gute Wahl in der mittleren Preisklasse (nach norwegischem Standard) mit kostenloser Sauna und Solarium.

Rica Hotel Hammerfest (☎ 78 41 13 33; www.rica. no; Sørøygata 15; EZ/DZ Mitte Juni–Mitte Aug. 852/1102 nkr; übrige Zeit So–Do 1320/1525 nkr, Fr & Sa 835/1085 nkr; P ⬛) Der dekorative Ziegelbau hat eine nette Bar und Lounge sowie gut ausgestattete Zimmer, meist mit Hafenblick. Das „Arctic-Menu"-Restaurant Skansen Mat og Vinstue serviert exzellente regionale Küche.

Thon Hotel Hammerfest (☎ 78 42 96 00; www.thon hotels.com; Strandgata 2–4; EZ/DZ Mitte Juni–Mitte Aug. 1190/1390 nkr, übrige Zeit So–Do 1400/1600 nkr, Fr & Sa 850/1050 nkr; P ⬛) Mit Blick über den Fjord und nur einen Steinwurf von der Anlegestelle der Kreuzfahrtschiffe entfernt: ein Hotel mit viel Charakter, drei Bars, dem einladenden Restaurant Bernoni sowie kostenloser Sauna und Solarium. Die Zimmer mit Blick über den Fjord sind nicht teurer als die anderen. Im Neubau sind sie wie Schiffskabinen eingerichtet – mit Kojen, dunklem Holz und nautischem Dekor.

Essen & Ausgehen

Ellens Café (Strandgata 14–18; Hauptgerichte 65–75 nkr; ☯ Mo–Sa 9–17 Uhr) Die schlichte und preisgüns-

tige Cafeteria befindet sich über dem Coop-Supermarkt.

Kaikanten (☎ 78 41 49 00; Sjøgata 19) Ein ansprechendes Café, das am Tag leichte Mahlzeiten serviert und abends zum beliebten Pub mit Pizzas mutiert. Es ist nautisch dekoriert (hinter der Bar ist der alte Hafen von Hammerfest dargestellt und von der Decke blähen sich Baumwollsegel), hat einen Poolbillardtisch und weiche, bequeme Sofas.

Redrum (☎ 78 41 00 49; Storgata 23; ☯ Mo–Do 13–17, Fr & Sa 11–3 Uhr) mit attraktivem, modernem Dekor liegt gleich um die Ecke und führt eine ähnliche Doppelexistenz. Richtig ab geht's hier am Wochenende, oft bei Livemusik.

Turistua (☎ 78 42 96 00; Salen; Hauptgerichte 145–190 nkr) Hoch auf dem Berg Salen bietet das Turistua einen tollen Ausblick auf Stadt und Bucht. Der eher abschreckende Name geht auf eine Dame namens Turi zurück, auch wenn „T(o)uristen"-Busse hier oft einen Stopp einlegen.

Qa Spiseri (☎ 78 41 26 12; Sjøgata 8; Hauptgerichte 150–265 nkr; ☯ Mo–Sa) Das neue und von einem jungen Team geführte Restaurant ist eine Bereicherung für das knappe gastronomische Angebot der Stadt. Es bietet eine zuverlässige Küche mit guten, preiswerten Gerichten vom Imbiss (90–110 nkr) bis zu Hauptspeisen. Exzellent sind die selbst gebackenen Kuchen.

LP Tipp **Odd's Mat & Vinhus** (☎ 78 41 37 66; Strandgata 24; Hauptgerichte 245–355 nkr; ☯ Mo–Sa) liegt im Kellergeschoss und ist eines der besten Restaurants in ganz Norwegen. Es verwöhnt seine Gäste mit Gerichten wie Schneehuhnsteak, Hasenfilet und in Gin mariniertem Lachs. Von der Decke und an den Fenstern hängt geflochtenes Tauwerk und das dunkle Holz schafft eine angenehme Atmosphäre. Reservierungen dringend empfohlen.

Vinmonopolet befindet sich im Einkaufskomplex Nissen Senter.

Anreise & Unterwegs vor Ort

Busse verkehren von/nach Alta (229 nkr, 2½ Std., 2-mal tgl.), Honningsvåg (321 nkr, 3¼ Std., 1- bis 2-mal tgl.) und Karasjok (344 nkr, 4¼ Std., 2-mal tgl. außer Sa). Viermal die Woche fährt eine davon weiter via Tana Bru (616 nkr, 7½ bis 10 Std.) nach Kirkenes (831 nkr, 10–12 Std.).

Um nach Alta zu gelangen, ist die Eilfähre von FFR (230 nkr, 1½ Std., tgl. außer Sa)

DER HOHE NORDEN

schneller als der Bus. Die Küstenfähren der Hurtigrute legen in beiden Richtungen für eineinhalb Stunden in Hammerfest an. Taxiruf: ☎ 78 41 12 34.

NORDKAP & MAGERØYA

3300 Ew.

Das Nordkap ist die Attraktion Nordnorwegens, an der keiner vorbeikommt – auch wenn es eine Touristenfalle ist. Etwas willkürlich zum nördlichsten Punkt des europäischen Festlands erklärt, zieht es ganze Busladungen von Touristen an – etwa 200 000 jeden Sommer.

Es liegt auf einer nördlichen Breite von 71° 10' 21'' und damit näher dran am Nordpol als an Oslo. Von Mitte Mai bis Ende Juli geht hier die Sonne niemals unter. Lange bevor andere Europäer sich für ihn interessierten, schrieben die Samen diesem Ort besondere Kräfte zu und erkoren ihn zur Opferstätte. Richard Chancellor, der englische Entdecker, der sich im Jahre 1553 auf der Suche nach der Nordwestpassage hierher verirrte, gab dieser Inselspitze als Erster den Namen Nordkap. Aber erst viel später, nach dem viel beachteten Besuch von König Oskar II. im Jahr 1873, wurde das Nordkap zu einem Wallfahrtsort für die Norweger. Bizarrerweise ist es auch eine Pilgerstätte der Thailänder (!), deren König Chulalongkorn dem Nordkap 1907 einen Besuch abstattete.

Und hier noch ein Geheimnis: Das Nordkap ist nicht der nördlichste Punkt des Kontinents. Diese Ehre gebührt Knivskjelodden, eine 18 km lange Rundwanderung entfernt: weniger dramatisch, nicht mit dem Auto zu erreichen – und umso schätzenswerter.

Nordkap & Umgebung

NORDKAPPHALLEN

Geschafft: Die nördlichste Touristenfalle Europas ist erreicht. Dieses Urteil wird uns in vielen Briefen bestätigt, die wir regelmäßig von sich geneppt fühlenden Lesern erhalten. Um die äußerste Spitze des europäischen Kontinents zu erreichen – sei es mit dem Auto, mit dem Fahrrad, mit dem Bus oder zu Fuß –, muss man eine Art **Wegezoll** (Erw./Kind/Stud./Fam. 195/60/110/390 nkr) entrichten. Damit hat man unbegrenzten Zutritt für zwei Tage, doch das entschädigt kaum für die Massen, die hier anrollen, sich einmal umsehen, zwei Fotos schießen und wieder abrollen.

Der riesige, bunkerartige Bau mit einer Art riesigem Golfball obendrauf wird geliebt und gehasst zugleich. Im Inneren verbirgt sich so allerlei: eine ermüdend ausführliche Darstellung der hiesigen Marineaktionen während des Zweiten Weltkriegs, eine Cafeteria und ein Restaurant, die ungewöhnliche Grottan-Bar, vor deren riesiger Glaswand das Ende Europas liegt, ein kleines Thai-Museum, die St.-Johannes-Kapelle („die nördlichste ökumenische Kapelle der Welt"), ein Postamt (wegen des ungeheuer wichtigen Nordkap-Stempels) und ein dem Ort entsprechend riesiger Souvenirladen. In einem 120-Grad-Saal mit fünf Leinwänden läuft ein sehenswerter 17-minütiger Panoramafilm.

Aber den echten Kick gibt der Ausblick. Bei gutem Wetter – und es ist meistens gut – kann man 307 m tief auf die wilde Brandung hinunterblicken, die Gischt aufschäumen sehen und einfach den Augenblick genießen.

KNIVSKJELODDEN

Der wirklich und wahrhaftig nördlichste Punkt des Kontinents, Knivskjelodden, ist glücklicherweise mit Fahrzeugen nicht zu erreichen und frei von touristischem Schnickschnack. Von einem ausgewiesenen Parkplatz 6 km südlich der Zollstation fürs Nordkap kann man zur Spitze dieses Felsvorsprungs wandern. Die 9 km lange Wanderung ist nicht schwierig, allerdings geht es ein wenig auf und ab. Am besten zieht man Wanderschuhe an, denn nach Niederschlägen ist es manchmal ziemlich matschig. Wenn man die nördliche Breite 71° 11' 08'' (auf Meereshöhe) erreicht hat, kann man sich in ein Gästebuch eintragen. Wer möchte, schreibt sich seine laufende Nummer aus dem Buch ab und holt sich beim Nordkapp Camping oder bei der Touristeninformation gegen 50 nkr – außer der Wanderung ist auf dieser Insel nichts umsonst – ein Zertifikat, welches die Heldentat bestätigt. Die Wanderung hin und zurück dauert ungefähr fünf Stunden.

SCHLAFEN

Erstaunlicherweise kann man die Nacht im eigenen Wohnmobil oder Wohnwagen direkt am Nordkap verbringen. (Vorher unbedingt Trinkwasser tanken und die Batterien aufladen – Strom oder Wasser gibt es nämlich nicht.)

Nordkap Camping (☎ 78 47 33 77; www.nordkappcamping.no; E 69, Skipsfjorden; Pers./Stellplatz 30/100 nkr; DZ 550 nkr, 2-/4-Bett-Hütten ohne eigenes Bad 500/550 nkr, mit eigenem Bad 950–1150 nkr; ☯ Mai–Mitte Sept.) Die

DER HOHE NORDEN

DER HOHE NORDEN

FRIDTJOF NANSEN

Fridtjof Nansen (1861–1930), vielseitiger Entdecker und Diplomat hat die Grenze dessen, was Menschen auszuhalten vermögen, aber auch die Grenzen menschlichen Mitgefühls weiter hinausgeschoben.

Nansen wuchs im ländlichen Store Frøen außerhalb von Oslo auf und genoss eine privilegierte Kindheit. Er war ein ausgezeichneter Sportler, gewann mindestens ein Dutzend nationale Meisterschaften im nordischen Skisport und stellte den Weltrekord im Eisschnelllauf über eine Meile (1,6 km) auf. Das Studium der Zoologie an der Universität von Christiania führte zu einer Reise an Bord des Seehundfängers *Viking*, um Meeresströmungen, Eisbewegungen und die Tierwelt zu studieren. Beim ersten Blick auf die verlockende Insel Grönland erwachte in ihm der Traum, das Inlandeis zu überqueren.

Er zögerte nicht lange. 1888, damals gerade 27 Jahre alt, übernahm Nansen die Führung einer Expedition von sechs Männern. Er überwinterte auf Grönland; seine genauen Beobachtungen der Inuit bildeten die Grundlage für sein Buch *Eskimoleben* von 1891.

Im Juni 1893 verließ Nansens nächste Expedition an Bord des 400-Tonnen-Schiffes *Fram* (mit Eichenrumpf und Stahlverstärkung) Christiania in Richtung Arktis – mit Vorräten für ganze sechs Jahre. Nansen ließ seine Frau Eva und seine sechs Monate alte Tochter Liv zurück, ohne zu wissen, wann und ob er wiederkommen würde.

Am 14. März 1895 brachen er und Hjalmar Johansen mit der *Fram* (s. S. 106) zum Nordpol auf. Insgesamt waren sie fünf Monate unterwegs, einschließlich einer 550 km langen Wanderung zu Fuß über das Eis, ehe sie sich für neun Wintermonate in eine winzige Steinhütte zurückzogen, die sie auf einer Insel errichtet hatten. Auf dem Weg nach Süden begegneten sie dem einsamen britischen Entdecker Frederick Jackson (nach dem Fridtjof Nansen später großzügigerweise die Insel benannte, auf der sie den Winter verbracht hatten). Alle drei gaben es auf, den Nordpol zu erreichen, und kehrten nach Vardø zurück.

1905 kam es zu einer politischen Krise: Norwegen verlangte die Unabhängigkeit von Schweden. Nansen, inzwischen ein norwegischer Nationalheld, wurde nach Kopenhagen und Großbritannien entsandt, um das Anliegen der Norweger vorzutragen.

Als Norwegen unabhängig wurde, bot man Nansen an, Premierminister zu werden, doch er lehnte ab, um weiter Entdeckungsfahrten zu unternehmen. (Es kursieren auch Gerüchte, man habe ihm angetragen, König oder Präsident zu werden.) Doch König Håkons Angebot, als Botschafter nach Großbritannien zu gehen, nahm Nansen an. 1907, nach dem plötzlichen Tod seiner Frau, gab er seine Träume von einer Südpoleroberung auf und überließ die *Fram* dem befreundeten, norwegischen Entdecker Roald Amundsen für dessen Expedition nördlich von Sibirien – auch das war angesichts der damals harten Konkurrenz unter Polarforschern eine höchst ungewöhnliche Großzügigkeit.

Nach dem Ersten Weltkrieg setzte sich Nansen für humanitäre Bestrebungen im großen Stil ein: Er engagierte sich für den neuen Völkerbund, für die Wiedereingliederung einer halben Million deutscher Soldaten aus sowjetischen Gefangenenlagern und für ein internationales Programm des Roten Kreuzes gegen Hunger und Seuchen in Russland. Als rund zwei Millionen Russen und Ukrainer durch ihre Flucht vor der bolschewistischen Revolution von 1917 staatenlos wurden, erlaubten sogenannte „Nansen-Pässe" Tausenden von ihnen, sich anderswo niederzulassen.

Seine möglicherweise größte diplomatische Leistung war jedoch die Wiederansiedlung von mehreren Hunderttausend Griechen und Türken nach den massiven Völkerverschiebungen, die in Folge des Ersten Weltkriegs im östlichen Mittelmeerraum stattgefunden hatten.

1922 erhielt Fridtjof Nansen den Friedensnobelpreis. Das Preisgeld spendete er komplett für internationale Hilfsaktionen. Nach 1925 wurde die Abrüstung sein größtes Anliegen; außerdem setzte er sich dafür ein, dass armenische Flüchtlinge außerhalb der Sowjetunion eine Heimat finden können. Obwohl dieses Projekt nie realisiert wurde, wird Nansen immer noch von Armeniern auf der ganzen Welt verehrt.

Am 13. Mai 1930 starb Fridtjof Nansen in aller Stille in seinem Haus in Polhøgda nahe Oslo und wurde in einem nahe gelegenen Garten beerdigt.

Ein Standardwerk über das Leben dieses außergewöhnlichen Mannes ist die Biografie *Nansen* von Roland Huntford (nur auf Englisch).

gut ausgestattete Gemeinschaftsküche, der freundliche Service und die Auswahl verschiedener Unterkünfte entschädigen für die öde Lage dieses Platzes nördlich von Skipsfjord. **Kirkeporten Camping** (☎ 78 47 52 33; www.kirke porten.no; Storvannsveien 2, Skarsvåg; Pers./Stellplatz 25/150 nkr, Hütten mit separatem Bad 475–550 nkr, 5-/6-Bett-Hütten mit eigenem Bad ab 775/850 nkr; ☺ Mitte Mai–Aug.), gleich außerhalb des Weilers Skarsvåg, ist ebenfalls ein netter Platz und vor allem bei britischen Reisegruppen beliebt. Sein Anspruch auf den Titel „nördlichster Campingplatz der Welt" ist bestreitbar. Es gibt einen Rivalen auf Svalbard, der allerdings keine Hütten hat. Das gemütliche Café serviert Rentier (115 nkr) und ein Tagesgericht mit frischem Fisch (130–145 nkr).

Honningsvåg
2500 Ew.
Honningsvåg ist mit Abstand die größte Siedlung auf der Insel. Die **Touristeninformation** (☎ 78 47 70 30; www.visitnorthcape.com; Fiskeriveien 4 B; ☺ Mitte Juni–Mitte Aug. Mo–Fr 8.30–20, Sa & So 12–20 Uhr, übrige Zeit Mo–Fr 8.30–16 Uhr) von Magerøya befindet sich am Hafen und hat Internetzugang (23 nkr pro 15 Min.).

SEHENSWERTES & AKTIVITÄTEN
Honningsvågs kleines **Nordkapmuseum** (☎ 78 47 72 00; www.nordkappmuseet.no; Fiskeriveien 4; Erw./Kind 30/5 nkr inkl. englischer Führung; ☺ Juni–Mitte Aug. 10–19 Uhr, übrige Zeit 12–16 Uhr) in der Touristeninformation dokumentiert den Einfluss der ersten Besucher am Kap, die Kultur der Samen, die harte Zeit unmittelbar nach dem Zweiten Weltkrieg und den Alltag der Siedlung, die, bevor die Touristenströme kamen, vom Meer lebte.

Die **Kirche** (Kirkegata; ☺ Juni–Mitte Sept. 8–22 Uhr) aus dem 19. Jh. war das einzige Gebäude des Orts, das die „Taktik der verbrannten Erde" beim Rückzug der Nazis 1944 überstanden hat.

SCHLAFEN
Northcape Guesthouse (☎ 47 25 50 63; www.northcape guesthouse.com; Elvebakken 5 a; B 200 nkr, DZ/4BZ 520/880 nkr; ☺ Mai–Sept.) Das helle und moderne Hostel 15–20 Fußminuten vom Kai der Hurtigrute ist ein Supertipp, um die Reisekasse zu schonen. Es bietet eine gemütliche Lounge, eine Waschmaschine, eine gut ausgestattete Gästeküche und einen schönen Blick über die Stadt. Obwohl es noch nicht lange existiert, hat es bereits einen guten Ruf, sodass man vorab reservieren sollte.

Honningsvåg Brygge (☎ 78 47 64 64; Vågen 1 a; EZ/DZ 1150/1300 nkr; ☺ ganzjährig) Die Aussicht in diesem Familienbetrieb, einem umgebauten Fischlagerhaus am Kai, ist unschlagbar. Zimmer mit Hafenblick kosten keinen Zuschlag, sollten aber vorher reserviert werden. Das hervorragende Restaurant ist nur für Hotelgäste.

ESSEN & AUSGEHEN
Corner (☎ 78 47 63 40; Fiskerveien 1; Hauptgerichte 145–175 nkr) Das Café bereitet Meeresfrüchte und Pizza und hat auch eine Bar mit einladender Freiterrasse und Meerblick. Besonders zu empfehlen sind knusprige Kabeljauzungen (145 nkr), Walfleisch (145 nkr) oder der konventionellere gebratene Heilbutt (160 nkr).

Arctico (☎ 78 47 15 00; Sjøgata 1 a; Erw./Kind 120 nkr/gratis; ☺ April–Sept. 10–21 Uhr) ist eine Eisbar, die im Sommer für Abkühlung sorgt und eine Ahnung davon vermittelt, wie das Nordkap im Winter aussehen mag. Ihr Inhaber José Milares ist selbst ein enthusiastischer Polabenteurer. Er kann seinen Gästen begeistert von den bizarren Formen, Blaseneinschlüssen und abstrakten Kunstgebilden des reinen Eises vorschwärmen, das er jede Saison frisch aufstapelt. Für Kinder gibt es einen Iglu, in dem sie spielen können.

Bryggerie (☎ 78 47 26 00; Nordkappgate 1) Die berühmte Brauerei Mack in Tromsø musste ihren Status als nördlichste Brauerei der Welt an die Mikrobrauerei von Honningsvåg abtreten. Zu den dort gebrauten Bieren zählt das „Ole Anton"(Onkel Anton), benannt nach dem Onkel eines der Besitzer.

Nøden Pub (☎ 78 47 27 11; Larsjorda 1; ☺ Di–So 20–2 Uhr), nahe dem Rica Hotel, ist bei Einheimischen beliebt und bietet oft Livemusik.

Gjesvær
130 Ew.
Eine phantastische Straße führt zu dem entlegenen Fischerdorf **Gjesvær**, 34 km nordwestlich von Honningsvåg. Die hügelige Taiga mit dunklen Teichen und Rentierweiden geht in eine kahle Felsenlandschaft über – und plötzlich öffnet sich der Blick auf flache Schären und die Gjesværstappan-Inseln.

Bird Safari (☎ 41 61 39 83; www.birdsafari.com; Erw./Kind/Jugendliche unter 12 J. 450/gratis/225 nkr) arrangiert zwischen Juni und Ende August zwei- bis dreimal täglich Exkursionen zu den Vogelkolonien der vorgelagerten Gjesværstappan Inseln. Dort nisten schätzungsweise drei Millionen Seevögel, darunter *Kolonien von Papageientauchern, Raubmöwen*, Tordalken, Dreizehenmöwen, Tölpeln und Seeadler. Die eineinhalbstündige Fahrt kann direkt beim Veranstalter oder über die Touristeninformation in Honningsvåg gebucht werden. Bird Safari bietet auch **Unterkünfte** (EZ/DZ mit Etagenbad & Küche 350/400 nkr, Hütten 750 nkr; ☽ Juni–Aug.).

Stappan Sjøprodukter (☎ 95 03 77 22; www.stappan. no) ist ein kleineres Unternehmen. Der Fischer Roald Berg nimmt Gäste in seinem kleinen Boot mit zu Vogelbeobachtungen (1000 nkr für bis zu 2 Passagiere, 450 nkr für die dritte bis sechste Person). Er bietet auch dreistündige Angelausflüge (2000 nkr, max. 4 Passagiere) und betreibt im Sommer ein wunderbares **Café** (☽ Kernzeiten 13–17 Uhr) am Wasser, das Köstlichkeiten wie Sandwiches mit geräuchertem Wildlachs (75 nkr), Moltebeeren mit Sahne (75 nkr) und Waffeln mit selbstgemachter Blaubeermarmelade (40 nkr) serviert. Sein **Apartment** (DZ/3BZ/4BZ 850/1000/1250 nkr) ist gut ausgestattet.

Kamøyvær

Ein kurzer Abstecher von der E 69 führt zu diesem kleinen, geschützten Fischerdorf mit pastellfarbenen Häuschen und Fischerhütten um einen kleinen Hafen.

LP Tipp **Arran** (☎ 78 47 51 29; www.arran.as; EZ/DZ ab 700/1050 nkr; ☽ Mitte Mai–Aug.; **P**) hat 44 Zimmer, verteilt auf drei Gebäude am Hafen. Die Samen-Familie, die es betreibt, backt selbst Brot und serviert frischen (oft selbst gefangenen) Fisch. Zur Abwechslung gibt es gelegentlich ein Tagesgericht mit Rentierfleisch (140 nkr).

Sollte es ausgebucht sein, bieten auch mehrere andere Häuser Gästezimmer. Wer kulturelle Genüsse den kulinarischen vorzieht, der besucht die **Gallery East of the Sun** (Galerie östlich der Sonne; ☽ Mitte Mai–Mitte Aug. 12–22 Uhr), um die runden Formen und leuchtenden Farben der Künstlerin Eva Schmutterer zu bewundern.

An- & Weiterreise

Küstenfähren der Hurtigrute legen in Honningsvåg an. Der 3½-stündige Aufenthalt der Fähren in Richtung Norden lässt Zeit für einen raschen Abstecher zum Nordkap (645 nkr).

Ein Expressbus verbindet Honningsvåg mit Alta (367 nkr, 4 Std., 1- oder 2-mal tgl.). Zudem gibt es Verbindungen von/nach Hammerfest (321 nkr, 3¼ Std., 1- oder 2-mal tgl.).

Von der E 6 ist der Ort via Olderfjord zu erreichen, wo die E 69 nach Norden abzweigt. Die einfache Maut für den 6,8 km langen Nordkaptunnel beträgt happige 145 nkr für ein Auto inkl. Fahrer plus 47/24 nkr pro Erw./Kind.

Unterwegs vor Ort

AUTO & MOTORRAD

Bevor in den 1950er-Jahren die Asphaltstraße zum Nordkap gebaut worden war, war das Kap nur mit dem Boot zu erreichen. Heute windet sich ein grauschwarzes Band über das felsige Plateau, vorbei an Herden grasender Rentiere. Je nach Schneelage ist die Straße für den Verkehr privater Fahrzeuge von April bis Mitte Oktober geöffnet. In den Übergangsmonaten bei heiklem Wetter lieber erst die Touristeninformation befragen.

Ein Taxi von Honningsvåg zum Nordkap hin und zurück kostet um die 1050 nkr plus jener 195 nkr Nordkap-Eintritt pro Passagier, dafür wartet das Taxi am Kap auch eine Stunde lang.

In Honningsvåg bietet **Avis** (☎ 78 47 62 22) ein Spezialpaket: 850 nkr für fünf Stunden Fahrzeugmiete inklusive Treibstoff und Versicherung. Die **Shell-Tankstelle** (☎ 78 47 60 60) macht ein ähnliches Angebot: vier Stunden für 600 nkr.

ÖFFENTLICHE VERKEHRSMITTEL

Zwischen Juni und Ende August verkehrt ein Lokalbus (Erw./Kind 90/40 nkr, 45 Min.) täglich um 10.45 und 21.30 Uhr zwischen Honningsvåg und Nordkap; Rückfahrt vom Kap um 13.15 bzw. 00.15 Uhr (damit man die Mitternachtssonne sehen kann). Wer knapp bei Kasse ist, sollte die angebotenen Inklusivtouren sorgfältig prüfen; hier wird für die gleiche Leistung möglicherweise deutlich mehr berechnet. Und nicht vergessen: Auch wer mit dem Bus kommt, muss immer noch die 195 nkr Eintritt bezahlen.

LAKSELV & UMGEBUNG

3000 Ew.

Das schlichte Fischerdorf Lakselv am oberen Ende des langen, engen Porsangerfjords hat dem Reisenden nicht wirklich viel zu bieten. Der Name bedeutet „Lachsfluss" und damit ist schon gesagt, was den Ort für norwegische Urlauber attraktiv macht.

Die **Touristeninformation** (☎ 78 46 07 00; www.arctic-active.no; ☾ Anfang Juni–Mitte Aug. Mo–Fr 9–17, Sa & So 10–17 Uhr, übrige Zeit Mo–Fr 8.30–16 Uhr) befindet sich im eher kläglichen Porsanger Vesthus Hotel.

North Cape Wine (☎ 78 46 23 73; Meieriveien 11) stellt seine Erzeugnisse zwar nicht aus Traubensaft her, ist aber trotzdem die nördlichste Weinkellerei der Welt. Sie keltert besondere Weine aus den Beeren der Arktis. Anmeldungen für eine Führung mit Weinprobe bei der Touristeninformation oder beim Weinproduzenten selbst. Flaschen zum Mitnehmen gibt es im Vinmonopolet im Einkaufszentrum Torgsenteret.

Schlafen & Essen

Lakselv Vandrerhjem (☎ 78 46 14 76; lakselv.hostel@vandrerhjem.no; B 200 nkr, DZ 450 nkr, Hütten mit eigenem Bad & Küche 500–600 nkr; ☾ Juni–Aug.) Das HI-Hostel mit Einrichtungen für Selbstversorger liegt etwas abseits zwischen Bäumen und kleinen Seen. Von hier kann man prima spazierengehen. Wer dorthin gelangen möchte, folgt der E 6 südlich von Lakselv 6 km weit und dann 2 km einem links abzweigenden Feldweg.

Lakselv Hotell (☎ 78 46 54 00; www.lakselvhotell.no; Karasjokveien; EZ/DZ Mitte Juni–Mitte Aug. 910/1175 nkr; übrige Zeit So–Do ab 940/1290 nkr, Fr & Sa 795/1050 nkr; ℗ 🖳) liegt 2 km südlich der Stadt an der E 6. Es bietet gemütliche Zimmer, schöne Ausblicke auf den Fjord, eine Sauna für Gäste und ein Restaurant, das im Sommer ein prima Abendbüfett (280 nkr) auffährt. Gäste können auch Fahrräder mieten (80 nkr pro Tag).

LP Tipp **Bungalåven Vertshus** (☎ 95 77 82 11; www.bungalaaven.com; Børselv; einfache DZ 350–450 nkr) 40 km nordöstlich von Lakselv via Rv 98 weist ein Schild den Weg zu diesem lauschigen, umgebauten Bauernhaus, 2 km von der Abzweigung. Im Sommer serviert es traditionelles Abendessen zum günstigen Preis von 150 nkr. Die Lounge ist supergemütlich und der Besitzer spielt so fetzig Akkordeon, dass die Gäste manchmal nachts noch zu tanzen anfangen. Es gibt ein paar einfache Hütten (350 nkr), darunter eine große mit eigenem Bad (900 nkr) und einen kleinen Campingplatz (Auto/Wohnwagen 75/100 nkr).

Im Ort selbst gibt es keine kulinarischen Highlights. Die beste Wahl unter den wenigen Möglichkeiten ist das **Åstedet Café & Bistro** (☎ 78 46 13 77) neben dem Porsanger Versthus und der Touristeninformation. In diesem Lokal, das gleichzeitig Kneipe und Café-Restaurant ist, werden einige recht ordentliche Fleischgerichte angeboten (um 150 nkr), außerdem die üblichen Burger, Pizzas und Salate.

An- & Weiterreise

Der Nordkap-Flughafen von Lakselv ist eine wichtige Drehscheibe für die innere Finnmark. Er bietet täglich bis zu drei Flüge von/nach Tromsø.

Busse verkehren ein- oder zweimal täglich außer Samstag von/nach Alta (275 nkr, 3½ Std.), Karasjok (123 nkr, 1¼ Std.) und Honningsvåg (266 nkr, 3¼ Std.). Im Sommer hält hier der tägliche Bus zwischen Nordkap und Rovaniemi via Ivalo (beide in Finnland).

STABBURSNES

Bei Stabbursnes, 16 km nördlich von Lakselv und an einem der reizvollsten Abschnitte des Porsangerfjords, liegen zwei wichtige Schutzgebiete.

Stabbursnes-Naturschutzgebiet

Das Stabbursnes-Naturschutzgebiet umfasst die Feuchtgebiete und Sumpfebenen in der Gezeitenmündung des Stabburselva. Vogelfreunde kommen hierher, um die zahlreichen Arten von Enten, Gänsen, Tauchern und Strandläufern zu beobachten, die auf ihren Wanderungen zwischen der Arktis und den gemäßigten Breiten hier rasten. Zu den exotischeren Arten zählen Pfuhlschnepfe, Strandläufer, Knuttstrandläufer und die immer seltenere Zwergbläßgans. Während der Brutzeit (Mai & Juni) sowie von Mitte August bis Mitte September sind die Küstenmarschen für Besucher nicht zugänglich.

Ein markierter Lehrpfad (2,8 km ein Weg) führt entlang der Mündung und der Küste des Porsangerfjords. Eine hilfreiche Pfadbeschreibung in Englisch bietet das Besucherzentrum.

Das **Stabbursnes Naturhus og Museum** (☎ 78 46 47 65; ☾ Mitte Juni–Mitte Aug. 9–20 Uhr, Anfang Juni & Ende Aug. 11–18 Uhr, übrige Zeit Di–Do 12–15 Uhr) informiert sowohl über das Naturschutzgebiet als auch über den Nationalpark. Es verkauft Naturführer, Landkarten und Angelscheine und zeigt eine gute **Ausstellung** (Erw./Kind./erm. 50/10/40 nkr inkl. 20 Min. DVD-Vorführung) über die Vögel, die Tiere und die Geologie der Hochebene, der Flusstäler und der Küste.

Stabbursdalen-Nationalpark

Keine einzige Straße durchquert den 747 km² großen Stabbursdalen-Nationalpark, stattdessen hat er eine spektakuläre Gletscherschlucht, exzellente Wanderrouten und den nördlichsten Kiefernwald der Welt zu bieten. Für Wanderer gibt es zwei Berghütten, die Rørkulphytta und die Ivarstua, sowie eine Erdhütte. Informationen über längere Touren bietet das Stabbursnes-Besucherzentrum, das auch die passenden Wanderkarten verkauft: *Stabbursdalen* und *Laksdal* vom Statens Kartverk (1:50 000). Außerdem gibt es drei weniger anstrengende, markierte Pfade von maximal vier Stunden.

Schlafen

Stabbursdalen Feriesenter (☎ 78 46 47 60; www. stabbursdalen.no; Auto/Wohnwagen 120/160 nkr plus 20 nkr pro Pers., 2-Bett-Hütten ohne eigenes Bad 450 nkr, 2–6-Bett-Hütten mit eigenem Bad 650–850 nkr; ⏲ Mitte Mai–Mitte Sept.) ist ein Campingplatz in traumhafter Natur am lachsreichen Stabburselva (im Café sind Livebilder aus dem Flussbett zu sehen). Zur Saison ist der Platz voll mit Anglern auf der Jagd nach dem „dicken Fisch" und die Sanitäranlagen sind dann überlastet.

ÖSTLICHE FINNMARK

Die relativ wenig besuchte östliche Finnmark ist das Kernland der Ost-Samen und bietet einige zauberhafte Küstendörfer sowie eine einzigartige Pioniergeschichte, in der Finnen, Forscher und Kriegszerstörungen eine Rolle spielen.

HALBINSEL NORDKYN

Der Felsen **Finnkirke** markiert mit seiner charakteristischen, an eine Kirche erinnernden Form den Ortseingang von Kjøllefjord: eine wahrlich majestätische Einladung in diese abgelegene Ecke der Finnmark, die ein wahres Schatzkästlein für Sammler der „nördlichsten Irgendwas" ist.

Auf der anderen Seite der Halbinsel Nordkyn behauptet das winzige Küstendorf Gamvik, das nördlichste Museum der Welt zu beherbergen, das **Latitude 71 Museum** (☎ 78 49 79 49; Strandveien 94; Erw./Kind/erm. 50/10/25 nkr; ⏲ Mitte Juni–Mitte Aug. 9–16.30 Uhr, übrige Zeit Mo–Fr 9–16 Uhr). In einem ehemaligen Schuppen zum Trocknen von Fischen informiert es über die Kultur der Fischer in der weitläufigen

Umgebung. Ganz in der Nähe verläuft ein Wanderpfad für Vogelbeobachter durch das **Slettnes Naturreservat**. Hier halten sich nistende oder durchziehende Enten und Watvögel auf (erreichbar nur zu Fuß oder mit dem eigenen Auto). Und **Slettnes Fyr** ist der weltweit nördlichste Festlandsleuchtturm.

In der Mitte der Halbinsel liegt **Kinnarodden**, der nördlichste Punkt des europäischen Festlands (das Nordkap liegt ja genau genommen auf einer Insel). Die Ortschaft Mehamn ist nicht weiter bemerkenswert, höchstens als Schauplatz einer sehr frühen Auseinandersetzung über den Umweltschutz in Norwegen: 1903 wurden Soldaten hierher geschickt, um die örtlichen Fischer zur Räson zu bringen. Die protestierten dagegen, dass durch den Walfang diejenigen Wale ausgerottet würden, die in früherer Zeit den Fischfang erleichtert hätten, indem sie den Kabeljau der Küste zutrieben.

Das einsam am Meer gelegene **Gamvik Gjestehus** (☎ 78 49 62 12; Strandveien 78, Gamvik) ist eine renovierte Fischerhütte mit einem guten Restaurant, das Königkrabben und frischen Fisch serviert.

Kjøllefjord und Mehamn sind Stationen auf der Hurtigrute.

BERLEVÅG
1100 Ew.

Dieses winzige Fischerdorf hat etwas wirklich Großes hervorgebracht: den **Berlevåg Mannsangforening**, einen Männerchor, den Knut Erik Jensen zum Thema seiner Dokumentation *Heftig og Begeistret* von 2001 machte. Der Film, eine Art nordischer *Buena Vista Social Club*, war in Norwegen eine Sensation und erntete auch internationale Anerkennung.

Sehenswertes & Aktivitäten

Das **Hafenmuseum** (Havnemuseum; ☎ 78 78 20 55; Havnegate; Erw./Kind 40/10 nkr; ⏲ Mitte Juni–Mitte Aug. Fr 10–18, Sa & So 13–18 Uhr, übrige Zeit Mo–Fr 12–15 Uhr) präsentiert die üblichen maritimen Objekte sowie ein ungewöhnliches altes Expeditionsboot, die *Berlevåg II*.

Ungefähr 12 km entfernt befindet sich eine **Opferstätte der Samen** auf dem 269 m hohen Tanahorn mit einem wunderbaren Blick auf das Eismeer. Die 8 km lange Wanderung (hin & zurück) beginnt 8 km westlich vom Ort an der Schotterstraße, die zu dem ebenso interessanten verlassenen Fischerdorf Store Malvik (20 km westlich von Berlevåg) führt.

Berlevåg Trolling & Deep Sea Fishing (☎ 78 98 18 80; www.trollingnorway.com; Storgata 13) bietet vierstündige Angelausflüge (1180 nkr) und zweistündige Königskrabben-Safaris (980 nkr) mit einem echten Hochseefischer.

Schlafen

Berlevåg Pensjonat og Camping (☎ 78 98 16 10; www.berlevag-pensjonat.no; Havnegate 8 b; Pers./Stellplatz 15/130 nkr, EZ/DZ 500/600 nkr) Der freundliche und gepflegte Komplex beherbergt zugleich die Touristeninformation. Beide vermieten Fahrräder und organisieren den Besuch einer Fischfarm, Tauchexkursionen sowie Angelausflüge.

An- & Weiterreise

Busse fahren täglich außer samstags mindestens einmal ab Tana Bru (215 nkr, 2½ Std.) und Båtsfjord (151 nkr, 1¾ Std.). Sie passieren die spektakulären, vielfarbigen Gesteinsschichten der Gamasfjellet-Klippen an der Ostküste des Tanafjord. Berlevåg ist auch ein Stopp auf der Hurtigrute.

BÅTSFJORD
2100 Ew.

Gegenüber dem ländlichen Berlevåg wirkt der kleine Hafenort Båtsfjord aktiver und industrieller.

Hauptsehenswürdigkeit ist die **Kirche von Båtsfjord** (◷ Mitte Juni–Mitte Aug.). 1971 erbaut, steht ihr sachliches Äußeres in scharfem Kontrast zum Innenraum. Hier leuchten satte 85 m² Buntglasfenster.

Eine 25 km lange Wanderung an der Südküste des Fjords nach Osten führt nach Makkaur, einem **verlassenen Fischerdorf** aus mittelalterlicher Zeit, das im Zweiten Weltkrieg nicht bombardiert wurde. Alles Mögliche an – durchaus spannendem – Krempel ist hier übrig geblieben, außerdem die Reste eines deutschen Kriegsgefangenenlagers.

Båtsfjords beste Unterkunft ist das **Polar Hotell** (☎ 78 98 31 00; www.polarhotel.no; EZ/DZ 1050/1350 nkr; ◷ April–Okt.). Es ist gepflegt und sauber, mit Bar und Restaurant. Daneben gibt es einen kleinen **Campingplatz** (Stellplatz 150 nkr), dessen Gäste die Hoteleinrichtungen mit nutzen können.

An- & Weiterreise

Flüge vom 5 km außerhalb gelegenen Flughafen gehen nach Tromsø und Kirkenes. Sie bieten einen herrlichen Blick über die arktische Landschaft und auf weidende Rentiere.

Busse verbinden ein- oder zweimal täglich außer samstags Båtsfjord mit Tana Bru (174 nkr, 2 Std.). Båtsfjord ist ein Hafen der Hurtigrute.

TANA BRU
600 Ew.

Das winzige Tana Bru verdankt seinen Namen der malerischen Brücke über den großen Fluss Tana, an dem es liegt. Er ist eins der besten Lachsgewässer Europas. Die Einheimischen errichten Stauwehre, um die Fische am Weiterziehen zu hindern; das natürliche Stauwehr der Storfossen-Wasserfälle, ungefähr 30 km flussaufwärts, ist einer der besten Angelplätze in ganz Norwegen. Ein Versuch lohnt sich, aber man muss schon ein besonderer Glückspilz sein, um etwas an Land zu ziehen, das sich mit dem Rekordlachs von 36 kg vergleichen lässt, der hier schon angelandet wurde.

Die **Tana Gull og Sølvsmie** (☎ 78 92 80 06; www.tanagullogsolv.com) wurde vor über 30 Jahren als die erste Gold- und Silberschmiede der östlichen Finnmark gegründet. Andreas Lautz kreiert hier sehr schönen Gold-, Silber- und Bronzeschmuck nach traditionellen samischen Mustern. Der Laden bietet außerdem hochwertige Textilien, Keramikarbeiten und Glaskunst.

Campinggelegenheiten und komfortable Zimmer, ein Restaurant, eine Bar und im Sommer auch die Touristeninformation finden sich im **Hotel Tana** (☎ 78 92 81 98; Stellplatz 150 nkr; EZ/DZ Mitte Juni–Mitte Aug. 695/795 nkr, übrige Zeit 1095/1345 nkr; Ⓟ). Es ist eine günstig gelegene Station an der Gabelung von Rv 98 und E 6/E 75. Die Zimmerpreise enthalten ein Frühstück und eine leichte Abendmahlzeit. Die neuen Besitzer haben große Pläne für eine Erweiterung.

Tägliche Busse verkehren von/nach Kirkenes (229 nkr, 2¼ Std.) und Vadsø (114 nkr, 1¼ Std.). Lokalbusse gehen täglich außer samstags von/nach Berlevåg (215 nkr, 2½ Std.) und Båtsfjord (174 nkr, 2 Std.). Der Bus Kirkenes–Alta in Richtung Westen kommt viermal pro Woche durch.

SAMENMUSEEN

Zwischen Tana Bru und Vadsø liegen zwei bedeutende Kulturstätten der Samen, die beide einen Halt lohnen.

DER HOHE NORDEN

KULTUR & TRADITION DER SAMEN

Das Leben der Samen basierte jahrhundertelang auf Jagd und Fischfang, doch irgendwann im 16. Jh. waren die meisten Rentiere domestiziert und aus der Jagdgesellschaft wurde eine Gesellschaft umherziehender Rentierhirten. Noch immer spielen die Rentiere eine wichtige Rolle in ihrem Leben, aber nur noch ca. 15 % der Samen sind unmittelbar mit dem Hüten der Tiere und der Arbeit mit dem Rentierschlitten beschäftigt. Und nur noch eine Hand voll Traditionalisten führt weiterhin ein echtes Nomadenleben. Die meisten widmen sich heute dem Fischfang oder haben mit dem Tourismus zu tun.

Ein wichtiges und charakteristisches Element der samischen Kultur ist der *joik*, ein rhythmisches Gedicht, das für eine ganz bestimmte Person geschrieben wird und ihr inneres Wesen beschreibt. Es geht damit praktisch ins Eigentum der betreffenden Person über (S. 43). Andere traditionelle Elemente sind die Volksmedizin, Schamanismus, künstlerische Betätigung (besonders Holzschnitzen und Silberschmieden) und das Streben nach ökologischer Harmonie.

Die samische Nationaltracht ist die einzige echte Volkstracht, die in Norwegen immer noch im Alltag vorkommt; in Kautokeino und Karasjok kann man sie auf der Straße bewundern. Die Tracht hat in jedem Distrikt hat ihre eigenen charakteristischen Merkmale, aber immer handelt es sich um eine reich verzierte und bestickte Kombination von roten und blauen Filzhemden oder Kitteln und Hosen oder Röcken sowie Stiefeln und Hüten. Zu besonderen Anlässen wird das Outfit der Frauen mit einer Perlenkrone und einem Kranz aus seidenen Haarbändern aufgepeppt.

Wer mehr wissen möchte, kann in das Buch *The Sami People* von Davvi Girji (1990) hineinschauen oder in *The Sami: Indigenous People of the Arctic* von Odd Mathis Hælta, beide in englischer Übersetzung erhältlich. Auf Deutsch gibt es u.a.: *Sápmi. Mythen und Sagen der Samen und ihr religiöser Hintergrund* von Hans U. Schwaar (1996) und *Die Samen im Norden* von Hans Lindkjoelen (1995). *The Magic of Sami Yoik* von Dejoda ist eine von mehreren CDs, die diesem besonderen Genre gewidmet sind; und auf der CD *Eight Seasons* von Mari Boine, einer Sängerin aus Karasjok, kann man einem breiten Spektrum samischer Musik lauschen.

In **Varangerbotn** zeigt das **Samenmuseum Varanger** (Várjjat Sámi Musea; ☎ 78 95 99 20; Erw./Kind 40/20 nkr; ☷ Mitte Juni–Mitte Aug. 10–18 Uhr, übrige Zeit Mo–Fr 10–15 Uhr) Wechselausstellungen zu Kultur und Geschichte der Samen sowie Werke zeitgenössischer samischer Künstler. Außerdem präsentiert es eine kleine ständige Ausstellung im Freien mit Erdhütten, Angelausrüstung und Gerätschaften der Samen.

An der E 75, etwa 15 km östlich von Verangerbotn, liegt die dem Museum angegliederte Kulturstätte **Ceavccageadge** (Fischölstein; Mortensnes; Eintritt frei; ☷ Mitte Juni–Ende Aug. 12–18 Uhr) mit Zeugnissen aus 10 000 Jahren samischer Kultur. Am westlichen Ende der Anlage, nachdem man Grabstätten, Ruinen von Wohnstätten und eine rekonstruierte Torfhütte hinter sich gelassen hat, steht man endlich vor dem Namensgeber *Ceavccageadge*: einem säulenartigen Stein in Wassernähe, der mit Lebertran eingesalbt wurde, um Glück beim Fischfang herbeizuwünschen. Auf einem Berg weiter östlich findet man den Bjørnstein (Bärenfelsen), der die früher hier siedelnden Samen wohl an einen Bären erinnert haben muss.

VADSØ
5500 Ew.

Vadsø, die Verwaltungshauptstadt der Finnmark, war früher Anlaufpunkt vieler finnischer Immigranten; Mitte des 19. Jhs. lebten im Ort zu 50 % Kven, wie man die Finnen damals nannte. Ein Gedenkstein am Nordende der Tollbugata erinnert an dieses kulturelle Erbe. Vadsø ist außerdem prominenter Ort für die Erforschung des Nordpols; hier begannen bzw. endeten mehrere Expeditionen. Wie die anderen Orte der Finnmark auch wurde Vadsø im Zweiten Weltkrieg stark beschädigt, sowohl durch russische Bombardierungen als auch durch die sich zurückziehenden deutschen Truppen.

Über eine kurze Brücke gelangt man auf die Insel Vadsø. Auf dem Friedhof ruhen mehrere Pomoren – russische Händler und Fischer vom Weißen Meer, die hier im 17. Jh. zu Wohlstand gelangten. Außerdem sind auf der Insel Überreste von prähistorischen Torfhütten zu finden. Im Frühsommer sollte man auf die seltene Scheckente achten, die hier nistet.

Die **Touristeninformation** (☎ 78 94 04 44; www.
varanger.com; ☺ Mitte Juni–Mitte Aug. Mo–Fr 10–18, Sa &
So 10–16 Uhr, übrige Zeit Mo–Fr 9–15 Uhr) ist an der
Kierkegate 15.

Sehenswertes

Das **Vadsø-Museum** (☎ 78 94 28 90; ☺ Mitte Juni–Mitte
Aug. Mo–Fr 9–19, Sa & So 9–16 Uhr, übrige Zeit Mo–Fr 10–
15 Uhr) besteht aus drei Teilen: **Tuomainengården**
(Tuomainen-Besitzung, Slettengate 21) ist ein finnisches
Bauernhaus aus der Mitte des 19. Jhs. inklusive Bäckerei, Sauna und Schmiede. Das gleich
um die Ecke gelegene **Esbensengården** (Esbensen-
Besitzung, Hvistendalsgata) ist ein deutlich großzü-
gigeres Kaufmannshaus, vollständig erhalten
mit Ställen und Dienstbotenunterkünften. Der
Eintritt kostet jeweils 30 nkr (40 nkr für beide
zusammen); für Kinder kostenlos.

Für den dritten Teil, die **Kjeldsen-Fischfabrik**
(Erw./Kind 30 nkr/gratis; ☺ Mitte Juni–Mitte Aug. 12–18 Uhr),
muss man sich nach Ekkerøy, 15 km öst-
lich der Stadt, aufmachen. Man findet
dort alte Lagerräume und Unterkünfte
vor, eine ganze Masse höchst rätselhaf-
ter Ausrüstungsgegenstände zum Fischen,
den Raum, wo früher Krabben verarbeitet
und verpackt wurden, und – da werden
Kindheitserinnerungen wach – ein riesiges
schwarzes Fass zum Kochen von Lebertran.
Wer vom Rumlaufen Hunger bekommen hat,
kann sich im **Havhesten Restaurant** (☎ 90 50 60 80;
Hauptgerichte 120–180 nkr; ☺ Kernzeiten Di–So 14-22 Uhr)
über eins der ausgezeichneten Fischgerichte
hermachen. Das Restaurant ist in einem
Nebengebäude untergebracht. Mit seinen
vielen maritimen Dekoobjekten würde es
glatt als Erweiterung des Museums durchgehen. Wenn der Wind nicht zu sehr pustet,
kann man draußen auf dem Steg essen, während unter und neben dem Tisch das Meer
schwappt.

Der an einen Bohrturm erinnernde
Luftskipsmasta (Luftschiffmast) auf der Insel
Vadsø wurde in der Mitte der 1920er-Jahre
aufgestellt. Hier machte man die Luftschiffe
fest, mit denen die Polarforscher auf Reise
gingen. Die Expedition von Roald Amundsen,
Umberto Nobile und Lincoln Ellsworth, die
mit dem Luftschiff *Norge N-1* via Nordpol
nach Alaska flogen, weihte den Mast im
April 1926 ein. Zwei Jahre später dockte hier
Umberto Nobiles Luftschiff *Italia* an, das die
Tour wiederholen sollte, aber auf Svalbard
zerschellte. Roald Amundsen war auch bei
der Rettungsexpedition dabei – zusammen

mit zwölf Dampfschiffen, 13 Flugzeugen
und 1500 Menschen – und verschwand
auf Nimmerwiedersehen; so wurde er zum
Helden und zum nationalen Märtyrer. Es
lohnt sich, die windigen 600 m durch die
Wiesen auf sich zu nehmen – nicht zuletzt
wegen der Vielfalt an quakenden und kräch-
zenden Wasservögeln auf dem kleinen See
weiter hinten.

Wie so oft in diesen kleinen Finnmarks-
gemeinden ist die **Kirche** (Amtmannsgate 1 b; ☺ Mitte
Juni–Mitte Aug. Mo–Fr 8.30–15 Uhr) das architektonisch interessanteste Gebäude – und oft auch
das einzige, das den Vandalismus der abzie-
henden Nazis überstanden hat. Letzteres ist
bei der Kirche von Vadsø anders, sie wurde
1958 erst errichtet. Sie ist eher schlicht, dann
voll Symbolik. Die beiden Türme sollen an
einen Eisberg erinnern, der Altar riskiert einen
Blick über den (konfessionellen) Tellerrand –
er ist orthodox inspiriert –, und das herrliche
Buntglasfenster zeigt die vier Jahreszeiten.

Schlafen & Essen

Vestre Jakobselv Camping (☎ 78 95 60 64; Lilledalsveien;
Pers./Stellplatz 10/115 nkr, 4-/5-Bett-Hütten 350/420 nkr,
4-/6-Bett-Zi. 350/500 nkr, 3BZ mit eigenem Bad & Küche
700 nkr; ☺ Mai–Sept.) Die Zimmer und Hütten
sind sehr preiswert. Der am nächste bei Vadsø
gelegene Campingplatz befindet sich 17 km
westlich der Stadt. Nur 200 m von einem rasch
strömenden Lachsfluss entfernt, ist er natürlich ein Anglertreff.

Vadsø Apartments (☎ 78 95 44 00, 92 06 86 03;
Tibergveien 3; EZ/DZ 400/600 nkr) Die einzige Unterkunft der mittleren Preislage in Vadsø ist
drei Blocks vom Hafen entfernt und ausgesprochen preiswert. Die fünf Einzelzimmer
und drei Doppelzimmer sind alle gemütlich
ausgestattet und haben sowohl Bad als auch
Kochgelegenheit dabei. Da der Platz knapp
ist, sollte man reservieren.

Das **Nobile Hotell** (☎ 78 95 33 35; www.nobilehotell.
no; Brugata 2, Insel Vadsøya; EZ/DZ Juni–Juli 700/1000 nkr,
übrige Zeit So–Do 850/1250 nkr, Fr & Sa 800/1000, alle inkl.
Frühstück; Ⓟ ⌨) wurde nach dem Polarforscher
benannt. Großformatige Fotos von ihm und
seinen Zeitgenossen zieren die Wände. Es
liegt nur einen kurzen Spaziergang vom Kai
der Hurtigrute entfernt. Zimmer 217 ist etwas
größer und bietet einen schönen Blick über
Stadt und Bucht.

Rica Hotel Vadsø (☎ 78 95 25 50; www.rica.no;
Oscarsgate 4; EZ/DZ Mitte Juni–Mitte Aug. 650/900 nkr, übrige
Zeit Mo–Do 395/1645, Fr & Sa 1125/1395 nkr, alle inkl.

Frühstück; (**P**) (🖥️)) Mitten im Zentrum bietet das freundliche Rica frisch renovierte Zimmer mit Parkettfußböden sowie kostenlose Sauna und eine kleine Sporthalle. Es ist der beste Tipp in Vadsø.

Oscar Mat og Vinhus Restaurant (Hauptgerichte 188–317 nkr; 🕑 16–22 Uhr) im Rica Hotel Vadsø ist das beste Restaurant am Ort. Es bietet ein ausgezeichnetes Frühstücksbüfett und Tagesgerichte mit Fisch oder Fleisch (145 nkr).

Hildonen Café (☎ 78 95 15 06; Kirkegata 20) Der Duft von warmem Brot und süßen Kuchen lockt einen unwiderstehlich in diese Bäckerei mit Café. Es liegt genau gegenüber der Touristeninformation und ist bei Einheimischen sehr beliebt.

Påls Matopplevelser (☎ 78 95 33 84; Hvistendalsgata 6 b; 🕑 Mo–Fr 9–17, Sa 10–15) verkauft leckere Baguettes (33–50 nkr) und Salate (50–90 nkr) sowie ein Tagesgericht mit frischem Fisch (100–140 nkr); alles auch zum Mitnehmen.

Indigo (☎ 78 95 16 81; Tollbugata 12; Hauptgerichte 150–255 nkr; 🕑 Di–Sa) Auch wenn es keinen Anspruch darauf erhebt, muss das seit Langem etablierte Indigo das nördlichste indische Restaurant Europas oder der Welt sein. Das dazu gehörende Takeaway vereint kulinarisch die Nationen – mit Kebab, Burgern, Pizza, Tex-Mex und Curries.

An- & Weiterreise

Bei Vadsø legen um 8.15 Uhr die Schiffe der Hurtigrute an, die in Richtung Norden nach Kirkenes fahren. Mindestens zwei Busse täglich verkehren von/nach Tana Bru (114 nkr, 1¼ Std.) und Vardø (128 nkr, 1½ Std.).

VARDØ

2100 Ew.

Die 75 km lange Strecke von Vadsø nach Vardø führt durch eine Gegend so flach wie ein Pfannkuchen und ist weitab vom Schuss. Hier sind nur noch wenige unermüdliche Traveller unterwegs. Doch wie sich die Straße in dieser Einsamkeit zwischen Küste, zähen Gräsern und niedrigen Sträuchern durchschlängelt, hat seinen eigenen Reiz.

Vardø darf für sich in Anspruch nehmen, Norwegens östlichste Siedlung zu sein. Obwohl diese schmetterlingsförmige Insel mit dem Festland lediglich durch den 2,9 km langen Ishavstunnel (Eismeertunnel) verbunden ist, behaupten die Einheimischen, sie sei der einzige norwegische Ort auf dem „Festland" innerhalb der arktischen Klimazone (die Jahresdurchschnittstemperatur liegt unter 10 °C). Früher war Vardø eine Hochburg des Handels mit den russischen Pomoren; heute ist der Ort ein wichtiger Fischereihafen und Heimat vieler Einwanderer aus Russland und Sri Lanka.

Die **Touristeninformation** (☎ 78 98 69 07; www.varanger.com; 🕑 Juni–Mitte Aug. Mo–Fr 10–19, Sa & So 12–19 Uhr) befindet sich in einem hübschen Holzbau am Kai der Hurtigrute.

Sehenswertes & Aktivitäten

Im Sommer organisiert die Touristeninformation **Bootsfahrten** (200 nkr hin & zurück; 🕑 stündl. 9–15.30 Uhr) zur Insel **Hornøya** mit ihrem malerischen Leuchtturm und den Vogelklippen. Wer dieses Vogelparadies nach Abfahrt des letzten Schiffs in Ruhe genießen will, sollte zeitig eines der nur drei Betten im Leuchtturm (250 nkr) reservieren.

Die sternförmige **Festning Vardøhus** (Vardøhus Festning; ☎ 78 98 85 02; Festningsgate 20; Eintritt 30 nkr; 🕑 Mitte April–Mitte Sept. 8–21 Uhr, übrige Zeit 10–18 Uhr) wurde im Jahr 1737 von König Christian VI. erbaut – selbstverständlich so weit im Norden wie keine andere. Für eine Festung etwas überraschend ist der Märchenlook, den die sanften Farben erzeugen. An einem schönen, sonnigen Tag lässt es sich zwischen den blumengeschmückten Bastionen, alten Gebäuden mit Torfdach und den russischen Kanonen wunderbar flanieren. Das Eintrittsgeld wird man entweder bei der Wache los oder wirft es in die am Eingang stehende Seemine aus dem Zweiten Weltkrieg.

Vardøs neues **Pomor-Museum** (☎ 78 98 80 75; Kaigata; Erw./Kind 40/20 nkr; 🕑 Mitte Juni–Mitte Aug. 13–17 Uhr, übrige Zeit Fr 16–17 Uhr) erinnert an die historischen Handelsbeziehungen zwischen Russland und Norwegen, bei denen Fisch gegen Getreide getauscht wurde. Sie endeten erst mit der Revolution von 1917.

Zwischen 1621 und 1692 wurden etwa 90 Frauen aus Vardø der Hexerei bezichtigt und verbrannt; eine Tafel und eine Fahne in der Kristian IV gate 24 erinnern daran. Auf dem Hügel **Domen** 2 km südlich des Ortes auf dem Festland kann man die Höhle besichtigen, wo ihre satanischen Riten und heimlichen Treffen mit dem Teufel stattgefunden haben sollen.

Und was hat es mit diesen riesigen Kugelgebilden auf den Bergen um Vardø auf sich? Nach offiziellen Angaben soll es sich um Einrichtungen zur Weltraumbeobachtung handeln.

HAMNINGBERG

Eine sehr empfehlenswerte, 88 km lange Rundreise von Vardø die Küste entlang nach Norden bringt einen zur winzigen, halb verlassenen Siedlung Hamningberg, die einst ganz aus Holz erbaut wurde.

Entlang der schmalen, einspurigen Straße trifft man auf eines der faszinierendsten geologischen Phänomene Nordnorwegens: dunkle Moorseen, struppiges Gebüsch, das sich zäh an der dünnen Humusschicht festklammert, Schneereste bis Ende Juli, mit Flechten bedeckte, erodierte Steinsäulen, Überreste von Sedimentschichten, die sich senkrecht aufgestellt haben. Wem diese Mondlandschaft bekannt vorkommt, der hat möglicherweise den James-Bond-Film *Moonraker* gesehen. Unterwegs begegnet man Rentierherden und kommt an mehreren Sandstränden vorbei. Eimer und Schaufel sollten allerdings bis zur Rückfahrt im Wagen bleiben, dann kann man 7,3 km südlich von Hamningberg zum allerbreitesten Strand wandern: durch das kleine Naturreservat **Sandfjordneset**, dessen geschützte Sanddünen etwas von der Küste zurückliegen.

Was das Dorf so besonders macht, ist seine totale Abgeschiedenheit, die es auch vor der allgemeinen Zerstörung durch die Nazis auf ihrem Rückzug im Zweiten Weltkrieg rettete. Nur ein Haus wurde zerstört, und zwar von einem russischen Bomber. Der Rest steht noch da als lebendige Erinnerung an das, was einmal einer der größten Fischerorte in der östlichen Finnmark war. Hier, ganz am Ende der Straße, wartet ein kleines **Café** (☺ Juni–Aug. 10–18 Uhr).

Geführte Touren

Hexeria (☎ 78 98 84 04; www.hexeria.no; Kaigata 12) organisiert Ausflüge zur Vogelbeobachtung und zum Angeln und verleiht auch Boote und Fahrräder.

Schlafen

Hexeria (s. 385; EZ/DZ ab 300/450 nkr; ☺ Juni–Aug.) vermietet während der Sommerferien Studentenzimmer und Apartments (ab 650 nkr). Die Zimmer haben Etagenbad und Gemeinschaftsküche.

Kiberg Bed & Boat (☎ 41 32 86 79; www.kiberg bedandboat.com; Ordfører Halvaris Gate 11, Kiberg; EZ/DZ 350/490 nkr) Diese eigenartige Unterkunft in Kiberg, 13 km südlich von Vardø, empfehlen wir mit etwas zwiespältigem Gefühl. Bei unserem Besuch war der geniale Besitzer Ronny Larsen und die meisten seiner Gäste mehr als ein bisschen weinselig. Aber immerhin war es auch ausgerechnet der Abend im Jahr, an dem die ganze Gemeinde die Rückkehr der Lachse feierte. Wir würden uns daher über Kommentare dazu freuen, wie es in diesen renovierten Fischerunterkünften mit Lounge und gut ausgestatteter Gästeküche im Normalfall zugeht. Die Zimmer und die Etagenbäder sind jedenfalls sauber und ordentlich und wohl nirgends sonst in Norwegen gibt es bessere Königskrabben (350 nkr). Ronny organisiert vierstündige Angelausflüge (1500 nkr pro Boot) und Wanderungen für Vögelliebhaber (150 nkr). Die Rezeption ist zwischen 18 und 24 Uhr geöffnet.

Vardø Hotell (☎ 78 98 77 61; www.vardohotel.no; Kaigata 8; EZ/DZ Mitte Juni–Mitte Aug. 490/590 nkr, übrige Zeit Mo–Do 1070/1170 nkr, Fr & Sa 860/960 nkr) Die Angestellten im einzigen Hotel des Ortes sind hilfsbereit und gut drauf, die Zimmer und Flure allerdings ausgesprochen karg und altmodisch. Pluspunkte sind die sehr vernünftigen Preise im Sommer und der Ausblick über den Hafen, den man von vielen Zimmern aus genießen kann; einige von ihnen sind behindertengerecht ausgestattet.

Essen & Ausgehen

Asia Burger Café (☎ 78 94 46 00; Kristian IV Gate 4; Hauptgerichte 130 nkr; ☺ Febr.–Nov. Di–So) Unser Tipp: den wenig einladenden Namen ignorieren, die Burger meiden und eines der köstlichen thailändischen Gerichte bestellen. Dazu schmeckt eines der 36 verschiedenen Flaschenbiere, etwa das echt thailändische Singha-Bier.

Der **Nordpol Kro** (☎ 78 98 75 01; Kaigata 21; ☺ 10–24 Uhr) erhebt trotz seines Namens keineswegs den Anspruch, irgendetwas „Nördlichstes" zu sein. Doch die 1858 gegründete Kneipe mit Holzdielen und allerlei Antiquitäten, von denen jede eine Geschichte über die Insel erzählen könnte, hätte gute Chancen auf den Titel des ältesten Gasthauses in Nordnorwegen. Der freundliche Gastgeber Bjørn Bredesen besitzt zudem eine rekordverdächtige Bierdeckelsammlung. An manchen Abenden spielt hier Livemusik.

An- & Weiterreise

Vardø ist eine Station der Hurtigrute. Busse verkehren mindestens zweimal täglich auf der landschaftlich reizvollen Küstenstrecke zwischen Vadsø und Vardø (128 nkr, 1½ Std.).

KIRKENES
4600 Ew.

Kirkenes liegt so weit östlich wie Kairo, weiter östlich als weite Teile Finnlands und ist die letzte Station der Hurtigrute, wo die russische Grenze nur noch 15 km entfernt ist. Der winzige, unscheinbare Ort hat das unverkennbare Flair einer Grenzsiedlung. Die Straßenschilder sind auf Norwegisch und in kyrillischer Schrift und in den Straßen wird Russisch gesprochen – von Grenzgängern und russischen Fischern, die hier mehr für ihren Fang bekommen.

Jährlich über 100 000 Reisende besuchen den kleinen Ort. Die meisten kommen mit einer Fähre der Hurtigrute, bleiben ein paar Stunden und fahren dann weiter. Doch ein etwas längerer Aufenthalt lohnt sich – nicht so sehr wegen der Stadt selbst, als vielmehr wegen der zahlreichen Exkursionen und Aktivitäten, welche die Touristeninformation organisiert.

Geschichte

Der Distrikt Sør-Varanger mit Kirkenes als Hauptort war bis 1926, als die russischen, finnischen und norwegischen Grenzen festgelegt wurden, gemeinsam von Norwegen und Russland besetzt.

1906 wurde in der Nähe Eisenerz entdeckt, und im Ersten Weltkrieg war Kirkenes ein Hauptlieferant für Rohmaterial der Artillerie. Bereits zu Beginn des Zweiten Weltkriegs erkannten auch die Nazis die Ressourcen und die günstige strategische Position nahe dem freien russischen Hafen Murmansk. Sie besetzten den Ort und stationierten hier 100 000 Soldaten. Ein Resultat war, dass das winzige Kirkenes nach Malta der am häufigsten bombardierte Ort im Zweiten Weltkrieg wurde: Mindestens dreihundertzwanzigmal griffen es die Sowjets an. In Kirkenes gab es auch ein Internierungslager für Norweger aus allen Landesteilen, die nicht mit den Besatzern kooperierten.

Auf ihrem Rückzug machten die Nazis alles dem Erdboden gleich, sodass von Kirkenes kaum mehr etwas übrig war, als die vorrückenden sowjetischen Truppen es im Oktober 1944 befreiten. Nach dem Wiederaufbau lieferte es wieder Eisenerz für große Teile Europas, doch die Förderkosten waren zu hoch und 1996 wurden die Bergwerke geschlossen.

Praktische Informationen

Bibliothek (Bibliotek; ☎ 78 99 32 51; Marktplatz; Ⓨ Kernzeiten Mo–Fr 9.30–15 Uhr) mit Internetzugang.
Touristeninformation (☎ 78 99 25 44; www.kirkenes info.no; Presteveien 1; Ⓨ Juni–Aug. Mo–Fr 8.30–18, Sa & So 10–17 Uhr, übrige Zeit Mo–Fr 8.30–16 Uhr)

Sicherheit

Man sollte nicht einmal mit dem Gedanken spielen, „einfach mal kurz" einen Schritt über die russische Grenze zu machen, um ein paar Fotos zu schießen. Heute achten die Norweger als Unterzeichnerstaat des Schengener Abkommens sehr genau darauf, dass keine illegalen Einwanderer ins Land kommen. Auch gibt es auf beiden Seiten immer noch Ängste aus der Zeit des Kalten Krieges. Sowohl norwegische als auch russische Wachtposten sind mit Beobachtungsgerät ausgestattet, und die Geldstrafe für einen illegalen Grenzübertritt, und sei es tatsächlich nur für einen Moment, beträgt mindestens 5000 nkr. Menschen auf der anderen Seite zu grüßen, etwas hinüberzuwerfen, Tele- oder Zoomobjektive zu verwenden oder auch nur ein Stativ aufzustellen – all dies gilt als Grenzverletzung. Achtung also! In den entsprechenden Vorschriften wird streng gewarnt: „Jeder Versuch einer Grenzverletzung wird genauso bestraft, als wäre er ausgeführt worden."

Sehenswertes & Aktivitäten

Gemessen an seiner geringen Größe bietet Kirkenes eine überraschende Fülle an Führungen und Aktivitäten in der Stadt und ihrer Umgebung. Einen guten Überblick – je nach Saison – geben die Broschüren *Sommer Aktivitäten* und *Winter Aktivitäten* der Touristeninformation.

Zu den wichtigsten Anbietern zählen:
Arctic Adventure (☎ 95 15 07 55; www.arctic-adventure.no; Jarfjordbotn)
Pasvikturist (☎ 78 99 50 80; www.pasvikturist.no; Dr Wessels Gate 9)
Radius (☎ 78 97 05 40; www.radius-kirkenes.com; Kongensgate 1–2)
Neben den beschriebenen Sommeraktivitäten werden folgende Programme angeboten:

DER HOHE NORDEN

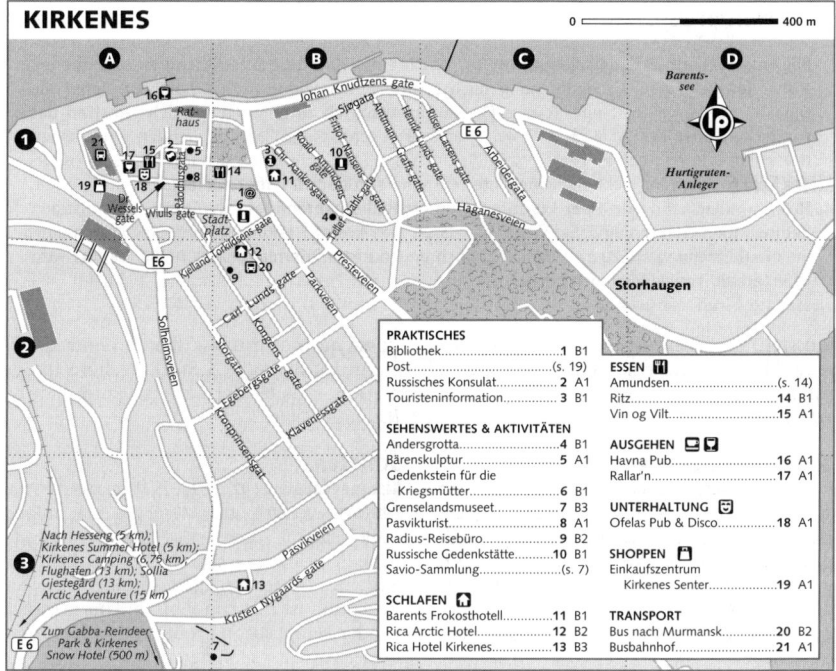

KIRKENES

0 ————————— 400 m

PRAKTISCHES
Bibliothek....................................1 B1
Post..(s. 19)
Russisches Konsulat.................2 A1
Touristeninformation..............3 B1

SEHENSWERTES & AKTIVITÄTEN
Andersgrotta..............................4 B1
Bärenskulptur.............................5 A1
Gedenkstein für die
  Kriegsmütter..........................6 B1
Grenselandsmuseet...................7 B3
Pasvikturist.................................8 A1
Radius-Reisebüro........................9 B2
Russische Gedenkstätte..........10 B1
Savio-Sammlung......................(s. 7)

SCHLAFEN
Barents Frokosthotell...............11 B1
Rica Arctic Hotel.......................12 B2
Rica Hotel Kirkenes.................13 B3

ESSEN
Amundsen................................(s. 14)
Ritz...14 B1
Vin og Vilt................................15 A1

AUSGEHEN
Havna Pub................................16 A1
Rallar'n.....................................17 A1

UNTERHALTUNG
Ofelas Pub & Disco.................18 A1

SHOPPEN
Einkaufszentrum
  Kirkenes Senter.....................19 A1

TRANSPORT
Bus nach Murmansk................20 B2
Busbahnhof...............................21 A1

DER HOHE NORDEN

- Besuch eines russischen Fischdampfers (275 nkr)
- Helikopterflüge zur russischen Grenze (895 nkr)
- Königskrabben-Safaris (990 nkr)
- Besuch einer alten Eisenerzgrube (Erw./Kind 400/200 nkr)
- Halbtägige Führungen im Pasvik-Tal (Erw./Kind 650/350 nkr)

Und im Winter:
- Schneemobilsafaris (ab 1150 nkr)
- Eisangeln (790 nkr)
- Hundeschlittenfahren (ab 1250 nkr)

Reservierungen nehmen die Veranstalter und die Touristeninformation entgegen.

GRENSELANDSMUSEET

Das gut gemachte **Grenzmuseum** (☎ 78 99 48 80; Førstevannslia; Erw./Kind/erm. 40 nkr/gratis/30 nkr; ☯ Anfang Juni–Mitte Aug. 10–18 Uhr, übrige Zeit 10–15.30 Uhr), 1 km außerhalb des Zentrums, präsentiert Geographie und Kultur der Grenzregion mit Ausstellungen über den Zweiten Weltkrieg und den Bergbau.

Zum Museum gehört auch die **Savio-Sammlung** mit typischen Drucken des samischen Künstlers John A. Savio (1902–38) aus Kirkenes. Seine Arbeiten stellen die Spannung zwischen dem Leben der Einheimischen und den Kräften der Natur dar.

ANDERSGROTTA

Eine steile Treppe führt hinab in die **Andersgrotta** (Tellef Dahlsgate; Eintritt 100 nkr; ☯ Besichtigungen 11.30 & 12 Uhr), die einst als Luftschutzkeller und Bunker diente, als eine Staffel russischer Bomber nach der anderen versuchte, die Nazis aus den Erzförderanlagen zu vertreiben. Eine mehrsprachige Präsentation und ein neunminütiges Video berichten über die Ereignisse. Warme Kleidung ist ratsam, denn selbst im Sommer hat es hier nur 3 °C.

GEDENKSTEINE & SKULPTUREN

Die **Russische Gedenkstätte** oben auf einem Hügel ist den Soldaten der Roten Armee gewidmet, die die Stadt im Jahr 1944 befreiten. Der **Gedenkstein für die Kriegsmütter** auf dem Marktplatz von Kirkenes erinnert an die Strapazen, die die Frauen im Krieg erleiden

DER HOHE NORDEN

VISA FÜR RUSSLAND

Bei entsprechender Vorausplanung ist es möglich, die Grenze bei Storskog zu überqueren, Norwegens einzigem Grenzübergang nach Russland. Wir können nur empfehlen, lieber die Dienste von Pasvikturist oder Radius (S. 386) in Anspruch zu nehmen, als sich selbst an das **russische Konsulat** (☎ 78 99 37 37, wenn man es lange genug klingeln lässt) zu wenden – und einen Nervenzusammenbruch zu riskieren. Beide Organisationen können Besuchern ein Visum besorgen, auch wenn sie nicht mit einer ihrer Pauschalgruppen, sondern auf eigene Faust reisen. Das Formular kann von ihrer Website heruntergeladen werden, auf der auch alle sonstigen Bedingungen erläutert sind. Ein Visum für 1/3/29 Tage kostet 500/675/825 nkr. Gewöhnlich dauert die Ausstellung bis zu zwei Wochen, doch gegen einen Zuschlag von 800/700/600 nkr wird es innerhalb von 1/2/3 Tagen ausgestellt.

---

mussten, und dann ist da noch die anrührende kleine **Skulptur** eines Bären, der vor dem russischen Konsulat einen Laternenpfahl erklettert.

GABBA-REINDEER-PARK

Dieser **Rentiersafaripark** (Eintritt 275 nkr; Führungen tgl. 14 Uhr) wird die Kinder nicht gerade vom Hocker reißen, wenn sie mit dem Auto durch die östliche Finnmark gekommen sind und unterwegs immer wieder ganze Herden weidender Rentiere gesehen haben. Wer hingegen auf der Hurtigrute angereist ist, kann hier was erleben.

RUSSISCHER MARKT

Am letzten Donnerstag der meisten Monate bauen russische Händler im Stadtzentrum ihre Stände auf. Hier wird alles Mögliche verhökert: von Kunsthandwerk und gehäkelten Tischdeckchen bis hin zu Ferngläsern. Die Preise sind nicht so niedrig wie in Russland, aber für Norwegen immer noch billig genug.

Geführte Touren

Barents Safari (☎ 90 19 05 94) organisiert eine dreistündige Bootsfahrt (Erw./Kind 790/400 nkr, Juni–Mitte Sept. mindestens 2-mal tgl.) auf dem Fluss Pasvik bis zum historischen Dorf Boris Gleb (auf Russisch Borisoglebsk), wo die russische Grenze ist. Im Preis enthalten ist ein Lachsessen mit Moltebeeren und Sahne in einer Hütte samischen Stils.

Pasvikturist bietet einen Tagesausflug über die Grenze ins Pechenga-Tal und zu der Bergbaustadt Nikel (990 nkr) sowie eine geführte Wochenendreise nach Murmansk (1690 nkr). Beide erfordern ein Visum.

Wer ein Visum hat, kann auch individuell mit einem der beiden täglich verkehrenden Busse nach Murmansk fahren (einfach/hin & zurück 300/600, 5 Std.). Weitere Informationen bietet der Lonely Planet Führer *Russia & Belarus*.

Schlafen

Kirkenes Camping (☎ 78 99 80 28; Maggadalen, Hesseng; Zelt-/Wohnwagenstellplatz 90/140 nkr plus 25 nkr pro Pers., 4-Bett-Hütten 370–770 nkr; ☸ Juni–Aug.) Der freundliche Platz an der E 6 und 8 km westlich von Kirkenes ist der einzige Campingplatz. Die Rezeption ist nur von 9 bis 20 Uhr geöffnet (in der Hauptsaison problematisch); Hütten besser vorher reservieren.

Kirkenes Summer Hotel (☎ 78 97 05 40; www.radius-kirkenes.com; Hesseng; EZ/DZ 440/890 nkr; ☸ Ende Juni–Mitte Aug.; **P**), in der Ortschaft Hesseng, 4 km südwestlich von Kirkenes via E 6, dient während des Semesters als Studentenunterkunft. Die Doppelzimmer haben eigenes Bad, die Einzelzimmer nur Etagenbad.

Barents Frokosthotell (☎ 78 99 32 99; gcelius@frisurf. no; Presteveien 3; einfache EZ/DZ 500/700 nkr, mit eigenem Bad 650/800 nkr) In dieser einfachen Unterkunft sitzen an der Rezeption Russen – und in den meisten Zimmern auch. Sie liegt gleich neben der Touristeninformation. Ihre 14 Zimmer sind sehr schlicht, aber sauber und komfortabel.

LP Tipp **Sollia Gjestegård** (☎ 78 99 08 20; www. storskog.no; 2–6-Bett-Hütten 500–950 nkr, DZ 750 nkr) Das Sollia mit Hütten und Apartments, 13 km südöstlich von Kirkenes, ist ein wunderbarer Ort, um in Ruhe zu entspannen. Es hat eine Sauna und die Kinder werden von den Huskies begeistert sein.

Das **Rica Arctic Hotel** (☎ 78 99 29 29; www.rica. no; Kongensgate 1–3; EZ/DZ Mitte Juni–Mitte Aug. 895/1145 nkr; übrige Zeit So–Do 1415/1665 nkr, Fr & Sa 880/1130 nkr; **P** 🖳 🏊) ist ein moderner Hotelblock mit Norwegens östlichstem Schwimmbad (beheizt und ganzjährig geöffnet). Sein „Arctic-Menu"-Restaurant (im Sommer Büfett für 295 nkr) ist eines der besten Restaurants in Kirkenes.

Das **Rica Hotel Kirkenes** (☎ 78 99 14 91; www. rica.no; Pasvikveien 63; EZ/DZ Mitte Juni–Mitte Aug. 895/1145 nkr, übrige Zeit So–Do 1355/1605 nkr, Fr & Sa 825/1075 nkr, alle Preise inkl. Frühstück) wirkt wie eine Ausweichunterkunft, falls das andere Rica-Hotel voll ist. Es hat ähnliche Preise wie das Rica Arctic, aber nicht den gleichen Charme. Immerhin ist es recht komfortabel und da es oberhalb der Stadt liegt, bieten das Restaurant und viele der Zimmer einen schönen Ausblick.

Essen

Ritz (☎ 78 99 34 81; Dr Wessels Gate 17; Pizzas 160–186 nkr; ☷ Kernzeiten 3–13.30 Uhr) Die Pizzeria von Kirkenes bereitet mittwochs ein Taco-Büfett (110 nkr) und freitags ein Pizza-Büfett (105 nkr).

Amundsen (☎ 78 99 34 80; ☷ Kernzeiten 8.30–16 Uhr) Ein nettes kleines Café beim Ritz mit einer guten Auswahl an belegten Broten, Salaten und Kuchen. Drinnen ist es ebenso angenehm wie draußen auf der Terrasse (wenn es nicht zu windig ist) an der verkehrsberuhigten Dr Wessels Gate.

Sollia Gjestegård (Hauptgerichte 220–340 nkr; ☷ Di–So) Das Hotel umfasst ein erstklassiges Restaurant, dessen große Panoramafenster einen weiten Blick auf die russische Grenze eröffnen.

Vin og Vilt (☎ 78 99 38 11; Kierkegata 5; Hauptgerichte 270–475 nkr; ☷ 6–23 Uhr) Dieses Gourmet-Restaurant im Stil eines eleganten Jagdhauses bietet verlockende Gerichte à la carte wie Rentier, Hase, Schneehuhn (je nach Saison) und Äsche.

Ausgehen & Unterhaltung

Havna Pub (Johan Knudtzens Gate 1; ☷ Mi–So 15–1 Uhr) Matrosenkneipe mit Blick über den Hafen und auf einen rostenden russischen Koloss. Man spielt Billard oder Darts.

Rallar'n (☎ 78 99 18 73; Storgata 1) Nicht übertrieben fein, aber doch weniger rustikal als das Havna.

Ritz (☎ 78 99 34 81; Dr Wessels Gate 17) Disko und Kneipe ziehen ein überwiegend junges Publikum an.

Ofelas Pub & Disco (Dr Wessels Gate 3) Die Gäste sind geringfügig älter. Beide, das Ritz und das Ofelas, haben freitag- und samstagabends geöffnet.

An- & Weiterreise

Vom **Flughafen Kirkenes** (☎ 78 97 35 20) gehen Direktflüge nach Oslo und Tromsø. Im Sommer sparen clevere Einheimische Geld, indem sie von/nach Ivalo in Finnland fliegen, da dann täglich ein Bus (s. S. 389) die 250 km zwischen Kirkenes und dem Flughafen von Ivalo zurücklegt.

Busse fahren drei- oder viermal pro Woche nach Karasjok (504 nkr, 5¼ Std.), Hammerfest (831 nkr, 10–12 Std.), Alta (876 nkr, 15 Std.) und zu vielen Orten an der Strecke. Von Ende Juni bis Mitte August bietet **Lapin Linjat** (www. eskelisen-lapinlinjat.com) eine tägliche Verbindung nach Ivalo und zum Flughafen von Ivalo (320 nkr, 4½ Std.).

Kirkenes ist die Endstation der Küstenfähren der Hurtigrute. In Richtung Süden legen die Schiffe täglich um 14.45 Uhr ab. Ein Bus fährt für ankommende Schiffe vom Kai in die Stadt (25 nkr) und weiter zum Flughafen (70 nkr).

Unterwegs vor Ort

Der Flughafen, 13 km südwestlich der Stadt, wird von Flybuss bedient (70 nkr, 20 Min.), mit Verbindungen zum Busbahnhof und zum Rica Arctic Hotel für alle ankommenden und startenden Flüge. **Kirkenes Taxi** (☎ 78 99 13 97) berechnet für eine Fahrt zwischen Stadt und Flughafen 225/305 nkr am Tag/Abend.

Busse verkehren stündlich (an Wochenenden seltener) zwischen dem Zentrum und Hesseng (20 nkr, 15 Min.).

Autos vermieten **Hertz** (☎ 78 99 39 73) und **Avis** (☎ 78 97 37 05), beide in Hesseng. Sie bringen den Wagen auch zum Hotel.

DAS PASVIKTAL

Selbst wenn die teuflischen Mückenschwärme warmblütigen Lebewesen das Leben zur Hölle machen – gerade die abgelegenen Seen, die feuchten Sümpfe der Tundra und Norwegens größter *Taiga*-Urwald sind es, die den originellen kleinen Øvre-Pasvik-Nationalpark so attraktiv machen.

Der 200 km² große Park liegt am oberen Ende des Tals, ungefähr 100 km von Kirkenes entfernt. Dieser abgelegene Winkel Norwegens wirkt eher wie Sibirien oder Alaska. Hier streifen noch Vielfraße, Luchse und Braunbären frei durch die Natur, außerdem Elche und zahlreiche recht seltene Vögel wie Unglückshäher, Hakengimpel, Birkenzeisig und Zwergsäger.

OPORINIA AUTUMNATA

Überall in der Finnmark und auch jenseits der Grenze in Finnland trifft man immer wieder auf desolate Birkenwälder – ohne Blätter, die Stämme schwarz, als habe ein Feuer gewütet. Doch schuld daran ist etwas viel Kleineres, Langsameres, Hinterhältigeres und mindestens ebenso Zerstörerisches.

Der Birkenspanner *Oporinia autumnata* sieht harmlos aus: Die Raupen sind leuchtend grün, bis zu 2 cm lang und hungrig wie Wölfe. Sie verschlingen die Blätter eines Baumes und schwingen sich dann an hauchdünnen Fäden zur nächsten chlorophyllhaltigen Mahlzeit.

Am Ende fressen sie sich selbst um Haus und Hof und werden von alleine wieder weniger. Doch bis das geschieht, können die Auswirkungen für den empfindlichen Taigawald verheerend sein. Nur wenn es zwei Tage lang mindestens –35 °C kalt ist, werden die Schädlinge ausgerottet. Doch obwohl die Winter hier oben kalt sind, kann es Jahre dauern, ehe solche Temperaturen erreicht werden.

Die Kultur der steinzeitlichen Komsa-Jäger hat in der Gegend ihre Spuren hinterlassen: Rund um den See Ødevann und an anderen Orten in der Region findet man Fallgruben der Jäger; manche stammen aus der Zeit um 4000 v. Chr.

Praktische Informationen

Das **Øvre-Pasvik-Nationalparkzentrum** (☎ 46 41 36 00; 🕑 Mitte Juni–Mitte Sept. Mo–Fr 8–20, Fr & Sa 10–20 Uhr, übrige Zeit Mo–Fr 8–15.30 Uhr) liegt in wunderschönen Gärten 40 km südlich von Kirkenes.

Sehenswertes & Aktivitäten

Ein Halt lohnt sich bei der Außenstelle des **Sør-Varanger-Museums** (☎ 78 99 48 80; 🕑 Juli–Mitte Aug.) in Strand. Dort ist Norwegens ältestes staatliches Internat erhalten; weitere Themen sind die unterschiedlichen Volkszugehörigkeiten in der Region. Sehenswert sind auch die hölzerne **Svanvik-Kapelle** von 1934 und zwei Bauernhöfe aus dem 19. Jh.: **Bjørklund Gård** und **Nordre Namdalen**. Der noch aus den Zeiten des Kalten Krieges stammende Aussichtsturm **Høyden 96** (20 nkr) bietet einen Blick bis zur russischen Bergwerksstadt Nikel.

WANDERN

Wer sich hier in die Wildnis schlagen will, sollte keinesfalls an Mückenmittel sparen. Die beste Route ist die ziemlich jämmerliche Straße, die 1,5 km südlich von Vaggetem nach Südwesten abzweigt und nach 9 km auf einem Parkplatz am Nordostende des Sees Sortbrysttjørna endet. Von dort führt ein markierter Wanderweg 5 km weit nach Südosten, an mehreren schön gelegenen Seen vorbei, durch Sümpfe und Moraste bis zum Endpunkt an der Ellenvannskoia-Hütte am großen See Ellenvatn.

Vom Parkplatz Ødevasskoia aus sind es ungefähr 8 km zu Fuß geradewegs nach Süden zum Krokfjell (145 m) und dem Denkmal **Treriksrøysa**, das den Punkt markiert, wo Norwegen, Finnland und Russland aneinander stoßen. Es ist möglich, nahe heranzukommen und Fotos zu machen. Aber drumherumgehen sollte man lieber nicht – das wäre eine illegale Grenzverletzung.

Die richtige topografische Karte ist Krokfjelle vom Statens Kartverk. Darauf ist praktischerweise der gesamte Park im Maßstab 1:25 000 verzeichnet.

Schlafen & Essen

Im Park verstreut liegen mehrere Jagd- und Angelhütten, aber die einzige, die für Gelegenheitswanderer in Frage kommt, ist die Ellenvannskoia (Benutzung kostenlos).

Øvre Pasvik Café & Camping (☎ 78 99 55 30; www.pasvik-café.no, auf Norwegisch; Vaggetem; Hütten 300–570 nkr) vermietet auch Kanus und Fahrräder und informiert über die Natur und Attraktionen der Gegend.

Pasvik Taiga Restaurant (☎ 78 99 54 44; www.pasvik-tagia.no, auf Norwegisch; Skogfoss; 3–4-gängiges Abendessen 500 nkr) Dieses hoch gelobte Restaurant ist das Richtige für Feinschmecker: Fisch- und Wildgerichte werden mit einheimischen Kräutern und Beeren zubereitet. Es gibt nur sieben Zimmer (nkr 800 pro Pers. inkl. Frühstück), also unbedingt reservieren. Das Gleiche gilt fürs Restaurant, weil alle Gerichte stets frisch zubereitet werden.

An- & Weiterreise

Wochentags fährt ein Bus von Kirkenes nach Skogfoss (100 nkr, 1½ Std.) und montags, mittwochs sowie freitags weiter nach Vaggetem (156 nkr, 2½ Std.).

GRENSE JAKOBSELV

Eine erste Siedlung gab es in Grense Jakobselv möglicherweise vor 8000 Jahren, als der Meeresspiegel 60 m niedriger war als heute. Nur ein kleiner Fluss trennt hier Norwegen von Russland und entlang der Straße sieht man die Grenzsteine auf beiden Seiten. Die einzige wirkliche Attraktion – abgesehen von der Möglichkeit, einen Blick über die magische Linie zu werfen – ist die Steinkirche von 1869. Sie wurde in Sichtweite des Meeres gebaut, um Norwegens territorialen Ansprüchen Nachdruck zu verleihen, nachdem Einheimische sich bei den Behörden beschwert hatten, russische Fischerboote würden illegal in norwegische Gewässer vordringen. Man hoffte, die Eindringlinge würden eine Kirche respektieren und umkehren.

In den Schulferien kann man montags, mittwochs und freitags von Kirkenes einen Tagesausflug nach Grense Jakobselv machen (105 nkr, 1½ Std.). Der Bus startet um 9 Uhr in Kirkenes und macht sich um 11.30 Uhr wieder auf den Rückweg, dazwischen liegt eine Stunde Zeit für den Aufenthalt.

INNERE FINNMARK

Norwegens „Land der weiten Himmel", dicht an die finnische Grenze geschmiegt, ist eine üppig grüne Gegend und zudem das Kerngebiet des halbpolitischen Gebildes, das als Sápmi, „Land der Samen", bekannt ist. Kautokeino, ein klassisches Straßendorf, ist das traditionelle Herz der Region, auch wenn in Karasjok insgesamt mehr los ist und mehr samische Institutionen dort ihren Sitz haben.

KAUTOKEINO

2000 Ew.

Während sich Karasjok an die norwegische Kultur angepasst hat, ist Kautokeino, seit jeher das Winterlager der Rentier-Samen (im Unterschied zu den Küsten-Samen), betont samisch geblieben. Rund 85 % der Einwohner sprechen Samisch als Muttersprache. Und wenn man Einheimische in traditioneller Kleidung sieht, muss das keineswegs immer touristische Gründe haben. Die *kommune* (Gemeinde) ist flächenmäßig die größte ganz Norwegens und umfasst nahezu 10 000 km² – eine verdammt große Fläche voller Seen und Wälder. Im Sommer ist die Stadt offen

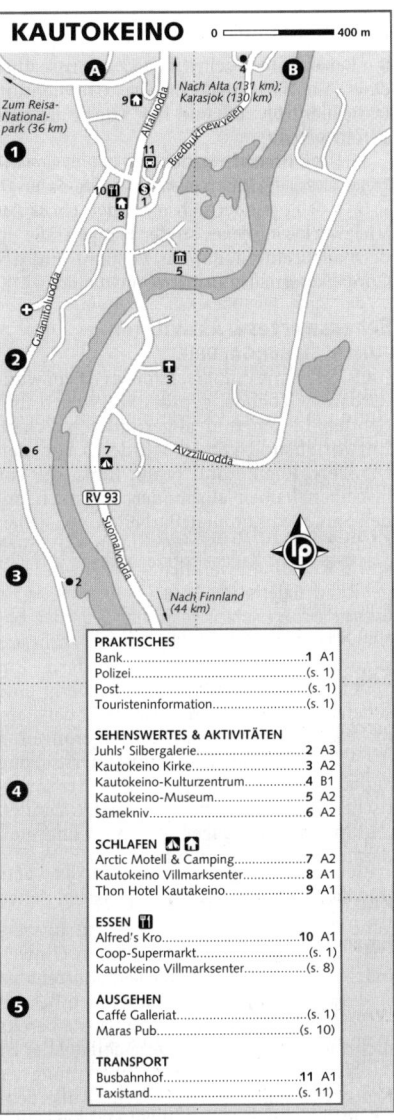

KAUTOKEINO

0 — 400 m

PRAKTISCHES
Bank	1 A1
Polizei	(s. 1)
Post	(s. 1)
Touristeninformation	(s. 1)

SEHENSWERTES & AKTIVITÄTEN
Juhls' Silbergalerie	2 A3
Kautokeino Kirke	3 A2
Kautokeino-Kulturzentrum	4 B1
Kautokeino-Museum	5 A2
Samekniv	6 A2

SCHLAFEN
Arctic Motell & Camping	7 A2
Kautokeino Villmarksenter	8 A1
Thon Hotel Kautakeino	9 A1

ESSEN
Alfred's Kro	10 A1
Coop-Supermarkt	(s. 1)
Kautokeino Villmarksenter	(s. 8)

AUSGEHEN
Caffé Galleriat	(s. 1)
Maras Pub	(s. 10)

TRANSPORT
Busbahnhof	11 A1
Taxistand	(s. 11)

DER HOHE NORDEN

gesagt recht langweilig, da viele Einwohner dann draußen bei den Rentieren auf den Sommerweiden sind. Umgekehrt leben hier im Winter nicht nur die Leute, sondern auch rund 100 000 Rentiere. Wirklich lohnend ist ein Besuch in Juhls' Silbergalerie kurz vor der Stadt: Hier gibt es eine großartige Auswahl des besten skandinavischen Schmuckdesigns.

Schon für 1553, während des allmählichen Übergangs vom nomadischen zum sesshaften Leben, gibt es schriftliche Zeugnisse über eine dauerhafte Siedlung. Das Christentum fasste hier früh Fuß, und 1641 wurde die erste Kirche gebaut.

Die **Touristeninformation** (☎ 78 48 65 00; www.kautokeino.nu; Mitte Juni–Mitte Aug. Mo–Sa 10–17, So 12–16 Uhr) befindet sich im Erdgeschoss des Vielzweckkomplexes an der Hauptstraße, in dem auch eine Bank, das Postamt und der Coop-Supermarkt untergebracht sind.

Sehenswertes & Aktivitäten

JUHLS' SILBERGALERIE

Juhls' Solvsmie (Silberschmiede) ist ein wunderbares Gebäude, geprägt von weich fließenden Linien und abgerundeten Ecken. Entworfen und gebaut wurde es von den Inhabern Regine und Frank Juhls, die vor fast einem halben Jahrhundert begannen, mit den Samen zusammenzuarbeiten. Sie stellen traditionellen und modernen Silberschmuck sowie Kunsthandwerkliches her. In der viel gelobten **Galerie** (☎ 78 48 43 30; www.juhls.no; Galaniitoluodda; Eintritt frei; Mitte Juni–Mitte Aug. 8.30–20 Uhr; übrige Zeit 9–18 Uhr) kann man bestes skandinavisches Design bewundern. Ein Seitengebäude der Galerie beherbergt eine sehenswerte Sammlung orientalischer Teppiche und Kunstgegenstände: Erinnerungen an die Arbeit der beiden Juhls zur Unterstützung afghanischer Flüchtlinge während der sowjetischen Besetzung jenes gebeutelten Landes. Die Angestellten zeigen gern alles und man darf auch gern etwas kaufen.

KAUTOKEINO-KULTURZENTRUM

Wer sich für moderne Architektur interessiert, kann einen weiteren kleinen Umweg machen und dem **Kautokeino-Kulturzentrum** (Bredbuktnesveien 50) am Stadtrand einen Besuch abstatten. Das Kulturzentrum wurde bereits mehrfach mit Preisen ausgezeichnet. Hier ist das Nordic Sami Institute zur Erforschung der Kultur der Samen untergebracht. Außerdem ist in dem Zentrum Beaivváš zu Hause, die einzige professionelle samische Theatertruppe weltweit, die in der Region herumtourt.

KAUTOKEINO-MUSEUM

In seinem Außenbereich zeigt dieses charmante kleine **Museum** (☎ 78 48 71 00; Boaronjárga 23; Erw./Kind 20 nkr/Eintritt frei; Mitte Juni–Mitte Aug. Mo–Sa 9–19, So 12–19 Uhr; übrige Zeit Mo–Fr 9–15 Uhr) eine traditionelle Samensiedlung, komplett mit einer früheren Wohnstatt, Behelfsunterkünften und Außengebäuden wie Küche, Sauna und Hütten zur Aufbewahrung von Fisch, Kartoffeln und Flechten (auch Rentiermoos genannt und bestes Rentierfutter). Drinnen gibt es samisches Kunsthandwerk zu sehen, Gerätschaften der Bauern und der Rentierhirten, religiöse Bilder und andere Gegenstände sowie Transportausrüstung für den Winter.

KAUTOKEINO KIRKE

Die **Holzkirche** von Kautokeino (Suomalvodda; Juni–Mitte Aug. 9–21 Uhr) wurde 1958 errichtet und ist eine der meistbenutzten in Norwegen, besonders zu Ostern. In ihrem heiteren und in leuchtenden samischen Farben lebendig wirkenden Innenraum stammen einige Inventarstücke noch aus der früheren Kirche von 1701. Sie konnten gerade noch gerettet werden, als die Kirche im Zweiten Weltkrieg in Brand gesteckt wurde.

SAMEKNIV

Samekniv (☎ 78 48 62 84; Galaniitoluodda; Eintritt frei; Juni–Aug. 9–20 Uhr, übrige Zeit 9–16 Uhr) ist die Galerie des samischen Messerschmieds Josef Per Buljo.

KANUSPORT

Zwischen Juni und August werden in Kautokeino Kanus (300 nkr pro Tag) vermietet, um auf dem Fluss zu paddeln. Auskunft erteilt Alfred's Kro (s. S. 393).

Festivals & Events

Die **Osterwoche** ist Hochzeitssaison und außerdem ein willkommener Anlass, im großen Kreis das Ende der dunklen Jahreszeit zu feiern, bevor sich Menschen und Tiere auf die weit verstreut liegenden Sommerweiden begeben. Entsprechend wird Ostern mit großem Tamtam begangen: Dann finden die Weltmeisterschaft im Rentierrennen statt sowie der Grand Prix der Samen – nein, kein Rennen mit frisierten Schneemobilen, sondern ein *joik*-(Lyrik-)Wettbewerb – sowie andere traditionelle samische und religiöse Feierlichkeiten. Nähere Informationen und Auskunft zum Programm unter www.saami-easterfestival.org.

Schlafen & Essen

Bei unserem letzten Besuch waren die Arbeiten für ein neues Hotel der Thon-Kette

REGINE & FRANK JUHLS

Es ist jetzt mehr als ein halbes Jahrhundert her, dass Frank Juhls, verzweifelt über die inzestuöse Kunstszene in seiner Heimatstadt Kopenhagen, der Heimat den Rücken kehrte und allein ins Land der Samen reiste. „Ich habe immer nach Osten geschaut, nie nach Westen", sagt er und schlürft seinen Kaffee, während durch die Fenster seines Ateliers das Sommerlicht hereinflutet. Fast ebenso lange liegt es zurück, dass seine Frau Regine hier herauf kam. Auch sie war alleine gekommen, nachdem sie im zarten Alter von gerade 18 Jahren ihr Zuhause in Deutschland verlassen hatte. In den ersten Monaten arbeitete sie als Dienstmädchen für eine nomadisierende Samen-Familie. Frank jagte, malte und baute sich eine Blockhütte. Unter den Samen erwarb er sich den Ruf eines praktisch begabten Mannes, der alles richten kann. Anfangs waren die beiden neben den Lehrern der örtlichen Schule die einzigen Nicht-Samen, erinnert sich Regine. „Wenn etwas kaputt ging, brachten sie es Frank zum Reparieren". Und umgekehrt bekamen die Juhls von ihnen die ersten Anregungen für ihren erlesenen Silberschmuck. Silber ist für die Samen Schmuck und Reichtum zugleich – „Kunst, die man tragen kann", wie Regine sagt.

Aber der Neid lauert überall und im Laufe der Jahre nahmen die eifersüchtigen Blicke zu. Die Samen wurden sesshaft, Schneemobile ersetzten die Rentierschlitten und viele alte Traditionen verblassten. „Mit nichts sind Sie hier angekommen – und schaut sie euch jetzt an!", hetzten böse Zungen. „Sie halten sich für etwas Besseres", eiferten samische Radikalisten und machten den Kindern der Juhls in der örtlichen Schule das Leben schwer. Doch seither sind Jahre vergangen und die Zeit heilt Wunden. Die Juhls werden nie ganz integriert sein, doch das Ehepaar auf dem Hügel wird jetzt mehr akzeptiert, denn die junge Generation hat die Komplexe der Eltern abgestreift.

Für alle, die von außen kommen, ist ihre zauberhafte Galerie mit weichen geschwungenen Linien ein Hauptgrund für den langen Umweg nach Kautokeino. „Die Galerie ist organisch gewachsen", sagt Regine und erklärt, wie sie an die schlichte Holzhütte, die noch immer Herzstück ihres Zuhause ist, nach und nach zusätzliche Flügel und Erweiterungen angefügt haben.

DER HOHE NORDEN

noch im Gange, das im Spätsommer 2008 eröffnet werden soll.

Arctic Motell & Camping (☎ 78 48 54 00; www. kauto.no; Suomaluodda 16; Auto/Wohnwagen 130/150 nkr, Hütten ohne eigenes Bad/mit eigenem Bad 400/750–1400 nkr, Motelzimmer 600 nkr) Camper und Hüttenbewohner auf diesem netten Platz können die Gemeinschaftsküche nutzen. In großen, gemütlichen *lavvo* (eine Art samisches Tipi) kann man sich gemütlich am Holzfeuer entspannen und einen Kaffee schlürfen. Auf Wunsch wird im kleinen Café auch *bidos* zubereitet, der traditionelle Rentiereintopf, der sonst bei samischen Hochzeiten und anderen Familienfesten auf den Tisch kommt.

Kautokeino Villmarksenter (☎ 78 48 76 02; isakma this@hotmail.com; Hannoluohkka 2; EZ/DZ 610/810 nkr, 4-Bett-Hütten 500 nkr) ist ein zweckmäßiger, freudloser Bau oberhalb der Hauptstraße. Am besten ist noch das Café-Restaurant (Hauptgerichte 90–160) an einer netten Freiterrasse.

Alfred's Kro (☎ 78 48 61 18; Hannoluohkka 4) Das liebenswerte Selbstbedienungscafé mit Mack-Bier vom Fass kocht eine gute Auswahl traditioneller Finnmark-Gerichte wie Hechtfrikadellen und – seine Spezialität – saftige Rentiersteaks. Büfett plus ein Hauptgericht und Kaffee kosten um 150 nkr, was absolut günstig ist.

Ausgehen

Das **Caffé Galleriat** über dem Fremdenverkehrsbüro mit Haupteingang an der Hauptstraße ist ein gemütliches kleines Lokal. Hier kann man in aller Ruhe einen Kaffee trinken gehen.

Unterhalb des Alfred's Kro liegt das belebte **Maras Pub** (☉ Do–So 20–24 oder 2 Uhr), wo gelegentlich Livemusiker spielen – sowohl traditionelle als auch Popmusik. Und wenn das Bier fließt, fangen die Gäste an zu *joiken*.

An- & Weiterreise

Öffentliche Verkehrsmittel sind knapp. FFR-Busse verkehren viermal die Woche zwischen Kautokeino und Alta (220 nkr, 2¼ Std.). Von Juni bis Mitte August fährt ein finnischer Lapin-Linjat-Bus einmal täglich zwischen Kautokeino und Alta (1¾ Std.) und Rovaniemi (8 Std.) in Finnland.

REISA-NATIONALPARK

Auch wenn er streng genommen im Bezirk Troms liegt, erreicht man den Reisa-Nationalpark mit dem Auto am besten von Kautokeino aus. Für Wanderer ist die 50 km lange Strecke durch diese abgelegene Gegend der Finnmarksvidda eine der abenteuerlichsten und körperlich anstrengendsten Routen Norwegens. Das Nordende des Wanderwegs in Sarelv erreicht man über die Rv 865, 47 km südlich von Storslett, das Südende über die Schotterstraße nach Reisevannhytta, 4 km westlich von Bieddjuvaggi an der Rv 896, wenn man von Kautokeino nach Nordwesten fährt.

Die meisten Besucher wandern von Norden nach Süden. Von Bilto oder Sarelv folgt man entweder dem Weg auf der Westseite des schmalen Tals, in dem der Fluss Reisaelva verläuft, oder man mietet ein Boot für die dreistündige Fahrt flussaufwärts nach Nedrefoss (27 km). Dort steht eine Hütte des DNT. Unterwegs kann man östlich des Weges am Nebenfluss Molleselva den 269 m hohen Wasserfall Mollesfossen bestaunen. Ab Nedrefoss führt die Wanderung 35 km weit nach Süden zur Reisavannhytta, einer Hütte am See Reisajävri in der Nähe des südlichen Wegendes.

KARASJOK
1500 Ew.

Die Fahrt von Kautokeino nach Karasjok ist wunderschön – ganz besonders der Teil, der dem Fluss Jiešjokka folgt.

Mag sein, dass in Kautokeino mehr Samen leben, aber Karasjok (Kárásjohka auf Samisch) ist zweifellos die Hauptstadt der norwegischen Samen. Hier befinden sich das Parlament der Samen und die Samenbibliothek, NRK Sami Radio sendet aus Karasjok, es gibt ein wunderbares Samen-Museum und einen beeindruckenden Samen-Themenpark. Überdies steht in Karasjok die älteste Holzkirche der Finnmark, die **Gamlekirke** von 1807. Als einziges Gebäude der Stadt überstand die Kirche die Zerstörungen des Zweiten Weltkriegs. Nur 18 km von der finnischen Grenze entfernt, kommen hier Busse, Wohnmobile und Autos zu Hunderten vorbei, alle auf dem Weg zum Nordkap.

Die **Touristeninformation** (☎ 78 46 88 10; www. koas.no; ☺ Juni–Mitte Aug. 9–19 Uhr, übrige Zeit Mo–Fr 9–16 Uhr) ist im Sápmi-Park, nahe der Kreuzung von E 6 und Rv 92. Wer aus Finnland kommt und noch keine Kronen hat, kann hier Geld wechseln.

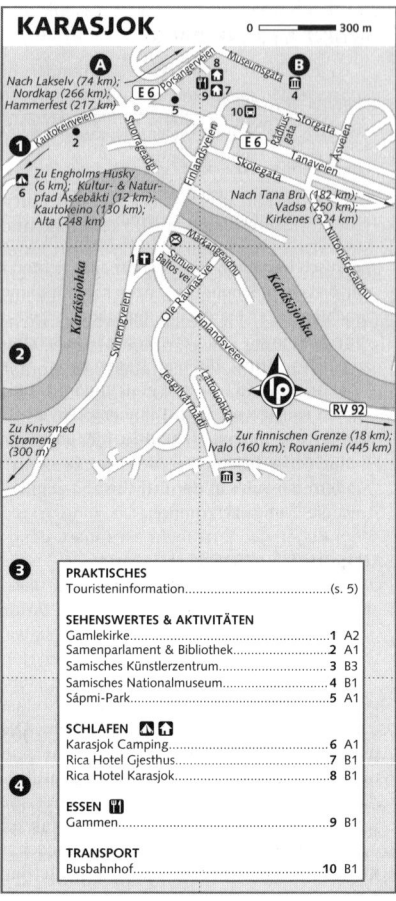

KARASJOK

0 —— 300 m

Sehenswertes & Aktivitäten
SÁPMI-PARK

Die Kultur der Samen wird hier bestens vermarktet, es konnte also nur eine Frage der Zeit sein, bis ein entsprechender **Themenpark** entstand (☎ 78 46 88 00; Porsangerveien; Erw./Kind/Fam. 100/60/270 nkr; ☺ Juni–Mitte Aug. 9–19 Uhr; übrige Zeit Mo–Fr 9–16 Uhr). Im „Magischen Theater" führt eine melancholische Multimediashow ins Thema ein, außerdem sind im Gelände Sommer- und Winterlager der Samen sowie andere Wohnstätten aufgebaut – Souvenirshop und Café inklusive. Die Anlage ist wirklich sehr gut, und die Samen werden als normale Mitmenschen vorgestellt, nicht als ein exotischer Anachronismus. Wer Hintergrundinformationen sucht, findet sie in den Samenmuseen von Karasjok und Kautokeino: weniger gefällig aufbereitet, dafür akademischer.

SAMENPARLAMENT

Das samische **Parlament** (Sámediggi; ☎ 78 47 40 00; Kautokeinoveien 50; Eintritt frei) wurde 1989 ins Leben gerufen; im Jahr 2000 zog es in ein tolles neues Gebäude um: von außen verkleidet mit sibirischem Holz, von innen mit Birke, Eiche und Kiefer. Die Haupthalle hat die Form eines samischen Zelts. Die Bibliothek der Samen, beleuchtet mit einem Sternenhimmel aus lauter winzigen Lichtern, beherbergt mehr als 35 000 Bücher sowie andere Medien. Von Ende Juni bis Mitte August finden von Montag bis Freitag zwischen 8.30 und 14.30 Uhr (außer 11.30 Uhr) stündlich halbstündige Führungen statt. In der übrigen Zeit beginnen die Führungen an Wochentagen um 13.30 Uhr. In Schweden und Finnland gibt's ebenfalls Samenparlamente.

SAMISCHES NATIONALMUSEUM

Das **Samische Nationalmuseum** (Sámiid Vuorká Dávvirat; ☎ 78 46 99 50; Museumsgata 17; Eintritt 70 nkr; ☾ März–Okt. 9–18 Uhr, übrige Zeit Mo–Fr 9–15 Uhr) wird oft auch die Sami-Sammlungen genannt. Das kleine ernsthafte Museum steht an einer sympathisch quirligen Straße, sodass es im Trubel manchmal etwas untergeht. Die Ausstellungsstücke sind der Geschichte und Kultur der Samen gewidmet: bunte, traditionelle samische Kleidung, eine verwirrende Vielfalt von Werkzeugen und Artefakten sowie von Werken zeitgenössischer samischer Künstler. Draußen wird auf einem kleinen Gehöft die Einfachheit traditionellen samischen Lebens demonstriert. Beschriftung nur auf Norwegisch und Samisch.

SAMISCHES KÜNSTLERZENTRUM

In dieser dynamischen **Galerie** (☎ 78 46 90 02; Jeagilvármádii 54; ☾ Mo–Fr 10–15, So 12–17 Uhr) finden wechselnde Ausstellungen zeitgenössischer samischer Künstler statt. Es lohnt sich, den kurzen Abstecher an den Stadtrand zu unternehmen.

ÁSSEBÁKTI CULTURAL & NATURPFAD

An der Rv 92, 12 km südlich von Karasjok Richtung Kautokeino, befindet sich dieser 3,5 km lange Trail (auf der Straße ausgeschildert als „Kulturminner"). Es lohnt sich durchaus, ihn entlangzuwandern, um ein bisschen Waldluft zu schnuppern. Kultur hat der Pfad, trotz seines Namens, allerdings nicht viel zu bieten. Immerhin kommt man nach ungefähr 25 Minuten (2 Std. sollten für Hin- & Rückweg eingeplant werden) an Überresten von Fallgruben, Vorratshügel und Erdhütten (am anderen Flussufer) vorbei.

Geführte Touren

Engholm's Husky im Häuschen gleichen Namens (s. S. 395) bietet Winterausflüge mit dem Hundeschlitten und Cross-Country-Touren auf Skiern an, außerdem Wandertouren im Sommer, bei denen ein Hund das Gepäck trägt (oder zumindest einen Teil davon). All-inclusive-Expeditionen reichen von Eintagestouren mit dem Hundeschlitten (pro Pers. 1100 nkr) bis zu achttägigen Arktis-Safaris (11500 nkr). Die Website www.engholm.no informiert über das komplette Angebot.

Schlafen & Essen

Karasjok Camping (☎ 78 46 61 35; halonen@online.no; Kautokeinoveien; Pers./Stellplatz 10/110 nkr, B 150 nkr, Hütten ohne eigenes Bad/mit eigenem Bad 275–450/650–990 nkr) Der freundliche Campingplatz von Karasjok liegt am Berg mit Blick über den Fluss und besitzt eine große Auswahl an Hütten. Im gemütlichen *lavvo* kann man sich beim Knistern des nächtlichen Birkenholzfeuers auf Rentierfellen ausstrecken. Oder man brutzelt sich sein eigenes Essen in der ebenso anheimelnden Grillhütte.

LP Tipp **Engholm's Design Lodge** (☎ 91 58 66 25; www.engholm.no; Hütten 300–400 nkr plus 200 nkr pro Pers.) 6 km außerhalb von Karasjok via Rv 92 hat Sven Engholm, der Inhaber von Engholm's Husky, inmitten der Wälder dieses Paradies geschaffen. Jede der rustikalen Hütten ist individuell und mit viel Flair ausgestattet; alle haben eine kleine Küche und zwei haben ein Bad. Das Schlaflied singen die Schlittenhunde. Ein üppiges Abendessen kostet 250 nkr. Durch den Wald ziehen sich markierte Pfade, und kaum fünf Minuten von den Hütten entfernt fließt ein Fluss voller Lachse. Am schönen Badeufer gibt's auch Kanus zu mieten (350 nkr pro Tag). Svens Lodge dient zugleich als HI-Hostel (B/EZ/DZ 175/355/500 nkr).

Rica Hotel Karasjok (☎ 78 46 88 60; www.rica.no; Porsangerveien; EZ/DZ Mitte Juni–Mitte Aug. 950/1165 nkr, übrige Zeit So–Do 1375/1625 nkr, Fr & Sa 830/1080 nkr; ℗ ▣) Gleich am Sápmi-Park. Dies ist Karasjoks beste Unterkunft mit hübschen Zimmern

und samischen Motiven an allen Ecken und
Enden sowie einem beeindruckenden „Arctic-
Menu"-Restaurant. Neben WLAN gibt es einen
Internetanschluss für Gäste, der mit 3 nkr
pro Minute wohl der teuerste der Welt ist.
Das zum Hotel gehörende **Gjestehus** (EZ/DZ Mitte
Juni–Mitte Aug. 590/700 nkr, Fr & Sa ganzjährig, übrige Zeit
So–Do 645/860 nkr) mit Etagenbädern ist deutlich
billiger und liegt ebenfalls am Park.

Gammen (☎ 78 46 88 60; Hauptgerichte 215–310 nkr;
☺ Mitte Juni–Mitte Aug. 10–23 Uhr) Auf der Speisekarte steht Rentier und nochmals Rentier,
vielleicht mit einem Alibi-Forellengericht
dazwischen. Das Gammen ist ein rustika-
ler Komplex mit vier großen, miteinander
verbundenen Samenhütten, die zum Hotel
Rica gehören. Zwar halten hier mit Vorliebe
Busse mit Reisegruppen, aber der Ort hat viel
Atmosphäre und es gibt traditionelle samische Gerichte, die man wirklich probieren
sollte – von Rentiereintopf bis Rentierfilet.
Und hey, eigentlich ist in allen norwegischen

Restaurants das Rauchen verboten, aber in
dieser dunklen, verräucherten Umgebung
finden unverbesserliche Qualmer vielleicht
einen gewissen Trost.

Shoppen

Knivsmed Strømeng (☎ 78 46 71 05; Badjenjárga; ☺ Mo–
Fr) Der Kunsthandwerksladen kann auf fünf
Generationen Erfahrung bei der Herstellung
der einzigartigen und original handgefertigten
Samenmesser zurückblicken.

An- & Weiterreise

Zwei Busse täglich (außer Sa) verbinden
Karasjok mit Alta (391 nkr, 4¾ Std.) und
Hammerfest (344 nkr, 4¼ Std.). Dreimal die
Woche fährt ein Bus nach Kirkenes (504 nkr,
5¼ Std.).

Ein Bus des finnischen Unternehmens
Lapin Linjat fährt das ganze Jahr über täglich
von Karasjok via Ivalo (200 nkr, 3½ Std.) nach
Rovaniemi (500 nkr, 8 Std.) in Finnland.

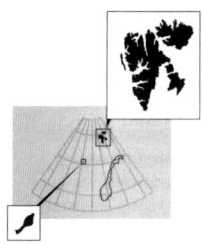

Svalbard

Svalbard ist ein Sturmangriff auf die Sinne. Diese erstaunliche Inselgruppe ist der am leichtesten zugängliche Teil der Nordpolarregion und einer der spektakulärsten Orte der Welt. Gigantische Eisberge und Eisschollen treiben im Meer und Eisfelder und Gletscher überziehen die einsamen Berge. Doch bei genauerem Hinsehen enthüllen sich trotz der rauen Bedingungen kleine Kostbarkeiten. So kahl und karg der Boden dieser arktischen Wüste auch wirkt, er bringt doch Flechten, zarte Gräser und Blumen hervor. Aber auch größere Lebewesen sind in dieser eisigen Umgebung zu Hause: Wale, Robben, Walrosse, Polarfüchse sowie das kurzbeinige Svalbard-Rentier – und Eisbären gibt es hier sogar mehr als Menschen.

Svalbard ist allerdings kein leicht zu bewältigendes Reiseziel – schon gar nicht für den Geldbeutel. Vom nächsten größeren Flughafen auf dem Festland ist es fast 1000 km entfernt und preiswerte Unterkünfte sind rar. Individualreisende kommen deshalb nur selten auf die Inseln. Die große Mehrzahl der Besucher schließt sich einer Reisegruppe an oder bucht – was auch wir empfehlen – eine organisierte Tour, sobald sie Longyearbyen erreicht.

Auch ein Besuch im Winter ist nicht unmöglich. Es gibt zahlreiche Outdoor-Aktivitäten, um sich warm zu halten, und man erhält einen authentischeren Eindruck von dem Leben in der Gemeinde Longyearbyen mit ihrem ganz eigenen Charme.

Was die Kosten wirklich in die Höhe treibt, sind geführte Touren und Aktivitäten. Aber Unternehmungen auf eigene Faust außerhalb der Stadt sind im günstigsten Falle sehr schwierig und können ausgesprochen gefährlich werden. Daher verpasst jeder eine Menge, der nicht eine oder zwei dieser Touren mitmacht. Es lohnt sich, schon bei der Reiseplanung die Kosten für verschiedene Aktivitäten einzuplanen, und dann zu sehen, wie die Reise finanzierbar ist.

SVALBARD

HIGHLIGHTS

- Mit Steigeisen den leicht zu erreichenden **Longyearbreen-Gletscher** (S. 407) hinaufkraxeln und anschließend Fossilien suchen

- Die unberührte Natur der Arktis auf einer **organisierten Wandertour** erleben (S. 401)

- In die tiefsten Schächte der stillgelegten **Mine Nr. 3** (S. 404) in der Nähe von Longyearbyen kriechen und froh sein, dass man kein Bergmann ist

- Eine Stippvisite in der ehemaligen russischen Bergarbeitersiedlung **Barentsburg** (S. 408)

- Einen sonnigen Morgen genießen, umgeben von den schimmernden Gletschern und dem türkisfarbenen Wasser des **Magdalenefjords** (S. 411)

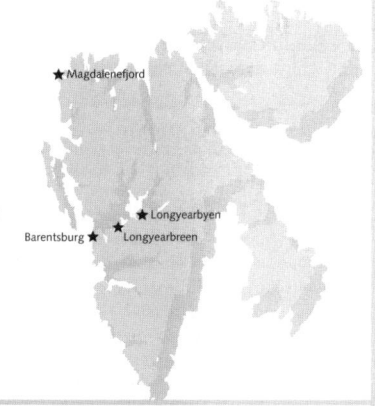

| EINWOHNER: 2800 | HÖCHSTE ERHEBUNG: NEWTONTOPPEN (1713 M) |

Geschichte

Das erste Mal ist von Svalbard in einer isländischen Saga aus dem Jahre 1194 die Rede. Offiziell aber gilt der niederländische Seefahrer Willem Barents, der sich auf der Suche nach einer Nordost-Passage nach China befand, als erster Besucher vom europäischen Festland (1596). Er nannte die Inseln Spitsbergen („spitze Berge"); der norwegische Name Svalbard stammt aus dem Altnordischen und heißt soviel wie „kalte Küste". Und in den nordischen Sagas wird von einem „Land ganz im Norden, am Ende des Ozeans" erzählt. Heute ist Spitzbergen der Name der größten Insel von Svalbard. Mit dem Svalbardtraktat von 1920 erhielt Norwegen die Souveränität über den Archipel, was eingeschränkte militärische Einsätze einschloss. Den ursprünglich neun Nationen, die das Abkommen unterzeichneten, haben sich inzwischen über vierzig weitere angeschlossen; deren Staatsbürger haben auf den Inseln die gleichen Rechte und Pflichten wie die Norweger selbst.

POLARFORSCHUNG

Longyearbyen liegt genau 1338 km vom Nordpol entfernt (so genau aber auch wieder nicht, denn Svalbard bewegt sich pro Jahr 2 mm Richtung Norden und wird bei der Lektüre dieses Reiseführers wieder ein Stückchen näher an den Pol herangerückt sein). Ende des 19. und zu Beginn des 20. Jhs. versuchte eine Reihe von Forschern mit Luftschiffen und Heißluftballons zum Nordpol zu gelangen. Die meisten von ihnen aber scheiterten. Roald Amundsen und Umberto Nobile waren 1926 erfolgreich, doch zwei Jahre darauf starben Amundsen und seine Mannschaft auf der Suche nach Nobile, der auf einer ähnlichen Expedition verschwunden war und erst später gerettet wurde.

WALFANG & JAGD

Zur Zeit von Barents' Entdeckung waren die Inseln unbewohnt, da die frühen Wanderungen der Inuit von Sibirien und Alaska nach Osten in Grönland zum Stillstand kamen. Wie archäologische Funde belegen, überwinterten russische Stämme zu Beginn des 17. Jhs. hier. Erste Aktivitäten von Westeuropäern in Svalbard sind aber erst ein Jahrzehnt später belegt. Von 1612 bis 1720 machten englische, niederländische, französische, norwegische und dänische Schiffe vor der Westküste der Insel Spitzbergen Jagd auf Wale; allein die Niederländer erlegten schätzungsweise 60 000 Wale.

Eine englische Gruppe unternahm 1630 die erste bekannte Überwinterung in Bellsund, gefolgt von einer dänischen Gruppe, drei Jahre später in Smeerenburg. Als der Skorbut im Winter des nächsten Jahres Opfer forderte, wurde die Siedlung verlassen – einige wenige Verwalter blieben, kamen jedoch allesamt um. Anfang des 18. Jhs. richteten Pomoren, an der Küste lebende russische Jäger und Händler, ihr Interesse auf die Svalbard-Inseln und machten Jagd auf Walrosse, Elche, Seehunde und Belugas. Ab 1795 begannen auch die Norweger die Fauna des Archipels auszubeuten und Eisbären und Polarfüchse zu jagen.

KOHLEBERGBAU

Gut möglich, dass Walfänger bereits 1612 Kohle bei Ny Ålesund (S. 411) entdeckten. Doch das erste moderne Bergwerk wurde erst 1906 eröffnet, als die Arctic Coal Company (ACC) begann, aus dem reichen Flöz Kohle

---

BITTE NICHT BERÜHREN!

„Wir wissen, dass Touristen nicht unsichtbar sein können, aber wir wären Ihnen dankbar, wenn Sie es trotzdem versuchen würden", bringen es die Infobroschüren auf den Punkt. Aber nicht erst durch umweltbewusstes Verhalten, sondern schon durch ihre bloße Anreise leisten Besucher einen bescheidenen Beitrag zur Erhaltung der Natur von Svalbard. Auf jedes Schiffs- oder Flugticket wird ein Zuschlag von 150 nkr erhoben und mit den Einnahmen daraus werden Umweltschutzmaßnahmen auf dem ganzen Archipel finanziert.

Alle Spuren menschlicher Aktivität aus der Zeit vor 1946 sind „Kulturdenkmäler" und dürfen nicht berührt werden. Bei den Überresten früher Walfänger und Jäger oder alten Gräbern ist das ja verständlich, aber etwas deplaziert wirkt dieses Prädikat bei den verrosteten Maschinen, alten Strommasten, zerfallenden Holzbauten und Gerüsten von Longyearbyen – Industriemüll, für dessen Beseitigung die Firmen andernorts geradestehen müssten.

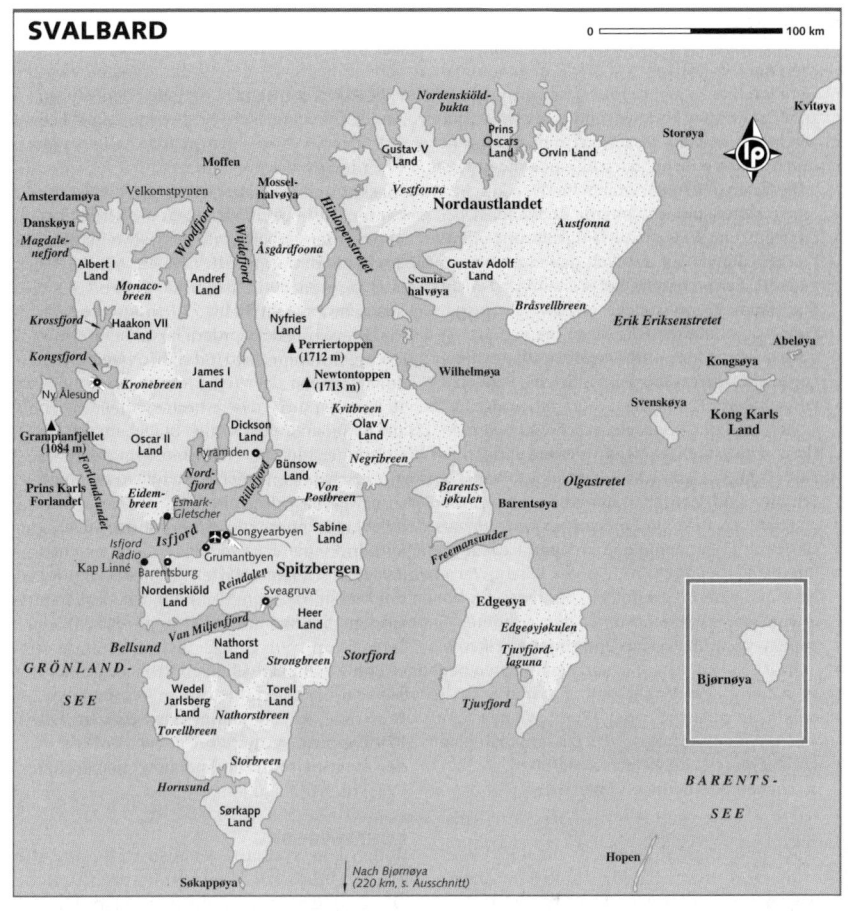

SVALBARD

abzubauen. Die rund um dieses Bergwerk entstandene Siedlung wurde nach dem amerikanischen Besitzer der ACC John Munroe Longyear benannt. 1916 ging die ACC an die Store Norske Spitsbergen Kull Compani (SNSK). Im Laufe der nächsten Jahre nahmen zwei weitere Bergwerksgesellschaften ihren Betrieb auf Bjørnøya auf, der südlichsten Insel des Archipels, und die Kings Bay Kull Compani eröffnete eine Mine bei Ny Ålesund.

Im Zweiten Weltkrieg wurde der Bergbau gestoppt und am 3. September 1941 wurden die Inseln evakuiert. Dennoch bombardierte die Wehrmacht Longyearbyen und die Siedlungen in Barentsburg und Sveagruva (Mine Nr. 2, am Hang gleich östlich von Longyearbyen, wurde beschossen, angezündet und brannte insgesamt 14 Jahre). Nachdem die Nazis 1945 kapituliert hatten, kehrten die norwegischen Zivilisten zurück; Longyearbyen wurde wieder aufgebaut, die Russen wieder angesiedelt und der Kohleabbau in Pyramiden und Barentsburg wieder aufgenommen.

Auch Ny Ålesund wurde wieder in Betrieb genommen, jedoch 1962 nach einer Minenexplosion geschlossen und zu einem Wissenschaftszentrum umgebaut.

Mine Nr. 7 besteht seit fast 40 Jahren und ist heute die einzige um Longyearbyen, die noch in Betrieb ist; jährlich werden an die 70 000 Tonnen Kohle zur Befeuerung des städtischen Kraftwerks oder für den Export nach Deutschland gefördert.

BEDROHTE EISBÄREN

Die Zahl der Eisbären hat stetig abgenommen, nachdem man Ende des 19. Jhs. begann, diese Tiere intensiv zu jagen. 1973 unterzeichneten alle an die Arktis grenzenden Nationen den Vertrag zum Schutz der Eisbären und ihres Lebensraums. Seitdem begann sich ihr Bestand allmählich wieder zu erholen. Doch jetzt gibt es eine neue Bedrohung, die weniger greifbar ist und sich durch Gesetze nicht so leicht eindämmen lässt.

Eisbären gelten als Symbol für die arktische Wildnis: enorm starke Einzelgänger, die in einer der extremsten Regionen der Erde überleben. Doch einige Fachleute befürchten, dass die Bären trotz ihrer Kraft und Widerstandsfähigkeit aussterben werden, wenn die globale Erwärmung so weitergeht. Wie fast überall auf der Welt gehen auch auf Svalbard die Gletscher zurück. Gleiches gilt für das Polareis, der natürliche Lebensraum und wichtigstes Jagdgebiet der Eisbären. Dort erbeuten sie ihre Hauptnahrungsquelle: Robben. Ein ausgewachsener Bär braucht 50 bis 75 Robben pro Jahr. Einige Computermodelle legen die Vermutung nahe, dass das Eis am Nordpol im Sommer sogar ganz abschmelzen wird. Obwohl Eisbären hervorragende Schwimmer sind (tatsächlich werden sie sogar als Meeressäuger klassifiziert), können sie ertrinken, wenn der Weg zur nächsten Scholle zu weit wird. Durch das Zurückgehen der Eisflächen könnten außerdem einzelne Populationen isoliert und durch Inzucht geschwächt werden. Da die Bärinnen tiefen Schnee brauchen, um die Höhlen zu bauen, in denen sie ihre Jungen zur Welt bringen, könnten auch die Geburtenraten zurückgehen. Und nicht zuletzt könnte Nahrungsmangel zu häufigeren Konfrontationen zwischen Eisbären und Menschen führen, bei denen die Bären gewöhnlich den Kürzeren ziehen.

Touristen bekommen Eisbären fast nur aus der sicheren Entfernung eines Kreuzschiffes zu Gesicht. Bei Begegnungen an Land ist jede Annäherung dringend zu vermeiden – im eigenen Interesse, aber auch in dem des Bären. Wer etwa mit dem Schneemobil so verantwortungslos ist, einen Bären zu verfolgen, der muss mit hohen Geldstrafen rechnen. Nicht nur, dass Eisbären in solchen Situationen unter dem erhöhten Stress leiden. Sie können unter ihrem dicken Fell zudem rasch überhitzen und sogar an Hitzschlag sterben.

Wer also auf festem Grund einem Bären begegnet, sollte nicht einmal daran denken, sich ihm zu nähern. Eine Möglichkeit, Eisbären völlig gefahrlos zu verfolgen, bietet die Website www.panda.org/polarbears des World Wildlife Fund. Dort kann man die Wanderbewegungen von vier Eisbären verfolgen, die Wissenschaftler mit einem Sender ausgestattet haben. Außerdem enthält diese Seite viele Infos darüber, wie diese majestätischen, robusten Tiere unter den harten arktischen Bedingungen überleben.

Das große Kohlerevier dieser Tage ist das von Svea Nord, 44 km südöstlich von Longyearbyen. Die Größe dieses Unternehmens lässt einen schwindelig werden. Jährlich werden hier rund 3 Mio. Tonnen abgebaut – in zwei Tagen mehr als in Mine Nr. 7 in einem Jahr. Die Reserven belaufen sich auf schätzungsweise über 30 Mio. Tonnen und die Förderung wird bis mindestens 2013 fortgesetzt werden. Auf der anderen Seite ist die Mannschaft von Arbeitern sehr klein, die diese gewaltige, hochmoderne Maschinerie bedient, die sich durch den Berg frisst. Sie leben in Longyearbyen und werden für dreiwöchige Schichten nach Sveagruva geflogen.

WEITERE ROHSTOFFE

Optimistische Schätzungen gehen davon aus, dass die Goldreserven unter dem arktischen Boden von Svalbard genauso reich sind wie die in Südafrika. Weiterhin werden reiche Öl- und Erdgasvorkommen vermutet, die leichter und kostengünstiger zu erschließen sein werden, wenn die globale Erwärmung sich fortsetzt.

Geografie & Klima

Svalbard ist zu 13 % mit Vegetation bedeckt, zu 27 % mit kahlem Gestein und ganze 60 % des Archipels sind mit Gletschern überzogen. Der Sommer – die wenigen Wochen, in denen die meisten Besucher hierher kommen – ist eine Phase hektischen Wachstums für Pflanzen, Säugetiere und Vögel. Die karge, zwergwüchsige und dicht am Boden verharrende Vegetation des Landes steht im Kontrast zum Reichtum des Meeres, in dem alles üppig gedeiht – vom mikroskopischen Plankton bis zu den Weißwalen.

Der Archipel, der etwa so groß wie Irland ist, besteht hauptsächlich aus vergletscherten und erodierten Sedimentschichten, die vor 1,2 Mio. Jahren unter dem Meer abgelagert wurden. Es mag unvorstellbar klingen, doch vor 300 bis 60 Mio. Jahren war Svalbard noch tropisch und von üppiger Vegetation bedeckt. Dicke Schichten organischer Stoffe lagerten sich ab und wurden durch große Hitze und Druck in Kohle verwandelt. Durch die Kontinentaldrift wurde der Archipel Richtung Pol verschoben – dorthin, wo er jetzt liegt. Seine heutige Form entstand dann v. a. in den Eiszeiten der letzten 2 Mio. Jahre. Die höchsten Punkte sind Newtontoppen (1713 m) und Perriertoppen (1712 m).

Svalbard erstreckt sich vom 74. Grad nördlicher Breite bei Bjørnøya im Süden bis zu über 80 Grad nördlicher Breite im nördlichen Spitzbergen und Nordaustlandet. In Longyearbyen scheint die Mitternachtssonne vom 19. April bis zum 23. August, während sie vom 28. Oktober bis zum 14. Februar nie über den Horizont kommt.

Auf dem Archipel herrscht ein frisches polares Wüstenklima mit nur 200 bis 300 mm jährlichem Niederschlag. Zwar bleibt die Westküste den größten Teil des Sommers eisfrei, doch im Norden treibt vor der Hauptinsel das ganze Jahr über Packeis, und etwa 60 % der Landfläche sind von Eisschichten bedeckt. Mit Schnee und Frost ist jederzeit zu rechnen; die jährliche Durchschnittstemperatur liegt bei -4 °C und auch im Juli bei nur 6 °C. Dennoch – auch Temperaturen von bis zu 20 °C kann man mitunter erleben. Im Januar liegt die durchschnittliche Temperatur bei -16 °C, nicht selten sinkt sie aber auch auf -30 °C.

Da die arktische Eiskappe auf dem Rückzug ist, herrscht weltweit große Sorge um den Bestand der Eisbären. In diesem Zusammenhang ist es ein hoffnungsvolles Zeichen (besonders für die Bären), dass auf Svalbard die Zahl der menschlichen Bewohner (um 2800) zumindest derzeit immer noch von der Zahl der Eisbären übertroffen wird (schätzungsweise zwischen 3000 und 3500).

Sicherheit

Im wirklichen Leben ist der Eisbär, das Symbol von Svalbard, nicht das kuschelige Pelztier aus dem Zoo. Schon ein einziger Bär vis-à-vis ist ein Bär zu viel. Zwar ist solch eine private Begegnung der pelzigen Art höchst unwahrscheinlich, aber trotzdem ist es ratsam, sich einer organisierten Tour anzuschließen, wenn man in der Umgebung von Longyearbyen wandern will. Die hiesigen Wanderführer haben ein Gewehr dabei und wissen, wie man damit umgeht. Zur Standardausrüstung, besonders beim Zelten in der Wildnis, gehören auch Stolperdrähte sowie Leuchtsignale und Leuchtkugeln – und zwar nicht, um Hilfe zu rufen, auf deren Eintreffen man u. U. Stunden warten müsste, sondern um sie dem Bären vor die Tatzen zu knallen.

Wer trotz allem nicht davon abzubringen ist, sich ohne Führer auf den Weg zu machen, sollte dieselbe Ausrüstung dabei haben; in der Stadt gibt es mehrere Stellen, die diese Sachen verleihen. Und falls man das eine Ende eines Gewehrs nicht vom anderen unterscheiden kann, sind vor dem Trip dringend Schießübungen anzuraten. Der letzte tödliche Zwischenfall hat sich 1995 ereignet – aber nur 2 km außerhalb von Longyearbyen.

Geführte Touren

Sicherheitsrisiken und logistische Probleme machen es nahezu unmöglich, Touren auf eigene Faust zu organisieren. Wir können daher den Rat des Gouverneurs nur unterstützen und Besuchern empfehlen, geführte Touren der anerkannten Veranstalter zu buchen. Zum Glück gibt es ein großes Angebot: von eintägigen Hundeschlittenfahrten und Schneemobiltouren bis hin zu zweiwöchigen Exkursionen zum Nordpol. Die offizielle

---

HALLO SONNENSCHEIN

Etwa 50 m südlich der Kirche von Svalbard steht einsam in der Landschaft eine Holztreppe aus fünf Stufen – und auf einem kaum noch zu entziffernden Schild steht „Sykhustrappa" (Krankenhaustreppe). Diese Stufen sind alles, was von Longyearbyens erstem Krankenhaus noch übrig ist. Und sie haben für die Bewohner der Stadt eine besondere Bedeutung.

Von je her feierten die Menschen hier das Ende der Polarnacht mit einem einwöchigen Fest. Das beginnt, wenn die ersten Strahlen der Frühlingssonne die oberste Stufe erreichen. Das Krankenhaus selbst ist längst verschwunden, doch diese letzten Zeugen der solaren Zeitmessung sind erhalten geblieben. Und die Tradition wird bis heute fortgeführt.

BÜCHER ÜBER SVALBARD

Svalbard, Franz Josef Land, Jan Mayen von Andreas Umbreit, der seit vielen Jahren auf Svalbard lebt, ist ein phantastischer Reiseführer für den gesamten Archipel.

Die vom Norwegischen Polarinstitut herausgegebenen Bücher *Birds and Mammals of Svalbard* und *Marine Mammals of Svalbard*, beide reich bebildert, sind gute und sehr schön zu lesende Schmöker. Auch *Flowers of Svalbard* von Olav Gjœrevoll und Olaf Rønning ist herrlich illustriert. *The Flora of Svalbard* von Olaf Rønning allein ist zwar vollständiger, aber nicht mit so schönen Bildern versehen.

Svalbard, Kreuzfahrt in den arktischen Sommer von Elisabeth Barthelt (1999) ist ein unterhaltsames Buch mit wunderschönen Fotos, aber kein Reiseführer im eigentlichen Sinne. Stattdessen findet man hier viele Geschichten und Berichte über die Region und über die Hurtigruten.

Der englischsprachige *Führer Svalbard & the Life in Polar Oceans* von Bjorn Gulliksen und Erling Svensen behandelt speziell die Meeresflora und -fauna sowie die Ökologie der Region, eignet sich aber auch für ganz allgemein interessierte Leser und hat viele tolle Fotos.

Der Gouverneur von Svalbard gibt ausgezeichnete Broschüren auf Englisch heraus, die sich als Führer und ergänzende Lektüre empfehlen. *Von Spitzbergen nach Franz-Josef-Land* (1993) von Jürgen Ritter und Ulrich Schacht ist die beeindruckende Schilderung einer Reise durch die Region mit vielen tollen Bildern. *Eine Frau erlebt die Polarnacht* (1997) von Christiane Ritter ist ein ganz besonderes Buch: Die Autorin lebte mit ihrem Mann ein Jahr lang (1933/34) in einer kleinen Hütte auf Spitzbergen. Ihre Schilderungen der Überwinterung sind hoch spannend. Mit dem herrlichen Bildband *Svalbard* (2003) von Pal Hermansen kann man sich perfekt auf eine Reise in die Region einstimmen. Schon beim Betrachten des Covers beginnt man zu frösteln.

Website der Touristeninformation (www.svalbard.net) hält eine Liste mit Dutzenden von Touren bereit, von denen wir im Folgenden nur einige der beliebtesten auswählen können. Weitere Vorschläge für Tagestouren s. S. 405.

SPITSBERGEN TRAVEL
Einer der ganz großen unter den Veranstaltern auf Svalbard, **Spitsbergen Travel** (☎ 79 02 61 00; www.spitsbergen travel.no), organisiert zwischen Mitte Juni und Mitte September dreitägige Kreuzfahrten auf dem früheren Hurtigruten-Schiff *Nordstjernena* mit Stopps in Barentsburg und Ny Ålesund. Die Preise ohne Flug beginnen bei 7930/12 875 nkr pro Person ohne/mit eigener Dusche. Eine siebentägige Exkursion mit der kleineren *Polar Star* führt noch tiefer in die wenig besuchten Regionen von Svalbard. Die Preise beginnen bei 32 600 nkr für eine Doppelkabine.

SVALBARD WILDLIFE SERVICE
Viele der üblichen und einige ungewöhnliche Trips bietet **Svalbard Wildlife Service** (☎ 79 02 56 60; www.wildlife.no; ⏲ Mo–Fr 9–16 Uhr): z. B. drei Tage Zelten, Wandern und Kajakfahren im Rahmen einer Exkursion zum Esmark-Gletscher (6400 nkr) oder eine Sieben-Tage-Tour zu den Gletschern, Seehunden und Walrossen der Prins-Karls-Forland-Insel (13 500 nkr).

SPITSBERGEN TOURS
Der Betreiber von **Spitsbergen Tours** (☎ 79 02 10 68; www.terrapolaris.com), Andreas Umbreit, mit 20 Jahren Erfahrung auf Svalbard, hat das englische Standardwerk über die Inselgruppe geschrieben (s. Kasten S. 402).

Auf der langen Liste an Abenteuerangeboten findet sich auch eine arktische Woche in Longyearbyen, und zwar in drei Varianten: während der langen, dunklen Polarnacht (10 200 nkr), im noch winterlich-kalten Frühling im April (13 800 nkr) oder während der Hochsaison im Sommer; dann bewegen sich die Preise von 7650 nkr (wenn man zeltet) bis 19 000 nkr für ein Einzelzimmer. Im Preis enthalten sind Tagesexkursionen von den Siedlungen aus (z. B. zwei Tage Hundeschlittenfahren, eine Tour mit dem Schneemobil, Bootsfahrten und Wanderungen je nach Saison). Wintertouren mit dem Hundeschlitten um 2000 nkr pro Tag; früh buchen ist angesagt. Für Abgehärtete werden im Winter Schneeschuh-Wanderungen (12 800 nkr) mit Übernachtung im Zelt (unbedingt einen Winterschlafsack mitbringen!) angeboten; man darf auch ein Iglu selber bauen – und auch darin schlafen, wenn man will.

Spitsbergen Tours organisiert auch Wandertouren, die sich aus einzelnen Bausteinen zusammensetzen und damit für jeden machbar sind, der einigermaßen fit ist. Abwechselnd stehen Tageswanderungen und Trecks zu bestimmten Zielen auf dem Programm. Pauschalpreise für eine/zwei/drei Wochen belaufen sich auf 7900/13 200/22 000 nkr.

KREUZFAHRTEN
Zu den Veranstaltern, die Kreuzfahrten um Svalbard anbieten, zählen **Discover the World** (☎ 01737–218 800; www.discovertheworld.co.uk; Arctic House, 8 Bolters Lane, Banstead, Surrey SM7 2AR) in Großbritannien und die kanadische Gesellschaft **GAP Adventures** (www.gapadventures.com; Canada 19 Charlotte St, Toronto, Ontario M5V 2H5).

POLI ARCTICI
Poli Arctici (☎ 79 02 17 05; www.poliartici.com) nennt sich das Unternehmen von Stefano Poli, der aus Mailand stammt und seit 13 Jahren als Wildnisführer auf Svalbard arbeitet. Er hat sich auf mehrtägige Touren spezialisiert, führt aber auch eintägige Wanderungen und Schneemobiltouren durch.

BASECAMP SPITSBERGEN
Basecamp Spitsbergen (☎ 79 02 46 00; www.basecamp explorer.com) hat sich auf Winteraktivitäten spezialisiert. Eine davon ist ein Aufenthalt an Bord der *Noorderlicht*, einem holländischen Segelschiff, das immer dann ins Fjordeis ausläuft, wenn im Herbst der lange Frost einsetzt. Zum Angebot zählen außerdem Winter- oder Sommeraufenthalte in der ausgebauten, früheren Funkstation Isfjord Radio, einem äußerst abgelegenen Schlupfwinkel für Einsamkeitsfanatiker an der nordwestlichen Spitze der Insel Spitzbergen.

SVALBARD VILLMARKSSENTER
Experte für die Fortbewegung mit Hunden ist das **Svalbard Villmarkssenter** (☎ 79 02 17 00; www.svalbardvillmarkssenter.no) – ob im Winter mit dem Schlitten oder im Sommer auf Rädern (ok, das ist nicht dasselbe, aber man ahnt ein bisschen das Feeling einer winterlichen Hundeschlittenfahrt).

LONGYEARBYEN
1500 Ew.
Longyearbyen ist die einzige Stadt Svalbards – ja, der einzige Ort Svalbards überhaupt, an dem mehr als eine Handvoll Menschen leben. Der Name bedeutet wörtlich „Ort des langen Jahres". Heute ist Longyearbyen

v. a. ein Zentrum des Tourismus. Seine Wurzeln im Bergbau sind aber immer noch erkennbar, sinnbildlich verkörpert durch die Statue des knorrigen alten Minenarbeiters mit seiner Spitzhacke beim Lompensenteret. Jahrzehntelang hat hier so ziemlich alles der Bergbaufirma Store Norsk gehört: die Kantine, der Laden, die Transportmittel für Ein- und Ausfuhr und beinah sogar die Seelen der Kumpel. 1976 musste dann der norwegische Staat eingreifen, um die Firma vor dem Bankrott zu retten. Heute genießen die wenigen Bewohner, die hier ständig leben, Steuerfreiheit für ein Jahr.

Die moderne, von Abraumhalden umgebene Stadt liegt vor der großartigen Kulisse der Gletscherzungen Longyearbreen und Lars Hjertabreen. Wer hier ein Haus baut, passt sich dem harten arktischen Klima an; die meisten Gebäude werden auf Pfählen errichtet, damit der Dauerfrostboden durch die beheizten Häuser nicht schmilzt. Da er nie tiefer als einen Meter ist, würden sie sonst einfach darin einsinken! Auch die gut isolierten Rohrleitungen werden oberirdisch verlegt.

Wie in den Zeiten, als die Bergarbeiter an der Tür ihre von Kohlestaub verkrusteten Stiefel auszogen, ist es in den meisten Häusern der Stadt immer noch Usus, dass die Leute ihre Schuhe ausziehen, bevor sie reingehen. Ausnahmen bilden die meisten Geschäfte und Restaurants.

Praktische Informationen
Basecamp Spitsbergen (20 nkr pro 10 Min.) Ein Internetterminal.
Bibliothek (Lompensenteret; ☺ Mo–Do 11–18 Uhr) Kostenloser Internetzugang.
Longyearbyen Unfallklinik (☎ 79 02 42 00)
Sparebanke 1 Norge Bank & Bankautomat im Gebäude des Postamts.
Touristeninformation (☎ 79 02 55 50; www. svalbard.net; ☺ Mai–Sept. 10–17 Uhr, übrige Zeit 12–17 Uhr) im Gateway to Svalbard Komplex. Veröffentlicht den umfassenden *Guide Longyearbyen* und eine wöchentliche Liste der vielfältigen Outdooraktivitäten.

Sehenswertes & Aktivitäten
SVALBARD-MUSEUM
Museum ist eigentlich nicht die passende Bezeichnung für diese erst kürzlich eingeweihten, eindrucksvollen Ausstellungen. Sie befassen sich mit dem Leben im Grenzbereich, wie es hier früher die Walfänger, Fallensteller, Robben- und Walrossjäger geführt haben und

SVALBARD

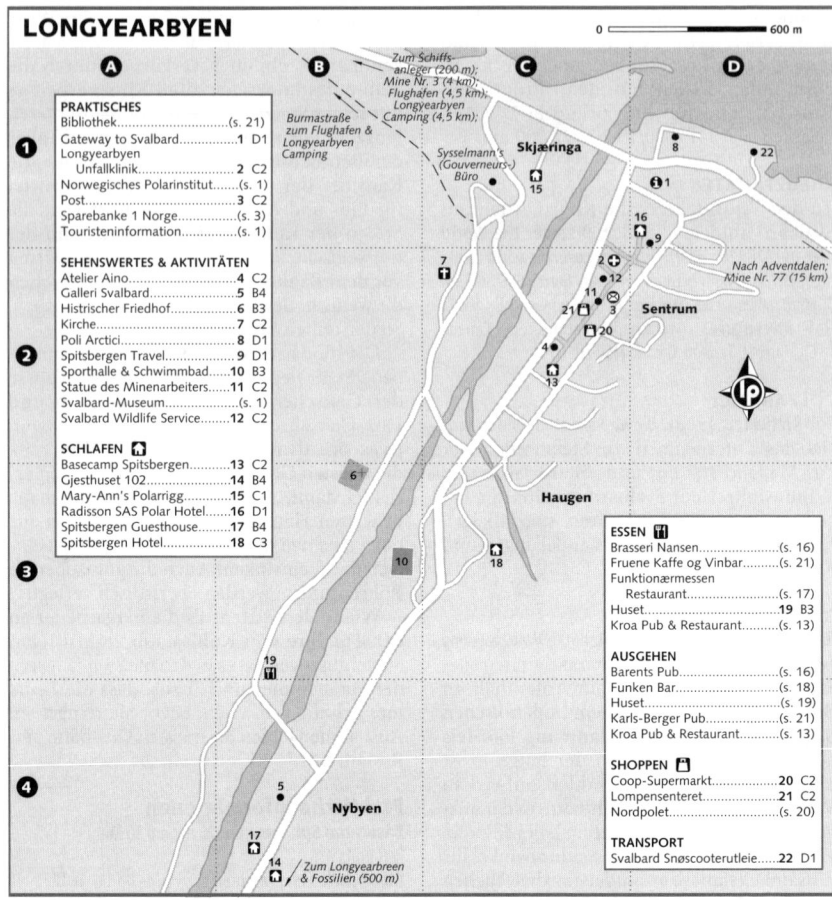

LONGYEARBYEN

0 _____ 600 m

PRAKTISCHES
Bibliothek............................(s. 21)
Gateway to Svalbard...............1 D1
Longyearbyen
  Unfallklinik........................ 2 C2
Norwegisches Polarinstitut.......(s. 1)
Post.....................................3 C2
Sparebanke 1 Norge................(s. 3)
Touristeninformation................(s. 1)

SEHENSWERTES & AKTIVITÄTEN
Atelier Aino...........................4 C2
Galleri Svalbard......................5 B4
Histrischer Friedhof.................6 B3
Kirche...................................7 C2
Poli Arctici.............................8 D1
Spitsbergen Travel...................9 D1
Sporthalle & Schwimmbad......10 B3
Statue des Minenarbeiters......11 C2
Svalbard-Museum...................(s. 1)
Svalbard Wildlife Service........12 C2

SCHLAFEN
Basecamp Spitsbergen..........13 C2
Gjesthuset 102.....................14 B4
Mary-Ann's Polarrigg.............15 C1
Radisson SAS Polar Hotel......16 D1
Spitsbergen Guesthouse........17 B4
Spitsbergen Hotel.................18 C3

ESSEN
Brasseri Nansen.....................(s. 16)
Fruene Kaffe og Vinbar..........(s. 21)
Funktionærmessen
  Restaurant........................(s. 17)
Huset..................................19 B3
Kroa Pub & Restaurant..........(s. 13)

AUSGEHEN
Barents Pub...........................(s. 16)
Funken Bar............................(s. 18)
Huset...................................(s. 19)
Karls-Berger Pub....................(s. 21)
Kroa Pub & Restaurant..........(s. 13)

SHOPPEN
Coop-Supermarkt.................20 C2
Lompensenteret....................21 C2
Nordpolet.............................(s. 20)

TRANSPORT
Svalbard Snøscooterutleie.....22 D1

Zum Schiffs-
anleger (200 m);
Mine Nr. 3 (4 km);
Flughafen (4,5 km);
Longyearbyen
Camping (4,5 km);

Burmastraße
zum Flughafen &
Longyearbyen
Camping

Sysselmann's
(Gouverneurs-)
Büro

Skjæringa

Nach Adventdalen;
Mine Nr. 77 (15 km)

Sentrum

Haugen

Nybyen

Zum Longyearbreen
& Fossilien (500 m)

---

in jüngerer Zeit die Bergarbeiter. Das Ganze ist eine gelungene Kombination von Texten und Exponaten neben ausgestopften Vögeln und Säugetieren. Eine gemütliche Leseecke mit Teppichen und Seehundkissen lädt zum Schmökern ein.

MINE NR. 3

Wer will, kann eine dreistündige Reise tief in die **Mine Nr. 3** unternehmen (590 nkr inkl. Anfahrt von der Unterkunft, Dauer etwa 3 Std., Mindestalter 14). Die von 1971 bis 1996 betriebene Mine war der letzte Stollen, in dem mit Hand gearbeitet wurde; er wurde 5,5 km tief in den Berg hineingetrieben. Die Seitenstollen, aus deren Adern die Kohle herausgehackt wurde, waren nur 80 cm hoch; in einen von ihnen können die Besucher hi-

neinkriechen, um einen Eindruck davon zu bekommen, wie das harte Leben unter Tage wirklich war.

MINE NR. 7

Im Sommer bietet **Svalbard Explorer** (☎ 90 76 29 33; www.svalbardexplorer.no, auf Norwegisch) ein- oder zweimal täglich Besuche (590 nkr) in Longyearbyens letzter aktiver Grube an, 15 km östlich der Stadt.

HISTORISCHER FRIEDHOF

Dieser eindrucksvolle, kleine Friedhof mit seinen schlichten, weißen Holzkreuzen wurde zu Beginn des 20. Jhs. angelegt. Im Oktober 1918 fielen in Longyearbyen innerhalb weniger Tage sieben junge Männer der spanischen

Grippe zum Opfer, einer Viruserkrankung, die in Europa, Asien und Nordamerika insgesamt 40 Mio. Menschenleben gekostet hat.

GALLERI SVALBARD
Die **Galleri Svalbard** (☎ 79 02 23 40; Erw./Kind/erm. 50/20/40 nkr; ☯ 13–17 Uhr) zeigt die Arbeiten des norwegischen Künstlers Kåre Tveter. Sie thematisieren natürlich Svalbard und sind so realistisch, dass man schon beim bloßen Anblick fröstelt. Außerdem sind Reproduktionen alter Karten von Svalbard zu sehen und der zehnminütige Film *Die arktische Natur Svalbards,* der einen Eindruck vom winterlichen Svalbard vermittelt.

ATELIER AINO
Atelier Aino (Eintritt frei; ☯ Mo–Fr 13–17, Sa 11–15 Uhr) Ein Schild weist von der autofreien Hauptstraße den Weg zur Galerie und dem Atelier der dänischen Künstlerin Aino Grib. Sie lebt auf Svalbard und fängt in ihren Bildern die Farben der arktischen Jahreszeiten ein.

VOGELBEOBACHTUNG
Schwärme von Vögeln nisten jeden Sommer auf Svalbard und zahlreiche weitere machen auf ihren jährlichen Wanderungen hier Station. Zu den wichtigsten zählen Papageientaucher, Krabbentaucher, Meerstrandläufer, Dickschnabellumme, Sterntaucher, verschiedene Möwen- und Raubmöwenarten sowie zahlreiche Gänsearten wie Nonnengans, Kurzschnabelgans und Ringelgans.

SCHWIMMEN
Wer am Ende des Tages noch über ein paar Kraftreserven verfügt, kann in der Sporthalle von Longyearbyen ins Schwimmbecken springen.

Geführte Touren
Wer aus Longyearbyen nicht herauskommt, wird von seinem Besuch enttäuscht sein und Svalbards majestätische Wildnis verpassen. Zum Glück gibt es je nach Jahreszeit ein reichhaltiges Angebot wechselnder Kurztouren und Tagesausflüge, z. B.: Fossiliensuche (300 nkr), Bergwerkstouren (590 nkr), Bootsfahrten nach Barentsburg (990 nkr), Hundeschlittenfahrten (800 nkr), Gletscherwanderungen (ab 490 nkr), Eishöhlenexpeditionen (ab 520 nkr), Kajakfahrten (ab 550 nkr), Reiten (550 nkr) oder Schneemobiltouren (1000 bis 1400 nkr). In den wöchentlichen Publika-

---

DIE ARCHE IN DER ARKTIS: SVALBARDS GLOBALE SAMENBANK

Tief in einem Berg und unter dem Permafrost wurde Anfang 2008 eine riesige künstliche Höhle fertiggestellt, die gemeinhin als „Doomsday Vault" oder „Arche Noah für Pflanzen" bekannt ist. Darin sollen bis zu 4 Mio. verschiedene Samenarten gelagert werden: die gesamte botanische Artenvielfalt unseres Planeten. Proben aus Samenbanken und Sammlungen in aller Welt werden hier bei einer konstanten Temperatur von -18 °C aufbewahrt. Sollte eine Art in ihrer natürlichen Umwelt aussterben, kann sie so zu neuem Leben erweckt und vor ihrem Verschwinden bewahrt werden.

---

tionen des Touristenbüros sind noch weitere Angebote aufgeführt. Alle können bei den Veranstaltern gebucht werden (im Büro oder auf ihren Websites) oder online über die Touristeninformation.

Weitere Informationen über längere geführte Touren s. S. 401.

Schlafen
Longyearbyen Camping (☎ 79 02 10 68; www.long yearbyen-camping.com; pro Pers. 90 nkr; ☯ Mitte Juni–Mitte Sept.) Der ausgesprochen freundliche Platz auf einer Grasebene nahe dem Flughafen blickt auf den Isfjorden und die Gletscher dahinter. Er bietet Duschen und eine Gästeküche. Zu Fuß ist es etwa eine Stunde in die Stadt; es werden aber auch Fahrräder vermietet (für Camper 100 nkr pro Tag). Außerdem kann man Zelte (100 nkr pro Nacht), Liegematten (20 nkr) und Schlafsäcke (erste/folgende Nächte 50/30 nkr) mieten. Hütten gibt es nicht.

Poli Arctici (☎ 79 02 17 05, 91 38 34 67; www. poliarctici.com; EZ/DZ 700/800 nkr) Der erfahrene Arktisführer Stefano Poli bietet vier gute und preiswerte Apartments mit Bad und Selbstversorgerausstattung im Zentrum von Longyearbyen.

In Longyearbyen gibt es ein paar – jedenfalls für die Insel – preiswerte Übernachtungsmöglichkeiten im Ortsteil Nybyen am südlichsten Zipfel der Stadt, etwa zwanzig Minuten Fußweg vom Zentrum entfernt. Die ehemaligen Bergmannsunterkünfte sehen alle gleich aus – Badezimmer auf dem Gang, eine

SVALBARD

Küche für Selbstversorger und ein kleines Wohnzimmer. Preise inklusive Frühstück.

Gjesthuset 102 (☎ 79 02 57 16; 102@wildlife.no; B/EZ/DZ 300/495/850 nkr; ☽ März–Nov.) Die modernste von Longyearbyens begrenzten Übernachtungsmöglichkeiten, das Guesthouse 102 (zur allgemeinen Verwirrung in Gebäude Nr. 7 untergebracht) gehört dem Svalbard Wildlife Service und trug einst den Spitznamen „Millionärsresidenz".

Spitsbergen Pension (☎ 79 02 63 00; www.spitsbergentravel.no; B/EZ/DZ 295/500/850 nkr; ☽ Mitte März–Sept.) Die zu Spitsbergen Travel gehörende Pension hat vier Gebäude und bietet Platz für bis zu 136 Personen. Das große Frühstückszimmer war einst die Kantine der Grubenarbeiter.

LP Tipp Mary-Ann's Polarrigg (☎ 79 02 37 02; www.polarriggen.com; Skjæringa; EZ/DZ mit Etagenbad 595/875 nkr, DZ 2000 nkr) Das von der überschäumenden Mary-Ann geführte und mit Bergbaugeräten und Jagdtrophäen dekorierte Polarrigg hat reichlich lokales Flair. Von außen kann es seine Vergangenheit als Arbeiterquartier nicht ganz verheimlichen, aber innen herrscht pure Gemütlichkeit. Die Zimmer im Hauptflügel haben Etagenbad, die Doppelzimmer bieten Stockwerkbetten. Es gibt einen großen, komfortabel ausgestatteten Aufenthaltsraum mit weichen Polstersesseln und einen zweiten mit Billardtisch, Darts und einer Gitarre. Die Zimmer im schickeren Anbau bieten allen Komfort.

Spitsbergen Hotel (☎ 79 02 62 00; www.spitsbergentravel.no; EZ/DZ 1200/1390 nkr; ☽ Mitte Feb.–Mitte Okt.; ☐) In dieser komfortablen Unterkunft mit weich gepolsterten Ledersesseln haben früher die Minenbosse residiert. Bis heute bildet das Haus einen krassen Kontrast zu den beiden Nybyen-Pensionen, in denen die Kumpel ihre spartanischeren Quartiere hatten.

Radisson SAS Polar Hotel (☎ 79 02 34 50; www.radissonsas.com; EZ/DZ 1290/1510 nkr; ☐) Das Kettenhotel mit 95 stilvoll ausgestatteten Zimmern ist das luxuriöseste der Stadt und das „nördlichste Fullservice-Hotel der Welt". Der Mehrpreis von 200 nkr für ein Zimmer mit Blick auf den Fjord und den Berg Hiorthfjellet lohnt sich. Der Anbau diente ursprünglich als Unterkunft für die Olympischen Winterspiele in Lillehammer, ehe er hierher verfrachtet wurde.

LP Tipp Basecamp Spitsbergen (☎ 79 02 46 00; www.basecampexplorer.com; EZ/DZ 1750/1960 nkr; ☐) Man stelle sich eine nachgebaute Robbenjägerhütte vor aus alten Balken, Brettern und Treibgut, ergänze sie mit Stücken und Dekomaterial vom örtlichen Müll und Resten aus der Zeit des Bergbaus und füge moderne Sanitäranlagen und Designerobjekte hinzu – dann erhält man ein ziemlich genaues Bild von dieser Unterkunft, die auch als Trapper's Lodge bekannt ist. Ihre 16 hüttenartigen Zimmer sind der Inbegriff von Komfort und Gemütlichkeit und das Frühstück ist super.

Essen

Fruene Kaffe og Vinbar (☎ 79 02 76 40; Lompensenteret; ☽ Kernzeiten 10–17 Uhr), geführt von drei dynamischen jungen Frauen, ist ein einladendes Café, das ordentlichen Kaffee, Baguettes, Pizza und Snacks serviert.

Mary-Ann's Polarrigg (☎ 79 02 37 02) Das nördlichste Thai-Restaurant der Welt serviert scharfe Reisgerichte im faszinierenden Ambiente eines Glashauses mit Pflanzen, die anders als die übliche Vegetation der Insel deutlich höher als 2 cm sind.

Longyearbyen hat zwei exzellente Hotelrestaurants: die **Brasseri Nansen** (3-/4-gängiges Abendessen 350/420 nkr, Sommerbuffet 295 nkr) im Radisson SAS Polar; und das Funktionærmessen Restaurant im Spitsbergen Hotel. Davon abgesehen, so versichern die Einheimischen, isst und trinkt man am besten im „Haus" oder in der „Kneipe".

LP Tipp Kroa (Die „Kneipe"; ☎ 79 02 13 00; Hauptgerichte um 200 nkr) Das Kneipenrestaurant wurde aus Bestandteilen eines Gebäudes aus dem russischen Barentsburg errichtet. Die riesige, weiße Leninbüste hinter der Bar (die bei unserem letzten Besuch einen FC-Liverpool-Schal trug) lässt das noch erkennen. Der Service ist prima und die Hauptgerichte grenzen an Völlerei. Etwas knapper bemessen sind die Vorspeisen; z. B. geräucherte Robbe (78 nkr) oder Äsche (92 nkr).

Huset (☎ 79 02 25 00) Das „Haus" liegt einen kleinen Spaziergang außerhalb, was dem Appetit zugute kommt. Und man sollte jeder mitbringen, der dieses viel gepriesene Restaurant besucht. Auf der Karte stehen Rentier (495 nkr) und Schneehuhn. Die Bar serviert Pizzas (85–100 nkr), Wal in Pfeffersauce (165 nkr) und Robbenstew (155 nkr). Ihr Aushängeschild sind *hamburger med alt* (96 nkr) – „Hamburger mit allem", so saftig und lecker, dass einsame Polarforscher in ihren Zelten davon träumen. Eine Sensation für ein Lokal so fernab vom nächsten Rebgarten ist der Weinkeller, in dem 20 000 Flaschen lagern.

Der Coop-Supermarkt in Svalbardbutikken bietet ein gutes Sortiment an Lebensmitteln.

Ausgehen & Unterhaltung

Das turbulente Kroa ist der Treff für junge Einheimische. Seine Barhocker wurden aus alten Grubenstempeln (Stützen) gefertigt. Etwas formeller sind das Barents Pub im Radisson und die Funken Bar im Spitsbergen Hotel.

Das Huset bietet rundum alles für den ganzen Abend – mit einer Bar und einem Nachtclub am Wochenende (Eintritt 50 nkr). Zudem befindet sich dort das Kino der Stadt, das zweimal die Woche Spielfilme zeigt.

Karls-Berger Pub Café (☎ 79 02 25 11; Lompensenteret; ☽ 17–2 Uhr) ist eine gemütliche Kneipe hinter deren Tresen über 1000 Flaschen mit Whiskey, Weinbränden und jede Menge andere Spirituosen glitzern.

Alkohol ist in Svalbard steuerfrei, aber für Einheimische rationiert. Besucher müssen beim Kauf ein gültiges Rückflugticket vorlegen. Der Spirituosenladen Nordpolet liegt hinter dem Coop-Supermarkt.

An- & Weiterreise

Bei klarem Wetter bietet der Landeanflug auf Longyearbyen geradezu unwirklich schöne Ausblicke auf Gletscher und Eisschollen. SAS fliegt im Sommer direkt von/nach Oslo (3-mal pro Woche) und ganzjährig via Tromsø (957 km, 1- oder 2-mal tgl.). Es gibt nicht weniger als elf verschiedene Tarife – und wer nicht den „elftbilligsten" will, sollte zeitig buchen.

Unterwegs vor Ort

Svalbard Maxi Taxi (☎ 79 02 13 05) und **Longyearbyen Taxi** (☎ 79 02 13 75) verlangen 80 bis 120 nkr für Fahrten zwischen Stadt und Flughafen. Ein Flughafenbus (40 nkr) verkehrt zu den An- und Abflugszeiten und hält bei den beiden Pensionen am Südrand der Stadt sowie bei den Hotels.

Autos vermieten **Longyearbyen Bilutleie** (☎ 78 02 11 88) und **Svalbard Auto** (☎ 79 02 49 30). Das Benzin ist das absolut billigste in ganz Norwegen – aber es gibt nur 45 km Straße und vom Auto aus ist nicht viel zu sehen.

Fahrräder sind die sinnvollere Alternative. Vermieter sind **Poli Arctici** (☎ 79 02 17 05; 150 nkr pro Tag) und **Basecamp** (☎ 79 02 46 00; 280 nkr pro Tag).

Wer im Winter mit dem Schneemobil über Svalbard düsen will, muss seinen Führerschein vorlegen. Viele Regionen der Insel sind für Schneemobile gesperrt, um die Tiere nicht zu stören. Infos bietet die Touristeninformation. Vermieter sind **Svalbard Snøscooterutleie** (☎ 79 02 16 66; www.scooterutleie.svalbard.no) und **Svalbard Reiser Kroa** (☎ 79 02 56 50). Die Preise pro Tag liegen um 1000 bis 1400 nkr.

RUND UM LONGYEARBYEN
Platåberget & Bjørndalen

Das weite Hochland westlich von Longyearbyen heißt Platåberget, wird aber oft einfach das „Plateau" genannt und ist ein beliebtes Ziel für Tageswanderungen. Dort hinauf führt ein steiniger Weg, der in der Nähe des Gouverneursbüros beginnt. Bequemer ist der Aufstieg durch das Blomsterdalen, nahe der Mine Nr. 3. Auch das Bjørndalen (Achtung: „Bärental"!) südlich des Flughafens führt zum Platåberget hinauf. Droben kann man dann weiter zum Gipfel des Nordenskiöldsfjellet (1050 m) wandern, auf dem einst ein schwedisches Observatorium gestanden haben soll.

Longyearbreen

Die berühmten Gletscherzungen bei den höher gelegenen, südwestlichen Ausläufern von Longyearbyen haben sich durch viele Schichten von Sedimentmaterial gefressen und gebohrt – darunter auch fossile Schichten, die entstanden, als man sich in Svalbard noch über ein eher tropisches Klimas freute. Die Endmoräne bringt Pflanzenfossilien ans Tageslicht – Blätter und Zweige, die vor 40 bis 60 Mio. Jahren ihre Spuren im Stein hinterlassen haben. Einige der Führungen lassen etwas Zeit für die Fossiliensuche.

Wer auf eigene Faust hinaufkraxeln will, geht am Huset vorbei am linken Flussufer entlang, lässt die verlassenen Minengebäude hinter sich und gelangt dann auf einen holprigen Weg. Nachdem man linkerhand die Überreste einer Brücke passiert hat, nähert man sich der Endmoräne und überquert einen Bach, der links vorbeifließt. Dann führt der Weg über einige steile Abhänge, überquert den Fluss (manchmal gibt's auch eine Brücke) und geht dann weiter flussaufwärts, bis er bei den Fossilienfeldern endet. Der 5 km lange Rückweg von Huset dauert etwa eineinhalb Stunden, Fossiliensuche nicht mitgerechnet.

Burmastraße

Die Burmastraße, heute ein Spazierweg, folgt der alten Minenseilbahn bis zur ehemaligen Aufbereitungsanlage und Mine Nr. 3 in der

SVALBARD

DIE RENTIERE VON SVALBARD

Die Rentiere von Svalbard sind genetisch mit denen auf dem Festland verwandt. Es wurden auch schon Exemplare gefunden, die russische Markierungen trugen und offenbar übers Eis gewandert waren. Doch anders als ihre kontinentalen Artgenossen leben sie nicht in Herden, sondern in kleinen Familienverbänden von zwei bis sechs Tieren. Sie entwickeln sich hier prächtig, da sie auf Svalbard keine ernsthaften Fressfeinde haben. Auch die Eisbären, die zwar gut spurten, aber das Tempo nur über eine sehr kurze Distanz halten können, sind keine Bedrohung für die Rentiere. Die Population von schätzungsweise 8000 Tieren wird durch eine jährliche Abschussrate von 250 Stück konstant gehalten. Die meisten Rentiere von Svalbard beginnen im Alter von acht Jahren langsam zu verhungern, da ihre Zähne dann durch Gletscherstaub und Kiesel zu stark abgenutzt sind.

Nähe des Flughafens. Sie eignet sich für eine leichte Wanderung, die etwa einen halben Tag dauert.

Adventdalen

Das kahle, weite Adventdalen lockt den Besucher mit wilden arktischen Landschaften. Hier lässt es sich großartig wandern; allerdings können einem – wie das Schild am talseitigen Ende der Stadt deutlich macht, Eisbären über den Weg laufen. Daher sollte man eine Feuerwaffe dabeihaben.

Nacheinander passiert man die streng riechenden Huskyzwinger, den Süßwassersee Isdammen, der Trinkwasser für Longyearbyen liefert, und eine Nordlichtstation. Mit dem Auto oder Fahrrad gelangt man zu den stillgelegten **Minen Nr. 5 und 6** und kommt an der Grube **Nr. 7** vorbei.

BARENTSBURG
600 Ew.

Das erste, was man von Barentsburg, der einzigen noch bestehenden russischen Siedlung von Svalbard, zu sehen bekommt, ist der Schornstein des Kraftwerks, der dichten schwarzen Rauch in den blauen Himmel hustet. Dieses isolierte Dorf baut unverdrossen Kohle ab und produziert noch immer bis zu

350 000 t pro Jahr. Ein dauerhaftes Problem stellt allerdings der Verkauf auf dem freien Markt dar – und die Halden sind riesig. Alles ist ein bisschen heruntergekommen, chaotisch und rußig. Schilder in kyrillischer Schrift, eine übrig gebliebene Leninbüste und Wandbilder, die muskulöse Arbeiter in heroischen Posen zeigen – das alles vermittelt dem Besucher einen Eindruck, als sei er zu weit nach Osten gereist und ins letzte Jahrhundert zurückversetzt worden.

Geschichte

Das am Grønfjorden gelegene Barentsburg wurde erstmals um 1900 als Kohlefördergebiet ausgewiesen, als die Kullkompaniet Isefjord Spitsbergen ihren Betrieb aufnahm. Auch verschiedene andere Gesellschaften gruben hier Schächte, und 1920 gründete die holländische Gesellschaft Nespico die Stadt. Zwölf Jahre später trat man sie dann dem sowjetischen Trust Arktikugol ab.

1941 wurde nicht nur Longyearbyen, sondern auch Barentsburg teilweise von der British Royal Navy zerstört. Damit sollte verhindert werden, dass es in die Hände der Nazis fiel (ironischerweise beendete die deutsche Kriegsmarine diese Arbeit später selbst). 1948 baute Arktikugol die Stadt wieder auf. Bis zum Zusammenbruch der Sowjetunion erlebte sie eine Zeit des Wachstums, der Entwicklung und wissenschaftlichen Forschung.

Wie jede andere Grube auf Svalbard hat auch die von Barentsburg große Tragödien erlebt. Als 1996 ein Flugzeug im Schneesturm nahe Adventdalen abstürzte (S. 409), waren unter den Opfern zahlreiche Bergarbeiterfamilien aus der Ukraine. 1997 starben 23 Bergleute bei einer verheerenden Grubenexplosion.

Heute geht die meiste Kohle des Trust Arktikugol direkt in den Westen, v. a. an Kraftwerke in den Niederlanden. Die Löhne werden von der Inflation in Russland aufgefressen und die veralteten Förderanlagen brechen allmählich zusammen. Von den Wissenschaftlern setzt nur eine kleine Gruppe von Meteorologen, Gletscherforschern und Geowissenschaftlern die Arbeit fort und die Bevölkerung ist auf etwa 800 Menschen geschrumpft.

Da die Versorgung nur spärlich ist, baut man in Barentsburg nach wie vor selber Lebensmittel an, so z. B. Tomaten, Zwiebeln und Paprika. Der größte Teil der ehemaligen

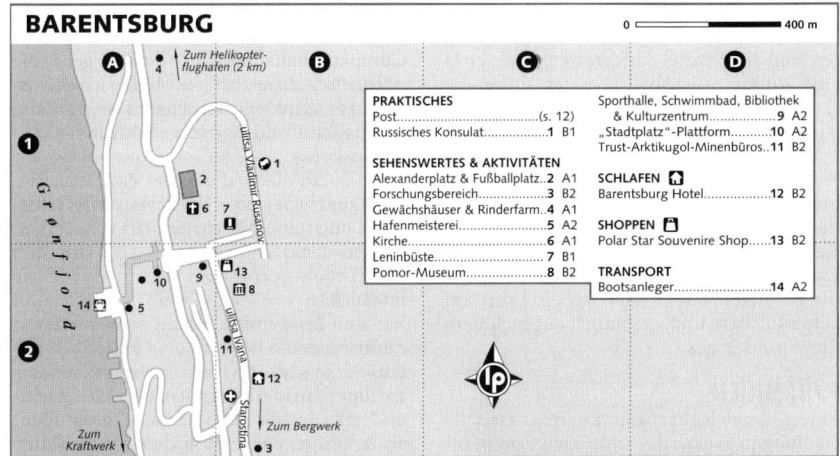

BARENTSBURG

0 —————— 400 m

PRAKTISCHES
Post...................................(s. 12)
Russisches Konsulat.................1 B1

SEHENSWERTES & AKTIVITÄTEN
Alexanderplatz & Fußballplatz..2 A1
Forschungsbereich....................3 B2
Gewächshäuser & Rinderfarm..4 A1
Hafenmeisterei.......................5 A2
Kirche...................................6 A1
Leninbüste............................7 B1
Pomor-Museum.....................8 B2

Sporthalle, Schwimmbad, Bibliothek
  & Kulturzentrum.................9 A2
„Stadtplatz"-Plattform...........10 A2
Trust-Arktikugol-Minenbüros..11 B2

SCHLAFEN
Barentsburg Hotel.................12 B2

SHOPPEN
Polar Star Souvenire Shop.....13 B2

TRANSPORT
Bootsanleger........................14 A2

Schweinefarm ist jedoch im Kochtopf gelandet – nur ein paar einsame Kühe sieht man noch durch die Siedlung streunen. Trotzdem geht es den meisten Menschen hier besser als zu Hause im russischen Heimatland (oder in der Ukraine, aus der etwa die Hälfte der Bewohner von Barentsburg stammt), und viele entscheiden sich dafür zu bleiben, nachdem ihr erster Zweijahresvertrag abgelaufen ist.

Sehenswertes & Aktivitäten

Fast alle Besucher kommen mit einer organisierten Tour nach Barentsburg. Wenn die Führung vorbei ist, sollte man die kurze Zeit, bis das Boot ablegt, dazu nutzen, die folgenden Attraktionen zu besichtigen.

Das einfache und sympathische kleine **Pomor-Museum** (☎ 79 02 18 14; Eintritt 40 nkr; ☽ wenn Ausflugsboote im Hafen sind) dokumentiert (leider nur auf Russisch) den historischen Pomorhandel mit dem russischen Festland, den Bergbau sowie die Geschichte der Russen auf Svalbard. Besonders beeindruckend sind die ausgezeichneten geologischen Exponate und die Sammlung von Artefakten, die auf russische Aktivitäten in Svalbard vor der offiziellen Entdeckung des Archipels durch Willem Barents hinweisen.

Die kleine orthodoxe **Holzkapelle** wurde zum Gedenken an die Katastrophen von 1996 und 1997 (s. S. 408) errichtet. Sie steht oberhalb des Fußballplatzes, abseits der übrigen Häuser der Gemeinde, und es lohnt sich, einen Blick hineinzuwerfen.

Schlafen & Essen

Barentsburg Hotel (☎ 79 02 10 80, 79 02 18 14; DZ 550 nkr) Die einzige Besucherunterkunft der Siedlung serviert traditionelle russische Gerichte, darunter so leckere Spezialitäten wie gekochtes Schweinefleisch mit Kartoffeln und Sauerampfer, Petersilie und Sauerrahm. Wer hier übernachtet, sollte sich auch für das Gourmet-Dinner anmelden, bei dem russische und ukrainische Spezialitäten sowie Krimsekt und Wodka auf den Tisch kommen.

In der Bar kann man sich einen erfreulich erschwinglichen und großzügigen Schluck Wodka oder ein russisches Bier genehmigen. Hier werden auch große Dosen mit echtem Kaviar zu Preisen verkauft, die man nirgendwo sonst im Westen, geschweige denn in Norwegen, findet.

Shoppen

Der Polar Star Souvenire Shop liegt genau dort, wo die 238 Stufen hinab zum Kai beginnen. Er lohnt einen Abstecher, wenn man es auf eine Babuschka, einen Leninanstecker fürs Revers oder sowjetische Militaria abgesehen hat.

An- & Weiterreise

Einige Reiseveranstalter (S. 401) bieten im Sommer neun- bis zehnstündige **Bootstouren** (Erw./Kind 1190/890 nkr) von Longyearbyen nach Barentsburg an. Die Kreuzfahrt, die nur halb so viel Spaß macht, führt an der einstigen russischen Zeche von Grumantbyen vorbei, die in den 60er-Jahren stillgelegt wurde, und

SVALBARD

überquert auf dem Rückweg zum riesigen Esmark-Gletscher den Fjord. Im Preis enthalten sind ein leichtes Mittagessen sowie etwa eine Stunde Aufenthalt in Barentsburg, die aber überwiegend für die Führung draufgeht. Auch die meisten längeren Kreuzfahrten legen einen Stopp in Barentsburg ein.

Im Winter kann man Schneemobiltouren buchen (Erw./Kind 2150/1200 nkr), bei denen man über Schnee und Eis rast. Der Rekord für die Strecke Longyearbyen–Barentsburg liegt bei genau 22 Minuten, aber die geleiteten Touren dehnen die Fahrt auf gemächlichere und wesentlich angenehmere drei Stunden aus.

PYRAMIDEN

Pyramiden, früher die zweite russische Siedlung in Svalbard, wurde nach dem pyramidenförmigen Berg benannt, der ganz in der Nähe aufragt. Mitte der 1910er-Jahre wurde hier Kohle entdeckt, und der gleiche schwedische Konzern, der auch Sveagruva betrieb, begann mit dem Abbau. 1926 wurde er vom sowjetischen Unternehmen Russkiy Grumant übernommen, das 1931 wiederum an den sowjetischen Trust Arktikugol verkaufte, der bereits die Grube in Barentsburg ausbeutete. In den 50er-Jahren zählte die Stadt 2500 russische Bewohner, deutlich mehr als die heutige Einwohnerzahl von Longyearbyen. In ihrer Blütezeit zu Beginn der 90er-Jahre besaß sie Stollen von insgesamt 60 km Länge, 130 Häuser, landwirtschaftliche Betriebe ähnlich denen in Barentsburg sowie das nördlichste Hotel und Schwimmbad der Welt.

Ende der 90er-Jahre lieferte die Grube nicht mehr genügend Kohle, um rentabel zu sein. Da Russland nicht mehr willens oder in der Lage war, die Mine zu subventionieren, wurde Pyramiden 1998 aufgegeben.

Mehrere in Longyearbyen ansässige Veranstalter bieten zehnstündige Tagesausflüge nach Pyramiden (Erw./Kind 1090/790 nkr). Im Winter ist der Ort per Schneemobil-Safari (Erw./Kind 2450/1500 nkr) zu erreichen.

NY ÅLESUND
30–130 Ew.

Auch wenn der Breitengrad (79° N) nicht der einladendste ist – nur mit Mühe wird man irgendwo anders auf der Welt eine beeindruckendere Kulisse finden als die des Wissenschaftszentrums von Ny Ålesund, 107 km nordwestlich von Longyearbyen. Gegründet 1916 von der Kings Bay Kull Compani, behauptet Ny Ålesund gern, die nördlichste dauerhaft bewohnte Siedlung zu sein (was allerdings drei genauso winzige Orte in Russland und Kanada ebenfalls für sich reklamieren).

Im 20. Jh. baute die Kings Bay lange Zeit die Kohlefelder ab. Hier lebten und arbeiteten einst 300 Menschen. Aber nachdem bei der letzten Explosion 21 Menschen ums Leben gekommen waren, wurde die Förderung 1963 eingestellt. Ny Ålesund hat sich seitdem zu einem renommierten Zentrum der Wissenschaften entwickelt mit Forschungsstationen verschiedener Nationen, darunter Japan, Frankreich, Großbritannien und Deutschland. Seit Juli 2004 zählt auch China dazu. Vor den chinesischen Unterkünften wachen zwei Marmorlöwen, was in diesem Land der Eisbären und Polarfüchse etwas eigenartig wirkt. Bei unserem letzten Besuch in Svalbard stand die Ankunft des ersten indischen Teams kurz bevor. Den Winter über harren rund 30 unerschrockene Forscher aus. Wenn im Sommer ihre Kollegen aus rund 15 Nationen ankommen, steigt die Population auf bis zu 130 (mehr sind es nie, denn das würde die Bettenzahl der Station übersteigen).

Sehenswertes

Ein 1,5 km langer Weg mit mehrsprachigen Erklärungstafeln führt den Besucher an den wichtigsten Sehenswürdigkeiten dieser winzigen Siedlung entlang.

Zu Beginn des 20. Jhs. brachen einige Polarforscher von Ny Ålesund auf, unter ihnen Roald Amundsen, Lincoln Ellsworth, Admiral Byrd und Umberto Nobile. Der **Ankermast** wurde 1926 von Nobile und Amundsen für ihr Luftschiff *Norge* benutzt; von hier starteten sie zu ihrem erfolgreichen Flug über den Nordpol nach Alaska. Zwei Jahre später kam er wieder zum Einsatz, als Nobile zurückkehrte, um mit der *Italia* seinen zweiten, diesmal verhängnisvollen Versuch zu starten. In der Stadt wimmelt es von Denkmälern, die an die beiden Expeditionen erinnern.

Der vermutlich ungewöhnlichste Anblick ist die gestrandete **Dampflokomotive** in der Nähe des Docks. 1917 wurde eine Schmalspureisenbahn gebaut, um die Kohlefelder mit dem Hafen zu verbinden; sie war bis 1958 in Betrieb. Die restaurierte Lokomotive ist – ohne Zweifel – das nördlichste Eisenbahnrelikt.

Das Städtchen unterhält außerdem ein sehr kleines und liebenswertes **Bergbaumuseum** (Gruvemuseum; Spenden erbeten; ☻ rund um die Uhr) im alten Tiedemanns-Tabakladen, das an die Geschichte und Traditionen des Kohlebergbaus in Ny Ålesund und Umgebung erinnern soll.

Alle Besucher, die nicht beruflich hier zu tun haben, kommen im Rahmen von Kreuzfahrten nach Ny Ålesund und halten sich nur etwa ein bis zwei Stunden auf.

RUND UM NY ÅLESUND
Kongsfjorden

Der Kongsfjord (Namensgeber der Kings Bay Kull Compani) bildet die spektakuläre Kulisse von Ny Ålesund. In etwas traurigem Kontrast dazu stehen die graubraunen Ufer mit ausgedehnten Eisfeldern. Aus dem Eis ragen die charakteristischen Gipfel des Tre Kroner, Dana (1175 m), Svea (1226 m) und Nora (1226 m) – zu Ehren von Dänemark, Schweden bzw. Norwegen so benannt – heraus. Sie gehören zu den bekanntesten Wahrzeichen von Svalbard.

Blomstrandhalvøya

Das steinige Blomstrandhalvøya war ursprünglich eine Halbinsel. Allerdings wurde es Anfang der 90er-Jahre am nördlichen Ende dem Zugriff des Eises entzogen und ist heute eine Insel. Im Sommer erscheint der Name Blomstrand („Blumenstrand") durchaus angemessen – auch wenn er in Wahrheit auf einen norwegischen Geologen zurückgeht. Ny London am südlichen Ende der Insel erinnert an einen gewissen Ernest Mansfield von der Northern Exploration Company, der hier 1911 Marmor abbauen wollte, zu seinem Leidwesen jedoch feststellen musste, dass das Gestein durch Äonen Jahre des Tauens und Gefrierens wertlos geworden war. Ein paar Häuser und verlassene Geräte sind noch übrig geblieben.

RUND UM SPITZBERGEN
Sveagruva

Anfang der 1910er-Jahre wurde in Sveagruva Kohle entdeckt und dann von einem schwedischen Unternehmen gefördert. Die Grube wechselte mehrfach den Besitzer und überstand sogar ein Feuer. Als die SNSK sie 1934 übernahm, warf sie 400 000 t Kohle pro Jahr

ab. Der Betrieb musste 1944 wegen eines U-Boot-Angriffs eingestellt werden, wurde aber nach dem Krieg erfolgreich wieder aufgenommen. Ende der 70er-Jahre war Sveagruva zu einer Siedlung von 300 Arbeitern herangewachsen.

Im Laufe der Jahre ging es durch die erhöhte Produktion rund um das leichter erreichbare Longyearbyen dann mit der ursprünglichen Grube von Sveagruva bergab. Mitte der 90er-Jahre war die Siedlung auf eine Hand voll Bergarbeiter und Verwalter geschrumpft. Heute hat das nahe gelegene Svea Nord (s. S. 389) die Rolle von Sveagruva übernommen und ist eine der größten aktiven Minen in Europa.

Magdalenefjord

Die herrliche blau-grüne Bucht des Magdalenefjords im Nordwesten von Spitzbergen, umgeben von hoch aufragenden Klippen und geradezu einschüchternden Gezeitengletschern, ist der beliebteste Ankerplatz an der Westküste von Spitzbergen. Im 17. Jh. betrieben die Holländer in diesem Gebiet in großem Stile Walfang; bei Graveneset nahe der Fjordmündung kann man noch heute die Überreste zweier Tranöfen sehen. Hier stolpert man auch über jede Menge Gräber von Walfängern aus dem 17. und 18. Jh.

Prins Karls Forlandet

Die eigenartig geformte, 86 km lange Insel Prins Karls Forlandet an der Westküste von Spitzbergen wurde zum Nationalpark erklärt, um die Walrosse, Robben und Seelöwen zu schützen, die dort ihre Jungen zur Welt bringen.

Krossfjord

Dank des grandiosen Gezeitengletschers Lillehöökbreen und einiger kultureller Relikte zieht auch der Krossfjord viele Kreuzfahrtschiffe an. Bei Ebeltoftbukta in der Nähe der Fjordmündung kann man Gräber von Walfängern sowie jede Menge zurückgelassenes Gerümpel eines 1912 gebauten deutschen Telegrafenamts sehen, das bereits zwei Jahre später komplett nach Ny Ålesund verlegt wurde. Gegenüber dem Eingang ragen ein paar stark bevölkerte Vogelklippen auf, von denen man einen guten Ausblick auf einen der grünsten, mit Blumen, Moos und sogar Gras bewachsenen Flecken von Svalbard genießen kann.

ROALD AMUNDSEN

Der Norweger Fridtjof Nansen (s. Kasten S.376) hatte vielleicht das größte Herz aller Polarforscher, sein Landsmann Roald Amundsen aber wohl am meisten Mut und Entschlossenheit. 1872 in Borge nahe Sarpsborg in einer Familie von Reedern und Kapitänen geboren, träumte er davon, Polarforscher zu werden, und verschlang jedes Buch zu diesem Thema, das er in die Finger bekam. Auf Wunsch seiner Mutter studierte er Medizin, aber als sie 1893 starb, wandte er sich wieder seinen Träumen vom Pol zu und ließ sich davon nicht mehr abbringen.

1897 segelte er als Erster Maat an Bord der *Belgica* mit einer belgischen Expedition in die Antarktis. Das Schiff fror im Eis in der Nähe der Peter-I.-Insel fest und wurde – ganz unbeabsichtigt – die erste Expedition, die in der Antarktis überwinterte. Als der Kapitän an Skorbut erkrankte, übernahm Amundsen das Kommando und bewies seine Fähigkeiten in einer Krisensituation.

Nachdem er sich einen Namen als Kapitän gemacht hatte, strebte Amundsen die Nordwestpassage und die Erforschung des antarktischen Magnetpols an. Die Expedition brach im Juni 1930 mit der 47-Tonnen-Schaluppe *Gjøa* in Oslo auf und überwinterte in einem natürlichen Hafen der König-Wilhelm-Insel, den die Expedition „Gjøahavn" nannte. Zwei Jahre lang bauten die Männer Observatorien, nahmen magnetische Messungen vor, bestimmten die Position des antarktischen Magnetpols, studierten das Leben der Inuit und lernten, wie man einen Hundezug lenkt. Im August 1905 gelangten sie in Gewässer, die bisher auf keiner Karte erfasst waren, und durchquerten als Erste die Nordwestpassage. Als die *Gjøa* erneut im Eis überwintern musste, machten sich Amundsen und ein amerikanischer Begleiter mit dem Hundeschlitten auf zur über 900 km entfernten Telegrafenstation in Eagle City, Alaska, um die Welt von ihrem Erfolg zu informieren.

Amundsen hatte das Ziel gehabt, als erster Mensch den Nordpol zu erreichen. Doch im April 1909 erntete Robert Peary diesen Ruhm. Also steuerte Amundsen stattdessen 1910 den Südpol an – um dann zu erfahren, dass die *Terra-Nova*-Expedition des Briten Robert Falcon Scott bereits mit dem gleichen Ziel von Neuseeland aus aufgebrochen war.

Amundsens Schiff ging im Januar 1911 vor der Roosevelt-Insel vor Anker, 60 km näher am Südpol als Scotts Basis. Mit vier Begleitern und 4 von jeweils 13 Hunden gezogenen Schlitten erreichte er am 14. Dezember 1911 den Südpol. Scott – der später zusammen mit vier Mitgliedern seiner Expedition auf dem Rückweg an Kälte und Hunger starb – kam am 17. Januar 1912 am Pol an. Doch von dort leuchtete ihm schon die norwegische Flagge entgegen.

1925 hatte Amundsen die Idee, als erster Mensch den Nordpol zu überfliegen. Der Amerikaner Lincoln Ellsworth finanzierte die Expedition, und zwei Flugzeuge starteten von Svalbard nach Alaska. Wegen defekter Instrumente mussten sie jedoch etwa 150 km vom Pol entfernt auf dem Packeis landen. Der Pilot Hjalmar Riiser-Larsen hackte mit einfachen Werkzeugen eine Startbahn in das Eis, brachte eines der Flugzeuge mit sechs Mann in die Luft und schaffte es zurück nach Nordaustlandet in Svalbard. Dort stürzte das Flugzeug ins Meer, doch alle Passagiere konnten gerettet werden.

Da er schon immer jemand war, der nie aufgeben wollte, startete Roald Amundsen im folgenden Jahr einen neuen Versuch – diesmal mit dem Luftschiff *Norge* –, begleitet von Ellsworth, Riiser-Larsen und dem italienischen Forscher Umberto Nobile. Die Männer verließen Spitzbergen am 11. Mai 1926 und warfen 16 Stunden später die norwegische, die amerikanische und die italienische Flagge über dem Nordpol ab. Am 14. Mai landeten sie triumphierend in Teller, Alaska, nachdem sie in 72 Stunden 5456 km zurückgelegt hatten. Es war der erste Flug zwischen Europa und Nordamerika.

Im Mai 1928 unternahm Nobile eine weitere Expedition mit dem Luftschiff *Italia*. Als dieses in der Arktis abstürzte, schloss Amundsen sich dem Suchtrupp an. Nobile und seine Mannschaft konnten gerettet werden, aber Amundsens letzte Signale wurden nur drei Stunden nach dem Start empfangen. Er wurde nie mehr gesehen.

Danskøya

Einer der faszinierendsten Orte im Nordwesten Spitzbergens ist Virgohamna auf der kargen und steinigen Insel Danskøya. Am einsamen Strand liegen diverse Überbleibsel zerplatzter Träume verstreut herum. Dazu gehören die Trümmer von drei Tranöfen einer Walfangstation aus dem 17. Jh. sowie acht Steingräber aus der gleichen Epoche. Außerdem stößt man hier auf die Ruine eines kleinen Häuschens, gebaut von dem englischen Abenteurer Arnold Pike. Er segelte mit seiner Yacht *Siggen* nach Norden und ernährte sich dort einen Winter lang von Eisbären und Rentieren.

Der nächste Abenteurer, der Virgohamna beehrte, war der schwedische Ingenieur Salomon August Andrée. Im Sommer 1897 startete er von hier mit einem Luftschiff – voller Hoffnung, den Nordpol zu erreichen. Das Schicksal dieser Expedition wurde erst 1930 bekannt, als Matrosen eines Robbenfangschiffs bei einem Landgang auf ihr letztes Basislager auf Kvitøya stießen.

1906 versuchte dann auch der Journalist Walter Wellman mit freundlicher Unterstützung einer amerikanischen Zeitung, den Nordpol per Luftschiff zu erreichen – was ihm aber misslang. Als er im folgenden Jahr zurückkam, um es erneut zu versuchen, wurde sein Schiff in einem Sturm stark ramponiert. Bei seinem dritten Versuch 1909 schwebte er bis auf 60 km an den Pol heran. Dann stellten sich technische Probleme ein, und als er hörte, dass Robert Peary den Pol bereits erreicht hatte, gab er endgültig auf. Der gesamte zurückgebliebene Schrott (darunter Dutzende verrostete, 165 Liter fassende Treibstofffässer) ist geschützt. Die wenigen Besucher, die es hierher verschlägt, verursachen beträchtliche Erosionsschäden. Daher der dringende Rat, auf den markierten Pfaden zu bleiben.

Amsterdamøya & Fairhaven

Die Insel Amsterdamøya war Standort der großen Walstation Smeerenburg (was auf Holländisch „Transtadt" bedeutet), 1617 von einem holländischen und einem dänischen Konzern gemeinsam gegründet. Heute zeugen davon nur noch sieben Öfen und ein paar Gräber. Rund um den nahe gelegenen Sund Fairhaven sind weitere Gräber verstreut.

Moffen

Die meisten Touristenschiffe versuchen die flache, steinige Insel Moffen anzulaufen, die für ihre Walrosspopulation bekannt ist. Oft werden sie aber von Pack- oder Treibeis daran gehindert. Von Mitte Mai bis Mitte September ist es Booten ohnehin nicht erlaubt, sich der Insel auf mehr als 300 m zu nähern – damit sich dort Walrossmännchen und -weibchen ungestört näher kommen und paaren können.

Allgemeine Informationen

INHALT

PRAKTISCH & KONKRET

- Wie die meisten westeuropäischen Länder (außer Frankreich) verwendet auch Norwegen das PAL-System.

- Die Stromspannung in den Steckdosen beträgt 220 Volt und 50 Hertz (Schlafwagen haben 110 oder 220 Volt Wechselstrom); üblich sind runde, zweipolige Stecker.

- Internationale Presse ist in Städten einen Tag nach Veröffentlichung erhältlich.

- Der öffentlich-rechtliche Sender NRK (ein Fernsehkanal und drei Radiosender) muss sich gegen die Privatsender TV2 und TV Norge sowie gegen den Satellitensender TV3 behaupten. Fremdsprachige Programme sind untertitelt. Hotels bieten häufig Kabelfernsehen.

- Es gilt das metrische System. Häufig wird auch die norwegische *mil* (Meile) verwendet – sie entspricht nicht 1,6, sondern 10 km.

AKTIVITÄTEN

Norwegen gehört zu den weltweit gefragtesten Naturreisezielen und seine Abenteuerveranstalter gehören zu den besten überhaupt. Es gibt fast nichts, was nicht angeboten wird. Alle Aktivitäten sind in den Regionalkapiteln beschrieben. Hier nur eine Übersicht, die Appetit machen soll.

Angeln

Schon im 19. Jh. zogen Norwegens Flüsse und Seen passionierte Angler an. Hier sind die Lachswanderungen noch immer sagenumwoben, und im Juni und Juli sind die Flüsse der Finnmark nicht zu toppen. Für Anfänger ist Tana Bru (S. 381) eine gute Wahl. Neben dem Lachs bevölkern noch 41 weitere Fischarten die 200 000 Flüsse und Seen des Landes. Von Juni bis September ist im Süden beste Angelsaison, im Juli und August dagegen im Norden. In Svalbard sind die besten Angelplätze top-secret. Hier trifft man in manchen Flüssen und Seen Saiblinge an. Wo man dagegen die meisten Lachse und Forellen aus dem Wasser zieht, kann man auf 175 Seiten in *Angling in Norway* nachlesen, das in den Touristeninformationen für 185 nkr zu kaufen ist. In dem Buch steht auch alles über Gebühren und Bestimmungen.

Die Vorschriften sind von Fluss zu Fluss verschieden. Im Allgemeinen müssen Fische, die kleiner als 20 cm sind, von Mitte September bis November wieder eingesetzt werden. Zwischen August und Mai sind 30 cm das Minimum.

Auf jeden Fall braucht man eine Jahreslizenz (225 nkr für Lachse, Forellen und Saiblinge, 110 nkr für andere Fische). Sie wird in Postämtern verkauft. Daneben gibt es auch Wochenlizenzen für 55 nkr. Wer auf Privatgrundstücken angeln möchte, muss außerdem eine örtliche Angellizenz erwerben (55 bis 375 nkr pro Tag). Sie ist in Sportgeschäften, Hotels, Touristeninformationen und auf Campingplätzen erhältlich. Und in einigen Gebieten wird zudem noch eine Bescheinigung über eine desinfizierte Ausrüstung verlangt (110 nkr).

Gletscherwandern

Zu den interessantesten Outdoor-Aktivitäten zählen Gletscherwanderungen. Da sie jedoch gefährlich sind, sollte niemand ohne einen erfahrenen, einheimischen Führer losziehen. Zu den besten Gebieten gehören: der Jotunheimen-Nationalpark (s. Kasten S. 194) mit über 60 Gletschern, der grandiose Hardangerjøkulen-Gletscher auf der Hardangervidda (S. 197 oder S. 198), Folgefonn (S. 231), Nigardsbreen (S. 259), Briksdalsbreen (S. 260), Bødalsbreen (S. 261), der Saltfjellet-Svartisen-Nationalpark (S. 315), die Lyngener Alpen (S. 365) und Svalbard (S. 402).

Wer von den Gletschern fasziniert ist, sollte sich das Norwegische Gletschermuseum (Norsk Bremuseum; S. 258) und die Ausstellung im Besucherzentrum Breheimsenteret (S. 259) nicht entgehen lassen.

Hundeschlittenfahren

Zwar ist Hundeschlittenfahren kein typisch norwegischer Sport, doch passt diese Fortbewegungsart der Inuit auch in die norwegische Wildnis. Mehrere Veranstalter bieten Winterabenteuer dieser Art. Wem ein halber Tag zum Ausprobieren genügt, der ist bei Alaska Husky Expeditions in Røros (S. 181) richtig. Mutige Hundeschlittenführer („Musher") in spe können hingegen aufs Ganze gehen und auch gleich eine zweiwöchige Safari buchen, z. B. durch den Øvre-Dividal-Nationalpark (S. 366), bei Tromsø (S. 360) und Karasjok (S. 395), in der Gegend um Alta (S. 371), bei Kirkenes (S. 387) oder auf Svalbard (S. 402). Veranstalter, von denen einige Hundeschlittenfahrten anbieten, stehen auf S. 438. Schlittenhunderennen starten im Januar in Røros (S. 181) und im März in Alta (S. 368).

Klettern & Bergsteigen

Norwegens erstaunliche Höhenlagen sind ein Paradies für Kletterer mit einem Faible für Felsen, Eis und alpine Herausforderungen. Von den Alpen abgesehen ist Norwegen wohl Europas bestes Kletterrevier. Obwohl die klimatischen Extreme Norwegens dazu

---

11 GEBOTE FÜR ANGLER

1 Ausländer dürfen an der norwegischen Küste kostenlos angeln, ihren Fang aber nicht zu Geld machen.

2 Im Umkreis von 100 m von Fischzuchten oder am Ufer festgemachten oder verankerten Seilen und Netzen ist Angeln verboten.

3 Wer Angelausrüstungen beschädigt, muss dafür aufkommen.

4 Es ist nicht gestattet, in der Nähe von Treibnetzen und Angelplätzen vor Anker zu gehen.

5 Es ist verboten, Schusswaffen abzufeuern und Geräusche zu verursachen, durch die Fische gestört werden können.

6 Mit lebenden Ködern zu angeln ist untersagt.

7 Es ist verboten, Angelzeug oder anderen Abfall zurückzulassen, der den Fischfang oder Fischerboote stören, aufhalten oder beschädigen könnte.

8 Der Hummerfang ist norwegischen Staatsbürgern oder Personen mit festem Wohnsitz in Norwegen vorbehalten.

9 Nach Lachsen, Forellen und Saiblingen darf man seine Angelroute das ganze Jahr über auswerfen. An Flüssen mit Angelverbot ist das Angeln 100 m von der Flussmündung entfernt erlaubt. Vom 1. Juni bis 4. August zwischen 6 Uhr am Freitag und 8 Uhr am Montag darf man auf Lachse, Forellen und Saiblinge mit Haken und künstlichen Ködern angeln. Wer diese Fische im Visier hat, braucht allerdings eine nationale Angelerlaubnis und muss auch andere lokale Angelbestimmungen beachten (z.B. die Desinfektion der Angelausrüstung).

10 Wer von einem Boot aus angelt, muss eine Schwimmweste tragen.

11 Abfälle dürfen nicht ins Wasser geworfen oder das Wasser auf andere Art verunreinigt werden.

ALLGEMEINE
INFORMATIONEN

WETTERWARNUNGEN

Vor einem Aufbruch in die Wildnis sollte man sich stets über die Wetterlage und die anderen örtlichen Bedingungen informieren. Das gilt für alle ungeschützten Gebiete, v. a. aber für Skitouren. Zwei schottische Langläufer sind im März 2007 auf dem Hardangervidda-Plateau bei Schnee und Eisnebel ums Leben gekommen, obwohl einheimische Experten ihnen offenbar von der Tour abgeraten hatten. Die einzigen Monate, in denen man sich auf günstige Wetterbedingungen einigermaßen verlassen kann, sind Juli und August. Mit einem plötzlichen Wetterumschwung ist allerdings immer zu rechnen. Auch die Lawinengefahr – v. a. in Jotunheimen, aber auch in anderen Gebirgen Norwegens – ist immer präsent. Ohne entsprechende Ausrüstung und Erfahrung sollte sich niemand auf Gletschereis wagen. Ratschläge Einheimischer sollten beherzigt werden. Sie kennen die Bedingungen besser als jeder noch so erfahrene, auswärtige Wanderer. Wenn sie von einer Tour abraten, sollte man lieber verzichten.

---

beitragen, dass Kletterer mit harten Bedingungen, einer kurzen Saison und strikten Beschränkungen konfrontiert werden. Norwegens beliebteste alpine Regionen sind v. a. die Gegend um Åndalsnes (S. 270), die Lyngener Alpen (S. 365), Bondhusbreen (S. 232) und die Lofoten (S. 337) – dort gibt es eine gute Kletterschule, die Expeditionen in Norwegen und darüber hinaus organisiert. Åndalsnes hat nicht nur grandiose Gipfel in seiner Umgebung zu bieten, sondern auch das höchst beliebte Bergsteigerfest Norsk Fjellfestivalen (S. 271). Und in Lom lohnt ein Besuch des Norwegischen Gebirgsmuseums (S. 191).

Mehr zum Thema Klettern in Norwegen ist beim **Norsk Tindeklub** (☎ 22 50 54 66; www.ntk. no; c/o Egil Fredriksen, Sorkedalsveien 202 b, N 0754, Oslo) zu erfahren.

Neben dem Klassiker *Climbing in the Magic Islands* (1994) von Ed Webster, in welchem die meisten der gangbaren Routen auf den Lofoten beschrieben sind, ist *Ice Fall in Norway* (1972) von Sir Ranulph Fiennes zu empfehlen, der Bericht über einen Aufenthalt um Jostedalsbreen im Jahr 1970. Praktischer angelegt ist *Go north! Klettern in Süd-Norwegen* (1993) von Götz Wiechmann.

Paragliding, Parasailing, Bungee- & Basejumping

Ganz Unerschrockene und solche, die einfach gerne mal einige der spektakulärsten Landschaften Europas aus der Vogelperspektive erleben möchten, haben im Wesentlichen drei Möglichkeiten. Sie können nach Voss fahren, wo es die größte Auswahl gibt: Paragliding, Parasailing oder Bungeejumping von einem Parasailschirm aus. Hauptveranstalter am Ort ist **Nordic**

Ventures (☎ 56 51 00 17; www.nordicventures.com). Echte Adrenalinjunkies werden sich auch die Extremsportwoche nicht entgehen lassen, die hier Ende Juni stattfindet. Dann kommen zu der üblichen halsbrecherischen Palette noch Skydiving und Basejumping hinzu. Weitere Informationen s. Kasten S. 222.

Die zweite Möglichkeit ist Rjukan (s. Kasten S. 162), aber nur für Bungeejumper. Hier gibt es den höchsten Sprung, den man in Norwegen von festem Boden aus machen kann.

Basejumper, für die es das Höchste ist, mit halsbrecherischer Geschwindigkeit auf die Erde zuzurasen, kommen bei einem Sprung von den schroffen Klippen des Kjeragbolten (S. 244) am Lysefjord garantiert auf ihre Kosten. Doch Basejumping ist gefährlich – seit 2005 sind in Norwegen drei Menschen dabei ums Leben gekommen.

Radfahren

Egal, ob man eine gemütliche Radtour entlang der flachen Fjordküsten bevorzugt oder

---

TOP FIVE: RADTOUREN

- Die Sognefjellstraße durch den Jotunheimen-Nationalpark (S. 193)
- Die berauschende Talfahrt auf dem Rallarvegen von Finse nach Flåm, (s. Kasten S. 198)
- Gemütliche Touren durch die herrlich wilde Landschaft der Lofoten (S. 331)
- Über das Hardangervidda-Plateau in der Nähe von Rjukan (s. Kasten S. 163)
- Auf dem Hochland um Trysil (S. 178)

die Herausforderung sucht und eine ultimative Norwegenrundfahrt plant – jeder kommt auf seine Kosten. Die geeigneten Räder für kleinere Touren vermieten viele Touristeninformationen und einige Fahrradläden. Trondheim stellt sie sogar kostenlos bereit (s. Kasten S. 303). Ambitionierte Radler finden in Norwegen einige Traumstrecken, die weltberühmt sind. Unsere Favoriten enthält der Kasten S. 416. Auch die Grünen Straßen bieten tolle Alternativen (S. 439).

Eine hervorragende Internetseite mit Beschreibungen einiger guter Langstrecken in Norwegen ist www.bike-norway.com. Interessenten können für 120 bis 298 nkr neun verschiedene Radwanderkarten online bestellen; einige davon mit Routenbeschreibungen. Einfach Homepage aufrufen, Sprachauswahl treffen und dann auf „Online Radliteratur bestellen" klicken. Weitere Informationen zu längeren Routen im Tunneln gibt's von **Syklistenes Landsforening** (Karte S. 98-99; ☎ 22 47 30 30; www.slf.no; Storgata 23 d, Oslo), der wichtigsten Anlaufstelle der norwegische Fahrradclubs. Dort werden auch die Karte *Sykkelruter i Norge* (120 nkr, auf Norwegisch) verkauft und die englischsprachige Broschürenserie *Sykkelguide* mit Kartenmaterial (125 nkr pro Ausgabe, auf Englisch). Unter anderem gab es bereits Ausgaben über die Lofoten, die Rallarvegen und die Nordsee-Fahrradroute von der schwedischen Grenze bei Svinesund bis Bergen.

Die meisten Touristeninformationen haben Ratschläge (und teilweise Karten) zu örtlichen Routen, während die Syklistenes Landsforening eher für längere Strecken zuständig ist.

Praktische Tipps zum Radfahren und Fahrradverleih in Norwegen s. S. 444.

Rundflüge

Wer einen Hubschrauber oder ein Leichtflugzeug über einem norwegischen Fjord kreisen sieht und sich fragt, wie wohl die außergewöhnliche Landschaft von oben aussehen mag, kann bei der nächsten Touristeninformation fragen, ob kurze – meist 45-minütige – Rundflüge angeboten werden. Pro Person kostet das in der Regel mindestens 700 nkr. Besonders spektakulär ist ein Flug über Bergen oder Ulvik, aber die Fjordlandschaft bietet noch unzählige andere lohnende Ziele.

Skifahren

Das Wort „Ski" stammt aus dem Norwegischen – und mithilfe jahrtausendealter Felszeichnungen, die Jäger auf Skiern darstellen, erheben die Norweger glaubhaft Anspruch darauf, den Sport erfunden zu haben. Und ein Nachlassen des Interesses ist in der Vergangenheit nicht feststellbar. Skifahren ist das Hobby der Nation. Üblich ist hier die nordische Variante: Langlauf. Norwegen hat Tausende von Kilometern gut gespurte Loipen durch Wiesen und Wälder. Trotzdem sind Besucher gut beraten, wenn sie vor dem Start die Routen gut studiert haben (Loipen durch Wiesen und Wälder sind durch Farbcodes auf Karten und Wegweisern markiert) und mit angemessener Kleidung, genügend Proviant sowie für den Notfall mit Streichhölzern und etwas Warmem zum Anziehen ausgestattet sind! Man kann sein eigenes Equipment mitbringen oder vor Ort ausleihen.

In den meisten Städten und Dörfern sind die Loipen beleuchtet. Aber woanders sollte man eine gute Taschenlampe dabeihaben: Wintertage sind sehr kurz, und im Norden gibt es im Dezember und Januar überhaupt kein Tageslicht. Skisaison ist von Anfang Dezember bis April. Die Schneebedingungen wechseln von Jahr zu Jahr und von Region zu Region. Februar und März sowie in den Osterferien sind meist am besten – aber dann ist auch Hochbetrieb.

Auch jede Menge Abfahrtspisten hat Norwegen zu bieten. Hier wird man schnell viel Geld los: Skilifte, Unterkunft und Trinkgelage beim Après-Ski tragen dazu nach Kräften bei. Die Frühjahrssaison dauert länger als in den Alpen. Außerdem ist

---

DAS TELEMARKEN

Die norwegische Region Telemark hat einer besonders eleganten Spielart des Skisports den Namen verliehen, die dem Langlauf (oder „Nordic Ski") zu weltweitem Ruhm verhalf. Die Telemark-Bindung fixiert den Skischuh nur vorne an der Fußspitze, sodass sich die Ferse frei bewegen kann. Für die Wende wird mit einem Knie Druck auf die Oberfläche des Skis ausgeübt, während das andere Knie durchgedrückt bleibt. Die Skier werden hintereinander aufgesetzt, sodass der Läufer sanft in Richtung des gebeugten Knies um die Kurve gleiten kann.

VERANTWORTUNGSVOLLES WANDERN

Um den Umweltschutz zu unterstützen und die Schönheit Norwegens zu erhalten, sollten Wanderer folgende Tipps beherzigen:

Abfälle

- *Alles*, was man mitbringt, auch wieder mit zurücknehmen – leere Verpackungen, Obstschalen, Zigarettenkippen etc. lassen sich in Mülltüten transportieren – im Übrigen auch die Abfälle, die andere liegen gelassen haben.

- Abfälle keinesfalls vergraben. Das schädigt die Vegetation und den empfindlichen Boden und fördert die Erosion. Verscharrter Müll braucht Jahre, um zu verrotten. Außerdem wird er oft von Tieren ausgegraben, die dadurch erkranken, z. T. sogar tödlich.

- Um Müll einzusparen, nur so viel Verpackungsmaterial und Proviant mitnehmen, wie nötig. Lieber wiederverwertbare Dosen oder Beutel verwenden.

- Auch wenn es nicht besonders angenehm ist, sollten Damenbinden, Tampons, Kondome und Toilettenpapier nicht zurückbleiben. Sie verbrennen schlecht und verrotten nur langsam.

Feuer & umweltschonendes Kochen

- Möglichst nicht auf offenem Feuer kochen. Wer in beliebten Wandergebieten Feuerholz schlägt, schädigt den Wald. Daher nur totes Holz verwenden. Gut sind leichte Kocher, die mit Benzin oder Spiritus betrieben werden. Möglichst auf Einweg-Gaskartuschen verzichten.

- Wer mit einer Gruppe unterwegs ist, sollte dafür sorgen, dass jeder einen Kocher und in den Bergen auch ausreichend warme Kleidung dabeihat, damit Feuer möglichst vermieden werden kann.

- Bei der Wahl einer Unterkunft diejenigen bevorzugen, die für Warmwasser oder zum Kochen kein Holz verfeuern.

- Unterhalb der Baumgrenze und in wenig besuchten Gebieten sind offene Feuer zwar vertretbar, aber es sollten dafür bereits bestehende Feuerstellen genutzt werden, Steinbegrenzungen sind überflüssig. Wie man so schön sagt: „Je größer der Narr, umso größer das Feuer" – also nur so viel Holz auflegen, dass es zum Kochen reicht. In den Hütten Holz für den nächsten Besucher zurücklassen.

- Um sicherzugehen, dass das Feuer vollständig gelöscht ist, die Asche verteilen und mit Wasser übergießen.

die Schneequalität besser. Besonders groß ist der Run auf die Skigebiete am Holmenkollen (S. 110) in Oslo, Geilo (S. 198) an der spektakulären Eisenbahnstrecke Oslo–Bergen, Voss (s. S. 222), Lillehammer (S. 176), Trysil (S. 178) und Hovden (S. 167). Im Sommer nehmen Ski-Fans Kurs auf Stryn (S. 262), Folgefonn (S. 231) oder in den Jotunheimen-Nationalpark (S. 193).

Allgemeine Infos zum Skifahren in Norwegen gibt's beim DNT (S. 430) oder auf der Internetseite www.skiingnorway.com, auch auf Deutsch.

Wale beobachten

Eines der besten Gebiete, um Wale zu beobachten, sind die Gewässer vor Stø (S. 348) in den Vesterålen-Inseln. Ähnlich günstig ist die Insel Andenes (S. 349) ganz in der Nähe. Dort gibt es sogar ein Walzentrum (S. 349), das interessante Hintergrundinformationen liefert. Whalewatching-Touren starten auch ab Narvik (S. 320), Henningsvær (S.337) und Kabelvåg (S. 336).

Wandern

Norwegen ist eines der Top-Wanderländer in Europa mit einem Netz von ungefähr 20 000 km markierten Wegen: leichte Spaziergänge durch die grünen Gürtel der Städte ebenso dabei wie Langstrecken durch die Nationalparks und die Wildnis. Viele dieser Wanderwege unterhält der DNT; markiert sind sie in Abständen von 100 oder 200 m mit Steinhügeln oder einem roten T.

Wasserverschmutzung

- In der Nähe von Flüssen und Seen weder Waschmittel noch Zahnpasta benutzen. Selbst wenn sie biologisch abbaubar sind, können sie Fischen und Wildtieren schaden.

- Für die Körperhygiene biologisch abbaubare Seife und einen Wasserbehälter (evtl. sogar ein leichtes, faltbares Becken) verwenden und zum nächsten Gewässer mindestens 50 m Abstand einhalten. Das benutzte Wasser weiträumig verteilen, damit der Boden in der Lage ist, alles zu filtern.

- Kochgeschirr in mindestens 50 m Abstand zum Wasser spülen; statt Spülmittel einen Scheuerschwamm, Sand oder Schnee benutzen.

- Menschliche Fäkalien können im Wasser Krankheiten übertragen. Wo es eine Toilette gibt, sollte diese unbedingt auch benutzt werden. Wo es keine gibt, gräbt man mindestens 100 m von jedem Gewässer entfernt ein 15 cm tiefes Loch, das anschließend wieder mit Erde aufgefüllt wird. Im Schnee bis zur Bodendecke graben.

Erosion

- Immer auf den bestehenden Pfaden bleiben und Abkürzungen vermeiden; so lässt sich die Erosion minimieren.

- Wenn ein viel genutzter Pfad durch eine morastige Pfütze führt, am besten geradewegs durchmarschieren, um die Stelle nicht zu verbreitern.

- Nicht die Vegetation schädigen, sie gibt der Humusschicht Halt.

Artenschutz

- Weder an einer Jagd teilnehmen noch eine unterstützen.

- Auch in den Hütten keine Tiere töten. Es könnte sein, dass sie einer geschützten Art angehören.

- Keine Speisereste zurücklassen, damit Tiere nicht angelockt werden. Gepäck außerhalb der Reichweite von Tieren aufbewahren; z. B. an Dachbalken oder Bäumen aufhängen.

- Wildtiere nicht füttern. Das stört das natürliche Gleichgewicht, kann Krankheiten verursachen und macht die Tiere abhängig vom Menschen.

Die Wandersaison dauert etwa von Ende Mai bis Anfang Oktober, ist aber in den höher gelegenen Bergregionen und im hohen Norden noch wesentlich kürzer. Im Hochland bleibt der Schnee oft bis Juni liegen und ab September fällt neuer, was bedeutet, dass manche Routen nur im Juli und August begehbar sind. Die beliebtesten Wandergebiete sind die Nationalparks von Jotunheimen (s. Kasten S. 194) und Rondane (S. 189), das Hardangervidda-Plateau (s. Kasten S. 197). Wer allerdings echte Abenteuer in der Wildnis sucht, sollte die Nationalparks Dovrefjell-Sunnsdalfjella (S. 186), Øvre Dividal (S. 366), Stabbursdalen (S. 380), Rago (S. 317), Reisa (S. 394), Saltfjellet-Svartisen (S. 315) und/oder eine der zahlreichen unberührten Regionen des Landes wie Trollheimen (S. 185) in der Nähe von Oppdal ausprobieren. Wanderfreaks haben hier unbegrenzte Möglichkeiten!

Es gibt viele exzellente Bücher für Wanderer in Norwegen. Erling Welle-Strands Buch *Bergwandern in Norwegen* (1993) enthält Routenvorschläge, Kartenskizzen und Infos zu Hütten. Aktueller sind Constance Roos' *Walking in Norway* (2003) und *Walks and Scrambles in Norway* von Anthony Dyer u. a. *(2006)*. *Eine gute Wahl für* wirklich passionierte Wanderer ist *Norwegian Mountains on Foot* vom DNT – die englische Ausgabe des norwegischen Klassikers *Til Fots i Fjellet*. Informationen und Beschreibungen von Norwegens größten Nationalparks sind auf S. 73 zu finden.

DEN NORSKE TURISTFORENING

Den Norske Turistforening (DNT) und seine verschiedenen Ortsgruppen unterhalten im ganzen Land mehr als 440 Berghütten. Einzelheiten zur Benutzung dieser Hütten und Preise s. S. 430.

Die Mitgliedschaft im DNT lohnt sich auf jeden Fall für Leute, die vorhaben, regelmäßig auf Wandertouren zu gehen. Die normale Mitgliedschaft kostet pro Jahr ab 465 nkr, inklusive sieben Ausgaben des Magazins *Fjell og Vidde*. Das *DNT Jahrbuch* kostet 50 nkr extra. Für 13- bis 18-Jährige/Studenten/Senioren kostet die Mitgliedschaft 150/265/355 nkr; Familienangehörige von Mitgliedern zahlen pro Person 210 nkr. Weitere Informationen gibt's beim **DNT** (☎ 22 82 28 22; www.turistforeningen. no). Der DNT verkauft auch Wanderkarten und topographische Blätter (s. S. 422).

Wildwasser-Rafting & Seekajakfahren

Steile Hänge und die eisigen, malerischen Flüsse in Norwegen lassen die Herzen leidenschaftlicher Rafter höher schlagen. Mehrere namhafte Veranstalter bieten – v. a. in Mittelnorwegen – entsprechende Trips an: kleinere Paddeltouren (Klasse II), Abenteuerfahrten (Klassen III und IV) sowie Extremtouren der Klasse V!! Bei den meisten ist Nervenkitzel garantiert. Im Preis enthalten sind die komplette Ausrüstung und Kleidung. Zu den besten Locations gehören Evje (Setesdalen; s. Kasten S. 166), Sjoa (Heidalen; s. Kasten S. 190), Oppdal (Drivadalen; s. Kasten S. 184) und Voss (s. Kasten S. 222).

Norges Padleforbund (☎ 21 02 98 35; www.padling. no; Service boks 1, Ullevål stadion, 0840 Oslo) gibt eine umfangreiche Liste mit Rafting-Anbietern heraus. Viele von ihnen bieten auch Kajakfahrten auf dem Meer und Bootswanderungen an. Wer sich fürs Seekajakfahren interessiert, sollte im Juli nach Langøya kommen, um das 170 km lange Arctic Sea Kayak Race (s. S. 347) zu verfolgen. Es gibt bei dieser Veranstaltung Anfänger- und Profirennen.

ARBEITEN IN NORWEGEN

Wer in Norwegen arbeiten will, muss zumindest über Grundkenntnisse der norwegischen Sprache verfügen. Norwegen ist Mitglied des EWR. Und so dürfen Bürger aus anderen EWR-Ländern hier drei Monate ohne Arbeitserlaubnis nach Arbeit suchen. Und

wer welche gefunden hat, darf für die Dauer seiner Beschäftigung im Land bleiben. Für Bürger anderer Länder ist es komplizierter; sie müssen vor der Einreise bei der norwegischen Botschaft oder dem norwegischen Konsulat im eigenen Heimatland eine Arbeitserlaubnis beantragen.

Wer Hilfe bei der Arbeitssuche möchte, wendet sich zuerst am besten an die **Norwegian Labour & Welfare Organisation** (www.nav.no), die zwei kostenlose Broschüren– *Looking for Work in Norway* and *Norway – Access to Job Vacancies* herausgibt, oder an Use-It (S. 94).

BOTSCHAFTEN & KONSULATE
Botschaften & Konsulate in Norwegen

Deutschland (☎ 23 27 54 00; www.oslo.diplo.de; Oscars Gate 45, N-0244 Oslo)

Österreich (☎ 22 54 02 00; www.bmaa.gv.at; Thomas Heftyes Gate 19–21, N- 0244 Oslo)

Schweiz (☎ 22 54 23 90; www.eda.admin.ch/oslo; Bygdøy Allé 78, N- 0244 Oslo)

ERMÄSSIGUNGEN

Welche Vorteile der Kauf einer HI-Karte schon vor Abreise hat s. S. 430.

Seniorenkarten

Ab einem Alter von 67 Jahren gilt man in Norwegen normalerweise als Honnør (Rentner) und darf sich über reduzierte Preise in Museen, öffentlichen Schwimmbädern, öffentlichen Verkehrsmitteln etc. freuen. Gewöhnlich sind Seniorenrabatte geringer als die für Kinder (meist 75 % des vollen Preises). Spezielle Karten braucht man nicht. Aber wer besonders jugendlich aussieht, sollte sein Alter nachweisen können und darf sich nebenbei über das Kompliment freuen: Die immer freundlichen norwegischen Ticketverkäufer glauben einem nicht, auch nur einen Tag älter als 50 Jahre zu sein.

Studentenkarten

Für Studenten ist die International Student Identity Card (ISIC) – eine kleine Plastikkarte mit Foto – Gold wert. Es kann nämlich laut Erfahrungsberichten passieren, dass normale Studentenausweise nicht akzeptiert werden (wenn sie nicht gerade von einer norwegischen Uni ausgestellt wurden). Da ist die ISIC-Card eine wirklich gute Investition. Mit dieser Karte gibt's Nachlässe bei verschiedenen Verkehrsmitteln (einschließlich Fluggesellschaften, internationalen Fähren und öffentlichen Verkehrsmitteln vor Ort) sowie in manchen Internetcafés, reduzierten oder freien Eintritt in Museen und bei anderen Sehenswürdigkeiten, außerdem preiswerte Mahlzeiten in einigen Studentenrestaurants.

ESSEN

Einen umfangreichen Überblick zum Thema Essen, sowohl für Fleischesser als auch für Vegetarier, gibt es auf S. 57. Soweit nicht anders vermerkt, haben die hier aufgeführten Restaurants zum Mittag- und Abendessen geöffnet. Übliche Öffnungszeiten finden sich auf der Umschlaginnenseite unter der Rubrik „auf einen Blick". Nur wo die Zeiten deutlich abweichen, sind sie extra angegeben.

FESTE & EVENTS

Norwegen hat einen rappelvollen Eventkalender; das ganze Jahr über werden in allen Städten und Dörfern Feste gefeiert. Die großen und beliebten werden auf S. 22 und in den Regionenkapiteln dieses Buches erwähnt.

FOTOS

Zubehör für digitale und analoge Fotografie kann man landesweit bei der Kette Japan Photo kaufen. Aber auch sonst gibt es gut ausgestattete Geschäfte, v. a. natürlich in größeren Städten.

Obwohl die wenigsten Norweger kamerascheu sind, ist es ein Gebot der Höflichkeit zu fragen, ehe man Menschen fotografiert. Vor allem in Samengebieten und in Dörfern, die vom Walfang leben (die Menschen fürchten, dass die Bilder von Umweltschützern gegen sie verwendet werden könnten), besteht manchmal eine Abneigung gegen Kameras. Das intensive Nordlicht und das Glitzern und Funkeln von Wasser, Eis und Schnee lassen den Fotoprofi zum UV- oder Oberlichtfilter sowie zur Gegenlichtblende greifen. Im Winter sollte man seine Kamera am besten rundherum „einölen", damit der Mechanismus nicht einfriert. Digitalkameras können bei Temperaturen unter –20 °C vorübergehend ausfallen.

Umfangreiche Tipps für gute Fotos geben die Lonely Planet Bände *Travel Photography*, *Landscape Photography*, *Urban Photography* und *People Photography*, die für unterwegs gedacht sind.

FRAUEN UNTERWEGS

Frauen, die allein in Norwegen unterwegs sind, haben kaum Grund zur Sorge. Nüchterne norwegische Männer sind normalerweise ein Muster an Anstand. Alkoholisierte Männer können zwar lästig und unangenehm werden, gehören jedoch vermutlich zur gleichen Sorte, die frau von zu Hause kennt.

Die wichtigste feministische Organisation in Norwegen ist **Kvinnefronten** (Women's Front; Karte S. 98-99; ☎ 22 20 64 00; www.kvinnefronten.no; Osterhaugsgt 27, Oslo). Frauen, die überfallen oder vergewaltigt wurden, können sich an das **Krisesenter** (☎ 23 01 03 41; www.krisesenter.com) in Oslo wenden oder landesweit die Nummer ☎ 112 wählen.

Frauen, die zum ersten Mal in Norwegen unterwegs sind, sollten sich das überaus praktische *Ohne Mann auf Reisen. Ein Handbuch für Frauen* von Maggie und Gemma Moss besorgen. Allerdings sind die meisten der darin beschriebenen Situationen in Norwegen ebenso unwahrscheinlich wie im Heimatland.

Ein wirkliches Highlight unter den allgemeinen Websites für weibliche Reisende ist **Journeywoman** (www.journeywoman.com). Auch im **Thorn Tree Forum** der Website von Lonely Planet (www.lonelyplanet.com) gibt es jede Menge Einträge zum Thema Frauen unterwegs.

GELD

Die norwegische Krone wird meist entweder als nkr (wie hier im Buch), NOK (vor dem Betrag) oder einfach als kr (hinter dem Betrag) dargestellt. Eine norwegische Krone (1 nkr) entspricht 100 Øre. Es gibt Münzen zu 50 Øre, 1, 5, 10 und 20 nkr sowie Scheine im Wert von 50, 100, 200, 500 und 1000 nkr.

Die Wechselkurse zur Zeit der Veröffentlichung dieses Buches stehen unter der Rubrik „auf einen Blick"auf der Umschlaginnenseite.

Geldautomaten

An norwegischen Bankautomaten kann man mit seiner Bankkarte vom heimatlichen Konto Bargeld abheben. „Mini-Banks" (der norwegische Name für Geldautomaten) finden sich an vielen Banken und fast allen viel besuchten öffentlichen Plätzen wie z. B. Einkaufszentren. Sie akzeptieren alle bekannten Karten wie Maestro, Cirrus, Visa Electron oder Plus-Bankkarten. Vor der Abreise empfiehlt es sich trotzdem, mit der Hausbank abzuklären, bei welchen Banken man günstig Geld abheben kann.

Bargeld & Reiseschecks

Nicht alle Banken wechseln Geld. Manchmal muss man sogar etwas länger suchen. Postämter, einige Touristeninformationen und Banken tauschen geläufige ausländische Währungen und akzeptieren alle Arten von Travellerschecks, bei denen der Wechselkurs übrigens um etwa 2 % besser ist als bei Bargeld. Generell bieten Postämter und Touristeninformationen etwas schlechtere Kurse als Banken. Sie können aber bei Kleinbeträgen außerhalb der Banköffnungszeiten ganz praktisch sein. Postämter erheben eine Wechselgebühr von 15 nkr pro Travellerscheck bzw. 30 nkr pro Bargeldtransaktion. Einige Banken, darunter Kreditkassen und Den Norske Bank, verlangen etwas höhere Gebühren, haben aber ähnliche Wechselkurse. Andere Banken verlangen meist eine höhere Kommission für Travellerschecks (1 bis 5 %).

Kreditkarten

Karten von Visa, Eurocard, MasterCard, Diners Club und American Express werden fast überall in Norwegen akzeptiert. Zwar entfallen bei der Bezahlung mit Kreditkarten die Umtauschgebühren, doch z. T. werden Bankgebühren berechnet. Außerdem werden Kundenkarten nicht überall akzeptiert. Auch Zugtickets können mit Kreditkarte bezahlt werden sowie manche (z. B. Hurtigruten-Fähren), wenn auch nicht alle Fährtickets.

Wird die Karte in Norwegen gestohlen oder geht sie verloren, unbedingt sofort bei den jeweiligen Stellen melden:

American Express (☎ 22 96 08 00)
Diners Club (☎ 21 01 50 00)
Eurocard/MasterCard (☎ 21 01 52 22)
Visa (☎ 08989)

Trinkgeld

Servicegebühren und Trinkgelder sind in Restaurant- und Taxipreisen bereits enthalten und es wird kein zusätzliches Trinkgeld erwartet. Trotzdem ist es nicht unüblich (und dem oft schlecht bezahlten Personal auch sicher nicht unrecht) den Rechnungsbetrag aufzurunden. Wenn der Service besonders gut war, kann man natürlich auch noch etwas mehr geben.

INTERNETZUGANG

Außerhalb der größeren Städte gibt es in Norwegen weniger Internetcafés, als man erwarten würde. Jüngere Kellner, Kellnerinnen und Studenten können aber meist sagen, wo das nächste zu finden ist. Den Mangel an Internetcafés machen die kostenlosen Internetzugänge in den meisten Stadtbüchereien wieder wett. Da die Nachfrage sehr groß ist, reserviert man sich am besten schon morgens ein Plätzchen. Besonders belebte Bibliotheken beschränken die Onlinezeit häufig auf eine halbe Stunde. In privaten Internetcafés werden pro Stunde 55 bis 70 nkr berechnet; für Studenten gibt's z. T. Rabatte. Manche Touristeninformationen bieten kostenlosen Internetzugang.

Wer ein Notebook mit WLAN-Funktion besitzt, hat es leichter. Die meisten Hotels und sogar manche Hostels und Pensionen bieten Drahtloszugang. Für Gäste ist dieser Service meist kostenlos, manche Hotels berechnen um die 120 nkr für zwölf Stunden. Traveler richten sich am besten schon vor der Reise eine E-Mail-Adresse bei einem Anbieter wie **Yahoo!** (www.yahoo.com), **Hotmail** (www.hotmail.com) oder **Gmail** (www.gmail.com) ein. So hat man jederzeit und überall schnellen Zugriff auf seine Online-Post.

Norwegische Internetseiten mit Reiseinfos sind auf S. 19 aufgelistet.

KARTEN

Eine der besten Karten für die übliche Norwegenreise ist die farbige und beliebte *Bilkart over Norge*, erschienen bei Nortrabooks. Diese detaillierte topographische Karte zeigt das gesamte Land im Maßstab 1:1 000 000 auf einer Seite.

Statens Kartverk benutzt den Maßstab 1:250 000 und braucht 21 Seiten für die Gesamtdarstellung. Vom gleichen Anbieter gibt es auch Wanderkarten im Maßstab 1:50 000. Details bietet die Website http://showcase.netins.net/web/travelgenie/norway.htm.

Die meisten lokalen Touristeninformationen stellen benutzerfreundliche Stadtpläne kostenlos zur Verfügung.

Wanderkarten

Die beste Quelle für Wanderkarten ist **Den Norske Turistforening** (DNT; Norwegian Mountain Touring Club; Karte S. 98-99; ☎ 22 82 28 22; www.turist foreningen.no; Storgata 7, Oslo). Wanderer können sich lose Blätter mit topographischen Karten in jedem DNT-Büro besorgen, wobei die Büros in den größeren Städten

WEIHNACHTEN IN NORWEGEN

Wer Weihnachten *(jul)* in Norwegen verbringt, erlebt garantiert eine wundervolle Zeit. *Jul* kommt von *joulu* oder *lol*. So hieß ein heidnisches Fruchtbarkeitsfest, das in vorchristlicher Zeit in ganz Europa gefeiert wurde – praktischerweise etwa zur gleichen Zeit wie die Feiertage zu Christi Geburt. Heute feiern die meisten Norweger von Heiligabend bis Epiphanias oder zwölf Nächte lang ab dem 20. oder 21. Dezember. Manche feiern aber auch bis zum Fest des hl. Canute durch (20. Tag nach Weihnachten).

Ein Weihnachtsbaum gehört fast überall in Norwegen zur Festtagsdekoration, und am Heiligabend gibt's Geschenke. Auf dem Land wird draußen ein Pfahl aufgestellt und daran eine Hafergarbe – ein sogenanntes *julenek* – für die Vögel befestigt. Und dem *Nisse* stellt man eine Schale mit Haferbrei hin. Der *Nisse* ist eine Art Heinzelmännchen, dem die Bauern mit dem Brei dafür danken, dass er ihnen das Jahr über Glück gebracht hat. Mit dem Weihnachtsmann ist er inzwischen zur Gestalt des *Julenissen* verschmolzen. Die Norweger glauben, dass er in dem Städtchen Drøbak (S. 122) südlich von Oslo wohnt. Dort steht auch ein Verkehrsschild mit einem die Straße überquerenden Weihnachtsmann zum Beweis!

Eine Liste traditioneller, norwegischer Weihnachtsgerichte gibt's auf S. 60. Allgemeine Informationen zu dieser besonderen Jahreszeit bietet die kostenlose Broschüre *Christmas in Norway*, die in einigen Touristeninformationen erhältlich ist.

mehr Karten haben, die über die jeweilige Region hinaus gehen. Nationalparkbüros und Touristeninformationen verkaufen oft die ausgezeichneten Wanderkarten von Turkart oder vom Statens Kartverk.

Kartenläden

Allgemeine Straßenkarten sind in Norwegen in Buchhandlungen, Narvesen-Kiosken, Gemischtwarenläden auf dem Land, DNT-Büros, größeren Tankstellen und in den meisten größeren Touristeninformationen erhältlich. Wer sich schon zu Hause mit Kartenmaterial eindecken will, kann sich an folgende Adressen wenden und teilweise sogar online bestellen:

Atlantis (☎ 030/294 79 00; www.atlantis24h.com; Karl-Marx-Allee 98, 10243 Berlin)

Geobuchhandlung (☎ 04 31-9 10 02; www.geobuch handlung.de; Geobuchhandlung Kiel; Schülperbaum 9, 24103 Kiel)

Globetrotter (☎ 040 / 42 10 430; www.globetrotter.de; Globetrotter-Ausrüstung, Wiesendamm 1, 22305 Hamburg)

MapFox (☎ 04 31-66 50 51; www.mapfox.net)

Nordland-Shop (☎ 054 65-4 76; www.nordland-shop.de)

Norwegeninfo (www.norwegeninfo.net; unter „Links" findet man hier eine Liste mit Online-Karten)

Straßenkarten

Die besten Straßenkarten sind die der Cappelens-Serie, die in norwegischen Buchläden für 95 nkr über den Tisch gehen. Es gibt drei Karten im Maßstab 1:335 000:

Nr. 1 Sør-Norge Sør, *Nr. 2 Sør-Norge Nord* und *Nr. 3 Møre og Trøndelag*. Nordnorwegen gibt es nochmal auf zwei Bögen à 130 nkr im Maßstab 1:400 000: *Nr. 4 Nordland og Sør-Troms* und *Nr. 5 Troms og Finnmark*. Der *Veiatlas Norge* (Norwegischer Straßenatlas für 235 nkr), herausgegeben vom Statens Kartverk (dem nationalen Kartenamt), wird alle zwei Jahre überarbeitet. Ebenfalls zu empfehlen ist Michelins *711-Scandinavia & Finland* (1:500 000)

KINDER

Mit Kindern durch Norwegen zu reisen könnte kaum einfacher sein, aber ein bisschen planen muss man das schon. Vor allem nicht übertreiben! Wenn man versucht, zu viel in die zur Verfügung stehende Zeit zu stopfen, sind Probleme vorprogrammiert – auch für Erwachsene. Wichtig ist, dass Kinder bei der Planung mit einbezogen werden. Wenn sie das Ausflugsziel mit ausgesucht haben, stehen die Chancen gut, dass sie auch noch interessiert sind, wenn man dort angekommen ist. Der Lonely Planet Band *Travel with Children* (2002) von Cathy Lanigan gibt weitere Infos.

Praktisch & Konkret

Autovermietungen verleihen Kindersitze zu sehr geringen Preisen, aber man muss sie unbedingt im Voraus buchen. Das gilt auch für Hochstühle und Kinderbetten: Sie sind in vielen Restaurants Standard, aber

---

DARF ICH BITTE IHREN AUSWEIS SEHEN?

Der Ordnung halber:

■ Das gesetzliche Mindestalter für den Konsum von Bier ist 18, von Spirituosen und Wein jedoch 20 Jahre; in manche Bars kommt man unter 24 erst gar nicht rein.

■ Gewählt werden darf ab 18.

■ Der Führerschein kann mit 18 gemacht werden; das heißt aber nicht unbedingt, dass man auch ein Fahrzeug mieten darf.

■ Das gesetzliche Alter für die Zustimmung zu sexuellen Handlungen (heterosexuell oder homosexuell) ist 16 Jahre.

---

ihre Zahl ist begrenzt. Die Auswahl an Babynahrung, Säuglingsmilchpräparaten, Soja- und Kuhmilch, Einwegwindeln etc. ist in Norwegen groß. Haben die Supermärkte geschlossen, kann man auf die teureren Convenience-Läden ausweichen.

Kinder unter zwei Jahren reisen für 10 % des vollen Preises (bei manchen Airlines auch umsonst) – jedenfalls solange sie keinen eigenen Sitzplatz beanspruchen. Sie haben auch keinen Anspruch auf Freigepäck. Bettchen („Skycots"), Babynahrung und Windeln werden in der Regel von der Fluggesellschaft zur Verfügung gestellt, wenn man sie im Voraus anfordert. Kinder zwischen zwei und zwölf Jahren zahlen meistens die Hälfte oder zwei Drittel des vollen Preises und erhalten das übliche Freigepäck.

Hotels, HI-Hostels, Campingplätze und andere Unterkünfte bieten oft Familienzimmer oder Hütten für bis zu zwei Erwachsene und zwei Kinder an. In Hotels können solche Zimmer etwas teurer sein als reguläre Doppelzimmer.

Viele Restaurants bieten Kindermenüs an, kleinere Portionen zu Preisen, die die Eltern nicht in den Ruin treiben. Weitere Informationen auf S. 62.

Sehenswertes & Aktivitäten

Norwegen ist ein Land für Kinder – in vielerlei Hinsicht. Die meisten Städte bieten Attraktionen und Museen speziell für die Kleinen, Regionalmuseen haben ausnahmslos Kinderbereiche mit Spielzeug und Mit-

machangeboten, und in vielen öffentlichen Parks ist Spielen ausdrücklich erlaubt. Bei den meisten Sehenswürdigkeiten gibt's großzügige Kinderrabatte: Kinder bis sechs Jahre haben freien Eintritt; Kinder bis 16 Jahren zahlen den halben (oder einen stark reduzierten) Eintrittspreis, und es sind Familientickets erhältlich.

Eine Liste mit einigen besonders kinderfreundlichen Orten gibt's auf S. 20.

KLIMA

Norwegen liegt auf dem gleichen Breitengrad wie Alaska (wenn man Svalbard dazurechnet, sogar noch weiter nördlich). Dafür ist das Klima aber überraschend gemäßigt. Schuld ist der Golfstrom, der entlang der Küste nach Norden fließt. Die durchschnittliche Höchsttemperatur im Juli liegt bei etwa 16 °C im Süden (auch wenn es manchmal doppelt so warm werden kann) und 13 °C im Norden. Im Januar liegt die durchschnittliche Höchsttemperatur bei 1 °C bzw. bei -3 °C. Die Stadt Bergen an der Südwestküste ist mit einer jährlichen Niederschlagsmenge von 2250 mm besonders regnerisch. Rondane und Gudbrandsdal werden dagegen durch eine Bergkette an der Küste vor den üblicherweise sehr feuchten Winden aus Südwesten geschützt. Mit einer jährlichen Niederschlagsmenge von weniger als 500 mm gehören sie zu den trockensten Gegenden Norwegens. In Alta, im hohen Norden des Landes, fällt weniger Niederschlag als in der Sahara!

Selbst in den arktischen Regionen erreicht das Thermometer zuweilen Spitzenwerte. Im Juli 1998 schwitzte man sogar in Narvik bei über 30 °C, einen Monat später wurden in Svalbard über 20 °C gemessen. Andererseits können die Winter extrem kalt sein – im Januar 1999 fiel das Thermometer in Kirkenes auf erfrischende -56 °C – und in den Bergen kann sich der Schnee bis zu 10 m hoch auftürmen. In den tieferen Gebieten liegt der Schnee gewöhnlich 2 bis 3 m hoch.

Das **Norwegian Meteorological Institute** (www.dnmi.no) bietet aktuelle Wetterinfos.

ÖFFNUNGSZEITEN

Öffentliche Ämter, darunter auch die meisten Postämter, haben montags bis freitags von 9 bis 17 Uhr geöffnet und samstags von 10 bis 14 Uhr. Postämter in größeren Städten öffnen montags bis freitags von 8 bis 20 Uhr

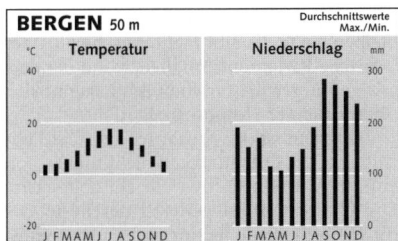

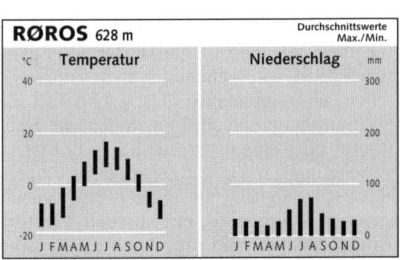

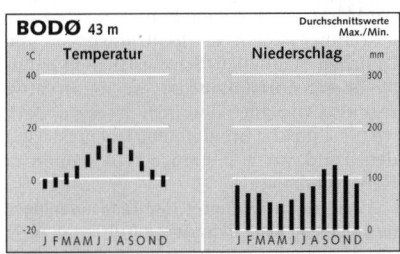

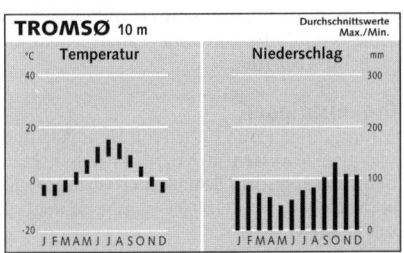

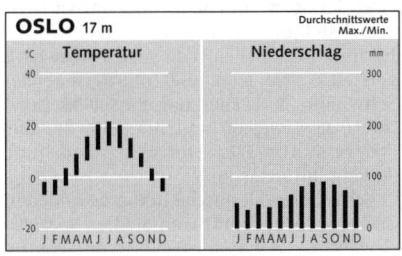

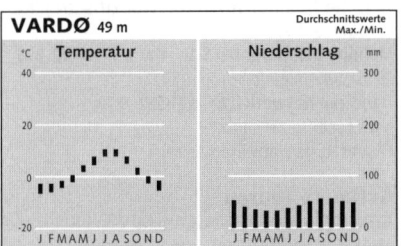

und samstags von 9 bis 18 Uhr. In kleineren Ortschaften sind die Öffnungszeiten kürzer. Die Geschäftszeiten von Läden, Supermärkten, Banken und Restaurants sind auf der Umschlaginnenseite zusammengefasst, unter der Rubrik „auf einen Blick". Die Öffnungszeiten der Touristeninformationen sind den jeweiligen Kapiteln in diesem Buch zu entnehmen.

POST
Norwegen verfügt über ein effizientes Postsystem, doch die Postgebühren sind in den letzten Jahren explodiert. Postkarten und Briefe bis 20 g kosten 7 nkr innerhalb Norwegens, 9 nkr in andere europäische Länder und 11 nkr in den Rest der Welt. Größere Pakete (bis zu 20 kg) werden zu einem günstigen Preis von Verdenspakke innerhalb von 15 Werktagen an Bestimmungsorte in der ganzen Welt

befördert. Postlagernde Sendungen sind bis auf wenige Ausnahmen bei allen norwegischen Postämtern möglich.

Für Öffnungszeiten von Postämtern s. S. 424.

REISEN MIT BEHINDERUNG
Norwegen ist generell gut auf Behinderte eingestellt. So ist es z. B. gesetzlich vorgeschrieben, dass alle neu gebauten öffentlichen Gebäude mit einem Zugang für Rollstuhlfahrer ausgestattet werden müssen. Trotzdem ist – wie in den meisten anderen Ländern – noch einiges zu tun. Daher sei jedem, der besondere Bedürfnisse hat, eine gute Planung im Voraus empfohlen.

Die meisten norwegischen Touristeninformationen führen Listen mit rollstuhlgerechten Hotels und Hostels. Beispielhaft ist hier die Internetseite der **Touristeninformation Bergen** (www.visitbergen.com); einfach die englische Sprachauswahl treffen und „For the physically disabled" anklicken. Wer ganz sicher gehen will, wendet sich an den norwegischen Behindertenverband (s. S. 426). Fast alle Straßenübergänge sind entweder mit einer Rampe oder einem sehr niedrigen Bordstein versehen und an Fußgängerampeln ertönt ein akustisches Signal – ein längerer Piepton heißt sicheres Überqueren, ein kürzerer Piepton: Ampel schaltet bald um. Auch die meisten (wenn auch nicht alle) Züge haben Waggons mit genügend Platz für Rollstuhlfahrer und viele öffentliche Gebäude haben rollstuhlgerechte Toiletten.

Organisationen

Informationen zum Reisen mit Handikap und wichtige Adressen in Norwegen erhält man beim **Norwegischen Behindertenverband** (Norges Handikapforbund; ☎ 24 10 24 00; www.nhf.no; Schweigaards Gate 12, Grønland, Oslo).

Nationale Verbände anderer Länder können (teils auch norwegenspezifische) Ratschläge geben:
Mobility International Schweiz (MIS; ☎ 062-2 06 88 35; www.mis-infothek.ch)
Handicap Network (☎ 08 21-252 79 70; www.handicap-network.de)
Handicap.de (www.handicap.de)

Geführte Touren

Eine Reihe von Reiseveranstaltern bieten speziell auf Behinderte zugeschnittene Tripps nach Norwegen an und konzentrieren sich auf Rollstuhlfahrer.
RFB Touristik (☎ 021 66-618 90 20; www.rfb-touristik.de; Marktstr. 9, 41236 Mönchengladbach)
Weitsprung Reisen (☎ 064 21- 68 68 32; www.weitsprung-reisen.de; Gutenbergstr.27, 35037 Marburg)
Procap Reisen (☎ 062 -206 88 30; www.procap-reisen.ch; Froburgstrasse 4, Postfach, CH-4601 Olten)

SCHWULE & LESBEN

Norweger sind generell sehr tolerant gegenüber unterschiedlichen Lebensstilen. Ähnlich wie in einigen Nachbarländern wird schwulen und lesbischen Paaren eine „registrierte Partnerschaft" gestattet; sie genießen die gleichen Rechte wie heterosexuelle Ehepaare – kirchliche Hochzeit, Adoption und künstliche Befruchtung ausgenommen. Derzeit wird in der Bevölkerung und im Parlament diskutiert, ob das Adoptionsrecht auf homosexuelle Paare ausgedehnt und die Kirche weiterhin vom (ansonsten strengen)

Anti-Diskriminierungsgesetz ausgenommen bleiben sollte. Es gibt mehrere schwule oder lesbische Parlamentsmitglieder und der derzeitige Bürgermeister von Oslo bekennt sich offen zu seiner Homosexualität.

Trotzdem ist der Austausch von Zärtlichkeiten in der Öffentlichkeit nicht üblich, von einigen Vierteln Oslos vielleicht abgesehen. Die Hauptstadt ist generell der beste Ort für Homosexuelle in Norwegen. Aber selbst hier ist es schon gelegentlich zu Angriffen auf Händchen haltende homosexuelle Paare gekommen; v. a. in den zentrumsnahen und östlichen Stadtteilen. Schwierigkeiten könnten überall dort auftauchen, wo konservative religiöse Ansichten dominieren – sei es dort, wo muslimische Immigranten leben, oder auf dem Land, wo z. T. strenge Protestanten zu Hause sind.

Weitere Infos bietet der **Landsforeningen for Lesbisk og Homofil frigjøring** (LLH; Karte S. 98-99; ☎ 22 36 19 48; www.llh.no, auf Norwegisch; Kongensgate 12, Oslo), der norwegische Landesverband zur Gleichstellung Homosexueller. Hilfreiche Informationsquellen (falls man Norwegisch versteht) sind u. a. die Internetseite des Schwulen- & Lesbenmagazins **Blikk** (www.blikk.no, auf Norwegisch) und die Seite des **Oslo Pride Festival** (www.skeivedager.no), das Ende Juni, Anfang Juli steigt.

Schwule und lesbische Reisende finden in den großen und mittleren Städten spezielle Angebote. Sehr gut ist das internationale Verzeichnis *Spartacus International Gay Guide*, erschienen im Bruno Gmünder Verlag (Berlin). Es ist allerdings ziemlich veraltet. Am besten benutzt man es zusammen mit aktuellen Listings in den Lokalzeitungen. Für englischsprachige Besucher leichter zugänglich ist das „Gay Guide"-Kapitel der jährlich erscheinenden *Streetwise*-Broschüre von Use-It (S. 96).

Oslo hat die lebendigste Schwulen- und Lesbenszene Norwegens (s. Kasten S. 119).

SHOPPEN

Angesichts der Preise wird wohl kaum jemand zum Shopping nach Norwegen reisen. Doch es gibt hier durchaus einige Dinge zu kaufen, die nirgendwo sonst erhältlich sind. Dazu gehören z. B. Wollpullover und Handgestricktes aller Art, Zinngeschirr, kunstvoller Silberschmuck, Samen-Messer, Produkte aus Rentierleder, Trollfigürchen, Holzspielzeug und Holzarbeiten mit *rosemaling* (gemalte oder geschnitzte Blumenmotive). Einige der besten Einkaufsmöglichkeiten (v. a. in den größeren Städten) sind in den jeweiligen Regionalkapiteln beschrieben. Der **Shopping Guide** (www.guide4you.no) bietet eine Liste interessanter Geschäfte in Oslo, Bergen, Stavanger, Trondheim und Tromsø. Die Qualität ist meist gut, aber Vorsicht bei billigem Kitsch in Touristenläden.

STEUERN & ERSTATTUNGEN

Die 25 % MVA (das Äquivalent zur Mehrwertsteuer), in Norwegen auch MOMS genannt, sind normalerweise in den ausgewiesenen Preisen für Waren und Dienstleistungen enthalten, so auch in Restaurants und Unterkünften. Eine Ausnahme bilden Autovermietungen, bei denen die Preise auch manchmal ohne MVA angegeben werden.

In Geschäften mit der Bezeichnung „Tax Free for Tourists" ist eine MVA-Rückvergütung abzüglich einer Servicegebühr möglich (11 bis 19 % des Kaufpreises), vorausgesetzt, der Kaufpreis liegt höher als 315 nkr (285 nkr bei Lebensmitteln). Das heißt: an der Kasse nach einem „Tax-Free Shopping Cheque" fragen und ihn zusammen mit den Einkäufen an dem Ort vorlegen, an dem man das Land verlässt (Fährpassagiere erhalten ihre Rückerstattung normalerweise nach Ablegen des Schiffes beim Zahlmeister).

In den meisten Touristeninformationen und in manchen Touristenshops bekommt man die Broschüre *How to Shop Tax Free in Norway*. Darin wird das Verfahren erklärt und sind die Grenzübergänge aufgeführt, an denen Rückvergütungen ausgezahlt werden. Ansonsten hilft auch die Internetseite www.globalrefund.no weiter.

SICHERHEIT

Die persönlichen Habseligkeiten sind in Norwegen sicherer als in den Heimatländern der meisten Besucher. Auch die Städte – sogar der Osten von Oslo, der einen relativ schlechten Ruf hat – sind nachts ziemlich sicher. Leichtsinnig sollte man trotzdem nicht werden. Vorsicht ist in der Nähe von Nachtclubs im Bezirk Rosenkrantz Gate in Oslo geboten; Taschendiebe sind besonders im Bezirk Torget in Bergen unterwegs. Die größte Belästigung stellen normalerweise Drogenabhängige, Betrunkene und/oder Bettler dar (v. a. in Oslo). Sie erkennen einen naiven Touristen schon von weitem. Oslo

und andere größere Städte leiden unter einem wachsenden Drogenproblem. Cannabis ist mancherorts leicht zu bekommen, aber keinesfalls legal.

Das Diebstahlrisiko in Norwegen ist gering. Trotzdem ist es klug, Kopien der wichtigsten Dokumente (Reisepass, Flugticket, Versicherungspolice, Seriennummern von Travellerschecks) getrennt von den Originalen aufzubewahren. Wer Vorsorge für den Fall der Fälle treffen möchte, sollte 100 Euro beiseite stecken – und einen Satz Kopien der Reiseunterlagen außerdem zu Hause deponieren.

TELEFON & FAX

Norwegische Telefonnummern haben acht Ziffern. Münzfernsprecher funktionieren in der Regel mit 1-, 5-, 10- und 20-Kronen-Münzen. Sie spucken unverbrauchte Münzen wieder aus, können jedoch kein Wechselgeld herausgeben. Für Inlandsgespräche wird eine fixe Gebühr erhoben (8 nkr plus 0,65 nkr während der Spitzenzeiten). Außerdem gibt es zwischen 17 und 8 Uhr an Werktagen und generell an Wochenenden einen Nachlass von 33 % auf die normalen Telefongebühren. Die Auskunft (☎ 180) kann von überall aus im Land angerufen werden und kostet 9 nkr pro Minute. Nummern, die mit „800" beginnen, sind meist gebührenfrei, die „9" am Anfang steht für eine Mobilfunknummer.

Internationale Gespräche sind manchmal fast unbezahlbar. Kartentelefone akzeptieren Telenor-Telefonkarten und meist auch Kreditkarten. Karten- und Münztelefone gibt es in Postämtern, an Transportterminals, in Kiosken und an anderen öffentlichen Orten. Allerdings sind sie nicht so weit verbreitet, wie man erwarten würde. Telekort (Telenor-Telefonkarten) gibt es für 40, 90 und 140 nkr und sind etwas günstiger als Münztelefone, aber immer noch teuer genug. Man bekommt sie in Postämtern und Narvesen-Kiosken.

Für internationale Ferngespräche sollte man aber Telenor am besten vergessen und sich eine Telefonkarte von einem privaten Anbieter besorgen. Sie kosten meist 100 nkr. Mittels einer PIN-Nummer in einem Rubbelfeld auf der Kartenrückseite und einem lokalen Zugangscode kann man damit über sechs Stunden lang telefonieren. Einziges Problem: Sie sind z. T. schwer zu bekommen. Gelegentlich werden sie an Kiosken angeboten, aber die besten Chancen bieten ausländische Lebensmittelgeschäfte.

Ansonsten ist das Telefonieren übers Internet (z. B. www.skype.com) zu empfehlen. Wer allerdings ohne Notebook reist, wird schnell feststellen, dass nicht viele Internetcafés Skype-fähig sind und von den Bibliothekscomputern generell keine Internettelefonie möglich ist.

Für internationale Gespräche aus Norwegen muss die ☎ 00 vorgewählt werden. Die Landesvorwahl von außerhalb ist ☎ 47.

Fax

In den meisten Hotels kann man Faxe verschicken und empfangen. Viel günstiger ist es aber, Faxe von einem Postamt aus zu verschicken.

Handys

Nur wenige Orte in Norwegen haben kein GSM-Netz; fast 90 % des Landes sind abgedeckt. Natürlich gilt das nicht für abgelegene Wildnisgebiete und die Wanderwege der meisten Nationalparks. Es gibt zwei Hauptanbieter: **Telenor Mobil** (☎ 81 07 70 00; www.telenor.com) und **NetCom** (☎ 23 88 80 00; www.netcom.no, auf Norwegisch).

Wer das heimische Handy in Norwegen benutzen will, informiert sich am besten vorher bei seinem Anbieter über die Kosten im Ausland. Sonst könnte es bei der nächsten Rechnung eine böse Überraschung geben. Zwar wurden zwischen europäischen Ländern Vereinbarungen getroffen, die die Telefonkosten in den letzten Jahren deutlich reduziert haben. Aber die Tarife sind nach wie vor heftig.

Auch wenn man eine norwegische SIM-Karte benutzen will, ist vorher eine Anfrage beim Anbieter angesagt, da einige (z. B. Vodafone) ihre Apparate für die Nutzung durch andere Anbieter blockieren. Besitzt man aber ein Handy, das fremde SIM-Karten akzeptiert, kann man diese in jedem 7-Eleven und in einigen Narvesen-Kiosken kaufen. Da die Gebrauchsanleitung ausschließlich auf Norwegisch erhältlich ist, kauft man die Karte besser in einer Verkaufsstelle von Telehuset, wo man Soforthilfe bei der Verbindungsherstellung erhält. SIM-Karten gibt es ab 200 nkr, ein Gesprächsguthaben über 100 nkr inklusive.

In Norwegen kann man derzeit noch keine Handys mieten.

TOILETTEN

Die meisten Städte (und viele Rastanlagen) bieten öffentliche Toiletten. Allerdings muss man in den meisten Einkaufszentren, Bahnhöfen, Busbahnhöfen und sogar in einigen Restaurants für die Toilettenbenutzung bis zu 10 nkr bezahlen. Wer es ablehnt, für ein lebensnotwendiges und natürliches Bedürfnis zu bezahlen, sollte bis zur Mittagszeit oder bis zur Rückkehr ins Hotel warten.

TOURISTENINFORMATION

Die Touristeninformationen in Norwegen sind einfach phänomenal. Die meisten bieten allgemeine Informationen sowie Buchungen von Unterkünften und Aktivitäten an – ein echter All-in-one-Service. Fast jede größere und kleinere Stadt – und sogar fast jedes noch so winzige Dorf – hat eine eigene Touristeninformation. Die meisten von ihnen bringen jedes Jahr Broschüren heraus, mit umfassenden und topaktuellen Infos zum Ort.

Die Büros in kleineren Städten sind manchmal nur während der Hauptsaison geöffnet; in den großen Städten haben sie das ganze Jahr über auf, allerdings mit kürzeren Öffnungszeiten in der Nebensaison. Öffnungszeiten und Adressen sind in diesem Buch unter der jeweiligen Stadt angegeben.

Übrigens laufen Touristeninformationen unter einer Vielzahl von Namen – *turistkontor* und *reiseliv* gehören zu den gebräuchlichsten. Alle haben aber das Symbol (i) für Information deutlich sichtbar außen angebracht. So sind sie leicht zu erkennen und zu finden.

Allgemeine Infos über das Reisen in Norwegen erhält man beim **Norwegischen Touristenverband** (Norges Turistråd; ☎ 24 14 46 00; www.visitnorway.com; PO Box 722, Sentrum, N-0105 Oslo).

Touristeninformationen außerhalb des Landes stehen meist in Kontakt mit der norwegischen Botschaft, aber das Internet bietet eine solche Fülle von Infos, dass man darauf kaum zurückgreifen muss.

UNTERKUNFT

Norwegen hat eine riesige Auswahl an Unterkünften zu bieten: von Campingplätzen, Hostels und Pensionen bis hin zu Hotels mit internationalem Standard. Im Vergleich zu anderen Ländern sind die Preise sehr hoch, das Niveau aber auch. Bei Preisanfragen gilt zu bedenken, dass die Angaben häufig *pro*

UNTERKÜNFTE ONLINE BUCHEN

Noch mehr Beschreibungen von Unterkünften und Tipps von Lonely Planet Autoren stehen auf www.lonelyplanet.com. Hier geben Insider wertvolle Infos über die besten Absteigen. Die Besprechungen sind umfassend und unabhängig. Und das Beste ist, man kann online buchen.

Person gelten; also immer nachfragen! Die meisten Hotels haben WLAN für Reisende mit Notebook (s. S. 422).

Abgesehen von Hostels und Campingplätzen (wo selten ein eigenes Bad zu erwarten ist), gelten die Preise in diesem Buch – soweit nicht anders angegeben – für Zimmer mit eigenem Bad. Budgetunterkünfte werden ab 80–150 nkr (beim Zelten pro Stellplatz) angeboten. Einzelzimmer/Doppelzimmer in anderen Unterkünften kosten bis zu 350/550 nkr. Mittelklasseunterkünfte, gewöhnlich in Hotels, liegen bei 990/1200 nkr pro Einzel-/Doppelzimmer. Die Preise der Spitzenklassehotels kennen nach oben hin keine Grenzen.

Eine nützliche Infoquelle (auch Rabatte) für Billigreisende ist **VIP Backpackers** (☎ 90 62 16 44; www.vipbackpackers.no).

Laut Gesetz darf in Bars und Restaurants sowie in 50 % der Zimmer eines Hotels nicht geraucht werden, doch in der Praxis werden kaum noch Raucherzimmer angeboten.

Viele Touristeninformationen helfen bei der Zimmersuche; meist gegen eine Gebühr von 30–50 nkr. Abgesehen von wenigen großen Touristeninformationen, gilt dieser Service nur, wenn man selbst vor Ort ist, nicht per Telefon.

B&Bs, Pensionen & Private Unterkünfte

In den Touristeninformationen vieler Städte mittlerer Größe bekommt man Listen mit Privatunterkünften. Das ist eine besonders preiswerte Möglichkeit, für die Nacht unterzukommen. Manchmal ist es einem sogar vergönnt, von einer norwegischen Familie aufgenommen zu werden, eine viel persönlichere Erfahrung als die Übernachtung in einem Hostel oder einem Hotel. Die Preise sind unterschiedlich hoch, liegen aber selten über 300/400 nkr für ein Einzel-/Doppelzimmer. Frühstück ist meistens nicht

im Preis enthalten, Duschen kostet manchmal 10 nkr extra.

Manche Unterkünfte rangieren unter Bed & Breakfast. Im günstisten Fall löhnt man 250/450 nkr pro Einzel-/Doppelzimmer, maximal 500/800 nkr. **Bed & Breakfast Norway** (www.bbnoryway. com) hat Listen mit B&Bs in ganz Norwegen und verkauft das *The Norway Bed & Breakfast Book* mit Verzeichnissen für das ganze Land. Dort findet man alle Infos, die man braucht.

In vielen Städten gibt es auch *Pensjonat* (*Pensionen*) und *Gjestehus* (Gästehäuser). Die Preise fangen meist bei 350/550 nkr an, Bettwäsche und/oder Frühstück sind aber nur bei den teureren inklusive. Aber von denen sind manche wirklich vom Feinsten.

Entlang der Landstraßen entdeckt man des öfteren Schilder mit der Aufschrift *rom*. Das sind preiswerte und schlichte Unterkünfte für 150 bis 275 nkr pro Zimmer (ohne Frühstück). Wer Bettwäsche oder Schlafsack mitbringt, bekommt oft einen Preisnachlass.

Camping

In Norwegen gibt's über 1000 Campingplätze. Ein Zeltstellplatz auf einem einfachen Campingplatz kostet ab 80 nkr, auf Campingplätzen mit besserer Ausstattung oder in besonders attraktiven und teuren Gegenden wie Oslo und Bergen bis zu 150 nkr. Normalerweise ist der Stellplatz für Auto, Motorrad bzw. Caravan im Preis enthalten. Hier und da wird ein zusätzlicher Betrag pro Person verlangt. Auch Strom kostet häufig ein paar Kronen extra, und fast alle Plätze verlangen fürs Duschen 10 nkr.

Die meisten Campingplätze vermieten auch einfache Hütten mit Kochgelegenheit ab 250 nkr für eine ganz bescheidene Behausung mit zwei oder vier Betten. Schlafsäcke sollten mitgebracht werden, denn Bettzeug und Decken kosten immer extra (überall 50 bis 100 nkr).

Wer sich nicht gerade eine Luxushütte mit eigener Dusche und Toilette ausgesucht hat (500 bis 1100 nkr), muss für Dusche und Wasser bezahlen (wenige rühmliche Ausnahmen ausgenommen). Vor der Abreise muss jeder seine Hütte putzen, sonst ist eine Reinigungsgebühr fällig (etwa 120 nkr).

Wichtig ist noch, dass zwar einige Anlagen das ganze Jahr über geöffnet sind, die meisten Zelt- und Caravanplätze aber außerhalb der Saison (Anfang Sept.–Mitte Mai) geschlossen sind.

ALLEMANNSRETTEN

Wer in Norwegen zelten oder wandern will, sollte das *allemansretten* (Jedermannsrecht, oft auch „Zugangsrecht" genannt) kennen. Dieses 1000 Jahre alte Gesetz (in Verbindung mit dem moderneren Gesetz für Freizeit und Erholung, *friluftsleven*) berechtigt jeden, maximal zwei Tage lang überall zu zelten, solange ein Mindestabstand von 150 m zum nächsten Wohnhaus gewahrt bleibt (lieber mehr und außer Sichtweite). Außerdem erlaubt es jedem, auf Skiern oder zu Fuß durch nicht kultivierte Gebiete zu wandern – auch über abgelegene Felder oder Weiden (wenn nicht gerade Getreide wächst oder die Felder in der Nähe von Häusern liegen) –, alle Pfade und Wege mit dem Fahrrad oder zu Pferd zu nutzen und alle Flüsse oder Seen mit Kanu, Kajak, Ruder- oder Segelboot zu befahren. Diese Rechte sind aber auch mit Pflichten verbunden. Insbesondere Lagerfeuer sind zwischen 15. April und 15. September untersagt und jeder hat die Verantwortung, Natur, Tiere und kulturelle Schätze möglichst wenig zu beeinträchtigen. Mehr zur Bedeutung dieser Pflichten in der Praxis enthält der Kasten auf S. 418.

Die Broschüre *Camping* mit einer Liste der meisten norwegischen Campingplätze gibt's gratis in den meisten Touristeninformationen. Im Internet ist sie auf www.camping.no zu finden.

DNT & andere Berghütten

Den Norske Turistforening (DNT; Norwegian Mountain Touring Club; ☎ 22 82 28 22; www.turistforeningen.no; Storgata 7, Oslo) betreibt ein Netzwerk von über 440 Berghütten oder Blockhäusern, die jeweils eine Tageswanderung voneinander entfernt an den 20 000 km gut markierten und gepflegten Wanderwegen des Landes liegen. Die Palette reicht von unbewirtschafteten Hütten (über 400 im ganzen Land) mit zwei Betten bis zu 42 großen bewirtschafteten Hütten mit über 100 Betten sowie anerkannten Servicestandards. Alle unbewirtschafteten Hütten bieten Kochgelegenheiten; in den meisten braucht man einen eigenen Schlafsack oder zumindest einen Jugendherbergsschlafsack. Den bekommt man oft in den bewirtschafteten Hütten oder er ist im Preis enthalten. In den bewirtschafteten Hütten können Gäste normalerweise nicht selbst kochen, dagegen gibt es in den unbewirtschafteten Hütten außer einer Küche manchmal einen kleinen Selbstbedienungsladen.

In den bewirtschafteten Hütten – die meisten befinden sich im Süden – kann man ohne Anmeldung einfach auftauchen und seine Übernachtung bezahlen. Gemäß den in den Bergen geltenden internationalen Höflichkeitsgeboten wird niemand abgewiesen, selbst wenn es nur noch auf dem Boden Platz gibt. Für DNT-Mitglieder über 50 ist ein Bett garantiert, auch wenn dies bedeutet, dass ein jüngerer Wanderer dafür seines räumen muss! Die Hütten sind an Ostern meist rappelvoll und im Sommer durchweg gut ausgelastet.

Details über eine DNT-Mitgliedschaft s. S. 420.

In den bewirtschafteten Hütten bezahlen DNT-Mitglieder/Nichtmitglieder für eine Übernachtung in einem Zimmer mit einem bis drei Betten 205/270 nkr; in einem Zimmer mit vier bis sechs Betten 165/235; Schlafsäle 105/170 nkr und wenn sie wegen Überfüllung auf dem Boden schlafen müssen 75/140 nkr. Unterkunft mit Vollpension (nur für DNT-Mitglieder) in einem Zimmer mit einem bis drei Betten/Schlafsaal kostet 535/495 nkr in der Nebensaison, 555/515 nkr im Sommer und 605/565 nkr an Ostern; diese Preise gelten für Gäste, die mindestens drei Nächte lang bleiben. Außerdem gibt es ein komplettes Frühstück (Mitglieder/Nichtmitglieder 85/110 nkr) oder Abendessen (200/250 nkr) sowie Sandwichs (10/15 nkr), eine Thermoskanne mit Tee oder Kaffee (25/40 nkr) und ein leichteres Abendessen (125/145 nkr). Zum Abendessen gibt es manchmal regionale Spezialitäten, was sehr lecker sein kann. Bettwäsche kostet 55/70 nkr.

Mitglieder/Nichtmitglieder, die lieber im Freien kampieren und die Hütteneinrichtungen nutzen möchten, bezahlen 50/60 nkr.

Für unbewirtschaftete Hütten muss man sich vorher in einem DNT-Büro oder einer anderen bewirtschafteten Hütte einen Schlüssel abholen (gegen 100 bis 150 nkr Pfand). Die Bezahlung funktioniert, indem man einen Schein für eine einmalige Erlaubnis ausfüllt und entweder Bargeld oder Kreditkartennummer in einem dafür vorgesehenen Kasten hinterlässt. Es gibt zwei Kategorien von unbewirtschafteten Hütten. Selbstbedienerhütten sind mit Decken und Kissen ausgestattet, und es gibt einen Herd, Holzöfen, Feuerholz, Gaskocher sowie eine große Auswahl an Konservendosen oder gefriergetrockneten Lebensmitteln, die man nach dem Ehrenprinzip kaufen kann. Hier bezahlen DNT-Mitglieder/Nichtmitglieder 165/265 nkr für ein Bett. In anderen unbewirtschafteten Hütten müssen Besucher ihren Proviant selbst mitbringen.

Die DNT-Internetseite bietet eine komplette Preisliste.

Die meisten DNT-Hütten sind vom 16. Februar bis 14. Oktober geöffnet. Bewirtschaftete Hütten haben auch vom Samstag vor Palmsonntag bis Ostermontag geöffnet. Die bewirtschafteten Hütten entlang der Eisenbahnstrecke Oslo–Bergen sowie einige andere öffnen bereits im Februar für die Skilanglaufsaison. Listen mit den Öffnungszeiten sind über den DNT erhältlich.

Außerdem gibt es in den meisten Bergregionen einige private Wanderhütten, die jedoch nicht alle der Öffentlichkeit zugänglich sind. Einige gewähren einen Rabatt für DNT-Mitglieder.

Hostels

Relativ preiswerte Hostels *(vandrerhjem)* bieten in Norwegen ein Schlafsaalbett für die Nacht plus Benutzung von Gemeinschaftsräumen an: in der Regel eine Küche für Selbstversorger (es ist ratsam, Kochutensilien und Lebensmittel selbst mitzubringen), Badezimmer und Internetanschluss. Die Hostels sind in ihrer Art völlig unterschiedlich. Immer mehr haben aber länger geöffnet. Und familienbetriebene Hostels haben die Jugendherbergen ersetzt, in denen ein Herbergsvater mit Feldwebelmentalität Wache hält. Der Konsum von Alkohol ist in den meisten Hostels nicht erlaubt. Die Bezeichnung „Hostel" wird relativ frei interpretiert, selbst bei HI-Einrichtungen. Teilweise handelt es sich um komfortable, lodgeartige Unterkünfte, die ganzjährig geöffnet haben. Teilweise sind die Hostels aber auch in Schlafsälen von Schulen untergebracht und nur in den Sommermonaten geöffnet. Manchmal befinden sie sich auch in den billigeren Flügeln von Hotels und mitunter sind sie sogar teurer als eine Hütte oder ein günstiges Hotelzimmer. In den meisten Hostels müssen die Gäste ihre Bettwäsche

selbst mitbringen. Schlafsäcke werden aber fast überall ausgeliehen (50 nkr pro Stück; unabhängig von der Aufenthaltsdauer).

Es gibt mehrere Hostel Guides, darunter ein jährlich aktualisiertes Europa-Handbuch von Hostelling International (HI), dem Internationalen Jugendherbergswerk. Die kostenlose Broschüre *Hostels in Norway* ist beim norwegischen Herbergsverband **Norske Vandrerhjem** (☎ 23 12 45 10; www.vandrerhjem.no) erhältlich. Darin sind alle Hostels und die aktuellen Preise aufgelistet.

Die meisten Hostels haben Zimmer mit zwei bis sechs Betten, und kosten pro Bett zwischen 140 und 240 nkr. In den teureren Herbergen gehört zur Übernachtung meist noch ein Frühstücksbüfett, während in anderen das Frühstück 50 bis 70 nkr extra kostet. Manche bieten auch ein ordentliches Abendessen für um die 110 nkr an.

Im Sommer ist reservieren eine gute Idee, besonders auf den beliebten Reiserouten. Das geht meistens problemlos per Telefon. Gegen eine kleine Gebühr (um 20 nkr) kann man von einem Hostel aus gleich sein Bett im nächsten reservieren lassen. Achtung: Beliebte Hostels in Oslo und Bergen sind im Sommer oft total ausgebucht!

Die hier angegebenen Preise gelten für HI-Nichtmitglieder. Wer Mitglied ist, zahlt 15 % weniger. Einfach an das Büro von **Hostelling International** (www.hihostels.com) im eigenen Land wenden, nach einer Mitgliedschaft fragen und so von den günstigeren Preisen profitieren.

Private Herbergen gibt es in Norwegen fast keine.

Hotels

Hotels sind ziemlich teuer, aber die meisten bieten im Sommer (Mitte Juni–Mitte Aug., manchmal auch nur im Juli) und an Wochenenden großzügige Rabatte an, denn zu dieser Zeit ist für Geschäftsreisende Nebensaison.

Einige norwegische Hotels haben das ganze Jahr über die gleichen Preise. Die meisten verlangen allerdings wochentags außerhalb der Sommermonate lächerlich hohe Summen (EZ/DZ ab 1200/1500 nkr) – vermutlich, weil dann nur Geschäftsleute auf Spesen unterwegs sind. Wer also zu dieser Zeit reist, sollte im Hotel nach Angeboten und Preisnachlässen fragen. Im Sommer und an Wochenenden können die Preise bis zu 40 % niedriger liegen. Ausnahmen von dieser Regel sind die Badeorte in Südnorwegen, wo die Preise erhöht werden, um vom Besucherandrang während der Schulferien zu profitieren. Außerdem ist zu beachten, dass die angegebenen Zimmerpreise (insbesondere bei Hotels) nur Richtlinien sein können, da viele der Unterkünfte unendlich viele verschiedene Preise haben.

Landesweite Hotelketten oder -netze bieten manchmal Hotelpässe an, bei denen eine Nacht kostenlos ist, wenn man oft genug in Hotels der gleichen Kette übernachtet. Manche dieser Pässe gelten aber nur im Sommer. Hier einige der größten landesweiten Ketten bzw. Hotelpässe (Rabatte gelten manchmal auch für andere skandinavische Länder):

Best Western (www.bestwestern.no) Ein kostenloser Pass, erhältlich bei allen 15 norwegischen Best-Western-Hotels, von Juni bis August. Die dritte aufeinander folgende Nacht im selben Hotel ist damit zum Nulltarif.

Choice Hotels (www.choice.no) Der Choice-Club gilt für Choice-, Clarion-Collection- und Comfort-Hotels. Hier kann man kostenlose Übernachtungen sammeln. Außerdem gibt es das Angebot „Choice Hotel Cheque" (12 Nächte für 11 940 nkr). Bei manchen Comfort-Hotels ist ein leichtes Abendessen im Preis inbegriffen.

Fjord Pass (www.fjordpass.no) ist wohl der beste (auf jeden Fall aber der umfassendste) unter den Hotelpässen. Er kostet 120 nkr (gilt für zwei Erwachsene plus alle Kinder bis 15 Jahre) und ist ganzjährig in 150 Hotels erhältlich. Er verspricht keine Gratisübernachtungen, aber beträchtliche Rabatte.

Rica Feriepass (www.rica.no) ist ein kostenloser Pass, erhältlich bei 90 Rica-Hotels in Norwegen und Schweden. Mit ihm können Bonuspunkte gesammelt werden und die zehnte Übernachtung ist in jedem beliebigen Hotel der Rica-Kette frei.

Thon Hotels (www.thonhotels.com) Kostenlose Mitgliedschaft, die Rabatte oder kostenlose Übernachtungen beinhaltet.

Sommerhäuser & Hütten

Listen mit Hütten und Sommerhäusern, die von privat vermietet werden, wenn die Besitzer sie nicht selbst nutzen, gibt es in den meisten Touristeninformationen beliebter Feriengebiete; teils werden sie auch während der Skisaison angeboten. Die Preise für eine Woche beginnen bei etwa 1200 nkr für ein einfaches Haus in der Nebensaison und reichen bis ca. 14 000 nkr für das luxuriöse Chalet im Hochsommer. In den meisten Hütten können mindestens vier Personen schlafen und manche bieten sogar bis zu zwölf Leuten Platz. Für Gruppen könnte sich diese Option also durchaus lohnen. Normalerweise muss man

im Voraus buchen und zudem ein Pfand von ungefähr 500 nkr oder 20 % des Gesamtpreises hinterlegen – je nachdem, was weniger ist.

Näheres erfährt man bei **Novasol** (☎ 81 54 42 70; www.novasol.com). Dort liegt auch ein bebilderter Katalog auf Englisch vor – mit fast 2000 Hütten für Selbstversorger und Chalets in Norwegen. Ähnliches bietet das dänische Unternehmen **Dansommer** (in Dänemark ☎ 86 17 61 22; www.dansommer.com) an.

VERSICHERUNG

Es lohnt, ernsthaft über eine Reiseversicherung nachzudenken, die nicht nur Arztkosten und Gepäckdiebstahl oder -verlust abdeckt, sondern auch Stornierung oder Verzögerungen der Reisepläne (wegen Krankheit, Ticketverlust, Streik etc.). Am besten schließt man die Versicherung so früh wie möglich ab, sonst hilft sie z. B. nicht mehr bei Streiks, die bereits vor Abschluss begonnen haben. Einige Policen springen übrigens auch bei „ungewöhnlichen und gefährlichen Beschäftigungen" wie Motorradfahren, Skifahren, Bergsteigen, Tauchen oder sogar Wandern nicht ein. Die Versicherung sollte unbedingt Krankenwagentransporte und im Notfall Überführung ins Heimatland abdecken. Außerdem kann eine Police von Vorteil sein, die Arzt- oder Krankenhausrechnungen sofort begleicht und nicht erst die Kosten erstattet, nachdem man sie vor Ort selbst bezahlt hat. Dann aber muss man unbedingt alle Unterlagen aufbewahren.

In Norwegen wird von EU-Bürger unter Umständen eine Gebühr für Notfallbehandlungen verlangt. Die Vorlage der europäischen Krankenversicherungskarte hilft, die Dinge zu beschleunigen und reduziert den anfallenden Papierkram auf ein Minimum. Man sollte sich schon weit im Voraus bei seiner Krankenkasse oder dem Reiseveranstalter danach erkundigen.

Zum Thema Krankenversicherungen s. S. 449, zu Autoversicherungen S. 443.

VISA

Dänen, Finnen, Isländer und Schweden können ohne Pass nach Norwegen einreisen. Besucher aus der EU und dem Europäischen Wirtschaftsraum (EWR; EU-Länder plus Schweiz, Liechtenstein, Grönland und Faröer-Inseln) brauchen einen gültigen Pass, aber kein Visum für einen Aufenthalt von weniger als drei Monaten. Da Norwegen zu den Unterzeichnerstaaten des Schengener Abkommens (das freies Reisen innerhalb der EU-Länder erlaubt) gehört, wird an norwegischen Grenzen auch nur eingeschränkt kontrolliert. Weitere Informationen zur Einreise nach Norwegen s. S. 434.

WASCHSALON/WÄSCHEREI

Myntvaskeri (Münzwäschereien) sind teilweise teuer und schwer zu finden. Aber es gibt zwei Ausnahmen. Die meisten Gästehäfen entlang der norwegischen Küste (v. a. im Süden) haben Münzmaschinen (45 bis 60 nkr für Waschen und Trocknen). Auch die meisten Hostels und Campingplätze bieten ihren Gästen Münzwaschsalons.

In Oslo (S. 96) und Bergen (S. 203) gibt es Wäschereien, die reinigen, trocknen und die Wäsche sogar sauber zusammenlegen. Der Komplettservice kostet zwischen 75 und 110 nkr. Manchmal kann man Wäsche dort auch selbst waschen, was entsprechend günstiger ist. Wer nicht auf Geschäftskosten reist, sollte den Wäsche- und Reinigungsservice der Hotels besser nicht in Anspruch nehmen.

ZEIT

Wie in Schweden, Dänemark und in großen Teilen Westeuropas, gilt in Norwegen die Mitteleuropäische Zeit (MEZ), die eine Stunde vor GMT/UTC liegt. Die Uhren werden am letzten Sonntag im März eine Stunde zurück, und am letzten Sonntag im Oktober eine Stunde vorgestellt.

Mit den Zeitangaben halten es die Norweger wie die Deutschen: *halb* bedeutet 30 Minuten vor – nicht nach.

ZOLL

Alkohol und Tabak sind in Norwegen extrem teuer. Darum sollte man zumindest für den Anfang seine zollfreie Ration mitnehmen: Pro Person sind 1 l Spirituosen und 1 l Wein (oder 2 l Wein) plus 2 l Bier erlaubt. Aber Vorsicht! Drinks mit einem Alkoholgehalt von über 60 % könnten als Rauschgift eingestuft werden! Zollfrei ist auch die Einfuhr von 200 Zigaretten. Frische Lebensmittel und verschreibungspflichtige Medikamente dürfen hingegen nicht ins Land eingeführt werden.

Verkehrsmittel & -wege

INHALT

DIE DINGE ÄNDERN SICH

Die Informationen in diesem Kapitel sind besonders anfällig für Veränderungen: Am besten Preise (und Fragen zum Ticket) vor der Abreise direkt mit Fluggesellschaft oder Reisebüro klären. Bei internationalen Reisen sind außerdem die Sicherheitsauflagen zu beachten. Vorsicht mit übereilten Buchungen. Die hier angegebenen Details sind lediglich Anhaltspunkte und können eigene Recherchen nicht ersetzen.

AN- & WEITERREISE

EINREISE

Nach Norwegen einzureisen ist normalerweise gar kein Problem, besonders dann nicht, wenn man mit dem Auto unterwegs ist. Wer aus einem Land kommt, das nicht zur EU gehört, sollte damit rechnen, dass seine Papiere genauer unter die Lupe genommen werden. Infos zu Visabestimmungen s. S. 432.

FLUGZEUG
Flughäfen

Eine komplette Liste norwegischer Flughäfen bietet die Internetseite www.avinor.no. Hier die wichtigsten internationalen Flughäfen des Landes:

Ålesund, Vigra Airport (Flughafencode AES; ☎ 70 11 48 00; Fax 70 18 37 38)

Bergen, Flesland Airport (Flughafencode BGO; ☎ 55 99 80 00; infosenteret.bergen@avinor.no)

Haugesund, Karmøy Airport (Flughafencode HAU; ☎ 52 85 79 00; haugesund.lufthavn@avinor.no)

Kristiansand, Kjevik Airport (Flughafencode KRS; ☎ 38 06 56 00; Fax 38 06 31 22)

Oslo, Gardermoen Airport (Flughafencode OSL; ☎ 81 55 02 50; www.osl.no)

Sandefjord, Torp Airport (Flughafencode TRF; ☎ 33 42 70 00; www.torp.no)

Stavanger, Sola Airport (Flughafencode SVG; ☎ 51 65 80 00; stavanger.lufthavn@avinor.no)

Tromsø Airport (Flughafencode TOS; ☎ 77 64 84 00; Fax 77 64 84 93)

Trondheim, Værnes Airport (Flughafencode TRD; ☎ 74 84 30 00; info.vaernes@avinor.no)

Fluglinien

Fluglinien mit Heimatflughafen in Norwegen:

Coast Air (☎ 52 84 85 00; www.coastair.no) Flüge von Haugesund nach Kopenhagen.

Norwegian (☎ 81 52 18 15; www.norwegian.no) Billigflieger von 28 europäischen Städten (z.B. Berlin-Schönefeld, Düsseldorf, Hamburg, München, Salzburg) nach Oslo, Bergen, Stavanger, Trondheim und Tromsø.

SAS Braathens (☎ 91 50 54 00; www.sasbraathens.no) Flüge von 30 europäischen Flughäfen (z.B. Berlin, Düsseldorf, Hamburg, Hannover, Köln, München, Nürnberg, Salzburg, Basel, Genf, Zürich, Wien) und mehreren hundert Städten weltweit zu mehreren norwegischen Flughäfen.

Widerøe (☎ 81 00 12 00; www.wideroe.no) Flüge von Aberdeen, Edinburgh, Newcastle und Kopenhagen hauptsächlich nach Bergen und Stavanger.

Weitere internationale Fluglinien die von/nach Norwegen fliegen:

Aeroflot (☎ 22 35 62 00; www.aeroflot.aero)

Air France (☎ 23 50 20 01; www.airfrance.com)

Austrian Airlines (☎ 81 52 10 52; www.aua.com)

British Airways (☎ 81 53 31 42; www.british-airways.com)

British Midland Airways (www.flybmi.com)

Brussels Airlines (☎ 23 16 25 68; www.brussels airlines.com)

City Star Airlines (☎ 51 65 81 65; www.citystar
airlines.com) Flüge ab Aberdeen nach Oslo, Stavanger
und Kristiansund.
Danish Air Transport (☎ 57 74 67 00; www.dat.dk)
Flüge ab Esjberg und Billund nach Stavanger.
Finnair (☎ 81 00 11 00; www.finnair.fi)
Fly Nordic (☎ 24 14 87 58; www.flynordic.com)
Iberia (www.iberia.com)
Icelandair (☎ 22 03 40 50; www.icelandair.com)
Jet 2 (www.jet2.com) Flüge zwischen Bergen und
Newcastle.
KLM-Royal Dutch Airlines (☎ 22 64 37 52;
www.klm.com)
Lufthansa (☎ 22 33 09 00; www.lufthansa.com)
Flüge nach Bergen, Oslo, Stavanger, Trondheim.
Ryanair (☎ 82 00 07 20; www.ryanair.com) Billigflüge
nach Sandefjord.
Spanair (☎ 91 50 54 00; www.spanair.com)
Sterling (☎ 81 55 88 10; www.sterling.dk) Billigflieger
von Dutzenden Städten nach Oslo.
TAP Portugal (☎ 81 00 00 15; www.flytap.com)
Welcome Air (www.welcomeair.com)
Wizz Air (www.wizzair.com) Flüge zwischen polnischen
Städten und Sandefjord.

Infos zur Sicherheitsstatistik dieser und anderer Airlines unter www.airsafe.com oder
www.waasinfo.net.

Tickets

Norwegen wird in erster Linie von den
deutschen Flughäfen in Hamburg, Berlin,
Frankfurt, München und Köln/Bonn an-
geflogen. In der Schweiz und in Österreich
kann man am besten von Bern, Zürich oder
Wien starten. Jedoch muss man hier meistens einen Zwischenstopp in München oder
Frankfurt/Main in Kauf nehmen, wie z.B. mit
der Lufthansa.

Wer günstige Flüge sucht, sollte am besten
zunächst das Internet durchstöbern. Wer
eine staatliche Gesellschaft den Billigfliegern
vorzieht, sollte in Reisebüros nachfragen,
da sie die günstigsten Angebote kennen
und auch sonst Reisetipps geben können.
Zuverlässige Websites für Onlinebuchungen
sind:

Cheap tickets (www.cheaptickets.com)
eBookers (www.ebookers.com)
Expedia (www.expedia.com)
Lowest Fare (www.lowestfare.com)
Opodo (www.opodo.com)
Orbitz (www.orbitz.com)
Plane Simple (www.planesimple.co.uk)
STA (www.sta.com)
Travel.com (www.travel.com.au)
Travelocity (www.travelocity.com)

VERKEHRSMITTEL & -WEGE

KLIMAWANDEL & REISEN

Der Klimawandel bedroht das Ökosystem, auf das wir Menschen zum Überleben angewiesen sind.
Flugreisen sind einer der am schnellsten wachsenden Verursacher dieses Problems. Lonely Planet
sieht im Reisen grundsätzlich einen Gewinn für die Menschheit, ist sich aber der Tatsache bewusst,
dass jeder seinen Teil dazu beitragen muss, um die globale Erwärmung zu stoppen.

Fliegen & Klimawandel

Praktisch jede Art der motorisierten Fortbewegung verursacht CO_2 (der wichtigste Faktor für die
globale Erwärmung), doch Flugzeuge sind mit Abstand die schlimmsten Klimakiller – nicht nur
wegen der großen Entfernungen und der entsprechend großen CO_2-Mengen, sondern auch weil
sie diese Treibhausgase direkt in hohe Luftschichten entlassen. Die Zahlen sind erschreckend: Zwei
Personen, die von Europa in die USA und wieder zurück fliegen, erhöhen den Treibhauseffekt im
gleichen Maße wie ein durchschnittlicher Haushalt in einem ganzen Jahr.

Emissionsausgleich

Die englische Website Climatecare.org und die deutsche Site www.atmosfair.de bieten eine Art
Emissionsrechner. Damit kann jeder ermitteln, wie viel Treibhausgase seine Reise produziert. Das
Programm errechnet den zum Ausgleich erforderlichen Betrag, mit dem der Reisende nachhaltige
Projekte zur Reduzierung der globalen Erwärmung unterstützen kann – z. B. Projekte in Indien,
Honduras, Kasachstan und Uganda.

Lonely Planet, Rough Guides sowie andere betroffene Partner in der Reiseindustrie unterstützen das Ausgleichsprogramm von climatecare.org. Lonely Planet übernimmt dies für alle Reisen
seiner Mitarbeiter und Autoren.

Weitere Infos siehe: www.lonelyplanet.com.

Attraktiv können auch Gabelflüge sein, die es ermöglichen, in einer Stadt zu landen und ohne Aufpreis von einer anderen weiterzufliegen. SAS Braathens hat ein ausgedehntes Liniennetz in Norwegen und ist besonders zu empfehlen. Hier kann man z. B. in Ålesund landen und dann von Bergen, Oslo und verschiedenen anderen norwegischen oder skandinavischen Städten zurückfliegen.

Die Flugpreise sind in den meisten großen europäischen Städten ungefähr gleich.

STA Travel ist eine zuverlässige Reiseagentur mit Büros unter anderem in ganz Deutschland (☎ 069–743 032 92; www.statravel.de), Österreich (☎ 01-401 48 6000, www.statravel.at) und in der Schweiz (☎ 0900 450 402; www.statravel.ch). Gute Onlineagenturen sind **Lastminute** (☎ 01805 284 366; www.lastminute.de) und **Expedia** (www.expedia.de).

AUF DEM LANDWEG
Grenzverkehr
Der Grenzverkehr zwischen Norwegen und Schweden oder Finnland verläuft unkompliziert. Häufig bekommt man nicht einmal mit, dass man soeben den Fuß über die Grenze gesetzt hat. Bei der Einreise mit dem Bus wirft der Zoll schon mal einen Blick in die Koffer, was normalerweise nicht länger als ein paar Minuten dauert. Für Russland ist allerdings ein Visum Pflicht, und Reisende werden hier strenger begutachtet.

Bus
Für praktisch alle Busreisen nach und von Norwegen ist www.eurolines.de die beste Website. Sie organisieren die Angebote kleinerer nationaler Busunternehmen. Länderspezifische Informationen s. S. 436.

Zug
Zugverbindungen gibt es von Oslo nach Stockholm, Göteborg, Malmö und Hamburg. Weniger häufige Verbindungen bestehen von Narvik und Trondheim mit Städten in Nord- und Mittelschweden. Weitere Details s. S. 436.

Interrail
Da es den skandinavischen ScanRail-Pass nicht mehr gibt und auch das frühere Euro-Domino-Ticket in das Interrail-Angebot integriert wurde, ist Interrail nun das Non plus Ultra für Zugvielfahrer. Mit einem **Interrailpass** (www.inter-rail.com) kann jeder Europäer (voraus-

gesetzt, er besitzt seit mindestens sechs Monaten einen entsprechenden Pass) bis zu einem Monat lang durch ganz Europa mit dem Zug fahren. Die Konditionen variieren. Im Heimatland gibt es allerdings nur eine Ermäßigung von 50 % auf die regulären Fahrpreis und man darf nur 2. Klasse fahren.

Mit InterRail 26+ können Reisende über 26 durch fast alle Länder Europas und Skandinaviens reisen und erhalten außerdem 30–50 % Ermäßigung auf diverse Fährstrecken. Ein Pass nur für Norwegen kostet 404/299/194 € in der 1. Klasse/2. Klasse/ Jugendklasse für acht Reisetage innerhalb eines Monats (255/189/125 € für drei Tage). Ein Ticket, das alle Zonen abdeckt kostet pro Monat 809/599/399 € in der 1. Klasse/ 2. Klasse/Jugendklasse. Zudem gibt es Flexipässe für alle Zonen.

Dänemark
Nor-Way Bussekspress (www.nor-way.no) Busverkehr zwischen Kopenhagen und Oslo (340 dkr, 8 Std., mindestens 2-mal tgl.) via Göteborg, Malmö und Øresund-Brücke. Drei Busse von **Swebus Express** (☎ 8070 3300; www.swebus-express.se) starten außerdem täglich von/nach Kopenhagen (ab 323 skr).

Günstiger ist **Lavprisekspressen** (www.lavpris ekspressen.no, auf Norwegisch), ein Online-Tickethändler. Hier kostet die Fahrt Oslo–Kopenhagen ab 49 nkr; 149 oder 199 nkr sind eher die Regel (abhängig davon, wie früh man bucht).

Deutschland
BUS
Nor-Way Bussekspress (www.nor-way.no) fährt täglich von Berlin via Rostock und Göteborg (Schweden) nach Oslo (97 €, 15¼ Std.). Drei mal verbindet die Deutsche Touring (www.deutsche-touring.de) deutsche Städte mit Oslo: Hin- und Rückfahrt von Mannheim (242 €) über Heidelberg, Darmstadt, Kassel (216 €), Göttingen, Hannover (189 €), Hamburg (159 €). Angegeben sind Normalpreise, aktuelle Sondertarife über die Website prüfen.

ZUG
Hamburg ist Europas zentrales Gateway für Skandinavien. Täglich fahren drei Züge nach Oslo, teils mit Umstieg in Malmö. Die **Deutsche Bahn** (www.bahn.de) bietet Serviceinfos und Online-Reservierung.

Der **Berlin Night Express** (www.berlin-night-express.com) fährt täglich über Nacht von Berlin nach Malmö in Schweden (Bett im Einzel-/Doppelabteil 250/125 €, 17¾ Std.). Um nach oder ab Oslo zu fahren, muss man in Malmö umsteigen; von Ende August bis Mitte Juni außerdem in Göteborg.

Finnland
BUS
Die Autobahn E 8 erstreckt sich von Tornio in Finnland nach Tromsø; Nebenstraßen verbinden Finnland mit den nordsamischen Städten Karasjok und Kautokeino. Auf allen drei Routen gibt es Linienbusse.

Die finnische Verkehrsgesellschaft **Eskelisen Lapin Linjat** (☎ 016–342 2160; www.eskelisen-lapin linjat.com) bietet grenzüberschreitende Fahrten (nur 1-mal tgl.), die teilweise im Fahrplan (s. S. 437) verzeichnet sind; manche Angebote gelten nur für die Sommermonate.

BUSREISEN AB FINNLAND

Von	Nach	Preis	Dauer
Rovaniemi	Tana Bru	74,40 €	7 Std.
Rovaniemi	Alta	80,70 €	8 Std.
Rovaniemi	Karasjok	61,80 €	7 Std.
Rovaniemi	Lakselv	73,80 €	12½ Std.
Rovaniemi	Nordkap	113,70 €	12 Std.
Ivalo	Kirkenes	39,50 €	3¼ Std.
Helsinki	Tromsø	126,30 €	21½ Std.

BUS
Direkte Busverbindungen zwischen Österreich und Norwegen werden nur sehr selten oder gar nicht angeboten. Es gibt allerdings regelmäßige Transfers nach Deutschland, von wo es dann weiter in Richtung Norden geht. Ein Bus der Deutschen Touring (www.deutsche-touring.de) fährt z. B. von Wien und Nürnberg für 52 €.

ZUG
Zweimal täglich rollt von Wien ein Zug in Richtung Oslo – über Nürnberg, Kopenhagen und Göteborg (ca. 30 Std.) oder München, Hamburg, Kopenhagen und Malmö (ca. 25 Std.). Über aktuelle Preise und Sondertarife kann man sich am besten auf der Seite der **Österreichischen Bahn** (www.öbb.at) informieren.

Schweden
BUS
Lavprisekspressen (www.lavprisekspressen.no, auf Norwegisch) verkauft günstige Tickets übers

Internet und betreibt einen Busservice von Oslo nach Kopenhagen mit Zwischenstopps in Göteborg und Malmö. Die Preise reichen von 49 nkr bis 199 nkr, abhängig davon, wie früh man bucht.

Günstigste Preise hat auch **Swebus Express** (☎ 0200 218 218; www.swebusexpress.se). Bis zu fünf Busse fahren täglich zwischen Stockholm und Oslo (ab 348 skr, 8 Std.), vier halten in Göteborg (ab 128 skr, 4½ Std., 4-mal tgl.) und Malmö (ab 210 skr, 8 Std., 4-mal tgl.).

Außerdem verkehren Busse zwischen Bodø und Skellefteå (565 skr, 8¾ Std., 1-mal tgl. außer Sa) und zwischen Mo i Rana und Umeå (282 skr, 8 Std., 1-mal tgl.) entlang der Blå Vägen („Blaue Straße").

ZUG
Nach drei Jahren der Unsicherheit gibt es nun endlich eine regelmäßige Zugverbindung zwischen Oslo und Stockholm (454 nkr, 6 Std.). Von Montag bis Freitag fahren täglich zwei Züge in beide Richtungen (einer mit Umsteigen im schwedischen Karlstad); am Wochenende einer. Nähere Informationen bei **Norwegian Railways** (NSB; ☎ 81 50 08 88; www.nsb.no) oder **Swedish Railways** (SJ; ☎ aus Schweden 0771–75 75 99; www.sj.se).

Es gibt auch täglich Verbindungen von Stockholm nach Narvik (1650 skr, 18¾ Std.). Für die Strecke von Trondheim nach Schweden über Storlien und Östersund muss man an der Grenze umsteigen. Von Oslo nach Malmö (733 skr, 8¼ Std., 2-mal tgl.) geht's über Göteborg (573 skr, 4 Std., 3-mal tgl.).

BUS
In der Schweiz können kaum direkte Busreisen nach Norwegen gebucht werden. Eine Reihe von Busunternehmen hat aber regelmäßige Transfers nach Deutschland im Angebot, von wo es dann weiter in Richtung Norden geht.

ZUG
Von Bern fährt mehrmals am Tag ein Zug über Mannheim und Berlin oder Basel und Hamburg nach Oslo. Die Fahrt dauert je nach Routenvariante 22 bis 27 Stunden. Aktuelle Preise und Onlinetickets bekommt man am einfachsten bei der **Schweizer Bahn** (www.sbb.ch).

ÜBERS MEER
Mit den Fährverbindungen zwischen Norwegen und Dänemark, Deutschland, Island, den Färöern, Schweden und auch Groß-

VERKEHRSMITTEL & -WEGE

FÄHRVERBINDUNGEN ZWISCHEN DÄNEMARK & NORWEGEN

Nach	Von	Preis pro Person	Dauer	Fahrten pro Woche	Gesellschaft
Bergen	Hanstholm	20–160 €	18 Std.	3	Fjord Line
Bergen	Hirtshals	74–80 €	22½ Std.	3	Color Line
Egersund	Hanstholm	10–160 €	6¾ Std.	7	Fjord Line
Haugesund	Hanstholm	20–160 €	13¼ Std.	3	Fjord Line
Kristiansand	Hirtshals	54–60 €	4½ Std.	6	Color Line
Larvik	Fredrikshavn	54–60 €	6¼ Std.	11	Color Line
Larvik	Hirtshals	54–60 €	5¾ Std.	7	Color Line
Oslo	Kopenhagen	184 €	16 Std.	7	DFDS Seaways
Oslo	Fredrikshavn	ab 24 €	12 Std.	7	Stena Line & Color Line
Oslo	Hirtshals	54–60 €	8½ Std.	4	Color Line
Stavanger	Hirtshals	54–60 €	11 Std.	3	Color Line

britannien erreicht man direkt und unkompliziert seinen Zielort. Die meisten Fährgesellschaften bieten Pauschalen für PKW plus Insassen sowie Ermäßigungen für Senioren, Studenten und Kinder. Wer sein Fahrrad mitnehmen will, muss eine kleine Zusatzgebühr drauflegen.

Wenn man mit einer internationalen Fähre unterwegs ist, sollte man dran denken, sein maximales zollfreies Alkoholkontingent auf dem Schiff wirklich auszuschöpfen.

DÄNEMARK
Folgende Unternehmen betreiben Fähren zwischen Norwegen und Dänemark.
Color Line (www.colorline.com; aus Dänemark ☎ 99 56 19 77; aus Norwegen ☎ 81 00 08 11)
DFDS Seaways (www.dfdsseaways.com; aus Dänemark ☎ 33 42 30 82; aus Norwegen ☎ 21 62 13 00)
Fjord Line (www.fjordline.com; aus Norwegen ☎ 81 53 35 00; aus Dänemark ☎ 97 96 14 01)
Stena Line (☎ aus Norwegen 02010; www.stenaline.no)

Die Tabelle auf S. 438 listet die möglichen Routen auf. Die genannten Preise gelten für die Hauptsaison (Mitte Juni bis Mitte August). Zu anderen Zeiten kann es die Hälfte sein; die Fähren legen dann auch seltener ab.

Bei der Color Line zahlt man auf allen Routen (S. 409) außer Bergen–Hirtshals für ein Auto mit fünf Insassen 198/231 € unter der Woche/am Wochenende, während DFDS Seaways mit zwei Insassen 195 € verlangt. Stena Line berechnet für ein Auto und Fahrer 122 € und Fjord Line bringt ein Auto mit Fahrer und Beifahrer für rund 120 € nach Bergen.

DEUTSCHLAND
Die Fähren der **Color Line** (www.colorline.de; aus Deutschland ☎ 0431-730 03 00; aus Norwegen ☎ 81 00 08 11) kreuzen täglich zwischen Kiel und Oslo (20 Std.). Von Mitte Juni bis Mitte August kostet die Überfahrt pro Person (inkl. Liegestuhl) 98 € (Sonntag bis Donnerstag) bzw. 108 € (Freitag und Samstag). Autos kosten 80 €. Außerhalb der Hauptsaison zahlen zwei Personen mit Auto und Kabine 328/350 € für die einfache/Hin- & Rückfahrt.

ISLAND & FÄRÖER
Smyril Line (www.smyril-line.fo; von den Färöer Inseln ☎ 345900; aus Norwegen ☎ 55 59 65 20) verkehrt einmal wöchentlich von Mai bis Mitte September zwischen Bergen und Seyðisfjörður (Island), über Lerwick (Shetland, Schottland) und Färöer. Für eine einfache Fahrt von Bergen nach Tórshavn (25 Std.) auf den Färöern muss man mit mindestens 195 € rechnen; von Bergen nach Seyðisfjörður (46 Std.) mit 259 €.

SCHWEDEN
Color Line (www.colorline.com; aus Schweden ☎ 0526-62000, aus Norwegen ☎ 81 00 08 11) betreibt einen Fährservice zwischen Sandefjord und Strömstad (22 €, 2½ Std., 2-mal tgl.).

GEFÜHRTE TOUREN
Durch Norwegen zu reisen geht enorm ins Geld. Deshalb lohnt es sich auf jeden Fall, Angebote für organisierte Reisen abzuchecken. Es gibt jede Menge seriöse Veranstalter, die erschwingliche Touren im Angebot haben. Details zu norwegischen Veranstaltern s. S. 445.

UNTERWEGS VOR ORT

Norwegen hat ein höchst effizientes öffentliches Verkehrssystem, dessen Züge, Busse und Fähren meist sogar zeitlich aufeinander abgestimmt sind. Mit dem praktischen *NSB Togruter* – kostenlos in den meisten Bahnhöfen erhältlich – hat man Zugfahrpläne und Informationen über Anschlussbusse jederzeit zur Hand. Die Abfahrtszeiten von Schiffen und Bussen sind unterschiedlich je nach Jahreszeit und Wochentag (Verbindungen an Samstagen sind dünn gesät, aber in der Sommersaison häufiger). Man sollte sich also in der Touristeninformation den aktuellsten *ruteplan* (Fahrplan) schnappen.

In Richtung Norden kommt man mit dem Zug bis nach Bodø (Narvik ist auch von Schweden aus mit dem Zug zu erreichen); noch weiter im Norden ist man auf Busse und Fähren angewiesen. Für die glücklichen Besitzer von Interrail-Pässen gibt es auf einigen Routen im Norden Ermäßigungen. Manche Schnellboote und -busse bieten 50 % Nachlass für die Begleitperson – nachfragen lohnt sich auf jeden Fall. Eine schöne Alternative zur Reise über Land ist die Hurtigruten-Küstenfähre. Sie läuft zwischen Bergen und Kirkenes jeden größeren Hafen an.

Für Bus-, Bahn- und Flugpassagiere gleichermaßen interessant sind günstige Minipris-Tickets, die für Frühbucher und/oder bei Online-Reservierung angeboten werden.

AUTO & MOTORRAD

Es gibt keine besonderen Vorschriften für die Einreise mit dem Auto. Details zu Fähren nach Norwegen s. S. 437.

Autofähren

Absolute Spitzenklasse ist die Fahrt entlang der landschaftlich einmaligen – wenn auch ziemlich bergigen und von Fjorden zerklüfteten – Westküste. Allerdings gehören diverse Überfahrten mit der Fähre dazu, die unter Umständen jede Menge Geld und Zeit kosten. Eine komplette Liste der Fährverbindungen und Preise stehen im *Rutebok for Norge*, einem Fahrplanbuch in der Größe eines Telefonverzeichnisses, das für 225 nkr in Buchhandlungen und an größeren Kiosken zu bekommen ist. Ansonsten direkt bestellen bei **Norsk Reiseinformasjon** (☎ 22 47 73 40; www.reiseinfo.no; Karl Johans gate 12 A, 0154 Oslo) oder aus dem Internet herunterladen unter www.rutebok.no.

Automobilclubs

Dank einer gegenseitigen Vereinbarung haben Mitglieder von Automobilclubs, die der AIT (Alliance Internationale de Tourisme) angehören, Anspruch auf einen 24-Stunden-Pannendienst durch den **Norges**

VERKEHRSMITTEL & -WEGE

GRÜNE STRASSEN

Bis 2015 will die norwegische Straßenverwaltung 18 speziell ausgewiesene „Grüne Straßen" einrichten (www.turistveg.no/index.asp?lang=ger), die zusammen über 1850 km lang sind und durch typisch norwegische Landschaften führen. Der Plan sieht vor, bereits existierende Straßen mit Aussichtspunkten und Informationsstellen zu versehen. Besucher sollen so die landschaftlich reizvollsten Routen leichter erkennen und einplanen können, um ihre Reisezeit durch Norwegen optimal auszunutzen.

Einige der 18 Straßen sind bereits fertig:

- die Sognefjellstraße (Rv 55; S. 193)
- die Rv 86 und Rv 862 auf der Insel Senja (S. 365)
- die Kystriksveien-Küstenstraße zwischen Stokkvågen, westlich von Mo i Rana, und Storvik, südlich von Bodø (S. 325)
- die E 10 durch die Lofoten (S. 331)
- die Westküstenstraße durch die Vesterålen von Risøyhamn nach Andenes (s. Kasten S. 349)
- die Strecke Gamle Strynefjellsvegen zwischen Grotli in Oppland und Videseter in Sogn og Fjordane (Rv 258)
- sowie zwei Strecken durch Hardanger ab Halne im Osten nach Steinsdalsfossen (Rv 7) und Jondal (Rv 550) im Westen.

Automobil-Forbund (NAF; ☎ 08505, Anfragen ☎ 22 34 14 00; www.naf.no). Die NAF-Fahrzeuge sind von Mitte Juni bis Mitte August auf den wichtigsten Straßen unterwegs. Notrufsäulen befinden sich auf Autobahnen, in Tunnels und auf einigen Gebirgspässen.

Bei einer Panne kann man sich an **Falken Redningskorps** (☎ 80 03 38 80) oder **Viking Redningstjeneste** (☎ 80 03 29 00, 22 08 60 00) wenden.

Autovermietung

Norwegische Autovermietungen sind teuer und daher in erster Linie etwas für Geschäftsreisende. Für einen Kompaktwagen mit 200 Freikilometern muss man im Schnitt über 1000 nkr am Tag lockermachen (MwSt. ist hier inklusive, Versicherung kostet jedoch pro Tag mindestens 60 nkr zusätzlich).

Je länger der Mietzeitraum, desto günstiger sind die Angebote. Und im Sommer sollte man stets nach Sonderangeboten Ausschau halten. Dabei kann man den kleinsten Wagen (z. B. VW Polo) für drei bis fünf Tage für 500 nkr am Tag mit 50 Freikilometern oder für 600 nkr mit 200 Freikilometern bekommen; jeder Kilometer darüber hinaus kostet 2,50 nkr, die sich schnell summieren.

Einige größere Autovermietungen bieten auch Wochenendtarife an: Für 1200 nkr kann man den Wagen am Freitag Nachmittag abholen und ihn bis Montag 10 Uhr behalten – Vertrag über unbegrenzte Kilometer abschließen!

Größere Autovermietungen wie Hertz, Avis, Budget und Europcar haben Vertretungen an vielen norwegischen Flughäfen und in den Stadtzentren. Wenn man in einen „Blitzer" gerauscht ist, wird das Bußgeld automatisch von der vorher angegebenen Kreditkarte abgebucht; also immer die Kontoauszüge auch noch einige Monate hinterher gründlich unter die Lupe nehmen.

Im Allgemeinen haben lokale Firmen bessere Angebote als die großen internationalen Unternehmen.

Einige Autovermietungen:

Avis (☎ 81 56 30 44; www.avis.no, auf Norwegisch)

Bislet Bilutleie (☎ 22 60 00 00; www.bislet.no)

Budget (☎ 81 56 06 00; www.budget.no, auf Norwegisch)

Europcar (☎ 22 83 12 42; www.europcar.no, auf Norwegisch)

Hertz (☎ 67 16 80 00; www.hertz.no)

Rent-a-Wreck (☎ 81 52 20 50; www.rent-a-wreck.no)

Wenn man einen Mietwagen für längere Zeit braucht, lohnt sich die Überlegung, ihn in Schweden zu mieten und entweder dorthin zurückzubringen oder einen etwas teureren One-Way-Tarif auszuhandeln.

TUNNEL IN NORWEGEN

Im November 2000 wurde – nach fast sechs Jahren Bauzeit – der längste Straßentunnel der Welt vollendet. Die Gesamtkosten für den Tunnel von Lærdal nach Aurland (24,51 km lang, 7,59 km länger als der St. Gotthard-Tunnel in der Schweiz) belaufen sich auf über eine Million nkr. Weil dieses Meisterwerk komplett staatlich finanziert ist, kann man gebührenfrei durchfahren. Der zweispurige Tunnel, Teil der wichtigen E 16 zwischen Oslo und Bergen, erleichtert das Autofahren im Winter, und man kann sich die ermüdend lange Fährverbindung Gudvangen–Lærdal sparen. Der Tunnel wurde durch enorm harten Gneis aus dem Präkambrium gebohrt; an einer Stelle befand sich darüber 1400 m freiliegender Fels. Im Innern befinden sich eine Filteranlage für Staub und Stickstoffdioxid, 34 riesige Ventilatoren, Notrufsäulen alle 500 m sowie drei bizarre „Galerien" mit blauer Beleuchtung, um die zwanzigminütige Fahrt aufzupeppen.

Bei der Tunneldurchfahrt sollten Autofahrer für Notfälle den Sender NRK-Radio P1 einstellen (ja, man hat tatsächlich Radioempfang!).

Norwegen hat drei der zehn längsten Autotunnel der Welt. Weitere lange Straßentunnel sind der Gudvangentunnel in Sogn og Fjordane (11,43 km, ebenfalls auf der E 16); der Folgefonntunnel in Hardanger (11,15 km, auf der Rv 551 unter dem Folgefonn-Gletscher durch); der Steigentunnel in Nordland (8,06 km, Rv 835); der Svartisentunnel in Nordland (7,61 km, auf der Rv 17 unter dem Svartisen-Gletscher).

Norwegen hat auch einige Unterwassertunnel, die normalerweise etwa 40 m unterhalb des Meeresbodens liegen. Zu den längsten gehören der Oslofjordtunnel (7,2 km, auf der Rv 23, südlich von Oslo); der Nordkapptunnel (6,87 km, auf der E 69 als Verbindung zwischen der Insel Magerøya und dem Festland); der Byfjordtunnel (5,86 km, auf der E 39 gleich nördlich von Stavanger).

ENTFERNUNGEN (KM)

	Ålesund	Alta	Bergen	Bodø	Florø	Hammerfest	Harstad	Kautokeino	Kirkenes	Kristiansand	Kristiansund	Lillehammer	Narvik	Odda	Oslo	Røros	Stavanger	Tromsø	Trondheim
Ålesund	---																		
Alta	1701	---																	
Bergen	384	2071	---																
Bodø	1008	814	1378	---															
Florø	201	1970	248	1277	---														
Hammerfest	1845	144	2215	959	2114	---													
Harstad	1186	557	1556	300	1455	701	---												
Kautokeino	1827	131	2197	941	2096	276	684	---											
Kirkenes	2215	519	2585	1329	2484	498	1072	451	---										
Kristiansand	811	2226	492	1533	652	2370	1711	2352	2740	---									
Kristiansund	142	1609	517	916	329	1753	1094	1735	2123	867	---								
Lillehammer	382	1756	439	1063	466	1900	1241	1882	2270	473	396	---							
Narvik	1190	511	1560	304	1459	655	119	637	1025	1715	1098	1245	---						
Odda	416	2064	159	1371	320	2208	1549	2190	2578	333	549	362	1553	---					
Oslo	533	1909	478	1216	512	2053	1394	2035	2423	322	562	168	1398	357	---				
Røros	401	1569	635	876	535	1713	1054	1695	2083	704	327	263	1058	624	382	---			
Stavanger	603	2251	179	1558	426	2395	1736	2377	2765	245	736	587	1740	187	453	836	---		
Tromsø	1440	290	1810	554	1709	435	296	417	805	1965	1348	1495	250	1803	1648	1308	1990	---	
Trondheim	287	1414	657	721	556	1558	899	1540	1928	812	195	342	903	650	495	155	837	1153	---

VERKEHRSMITTEL & -WEGE

Eine der besten Online-Autovermietungen ist **Auto Europe** (www.autoeurope.com): Die Firma vermittelt Billigtarifangebote größerer Unternehmen und bietet zahllose Abhol- und Rückgabeoptionen in Norwegen und ganz Europa an.

Führerschein

Um ein Auto mieten zu können, braucht man nur seinen Führerschein. Mit einem *lettre de recommendation* (Empfehlungsschreiben) seines Automobilclubs können Dienstleistungen durch Partnerorganisationen in Norwegen in Anspruch genommen werden, normalerweise kostenlos. Dazu zählen Straßenkarten und Informationen, Pannenhilfe, technische und juristische Beratung etc.

Gefahren im Straßenverkehr

Ältere Straßen und Bergstrecken sind ziemlich eng; es gibt jede Menge Haarnadelkurven und oft geht's steil bergauf. Auch wenn die meisten Gebiete per Auto (und großteils auch mit dem Bus) gut erreichbar sind – so manche selten genutzte Strecke hat nur einen dürftigen bzw. ungeteerten Straßenbelag; da geht's nur mit Allradantrieb weiter. Einige Straßen, die auf den ersten Blick ganz harmlos erscheinen, verengen sich zuweilen extrem und ohne große Vorwarnung. Einige Bergstraßen sind für Wohnwagen und -mobile ganz gesperrt oder nur erfahrenen Fahrern zu empfehlen; da ist es nämlich fast Standard, dass man zurücksetzen und entgegenkommenden Verkehr vorbeilassen muss. **Vegdirektoratet** (☎ 02030; www.vegvesen. no; Brynsengfaret 6 A, 0667 Oslo) gibt eine Karte mit den Straßen heraus, auf denen Wohnwagen nicht zugelassen sind; außerdem gibt es unter www.visveg.no/norguide/ einen praktischen Routenplaner.

Ist Eis oder Schnee angesagt: Spikes benutzen oder Schneeketten einpacken. Schneeketten kann man in Oslo bei **Hakres** (☎ 35 51 48 57; Fax 35 51 52 50) leihen: Der Preis für eine/ zwei Wochen, inklusive Reifenwechsel, liegt bei 1000/1500 nkr. Die Originalreifen werden als Pfand einbehalten.

Ein Leser schrieb uns: „Norwegischen Fahrern sind Tempolimits völlig gleichgültig", „alle benehmen sich wie Rennfahrer". Er berichtet von zu dichtem Auffahren, blinden Überholmanövern und einer generell rück-

---

EILE MIT WEILE

In Norwegen darf man auf freier Strecke nicht mehr als 80 km/h fahren. An Häusern oder Firmengeländen muss auf 70 km/h oder sogar 60 km/h runtergebremst werden. In Ortschaften liegt die Geschwindigkeitsbegrenzung bei 50 bis 60 km/h, in Wohngebieten bei 30 km/h. Auf einigen Straßen gibt es Abschnitte, auf denen 90 km/h möglich sind, und auf einem kleinen Streckenabschnitt der E 6 sind sogar 100 km/h gestattet – Wahnsinn! Die Geschwindigkeitsbeschränkung für Wohnwagen (und PKWs mit Anhängern) liegt in der Regel 10 km/h unter der für Autos.

Verglichen mit den heimatlichen Verhältnissen sind diese Geschwindigkeitsbegrenzungen wirklich zum Wegnicken. Allerdings werden sie extrem ernst genommen, und deshalb sollte man wirklich der Versuchung widerstehen, das Gaspedal durchzudrücken. Am Straßenrand lauern nämlich mobile Polizeikontrollen. Achtung bei Schildern *Automatisk Trafikkontrol*: Das bedeutet, dass man sich einem „Starenkasten" nähert; diese großen und hässlichen grauen Kästen kennen keine Gnade.

Bereits bei 5 km/h über dem Tempolimit wird man rausgezogen – keine mildernden Umstände, keine Kompromisse. 1000 bis weit über 10 000 nkr Bußgeld sind üblich. Als norwegischer Staatsbürger riskiert man den Entzug der Fahrerlaubnis und kann sogar hinter Gitter wandern.

---

sichtslosen Fahrweise und meint, er habe das Land als „nervliches Wrack" verlassen. Unsere einzige Erklärung dafür ist, dass er einem Lonely Planet Autor begegnet sein muss, den der Frust über den gemütlichen, norwegischen Fahrstil zur Raserei getrieben hat. In all den Jahren, die wir auf norwegischen Straßen unterwegs waren, haben wir eher festgestellt, dass die Leute dort rücksichtsvoll fahren und Geschwindigkeitsbegrenzungen respektieren.

Sprit

An den meisten Tankstellen wird verbleites und bleifreies Benzin sowie Diesel angeboten. Die Preise schwanken; das hängt von den internationalen Ölpreisen ab. Bei Redaktionsschluss lag der Benzinpreis zwischen 10,90 und 11,90 nkr. Diesel kostet normalerweise 1 nkr pro Liter weniger. Kreditkarten werden fast überall an den norwegischen Tankstellen akzeptiert. In kleineren Städten haben Tankstellen bis 22 Uhr oder Mitternacht geöffnet, es gibt aber auch 24-Stunden-Tankstellen. Auf dem Land machen viele Tankstellen am frühen Abend dicht und öffnen an Wochenenden gar nicht. Dafür haben manche von ihnen automatische Zapfsäulen, die mit Kreditkarten zum Sprudeln gebracht werden können.

Verkehrsregeln

In Norwegen herrscht Rechtsverkehr. An Kreuzungen gilt rechts vor links. Die von rechts kommenden Fahrzeuge schießen über die Straße „wie ein Troll aus einer Kiste", wie

uns ein Norweger erklärte. Sicherheitsgurte sind obligatorisch und Anschnallen ist Pflicht. Kinder unter vier Jahren brauchen einen Kindersitz. Das Abblendlicht muss immer eingeschaltet sein – auch beim Motorrad. Das rote Warndreieck gehört unbedingt ins Auto, am Zebrastreifen haben Fußgänger „Vorfahrt" und bei Fahrzeugen aus dem Ausland sollte das Länderkennzeichen am Heck sichtbar angebracht sein. Motorräder dürfen nicht auf dem Gehweg geparkt werden; für sie gelten die gleichen Parkbestimmungen wie für Autos.

Alkohol am Steuer wird in Norwegen streng geahndet. Die Grenze liegt bei 0,2 Promille; wer drüber liegt, muss mit hohen Geldstrafen und/oder Gefängnis rechnen. In Norwegen kommt auch derjenige in Konflikt mit dem Gesetz, der den Alkohol an den Fahrer ausgeschenkt hat. Daher ist es gut möglich, dass man nicht einen Schluck Bier bekommt, wenn der Wirt oder die Bedienung wittert, dass man mit dem Auto unterwegs ist.

Die meisten Verkehrszeichen sind international. Allerdings gibt's auch andere Schilder: Ein weißes M auf blauem Hintergrund deutet auf eine Ausweichstelle auf einer einspurigen Straße hin (das „M" steht für *møteplass*). *All Stans Forbudt* bedeutet „Halteverbot", *Enveiskjøring* ist eine „Einbahnstraße"; *Kjøring Forbudt* heißt „Einfahrt verboten"; *Parkering Forbudt* ist „Parkverbot"; und *Rekverk Mangler* bedeutet „Fehlende Leitplanke". Mehr Infos über norwegische Verkehrsregeln, als man wohl je brauchen wird, sind in einer PDF-

Datei des **Vegdirektoratet** (www.vegvesen.no) zusammengefasst; einfach den Links über „Road Users" zu „Traffic Rules" folgen.

Versicherung

Eine Haftpflichtversicherung (unbegrenzte Deckung für Personenschäden und 1 000 000 nkr für Sachschäden) ist obligatorisch. Wer mit dem Auto einreist, wird sich mit einer „Green Card" von seiner Autoversicherung wesentlich wohler fühlen. Dabei sicherstellen, dass das Fahrzeug auch auf der Fähre versichert ist.

Zustand der Straßen

Wenn Norwegen Nepal wäre, gäbe es garantiert eine Straße auf den Mount Everest (oder drunter durch). Bei manchen Straßen in Norwegen ist man einfach baff vor Staunen darüber, was Ingenieure so alles leisten können. Längere Tunnel führen durch Berge von einem Tal zum anderen; kleinere sind meist Abkürzungen durch felsige Hindernisse. Im Norwegischen Straßenbaumuseum (S. 175) bei Lillehammer bekommt man eine vage Vorstellung davon, was für eine Wahnsinnsarbeit hinter den unzähligen Straßen und Bergtunneln in Norwegen steckt.

Die meisten Tunnel sind beleuchtet, viele längere sind mit Abgasventilatoren ausgestattet. Andere sind von einer Art Isolationsschicht umgeben, die Abgase und Lärm absorbieren soll. Wegen der Abgase gilt für Biker in längeren Tunnels: Nicht so tief Luft holen, oder vielleicht sogar gleich nach einem anderem Weg Ausschau halten. Trotz allem haben wir zwei Beschwerden vorzubringen: Zum einen scheinen die norwegischen Verkehrsbehörden bei aller Sachkenntnis im Straßenbau nicht zu begreifen, wie frustrierend es ist, stundenlang hinter einem langsamen Fahrzeug herzockeln zu müssen. Mehr Überholspuren bitte!

Damit wären wir auch schon bei Punkt zwei: Hat man vier Stunden damit verbracht, gerade mal 200 km auf einer der wichtigsten, aber einspurigen, Autobahnen hinter sich zu bringen, ist es vorsichtig ausgedrückt ärgerlich, dafür auch noch eine Benutzungsgebühr (bis zu 150 nkr) abdrücken zu müssen. Besonders verbreitet sind die Mautgebühren im Süden des Landes, wo man stets eine Rolle Münzen parat halten sollte. Neue Straßenabschnitte, Tunnel und Brücken werden über Benutzungsgebühren finanziert. Theoretisch haben sich die Mautgebühren erledigt, sobald das Projekt abbezahlt ist. Allerdings erweisen sich einige privat finanzierte Projekte als so angenehm sprudelnde Einnahmequellen, dass es nicht immer dazu kommt. Andererseits gibt es eine Schätzung, dass nur ein Drittel des Straßenbau-Budgets aus Mauteinnahmen stammt. Oslo, Bergen, Tønsberg, Trondheim, Stavanger, Kristiansand und das kleine Evje halten die Hand bei jeder Einfahrt in die Stadt auf. Man sollte darauf achten, Straßen, die für Besitzer von *abonnement*-Pässen reserviert sind, nicht zu benutzen; das Bußgeld liegt bei 350 nkr. Motorräder müssen generell keine Mautgebühren zahlen.

Ein geniales Handbuch für alle, die mehr darüber wissen wollen, ist *Motoring in Norway* von Erling Welle-Strand.

BUS

In Norwegen gibt's ein weit verzweigtes Netz von Fernbussen; diese sind komfortabel und in der Regel auch pünktlich.

Nor-Way Bussekspress (☎ 82 02 13 00; www.nor-way. no) betreibt das größte Netz von Schnellbussen in Norwegen. Sie verbinden die meisten Städte und Großstädte, von Mandal ganz im Süden bis Alta im hohen Norden. Daneben gibt's eine Reihe unabhängiger Busgesellschaften für Langstrecken mit ähnlichen Preisen und Servicestandards.

Wesentlich günstiger sind die Busse von **Lavprisekspressen** (☎ 67 98 04 80; www.lavpriseks pressen.no, auf Norwegisch), ein Anbieter, der Tickets übers Internet verkauft. Bei Drucklegung gab es nur die Routen von Oslo nach Bergen, Trondheim und Kristiansand, aber wir hoffen, dass das Unternehmen sein Netz ausbaut und die Preise anderer Unternehmen durch die Konkurrenz gedrückt werden. Bisher bietet

---

IST DIE STRASSE BEFAHRBAR?

Hauptautobahnen wie die E 16 Oslo–Bergen und die komplette E 6 von Oslo bis Kirkenes sind ganzjährig befahrbar. Für die kleineren, landschaftlich oft reizvollen Bergstraßen gilt das nicht immer. Sie sind häufig nur von Juni bis September freigegeben, sofern es die Schneebedingungen zulassen. **Vegmeldingssentralen** (☎ 175), das 24-Stunden-Infozentrum von Statens Vegvesen, informiert über die aktuellen Bedingungen im ganzen Land.

Lavprisekspressen die Strecke Oslo–Bergen für gerademal 149 nkr an, während der günstigste Preis von Nor-Way Bussekspress bei 700 nkr liegt.

Im Norden Norwegens gibt es mehrere Togbussrouten (Busse, die das Eisenbahnnetz ergänzen), während sonst viele Nahverkehrsbusse fahren, die meist ihren Distrikt *(fylke)* nicht verlassen. Die meisten Nahverkehrs- und sogar einige Fernbuslinien werden an Samstagen drastisch eingeschränkt. Auch an Sonntagen und in der Nebensaison (normalerweise Mitte August bis Mitte Juni) fahren die Busse seltener – oder gar nicht.

Wer alle landesweiten Busfahrpläne dabeihaben will, sollte sich ein Exemplar der *Rutehefte* besorgen; diese sind in jedem größeren Busbahnhof erhältlich und liegen in einigen Touristeninformationen aus.

In Busbahnhöfen und Touristeninformationen gibt's außerdem Fahrpläne für die entsprechenden Stadtlinien.

Kosten & Reservierungen

Im Voraus reservieren muss man in Norwegen so gut wie nie. Nor-Way Bussekspress gibt sogar eine Platzgarantie ohne Reservierung. Das Unternehmen ist fest davon überzeugt, dass es alle Reisenden zu jeder Zeit an jeden gewünschten Ort befördern kann. Dennoch sind bei frühzeitiger Reservierung die Chancen auf günstige Preise höher.

Tickets im Internet sind meist am günstigsten, obwohl sie auch in den meisten Bussen oder an den Haltestellen zu bekommen sind. Die Preise hängen von der Länge der Strecke ab. Die ersten 100 km kosten rund 165 nkr. Manche Unternehmen geben Preise ohne Fährkosten an; unbedingt abklären.

Viele Busunternehmen bieten 25 bis 59 % Ermäßigung für Studenten, Kinder und Senioren. Es lohnt sich also, beim Kartenkauf nachzufragen. Gruppenreisende (bereits ab zwei Personen) können ebenfalls sparen. In Nordnorwegen erhalten auch Inhaber von Interrail-Pässen (s. S. 436) auf manchen Strecken Rabatte.

FAHRRAD

Große Entfernungen, hügelige Landschaften und schmale Straßen bewegen nur eingefleischte Radfahrer zu größeren Touren in Norwegen. Aber es ist eine lohnende Erfahrung. Hat sich der Langstreckenfahrer mental darauf

vorbereitet, einen Berg nach dem anderen zu erklimmen, bereiten ihm nun auch noch die Tunnel (s. Kasten S. 440) Kopfschmerzen – und davon gibt es Tausende. Die meisten – v. a. in der Fjordregion im Westen – sind für nicht motorisierte Verkehrsteilnehmer gesperrt; viele (aber nicht alle) haben parallel verlaufende Radwege außerhalb. Gibt es keinen solchen Weg, kann das tagelanges Strampeln um einen Fjord herum oder über einen Bergpass herüber bedeuten.

Regionalbusse, Express-Fähren und Regionalzüge nehmen Fahrräder gegen Aufpreis (etwa 100 nkr) mit. In Schnellzügen sind sie hingegen nicht zugelassen; in internationalen Zügen werden Bikes als Sperrgut behandelt (250 nkr). Bei Nor-Way Bussekspress zahlt man für sein Rad die Hälfte vom Normalpreis.

Wer das Fahrrad nicht nur als Fortbewegungsmittel sieht, sondern sich aus Leidenschaft auf den Sattel schwingt, findet in Norwegen einiges an Möglichkeiten. Für Details zu norwegischen Radstrecken s. S. 416; unsere Favoriten stehen im Kasten S. 416.

Die norwegische Regierung nimmt den Radsport so ernst, dass sie eine offizielle **Radfahrstrategie** (www.sykkelby.no) ausgearbeitet hat, zu deren primären Zielen der Ausbau der Radwege in größeren Städten gehört.

Fahrrad mieten

Es gibt zwar kaum eigenständige Fahrradvermietungen außerhalb großer Städte, aber die meisten Touristeninformationen, zahlreiche Jugendherbergen und Campingplätze verleihen Fahrräder. Auch in Fahrradläden kann man Glück haben. Die Preise liegen normalerweise bei 50 nkr pro Stunde und nur selten über 250 nkr am Tag. Sie sind günstiger, wenn man ein Bike gleich für einige Tage nimmt.

FLUGZEUG
Fluglinien in Norwegen

In Norwegen gibt es etwa fünfzig Flughäfen mit planmäßigem Flugverkehr – von Kristiansand im Süden bis Longyearbyen und Ny Ålesund (Svalbard) im Norden. Eine komplette Liste gibt's auf www.avinor.no. Um Zeit zu sparen und die großen Entfernungen zu überbrücken, kann selbst der preisbewusste Traveller in Versuchung kommen, ein oder zwei Streckenabschnitte per Luftlinie zurückzulegen.

Diese fünf Fluggesellschaften bieten Inlandsflüge an:

Coast Air (☎ 52 84 85 00; www.coastair.no)
Danish Air Transport (☎ 57 74 67 00; www.dat.dk)
Norwegian (☎ 81 52 18 15; www.norwegian.no)
SAS Braathens (☎ 91 50 54 00; www.sasbraathens.no)
Widerøe (☎ 81 00 12 00; www.wideroe.no)

Die wichtigsten inländischen Flugrouten in Norwegen werden von den Airlines ziemlich hart umkämpft. Deswegen ist es möglich (Flexibilität bei Abflugzeiten und frühe Buchung vorausgesetzt), bei SAS Braathens für die Strecke von Oslo nach Bergen (ab 461 nkr), Ålesund (ab 380 nkr), Stavanger (ab 380 nkr), Tromsø (ab 547 nkr), Trondheim (ab 461 nkr) Flugtickets zu ergattern, die kaum teurer sind als eine entsprechende Bahnfahrkarte. Obwohl sie nicht gerade flächendeckend arbeiten, haben sowohl Widerøe (ein Ableger von SAS) als auch Norwegian gewöhnlich recht günstige Preise (z. B. Oslo–Bergen ab 320 nkr bei Norwegian und 361 nkr bei Widerøe). Coast Air mit Standort Haugesund setzt kleine Maschinen ein und hat ein kleineres Netz, u. a. Haugesund–Bergen (ab 399 nkr), Haugesund–Sandefjord (ab 490 nkr) und Oslo–Røros (499 nkr).

Danish Air Transport verbindet Florø mit Bergen und Oslo. Den einfachen Flug gibt's ab 353 nkr.

Flugpässe

Da die meisten Fluggesellschaften die Preise für reguläre Flugtickets drastisch gesenkt haben, sind Flugpässe fast nicht mehr interessant. Wie überall sollte auch hier das „Minipris"-Ticket berücksichtigt werden, mit dem Hin- und Rückflug teils nur unwesentlich teurer ist der Hinflug zu regulärem Preis. Hin und wieder gibt's Werbeaktionen; da sind Hin- und Rückflug sogar billiger als ein einfacher Flug. Obendrein erhalten Ehepartner (auch homosexuelle Partner), Kinder von zwei bis fünfzehn Jahren sowie Senioren über 67 eine Ermäßigung von 50 %. Sowohl SAS Braathens als auch Widerøe bieten erheblich vergünstigte Tickets für Reisende unter 26 (Studenten unter 32).

GEFÜHRTE TOUREN

In Norwegen werden hervorragende Touren angeboten. Sie sind hilfreich, um die begrenzte Zeit optimal zu nutzen und nicht selbst die Verkehrsmittel koordinieren zu müssen. In jeder Touristeninformation finden sich Handzettel, Flyer und Broschüren ohne Ende zu entsprechenden Angeboten in dem jeweiligen Gebiet.

Fjord Touren
NORWAY IN A NUTSHELL

Äußerst beliebt ist die beinahe legendäre „Norway in a Nutshell"-Tour. Sie wird ganzjährig von Reisebüros, den Norwegischen Staatsbahnen und Touristeninformationen in Süd- und Westnorwegen angeboten. Mehr Infos gibt's bei **Fjord Tours** (☎ 81 56 82 22; www.fjordtours.no). Die Touren variieren, aber meistens handelt es sich um ein- oder zweitägige Ausflüge von Bergen oder Oslo nach Myrdal per Bahn, mit der Flåmbahn nach Flåm, per Schiff am Nærøyfjord entlang nach Gudvangen, mit dem Bus nach Voss und dann mit der Bahn nach Bergen oder Oslo (z. B. über Nacht). Die Tour von Oslo nach Bergen kostet einfach/hin & zurück 1165/1896 nkr. Billiger (und kürzer) geht's von Bergen/Voss aus für 820/530 nkr.

ANDERE TOUREN

Fjord Tours organisiert auch eine Reihe anderer, ähnlich individueller Touren in Süd- und Westnorwegen. Dazu zählen die Dreieckstour (von Oslo nach Stavanger auf einer „Norway in a Nutshell"-Route; 1770 nkr); die Goldene Route (Rundreise über Otta, Geiranger, Åndalsnes, Trondheim und Dombås; ab Trondheim/Oslo 1530/1760 nkr); „Entdecke den Hardangerfjord" (Rundreise nach/von Bergen über Voss, Ulvik, Eidfjord und Norheimsund; 645 nkr) und zahlreiche andere ein- bis fünftägige Touren, von denen einige die Hurtigruten-Küstenfähre einschließen. Wie „Norway in a Nutshell" können diese Touren komplett oder in Teilen unternommen werden.

Sämtliche Einzelheiten stehen auf der Website von Fjord Tours oder der größeren Touristeninformationen des Landes.

Andere Unternehmen, die Fjordtouren anbieten sind z. B. **Norway Fjord Cruise** (☎ 57 65 69 99; www.fjordcruise.no), dessen Touren die Lofoten und den Sognefjord mit einschließen, und **Fjord1** (☎ 55 90 70 70; www.fjord1.no/fylkesbaatane) mit diversen Touren und Fähren im Angebot.

Infos zu Reisen im Bereich der westlichen Fjorde enthalten die Kästen auf S. 212 und S. 226.

Den Norske Turistforening

Den Norske Turistforening (DNT; Norwegian Mountain Touring Club; ☎ 22 82 28 22; www.turistforeningen.no; Storgata 3) organisiert das ganze Jahr über unzählige Adventure-Touren in den norwegischen Bergen – inklusive Radfahren, Angeln, Wandern, Skifahren, Gletscherwanderungen, Fels- und Eisklettern, Familienaktivitäten, Bergwandern von Hütte zu Hütte, Svalbardtouren etc. Infos zu den Touren findet man auf der Website vom DNT, ansonsten hilft auch die Broschüre *Norwegian Summer* weiter, die in allen DNT-Büros ausliegt.

NAHVERKEHR

Bus

In so gut wie jeder norwegischen Stadt gibt es ein Verkehrsnetz aus Bussen, die rund ums Stadtzentrum fahren und dieses mit den Außenbezirken verbinden. In vielen kleineren Städten befindet sich der Busbahnhof gleich neben dem Bahnhof, Fährkai und/oder Fernbusbahnhof. Die Fahrpreise bewegen sich zwischen 16 und 25 nkr pro Fahrt. Es gibt Tageskarten bzw. Tickets für mehrere Fahrten.

Taxi

Taxis erwischt man am leichtesten an Taxiständen, kann sie aber auch telefonisch vorbestellen. Wer ein Taxi bestellt, sollte wissen, dass das Taxameter bereits ab dem Moment des Anrufs rattert. Tagsüber, von 6 bis 19 Uhr an Werktagen und 6 bis 15 Uhr an Samstagen, beginnt der Fahrpreis bei 31,20 nkr (in größeren Städten mehr) mit Einschalten des Taxameters; pro Kilometer kommen noch 12 bis 19 nkr dazu. Abends erhöhen sich die Fahrpreise an Werktagen um 22 %, am frühen Morgen, an Samstagnachmittagen und -abenden um 30 %. An Feiertagen kommen 45 % obendrauf. Zuweilen stößt man auf „Maxi-Taxis", die für das gleiche Geld bis zu acht Passagiere mitnehmen.

SCHIFF

Das exzellente Fährnetz verbindet ansonsten schwer erreichbare, isolierte Gemeinden. Ein ausgedehntes Netz von häufig verkehrenden Autofähren zieht sich kreuz und quer durch die Fjorde; Schnellboote verbinden die Inseln vor der Küste mit dem Festland. Die meisten Fähren nehmen Fahrzeuge mit, Expressschiffe normalerweise nur Fußgänger und Radfahrer, ebenso die Dampfschiffe auf den Seen.

Autofähren sind subventioniert und daher nicht übermäßig teuer (zumindest für norwegische Verhältnisse). Allerdings kommt es im Sommer zu langen Schlangen und Verspätungen bei beliebten Überfahrten. Dafür legen die Fähren bis spät in die Nacht ab (besonders im Sommer), manche sogar rund um die Uhr, allerdings in der Nacht nicht so oft. Einzelheiten zu Fahrplänen und Preisen für Autofähren und Seedampfer stehen in den Fahrplänen vom Norwegischen Fremdenverkehrsamt bzw. im *Rutebok for Norge*. Auch die jeweiligen Touristeninformationen können mit regionalen Fährplänen dienen.

Küstenschiffe der Hurtigrute

Die legendären **Hurtigruten** (☎ 810 30 000; www.hurtigruten.com) sind seit mehr als einem Jahrhundert eine echte Lebensader Norwegens, die die Städte und Dörfer an der Küste miteinander verbindet. Heute gehören sie zu den Top-Möglichkeiten, Norwegen zu erkunden. Jahrein, jahraus startet fast jede Nacht eines der elf Hurtigruten-Schiffe nördlich von Bergen zu einer sechstägigen Reise, auf der es in 35 Häfen andockt. Zielpunkt ist Kirkenes; dort wendet es sich wieder und fährt zurück nach Süden. Auf der zwölftägigen Rundreise legen die Fähren eine Entfernung von 2500 Seemeilen zurück. Bei gutem Wetter (das hier aber alles andere als garantiert ist) ist die Sicht auf die Fjorde und Berglandschaften entlang der Fahrroute absolut spektakulär. Die meisten Schiffe sind supermodern, anderen wiederum sieht man ihr Alter an; das älteste lief

---

HURTIGRUTE – GEMÜTLICHES REISEN?

Die Hurtigrute bietet eine traumhafte Reise. Doch manche Reisende betonen, dass sie sich eher für Fahrten von Punkt A nach B eignet, als zum Sightseeing in den Städten unterwegs. Die Stopps in den Häfen dauern meist nur 15 bis 60 Minuten und können auch kürzer ausfallen, wenn die Fähre ihrem Zeitplan hinterherhinkt. David, ein Reisender aus Australien, bemerkte: „Es gab nur einen Landgang, der zu einem Stadtbummel taugte; in Trondheim – allerdings von 6 bis 9.30 Uhr … Priorität hatte die Einhaltung der Fahrzeiten."

Man sollte bedenken, dass es sich um eine reguläre Fähre und kein Kreuzfahrtschiff handelt, auch wenn die Mehrzahl der Passagiere Touristen sind. Davids Tipp: „Es gibt wenig Aktivitäten an Bord – Passagiere sollten sich genug Lesestoff mitnehmen."

1982 vom Stapel. Die gesamte Flotte wurde allerdings in den 1990er-Jahren umgebaut.

Reisenden der Deckklasse stehen Gepäckaufbewahrung, Duschkabinen, ein Waschsalon und eine rund um die Uhr geöffnete Cafeteria zur Verfügung. Das Dinner wird im Restaurant serviert; Kleinigkeiten und Snacks gibt's in der Cafeteria. Nachts rollen manche Leute ihren Schlafsack auf dem Flur in einem der Salons aus. Allerdings herrscht die ganze Nacht über solche Unruhe, dass kurze Nächte mit wenig Schlaf vorprogrammiert sind – v. a. bei 24-stündigem Sommerlicht. Zumindest hat einer der Lonely Planet Autoren zusammengekauert in einem Geschirrschrank seligen Schlaf gefunden.

Die Sommer-Fährpreise sind von Mitte April bis Mitte September gültig und beträchtlich höher als die im Winter. Preisbeispiele für Sommer/Winterpreise in der Deckklasse: von Bergen nach Trondheim 1705/1194 nkr, nach Bodø 2708/1895 nkr, nach Tromsø 3499/2449 nkr und nach Kirkenes 5426/3798 nkr. Gegen Aufpreis können auch Autos mitgenommen werden. Kinder von 4 bis 16 Jahren, Studenten und Senioren über 67 fahren 50 % ermäßigt, ebenso mitreisende Ehepartner und Kinder von 16 bis 25 Jahren. Wer zwischen 16 und 26 ist, sollte außerdem nach dem günstigeren 21-Tage-Küstenpass fragen.

Wer eine Kabine mit eigenem Bad bevorzugt, zahlt 210 bis 3380 nkr. Die Kabinen sind extrem beliebt; rechtzeitig buchen ist also sinnvoll.

Eine Unterbrechung der Tour durch einen kurzen Trip an Land ist ab und an sicher angesagt – besonders, wenn man die ganze Rundfahrt mitmacht. Dann kann man die organisierten Angebote der Schifffahrtsgesellschaft nutzen (Ausflüge in Richtung Norden/Süden sind mit N/S gekennzeichnet): eine Tour über Land zwischen

Geiranger und Ålesund oder Molde (N; 3 bzw. 7 Std.); ein Kurztrip nach Trondheim (S; 2 Std.); eine Tagesreise nach Svartisen (N; 6 Std.); Spritztouren um die Lofoten (S; 3 Std.) und Vesterålen (S; 4 Std.); ein Trip von Honningsvåg zum Nordkap (N; 4 Std.); eine Landtour zwischen Honningsvåg und Hammerfest via Nordkap (S; 7 Std.); und ein Ausflug von Kirkenes, am Zielort der Fahrt, zur russischen Grenze (2 Std.). Man bekommt für sein Geld (Preise beim Veranstalter erfragen) einiges geboten, allerdings verpasst man manchmal das Küstenpanorama.

Auf der Hurtigruten-Website findet man sämtliche internationalen Verkaufsbüros. Außerdem können Tickets über **Fjord Tours** (☎ 81 56 82 22; www.fjordtours.no) gekauft werden.

Kanalreisen

Die südnorwegische Region Telemark wird von einem riesigen Netz von Kanälen, Flüssen und Seen durchzogen. Es gibt reguläre Fährverbindungen, man kann aber auch mit dem eigenen Boot auf den Gewässern herumschippern. Einzelheiten s. Kasten S. 158.

Yacht

An Bord der eigenen Yacht die norwegische Küstenlinie zu entdecken ist eine der fantastischsten Erfahrungen, die man im Leben machen kann. Allerdings hängt es stark von den rauen Wetterbedingungen ab, wie weit man in den Norden vordringen kann. Fast jede Stadt an der norwegischen Südküste besitzt einen ausgezeichneten *gjestehavn* (Gästehafen), zu dessen Annehmlichkeiten mindestens Duschen, Toiletten, Strom und Waschsalons gehören. Andere wiederum toppen mit einem kostenlosen Fahrradverleih und kabellosem Internetzugang. Die Anlegegebühren bewegen sich im Allgemeinen zwischen 100 und 150 nkr für 24 Stunden.

VERKEHRSMITTEL & -WEGE

VERKEHRSMITTEL & -WEGE

MINIPRIS – DER BESTE FREUND DES REISENDEN

Wer in Norwegen längere Strecken mit dem Zug zurückzulegen will und seine Route im Voraus kennt, kann mit folgenden Infos Hunderte von Kronen sparen. Für jeden Zug, reserviert die norwegische Staatsbahn eine begrenzte Anzahl an *Minipris*-Tickets. Wer als einer der ersten bucht, bekommt fast jede Fahrt für 199 nkr. Sind diese Tickets aufgebraucht, geht's zur nächsten Stufe für je 299 nkr und so weiter. Diese Tickets sind nicht am Fahrkartenschalter, sondern übers Internet (www.nsb.no) oder an Fahrkartenautomaten der Bahnhöfe erhältlich. Der zweite Haken ist, dass die *Minipris*-Tickets nur im Voraus (mindestens einen Tag vor Reiseantritt) gekauft werden können. Ein Sprecher der NSB erläutert, dass die Tickets für beliebte Strecken in der Hauptsaison (Mitte Juni bis Mitte August) teils drei Wochen im Voraus gebucht werden müssen, was den Reiz des *Minipris*-Systems etwas schmälert. Trotzdem kann man auf diese Weise enorm sparen.

TRAMPEN

Trampen ist unter Garantie nicht die sicherste Art zu reisen, und wir empfehlen sie nicht. Wer sich dennoch dazu entschließt, sollte sich darüber im Klaren sein, ein potenzielles Risiko einzugehen. Wenn es denn sein muss, sollte man wenigstens zu zweit losziehen und vorab jemanden darüber informieren, wohin die Reise geht.

Wer entschlossen ist, den Daumen in den Wind zu halten, wird feststellen, dass Norweger im Allgemeinen freundlich sind und verstehen, dass nicht allen Ausländern eine üppige Reisekasse oder ein norwegisches Gehalt zur Verfügung steht. Auf den großen Hauptstraßen sind die Erfolgschancen besser, bei schlechtem Wetter muss man aber auch hier stundenlang warten, wenn man Pech hat. Eine gute Methode, eine Mitfahrgelegenheit zu erwischen, ist, LKW-Fahrer an Fährstationen und Tankstellen anzusprechen; dabei ist einem normalerweise auch ein warmes und trockenes Plätzchen beim Warten sicher.

ZUG

Die Norwegischen Staatsbahnen (Norges Statsbaner; NSB; ☎ 81 50 08 88; www.nsb.no) betreiben ein spitzenmäßiges, aber begrenztes Schienennetz, das Oslo mit Stavanger, Bergen, Åndalsnes, Trondheim, Fauske und Bodø verbindet. Weitere Linien verbinden Schweden und Oslo, Trondheim und Narvik. In den meisten Bahnhöfen gibt es Gepäckschließfächer für 20 bis 50 nkr, häufig auch Gepäckaufbewahrungen.

Normalerweise haben die Fernzüge Waggons der 1. und der 2. Klasse sowie einen Büfettwagen oder eine Minibar. Alle Express- und die meisten Intercityzüge verfügen über öffentliche Telefone. Die Türen sind breit und es gibt genügend Platz für sperriges Gepäck wie Rucksäcke oder Skiausrüstung.

Platzreservierungen kosten 35 nkr und sind auf vielen Langstrecken – darunter die zwischen Oslo und Bergen – Pflicht.

Klassen & Preise

Bequeme, verstellbare Lehnstühle mit Fußstützen machen die 2. Klasse in den Fernzügen so richtig gemütlich. In der 1. Klasse, die 50 % mehr kostet, hat man ein Quäntchen mehr Platz und häufig eine Minibar, doch das ist den Aufpreis nicht wert. Zugreisen sind in Norwegen (wie alles andere) teuer. Die Tatsache, dass man mit dem Flugzeug häufig günstiger wegkommt als mit dem Zug, ist jedoch ein ernstes Manko in der sonst so vorbildlichen Umweltpolitik des Landes. Wer lernt, das *minipris*-System (s. Kasten oben) oder den Interrail-Pass (s. S. 436) richtig einzusetzen, kann jedenfalls ganz erschwinglich reisen und dabei die Landschaft genießen ...

Passagiere über 67 sowie Kinder unter 16 bekommen 50 % Ermäßigung. Kinder unter vier Jahren fahren gratis. Bei Zugverbindungen, die auf den Fahrplänen grün/weiß eingezeichnet sind, erhalten Studenten 60/40 % Nachlass.

In den Schlafwagen der 2. Klasse träumt es sich gut und günstig: Für eine Liege in einer Dreibettkabine zahlt man 135 nkr; Zweibettkabinen kosten 240/295 nkr pro Person in alten/neuen Schlafwagen.

Railpässe

Für Details zu Railpässen, mit denen man in Norwegen gut rumkommen kann (die man sich aber am besten schon vor der Reise zulegen sollte), s. S. 436.

Gesundheit

Gesundheit auf Reisen ist eine Sache guter Reisevorbereitung, täglicher Hygiene und des richtigen Umgangs mit einer Krankheit, die im Anzug ist. Wen's tatsächlich erwischt, ist in Norwegen gut aufgehoben; die Gesundheitsversorgung ist exzellent.

Grundsätzlich ist eine Norwegenreise eine sehr gesunde Angelegenheit. Vor der Abreise sind also keine speziellen Vorsorgemaßnahmen nötig. Die größten Katastrophen könnten eine Virusinfektion im Winter oder Sonnenbrand und Insektenstiche im Sommer sein – und natürlich Blasen an den Füßen von den langen Wandertouren.

Die Notfall-Nummer ist ☎ 113. Bei kleineren Wehwehchen hilft es schon, die örtliche Apotheke oder eine Ambulanz aufzusuchen – vorausgesetzt, man kann erklären, wo es zwickt. Bei ernsteren Problemen ist man in den Unfallstationen der Krankenhäuser gut aufgehoben. Fast alle Ärzte und Krankenschwestern sprechen Englisch, viele auch Deutsch. Touristenbüros und Hotels können gute Ärzte nennen.

VOR DER REISE

Vorsorge ist das Stichwort. Wer ein bisschen plant, besonders was schon vorhandene Zipperlein angeht, kann sich viel Ärger ersparen: also vor der Reise beim Zahnarzt vorbeischauen und die Ersatzbrille bzw. Kontaktlinsen einpacken (Brillenpass/Rezept vom Augenarzt nicht vergessen!). Es ist zwar kein Problem, in Norwegen eine neue Brille oder neue Kontaktlinsen zu bekommen, aber der schnelle Service vom Profi hat auch seinen Preis. Medikamente nimmt man am besten in der Originalverpackung mit. Auch ein datierter und unterschriebener Brief des Hausarztes, in dem Krankheiten und benötigte Medikamente notiert sind, kann nicht schaden. Die meisten Präparate von zu Hause bekommt man auch in Norwegen, manchmal allerdings unter anderem Namen. Deshalb sollte man auch den Hersteller seines Medikamentes parat haben. Wer Spritzen und Kanülen bei sich haben muss, sollte sich das vom Arzt bescheinigen lassen.

VERSICHERUNG

EU-Bürger brauchen die neue Europäische Krankenversicherungskarte (EHIC), die den Auslandskrankenschein (E 111) ersetzt. Damit sind die Kosten für die meisten Notfallbehandlungen abgedeckt, nur der Rücktransport ins Heimatland nicht. Nicht-EU-Bürger sind gut beraten, wenn sie sich vorab informieren, ob es vergleichbare Übereinkünfte zwischen ihrem Land und Norwegen gibt. Wer eine Zusatzversicherung abschließen will, sollte auch den schlimmsten anzunehmenden Fall mitversichern lassen, z. B. einen Unfall, der einen Heimflug erforderlich macht. Wer Aktivitäten wie Wandern, Hundeschlittenfahren, Skifahren oder Klettern plant – oder sogar Adrenalinkicks wie Bungeejumping – sollte sicherstellen, dass die Police solche „gefährlichen" Aktivitäten nicht ausschließt. Zu prüfen ist außerdem, ob die Versicherung direkt an die Leistungserbringer zahlt oder ob Kosten erst zu Hause erstattet werden. Ersteres ist immer vorzuziehen, da das Reisebudget dabei nicht belastet wird.

EMPFOHLENE IMPFUNGEN

Unabhängig vom jeweiligen Reiseziel empfiehlt die Weltgesundheitsorganisation (WHO) allen Reisenden die Impfung gegen Diphtherie, Tetanus, Masern, Mumps, Röteln und Polio. Weil die Wirkung der meisten Impfungen nicht sofort einsetzt, sondern frühestens nach zwei Wochen, ist ein Arztbesuch bis spätestens 6 Wochen vor Abreise ratsam.

GESUNDHEIT

INTERNETADRESSEN

Die WHO-Veröffentlichung *International Travel and Health* wird jährlich überarbeitet und ist im Netz unter www.who.int/ith zu finden. Eine weitere nützliche Website ist www.mdtravelhealth.com. Sie enthält Gesundheitsempfehlungen für jedes Land und wird täglich aktualisiert.

IN NORWEGEN

MEDIZINISCHE VERSORGUNG & KOSTEN

Norwegen hat ein ausgezeichnetes Gesundheitssystem. Bei leichten Erkrankungen hilft schon der Gang zur Apotheke. Dort wird man beraten und bekommt frei verkäufliche Medikamente. Apotheker schicken einen zum Arzt, wenn ein Spezialist ranmuss. Auch die zahnärztliche Versorgung ist sehr gut; aber man sollte sich besser vor der Reise einen Check-up gönnen. Denn jede ärztliche Behandlung ist wahnsinnig teuer.

INFEKTIONEN

Zeckenbisse können eine Hirnhautentzündung auslösen – eine ernsthafte Infektion des Gehirns. Wer in Risikogebiete fährt und sich nicht ausreichend schützen kann (etwa Camper, Waldarbeiter oder Wanderer), sollte sich unbedingt impfen lassen. Zwei Impfungen geben Schutz für ein Jahr, drei Impfungen für drei bis fünf Jahre.

DURCHFALLERKRANKUNGEN

Den Magen kann man sich in Norwegen genau so verrenken wie zu Hause. Also sollte man auch genau so gut aufpassen: Fisch und Meeresfrüchte nur mit großer Vorsicht genießen (es ist z. B. gefährlich, Muscheln zu essen, die sich beim Kochen nicht richtig geöffnet haben). Im Herbst ist das Sammeln von Pilzen zwar ein beliebter Zeitvertreib in Norwegen – auf den Teller gehören aber nur solche, die von einem Experten eindeutig als essbar eingestuft wurden.

Wenn's doch Durchfall droht, viel Flüssigkeit zu sich nehmen, und zwar möglichst Elektrolytlösungen. Ist der Stuhl nur ein paar Mal nicht fest, braucht man keine Behandlung. Passiert das öfter als vier oder fünf Mal, sollte man ein Antibiotikum nehmen und außerdem ein typisches Durchfallmittel wie Loperamid. Ein Arzt muss her, wenn der Durchfall blu-

tig ist, länger als 72 Stunden dauert oder zusätzlich Fieber, Schüttelfrost, Frösteln oder schwere Bauchschmerzen auftreten.

GESUNDHEITSRISIKEN

Giardia (Würmer)

Giardia lamblia sind Darmparasiten, die in den Ausscheidungen von Menschen und Tieren leben und durch verunreinigtes Trinkwasser aufgenommen werden. Gesundheitsprobleme können mehrere Wochen nach dem Befall mit Giardia auftreten. Manchmal lassen die Symptome für ein paar Tage nach, bevor sie dann wiederkommen – und das kann über mehrere Wochen oder noch länger so gehen.

Erstes Anzeichen ist ein geblähter Bauch, anschließend heller Stuhlgang, Durchfall, häufige Winde, oft auch Kopfschmerzen, Übelkeit und Niedergeschlagenheit. Bei diesen Symptomen sollte man sich von einem Arzt behandeln lassen.

Leitungswasser ist in Norwegen immer bedenkenlos trinkbar; das Wasser aus Flüssen und Bächen aber nicht. Selbst wenn es klar und sauber aussieht, könnte es Giardia und andere Parasiten enthalten. Auf langen Wanderungen ist man auf Wasser aus solchen natürlichen Quellen angewiesen. Abkochen ist die einfachste Methode, klares Wasser trinkbar zu machen. Einmal kräftig aufkochen lassen – das reicht schon. Nur in großen Höhen, wo Wasser schon bei niedrigeren Temperaturen kocht (auf 3000 m etwa schon bei ca. 90°C), muss Wasser länger abgekocht werden (bis zu 10 Min.).

Wer das Wasser nicht abkochen kann, sollte es chemisch aufbereiten. Mittel mit Chlor und Silberionen (z. B. Micropur) töten zwar die meisten Keime ab, helfen aber nicht gegen Giardia und Amöben. Besser sind Wasserfilter.

Obwohl in einigen unbewohnten Gegenden Norwegens Schafe weiden, gibt es offenbar kaum Giardia. Aber selbst wenn die meisten ohne Bedenken unbehandeltes Wasser trinken – immer besteht die Gefahr, sich Giardia einzufangen.

Unterkühlung

Wer ohne die richtige Ausrüstung unterwegs ist, riskiert eine Unterkühlung. Selbst an einem heißen Tag kann in den Bergen das Wetter plötzlich umschlagen. Wasserdichte und warme Kleidung ist deshalb ein Muss;

REISEAPOTHEKE

Das sollte in der Reiseapotheke nicht fehlen – Ärzte und Apotheker können einem die entsprechenden Präparate nennen:

■ Antibiotika – wer abseits der Touristenstrecken unterwegs ist, könnte sie brauchen. Verschreibungspflichtig. Deshalb beim Arzt nachfragen und Rezepte mitnehmen

■ Antihistaminika – helfen bei Allergien, Heuschnupfen, Insektenstichen und schützen vor Reisekrankheit

■ Aspirin oder Paracetamol – gegen Schmerzen oder Fieber

■ Augentropfen

■ Bandagen, Pflaster und anderes Verbandsmaterial

■ Desinfektionsmittel (wie Polividonjod) – nützlich bei Schnittwunden oder Schürfungen

■ Elektrolyt-Pulver – gegen Dehydrierung, z. B. bei Durchfall. Besonders wichtig, wenn Kinder mit von der Partie sind

■ Erkältungsmittel, Lutschtabletten gegen Halsschmerzen, Nasentropfen

■ Zinksalbe gegen Stiche und Juckreiz, oder Aloe Vera – hilft bei Sonnenbrand, Insektenstichen und Schmerzen

■ Insektenschutzmittel

■ Loperamid oder andere Mittel gegen Durchfall

■ Multivitamintabletten – besonders dann, wenn man auf langen Reisen nicht genug Vitamine zu sich nehmen kann

■ Metoclopramid gegen Übelkeit und Erbrechen

■ Salben oder Puder gegen Pilz¬erkrankungen

■ Schere und Pinzette

■ Sonnencreme und Lippenpflegestift

■ Thermometer (Achtung: Quecksilberthermometer sind im Flugzeug nicht erlaubt)

■ Wasseraufbereitungsmittel oder Jodtabletten

GESUNDHEIT

außerdem sollten andere von der geplanten Tour informiert werden.

Akute Unterkühlung wird durch einen plötzlichen Temperatursturz verursacht. Eine chronische Unterkühlung entsteht bei einem Temperaturverlust über Stunden.

Als erstes zeigt sich eine Unterkühlung durch Symptome wie unkontrolliertes Zittern, Verlust des Urteilsvermögens und ungelenke Bewegungen. Ohne Gegenmaßnahmen drohen Apathie, Halluzinationen und Koma. Um weiteren Wärmeverlust zu verhindern, vor Feuchtigkeit und Kälte schützen, warme, trockene Kleidung anziehen, heiße, stark gesüßte Getränke trinken und gegenseitig warm halten.

Erfrierungen entstehen durch Frost und ziehen Gewebeschädigungen der Extremitäten nach sich. Ursachen sind Auskühlung durch Wind und sehr niedrige Temperaturen; der

Grad der Erfrierung hängt davon ab, wie lange der Körper der Kälte ausgesetzt war. Leichtere Erfrierungen erscheinen als weiß verfärbte, taube Stellen. Wieder aufgewärmt, sollten dann keine Schäden bleiben. Bei stärkeren Erfrierungen wirft die Haut Blasen und wird schwarz. Die Konsequenz kann u. U. der Verlust des beschädigten Gewebes sein. Deshalb: passende Kleidung tragen, sich trocken halten, genug essen und trinken. Leichtere Erfrierungen langsam erwärmen; erfrorene Stellen nicht wieder der Kälte aussetzen und nicht reiben oder massieren.

Insektenstiche & -bisse

Eine echte Plage sind die Mücken, die im Sommer die Sümpfe und Seen der Tundra Nordnorwegens in Massen umschwärmen. Malaria gibt es zum Glück nicht, aber auch die Wirkung aufs Gemüt sollte niemand unterschätzen – angesichts der Mückenhorden ist schon mancher regelrecht durchgedreht. Der Hochsommer ist die schlimmste Zeit, und die üblichen Mittel gegen Insekten wie etwa Sprays erweisen sich oft als wirkungslos. Wanderer sollten die Haut bedeckt halten, und auch Kopfnetze um Augen, Nase, Ohren und Hals können als Schutz vor den Sturmangriffen der kleinen Biester nicht schaden. Für Camper ist ein Zelt mit Moskitonetz absolut notwendig. Meist gewöhnt man sich nach ein paar Tagen an die Mückenstiche. Sie jucken nicht mehr so stark und schwellen weniger an. Mit Antihistamin-Creme bekommt man die Symptome schnell in den Griff; gute Prophylaxemittel haben Diethyltoluamid (DEET) als Wirkstoff.

Bienen und Wespen machen nur Allergikern wirklich zu schaffen. Sie sollten Adrenalinsprays und Kortisontabletten im Gepäck haben.

Tollwut

Tollwut tritt nur in Svalbard und (gelegentlich) in der östlichen Finnmark auf. Übertragen wird die Krankheit durch den Biss oder Kratzer eines infizierten Säugetiers – Hunde sind notorische Tollwutüberträger, aber auch Katzen, Füchse und Fledermäuse können gefährlich sein. Bisse, Kratzer oder Stellen, die ein warmblütiges Pelztier auch nur abgeleckt hat, sofort mit Seife unter fließendem Wasser schrubben, danach mit Alkohol oder einer Jodlösung desinfizieren. Wer von einem tollwütigen Tier infiziert wurde, sollte sich sofort vom Arzt behandeln lassen.

Schlangen

Schlangen trifft man in Norwegen selten an, und Ottern (die einzige giftige Sorte) kommen nördlich von Tysfjorden in Nordland überhaupt nicht vor. Wer durch Unterholz läuft, in dem sich Schlangen verkrochen haben könnten, trägt am besten Stiefel, Strümpfe und lange Hosen. Hände nicht in Löcher und Felsspalten stecken; Vorsicht beim Sammeln von Feuerholz!

Otternbisse sind selten tödlich; für den Fall der Fälle gibt es Seren. Die Bissstelle sofort straff verbinden (wie bei einem verstauchten Knöchel) und schienen. Das Opfer in Ruheposition bringen und medizinische Hilfe einholen, falls die Schlange tot ist, nimmt man sie am besten mit, damit das Tier identifiziert

werden kann. Vorsicht: Finger weg von einer noch lebenden Schlange, denn sie könnte noch mal zubeißen. Die Wunde abzubinden oder das Gift auszusaugen ist bekanntermaßen Quatsch.

Sonnenbrand

Einen Sonnenbrand holt man sich schneller als man denkt, sogar bei bewölktem Himmel. Davor schützen: ein Sonnenschirm, ein Sonnenhut und eine Schutzcreme für Nase und Lippen. Bei leichten Sonnenbränden hilft Zinksalbe oder Sonnenmilch. Die Augen sind am besten geschützt hinter einer ordentlichen Sonnenbrille, besonders wenn's in die Nähe von Wasser, Sand und in den Schnee geht.

Zecken

Nach einer Wanderung durch zeckenverseuchte Gegenden sollte man seinen Körper nach Zecken absuchen – schließlich übertragen diese Tierchen Hautinfektionen und auch schwerwiegendere Krankheiten. Um Zecken aus der Haut zu ziehen, drückt man eine Pinzette um den Kopf des Insekts, packt es dann daran und zieht es vorsichtig nach oben heraus. Die Zecke nicht am Rücken fassen, sonst quetscht man den Bauchinhalt des Tiers durch das Mundwerkzeug unter die Haut – was die Gefahr einer Infektion oder Krankheitsübertragung noch erhöht.

MIT KINDERN REISEN

Reisende mit Kindern sollten wissen, wie sie kleinere Verletzungen behandeln müssen und wann eine ärztliche Behandlung nötig ist. Wichtig ist, dass die Standardimpfungen nicht zu lange her sind. Außerdem sollte man sich rechtzeitig vor der Abreise mit dem Arzt beraten, ob spezielle Impfungen notwendig sind, denn manche Impfungen sind nicht geeignet für Kinder, die noch kein Jahr alt sind.

Verunreinigte Lebensmittel und Wasser sind unbedingt zu meiden. Falls sich das Kind erbrechen muss oder Durchfall bekommt, muss die verlorene Flüssigkeit samt der darin enthaltenen Salze sofort wieder ersetzt werden. Elektrolyt-Pulver zum Auflösen in Wasser kann helfen.

Eltern sollten ihren Kindern auch angewöhnen, zu Hunden und anderen Säugetieren Abstand zu halten, v. a. wegen der Gefahr von Tollwut und anderen Krankheiten; s. S. 450 für weitere Hinweise

SEX & GESUNDHEIT

Kondome gibt's in jeder *apótek* (Apotheke). Am besten zu einer Marke mit dem CE-Zeichen greifen, denn diese Produkte werden streng kontrolliert. An einem kühlen und trockenen Platz aufheben, sonst reißen sie und die Wirkung ist dahin.

Die „Pille danach" kann die Situation nach ungeschütztem Verkehr retten – allerdings nur innerhalb von 24 Stunden. Bei der **International Planned Parent Federation** (www.ippf.org) bekommt man genauere Infos darüber, wo Verhütungsmittel in verschiedenen Ländern zu bekommen sind.

Sprache

DIE NORWEGISCHEN SPRACHEN
Bokmål & Nynorsk

In Norwegen gibt es zwei offizielle Landessprachen: Bokmål (BM) und Nynorsk (NN); die Sprachen sind sich ziemlich ähnlich und werden von allen Norwegern gesprochen oder zumindest verstanden. Die ländlichen Lokaldialekte unterscheiden sich allerdings so extrem voneinander, dass die Einwohner an einem Ende des Landes mitunter ihre Landsleute vom anderen Ende kaum verstehen.

Bokmål heißt wörtlich übersetzt „Buchsprache" (auch bekannt als Riksmål, „Reichssprache"). Sie ist stark an das Dänische angelehnt. Bokmål wird v. a. in den Städten Norwegens und von insgesamt über 80 % der Bevölkerung gesprochen – ebenso in den Schulen und Medien.

Nynorsk – „Neunorwegisch" (im Gegensatz zum Altnorwegischen, das vor der dänischen Herrschaft gesprochen wurde) – wird v. a. in den westlichen Fjordgebieten und Teilen Mittelnorwegens verwendet. Die Sprache ist zudem die Lingua franca in Gegenden mit einem oder mehreren Dialekten. Vor dem Zweiten Weltkrieg war Nynorsk die Muttersprache von etwa einem Drittel aller norwegischen Schulkinder. Die zunehmende Verstädterung ließ diese Zahl auf etwa 15 % sinken.

Die Zweisprachigkeit führt zu einem kuriosen Phänomen: Für eine Menge Wörter und Ortsnamen gibt es zwei oder mehr offizielle Schreibweisen. Heute ist Nynorsk die Amtssprache der Provinzen Møre og Romsdal und Sogn og Fjordane. Interessanterweise hat die Regierung angeordnet, dass ein bestimmter Prozentsatz der Untertitel im Fernsehen auf Nynorsk erscheinen muss.

Zum Glück für die Besucher sprechen sehr viele Norweger auch gut Englisch, sogar auf dem Land. Deutsch gehört in den norwegischen Schulen nach Englisch zu den wichtigsten Fremdsprachen; deshalb trifft man durchaus auf Norweger, mit denen man sich auf Deutsch unterhalten kann. Trotzdem lohnt es sich auf jeden Fall, ein paar norwegische Sätze parat zu haben, um leichter in Kontakt mit den Einheimischen zu kommen. Wenn man mit seinen paar Brocken Norwegisch nicht weiterkommt, wechseln die meisten Norweger auch gern ins Englische oder Deutsche.

Samisch

In Nordnorwegen sprechen nur noch wenig Leute Samisch, das wie Samojedisch (einer der nordrussischen ethnischen Dialekte), Finnisch, Estnisch und Ungarisch zu den finnisch-ugrischen Sprachen gehört.

Noch etwa 20 000 Norweger sowie einige Finnen, Schweden und Russen sprechen Samisch. Die meisten Samen können zwar auch Norwegisch (einige sogar Englisch), aber Besucher lernen diese einzigartige Kultur viel besser kennen, wenn sie ein paar Vokabeln der einheimischen Sprache kennen. (Einige wichtige Wörter und Sätze auf Samisch stehen auf S. 458.)

Die Sprache wird unterschieden in Nord- oder Ostsamisch, Zentralsamisch und Südsamisch. Im Sápmi-Gebiet werden insgesamt zehn verschiedene Dialekte gesprochen, darunter Ume, Pite, Lule, Inari, Skolt, Kildin und Ter (s. Karte S. 34). Das Nordsamische gilt als Hauptsprache der samischen Volkes.

SPRACHE

NORWEGISCH

Obwohl es in Norwegen zwei offizielle Landessprachen gibt, haben wir in diesem Führer ausschließlich Bokmål benutzt, denn Reisende werden dieser Sprache am häufigsten begegnen.

Im Buchhandel sind jede Menge Norwegischkurse und zahlreiche norwegische Wörterbücher erhältlich – viele mit Audio-CDs oder Kassetten. Wer es sich zutraut, kann sich auch die norwegischen Lehrbücher *Ny i Norge* und *Bo i Norge* vornehmen. Für diejenigen, die fit in Englisch sind, bietet das *Scandinavian Phrasebook* von Lonely Planet eine ausführliche Einführung ins Norwegische.

Das norwegische Alphabet hat 29 Buchstaben, nämlich unsere 26 und zusätzlich die Vokale æ, ø and å, die am Ende des Alphabets stehen. Die Konsonanten c, q, w, x, and z gehören zwar zum Alphabet, werden aber hauptsächlich in Fremdwörtern gebraucht. Bei vielen norwegischen Ortsnamen wird der bestimmte Artikel, der wie im Deutschen männlich *(-en)*, weiblich *(-en/-a)* oder sächlich *(-et)* sein kann, an das Wort angehängt. Z. B. wird Jotunheim zu Jotunheimen und Horningdalsvatn zu Horningdalsvatnet. Der Plural von Hauptwörtern wird meistens durch Anhängen der Endungen *-e* oder *–er* gebildet.

AUSSPRACHE

Die norwegische Aussprache ist eine ziemlich knifflige Angelegenheit für deutsche Muttersprachler. In diesem Kapitel haben wir die Aussprache in Lautschrift mit angegeben, um die Sache etwas leichter zu machen. Die beste Methode für eine ordentliche Aussprache ist natürlich Zuhören und Sprechen.

Vokale

Wie im Deutschen können die norwegischen Vokale unterschiedlich ausgesprochen werden. Die Länge der Vokale ist bei der norwegischen Aussprache ein sehr wichtiger Faktor. In betonten Silben können Vokale sehr lang oder sehr kurz gesprochen werden. Es gilt die Regel, dass ein Vokal vor einem einzelnen Konsonant kurz, vor mehreren Konsonanten lang ausgesprochen wird.

Ausspracheregeln

a	**a** – kurz wie das „a" in „machen"; lang gesprochen wie das „a" in „Vater"
å	**o** – kurz wie das „o" in „Gott"; lang gesprochen wie das „o" in „Sohn"
e/æ	**e/ə** – kurz wie das „e" in „Bett"; lang wie in „Reh"; in unbetonten Silben wie das zweite „e" in „sehen"
i	**i** – kurz wie das „i" in „sitzen"; lang gesprochen wie in „liegen"
o	**o** – kurz wie „soll"; lang wie in „Zoo"; kurz wie das „u" in Mutter; lang wie in „Sorge"
ø	**ö** – wie das „ö" in „können"
u	**u** – kurz wie in „Suppe"; lang wie in „tun"
y	**ü** – helles kurzes „ü" wie in „über"

Konsonanten

Ausspracheregeln

d	**d** – am Wortende oder zwischen zwei Vokalen oft stumm
g	**g/j** – wie in „gut" außer vor **ei, i, j, øy** und **y** , wo es wie „j" in „Jäger" ausgesprochen wird
h	**h** – wie in „hier"; stumm vor **v** und **j**
j	**j** – immer wie das „j" in „Jäger"
k	**k/ch** – ein Explosivlaut wie in „Kind"; vor den Buchstaben oder Doppelvokalen **ei, i, j, øy** und **y** meistens wie „ch" in „Ich" ausgesprochen
l	**l/ll** – wie das „l" in „Liste", außer nach „a"- und „o"-Lauten; dann klingt es wie das „ll" in „alle"
ng	**ng** – meistens wie „ng" in „singen"
r	**r** – gerollt wie das spanische „r"; in Südwestnorwegen wird das **r** guttural ausgesprochen wie im Französischen „rien"; **rs** wird wie „sch" in „Schule" ausgesprochen
s	**s/sch** – wie in „so"; folgt auf das **sk** ein **ei, i, j, øy** oder **y** wird es als „sch" gesprochen, z. B. wird das norwegische Wort ski wie „schi" ausgesprochen
t	**t** – wie in „toll"; nur in zwei Fällen ist es stumm: in dem Wort det (es, dieses) und in dem bestimmten Artikel des Neutrums -et
v	**v** – wie „w" in „Wasser"

EINKAUFEN & DIENSTLEISTUNGEN

Ich möchte gerne … kaufen.

Jeg kan få …   Jaj kann fo …

Was kostet das?

Hvor mye koster det?   Wuhr müe kos-ter deh?

Das gefällt mir (nicht).
Det liker jeg (ikke).   Deh lie-ker jaj (ik-ke).
Darf ich mir das mal anschauen?
Kan jeg få se på det?   Kann jaj fo sseh po deh?
Ich wollte mich nur mal umgucken.
Jeg bare ser meg   Jaj bare ssehr maj rünt.
rundt.
Das hätte ich gerne.
Jeg tar det.   Jaj tahr deh.

Nimmst du auch ...?
Tar du imot...?
Tahr dü i-muht..?
   Kreditkarten
   kredittkort   kre-dit-kort
   Travellerschecks
   reise-sjekk   raj-sse scheck

mehr	*mer*	mehr
weniger	*mindre*	min-dre
klein	*liten*	lie-ten
groß	*stor*	sstuhr

Ich suche ...
Jeg leter etter...
yay le-tər et-tər...
   eine Bank
   banken   ban-ken
   die Kirche
   kirken   chir-ken
   das Stadtzentrum
   sentrum   ssennn-trum
   die Botschaft von ...
   den ... ambassade   dehn ... am-ba-ssah-de
   ein Krankenhaus
   sykehus   ssü-ke-hühs
   den Markt
   torget   tor-ge
   das Museum
   museet   müh-se-e
   die Polizeiwache
   politiet   pu-li-ti-je
   die Post
   postkontoret   post-kun-tuh-re
   eine öffentliche Toilette
   et offentlig toalett   ett of-fent-li to-a-lett
   das Fremdenverkehrsbüro
   turistinformasjon   tu-rist-in-for-ma-schohn

FRAGEWÖRTER

Wer?	*Hvem?*	Wemm?
Was?	*Hva*	Wa?
Was ist das?	*Hva er det?*	Wa ar deh?
Wann?	*Når?*	Nor?
Wo?	*Hvor?*	Wuhr?

Welcher/e/es?	*Hvilken?*	Will-ken?
Warum?	*Hvorfor?*	Wuhr-forr?
Wie?	*Hvordan?*	Wuhr-dann?

GESUNDHEIT

Ich bin krank.
Eg er syk.
Jaj ar ssük.
Hier tut es weh.
Dette gjør vondt.
Det-te jör wunt.

Ich bin ...
Jeg har ...
Jaj har ...
   Asthmatiker   *astma*   ast-ma
   Diabetiker   *sukkersyke*   suk-ker-ssük-ke
   Epileptiker   *fallesyke*   fal-le-ssük-ke

Ich habe eine Allergie gegen ...
Jeg er allergisk mot ...
Jaj ar al-ler-gisk muht ...
   Antibiotika   *antibiotika*   an-ti-biu-ti-ka
   Penicillin   *penicillin*   pen-ni-si-lin
   Bienen   *bier*   bi-jer
   Nüsse   *nøtter*   nöt-ter
   Erdnüsse   *peanøtter*   pi-ja-nö-ter

Antiseptikum
   sårsalve   sohr-sal-we
Aspirin
   aspirin/parasett/dispril   a-spi-rin/pa-ra-sset/dis-priel
Kondom
   kondomer   kon-duh-mer
Verhütungsmittel
   prevensjons middel   preh-wenn-schohns mid-del
Antibabypille
   P-Pille   peh pil-le
Durchfall
   diare   dee-ya-ray
Medizin
   medisin   me-di-ssin
Übelkeit
   kvalm   kwalm
Sonnenschutzcreme
   solfaktor   ssuhl fak-tor
Tampons/Binden
   tamponger/bind   tam-pong-er/bin

KONVERSATION & WICHTIGE REDEWENDUNGEN

Guten Tag.
Goddag.   Gud-dahg.
Tschüs.
Ha det.   Ha-deh.

NOTFÄLLE

Hilfe! *Hjelp!* Jelp!
Ein Notfall!
Det er en nødsituasjon!
Deh ar ehn nööd-ssi-tu-a-schohn!
Da ist ein Unfall passiert!
Det har skjedd en ulykke!
De har sched ehn uh-lü-kke!
Ich habe mich verlaufen.
Jeg har gått meg vill.
Jaj har gott maj will.
Aus dem Weg!
Forsvinn!
Forr-schwinn!
Rufen Sie ...! *Ring ...!* Ring ...!
  einen Arzt *ein lege* ehn leh-ge
  die Polizei *politiet* puh-li-ti-je?

Ja.
Ja. Ja.
Nein.
Nei. Naj.
Danke.
Takk. Takk.
Bitte/Gern geschehen.
Ingen årsak. Ing-en o-shak.
Entschuldigung.
Unnskyld. Ünn-shül.
Tut mir Leid.
Beklager. Be-kla-ger.
Wie heißt du?
Hva heter du? Wa hehter dü?
Ich heiße ...
Jeg heter ... Jaj heh-ter ...
Wo kommst du her?
Hvor er du fra? Wuhr ar dü fra?
Ich komme aus ...
Jeg er fra ... Jaj ar fra ...
Ich mag ...
Yay lee-kər... Jaj lie-ker ...
Ich mag nicht ...
Yay lee-kər ik-kə ... Jaj lie-ker ik-ke ...
Einen Moment.
Vent litt. Went lit.
Et øyeblikk. Ett öj-je-blick.

MIT KINDERN REISEN

Gibt es (einen/e/en)...?
Finnes det...?
Fin-ness deh...?

Ich brauche (einen/e/en) ...
Jeg trenger ...
Jaj treng-er ...

Wickelraum	*et stellerom*	et stel-la-room
Autokindersitz	*et barnesete*	ett bar-ne-seh-te
Babysitter	*en barnevakt*	ehn bar-ne-wakt
Kindermenu	*en barnemeny*	ehn baar-ne-me-nüh
Pampers/Windeln	*bleier*	bla-jer
Babymilchpulver	*morsmelktillegg*	mors-melk-til-eg
Deutsch sprechen- der Babysitter	*en tysktalende barnevakt*	ehn tüsk-ta-len-de bar-ne-wakt
Hochstuhl	*en høy barnestol*	en höj bar-ne-sstuhl
Töpfchen	*en potte*	ehn pot-te
Kinderwagen	*en sportsvogn*	ehn ssports-wonn

Darf ich hier stillen?
Kan jeg amme her? Kann jaj am-me har?
Kann ich die Kinder mitbringen?
Er det tillat for barn? Ar deh til-lat for barn?

PAPIERE

Name
navn na-wn
Nationalität
nasjonalitet na-schu-na-li-teht
Geburtsdatum
fødselsdato föt-ssels-da-tu
Geburtsort
fødested fö-de-steht
Geschlecht
kjønn chönn
Pass
pass pass
Visum
visum wie-ssum

RICHTUNGSANGABEN

Wo ist ...?
Hvor er ...? Wuhr ar ...?
Geradeaus
Det er rett fram. Deh ar rett fraamm.
Links ab
Ta til venstre. Tah till wenstre.
Rechts ab
Ta til høyre. Tah till höj-re.
An der nächsten Ecke
ved neste hjørne weh nes-te jör-ne
Bei der nächsten Ampel
ved lyskrysset weh lühs-krü-sseh

hinter	*bak*	back
vor	*foran*	fo-rann
weit	*langt*	langt

SPRACHE

| nah | nær | nar |
| gegenüber | overfor | o-wer-for |

Strand	strand	sstran
Brücke	bru	bruh
Schloss	slott	schlott
Dom	katedral	ka-te-drahl
Kirche	kirke	chir-ke
Insel	øy	öj
See	vann/vatn	wann/wah-tn
Hauptstraße	(stor)torget	(sstuhr) tor-ge
Markt	torget	tor-ge
Altstadt	gammel by	gam-mel bü
Quai	brygge	brü-ge
Ufer	elvebredd	el-we bräd
Ruinen	ruiner	ru-i-ner
Meer	sjø	schö
Platz	torget	tor-ge
Turm	tårn	torn

HINWEISTAFELN

Inngang	Eingang
Utgang	Ausgang
Opplysninger	Information
Åpen	Geöffnet
Stengt	Geschlossen
Forbudt	Verboten
Politistasjon	Polizeiwache
Toaletter	Toiletten
Herrer	Herren
Damer	Damen

UNTERKUNFT

Ich suche ein/e/en ...
Jeg leter etter ...
Jaj leh-ter et-ter ...

Campingplatz
camping-plass — kam-ping plass
Pension
gjestehus — jes-te-hüs
Hotel
hotell — hu-tell
Jugendherberge
vandrehjem — wan-draj-emm

Wo finde ich ein billiges Hotel?
Hvor er et billig hotell? — Wuhr er ett bil-li hu-tell?
Wie ist die Adresse?
Hva er adressen? — Wa ar a-dress-ssen?
Kannst du das bitte aufschreiben?
Kan du skrive det ned? — Kann dü skri-we deh neh?
Hast du noch freie Zimmer?
Har du ledige rom? — Har dü leh-di rumm?

Ich hätte gerne ein ...
Jeg vil gjerne ha ...
Jaj will jar-ne ha ...
Bett
en seng — ehn ssäng
Einzelzimmer
et enkeltrom — ett eng-kelt-rumm
Doppelbett
en dobbeltseng — ehn dobb-elt-ssäng
Zimmer
et rom — ett rumm
Doppelzimmer
et dobbeltrom — ett dobb-elt-rumm
Zimmer mit Bad
et rom med bad — ett rumm meh bahd

Ich hätte gerne einen Platz in einem Schlafsaal.
Jeg vil gjerne ligge på sovesalen.
Jaj will jar-ne lig-ge po sso-we-ssah-len.

Was kostet das ...?
Hvor mye er det ...?
Wuhr mü-je ar deh ...?
pro Nacht
pr dag — par dahg
pro Person
pr person — par pä-schuhn
Kann ich mir das mal anschauen?
Kan jeg få se det? — Kann jaj fo sseh deh?
Wo ist das WC?
Hvor er wc? — Wuhr ar we sseh?
Ich reise jetzt/morgen ab.
Jeg reiser nå/i morgen. — Jaj raj-sser no/i morn.

VERKEHRSMITTEL & -WEGE
Öffentliche Verkehrsmittel
Wann fährt der/die/das ... ab?
Når går ...?
Naw gaw ...?
Wann kommt der/die/das ... an?
Når kommer ...?
Naw kom-mer ...?

Schiff	båten	boh-ten
Bus	(by)bussen	(bü)buss-en
Flugzeug	flyet	flüh-je
Zug	toget	toh-ge
Straßenbahn	trikken	trik-ken

Ich hätte gerne eine ... Fahrkarte.
Jeg vil gjerne ha ... billett.
Jaj will jar-ne ha ... bil-lett.

Hin	enkelt	en-kelt
Rück	tur-retur	ur re-tür
1. Klasse	første klasse	fösch-te klas-se
2. Klasse	annen klasse	an-nen klas-se

SPRACHE

Ich möchte gerne nach ...
Jeg skal til ...
Jaj skall till ...
Der Zug ist verspätet/gestrichen.
Toget er forsinket/innstilt.
Tog-geh ar fo-schin-ket/ins-tilt

der erste	*første*	fösch-te
der letzte	*siste*	ssiss-te
der nächste	*neste*	ness-te
Bahnsteig	*perrong*	peh-rong
Ticketschalter	*billettluka*	bi-lett-luh-ka
Fahrplan	*tidtabell*	tiet-ta-bell
Bahnhof	*stasjon*	ssta-schohn

Private Transportmittel
Wo kann ich ein ... mieten?
Hvor kan jeg leie ...?
wuhr kann jaj laje ...?

ein Auto	*en bil*	ehn biel
ein 4WD	*firehjulstrekk*	fie-re-juls-trekk
ein Motorrad	*(motor)sykkel*	(mo-tor-)ssük-kel
ein Fahrrad	*tråsykkel*	tro-ssükel

Ist das die Straße nach ...?
Er dette veien til ...?
Ar detta wa-jen till ...?
Wo ist die nächste Tankstelle?
Hvor er nærmeste bensinstasjon?
Wuhr ar nar-mes-te ben-ssien-sta-schon?
Diesel
diesel die-ssel
Bleifrei
blyfri blüh-frie

(Wie lange) Kann ich hier parken?
(Hvor lenge) Kan bilen min stå her?
(Wuhr leng-e) Kann bie-len mien sto har?
Wo kann ich bezahlen?
Hvor betaler jeg?
Wuhr be-tah-ler jaj?
Ich brauche eine Werkstatt.
Jeg trenger en bilmekaniker.
Jaj treng-er ehn biel-me-ka-ni-ker.

VERKEHRSZEICHEN	
Vikeplikt	Vorfahrt beachten
Parkering Forbudt	Parkverbot
Omkjøring	Umleitung
Inngang	Einfahrt
Utgang	Ausfahrt
Selvbetjent	Selbstbedienung
Veiarbeid	Straßenbauarbeiten

Das Auto/Motorrad hat eine Panne in ...
Bilen/Sykkelen har fått motorstopp ...
Bielen/Ssük-kel-len har fott motor-sstopp ...
Das Auto/Motorrad springt nicht an.
Bilen/Sykkelen starter ikke.
Bielen/Ssük-kel-len sstar-ter ik-ke.
Ich habe einen Platten.
Hjulet er punktert.
Jüh-le ar punk-tert.
Mein Benzin ist alle.
Jeg er tom for bensin.
Jaj ar tumm for ben-ssien.
Ich hatte einen Unfall.
Jeg har vært i en ulykke.
Jaj har wart i ehn ü-lük-ke.

VERSTÄNDIGUNG
Sprichst du deutsch?
Snakker du tysk?
Snak-ker dü tüsk?
Spricht hier jemand deutsch?
Er det noen som snakker tysk?
Ar deh nuh-en somm snak-ker tüsk?
Wie heißt auf norwegisch ...?
Hva heter ... på norsk?
Wa heh-ter ... po noschk?
Was heißt ...?
Hva betyr ...?
Wa be-tür ...?
Ich verstehe.
Jeg forstår.
Jaj fosch-tor.
Ich verstehe nicht.
Jeg forstår ikke.
Jaj fosch-tor ik-ke.
Könntest du bitte langsamer sprechen?
Kan du snakke sakte?
Kann dü snak-ke sak-te?
Könntest du mir ... zeigen (auf der Landkarte)?
Kan du vise meg (på kartet)?
Kann dü wie-sse mal (po kar-te)?

ZAHLEN

0	*null*	null
1	*en*	ehn
2	*to*	tu
3	*tre*	tre
4	*fire*	fie-re
5	*fem*	femm
6	*seks*	sseks
7	*sju*	schüh
8	*åtte*	ot-te
9	*ni*	nie
10	*ti*	tie
11	*elleve*	ell-we

SPRACHE

12	tolv	toll
13	tretten	tret-ten
14	fjorten	fjur-ten
15	femten	fem-ten
16	seksten	ssaj-sten
17	sytten	söt-ten
18	atten	at-ten
19	nitten	nit-ten
20	tjue	chü-e
21	tjueen	chüe-ehn
30	tretti/tredve	tret-ti/tred-ve
40	førti	förr-ti
50	femti	femm-ti
60	seksti	seks-ti
70	sytti	ssüt-ti
80	åtti	ot-ti
90	nitti	nit-ti
100	hundre	hün-dre
1000	tusen	tü-ssen

ZEITANGABEN & DATEN

Wie viel Uhr ist es?

Hva er klokka?		Wa ar klok-ka?
Es ist ... Uhr.		
Klokka er ...		klok-ka ar ...
Vormittags		
om formiddagen		omm for-mit-dah-gen
Nachmittags		
om ettermiddagen		omm et-ter-mit-dah-gen
Abends		
om kvelden		omm kweln

Wann?	*Når?*	nor?
heute	*i dag*	i-dahg
morgen	*i morgen*	i-morn
gestern	*i går*	i-gor
Montag	*mandag*	man-dah(g)
Dienstag	*tirsdag*	tisch-dah(g)
Mittwoch	*onsdag*	uns-dah(g)
Donnerstag	*torsdag*	tosch-dah(g)
Freitag	*fredag*	fre-dah(g)
Samstag	*lørdag*	lör-dah(g)
Sonntag	*søndag*	sönn-dah(g)
Januar	*januar*	ja-nu-ahr
Februar	*februar*	fe-bru-ahr
März	*mars*	mahsch
April	*april*	a-prill

Mai	*mai*	maj
Juni	*juni*	jü-ni
Juli	*juli*	jü-li
August	*august*	öj-güst
September	*september*	sep-tem-ber
Oktober	*oktober*	ok-toh-ber
November	*november*	nu-wem-ber
Dezember	*desember*	de-ssem-ber

SAMISCH

Das geschriebene Nordsamisch hat einige weitere Buchstaben mit Akzenten. Trotzdem gelingt es nicht so richtig, die gesprochene Sprache abzubilden; sogar die Samen selbst finden es schwierig, die Schriftsprache zu lernen. So wird z. B. giitu (Danke) „gietch-tu" ausgesprochen; das sehr stark aspirierte „h" wird nicht geschrieben.

Hier ein paar samische Redewendungen. Um die richtige Aussprache zu lernen, lässt man sie sich am besten von einem Einheimischen laut vorlesen.

Hallo.	*Buorre beaivi.*
Hallo. (Antwort)	*Ipmel atti.*
Auf Wiedersehen.	*Mana dearvan.*
(zur Person, die geht)	
Auf Wiedersehen.	*Báze dearvan.*
(zur Person, die bleibt)	
Danke.	*Giitu.*
Bitte.	*Leage buorre.*
Ja.	*De lea.*
Nein.	*Li.*
Wie geht's?	*Mot manna?*
Danke, gut.	*Buorre dat manna.*

1	*okta*
2	*guokte*
3	*golbma*
4	*njeallje*
5	*vihta*
6	*guhta*
7	*cieza*
8	*gávcci*
9	*ovcci*
10	*logi*

Glossar

Wer in Norwegen unterwegs ist, wird sicher auf einige der folgenden Begriffe und Abkürzungen stoßen. Norwegische Vokabeln zum Thema Essen und Trinken stehen auf S. 63, weitere nützliche Wörter und Sätze gibt's im Sprachkapitel (S. 454). Bitte beachten: Obwohl die Buchstaben ø und å ganz am Ende des norwegischen Alphabets stehen, haben wir sie hier unter „o" und „a" gesetzt, um es den Lesern leichter zu machen, die kein Norwegisch sprechen.

abonnement – Abonnement
allemannsretten – „Jedermannsrecht"; eine uralte Tradition und ein Gesetz, das den allgemeinen Zugang zu privatem Land (mit einigen Einschränkungen), öffentlichem Grund und Boden sowie der freien Natur erlauben
apótek – Apotheke
Arctic Menu – „Arktisches Menü"; Netzwerk norwegischer Gastronomen, die traditionelle und neue norwegische Gerichte anbieten und dabei vorzugsweise Produkte der Region verwenden
arête – Scharfer Grat zwischen zwei Gletschertälern
arsamerit – Bezeichnung der Inuit (Eskimos) für die Aurora Borealis (Nordlicht)
aurora borealis – Nordlicht
automatisk trafikkontrol – Blitzer

bakke – Hügel
berg – Berg
bibliotek – Bibliothek
billett – Ticket
bilutleie – Autovermietung
blodveien – wortwörtlich „Blutstraße"; Beiname der arktischen Schnellstraße, den sie den vielen Todesopfern unter den Bauarbeitern verdankt
bokhandel – Buchladen
bondegård – Bauernhof, Farm
bru, bro – Brücke
brygge – Anlegestelle, Kai
bryggeri – Brauerei
bukt, bukta – Bucht
bunad – norwegische Volkstracht; jede Region hat ihre eigene farbenprächtige Tracht
by – Stadt

dal – Tal
DNT – Den Norske Turistforening (Norwegischer Bergwanderverein)
domkirke – Kathedrale, Dom
dressin – Fahrrad auf Schienen

Eiskappe, Eisfeld – dauerhafte und feste Ansammlung von komprimiertem Eis und Schnee, Quelle von Talgletschern; meist größer als ein Eisfeld; bedeckt manchmal eine gesamte Landmasse wie z. B. in Grönland oder in der Antarktis, dann auch unter dem Namen Kontinentalgletscher bekannt
Eisscholle – ein flacher Brocken Treibeis; meist Packeis, auch kleine Eisberge
elg – Elch
elv, elva – Fluss, Strom

Fata Morgana – arktisches Phänomen, bei dem einem weit entfernte Gegenstände viel näher (oder nahe weit entfernt) vorkommen
ferje – Fähre
festning – Festung, Fort
fiskeskrue – Fischpresse
fjell, fell, fjall – Gebirge
fjord – weit ins Land hereinreichender Meeresarm; entstanden nach dem Abschmelzen eines Talgletschers
fonn – Gletscher, Schneeverwehung
forening – Club, Verein
foss – Wasserfall
friluft – Freiluft, Open-Air
Fv – Fylkesvei; Provinzstraße
fylke – Provinz
fyr, fyrtårn – Leuchtturm

galleriet – Galerie, Shoppingarkaden
gamle, gamla, gammel – alt
gamlebyen – Altstadt; das historische Stadtviertel
gamma, gammen – Zelt oder Torfhütte der Samen, manchmal z. T. unterirdisch
gård, gard – Bauernhof, Hof
gate, gata – Straße (oft abgekürzt zu g or gt)
gatekjøkken – „Straßenküche"; Imbissbude
gjestehavn – „Gästehafen"; Bereich einer Hafenstadt, in dem Boote und Yachten vor Anker gehen können
gjestehus – Gästehaus
Gletscherspalten – verstecken sich auch gern unterm Schnee; entstanden durch zahlreiche Eisströme, als sich die Gletscher abwärts bewegten
gravlund, gravplass – Friedhof
grønlandssel – Grönlandrobbe
gruve, gruva – Mine, Grube

hage – Garten
halvøya – Halbinsel
Hanse – Zusammenschluss deutscher Händler, die den Handel in Bergen vom 12. bis zum 16. Jh. beherrschten
hav – Ozean

havn – Hafen
HI – Hostelling International; Internationaler Jugendherbergsverband
honnør – älterer Mitbürger
hulder – schwer fassbare Gestalt der norwegischen Mythologie – eine Elfe oder ein Waldgeist –, die Milch von den Sommerweiden stiehlt
Hurtigruten –„Expressroute"; Küstenschiffe, die die Strecke Bergen–Kirkenes befahren
hus – Haus
husmannskost – „Hausmannskost"; traditionelles norwegisches Essen
hval – Wal
hvalross – Walross
hytte – Hütte
hytteutleie – Hüttenvermietung

iddis – buntes Etikett von Sardinenkonserven; Stavanger Dialekt für „Etikett"
isbjørn – Eisbär
jarls – Herzöge

jernbanestasjon – Bahnhof
jerv – Vielfraß
joik – Obertongesang der Samen, Texte über Personen, Tiere und Landschaften
jul – Weihnachten

kai, kaia – Kai
kalben – Abbrechen von Eisbergen aus Flutwassergletschern
kanoutleie – Kanuvermietung
kappleiker – Tanzturnier
Kar – Tal in Form eines Amphitheaters; ausgehöhlt von einem Gletscher
kart – Landkarte
kirke, kirkja, kirkje, kerk – Kirche
knörr – kleine Frachtschiffe (Plural *knerrir*)
kort – Karte
krambua – Kramladen
krone – norwegische Währungseinheit
Kulturhus – Komplex, mit Kinos, öffentlichen Büchereien, Museen usw.
kvadraturen – Stadtteil, in dem die Straßen rechtwinklig in einem Planquadrat (im Schachbrettmuster) angelegt sind
kyst – Küste

Landsmål – frühere Bezeichnung für *Nynorsk*, eine der beiden norwegischen Landessprachen
lavvo, lavvu – samisches Wohnzelt
legevakten – Ambulanz
leikarringer – Volkstänzer
lemen – Lemminge
libris – Bücher; Hinweis auf einen Buchladen

lufthavn – Flughafen
lundefugl – Papageientaucher

marka – die bewaldeten Hügel um Oslo
mil – norwegische Meile (etwas mehr als 11 km)
minipris – verbilligte Preise, meist für Transportmittel
MOMS – Mehrwertsteuer
moskusokse – Moschusochse
M/S – Motorschiff; taucht in Schiffsnamen häufig auf
museum, museet – Museum
MVA – s. MOMS
myntvaskeri – Waschsalon

nasjonalpark – Nationalpark
naturreservat – Naturreservat
navvy – Bahnarbeiter
nord – Norden
nordlys – Nordlicht, Aurora Borealis
Norge – Norwegen
Norges Turistråd – Norwegisches Fremdenverkehrsbüro, früher NORTRA
Norsk – Norweger, norwegisch
Norway in a Nutshell – verschiedene Touren, bei denen eilige Reisende in ein oder zwei Tagen die Highlights von Norwegen besichtigen können
NSB – Norges Statsbaner (Norwegische Staatsbahn)
ny – neu
Nynorsk – eine der beiden norwegischen Landessprachen; s. *Landsmål*

ølutsalg – Bierverkauf
øst – Osten
og – und
oter – Otter
øvre – obere
øy – Insel

Packeis – besteht aus aufeinander geschobenen Eisschollen aus Meerwasser; große schwimmende Eismassen; oft ein unüberwindliches und gefährliches Hindernis für die Schifffahrt
pensjonat – Pension, Gästehaus
plass – Platz
polarsirkelen – Polarkreis; Breitengrad 66° 33'N
Polynya – russisches Wort für eine eisfreie Zone mitten im Packeis
Pomoren – russische Händler und Fischer, die im 17. Jh. einen prosperierenden Handel mit Nordnorwegen trieben
postkontor – Post

rådhus – Rathaus
reinsdyr – Rentier
reiseliv – Touristeninformation
riksdaler – alte norwegische Währung
rødruss – s. *russ; rote Mütze der Abiturienten*

rom – oft auf Schildern; macht auf eine private Zimmervermietung aufmerksam
rorbu – Fischerhütte, Behausung der Fischer zur Fangzeit, viele werden heute vermietet
rosemaling – Blumendekor; norwegische Bauernkunst zur Ornamentierung von Holzgegenständen
russ – „Amok laufen"; ein Brauch, bei dem frisch gebackene Abiturienten, mit roten Mützen und Overalls bekleidet, ihr Unwesen treiben
rutebilstasjon – Busbahnhof
ruteplan – Fahrplan
Rv – Riksvei; Bundesstraße

Sæter – Almhütte
Schären – Archipel kleiner Felseninseln im Meer
schøtstue – großer Versammlungsraum, in dem sich die Kaufleute der Hanse trafen und zusammen bei Tisch saßen
selskap – (Handels-)Gesellschaft
sentrum – Stadtzentrum
siida – kleine Gruppen von Samen, die gemeinsam jagen oder Fallen stellen
sild – Hering
sjø – Meer
sjøhus – Bootshäuser oder Speicher an den Docks; viele werden heute an Reisende vermietet
skald – „Gedicht"; die altnordischen Dichter (Skalden) haben ihre Gedichte häufig an den Fürstenhöfen vorgetragen; die Skaldendichtung hatte ihre Blütezeit vom 9. bis 11. Jh.
skog – Wald
sla låm – Slalompiste
slott – Schloss
snø – Schnee
solarsteim – Navigationsinstrument der Wikinger; kam zum Einsatz, wenn der Himmel bewölkt oder die Sonne hinterm Horizont verschwunden war
sør – Süden
søyle – Pfeiler, Säule
spekkhogger – Schwertwal
stabbur – auf Holzpfosten gebautes Vorratshaus
stasjon – Bahnhof
Statens Kartverk – Staatlicher Landkartenverlag

stavkirke – Stabkirche
steinkobbe – Steinrobbe
stige – Leiter
stormagasin – Kaufhaus
storting – Parlament
strand – Strand
stuer – Handelsgesellschaft
sund – Meerenge, Sund
Svalbard rein – Svalbard-Rentier
Sverige – Schweden
svømmehall, svømmebad – Schwimmbad
sykehus – Krankenhaus
sykkel – Fahrrad
sykkelutleie – Fahrradvermietung

taiga – Nadelwaldgebiet, das sich von Nordeuropa über Sibirien bis Nordamerika erstreckt
tårn – Turm
teater – Theater
telekort – Telenor-Telefonkarte
tog – Zug
togbuss – NSB-Buslinien in Romsdalen und Nordland, die Kopfbahnhöfe mit anderen beliebten Zielen verbinden
torget, torvet – Markt, Marktplatz
turistkontor – Touristeninformation

ulv – Wolf
utleie – Verleih, Vermietung

vandrerhjem – Jugendherberge, Hostel
vann, vatn, vannet, vatnet – See
vaskeri – Wäscherei
vei, veg – Straße (oft v oder vn abgekürzt)
vest – Westen
vetter – mythischer norwegischer Schutzgeist der wildesten Küsten
vidde, vidda – Hochebene, Plateau
vinmonopolet – von der Regierung betriebener Alkoholverkauf
Vogelklippen – Klippen, die von Kolonien nistender Vögel bewohnt werden

yoik – s. *joik*

Die Autoren

ANTHONY HAM
Hauptautor, Süd- & Mittelnorwegen, Bergen & die Südwestlichen Fjorde

Eigentlich war er häufiger in Afrika, im Nahen Osten oder in seiner Wahlheimat Spanien unterwegs, doch als Anthony zum ersten Mal nach Norwegen kam, war er hin und weg. Danach haben ihn die Gastfreundschaft der Einwohner und die spektakulären Landschaften immer wieder nach Norwegen gelockt. Anthony hat über 30 Reiseführer für Lonely Planet geschrieben – darunter auch die vorangegangene Auflage dieses Buches – und arbeitet als Fotojournalist für diverse Zeitungen und Zeitschriften auf der ganzen Welt. Seine Schwerpunkte sind Reisen und Umwelt.

KARI LUNDGREN
Oslo

Mit einer Stewardess als Mutter, einem Piloten als Vater und Wikingern unter den Vorfahren, ging Kari schon früh auf Entdeckungsreisen. Bereits mit zwölf Jahren segelte sie die norwegische Küste hinauf bis zum 80. Breitengrad; mit 15 überquerte sie den Atlantik. Heute lebt sie in London und nutzt jede Gelegenheit in ihrer alten Heimat Ski zu fahren, sich in der Mitternachtssonne zu wärmen und hier und da ein Gläschen Aquavit zu genießen. Sie ist Autorin des Norwegen-Kapitels in Lonely Planets *The Europe Book*.

MILES RODDIS
Westliche Fjorde, Trøndelag, Nordland, Der Hohe Norden, Svalbard

Ein Campingurlaub in den abgelegenen Wäldern Finnlands, eine schwedische Freundin und die zwei Monate Recherchen in den Weiten nördlich des Polarkreises für die letzte Auflage dieses Buches – das waren genug Gründe für Miles, dieses Land mit seinen dramatischen Klippen, tiefen Fjorden und saftigen grünen Wiesen wieder zu besuchen. Miles hat 40 Lonely Planet Reiseführer und Wanderführer geschrieben oder daran mitgearbeitet. Heute schreibt er vor allem über Mittelmeerländer. Die skandinavische Brise ist für ihn eine erfrischende Abwechslung und erinnert ihn an seine nordeuropäischen Wurzeln.

LONELY PLANET AUTOREN

Warum unsere Reiseführer die besten der Welt sind? Ganz einfach: Unsere Autoren sind unabhängige und leidenschaftliche Globetrotter. Sie recherchieren nicht einfach nur übers Internet oder Telefon, und sie lassen sich nicht mit Werbegeschenken für positive Berichterstattung schmieren. Sie reisen weit, zu touristischen Highlights und entlegenen Orten. Sie besuchen persönlich Tausende von Hotels, Restaurants, Cafés, Bars, Galerien, Schlösser, Museen und mehr – und schildern ihre Eindrücke gnadenlos ehrlich, ohne Schönfärberei.
Weitere Infos gibt's auf www.lonelyplanet.com im Autorenbereich.

Hinter den Kulissen

ÜBER DIESES BUCH

Dies ist die 2. deutsche Auflage von Norwegen, basierend auf der mittlerweile 4. englischen Auflage von Anthony Ham, der auch die einführenden Kapitel sowie die Kapitel Allgemeine Informationen, Verkehrsmittel & -wege, Gesundheit, Südnorwegen, Mittelnorwegen und Bergen & die südwestlichen Fjorde schrieb. Er wurde von den Co-Autoren Kari Lundgren (Oslo) und Miles Roddis (Westliche Fjorde, Trøndelag, Nordland, Der Hohe Norden und Svalbard) unterstützt. Das Material zum Kapitel Gesundheit stammt ursprünglich von Dr. Caroline Evans und wurde hier entsprechend angepasst. Anthony und Miles überarbeiteten die 3. Auflage. In Auftrag gegeben wurde dieser Reiseführer im Lonely Planet Büro in London und an der Produktion waren folgende Personen beteiligt:

Verantwortliche Redakteurin Ella O'Donnell
Leitender Redakteur Evan Jones
Leitender Kartograf Jolyon Philcox
Leitende Layoutdesignerin Yvonne Bischofberger
Farblayoutdesignerin Jacqui Saunders
Leitende Redaktion Geoff Howard, Brigitte Ellemor
Kartografie Mark Griffiths
Layout Celia Wood
Redaktionsassistenz David Andrew, Victoria Harrison, Andrew Bain, Stephanie Ong
Kartografieassistenz Tony Fankhauser, Ross Butler, Julie Sheridan
Layout-Assistenz Indra Kilfoyle, Cara Smith
Umschlagdesignerin Marika Mercer
Projektmanagement Eoin Dunlevy
Redaktion Sprachführer Quentin Frayne

Dank an Lisa Knights, Wayne Murphy, Mark Germanchis, John Mazzocchi, Adam McCrow, Valentina Kremenchutskaya, James Hardy, Adrian Persoglia, Csanad Csutoros, Trent Paton

HINTER DEN KULISSEN

DIE LONELY PLANET STORY

Am Küchentisch fing alles an – nachdem Tony und Maureen Wheeler 1972 eine lange, abenteuerliche Reise durch Europa, Asien und Australien unternommen hatten, trugen sie all ihre Informationen und Notizen zusammen. So entstand der erste Lonely Planet Reiseführer *Across Asia on the Cheap*.

Der Reiseführer wurde von Travellern geradezu verschlugen. Ermutigt durch ihren Erfolg, veröffentlichten die Wheelers weitere Bücher über Südostasien, Indien und andere Länder. Die Nachfrage war so ungeheuerlich groß, dass die Wheelers ihr Untenehmen erweiterten. Über die Jahre deckten sie mit ihrer Reiseliteratur den ganzen Globus ab und sie dehnten ihre Berichterstattung auf die virtuelle Welt von lonelyplanet.com und das Lonely Planet Messageboard Thorn Tree aus.

Lonely Planet wurde ein immer beliebterer Reisebuchverlag und Tony und Maureen konnten sich vor Aufträgen kaum mehr retten. Doch erst 2007 fanden sie einen verlässlichen Partner, bei dem sie sich sicher sein konnten, dass er dem Prinzip abenteuerlustiger, aber umweltbewusster Reisen treu blieb. Im Oktober dieses Jahres erwarb BBC Worldwide 75% der Anteile von Lonely Planet, mit dem Versprechen, die Grundsätze unabhängiges Reisen, vertrauenswürdige Auskünfte und redaktionelle Unabhängigkeit aufrechtzuerhalten.

Heute hat Lonely Planet Büros in Melbourne (Australien), London und Oakland (USA) mit über 500 Mitarbeitern und 300 Autoren. Tony und Maureen engagieren sich immer noch aktiv bei Lonely Planet. Sie reisen mehr als je zuvor und in ihrer Freizeit widmen sie sich wohltätigen Projekten. Das Unternehmen wird nach wie vor von der Philosophie von *Across Asia on the Cheap* getragen: „Wichtig ist, dass du dich entscheidest zu gehen, dann hast du den härtesten Teil geschafft. Also, los geht's!"

WIR FREUEN UNS ÜBER EIN FEEDBACK

Post von Travellern zu bekommen ist für uns ungemein hilfreich – Kritik und Anregungen halten uns auf dem Laufenden und helfen, unsere Bücher zu verbessern. Unser reiseerfahrenes Team liest alle Zuschriften genau durch, um zu erfahren, was an unseren Reiseführern gut und was schlecht ist. Wir können solche Post zwar nicht individuell beantworten, aber jedes Feedback wird garantiert schnurstracks an die jeweiligen Autoren weitergeleitet, rechtzeitig vor der nächsten Nachauflage.

Wer uns schreiben will, erreicht uns über www. lonelyplanet.de/kontakt.

Hinweis: Da wir Beiträge möglicherweise in Lonely Planet Produkten (Reiseführer, Websites, digitale Medien) veröffentlichen, ggf. auch in gekürzter Form, bitten wir um Mitteilung, falls ein Kommentar nicht veröffentlicht oder ein Name nicht genannt werden soll. Wer Näheres über unsere Datenschutzpolitik wissen will, erfährt das unter www. lonelyplanet.com/privacy.

DANK

ANTHONY HAM

Mein besonderer Dank gilt Henriette Westhrins und Paul Hofseth (Umweltministerium), Espen Larsen, Bjørn Krag Ingul (Innovation Norway), Bernt Erik Pedersen (Dagsavisen), Sonja Krantz, Inger Marie Egenberg (Bryggen-Projekt) und Espen Olsen, die für die Interviews in diesem Buch viel Zeit investiert und Wissen vermittelt haben. Außerdem danke ich Kjetil Svorkmo Bergmann, Jon Berg und Terje Devold. Großartig unterstützt haben mich auch Erik Garen, Frode Bjelland, Fredrik Sevheim, Inger-Sigrun Slagstad Vik, Karina Dahlum, Odd Løver, Hege Næss, Anita Tapio, Øistein Saugerud Chit, Johannes Aicher, Kristin G. Løcken, Trine Nordkvelle, Jannicke Alvær, Svein Skjøtskift und Helen Siverstøl. Bei Lonely Planet war Ella O'Donnell ein besonderer Quell für Hilfe und Rat und eine sehr gute Gesellschaft in Bergen. Mit meinen Co-Autoren, Miles – ein langjähriger Wegbegleiter – und Kari zu arbeiten, war ein Vergnügen. Vielen Dank auch an Ron, Jan, Lisa, Greg, Alex, Greta, Damien, Marina und Alberto. An Marina: *te quiero, te quiero, te quiero.* Und an meine ganz besondere Carlota, die während der Arbeit an diesem Buch das Licht der Welt erblickte: Möge Dein Leben Dich immer in Richtung Horizont führen und möge Deine Welt ein traumhafter Ort sein.

KARI LUNDGREN

Tusen takk an Eyvind Hellstrøm, Geir Lundestad und Ivar Kraglund, dafür dass sie ihr Wissen über norwegisches Essen, den Nobelpreis und die Geschichte des Zweiten Weltkriegs mit mir geteilt haben; an meine Cousins Morten und Trine für zahlreiche herzliche Empfänge sowie an Sidsel und Torbjørn für einen Einblick in Oslos mittelalterliche Geschichte. Danke an meine Tanten Kate, Kajo, Nusse, Onkel Finn und meine Mum – meine zuverlässigen Mentoren in Sachen Norwegen. Nicht zu vergessen sind Eivind Vad Petersson, Espen Sommerfelt, Julie Lodrup, Magnus Nome, Marte Christensen, Øyvind Gjengaar und Per-Ivar Nikolaisen in Oslo – sowie Ella, Anthony, Mark und Miles, weil sie mich immer gut beraten haben. Zuletzt danke ich meinem Bruder Tor, der mich bei meinen Recherchen begleitet hat und einfach der beste Bruder ist, den man sich als kleine Schwester wünschen kann.

MILES RODDIS

Miles widmet seine Kapitel allesamt Caleb, in der Hoffnung, dass er bergiges, wildes und unberührtes Land irgendwann genauso lieben wird, wie sein Ya Yo. Vielen Dank – wie immer – an Ingrid, die mit mir durch die gesamte Länge und Breite dieses schmalen Landes gefahren ist, mich jeden Abend bekocht, zu allerhand überredet und ständig inspiriert hat.

Mein Freund Anthony Ham war ein genialer, weiser und toleranter Kollege und Ella O'Donnell – mit ihrem heiteren Optimismus und ihrer Bereitschaft, Regeln zu verbiegen, wo es die Vernunft erfordert – ist für mich die beste leitende Redakteurin der Welt.

Ich danke außerdem den Lesern Peter & Thérèse O'Neill für ihre besonders guten E-Mail-Kommentare und Anne-Katrin Grube für ihre willkommenen Tipps zu Norwegens nördlichsten Gebieten.

In den Touristeninformationen haben uns zuverlässige und superhilfsbereite Angestellte mit Informationen überschüttet. Viele von ihnen sind selbst routiniert und begeisterte Lonely Planet Traveler und so mit uns auf einer Wellenlänge. Manche haben sich besonders hervorgetan und verdienen speziellen Dank: der überschwängliche Knut Hansvold (Tromsø), Nicola Mulryan (Narvik), Elise Hannaas (Longyearbyen), Ann-Helen Blakset & Andreas Bergset (Stryn), Bente Saxon & Britt Giske Andersen (Ålesund), Frode Lindberg (Steinkjer), Sigrid Haarberg (Sandnessjøen), Birgitte Bjørkmo (Mo i Rana), Agata Gasior (Moskenes), Elisabeth

Müller (Finnsnes), Anders Lauridsen (Vardø) und Lisbeth Fallan mit Monica Selnes (Trondheim).

Besten Dank auch an Tanna Gjeraker und Mari Skjerdal Lysne (Lærdal), Anja-Therese Fardal (Sogndal), Laura (Fjærland), das gesamte Team in Florø, Inger-Marie Aarsheim (Selje), Tom Christian Nekstad (Åndalsnes), Helene Ottestad (Molde), Cathrine Husby (Kristiansund), Anne Berit Flo (Namsos), Thomas Gregersen (Bodø), Tonje Ulriksen (Svolvær), Gro Dagsvold (Harstad), Lásse Juhán Helander (Kautakeino), Olga Polezhaeva (Alta), Piera Kirstte Jovsset (Karasjok), Sarah Marie Aronsen (Vadsø), Ina Heline Olsen (Honningsvåg), Jill Tingvold & Ida Ekerhovd (Hammerfest) – und Tim Dassler von der Mack-Brauerei in Tromsø für die Veranschaulichung der norwegischen Trinkgewohnheiten.

UNSERE LESER

Vielen Dank an alle Reisenden, die mit der letzten Auflage unterwegs waren und uns hilfreiche Tipps sowie interessante Anekdoten geschickt haben:

Hans Petter Aalmo, Maddy Aldis-Evans, Rachel Allen, Denys Alves, Ben Andrew, Bolaji Balslev, Robert Blackwood, Arris Blom, Line T Boerve, Christopher Bourne, Ross Brown, Simone Busetti, Celine Campana, Claudia De Carvalho, Nicole Coulom, Peter Courtney, Lindis Davidsen, Edwin Deventer, Cam Donaldson, Hans Eggink, Cindy Ensink, Catherine Fleming, James Foster, Stefanie Franz, Aslaug Moi Frøysnes, Leon Furness, Jane Galea-Singer, Anne-Katrin Grube, Alv Haagaard Gustavsen, Søren Vestergaard Hansen, Paul Harlow, Ira Hartmann, Jackie Hartnell, Michelle Hogan, Anne Hughes, Kevin Hughes, Timothy Johnson, Christine Kaaløy, Frida Kalbakk, Julie Knutson, Hilde Leversund, Ruth Mair, Lizette De Man, Patrick McGowan, Petter Muri, Tracy Newton, Tracy Flox Nieva, Svein Roar Nilsen, Marek Nohejl, Peter & Thérèse O'Neill, Bernd Oswald, Morten Øvestad, Gloria Pamplona, Daniel Peña, Spencer Plaitin, Steve Pottinger, Steven Price, Isabelle Pronovost, Neil Purcell, Marco Raffaele, Jan Rondeel, Jackie Ross, Laura Marie Levorson Rueslåtten, Carrie Ryder, Nick Sanders, Iliyan Savov, Bastian Schnabel, Wencke Shishido, Sietse Snel, And & Odd Sorensen, Emile Spanjer, Suzanne Stuijfzand, Ueli Stähli, Helen Travis, Jamie Umaña, Maartje van Kregten, Mieke Der van Wenden, Margo Dedert, Arjan van den Hul, Ronald van den Tol, Valerie Vella, Tor Wathne, Redmar Woudstra

QUELLENNACHWEIS

Für Abdruckgenehmigungen danken wir:

Globus auf der Titelseite ©Mountain High Maps 1993 Digital Wisdom, Inc.

Fotos im Buchinneren ©Arco Images/Alamy S. 7 (Nr. 7); Alle anderen Fotos von Lonely Planet Images und Adina Tovy Amsel S. 9 (Nr. 2); Anders Blomqvist S. 5, S. 6 (Nr. 2), S. 7 (Nr. 4), S. 9 (Nr. 4); Christian Aslund S. 6 (Nr. 6), S. 10 (Nr. 4), S. 11 (Nr. 3), S. 12; Craig Pershouse S. 11 (Nr. 1); Jan Stromme S. 8

Soweit nicht anders angegeben, unterliegen alle Abbildungen dem Copyright der Fotografen. Viele der Fotos in diesem Reiseführer können unter www.lonelyplanetimages.com lizenziert werden.

HINTER DEN KULISSEN

Register

REGISTER

REGISTER

GreenDex

UMWELTBEWUSST REISEN

Norwegen ist sich seiner Verantwortung gegenüber der Natur durchaus bewusst. Schließlich hat es einige der spektakulärsten Landschaften Europas zu bieten, darunter das größte Eisfeld des Kontinents. Recycling ist daher allgegenwärtig und die meisten Unternehmen bemühen sich, umweltschonend zu arbeiten. Folgende Institutionen wurden von unseren Autoren ausgewählt, weil sie sich überdurchschnittlich für die Umwelt engagieren. Einige Restaurants haben wir in die Liste aufgenommen, weil sie lokale Erzeuger unterstützen und überwiegend biologische Produkte der Saison verarbeiten. Private Hotels und Pensionen sind hier gelistet, weil sie besonders umweltschonend arbeiten, z. B. weil sie Energie sparen. Sehenswürdigkeiten haben wir genannt, wenn sie durch Bildungsprogramme das Bewusstsein für die Umwelt schärfen oder weil sie ökologische Auszeichnungen erhalten haben.

Verweise auf „grüne" Aktivitäten und Orte (wie Wandern, Radfahren oder Nationalparks) stehen im allgemeinen Register. Weitere Tipps für umweltschonendes Reisen in Norwegen enthält das Kapitel „Bevor es losgeht" (s. S. 17).

Wir wollen unsere Tipps für umweltfreundliches Reisen gerne weiter ausbauen. Wer der Meinung ist, dass wir jemanden vergessen oder zu Unrecht genannt haben, kann uns das per E-Mail mitteilen: talk2us@lonelyplanet.com.au. Weitere Infos über sanften Tourismus und **Lonely Planet** bietet unsere Website www.lonelyplanet.com/responsibletravel. Informationen über die norwegische Umweltpolitik stehen auf S. 75.

KARTENLEGENDE
VERKEHRSWEGE

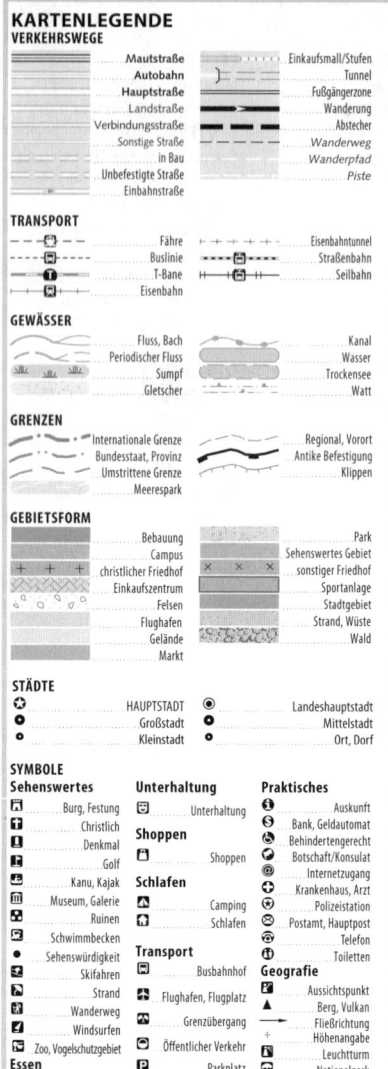

Mautstraße
Autobahn
Hauptstraße
Landstraße
Verbindungsstraße
Sonstige Straße
in Bau
Unbefestigte Straße
Einbahnstraße

Einkaufsmall/Stufen
Tunnel
Fußgängerzone
Wanderung
Abstecher
Wanderweg
Wanderpfad
Piste

TRANSPORT

Fähre
Buslinie
T-Bane
Eisenbahn

Eisenbahntunnel
Straßenbahn
Seilbahn

GEWÄSSER

Fluss, Bach
Periodischer Fluss
Sumpf
Gletscher

Kanal
Wasser
Trockensee
Watt

GRENZEN

Internationale Grenze
Bundesstaat, Provinz
Umstrittene Grenze
Meerespark

Regional, Vorort
Antike Befestigung
Klippen

GEBIETSFORM

Bebauung
Campus
christlicher Friedhof
Einkaufszentrum
Felsen
Flughafen
Gelände
Markt

Park
Sehenswertes Gebiet
sonstiger Friedhof
Sportanlage
Stadtgebiet
Strand, Wüste
Wald

STÄDTE

HAUPTSTADT
Großstadt
Kleinstadt

Landeshauptstadt
Mittelstadt
Ort, Dorf

SYMBOLE

Sehenswertes
Burg, Festung
Christlich
Denkmal
Golf
Kanu, Kajak
Museum, Galerie
Ruinen
Schwimmbecken
Sehenswürdigkeit
Skifahren
Strand
Wanderweg
Windsurfen
Zoo, Vogelschutzgebiet

Essen
Eating

Ausgehen
Ausgehen
Café

Unterhaltung
Unterhaltung

Shoppen
Shoppen

Schlafen
Camping
Schlafen

Transport
Busbahnhof
Flughafen, Flugplatz
Grenzübergang
Öffentlicher Verkehr
Parkplatz
Radfahren, Radweg
Tankstelle
Taxistand

Praktisches
Auskunft
Bank, Geldautomat
Behindertengerecht
Botschaft/Konsulat
Internetzugang
Krankenhaus, Arzt
Polizeistation
Postamt, Hauptpost
Telefon
Toiletten

Geografie
Aussichtspunkt
Berg, Vulkan
Fließrichtung
Höhenangabe
Leuchtturm
Nationalpark
Pass, Schlucht
Raststelle
Schutz, Hütte
Wasserfall

Lonely Planet Publications, Locked Bag 1, Footscray, Melbourne, Victoria 3011, Australia

Verlag der deutschen Ausgabe:
MAIRDUMONT, Marco-Polo-Str. 1, 73760 Ostfildern, www.mairdumont.com, lonelyplanet@mairdumont.com

Chefredakteurin deutsche Ausgabe: Birgit Borowski

Redaktion: Bintang Buchservice GmbH,
www.bintang-berlin.de
Übersetzung: Silvana Höh, Rainer Höh
Lektorat: Katja Huning, Oliver Kiesow
Satz: Anja Linda Dicke

Technischer Support: Typomedia, Ostfildern/Scharnhausen

Norwegen
2. deutsche Auflage Dezember 2008, übersetzt von *Norway 4th edition*, *Mai 2008* Lonely Planet Publications Pty

Deutsche Ausgabe © Lonely Planet Publications Pty, Dezember 2008
Fotos © wie angegeben 2008

Printed in China

Umschlagfoto: Oldevatnet-See und Jostedalsbreen-Gletscher, Briksdalsbreen, Sogn og Fjordane, Norwegen, Leslie Garland/LGPL/Photolibrary.

Die meisten Fotos in diesem Reiseführer können bei Lonely Planet Images, www.lonelyplanetimages.com, auch lizenziert werden.